[KOMPENDIUM] **Word 2010**

Word 2010

Texte perfekt erstellen und verwalten

MICHAEL KOLBERG

(KOMPENDIUM)

Bibliografische Information der Deutschen Nationalbibliothek
Die Deutsche Nationalbibliothek verzeichnet diese Publikation in der Deutschen
Nationalbibliografie; detaillierte bibliografische Daten sind im Internet
über http://dnb.d-nb.de abrufbar.

10 9 8 7 6 5 4 3 2 1

12 11 10

ISBN 978-3-8272-4554-0

© 2010 by Markt+Technik Verlag,
ein Imprint der Pearson Education Deutschland GmbH,
Martin-Kollar-Straße 10–12, D-81829 München/Germany
Alle Rechte vorbehalten
Covergestaltung: Thomas Arlt, tarlt@adesso21.net
Lektorat: Brigitte Bauer-Schiewek, bbauer@pearson.de
Fachlektorat: Georg Weiherer
Korrektorat: Petra Kienle
Herstellung: Elisabeth Prümm, epruemm@pearson.de
Satz: Reemers Publishing Services GmbH, Krefeld
Fotonachweise: Philipp Burkart, München
                        Fotolia, www.fotolia.com
Druck und Verarbeitung: Print Consult GmbH, München
Printed in Czech Republic

Im Überblick

Inhaltsverzeichnis

Teil 4: Erweiterte Aufgaben der Textverarbeitung

10   Überprüfen und Überarbeiten

11   Gliedern und Zusammenführen

Einführung

Willkommen zu Microsoft Word 2010. Wer ein Buch zu diesem Thema zur Hand nimmt, hat sicherlich eine gewisse Ahnung davon, was man mit diesem Programm machen kann. Wir können uns also einen Überblick über den allgemeinen Leistungsumfang von Word sparen und gleich zum Inhalt dieses Buchs kommen. Sie finden darin alles, was Sie für die Arbeit mit der aktuellen Version von Microsoft Word wissen müssen. Es ist in sieben Teile gegliedert:

» Im ersten Teil des Buchs wollen wir uns mit einigen Aspekten beschäftigen, die Sie kennen sollten, bevor Sie sich daran machen, Ihre ersten Texte einzugeben. Sie finden darin Hinweise zur Installation, eine Einführung in die Arbeit mit den Elementen der neuen Programmoberfläche – insbesondere dem seit der Version 2007 neuen Menüband – und die Techniken der Verwaltung von Dokumenten – wie das Erstellen neuer, leerer Dokumente, das Speichern von Dokumenten, das Schließen von Dokumenten und das Öffnen bereits vorhandener Dokumente.

» Die beiden folgenden Teile beinhalten die elementaren Techniken, die Sie zum Erstellen von Textdokumenten benötigen und die Ihnen bei der Arbeit mit Word 2010 täglich begegnen werden. Hier geht es sowohl um die Eingabe und Bearbeitung von Text, das Hinzufügen von Elementen – wie Grafiken oder Tabelle – als auch um die Formatierung und den Ausdruck als Einzel- oder Seriendokument.

» Dann wollen wir uns den erweiterten Aufgaben der Textverarbeitung zuwenden. Dazu gehören die Techniken zur Überprüfung und Überarbeitung, die Methoden zum Gliedern und Zusammenführen und der Einsatz von Verweisen und Verzeichnissen. Wir gehen außerdem besonders auf die Freigabe von Dokumenten ein. Dazu gehören sowohl einfache Dinge – wie das Versenden eines Dokuments – als auch das Speichern auf einem Ort, zu dem auch andere Benutzer Zugriff haben – beispielsweise im privaten Netzwerk oder im Internet.

» Wenn Sie Elemente – wie Grafiken, Diagramme, Tabellen usw. – in ein Word-Dokument einfügen, liefert Ihnen Word immer viele zusätzliche Werkzeuge, mit denen Sie die Details zu diesem Element regeln können. Diese Tools haben wir im fünften Teil des Buchs zusammengefasst.

» Dann wollen wir uns den Möglichkeiten zur Automatisierung von Word zuwenden. Wir gehen auf das Arbeiten mit Makros ein und liefern ausführliche Hinweise zur Programmierung von Word mit VBA. Außerdem finden Sie in diesem Teil auch ein Kapitel, das sich mit der benutzerdefinierten Gestaltung des Menübands auf Dokumentebene mit Hilfe von XML beschäftigt.

» Im letzten Teil des Buchs haben wir einige Referenzinformationen zusammengestellt. Die in diesen Kapiteln zusammengefassten Aspekte sind auch mehr zum gelegentlichen Nachschlagen geeignet. Sie finden darin Kapitel zur Einrichtung sowie eine Zusammenfassung der wichtigsten Feldfunktionen und im Programm nutzbaren Tastenkombinationen.

Zu den Softwarevoraussetzungen

Wenn Sie die in diesem Buch beschriebenen Hinweise selbst am Rechner nachvollziehen wollen, sollten Sie über Microsoft Office in der Version 2010 – mindestens aber über Word 2010 – verfügen. Wir haben für dieses Buch *Windows 7* als Betriebssystem verwendet und empfehlen dieses Betriebssystem auch Ihnen. Auf einige Unterschiede zum Betrieb unter *Windows Vista* oder *XP* gehen wir aber an den entsprechenden Stellen ein.

Über den Autor

Michael Kolberg 1984 ist als Berater und Autor selbstständig. Er hat etwa 150 Bücher bei verschiedenen Verlagen – insbesondere zu Themen im Bereich der Microsoft-Office-Programme und deren Anwendung im betriebswirtschaftlichen Bereich – geschrieben. Davor studierte er Musik, Luft- und Raumfahrttechnik sowie Betriebswirtschaft und arbeitete sieben Jahre für die Unternehmensberatungsfirma McKinsey & Co., Inc. und war einige Zeit leitender Controller bei einem großen deutschen Einzelhandelskonzern.

Die Begleit-CD zum Buch

Auf der beiliegenden CD-ROM finden Sie:

» Das Buch als farbiges eBook. Damit können Sie auch unterwegs schnell mal etwas nachschlagen.

» Außerdem finden Sie auf der CD-ROM die Mehrzahl der in diesem Buch verwendeten Beispiele. Sie können diese zum Experimentieren verwenden und müssen die erforderlichen Daten nicht mehr selbst eingeben. Die Dateien dafür sind in Ordnern organisiert, die als Namen die jeweilige Kapitelnummer tragen.

Schreiben Sie uns!

Autor und Verlag sind immer bemüht, Ihnen, unseren Kunden und Lesern, die optimale Information zum Thema zu bieten. Scheuen Sie sich deshalb nicht, uns über Fehler und andere Ärgernisse zu informieren. Nur so können wir laufend an der Verbesserung unserer Bücher arbeiten. Aber auch Lob, Erfolgserlebnisse und Ihre Ergebnisse interessieren uns. Schreiben Sie uns unter *autoren@mut.de*, Ihre Mails werden sofort an den Autor weitergeleitet!

Ihr Markt+Technik-Buchlektorat und der Autor dieses Buchs

Brigitte Bauer-Schiewek

Michael Kolberg

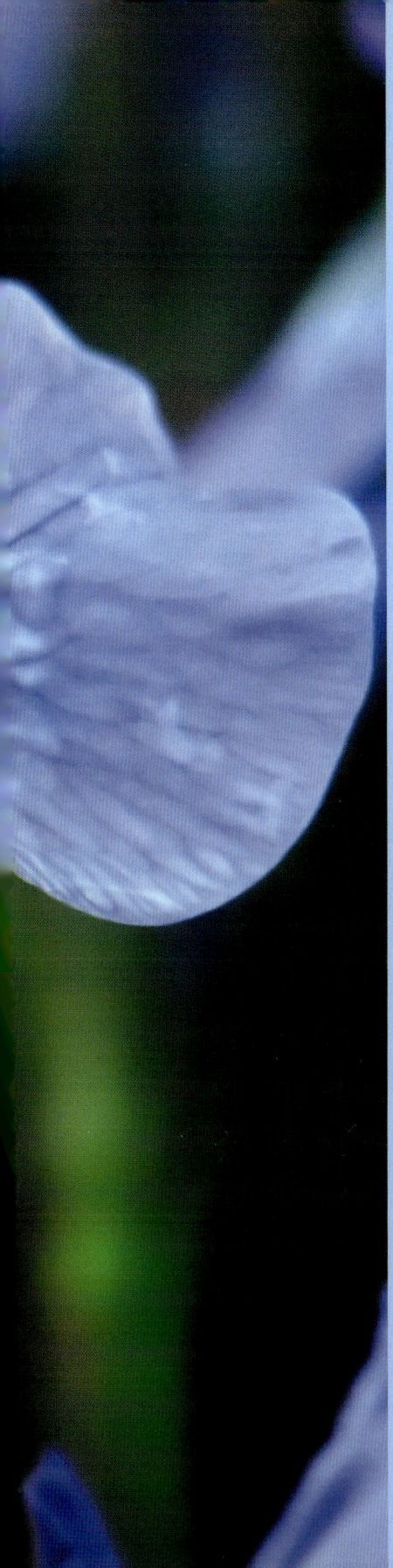

Teil 1
Grundlagen und Neuheiten

In diesem ersten Teil des Buchs wollen wir uns mit einigen Aspekten beschäftigen, die Sie kennen sollten, bevor Sie sich an die konkrete Arbeit mit Word 2010 machen. Wenn Sie Word - oder ein anderes Office-Programm - schon von einer seiner vorherigen Versionen her kennen, werden Ihnen einige Aspekte davon wahrscheinlich schon bekannt sein. Wir empfehlen Ihnen aber, die Kapitel dieses Teils zumindest zu überfliegen, da sich bei der aktuellen Programmversion auch bei den Grundlagen - manchmal etwas versteckt - einige Neuheiten zeigen. Dieser Rat gilt besonders für Leser, die lediglich auf Erfahrungen mit Word oder Office in der Version 2003 und nicht auf die Kenntnis der direkten Vorversion 2007 zurückgreifen können.

Kapitel 1: Installieren und starten

Viele Anwender werden dieses Buch wohl erst zur Hand nehmen, nachdem sie das Programm Word installiert haben. Mit dem Thema Installation hängen aber auch andere Aspekte – wie die Programmpflege, dessen Erweiterung durch Zusätze und die Behandlung von Updates – zusammen. Deswegen wird dieser Bereich gleich zu Anfang behandelt. Eine frühzeitige Installation der aktuellen Updates ist die Voraussetzung dafür, dass die laufenden Programme sicher und auf dem aktuellen Stand sind. In diesem Kapitel wollen wir uns mit den Fragen beschäftigen, die bei der Installation des Programms über das Setupprogramm auftauchen können. Die Mehrzahl der Anwender wird das Programm wahrscheinlich als Teil des Programmpakets Microsoft Office auf dem Rechner installieren. Es gibt aber auch Fälle, in denen das Programm allein oder mit ausgewählten Teilen des jeweiligen Editionenpakets eingerichtet werden soll. Die Unterschiede dabei sind – soweit es das in diesem Buch angesprochene Programm selbst betrifft – gering.

Kapitel 2: Die Programmoberfläche und weitere Neuheiten

Dieses Kapitel führt Sie in die Grundlagen ein, die Sie beherrschen sollten, um mit Microsoft Office vernünftig arbeiten zu können. Dazu gehört die Kenntnis der Elemente der Programmoberfläche – insbesondere dem bei der Version 2010 neuen Menüband und der Registerkarte *Datei*. Wir wollen dieses Kapitel auch gleich dazu nutzen, Sie mit den weiteren Elementen der Oberfläche von Word 2010 bekannt zu machen. Außerdem werden wir Ihnen noch die wichtigsten Neuerungen der einzelnen Programme des Pakets vorstellen und gleich noch sagen, wo Sie in diesem Buch die Details zur Arbeit mit diesen Neuerungen finden.

Kapitel 3: Arbeiten mit Dokumenten

Arbeitsdateien werden bei Word – und in Microsoft Office allgemein – als Dokumente bezeichnet. Die wesentlichen Aufgaben im Zusammenhang mit der Verwaltung dieser Dokumente – wie das Speichern oder Öffnen – werden bei anderen Office-Programmen auf die gleiche Weise abgewickelt. Sie sollten diese Dinge kennen, bevor Sie sich mit den konkreten Fragen der Texteingabe beschäftigen. Hier haben sich bei der Version 2010 im Vergleich zu den Vorgängerversionen einige interessante Neuerungen ergeben.

Kapitel 1

Installieren und starten

Wahrscheinlich werden Sie dieses Buch erst zur Hand nehmen, nachdem Sie Microsoft Word 2010 oder Office 2010 bereits installiert haben. Wenn wir trotzdem dieses Buch mit einem Kapitel zur Installation beginnen, so liegt das daran, dass mit diesem Thema auch andere Aspekte zusammenhängen, von denen zumindest einige für Sie interessant sein könnten: Beispielsweise sollten Sie wissen, wie man nur ausgewählte Teile der Programme einrichtet. Außerdem wollen wir auch noch einige Worte über das Starten der Programme verlieren.

» Bei der Erstinstallation von Office – oder eines der in diesem Paket enthaltenen Programme wie Word – müssen Sie über das Setup-Programm festlegen, welche Form von Installation Sie wünschen (→ Abschnitt 1.1). Bei einer typischen Installation werden beispielsweise nur die Komponenten des Programms von dem Datenträger auf die Festplatte kopiert, die der durchschnittliche Anwender in der Regel benötigt.

» Je nach Form der ursprünglich vorgenommenen Installation des Programms sind gegebenenfalls nur ein Teil der in Office vorhandenen Komponenten oder der dazugehörenden Programme auf Ihrem System eingerichtet. Wenn Sie weitere Komponenten benötigen oder nicht benötigte entfernen wollen, können Sie sich der Programmwartung bedienen (→ Abschnitt 1.2).

» Zum Starten eines der Office-Programme verwenden Sie dieselben Methoden wie zum Starten anderer Programme (→ Abschnitt 1.3). Wir wollen uns in diesem Abschnitt auch kurz mit einigen Aspekten beschäftigen, die beim ersten Starten nach der Installation auftauchen. Dazu gehören die Aufforderung zur Aktivierung des Programms und die Angaben zur Installation der aktuellen Service- und Sicherheits-Updates.

» Windows verfügt daneben noch über eine Reihe von weiteren Methoden, die Ihnen das Öffnen von Programmen erleichtern können (→ Abschnitt 1.4). Dazu gehören beispielsweise Verknüpfungen oder das automatische Starten.

1.1   Die Erstinstallation

Vor dem Installieren sollten Sie unter Umständen die Mindestanforderungen überprüfen, die das Programm an den Rechner stellt (→ Tabelle 1.1). Bei der Version 2010 ist das aber nicht so wichtig, da dieses Paket mit den Ressourcen des Rechners sparsam umgeht und die notwendigen Anforderungen erfüllt sind, wenn eines der Betriebssysteme Windows XP, Windows Vista oder – natürlich am besten – Windows 7 auf dem Rechner läuft. Es geht bei diesen Anforderungen also lediglich darum, dass ausreichend Speicherplatz auf der Festplatte zur Verfügung steht. Sie benötigen aber nur ca. 3 GB für eine Standardinstallation. Das Erstellen von Sicherungskopien von allen wichtigen Daten ist sinnvoll. Eine Sicherung ist besonders dann angeraten, wenn Sie bereits eine vorherige Version von Microsoft Office benutzt und bestimmte Vorlagen erstellt oder modifiziert haben.

Bereich	Anforderung
Prozessor	500 MHz oder höher
Speicher	256 MB RAM oder höher. 512 MB wird für Grafikfunktionen, Outlook-Sofortsuche und bestimmte erweiterte Funktionen empfohlen. Grammatik und kontextbezogene Rechtschreibprüfung in Word 2010 werden nur aktiviert, wenn der Computer über 1 GB RAM verfügt.
Freier Platz auf der Festplatte	3 GB – ein Teil dieses Speicherplatzes wird nach der Installation freigegeben, wenn das ursprüngliche Download-Paket von der Festplatte entfernt wird.
Bildschirmauflösung	1.024 x 768 oder höher
Betriebssystem	Windows XP mit Service Pack 3, Windows Vista mit SP1, Windows 7, Windows Server 2003 R2 mit MSXML 6.0, Windows Server 2008

Tabelle 1.1 Die Systemanforderungen sind relativ gering. Die Daten gelten für Office 2010 Professional insgesamt.

1.1.1   Die Installation starten

Starten Sie den Computer wie gewohnt, schließen Sie alle gegebenenfalls bereits vorhandenen Office-Anwendungen und legen Sie den Datenträger in das entsprechende Laufwerk. Danach wird das Setup-Programm nach dem Beantworten einer Aufforderung im Allgemeinen automatisch gestartet.

TIPP Sollte die AutoRun-Funktion für das Laufwerk nicht verfügbar sein und kein automatischer Start erfolgen, verwenden Sie *Start/Ausführen*. Bei Windows 7 als Betriebssystem finden Sie dieses Programm unter *Alle Programme/Zubehör*. Geben Sie im Feld *Öffnen* den Befehl zum Starten des Installationsprogramms an. Wenn Sie beispielsweise ein Laufwerk mit dem Kennzeichen *D:* benutzen, geben Sie im Feld *Öffnen* die Zeile *D:/setup* ein. Bestätigen Sie mit ↵ oder durch einen Klick auf die Schaltfläche *OK*.

32 Bit oder 64 Bit

Neu bei Office 2010 ist, dass Sie sich zwischen zwei verschiedenen Versionen entscheiden können – 32 Bit und 64 Bit. Sie sollten bei der Wahl der für Sie geeigneten Version gleich die folgenden Punkte beachten:

» Die 32-Bit-Version kann auch auf Betriebssystemen installiert werden, die mit einer 64-Bit-Architektur arbeiten. Die Zahlen 32 und 64 müssen also nicht übereinstimmen.

» Der – zunächst einzig wichtige – Vorteil der 64-Bit-Version von Office 2010 liegt darin, dass Dateien verwaltet werden können, die größer sind als 2 GB.

Das betrifft aber wohl vordringlich das Programm Excel und weniger Word.

» Die gesamte Architektur der Office-Programme ist aber auf 32 Bit ausgelegt. Das betrifft besonders Steuerelemente, Add-Ins und VBA (Visual Basic for Applications) von Microsoft und anderen Anbietern. Heute sind noch keine Add-Ins vorhanden, die die Synchronisierung zwischen den Office-Programmen und anderen Elementen und Geräten – beispielsweise Ihrem Telefon und Outlook – durchführen können.

Microsoft empfiehlt deswegen selbst, zunächst die 32-Bit-Version zu verwenden – es sei denn, Sie müssen mit sehr großen Dateien arbeiten! Wie schon gesagt: Diese Version läuft auch unter Windows 7 x64.

Wenn Ihr Office-2010-Datenträger sowohl die 32-Bit- als auch die 64-Bit-Version enthält, wird standardmäßig bei der Installation die 32-Bit-Version von Office 2010 verwendet, und zwar auch dann, wenn auf Ihrem Computer die 64-Bit-Edition von Windows ausgeführt wird. Eine Ausnahme zeigt sich aber, wenn auf einem Rechner mit einem 64-Bit-Betriebssystem bereits eine 64-Bit-Version von Office installiert war – beispielsweise bei einer nochmaligen Installation von Office 2010. Nur dann wird standardmäßig die 64-Bit-Version von Office installiert.

ACHTUNG Wenn Sie gezielt die 64-Bit-Version von Office installieren wollen, müssen Sie die automatisch gestartete Installationsroutine abbrechen und im Office-2010-Datenträger zunächst zum Ordner *x64* wechseln. Doppelklicken Sie dann in diesem Ordner auf die Datei *Setup.exe*.

Die vorbereitenden Angaben

Anschließend wird die Willkommenseite der Installation angezeigt und die Installationsroutine beginnt. Auf allen folgenden Fenstern finden Sie eine kleine Schaltfläche ⑦ mit einem Fragezeichen darin. Klicken Sie darauf, um zusätzliche Informationen zu den im Fenster angebotenen Optionen zu erhalten. Auf den ersten Seiten des Installationsassistenten müssen Sie zunächst einige Angaben machen, bevor Sie die eigentliche Installation durchführen können:

» Sie müssen zunächst den 25-stelligen *Product Key* eingeben. Sie finden diese Angaben auf Ihrem Echtheitszertifikat oder auf dem Aufkleber auf der Rückseite der Hülle für den Datenträger. Zwischen großen und kleinen Buchstaben wird nicht unterschieden. Die Trennstriche können Sie bei der Eingabe auslassen. Nach der vollständigen Eingabe wird der Schlüssel über das Internet geprüft.

» Wenn Sie das Kontrollkästen vor *Automatische Onlineaktivierung meines Produktes versuchen* angeschaltet lassen, können Sie sich später meist ein manuelles Aktivieren ersparen (→ unten). Bestätigen Sie danach durch einen Klick auf die Schaltfläche *Weiter*.

» Sie müssen anschließend bestätigen, dass Sie die Bedingungen des Endbenutzer-Lizenzvertrags akzeptieren. Die Schaltfläche *Weiter* können Sie erst anklicken, nachdem Sie das Kontrollkästchen *Ich stimme den Bedingungen dieses Vertrags zu* aktiviert haben. Klicken Sie dann erneut auf *Weiter*.

Die Form der Installation festlegen

Anschließend wird ein Dialogfeld mit der Überschrift *Gewünschte Installation auswählen* angezeigt. Dieses Dialogfeld ist wichtig! Sie entscheiden darin, wie mit bereits vorhandenen Office-Installationen verfahren werden soll. Die hier angezeigten Optionen unterscheiden sich teilweise je nach den gegebenen Voraussetzungen.

» Eine Option mit der Überschrift *Jetzt installieren* wird angezeigt, wenn auf dem Computer keine frühere Version von Microsoft Office installiert ist. Wenn Sie diese wählen, können Sie eine vollständige Installation mit Ausnahme einiger spezieller Dateien ausführen.

» Wenn auf dem Computer eine frühere Version von Microsoft Office installiert ist, wird oben die Option *Upgrade* angezeigt. Damit führen Sie eine vollständige Installation mit Ausnahme einiger spezieller Dateien aus. Frühere Microsoft-Office-Versionen auf dem Computer werden automatisch entfernt!

» Mit der Option *Anpassen* können Sie eine bestimmte Auswahl zu den einzelnen Aspekten der Installation treffen, einschließlich der installierten Programme und der Installationsverzeichnisse. Wählen Sie diese Option auch immer dann, wenn Sie eine bestimmte Auswahl installieren möchten.

1.1.2   Die angepasste Installation

Wir beschreiben im Folgenden den Installationsvorgang für die Option *Anpassen*. Die nachfolgenden Schritte entfallen zum größten Teil, wenn Sie eine andere Option benutzen. Nach Wahl von *Anpassen* meldet sich ein Fenster, das über vier Registerkarten verfügt. Je nachdem, was Sie bei der Installation anpassen wollen, müssen Sie zuerst die Einstellungen auf den entsprechenden Registerkarten durcharbeiten. Klicken Sie erst dann auf *Upgrade*, wenn Sie alle gewünschten Einstellungen durchgeführt haben!

Die früheren Versionen von Office aktualisieren

Sollte auf Ihrem Rechner eine vorherige Version von Microsoft Office gefunden worden sein, meldet sich zuerst die Registerkarte *Update*, in der Sie festlegen müssen, wie mit dieser Version verfahren werden soll (→ Abbildung 1.1).

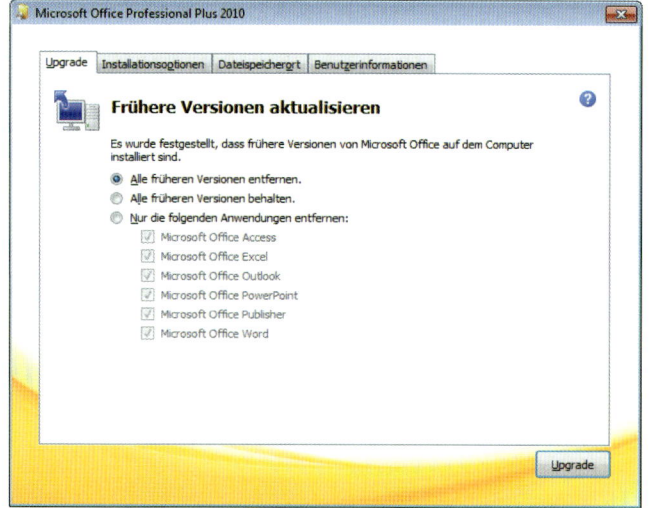

Abbildung 1.1 Bestimmen Sie, wie mit einer vorhandenen Vorversion von Microsoft Office verfahren werden soll.

» Über *Alle früheren Versionen entfernen* legen Sie fest, dass frühere Versionen von Microsoft Office deinstalliert werden und sich anschließend nicht mehr nutzen lassen. Es werden dabei aber keine persönlichen Daten entfernt – wie beispielsweise selbst erstellte Dateien oder Benutzereinstellungen. Enthält die neue Office-Version einige Programme nicht, die im Rahmen der früheren Office-Version installiert wurden, werden diese älteren Programme möglicherweise nicht automatisch entfernt.

» Wenn Sie *Alle früheren Versionen beibehalten* wählen, können Sie anschließend sowohl Office 2010 als auch die bereits installierte Vorversion benutzen. Das gilt aber nicht für Outlook: Von Outlook können keine zwei Versionen auf demselben Computer vorhanden sein. Wenn Sie eine frühere Version von Outlook beibehalten möchten, müssen Sie auf der Registerkarte *Installationsoptionen* explizit auswählen, dass Outlook 2010 nicht installiert werden soll. Sollten Sie eine frühere Outlook-Version beibehalten, jedoch die entsprechende frühere Word-Version entfernen, ist Outlook meist nicht mehr in der Lage, Word als E-Mail-Editor zu verwenden.

» Nachdem Sie *Nur die folgenden Anwendungen entfernen* gewählt haben, können Sie über die Kontrollkästchen darunter festlegen, welche der bereits vorhandenen Anwendungen entfernt werden sollen.

TIPP Theoretisch ist ein Parallelbetrieb verschiedener Version möglich. Sie müssen aber bei jedem Starten einer Version mit einer zwar automatischen, aber zeitaufwändigen Umstellung der Systemeinstellungen rechnen. Wir empfehlen Ihnen daher, auf eine bereits installierte ältere Version von Office zu verzichten, da sich diese manchmal mit der aktuellen Version in die Quere kommen kann.

Die zu installierenden Programme auswählen

Auf der Registerkarte *Installationsoptionen* müssen Sie angeben, welche Produkte Sie installieren wollen (→ Abbildung 1.2). Welche Produkte zur Verfügung gestellt werden, hängt natürlich von dem jeweiligen von Ihnen benutzten Editionenpaket ab.

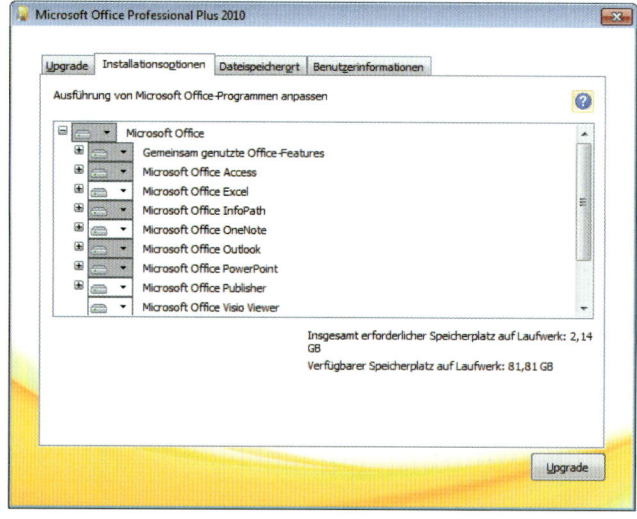

Abbildung 1.2 Wählen Sie die gewünschten Anwendungen aus.

Das Symbol links neben jedem Anwendungsprogramm kennzeichnet, wie das Programm standardmäßig installiert wird. Sie können die Form ändern, indem Sie auf dessen Symbol klicken und dann ein anderes Symbol aus der angezeigten Liste auswählen (→ Abbildung 1.3).

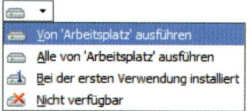

Abbildung 1.3
Wählen Sie aus, ob die einzelnen Programme installiert werden sollen.

» Mit *Von 'Arbeitsplatz' ausführen* wird das Programm auf der Festplatte installiert und gespeichert, wenn Sie das Setup abschließen. Ein grau eingefärbtes Symbol zeigt an, dass einige untergeordnete Programmelemente nicht auf der Festplatte installiert und gespeichert werden.

» ⊟ ▾ Die Option *Alle von ‚Arbeitsplatz' ausführen* bewirkt, dass das Programm mit allen untergeordneten Elementen auf der Festplatte installiert und gespeichert wird, wenn Sie das Setup abschließen. Das Symbol wird auf weißem Hintergrund angezeigt.

» ⊞ ▾ Mit *Bei der ersten Verwendung installiert* wird das Programm auf der Festplatte installiert, wenn Sie es zum ersten Mal verwenden. Dann kann der Zugriff auf den Datenträger oder den Netzwerkserver erforderlich sein, von dem Sie die Installation ursprünglich ausgeführt haben. Auch hier kann das Symbol grau eingefärbt sein, um anzuzeigen, dass einige untergeordnete Programmelemente nicht auf der Festplatte installiert und gespeichert werden.

» ✗ ▾ Wenn Sie *Nicht verfügbar* auswählen, wird das jeweilige Programm nicht installiert und es steht später nicht zur Verfügung. Es kann aber jederzeit nachinstalliert werden.

HINWEIS Wenn Sie auf das Pluszeichen vor einem Programmsymbol klicken, werden die zu diesem Programm vorhandenen Unterelemente angezeigt (→ unten). Sie können dann regeln, welche davon Sie installieren möchten.

Den Speicherort festlegen

Auf der Registerkarte *Dateispeicherort* können Sie angeben, in welchem Verzeichnis die Installation durchgeführt werden soll. In der Mehrzahl der Fälle können Sie es bei dem vom Programm gelieferten Vorschlag belassen. Eine Änderung empfiehlt sich beispielsweise dann, wenn Sie sowohl die Version *2010* als auch eine frühere Version des Programms auf Ihrem Rechner betreiben wollen. In einem solchen Fall könnten Sie den Namen des Verzeichnisses durch die Angabe *2010* – oder auch durch *Office 14* – erweitern. Notwendig ist eine solche Trennung in separate Ordner zwar nicht, sie erleichtert aber später vielleicht die Suche nach bestimmten Programmelementen. Sie können auch auf *Durchsuchen* klicken und dann das gewünschte Verzeichnis auswählen.

Die Benutzerinformationen

Auf der Registerkarte *Benutzerinformationen* geben Sie Ihren vollständigen Name, Ihre Initialen und den Namen Ihrer Organisation – beispielsweise Ihrer Firma – ein. Die Einstellungen werden zunächst aus den Angaben für das Betriebssystem übernommen, können aber hier für die Programme von Microsoft Office abgeändert werden. Diese Daten werden von einigen Elementen in Microsoft Office verwendet, um die Dokumenturheberschaft zurückverfolgen zu können und eine Zuordnung der von Ihnen vorgenommenen Änderungen oder Kommentare zu Ihrer Person für andere Benutzer, die ein Dokument bearbeiten, zu ermöglichen. Die Eingabe der Informationen ist optional. Die Informationen, die Sie hier eingeben, werden nicht an Microsoft gesendet.

Die Installation durchführen

Nachdem Sie die Eingaben auf diesen vier Registerkarten vorgenommen haben, können Sie durch einen Klick auf die Schaltfläche *Jetzt installieren* die eigentliche Installation starten. Den Status dieses Vorgangs können Sie am Bildschirm kontrollieren. Nach Abschluss der Installation erhalten Sie eine Erfolgsmeldung. Sie können an dieser Stelle im Internet über *Office.com* nach zusätzlichen Komponenten, Aktualisierungen und Sicherheitsupdates suchen und diese installieren lassen. Nach einem Klick auf *Schließen* werden Sie unter Umständen aufgefordert, einen Neustart des Rechners durchzuführen.

1.2   Die Programmwartung

Je nach der Form der ursprünglich vorgenommenen Installation des Programms sind gegebenenfalls nur ein Teil der in Microsoft Office vorhandenen Komponenten auf Ihrem System eingerichtet. Wenn Sie weitere Komponenten benötigen oder nicht benötigte entfernen wollen, können Sie sich der Programmwartung bedienen.

1.2.1 Deinstallieren oder Ändern von Programmen

Um den Zugriff auf diese Möglichkeiten bei Windows zu erhalten, öffnen Sie die Systemsteuerung und doppelklicken in der klassischen Ansicht auf *Programme und Funktionen*. In dem daraufhin angezeigten Fenster werden die aktuell auf Ihrem Rechner installierten Programme angezeigt (→ Abbildung 1.4).

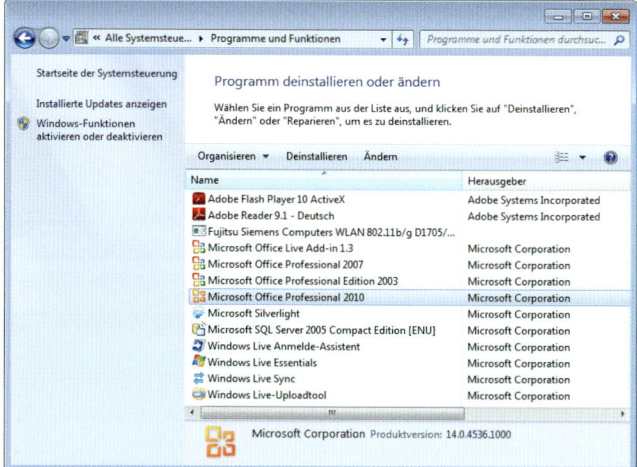

Abbildung 1.4 Die aktuell installierten Programme finden Sie im Bereich *Programme und Funktionen* der Systemsteuerung.

Nach dem Markieren einer Zeile in dieser Liste finden Sie oben mehrere Schaltflächen, über die Sie die Darstellung im Fenster regeln und bestimmte Aktionen starten können. Nicht alle Schaltflächen werden bei allen Programmen angezeigt.

» Mit *Deinstallieren* können Sie das Programm wieder entfernen. Meist müssen Sie nach der Auswahl dieser Schaltfläche noch zusätzliche Angaben machen.

» Über *Ändern* können Sie bei einigen Programmen – so auch bei Microsoft Office 2010 – die dafür installierten Funktionen ändern.

1.2.2 Ändern einer Office-2010-Installation

Um Änderungen an der Installation durchzuführen, schließen Sie alle Office-Programme und legen dann den Microsoft-Office-Datenträger in das entsprechende Laufwerk ein. Klicken Sie im Bereich *Programme dein-*

stallieren oder ändern auf den Eintrag *Microsoft Office ... 2010*. Um neue Komponenten hinzuzufügen oder einzelne installierte Komponenten zu entfernen, wählen Sie die Schaltfläche *Ändern*. Daraufhin wird der Konfigurations-Assistent gestartet und anschließend das Dialogfeld mit mehreren Optionen zur Wartung geöffnet (→ Abbildung 1.5).

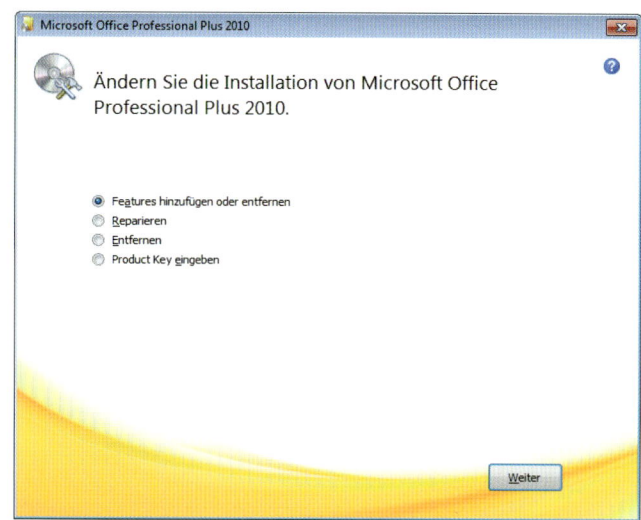

Abbildung 1.5 Geben Sie an, was Sie an der vorhandenen Installation ändern wollen.

Wählen Sie unter den angebotenen Optionen die gewünschte aus:

» *Features hinzufügen oder entfernen* benutzen Sie, wenn Sie einzelne Programmelemente entfernen oder hinzufügen möchten.

» *Reparieren* kann hilfreich sein, wenn Office oder bestimmte Komponenten nicht mehr einwandfrei funktionieren.

» Über die Option *Entfernen* können Sie Microsoft Office 2010 von Ihrem Computer entfernen.

TIPP Änderungen gegenüber den Standardeinstellungen können Sie auch bereits bei der ersten Installation vornehmen, indem Sie die Option *Benutzerdefinierte Installation* wählen.

Office-Programme hinzufügen oder entfernen

Nach der Wahl von *Features hinzufügen oder entfernen* und einem Klick auf *Weiter* wird die bereits von der Erstinstallation her bekannte Registerkarte *Installationsoptionen* angezeigt (→ Abbildung 1.6).

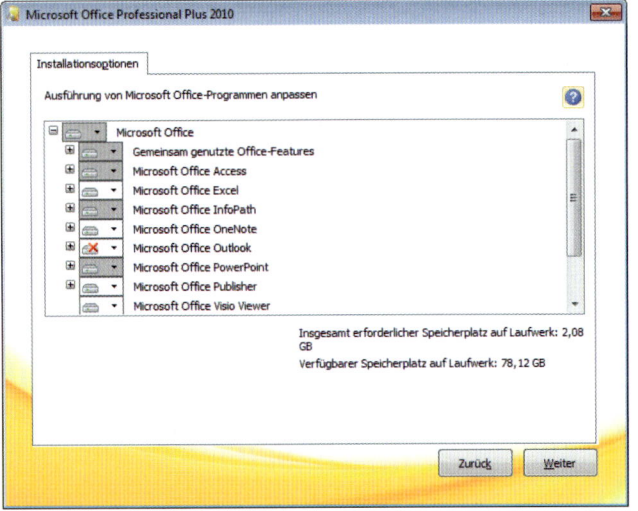

Abbildung 1.6 Die Installationsoptionen erlauben ein Ändern der installierten Programme.

Sie können dann angeben, welche Office-Anwendung Sie komplett entfernen oder hinzufügen wollen. Klicken Sie dazu auf die Pfeilspitze und benutzen Sie dieselben Methoden wie die der anfänglichen benutzerdefinierte Installation. Wählen Sie beispielsweise *Nicht verfügbar*, wenn Sie das Programm nicht installiert haben möchten. Es gelten die oben genannten Optionen. Klicken Sie dann auf *Weiter*. Die Installation wird entsprechend Ihren Anweisungen angepasst.

Komponenten hinzufügen oder entfernen

Durch einen Klick auf das Pluszeichen vor einem Programmnamen können Sie die dazu vorhandenen Unterkomponenten anzeigen lassen (→ Abbildung 1.6). Am Symbol vor dem Namen einer Komponente können Sie erkennen, ob diese Komponente installiert ist. Wenn Sie eine Änderung wünschen, öffnen Sie das entsprechende Listenfeld und wählen Sie die gewünschte Installationsart aus. Beachten Sie, dass einige Komponenten noch über weitere Unterebenen verfügen, die Sie wiederum durch einen Klick auf den jeweiligen Knoten anzeigen lassen können. Hierin können Sie einzelne Komponenten

für jedes der installierten Office-Programme an- und abschalten. Ein Klick auf das Symbol mit dem Minuszeichen schließt einen Knoten wieder. Klicken Sie dann auch hier auf *Weiter*. Die Installation der Unterkomponenten wird entsprechend Ihren Anweisungen geändert.

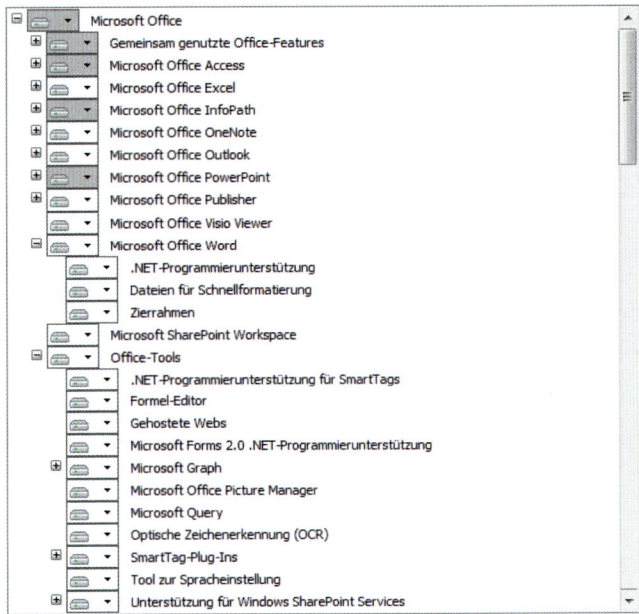

Abbildung 1.7 Auch Unterkomponenten der Programme können hinzugefügt oder entfernt werden.

ACHTUNG Oft übersehen wird die Gruppe *Office Tools*. Diese beinhaltet Anwendungs- und Unterstützungsdateien zur Verwendung mit Microsoft Office – wie *Microsoft Graph* oder *Microsoft Office Picture Manager*. Sie sollten diese Listen durchsehen und die Komponenten zur Installation aktivieren, die Sie gegebenenfalls benötigen. Nicht benötigte können Sie entfernen.

1.3 Starten und Beenden von Programmen

In diesem Abschnitt werden wir auf die wichtigsten Optionen zum Starten eines Office-Programms eingehen: Sie verwenden dafür zunächst einmal dieselben Methoden wie zum Starten eines anderen Programms. Nach dem ersten Starten eines Office-Programms müssen Sie noch einige Einstellungen vornehmen. Diese gelten dann für alle Programme des installierten Pakets.

1.3.1 Ein Programm über das Menü *Start* starten

Den Zugang zu den auf dem Rechner installierten Microsoft-Office-Programmen finden Sie über die Schaltfläche *Alle Programme* im *Start*-Menü.

» Öffnen Sie das *Start*-Menü, indem Sie auf die entsprechende Schaltfläche in der Taskleiste klicken. Oder verwenden Sie die üblichen Tasten dazu.

» Führen Sie den Mauszeiger innerhalb des *Start*-Menüs auf die Schaltfläche *Alle Programme* und klicken Sie mit der linken Maustaste. Die Liste der auf dem Computer installierten Programme wird angezeigt. In dieser Liste finden Sie einerseits eigenständige Programme – wie beispielsweise *Internet Explorer* oder *Windows Media Player*. Mithilfe der Bildlaufleiste am rechten Rand dieses Bereichs können Sie weitere Programme anzeigen lassen. Um eines dieser Programme zu starten, klicken Sie mit der linken Maustaste auf dessen Namen.

» Andere Programme sind zu Gruppen zusammengefasst – beispielsweise in der Gruppe *Microsoft Office*. Eine Gruppe erkennen Sie immer daran, dass links von der Beschriftung das Symbol eines Aktenordners angezeigt wird. Um den Inhalt einer Gruppe anzuzeigen, führen Sie den Mauszeiger auf die entsprechende Zeile und klicken darauf. Der Inhalt der Gruppe wird geöffnet (→ Abbildung 1.8).

» Sie finden darin alle von Ihnen installierten Komponenten. Hier können Sie eines dieser Programme durch einen Klick mit der linken Maustaste darauf starten. Nach einer kurzen Einblendung des Programmlogos wird die Oberfläche angezeigt.

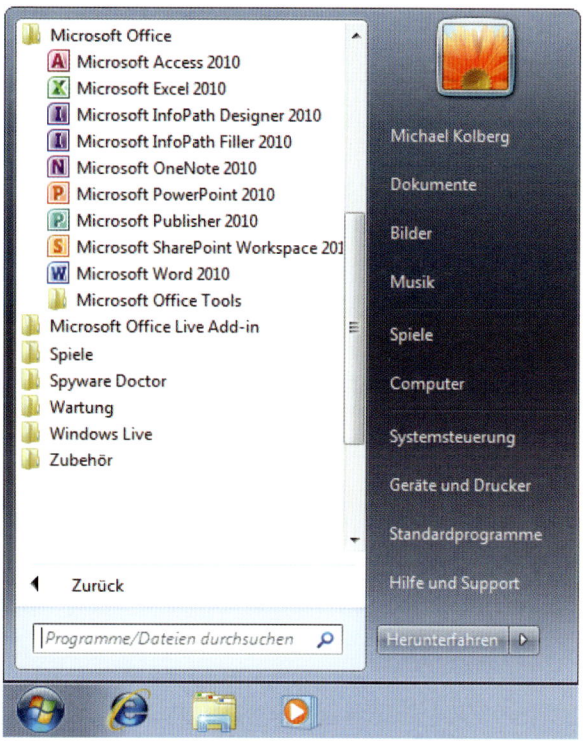

Abbildung 1.8 Sie starten ein Office-Programm – wie jedes andere – über das Startmenü von Windows.

1.3.2 Der erste Start

Nach dem ersten Starten eines Programms müssen Sie noch einige zusätzliche Angaben vornehmen. Dazu gehören die Wahl des Dateiformats, das Aktivieren, das Festlegen der Datenschutzoptionen und die Regelung für das Update.

Die Wahl des Standards für die Dateiformate

Nach dem ersten Starten müssen Sie angeben, welches Dateiformat Sie als Standard für die Arbeit mit Word sowie Excel und PowerPoint verwenden wollen (→ Abbildung 1.9). Microsoft geht damit möglichen zukünftigen Gefahren aus dem Weg, denen es schon bis zum Jahr 2009 wegen der festen Integration des Internet Explorer in das Betriebssystem Windows ausgesetzt war. Deswegen werden Ihnen gleich zu Beginn der Arbeit mit Office 2010 zwei Formate zum Speichern Ihrer Arbeit zur Verfügung gestellt.

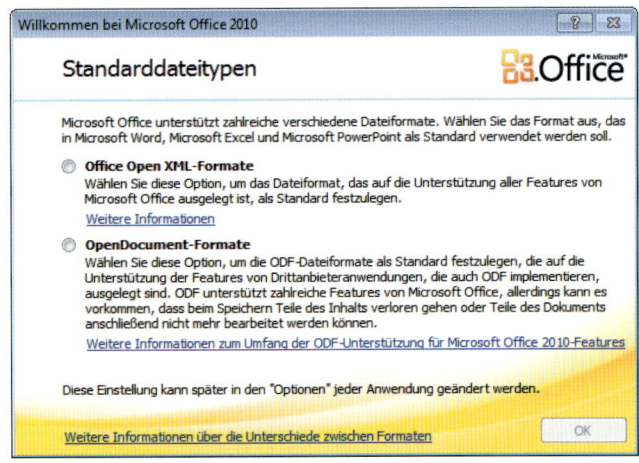

Abbildung 1.9 Wählen Sie, welches Dateiformat Sie als Standard für die Arbeit mit einigen Office-Programmen benutzen wollen.

» Seit der Version 2007 verfügen praktisch alle Office-Programme über neue Dateiformate, die den Namen *Office Open XML-Format* tragen. Dabei handelt es sich um einen offenen Standard für Bürodokumente, der den Datenaustausch zwischen verschiedenen Anwendungen ermöglicht bzw. vereinfacht.

» Neu bei der Version 2010 ist die Unterstützung des freien Dokumentformats *OpenDocument* in der Version 1.1, das sonst vor allem bei OpenOffice.org genutzt wird. Dieses Format wurde ursprünglich von Sun Microsystems entwickelt und durch die Organisation OASIS – für *Open Document Format for Office Applications* – als Standard für Dateiformate von Bürodokumenten spezifiziert und als internationale Norm veröffentlicht.

Wollen Sie die Dateien, die Sie mit Word und den anderen genannten Programmen erzeugen, immer nur mit den jeweiligen Office-Programmen in der Version 2010 weiterbearbeiten, sollten Sie die Option *Office Open XML-Formate* aktivieren und über *OK* bestätigen.

HINWEIS Auf weitere Informationen zu den Unterschieden zwischen diesen Dateiformaten werden wir noch eingehen (→ Kapitel 3).

Aktivieren

Nach dem Starten eines der Office-Programme müssen Sie im Anschluss an die Installation das Programm akti-

vieren. Die Aufforderung dazu meldet sich automatisch. Zur Aktivierung erstellt das Programm aus der Seriennummer der erworbenen Software und *unbedenklichen Informationen zur eingesetzten Hardware* – das sind einige typische Merkmale der Hardware Ihres Systems – eine sogenannte *Identifikationsnummer*. Diese beiden Angaben werden bei Microsoft gespeichert und sollen sicherstellen, dass Ihre Seriennummer des Produkts nicht auf weiteren Rechnern installiert und aktiviert werden kann.

Die Aktivierung kann entweder direkt über das Internet erfolgen oder per Anruf bei Microsoft:

» Wenn Sie die Aktivierung – und gegebenenfalls die Registrierung – über das Netz durchführen wollen, müssen Sie bereits die Einrichtung einer funktionsfähigen Internetverbindung vorgenommen haben. Aktivieren Sie die entsprechende Option und klicken Sie dann auf *Weiter*. Die Verbindung zum Aktivierungsserver wird daraufhin hergestellt und der Austausch der Daten erfolgt automatisch.

» Bei der Aktivierungsvariante per Telefon wird zuerst eine mehrstellige Zahl durch Drücken der entsprechenden Telefontasten übermittelt und dann eine ebenso lange über einen Automaten zurückdiktiert; dies erfordert also ein gewisses Maß an Konzentration und Geduld.

Beenden Sie die Aktivierung durch einen Klick auf *Fertig stellen*.

TIPP Wie Sie die Aktivierung zu einem späteren Zeitpunkt manuell durchführen oder den Schlüssel für Ihr Produkt ändern können, beschreiben wir Ihnen, nachdem wir Ihnen einige Einzelheiten der neuen Programmoberfläche vorgestellt haben (→ Kapitel 2).

Die Datenschutzoptionen

Sie müssen auch in einem als *Microsoft Office schützen und verbessern* überschriebenen Fenster festlegen, wie Sie es in Zukunft mit der Kommunikation des Programms über das Internet zu Microsoft halten wollen (→ Abbildung 1.10).

Abbildung 1.10 Die Einstellungen zu den Datenschutzoptionen

Updates können die Sicherheit eines Rechners verbessern. Der normale Anwender möchte ja meist den Computer für produktive Zwecke – welche auch immer – einsetzen und dazu gehören die Fragen der Sicherheit nur bedingt. Da die Welt aber nun einmal schlecht ist, ist er trotzdem gezwungen, sich damit zu beschäftigen. Für ihn ist es wahrscheinlich die beste Strategie, das Aufspüren solcher Lücken den Experten auf diesem Gebiet zu überlassen und möglichst schnell und vollständig von deren Erkenntnissen zu profitieren. Er sollte sich also bezüglich der Informationen zu neu entdeckten Sicherheitslücken immer auf dem neuesten Stand halten und diese anschließend wirksam mit den angebotenen Hilfsmitteln schließen. Die Wahl der Option *Nur Updates installieren* ist darum zu empfehlen.

ACHTUNG Mit den Einstellungen im Fenster *Microsoft Office schützen und verbessern* legen Sie auch das Verhalten hinsichtlich Updates für Windows fest. Um den Bereich zur Regelung dieser Frage zu betreten, doppelklicken Sie in der Systemsteuerung von Windows auf *Windows Update*. Im dann angezeigten Fenster finden Sie die Möglichkeiten zur Einstellung.

1.3.3 Ein Office-Programm beenden

Um ein Office-Programm zu beenden, stehen die unter Windows üblichen Verfahren zur Verfügung: Klicken Sie auf die *Schließen*-Schaltfläche ganz rechts in der Titelleiste des Anwendungsfensters oder öffnen Sie die Registerkarte *Datei* und klicken Sie auf *Beenden*. Falls die vorher geöffnete Datei Elemente enthält, die geändert und noch nicht gespeichert wurden, werden Sie gefragt, ob diese Änderungen vor dem Schließen gespeichert werden sollen (→ Abbildung 1.11).

ACHTUNG Aber auch, wenn Sie sich dazu entschließen sollten, die Eingaben oder Änderungen in der Datei nicht zu speichern, können Sie bei der Office-Version 2010 in vielen Fällen auf diese Daten später noch zugreifen (→ Abbildung 1.11 und Kapitel 3).

1.4 Hilfsmittel zum Programmstart

Windows verfügt neben der eben beschriebenen grundlegenden Technik noch über eine Reihe von weiteren Methoden, die Ihnen das Öffnen von Programmen erleichtern und auch gleich spezielle Einstellungen beim Starten anwenden.

1.4.1 Verknüpfungen benutzen

So wie für Ordner und Arbeitsdateien können Sie auch Verknüpfungen zu Programmen erstellen. Sie erhalten damit die Möglichkeit, schnell auf solche Programme zuzugreifen. Als Ort für die Ablage einer solchen Programmverknüpfung bietet sich vor allem der Desktop an, aber auch das Menü *Start* und die Taskleiste sind dafür möglich. Durch einen Doppelklick auf ein Verknüpfungssymbol zu einem Programm öffnen Sie das dahinter stehende Programm.

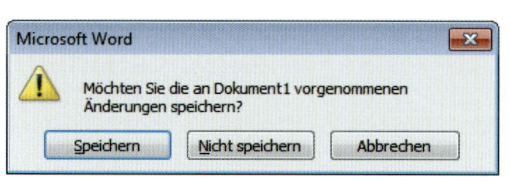

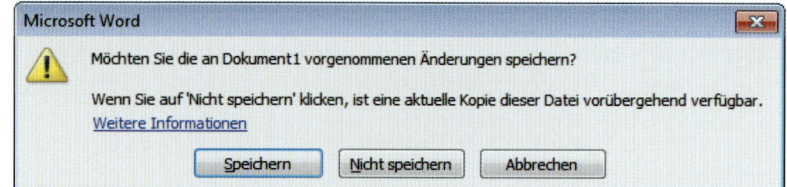

Abbildung 1.11 Wollen Sie speichern? Beachten Sie die Unterschiede zwischen den beiden Dialogfeldern. Links gehen die Daten verloren, rechts können Sie sie zurückholen.

Eine Verknüpfung über den Eintrag im Menü *Start* anlegen

Mehrere Methoden zum Erstellen einer Verknüpfung sind üblich – wir wollen Ihnen zunächst die einfachste davon vorstellen.

» Navigieren Sie im Startmenü von Windows zu dem Bereich, in dem Sie die Symbole für die Office-Programme finden. Klicken Sie auf *Alle Programme* und dann auf die Gruppe *Microsoft Office*.

» Markieren Sie das Symbol für das Programm, zu dem Sie eine Verknüpfung anlegen wollen, und klicken Sie mit der rechten Maustaste darauf. Im Kontextmenü werden Ihnen mehrere Befehle angezeigt – darunter auch solche zum Anlegen von Verknüpfungen zum gewählten Programm (→ Abbildung 1.12).

» Über den Befehl *An Taskleiste anheften* sorgen Sie dafür, dass im linken Bereich der Taskleiste dauerhaft ein Symbol für das Programm abgelegt wird.

» Mit *An Startmenü anheften* bewirken Sie, dass oben links im Menü *Start* ein Verknüpfungssymbol erscheint.

» Wenn Sie eine Verknüpfung auf dem Desktop anlegen wollen, wählen Sie zunächst *Senden an* und dann *Desktop (Verknüpfung erstellen)*.

TIPP Viele Benutzer legen – wie eben beschrieben – Verknüpfungen zu Programmen auf dem Desktop ab. Geöffnete Fenster können die Sicht auf den Desktop jedoch blockieren. Die Verknüpfung in der Taskleiste behebt dieses Problem, da diese auch bei geöffneten Fenstern sichtbar ist.

Eine Verknüpfung auf Basis des Programmsymbols erstellen

Eine Sache sollten Sie beachten, wenn Sie – wie eben beschrieben – eine Verknüpfung auf der Basis der Eintragungen im Windows-Startmenü vornehmen. Bei diesen Elementen handelt es sich ebenfalls bereits um Verknüpfungen. Eine auf Basis einer Verknüpfung angelegte Verknüpfung erlaubt es nicht, zusätzliche Programmoptionen für den Start festzulegen. Wenn Sie das vorhaben sollten, sollten Sie als Basis der Verknüpfung das Symbol für das Programm selbst benutzen.

Dazu müssen Sie zunächst über den Windows Explorer zu dem Ordner auf der Festplatte navigieren, der die Office-2010-Programme selbst beinhaltet. Bei einer Standardinstallation auf der Festplatte *C:* finden Sie sie unter *C:\Programme\Microsoft Office\...*. Markieren Sie dort das Office-Programm, zu dem eine Verknüpfung erstellt werden soll – beispielsweise das Programm *WINWORD*. Wählen Sie dann den Typ der Verknüpfung über das Kontextmenü aus (→ Abbildung 1.13).

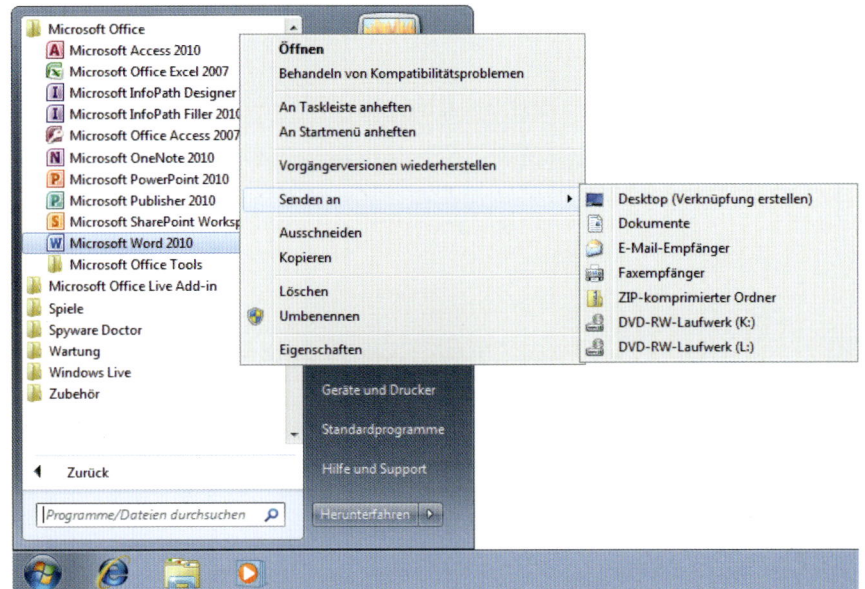

Abbildung 1.12 Sie haben mehrere Möglichkeiten, eine Verknüpfung zu einem Programm anzulegen.

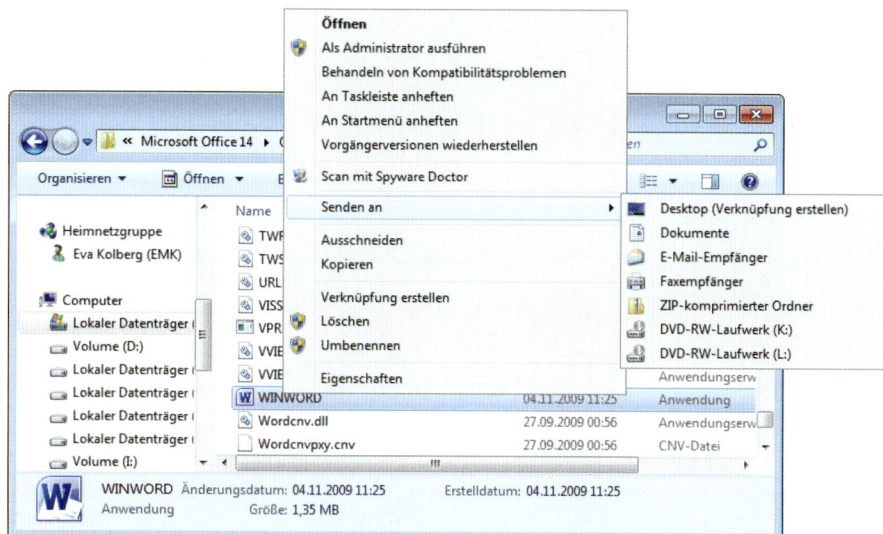

Abbildung 1.13 Verknüpfungen können auch direkt auf Basis der ausführbaren Programmdatei angelegt werden.

Zum Starten eines Programms über eine Verknüpfung im Startmenü oder in der Taskleiste reicht ein einfacher Klick aus. Wenn Sie eine Verknüpfung auf dem Desktop abgelegt haben, müssen Sie darauf doppelklicken, um das Programm zu starten (→ Abbildung 1.14).

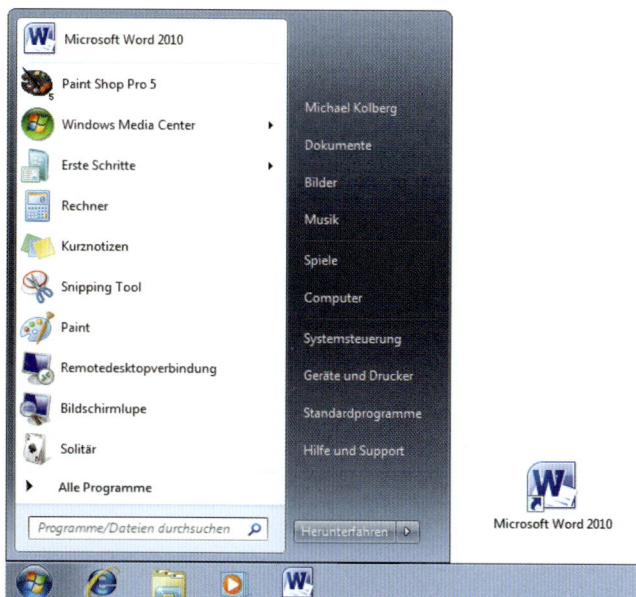

Abbildung 1.14 Hier wurden Verknüpfungen im linken Bereich des Menüs *Start*, in der Taskleiste und auf dem Desktop angelegt. Beachten Sie die drei Symbole für das Programm Word.

Automatisches Starten

Wenn Sie nach dem Hochfahren Ihres Computers sowieso immer dasselbe Programm öffnen, ist es praktisch, wenn dieses automatisch gleich nach dem Start von Windows geöffnet wird. Dazu legen Sie im Ordner *Autostart* das Programm oder – besser noch – eine Verknüpfung dazu ab. Standardmäßig werden beim Starten von Windows keine Programme geöffnet. Um dies zu ändern, nutzen Sie die folgenden Schritte:

» Erstellen Sie eine Verknüpfung zum gewünschten Programm auf dem Desktop.

» Klicken Sie mit der rechten Maustaste darauf und rufen Sie im Kontextmenü den Befehl *Kopieren* oder auch *Ausschneiden* auf.

» Öffnen Sie dann das Windows-Startmenü, klicken Sie auf *Alle Programme* und dann auf den in diesem Bereich angezeigten Eintrag *Autostart*. Der Inhalt dieses Bereichs wird angezeigt. Normalerweise finden Sie hier zunächst die Anzeige *(Leer)*. Klicken Sie mit der rechten Maustaste auf den Ordner *Autostart* und wählen Sie dann im Kontextmenü den Befehl *Öffnen*.

» Setzen Sie den Mauszeiger in diesen Bereich und klicken Sie mit der rechten Maustaste. Wählen Sie dann *Einfügen* aus dem Kontextmenü.

1.4.2 Die Starteigenschaften festlegen

Über das Dialogfeld zum Befehl *Eigenschaften* des Kontextmenüs zu einer Verknüpfung können Sie diverse Parameter der Verknüpfung ändern.

Allgemeine Optionen

Einige Optionen können für alle Verknüpfungen festgelegt werden – auch für die im Startmenü angezeigten. Auf der Registerkarte *Allgemein* der Eigenschaften einer Verknüpfung werden die Grunddaten zusammengefasst. Die Registerkarte *Verknüpfung* zeigt den Typ des Elements an und wo sich das Element befindet, auf das diese Verknüpfung verweist (→ Abbildung 1.15).

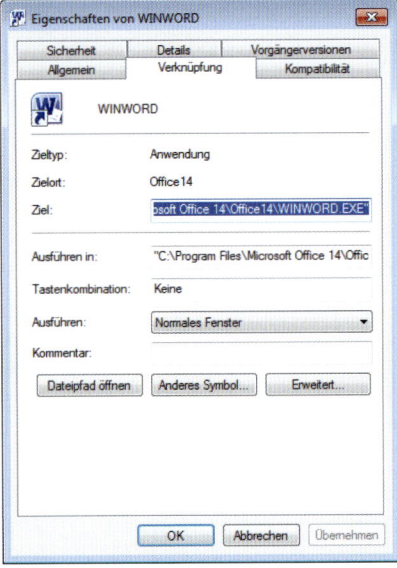

Abbildung 1.15 Die Eigenschaften einer Verknüpfung – hier zu Microsoft Word 2010

» *Ausführen in* gibt den Ordner an, der das ursprüngliche Element oder einige dazugehörige Dateien enthält.

» Das Feld *Tastenkombination* dient zur Eingabe einer Tastenkombination, mit der Sie ein Programm starten oder zu einem Programm wechseln können. Tastenkombinationen enthalten automatisch ⌨Strg+⌨Alt. Geben Sie hier die Taste ein, die Sie dieser Kombination hinzufügen möchten. Um beispielsweise die Tastenkombination ⌨Strg+⌨Alt+⌨O zu definieren, geben Sie einfach *O* ein. Die Tasten ⌨Esc, ⌨↵, ⌨⇆, ⌨Leer, ⌨Druck, ⌨Entf oder ⌨Rück können

in Tastenkombinationen nicht verwendet werden. Außerdem darf die Tastenkombination von keinem anderen Programm verwendet werden. Anderenfalls funktioniert die Zugriffstaste nicht.

» *Ausführen* bestimmt, wie das Element angezeigt werden soll, wenn Sie die Verknüpfung aufrufen: in einem Standardfenster, als Vollbild (maximiert) oder als Schaltfläche auf der Taskleiste (minimiert).

Spezielle Startoptionen

Word kann mit verschiedenen Startoptionen aufgerufen werden. Im Feld *Ziel* auf der Registerkarte *Verknüpfung* ist der Pfad zum Programm vermerkt. Dieses Feld kann aber nur angesprochen werden, wenn Sie die Verknüpfung direkt auf Basis des Programmsymbols angelegt haben.

Durch Eingabe eines zusätzlichen Befehlszeilenschalters am Ende des Pfads können Sie ein Office-Programm mit unterschiedlichen Optionen starten (→ Tabelle 1.2).

Schalter	Beschreibung
/a	Zum Starten des Programms ohne automatisches Laden von Add-Ins und Dokumentvorlagen (bei Word einschließlich der Dokumentvorlage *Normal*)
/lAdd-In-Pfad>	Starten des Programms und anschließendes Laden eines bestimmten Add-Ins
/m	Starten des Programms ohne Ausführen von *AutoExec*-Makros (→ Kapitel 20)
/m<Makroname>	Starten des Programms und Ausführen eines bestimmten Makros. */m* verhindert auch, dass *AutoExec*-Makros ausgeführt werden.
/n	Starten einer neuen Instanz des Programms, ohne dass ein Dokument geöffnet wird. Dokumente, die in der ersten Instanz geöffnet wurden, sind über die zweite Instanz nicht zugänglich.
/t<Vorlagenname>	Starten des Programms mit einem Dokument, das auf einer anderen Vorlage als der Vorlage *Normal* basiert.
/w	Starten einer neuen Instanz mit einem leeren Dokument. Auch hier sind Dokumente, die in der ersten Instanz geöffnet wurden, über die zweite Instanz nicht zugänglich.

Tabelle 1.2 Beim Starten des Programms können zusätzliche Schalter benutzt werden.

ACHTUNG Beachten Sie, dass die Möglichkeit zur Eingabe solcher zusätzlicher Startoptionen nur dann im Dialogfeld *Eigenschaften* zur Verfügung steht, wenn Sie beim Anlegen der Verknüpfung vom Programm selbst ausgegangen sind.

1.4.3 Mehrere Office-Versionen gemeinsam nutzen

Wir hatten es oben schon angesprochen: Wenn Sie mehrere Versionen von Office auf Ihrem Rechner installiert haben, müssen Sie bei jedem Starten einer Version mit einer zwar automatischen, aber zeitaufwändigen Umstellung der Systemeinstellungen rechnen. Wenn Sie beispielsweise mit Word 2003 gearbeitet haben und dann Word 2010 starten, erkennt dieses Programm, dass bereits eine Version installiert ist. In diesem Fall wird der Windows-Installer gestartet, um die Werte in der Windows-Registrierung neu zu setzen. Dazu meldet sich immer der Konfigurationsassistent der jeweiligen Office-Version. Das dauert besonders bei Word einige Zeit. Sie können dies jedoch durch eine Manipulation in der Registrierungsdatenbank ändern.

ACHTUNG Sie sollten die nachfolgend beschriebenen Änderungen in der Registrierung wirklich nur dann durchführen, wenn Sie über ausreichende Erfahrungen auf diesem Gebiet verfügen. Fehler können dazu führen, dass Windows nicht mehr funktioniert. Auf jedem Fall ist es angebracht, die Registrierungsdatenbank vorher zu sichern!

» Rufen Sie den Registrierungseditor auf, indem Sie *regedit* in dem standardmäßig mit *Programme/Dateien durchsuchen* beschriebenen Feld des Windows-Startmenüs eingeben. Klicken Sie auf den darüber angezeigten Link *regedit*.

» Navigieren Sie über den Bereich auf der linken Seite des Fensters zur Ebene *HKEY_CURRENT_USER\Software\Microsoft\Office*. Sie finden darin mehrere Unterebenen. Die Zahlen stehen für die einzelnen vorhandenen Office-Versionen: *11.0* steht für Office 2003, *12.0* steht für Office 2007 und *14.0* steht für Office 2010.

» Wenn Sie die automatische Meldung des Konfigurationsassistenten beim Öffnen von Word 2010 abschalten wollen, navigieren Sie weiter nach unten zur Ebene *14.0\Word\Options*.

» Fügen Sie einen neuen *DWord*-Schlüssel hinzu. Dazu klicken Sie mit der rechten Maustaste im rechten Fensterbereich, wählen *Neu* und dann *DWORD-Wert* (→ Abbildung 1.16). Achten Sie darauf, ob Sie mit einem 32-Bit- oder einem 64-Bit-System arbeiten.

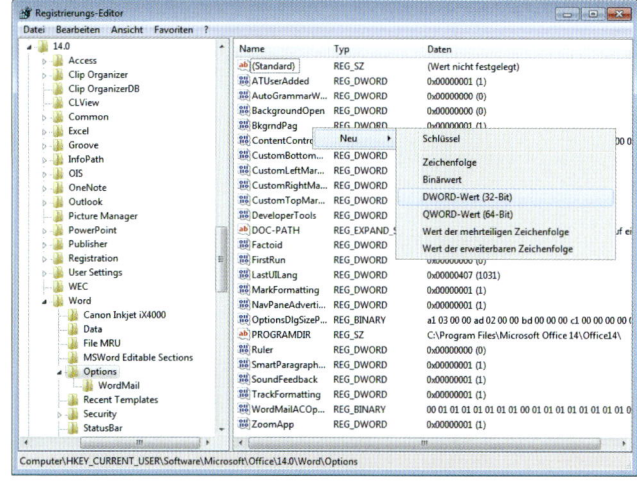

Abbildung 1.16 Einen neuen Schlüssel erzeugen Sie mit einem Rechtsklick auf eine beliebige Stelle im Hauptfenster.

» Benennen Sie den neuen *DWORD*-Schlüssel mit *NoRereg*.

» Doppelklicken Sie auf den Namen des Schlüssels und geben Sie den Wert *1* ein. Bestätigen Sie und verlassen Sie *regedit*.

Nach dem Starten von Word 2010 meldet sich der Konfigurations-Assistent nicht mehr. Wenn Sie mehrere Benutzerkonten auf dem Rechner benutzen, muss diese Änderung für alle Konten durchgeführt werden.

Kapitel 2

Die Programmoberfläche und weitere Neuheiten

In diesem Kapitel geht es um die neue Oberfläche von Word in der Version 2010 im Allgemeinen und die wichtigsten weiteren Neuheiten bei diesem Programm.

» Zunächst wollen wir einige wenige Worte über das Programmfenster von Word 2010 verlieren (→ Abschnitt 2.1). Im Großen und Ganzen haben sich hier gegenüber der Vorversion 2007 keine gravierenden Änderungen ergeben.

» Dann wollen wir auf die Methoden zur Steuerung des Programms eingehen (→ Abschnitt 2.2). Das vielleicht wichtigste Element der Oberfläche ist das Menüband, das (fast) alle Elemente zur Steuerung eines Office-Programms beherbergt. Dieses Menüband ersetzt die aus den noch weit verbreiteten Programmversionen 2003 her bekannte Struktur der Menüs und Symbolleisten. Absolut neu darin ist in der Version 2010 die Registerkarte *Datei*, die die von der Vorversion 2007 her vielleicht bekannte *Office*-Schaltfläche ablöst. Dieses Element dient zum Verwalten von Dateien und dateispezifischen Daten. Kurz gesagt, führen Sie damit Aufgaben mit Dateien, aber nicht in den Dateien aus.

» Wir wollen dieses Kapitel auch gleich dazu nutzen, Sie mit den weiteren Elementen der Oberfläche bekannt zu machen. Dazu gehören beispielsweise der Zugang zu den Programmoptionen und die wich-

tigsten Bereiche darin (→ Abschnitt 2.3). Außerdem sollten Sie natürlich wissen, wie man die integrierten Programmhilfen benutzt (→ Abschnitt 2.4).

» Abschließend werden wir Ihnen noch die sonstigen wichtigsten Neuerungen des Programms Word 2010 vorstellen und Ihnen auch gleich noch sagen, wo in diesem Buch Sie die Details der Arbeit mit diesen Neuerungen finden (→ Abschnitt 2.5).

HINWEIS Wie Sie Word starten und welche zusätzlichen Hilfsmittel Ihnen dazu zur Verfügung stehen, haben wir bereits beschrieben (→ Kapitel 1).

2.1 Das Programmfenster von Word

Nach dem Starten von Microsoft Word wird – nach einer kurzen Einblendung des Programmlogos – die Oberfläche des Programms zusammen mit einem leeren Dokument angezeigt (→ Abbildung 2.1).

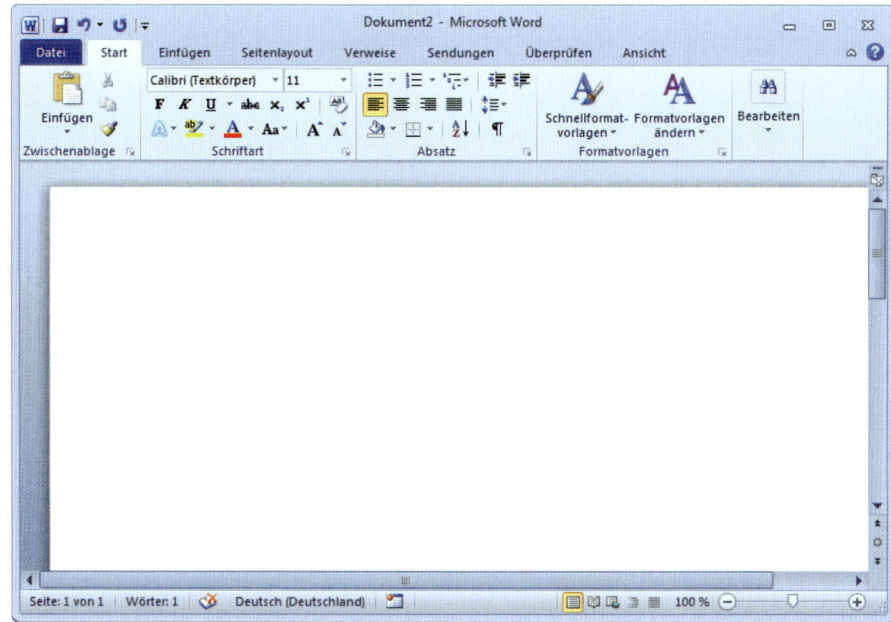

Abbildung 2.1 Die Programmoberfläche von Microsoft Word 2010

2.1.1 Die Elemente des Bildschirms

Gegenüber der Version 2010 haben sich hier nur wenige Änderungen ergeben. Wenn Sie Word nur in der Version 2003 oder noch gar nicht kennen, sollten Sie sich vor der Arbeit an einem Dokument zunächst einmal mit den typischen Elementen dieser Oberfläche vertraut machen. Im Folgenden werden diese Elemente kurz vorgestellt, Details werden dann in den einzelnen Kapiteln im jeweiligen Funktionszusammenhang erläutert. Einige dieser Elemente können Sie über die Optionen im Fenster der *Word-Optionen* abschalten, wieder einschalten und auch an Ihre speziellen Arbeitsgewohnheiten anpassen (→ unten und Kapitel 26).

» Die *Titelleiste* des Fensters enthält den Dokument- und den Programmnamen sowie ganz links das Symbol zum Öffnen des Systemmenüs und ganz rechts die Schaltflächen zum Regeln der Fensterdarstellung sowie zum Schließen des Fensters.

» In dieser Titelleiste und in dem Bereich direkt darunter finden Sie praktisch alle Elemente, die zur Steuerung des Programms notwendig sind. Dazu gehören das Menüband und die *Symbolleiste für den Schnellzugriff* (→ unten).

» Den Großteil des Bildschirms nimmt der eigentliche *Arbeitsbereich* des Programms ein. Hier geben Sie den Inhalt Ihres Dokuments ein. Der Mauszeiger hat die Form eines großen *I*, sofern er sich innerhalb des eigentlichen Textbereichs befindet. Er kann aber auch andere Formen – beispielsweise im Rahmen der Funktion *Klicken und Eingeben* – annehmen (→ Kapitel 4). Die blinkende *Einfügemarke* in Form eines senkrechten Strichs kennzeichnet die Stelle, an der die eingegebenen Zeichen auf dem Bildschirm – also auch im Dokument – erscheinen.

» In der *Statusleiste* am unteren Rand des Fensters werden unter anderem Hinweise zum Programmablauf angezeigt (→ Tabelle 2.1).

Anzeige	Beschreibung
Seite: 1 von 1	Die Einfügemarke befindet sich auf Seite *1* in einem Dokument, das insgesamt *1* Seite umfasst. Ein Klick auf die Schaltfläche zeigt das Dialogfeld *Suchen und Ersetzen* mit der Registerkarte *Gehe zu* an, über das Sie zu anderen Stellen im Dokument navigieren können.
Wörter: 0	Im Dokument sind *0* Wörter eingegeben worden. Ein Klick zeigt das Dialogfeld *Wörter zählen* an (→ Kapitel 4).
	Im Dokument wurden keine Rechtschreib- oder Grammatikfehler erkannt. Sind Fehler vorhanden, wird das durch eine andere Form der Schaltfläche angezeigt. Ein Klick darauf startet dann die Rechtschreibprüfung (→ Kapitel 10).
Deutsch (Deutschland)	Die Standardsprache für die Dokumentprüfung im Dokument ist *Deutsch*. Ein Klick darauf erlaubt die Wahl einer anderen Sprache (→ unten).
	Zurzeit werden keine Makros aufgezeichnet. Ein Klick auf diese Schaltfläche startet die Aufzeichnung. Diese Anzeige erfolgt nur, wenn die Registerkarte *Entwicklertools* eingeblendet wird (→ unten).
	Über diese Schaltflächen können Sie zwischen unterschiedlichen Ansichten für das Dokument wählen (→ Kapitel 4).
120 %	Die Zahl mit dem Prozentzeichen zeigt den aktuell eingestellten Vergrößerungsmaßstab an. Ein Klick darauf zeigt das Dialogfeld *Zoom* an, über das Sie einen anderen Maßstab wählen können.
⊖———⊕	Ein schnelles Ändern des Vergrößerungsmaßstabs ist auch über den Schieberegler möglich. Setzen Sie den Mauszeiger darauf und verschieben Sie die Maus mit gedrückt gehaltener Maustaste (→ unten).

Tabelle 2.1 Die wichtigen Anzeigen in der Statusleiste sollten Sie beachten.

2.1.2 Arbeiten mit dem Programmfenster

Die Techniken zum Arbeiten mit einem solchen Programmfenster entsprechen denen, die Sie wahrscheinlich schon von anderen Anwendungen kennen, die unter Windows laufen. Bei der Arbeit mit Windows 7 ergeben sich dabei noch einige Besonderheiten, auf die wir noch einmal schnell eingehen wollen.

Symbole in der Taskleiste

Nach dem Starten von Programmen werden Symbole dafür in der Windows-Taskleiste angezeigt. Das Symbol für das gerade aktive Fenster wird darin mit einem etwas helleren Hintergrund und einem etwas stärkeren Rahmen angezeigt. Sie können diese Symbole benutzen, um zu einem anderen Programm zu wechseln. Ein Klick auf das Symbol in der Taskleiste öffnet das Fenster für die Anwendung.

Wenn Sie mit Windows 7 als Betriebssystem arbeiten, sollten Sie die folgenden Besonderheiten beachten.

» Wenn Sie den Mauszeiger auf ein Programmsymbol in der Taskleiste bewegen, wird ein Symbol für das Programmfenster angezeigt. Wie diese Darstellung der Elemente erfolgt, ist auch eine Frage der Leistungsfähigkeit des Computers. Leistungsstärkere Rechner sorgen automatisch dafür, dass diese Elemente in Form von Miniaturansichten angezeigt werden. Die Form der Darstellung können Sie aber auch über die *Einstellungen* zu den *Systemeigenschaften* von Windows 7 regeln.

» Der Sinn dieser Form der Anzeige zeigt sich erst dann richtig, wenn Sie in einem Anwendungsprogramm mehrere Dateien geöffnet haben – beispielsweise mehrere Dokumenten im Programm Microsoft Word (→ Abbildung 2.2): Dass mehrere Dateien vorhanden sind, erkennen Sie daran, dass das Symbol für die Anwendung als Gruppe mehrerer Symbole angezeigt wird. Damit wird der Eindruck vermittelt, mehrere Symbole lägen direkt hintereinander. Wenn Sie den Mauszeiger auf diese Symbolgruppe bewegen, werden die Namen der dazu gehörenden Fenster – also Anwendung und die gerade geöffneten Dateien – eingeblendet.

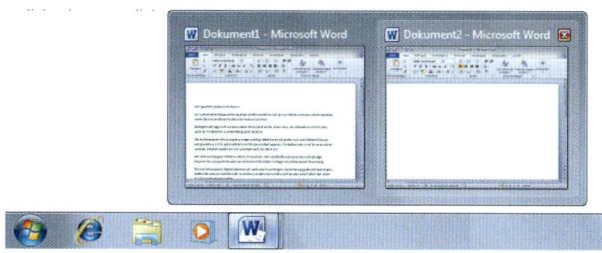

Abbildung 2.2 Miniaturansichten der geöffneten Dokumente werden in Windows 7 über die Taskleiste sichtbar – hier sind zwei Dokumente geöffnet.

» Wenn Sie den Mauszeiger in eine solche Liste hineinbewegen, haben Sie auch die Möglichkeit, das Fenster über die dann darin angezeigte kleine Schaltfläche ⊠ zu schließen.

Größe und Position des Fensters ändern

Sollte ein zu groß eingestelltes oder maximiertes Fenster die Aussicht auf die anderen Fenster versperren, können Sie sich zum Wechseln einer der anschließend beschriebenen Methoden bedienen.

» Am rechten Rand der Titelleiste eines Fensters finden Sie drei – für Windows-Anwendungen typische – Schaltflächen, über die Sie durch einen Klick die Fensterdarstellung regeln sowie das Programm schließen können (→ Tabelle 2.2). Diese sind Ihnen sicherlich bekannt.

Symbol	Name und Wirkung
▭	*Minimieren*: reduziert das Fenster zu einem Symbol in der Taskleiste. Ein Klick auf dieses Symbol zeigt den Inhalt wieder an.
▢	*Maximieren*: schaltet von der Fensterdarstellung auf die volle Bildschirmgröße um. Damit nutzen Sie den zur Verfügung stehenden Platz komplett aus.
⧉	*Verkleinern*: schaltet von der vollen Bildschirmgröße zur vorher eingestellten Fensterdarstellung um.
⊠	*Schließen*: schließt das Anwendungsprogramm. Vorher sollten Sie Ihre Eingaben in diesem Programm speichern.

Tabelle 2.2 Die Schaltflächen in der Titelleiste erlauben ein Ändern der Fensterdarstellung und das Schließen des Fensters.

» Außerdem können Sie sowohl die Lage als auch die Größe mit der Maus direkt über den Fensterrahmen verändern (→ Tabelle 2.3). Auch das funktioniert wie von vorherigen Versionen gewohnt.

Aktion	Beschreibung
▹	Sie können die Lage eines solchen Fensters auf dem Bildschirm verschieben, indem Sie den Mauszeiger auf die Titelleiste setzen, die Maustaste gedrückt halten und das Fenster über die Maus an eine andere Position ziehen. An der gewünschten Stelle lassen Sie die Maustaste los.
⬉	Über die Ecken eines Fensters können Sie die Größe und Breite eines Fensters diagonal verändern. Setzen Sie den Mauszeiger auf eine Ecke und ziehen Sie die neue Größe bei gedrückt gehaltener Maustaste. Die neuen Proportionen werden angezeigt.
↔	Um die Breite des Programmfensters zu ändern, setzen Sie den Mauszeiger auf den rechten oder linken Fensterrand und ziehen diesen bei gedrückt gehaltener Maustaste in die gewünschte Richtung.
↕	Entsprechend können Sie die Höhe des Programmfensters ändern, indem Sie den oberen oder unteren Fensterrand über die Maus auf eine neue Größe ziehen.

Tabelle 2.3 Zum Ändern von Größe und Position des Fensters verwenden Sie die Maus.

TIPP Bei Windows 7 können Sie ein nicht maximiertes Fenster maximieren, indem Sie die Titelleiste an den oberen Bildschirmrand ziehen. Das funktioniert auch umgekehrt: Ist ein Fenster maximiert, können Sie es zur vorher eingestellten Größe zurückbewegen, indem Sie die Titelleiste vom oberen Bildschirmrand auf eine Stelle in der Bildschirmmitte bewegen.

Fenster andocken

Die bei Windows 7 neue Funktion *Aero Snap* vereinfacht das Arbeiten mit Fenstern. Vor allem für Anwender, die mit vielen Fenstern gleichzeitig hantieren, dürfte das interessant sein.

» Wenn Sie die Titelleiste eines Fensters an den linken oder rechten Bildschirmrand verschieben, bis der Mauszeiger den Rand erreicht, wird die Fenstergröße so angepasst, dass jeweils die eine Hälfte des

Bildschirms davon belegt wird. Dadurch lassen sich bequem zwei Fenster direkt nebeneinander postieren. Sobald ein so gesetztes Fenster vom Bildschirmrand entfernt wird, nimmt das Fenster die ursprünglichen Maße wieder an.

» Wenn Sie den unteren oder oberen Rand eines nicht maximierten Fensters nach unten bis zur Taskleiste bzw. an den oberen Bildschirmrand ziehen, wird das Fenster nur in seiner Höhe maximiert, die Breite bleibt wie vorher eingestellt. Um wieder zum vorherigen Zustand zurückzukehren, verschieben Sie den Fensterrand wieder nach unten oder oben.

Sie können das aktuell geöffnete Fenster auch über die Tastatur neu positionieren: Die Tastenkombination `Windows`+`←` sorgt beispielsweise dafür, dass das Fenster an der linken Seite des Desktops angedockt wird, `Windows`+`→` dockt es rechts an. Mit `Windows`+`↑` wird das Fenster maximiert, mit `Windows`+`↓` kehren Sie zurück zur vorher eingestellten Fenstergröße.

2.1.3 Der Vergrößerungsmaßstab

Über die Zoomfunktion des Programms können Sie festlegen, in welchem Maße das Dokument auf dem Bildschirm vergrößert beziehungsweise verkleinert dargestellt werden soll. Wenn Sie die Anzeige vergrößern, können Sie den Text besser lesen, wenn Sie sie verkleinern, sehen Sie mehr vom Dokument.

Den Vergrößerungsmaßstab ändern Sie über mehrere Elemente im rechten Bereich der Statusleiste. Der Prozentwert links zeigt den aktuell eingestellten Maßstab an. Durch Klicken auf die kleinen Schaltflächen mit dem Plus- und dem Minuszeichen verändern Sie den Maßstab der Darstellung stufenweise, über den Schieberegler dazwischen können Sie auch Zwischenwerte einstellen.

Abbildung 2.3 Über den rechten Bereich der Statusleiste können Sie den Vergrößerungsmaßstab einstellen.

Außerdem finden Sie im Menüband auf der Registerkarte *Ansicht* eine Gruppe mit dem Namen *Zoom*, über deren Befehlsschaltflächen Sie die Vergrößerung einstellen können. Ein Klick auf die Schaltfläche *Zoom* darin zeigt ein Dialogfeld an, über das Sie den gewünschten Maßstab einstellen können (➔ Abbildung 2.4).

Abbildung 2.4
Auch über das Dialogfeld *Zoom* können Sie bei Word den Maßstab der Anzeige ändern.

» Die häufig verwendeten Darstellungsmodi können Sie durch Wählen von *200%*, *100%* oder *75%* usw. einstellen. Im Feld *Prozent* können Sie aber auch einen Zahlenwert im Bereich zwischen *10%* und *500%* eingeben.

» Über die weiteren Optionen können Sie die Anzeige so einstellen, dass entweder die gesamte *Seitenbreite* (inklusive Rand), die *Textbreite* (also die Seite ohne Rand) oder die *Ganze Seite* vollständig angezeigt wird. Diese Optionen sind nur in der Ansicht *Seitenlayout* und in der *Seitenansicht* verfügbar.

» Wenn Sie die Option *Mehrere Seiten* aktivieren, legen Sie über die darunter angezeigte Schaltfläche mit dem Monitor fest, wie viele Seiten angezeigt werden sollen. Diese Option wirkt nur in der Ansicht *Seitenlayout* und in der *Seitenansicht*. Für die einzelnen Ansichten eines Dokuments können Sie unterschiedliche Vergrößerungsmaßstäbe einstellen.

2.2 Die neue Programmsteuerung

Bis zur Version 2003 fanden Sie die wichtigsten Elemente zur Steuerung eines Microsoft-Office-Programms in den Menüs und den Symbolleisten. Um eine Aktion auszuführen, mussten Sie oft eine Reihe von Stellen mit der Maus anklicken: Sie mussten zuerst ein Menü öffnen und darin oft noch ein Untermenü anzeigen lassen. Dann mussten Sie einen Befehl wählen. Die gewünschten Einstellungen mussten Sie in einem Dialogfeld festlegen, das oft über mehrere Registerkarten verfügte. Schließlich mussten Sie diese Angaben bestätigen.

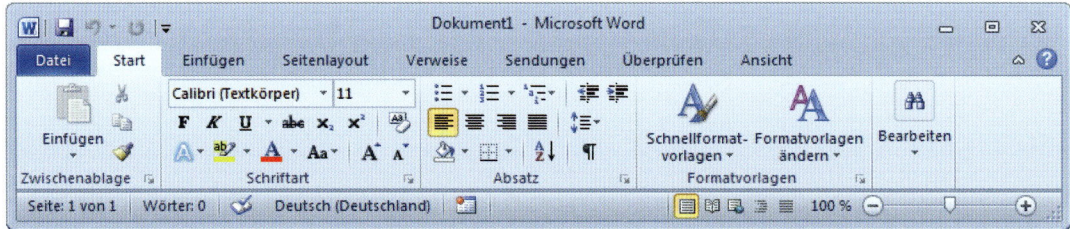

Abbildung 2.5
Das Menüband von
Word 2010 ersetzt
die Menüs und die
Symbolleisten der
Version 2003.

2.2.1   Das Menüband

Mit der Programmversion 2007 wurde dieses System durch die Multifunktionsleiste abgelöst. Diese Technik wurde in der aktuellen Version 2010 konsequent weiterentwickelt. Die Multifunktionsleiste trägt jetzt den einprägsamen Namen *Menüband* und Sie werden feststellen, dass Sie bedeutend weniger Mausklicks benötigen, um eine Aktion durchzuführen (→ Abbildung 2.5). Am oberen Rand des Menübands finden Sie mehrere Registerkarten vor. Jede dieser Registerkarten bezieht sich auf eine Art von Aktivität – beispielsweise liefert die Registerkarte *Einfügen* alle Werkzeuge, die Sie zum Einfügen von Elementen benötigen. Innerhalb einer Registerkarte sind die einzelnen Elemente in Gruppen zusammengefasst.

» Der Hauptvorteil der Arbeit mit dem Menüband besteht wohl darin, dass sie die Aufgaben und Einstiegspunkte vereint, die früher über verschiedene Menüs, Symbolleisten, Aufgabenbereiche und andere Komponenten der Benutzeroberfläche angezeigt werden mussten. Diese werden jetzt in Registerkarten und Gruppen darin zusammengefasst. Nun müssen Sie nur noch an einer einzigen Stelle nach Befehlen suchen und nicht mehr an verschiedenen Orten.

» Der wesentliche Nachteil dieser neuen Idee von Microsoft besteht darin, dass wohl jeder Anwender einige Zeit brauchen wird, bis er sich in dieser neuen Struktur so gut zurechtfindet, dass er keine Zeit mehr mit dem Suchen nach bestimmten Befehlen und Funktionen verbringen muss. Nach einiger Zeit der Arbeit mit den Programmen der Office-Generation 2010 stellt sich aber ein intuitives Verständnis ein.

ACHTUNG Es ist übrigens mit den programmeigenen Werkzeugen nicht möglich, das Menüband zu löschen oder durch die Symbolleisten und Menüs aus den früheren Versionen von Microsoft Office zu ersetzen. Sie können aber das Menüband und seine

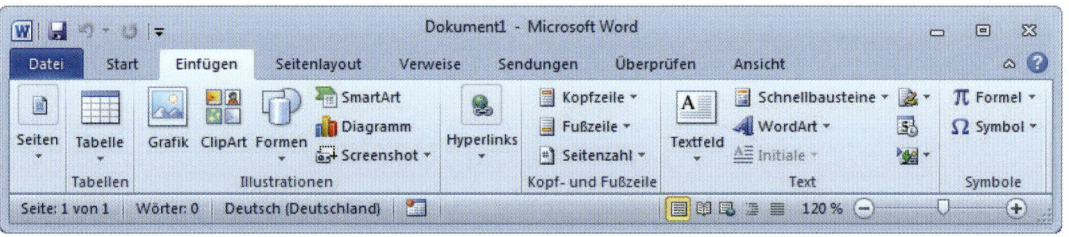

Abbildung 2.6
Die Registerkarte
Einfügen bei Word
beinhaltet (fast) alle
Befehle, die Sie zum
Einfügen von Elementen benötigen.

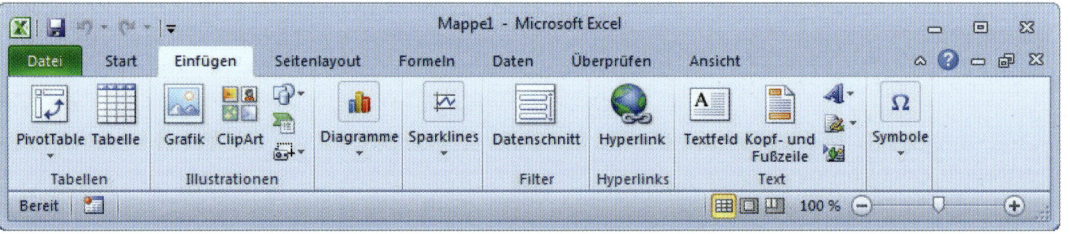

Abbildung 2.7
Die Registerkarte
Einfügen bei Excel
beinhalt ähnliche
Elemente wie bei
Word.

Elemente an Ihre Vorstellungen anpassen (→ unten und Kapitel 24). Außerdem existieren im Internet Zusatzprogramme, die eine weitere Anpassung ermöglichen. Beispielsweise finden Sie unter *http://beqiraj.net/post/ Klassisches-Menue-fuer-Office-2010-gratis-herunterladen.aspx* auch eine Möglichkeit, die klassische Menüstruktur wieder anzuzeigen. Durchgetestet haben wir das aber nicht.

2.2.2 Die Registerkarten für Befehle

Am oberen Rand des Menübands finden Sie die Laschen für mehrere Registerkarten. Klicken Sie darauf, um die jeweiligen Inhalte anzuzeigen. Jede Registerkarte bezieht sich auf eine Art von Aktivität – beispielsweise liefert in Word die Registerkarte *Einfügen* alle Werkzeuge, die Sie zum Einfügen von Elementen in ein Dokument benötigen. Von Vorteil für den Anwender ist, dass er bei allen Office-Programmen oft dieselben bzw. ähnliche Befehle findet (→ Abbildung 2.6 und Abbildung 2.7).

Die Gruppen

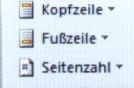 Innerhalb einer Registerkarte sind die einzelnen Elemente in *Gruppen* zusammengefasst. Das sind die Bereiche innerhalb des Menübands, die durch senkrechte Trennstriche voneinander abgesetzt sind. Diese verfügen über eine Gruppenbezeichnung – beispielsweise *Kopf- und Fußzeile* in der Registerkarte *Einfügen* von Word. Microsoft ist der Meinung, dass diese Gruppenbildung das Auffinden der einzelnen Werkzeuge erleichtert, da diese Gruppen immer bestimmte Aufgabentypen zusammenfassen. Das stimmt unserer Meinung nach nur bedingt: Oft gibt es auch Gruppen, die Elemente zusammenfassen, die nirgendwo sonst hineingepasst haben.

Die Befehle

Was sich innerhalb einer Gruppe befindet, wird von Microsoft als *Befehle* oder *Befehlsschaltflächen* bezeichnet. Viele dieser Elemente verfügen über dieselbe Funktionsweise, wie die von den Vorversionen bekannten Schaltflächen der Symbolleisten:

» Bei einigen dieser Befehle handelt es sich um Umschalter, die durch einen Klick darauf ein- und ausgeschaltet werden können. Beispielsweise finden Sie in der Gruppe *Schriftart* der Registerkarte *Start* bei fast allen Programmen die Schaltfläche *Fett* **F**, mit

der Sie eine Darstellung des gerade markierten Bereichs in Fettdruck bewirken oder diese wieder abschalten können. Eine unterschiedliche Farbgebung kennzeichnet den jeweiligen Zustand.

» Andere Befehlsschaltflächen bewirken die Durchführung eine Aktion oder leiten diese zumindest ein. Beispielsweise können Sie durch einen Klick auf die Schaltfläche *Kopieren* 🗐 in der Gruppe *Zwischenablage* der Registerkarte *Start* bewirken, dass ein vorher im Dokument markierter Bereich in die Windows-Zwischenablage kopiert wird.

» Andere Befehlsschaltflächen erlauben es, eine Liste mit weiteren Optionen aufzuklappen. Sie erkennen diese Typen daran, dass sie mit einer meist nach unten zeigenden kleinen Pfeilspitze ausgestattet sind. Ein Beispiel dafür finden Sie in der Gruppe *Zwischenablage* der Registerkarte *Start* bei der Schaltfläche *Einfügen*. Sie lassen diese Liste anzeigen, indem Sie auf die Pfeilspitze klicken. Anschließend können Sie eine der in der Liste angezeigten Optionen auswählen, indem Sie darauf klicken.

» Beachten Sie aber, dass einige der Befehlsschaltflächen mit Pfeilspitzen auch über eine einfache Einschalt- oder Umschaltfunktion verfügen, die Sie ansprechen können, indem Sie auf eine Stelle in der Schaltfläche außerhalb der Pfeilspitze klicken. Eine unterschiedliche Farbgebung weist Sie darauf hin, ob Sie die Liste der Optionen aufklappen oder die Schaltfläche direkt ansprechen wollen.

Die Kataloge

Einige Befehlsschaltflächen verfügen über eine Katalogfunktion. Sie ermöglichen eine Auswahl aus mehreren Alternativen. Es gibt mehrere Typen von Katalogen:

» Allgemein bekannt dürften jene Schaltflächen sein, bei denen Sie durch einen Klick auf eine nach unten weisende Pfeilspitze eine Liste von Alternativen anzeigen lassen können. Typische Beispiele dafür sind bei der Mehrzahl der Programme die Listen zu den Schaltflächen *Schriftart* und *Schriftgrad* der Gruppe *Schriftart* (→ Abbildung 2.8).

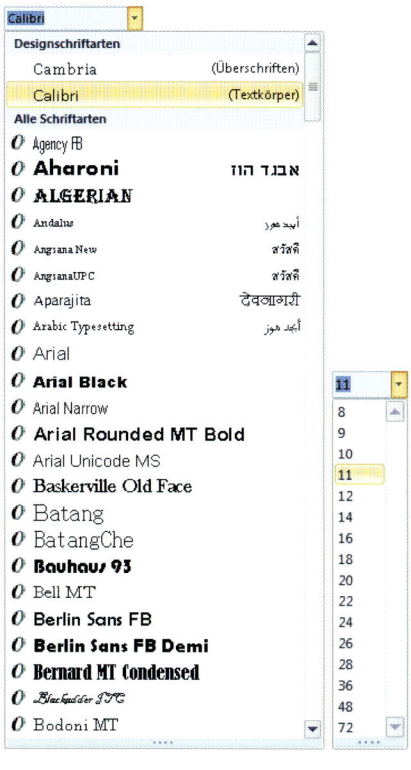

Abbildung 2.8
Über die Listenfelder können Sie beispielsweise die Schriftart und den Schriftgrad einstellen.

» Andere Kataloge sind bereits in die Gruppen einer Registerkarte integriert. Bei Word finden Sie beispielsweise in der Gruppe *Formatvorlagen* der Registerkarte *Start* einen Katalog mit Formatvorlagen (→ Abbildung 2.9). Von diesen Vorlagen sind im Menüband aber zunächst nur wenige Alternativen sichtbar.

» Sie können einen solchen Katalog aufklappen, indem Sie auf die Schaltfläche *Weitere* ⩣ klicken – das ist die Schaltfläche mit der kleinen nach unten weisenden Pfeilspitze mit dem darüber liegenden Strich. Dann werden Ihnen weitere Alternativen angezeigt, aus denen Sie die jeweils gewünschte durch einen Klick auswählen können (→ Abbildung 2.10).

Der Zugang zu den Dialogfeldern

Aber auch die aus früheren Versionen her bekannten Dialogfelder sind nicht völlig von der Oberfläche des Programms verbannt worden. Viele Gruppen verfügen rechts neben der Gruppenbezeichnung über eine kleine Schaltfläche �] mit einem nach rechts unten weisenden Pfeil. Wenn Sie darauf klicken, wird ein Dialogfeld ange-

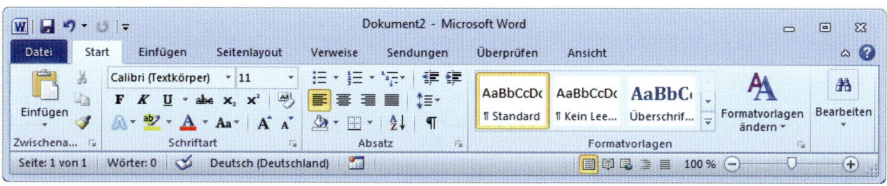

Abbildung 2.9
Einige Kataloge sind in die Gruppen des Menübands integriert – hier beispielsweise die Formatvorlagen.

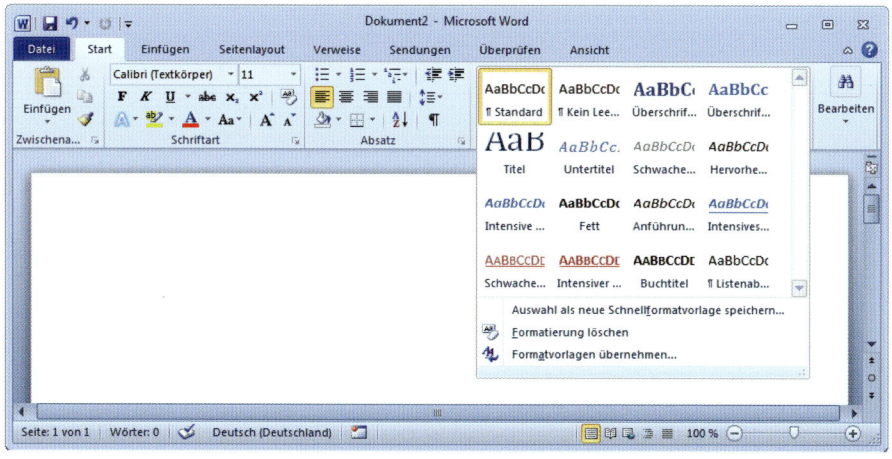

Abbildung 2.10
Im Menüband integrierte Kataloge können Sie aufklappen, Sie erhalten dann Zugriff auf viele weitere Alternativen.

zeigt, in dem meist alle Befehle vorhanden sind, die Sie auch über die Befehlsschaltflächen der Gruppe finden (→ Abbildung 2.11). In vielen Fällen finden Sie darin noch zusätzliche Optionen. Bei Word zeigen Sie beispielsweise über die Schaltfläche zur Gruppe *Schriftart* das gleichnamige Dialogfeld an, in dem Sie viele weitere zusätzliche Schriftparameter für den vorher markierten Bereich einstellen können. Manche dieser Dialogfelder verfügen – wie auch bei den früheren Programmversionen – über mehrere Registerkarten.

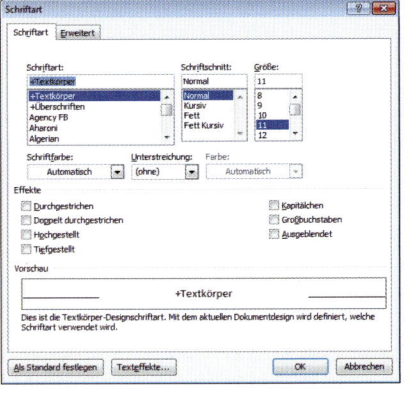

Abbildung 2.11
Das Dialogfeld für die Schriftart ermöglicht viele Feinheiten zur Einstellung.

2.2.3 Die kontextbezogenen Registerkarten

Zusätzlich zu den eben erwähnten standardmäßigen Befehlsregisterkarten verwendet Office 2010 noch ein weiteres Element – die kontextbezogenen Registerkarten (manchmal auch als Registerkarten für Tools bezeichnet). Diese werden je nach Kontext – also je nachdem, an welchem Objekt Sie arbeiten oder welche Aufgabe Sie gerade ausführen – neben den standardmäßigen Registerkarten angezeigt. Eine Registerlasche dafür zeigt sich oberhalb der anderen. Wenn Sie beispielsweise in Word eine Tabelle erstellt haben, werden zusätzlich die kontextbezogenen Registerkarten *Tabellentools/Entwurf* und *Tabellentools/Layout* angezeigt (→ Abbildung 2.12). Diese Registerkarte enthält die Befehle, die höchstwahrscheinlich auf die jeweilige Situation zutreffen. Diese Registerkarten stehen nur zur Verfügung, solange das jeweilige Objekt – beispielsweise die Tabelle – markiert ist.

2.2.4 Das Arbeiten mit dem Menüband

Um sich schnell an die Arbeit mit dem neuen Menüband zu gewöhnen, sollten Sie auch die folgenden Punkte im Gedächtnis behalten:

» Standardmäßig wird beim Öffnen eines Dokuments meist die Registerkarte *Start* angezeigt. Sie können zu einer anderen Registerkarte wechseln, indem Sie auf die dazugehörende Lasche klicken. Auch Tastenkombinationen stehen Ihnen dafür zur Verfügung (→ unten).

» Wenn Schaltflächen im Menüband in abgeblendeter Form angezeigt werden, bedeutet das, dass dieser Befehl in der aktuellen Situation nicht ausgeführt werden kann.

» Bei einer geringeren Breite des Programmfensters werden die Befehlsschaltflächen in den weniger wichtigen Gruppen ausgeblendet und nur noch die Gruppennamen selbst angezeigt. Wenn Sie in einem

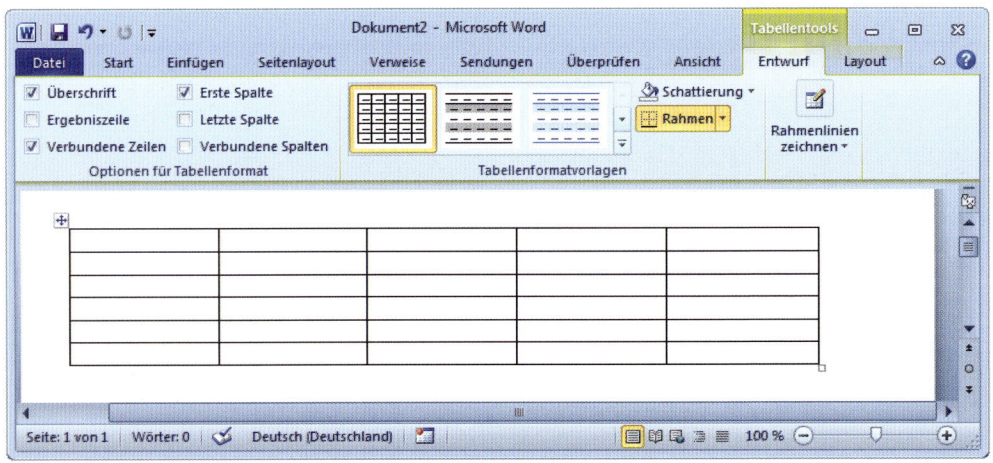

Abbildung 2.12
Die kontextbezogene Registerkarte *Tabellentools/Entwurf* wird angezeigt, wenn eine Tabelle im Dokument markiert ist.

solchen Zustand einen Befehl aus einer solchen Gruppe auswählen wollen, müssen Sie zunächst die Gruppe aufklappen, indem Sie auf die dann angezeigte Pfeilspitze unter der Gruppenbezeichnung klicken (→ Abbildung 2.13).

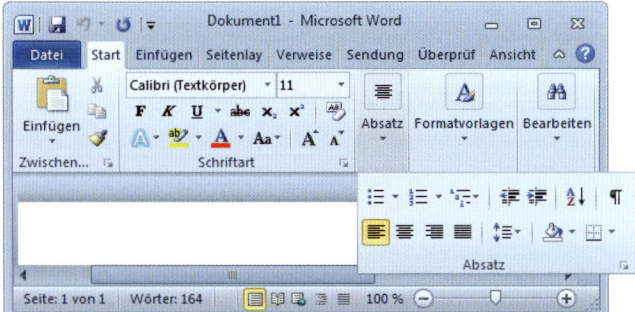

Abbildung 2.13 Bei einer geringeren Bereite des Programmfensters müssen Sie einige Gruppen erst aufklappen.

» Manche der Steuerelemente im Menüband sind beschriftet, andere nicht. Welche Elemente beschriftet sind, hängt auch von der Breite des Anwendungsfensters ab. Wenn Sie diese verringern, verschwinden einige der Beschriftungen und werden durch reine Symbole ersetzt.

Minimieren des Menübands

Wenn Sie mehr Platz auf dem Bildschirm benötigen, können Sie das Menüband minimieren. Dafür gibt es zwei Vorgehensweisen:

» Sie können das Menüband immer minimieren. Dazu klicken Sie auf die Schaltfläche *Menüband minimieren* rechts im Fenster auf der Höhe der Namen der Registerkarten. Dies hat zur Folge, dass nur noch die Namen der Registerkarten angezeigt werden, nicht mehr deren Inhalte (→ Abbildung 2.14).

» Aus dem minimierten Zustand heraus können Sie die Befehle des Menübands verwenden, indem Sie auf die gewünschte Registerkarte klicken. Die Inhalte werden dann angezeigt und Sie können den ge-

wünschten Befehl wählen. Nach dieser Wahl wird das Menüband wieder minimiert.

» Wenn Sie zur normalen Darstellung zurückkehren wollen, klicken Sie auf die Schaltfläche *Menüband erweitern* auf der Höhe der Namen der Registerkarten. Das Menüband wird dann wieder vollständig angezeigt.

TIPP Auch der Befehl *Menüband minimieren* in der Liste zur Schaltfläche *Symbolleiste für den Schnellzugriff anpassen* erlaubt ein Minimieren des Menübands (→ unten). Wenn Sie das Menüband wiederherstellen wollen, wählen Sie nochmals diesen Befehl. Sie können auch die Tastenkombination Strg+F1 benutzen, um das Menüband zu minimieren oder wiederherzustellen.

Das Verwenden der Tastatur zur Steuerung

Für den Fall, dass Sie lieber die Tastatur als die Maus verwenden, bieten die Programme mit Menüband eine Reihe von Tastenkombinationen an, mit denen Sie Aufgaben schnell auch ohne die Maus erledigen können. Dabei spielt es keine Rolle, an welcher Stelle im Programm Sie sich befinden. Sie können diese Tastenkombinationen verwenden, auch wenn das Menüband minimiert ist. Die Menüzugriffstasten der früheren Versionen der Programme wurden durch das Tastenzugriffssystem ersetzt. Alle anderen Tastenkombinationen aus früheren Versionen funktionieren aber auch weiterhin.

» Drücken Sie die Alt-Taste und lassen Sie sie wieder los. Die Information zu den Zugriffstasten der obersten Ebene wird angezeigt (→ Abbildung 2.15). Es werden kleine Indikatoren eingesetzt, die in Form eines einzelnen Buchstabens im Menüband angezeigt werden und angeben, durch welche Tastenkombination die entsprechende Steuerung aktiviert wird.

» Drücken Sie den Buchstaben bzw. die Kombination, der/die als Zugriffstasteninfo über dem gewünsch-

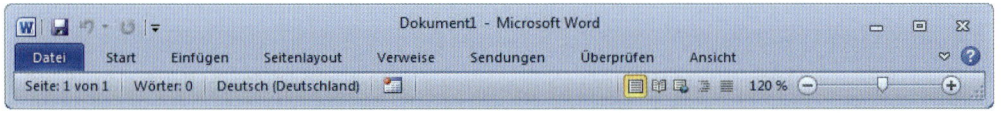

Abbildung 2.14
Im minimierten Zustand sind nur die Namen der Registerkarten sichtbar.

Abbildung 2.15
Die Zugriffstasten auf der ersten Ebene zeigen die Tastencodes zum Auswählen der Registerkarten.

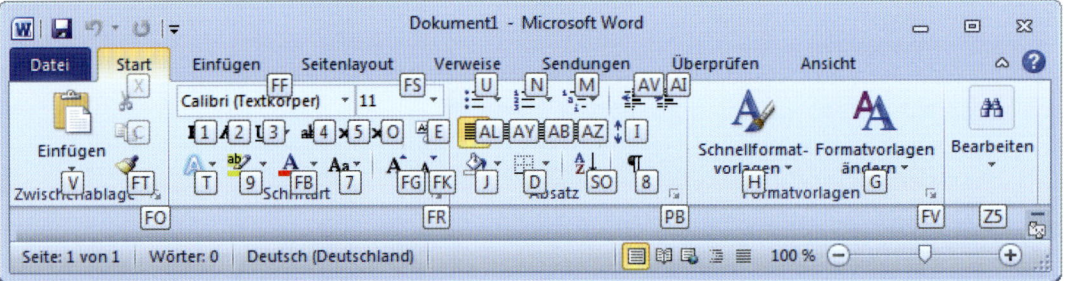

Abbildung 2.16
Die Zugriffstasten für die zweite Ebene beziehen sich auf die einzelnen Befehle innerhalb einer vorher gewählten Registerkarte.

ten Element angezeigt wird. Je nach dem gedrückten Buchstaben können weitere Zugriffstasteninfos angezeigt werden (→ Abbildung 2.16). Auch hier werden wieder kleine Indikatoren eingesetzt, die in Form eines einzelnen Buchstabens oder einer Buchstabenkombination im Menüband angezeigt werden. Wenn beispielsweise die Registerkarte *Start* aktiv ist, werden die Zugriffstasteninfos für die Gruppen dieser Registerkarte angezeigt.

» Drücken Sie so lange Buchstaben, bis Sie den Buchstaben des gewünschten Befehls oder der gewünschten Option drücken. Unter Umständen müssen Sie zunächst den Buchstaben der Gruppe drücken, in der der Befehl enthalten ist.

» Wenn Sie die Auswahlaktion abbrechen wollen, drücken Sie nochmals die `Alt`-Taste und lassen Sie sie dann wieder los. Die Zugriffstasteninfos werden dann wieder ausgeblendet.

Eine andere Möglichkeit zum Verwenden der Tastatur ist es, den Fokus zwischen den Registerkarten und Befehlen zu verschieben, bis Sie das gewünschte Element gefunden haben (→ Tabelle 2.4). Dazu muss aber ein Element im Menüband bereits aktiviert sein.

Taste(n)	Auswirkung
`⇧` + `F10`	Das Kontextmenü für den ausgewählten Befehl anzeigen
`↓`, `↑`, `→` oder `←`	Zwischen den Elementen im Menüband nach unten, nach oben, nach links oder nach rechts wechseln
`Leer` oder `↵`	Den ausgewählten Befehl oder das ausgewählte Steuerelement im Menüband aktivieren
`Leer` oder `↵`	Den ausgewählten Katalog im Menüband öffnen
`↵`	Einen Befehl oder ein Steuerelement im Menüband aktivieren, so dass Sie einen Wert ändern können

Tabelle 2.4 Auch einige Tastenkombinationen können zur Steuerung benutzt werden.

2.2.5 Die Symbolleiste für den Schnellzugriff

Links oben in bzw. über dem Menüband befindet sich noch eine kleine Symbolleiste, die mit *Symbolleiste für den Schnellzugriff* bezeichnet wird. Das ist die einzige übrig gebliebene Symbolleiste.

Diese Symbolleiste beinhaltet bei den meisten Programmen der Generation Office 2010 standardmäßig vier Schaltflächen - auch bei Word (→ Tabelle 2.5). Sie finden darin die Möglichkeit für den sofortigen Zugriff auf die am häufigsten verwendeten Befehle – wie beispielsweise *Speichern* und *Rückgängig*. Einige davon können aber nur angesprochen werden, wenn bereits Eingaben oder Änderungen im Dokument vorgenommen wurden.

Symbol	Name und Wirkung
🖫	*Speichern*: speichert das aktuell geöffnete Dokument. Wenn es bisher noch nicht gespeichert wurde, wird das Dialogfeld *Speichern unter* angezeigt, in dem Sie dem Dokument einen Namen geben und den Speicherort und das Dateiformat festlegen können (→ Kapitel 3).
↺▾	*Rückgängig*: macht einen gerade gewählten Befehl oder eine Eingabe wieder rückgängig.
↻	*Wiederherstellen*: Ein Rückgängig gemachter Befehl oder eine Eingabe wird wieder hergestellt.
↻	*Wiederholen*: wiederholt bei Word die gerade vorgenommene Eingabe.
▾	*Symbolleiste für den Schnellzugriff anpassen*: erlaubt es, weitere Befehle in der Symbolleiste anzeigen zu lassen.

Tabelle 2.5 Die Schaltflächen in der Symbolleiste für den Schnellzugriff

ACHTUNG Weitere Hinweise zum Speichern und damit zusammenhängenden Befehlen finden Sie in Kapitel 3. Über das *Rückgängig* machen, *Wiederholen* und *Wiederherstellen* reden wir in Kapitel 4.

Das schnelle Anpassen der Symbolleiste für den Schnellzugriff

Sie können die *Symbolleiste für den Schnellzugriff* auch anpassen, damit sie Befehle enthält, die Sie persönlich oft verwenden. Sie können auch die Position ändern, an der die Symbolleiste angezeigt wird. Dazu klicken Sie auf die Schaltfläche *Symbolleiste für den Schnellzugriff anpassen* ▾. Eine Liste mit Optionen wird geöffnet (→ Abbildung 2.17).

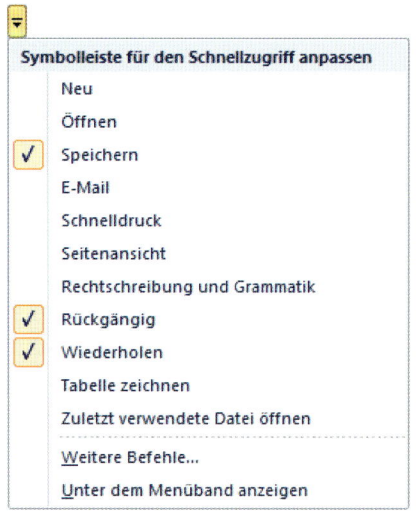

Abbildung 2.17
Die Symbolleiste kann angepasst werden.

Die mit einem Häkchen versehenen Optionen in der Liste werden in der Symbolleiste angezeigt. Klicken Sie auf eine Option, um sie anzuzeigen oder aus der Symbolleiste zu entfernen.

HINWEIS Auf weitere Möglichkeiten zur Anpassung dieser Symbolleiste werden wir weiter unten in diesem Kapitel noch zu sprechen kommen, wenn wir die Programmoptionen beschreiben.

Die Symbolleiste verschieben

Die Symbolleiste für den Schnellzugriff kann sich an zwei Positionen befinden: Die Standardposition ist oben links; außerdem kann sie unterhalb des Menübands angezeigt werden. Sie ist damit näher am eigentlichen Arbeitsbereich. Zum Einstellen der Position benutzen Sie die Option *Unter dem Menüband anzeigen*. Testen Sie aus, was Ihnen mehr liegt.

2.2.6 Die Kontextmenüs und die Minisymbolleiste

Beibehalten als Element der Programmsteuerung wurden die Kontextmenüs. Das sind Listen der wichtigsten Befehle für eine bestimmte Stelle auf der Oberfläche. Auch die mit der Programmversion 2007 eingeführte Minisymbolleiste ist noch vorhanden.

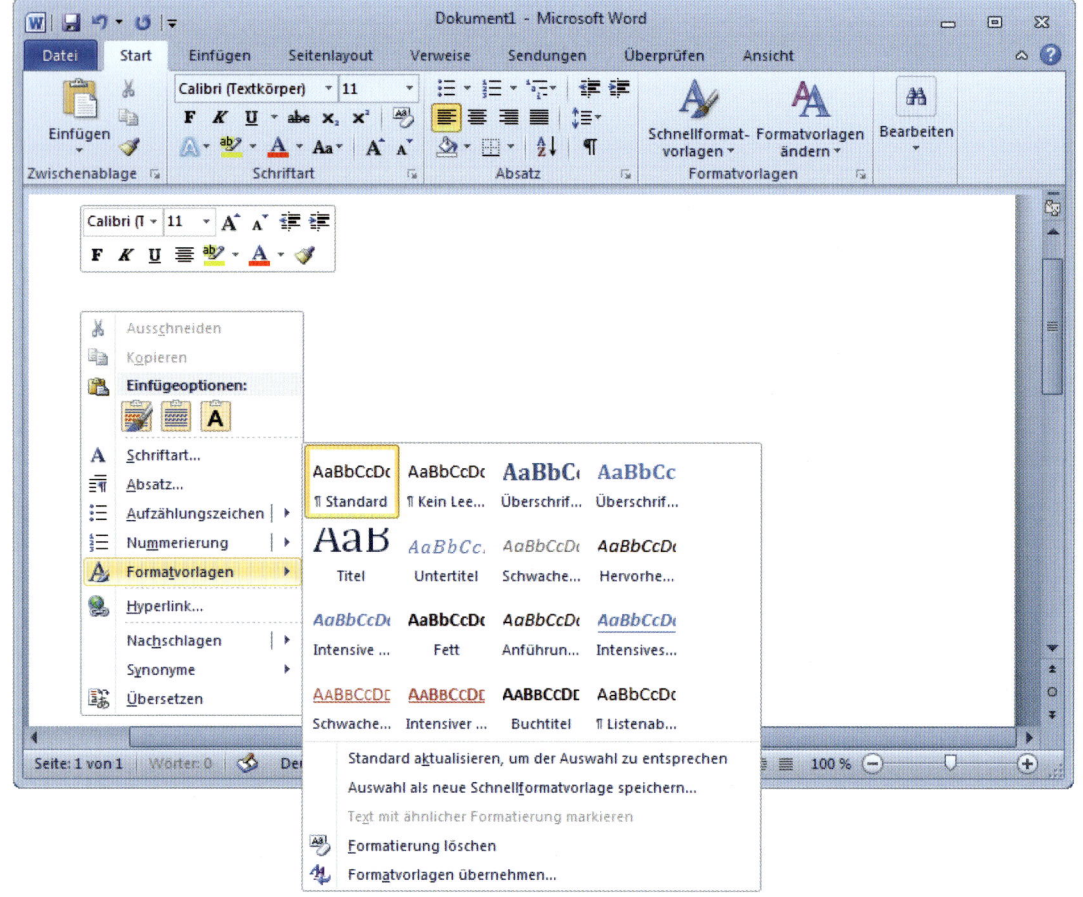

Abbildung 2.18
Ein Klick mit der rechten Maustaste zeigt ein Kontextmenü und die Mini-symbolleiste an.

Die Kontextmenüs

Sie lassen ein Kontextmenü anzeigen, indem Sie auf eine bestimmte Stelle mit der rechten Maustaste klicken (→ Abbildung 2.18). Welche Befehle darin dann aufgelistet werden, ist eine Frage der Stelle, auf die Sie geklickt haben. Wenn Sie beispielsweise im Programm Word auf eine Stelle im Hauptbereich des Programmfensters klicken, liefert Ihnen das Kontextmenü vordringlich Befehle zum Formatieren und zum Einfügen von Elementen. Das sind ja genau die Dinge, die Sie wahrscheinlich am häufigsten an einer solchen Stelle tun werden.

Die Minisymbolleiste

Außerdem wird bei einem Rechtsklick im Hauptbereich eines Programmfensters ein als Minisymbolleiste benanntes Element eingeblendet (→ Abbildung 2.18). Darin finden Sie Schaltflächen für die wichtigsten Formatierungsoptionen –beispielsweise solche für *Fett*, *Kursiv*

oder die Auswahlmöglichkeiten für die *Schriftart* oder den *Schriftgrad*.

TIPP Die Minisymbolleiste allein wird auch kurzfristig angezeigt, wenn Sie im Dokument einen Bereich markieren – beispielsweise mehrere Zeichen oder Wörter. Das ist aber nur der Fall, wenn Sie das Kontrollkästchen *Minisymbolleiste für die Auswahl anzeigen* im Bereich *Allgemein* unter den *Word-Optionen* eingeschaltet haben (→ unten).

2.2.7   Die Registerkarte *Datei*

Eine Sonderrolle unter den Registerkarten des Menübands nimmt die Registerkarte *Datei* ein. Die unterschiedlichen Farben, die die Programme der neuen Office-Generation für diese Schaltfläche verwenden, liefern Ihnen einen zusätzlichen Hinweis dazu, in welchem

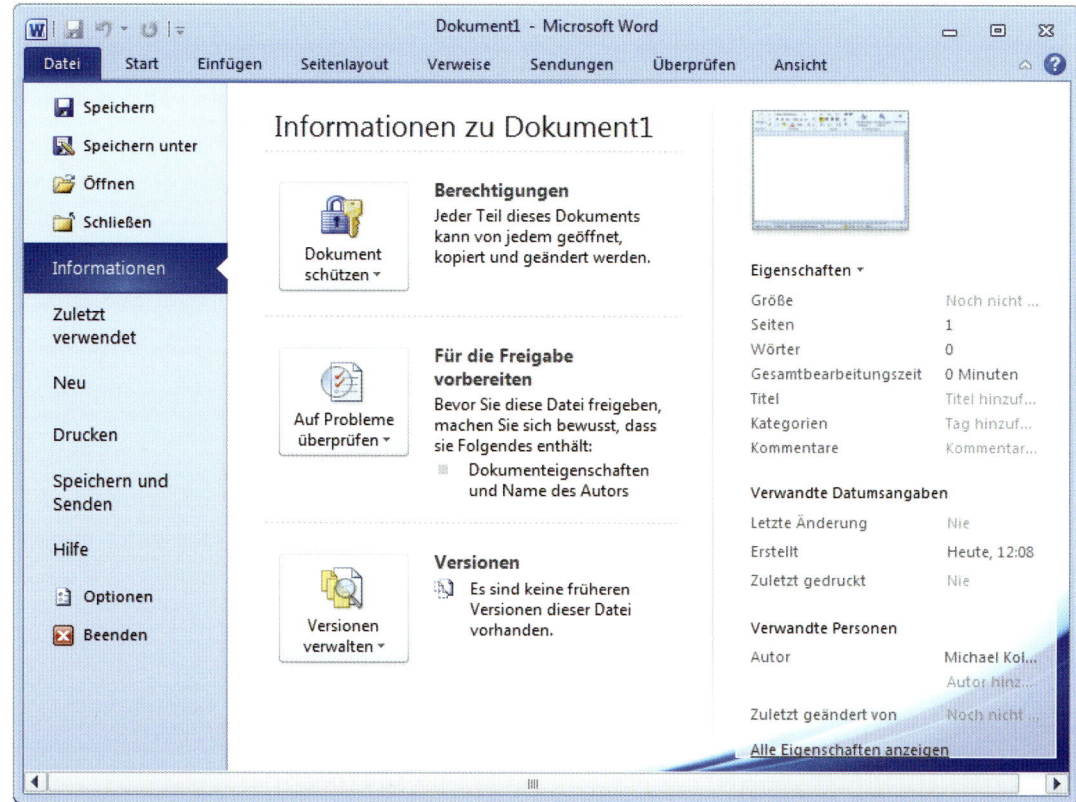

Abbildung 2.19
Die Registerkarte
Datei bei Microsoft
Word

Programm Sie sich gerade befinden. Das ist für den erfahrenen Anwender vielleicht etwas trivial, aber auch wieder nett: Wenn die Lasche der Registerkarte dunkelblau ist, dann wissen Sie, dass Sie Text schreiben können. Die Registerkarte *Datei* löst die *Office*-Schaltfläche der Programmversion 2007 ab. Wenn Sie darauf klicken, wird bei allen Programmen der Microsoft-Office-Familie die sogenannte Backstage-Ansicht angezeigt (→ Abbildung 2.19).

Diese Ansicht dient zum Verwalten von Dateien und dateispezifischen Daten. Kurz gesagt, führen Sie in dieser Ansicht Aufgaben mit Dateien, aber nicht in den Dateien aus. Natürlich finden Sie darin alle Befehle, die Sie zum Speichern, Öffnen, Schließen und Anlegen von neuen Word-Dateien benötigen.

» Ein Klick auf *Speichern* speichert die von Ihnen vorgenommenen Änderungen mit den bereits festgelegten Einstellungen. Hatten Sie das Dokument vorher noch nicht gespeichert, wird das Dialogfeld *Speichern unter* angezeigt, in dem Sie dem Dokument einen Namen geben und den Speicherort und das Dateiformat festlegen können.

» Auch ein Klick auf *Speichern unter* zeigt das gleichnamige Dialogfeld an, über das Sie beispielsweise das Dokument unter einem anderen Namen, an einem anderen Ort oder in einem anderen Dateiformat speichern können.

» *Öffnen* zeigt das gleichnamige Dialogfeld an, über das Sie ein bereits gespeichertes Dokument auswählen und öffnen können.

» *Schließen* entfernt das aktuell geöffnete Dokument vom Bildschirm, Word selbst bleibt aber weiterhin geöffnet. Hatten Sie vorher Änderungen durchgeführt und noch nicht gespeichert, werden Sie gefragt, ob Sie diese jetzt speichern wollen.

» Der Bereich *Informationen* bietet beispielsweise einige neue Funktionen, die das gemeinsame Bearbeiten von Dateien vereinfachen. Sie können darüber Dokumente schützen oder für eine Freigabe vorbereiten.

» Unter *Zuletzt verwendet* haben Sie einen schnellen Zugriff auf die Dokumente, die Sie kürzlich im Programm geöffnet hatten. Damit müssen Sie nicht mehr das Dokument suchen oder den entsprechenden Speicherort einstellen.

» Über *Neu* können Sie ein neues Dokument für das aktuelle Programm erstellen. Bei allen Programmen wird ein Fenster angezeigt, über das Sie eine Vorlage oder ein vollständig leeres Dokument auswählen können.

» Der Bereich *Drucken* erlaubt es, alle Druckaufgaben – inklusive der für den Ausdruck wichtigen Seiteneinstellungen – von einer zentralen Stelle her anzusprechen.

» Über den Bereich *Speichern und Senden* haben Sie Zugang auf alle Befehle, die Sie zum gemeinsamen Bearbeiten Ihrer Dateien mit anderen Personen benötigen.

» Auch die *Optionen*, mit denen Sie das Programm an Ihre Vorlieben anpassen können, können Sie über diese Backstage-Ansicht ansprechen.

» *Beenden* schließt das Office-Programm.

ACHTUNG Auf alle Bereiche des Menüs *Datei* gehen wir an anderen Stellen in diesem Buch noch intensiv ein: Hinweise zum Bereich *Informationen* sowie zum *Speichern*, *Öffnen*, *Schließen* und zum Anlegen neuer Dateien über *Neu* und den damit zusammenhängenden Optionen finden Sie in Kapitel 3. Über das *Drucken* reden wir in Kapitel 6, über *Speichern und Senden* in Kapitel 13. Auf den Bereich *Optionen* kommen wir weiter unten in diesem Kapitel und an anderen Stellen noch zu sprechen. Eine Zusammenfassung zum Thema *Word-Optionen* liefert das Kapitel 26 – auf die wichtigsten Optionen gehen wir aber schon vorher ein.

2.3 Die Programmoptionen

Wenn Ihnen Microsoft Word aus der Version 2003 her bekannt ist, kennen Sie sicherlich das Dialogfeld, das Sie über den Befehl *Optionen* im Menü *Extras* aufrufen konnten. Im Rahmen der Neugestaltung der Benutzeroberfläche ist dieser Befehl jetzt an einer anderen Position verfügbar. Sie finden ihn jetzt unter *Optionen* in

nerhalb der Registerkarte *Datei*. Ein Klick auf den Befehl zeigt ein Fenster mit mehreren Kategorien an, zwischen denen Sie über die Schaltflächen im linken Teil des Fensters wählen können (➔ Abbildung 2.20).

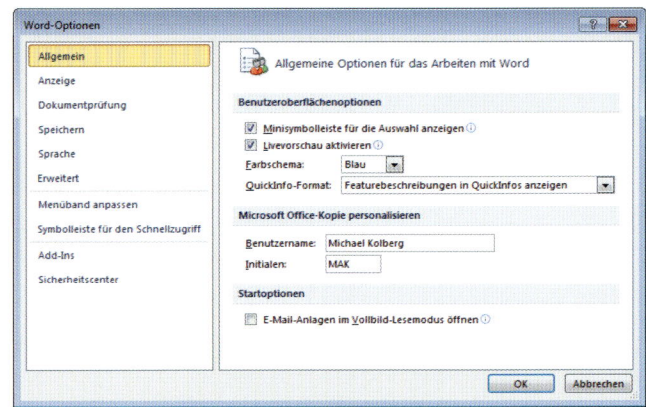

Abbildung 2.20 Die Kategorie *Allgemein* unter den Word-Optionen zeigt die wichtigsten Einstellungen an.

Bei praktisch allen Programmen der Office-Familie finden Sie in dieser Navigationsspalte drei Bereiche, die durch einen dünnen Strich voneinander abgegrenzt sind:

» Die Überschriften in den beiden unteren Bereichen davon sind im Prinzip bei allen Office-Programmen identisch. Wenn Sie hier Änderungen vornehmen, gelten diese oft auch gleichermaßen für die anderen Programme der Familie. Es gibt aber auch einige Ausnahmen, in denen sich die Optionen bei den Programmen unterscheiden.

» Der obere Teil der Überschriften bezieht sich auf die Arbeit mit dem Programm, von dem aus Sie das Fenster mit den Optionen aufgerufen haben. Sie finden darin die unterschiedlichsten Formen von Optionen. Allerdings besteht auch hier manchmal die Möglichkeit, allgemeingültige Einstellungen zu regeln: Die Kategorie *Dokumentprüfung* erlaubt beispielsweise das Festlegen diverser Optionen für die *Rechtschreibprüfung* und die automatische Fehlerkorrektur für das aktuelle Programm einerseits und Office allgemein andererseits.

Wir wollen anschließend auf einige wichtige Bereiche unter diesen Optionen eingehen.

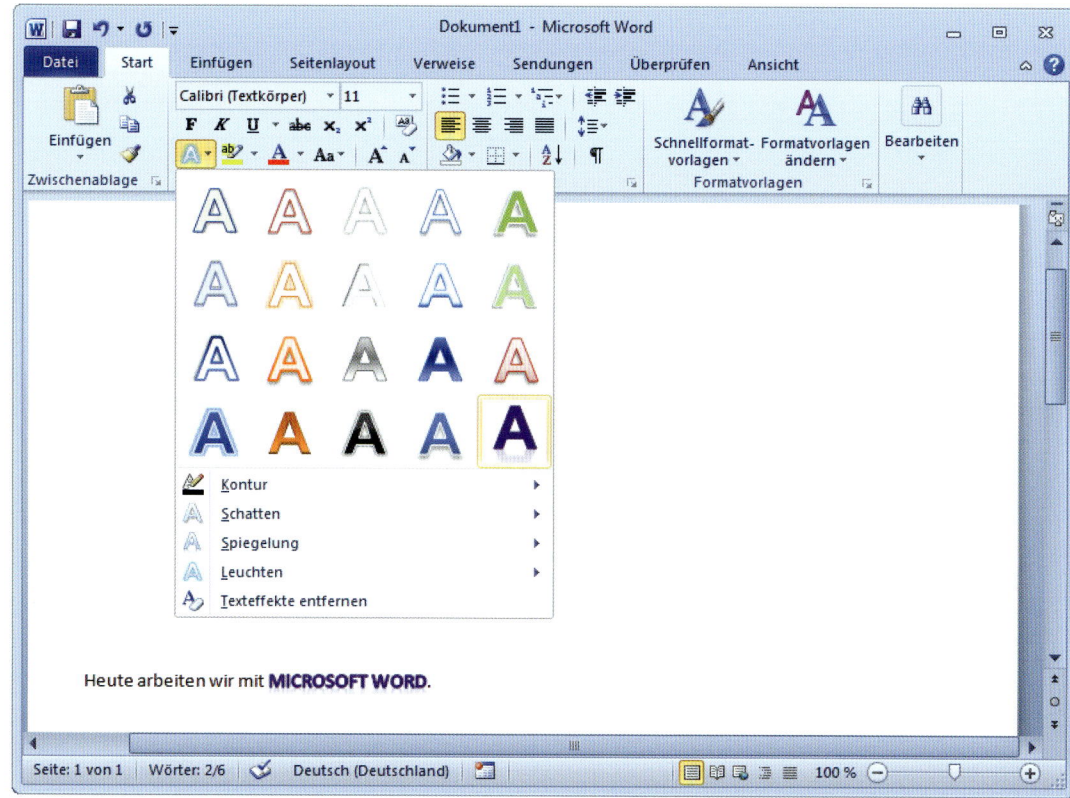

2.3.1 Die Kategorie *Allgemein*

Über die Kategorie *Allgemein* in der Navigationsspalte der Optionen haben Sie Zugriff auf eine Zusammenfassung der Optionen, die der typische Anwender des Programms am häufigsten ändern möchte (→ Abbildung 2.20).

Benutzeroberflächenoptionen

Unter der Überschrift *Benutzeroberflächenoptionen* finden Sie einige Einstellungen, die für Sie interessant sein können:

» Unter *Minisymbolleiste für Auswahl anzeigen* können Sie festlegen, ob diese Symbolleiste automatisch angezeigt werden soll, wenn Sie einen Bereich im Dokument markieren – beispielsweise bei Word mehrere Zeichen oder Wörter (→ Abbildung 2.18).

» Ein Einschalten von *Livevorschau aktivieren* bewirkt, dass die Auswirkungen eines Befehls direkt im Dokument angezeigt werden, wenn Sie den Mauszeiger nur auf die entsprechende Befehlsschaltfläche

im Menüband bewegen. Haben Sie beispielsweise im Programm Word einen Textbereich markiert und bewegen Sie den Mauszeiger auf eine Option in einem Katalog im Menüband, wird die Auswirkung dieser Auswahl direkt im Text angezeigt (→ Abbildung 2.21). Damit haben Sie die Möglichkeit, die jeweiligen Auswirkungen zu kontrollieren, bevor Sie wirklich auf die Befehlsschaltfläche klicken.

» Über das Listenfeld *Farbschema* können Sie einstellen, mit welchen Farben sich Microsoft Office 2010 auf dem Bildschirm präsentieren soll. Sie haben die Auswahl zwischen den drei Alternativen *Blau*, *Silber* und *Schwarz*.

» Über das Listenfeld *QuickInfo-Format* regeln Sie, ob bzw. wie kleine Programmhilfen zu den Befehlsschaltflächen im Menüband angezeigt werden sollen, wenn Sie den Mauszeiger darauf bewegen. Die Grundeinstellung für diese Option lautet *Featurebeschreibungen in QuickInfos anzeigen*. Wenn Sie den Mauszeiger auf eine Befehlsschaltfläche be-

Abbildung 2.22
QuickInfos liefern Beschreibungen und Tastaturkürzel zu den einzelnen Befehlen.

wegen, bewirkt das, dass sowohl der Name der Befehlsschaltfläche – gegebenenfalls mit dem dazu gehörenden Tastaturkürzel – als auch eine weitere Beschreibung zu diesem Befehl eingeblendet werden (→ Abbildung 2.22). Wenn Sie stattdessen die Einstellung *Featurebeschreibungen nicht in Quick-Infos anzeigen* benutzen, wird die zusätzliche Beschreibung der Auswirkung des Befehls nicht mit angezeigt. Die dritte Alternative – *QuickInfos nicht anzeigen* – blendet alle Anzeigen aus.

Microsoft-Office-Kopie personalisieren

Die Angaben in den Feldern darunter werden bei der Installation festgelegt. Sie personalisieren Ihre Kopie von Microsoft Office insgesamt. Ändern Sie hier gegebenenfalls den *Benutzernamen* und/oder die *Initialen*.

2.3.2 Die Spracheinstellungen

Nach Auswahl der Kategorie *Sprache* in den Optionen können Sie die Standardbearbeitungssprache für Microsoft Office 2010 festlegen. Die bereits aktivierten Bearbeitungssprachen werden im Dialogfeld in der Liste

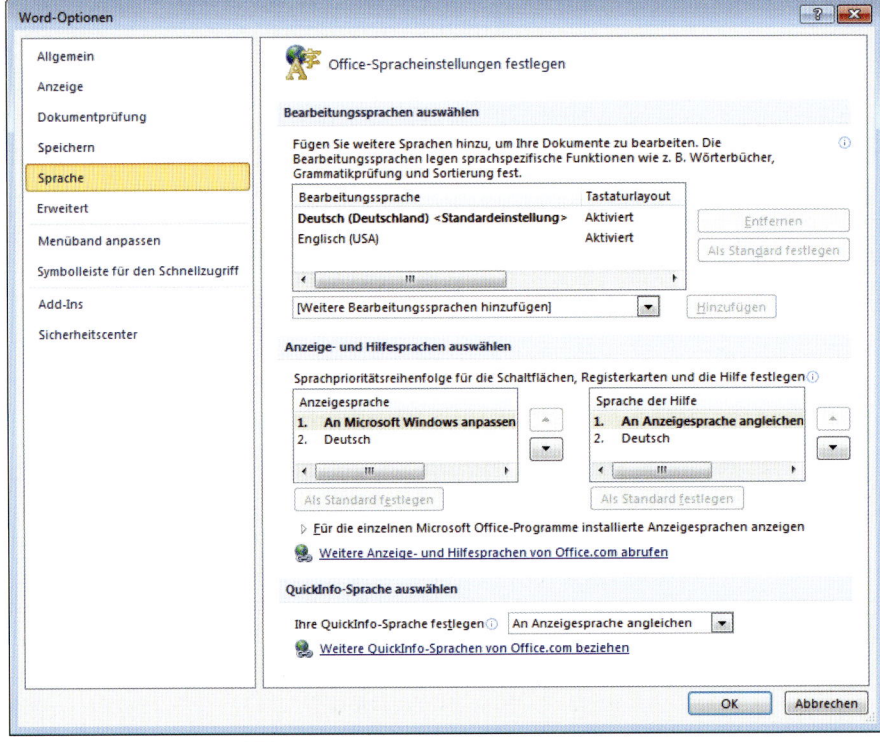

Abbildung 2.23
Sie können in Microsoft Office mit mehreren Benutzersprachen arbeiten.

rechts angezeigt. Standardmäßig werden nur die Sprachen *Deutsch (Deutschland)* und *Englisch (USA)* installiert.

Zu einer Bearbeitungssprache gehören das Tastaturlayout und die Korrekturhilfen für die jeweilige Sprache. Die Korrekturhilfen umfassen sprachspezifische Werkzeuge wie Wörterbücher für die Rechtschreib- und Grammatikprüfung oder Schaltflächen für die Absatzrichtung.

Wenn Sie mit einer weiteren Bearbeitungssprache arbeiten wollen, müssen Sie zunächst dafür sorgen, dass diese im Betriebssystem aktiviert ist. Dann können Sie diese Sprache auch in einem Office-Programm benutzen.

Aktivieren einer Sprache in Windows 7

Öffnen Sie die Windows-Systemsteuerung und wählen Sie darin das Element *Region und Sprache*. Im gleichnamigen Dialogfeld wählen Sie die Registerkarte *Tastaturen und Sprachen*. Nach einem Klick auf die Schaltfläche *Tastaturen ändern* auf der Registerkarte *Tastaturen und Sprachen* können Sie die installierten Tastaturen kontrollieren und weitere hinzufügen (→ Abbildung 2.24). Regeln Sie gegebenenfalls zunächst die Einstellung für

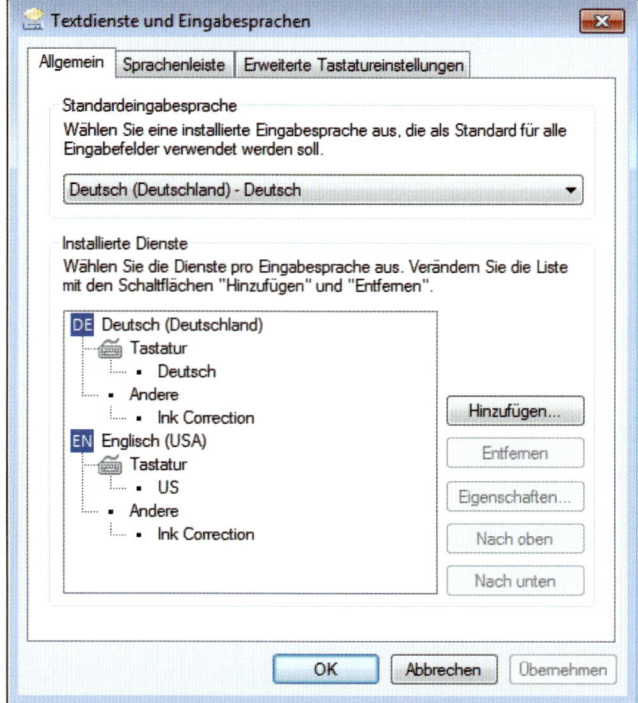

Abbildung 2.24 Eine neue Benutzersprache muss zuerst über das Betriebssystem installiert werden.

die Standardeingabesprache. Diese wird beim Starten von Windows automatisch benutzt. Im Bereich darunter werden zusätzlich installierte Sprachen angezeigt.

Sie können über die Schaltfläche *Hinzufügen* im Dialogfeld *Eingabesprache hinzufügen* weitere Sprach/Tastatur-Kombinationen hinzufügen (→ Abbildung 2.25). Wählen Sie in der Liste zunächst die *Sprache* und darunter das gewünschte *Tastaturlayout* aus. Nach einem Klick auf *Vorschau* können Sie die Belegung der Tasten für das *Tastaturlayout* anzeigen lassen.

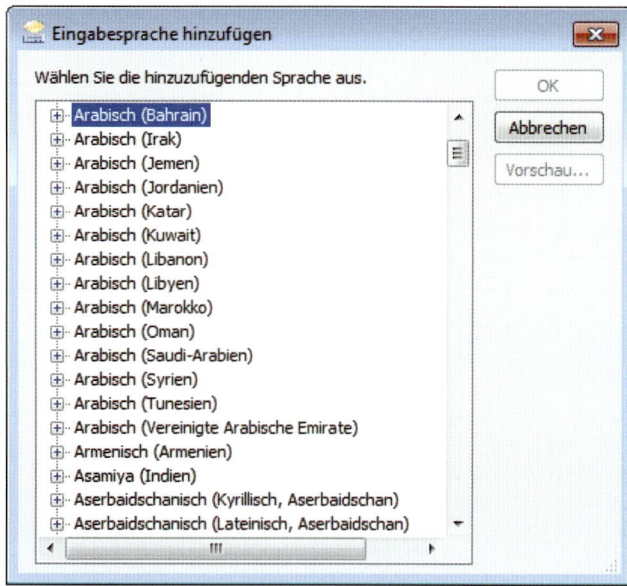

Abbildung 2.25 Mit Windows haben Sie einen Vielzahl von Sprachen zu Verfügung.

Schließen Sie dann alle zur Systemsteuerung gehörenden Dialogfelder durch Klicken auf die Schaltfläche *OK*.

Einstellen einer Sprache zu einem Office-Programm

Nachdem Sie die zu verwendende Bearbeitungssprache über das Betriebssystem installiert haben, können Sie diese in einem Office-Programm einsetzen. Öffnen Sie in der Kategorie *Sprachen* der *Word-Optionen* das Listenfeld, welches standardmäßig mit *Weitere Bearbeitungssprachen hinzufügen* beschriftet ist, und wählen Sie darin die gewünschte Sprache aus. Klicken Sie dann auf *Hinzufügen*. Die Sprache erscheint anschließend in der Liste. Bestätigen Sie die Einstellungen über *OK*. Nachdem Sie die Standardsprache geändert haben, müssen Sie alle Office-2010-Programme schließen und anschließend erneut öffnen, damit die vorgenommene Änderung wirksam wird.

ACHTUNG Wenn der Computer nicht ordnungsgemäß für die hinzugefügte Bearbeitungssprache konfiguriert ist, wird in der Spalte *Tastaturlayout* oder *Dokumentprüfung* möglicherweise *Nicht aktiviert* bzw. *Nicht installiert* angezeigt.

Die Reihenfolge der Anzeige- und Hilfesprachen

Die Reihenfolge der Sprachen im Bereich *Anzeige- und Hilfesprachen auswählen* entspricht der Reihenfolge, in der die Sprachen in Microsoft Office verwendet werden. Ein Eintrag mit dem Namen *An Windows anpassen* darin bedeutet, dass die Sprache benutzt wird, die auch das Betriebssystem verwendet. Wenn Sie die Reihenfolge ändern wollen, klicken Sie auf die Sprache, die Sie als Standardsprache festlegen möchten, und klicken Sie dann auf den Pfeil, bis die Sprache oben in der Liste mit dem Zusatz ‹*Standardeinstellung*› hinter dem Namen angezeigt wird.

Nachdem Sie die Standardsprache geändert haben, müssen Sie alle Office-2010-Programme schließen und anschließend erneut öffnen, damit die vorgenommene Änderung wirksam wird.

Die QuickInfo-Sprache

QuickInfos sind kleine Popup-Fenster, in denen eine kurze kontextbezogene Hilfe eingeblendet wird, wenn Sie mit dem Mauszeiger auf ein Anzeigeelement wie eine Schaltfläche, eine Registerkarte, ein Steuerelement in einem Dialogfeld oder ein Menü zeigen (→ oben). Sie können die dafür zu verwendende Sprache ändern. Wenn die gewünschte Sprache nicht in der Liste vorhanden ist, müssen Sie gegebenenfalls weitere Sprachdienste hinzufügen. Klicken Sie auf *Weitere QuickInfo-Sprachen von Office.com beziehen* und folgen Sie dann den Download- und Installationsanweisungen. Wenn Sie die QuickInfo-Sprache in einem Microsoft-Office-Programm zuweisen, wird sie für alle Microsoft-Office-Programme festgelegt.

2.3.3 Das Menüband anpassen

Die Programme der Office-Version 2010 liefern die Möglichkeit, die Registerkarten das Menübands und deren Inhalte an Ihre Wünsche anzupassen. Sie können neue Registerkarten mit eigenen Namen erstellen, diese mit Gruppen versehen und in diesen Gruppen Befehle ansiedeln. Die Werkzeuge dazu finden Sie in der Kategorie *Menüband anpassen* innerhalb der *Word-Optionen* (→ Abbildung 2.26).

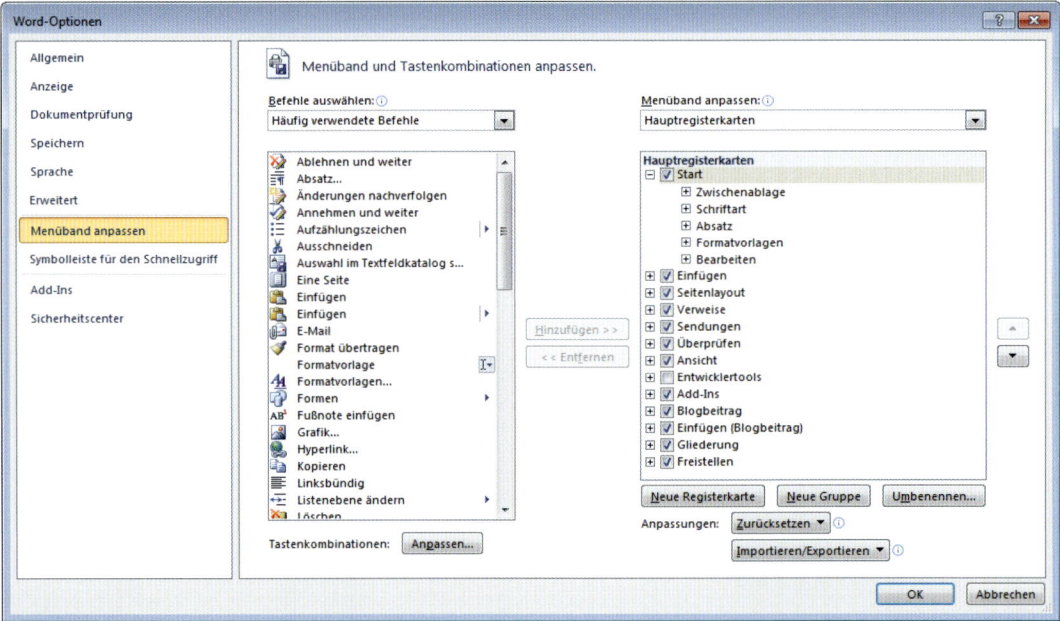

Abbildung 2.26
Das Menüband eines Programms kann beliebige Befehle aufnehmen – auch solche, die man selten verwendet.

ACHTUNG Beachten Sie gleich den folgenden Punkt: Änderungen, die Sie über die Kategorie *Menüband anpassen* unter den *Word-Optionen* vornehmen, wirken sich auf Word als Programm als Ganzes aus. Die Änderungen in den Einstellungen gelten also für alle Dokumente. Es gibt aber auch die Möglichkeit, das Menüband auf Basis einzelner Dokumente anzupassen. Je nach dem geöffneten Dokument können sich dann unterschiedliche Elemente im Menüband zeigen. Die Vorgehensweise dazu ist etwas komplizierter. Wir werden daher erst im Teil über die Automatisierung von Word darauf zu sprechen kommen (→ Kapitel 24).

» Im rechten Listenfeld finden Sie die bereits vorhandenen Registerkarten des jeweiligen Office-Programms. Welche Typen von Registerkarten in der Liste angezeigt werden, können Sie über das Listefeld darüber regeln. In der Grundeinstellung werden hier die *Hauptregisterkarten* angezeigt. Sie können aber auch mit *Registerkarten für Tools* die kontextbezogenen Registerkarten anzeigen lassen oder die Einstellung *Alle Registerkarten* wählen. Beachten Sie auch, dass Sie durch einen Klick auf die kleine Schaltfläche mit dem Pluszeichen die Namen der einzelnen Gruppen in den jeweiligen Registerkarten anzeigen lassen können.

» Das Listenfeld auf der linken Seite zeigt die im Programm verfügbaren Befehle. Beachten Sie hier, dass beim Aufruf der Kategorie *Menüband anpassen* in der Liste zunächst nur *Häufig verwendete Befehle* aufgelistet werden. Weitere Befehle finden Sie, wenn Sie eine andere Option über *Befehle auswählen* einstellen (→ Abbildung 2.27). Beispielsweise können Sie hier die Einstellung *Alle Befehle* benutzen und haben dann Zugriff auf sämtliche im Programm vorhandenen Befehle. Darunter befinden sich auch solche, die Sie vermutlich noch nie kennengelernt haben.

Abbildung 2.27 Über die Liste zu *Befehle auswählen* haben Sie Zugriff auf sämtliche im Programm vorhandenen Befehle.

Wir wollen Ihnen in den folgenden Abschnitten zeigen, über welche Möglichkeiten dieser Bereich verfügt.

ACHTUNG Wir möchten Sie nochmals darauf hinweisen, dass sich Änderungen im Menüband auf das Programm generell auswirken. Es gibt aber auch Techniken, die unterschiedliche Einstellungen hinsichtlich des Menübands in Abhängigkeit vom jeweils geöffneten Dokument erlauben. Darauf gehen wir in Kapitel 24 ein.

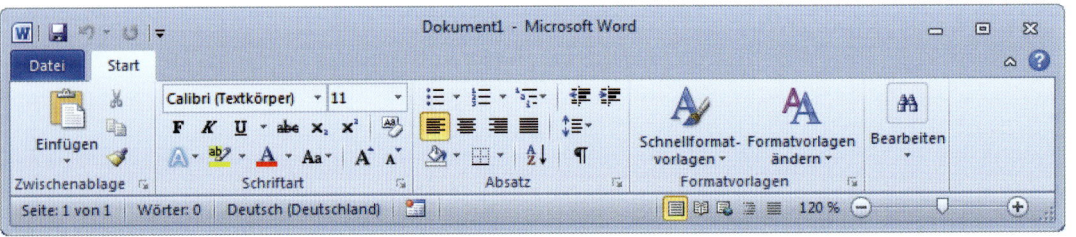

Abbildung 2.28
Bis auf die Register-
karte *Start* wurden
alle Registerkarten
ausgeblendet.

Vorhandene Registerkarten ein- und ausblenden

Die bereits in einem Programm standardmäßig vorhandenen Registerkarten können Sie ausblenden (→ Abbildung 2.28). Dazu müssen Sie nur das Kontrollkästchen
vor dem Namen der Registerkarte deaktivieren. Wenn
Sie die Registerkarte später wieder anzeigen lassen wollen, aktivieren Sie das Kontrollkästchen erneut.

Die Registerkarte *Entwicklertools*

Fast alle Office-Programme verfügen über eine mit *Entwicklertools* bezeichnete Registerkarte, die Werkzeuge
zum Automatisieren des Programms beinhaltet (→ Abbildung 2.29). Diese Registerkarte ist standardmäßig abgeschaltet. Um damit arbeiten zu können, müssen Sie
sie zunächst auf den Bildschirm bringen, indem Sie das
Kontrollkästchen vor dem Namen einschalten.

Diese Registerkarte beinhaltet beispielsweise die drei Gruppen *Code*, *Steuerelemente* und *XML*. In der Gruppe *Code*
finden Sie den Zugang zu allen Werkzeugen, die Sie zum
Erstellen von Makros und zum Arbeiten mit der Programmiersprache VBA (Visual Basic for Applications) benötigen.
Mit den Schaltflächen der Gruppe *Steuerelemente* können
Sie beispielsweise Schaltflächen im Dokument erstellen,
die per Klick darauf eine bestimmte Aktion bewirken. Die
Gruppe *XML* ist etwas für Experten auf diesem Gebiet.

HINWEIS Auf die Arbeit mit allen Elementen dieser
Registerkarte gehen wir im letzten Teil
dieses Buchs ein (→ Kapitel 20 bis Kapitel 24).

Eine neue Registerkarte erstellen

Um eine neue Registerkarte zu erstellen, markieren Sie
im rechten Listenfeld zunächst die bereits vorhandene
Registerkarte, nach der die neu zu erstellende angezeigt werden soll. Klicken Sie dann auf *Neue Registerkarte*. Eine neue Karte wird mit einer ersten Gruppe
erstellt. Sie trägt zunächst den Namen *Neue Registerkarte (Benutzerdefiniert)* und beinhaltet auch bereits
eine Gruppe mit dem Namen *Neue Gruppe (Benutzerdefiniert)* (→ Abbildung 2.30 links).

Abbildung 2.29
Die Registerkarte
Entwicklertools

Abbildung 2.30 Eine neue Registerkarte und eine neue Gruppe wurden erstellt. Sie verfügen zunächst über Standardnamen.

Eine weitere Gruppe hinzufügen

Sie können sowohl den bereits vorhandenen als auch den von Ihnen selbst erstellten Registerkarten neue Gruppen hinzufügen. Überladen Sie die Registerkarten aber nicht, sonst wird die Arbeit damit unübersichtlich. Wenn Sie einer Registerkarte eine weitere Gruppe hinzufügen wollen, markieren Sie die Gruppe, nach der die neue erstellt werden soll, und klicken Sie auf die Schaltfläche *Neue Gruppe*. Eine neue Gruppe wird erstellt. Sie trägt wiederum den Namen *Neue Gruppe (Benutzerdefiniert)* (→ Abbildung 2.30 rechts).

Registerkarten und Gruppen benennen

Sie können sowohl den standardmäßig vorhandenen Elementen – also Registerkarten und Gruppen – als auch den von Ihnen hinzugefügten einen anderen Namen geben. Markieren Sie das Element in der Liste, klicken Sie dann auf die Schaltfläche *Umbenennen*, weisen Sie dem Element den gewünschten Namen zu und bestätigen Sie durch einen Klick auf *OK* (→ Abbildung 2.31).

Abbildung 2.31 Benutzerdefinierte Elemente im Menüband können umbenannt werden.

Befehle zu einer Gruppe hinzufügen

Der eigentliche Sinn beim Hinzufügen neuer Registerkarten und Gruppen besteht natürlich darin, einen Raum im Menüband zu schaffen, in dem Sie Befehlsschaltflächen ansiedeln können. Um einen Befehl hinzuzufügen, markieren Sie zunächst die Gruppe, die den Befehl beinhalten soll. Markieren Sie dann im linken Listenfeld den Befehl, den Sie hinzufügen wollen. Klicken Sie auf die Schaltfläche *Hinzufügen* zwischen den beiden Listen. Der Befehl erscheint als Unterpunkt zur Gruppe (→ Abbildung 2.32).

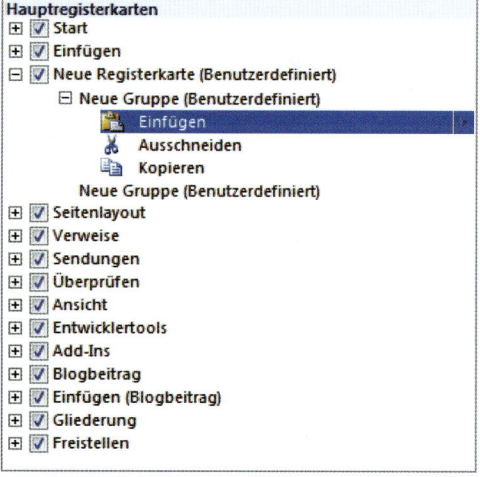

Abbildung 2.32 Eine neue Registerkarte wurde definiert und darin wurde eine neue Gruppe mit drei Befehlen angelegt.

Die Reihenfolge der Elemente festlegen

Wenn Sie die Reihenfolge der Elemente im Menüband ändern wollen, markieren Sie das zu verschiebende Element – also die Registerkarte, die Gruppe oder den Befehl – und benutzen Sie die beiden Schaltflächen mit den Pfeilspitzen rechts im Fenster.

Die Anpassungen exportieren

Wenn Sie sich die Mühe gemacht haben, ein eigenes Menüband mit neuen Registerkarten, Gruppen und Befehlen darin zu erstellen, möchten Sie dieses vielleicht auch auf anderen Rechnern benutzen. Dazu klicken Sie auf die Schaltfläche *Importieren/Exportieren* rechts unten im Bereich *Menüband anpassen* und wählen den Befehl *Alle Anpassungen exportieren*. Dieser Befehl heißt so, weil damit nicht nur die Anpassungen des Menübands, sondern auch die der Symbolleiste für den Schnellzugriff exportiert werden. Geben Sie im Dialogfeld *Datei speichern* der Exportdatei einen Namen und bestätigen Sie über *Speichern*.

Möchten Sie die Datei auf einem anderen Rechner übernehmen, öffnen Sie zunächst die Kategorie *Menüband anpassen* in den *Word-Optionen*. Klicken Sie anschließend auf *Importieren/Exportieren* und wählen Sie im Drop-down-Menü den Befehl *Anpassungsdatei importieren*. Navigieren Sie im Dialogfeld *Datei öffnen* zu dem Ordner, in dem die Anpassungsdatei abgelegt ist, und öffnen Sie sie.

CD-ROM Nur für den Fall, dass Sie das austesten wollen: Auf der Begleit-CD zu diesem Buch finden Sie im Ordner *02* eine Datei mit dem Namen *Word-Anpassung.exportedUI*. Wenn Sie diese wie eben beschrieben importieren, werden alle Registerkarten bis auf die Registerkarte *Start* ausgeblendet. Wenn Sie den Originalzustand wiederherstellen wollen, müssen Sie die einzelnen Registerkarten über die Kategorie *Menüband anpassen* in den *Word-Optionen* wieder manuell einschalten.

Die Anpassungen zurücksetzen

Wenn Sie benutzerdefinierte Anpassungen wieder entfernen möchten, klicken Sie auf *Zurücksetzen*. Wählen Sie *Alle Anpassungen zurücksetzen* und bestätigen Sie nochmals.

Die Tastenkombinationen anpassen

Manchmal benötigen Sie einen Befehl nur so selten, dass es sich nicht lohnt, dafür eine Schaltfläche im Menüband anzulegen. Sie können sich aber Arbeitsaufwand sparen, wenn Sie für diesen Befehl eine Tastenkombination vereinbaren. Nach einem Klick auf *Anpassen* neben der Bezeichnung *Tastenkombinationen* öffnet sich das Dialog-

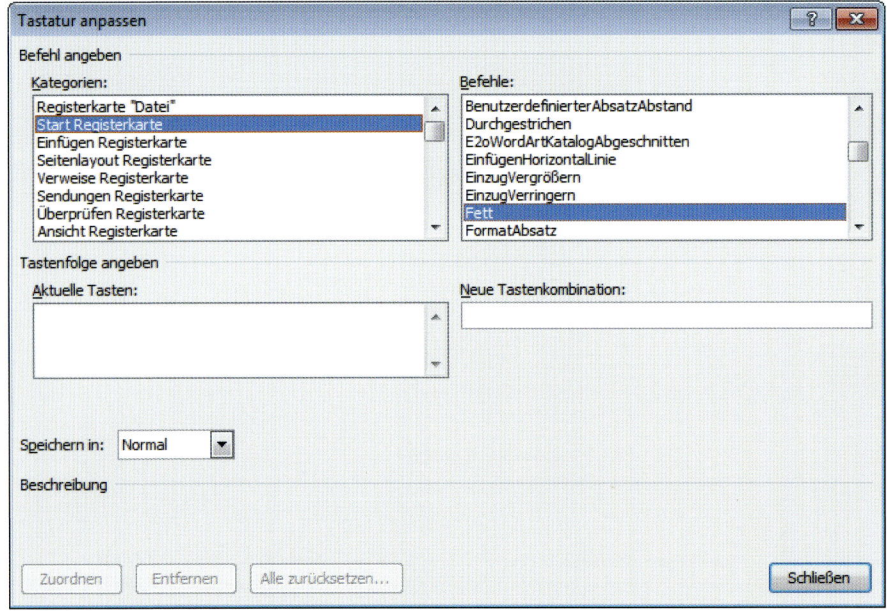

Abbildung 2.33 Für alle Befehle in Word können individuelle Tastenkombinationen eingerichtet werden.

feld *Tastatur anpassen* auf dem Bildschirm, das Sie für diesen Zweck verwenden können (→ Abbildung 2.33).

» Wählen Sie zunächst über das Listenfeld *Kategorien* auf der linken Seite die Kategorie aus, zu der der Befehl gehört, für den Sie eine Tastenkombination vereinbaren wollen.

» Die zu der ausgewählten Kategorie gehörenden Befehle werden dann im Listenfeld *Befehle* auf der rechten Seite angezeigt. Markieren Sie hier den Befehl, für den Sie eine Tastenkombination festlegen wollen.

» Der nächste Punkt ist wichtig: Sie müssen auch festlegen, für welche Fälle die Tastenkombination verfügbar sein soll. Bei Word haben Sie beispielsweise die Wahl zwischen dem aktuell geöffneten Dokument und der Vorlage, auf der dieses basiert.

» Setzen Sie dann die Schreibmarke in das Feld *Neue Tastenkombination* und drücken Sie die gewünschte Kombination auf der Tastatur. Wenn Sie eine Tastenkombination gewählt haben, die bereits einem Befehl in Word zugewiesen wurde – standardmäßig oder benutzerdefiniert –, wird dies links im Dialogfeld neben der Bezeichnung *Derzeit zugewiesen an*

angezeigt. Wenn Sie es bei Ihrer Wahl belassen, wird die derzeit benutzte Zuordnung nach der Bestätigung durch Ihre eigene Zuordnung überschrieben.

» Durch einen Klick auf *Zuordnen* wird die Tastenkombination festgelegt. Das Dialogfeld bleibt zum Festlegen weiterer Kombinationen geöffnet. Sie können es durch einen Klick auf *Schließen* wieder ausblenden.

Beachten Sie außerdem die folgenden wichtigen Punkte:

» Die von Ihnen festgelegten Zuordnungen müssen gespeichert werden, bevor Sie das Dokument schließen. Hatten Sie gefordert, dass die Tastenkombination in der Vorlage gespeichert werden soll, meldet sich ein Dialogfeld mit einer entsprechenden Nachfrage.

» Wenn Sie zu den Standardzuordnungen von Word zurückkehren wollen, klicken Sie auf *Alle zurücksetzen*.

2.3.4 Die Symbolleiste für den Schnellzugriff anpassen

Die einfachen Möglichkeiten zum Anpassen der Symbolleiste für den Schellzugriff haben wir schon angesprochen. Sie funktionieren über die Liste, die Sie durch ei-

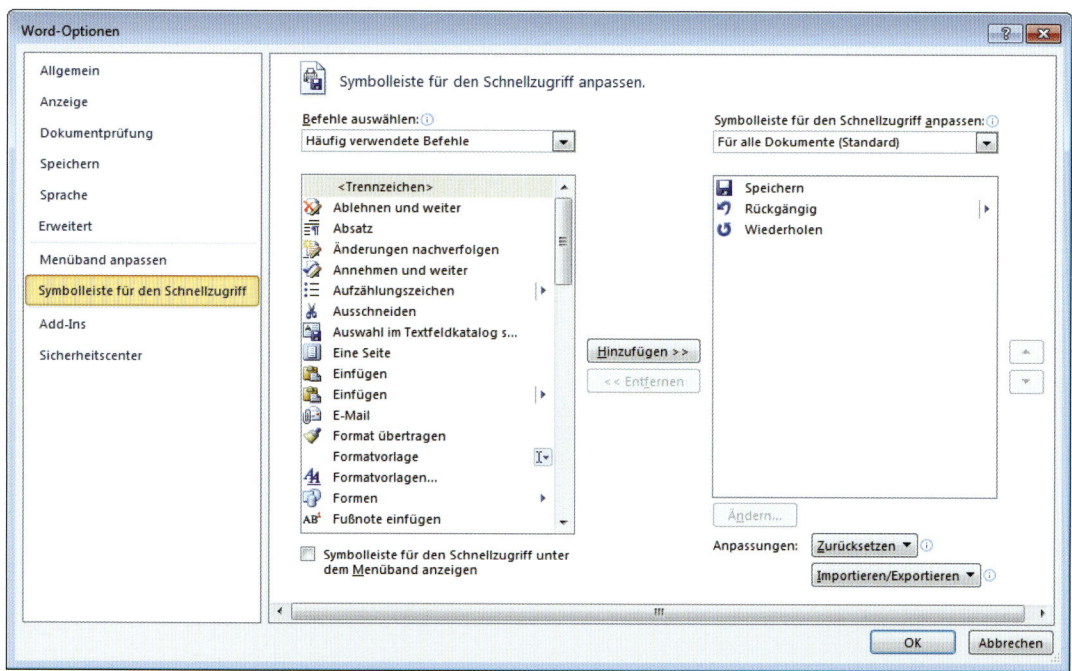

Abbildung 2.34
Das Anpassen der Symbolleiste für den Schnellzugriff

nen Klick auf die kleine Schaltfläche darin mit der nach unten weisenden Pfeilspitze ⬇ anzeigen lassen. Die Wahl der Option *Weitere Befehle* in dieser Liste öffnet die Registerkarte *Anpassen* des Bereichs *Optionen*, über die Sie zusätzliche Befehle zur Anzeige in der *Symbolleiste für den Schnellzugriff* auswählen können. Sie können damit der Symbolleiste weitere Schaltflächen hinzufügen (→ Abbildung 2.34).

» In dem großen Feld auf der linken Seite finden Sie eine Liste der Befehle, die Sie der *Symbolleiste für den Schnellzugriff* hinzufügen können. Wenn Sie das tun wollen, markieren Sie den Befehl und klicken auf die Schaltfläche *Hinzufügen* in der Mitte zwischen den beiden Listen.

» Beachten Sie, dass beim Aufruf dieses Bereichs in der Liste zunächst nur *Häufig verwendete Befehle* aufgelistet werden. Weitere Befehle werden angezeigt, wenn Sie eine andere Option über *Befehle auswählen* einstellen (→ Abbildung 2.35). Beispielsweise können Sie hier die Einstellung *Alle Befehle* benutzen und haben dann Zugriff auf alle im Programm vorhandenen Befehle. Darunter befinden sich auch solche, die Sie vermutlich noch nie kennengelernt haben.

» Ähnlich gehen Sie vor, wenn Sie einen in der Symbolleiste angezeigten Befehl aus dieser entfernen möchten. Markieren Sie ihn in der Liste auf der rechten Seite und klicken Sie auf *Entfernen*.

» Über die beiden Schaltflächen am rechten Rand des Fensters können Sie die Reihenfolge der Anzeige der Befehle in der Leiste ändern. Markieren Sie vorher den Befehl, den Sie in der Liste verschieben wollen, und klicken Sie – gegebenenfalls mehrfach – auf eine der beiden Schaltflächen mit den Pfeilspitzen, um ihn nach oben oder unten zu verschieben.

Klicken Sie auf *OK*, nachdem Sie alle gewünschten Befehle hinzugefügt haben.

Befehle aus dem Menüband übernehmen

Sie können der *Symbolleiste für den Schnellzugriff* auch direkt über die im Menüband angezeigten Befehle einen Befehl hinzufügen. Dazu klicken Sie im Menüband auf die entsprechende Registerkarte oder Gruppe, um die Befehle anzuzeigen, die Sie der Symbolleiste für den

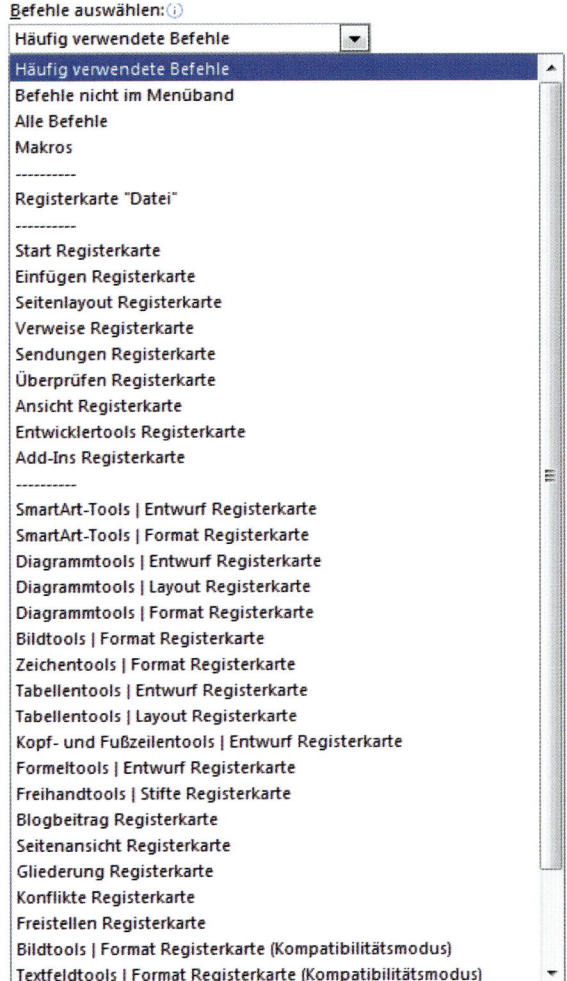

Abbildung 2.35 Über die Liste zu *Befehle auswählen* haben Sie Zugriff auf alle im Programm vorhandenen Befehle.

Schnellzugriff hinzufügen möchten. Klicken Sie dann mit der rechten Maustaste auf den Befehl und wählen Sie im Kontextmenü den Eintrag *Zu Symbolleiste für den Schnellzugriff hinzufügen* aus (→ Abbildung 2.36).

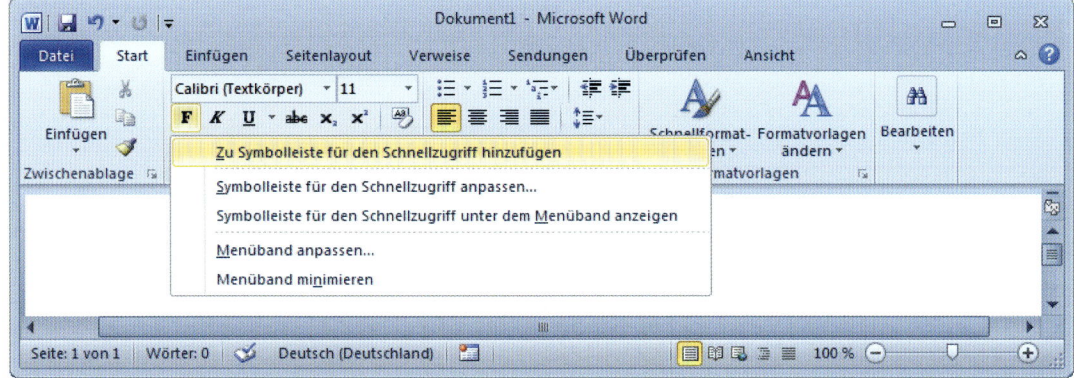

Abbildung 2.36
Befehle aus dem
Menüband können
direkt in die *Symbolleiste für den Schnellzugriff* übernommen
werden.

ACHTUNG Die Inhalte der meisten Kataloge, wie die Werte für den Einzug und den Abstand sowie einzelne Formatvorlagen, die ebenfalls im Menüband angezeigt werden, können der Symbolleiste für den Schnellzugriff aber nicht hinzugefügt werden.

2.3.5 Das Sicherheitscenter

Wenden wir uns aber an dieser Stelle einem wichtigen Element unter den Bereichen zu, die für Office-Programme allgemein gelten: Die Kategorie *Sicherheitscenter*

in den *Word-Optionen* dient zum Festlegen der Einstellungen für die Sicherheit und den Datenschutz für alle Programme von Office 2010. Bei der Version 2007 wurde dafür noch der etwas krause Name *Vertrauensstellungscenter* verwendet. Die Anwahl dieses Bereichs zeigt zunächst ein Übersichtsfenster an (→ Abbildung 2.37).

Details liefert ein Klick auf die darin befindliche Schaltfläche *Einstellungen für das Sicherheitscenter* (→ folgende Abschnitte). Sie öffnen damit ein separates Fenster, das auf seiner linken Seite über mehrere Schaltflächen

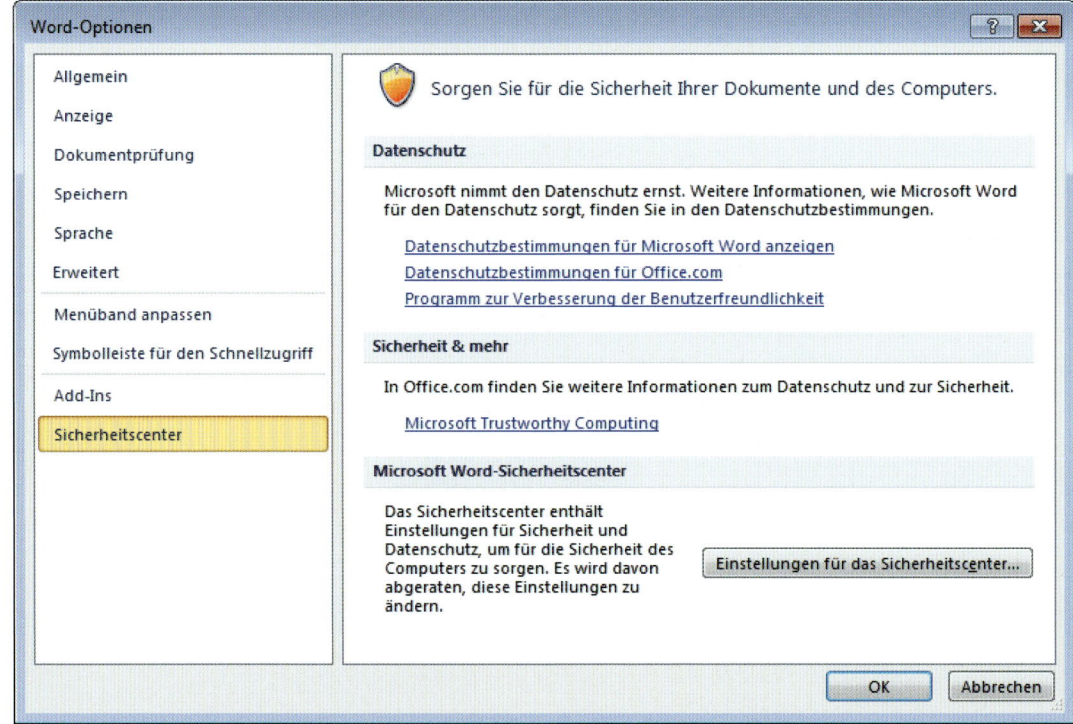

Abbildung 2.37
Die Kategorie *Sicherheitscenter* unter
den *Word-Optionen*
dient als Vorspann.

Abbildung 2.38
Eine Sicherheitswar-
nung taucht beim
Öffnen auf, wenn das
Dokument Bestand-
teile enthält, die
gefährlich werden
könnten.

verfügt, über die Sie einzelne Bereiche anzeigen lassen können (→ beispielsweise Abbildung 2.41 auf Seite 69).

Die Wirkung des Sicherheitscenters

Beginnen wir mit einem Beispiel zur Wirkung dieses Werkzeugs: Wenn Sie eine Datei öffnen, die Elemente enthält, die nicht diesen Anforderungen entsprechen, wird in Office 2010 eine Statusleiste angezeigt, die bereits einige Angaben zur Natur der Bedrohung enthält. Beinhaltet die Datei beispielsweise Makros, werden Sie entsprechend darauf hingewiesen (→ Abbildung 2.38).

CD-ROM Wenn Sie das austesten wollen, öffnen Sie die Datei *Dokument2* aus dem Ordner *02* der Begleit-CD.

Falls Sie weitere Informationen zu dieser Meldung wünschen, klicken Sie in dieser Leiste auf die angezeigte Meldung – beispielsweise auf *Makros wurden deaktiviert*. Das zeigt den Bereich *Informationen* auf der Registerkarte *Datei* an, in dem Sie unter *Sicherheitswarnung* weitere Hinweise zur Natur der Gefährdung erhalten (→ Abbildung 2.39).

Abbildung 2.39
Die Details zur
Sicherheitswarnung
finden Sie im Bereich
Informationen der
Registerkarte *Datei*.

Abbildung 2.40 Die erweiterten Optionen zur Sicherheitswarnung

Ein Klick auf die Schaltfläche *Inhalt aktivieren* liefert mindestens zwei Optionen:

» *Alle Inhalte aktivieren* bewirkt, dass die bisher gesperrten Dinge wirksam werden. Beispielsweise können Makros und VBA-Code ausgeführt werden. Diese Option können Sie auch durch einen Klick auf die Schaltfläche *Inhalt aktivieren* `Inhalt aktivieren` in der Statusleiste mit der Warnung auswählen. Sie sollten das nur tun, wenn Sie sicher sind, dass das Element aus einer vertrauenswürdigen Quelle stammt.

» Wenn Sie stattdessen auf *Erweiterte Optionen* klicken, wird ein Dialogfeld angezeigt, in dem Sie unter anderem entscheiden können, ob Sie den Inhalt für die momentane Sitzung aktivieren wollen (→ Abbildung 2.40).

Die Kategorie *Vertrauenswürdige Herausgeber*

Unter einem *Herausgeber* versteht Microsoft einen Entwickler, der ein Makro, ein Add-In oder eine andere Erweiterung erstellt hat, die von Ihnen und von anderen Personen verwendet werden kann. *Vertrauenswürdige Herausgeber* sind Entwickler, die das Projekt mit einer digitalen Signatur signiert haben. Diese digitale Signatur muss gültig und aktuell – also nicht abgelaufen – sein. Außerdem muss das Zertifikat, welches der digitalen Signatur zugeordnet ist, von einer vertrauenswürdigen Zertifizierungsstelle stammen.

Die Daten des Herausgebers werden dann in der Kategorie *Vertrauenswürdige Herausgeber* im *Sicherheitscenter* angezeigt (→ Abbildung 2.41).

» Sie können einen Eintrag der Kategorie *Vertrauenswürdige Herausgeber* löschen, indem Sie die entsprechende Zeile markieren und dann auf *Entfernen* klicken.

» Klicken Sie in der Liste *Vertrauenswürdige Herausgeber* auf den Namen des Herausgebers, dessen Zertifikat Sie anzeigen möchten, und klicken Sie dann auf *Anzeigen*.

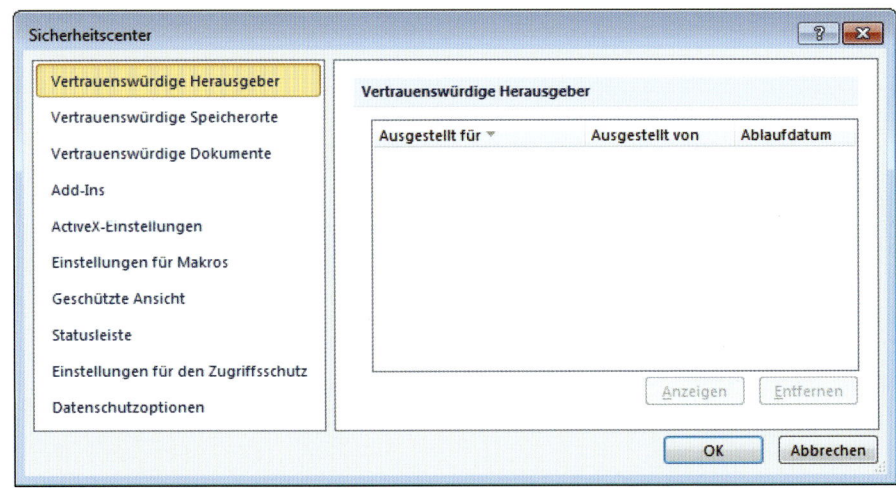

Abbildung 2.41
Die Kategorie *Vertrauenswürdige Herausgeber*

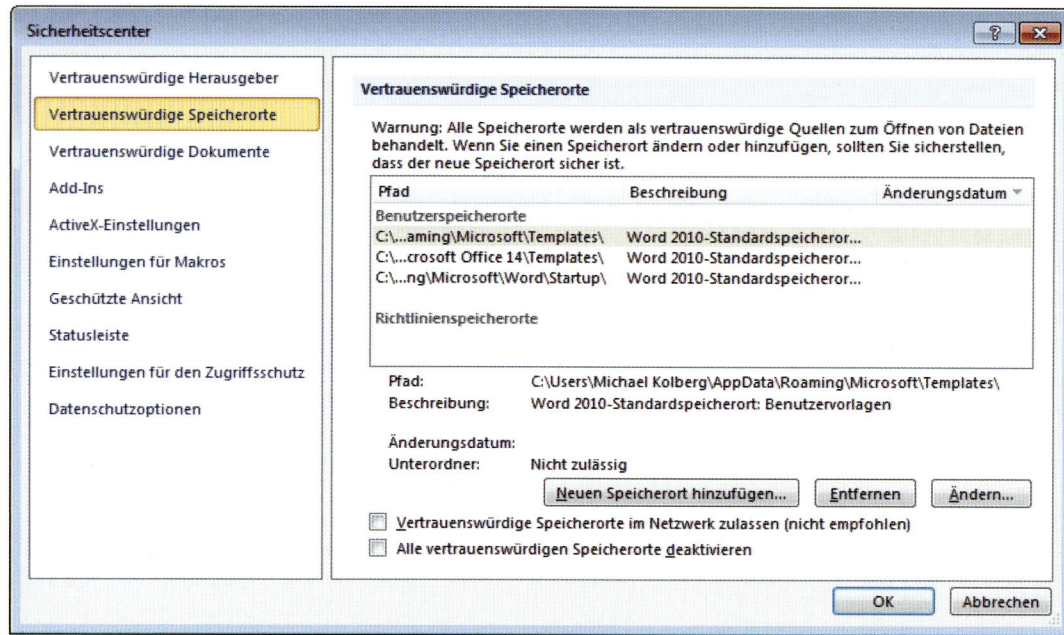

Abbildung 2.42
Die Kategorie
*Vertrauenswürdige
Speicherorte*

Die Kategorie *Vertrauenswürdige Speicherorte*

Ein vertrauenswürdiger Speicherort ist normalerweise ein Ordner auf der Festplatte oder auf einer Netzwerkfreigabe. Jede Datei, die Sie an einem vertrauenswürdigen Speicherort ablegen, kann ohne eine Überprüfung durch das Sicherheitscenter geöffnet werden. Über die Kategorie *Vertrauenswürdige Speicherorte* innerhalb des *Sicherheitscenters* können Sie diese Speicherorte einrichten und kontrollieren (→ Abbildung 2.42).

Ein vertrauenswürdiger Speicherort kann ein Ordner auf der Festplatte oder auf einer Netzwerkfreigabe sein.

» Es ist immer sicherer, einen lokalen Ordner wie beispielsweise einen Unterordner im Ordner *Dokumente* unter Microsoft Windows 7 bzw. Vista oder in *Eigene Dateien* unter Microsoft Windows XP zu verwenden, sofern Sie ein Anmeldekennwort für Microsoft Windows zum Schutz des Computers verwenden. Bei dem Kennwort sollte es sich um ein sicheres Kennwort handeln. Sie sollten aber nicht den gesamten Ordner *Dokumente* oder *Eigene Dateien* als vertrauenswürdigen Speicherort vorsehen. Erstellen Sie einen Unterordner in *Dokumente* oder *Eigene Dateien* und bestimmen Sie nur diesen Ordner als vertrauenswürdigen Speicherort.

» Speicherorte, die sich nicht auf Ihrem Computer befinden – beispielsweise Netzwerkordner – sind weniger sicher. Sie sollten keinen öffentlichen Ordner auf einer Netzwerkfreigabe zum vertrauenswürdigen Speicherort für Ihre Dateien bestimmen.

Um einen neuen vertrauenswürdigen Speicherort zu erstellen, klicken Sie in der Kategorie *Vertrauenswürdige Speicherorte* des *Sicherheitscenters* auf *Neuen Speicherort hinzufügen*. Ein Dialogfeld wird angezeigt, in dem Sie den Ort definieren können (→ Abbildung 2.43).

Abbildung 2.43 Einen vertrauenswürdigen Speicherort können Sie selbst erstellen.

» Geben Sie in das Feld *Pfad* den Namen des Ordners ein, den Sie als vertrauenswürdigen Speicherort verwenden möchten, oder klicken Sie auf *Durchsuchen*, um nach dem Ordner zu suchen.

» Wenn Sie einen vertrauenswürdigen Speicherort erstellen möchten, der sich nicht auf Ihrem Computer befindet, aktivieren Sie vorab das Kontrollkästchen *Vertrauenswürdige Speicherorte im Netzwerk zulassen*. Das ist aber nicht zu empfehlen.

» Wenn Sie Unterordner als vertrauenswürdige Speicherorte einschließen möchten, aktivieren Sie das Kontrollkästchen *Unterordner dieses Speicherorts sind ebenfalls vertrauenswürdig*.

» In das Feld *Beschreibung* können Sie einen beliebigen Text als Beschreibung für den Zweck des vertrauenswürdigen Speicherorts eingeben.

» Klicken Sie auf *OK*.

ACHTUNG Wenn Sie einen solchen Speicherort als nicht mehr vertrauenswürdig zurückstufen möchten, markieren Sie ihn unter *Pfad* im Bereich *Vertrauenswürdige Speicherorte* des *Sicherheitscenters*, klicken Sie auf *Entfernen* und dann auf *OK*. Sie können die vertrauenswürdigen Speicherorte auch durch Einschalten des Kontrollkästchens *Alle vertrauenswürdigen Speicherorte deaktivieren* vorübergehend deaktivieren lassen. So muss bei Bedarf nicht alles erneut eingerichtet werden.

Die Kategorie *Vertrauenswürdige Dokumente*

Vertrauenswürdige Dokumente sind Dateien, die aktive Inhalte aufweisen und die ohne Anzeige der Warnungen in der Statusleiste geöffnet werden, wenn Sie die aktiven Inhalte in diesen Dokumenten aktivieren. Ein typischer Fall ist, dass Sie ein Dokument aus einem Netzwerkspeicherort öffnen. Sie werden dann über das Dialogfeld *Sicherheitswarnung* gefragt, ob Sie das Dokument zu einem vertrauenswürdigen Dokument machen wollen (→ Abbildung 2.44). Nachdem ein Dokument als vertrauenswürdig eingestuft wurde, wird es nicht mehr in der geschützten Ansicht geöffnet. Die Aufforderung in der Statusleiste erscheint jedoch wieder, wenn die Datei, nachdem sie zuletzt als vertrauenswürdig eingestuft wurde, verschoben wurde.

Abbildung 2.44 Das Dialogfeld *Sicherheitswarnung* beim Öffnen eines Dokuments aus einem Netzwerkspeicherort.

Die generellen Einstellungen zu diesem Sicherheitsbereich nehmen Sie unter *Vertrauenswürdige Dokumente* innerhalb des Sicherheitscenters vor (→ Abbildung 2.45)

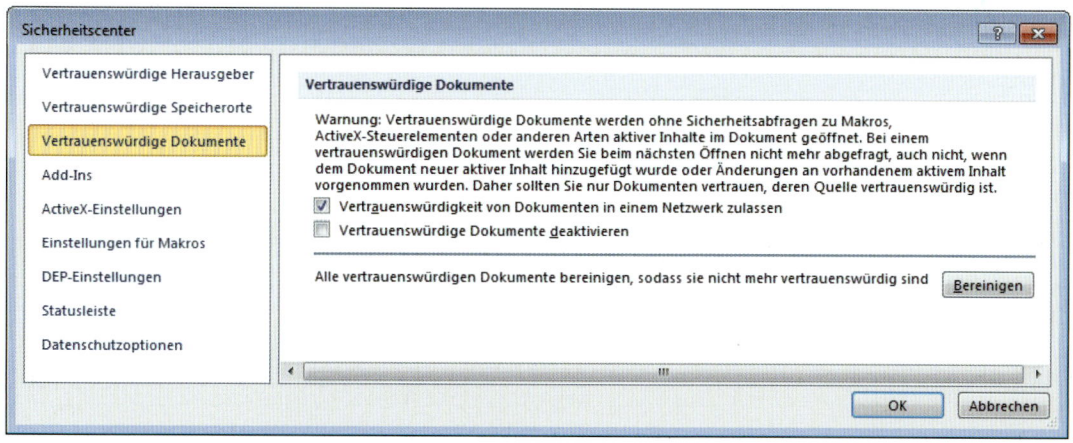

Abbildung 2.45 Die Einstellungen für vertrauenswürdige Dokumente.

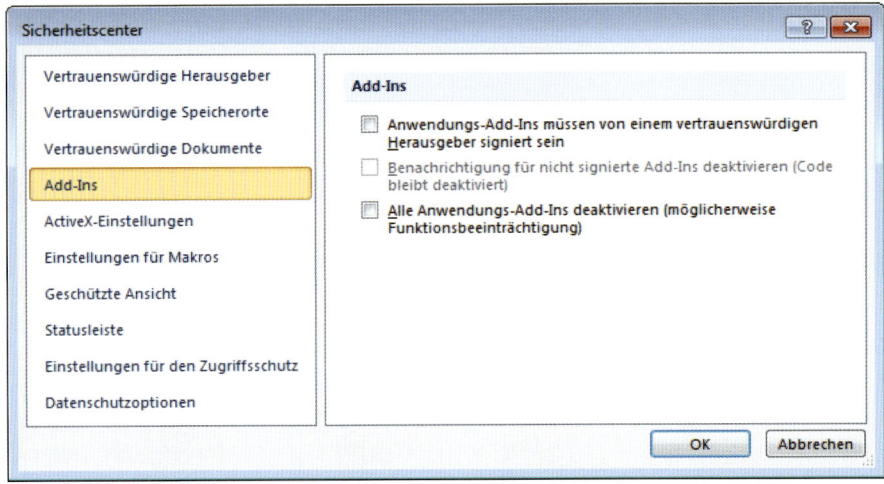

Abbildung 2.46
Die Kategorie *Add-Ins* im *Sicherheits-center*.

» Wenn *Vertrauenswürdigkeit von Dokumenten in einem Netzwerk zulassen* aktiviert ist, wird das Dialog-feld *Sicherheitswarnung* wird nicht mehr für Dateien an Netzwerkspeicherorten angezeigt.

» Mit *Vertrauenswürdige Dokumente deaktivieren* wird das Dialogfeld *Sicherheitswarnung* bei jedem Öffnen von Dateien angezeigt.

» Durch einen Klick auf *Bereinigen* löschen Sie die Liste der Dokumente, die zuvor als vertrauenswürdig eingestuft wurden. Die Statusleiste wird dann wieder für diese Dokumente angezeigt.

Die Kategorie *Add-Ins*

Ähnlich wie Makros (→ Kapitel 20) können Add-Ins von Hackern ausgenutzt werden, um umfangreiche Schäden anzurichten, wie beispielsweise das Verbreiten eines Virus. Da es viele verschiedene Add-Ins gibt, die nicht von Microsoft stammen, müssen spezifische Kriterien erfüllt werden, ehe ein Add-In als vertrauenswürdig eingestuft wird. Über die Kategorie *Add-Ins* im Dialogfeld *Sicherheitscenter* können Sie die Einstellungen für Add-Ins allgemein regeln (→ Abbildung 2.46). Aktivieren Sie hier die gewünschten Optionen. Standardmäßig sind sie alle abgeschaltet. Änderungen darin werden erst nach dem Beenden und erneuten Starten des Programms wirksam.

» Aktivieren Sie das Kontrollkästchen *Anwendungs-Add-Ins müssen von einem vertrauenswürdigen Herausgeber signiert sein*, wenn das Sicherheitscenter überprüfen soll, ob eine digitale Signatur-Datei, die

das Add-In enthält, vorhanden ist. Ist der Herausgeber nicht vertrauenswürdig, wird das Add-In vom Office-Programm nicht geladen. In der Statusleiste wird eine Benachrichtigung angezeigt, dass das Add-In deaktiviert wurde.

» Das Kontrollkästchen *Benachrichtigung für nicht signierte Add-Ins deaktivieren (Code bleibt deaktiviert)* ist nur verfügbar, wenn Sie das erste Kontrollkästchen aktiviert haben. In bestimmten Situationen ist die *DLL*-Datei, die das Add-In enthält, möglicherweise nicht signiert. In diesen Fällen werden von einem vertrauenswürdigen Herausgeber signierte Add-Ins aktiviert, während nicht signierte Add-Ins im Hintergrund deaktiviert werden.

» Benutzen Sie *Alle Anwendungs-Add-Ins deaktivieren (möglicherweise Funktionsbeeinträchtigung)*, wenn Sie Add-Ins grundsätzlich nicht vertrauen. Alle Add-Ins werden ohne Benachrichtigung deaktiviert und alle anderen Kontrollkästchen für Add-Ins stehen nicht mehr zur Verfügung.

Die Kategorie *Einstellungen für Makros*

Der Zweck eines Makros besteht darin, häufig auszuführende Aufgaben zu automatisieren (→ Kapitel 20). Dahinter verbergen sich oft leistungsfähigere VBA-Programme, die einen Code verwenden, mit dem viele Befehle auf einem Computer ausgeführt werden können. Aus diesem Grund stellen Makros ein potenzielles Sicherheitsrisiko dar. Hacker können ein bösartiges Makro durch ein Dokument einschleusen, das nach dem Öffnen des Dokuments ausgeführt wird und möglicherweise einen Virus auf dem Computer verbreitet.

Die Gefahr geht dabei besonders von sogenannten *Auto-Makros* aus, die automatisch in bestimmten Situationen – etwa beim Öffnen des Dokuments – ausgeführt werden. Deswegen kann ein Makro standardmäßig in einem Dokument erst aktiviert werden, nachdem das *Sicherheitscenter* die folgenden Punkte überprüft hat:

» Das Makro wurde vom Entwickler mit einer digitalen Signatur signiert und die digitale Signatur ist gültig und aktuell – also nicht abgelaufen.

» Das der digitalen Signatur zugeordnete Zertifikat wurde von einer bekannten Zertifizierungsstelle ausgestellt.

» Der Entwickler, der das Makro signiert hat, ist ein vertrauenswürdiger Herausgeber.

Erkennt das *Sicherheitscenter* ein Problem bei einer dieser Voraussetzungen, wird das Makro standardmäßig deaktiviert und ein Dialogfeld angezeigt, um Sie auf ein potenziell unsicheres Makro hinzuweisen. Sie sollten das Makro nur aktivieren, wenn Sie sicher sind, dass es aus einer vertrauenswürdigen Quelle stammt. Je nach dem darin angezeigten Hinweis können unterschiedliche Verfahrensweisen notwendig sein.

Sie haben in der Kategorie *Einstellungen für Makros* des *Sicherheitscenters* die Möglichkeit, diese Standardverhaltensweise zu ändern. Vier Optionen stehen zur Verfügung (→ Abbildung 2.47):

» Aktivieren Sie *Alle Makros ohne Benachrichtigung deaktivieren*, wenn Sie Makros nicht vertrauen. Alle Makros sowie Sicherheitshinweise zu Makros werden deaktiviert. Dokumente mit nicht signierten Makros, die Sie für vertrauenswürdig halten, können Sie an einen vertrauenswürdigen Speicherort verschieben (→ vorherige Abschnitte). Diese werden dann ohne Überprüfung durch das Sicherheitssystem des Sicherheitscenters ausgeführt.

» Die Option *Alle Makros mit Benachrichtigung deaktivieren* ist die Grundeinstellung. Wählen Sie sie, wenn Makros deaktiviert werden sollen, Sie jedoch benachrichtigt werden möchten, falls Makros vorhanden sind.

» Die Einstellung *Alle Makros außer digital signierten Makros deaktivieren* ist mit der Option *Alle Makros mit Benachrichtigung deaktivieren* identisch, außer dass das Makro ausgeführt werden kann, wenn es von einem vertrauenswürdigen Herausgeber signiert wurde, dem Sie bereits vertrauen. Wenn Sie den Herausgeber nicht als vertrauenswürdig eingestuft haben, werden Sie benachrichtigt. So können Sie auswählen, ob Sie die signierten Makros deaktivieren oder dem Herausgeber vertrauen möchten. Alle nicht signierten Makros werden ohne Benachrichtigung deaktiviert.

» Wählen Sie die Option *Alle Makros aktivieren (nicht empfohlen, weil potenziell gefährlicher Code ausgeführt werden kann)*, um die Ausführung aller Makros zuzulassen. Bei dieser Einstellung ist der Computer

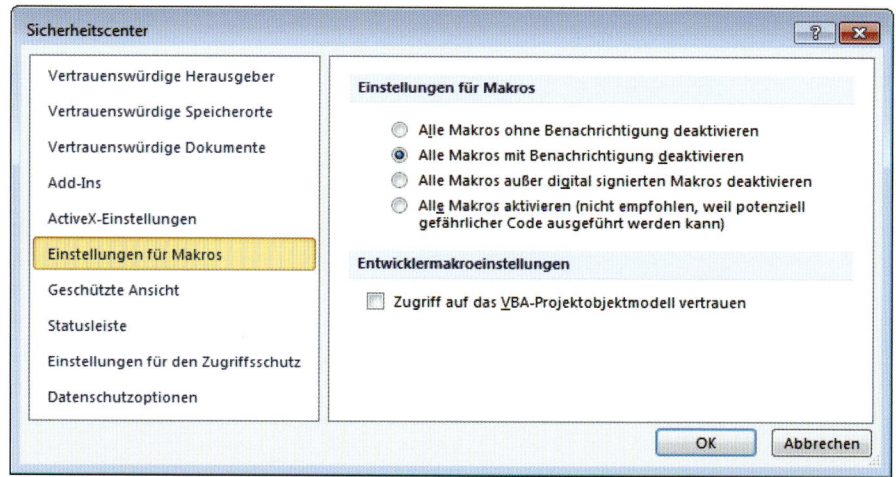

Abbildung 2.47
Der Bereich *Einstellungen für Makros* im *Sicherheitscenter*

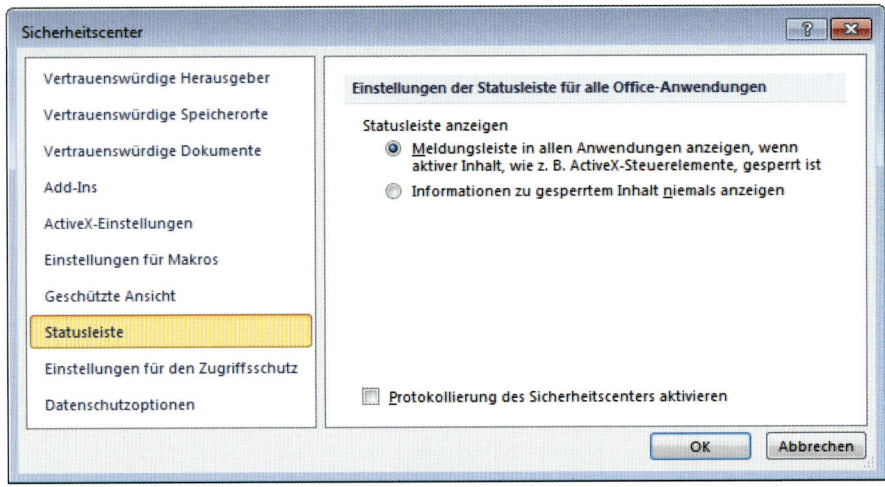

Abbildung 2.48
Die Kategorie *Statusleiste* im *Sicher-heitscenter*

für Angriffe durch potenziell bösartigen Code gefährdet, deshalb ist sie nicht zu empfehlen.

ACHTUNG Wenn Sie die Makroeinstellungen im Sicherheitscenter ändern, werden diese ausschließlich für jenes Office-Programm geändert, das Sie derzeit verwenden. Die Makroeinstellungen für andere Office-Programme werden nicht geändert.

Die Kategorie *Statusleiste*

In der Statusleiste werden Sicherheitshinweise angezeigt, wenn potenziell unsichere, aktive Inhalte in dem von Ihnen geöffneten Dokument enthalten sind (→ oben). So kann das Dokument beispielsweise ein nicht signiertes Makro oder ein signiertes Makro mit einer ungültigen Signatur enthalten. Um Sie auf das Problem hinzuweisen, wird in solchen Fällen standardmäßig das von Microsoft als *Statusleiste* bezeichnete Element eingeblendet. Verwechseln Sie dies nicht mit der ebenfalls als Statusleiste bezeichneten Leiste am unteren Rand des Anwendungsfensters. Wenn Sie keine solchen Benachrichtigungen erhalten möchten, können Sie die Statusleiste deaktivieren. Dazu dient die Kategorie *Statusleiste* im *Sicherheitscenter* (→ Abbildung 2.48).

» Standardmäßig ist die Option *Statusleiste in allen Anwendungen anzeigen, wenn aktiver Inhalt … gesperrt ist* aktiviert. Benachrichtigungen der Statusleiste werden also angezeigt, sobald potenziell unsicherer Inhalt deaktiviert wurde. Die Option ist übrigens nicht aktiviert, wenn Sie im *Sicherheitscenter* unter *Einstellungen für Makros* das Optionsfeld *Alle Makros ohne Benachrichtigung deaktivieren* aktiviert haben. Sie erhalten dann keine Benachrichtigungen der Statusleiste, das ist dann aber auch nicht notwendig.

» Mithilfe von *Informationen zu gesperrtem Inhalt niemals anzeigen* wird die Statusleiste deaktiviert. Unabhängig von den Sicherheitseinstellungen im Sicherheitscenter erhalten Sie keine Benachrichtigungen bei möglichen Sicherheitsproblemen.

Die Kategorie *Datenschutzoptionen*

Über die Kategorie *Datenschutzoptionen* regeln Sie den für Sie im Allgemeinen unsichtbaren Kommunikationsfluss zwischen Ihrem Rechnersystem und Microsoft über das Internet (→ Abbildung 2.49). Extrem auf Sicherheit ausgerichtete Anwender sehen vielleicht auch hierin ein mögliches Risiko. Auf jeden Fall hat Microsoft damit eine zusammenfassende Stelle geschaffen, über die diese Kommunikation kontrolliert werden kann.

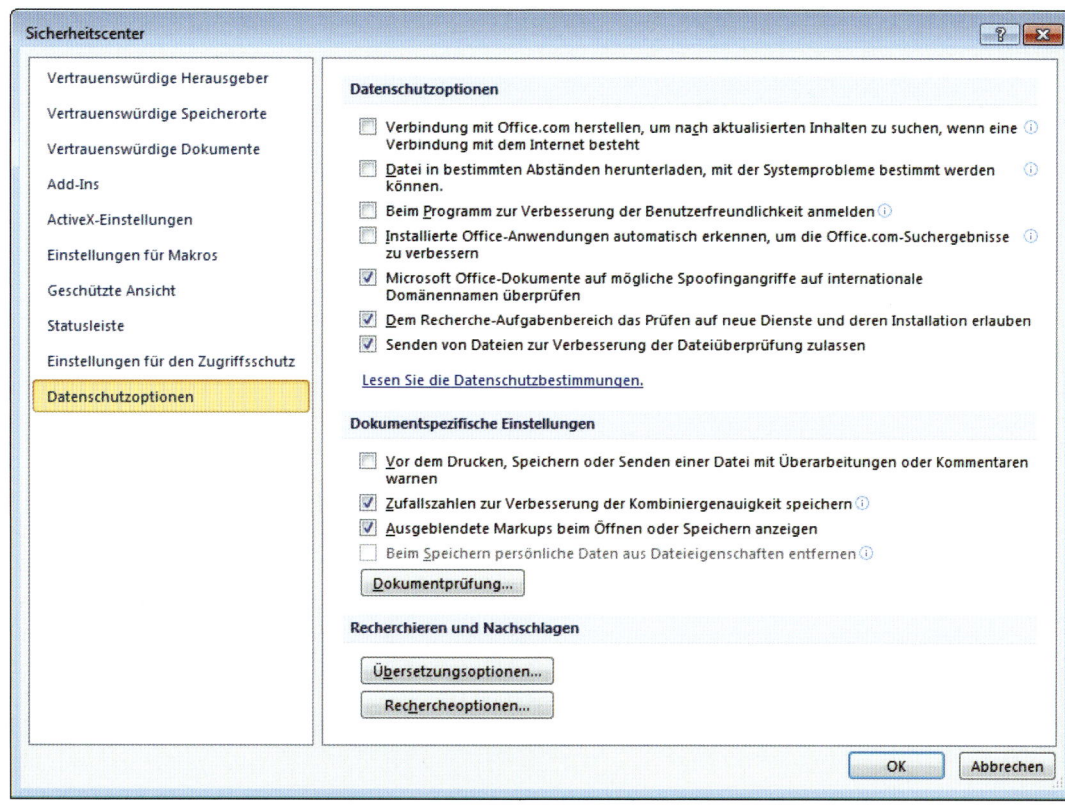

Abbildung 2.49
Die Kategorie *Daten-schutzoptionen* im *Sicherheitscenter*

Im oberen Abschnitt diese Kategorie finden Sie sieben Optionen, die für Sie interessant sein könnten. Die Einstellungen, die Sie hier vornehmen, sind gültig für alle bzw. die Mehrzahl der Office-2010-Programme.

» Wenn Sie das Kontrollkästchen *Verbindung mit Microsoft Office.com herstellen ...* aktivieren, werden die aktuellsten Hilfeinhalte auf Ihren Computer heruntergeladen. Sie müssen mit dem Internet verbunden sein, um die Downloads empfangen zu können. Es wird nicht das gesamte Hilfesystem heruntergeladen, sondern nur der Artikel in der Hilfe, auf den Sie im Feld mit den Suchergebnissen klicken.

» Das Aktivieren von *Datei in bestimmten Abständen herunterladen* bewirkt, dass eine Datei auf den Rechner heruntergeladen wird, damit bei instabilem Verhalten oder einem Absturz des Computers automatisch das Tool Microsoft Office-Diagnose ausgeführt wird. Sie werden in einem solchen Fall von Microsoft gefragt, ob Fehlerberichte für bestimmte Arten von Fehlermeldungen gesendet werden sollen.

» Wenn Sie das Kontrollkästchen *Beim Programm zur Verbesserung der Benutzerfreundlichkeit anmelden* aktivieren, sammelt Microsoft automatisch Informationen von Ihrem Computer, einschließlich der Fehlermeldungen, die von der Software generiert werden, zu dem Zeitpunkt, zu dem die Fehlermeldungen generiert werden, der Art der verwendeten Computerausstattung, etwaiger Schwierigkeiten Ihres Computers beim Ausführen von Microsoft-Software und ob die Hardware bzw. Software erwartungsgemäß und schnell reagiert. Alle an Microsoft gesendeten Informationen sind aber angeblich anonym.

» Durch Aktivieren von *Installierte Office-Anwendungen automatisch erkennen ...* wird die Suche in *Office.com* auf Ergebnisse konzentriert, die sich auf die Office-Programme beziehen, die auf Ihrem Rechner installiert sind.

» Ist *Microsoft Office-Dokumente auf mögliche Spoofingangriffe auf internationale Domänennamen überprüfen* aktiviert, ist die Erkennung gefälschter Websites zum Schutz vor Phishingschemas eingeschaltet. Falls eine Verknüpfung mit einer Website mit einem gefälschten Domänennamen erkannt wird, werden Sie in einem Sicherheitshinweis benachrichtigt.

» Mit *Dem Recherche-Aufgabenbereich das Prüfen auf neue Dienste und deren Installation erlauben* ermöglichen Sie es den Programmen, automatisch auf neue Recherchedienste zu prüfen und diese zu installieren.

» Wenn Sie das Kontrollkästchen *Senden von Dateien zur Verbesserung der Dateiüberprüfung zulassen* aktivieren, erlauben Sie es Microsoft, Informationen zu Dateien zu sammeln, bei denen die Dateiüberprüfung fehlgeschlagen ist. Standardmäßig wird dann in bestimmten Abständen ein Dialogfeld angezeigt, in dem Sie aufgefordert werden, die betreffenden Dateien an Microsoft zu senden.

Die Optionen im Abschnitt darunter sind spezifisch für das jeweilige Office-Programm. Bei Microsoft Word finden Sie hier beispielsweise die folgenden Optionen:

» Wenn Sie die Option *Vor dem Drucken, Speichern oder Senden einer Datei mit Überarbeitungen oder Kommentaren warnen* einschalten, erhalten Sie eine Warnmeldung, wenn Sie ein Dokument mit Überarbeitungen zu drucken, speichern oder senden versuchen.

» Über *Zufallszahlen zur Verbesserung der Kombiniergenauigkeit speichern* verbessern Sie die Chancen, ein optimales Ergebnis beim Zusammenführen von Überarbeitungen mehrerer Bearbeiter zu erzielen.

» Beim Aktivieren von *Ausgeblendete Markups beim Öffnen oder Speichern anzeigen* wird sichergestellt, dass alle Überarbeitungen, die noch in einem Dokument enthalten sind, beim Öffnen oder Speichern des Dokuments angezeigt werden. Dadurch können Sie unerwünschte Änderungen vor dem Senden an Bearbeiter aus dem Dokument entfernen.

» Die Option *Beim Speichern persönliche Daten aus Dateieigenschaften entfernen* ist in Excel, PowerPoint und Word deaktiviert und in Publisher und SharePoint Designer aktiviert. In den Programmen mit deaktivierter Option ist die Option nur verfügbar, wenn Sie ein Dokument bearbeiten, das in einer früheren Office-Version erstellt wurde, und Sie die Option in der jeweiligen Version zum Entfernen persönlicher Daten verwendet haben. Klicken Sie auf *Dokumentprüfung*, um persönliche Informationen aus diesem Dokument zu entfernen.

» Die Schaltfläche *Dokumentprüfung* existiert nur bei den Programmen Excel, PowerPoint und Word. Durch einen Klick darauf können Sie persönliche Informationen und andere ausgeblendete Daten aus Dokumenten entfernen, die mit den Programmen in der Version 2010 und früheren Versionen erstellt wurden.

2.4 Die Programmhilfen

Denken Sie bei Problemen während Ihrer Arbeit mit Word immer daran, dass das Programm über ein umfangreiches Hilfesystem verfügt, das Sie jederzeit aufrufen können. Dieses Hilfesystem wurde in der Version 2010 verbessert: Im Gegensatz zu früheren Versionen bietet die aktuelle Version im selben Hilfefenster einen einfachen Zugriff auf die Endbenutzerhilfe und die Entwicklerhilfe. Sie können auf Wunsch die Suche problemlos auf die Entwicklerhilfe beschränken. Der gesamte Inhalt der Endbenutzer- und Entwicklerhilfe ist auf *Office. com* verfügbar.

2.4.1 Der Zugang zur Hilfe

Um schnell zu den gewünschten Informationen zu gelangen, sollten Sie die folgenden Methoden zum Aufruf der Hilfe kennen:

» Den Zugang zur Hilfe erhalten Sie, indem Sie auf die Schaltfläche mit dem Fragezeichen 📀 in der rechten oberen Ecke des Menübands klicken. Denselben Effekt erreichen Sie, indem Sie F1 drücken. Daraufhin wird die Startseite der Hilfe angezeigt (→ Abbildung 2.50). Jedes Programm in Microsoft Office weist eine eigene Hilfe-Homepage auf, auf der Sie sich eine Übersicht über das Programm verschaffen können.

Abbildung 2.50 Die Hilfe für Microsoft Word liefert einen Überblick über die wichtigsten Themenkreise.

Abbildung 2.51 Die nächste Stufe in der Hierarchie der Hilfe wird angezeigt.

» Die Mehrzahl der Dialogfelder in den Office-Programmen verfügt über eine eigene Schaltfläche für den Zugang zur Hilfe. Wenn Sie darauf klicken, sollte automatisch eine Hilfeseite zu den Optionen im aktuell geöffneten Dialogfeld angezeigt werden. Wenn für das Dialogfeld kein Hilfethema verfügbar ist, wird die Startseite der Hilfe angezeigt.

» Auch die Hilfe zu vielen Steuerungselementen im Menüband können Sie auf diese Weise gezielt ansprechen. Setzen Sie den Mauszeiger auf das entsprechende Element und drücken Sie F1.

2.4.2 Arbeiten mit der Startseite

Auf der Startseite können Sie zu speziellen Hilfethemen navigieren:

» Benutzen Sie die Optionen darin, um zu bestimmten Themenbereichen weitere Unterpunkte anzuzeigen. Beispielsweise können Sie im Programm Word durch einen Klick auf *Anzeigen der Hilfe* eine Übersicht zu den Unterpunkten dazu anzeigen lassen (→ Abbildung 2.51). Sie können sich damit stufenweise durch die Hierarchie des Hilfesystems zum gewünschten Thema vorarbeiten.

» Ebenso können Sie durch einen Klick auf die Schaltfläche *Inhaltsverzeichnis einblenden* in der Symbolleiste auf der linken Seite des Fensters ein Inhaltverzeichnis zur Hilfe einblenden lassen (→ Abbildung 2.53). Wenn Sie hier auf ein Themenbereich klicken, werden die Unterpunkte dazu eingeblendet. Navigieren Sie in der Hierarchie weiter nach unten, bis Sie auf eine Textzeile mit einem davor stehenden Fragezeichen stoßen. Ein Klick auf ein solches Element zeigt den Inhalt des Themas im rechten Bereich des Fensters an.

» Sie können auch zu anderen Themen navigieren oder nach Themen suchen, indem Sie die Frage in das Feld *Geben Sie die zu suchenden Wörter ein* eingeben und anschließend über die Taste ↵ oder durch einen Klick auf *Suchen* bestätigen.

2.4.3 Offline- und Onlineinhalte

Sie können auswählen, welche Version der Microsoft-Office-Hilfethemen angezeigt werden soll: Sie können einerseits die auf dem Computer im Rahmen von Microsoft Office installierten Hilfethemen verwenden oder die auf Microsoft Office online verfügbaren Hilfethemen.

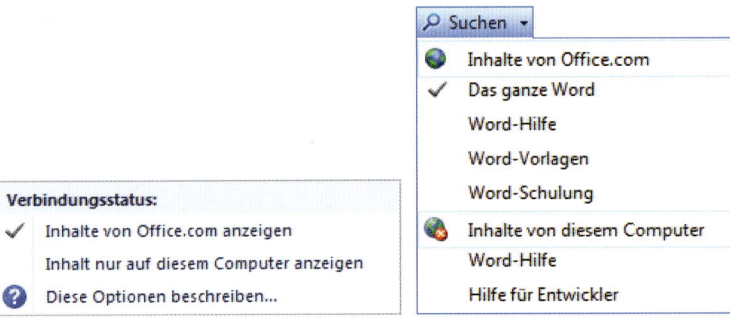

Abbildung 2.52
Entscheiden Sie zwischen offline und online.

» Welche Version gerade benutzt wird, erfahren Sie durch die Anzeige in der unteren rechten Ecke des Hilfefensters. Hier finden Sie beispielsweise eine der Anzeigen *Verbunden mit Office.com* oder *Offline* Offline.

» Zur generellen Wahl der Version öffnen Sie im Hilfefenster die mit *Verbindungsstatus* bezeichnete Liste zu dieser Schaltfläche und wählen die gewünschte Option (→ Abbildung 2.52 links). Jedes Mal, wenn Sie nun ein Hilfefenster in einem beliebigen Microsoft-Office-Programm öffnen, wird im Hilfefenster der Inhalt der ausgewählten Quelle angezeigt.

In den meisten Fällen ist *Inhalte von Office.com* die optimale Option. In manchen Situationen können Sie jedoch *Inhalt von diesem Computer anzeigen* auswählen – beispielsweise wenn keine Internetverbindung besteht oder wenn der Microsoft Office.com-Server nicht verfügbar ist.

Es kann vorkommen, dass Sie vorübergehend Hilfeinhalt online durchsuchen oder suchen möchten. Dazu ändern Sie die Option in der Liste *Suchen* und geben an, welcher Inhalt gesucht und durchsucht werden soll (→ Abbildung 2.52 rechts).

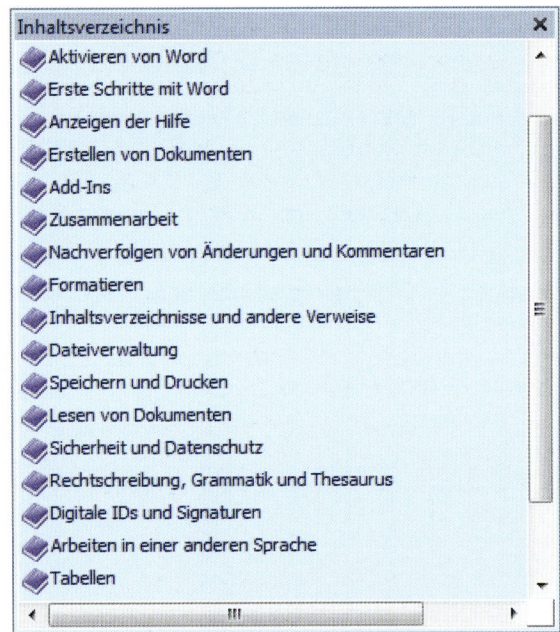

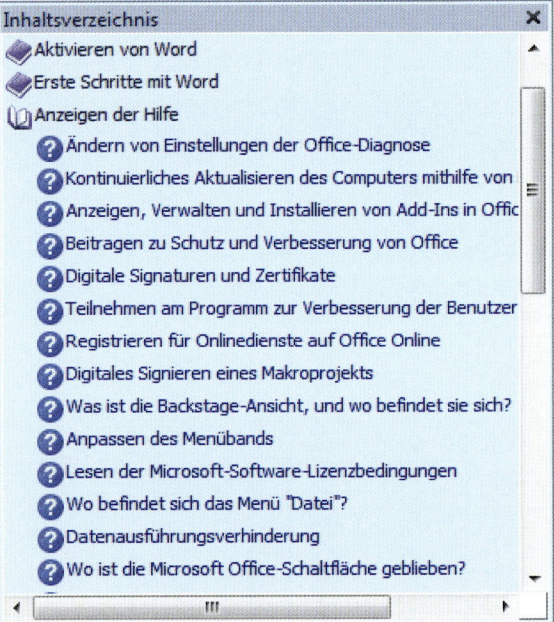

Abbildung 2.53 Das Inhaltsverzeichnis zur Hilfe. Die Ebenen mit den Fragezeichensymbolen unterhalb eines geöffneten Buchsymbols zeigen die einzelnen Hilfeseiten an.

2.4.4 Die Symbolleiste im Hilfefenster

Beachten Sie auch die Schaltflächen in der Symbolleiste des Hilfefensters (→ Tabelle 2.6).

Symbol	Name und Wirkung
←	*Zurück:* zeigt die vorher angezeigte Seite der Hilfe wieder an. Ist nur verfügbar, wenn die Seite vorher gewechselt wurde.
→	*Weiter:* schaltet nach der Wahl von *Zurück* wieder zurück zur vorher angezeigten Seite.
✕	*Anhalten:* stoppt das Herunterladen der Hilfeinhalte aus dem Internet.
↻	*Aktualisieren:* lädt die aktuelle Hilfeseite nochmals herunter.
⌂	*Start:* zeigt die Startseite des Hilfesystems wieder an.
🖨	*Drucken:* druckt den Inhalt der aktuellen Hilfeseite.
A⁺	*Schriftgrad ändern:* öffnet eine Liste mit Optionen, über die Sie die gewünschte Schriftgröße einstellen können.
📖📖	*Inhaltsverzeichnis anzeigen* und *Inhaltsverzeichnis ausblenden:* blendet das Inhaltsverzeichnis auf der linken Seite ein und aus.
📌	*Im Vordergrund anzeigen:* ist eine Umschaltfläche. Ist sie aktiviert, befindet sich das Hilfefenster immer im Vordergrund. Durch einen Klick auf die Schaltfläche können Sie das ändern.

Tabelle 2.6 Die Schaltflächen der Symbolleiste im Hilfefenster

TIPP Mit der Einstellung *Im Vordergrund anzeigen* wird das Hilfefenster nur im Vordergrund vor Microsoft-Office-Programmen angezeigt. Diese Einstellung hat aber keine Auswirkung auf andere Anwendungen, die nicht Bestandteil von Microsoft Office sind.

2.4.5 Der Bereich *Hilfe* auf der Registerkarte *Datei*

Den Zugang zu den Programmhilfen haben Sie auch noch über den Bereich *Hilfe* auf der Registerkarte *Datei* (→ Abbildung 2.54).

Die Links im zentralen Bereich dieses Fensters bewirken keine wesentlich neuen Aktionen:

» Durch einen Klick auf *Microsoft Office-Hilfe* lassen Sie das Hilfefenster anzeigen (→ oben).

» *Erste Schritte* führt Sie zu einer Webseite mit einem Artikel zu speziellen Aufgaben und Funktionen des Programms. Sie finden darin auch Links zu den Neuheiten.

» *So erreichen Sie uns* verbindet Sie mit der Seite *Microsoft Hilfe und Support* im Internet.

» Über *Optionen* lassen Sie die Programmoptionen anzeigen (→ oben).

» *Auf Updates prüfen* zeigt eine Information über Sinn und Zweck der Updates an und öffnet außerdem den Bereich *Windows Update* aus der Systemsteuerung, über den Sie auch die Frage der Aktualisierung von Office-Programmen einstellen können.

Wenn Sie Ihre Programmkopie noch nicht aktiviert haben, können Sie das über dieses Fenster tun. Klicken Sie dazu auf den Link *Produkt aktivieren* im rechten Bereich. Wir hatten es bereits erwähnt: Zur Aktivierung erstellt das Programm aus der Seriennummer der erworbenen Software und unbedenklichen Informationen zur eingesetzten Hardware – das sind einige typische Merkmale der Hardware Ihres Systems – eine sogenannte *Identifikationsnummer*. Diese beiden Angaben werden bei Microsoft gespeichert und sollen sicherstellen, dass Ihre Seriennummer des Produkts nicht auf weiteren Rechnern installiert und aktiviert werden kann.

2.5 Weitere interessante Neuheiten

Die wichtigen Neuheiten der Oberfläche von Word in der Generation 2010 haben wir damit angesprochen. Aber auch direkt darunter zeigt die neue Version bei praktisch allen Programmen mehr oder weniger interessante Neuheiten, über die wir nun noch einen Überblick liefern wollen.

2.5.1 Neuheiten bei allen Programmen

Einige dieser Neuheiten sind übrigens bei (fast) allen Programmen der Office-Familie zu finden – und damit auch bei Word. Diese wollen wir zuerst ansprechen.

Abbildung 2.54
Auch der Bereich *Hilfe* in der Registerkarte *Datei* liefert den Zugang zur Programmhilfe.

Neue Dateiformate

Seit der Version 2007 gibt es bei Microsoft Office auch neue Dateiformate. Diese ermöglichen es Ihnen, die Daten über verschiedene Speicher- und Abfragesysteme hinweg mit höherer Sicherheit gemeinsam zu nutzen. Bei Word werden statt *.doc* die Kürzel *.docx* und *.docm* benutzt. Das gilt auch für andere Programme von Office: Während die Dateien der Excel-Version 2003 noch die Namenserweiterung *.xls* trugen, lautet diese jetzt *.xlsx* bzw. *.xlsm*. In beiden Fällen repräsentiert der letzte Buchstabe *m*, dass die Datei einen Code enthält.

Außerdem wurde die Vielfalt der Formate mit der Programmversion 2010 noch vergrößert. Neu ist beispielsweise die Unterstützung des freien Dokumentformats *OpenDocument* in der Version 1.1. Mehr zu den Dateiformaten erfahren Sie in den Kapiteln 3 und 24.

Die Freigabe

Der Bereich *Speichern und Senden* auf der Registerkarte *Datei* fasst alle Werkzeuge zusammen, die irgendwie mit der Verteilung von Dokumenten in elektronischer Form – also deren Freigabe – zusammenhängen (→ Abbildung 2.55). Dabei kommen zusätzliche Aspekte ins Spiel, die sowohl die Sicherheit als auch andere Dinge betreffen. Sie finden darin beispielsweise sowohl die Befehle für

die Ablage auf einem Server als auch den Wechsel des Dateiformats oder die Vorbereitung für den professionellen Druck.

» Wenn Sie ein freigegebenes Dokument öffnen, wird es automatisch zwischengespeichert, so dass Sie offline Änderungen daran vornehmen können, die dann automatisch synchronisiert werden, sobald Sie wieder online arbeiten. Beim Arbeiten außerhalb des Büros müssen Sie also keine lokalen Kopien mehr erstellen oder Ihre Änderungen nach der Rückkehr ins Büro manuell mit dem Serverdokument zusammenführen.

» Mehrere Autoren können ein Dokument gleichzeitig bearbeiten, wobei die verschiedenen Änderungen synchronisiert werden. Autoren haben die Möglichkeit, den Zugriff auf Dokumentbereiche zu blockieren, während sie daran arbeiten.

HINWEIS Eine ausführliche Beschreibung der Werkzeuge im Bereich *Freigabe* für Word finden Sie in Kapitel 13.

Office Web Apps

Office Web Apps sind Onlinebegleitprodukte zu Word, Excel, PowerPoint und OneNote, mit denen ein Benut-

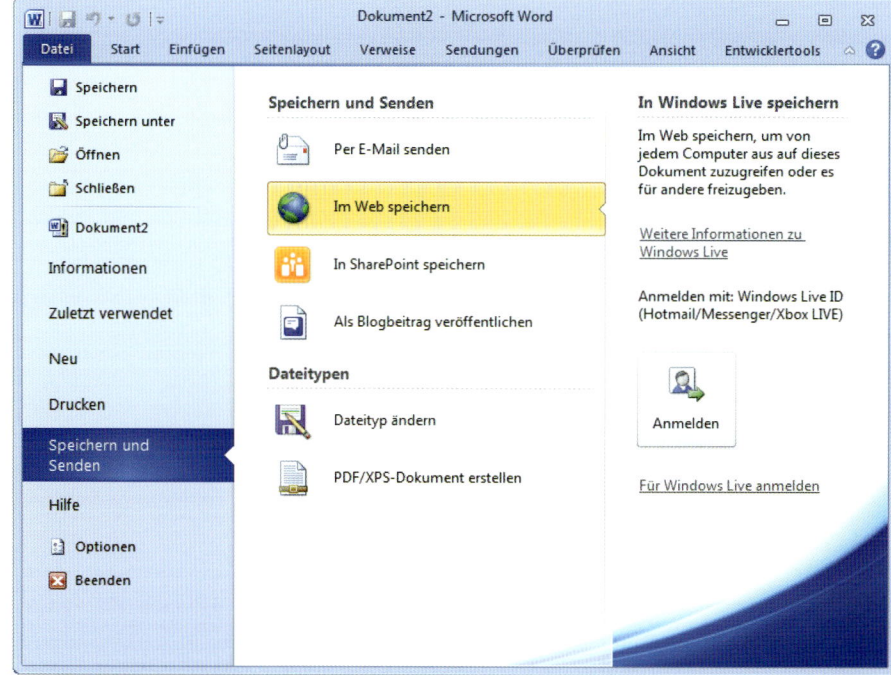

zer von überall aus auf seine Dokumente zugreifen kann. Zwei Möglichkeiten der Nutzung sind möglich:

» Einerseits können alle Anwender ihre Dokumente über Windows Live in einem SkyDrive-Ordner im Internet speichern. Zusätzliche Installationen sind dafür nicht erforderlich. Nachdem Sie Dokumente von Programmen wie Word, Excel und PowerPoint an einem Speicherort im Web abgelegt haben, können Sie diese über Office Web Apps problemlos und direkt im Browser anzeigen lassen. Sie können auch dort neue Dokumente erstellen und einfache Änderungen vornehmen, wobei Ihnen fast alle Elemente der vertrauten Office-Benutzeroberfläche zur Verfügung stehen (→ Kapitel 13).

» Unternehmen können aber auch ihren eigenen Microsoft SharePoint Server 2010 zur Verwaltung einsetzen. Dazu müssen Sie Office Web Apps auf dem Server installieren. Der Word-Anzeigedienst, der Excel-Berechnungsdienst und die PowerPoint-Dienstanwendung werden damit der Liste der gemeinsam genutzten SharePoint-Dienste hinzugefügt. Zum Bearbeiten in Word oder für OneNote-Dateien sind keine zusätzlichen SharePoint-Dienste erforderlich.

Die Einfügevorschau

Nach dem Einfügen aus der Zwischenablage müssen Sie jetzt weder auf *Rückgängig* klicken noch die Daten neu formatieren. Sie können für die aus der Zwischenablage eingefügten Daten eine Vorschau und somit verschiedene mögliche Ergebnisse anzeigen, bevor Sie das Einfügen der Daten ausführen (→ Abbildung 2.56).

Abbildung 2.56 Über die Einfügeoptionen können Sie noch vor dem Einfügen von Daten steuern, wie diese im Dokument erscheinen sollen.

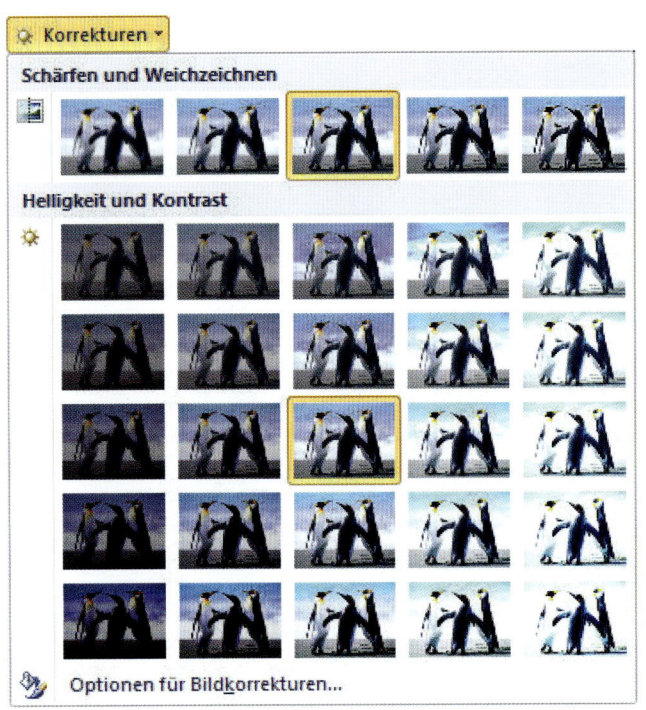

Abbildung 2.57
Helligkeit und Kontrast von eingefügten Bildern können einfach geregelt werden, Effekte sind ebenfalls leicht anzuwenden.

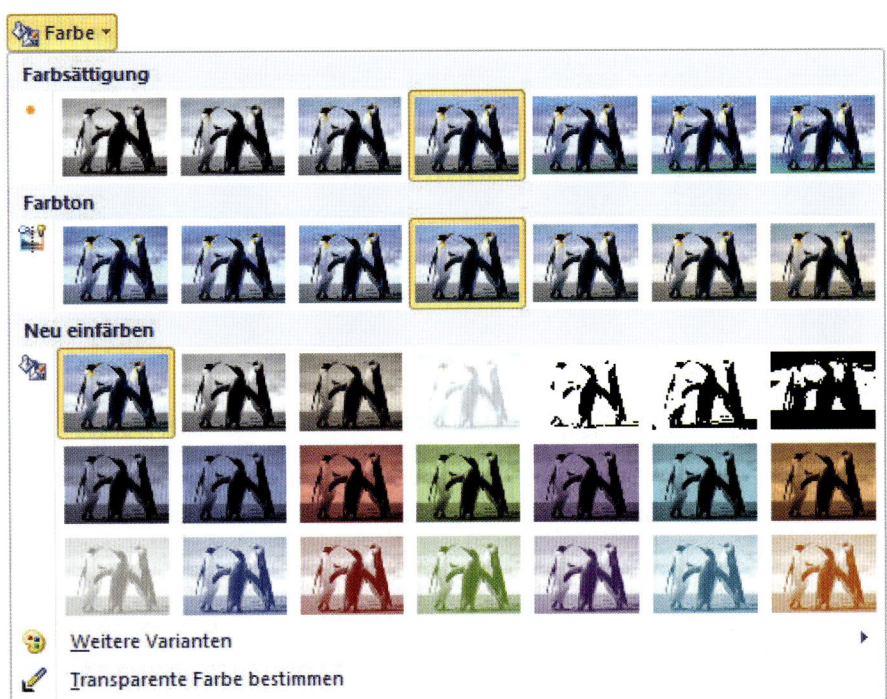

Neue Werkzeuge für die Kommunikation mit Bildern

Die Kommunikation von Ideen in Programmen ist beispielsweise auch bei Programmen wie Word oder Excel nicht auf die Anzeige von Texten, Zahlen oder Diagrammen beschränkt. Sie können auch viele grafische Elemente benutzen und müssen kein Grafikdesigner sein, um professionell und elegant aussehende Bilder zu erstellen.

» Mit der *Screenshot*-Funktion erstellen Sie schnell eine Bildschirmabbildung und fügen Sie diese Ihrer Datei hinzu. Dieses Werkzeug eignet sich besonders für Dokumentationen.

Abbildung 2.58
Bilder können auch eingefärbt werden.

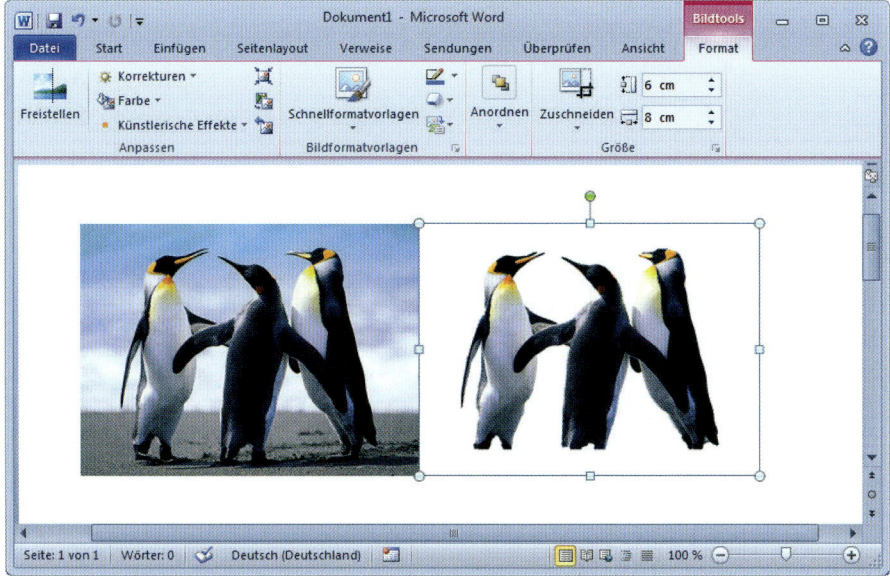

Abbildung 2.59
Über die *Freistellen*-Funktion können Sie nicht erwünschte Teile aus dem Bild direkt in Word entfernen.

» An den eingefügten Bildern können Sie sehr einfach Korrekturen vornehmen und künstlerische Effekte darauf anwenden (→ Abbildung 2.57 und Abbildung 2.58). Beispielsweise können Sie die Farbintensität und den Farbton von Bildern optimieren oder deren Helligkeit, Kontrast oder Schärfe anpassen, ohne ein zusätzliches Bildbearbeitungsprogramm verwenden zu müssen.

» Eine weitere verbesserte Bildbearbeitungsoption ist die Möglichkeit, unerwünschte Teile eines Bilds – wie beispielsweise den Hintergrund – mehr oder minder automatisch zu entfernen, um die eigentliche Bildaussage zu akzentuieren oder hervorzuheben oder um ein störendes Detail zu entfernen (→ Abbildung 2.59).

ACHTUNG Wie man bei der Bearbeitung von eingefügten Bildern vorgeht, erfahren Sie in Kapitel 17.

Mathematische Gleichungen

Um anderen Personen, die sich etwas in der Mathematik auskennen, zu verdeutlichen, wie eine Formel zu interpretieren ist, können Sie die Formel zusätzlich in Form einer Gleichung auf dem Blatt als Text anzeigen lassen (→ Abbildung 2.60). Alle Programme stellen dafür eine spezielle Funktion bereit, die auch die Darstellung von

komplizierten mathematischen Zusammenhängen in einer grafisch ansprechenden Form ermöglicht. Die Technik hat aber keinerlei Bezug zur Berechnung, sondern dient nur der Illustration. Einige der in diesem Katalog angezeigten Formeln sind übrigens nicht ganz korrekt.

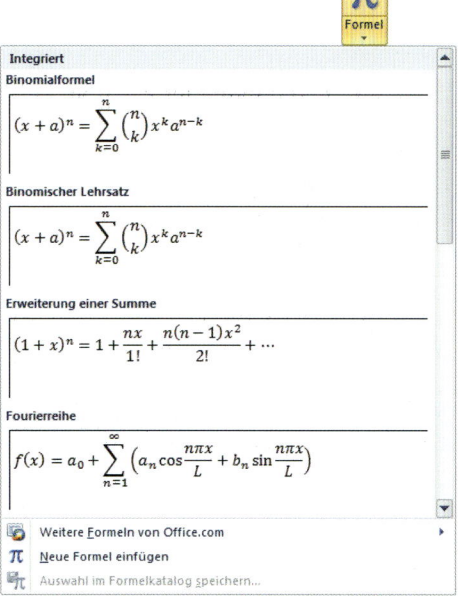

Abbildung 2.60 Formeln können in professioneller Form präsentiert werden.

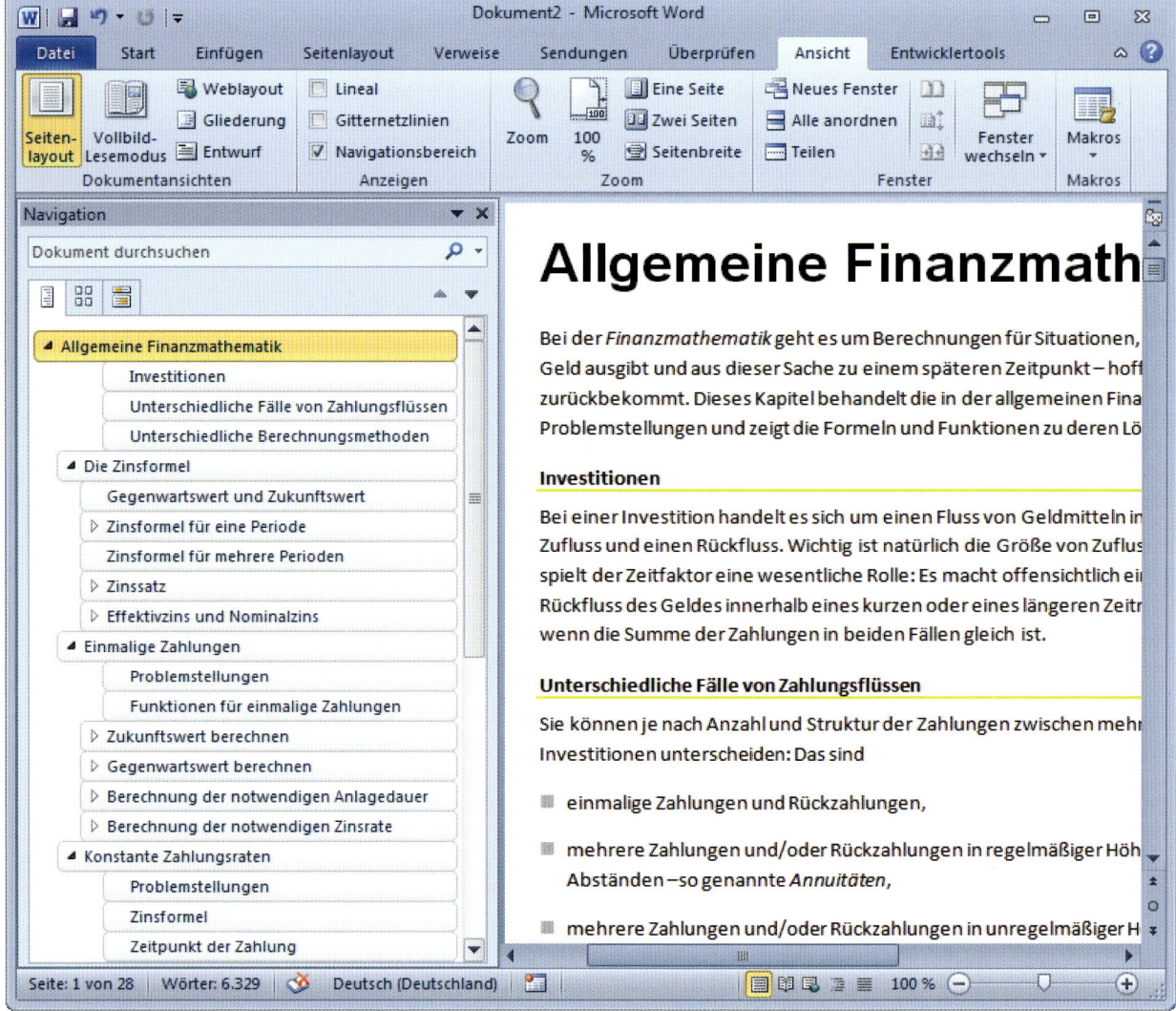

Abbildung 2.61 Der neu gestaltete Navigationsbereich bietet die Möglichkeit zum Ändern der Struktur des Dokuments.

ACHTUNG Wie man mit solchen Formeln arbeitet, erfahren Sie im Teil über die in Word verfügbaren Tools (→ Kapitel 19).

2.5.2 Neuheiten bei Word 2010

Bei Microsoft Word 2010 im Speziellen wurde besonders die Navigation in umfangreichen Dokumenten verbessert. Zudem gibt es neue Werkzeuge für den Feinschliff des Erscheinungsbilds der fertigen Dokumente, um deren Wirkung zu optimieren.

Der neue Dokumentnavigationsbereich

Der Navigationsbereich auf der linken Seite des Word-Fensters erlaubt es, Dokumente durch Ziehen und Ablegen von Abschnitten auf einfache Weise neu zu organisieren (→ Abbildung 2.61). Sie müssen also keine langen Abschnitte mehr kopieren und einfügen, um die Struktur des Dokuments neu zu gestalten.

Die neue Suche

Der neue Navigationsbereich findet auch bei der Suche Verwendung und vereinfacht das Suchen in umfangreichen Dokumenten. Nach dem Starten der Suche meldet sich bei Word 2010 links auf dem Bildschirm der Arbeitsbereich *Navigation* (→ Abbildung 2.62). Geben Sie darin im *Suchen*-Feld – das ist das Feld, in dem zunächst der Ausdruck *Dokument durchsuchen* steht – die Zeichen-folge ein, nach der gesucht werden soll. Bereits nach Eingabe der ersten Zeichen werden die Stellen im Dokument markiert, wo diese Zeichen verwendet wurden. Auch im Bereich *Navigation* werden die Abschnitte mit den Fundstellen im Text aufgelistet. Darin wird oben auch die Anzahl der Fundstellen aufgelistet.

HINWEIS Hinweise zum Arbeiten mit der neuen Suchfunktion in Word finden Sie in Kapitel 4.

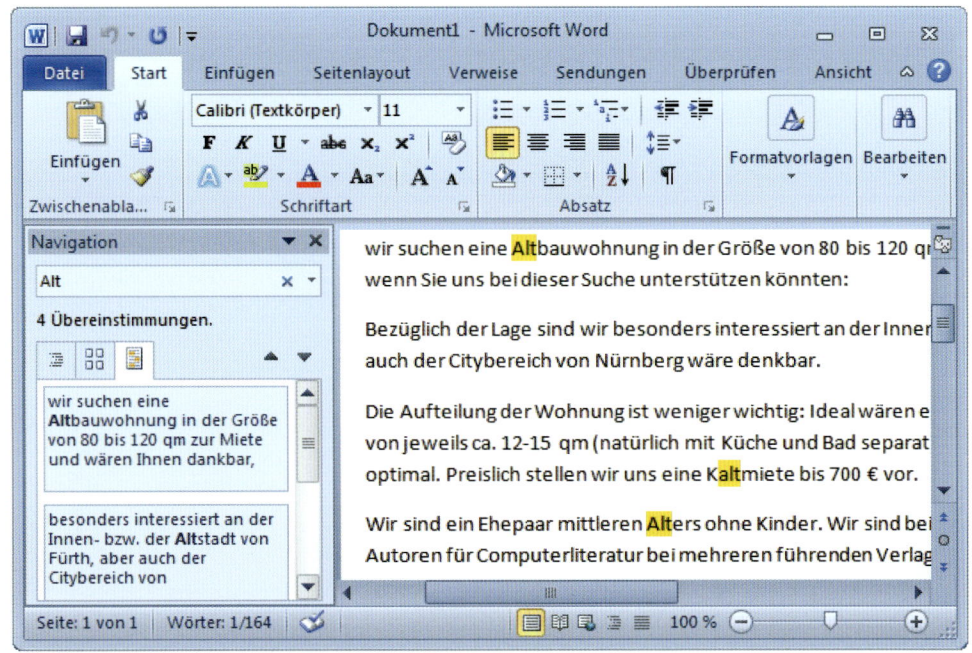

Abbildung 2.62
Die Suchergebnisse werden bereits nach Eingabe der ersten Zeichen sowohl im Dokument als auch im Navigationsbereich angezeigt.

Kapitel 3

Arbeiten mit Dokumenten

Die von Ihnen in Word eingegebenen Daten werden in Dateien verwaltet, die als Dokumente bezeichnet werden. Die grundlegenden Techniken zum Verwalten dieser Dokumente sollten Sie kennen, bevor Sie sich an die eigentliche Arbeit der Texteingabe machen.

» Zu diesen Aufgaben gehören das Erstellen neuer, leerer Dokumente für weitere Aufgaben (→ Abschnitt 3.1). Sie können bei Word – wie auch bei den meisten anderen Office-Programmen – dabei von einem vollständig leeren Dokument ausgehen oder eine der mitgelieferten Vorlagen benutzen.

» Das Speichern von Dokumenten – zusammen mit den von Ihnen eingegebenen Daten – ist natürlich besonders wichtig (→ Abschnitt 3.2). Office 2010 – auch Word – benutzt hier standardmäßig die seit der Version 2007 neu eingeführten Formate, ältere Formate können aber nach wie vor benutzt werden.

» Hinsichtlich der Techniken zum Öffnen bereits vorhandener Dokumente haben sich bei der Version 2010 einige Neuheiten ergeben (→ Abschnitt 3.3). Interessant ist besonders, dass Sie auch nicht gespeicherte Dokumente unter gewissen Voraussetzungen wieder auf den Bildschirm bringen können.

» Im letzten Abschnitt dieses Kapitels wollen wir auch noch zeigen, wie Sie die Eigenschaften für Dokumente anzeigen und zuordnen (→ Abschnitt 3.4).

Das Prinzip der Arbeit ist wie von früher her gewohnt, der Zugang zu diesen Tätigkeiten hat sich aber aufgrund der geänderten Benutzeroberfläche geändert. Im Vergleich zur Programmversion 2007 verwenden Sie dafür nicht mehr die Befehle aus der Liste zur *Office*-Schaltfläche, sondern jene auf der Registerkarte *Datei* des Menübands.

3.1 Ein neues Dokument erstellen

Nach dem Starten eines Office-Programms wird in der Standardeinstellung ein neues Dokument erstellt. In einem solchen Dokument können Sie Ihre Daten eingeben und später speichern. Wenn Sie während derselben Sitzung mit dem Programm ein weiteres leeres Dokument benötigen, müssen Sie dieses zuerst erstellen. Dazu öffnen Sie die Registerkarte *Datei* und klicken auf *Neu* (→ Abbildung 3.1). Dann legen Sie fest, was Sie als Nächstes tun wollen: Sie können mit einem leeren Dokument oder mit einer Vorlage starten.

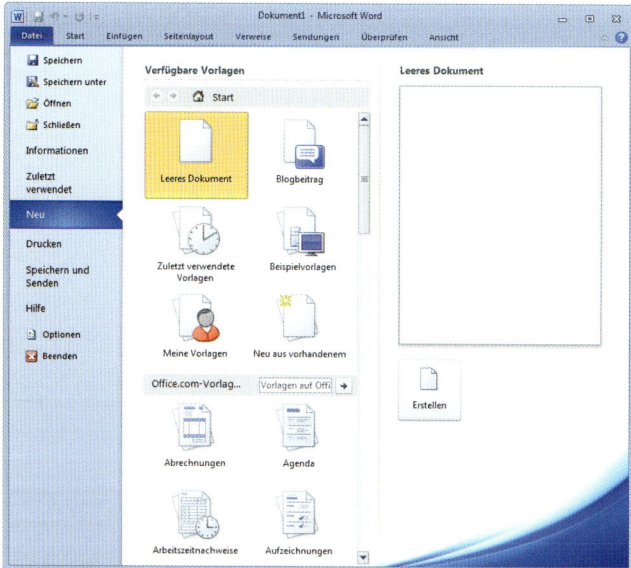

Abbildung 3.1 Der Bereich *Neu* auf der Registerkarte *Datei* listet die Alternativen zum Erstellen neuer Dokumente auf.

Beachten Sie gleich die neuen Navigationsmöglichkeiten in diesem Fenster, die ein schnelles Zurückkehren zur vorher eingestellten Ebene unter den Vorlagen ermöglichen:

» Nachdem Sie die Ebene gewechselt haben – beispielsweise nachdem Sie auf eine Vorlagengruppe geklickt haben – können Sie über den nach links weisenden Pfeil ⬅ wieder zur vorher gewählten Ebene zurückwechseln.

» Danach können Sie die vorher besuchte Ebene wieder ansteuern, indem Sie auf den nach rechts weisenden Pfeil ➡ klicken.

» Ein Klick auf *Start* 🏠 Start bringt Sie zur Startseite des Bereichs *Neu* – das ist die, die beim Aufruf des Bereichs angezeigt wird.

3.1.1 Leeres Dokument

Oben im Bereich *Neu* finden Sie eine Reihe von Optionen, die Sie als Grundlage für das neue Dokument benutzen können. Wenn Sie von einem vollständig leeren Dokument ausgehen wollen, belassen Sie es zunächst in der Grundeinstellung. Diese heißt *Leeres Dokument*.

Klicken Sie dann auf *Erstellen*. Das Programm erstellt ein neues, leeres Dokument. Dieses erhält standardmäßig zunächst den Standardnamen für Dokumente dieses Programms – *Dokument* bei Word – mit einer angehängten Zahl. Diese Zahl wird bei jedem neu erstellten Dokument während der Sitzung mit Word jeweils um *1* erhöht – auf *Dokument1* folgt *Dokument2* usw.

3.1.2 Vorlagen

Wenn Sie häufig ein Dokument mit derselben Grundstruktur erstellen müssen – beispielsweise bei monatlichen Abrechnungen –, sollten Sie für diesen Zweck *Vorlagen* verwenden, in denen die konstant bleibenden Elemente – wie beispielsweise die Absenderadresse bei einem Brief – bereits eingegeben sind. Auf diese Weise brauchen Sie solche Elemente nicht immer vollständig neu zu erstellen.

Die Verwendung einer Vorlage bietet zwei Vorteile: Erst einmal werden Vorlagen in einem separaten Ordner verwaltet, also nicht mit normalen Dateien gemischt, und sind damit leichter zu finden. Nachdem Sie eine solche Vorlage geöffnet und darin die speziellen Daten eingegeben haben, wird beim Aufruf des Befehls *Speichern* oder nach einem Klick auf die gleichnamige Schaltfläche automatisch das Dialogfeld *Speichern unter* angezeigt, in dem Sie einen Dateinamen für die Datei mit den speziellen Daten eingeben müssen (→ unten). Auf diese Weise wird verhindert, dass Sie die später noch zu verwendende leere Vorlage mit konkreten Daten überschreiben.

ACHTUNG Man kann es nicht oft genug erwähnen: Auch die Option *Leeres Dokument* benutzt eine Vorlage. Diese beinhaltet zwar keine Textinhalte, aber Einstellungen für den Standard von Parametern wie Schriftart, Schriftgröße usw.

Die Beispielvorlagen

Einige der Vorlagen werden bereits bei der Installation von Office auf Ihrem Rechner abgelegt. Sie finden diese nach einem Klick auf die Schaltfläche *Beispielvorlagen* im Bereich *Neu* der Registerkarte *Datei*. Beispielsweise finden Sie bei Word diverse Vorlagen für Briefe oder Berichte (→ Abbildung 3.2).

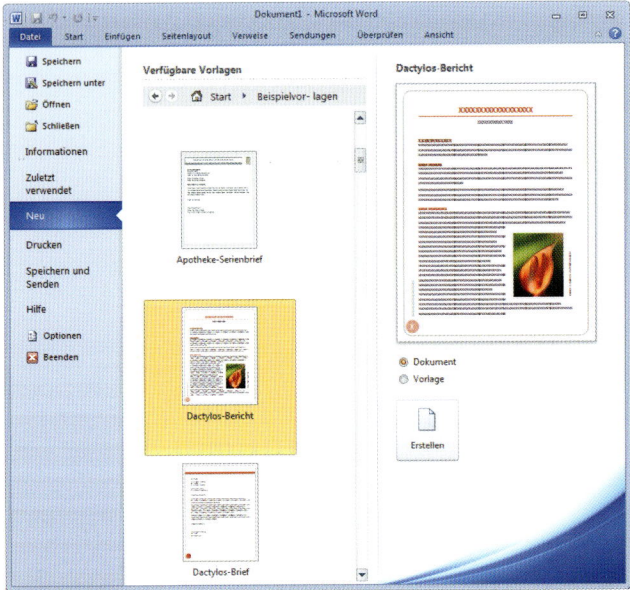

Abbildung 3.2 Standardvorlagen werden mit der Installation des Programms zur Verfügung gestellt.

 Wenn Sie im Fenster das Symbol für eine Vorlage markiert haben, wird rechts eine Ansicht der Vorlage skizziert. Das gilt aber nur, wenn Sie die Vorlage bereits auf Ihrer Festplatte installiert haben. Wenn Sie eine solche Vorlage für Ihr Dokument benutzen wollen, markieren Sie sie und klicken Sie auf die Schaltfläche *Erstellen*.

TIPP Beachten Sie auch gleich, dass Sie auf Basis einer solchen mitgelieferten Vorlage entweder ein Dokument oder wiederum eine Vorlage erstellen können. Letzteres tun Sie beispielsweise dann, wenn Sie die Vorlage anpassen wollen. Dazu benutzen Sie die beiden Optionen oberhalb der Schaltfläche *Erstellen*. Der Unterschied zeigt sich nur in der Tatsache, dass ein anderes Dateiformat als Standard eingestellt wird (→ unten).

Nach dem Öffnen einer Vorlage können Sie diese für die entsprechende Aufgabe – beispielsweise das Schreiben von eigenen Rechnungen – verwenden. Geben Sie einfach die benötigten Daten ein. Anschließend können Sie sie speichern. Beachten Sie, dass Sie Änderungen in der Vorlage auch wiederum als Vorlage speichern können (→ unten).

Die Vorlagen auf Office.com

Im Abschnitt unterhalb der Überschrift *Office. com-Vorlagen* des Bereichs *Neu* auf der Registerkarte *Datei* finden Sie mehrere Gruppen von Vorlagen, die Sie über das Internet herunterladen können. Klicken Sie auf eine solche Gruppenüberschrift – beispielsweise auf *Belege*, um die darin verfügbaren Inhalte anzuzeigen (→ Abbildung 3.3).

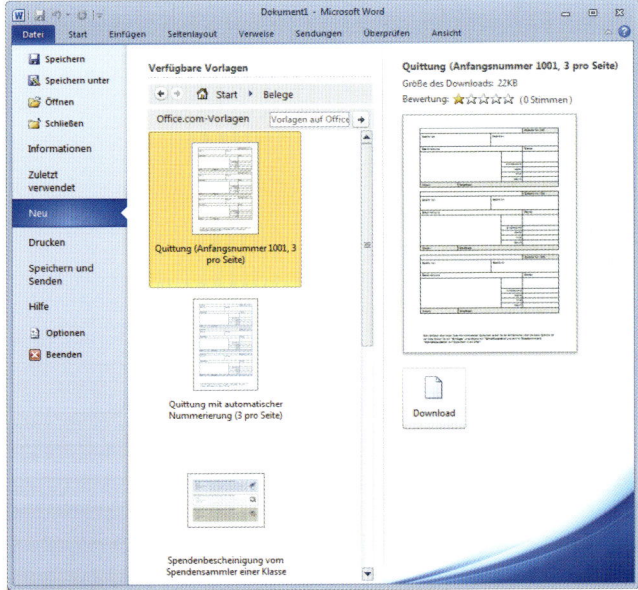

Abbildung 3.3 Die Vorlagen auf *Office.com* müssen zuerst heruntergeladen werden.

 Um eine diese Vorlagen auf Ihrem Rechner nutzen zu können, müssen Sie sie zuerst herunterladen. Markieren Sie die gewünschte und klicken Sie rechts im Fenster auf *Download*. Damit wird auch gleich ein neues Dokument auf der Basis dieser Vorlage erstellt.

Die zuletzt verwendeten Vorlagen

 Auf die von Ihnen bereits benutzten Vorlagen können Sie später auch zugreifen, nachdem Sie auf die Schaltfläche *Zuletzt verwendete Vorlagen* im oberen Abschnitt des Bereichs *Neu* auf der Registerkarte *Datei* geklickt haben. Im Fenster werden sowohl die bereits benutzten Beispielvorlagen aufgelistet als auch die, die Sie von *Office.com* heruntergeladen hatten. Das ermöglicht auch den Zugriff, wenn

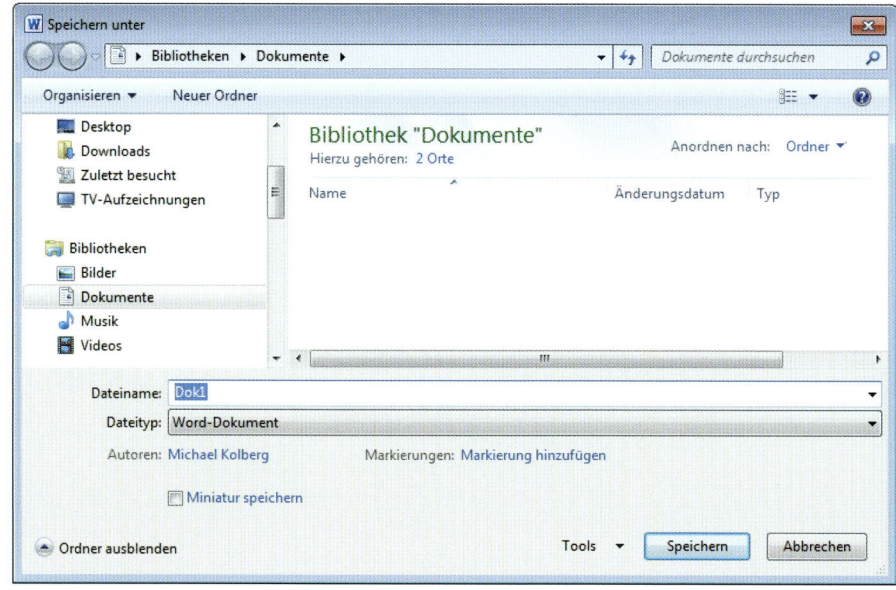

Abbildung 3.4
Über das Dialogfeld *Speichern unter* legen Sie den Dateinamen, das Dateiformat und den Speicherort fest.

eine Internetverbindung gerade nicht zur Verfügung steht. Markieren Sie die Vorlage und bestätigen Sie dann über *Erstellen* oder führen Sie einen Doppelklick auf dem Symbol aus.

3.2 Dokumente speichern

Um mit den in einem Dokument vorgenommenen Eingaben zu einem späteren Zeitpunkt weiterarbeiten zu können, müssen Sie sie vor dem Schließen oder dem Beenden des Programms speichern. Dabei müssen Sie – wie üblich – zwischen dem ersten und den weiteren Speichervorgängen unterscheiden:

» Beim *ersten Speichern* geben Sie dem Dokument einen Namen und legen fest, auf welchem Laufwerk und in welchem Ordner die Datei abgelegt werden soll.

» Beim *wiederholten Speichern* sorgen Sie im Allgemeinen nur dafür, dass Erweiterungen oder Änderungen des Dokuments erhalten bleiben. Angaben zum Speicherort oder Dateinamen müssen Sie nicht mehr vornehmen, es sein denn, Sie wollen diese oder andere Speicherparameter ändern.

3.2.1 Zum ersten Mal speichern

Zum ersten Speichern wählen Sie den Befehl *Speichern unter* auf der Registerkarte *Datei* oder klicken Sie auf

die Schaltfläche *Speichern* 💾 in der Symbolleiste für den Schnellzugriff. Das Dialogfeld *Speichern unter* wird angezeigt (→ Abbildung 3.4). Legen Sie darin die Parameter – den Speicherort, also Laufwerk und Ordner, den Dateinamen und gegebenenfalls das Dateiformat – fest (hierzu gleich mehr). Nachdem Sie das getan haben, führen Sie die Speicherung durch, indem Sie auf die Schaltfläche *Speichern* klicken.

Der Speicherort

Den gewünschten Speicherort müssen Sie je nach dem verwendeten Betriebssystem auf unterschiedliche Weise einstellen. Standardmäßig benutzen die Office-Programme bei Windows Vista den Unterordner *Dokumente* im persönlichen Ordner des Benutzers, bei Windows XP den Ordner *Eigene Dateien*. Bei Windows 7 wird die Bibliothek *Dokumente* verwendet. Wünschen Sie einen anderen Ordner, müssen Sie ihn zuerst auswählen. Wie man das möglichst schnell tut, sagen wir Ihnen gleich im folgenden Abschnitt.

TIPP Eine einfache Möglichkeit zum Wechseln des Laufwerks besteht im Eintippen der Laufwerkkennung (Buchstabe und Doppelpunkt – beispielsweise *A:*) im Textfeld für den Dateinamen und einer anschließenden Bestätigung mit ⏎. Das Dialogfeld *Speichern unter* bleibt geöffnet und zeigt die Ordnerstruktur des gewählten Laufwerks an. So können Sie auch zu einem bestimmten Ordner wechseln. Allerdings müssen Sie hier den Pfad genau kennen und die Länge der erforderlichen Eingabe legt es doch nahe, besser mit der Maus zu arbeiten.

Dateiname

Beim Aufruf des Dialogfelds *Speichern unter* wird automatisch das Feld *Dateiname* markiert. Hier wird bei einem noch leeren Dokument eine Kurzform des automatisch vergebenen Namens angezeigt – wenn Sie beispielsweise bei Word das Dokument *Dokument1* zum ersten Mal speichern wollen, heißt dieser Name *Dok1*. Hatten Sie bereits Text eingegeben, wird der Anfang des Textes als Dateiname vorgeschlagen. Sie können es zwar bei diesem Namensvorschlag belassen, sollten aber der Datei einen anderen Namen geben. Wählen Sie hierfür eine Bezeichnung, die Auskunft über den Inhalt gibt – also statt *Dok1* besser *Brief Finanzamt 2010-12-02*.

TIPP Beachten Sie auch, dass Sie eine spätere Suche nach einem bestimmten Dokument einfacher gestalten, wenn Sie bei der Namenswahl immer dieselbe Struktur verwenden. Beispielsweise könnten Sie bei allen Briefen den Namen immer mit *Brief* beginnen, bei Berichten immer mit *Bericht*. Alternativ können Sie bei Briefen aber auch immer mit dem Namen des Empfängers beginnen. Wenn Sie Datumsangaben in den Namen mit einschließen wollen, empfiehlt es sich, dafür eine Form wie *Jahr-Monat-Tag* zu verwenden; so werden die Dokumente auch immer chronologisch sortiert.

Bei der Namensvergabe für eine neue Datei müssen Sie sich an verschiedene Regeln halten, damit Windows den neuen Namen akzeptiert:

» Der komplette Dateiname darf bis zu 255 Zeichen lang sein.

» Leerzeichen im Dateinamen sind erlaubt.

» Die folgenden Zeichen sind in Dateinamen nicht erlaubt: /, \, >, <, *, ?, ", :, ; und |.

» Der Dateiname muss mit einer Zahl oder einem Buchstaben beginnen. Im Namen sind alle Buchstaben und Zahlen sowie die folgenden Zeichen erlaubt: _, $, !, -, &, #, %, ~, ^ und @.

» Folgende Ausdrücke dürfen für Dateinamen nicht verwendet werden: *CON*, *AUX*, *COM1*, *COM2*, *COM3*, *COM4*, *LPT1*, *LPT2*, *LPT3*, *PRN* und *NUL*.

TIPP Sie können eine Datei direkt in einem bestimmten Ordner auf einem bestimmten Laufwerk speichern, indem Sie zusätzlich den Pfad angeben. Wollen Sie beispielsweise die Datei *Bilanz* auf einer Diskette im Laufwerk *A:* speichern, geben Sie *A:Bilanz* ein und bestätigen dann.

3.2.2 Die Navigation zwischen den Speicherorten

Beim Speichern – und später beim Öffnen – von Dokumenten arbeiten Sie wie bei den Vorversionen mit den Dialogfeldern *Speichern unter* und *Öffnen*. Wie man mit diesen oder damit verwandten Dialogfeldern in Windows im Detail umgeht, ist eigentlich eine Frage zu einem Buch über dieses Betriebssystem. Die nachfolgenden Ausführungen beziehen sich auf die Arbeit mit dem Betriebssystem Windows 7. Bei Vista ergeben sich kaum Abweichungen davon, bei XP allerdings schon.

Über den Navigationsbereich navigieren

Standardmäßig wird links im Dialogfeld *Speichern unter* ein Navigationsbereich angezeigt (➔ Abbildung 3.5). Sollte er ausgeblendet sein, können Sie ihn über *Organisieren/Layout/Navigationsbereich* wieder sichtbar machen. Über diese Liste können Sie die Speicherorte in einer hierarchischen Struktur anzeigen lassen. Beachten Sie für die Arbeit damit die folgenden Punkte:

» Der Behälter, dessen Inhalt gerade im Hauptbereich des Dialogfelds angezeigt wird, ist im Navigationsbereich unterlegt. Wollen Sie den Inhalt eines anderen Behälters anzeigen lassen, sorgen Sie über die Pfeilspitzen dafür, dass die gewünschte Ebene angezeigt wird, und klicken Sie diese dann an. Der Inhalt wird dann im Hauptbereich des Dialogfelds wiedergegeben.

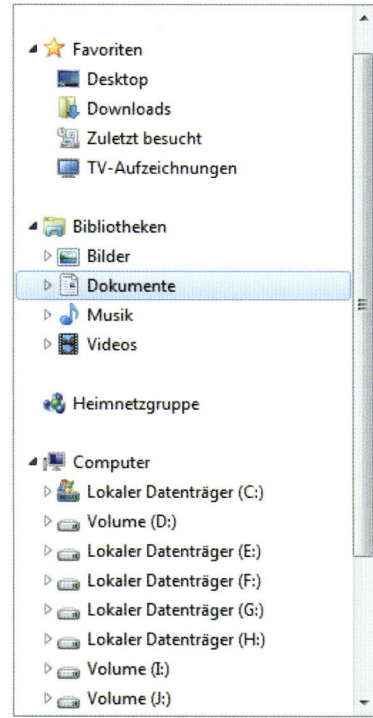

Über die Titelleiste navigieren

Sie können auch über die Eintragungen in der Titelleiste des Dialogfelds navigieren. Die Techniken dazu sind vielleicht für die früheren Anwender von XP etwas gewöhnungsbedürftig, aber durchaus interessant. Beachten Sie dazu die nachfolgend genannten Punkte:

» Die Ebene, auf der Sie sich gerade befinden, wird oben links im Ordnerfenster angezeigt. Nach dem Öffnen von *Computer* finden Sie beispielsweise hier die Bezeichnung *Computer* (→ Abbildung 3.6). Durch einen Klick auf die links vor dieser Bezeichnung stehende Pfeilspitze öffnen Sie eine Liste mit weiteren wesentlichen Speicherorten. Ist beispielsweise die Ebene *Computer* gerade aktuell, werden darin beispielsweise Orte wie *Desktop*, *Papierkorb* oder der persönliche Ordner des Benutzers angezeigt. Wenn Sie zu einem dieser Orte wechseln wollen, klicken Sie in dieser Liste darauf. Der Inhalt dieses Speicherorts wird dann im Ordnerfenster angezeigt.

Abbildung 3.5
Der Navigationsbereich links im Dialogfeld erlaubt einen schnellen Wechsel zu anderen Speicherorten.

» Wenn Sie den Mauszeiger in den Bereich des Navigationsfensters bewegen, werden darin Symbole mit kleinen Pfeilspitzen angezeigt. Die Eintragungen mit einer nach rechts zeigenden weiß eingefärbten Pfeilspitze verfügen über Unterordner. Sie können diese aktuell machen, indem Sie auf die entsprechende Zeile klicken. Eine so geöffnete Ebene wird durch eine nach rechts unten weisende schwarze Pfeilspitze gekennzeichnet. Durch einen Klick darauf können Sie die Unterelemente wieder ausblenden.

» Wenn in dem gerade angezeigten Ordner weitere Unterordner angezeigt werden, können Sie einen solchen aktuell machen, indem Sie darauf doppelklicken. Dasselbe gilt für die einzelnen Laufwerkssymbole auf der Ebene *Computer*.

ACHTUNG Eine Schaltfläche für den gerade übergeordneten Ordner – wie etwa bei Windows XP – finden Sie bei Windows 7 – wie schon bei Windows Vista – nicht mehr.

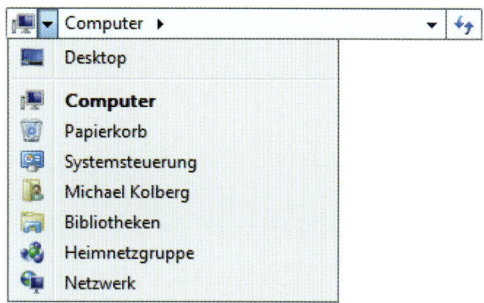

Abbildung 3.6 Ein Klick auf die Pfeilspitze links vom aktuell eingestellten Speicherort zeigt weitere wichtige Elemente an.

» Wenn Sie auf die Pfeilspitze rechts vom aktuellen Speicherort klicken, werden die zum aktuellen Ort vorhandenen Unterelemente angezeigt. Das sind dieselben, die auch im Hauptbereich des Fensters in größerer Form dargestellt werden. Auf der Ebene *Computer* finden Sie hier beispielsweise die einzelnen Laufwerke (→ Abbildung 3.7). Auch hier können Sie zu einer dieser Ebenen wechseln, indem Sie nach dem Öffnen der Liste auf die entsprechende Zeile klicken.

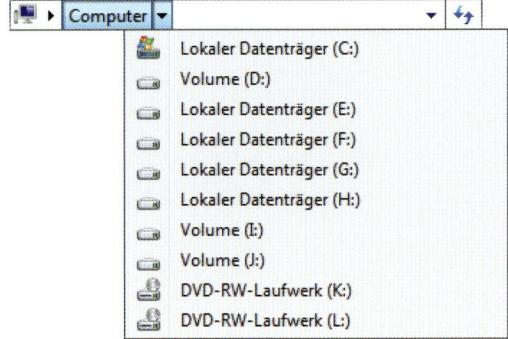

Abbildung 3.7 Ein Klick auf die Pfeilspitze rechts vom aktuell eingestellten Speicherort zeigt die Unterebenen dazu an.

» Nachdem Sie zu einem Unterelement gewechselt haben, wird in dieser Zeile der gesamte Pfad angezeigt. Sind Sie beispielsweise von der Ebene *Computer* ausgegangen und haben Sie von dort aus *Lokaler Datenträger (C:)* gewählt, werden diese beiden Bezeichnungen als Pfad angezeigt (➔ Abbildung 3.8). Wiederum gilt, dass Sie durch einen Klick auf die Pfeilspitze rechts vom aktuellen Speicherort die nun vorhandenen Unterelemente anzeigen lassen können.

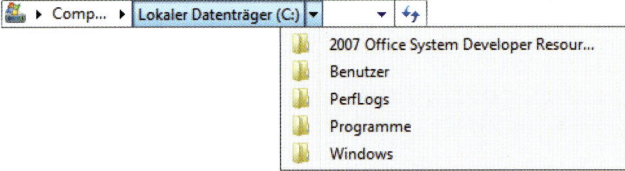

Abbildung 3.8 Auf der Ebene eines Datenträgers liefert ein Klick auf die Schaltfläche rechts davon die einzelnen Unterordner.

» Wenn Sie auf diese Weise fortfahren und sich damit immer tiefer in die Ordnerhierarchie bewegen, reicht irgendwann der in der Zeile vorhandene Platz nicht mehr aus, um den vollständigen Pfad anzuzeigen. Dies merken Sie daran, dass links in der Zeile eine doppelte Pfeilspitze erscheint. Wenn Sie auf dieses Symbol klicken, werden in der dazugehörenden Liste die Ebenen wiedergegeben, die nicht mehr in die Zeile passen (➔ Abbildung 3.9).

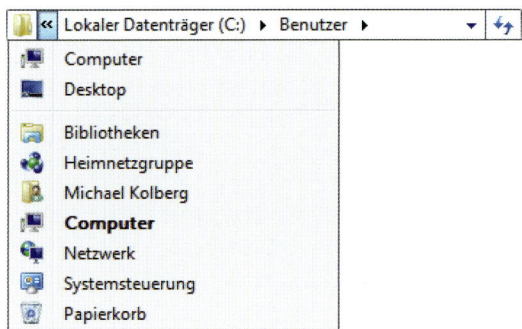

Abbildung 3.9 Ein Klick auf eine doppelte Pfeilspitze zeigt übergeordnete Speicherorte an.

» Sie können auch auf jedes der Pfeilsymbole in der Mitte zwischen zwei Angaben rechts von einem Element klicken, um die zu diesem Element vorhandenen Unterebenen anzeigen zu lassen (➔ Abbildung 3.10).

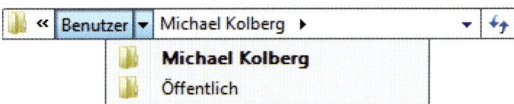

Abbildung 3.10 Auch ein Wechsel zu den jeweiligen Zwischenebenen ist jederzeit möglich.

Zurück und wieder vorwärts

Nachdem Sie im Dialogfeld *Speichern unter* – wie auch beim Dialogfeld *Öffnen* – die Ebene gewechselt haben, können Sie mit Hilfe der beiden blauen Pfeilsymbole in der linken oberen Fensterecke vor- und zurückschalten. Der nach links zeigende Pfeil zeigt die vorher gewählte Ebene wieder an. Danach können Sie durch einen Klick auf den nach rechts zeigenden Pfeil wieder zurückspringen. Ein Klick auf das Symbol rechts von den beiden Pfeilen öffnet eine Liste mit den Ebenen der Hierarchie, innerhalb derer Sie sich gerade bewegen.

3.2.3 Die Dateiformate

Bevor wir fortfahren, sollten wir einige Worte über die bei Word zur Verfügung stehenden Dateiformate verlieren. In der Voreinstellung werden die Dateien im Standardformat des jeweiligen Programms gespeichert. Bei Word lautet dieses Format beispielsweise *Word-Dokument*. Sollten Sie Ihre Dateien immer nur mit Word 2010 oder

2007 weiterbearbeiten wollen, besteht kein Grund, von dieser Grundeinstellung abzuweichen. Wollen Sie Ihre Dateien aber später auch in ein anderes Programm einlesen, müssen Sie gegebenenfalls ein entsprechendes Dateiformat wählen. Dazu bedienen Sie sich der Einträge im Listenfeld *Dateityp* im Dialogfeld *Speichern unter*. Wählen Sie hier das gewünschte Dateiformat. Über die Angabe im Feld *Dateityp* können Sie Ihre Datei beispielsweise auch als *Webseite* speichern.

TIPP Wenn Sie ein bestimmtes Dateiformat als Standarddateiformat verwenden möchten, öffnen Sie die Registerkarte *Datei* und klicken dann auf *Optionen*. Klicken Sie auf *Speichern* und unter *Dokument speichern* im Feld *Dateien in diesem Format speichern* auf das Dateiformat, das standardmäßig verwendet werden soll (→ unten).

Das *Office Open XML*-Format

Seit der Version 2007 verfügen praktisch alle Office-Programme über neue Dateiformate, die den Namen *Office Open XML-Format* tragen. Dies bedeutet, dass die Standarddateiformate nun auf *XML* (für *Extensible Markup Language*) basieren. Als Vorteile dieser Veränderung sind die höhere Sicherheit von Dateien, die geringere Gefahr von Datenschäden, die geringere Dateigröße und die Möglichkeit zu nennen, Daten über verschiedene Speicher- und Abfragesysteme hinweg gemeinsam zu nutzen. Dabei handelt es sich um einen offenen Standard für Bürodokumente, der den Datenaustausch zwischen verschiedenen Anwendungen ermöglicht bzw. vereinfacht. Die bis zur Version 2003 verwendeten Formate – beispielsweise *.doc* für Word, *.xls* für Excel oder *.ppt* für PowerPoint – waren zwar weltweit etabliert, aber nicht offen dokumentiert und mussten bei Microsoft lizenziert werden. Die neuen Formate wurden eingeführt, da vor allem Regierungen aber auch manche Unternehmen gefordert haben, dass nur noch offen dokumentierte, herstellerunabhängige, standardisierte Dateiformate benutzt werden sollen.

Dass eine Datei in einem dieser neuen Formate vorliegt, erkennen Sie an der aus vier Buchstaben bestehenden Namenserweiterung; die ersten drei Buchstaben darin geben Aufschluss über das zuständige Office-Programm, der letzte Buchstabe liefert zusätzliche Informationen (→ Tabelle 3.1).

Dateityp	Office 2003	Office 2007/2010
Word-Dokument	.doc	.docx
Word-Dokument mit Makros	.doc	.docm
Word-Vorlage	.dot	.dotx
Word-Vorlage mit Makros	.dot	.dotm
Excel-Arbeitsmappe	.xls	.xlsx
Excel-Arbeitsmappe mit Makros	.xls	.xlsm
Excel-Vorlage	.xlt	.xltx
Excel-Vorlage	.xlt	.xltm

Tabelle 3.1 Einige Dateinamenserweiterungen – hier für Word und auch für Excel

Als Grundlage der seit der Version 2007 verwendeten Dateiformate wird XML benutzt. XML ist eine Abkürzung für *Extensible Markup Language* – englisch für *erweiterbare Auszeichnungssprache*. Der Name deutet schon die Funktion an: Sie können damit in Dateien einzelne wichtige Daten kennzeichnen, auf die andere Werkzeuge zugreifen können – etwa so, als würden Sie in Ihren Akten wichtige Stellen mit einem Marker kennzeichnen. Der Vorgang der Kennzeichnung wird als *Markup* – also Markieren – bezeichnet. Dabei werden als *Tags* oder *Token* bezeichnete Codeelemente in den Datenbestand eingefügt, die die Bedeutung der einzelnen Elemente definieren. Der Einsatz von XML bietet beispielsweise einfachere Möglichkeiten zur Informationswiederherstellung und damit mehr Sicherheit. Da XML visuell lesbar ist, können Sie eine beschädigte Datei notfalls im Editor öffnen und zumindest einen Teil der Informationen wiederherstellen.

HINWEIS Sie sollten vielleicht auch gleich noch wissen, dass die neuen Office-Dateiformate eine Art von *.zip*-komprimiertem XML darstellen. Weitere Information dazu finden Sie im Kapitel über XML-Funktionen in Word (→ Kapitel 24).

Das *OpenDocument*-Format

Neu ist außerdem die Unterstützung des freien Dokumentformats *OpenDocument* in der Version 1.1, das sonst vor allem bei OpenOffice.org genutzt wird. Dieses Format wurde ursprünglich von Sun Microsystems entwickelt und durch die Organisation *OASIS* – für *Open*

Document Format for Office Applications – als Standard für Dateiformate von Bürodokumenten spezifiziert und als internationale Norm veröffentlicht. Auch *OpenDocument* nutzt für das eigentliche Dokument eine an HTML angelehnte Auszeichnungssprache, kann aber mit beliebigen weiteren XML-Sprachen ergänzt werden. Sie erkennen eine Datei dieses Formats an einer Namenserweiterung, die mit *.od* – für Dokumente – und mit *.ot* – für Vorlagen – beginnt. Beispiele wären *.odt* für ein Textdokument, *.ods* für eine Kalkulationstabelle oder *.ott* für eine Textvorlage.

Die Vorteile der Verwendung dieses Dateiformats sind offensichtlich: Sie können das Dokument problemlos in den meisten anderen Büroanwendungen öffnen und weiterverarbeiten. Allerdings gehen viele Details, die Sie mit einem Office-2010-Programm Ihrem Dokument hinzufügen, beim Speichern in diesem Programm verloren. Wenn Sie dieses Format verwenden wollen, sollten Sie immer vorher eine Sicherungsdatei im Standardformat des jeweiligen Office-Programms anlegen.

> **HINWEIS** Auf der Begleit-CD finden Sie im Ordner *03* eine Word-Datei mit dem Namen *OpenDocument*, in der die unterstützten, teilweise unterstützten und nicht unterstützten Elemente aufgelistet werden. Diese wurde aus der Programmhilfe übernommen. Bei den unterstützten Elementen bleiben alle Einstellungen erhalten. Bei den teilweise unterstützten Elementen gehen keine Texte oder Daten verloren, es bestehen jedoch möglicherweise Unterschiede in der Formatierung. Einige Elemente von Word 2010 werden vom *OpenDocument*-Textformat nicht unterstützt. Sie sollten diese in Word nicht anwenden, wenn Sie das Dokument im *OpenDocument*-Textformat speichern möchten.

Kompatibilität

Wir erwähnten es schon am Anfang dieses Abschnitts und auch gerade vorher: Wenn Sie Ihre mit einem Office-2010-Programm erstellten Daten nur in dieser Programmversion weiterverarbeiten wollen, besteht kein Grund, von den automatisch eingestellten neuen Dateiformaten abzuweichen. Nur damit wird garantiert, dass die im Office-2010-Programm für das Dokument eingestellten Details erhalten bleiben.

Beachten Sie aber die folgenden einführenden Bemerkungen zur Kompatibilität. Wir werden auf dieses Thema weiter hinten noch einmal zu sprechen kommen:

» In Office 2010 können Sie Dateien in den Formaten früherer Office-Versionen speichern. Auch dabei gehen einige Details verloren. Wenn Sie eine Weiterverarbeitung in einer früheren Office-Version anstreben, sollten Sie das erste Speichern gleich vornehmen, bevor Sie mit den Eingaben im Dokument beginnen. Das Office-2010-Programm wechselt dann in den Kompatibilitätsmodus, in dem Sie nur noch Funktionen benutzen können, die verlustfrei übernommen werden können.

» Auch wenn Sie in Office 2010 eine Datei öffnen, die mit einer Vorversion dieses Programms erstellt wurde, wechselt das Office-2010-Programm in den Kompatibilitätsmodus. Das erkennen Sie wieder an der Anzeige in der Titelleiste. Das hat den Vorteil, dass Änderungen im Dokument ohne zusätzliche Angaben im ursprünglichen Dateiformat abgelegt werden und dass Sie keine Office-2010-Funktionen benutzen, die mit diesem nicht kompatibel sind. Wenn Sie die volle Funktionalität von Office 2010 benutzen wollen, müssen Sie die Datei erst über das Dialogfeld *Speichern unter* im Standardformat des jeweiligen Programms speichern.

» Besonderheiten treten auf, wenn Sie in einer mit einer Vorversion erstellten Datei individuelle Anpassungen an der Oberfläche vorgenommen haben – beispielsweise wenn Sie in einem Word-2003-Dokument zusätzliche Menüs, Menübefehle oder Symbolleisten eingefügt haben. Diese werden nach dem Öffnen in Office 2010 auf der speziellen Registerkarte *Add-Ins* angezeigt.

» Wenn Sie eine in einem Office-2010-Format gespeicherte Datei in früheren Office-Versionen weiterverarbeiten wollen, können Sie auch die erforderlichen Dateikonverter herunterladen. Wechseln Sie auf dem Computer, auf dem die ältere Office-Version installiert ist, zum Download Center und laden Sie das Microsoft Office Compatibility Pack für Word-, Excel- und PowerPoint-2007-Dateiformate herunter. Das Download Center finden Sie unter *http://www.microsoft. com/downloads/*. Damit diese Konverter funktionie-

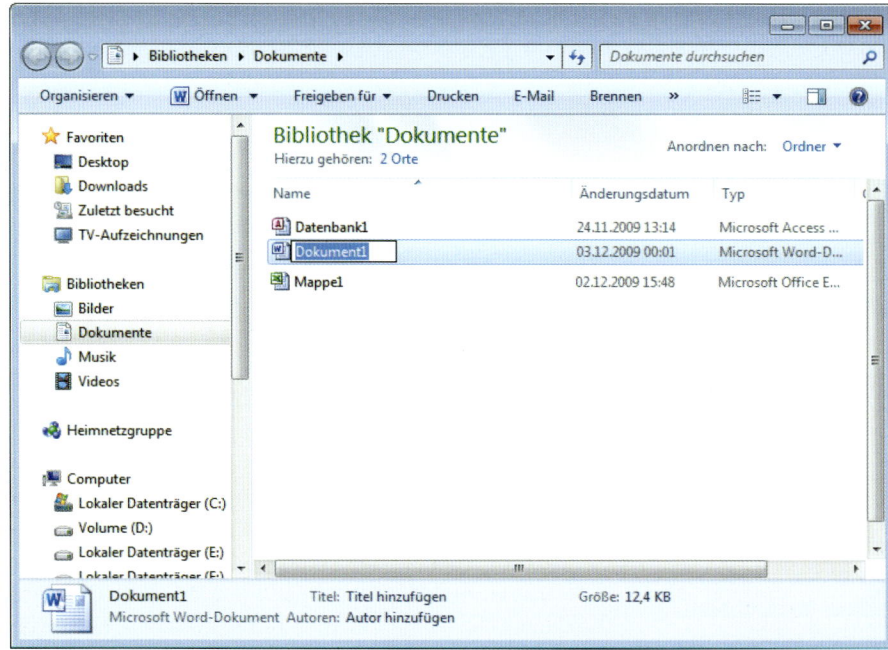

Abbildung 3.11
Dokumente können über den Windows-Explorer umbenannt werden.

ren, muss die ältere Microsoft-Office-Version zuerst mit einem Service Pack aktualisiert werden. Installieren Sie zuerst den Service Pack für Ihre Office-Version und laden Sie erst dann den Konverter herunter.

» Es gibt auch einige wenige Details, in denen sich Office 2007 und 2010 unterscheiden – beispielsweise verfügt Word 2010 für Aufzählungen über zusätzliche Nummerierungsformate, die in Word 2007 weder angezeigt noch bearbeitet werden können.

TIPP Wie Sie sehen, ist ein Wechsel des Formats relativ unproblematisch, es können aber Probleme auftauchen. Wie empfehlen, über den Bereich *Informationen* auf der Registerkarte *Datei* unter *Auf Probleme überprüfen* vorher eine *Kompatibilitätsprüfung* vorzunehmen und dann das Speichern über *Dateityp ändern* im Bereich *Speichern und Senden* der Registerkarte *Datei* vorzunehmen (→ Kapitel 13).

3.2.4 Datei erneut speichern

Wichtig ist ein häufiges Speichern der Datei während der Arbeit am Dokument. Ist die Datei schon einmal gespeichert worden, führt ein Aufruf von *Speichern* auf der Registerkarte *Datei* oder ein Klick auf die Schaltfläche

Speichern 💾 in der Symbolleiste für den Schnellzugriff zu einer kommentarlosen weiteren Speicherung. Gespeichert wird dabei immer nur das gerade aktuelle Dokument.

Wenn Sie eine bereits gespeicherte Datei noch einmal unter einem anderen Namen oder an einem anderen Ort speichern wollen, wählen Sie erneut den Befehl *Speichern unter* und geben Sie dann den gewünschten Namen beziehungsweise das gewünschte Laufwerk und den Ordner für die Datei an.

3.2.5 Dokument umbenennen

Wenn Ihnen der Name eines Dokuments nicht mehr gefällt, können Sie es umbenennen. Dabei gehen Sie genauso vor, wie Sie es vom Umbenennen anderer Dateien unter Windows her kennen: Sorgen Sie dafür, dass das Dokument geschlossen ist, und wechseln Sie zum Windows-Explorer. Wechseln Sie in den Ordner, der das gewünschte Dokument enthält. Klicken Sie die Datei, die Sie umbenennen wollen, mit der rechten Maustaste an. Wählen Sie im Kontextmenü den Befehl *Umbenennen*. Der Bearbeitungsmodus für den Namen wird aktiviert. Tippen Sie den neuen Namen ein oder editieren Sie den vorhandenen. Bestätigen Sie den neuen Namen mit ⏎. Schließen Sie den vorher geöffneten Ordner wieder. Sie können für diese Tätigkeiten aber auch eines der

Dialogfelder *Öffnen* oder *Speichern unter* verwenden. Auch darf die entsprechende Datei nicht geöffnet sein.

ACHTUNG Microsoft Word 2003 bot noch die Möglichkeit, verschiedene Versionen eines Dokuments in einer einzigen Datei zu speichern. Auf diese Weise konnten Sie unterschiedliche Überarbeitungsstadien dokumentieren und - bei Bedarf - auf frühere Versionen zurückgreifen. Diese Funktion ist seit Microsoft Office Word 2007 nicht mehr verfügbar. Wenn Sie ein Dokument mit Versionsverwaltung in Office Word 2010 öffnen, haben Sie keinen Zugriff auf die Versionen. Wenn Sie das Dokument dann in Word 2010 speichern, gehen alle vorher vorhandenen Versionen endgültig verloren.

3.2.6 Speicheroptionen

Im Dialogfeld *Speichern unter* können Sie das Menü zur Schaltfläche *Tools* öffnen und darin den Befehl *Speicheroptionen* auswählen. Daraufhin wird im Fenster der *Word-Optionen* der Bereich *Speichern* angezeigt. Hier können Sie festlegen, in welcher Form Ihre Dokumente gespeichert und wie oft die Wiederherstellungsinformationen für Ihre Dokumente gesichert werden sollen (→ Abbildung 3.12).

Dokumente speichern

Der erste Abschnitt in diesem Bereich trägt den Namen *Dokumente speichern*. Mit den Optionen darin legen Sie

das Standarddateiformat und das Verwenden von automatischen Sicherungsdateien fest.

» Die Option *Dateien in diesem Format speichern* ermöglicht das Festlegen der Voreinstellung für das im Feld *Dateityp* angezeigte Format im Dialogfeld zum Speichern von Dateien. Benutzen Sie beispielsweise bei Word eine andere Option als *Word-Dokument*, wenn Sie Word nur als Dateigenerator für andere Programme verwenden wollen.

» Mithilfe der Einstellungen zu den *AutoWiederherstellen-Informationen* können Sie in bestimmten Intervallen automatisch eine Datei mit Wiederherstellungsinformationen für das Dokument anlegen lassen. Falls der Computer nicht mehr reagiert oder es zu einem Stromausfall gekommen ist, öffnet das Office-Programm beim nächsten Programmstart diese Datei. Sie enthält dann möglicherweise ungespeicherte Daten, die andernfalls verloren wären. Standardmäßig ist diese Funktion aktiviert. Durch Abschalten des Kontrollkästchens können Sie das regelmäßige Speichern verhindern, was nicht empfehlenswert ist. Im Bereich daneben können Sie festlegen, wie häufig die Informationen gespeichert werden sollen. Geben Sie hier einen Wert zwischen 1 und 120 Minuten ein.

» Neu in der Version 2010 ist die Option *Beim Schließen ohne Speichern die letzte automatisch gespeicherte Version beibehalten*. Diese ist standardmäßig

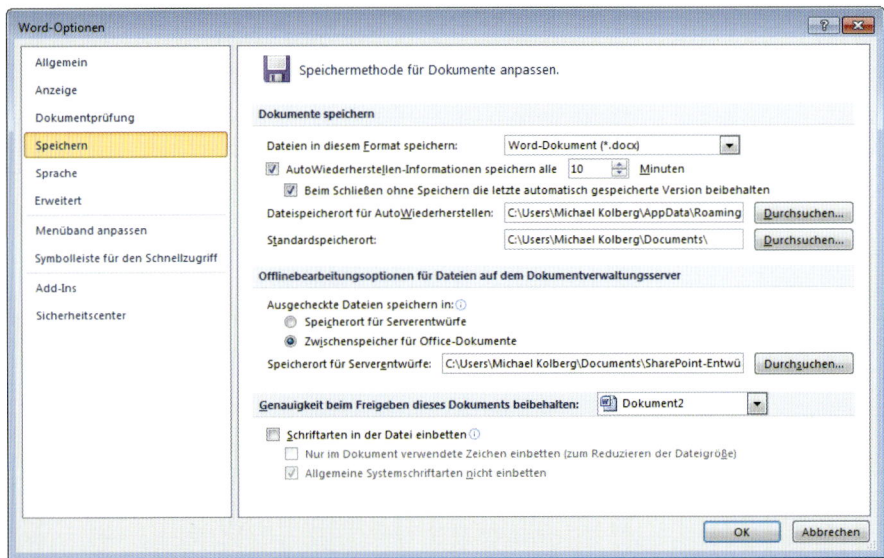

Abbildung 3.12
Über den Bereich *Speichern* in den *Word-Optionen* legen Sie die Standardeinstellung zum Speichern fest.

aktiviert und interessant: Wenn Sie eine Datei beim Schließen oder Beenden des jeweiligen Programms nicht gespeichert hatten, bleiben die darin eingegebenen Daten oder Änderungen trotzdem erhalten und können wieder angezeigt werden (→ unten). Voraussetzung dafür ist allerdings, dass das Programm genügend Zeit hatte, die *AutoWiederherstellen-Informationen* abzulegen.

» *Dateispeicherort für AutoWiederherstellen* zeigt den Standardspeicherort für die *AutoWiederherstellen*-Datei an. Geben Sie in dieses Textfeld den Pfad ein, den Sie als Speicherort für diese Datei verwenden möchten. Oder benutzen Sie die Schaltfläche *Durchsuchen*, um zu dem gewünschten Speicherort zu navigieren.

» Unter *Standardspeicherort* können Sie einen Standardarbeitsordner mit dem vollständigen Pfad angeben. Dieser Ordner ist dann in den *Öffnen*- und *Speichern*-Dialogfeldern voreingestellt. Auch hier können Sie wieder den Pfad zu dem gewünschten Speicherort direkt in das Textfeld eingeben oder die Schaltfläche *Durchsuchen* verwenden.

ACHTUNG Die in der wiederhergestellten Datei enthaltene Menge neuer Daten ist abhängig von dem Speicherintervall, das in einem Microsoft-Office-Programm zum Speichern der Wiederherstellungsdatei verwendet wird. Wird beispielsweise die Wiederherstellungsdatei lediglich alle 15 Minuten gespeichert, gehen die in den letzten 14 Minuten vor einem Stromausfall oder einem anderen Problem durchgeführten Änderungen verloren.

Offlinebearbeitungsoptionen auf einem Server

Unter den *Offlinebearbeitungsoptionen für Dateien auf dem Dokumentverwaltungsserver* können Sie über *Ausgecheckte Dateien speichern in* den Speicherort angeben, in dem Sie ausgecheckte Dokumente speichern möchten (→ Abbildung 3.12): Über das Textfeld *Speicherort für Serverentwürfe* können Sie den Pfad angeben, den Sie als Speicherort für Serverentwürfe verwenden möchten. Alternativ können Sie auch auf *Durchsuchen* klicken, um einen Speicherort für Serverentwürfe zu suchen.

Genauigkeit beim Freigeben

Unter *Genauigkeit beim Freigeben dieses Dokuments beibehalten* können Sie dafür sorgen, dass Leser beim Bearbeiten des Dokuments auf anderen Rechnern die Schriftarten im Dokument sehen und verwenden können, auch wenn sie auf deren Computern nicht installiert sind. Die Datei wird damit größer. Standardmäßig ist der Name des aktuellen Dokuments eingestellt. Wenn Sie diese Einstellung für ein anderes geöffnetes Dokument festlegen wollen, wählen Sie es aus.

» Durch Aktivieren von *Schriftarten in der Datei einbetten* können Sie die Schriftarten im Dokument speichern, die im Dokument verwendet werden.

» Nach dem Aktivieren dieser Option werden die beiden weiteren Optionen unter *Genauigkeit beim Freigeben dieses Dokuments beibehalten* wählbar: Mit *Nur im Dokument verwendete Zeichen einbetten* werden nur die Schriftarten eingebettet, die in dem Dokument tatsächlich verwendet werden. Wenn Sie *32* oder weniger Zeichen einer Schriftart verwenden, werden lediglich diese Zeichen von Word eingebettet. Über *Allgemeine Systemschriftarten nicht einbetten* werden nur Schriftarten eingebettet, die nicht allgemein auf Computern installiert sind, auf denen Microsoft Windows und Office ausgeführt werden.

3.2.7 Weitere Optionen zum Speichern

Im Dialogfeld *Speichern unter* können Sie vor dem Speichern noch eine Reihe weiterer Optionen einstellen, die vielleicht für Sie interessant sein können. Dazu gehören beispielsweise Einstellungen zur Sicherheit durch ein Kennwort und andere Dinge. Den Zugriff auf diese Optionen haben Sie über das kleine Menü zur Schaltfläche *Tools* (→ Abbildung 3.13). Was an Optionen verfügbar ist, unterscheidet sich übrigens etwas je nach Office-Programm.

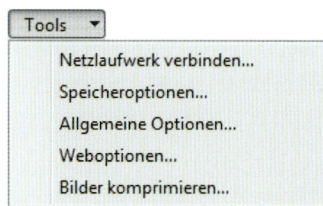

Abbildung 3.13
Weitere Optionen zum Speichern können über die Schaltfläche *Tools* eingestellt werden.

Dateisicherheit

Durch diverse Maßnahmen können Sie beispielsweise ein Dokument vor der Ansicht oder der Änderung durch Unbefugte schützen: Zum einen können Sie beim Speichern einer Datei als zusätzliche Option ein *Kennwort* festlegen, das zum erfolgreichen Öffnen dieser Datei eingegeben werden muss. Darüber hinaus ist es möglich, ein *Schreibschutzkennwort* festzulegen, das zum Speichern von Änderungen in der Datei benötigt wird.

Öffnen Sie dazu im Dialogfeld *Speichern unter* das Menü zur Schaltfläche *Tools* und wählen Sie dort den Befehl *Allgemeine Optionen*. Daraufhin wird ein Dialogfeld angezeigt, in dem Sie – unter anderem – Kennwörter zum Öffnen und/oder zum Ändern des Dokuments vergeben können (→ Abbildung 3.14).

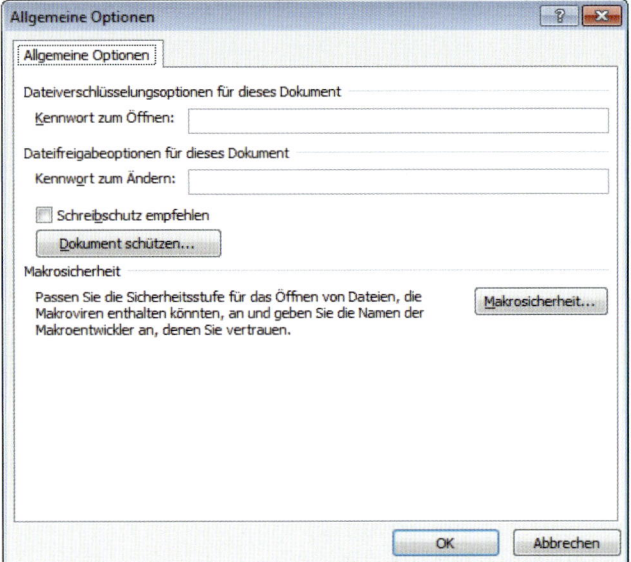

Abbildung 3.14 Bei Word können Sie den Dokumentinhalt durch Vergabe von Kennwörtern schützen.

Kennwörter können bis zu 15 Zeichen enthalten. Zwischen Groß- und Kleinschreibung wird unterschieden. Um das Ablesen durch andere Personen zu verhindern, erfolgt die Anzeige bei der Kennworteingabe in Form von Sternchen. Das Kennwort muss beim Festlegen aus Sicherheitsgründen noch einmal wiederholt werden.

Sie können bei Word zwei verschiedene Arten von Kennwörtern festlegen:

» Wenn Sie im Feld *Kennwort zum Öffnen* ein Kennwort angeben, kann das Dokument nur von Personen geöffnet werden, denen das korrekte Kennwort bekannt ist.

» Unter *Kennwort zum Ändern* können Sie ein Kennwort angeben, damit andere Benutzer das Dokument nur schreibgeschützt öffnen, das heißt keine Bearbeitungen speichern können. Sie können zwar Änderungen in der Datei durchführen, diese aber nicht unter demselben Namen und im selben Ordner speichern. Ein Speichern unter einem anderen Namen oder in einem anderen Ordner ist aber möglich.

» Unabhängig von der Kennwortvergabe können Sie bei Word über die Option *Schreibschutz empfehlen* festlegen, dass der Benutzer beim Öffnen des Dokuments die Option *Schreibgeschützt* aktivieren soll. Das heißt, beim Öffnen kann der Benutzer entscheiden, ob das Dokument mit oder ohne Schreibschutz geöffnet wird. Ohne zusätzliche Kennwortvergabe bringt diese Option natürlich keinen Schutz.

TIPP Bei Word zeigt ein Klick auf die Schaltfläche *Dokument schützen* rechts auf dem Bildschirm einen Aufgabenbereich an, in dem Sie festlegen können, welche Dinge eine andere Person ändern darf (→ Kapitel 10).

Beim Öffnen einer kennwortgeschützten Datei wird zunächst das Kennwort abgefragt. Wurde ein Kennwort zum Öffnen der Datei vergeben, müssen Benutzer dieses Dokuments das Kennwort eingeben, wenn sie die Datei öffnen wollen. Wurde ein Kennwort für den Schreibschutz vergeben, muss der Benutzer dieses eingeben, um das Dokument öffnen zu können. Der Schreibschutz ist dann abgeschaltet. Alternativ kann er das Dokument aber durch einen Klick auf die Schaltfläche *Schreibgeschützt* im entsprechenden Modus öffnen. Ein Speichern des Dokuments – mit oder ohne Änderungen – ist dann nur unter einem anderen Namen oder an einem anderen Ort möglich.

Sicherheitskopien

Sie können einige Office-Programme so einstellen, dass eine Sicherungskopie jedes Mal gespeichert wird, wenn Sie ein Dokument speichern. Das kann Ihre Arbeit schützen, wenn das Originaldokument beschädigt ist oder

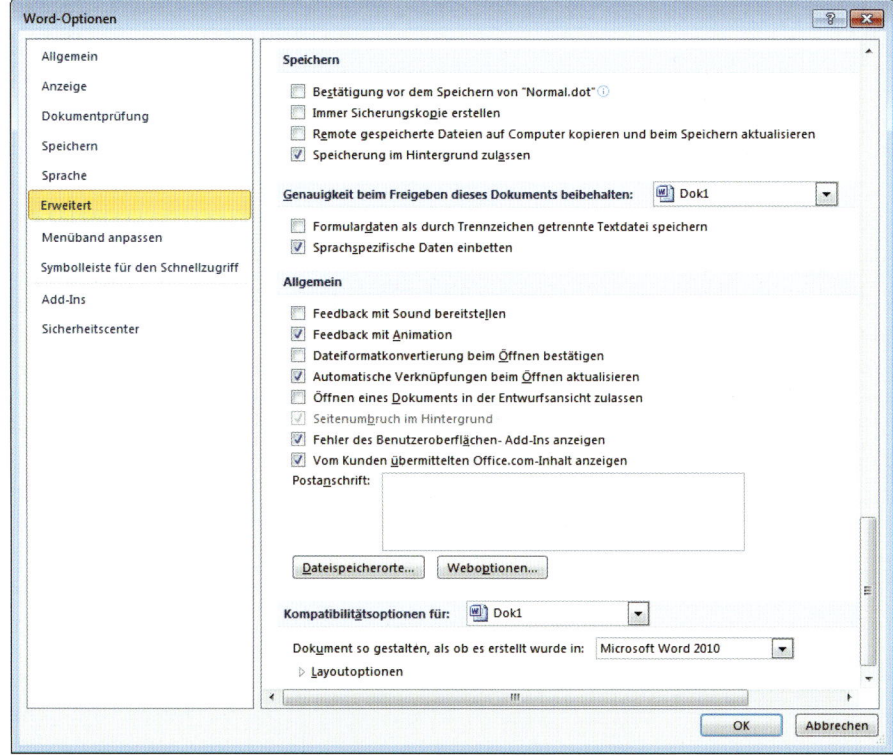

Abbildung 3.15
Der Bereich *Erweitert* unter den Word-Optionen (Abschnitte *Speichern* und *Genauigkeit*)

gelöscht wird. Bei der Sicherungskopie handelt es sich um die Version des Dokuments, die vor dem letzten Speichern gespeichert wurde. Das heißt, dass die letzten Änderungen nicht in die Sicherungskopie übernommen wurden. Mit der Sicherungskopie wird jedoch verhindert, dass das Dokument vollständig verloren geht.

Um diese – und einige andere – Optionen festzulegen, öffnen Sie die Registerkarte *Datei* und wählen Sie *Optionen*. Klicken Sie auf *Erweitert* und navigieren Sie abwärts im Fenster. Der Bereich unter der Überschrift *Speichern* bestimmt, wie Word beim Speichern eines Dokuments vorgeht (→ Abbildung 3.15).

» Mit *Bestätigung vor dem Speichern von Normal.dot* sorgen Sie dafür, dass Sie beim Schließen von Word gefragt werden, ob Änderungen gespeichert werden sollen, die an der Standarddokumentvorlage vorgenommen wurden. Wenn Sie dieses Kontrollkästchen deaktivieren, werden Änderungen automatisch gespeichert, ohne Sie darüber zu informieren.

» *Immer Sicherungskopie erstellen* bewirkt das automatische Erstellen einer Sicherungskopie im Ar-

beitsordner bei jedem Speichervorgang. Word fügt dem Dateinamen *Sicherungskopie von* hinzu und fügt an alle Sicherungskopien die Dateierweiterung *WBK* an. Jede Sicherungskopie ersetzt die vorherige Version. Die Sicherungskopien werden im selben Ordner wie die Originaldokumente gespeichert.

» Wenn Sie *Remotegespeicherte Dateien auf Computer kopieren und beim Speichern aktualisieren* einschalten, wird die Kopie einer in einem Netzlaufwerk oder in einem Wechsellaufwerk gespeicherten Datei temporär gespeichert. Beim Speichern der lokalen Kopie speichert Word die vorgenommenen Änderungen in der Originalversion. Wenn die Originaldatei nicht verfügbar ist, fordert Word Sie auf, die Datei an einem anderen Ort zu speichern, um Datenverluste zu vermeiden.

» Wählen Sie die Option *Speicherung im Hintergrund zulassen* aus, um das Dokument während der Arbeit zu speichern. Während Word eine automatische Speicherung im Hintergrund vornimmt, wird in der Statusleiste ein entsprechender Hinweis angezeigt.

Nach einem Klick auf die Schaltfläche *Dateispeicherorte* werden die Standardspeicherorte sowie Suchpfade für Dokumente, Vorlagen und andere Elemente aufgelistet, die in Word erstellt oder verwendet werden (→ Abbildung 3.16). Um hier Änderungen vorzunehmen, klicken Sie im Listenfeld auf den betreffenden Eintrag und dann auf die Schaltfläche *Ändern*. Legen Sie anschließend den neuen Standardspeicherort fest. Die Standardspeicherorte für Vorlagen und der *AutoStart*-Ordner werden als vertrauenswürdige Speicherorte behandelt. Wenn Sie den Speicherort ändern, stellen Sie sicher, dass es sich bei dem neuen Ordner um einen sicheren Speicherort handelt.

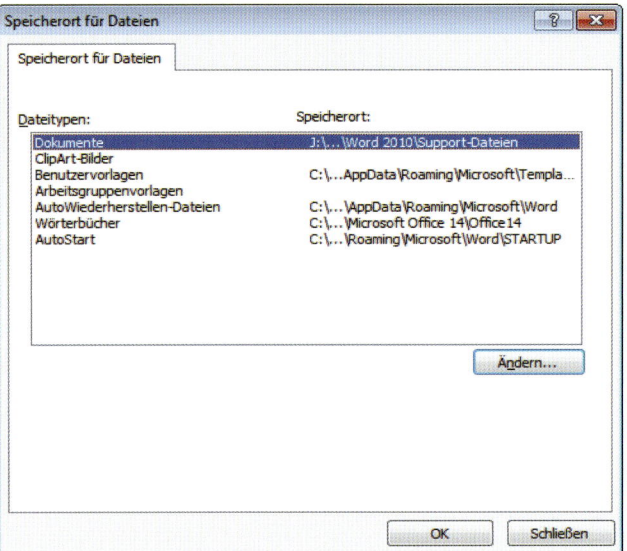

Abbildung 3.16 Die Speicherorte für Dateien – für unterschiedliche Elemente können verschiedene Ordner festgelegt werden.

3.2.8 Vorlagen speichern

Auch wenn Sie Ihre Daten in einem Dokument eingegeben haben, das auf der Basis einer Vorlage erstellt wurde, gehen Sie im Prinzip genauso vor. Beachten Sie aber hier einige Besonderheiten:

Dokumente speichern

Wenn Sie Ihre Daten – also die Struktur der Vorlage zusammen mit den von Ihnen eingegebenen Informationen – speichern wollen, wählen Sie *Speichern* in der Symbolleiste für den Schnellzugriff oder *Speichern unter* auf der Registerkarte *Datei* (→ oben). Geben Sie dieser speziellen Rechnung einen geeigneten Namen – beispielsweise *MeineRechnung 01-02-2010*. Als Speicherort wird automatisch der Standardordner eingestellt und als Dateityp *Word-Dokument*. Die – leere – Vorlage selbst wird damit also nicht überschrieben und kann später erneut benutzt werden.

Personalisierte Vorlagen speichern

Wenn Sie eine dieser Vorlagen häufiger benutzen wollen, sollten Sie sie personalisieren, beispielsweise nicht gewünschte Elemente entfernen und/oder zusätzliche Daten, Ihren Namen oder andere Dinge, hinzufügen. Zum Personalisieren müssen Sie die Vorlage öffnen, die Änderungen vornehmen und dann die geänderte Vorlage wiederum als Vorlage speichern. Auch dazu wählen Sie *Speichern* in der Symbolleiste für den Schnellzugriff oder *Speichern unter,*, und geben der Vorlage einen eigenen Namen (→ unten). Wählen Sie aber als Dateityp beispielsweise die Option *Word-Vorlage*.

Eigene Vorlagen speichern

Neben den mitgelieferten Vorlagen können Sie auch mit eigenen Vorlagen arbeiten. Zunächst müssen Sie die Vorlage aus einem ganz normalen Dokument erstellen. Geben Sie in einem solchen Dokument die konstant bleibenden Elemente ein und lassen Sie alle speziellen Daten weg. Speichern Sie dieses Dokument dann unter einem geeigneten Namen mit dem Dateityp *Word-Vorlage*. Der Ordner *Vorlagen* wird dabei automatisch als Speicherort verwendet. Anschließend können Sie diese selbst erstellte Vorlage genauso benutzen wie die standardmäßig mitgelieferten.

3.2.9 Ein Dokument schließen

Auf dem Bildschirm nicht mehr benötigte Dokumente können Sie schließen. Das verbessert den Überblick. Sie entfernen das Dokument damit aus dem Arbeitsspeicher, beenden das Programm selbst aber nicht. Wählen Sie dazu *Schließen* auf der Registerkarte *Datei* oder klicken Sie auf die *Schließen*-Schaltfläche ❎ ganz rechts in der Titelleiste des Dokumentfensters.

Falls keine Änderungen im Dokument durchgeführt wurden, wird das Dokument sofort geschlossen. Wurden Änderungen vorgenommen, die bislang nicht gesichert wurden, wird abgefragt, ob Sie diese speichern wollen (→ Abbildung 3.17).

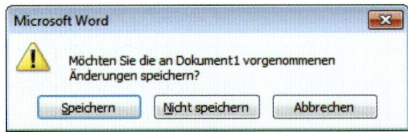

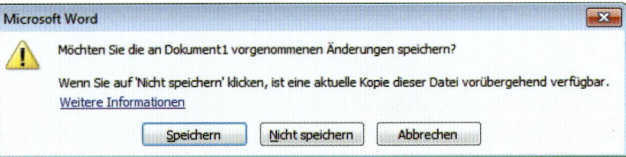

Abbildung 3.17 Wollen Sie speichern? Beachten Sie die Unterschiede in den beiden Warnfeldern.

Aber auch wenn Sie sich dazu entschließen sollten, die Eingaben oder Änderungen in der Datei nicht zu speichern, können Sie bei der Office-Version 2010 in vielen Fällen auf diese Daten später noch zugreifen (→Abbildung 3.17 rechts und unten). Auf die Frage, welche Bedingungen vorhanden sein müssen, damit diese Situation eintritt, gehen wir gleich noch ein.

3.3 Dokumente öffnen

Ein vorher gespeichertes Dokument können Sie in einer späteren Arbeitssitzung weiterbearbeiten. Dazu müssen Sie es wieder in dem entsprechenden Programm öffnen. Nach dem Öffnen erscheint das Dokument wieder in derselben Form auf dem Bildschirm, die es vor dem letzten

Speichern hatte. Zum Öffnen stehen mehrere Möglichkeiten zur Verfügung.

3.3.1 Die zuletzt verwendeten Dokumente

Auf der Registerkarte *Datei* finden Sie bei fast allen Office-Programmen einen Bereich mit dem Namen *Zuletzt verwendet*. Dieser wird beim Öffnen der Registerkarte auch immer gleich automatisch angezeigt, nachdem Sie einmal eine Datei gespeichert hatten. Darin werden die zuletzt von Ihnen geöffneten Dateien aufgelistet (→ Abbildung 3.18).

» Um eines der hier gezeigten Dokumente wieder zu öffnen, klicken Sie auf dessen Namen.

» Auf der rechten Seite des Fensters werden außerdem die Speicherorte angezeigt, die Sie mit Word zuletzt angewählt hatten. Ein Klick auf ein Element darin zeigt das Dialogfeld *Öffnen* an, in dem dann dieser Speicherort bereits eingestellt ist.

Die Pinnsymbole

Beachten Sie auch die kleinen Symbole mit den Pinnnadeln rechts neben den Namen der Dokumente bzw. der Speicherorte:

» Standardmäßig finden Sie neben den Einträgen in diesem Fenster ein kleines Symbol für einen liegenden Pinn. Das deutet an, dass die Datei nur so lange im Bereich *Zuletzt verwendet* angezeigt wird,

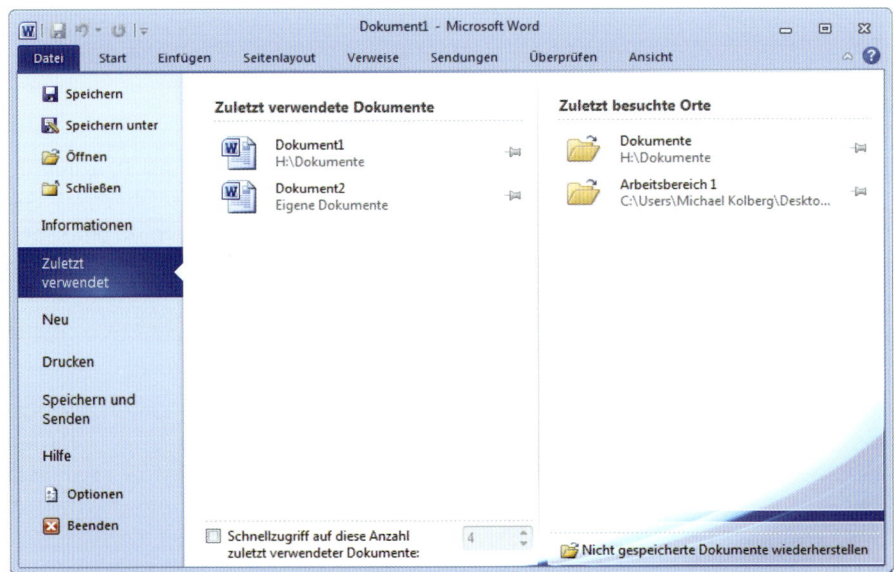

Abbildung 3.18
Über den Bereich *Zuletzt verwendet* auf der Registerkarte *Datei* haben Sie einen schnellen Zugriff auf die kürzlich verwendeten Dokumente.

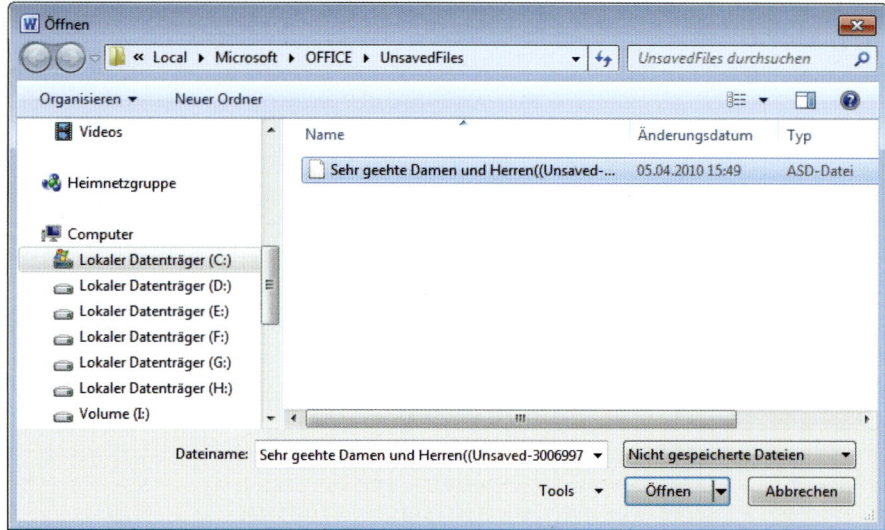

Abbildung 3.19
Der Zugriff auf die nicht gespeicherten
Dokumente

bis dieser voll ist. Wenn Sie nach einiger Zeit viele Dateien geöffnet hatten, wird der jeweils älteste Eintrag aus der Liste entfernt und durch einen neuen ersetzt.

» Wenn Sie auf ein Symbol mit einem liegenden Pinn klicken, wechselt das Symbol zu einem eingesteckten Pinn. Dies deutet an, dass das Dokument auch dann immer im Bereich *Zuletzt verwendet* angezeigt wird, wenn die Liste so groß wird, dass Dokumente mit liegenden Pins durch andere ersetzt werden.

TIPP Wenn Sie also auf bestimmte Dokumente immer wieder schnell zugreifen wollen, sorgen Sie dafür, dass diese mit einem Symbol für einen eingesteckten Pin ausgestattet sind.

Der Zugriff auf die nicht gespeicherten Dokumente

Unten im Bereich *Zuletzt verwendet* finden Sie noch eine kleine unscheinbare, aber wichtige Option: Durch einen Klick auf *Nicht gespeicherte Dokumente wiederherstellen* öffnen Sie das Dialogfeld *Öffnen* (→ Abbildung 3.19). Darin ist ein mit *UnsavedFiles* bezeichneter Ordner ein-

gestellt, in dem Sie die Dateien finden, die Sie nicht gespeichert hatten. Sie können diese Dokumente aus dem Ordner wie gewohnt öffnen.

ACHTUNG Wir hatten es schon erwähnt: Ihre Daten sind in diesem Bereich nur verfügbar, wenn Word genügend Zeit hatte, *AutoWiederherstellen-Informationen* zu erstellen (→ oben).

Der Schnellzugriff

Unten im Bereich *Zuletzt verwendet* finden Sie ferner eine Option mit dem Namen *Schnellzugriff auf diese Anzahl zuletzt verwendeter Dokumente* mit der – manchmal abgeblendeten – Standardeinstellung *4* dahinter. Darüber regeln Sie, dass eine bestimmte Anzahl der zuletzt verwendeten Dokumente als separate Einträge im linken Bereich der Registerkarte *Datei* angezeigt werden. Durch Aktivieren dieser Option sorgen Sie zunächst dafür, dass die Namen der Dokumente angezeigt werden (→ Abbildung 3.20). Anschließend können Sie deren Anzahl festlegen. Ein Deaktivieren blendet die Namen der Dokumente wieder aus.

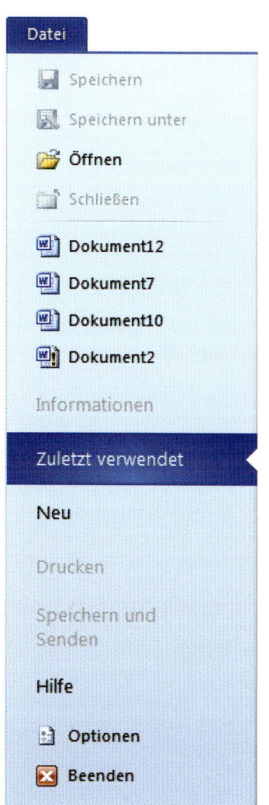

Die Liste der zuletzt besuchten Orte

In Microsoft Word 2010 wird nicht nur eine Liste zuletzt verwendeter Dokumente gespeichert, sondern es werden auch die lokalen oder Onlineorte nachverfolgt, die Sie im betreffenden Programm zuletzt besucht haben. Anhand entsprechender Hyperlinks können Sie schnell erneut auf diese Orte zugreifen. Außerdem können Sie die Orte, die Sie am häufigsten besuchen, in der Liste speichern, so dass Sie jederzeit schnellen Zugriff auf diese Orte haben.

Die Listen editieren

Wenn Sie auf ein Element der Listen im Bereich *Zuletzt verwendet* einen Rechtsklick ausführen, wird ein Kontextmenü angezeigt, über das Sie die in diesem Bereich angezeigten Elemente schnell editieren können (→ Abbildung 3.21).

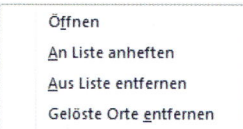

Abbildung 3.20 Wenn der Schnellzugriff eingeschaltet ist, werden die Namen der zuletzt verwendeten Dokumente auch links in der Registerkarte *Datei* angezeigt.

Abbildung 3.21 Das Kontextmenü zu einem Element im Bereich *Zuletzt verwendet*

» *An Liste anheften* hat denselben Effekt wie das Umschalten zu einem eingesteckten Pinn (→ oben). Dies

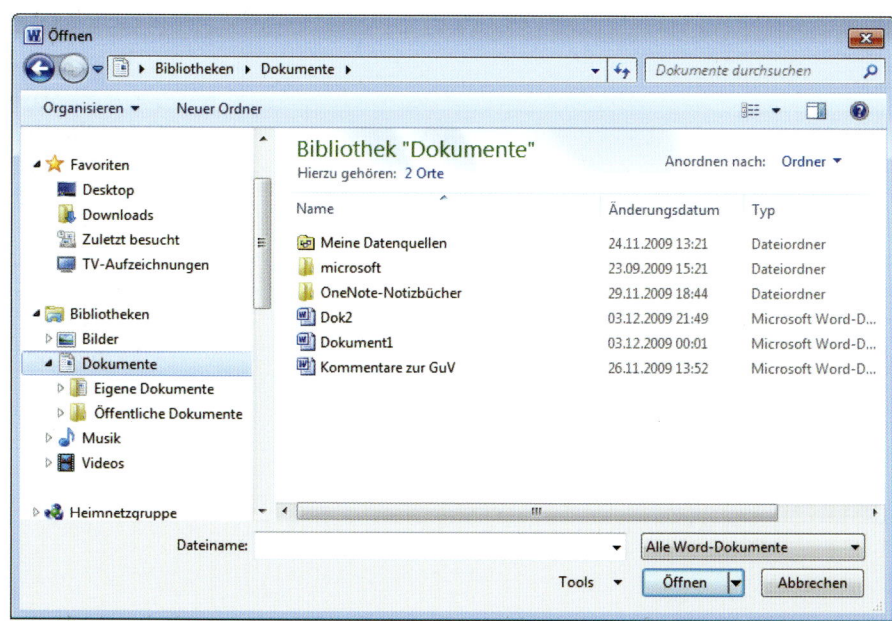

Abbildung 3.22 Das Dialogfeld *Öffnen* zeigt die im Standardspeicherort gespeicherten Dateien an.

deutet an, dass das Dokument auch dann immer im Bereich *Zuletzt verwendet* angezeigt wird, wenn die Liste so groß wird, dass Dokumente mit liegenden Pinns durch andere ersetzt werden.

» *Aus Liste entfernen* entfernt das vorher angeklickte Element aus der Liste. Verwenden Sie diesen Befehl in Fällen, in denen Sie keinen schnellen Zugriff mehr wünschen.

» *Gelöste Dokumente entfernen* entfernt alle Elemente aus der Liste, die mit einem liegenden Pinn-Symbol versehen sind.

3.3.2 Das Dialogfeld *Öffnen*

Wenn Sie die gewünschte Datei nicht im Bereich *Zuletzt verwendet* finden, wählen Sie den Befehl *Öffnen* auf der Registerkarte *Datei*, um das Dialogfeld *Öffnen* anzuzeigen (→ Abbildung 3.22).

Hinsichtlich Speicherort und Dateityp finden Sie hier viele Ähnlichkeiten zu den Möglichleiten im Dialogfeld *Speichern unter*.

» Standardmäßig wird nach dem ersten Aufruf des Dialogfelds – wie beim Speichern – der Inhalt des Standardordners angezeigt. Bei Windows 7 wird die Bibliothek *Dokumente* benutzt. Bei Vista ist das der Unterordner *Dokumente* im persönlichen Ordner des Benutzers, bei Windows XP der Ordner *Eigene Dateien*. Bei Windows 7 wird die Bibliothek *Dokumente* verwendet. Wünschen Sie einen anderen Ordner, müssen Sie ihn zuerst auswählen (→ oben). Auch die übrigen Schaltflächen in diesem Dialogfeld dienen zum großen Teil der Navigation zwischen den einzelnen Ordnern und haben meist dieselbe Funktion wie im Dialogfeld *Speichern unter*.

» Im Hauptbereich des Dialogfelds werden die im aktuell eingestellten Ordner vorhandenen Unterordner und solche Dateien angezeigt, die der Angabe im Feld *Dateityp* entsprechen. Der Standarddateityp des jeweiligen Programms ist hier die Voreinstellung für den Dateityp. Damit werden alle Typen von Dateien angezeigt, die mit Microsoft Word geöffnet werden können – mit Ausnahme der als Dateiexport erstellten Fremdformate (→ Abbildung 3.23 links). Letztere können Sie durch Wahl eines anderen Dateityps anzeigen lassen. Das brauchen Sie aber nur

zu tun, wenn Sie eine Datei aus einer anderen Anwendung importieren wollen oder die unterschiedlichen Typen von Dateien einschränken wollen.

Öffnen

Um eine Datei zu öffnen, markieren Sie sie und führen Sie dann einen Doppelklick auf der Markierung aus oder klicken Sie nach dem Markieren auf die Schaltfläche *Öffnen*. Alternativ können Sie auch im Feld *Dateiname* den gewünschten Dateinamen eingeben und dann auf die Schaltfläche *Öffnen* klicken. Sobald Sie in diesem Feld die ersten Buchstaben eingeben, wird der Rest des Namens vom Programm ergänzt, wenn sich eine Datei mit diesen Anfangsbuchstaben im aktuellen Ordner befindet.

Die Schaltfläche *Öffnen* im Dialogfeld verfügt über ein Drop-down-Menü. Mithilfe der Befehle in diesem Menü können Sie ein Dokument auf unterschiedliche Arten öffnen (→ Abbildung 3.23 rechts).

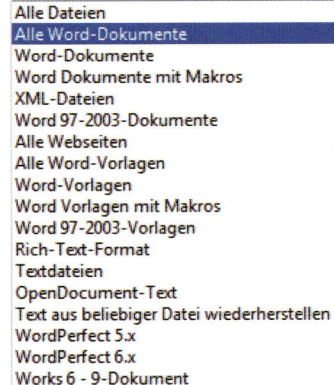

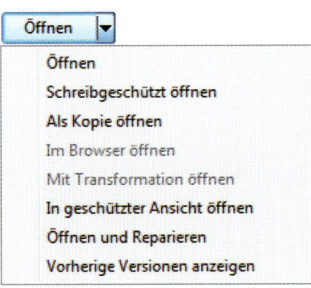

Abbildung 3.23
Die Schaltfläche *Öffnen* verfügt über verschiedene Optionen.

» *Öffnen* öffnet die markierte Datei regulär.

» *Schreibgeschützt öffnen* öffnet die Datei so, dass Änderungen nicht in derselben Datei gespeichert werden können.

» *Als Kopie öffnen* erlaubt es, mit einer Kopie der markierten Datei zu arbeiten. Sie können dann diese Datei speichern, ohne damit das Original zu verändern.

» *Im Browser öffnen* zeigt die Datei im Webbrowser an. Diese Option ist nur für Webdokumente verfügbar.

» Mit *In geschützter Ansicht öffnen* können Dateien ohne allzu großes Risiko gelesen und ihre Inhalte untersucht werden, wenn die Datei aus dem Internet und von anderen potenziell unsicheren Speicherorten stammt (→ unten).

» *Öffnen und Reparieren* sollten Sie verwenden, wenn das Programm feststellt, dass die Datei beschädigt ist. Damit wird versucht, die unbeschädigten Teile der Datei zu öffnen. Fehler werden anschließend angezeigt.

Ansichten

Über das Menü zur Schaltfläche *Ansicht ändern* im Dialogfeld können Sie zwischen unterschiedlichen Darstellungsformen wählen. Damit können Sie eine geeignete Darstellung der Dateien im Hauptbereich des Dialogfelds *Öffnen* einstellen, die Ihnen die Suche nach der gewünschten Datei erleichtern kann. Standardmäßig werden die Dateien bei Windows 7 mit der Option *Kleine Symbole* angezeigt. Interessant ist hier auch die Ansicht *Details*, in der Sie die Anzeige der Dateien nach mehreren Kriterien sortieren lassen können. Welche Einstellung hier Sinn ergibt, ist auch abhängig von der gewählten Bildschirmauflösung. Am besten testen Sie sie selbst am Rechner aus.

Mehrere Dokumente öffnen

Sie können auch mehrere Dokumente in einem Arbeitsgang öffnen. Dazu halten Sie die `Strg`-Taste gedrückt und markieren die Namen der zu öffnenden Dokumente, indem Sie sie mit der Maus anklicken. Ein weiterer Klick auf einen bereits markierten Namen deaktiviert die Markierung wieder, solange Sie die `Strg`-Taste gedrückt halten. Um eine gemeinsame Markierung mehrerer Dateinamen aufzuheben, lassen Sie die `Strg`-Taste los und klicken dann auf einen beliebigen Dateinamen.

Öffnen vom Desktop aus

Sie können Dokumente auch vom Windows-Desktop her öffnen, ohne zuerst das zugehörige Programm öffnen zu müssen.

» Wenn bei Windows 7 das jeweilige Office-Programm links im Startmenü angezeigt wird – beispielsweise weil Sie dort eine Verknüpfung dazu abgelegt hatten, erscheint in diesem Menü neben dem Symbol für die Anwendung eine kleine Pfeilspitze. Ein Klick darauf zeigt rechts die Namen der mit dem Programm erstellten Dateien an (→ Abbildung 3.24). Dadurch erübrigt sich in vielen Fällen das lange Suchen nach einer kürzlich verwendeten Datei. Damit entfällt natürlich die bei den Vorversionen von Windows vorhandene Schaltfläche *Zuletzt verwendet* rechts im Startmenü.

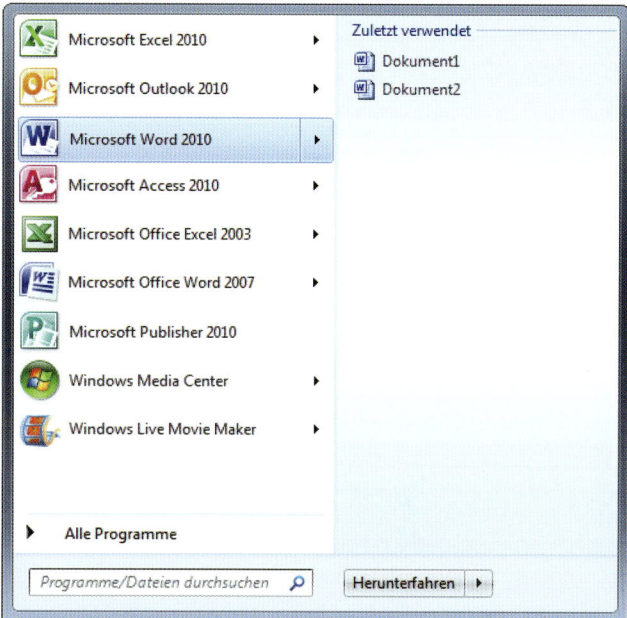

Abbildung 3.24 Die Sprungliste im Startmenü von Windows 7 zeigt die kürzlich verwendeten Dokumente an. Hier werden nach dem Markieren eines Programms die zuletzt geöffneten Dokumente angezeigt.

» Diese Sprungliste finden Sie auch an mehreren anderen Stellen – besonders wichtig ist sie bei den Symbolen in der Taskleiste. Sie zeigen diese neue Funktion beispielsweise durch einen Rechtsklick auf ein Symbol für eines der Standardprogramme in der

Taskleiste an (→ Abbildung 3.25). Das ermöglicht es Ihnen, komfortabel auf die Dateien zuzugreifen, die Sie kürzlich benutzt haben.

Abbildung 3.25 Eine Sprungliste zum Programmsymbol von Word in der Taskleiste von Windows 7

» Andere Dokumente können Sie öffnen, indem Sie zu dem Ordner navigieren, in dem diese abgelegt sind – beispielsweise der Ordner *Eigene Dateien* oder die Bibliothek *Dokumente* – und auf dem betreffenden Dateisymbol einen Doppelklick ausführen. Sie können auch die Verknüpfungen zu Ihren wichtigen Arbeitsdateien auf dem Desktop anzeigen lassen. Durch einen Doppelklick starten Sie dann das Programm und öffnen gleichzeitig die Arbeitsdatei.

3.3.3 Öffnen von Dokumenten aus älteren Programmversionen

Beim Öffnen einer Datei, die in einer Version vor der Generation 2007 von Office erstellt wurde, wird diese zunächst im sogenannten Kompatibilitätsmodus angezeigt. Damit werden einige Werkzeuge des Office-2010-Programms zunächst deaktiviert, um sicherzustellen, dass die gerade geöffnete Datei später noch in der älteren Programmversion weiterbearbeitet werden kann.

» Wenn Sie an einer so im Kompatibilitätsmodus geöffneten Datei Änderungen durchführen und diese speichern, wird automatisch das ursprüngliche – alte – Dateiformat benutzt.

» Wenn Sie das für die Programmversionen 2007 und 2010 eigene Dateiformat zum Speichern benutzen wollen, können Sie dies über das Dialogfeld *Speichern unter* erreichen, indem Sie das gewünschte

Format über das Feld *Dateityp* einstellen und anschließend auf *Speichern* klicken. Die Originaldatei wird dabei nicht überschrieben und steht für die Bearbeitung mit der Vorversion weiter zur Verfügung.

»  Um nach dem Öffnen einer Datei im Kompatibilitätsmodus wieder den vollen Zugriff auf alle Werkzeuge der aktuellen Programmversion zu haben, müssen Sie sie konvertieren. Dazu öffnen Sie die Registerkarte *Datei* und wählen den Bereich *Informationen*. Klicken Sie dort auf die Schaltfläche *Konvertieren*. Eine Warnung wird angezeigt, in der Sie über die Konsequenzen informiert werden (→ Abbildung 3.25). Nach der Bestätigung über *OK* wird die Datei in das neue Format umgewandelt. Gespeichert wird noch nicht, allerdings ist im Dialogfeld *Speichern unter* jetzt im Feld *Dateityp* das Format für die aktuelle Office-Version eingestellt.

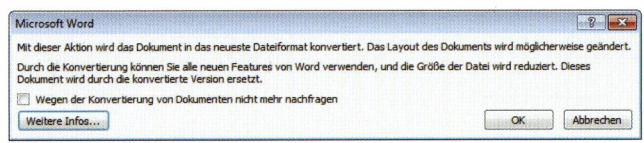

Abbildung 3.26 Vor dem Konvertieren erhalten Sie einen Warnhinweis.

3.3.4 Nach Dokumenten suchen

Wenn Sie ein Dokument, an dem Sie früher gearbeitet haben, nicht mehr finden können, sollten Sie sich der *Suchen*-Funktion des Betriebssystems bedienen. Bei Windows 7 haben Sie zum Suchen nach Dateien mehrere Möglichkeiten. Sorgen Sie dabei dafür, dass auch alle externen Speicher – inklusive der früher verwendeten Netzlaufwerke – in den Suchvorgang eingeschlossen werden. Prüfen Sie auch CD-Laufwerke und sonstige Wechselspeicher. Ein Ausfüllen der Felder auf den Registerkarten des Dialogfelds *Eigenschaften* kann bei einer späteren Suche hilfreich sein (→ unten).

Suchen über das Windows-Startmenü

Sie können das Startmenü direkt dazu verwenden, nach Programmen, anderen Dateien und Ordnern zu suchen. Tippen Sie dazu in das Feld, das standardmäßig mit *Programme/Dateien durchsuchen* beschriftet ist, den Namen des gewünschten Programms ein. Die Dateien oder Ordner, in denen der Text der Eingabe enthalten ist, werden dann im Bereich darüber angezeigt (→ Abbildung 3.27).

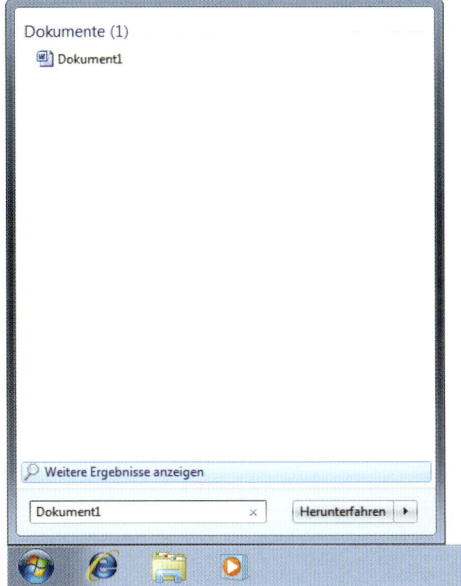

Abbildung 3.27 Über das Startmenü von Windows können Sie schnell nach Dokumenten suchen lassen.

Suchen über den Windows-Explorer oder ein Dialogfeld

Sie können den Start einer solchen Suche auch anstoßen, indem Sie die Eingabe des Suchbegriffs in einem beliebigen Ordnerfenster des Windows-Explorers im Feld oben rechts vornehmen. Diese Möglichkeit haben Sie auch innerhalb von Word oben rechts in den Dialogfeldern *Speichern unter* oder *Öffnen* (→ Abbildung 3.28). Beachten Sie aber, dass in diesem Fall die Suche nur innerhalb des vorher aktuellen Ordners und der darin enthaltenen Unterordner durchgeführt wird. Wenn Sie also den gesamten Rechner durchsuchen wollen, sollten Sie vorher das Fenster zur Ebene *Computer* wählen.

Die Suche beginnt wieder gleich nach der Eingabe der ersten Zeichen. Sie können hier auch mit Platzhaltern arbeiten: *?* steht für ein beliebiges Zeichen, *** steht für eine beliebige Zeichenkette. Nachdem Sie eine Suche durch Eingabe eines Suchbegriffs in einem beliebigen Ordnerfenster gestartet haben, wechselt der Ordner zum Suchordner. Das merken Sie zunächst einmal daran, dass oben in der Navigationszeile nicht mehr der ursprünglich gewählte Speicherort allein, sondern mit der Bezeichnung *Suchergebnisse in* davor angezeigt wird.

» Im Hauptbereich des Ordnerfensters werden Dateien oder Ordner als Suchergebnisse angezeigt, wenn der Suchbegriff mit dem Namen der Datei oder gewissen Dateieigenschaften übereinstimmt. Textdokumente werden auch dann angezeigt, wenn der Suchbegriff im Text des Dokuments enthalten ist. Sie können eine der in den Suchergebnissen angezeigten Dateien durch einen Doppelklick auf ihre Zeile oder ihr Symbol öffnen. Die Datei wird in dem Programm geöffnet, in dem sie erstellt oder bearbeitet wurde. Eine Textdatei wird beispielsweise in ei-

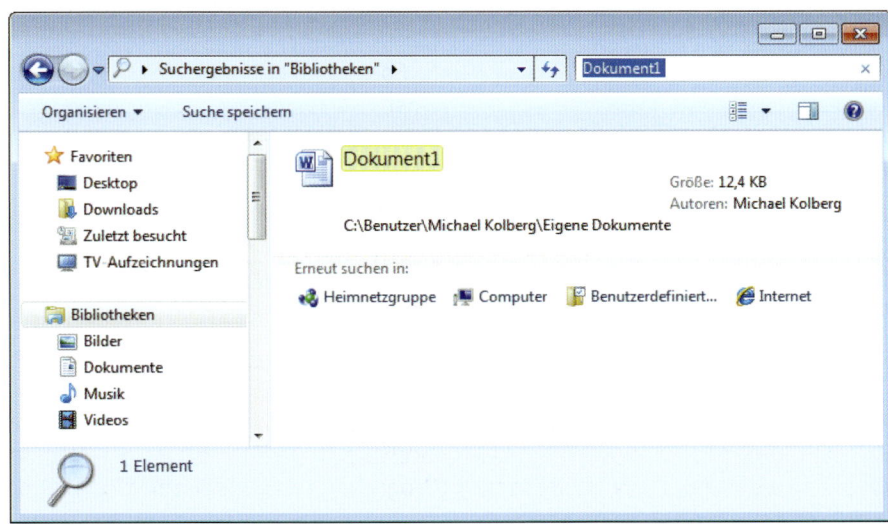

Abbildung 3.28 Auch das *Suchen*-Feld in einem Explorer-Fenster ermöglicht die Suche.

Filter	Beispiel	Zu suchende Datei
UND	Dokument UND 1	Dateien, die sowohl das Wort Dokument als auch die Zahl 1 enthalten (auch wenn diese Elemente nicht direkt nebeneinander stehen).
NICHT	Dokument NICHT 1	Dateien, die das Wort Dokument, aber nicht die Zahl 1 enthalten.
ODER	Dokument ODER 1	Dateien, die das Wort Dokument oder die Zahl 1 enthalten.
Anführungszeichen	»Dokument 1«	Dateien, die den genauen Ausdruck Dokument 1 enthalten.
Klammern	(Dokument 1)	Dateien, die das Wort Dokument und die Zahl 1 in beliebiger Reihenfolge enthalten.
>	Datum: >01.05.10	Dateien, die einen bestimmten Wert überschreiten, z.B. Dateien mit einem Datum nach dem 01.05.10.
<	Größe: < 2 MB	Dateien, die einen bestimmten Wert unterschreiten, z.B. Dateien, die weniger als 2 MB groß sind. Sie können auch andere Größeneinheiten angeben, beispielsweise KB und GB.

Tabelle 3.2 Filterfunktionen in der Suche können hilfreich sein.

nem Textverarbeitungsprogramm geöffnet. Dies ist jedoch nicht immer der Fall. Wenn Sie auf ein digitales Bild doppelklicken, wird meistens zunächst ein Bildbetrachter geöffnet. Zum Bearbeiten des Bilds müssen Sie dann ein anderes Programm verwenden. Klicken Sie dazu mit der rechten Maustaste auf die Datei, wählen Sie im Kontextmenü den Eintrag Öffnen mit aus und klicken Sie dann auf den Namen des zu verwendenden Programms.

Meist werden Sie von der Vielzahl der Suchergebnisse fast erschlagen. Beachten Sie die folgenden Hinweise zur effektiven Durchführung:

» In dieser Liste finden Sie auch die Möglichkeit, die Ergebnisse über einen Suchfilter hinsichtlich Änderungsdatum und Größe einzuschränken.

» Die schon einmal verwendeten Suchbegriffe werden in einer Liste angezeigt, wenn Sie in das Suchenfeld klicken. Sie können diese dann wieder verwenden.

» Um die Suchergebnisse wieder auszublenden und den Inhalt des vorher gewählten Ordners wieder vollständig anzeigen zu lassen, klicken Sie auf die Schaltfläche mit dem Kreuz im Feld zur Eingabe das Suchbegriffs.

Filterfunktionen einsetzen

Die Verwendung boolescher Filter stellt eine weitere Möglichkeit dar, um präzisere Suchen auszuführen. Solche Filter ermöglichen es, Suchwörter mittels einfacher Logik zu verknüpfen (→ Tabelle 3.2). Die Filterfunktionen UND oder ODER müssen vollständig in Großbuchstaben eingegeben werden.

3.3.5 Frühere Versionen eines Dokuments

Wir hatten es oben bereits erwähnt. Während der Arbeit an einem Dokument werden automatisch AutoWiederherstellen-Informationen gespeichert. Bei den früheren Versionen der Office-Programme dienten diese eigentlich nur dazu, im Falle eines Absturzes ein Wiederherstellen zu ermöglichen. In der Office-Version 2010 können Sie auf diese auch bequem zugreifen und so eine frühere Version des Dokuments wieder anzeigen lassen. Im Bereich Informationen der Registerkarte Datei finden Sie unter Versionen eine Liste der verfügbaren Versionen (→ Abbildung 3.29). Beachten Sie aber, dass es sich hier nur um Versionen handelt, die während der aktuellen Sitzung mit dem Programm als AutoWiederherstellen-Informationen zwischengespeichert wurden. Die meisten davon gehen verloren, wenn Sie die Datei schließen.

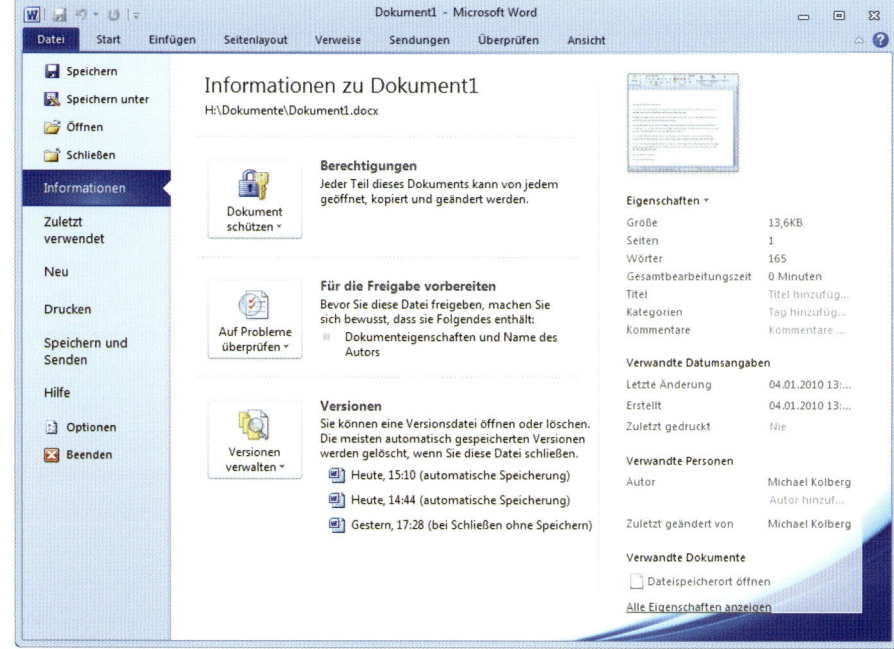

Abbildung 3.29
Den Zugriff auf frühere Versionen haben Sie über den Bereich *Informationen* auf der Registerkarte *Datei*.

Ein Klick auf die Schaltfläche *Versionen verwalten* zeigt die Optionen *Entwurfsversionen wiederherstellen* und *Alle Entwurfsversionen löschen*. Sie können zum Öffnen einer dieser Versionen auch auf einen der weiter rechts angezeigten Symbole für die Versionen klicken. Wenn Sie eine dieser Versionen auf diese Weise öffnen, zeigt eine Warnung an, dass es sich nicht um die zuletzt gespeicherte Version handelt (→ Abbildung 3.30). Beachten Sie, dass diese Datei schreibgeschützt ist.

» Wenn Sie darin auf *Wiederherstellen* klicken, überschreiben Sie die zuletzt gespeicherte Version mit der gerade geöffneten Vorversion.

» Es empfiehlt sich auf jeden Fall, vorher auf *Vergleichen* zu klicken. Die Versionen können dann kontrolliert werden.

3.3.6 Die geschützte Ansicht

Dateien aus dem Internet und von anderen potenziell unsicheren Speicherorten können Viren, Würmer oder andere Arten von Malware enthalten, die auf Ihrem Computer Schaden anrichten können. Zum Schutz Ihres Computers werden Dateien, die von diesen potenziell unsicheren Speicherorten stammen, in der geschützten Ansicht geöffnet. Unter Verwendung der geschützten

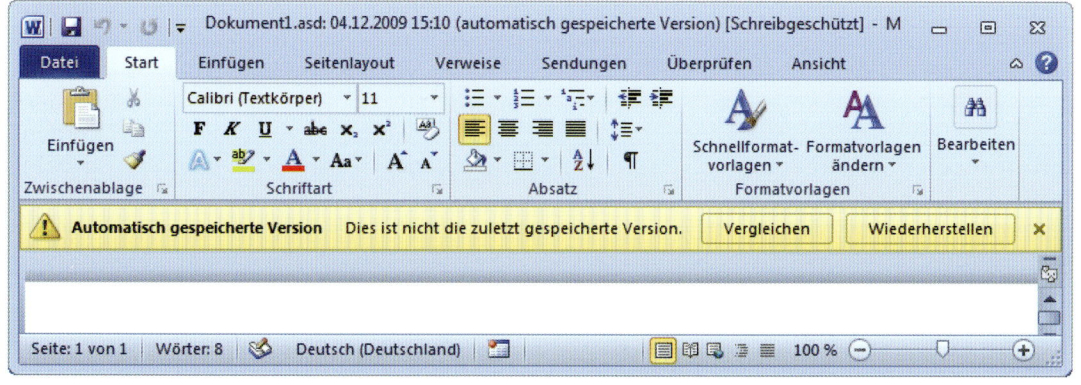

Abbildung 3.30
Eine Warnung zeigt an, dass es sich nicht um die zuletzt gespeicherte Version handelt.

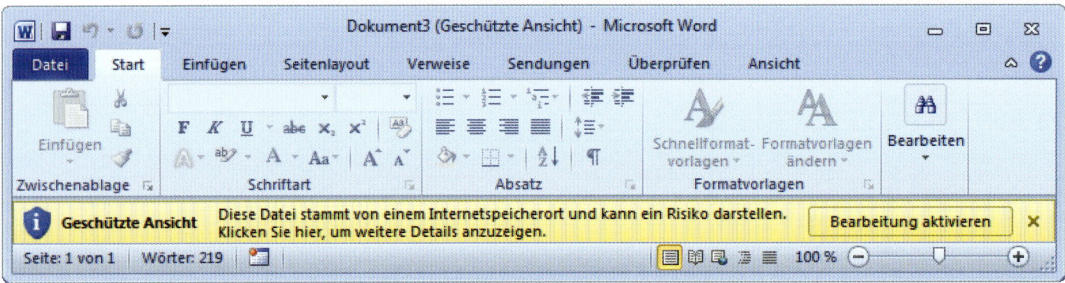

Abbildung 3.31
Die Datei wurde in der geschützten Ansicht geöffnet.

Ansicht können Dateien ohne allzu großes Risiko gelesen und ihre Inhalte untersucht werden.

Die automatische Anzeige

Die geschützte Ansicht ist ein schreibgeschützter Modus, in dem die meisten Bearbeitungsfunktionen deaktiviert sind. Sie erkennen sie nach dem Öffnen der Datei an der Angabe *Geschützte Ansicht* in der Titelleiste und in der gelb hinterlegten Statusleiste unterhalb des Menübands (→ Abbildung 3.31).

Es gibt mehrere Gründe, warum eine Datei in der geschützten Ansicht geöffnet wird – hier einige Beispiele:

» Wenn in der geschützten Ansicht die Meldung *Diese Datei stammt von einem Internetspeicherort* … angezeigt wird, liegt das daran, dass die Datei aus dem Internet geöffnet wurde. Dateien aus dem Internet können Viren und andere gefährliche Inhalte enthalten, die eingebettet wurden. Es wird empfohlen, nur Dokumente zu bearbeiten, deren Inhalte vertrauenswürdig sind.

» Wenn in der geschützten Ansicht die Meldung *Diese Datei stammt aus einer E-Mail-Anlage* … angezeigt wird, liegt das daran, dass die Datei von einem potenziell unsicheren Absender stammt.

» *Diese Datei wurde von einem potenziell unsicheren Speicherort geöffnet* bedeutet, dass die Datei aus einem Ordner geöffnet wurde, der ein Risiko darstellt. Ein unsicherer Speicherort ist beispielsweise der Ordner *Temporäre Internetdateien*.

» Wenn in der geschützten Ansicht die Meldung *Ein Problem mit dieser Datei wurde erkannt*… erscheint, ist die Überprüfung der Datei fehlgeschlagen.

Außerdem können Sie auch jede andere Datei in der geschützten Ansicht öffnen. Klicken Sie dazu im Dialogfeld *Öffnen* auf den Pfeil der Schaltfläche *Öffnen* und wählen Sie in der Liste die Option *In geschützter Ansicht öffnen* aus. Die Meldung *Diese Datei wurde in der geschützten Ansicht geöffnet* zeigt an, dass Sie die Datei in der geschützten Ansicht geöffnet haben (→ Abbildung 3.32).

Die geschützte Ansicht verlassen

Wenn Sie die Datei lesen, aber nicht bearbeiten wollen, kann sie in der geschützten Ansicht geöffnet bleiben. Wenn Sie wissen, dass die Datei von einer vertrauenswürdigen Quelle stammt, und wenn Sie die Datei bearbeiten, speichern oder drucken möchten, können Sie die geschützte Ansicht verlassen. Nachdem Sie die geschützte Ansicht verlassen haben, wird die Datei zu einem vertrauenswürdigen Dokument.

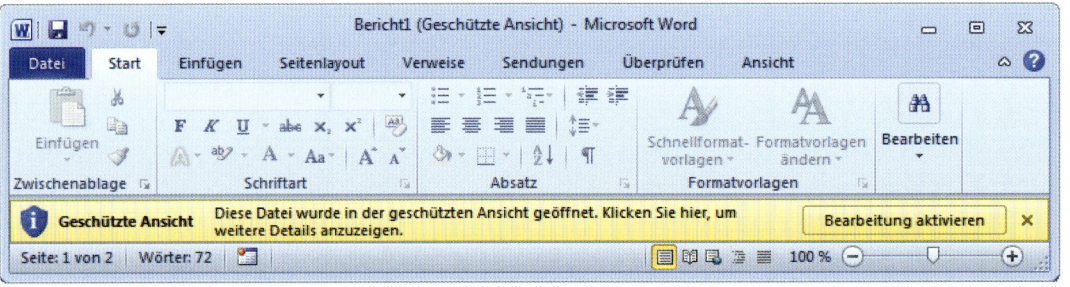

Abbildung 3.32
Eine Datei wurde gezielt in der geschützten Ansicht geöffnet.

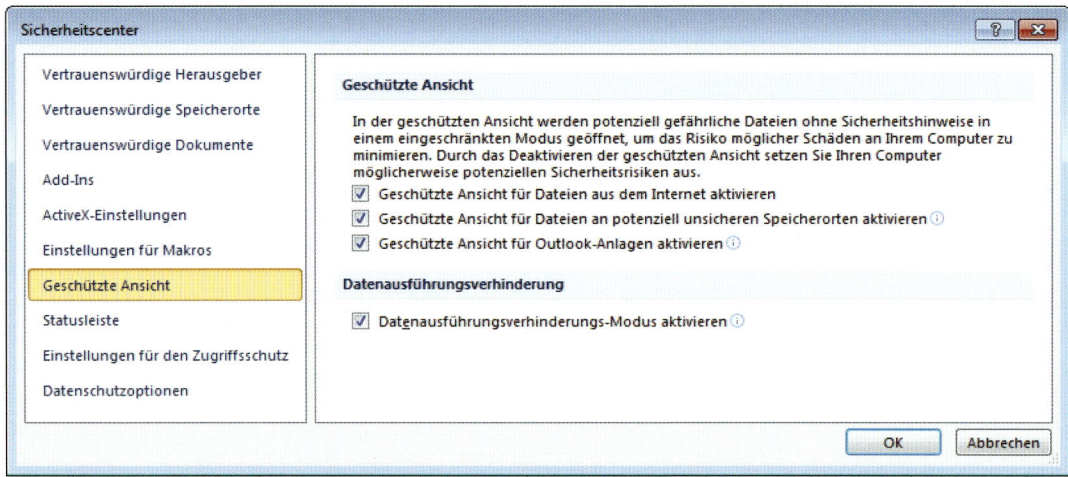

Abbildung 3.33
Die Einstellungen für die geschützte Ansicht im Sicherheitscenter.

» Zum Verlassen der geschützten Ansicht klicken Sie in der Statusleiste auf *Bearbeitung aktivieren* Bearbeitung aktivieren , wenn die Schaltfläche angezeigt wird. Folgen Sie andernfalls den Anweisungen zum Beenden der geschützten Ansicht.

» Wenn die Statusleiste in roter Farbe angezeigt wird, finden Sie in der Statusleiste die Schaltfläche *Bearbeitung aktivieren* nicht. Wenn Sie dann die Datei bearbeiten wollen, öffnen Sie die Registerkarte *Datei* und klicken Sie auf *Trotzdem bearbeiten*. Diese Schaltfläche *Trotzdem bearbeiten* wird angezeigt, um darauf aufmerksam zu machen, dass ein erhöhtes Risiko besteht, wenn Sie die Bearbeitung in diesem Modus aktivieren. Gehen Sie vorsichtig vor und achten Sie darauf, dass die Quelle der Datei zuverlässig und Ihnen bekannt ist.

Die Einstellungen für die geschützte Ansicht

Sie können die Einstellungen für die geschützte Ansicht im Sicherheitscenter anzeigen oder ändern. Öffnen Sie dazu die Registerkarte *Datei* und klicken Sie auf *Optionen*. Klicken Sie auf *Sicherheitscenter* und dann auf die Schaltfläche *Einstellungen für das Sicherheitscenter*. Wählen Sie *Geschützte Ansicht* und dann die gewünschte Option aus (→ Abbildung 3.33).

» Mit *Geschützte Ansicht für Dateien aus dem Internet aktivieren* wird das Internet als unsichere Quelle angesehen, weil es Benutzern mit böswilligen Absichten unzählige Möglichkeiten bietet.

» *Geschützte Ansicht für Dateien an potenziell unsicheren Speicherorten aktivieren* zielt auf Ordner auf dem Computer oder im Netzwerk, die als unsicher eingestuft werden, beispielsweise der Ordner *Temporäre Internetdateien*. Systemadministratoren können auch andere Ordner als potenziell unsichere Speicherorte festlegen.

» *Geschützte Ansicht für Outlook-Anlagen aktivieren* ist wirksam, wenn Anlagen in E-Mails von unzuverlässigen oder unbekannten Quellen stammen.

3.3.7   Die Dokumentwiederherstellung

Es kann vorkommen, dass ein Microsoft-Office-Programm unerwartet geschlossen wird, bevor Sie Änderungen speichern können – beispielsweise bei einem Absturz. In diesem Fall wird nach einem erneuten Starten des Office-Programms links im Fenster der Aufgabenbereich *Dokumentwiederherstellung* mit bis zu drei wiederhergestellten Versionen der Datei angezeigt (→ Abbildung 3.34). Dann können Sie bestimmen, welche Version Sie behalten möchten.

Öffnen von wiederhergestellten Dateien

Für jede im Aufgabenbereich *Dokumentwiederherstellung* angezeigte Datei stehen die Befehle *Öffnen*, *Speichern unter* und *Löschen* zur Auswahl. Diese Optionen finden Sie in der Liste zur Datei, wenn Sie in der Liste *Verfügbare Dateien* auf den Pfeil neben der wiederhergestellten Datei klicken.

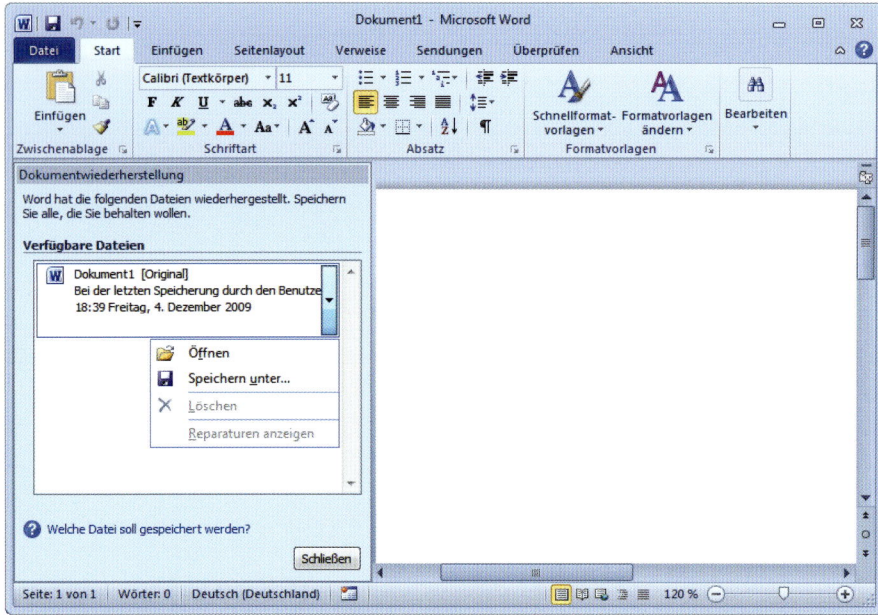

Abbildung 3.34
Der Aufgabenbereich *Dokumentwieder-herstellung* erlaubt ein Retten der Informationen.

» Wenn Sie die wiederhergestellte Version der Datei überprüfen möchten, klicken Sie auf *Öffnen*.

» Um die Datei umzubenennen und als neue Version zu speichern, klicken Sie auf *Speichern unter*.

» Möchten Sie diese wiederhergestellte Version der Datei löschen, klicken Sie auf *Löschen*.

Manuelles Öffnen

Sollte aus irgendeinem Grund die wiederhergestellte Datei nicht geöffnet werden, können Sie versuchen, diese manuell zu öffnen;

» Klicken Sie auf die Registerkarte *Datei* und wählen Sie *Öffnen*.

» Stellen Sie im Dialogfeld *Öffnen* in der Adressleiste oben im Fenster den Pfad zum Speicherort für die automatisch gespeicherten Dateien ein. Dieser Pfad lau-

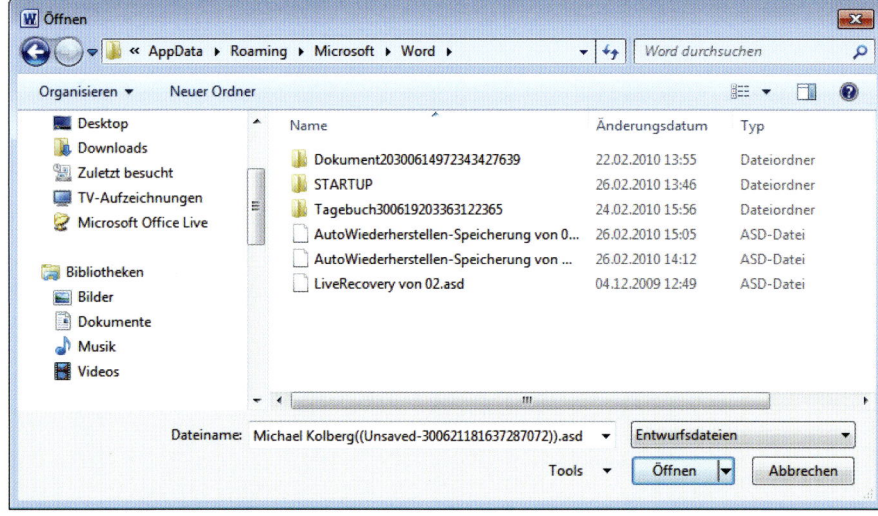

Abbildung 3.35
Die automatisch gespeicherten Dateien

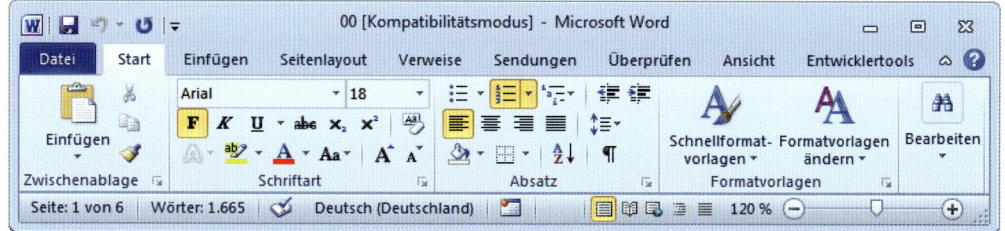

Abbildung 3.36
Ein Word 97-2003-Dokument wurde im Kompatibilitäts-modus geöffnet.

tet bei einer Standardinstallation auf dem Laufwerk *C:* für Word *C:\Users\<Benutzername>\AppData\Roa-ming\Microsoft\Word* (→ Abbildung 3.35). Allerdings ist der Ordner *AppData* normalerweise versteckt. Sie können ihn aber über die *Ordneroptionen* in der Sys-temsteuerung sichtbar machen.

Klicken Sie auf den Namen der wiederherzustellenden Datei und dann auf *Öffnen*. Wenn Sie nicht sicher sind, welche Datei Sie öffnen müssen, sollten Sie notfalls zur Ansicht *Details* schalten, um weitere Informationen zu den Dateien zu erhalten.

3.3.8 Kompatibilität mit den Vorversionen

Wenn Sie mit Word-Dokumenten arbeiten wollen, die mit Vorversionen dieses Programm erstellt wurden, sollten Sie einige Dinge beachten.

Öffnen von Word 97-2003-Dokumenten

Wenn Sie ein Dokument in Microsoft Word 2010 öffnen, das in einer früheren Word-Version erstellt wurde, wird der Kompatibilitätsmodus aktiviert und in der Titelleiste des Dokumentfensters wird Kompatibilitätsmodus ange-zeigt (→ Abbildung 3.36).

Element	97-2003	2007	2010
Neue Nummerierungsformate	✗	✗	✓
Neue Formen und Textfelder	✗	✗	✓
Texteffekte	✗	✗	✓
Alternativer Text zu Tabellen	✗	✗	✓
OpenType-Features	✗	✗	✓
Blockieren von Autoren	✗	✗	✓
Neue WordArt-Effekte	✗	✗	✓
Neue Inhaltssteuerelemente	✗	✗	✓
Word 2007-Inhaltssteuerelemente	✗	✓	✓
Designs	✗	✓	✓
Haupt-/Nebenschriftarten	✗	✓	✓
Nachverfolgte Verschiebungen	✗	✓	✓
Registerkarte *Seitenränder*	✗	✓	✓
SmartArt-Grafiken	✗	✓	✓
Office 2007-Diagramme	✗	✓	✓
Eingebettete Open XML-Objekte	✗	✓	✓
Bausteine	✗	✓	✓
Literaturverzeichnis und Zitate	✗	✓	✓
Formeln	✗	✓	✓
Relative Textfelder	✗	✓	✓
WordArt aus früheren Versionen	✓	✓	✗
Diagramme aus früheren Versionen	✓	✗	✗

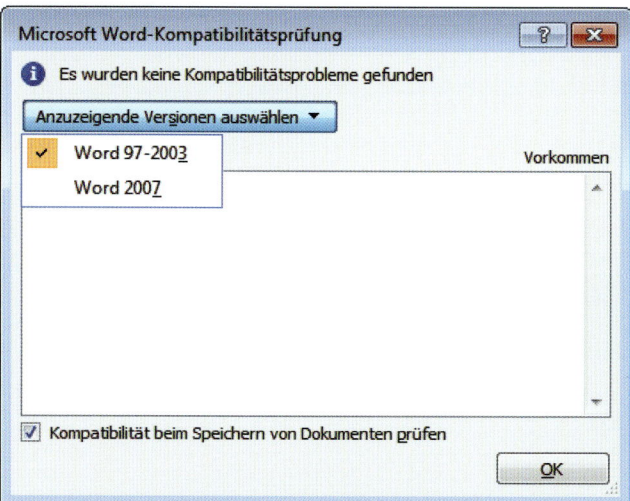

Abbildung 3.37 Die Anzeige der Version

Tabelle 3.3 Kompatibilität verschiedener Versionen

Wenn Sie das Dokument in Word 2010 öffnen, wird es im *Word 2007-Kompatibilitätsmodus* oder im *Word 97-2003-Kompatibilitätsmodus* angezeigt. In beiden Fällen erscheint die Anzeige *(Kompatibilitätsmodus)* in der Titelleiste. Um festzustellen, um welchen Kompatibilitätsmodus es sich handelt, klicken Sie auf die Registerkarte *Datei* und wählen Sie *Informationen*. Klicken Sie im Abschnitt *Für die Freigabe vorbereiten* auf *Auf Probleme überprüfen* und wählen Sie im zugehörigen Drop-down-Menü den Befehl *Kompatibilität prüfen* aus. Öffnen Sie die Liste zur Schaltfläche *Anzuzeigende Versionen auswählen*. Neben dem Namen des Modus, in dem sich das Dokument befindet, wird ein Häkchen angezeigt (→ Abbildung 3.27).

Mit diesem Modus wird sichergestellt, dass beim Bearbeiten eines Dokuments keine neuen oder erweiterten Features in Word 2010 zur Verfügung stehen, damit Benutzer, die eine frühere Version von Word verwenden, über vollständige Bearbeitungsfunktionen verfügen (→ Tabelle 3.3). Zudem wird im Kompatibilitätsmodus das Layout des Dokuments beibehalten.

Benutzerdefinierte Elemente der Oberfläche

Wenn die Datei der Vorversion über benutzerdefinierte Elemente – wie Menübefehle oder Symbolleisten – verfügt, werden diese in der zusätzlicher Registerkarte *Add-Ins* angezeigt (→ Abbildung 3.38). Sie können dieser Registerkarte weder Befehle hinzufügen noch Befehle daraus entfernen oder die Reihenfolge der Befehle auf dieser Registerkarte ändern. Sie können die Registerkarte aber insgesamt über den Bereich *Menüband anpassen* unter den *Word-Optionen* abschalten (→ Kapitel 2).

CD-ROM Für den Fall, dass Sie die Wirkung des Öffnens einer Word-2003-Datei in Word 2010 austesten wollen, finden Sie auf der Begleit-CD im Ordner *03* ein leeres Dokument namens *Word 2003-Datei*.

Dieses enthält auch Anpassungen in der Menüleiste und den Symbolleisten. Beachten Sie die Registerkarte *Add-Ins*.

Konvertieren eines Dokuments in den Word-2010-Modus

Sie können im Kompatibilitätsmodus arbeiten oder das Dokument in das Dateiformat von Word 2010 konvertieren. Durch das Konvertieren des Dokuments können Sie auf die neuen und erweiterten Funktionen in Word 2010 zugreifen. Benutzer, die frühere Word-Versionen verwenden, können möglicherweise jedoch nur bedingt bestimmte Abschnitte des Dokuments bearbeiten, die mithilfe neuer oder erweiterter Features in Word 2010 erstellt wurden.

 Zum Konvertieren klicken Sie auf die Registerkarte *Datei*, wählen *Informationen* und anschließend *Konvertieren*. Sie können auch über *Speichern unter* arbeiten: Geben Sie in das Feld *Dateiname* einen neuen Namen für das Dokument ein und klicken Sie in der Liste *Dateityp* auf *Word-Dokument*.

Öffnen von 2010-Dokumenten in früheren Programmversionen

Wenn Sie Microsoft Word 2010-gestützte .docx- oder .docm-Dateien in Microsoft Office Word 2003, Word 2002 oder Word 2000 öffnen möchten, müssen Sie das *Microsoft Office Compatibility Pack für Open XML-Dateiformate von Word, Excel und PowerPoint* von Office.com herunterladen und installieren. Damit können Sie dann Word-2010-Dokumente in früheren Word-Versionen öffnen, bestimmte Elemente darin ändern und die Dokumente speichern. Word-2010-Vorlagendateien, die in .dotx- oder .dotm-Formaten gespeichert wurden, können aber trotzdem nicht geöffnet werden.

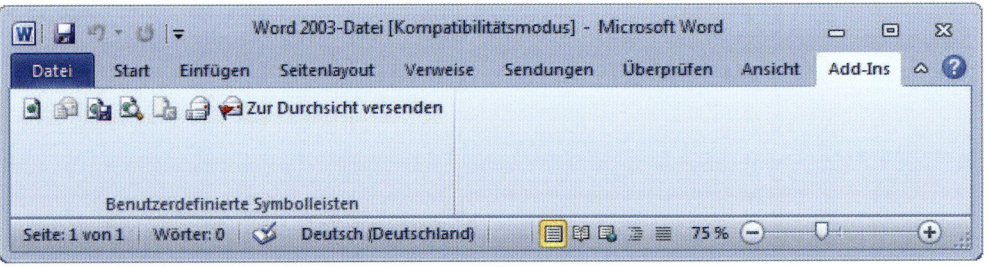

Abbildung 3.38
Eine Word-2003-Datei wurde in Word 2010 geöffnet. Die Word-2003-Datei enthält eine benutzerdefinierte Symbolleiste, deren Elemente auf der Registerkarte *Add-Ins* angezeigt werden.

ACHTUNG Obwohl Sie Word-2010-Dateien in früheren Word-Versionen öffnen können, können Sie möglicherweise bestimmte Elemente nicht ändern, die mithilfe der neuen oder erweiterten Features von Word 2010 erstellt wurden (→ Tabelle 3.4). Formeln werden beispielsweise in Bilder konvertiert, die nicht geändert werden können.

Word-2010-Element	In Word 2007	In Word 97-2003
Neue Nummerierungsformate	Neue Nummerierungsformate werden in arabische Ziffern konvertiert.	Neue Nummerierungsformate werden in arabische Ziffern konvertiert.
Neue Formen und Textfelder	Formen und Textfelder werden in Effekte umgewandelt, die im jeweiligen Format zur Verfügung stehen.	Formen und Textfelder werden in Effekte umgewandelt, die im jeweiligen Format zur Verfügung stehen.
Texteffekte	Texteffekte werden dauerhaft entfernt, es sei denn, sie wurden mithilfe einer benutzerdefinierten Formatvorlage angewandt. In diesem Fall werden sie wieder angezeigt, wenn das Dokument erneut in Word 2010 geöffnet wird.	Texteffekte werden dauerhaft entfernt, es sei denn, sie wurden mithilfe einer benutzerdefinierten Formatvorlage angewandt. In diesem Fall werden sie wieder angezeigt, wenn das Dokument erneut in Word 2010 geöffnet wird.
Alternativer Text zu Tabellen	Alternativer Text zu Tabellen geht verloren.	Alternativer Text zu Tabellen geht verloren.
OpenType-Features	Neuartige Features werden entfernt.	Neuartige Features werden entfernt.
Blockieren von Autoren	Auf Dokumentbereiche angewandte Blockierungen werden entfernt.	Auf Dokumentbereiche angewandte Blockierungen werden entfernt.
Neue WordArt-Effekte	Auf Text angewandte Effekte werden dauerhaft entfernt.	Auf Text angewandte Effekte werden dauerhaft entfernt.
Neue Inhaltssteuerelemente	Dauerhafte Konvertierung in statischen Inhalt	Dauerhafte Konvertierung in statischen Inhalt
Word-2007-Inhaltssteuerelemente	Keine Änderungen	Dauerhafte Konvertierung in statischen Text
Designs	Keine Änderungen	Dauerhafte Konvertierung in Formatvorlagen. Wird die Datei später in Word 2010 geöffnet, kann die Formatvorlage nicht automatisch mithilfe von Designs geändert werden.
Haupt-/Nebenschriftarten	Keine Änderungen	Dauerhafte Konvertierung in statische Formatierung. Wird die Datei später in Word 2010 geöffnet, werden die Schriftarten für Überschriften und Textkörper beim Verwenden einer anderen Formatvorlage nicht automatisch geändert.
Nachverfolgte Verschiebungen	Keine Änderungen	Dauerhafte Konvertierung in Einfügungen und Löschungen
Tabstopps	Keine Änderungen	Ausrichtungstabstopps werden in herkömmliche Tabstopps konvertiert.
SmartArt-Grafiken	Keine Änderungen	Konvertierung in ein einzelnes Objekt, das nicht bearbeitet werden kann, es sei denn, Sie nehmen keine Änderungen vor und öffnen das Dokument erneut in Word 2010
Diagramme	Keine Änderungen	Einige Diagramme werden in Bilder konvertiert, die nicht geändert werden können. Daten, die über unterstützte Zeilen hinausgehen, gehen verloren.

Word-2010-Element	In Word 2007	In Word 97-2003
Eingebettete Open-XML-Objekte	Keine Änderungen	Konvertierung in statischen Inhalt
Bausteine	Keine Änderungen	Bei Bausteinen und AutoText-Einträgen können unter Umständen Informationen verloren gehen.
Literaturverweise	Keine Änderungen	Dauerhafte Konvertierung in statischen Text
Zitate	Keine Änderungen	Dauerhafte Konvertierung in statischen Text
Formeln	Keine Änderungen	Konvertierung in Grafiken, die nicht geändert werden können. Alle in Formeln enthaltenen Kommentare, Endnoten oder Fußnoten gehen beim Speichern des Dokuments dauerhaft verloren.
Relative Textfelder	Keine Änderungen	Dauerhafte Konvertierung in absolute Positionen
Benutzerdefiniertes XML	Unterstützt	Nicht unterstützt

Tabelle 3.4 Dokumentelemente, die beim Öffnen in einer früheren Word-Version geändert bzw. beibehalten werden

3.4 Die Eigenschaften eines Dokuments

Sie können für ein Dokument diverse Eigenschaften definieren, die es Ihnen unter anderem erleichtern, dieses Dokument später schneller wieder zu finden. Ein Teil dieser Dateieigenschaften wird vom Programm automatisch ermittelt und festgelegt – beispielsweise der Speicherort, die Größe oder das Datum der Erstellung und des letzten Zugriffs. Sie können aber auch eigene Eigenschaften definieren. Dazu gehören der Name des Autors, eine Beschreibung des Inhalts und mehrere Stichwörter.

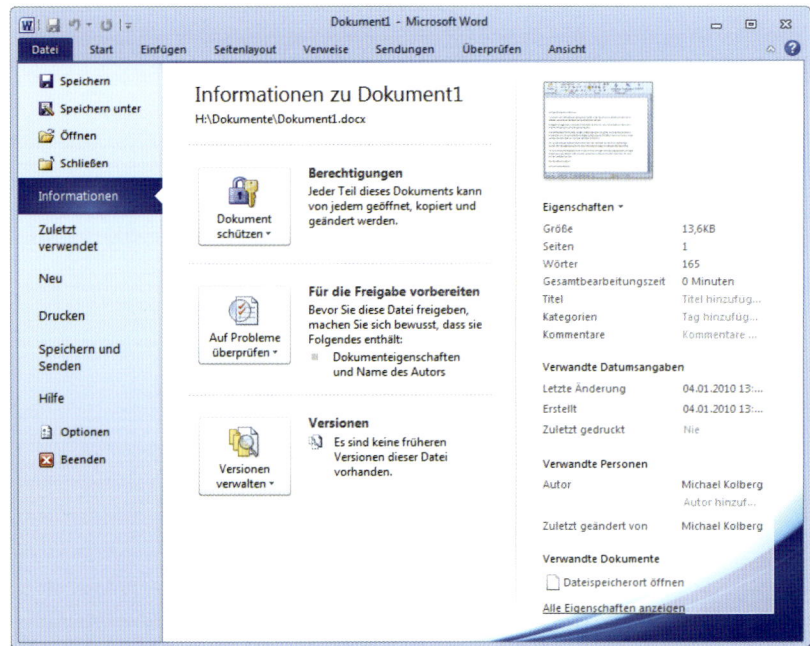

Abbildung 3.39
Der Bereich *Informationen* der Registerkarte *Datei* listet auf der rechten Seite die wichtigsten Dateieigenschaften auf.

HINWEIS Die Eigenschaften können für das Verwalten von Dokumenten sehr dienlich sein. Wenn Sie das Dokument aber später an andere Benutzer freigeben wollen, verraten die Angaben darin vielleicht mehr als Ihnen lieb ist. Microsoft Office stellt Ihnen deswegen eine Möglichkeit zur Verfügung, ein Dokument vor der Freigabe auf das Vorhandensein solcher Informationen zu prüfen und diese gegebenenfalls automatisch entfernen zu lassen. Darauf werden wir in Kapitel 13 zu sprechen kommen.

3.4.1 Die Übersicht zu den Eigenschaften

Eine Übersicht zu den wichtigsten Eigenschaften wird Ihnen rechts im Bereich *Informationen* der Registerkarte *Datei* angezeigt (→ Abbildung 3.39). Sie finden dort beispielsweise Angaben zur Größe der Datei, zum Datum der letzten Änderung oder zum Autor des Dokuments. Viele Informationen davon sind erst verfügbar, nachdem die Datei zum ersten Mal gespeichert wurde.

Wenn Sie darin auf die Pfeilspitze neben der Überschrift *Eigenschaften* klicken, wird eine Liste von weiteren Befehlen angezeigt, über die Sie die Eigenschaften der Datei bearbeiten können (→ Abbildung 3.40).

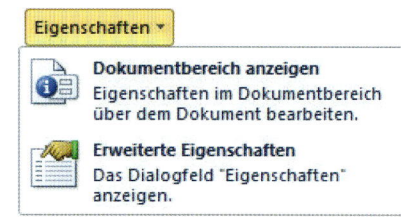

Abbildung 3.40
Sie können wählen, welche Eigenschaften wo angezeigt werden sollen.

3.4.2 Die Eigenschaften im Dokument anzeigen

Wenn Sie in dieser Liste die Option *Dokumentbereich anzeigen* wählen, wird über dem Dokument ein zusätzlicher Bereich angezeigt, in dem Sie bereits einige Angaben zu den Eigenschaften vornehmen oder editieren können (→ Abbildung 3.41).

Wenn Sie die Option *Erweiterte Eigenschaften* aus der Liste zur Schaltfläche *Dokumenteigenschaften* wählen, wird ein Dialogfeld mit fünf Registerkarten angezeigt, auf denen die Eigenschaften des Dokuments angezeigt oder eingegeben werden können.

» Auf der Registerkarte *Allgemein* finden Sie generelle Angaben zum Namen, zur Größe und zum Speicherort der Datei etc. Diese Angaben werden erst angezeigt, nachdem die Datei einmal gespeichert wurde (→ Abbildung 3.42).

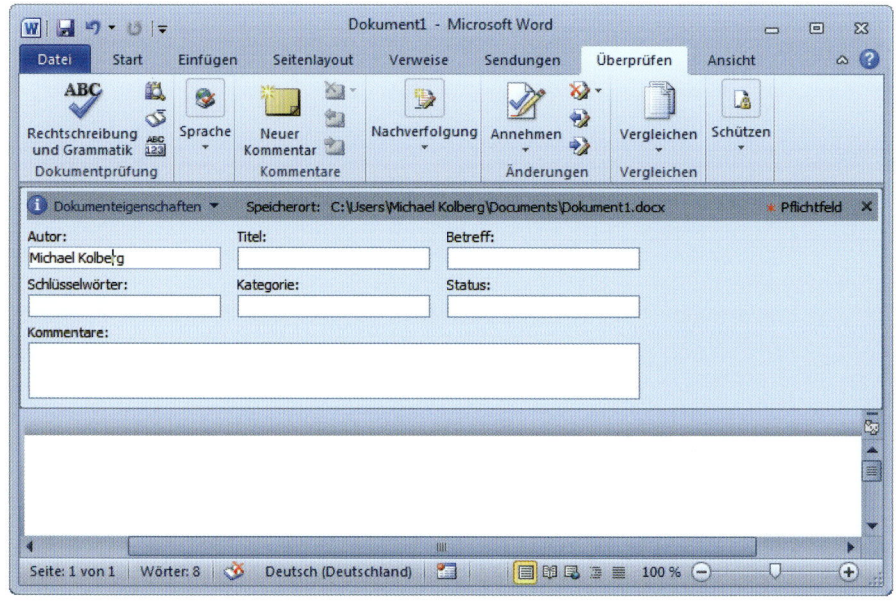

Abbildung 3.41
Die wichtigsten Dokumenteigenschaften werden hier direkt im Dokument angezeigt.

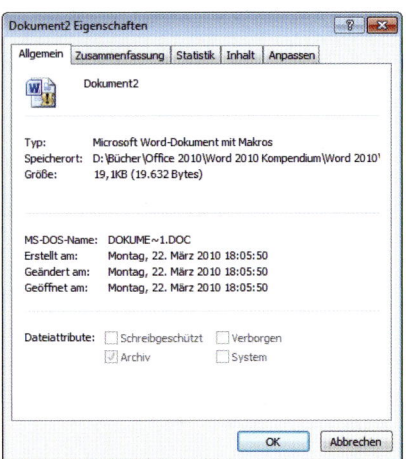

Abbildung 3.42
Die Registerkarte
zeigt generelle
Eigenschaften zum
Dokument an.

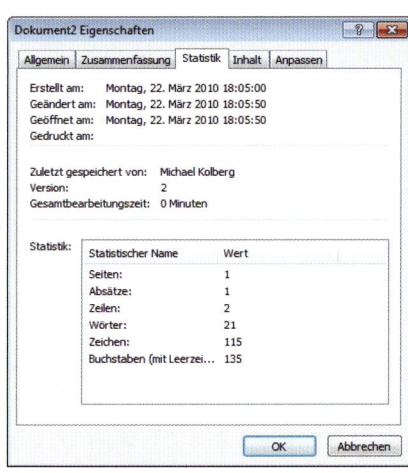

Abbildung 3.44
Auf der Register-
karte *Statistik* finden
Sie Datumsangaben
und Mengenhinweise
für den Inhalt.

» Auf der Registerkarte *Inhalt* finden Sie eine Liste der Inhalte des Dokuments, bei Word beispielsweise die Anzahl der Seiten, Absätze Zeilen usw., bei Excel werden hier übrigens die Namen der Blätter in der Arbeitsmappe angezeigt (→ Abbildung 3.45).

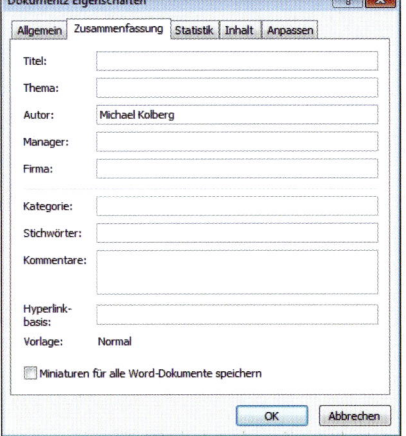

Abbildung 3.43
Die Registerkarte
Zusammenfassung
liefert weitere
Informationen.

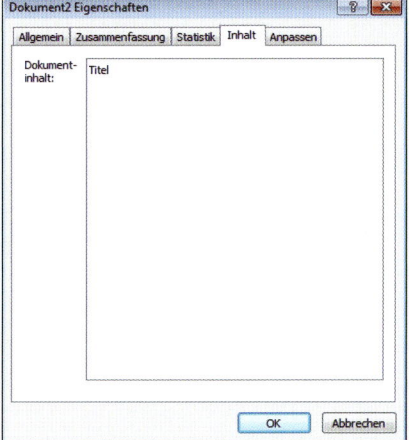

Abbildung 3.45
Unter *Inhalt*
finden Sie je nach
Programm unter-
schiedliche Inhalte.

» Die Registerkarte *Zusammenfassung* ermöglicht die Angabe zusätzlicher Informationen zum Dokument (→ Abbildung 3.44). Diese Angaben können Ihnen helfen, die Datei später wiederzufinden, da Sie beim Suchen nach dem Dokument darauf zugreifen können. Sie können einen Titel und ein Thema eingeben. Eine Kategorie erlaubt eine einfachere Einordnung. Mit Stichwörtern vereinfachen Sie eine eventuelle Suche nach der Datei. Durch Aktivieren von *Minia-turen … speichern* bewirken Sie, dass eine entsprechende Abbildung für die Vorschau – beispielsweise im Dialogfeld *Öffnen* – erstellt wird.

» Die Registerkarte *Statistik* liefert eine Zusammenfassung der Datums- und Benutzerangaben für die Erstellung und Änderung des Dokuments (→ Abbildung 3.44).

» Die Registerkarte *Anpassen* erlaubt das Festlegen benutzerdefinierter Eigenschaften und das Verknüpfen dieser Eigenschaften mit bestimmten Inhalten der Datei (→ Abbildung 3.46). Über eine Kombination von Einstellungen in den Feldern *Name*, *Typ* und *Wert* können Sie eine Eigenschaft definieren. Klicken Sie anschließend auf *Hinzufügen*, um die Eigenschaft zu übernehmen. Im unteren Bereich werden die bereits festgelegten Eigenschaften angezeigt.

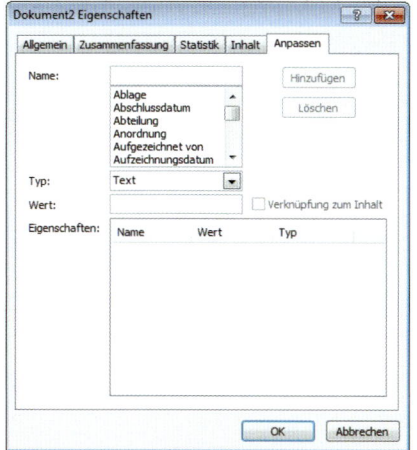

Abbildung 3.46
Die Registerkarte
Anpassen kann
verschiedene Inhalte
aufnehmen.

3.4.3 Alle Eigenschaften anzeigen

Wir hatten es schon erwähnt: Die Liste zu den Eigenschaften wird im Bereich *Informationen* der Registerkarte *Datei* angezeigt. Hier lassen sich auch einige Eigenschaften – wie Autor, Kommentar, Titel usw. – eingeben und ändern. Wenn Sie die Eigenschaften vor einem Speichervorgang kontrollieren und vielleicht noch abändern wollen, verringern Sie die Höhe des Dialogfelds *Speichern unter*, indem Sie seinen unteren Rand mit Hilfe der Maus nach oben verschieben. Die Anzeige des Navigationsbereichs und Speicherorts wird dann ausgeblendet und die wichtigsten Eigenschaften zum Dokument werden eingeblendet (→ Abbildung 3.47). Sie können hier auch geändert werden.

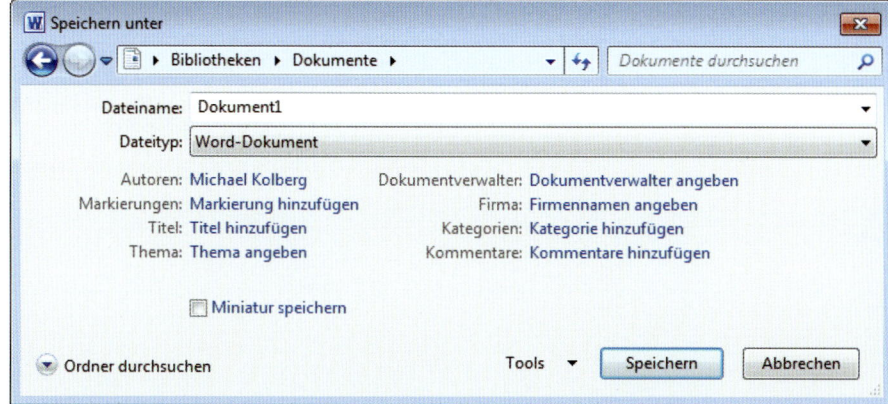

Abbildung 3.47
Die Eigenschaften werden im Dialogfeld
Speichern unter angezeigt.

Teil 2
Textdokumente
erstellen

Nachdem Sie die Voraussetzungen zum Arbeiten mit einem Office-2010-Programm wie Word kennengelernt haben, können wir uns auf die eigentliche Aufgabe des Programms konzentrieren – das Erstellen von Texten. Zunächst wollen wir uns mit den Grundaufgaben beschäftigen. Dazu gehören das Eingeben und Bearbeiten von Texten, das Einfügen zusätzlicher Elemente und der Ausdruck.

Zu diesen Grundaufgaben der Textverarbeitung zählt eigentlich auch das Formatieren – also die optische Gestaltung – der Textelemente. Einfache Formatbefehle kann man schnell anwenden. Dieser Bereich umfasst aber auch etwas komplexere Elemente und darum haben wir alle mit dem Formatieren zusammenhängenden Befehle in diesem Buch in einem separaten Teil zusammengefasst (→ Kapitel 7 bis Kapitel 9).

Kapitel 4: Texte eingeben und bearbeiten

Nachdem Sie Microsoft Word gestartet haben, können Sie sofort mit dem Schreiben beginnen. Dabei helfen Ihnen verschiedene Werkzeuge – die für die Eingabe und Bearbeitung wichtigsten werden in diesem Kapitel zusammengefasst.

Kapitel 5: Elemente in den Text einfügen

Nach oder auch während der Texteingabe können Sie weitere textbezogene Elemente in das Dokument einfügen. Dazu gehören einerseits textbezogene Dinge wie beispielsweise Sonder- oder Steuerzeichen, Kopf- und Fußzeilen, Datums- und/oder Uhrzeitangaben und Schnellbausteine. Andererseits können Sie Ihre Dokumente auch durch das Einfügen diverser Formen von grafischen Objekten interessanter gestalten.

Kapitel 6: Druck und Seriendruck

Alle Inhalte eines Dokuments können natürlich ausgedruckt werden. Wenn Sie das Erscheinungsbild der Druckausgabe vor dem Ausdruck auf dem Bildschirm kontrollieren wollen, benutzen Sie die neue Seitenansicht. Mit Word können Sie außerdem ohne großen Aufwand eine Vielzahl von Seriendokumenten – Serienbriefe, bedruckte Briefumschläge, Adressetiketten etc. – erstellen. Sie benötigen dazu nur eine Datenquelle und ein Hauptdokument. Beim Drucken wird dann für jeden Datensatz aus der Datenquelle ein Exemplar des Dokuments mit den entsprechenden Feldinhalten erstellt.

Kapitel 4

Texte eingeben und bearbeiten

Nachdem Sie Microsoft Word gestartet haben, können Sie sofort mit dem Schreiben beginnen. Dabei helfen Ihnen verschiedene Werkzeuge – die für die Eingabe und Bearbeitung zunächst wichtigsten werden in diesem Kapitel zusammengefasst.

» Die Methoden zur Texteingabe entsprechen denen für ein solches Programm üblichen (→ Abschnitt 4.1). Einige Besonderheiten sollten Sie aber beachten, beispielsweise die nichtdruckbaren Sonderzeichen oder die Funktion *Klicken und Eingeben*.

» Falls Ihnen bei der Eingabe ein Fehler unterlaufen ist, können Sie ganz einfach die Einfügemarke zurück zu der betreffenden Stelle bewegen und den Fehler korrigieren (→ Abschnitt 4.2). Außerdem stellt Ihnen Microsoft Word mit den Funktionen der *AutoKorrektur* Werkzeuge zur Erleichterung der Eingabe zur Verfügung.

» Einer der wesentlichen Vorteile des Computers gegenüber der Schreibmaschine besteht darin, dass Sie Ihren Text jederzeit bearbeiten, also verändern oder erweitern, können. Sie können beispielsweise Textelemente – also Zeichen, Wörter, Sätze, Absätze usw. – an andere Stellen kopieren, verschieben, löschen oder durch andere Elemente ersetzen (→ Abschnitt 4.3).

» Mithilfe der Funktionen *Suchen* und *Ersetzen* können Sie im gesamten Dokument nach Zeichen, Wörtern oder Textpassagen suchen und diese auch durch andere ersetzen lassen (→ Abschnitt 4.4).

» Nachdem Sie mit den Grundtechniken der Eingabe und Bearbeitung vertraut sind, sollten Sie auch gleich noch wissen, dass Microsoft Word Ihnen mehrere Ansichten für die Darstellung von Dokumenten auf dem Bildschirm zur Verfügung stellt, die Sie in verschiedenen Stadien der Bearbeitung eines Dokuments gezielt einsetzen können (→ Abschnitt 4.5). Von Bedeutung sind hier beispielsweise die verschiedenen Ansichten, mit denen Sie ein Dokument auf dem Bildschirm darstellen lassen können, und die unterschiedlichen Formen der Darstellung des Dokumentenfensters.

CD-ROM Im Ordner *04* auf der Begleit-CD finden Sie zwei kleine Dateien, mit deren Hilfe Sie die in diesem Kapitel beschriebenen Tätigkeiten nachvollziehen können, ohne selbst Texte eingeben zu müssen. Wahrscheinlich benötigen Sie diese aber nicht.

4.1 Text eingeben

Nachdem Sie Microsoft Word gestartet haben, können Sie sofort mit dem Schreiben beginnen, indem Sie die Tastatur wie die einer Schreibmaschine benutzen (→ Abbildung 4.1).

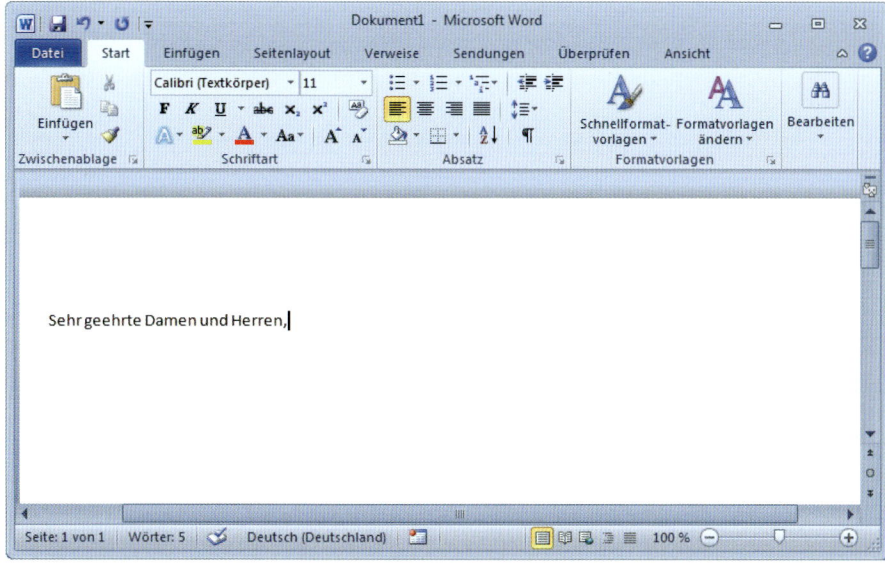

Abbildung 4.1
Nach dem Starten von Word können
Sie sofort mit der Eingabe von Text
beginnen.

ACHTUNG Die nachfolgenden Ausführungen beschreiben das Verhalten des Programms mit den automatisch gewählten Standardeinstellungen. Viele von diesen Einstellungen lassen sich im Bereich *Anzeige* im Fenster zu den *Word-Optionen* an Ihre Erfordernisse und Arbeitsgewohnheiten anpassen (→ Abbildung 4.2). Weitere Hinweise dazu finden Sie in Kapitel 26 und an anderen Stellen in diesem Buch.

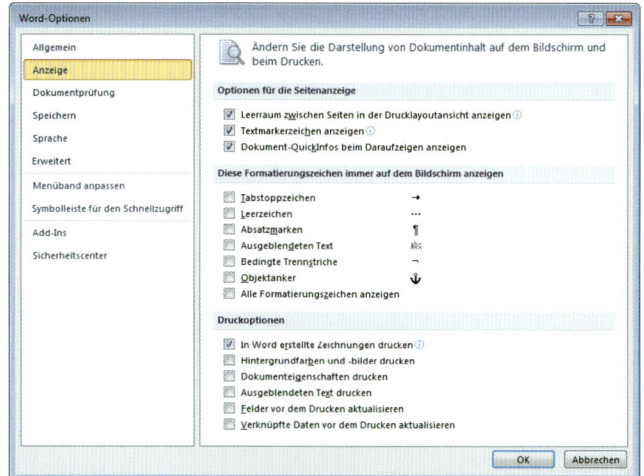

Abbildung 4.2 Im Bereich *Anzeige* unter den *Word-Optionen* können Sie einstellen, was auf der Word-Oberfläche angezeigt werden soll.

4.1.1 Zeichen eingeben

Wenn Sie die Arbeit des Eintippens von Text in einem Programm zur Textverarbeitung noch nicht gewohnt sind, sollten Sie grundsätzlich einige Besonderheiten beachten:

» Das zu einer gedrückten Taste gehörende Zeichen wird auf dem Bildschirm an der durch die Einfügemarke gekennzeichneten Stelle eingefügt. Durch die fortlaufende Eingabe von Zeichen werden die Einfügemarke und damit das Ende des Dokuments automatisch nach hinten verschoben. Die Einfügemarke kann nicht hinter das Ende des Dokuments bewegt werden. Beachten Sie, dass sich die Einfügemarke unter Umständen in einem anderen als dem gerade auf dem Bildschirm angezeigten Teil des Dokuments befindet. Verwenden Sie die Bildlaufleiste, um den angezeigten Bereich zu verschieben.

» Kleinbuchstaben und Zahlen erzeugen Sie durch Drücken der entsprechenden Taste. Um Großbuchstaben oder die oben auf einer Taste angezeigten Zeichen zu erzeugen, halten Sie gleichzeitig die Taste ⇧ gedrückt.

» Nachdem Sie die ⇧-Taste gedrückt haben, werden alle Buchstaben als Großbuchstaben dargestellt. Zum Abschalten dieses Modus drücken Sie noch einmal ⇧.

» Für einen Zwischenraum zwischen Wörtern benutzen Sie beispielsweise die [Leer]-Taste.

» Wird ein Wort am Ende einer Zeile zu lang, so dass es nicht mehr in die Zeile passt, wird es automatisch in die nächste Zeile gesetzt. An einen Zeilenvorschub – wie bei der Schreibmaschine – brauchen Sie also nicht zu denken.

» Um einen neuen Absatz zu beginnen, drücken Sie die Taste [↵].

» Eine zusätzliche Leerzeile können Sie durch ein nochmaliges Drücken der Taste [↵] erreichen.

TIPP In der Textverarbeitung mit dem Computer gilt aber: Wollen Sie zwischen zwei Absätzen einen Leerraum schaffen, erreichen Sie das besser über das Festlegen eines entsprechendes Absatzabstands. Wie man das macht, erfahren Sie in Kapitel 8.

Zeilen- und Absatzabstand

Mit Microsoft Office Word 2007 wurde eine neu konzipierte Standardvorlage zum Erstellen von Dokumenten eingeführt, die – unter anderem – auch über einen größeren Standardwert für den Zeilenabstand und größere Anstände zwischen den Absätzen verfügt.

» Der Zeilenabstand ist um 15% größer als bei Word in der Version 2003. Dies dient dazu, mehr Leerraum zwischen Textblöcken zu schaffen, um den Text lesbarer zu gestalten.

» Der Abstand zwischen den Absätzen wurde erweitert, damit der Anwender nicht mehr zweimal die Taste [↵] drücken muss, um zusätzlichen Leerraum zu schaffen.

Wenn Sie zur von Word 2003 her gewohnten Darstellung zurückkehren möchten, verwenden Sie die folgenden Schritte:

» Klicken Sie auf der Registerkarte *Start* in der Gruppe *Formatvorlagen* auf *Formatvorlagen ändern*. Wählen Sie *Stil-Set* und dann *Word 2003*.

» Klicken Sie auf der Registerkarte *Start* in der Gruppe *Formatvorlagen* auf *Formatvorlagen ändern*. Wählen Sie *Schriftarten* und klicken Sie unter *Integriert* auf *Larissa Klassisch*.

» Wenn Sie alle neuen Dokumente mit dem Formatvorlagensatz und den Schriftarten von Word 2003 erstellen wollen, klicken Sie dann noch in der Gruppe *Formatvorlagen* auf *Formatvorlagen ändern* und dann auf *Als Standard festlegen*.

Wenn Sie später wieder zu der von Word 2010 standardmäßig benutzten Form zurückkehren wollen, müssen Sie wieder zum Word-2010-Formatvorlagensatz und zu den Office-Schriftarten wechseln. Sie können die Standardeinstellungen wiederherstellen, indem Sie in der Gruppe *Formatvorlagen* auf *Formatvorlagen ändern* klicken, dann *Stil-Set* wählen und auf *Auf die Schnellformatvorlagen aus der Vorlage zurücksetzen* klicken.

HINWEIS Weitere Informationen zu diesem Themenbereich der Formatvorlagen finden Sie im Teil über das Formatieren von Texteelementen (→ Kapitel 9).

Nicht druckbare Zeichen

¶ Wenn Sie die Schaltfläche *Alle anzeigen* in der Gruppe *Absatz* der Registerkarte *Start* aktiviert haben, werden neben Ihren Eingaben auch noch andere Zeichen auf dem Bildschirm angezeigt (→ Tabelle 4.1). Diese Zeichen werden nicht ausgedruckt, sie dienen nur der Information. Beispielsweise können Sie am Vorhandensein des Zeichens ¶ erkennen, dass Sie am Ende einer Zeile mithilfe der Taste [↵] eine Absatzmarke gesetzt haben. Ein hochgestellter, auf der Zeilenhöhe zentrierter Punkt symbolisiert ein Leerzeichen. Nachdem dieses Zeichen auch noch etwas größer als das Interpunktionszeichen Punkt ist, ist es nicht mit dem Satzendezeichen zu verwechseln.

Zeichen	Bedeutung
¶	Absatzmarke ([↵])
▪ (auf Zeilenhöhe zentrierter Punkt)	Leerzeichen ([Leer])
→	Tabulatorsprung ([Tab])
↵	Manueller Zeilenwechsel ([⇧]+[↵])

Tabelle 4.1 Die Anzeige von nicht druckbare Zeichen kann die Interpretation erleichtern.

TIPP Die Anzeige der nicht druckbaren Zeichen mag anfangs etwas störend wirken, sie ist aber in gewissen Arbeitssituationen sehr hilfreich, beispielsweise wenn es darum geht, herauszufinden, warum eine bestimmte Textanordnung nicht wie beabsichtigt ausfällt. Wenn Sie sich beispielsweise darüber wundern, warum ein Abstand zwischen zwei Wörtern etwas größer ist als üblich, kann das daran liegen, dass Sie zwischen diesen beiden versehentlich ein Tabulatorzeichen gesetzt haben. Das sehen auf dem Bildschirm, wenn Sie *Alle anzeigen* eingeschaltet haben.

Weitere Zeichen

Für die Eingabe von Zeichen, auf die Sie über die Tastatur nicht direkt zugreifen können, stellt Word ein Dialogfeld zur Verfügung, über das Sie das gewünschte Zeichen auswählen können. Bei Word finden Sie den Zugang dazu in der Gruppe *Symbole* auf der Registerkarte *Einfügen*. Sie können damit Symbolzeichen oder bestimmte Steuerzeichen – wie beispielsweise einen Zeilenumbruch – einfügen. Darauf werden wir noch zu sprechen kommen (→ Kapitel 5).

4.1.2 Wörter zählen

Für Lohnschreiber ist vielleicht gleich hier der Befehl *Wörter zählen* in der Gruppe *Dokumentprüfung* der Registerkarte *Überprüfen* interessant, mit dem auf die Schnelle die Anzahl der Wörter im gesamten Dokument oder im zuvor markierten Bereich festgestellt werden kann (→ Abbildung 4.3).

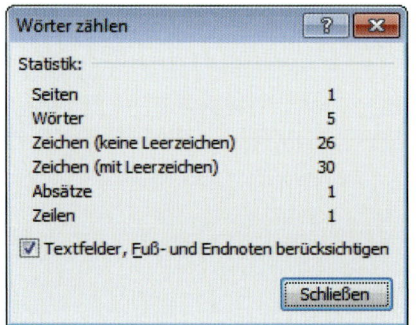

Achten Sie darauf, dass in der Grundeinstellung des Dialogfelds nicht nur die Zeichen und Wörter im eigentlichen Text selbst, sondern auch die in Textfeldern, Fuß-

und Endnoten mitgezählt werden. Sie können das ändern, indem Sie die entsprechende Option im Dialogfeld abschalten.

4.2 Text korrigieren

Fehler bei der Eingabe passieren natürlich (fast) immer. Sie sollten also wissen, wie man solche korrigiert. Das geht sehr einfach.

4.2.1 Einfache Korrekturen

Falls Ihnen bei der Eingabe ein Fehler unterlaufen ist, müssen Sie zur Korrektur die Einfügemarke zurück zu der betreffenden Stelle bewegen. Setzen Sie dann dort die gewünschten Zeichen ein und/oder entfernen Sie die nicht gewünschten.

Die Einfügemarke bewegen

Die Einfügemarke können Sie nur innerhalb des bereits eingegebenen Textes bewegen. Bei der Arbeit mit der Maus setzen Sie den Mauszeiger auf die gewünschte Stelle und klicken dann. Zum Bewegen der Einfügemarke mit der Tastatur dienen die Pfeiltasten beziehungsweise Kombinationen aus Strg und einer Taste.

Bewegungsrichtung	Tastenkombination
Ein Zeichen nach links	Links
Ein Zeichen nach rechts	Rechts
Ein Wort nach links	Strg + ←
Ein Wort nach rechts	Strg + →
Ein Absatz nach oben	Strg + ↑
Ein Absatz nach unten	Strg + ↓
Eine Zelle nach links (in einer Tabelle)	⇧ + Tab
Eine Zelle nach rechts (in einer Tabelle)	Tab
Eine Zeile nach oben	Oben
Eine Zeile nach unten	Unten
An das Zeilenende	Ende
An den Zeilenanfang	Pos1
An den oberen Rand des Fensters	Alt + Strg + Bild ↑

Abbildung 4.3
Die eingegebenen Zeichen, Wörter, Zeilen und Absätze können Sie zählen lassen.

Bewegungsrichtung	Tastenkombination
An den unteren Rand des Fensters	`Alt` + `Strg` + `Bild ↓`
Eine Bildschirmseite aufwärts (Bildlauf)	`Bild ↑`
Eine Bildschirmseite abwärts (Bildlauf)	`Bild ↓`
An den Anfang der nächsten Seite	`Strg` + `Bild ↓`
An den Anfang der vorherigen Seite	`Strg` + `Bild ↑`
An das Ende des Dokuments	`Strg` + `Ende`
An den Anfang des Dokuments	`Strg` + `Pos1`
Zur letzten Bearbeitungsstelle	`⇧` + `F5`
Nach dem Öffnen eines Dokuments zu der Stelle im Dokument bewegen, an der Sie vor dem letzten Schließen gearbeitet haben	`⇧` + `F5`

Tabelle 4.2 Mit Hilfe der Tastatur können Sie die Schreibmarke durch das Dokument bewegen.

Zeichen löschen

Einzelne Zeichen können Sie mit den Tasten `Entf` oder `Rück` löschen, nachdem Sie die Einfügemarke an die entsprechende Stelle im Text gesetzt haben (→ Tabelle 4.3).

Taste(n)	Beschreibung
`Entf`	Löscht das Zeichen rechts von der Einfügemarke.
`Rück`	Löscht das Zeichen links von der Einfügemarke.
`Strg` + `Rück`	Löscht das Wort links von der Einfügemarke.
`Strg` + `Entf`	Löscht das Wort rechts von der Einfügemarke.

Tabelle 4.3 Tastenkürzel zum Löschen von Text

Wollen Sie mehrere zusammenhängende Buchstaben löschen, können Sie dies natürlich Buchstabe für Buchstabe erledigen. Sinnvoller ist es aber, den zu löschenden Textabschnitt zuerst als Ganzes zu markieren und dann in einem Zug zu löschen.

Zeichen einfügen

Um ein zusätzliches Zeichen im Text einzufügen, setzen Sie die Einfügemarke mittels Maus oder Tastatur einfach an die Stelle, an der es erscheinen soll, und geben es dann ein.

Zeichen überschreiben

Microsoft Word verfügt zusätzlich – beziehungsweise alternativ – zum standardmäßig eingeschalteten Einfügemodus über einen Überschreibmodus. Dieser bewirkt, dass beim Eintippen weiterer Zeichen innerhalb eines vorhandenen Textes die nach der Position der Einfügemarke stehenden Zeichen überschrieben werden. Sie schalten den Überschreibmodus durch Drücken der `Einfg`-Taste ein und durch erneutes Drücken dieser Taste wieder aus.

ACHTUNG Diese Möglichkeit ist aber standardmäßig zunächst ausgeschaltet und muss erst über den Bereich *Erweitert* unter den *Word-Optionen* eingeschaltet werden. Wie das geht, erfahren Sie in Kapitel 26.

4.2.2 Die AutoKorrektur

Word verfügt über eine AutoKorrektur. Damit können Sie beispielsweise typische Tippfehler, die Ihnen häufiger unterlaufen, automatisch bei der Eingabe korrigieren lassen. Aber auch anderen Eingaben können umgewandelt werden: Wenn Sie beispielsweise die drei Zeichen *(r)* eingeben, wird das automatisch in das Symbol ® geändert. Das Programm führt diese Korrekturen unmittelbar durch, nachdem Sie die `Leer`-Taste gedrückt haben, um ein neues Wort zu beginnen.

Ist dieses Werkzeug aktiviert, wird zunächst ein kleiner blauer Balken angezeigt, wenn Sie den Mauszeiger in der Nähe von Text positionieren, der automatisch korrigiert wurde. Dieser Balken wird zum Schaltflächensymbol *AutoKorrektur-Optionen*, wenn Sie darauf zeigen. Nach einem Klick auf dieses Symbol können Sie aus mehreren Optionen auswählen – beispielsweise die Korrektur rückgängig machen oder die *AutoKorrektur*-Funktion für dieses Wort deaktivieren (→ Abbildung 4.4).

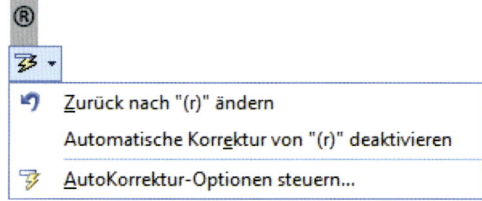

Abbildung 4.4 Mit der Schaltfläche für die AutoKorrektur können Sie solche automatisch durchgeführten Korrekturen wieder rückgängig machen.

Wie dieses Werkzeug arbeiten soll, können Sie nach einem Klick auf die Schaltfläche *AutoKorrektur-Optionen* im Bereich *Dokumentprüfung* im Fenster für die *Optionen* regeln. Das ruft ein Dialogfeld auf den Bildschirm, das – je nach Programm – über eine unterschiedliche Zahl von Registerkarten verfügt.

Die Registerkarte *AutoKorrektur*

Über die Registerkarte *AutoKorrektur* können Sie die generellen Einstellungen zum Ersetzen bestimmen (→ Abbildung 4.5).

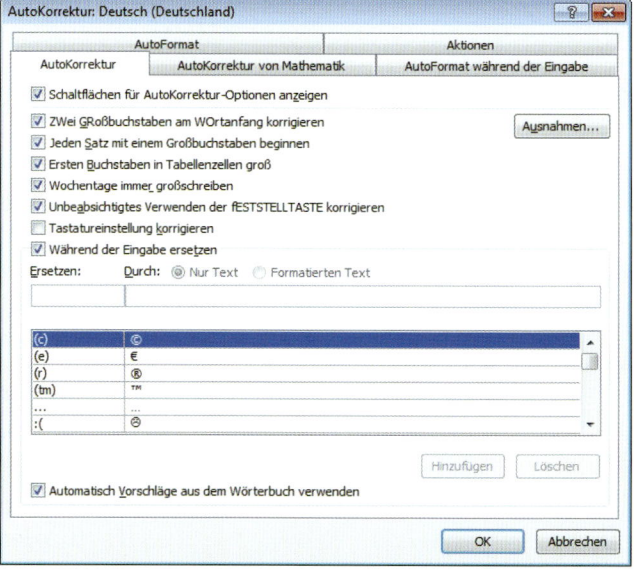

Abbildung 4.5 Die Registerkarte *AutoKorrektur* ermöglicht das Einstellen der Standardkorrekturen und die Eingabe von benutzerdefinierten Ersetzungen.

» Ist ganz oben auf der Registerkarte das Kontrollkästchen *Schaltflächen für AutoKorrektur-Optionen anzeigen* aktiviert, wird zunächst ein kleiner blauer Balken angezeigt, wenn Sie den Mauszeiger in der Nähe von Text positionieren, der automatisch korrigiert wurde. Dieser Balken wird zum Schaltflächensymbol *AutoKorrektur-Optionen*, wenn Sie darauf zeigen. Durch einen Klick auf dieses Symbol können Sie aus mehreren Optionen auswählen – beispielsweise die Korrektur rückgängig machen oder die *AutoKorrektur*-Funktion für dieses Wort deaktivieren.

» Über die Optionen im Bereich darunter können Sie typische Fehler korrigieren lassen: Bei zwei Großbuchstaben am Anfang eines Worts wird der zweite automatisch in einen Kleinbuchstaben umgewandelt, der erste Buchstabe eines Satzes, einer Tabellenzelle und Wochentage werden großgeschrieben. *Unbeabsichtigtes Verwenden der fESTSTELLTASTE korrigieren* schaltet die `Feststell`-Taste ab und korrigiert die Eingabe automatisch, wenn diese Taste eingeschaltet war und Sie ein Wort mit einem Kleinbuchstaben begonnen und anschließend Großbuchstaben eingegeben haben.

» Im Listenfeld im unteren Bereich werden automatische Ersetzungsvorschriften angezeigt. Wenn Sie beispielsweise die drei Zeichen *(r)* eingeben, wird das automatisch in das Symbol ® umgewandelt. Weitere automatisch zu ersetzende Eingaben können Sie selbst definieren. Sie können diesen Bereich auch dazu benutzen, für Sie typische Tippfehler – sogenannte Buchstabendreher – automatisch korrigieren zu lassen. Wenn Sie beispielsweise dazu neigen, statt des Worts *Dialogfeld* häufig das Wort *Dialogfels* zu tippen, geben Sie in den Feldern *Ersetzen* und *Durch* die falsche und die korrekte Schreibweise hierfür ein und klicken dann auf die Schaltfläche *Hinzufügen*. Sobald Ihnen nach dem Schließen des Dialogfelds bei der nächsten Eingabe dieser Fehler unterläuft, wird er automatisch korrigiert. Wollen Sie einen Eintrag aus der *AutoKorrektur*-Liste entfernen, markieren Sie ihn in der Liste und klicken dann auf die Schaltfläche *Löschen*.

» Wenn Sie generell verhindern wollen, dass während der Eingabe die in der *AutoKorrektur*-Liste aufgeführten Rechtschreibfehler automatisch korrigiert und Wörter ersetzt werden, deaktivieren Sie oberhalb der Felder *Ersetzen* und *Durch* das Kontrollkästchen *Während der Eingabe ersetzen*.

Ausnahmen definieren

Durch einen Klick auf die Schaltfläche *Ausnahmen* öffnen Sie ein Dialogfeld, über das sich Ausnahmen für die auf der Registerkarte *AutoKorrektur* festgelegten Ersetzungsregeln definieren lassen (→ Abbildung 4.6):

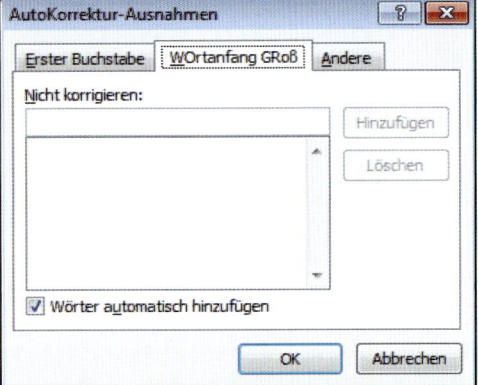

Abbildung 4.6 Sie können AutoKorrektur-Ausnahmen festlegen.

» Auf der Registerkarte *Erster Buchstabe* legen Sie die Ausnahmen für das Unterdrücken der Großschreibung nach Abkürzungen fest. Viele Abkürzungen sind bereits vorhanden. Der Eintrag *bzw.* in dieser Liste bewirkt, dass nach Eingabe von *bzw.* das folgende Wort nicht automatisch großgeschrieben wird.

» Entsprechend legen Sie auf der Registerkarte *WOrtanfang GROß* die Ausnahmen für bestimmte technische Bezeichnungen fest. Hier müssen Sie die gewünschten Elemente noch eingeben.

» Die Registerkarte *Andere* erlaubt die Angabe von Wörtern, die nicht automatisch korrigiert werden sollen.

Die Registerkarte *AutoFormat während der Eingabe*

Mittels der Registerkarte *AutoFormat während der Eingabe* im Dialogfeld zum Befehl *AutoKorrektur-Optio-*

nen können Sie während der Eingabe von Text einige Formatierungen automatisch durchführen lassen (→ Abbildung 4.7). Wenn Sie die Option *Schaltflächen für AutoKorrektur-Optionen anzeigen* auf der Registerkarte *AutoKorrektur* aktiviert haben, können Sie auch die automatischen Korrekturen durch *AutoFormat während der Eingabe* ablehnen, wenn Ihnen das Ergebnis nicht zusagt. Wie bei der Texteingabe-AutoKorrektur wird unterhalb der automatisch formatierten Stelle ein kleiner blauer Balken angezeigt, wenn Sie den Mauszeiger darauf zurückbewegen. Klicken Sie auf diesen Balken beziehungsweise die kleine Schaltfläche, um das Menü aufzuklappen, über dessen Befehle sich unter anderem die Formatierung rückgängig machen lässt.

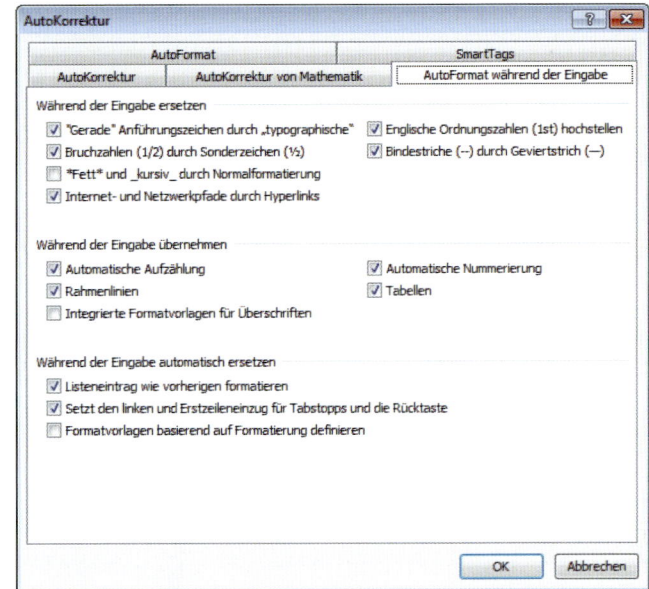

Abbildung 4.7 Auch automatische Formatierungen können durchgeführt werden.

Im Bereich *Während der Eingabe ersetzen* können Sie durch Aktivierung der betreffenden Optionen dafür sorgen, dass die dort genannten Elemente entsprechend ersetzt werden. Standardmäßig werden beispielsweise »gerade« durch »typografische« Anführungszeichen oder Brüche – wie *1/2* – durch Sonderzeichen – wie ½ – ersetzt.

Im Bereich *Während der Eingabe übernehmen* können Sie festlegen, welche der hier aufgelisteten Formatierungen automatisch vorgenommen werden sollen:

» *Automatische Aufzählung* erstellt aus einer Liste eine Aufzählung, wenn Sie am Absatzanfang ein Sternchen, einen Bindestrich oder Ähnliches, jeweils gefolgt von einem Leerzeichen oder Tabstopp, eingeben. Wenn Sie nach Eingabe des Textes die Taste ⏎ drücken, um das nächste Listenelement hinzuzufügen, wird automatisch das nächste Aufzählungszeichen eingesetzt. Wenn Sie die Aufzählung beenden wollen, drücken Sie zweimal ⏎ oder einmal die Rück -Taste.

» Entsprechend erstellt *Automatische Nummerierung* eine nummerierte Liste, wenn Sie am Absatzanfang eine Zahl oder einen Buchstaben eingeben, auf die/den ein Punkt, ein Leerzeichen, eine schließende Klammer oder ein Tabstopp folgt.

» *Rahmenlinien* bewirkt, dass die Eingabe von drei Bindestrichen oberhalb des Absatzes in eine dünne Rahmenlinie umgesetzt wird. Verwenden Sie Unterstriche für dicke Linien und Gleichheitszeichen für Doppellinien.

» Mit *Tabellen* wird eine Tabelle eingefügt, wenn Sie eine Folge von Bindestrichen und Pluszeichen eingeben. Beispielsweise legt die Zeichenfolge + - - - + - - - + eine zweispaltige Tabelle an.

» Ist *Integrierte Formatvorlagen für Überschriften* aktiviert, wird einer Eingabe nach zweimaligem Drücken der ⏎ -Taste die Überschrift-Formatvorlage zugewiesen.

Im Bereich *Während der Eingabe automatisch ersetzen* geben Sie für Listeneinträge, Einzüge und Formatvorlagen die gewünschten automatisch vorzunehmenden Korrekturen an.

Die Registerkarte *Aktionen*

Aktionen sind Elemente, die vom Programm als bestimmter Datentyp erkannt und gekennzeichnet werden und – in Abhängigkeit vom Typ – bestimmte Aktionen ermöglichen. Das Verwenden von Aktionen kann Ihnen Zeit ersparen. Wenn das Programm auf solche Datentypen trifft, werden sie mit einem entsprechenden Indikator gekennzeichnet. Beispielsweise wird nach Eingabe eines Datums dieses mit einem solchen Indikator gekennzeichnet. Um zu erfahren, welche Aktionen Sie durchführen können, klicken Sie auf den Pfeil in der Schaltfläche, um die dazu gehörende Liste zu öffnen.

Um die Aktionen zu nutzen, aktivieren Sie auf der Registerkarte *Aktionen* des Dialogfelds *AutoKorrektur* das Kontrollkästchen *Zusätzliche Aktionen im Kontextmenü aktivieren*. Die mit Word ausgelieferten Aktionen richten sich unter anderem nach der aktivierten Sprache.

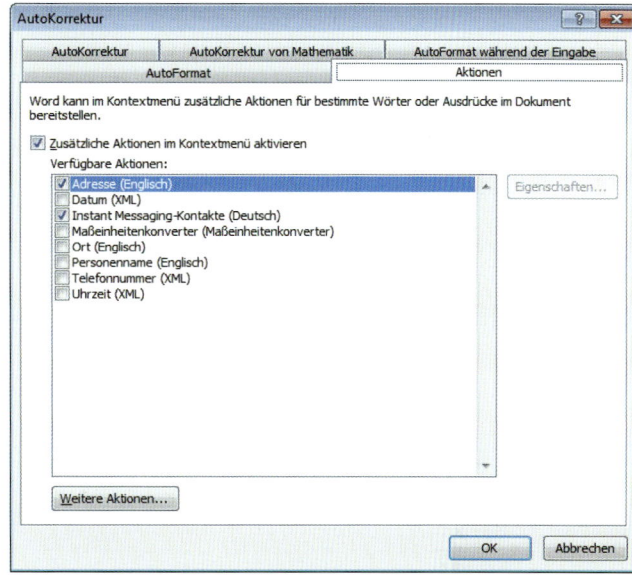

Abbildung 4.8 Aktionen müssen zuerst aktiviert werden.

» In der Liste *Verfügbare Aktionen* werden die installierten Typen von Aktionen aufgelistet, die Sie nach einem generellen Einschalten der Funktion auch individuell wieder aus-/einschalten können.

» Über die Schaltfläche *Weitere Aktionen* lassen sich – nachdem eine Verbindung zum Internet hergestellt wurde – weitere Aktionen herunterladen.

TIPP In Word wird im Dialogfeld *AutoKorrektur* noch eine weitere Registerkarte mit dem Namen *AutoFormat* angezeigt. Die Optionen darin, die Bestandteil von Office 2003 waren, sind seit der Version Office 2007 nicht enthalten. Sie können diese Registerkarte also ignorieren. Die Registerkarte *AutoKorrektur von Mathematik* werden wir im Zusammenhang mit der Eingabe von mathematischen Formeln ansprechen (→ Kapitel 19).

4.2.3 Automatisierte Eingaben

Mit der Funktion *Klicken und Eingeben* können Sie einfach durch Doppelklicken auf die gewünschte Stelle im Dokument präzise an dieser Position Text, Grafiken etc. einfügen, ohne zuerst einen Einzug, eine links- oder rechtsbündige Ausrichtung oder Ähnliches festlegen zu müssen – seien Sie also vorsichtig mit einem unkontrollierten Klicken auf leere Stellen im Dokument. Welche Art von Formatierung vom Programm für den Absatz gewählt wird, können Sie vor dem Doppelklick am Symbol der Einfügemarke ablesen (→ Tabelle 4.4).

Symbol	Erzeugt ...
I ≡	einen linksbündigen Absatz.
I ≡±	einen linksbündigen Absatz mit Erstzeileneinzug.
I ≡	einen zentrierten Absatz.
≡ I	einen rechtsbündigen Absatz.

Tabelle 4.4 Was beim Klicken und Eingeben erzeugt wird, können Sie am Symbol des Mauszeigers ablesen.

Word füllt beim *Klicken und Eingeben* die Lücke zwischen dem vorhandenen Text und dem neuen Absatz automatisch mit Standardabsätzen auf. Diese Funktion steht Ihnen nur in den Ansichten *Seitenlayout*, *Weblayout* und *Vollbild-Lesemodus* zur Verfügung. Außerdem muss die entsprechende Option im Bereich *Erweitert* im Fenster *Word-Optionen* aktiviert sein (→ Kapitel 26).

4.3 Text bearbeiten

Einer der wesentlichen Vorteile der Arbeit mit dem Computer gegenüber der mit der Schreibmaschine besteht darin, dass Sie Ihren Text jederzeit verändern oder erweitern können. Sie können beispielsweise Textelemente – also Zeichen, Wörter, Sätze, Absätze usw. – an andere Stellen kopieren, verschieben, löschen oder durch andere Elemente ersetzen. Die wesentlichsten Befehle zum Editieren von Text finden Sie auf der Registerkarte *Start* in der Gruppe *Zwischenablage*.

4.3.1 Markieren

Viele Befehle zum Bearbeiten verlangen ein vorheriges Markieren des betreffenden Textbereichs. Eine Markierung erkennen Sie an der unterlegten Darstellung auf dem Bildschirm. Markieren können Sie mit der Tastatur oder mit der Maus.

Markieren mit der Maus

Um einen Bereich mit der Maus zu markieren, überstreichen Sie diesen mit gedrückt gehaltener Maustaste (→ Abbildung 4.9). Mithilfe eines Doppelklicks können Sie schnell Wörter oder Absätze markieren.

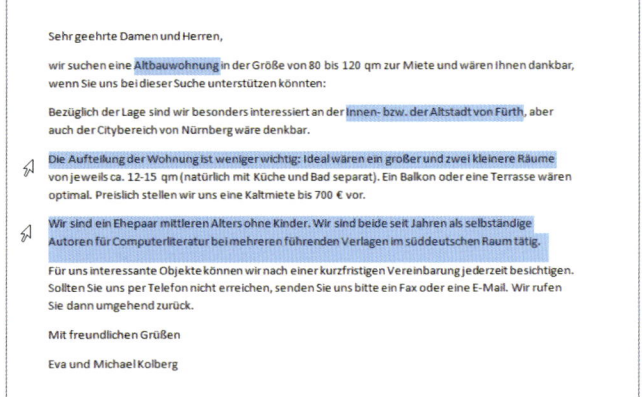

Abbildung 4.9 Zum Markieren von Textabschnitten können Sie bequem mit der Maus arbeiten.

» Um einen Bereich zusammenhängender Zeichen zu markieren, bewegen Sie den Zeiger auf den Anfang des zu markierenden Bereichs, drücken die Maustaste und halten sie gedrückt, während Sie den Mauszeiger zum anderen Ende des Bereichs bewegen. Lassen Sie abschließend die Maustaste los.

» Wollen Sie mehrere zusammenhängende Wörter markieren, halten Sie die Maustaste nach dem Doppelklick zum Markieren eines Worts gedrückt und erweitern dann die Markierung in die gewünschte Richtung.

» Zum Markieren einer Zeile klicken Sie am linken Rand – in der sogenannten Markierungsspalte – auf der Höhe der gewünschten Zeile. Wollen Sie mehrere aufeinanderfolgende Zeilen markieren, markieren Sie die erste Zeile und halten die Maustaste gedrückt. Bewegen Sie dann die Maus in die entsprechende Richtung abwärts oder aufwärts, bis alle gewünschten Zeilen markiert sind.

» Doppelklicken Sie am linken Rand in der Markierungsspalte auf der Höhe des Absatzes, um diesen zu markieren. Wollen Sie mehrere aufeinanderfolgende Absätze markieren, halten Sie anschließend die Maustaste gedrückt und bewegen Sie den Mauszeiger entsprechend abwärts beziehungsweise aufwärts.

» Um das gesamte Dokument zu markieren, klicken Sie dreimal am linken Rand in der Markierungsspalte. Um das gesamte Dokument zu markieren, können Sie auch den Befehl *Alles markieren* in der Liste zur Schaltfläche *Markieren* der Gruppe *Bearbeiten* auf der Registerkarte *Start* wählen.

Um eine Markierung wieder aufzuheben, klicken Sie auf eine beliebige Stelle außerhalb der Markierung.

TIPP Sie können auch mehrere, nicht zusammenhängende Textpassagen in einem Dokument markieren. Dazu halten Sie die [Strg]-Taste gedrückt und markieren nacheinander die gewünschten Stellen. Lassen Sie dann die Taste los, bleiben diese Stellen markiert. Wenn Sie anschließend eine andere Stelle auf dem Bildschirm anklicken, wird die vorher eingestellte Markierung wieder aufgehoben.

Markieren mit der Tastatur

Zum Markieren mit der Tastatur stehen unterschiedliche Verfahren zur Verfügung:

Zweck	Tastenkombination
Aktivieren des Erweiterungsmodus	[F8]
Markieren des nächsten Zeichens	[F8] und dann [←] oder [→]
Vergrößern der Auswahl	[F8] (einmal zur Markierung eines Worts, zweimal zur Markierung eines Satzes usw.)
Verkleinern der Auswahl	[⇧]+[F8]
Deaktivieren des Erweiterungsmodus	[Esc]
Erweitern einer Auswahl um ein Zeichen nach rechts	[⇧]+[→]
Erweitern einer Auswahl um ein Zeichen nach links	[⇧]+[←]
Erweitern einer Auswahl bis zum Ende eines Worts	[Strg]+[⇧]+[→]
Erweitern einer Auswahl bis zum Anfang eines Worts	[Strg]+[⇧]+[←]
Erweitern einer Auswahl bis zum Ende einer Zeile	[⇧]+[Ende]
Erweitern einer Auswahl bis zum Anfang einer Zeile	[⇧]+[Pos1]
Erweitern einer Auswahl um eine Zeile nach unten	[⇧]+[↓]

Zweck	Tastenkombination
Erweitern einer Auswahl um eine Zeile nach oben	[⇧]+[↑]
Erweitern einer Auswahl bis zum Ende eines Absatzes	[Strg]+[⇧]+[↓]
Erweitern einer Auswahl bis zum Anfang eines Absatzes	[Strg]+[⇧]+[↑]
Erweitern einer Auswahl um eine Bildschirmseite nach unten	[⇧]+[Bild↑]
Erweitern einer Auswahl um eine Bildschirmseite nach oben	[⇧]+[Bild↓]
Erweitern einer Auswahl bis zum Anfang eines Dokuments	[Strg]+[⇧]+[Pos1]
Erweitern einer Auswahl bis zum Ende eines Dokuments	[Strg]+[⇧]+[Ende]
Erweitern einer Auswahl bis zum Ende eines Fensters	[Alt]+[Strg]+[⇧]+[Bild↓]
Erweitern einer Auswahl auf das gesamte Dokument	[Strg]+[A]
Auswählen eines vertikalen Textblocks	[Strg]+[⇧]+[F8], und dann die Pfeiltasten verwenden; [Esc] drücken, um den Markierungsmodus aufzuheben
Erweitern einer Auswahl bis zu einem bestimmten Punkt in einem Dokument	[F8]+Pfeiltasten; [Esc] drücken, um den Markierungsmodus aufzuheben

Tabelle 4.5 Das Erweitern der Markierung mit der Tastatur

- Sie können die [⇧]-Taste gedrückt halten und die Markierung mit den Tasten zum Positionieren der Einfügemarke erweitern (→ Tabelle 4.5).
- Außerdem können Sie mit dem *Erweiterungsmodus* arbeiten. Dabei können Sie die Markierung allein mit den Tasten zum Positionieren der Einfügemarke definieren, ohne die [⇧]-Taste gedrückt zu halten. Diesen Modus schalten Sie durch Drücken der Taste [F8] an. Mit [F8] schalten Sie den Erweiterungsmodus auch wieder aus. Sie können auch die Taste [Esc] benutzen.

Um eine bestehende Markierung wieder aufzuheben, klicken Sie auf eine beliebige Stelle außerhalb des markierten Bereichs.

4.3.2 Verschieben oder Kopieren

Gerade beim Schreiben längerer Texte kommt es häufig vor, dass Textpassagen von einer Stelle an eine andere verschoben oder dorthin kopiert werden müssen. Hierbei können Sie mit der Maus – also mit Drag&Drop – oder mit den entsprechenden Befehlen arbeiten. Wie üblich gelten diese Aktionen nur für den markierten Bereich. Wie vorher schon erwähnt, wird das zuletzt kopierte oder ausgeschnittene Element immer in der Systemzwischenablage von Microsoft Windows abgelegt. Zusätzlich verfügen die Programme der Office-Familie auch über eine eigene Zwischenablage.

Mit der Maus – Drag&Drop

Zum Verschieben eines Bereichs mit der Maus markieren Sie zunächst den gewünschten Bereich (→ Abbildung 4.10). Bewegen Sie dann den Mauszeiger in die Markierung, drücken Sie die Maustaste und halten Sie sie gedrückt. Verschieben Sie anschließend den Mauszeiger – zusammen mit dem am Mauszeiger angezeigten gestrichelten Rechteck – zur gewünschten Stelle (→ Abbildung 4.11). Lassen Sie abschließend die Maustaste los, um den Bereich hierher zu verschieben (→ Abbildung 4.12).

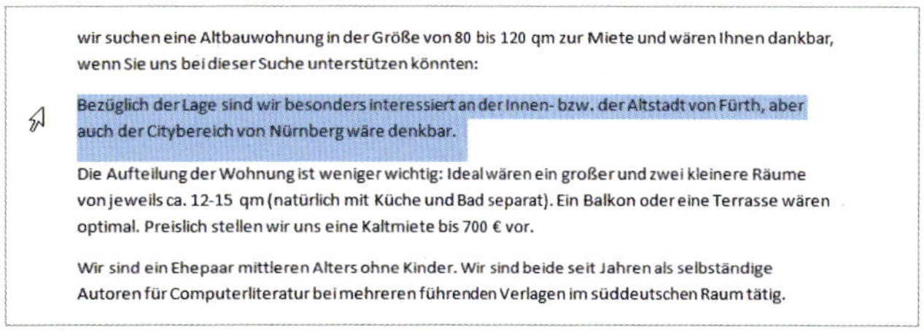
wir suchen eine Altbauwohnung in der Größe von 80 bis 120 qm zur Miete und wären Ihnen dankbar, wenn Sie uns bei dieser Suche unterstützen könnten:

Bezüglich der Lage sind wir besonders interessiert an der Innen- bzw. der Altstadt von Fürth, aber auch der Citybereich von Nürnberg wäre denkbar.

Die Aufteilung der Wohnung ist weniger wichtig: Ideal wären ein großer und zwei kleinere Räume von jeweils ca. 12-15 qm (natürlich mit Küche und Bad separat). Ein Balkon oder eine Terrasse wären optimal. Preislich stellen wir uns eine Kaltmiete bis 700 € vor.

Wir sind ein Ehepaar mittleren Alters ohne Kinder. Wir sind beide seit Jahren als selbständige Autoren für Computerliteratur bei mehreren führenden Verlagen im süddeutschen Raum tätig.

Abbildung 4.10 Zum Verschieben eines Textbereichs müssen Sie diesen erst markieren.

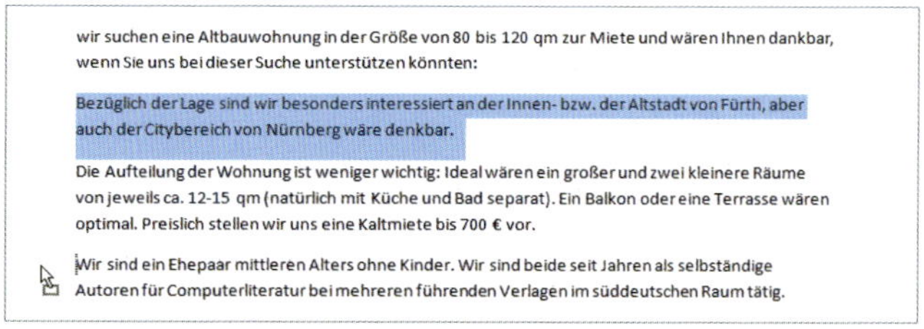
wir suchen eine Altbauwohnung in der Größe von 80 bis 120 qm zur Miete und wären Ihnen dankbar, wenn Sie uns bei dieser Suche unterstützen könnten:

Bezüglich der Lage sind wir besonders interessiert an der Innen- bzw. der Altstadt von Fürth, aber auch der Citybereich von Nürnberg wäre denkbar.

Die Aufteilung der Wohnung ist weniger wichtig: Ideal wären ein großer und zwei kleinere Räume von jeweils ca. 12-15 qm (natürlich mit Küche und Bad separat). Ein Balkon oder eine Terrasse wären optimal. Preislich stellen wir uns eine Kaltmiete bis 700 € vor.

Wir sind ein Ehepaar mittleren Alters ohne Kinder. Wir sind beide seit Jahren als selbständige Autoren für Computerliteratur bei mehreren führenden Verlagen im süddeutschen Raum tätig.

Abbildung 4.11 Verschieben Sie dann den Bereich. Ein kleines Symbol zeigt die aktuelle Position an.

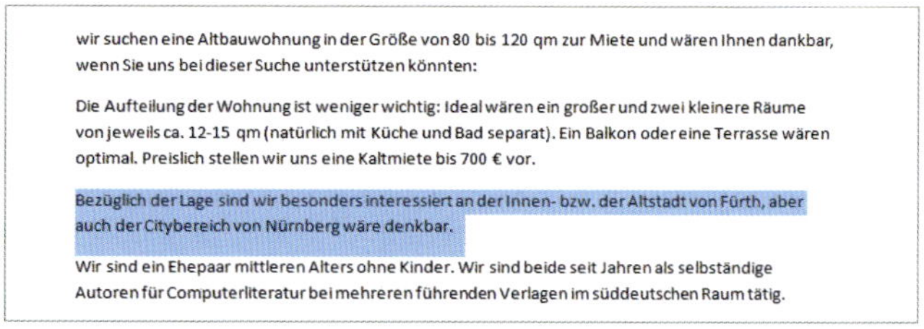
wir suchen eine Altbauwohnung in der Größe von 80 bis 120 qm zur Miete und wären Ihnen dankbar, wenn Sie uns bei dieser Suche unterstützen könnten:

Die Aufteilung der Wohnung ist weniger wichtig: Ideal wären ein großer und zwei kleinere Räume von jeweils ca. 12-15 qm (natürlich mit Küche und Bad separat). Ein Balkon oder eine Terrasse wären optimal. Preislich stellen wir uns eine Kaltmiete bis 700 € vor.

Bezüglich der Lage sind wir besonders interessiert an der Innen- bzw. der Altstadt von Fürth, aber auch der Citybereich von Nürnberg wäre denkbar.

Wir sind ein Ehepaar mittleren Alters ohne Kinder. Wir sind beide seit Jahren als selbständige Autoren für Computerliteratur bei mehreren führenden Verlagen im süddeutschen Raum tätig.

Abbildung 4.12 Lassen Sie an der gewünschten Stelle die Maustaste los. Der Bereich wird verschoben.

TIPP Wenn Sie den markierten Bereich kopieren wollen, gehen Sie wie beim Verschieben vor, halten aber zusätzlich die [Strg]-Taste gedrückt, woraufhin am Mauszeiger ein zusätzliches Pluszeichen angezeigt wird, um zu kennzeichnen, dass eine Kopie angelegt wird.

Mit Elementen der Gruppe *Zwischenablage*

Wenn Sie das Verschieben oder Kopieren über Elemente des Menübands abwickeln wollen, müssen Sie die Wirkung von drei Funktionen kennen, mit denen Sie diese Aktionen durchführen können: Ausschneiden, Kopieren und Einfügen. Sie finden diese bei praktisch allen Programmen auf der Registerkarte *Start* in der Gruppe *Zwischenablage*.

- 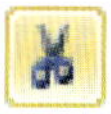 Wenn Sie einen markierten Bereich ausschneiden, wird dieser aus dem Dokument entfernt und in der Zwischenablage abgelegt.
- 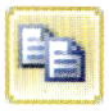 Auch beim Kopieren wird der markierte Bereich in die Zwischenablage verschoben, verbleibt aber auch – im Gegensatz zum Ausschneiden – an seiner ursprünglichen Stelle im Dokument.
- 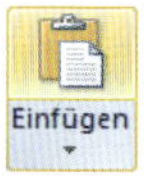

Wenn sich durch ein vorheriges Ausschneiden oder Kopieren ein Element in der Zwischenablage befindet, können Sie es an einer beliebigen Stelle im selben oder in einem anderen Dokument wieder einfügen. *Einfügen* steht nur zur Verfügung, wenn sich ein Element in der Zwischenablage befindet.

Durch Einsatz einer Kombination dieser Funktionen können Sie Bereiche verschieben oder kopieren. In jedem Fall müssen Sie den Bereich vor einer Aktion markieren. Wenn Sie an der Zielstelle vor dem Einfügen einen Bereich markieren, wird der im Bereich markierte Text durch den kopierten/verschobenen Text ersetzt.

» Um ein Element zu verschieben, wählen Sie nach dem Markieren den Befehl *Ausschneiden*. Das Element verschwindet daraufhin vom Bildschirm. Setzen Sie dann die Einfügemarke an die Stelle, an die das Element verschoben werden soll. Wählen Sie nun den Befehl *Einfügen*. Das Element erscheint daraufhin an der gewählten Stelle.

» Um ein Element zu kopieren, markieren Sie es und wählen den Befehl *Kopieren*. Klicken Sie dann auf die Stelle, an der das kopierte Element erscheinen soll, und wählen Sie *Einfügen*. Daraufhin wie eine Kopie des markierten Bereichs an der aktuellen Cursorposition eingefügt.

TIPP Sie können auch die üblichen Tastenkürzel zum Kopieren, Ausschneiden und Einfügen verwenden (→ Kapitel 27). Bei Word können Sie auch mit F2 einen vorher markierten Text ausschneiden beziehungsweise mit ⇧+F2 kopieren (in der Statusleiste erhalten Sie einen entsprechenden Hinweis). Wenn Sie dann die Einfügemarke an die gewünschte Stelle bewegen und die Taste ↵ drücken, wird der ausgeschnittene oder kopierte Bereich an der aktuellen Cursorposition eingefügt.

Die Einfügeoptionen

Nach dem Einfügen wird neben dem eingefügten Element die Schaltfläche *Einfügeoptionen* angezeigt, über deren Liste Sie zusätzliche Einstellungen vornehmen können (→ Abbildung 4.13). Klicken Sie auf die Schaltfläche, um die verfügbaren Optionen anzuzeigen. Die Mehrzahl der Optionen bezieht sich im Allgemeinen auf das Format des einzufügenden Bereichs. Je nach Art des Objekts können hier aber auch andere Einstellmöglichkeiten angeboten werden.

Abbildung 4.13 Nach dem Einfügen können Sie wählen, in welcher Form der Inhalt der Zwischenablage eingefügt werden soll.

Wenn sich Text in der Zwischenablage befindet und Sie diesen einfügen, stehen Ihnen drei Optionen zur Verfügung:

» *Ursprüngliche Formatierung beibehalten*: Zeigt den Text nach dem Einfügen mit derselben Formatierung an, über die er beim vorherigen Ausschneiden oder Kopieren verfügte.

» *Formatierung zusammenführen*: Übernimmt die an der Zielstelle vorhandene Formatierung. Das ist beispielsweise bei der Verwendung von Formatvorlagen wichtig.

» *Nur den Text übernehmen*: Ignoriert die Formatierung des vorher ausgeschnittenen oder kopierten Textes und übernimmt die Formatangabe an der Zielstelle.

Neu bei der Version 2010 ist, dass Sie zwischen diesen Optionen bereits beim Einfügen selbst wählen können. Klicken Sie dazu nicht direkt auf die Schaltfläche *Einfügen*, sondern auf die darunter angezeigte Pfeilspitze (→ Abbildung 4.14). Sie können dann wählen, wie eingefügt werden soll.

Abbildung 4.14 Die Optionen zum Einfügen können auch direkt beim Einfügen angezeigt und ausgewählt werden.

TIPP Die Anzeige der Schaltfläche *Einfügeoptionen* kann im Bereich *Erweitert* im Fenster zu den *Word-Optionen* deaktiviert werden. Soll die Schaltfläche nur für den Moment ausgeblendet werden, drücken Sie Esc .

Inhalte einfügen

Wenn Sie unter den *Einfügeoptionen* den Befehl *Inhalte einfügen* wählen, haben Sie noch mehr Möglichkeiten (→ Abbildung 4.15). Was Ihnen im Dialogfeld angeboten wird, hängt davon ab, was für ein Element sich momentan in der Zwischenablage befindet. Bei Text in der Ablage finden Sie beispielsweise andere Optionen als bei einer Grafik.

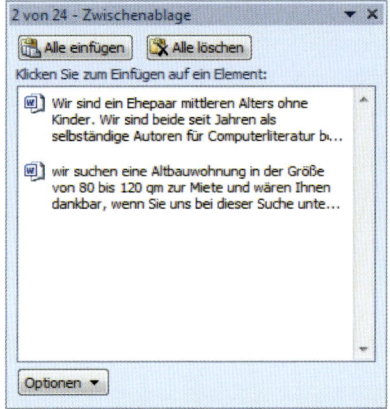

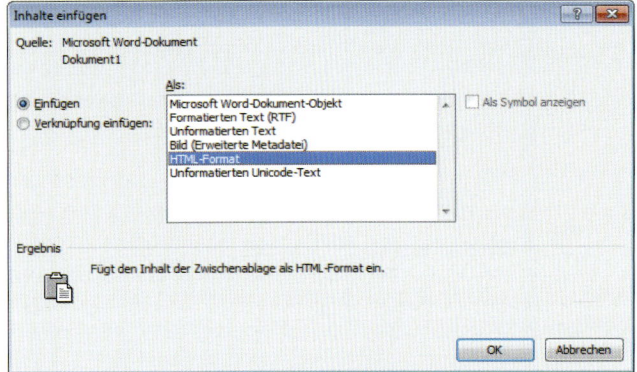

Abbildung 4.15 Über *Inhalte einfügen* haben Sie eine noch größere Auswahl.

Die Office-Zwischenablage

Wie schon vorher erwähnt, wird das zuletzt kopierte oder ausgeschnittene Element immer in der Systemzwischenablage von Microsoft Windows abgelegt. Zusätzlich verfügen die Programme der Office-Familie auch über eine eigene Zwischenablage. Diese *Microsoft Office-Zwischenablage* verfügt über eine Funktion, die es ermöglicht, bis zu 24 unterschiedliche Inhalte abzulegen.

Zur Arbeit mit diesen Inhalten dient der Aufgabenbereich *Zwischenablage*. Dieser kann – je nach Konfiguration – automatisch angezeigt werden, sobald Sie mehr als ein Element kopiert oder ausgeschnitten haben. Auf jeden Fall können Sie ihn aber auf den Bildschirm holen, nachdem Sie auf die kleine Schaltfläche mit dem nach rechts unten weisenden Pfeil neben der Gruppenbezeichnung *Zwischenablage* geklickt haben (→ Abbildung 4.16).

Abbildung 4.16
Über die Office-Zwischenablage können Sie mehrere Elemente ablegen und diese bei Bedarf wieder einfügen.

» In der Titelleiste des Aufgabenbereichs wird angezeigt, wie viele Inhalte bereits in der Zwischenablage abgelegt sind. Sind in dieser Zwischenablage bereits 24 Elemente vorhanden, wird bei einem weiteren Kopieren oder Ausschneiden das Element, das als Erstes dort eingefügt wurde, wieder daraus entfernt.

» Nachdem Sie eines der im Listenfeld angezeigten Elemente markiert und auf den nach unten zeigenden Pfeil geklickt haben, können Sie über ein kleines Menü wählen, ob Sie dieses Element an der aktuell markierten Stelle einfügen wollen oder ob es aus der Zwischenablage entfernt werden soll (→ Abbildung 4.16 rechts).

» Über die Schaltflächen oberhalb des Listenfelds können Sie außerdem alle Elemente der Zwischenablage an der aktuellen Cursorposition einfügen oder die Zwischenablage leeren.

» Über die Schaltfläche *Optionen* ganz unten im Aufgabenbereich öffnen Sie ein Menü, mit dessen Befehlen Sie das Verhalten der Zwischenablage steuern können (→ Abbildung 4.17 und Tabelle 4.6).

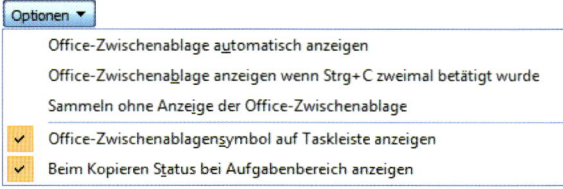

Abbildung 4.17 Das Verhalten der Office-Zwischenablage können Sie individuell steuern.

Einstellungen zum Ausschneiden, Verschieben und Kopieren

Zum Verschieben und Kopieren gibt es einige Programmeinstellungen, die Sie kennen sollten. Sie können damit diese Techniken an die von Ihnen gewünschte Verhaltensweise anpassen. Um diese zu kontrollieren oder zu ändern, öffnen Sie die Registerkarte *Datei* und wählen Sie *Optionen*. Klicken Sie dann links auf *Erweitert*. Navigieren Sie dann im Fenster nach unten zu *Ausschneiden, Kopieren und Einfügen* (→ Abbildung 4.18).

Die ersten vier Optionen bestimmen das Standardverhalten beim Einfügen von Elementen in das Dokument:

» Über *Einfügen innerhalb desselben Dokuments* wird das Verhalten beim Einfügen von Inhalt innerhalb desselben Dokuments angezeigt, aus dem Sie den Inhalt kopiert haben.

» Mit *Einfügen zwischen zwei Dokumenten* wird das Standardverhalten beim Einfügen von Inhalt angezeigt, der aus einem anderen Dokument in Word kopiert wurde.

» Die Optionen unter *Einfügen zwischen Dokumenten, wenn Formatvorlagendefinitionen nicht übereinstimmen* legen das Standardverhalten beim Einfügen von Inhalt fest, der aus einem anderen Dokument in Word kopiert wurde. Zudem wird die Formatvorlage angezeigt, die dem kopierten Text zugewiesen und in dem Dokument anders definiert ist, in das der Text eingefügt wird.

» Mit *Einfügen aus anderen Programmen* wird das Standardverhalten beim Einfügen von Inhalt angezeigt, der aus einem anderen Programm kopiert wurde.

Wählen Sie für diese Optionen in der Drop-down-Liste eine der folgenden Einstellungen (→ Tabelle 4.7):

» Mit *Bilder einfügen als* wird angezeigt, wie Word am Text ausgerichtete Bilder in das Dokument einfügt. Sie können Bilder in einer Zeile mit dem Text einfügen, zulassen, dass Bilder mit dem Text verschoben werden können, oder Text um ein Bild vor oder hinter dem Bild anordnen.

» Mit *Aufzählungszeichen und Nummern beim Einfügen von Text mit der Option ‚Nur den Text übernehmen' beibehalten* werden Nummerierungen und Aufzählungszeichen in Textsymbole konvertiert.

Befehl	Beschreibung
Office-Zwischenablage automatisch anzeigen	Die Zwischenablage wird automatisch angezeigt, wenn zwei Ausschneide-/Kopierbefehle ohne eine Eingabe dazwischen aufeinanderfolgen.
Office-Zwischenablage anzeigen, wenn Strg + C *zweimal betätigt wurde*	Die Zwischenablage wird über die entsprechende Tastenkombination auf den Bildschirm gebracht.
Sammeln ohne Anzeige der Office-Zwischenablage	Alle ausgeschnittenen oder kopierten Elemente werden in der Zwischenablage gesammelt, ohne dass diese angezeigt wird.
Office-Zwischenablagensymbol auf Taskleiste anzeigen	Ein Symbol für die Zwischenablage wird in der Taskleiste angezeigt. Die Steuerung kann dann über das Kontextmenü zu diesem Symbol erfolgen. Das funktioniert auch bei Nicht-Office-Programmen.
Beim Kopieren Status bei Aufgabenbereich anzeigen	Beim Kopieren wird eine QuickInfo zum Symbol in der Taskleiste angezeigt, in der die Anzahl der Elemente in der Zwischenablage angegeben wird.

Tabelle 4.6 Die Optionen der Zwischenablage dienen zur Steuerung dieses Werkzeugs.

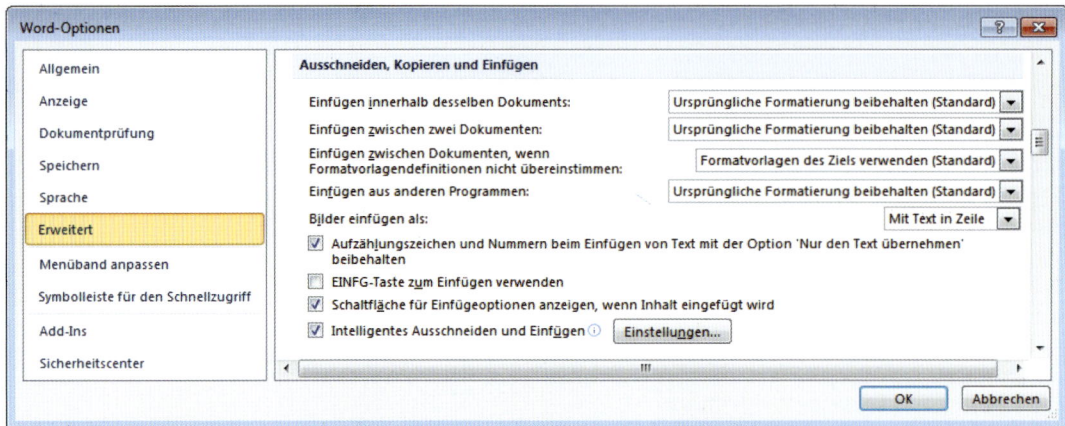

Abbildung 4.18
Der Abschnitt *Ausschneiden, Kopieren und Einfügen* im Bereich *Erweitert* der Word-Optionen

» Ist *EINFG-Taste zum Einfügen verwenden* aktiviert, können Sie den Inhalt der Office-Zwischenablage mithilfe der Taste ⏎ in ein Dokument einfügen.

» Mit *Schaltfläche für Einfügeoptionen anzeigen, wenn Inhalt eingefügt wird* bewirken Sie, dass die Schaltfläche *Einfügeoptionen* beim Einfügen von Inhalt angezeigt wird. Mit den Optionen zu dieser Schaltfläche können Sie die Einstellungen außer Kraft setzen oder ändern, die Sie in diesem Abschnitt des Dialogfelds *Word-Optionen* vornehmen.

Abbildung 4.19 Erweiterte Optionen für Ausschneide- und Einfügeoperationen

» Über *Intelligentes Ausschneiden und Einfügen* können Sie die Formatierung beim Einfügen von Text automatisch anpassen. Wenn Sie dieses Kontrollkästchen aktiviert haben, können Sie weitere Einfügeoptionen festlegen: Klicken Sie auf die Schaltfläche *Einstellungen*, um das gleichnamige Dialogfeld zu öffnen (→ Abbildung 4.19). Darin können Sie Abstände und Formatierungen beim Zusammenführen, Ausschneiden und Einfügen von Text steuern.

4.3.3 Befehle und Eingaben rückgängig machen

Das Programm merkt sich während der Arbeit an einem Dokument Ihre durchgeführten Aktionen und Eingaben. Das bedeutet, dass Sie die meisten Eingaben und Befehle auch wieder rückgängig machen können und auch anschließend wiederherstellen können:

» 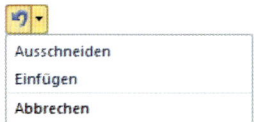 Falls Sie also einen Befehl irrtümlich aufgerufen oder eine falsche Eingabe vorgenommen haben, können Sie dies durch einen Klick auf die Schaltfläche *Rückgängig* in der Symbolleiste für den Schnellzugriff widerrufen. Die zuletzt durchgeführte Aktion wird dann rückgängig gemacht.

» Über das Listenfeld zu dieser Schaltfläche können Sie auch mehrere nacheinander ausgeführte Befehle oder Eingaben in einem Arbeitsschritt widerrufen (→ Abbildung 4.20). Mehrere hintereinander durchgeführte Aktionen können nur insgesamt widerrufen werden. Es ist also beispielsweise nicht möglich, lediglich die fünftletzte Aktion zu widerrufen; Sie müssen in diesem Fall alle fünf zuletzt getätigten Aktionen rückgängig machen.

Abbildung 4.20
Sie können auch mehrere Befehle oder Eingaben in einem Schritt rückgängig machen.

» Auch beim Rückgängigmachen kann man sich irren. Um den zuletzt rückgängig gemachten Befehl wieder gültig zu machen, klicken Sie auf die Schaltfläche *Wiederherstellen* in der Symbolleiste für den Schnellzugriff.

» Wie beim Rückgängigmachen können Sie über das Listenfeld zu dieser Schaltfläche mehrere rückgängig gemachte Befehle in einem Schritt wiederherstellen. Das ist aber nur bei einigen Programmen der Familie möglich.

Außerdem stehen Ihnen für diese Aufgaben auch Tastenkombinationen zur Verfügung (→ Tabelle 4.8).

Zweck	Tastenkombination
Abbrechen der Aktion	Esc
Rückgängigmachen der Aktion	Strg + Z
Wiederherstellen oder Wiederholen der Aktion	Strg + Y

Tabelle 4.8 Die Tastenkürzel für das Rückgängigmachen und Wiederholen von Aktionen

TIPP Der Speicher, in dem die Informationen zum Rückgängigmachen abgelegt werden, wird gelöscht, sobald Sie das aktuelle Dokument speichern. Nach dem Speichern können Sie also keine der vorher durchgeführten Aktionen mehr rückgängig machen!

4.4 Gehe zu, Suchen und Ersetzen

Über den Bereich *Bearbeiten* der Registerkarte *Start* im Menüband können Sie mehrere Werkzeuge einsetzen, die zum gezielten Navigieren und zum Ersetzen von Textelementen benutzt werden können. Sie haben die Möglichkeit, zu einer bestimmten Stelle im Dokument zu springen, nach einem Begriff suchen zu lassen oder einen Begriff automatisch durch einen anderen zu ersetzen. Alle diese Funktionen werden ab der aktuellen Position der Einfügemarke ausgeführt. Befindet sich diese nicht am Dokumentanfang, wird am Ende des Dokuments abgefragt, ob am Anfang fortgefahren werden soll. Wenn Sie nur einen bestimmten Bereich des Dokuments nach einem Begriff durchsuchen lassen wollen, müssen Sie diesen Bereich zunächst markieren.

4.4.1 Gehe zu

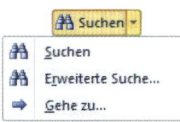 Anstatt durch ein Dokument mithilfe der Bildlaufleisten oder der Tastatur zu blättern, können Sie auch zu bestimmten Elementen springen und damit auch gleich die Einfügemarke zu dieser Stelle verschieben. Dazu lassen Sie die Registerkarte *Start* anzeigen, öffnen in der Gruppe *Bearbeiten* das Dropdown-Menü zur Schaltfläche *Suchen* und wählen dann den Befehl *Gehe zu*. Geben Sie dann an, welche Stelle angesteuert werden soll (→ Abbildung 4.21).

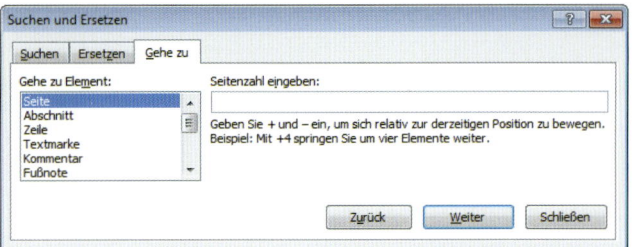

Abbildung 4.21 Mit *Gehe zu* können Sie gezielt zu einem Textelement in dem Dokument wechseln.

» Wählen Sie zuerst im Listenfeld *Gehe zu Element* die Art des Elements aus, zu dem Sie springen wollen – beispielsweise *Seite* oder *Abschnitt*.

» Geben Sie dann auf der rechten Seite des Dialogfelds die entsprechende Nummer des Elements – beispielsweise die Nummer der Seite, der Fuß-/Endnote, der Tabelle – oder den Namen des Felds ein. Für einige Elemente – beispielsweise *Textmarke*, *Feld*, *Kommentar* oder *Objekt* – wird anstelle des Textfelds ein Drop-down-Listenfeld angezeigt, aus dem Sie einen Eintrag wählen können. Beispielsweise können Sie hier die Textmarke festlegen, zu der gesprungen werden soll. Bei der Wahl von *Seite* können Sie auch mithilfe von zusätzlichen Vorzeichen relative Sprünge bewirken: Eine Eingabe von +6 bewegt die Einfügemarke um sechs Seiten nach vorn, -6 um sechs Seiten zurück. Die Eingabe *8* ohne Vorzeichen positioniert die Einfügemarke auf Seite 8.

» Solange Sie im Feld *Seitenzahl eingeben* – oder bei anderen Elementen im entsprechend benannten Feld – noch nichts eingegeben haben, können Sie durch einen Klick auf die Schaltfläche *Weiter* einen Sprung zur nächsten Seite – beziehungsweise zum nächsten gewählten Element – durchführen.

» Sobald Sie im Feld *Seitenzahl eingeben* etwas angeben, wird die Schaltfläche *Weiter* in *Gehe zu* umbenannt. Klicken Sie darauf, um die Einfügemarke entsprechend Ihren Eingaben zu verschieben.

» Über *Zurück* können Sie, wenn im Feld *Seitenzahl eingeben* – oder bei anderen Elementen im entsprechend benannten Feld – noch nichts eingegeben wurde, zur vorherigen Seite – beziehungsweise zum vorherigen gewählten Element – springen.

TIPP Durch Drücken von ⬆+F5 können Sie zu den letzten drei Stellen zurückspringen, an denen Sie Text eingegeben oder geändert haben.

HINWEIS Hinweise zum Einfügen von Textmarken finden Sie in Kapitel 19.

4.4.2 Suchen

Sie können in Ihrem Dokument nach Textpassagen, speziellen Elementen und/oder Formatierungen suchen lassen. Positionieren Sie dazu die Einfügemarke an beliebiger Stelle im Dokument oder markieren Sie einen Bereich, wenn nur dieser durchsucht werden soll. Dazu lassen Sie die Registerkarte *Start* anzeigen und wählen in der Gruppe *Bearbeiten* erst *Suchen* und dann den Befehl *Suchen*.

Der neue Dokumentnavigationsbereich und die Suche

Die Navigation in umfangreichen Dokumenten wurde vereinfacht. Dokumente können durch Ziehen und Ablegen von Abschnitten auf einfache Weise neu organisiert werden. Darüber hinaus kann jetzt durch inkrementelles Suchen nach Inhalten gesucht werden. Sie müssen also keine langen Dokumentabschnitte mehr kopieren und einfügen oder ganz genau wissen, wonach Sie suchen, um fündig zu werden.

Die einfache Suche

Wenn Sie im Katalog der Befehle zu *Suchen* auf *Suchen* klicken, wird links im Programmfenster der neue Aufgabenbereich *Navigation* angezeigt (→ Abbildung 4.22).

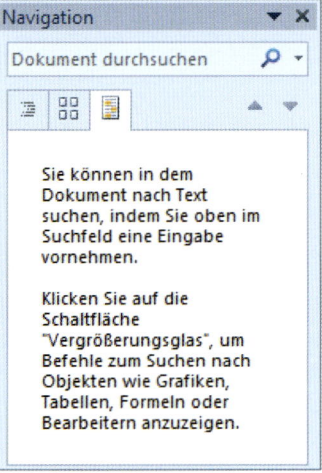

Abbildung 4.22
Über den neuen Arbeitsbereich *Navigation* können Sie suchen lassen.

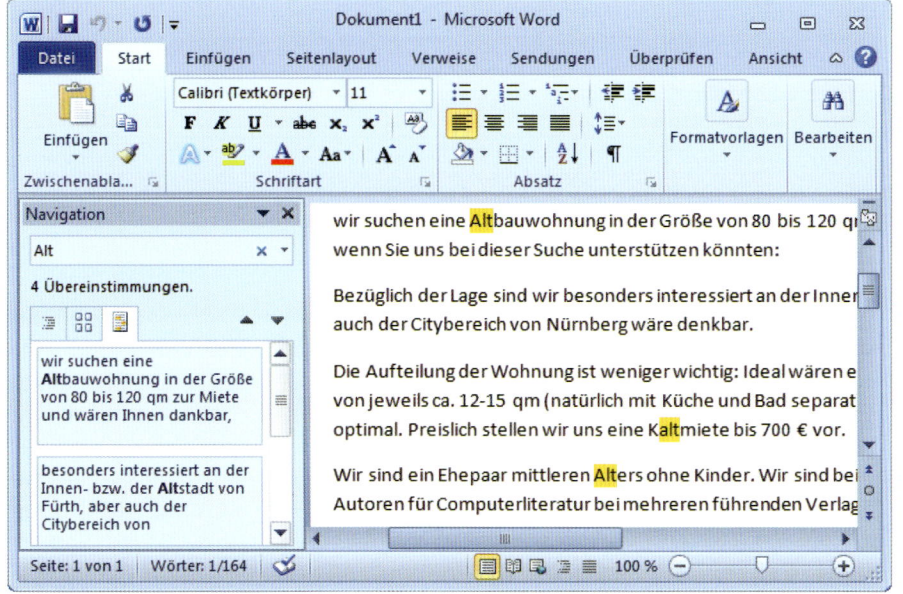

Abbildung 4.23
Die Suchergebnisse werden bereits nach Eingabe der ersten Zeichen sowohl im Dokument als auch im Navigationsbereich angezeigt.

» Geben Sie darin im *Suchen*-Feld – das ist das Feld, in dem zunächst der Ausdruck *Dokument durchsuchen* steht – die Zeichenfolge ein, nach der gesucht werden soll. Bereits nach Eingabe der ersten Zeichen werden die Stellen im Dokument markiert, wo diese Zeichen verwendet wurden (→ Abbildung 4.23). Auch im Aufgabenbereich *Navigation* werden die Abschnitte mit den Fundstellen im Text aufgelistet.

Darin wird oben auch die Anzahl der Fundstellen aufgelistet.

» Sie können dann auf die beiden Schaltflächen *Suchergebnis vor* ▾ und *Suchergebnis zurück* ▴ im Navigationsbereich klicken und damit die einzelnen Fundstellen markieren. Die jeweils markierte Stelle wird im Dokument grün unterlegt und die im Navi-

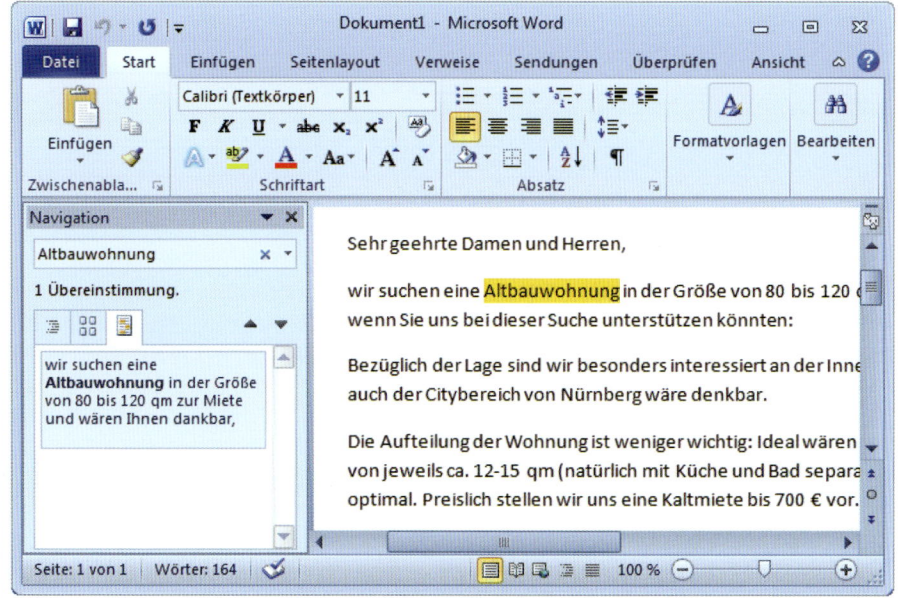

Abbildung 4.24
Je genauer Sie den Suchbegriff formulieren, desto weniger Fundstellen werden markiert.

gationsbereich angezeigte Textpassage wird jeweils angezeigt.

» Je mehr Zeichen Sie eingeben, desto präziser wird die Suche. Damit wird auch meist die Anzahl der Fundstellen geringer (→ Abbildung 4.24.

Die Optionen zur Suche

Wenn Sie im Navigationsbereich auf die kleine Schaltfläche *Suchoptionen und zusätzliche Suchbefehle* klicken, wird ein Menü mit weiteren Befehlen aufgeklappt (→ Abbildung 4.25).

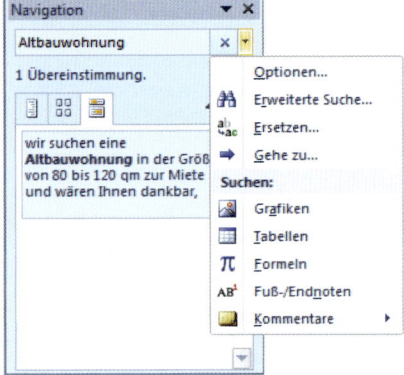

Abbildung 4.25 Den Zugang zu den Suchoptionen liefert ein Klick auf die kleine Schaltfläche mit der Pfeilspitze.

Durch einen Klick auf *Optionen* darin zeigen Sie das Dialogfeld *Suchoptionen* an (→ Abbildung 4.26).

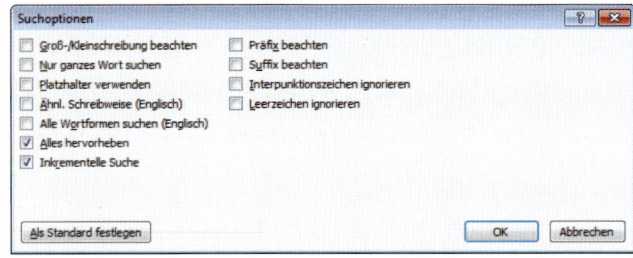

Abbildung 4.26 Zum Suchen können Sie Optionen einstellen.

» Sie können festlegen, ob bei der Suche zwischen Groß- und Kleinschreibung unterschieden werden soll oder nicht. Wenn Sie beispielsweise nach *Meier* suchen und *Groß-/Kleinschreibung beachten* aktiviert haben, wird der Eintrag *MEIER* nicht als Fundstelle gemeldet.

» Mit *Nur ganzes Wort suchen* legen Sie fest, ob der eingegebene Begriff nur als ganzes Wort oder auch dann gemeldet werden soll, wenn er als Teil eines Worts auftritt. Ist diese Option aktiviert, wird beispielsweise *Meierling* bei der Suche nach *Meier* nicht angezeigt.

» Sie können im Suchtext auch *Platzhalterzeichen* benutzen – aktivieren Sie hierzu das entsprechende Kontrollkästchen (→ Tabelle 4.9). Wollen Sie beispielsweise nach den Namen *Meier, Maier, Mayer* usw. suchen, geben Sie *M??er* ein.

Die klassische Form der Suche

Wenn Sie sich mit dieser neuen Form des Suchens nicht anfreunden können, klicken Sie in der Liste der Befehle zur Schaltfläche *Suchen* in der Gruppe *Bearbeiten* auf *Erweiterte Suche*. Dann wird Ihnen das aus den Vorversionen her bekannte Dialogfeld *Suchen und Ersetzen* mit aktivierter Registerkarte *Suchen* angezeigt (→ Abbildung 4.27). Geben Sie im Feld *Suchen nach* den Begriff ein und klicken Sie auf *Weitersuchen*. Standardmäßig wird das nächste Auftreten des Suchbegriffs im Dokument markiert. Ist das nicht der Fall, sollten Sie die erweiterten Suchoptionen kontrollieren (→ unten).

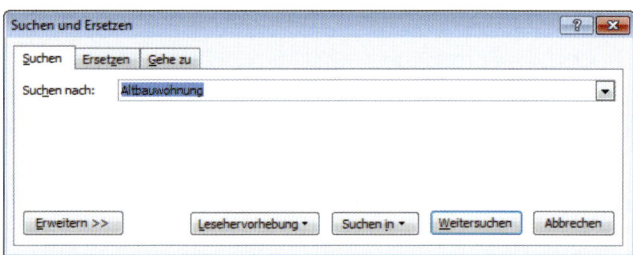

Abbildung 4.27 Auch das klassische Dialogfeld zum Suchen ist weiterhin verfügbar.

Die erweiterte Suche

Wenn Sie im Dialogfeld *Suchen und Ersetzen* auf der Registerkarte *Suchen* auf die Schaltfläche *Erweitern* klicken, können Sie zusätzliche Optionen definieren (→ Abbildung 4.28). Der Name der Schaltfläche ändert sich daraufhin in *Reduzieren*, womit die zusätzlichen Suchoptionen wieder ausgeblendet werden.

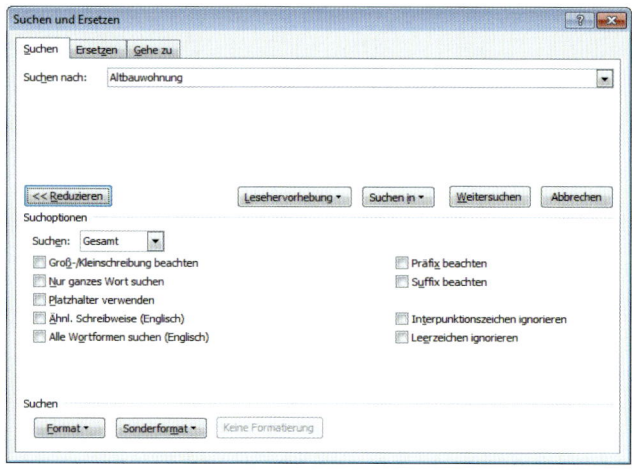

Abbildung 4.28   Weitere Suchoptionen stehen zur Verfügung.

Zeichen	Suche
*	nach einer beliebigen Anzahl von Zeichen.
?	nach einem beliebigen Zeichen.
*	nach dem Zeichen *.
\?	nach dem Zeichen ?.

Tabelle 4.9   Beachten Sie die gängigen Platzhalterzeichen.

TIPP   Wenn als Sprache *Englisch* gewählt ist, können Sie nach ähnlich geschriebenen Wörtern oder nach zusammengehörigen Wortformen suchen lassen. Gemeint sind hier beispielsweise unterschiedliche Deklinationsformen eines Verbs.

Weitere Optionen

Wenn Sie die Option *Alle hervorheben* in der Liste zur Schaltfläche *Lesehervorhebung* auf der Registerkarte *Suchen* aktivieren, können Sie in einem Arbeitsgang alle Vorkommen des Suchtextes im Dokument markieren lassen. Durch Wahl von *Hervorhebung löschen* blenden Sie diese Markierung wieder aus.

Legen Sie im Listenfeld zur Schaltfläche *Suchen in* fest, welcher Bereich des Dokuments durchsucht werden soll. Sie haben hier die Wahl zwischen *Hauptdokument*, *Kopf- und Fußzeilen* sowie *Fußnoten*. Es werden aber nur die bereits eingerichteten Bereiche angeboten. Ein Klick auf die Schaltfläche *Alle suchen* – diese Bezeichnung ersetzt *Weitersuchen* – markiert die Stellen im gewählten Bereich.

Formate und sonstige Elemente einbeziehen

Über die Liste zur Schaltfläche *Format* können Sie sowohl nach Formatierungen als auch nach formatierten Zeichenfolgen im Dokument suchen lassen (→ Abbildung 4.29, links). Suchen Sie nach einem Begriff, der in bestimmter Weise formatiert ist, geben Sie diesen im Feld *Suchen nach* an und legen Sie die betreffende Formatierung über die Schaltfläche *Format* fest. Wenn Sie lediglich eine bestimmte Formatierung suchen, geben Sie nur die betreffende Formatierung über die Schaltfläche *Format* an und lassen Sie das Feld *Suchen nach* leer. Das ausgewählte Format wird unterhalb des Felds *Suchen nach* angezeigt. Um ein Format wieder aus den

» Begonnen wird die Suche an der aktuellen Position der Einfügemarke. Über das Listenfeld *Suchen* können Sie bestimmen, in welcher Richtung gesucht werden soll. Mit *Gesamt* können Sie das vollständige Dokument durchsuchen lassen. Andernfalls werden Sie gefragt, ob die Suche fortgesetzt werden soll, wenn das Ende oder der Anfang des Dokuments erreicht ist.

» Sie können festlegen, ob bei der Suche zwischen Groß- und Kleinschreibung unterschieden werden soll oder nicht. Wenn Sie beispielsweise nach *Meier* suchen und *Groß-/Kleinschreibung beachten* aktiviert haben, wird der Eintrag *MEIER* nicht als Fundstelle gemeldet.

» Mit *Nur ganzes Wort suchen* legen Sie fest, ob der eingegebene Begriff nur als ganzes Wort oder auch dann gemeldet werden soll, wenn er als Teil eines Worts auftritt. Ist diese Option aktiviert, wird beispielsweise *Meierling* bei der Suche nach *Meier* nicht angezeigt.

» Sie können im Suchtext auch *Platzhalterzeichen* benutzen – aktivieren Sie hierzu das entsprechende Kontrollkästchen (→ Tabelle 4.9). Wollen Sie beispielsweise nach den Namen *Meier*, *Maier*, *Mayer* usw. suchen, geben Sie *M??er* ein.

145

Suchkriterien zu entfernen, klicken Sie auf die Schaltfläche *Keine Formatierung*.

> **TIPP** Sie können über die Liste zur Schaltfläche *Format* nacheinander mehrere Formateigenschaften auswählen und nach dem gemeinsamen Auftreten suchen lassen – beispielsweise können Sie so Stellen mit dem Absatzformat *Zentriert* und dem Zeichenformat *Fett* ausfindig machen lassen.

Über die Schaltfläche *Sonderformat* öffnen Sie eine Liste, mit deren Einträgen Sie nach Steuerzeichen suchen lassen können (→ Abbildung 4.29 rechts). Die Wahl eines solchen Elements fügt einen Code im Feld *Suchen nach* ein – beispielsweise ^t für einen Tabstopp oder ^p für eine Absatzmarke. Wenn Sie den betreffenden Code auswendig wissen, können Sie ihn auch direkt in das Feld *Suchen nach* eingeben.

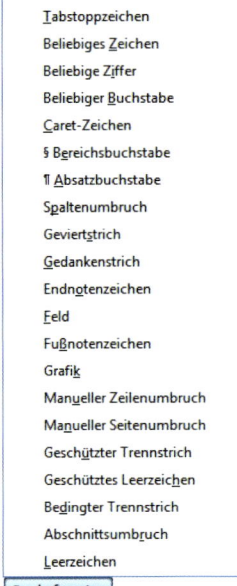

Abbildung 4.29 Sie können auch Formatierungen und Steuerzeichen suchen lassen.

4.4.3 Ersetzen

Als Erweiterung zum Suchen können Sie einen gefundenen Text durch einen anderen ersetzen lassen. Dazu lassen Sie die Registerkarte *Start* anzeigen und wählen in der Gruppe *Bearbeiten* den Befehl *Ersetzen*.

Einfaches Ersetzen

Die Registerkarte *Ersetzen* im Dialogfeld *Suchen und Ersetzen* wird angezeigt. Geben Sie dann den Such- und den Ersatzbegriff dafür ein (→ Abbildung 4.30). Diese sonstigen Optionen entsprechen denen auf der Registerkarte *Suchen* (→ vorherige Abschnitte). Wiederum können Sie Formate oder sonstige Elemente mit in das Ersetzen einschließen – Sie können also beispielsweise ein Format durch ein anderes ersetzen lassen.

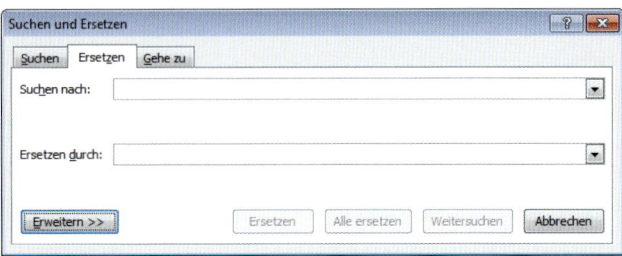

Abbildung 4.30 Bestimmte Zeichenfolgen können Sie durch andere ersetzen lassen.

Wie dann ersetzt wird, hängt von der Art Ihrer Bestätigung ab:

» Wenn Sie mit *Ersetzen* bestätigen, werden Sie bei der nächsten Fundstelle erneut gefragt, ob ersetzt werden soll oder nicht.

» Wenn Sie *Weitersuchen* verwenden, wird der markierte Begriff an der aktuellen Stelle nicht ersetzt.

» Bestätigen Sie mit *Alle ersetzen*, wird der im Feld *Suchen nach* eingegebene Begriff im gesamten Text automatisch durch den im Feld *Ersetzen durch* eingegebenen Begriff ersetzt.

> **TIPP** Nach einem Klick auf *Erweitern* können Sie über die Liste zur Schaltfläche *Format* nacheinander mehrere Formateigenschaften auswählen und nach dem gemeinsamen Auftreten suchen lassen – beispielsweise können Sie so Stellen mit dem Absatzformat *Zentriert* und dem Zeichenformat *Fett* ausfindig machen lassen.

Ersetzen mit Optionen

Auch auf der Registerkarte *Ersetzen* stehen Ihnen die erweiterten Optionen zur Verfügung, die Sie schon vom Suchen her kennen (→ Abbildung 4.31).

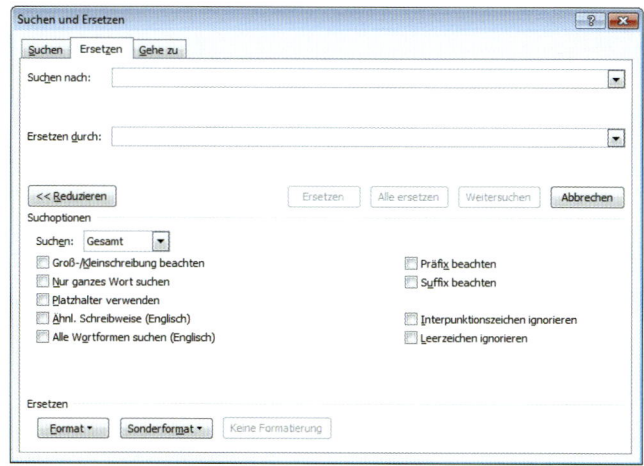

Abbildung 4.31 Bestimmte Zeichenfolgen in einer erweiterten Form des Dialogfelds durch andere ersetzen lassen

Abbildung 4.32
Das Browseobjekt können Sie über die senkrechte Bildlaufleiste auswählen.

Mithilfe der blauen Doppelpfeile unterhalb der vertikalen Bildlaufleiste können Sie die zuletzt im Dialogfeld *Suchen und Ersetzen* definierte Suche nach oben oder nach unten fortsetzen, ohne das Dialogfeld erneut öffnen zu müssen.

4.5   Die Gestaltung des Arbeitsbereichs

Suchen von der Programmoberfläche aus

Auch über drei Schaltflächen unterhalb der vertikalen Bildlaufleiste können Sie schnell nach bestimmten Elementen im Dokument suchen lassen. Das ist insbesondere bei umfangreichen Dokumenten ein nicht zu unterschätzender Vorteil. Durch einen Klick auf die Schaltfläche mit der Kugel in der Mitte lässt sich das Feld *Browseobjekt auswählen* öffnen, über das Sie das Element festlegen können, nach dem gesucht werden soll (→ Abbildung 4.32 und Tabelle 4.10).

Sie sollten auch gleich wissen, dass Microsoft Word Ihnen mehrere Ansichten für die Darstellung von Dokumenten auf dem Bildschirm zur Verfügung stellt, die Sie in verschiedenen Stadien der Bearbeitung eines Dokuments gezielt einsetzen können. Zur Kontrolle dieser Eigenschaften benutzen Sie die Befehle der Gruppen in der Registerkarte *Ansicht* im Menüband (→ Abbildung 4.33). Beachten Sie beim Betrachten dieser Registerkarte auch, dass Sie darüber diverse Elemente ein- und ausblenden können, die Ihnen bei der Bearbeitung des Dokuments hilfreich sind.

Symbol	Bedeutung	Symbol	Bedeutung
{a}	Nach einem Feld suchen	→	Öffnet das Dialogfeld *Suchen und Ersetzen,* Registerkarte *Gehe zu.*
	Nach einer Endnote suchen		Öffnet das Dialogfeld *Suchen und Ersetzen,* Registerkarte *Suchen.*
	Nach einer Fußnote suchen		Nach einer Bearbeitung suchen
	Nach einem Kommentar suchen		Nach einer Überschrift suchen
	Nach einem Abschnitt suchen		Nach einer Grafik suchen
	Nach einer Seite suchen		Nach einer Tabelle suchen

Tabelle 4.10 Über die Symbole können Sie das zu suchende Objekt auswählen.

Abbildung 4.33
Die Registerkarte *Ansicht* beinhaltet unter anderem Befehle zum Einstellen der Programmdarstellung.

4.5.1 Ansichten

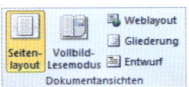 Wichtig sind aber zunächst die grundsätzlichen Formen der Ansicht, mit denen ein Textdokument auf dem Bildschirm angezeigt werden kann. Die Form wählen Sie über die Befehlsschaltflächen in der Gruppe *Dokumentansichten* der Registerkarte *Ansicht*. Zwischen den jeweiligen Ansichten können Sie auch mithilfe der Schaltflächen unten in der Statusleiste wechseln.

Seitenlayout

Standardansicht ist jetzt die Ansicht *Seitenlayout*. Darin können Sie Text eingeben, bearbeiten und formatieren und erhalten gleichzeitig eine druckgetreue Darstellung Ihres Dokuments. Sie können hier Kopf- und Fußzeilen bearbeiten sowie Seitenränder und Spalten definieren (→ Abbildung 4.34). Die zusätzlich einblendbaren horizontalen und vertikalen Lineale helfen Ihnen bei der Positionierung.

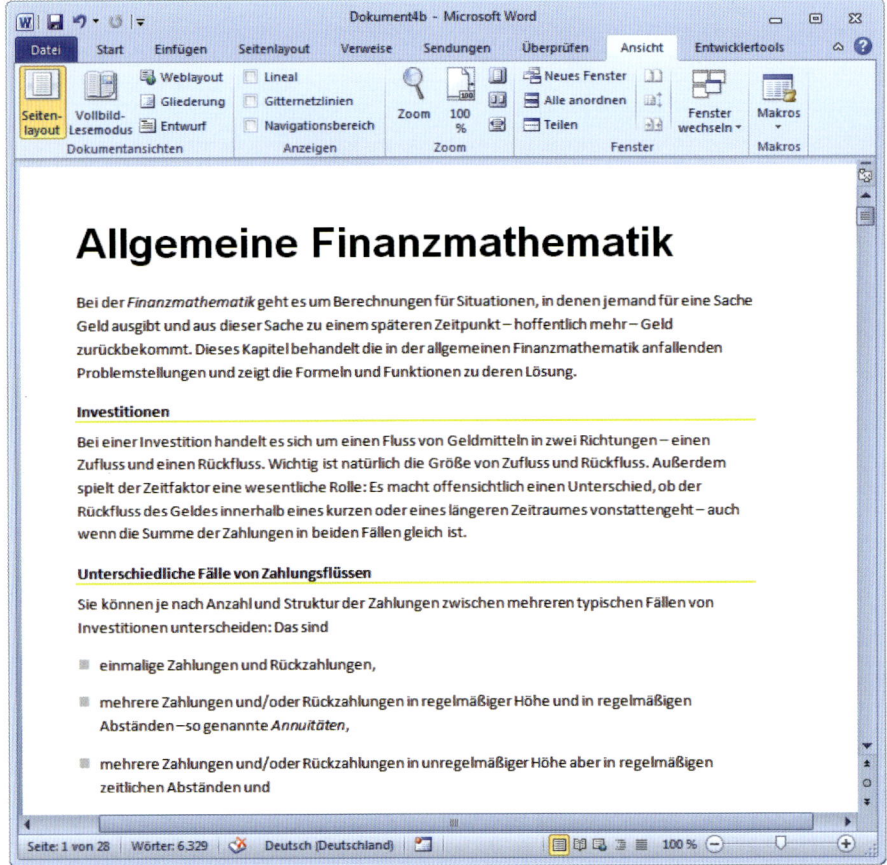

Abbildung 4.34
Die Ansicht *Seitenlayout* werden Sie wohl am häufigsten verwenden.

Zwischen den Seiten des Dokuments wird standardmäßig ein Zwischenraum angezeigt (→ Abbildung 4.35). Durch einen Klick auf diesen Leerraum können Sie ihn aus- und wieder einblenden.

schirm dar. Diese Ansicht eignet sich besonders für eine abschließende Kontrolle des Inhalts. Sie können hierin aber auch Korrekturen vornehmen. Eine Kontrolle des

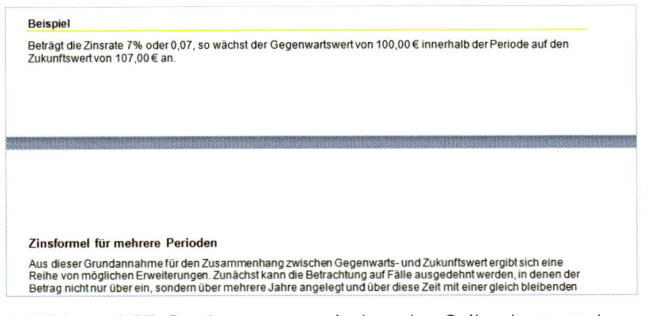

Abbildung 4.35 Der Leerraum zwischen den Seiten kann auch ausgeblendet werden.

Vollbild-Lesemodus

Die Ansicht mit dem Namen *Vollbild-Lesemodus* stellt den Inhalt des Dokuments in einer optimierten Form zum bequemen Arbeiten am Bild-

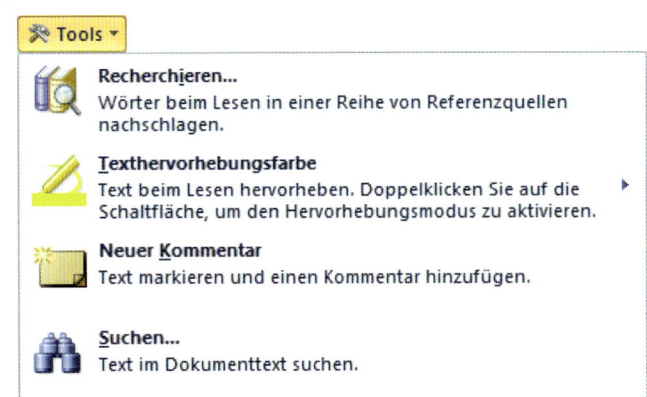

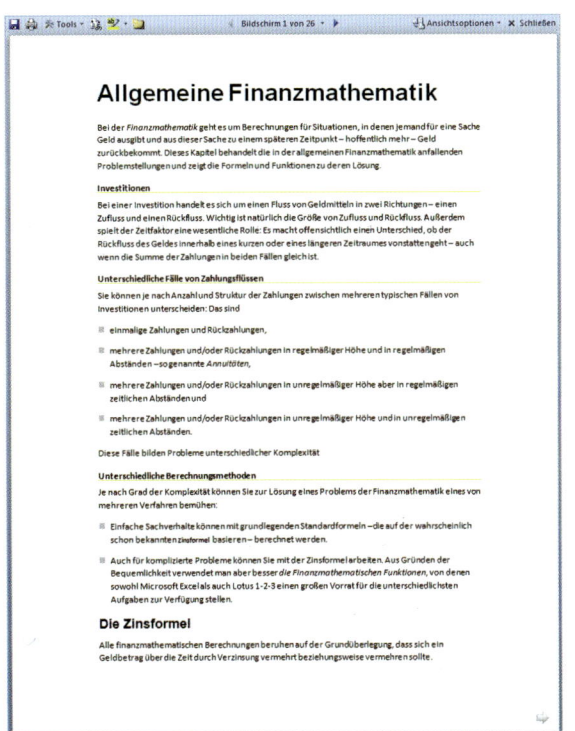

Abbildung 4.36 Der *Vollbild-Lesemodus* eignet sich gut zum Korrekturlesen.

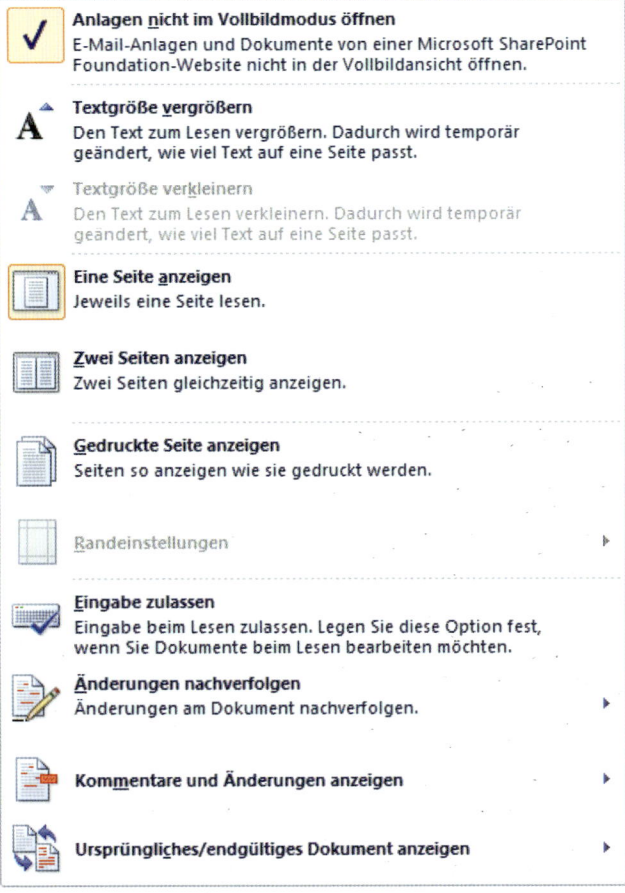

Abbildung 4.37 Die Befehle zu den Schaltflächen *Tools* und *Ansichtsoptionen*

Zeilen- und Seitenumbruchs ist in der Standardeinstellung dieser Ansicht jedoch nicht möglich, da die Texte zur besseren Lesbarkeit optisch vergrößert werden (→ Abbildung 4.36).

Hierbei werden Bildschirmelemente wie das Menüband entfernt. Stattdessen verfügt dieser Modus über eine eigene kleine Symbolleiste, mit deren Schaltflächen Sie die Feinheiten dieser Ansicht steuern können. Interessant sind hier die Optionen der Schaltflächen *Tools* und *Ansichtsoptionen* (→ Abbildung 4.37). Sie finden hierin sowohl die Möglichkeiten zum Recherchieren, zur Übersetzung oder zur Eingabe von Kommentaren als auch diverse Optionen für die Darstellung.

Weblayout

Die Ansicht *Weblayout* verwenden Sie während der Gestaltung von Webseiten. In dieser Ansicht wird Ihr Dokument wie bei der Anzeige in einem Webbrowser dargestellt – also als fortlaufende Seite ohne Seitenumbrüche. Außerdem wird der Zeilenumbruch automatisch an die Fensterbreite angepasst (→ Abbildung 4.38).

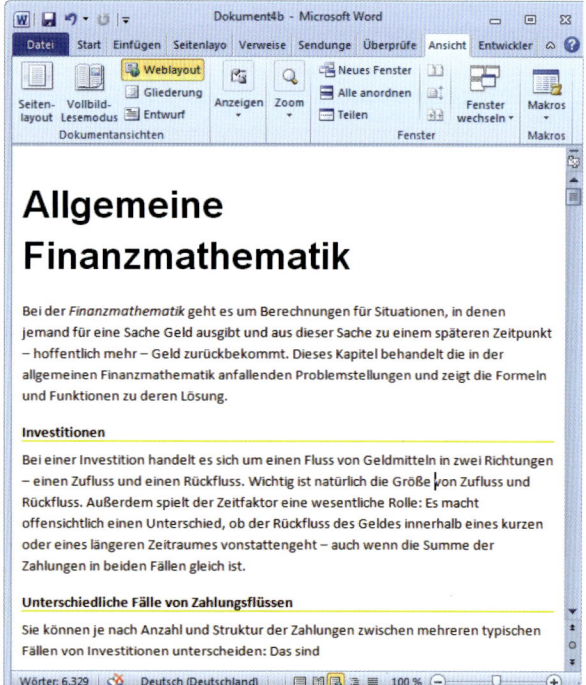

Abbildung 4.38 Bei der Ansicht *Weblayout* regelt die Fensterbreite den Zeilenumbruch.

Gliederung

Die Ansicht *Gliederung* eignet sich besonders zum Überarbeiten der Struktur umfangreicher Dokumente. Sie ermöglicht das Ein- und Ausblenden verschiedener Gliederungsebenen sowie das Höher- oder Tieferstufen dieser Ebenen. Kapitelüberschriften müssen hierzu mit einer einheitlichen und nummerierten Formatvorlage formatiert sein (→ Abbildung 4.39).

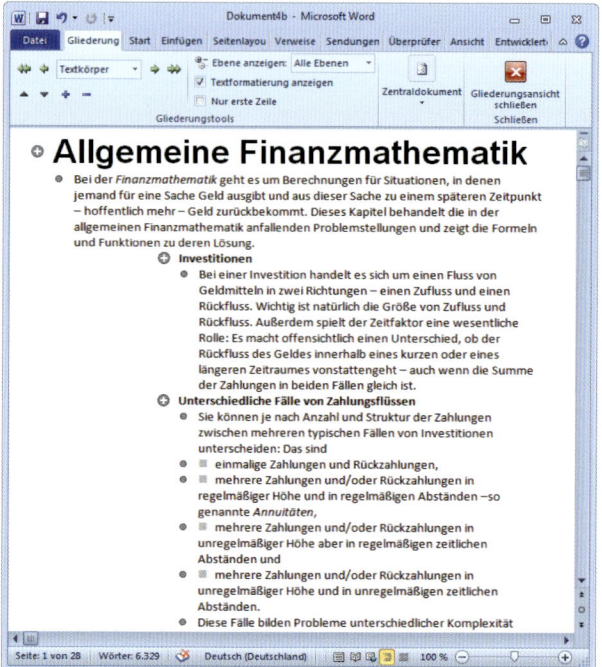

Abbildung 4.39 Die Ansicht *Gliederung* ist zur Kontrolle der Struktur geeignet.

Entwurf

Zum Eingeben, Bearbeiten und Formatieren von Text können Sie auch in der Ansicht *Entwurf* arbeiten. In dieser Ansicht werden zwar alle Zeichen- und Absatzformate angezeigt, das Layout einer Seite wird jedoch vereinfacht dargestellt, um eine schnelle Texteingabe und -bearbeitung zu ermöglichen. Beispielsweise werden Seitenränder, Kopf- und Fußzeilen, Hintergründe, Zeichnungsobjekte und Bilder sowie einige andere Elemente nicht angezeigt. Diese Ansicht eignet sich vor allem für das fortlaufende Eingeben und auch für das Formatieren von Text – wenn Sie über einen einigermaßen leistungsfähigen Rechner verfügen, können Sie aber auf diese Ansicht verzichten und stattdessen standardmäßig in der Ansicht *Seitenlayout* arbeiten.

4.5.2 Zusätzliche Elemente ein- und ausblenden

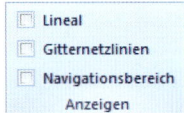

Über die Optionen in der Gruppe *Anzeigen* der Registerkarte *Ansicht* können Sie bei der Mehrzahl der eben beschriebenen Ansichten zusätzliche Elemente ein- und ausschalten.

Lineal

Ein Aktivieren der Option *Lineal* zeigt ein waagerechtes und ein senkrechtes Zeilenlineal an (→ Abbildung 4.40). Sie können dieses verwenden, wenn Sie Elemente genauer positionieren müssen. Auch ein Klick auf die Schaltfläche *Lineal* 🔲 oberhalb der senkrechten Bildlaufleiste erfüllt diese Funktion.

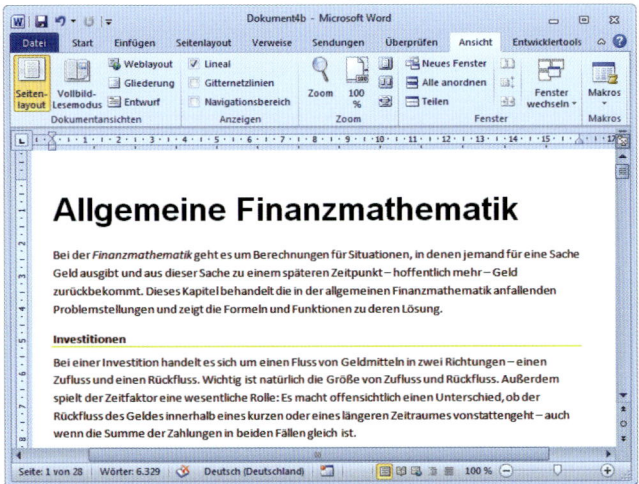

Abbildung 4.40 Zwei Lineale werden angezeigt.

Der Navigationsbereich

Zu jeder der zuvor angesprochenen Ansichten können Sie zusätzlich einen Navigationsbereich einblenden lassen, der bei den früheren Versionen als Dokumentstruktur bezeichnet wurde. Aktivieren Sie dazu in der Gruppe *Anzeigen* der Registerkarte *Ansicht* das Kontrollkästchen *Navigationsbereich*. Dabei handelt es sich um einen separaten Fensterausschnitt, in dem eine Liste der

im Dokument enthaltenen Überschriften angezeigt wird (→ Abbildung 4.41).

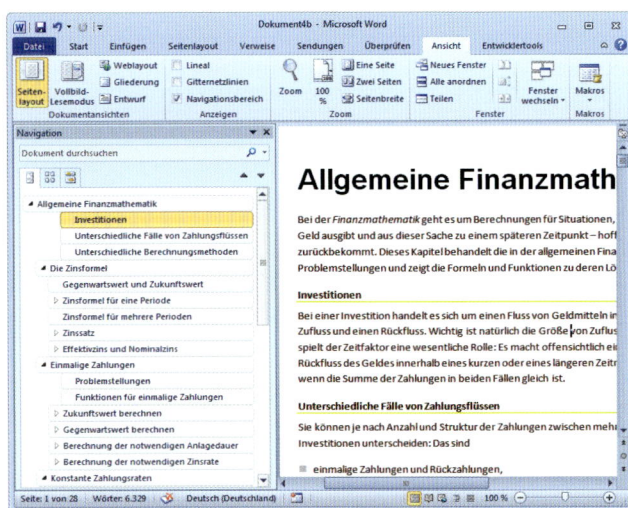

Abbildung 4.41 Der Navigationsbereich – früher hieß er Dokumentstruktur.

Kapitelüberschriften müssen hierzu mit einer einheitlichen und nummerierten Formatvorlage formatiert sein (→ Kapitel 9). Verwenden Sie dieses zusätzliche Element, um auf schnelle Weise durch das Dokument zu navigieren und Ihre Position im Dokument zu verfolgen: Wenn Sie auf eine Überschrift in der Dokumentstruktur klicken, wechselt Word zur entsprechenden Überschrift im Dokument, zeigt diese im oberen Bereich des Fensters an und markiert die Überschrift in der Dokumentstruktur. Die Breite der Spalte können Sie mit der Maus regeln.

Miniaturansichten

Interessant ist beispielsweise das Einblenden der Miniaturansichten: Nach dem Klicken auf die entsprechende Schaltfläche wird im linken Bildschirmbereich eine Spalte mit kleinen Seitensymbolen angezeigt, über die Sie schnell zwischen den einzelnen Seiten navigieren können (→ Abbildung 4.42).

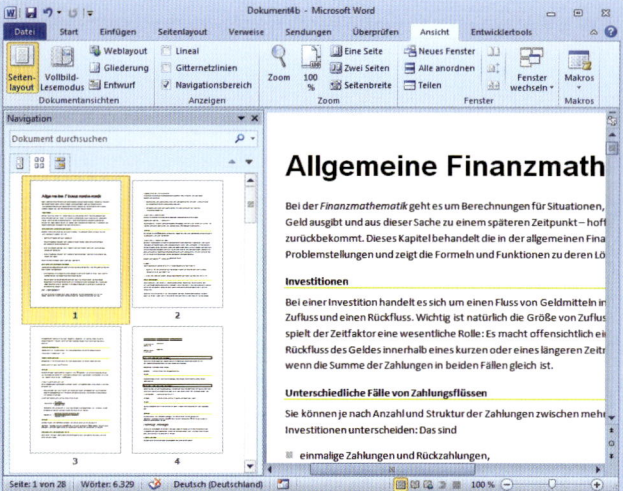

Abbildung 4.42 Der Navigationsbereich zeigt im linken Bereich ein Inhaltsverzeichnis zum Navigieren durch das Dokument an.

Gitternetzlinien

Die Befehlsschaltfläche *Gitternetzlinien* sorgt dafür, dass auf der Arbeitsfläche ein Raster eingeblendet wird (→ Abbildung 4.43). Sie können dieses als Hilfsinstrument für die genauere Positionierung – beispielsweise von eingefügten grafischen Elementen – benutzen.

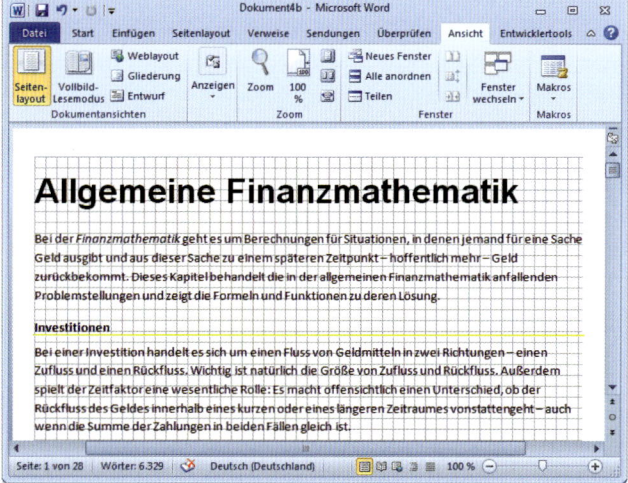

Abbildung 4.43 Ein Gitternetz auf der Arbeitsfläche

4.5.3   Arbeiten mit Dokumentfenstern

Wenn Sie mit unterschiedlichen Programmen des Pakets Microsoft Office 2010 arbeiten, werden Sie feststellen, dass nicht alle Programme dieselben Stile hinsichtlich der Dokumentfenster bei ihren Benutzeroberflächen benutzen. Einige Programme erlauben es beispielsweise, gleichzeitig mehrere Dokumente geöffnet zu halten.

» Wenn jeweils nur ein einzelnes Dokument geöffnet sein kann, spricht man von einem sogenannten *Single-Document Interface* – abgekürzt *SDI*. Ein Beispiel für die *SDI*-Oberfläche ist das Programm *Microsoft Access*. Es kann nur ein einzelnes Dokument geöffnet werden und dieses wird automatisch geschlossen, wenn Sie ein anderes öffnen.

» Können mehrere Dokumente in einer Anwendung gleichzeitig geöffnet sein, bezeichnet man das als *Multiple-Document Interface* – abgekürzt *MDI*. *Microsoft Excel* ist ein Beispiel für eine *MDI*-Oberfläche. In Excel haben Sie beispielsweise die Möglichkeit, mehrere Dokumente gleichzeitig anzuzeigen, wobei jedes Dokument in einem eigenen Dokumentfenster innerhalb des Anwendungsfensters erscheint.

» Anders ist es bei *Microsoft Word*: Rein technisch gesehen wird beim Öffnen mehrerer Word-Dokumente nur eine Instanz von Word geöffnet, der Benutzer hat aber den Eindruck, als würden zwei oder mehr Versionen existieren. Sie können diese Einstellungen ändern und Word dazu bewegen, ein ähnliches Verhalten wie beispielsweise Excel zu zeigen. Dazu müssen Sie in den *Word-Optionen* in der Kategorie *Erweitert* im Abschnitt *Anzeigen* die Option *Alle Fenster in der Taskleiste anzeigen* deaktivieren. Mehrere geöffnete Dokumente können dann in sogenannten *Dokumentfenstern* innerhalb des Anwendungsfensters angezeigt werden.

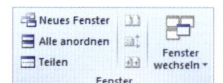 Sie können also bei Word mehrere Dokumente geöffnet haben (→ Kapitel 3). Diese werden in separaten Fenstern angezeigt, die aber standardmäßig immer den gesamten Arbeitsbereich vollständig ausfüllen. Die Befehle zum Arbeiten mit diesen Fenstern sind in der Gruppe *Fenster* der Registerkarte *Ansicht* zusammengefasst. Sie können über die Befehle dieser Gruppe beispielsweise ein neues Fenster für das aktive Dokument erstellen

oder durch Teilen des Fensters gleichzeitig verschiedene Bereiche des Dokuments anzeigen lassen.

Wechsel zwischen den Fenstern

Haben Sie mehrere Dokumente geöffnet, werden diese in separaten Fenstern geöffnet, deren Namen als separate Schaltflächen in der Taskleiste angezeigt werden. Klicken Sie auf eine dieser Schaltflächen, um zum gewünschten Dokument zu wechseln. Sie können auch über die Liste zur Schaltfläche *Fenster wechseln* zwischen diesen umschalten. Das gerade aktive Dokument ist dort mit einem Häkchen gekennzeichnet.

Mehrere Fenster eines Dokuments

Wenn Sie unterschiedliche Teile eines bestimmten Dokuments in verschiedenen Fenstern anzeigen lassen wollen, wählen Sie in der Gruppe *Fenster* den Befehl *Neues Fenster*. Microsoft Word öffnet dann ein neues Fenster, das die gleichen Informationen wie das aktive Dokument enthält. Der Name des ursprünglichen Fensters wird durch eine Zahl erweitert. Einen Wechsel zwischen den beiden Fenstern bewirken Sie über die Taskleiste oder über die entsprechenden Einträge in der Liste zur Schaltfläche *Fenster wechseln*. In den verschiedenen Fenstern können Sie unterschiedliche Bereiche des Dokuments anzeigen lassen. Sie arbeiten in dieser Darstellung immer nur mit einem Dokument, das heißt, Änderungen, die in einem Fenster vorgenommen werden, sind automatisch auch im anderen ausgeführt.

Fenster teilen

Einen ähnlichen Effekt erreichen Sie über den Befehl *Teilen* in der Gruppe *Fenster*. Damit können Sie mehrere Bereiche eines Dokuments zusammen auf dem Bildschirm anzeigen. Nach dem Wählen des Befehls wird ein Teilungsmarkierer eingeblendet, den Sie mit der Maus auf die gewünschte Höhe bringen können; klicken Sie zum Abschluss mit der Maus. Sie können stattdessen auch den Mauszeiger auf das Teilungsfeld oberhalb der vertikalen Bildlaufleiste setzen und – sobald der Mauszeiger die Form eines Doppelpfeils annimmt – die Teilungsmarkierung nach unten an die gewünschte Position ziehen. In beiden Fällen wird der Bildschirm in zwei untereinander angeordnete Ausschnitte geteilt, die über eigene Bildlaufleisten verfügen. In jedem dieser Ausschnitte können unterschiedliche Bereiche des Dokuments angezeigt werden.

Die Aufteilung auf dem Bildschirm können Sie regeln, indem Sie den Mauszeiger auf die Teilungslinie setzen und dann den Balken mit gedrückt gehaltener Maustaste nach oben oder unten verschieben. Um das Dokument wieder in einem einzigen Fenster anzuzeigen, doppelklicken Sie auf die Teilungslinie oder verschieben Sie sie ganz nach oben oder ganz nach unten. Alternativ können Sie auch den Befehl *Teilung aufheben* in der Gruppe *Fenster* wählen.

Fenster anordnen

Wenn Sie mehrere Dokumente geöffnet oder mehrere Fenster eines Dokuments erstellt haben, können Sie diese Fenster über den Befehl *Alle anordnen* in der Gruppe *Fenster* gleichzeitig auf dem Bildschirm platzieren lassen. Um zur Ansicht mit nur einem Fenster zurückzuschalten, klicken Sie im gewünschten Fenster rechts oben in der Titelleiste auf das Symbol *Maximieren*.

Nebeneinander anzeigen

Mit dem Befehl *Nebeneinander anzeigen* in der Gruppe *Fenster* können Sie die Inhalte zweier geöffneter Dokumente schnell vergleichen. Das empfiehlt sich beispielsweise, wenn Sie verschiedene Versionen einer Datei aufeinander abstimmen wollen.

Außerdem ist in einem solchen Fall die Schaltfläche *Synchroner Bildlauf* bereits aktiviert. Das bewirkt, dass bei einer Änderung des angezeigten Bereichs in einem der beiden Fenster der Bereich im anderen Fenster synchron geändert wird. Durch Abschalten können Sie dafür sorgen, dass in beiden Fenstern wieder eine voneinander unabhängige Navigation möglich wird.

Wechsel zwischen Dokumenten über die Taskleiste

Wenn Sie in Word mehrere Dokumente geöffnet haben, wird jedes einzelne davon bei Windows XP oder Vista als separate Schaltfläche in der Taskleiste angezeigt. Klicken Sie auf eine dieser Schaltflächen, um zum gewünschten Dokument zu wechseln.

Anders ist das bei Windows 7: Dass mehrere Dateien vorhanden sind, erkennen Sie daran, dass das Symbol für die Anwendung *Word* als Gruppe mehrerer Symbole angezeigt wird. Damit wird der Eindruck vermittelt, mehrere Symbole würden direkt hintereinander liegen. Wenn Sie den Mauszeiger auf diese Symbolgruppe bewegen, werden die Namen der dazugehörenden Fenster eingeblendet (→ Abbildung 4.44). Wir sagten es schon weiter oben: Wie diese Darstellung der Elemente erfolgt, ist auch eine Frage der Leistungsfähigkeit des Computers. Leistungsstärkere Rechner sorgen automatisch dafür, dass diese Elemente in Form von Miniaturansichten angezeigt werden. Die Form der Darstellung können Sie aber auch über die *Einstellungen* zu den *Systemeigenschaften* von Windows 7 regeln.

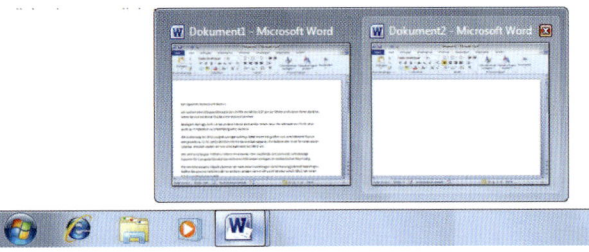

Abbildung 4.44 Die Darstellung von Miniaturansichten bei Windows 7 können Sie zum Wechseln zwischen den Dokumenten benutzen.

Sie wechseln zur Anzeige eines Fensters, indem Sie auf die entsprechende Miniaturansicht bzw. das Symbol klicken.

Wenn Sie den Mauszeiger in eine solche Liste hineinbewegen, haben Sie auch die Möglichkeit, das Fenster über die kleine Schaltfläche ☒ darin zu schließen.

Ein Dokumentfenster schließen

Standardmäßig können Sie rechts oben in der Titelleiste eines Fensters die Anzeige zwischen den bei Windows üblichen Formen *Fenster*, *Vollbild* und *Symbol* wechseln (→ oben). Direkt darunter finden Sie eine weitere Schaltfläche, die mit *Fenster schließen* benannt ist. Ein Klick darauf schließt das gerade angezeigte Dokumentfenster. Hatten Sie mehrere Dokumente geöffnet, wird dann eines davon im Dokumentbereich angezeigt. War das gerade geschlossene Dokument das einzige geöffnete, ist der Arbeitsbereich leer.

4.5.4 Generelle Einstellungen zur Ansicht

Unter den *Word-Optionen* finden Sie einige Einstellungen, die bestimmen, was bei jedem Dokument generell angezeigt werden soll. Um diese zu kontrollieren oder zu ändern, öffnen Sie die Registerkarte *Datei* und wählen Sie *Optionen*. Im Abschnitt *Anzeigen* der Kategorie *Erweitert* regeln Sie die standardmäßige Anzeige diverser Elemente auf der Oberfläche (→ Abbildung 4.45).

» Im Feld *Diese Anzahl zuletzt verwendeter Dokumente anzeigen* geben Sie die Anzahl von Elementen zwischen *1* und *50* ein, die in der Liste *Zuletzt verwendete Dokumente* angezeigt werden sollen.

» Über *Maße in folgenden Einheiten anzeigen* können Sie die Maßeinheit auswählen, die für das horizontale Lineal sowie für Maße verwendet werden soll, die Sie in Dialogfeldern eingeben.

» Über *Breite des Formatvorlagenbereichs in Entwurfs- und Gliederungsansichten* geben Sie eine positive Dezimalzahl – wie beispielsweise *0,5* – in das

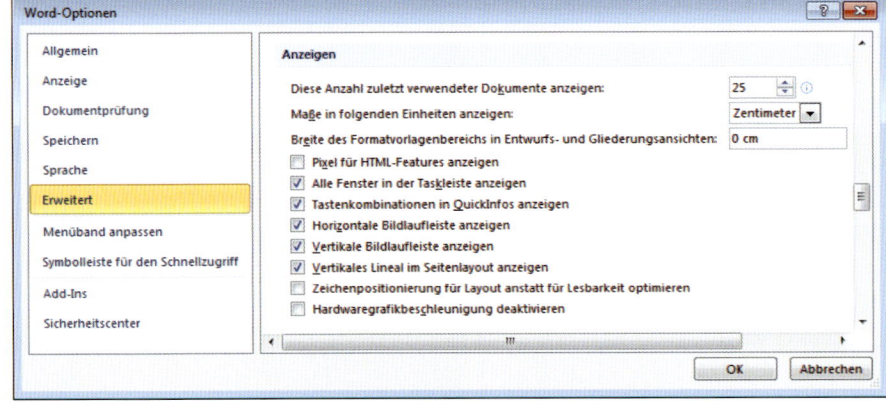

Abbildung 4.45
Der Abschnitt *Anzeigen* im Bereich *Erweitert* der Word-Optionen

Feld ein, um den Formatvorlagenbereich zu öffnen, in dem die Namen der auf den Text angewendeten Formatvorlagen angezeigt werden. Geben Sie den Wert *0* ein, um die Anzeige zu schließen.

» Mit *Pixel für HTML-Features anzeigen* können Sie Pixel als Standardeinheit für Maße in Dialogfeldern verwenden, die sich auf *HTML*-Elemente beziehen.

» Ist *Alle Fenster in der Taskleiste anzeigen* aktiviert, wird jedes in einem Office-Programm geöffnete Fenster in der Windows-Taskleiste als Symbol angezeigt. Wenn Sie dieses Kontrollkästchen deaktivieren, wird in der Taskleiste für jedes Programm ein Symbol angezeigt.

» *Tastenkombinationen in QuickInfos*, die *Horizontale Bildlaufleiste* und die *Vertikale Bildlaufleiste* können angezeigt und ausgeblendet werden.

» Mit *Vertikales Lineal im Seitenlayout anzeigen* können Sie seitlich am Dokumentfenster ein vertikales Lineal anzeigen. Achten Sie darauf, dass Sie auch das Kontrollkästchen *Lineal* in der Gruppe *Anzeigen* auf der Registerkarte *Ansicht* im Menüband aktiviert haben.

» Wenn Sie *Zeichenpositionierung für Layout anstatt für Lesbarkeit optimieren* einschalten, wird die Zeichenposition bei der Darstellung im gedruckten Dokument im Hinblick auf Textblöcke exakter angezeigt. Abstände zwischen Zeichen können aber verzerrt dargestellt werden, wenn diese Option aktiviert ist. Eine bessere Lesbarkeit am Bildschirm erzielen Sie, wenn Sie diese Option deaktivieren.

Kapitel 5

Elemente in den Text einfügen

Nach oder auch während der Texteingabe können Sie weitere textbezogene oder auch grafische Elemente in das Dokument einfügen. Dazu gehören beispielsweise Sonder- oder Steuerzeichen, Datums- und/oder Uhrzeitangaben, Schnellbausteine – ganz früher einmal als *AutoTexte* bezeichnet – bzw. Bilderelemente oder Fotos. Als Werkzeuge dienen hier vor allem die betreffenden Befehle auf der Registerkarte *Einfügen* (→ Abbildung 5.1). Im Allgemeinen setzen Sie vorher jeweils die Einfügemarke an die gewünschte Stelle im Dokument.

» Wir wollen uns zunächst einmal mit einigen typischen Textelementen beschäftigen, die Sie oft in das eigentliche Dokument selbst einfügen werden (→ Abschnitt 5.1). Dazu gehören beispielsweise Schnellbausteine oder die Angaben für Datum und Uhrzeit, aber auch anderes.

» Einige Informationen lassen sich besser in einer Tabellenstruktur darstellen als in einem Fließtext. Solche Tabellen bestehen aus einzelnen Zellen, die in vertikalen Spalten und horizontalen Zeilen angeordnet sind (→ Abschnitt 5.2). Diese Zellen können Text, Zahlen, Grafiken usw. enthalten.

» Word bietet auch verschiedene Möglichkeiten, mit denen sich Dokumente durch Einfügen grafischer Elemente und anderer Objekte anschaulicher und interessanter gestalten lassen (→ Abschnitt 5.3). Dazu gehören beispielsweise Grafikdateien oder -clips, geometrische Formen, verschiedene Diagramme oder auch grafisch aufgearbeiteter Text. Die Befehle dazu sind zum größten Teil in der Gruppe *Illustrationen* in der Registerkarte *Einfügen* angesiedelt.

» Abhängig von den auf Ihrem Computer installierten Programmen können Sie in den Programmen erstellte Objekte oder Dateien in einem anderen Programm als Objekt anzeigen (→ Abschnitt 5.5). Beispielsweise können Sie in einem Microsoft-Word-Dokument die Zahlen aus einer Excel-Tabelle anzeigen lassen.

» Wichtig können auch Dokumenteigenschaften und andere Felder werden (→ Abschnitt 5.6). Dabei handelt es sich um Codes, mit deren Hilfe Informationen in ein Dokument eingefügt werden, deren konkreter Inhalt meist automatisch aktualisiert wird. Beispiele

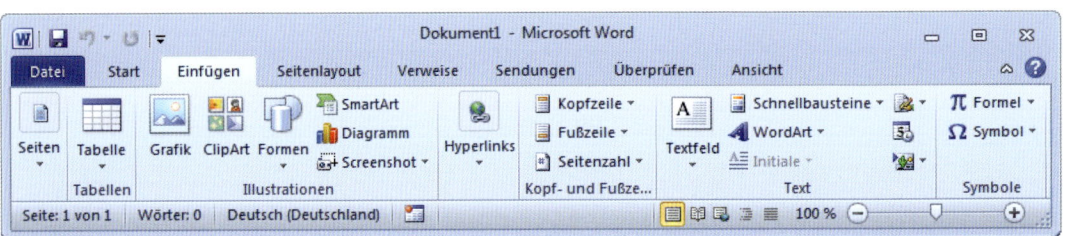

Abbildung 5.1
Über die Registerkarte *Einfügen* können Sie dem Dokument viele Typen von zusätzlichen Elementen hinzufügen.

dafür sind *Seitenzahlen* oder die Angaben von *Datum und Uhrzeit*. Weitere Beispiele hierfür sind Felder für ein Inhalts- oder ein Stichwortverzeichnis.

5.1 Textelemente

Zu den typischen Elementen, die Sie in ein Dokument einfügen werden, gehören Symbole und Sonderzeichen, mathematische Formeln, Schnellbausteine, eine Signaturzeile zum Signieren von Dokumenten oder eine Initiale.

5.1.1 Symbole, Sonderzeichen und Formeln

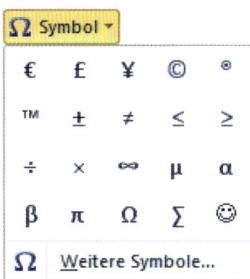

Für die Eingabe von Zeichen, auf die Sie über die Tastatur nicht direkt zugreifen können, stellt Word den Befehl *Symbole* in der Gruppe *Symbole* auf der Registerkarte *Einfügen* zur Verfügung. Sie haben darüber Zugriff auf einen großen Vorrat an Zeichen, die Sie über die Tastatur nur mithilfe von *ANSI*-Zeichen eingeben könnten. Beispielsweise könnten Sie das Zeichen ✛ mithilfe des Codes `Alt`+`0` `1` `8` `9` (auf der Zehnertastatur – die Taste `Num` muss gedrückt sein) eingeben.

Die am häufigsten verwendeten Symbole einfügen

Setzen Sie die Einfügemarke an die Stelle im Dokument, an der das Symbol erscheinen soll, und klicken Sie dann in der Gruppe *Symbole* der Registerkarte *Einfügen* auf die Schaltfläche *Symbol* die Registerkarte *Symbole*. Bei Word können Sie zunächst einen Katalog mit den am häufigsten verwendeten Symbolen öffnen (→ Abbildung 5.2). Wenn Sie darin das gewünschte Symbol finden, klicken Sie darauf. Die in diesem Katalog angezeigten Zeichen ändern sich, nachdem Sie über *Weitere Symbole* andere Zeichen verwendet haben. Es werden also immer die häufiger verwendeten Elemente angezeigt.

Abbildung 5.2
Die am häufigsten verwendeten Symbole finden Sie in einem kleinen Katalog zur Schaltfläche.

Weitere Symbole einfügen

Sollte das gewünschte Symbol hier nicht vorhanden sein, klicken Sie im Katalog auf *Weitere Symbole*, um das Dialogfeld *Symbol* anzuzeigen (→ Abbildung 5.3).

Abbildung 5.3 Hierüber können Sie auf einfache Weise Symbole in Ihr Dokument einfügen.

» Der verfügbare Zeichenvorrat lässt sich durch Wahl einer anderen Schriftart beeinflussen. Währungskennzeichen wie beispielsweise €, £, ¥, Brüche wie ✛, ✛, ✛, sprachenabhängige Umlaute und andere Zeichen wie à, á, â, ã, å, æ oder Ähnliches können Sie in allen gängigen Schriftarten einfügen. Einen Satz häufig verwendeter mathematischer Zeichen finden Sie in der Schriftart *Symbol*. Grafische Elemente finden Sie unter anderem in der Schriftart *Wingdings*.

» Die meisten Schriftarten verfügen über verschiedene *Subsets*, in denen Zeichen für unterschiedliche Einsatzzwecke zusammengefasst sind – Sie finden im Listenfeld *Subset* meist die Gruppen *Lateinisch*, *Griechisch*, *Kyrillisch*, *Hebräisch*, aber auch geometrische Formen oder Linienzeichen.

Im Listenfeld in der Mitte des Dialogfelds werden die verfügbaren Symbole angezeigt. Fügen Sie das gewünschte Zeichen durch einen Doppelklick oder durch Markieren und anschließendes Bestätigen über die Schaltfläche *Einfügen* an der aktuellen Cursorposition in das Dokument ein.

TIPP Das Dialogfeld bleibt nach dem Einfügen eines Zeichens geöffnet, um die Eingabe weiterer Symbole zu ermöglichen. Wenn Sie ein weiteres Zeichen einfügen wollen, klicken Sie zunächst auf eine beliebige Stelle im Dokument und setzen dann die Einfügemarke an die gewünschte Stelle. Klicken Sie anschließend wieder das Dialogfeld an und fügen Sie dann das Symbol wie beschrieben ein.

Tastenkürzel definieren

Für häufig verwendete Sonderzeichen können Sie über die Schaltfläche *Tastenkombination* für das gerade im Dialogfeld markierte Zeichen ein Tastenkürzel definieren. Im Dialogfeld *Tastatur anpassen* ist das Symbol im Feld *Befehle* dargestellt (→ Abbildung 5.4). Setzen Sie die Einfügemarke in das Feld *Neue Tastenkombination* und drücken Sie die gewünschte Kombination. Sie können eine oder mehrere der Tasten ⇧, Alt und Strg mit einer anderen Taste kombinieren. Die gewählte Kombination wird angezeigt. Durch Drücken einer weiteren Kombination kann auch diese dem Symbol zugeordnet werden. Wenn Sie eine eingegebene Kombination vor der Bestätigung ändern wollen, müssen Sie sie zuerst löschen.

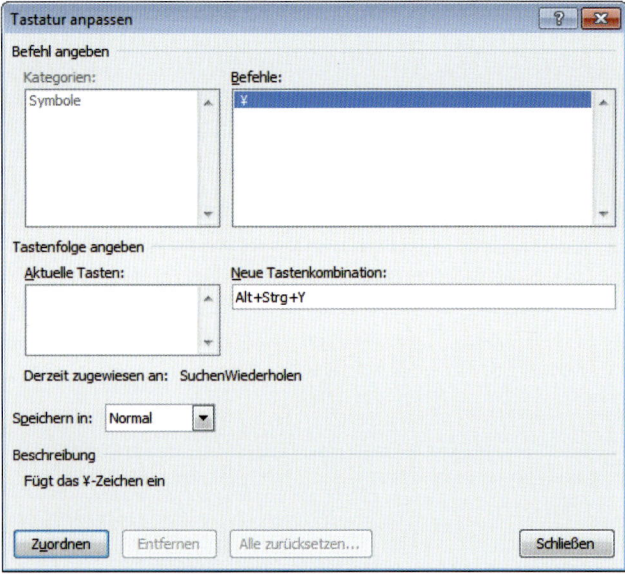

Abbildung 5.4 Definieren Sie Tastenkürzel für häufig benutzte Symbole.

TIPP Wenn die von Ihnen eingegebene Kombination bereits einer bestimmten Aufgabe zugeordnet ist, wird dies im Dialogfeld angezeigt. Wenn Sie dann die gerade festgelegte Tastenkombination bestätigen, wird sie der neuen Aufgabe zugeordnet. Das gilt auch für die in Microsoft Word standardmäßig vorhandenen Tastenkürzel – beispielsweise ⇧ + F12 für den Befehl *Speichern*. Durch einen Klick auf die Schaltfläche *Alle zurücksetzen* können Sie alle benutzerdefinierten Tastenkombinationen aus der Vorlage entfernen und die in Word standardmäßig vorhandenen Tastenkombinationen wieder wirksam machen.

Durch einen Klick auf die Schaltfläche *Zuordnen* übernehmen Sie die eingegebene(n) Kombination(en). Nach dem Bestätigen werden die für das vorher markierte Zeichen eingegebene(n) Kombination(en) im Feld *Aktuelle Tasten* aufgelistet. Sie können eine solche Tastenfolge wieder löschen, indem Sie sie dort markieren und dann auf *Entfernen* klicken.

TIPP Standardmäßig wird eine solche Tastenkombination in der Vorlage *Normal* gespeichert. Das heißt, dass sie in allen Dokumenten zur Verfügung steht, die auf dieser Vorlage basieren. Wenn die neue Tastenkombination für eine andere Vorlage verwendet werden soll, müssen Sie sie über das Drop-down-Listenfeld *Speichern in* auswählen, bevor Sie auf die Schaltfläche *Zuordnen* klicken.

Sonderzeichen

Die Registerkarte *Sonderzeichen* ermöglicht das Einfügen von Steuerzeichen und häufig verwendeten Symbolen (→ Abbildung 5.5). Am Anfang der Liste *Zeichen* finden Sie eine Reihe von Elementen, die auch den automatischen Zeilenumbruch in einer Zelle beeinflussen.

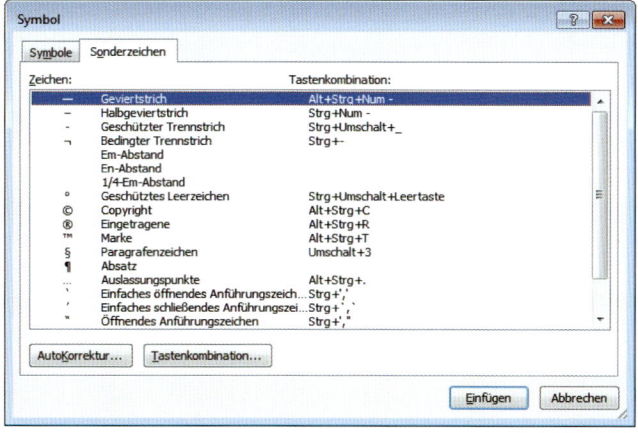

Abbildung 5.5 Symbole und Sonderzeichen sind über ein Dialogfeld verfügbar.

» Den *Geviertstrich* oder den *Halbgeviertstrich* kennen Sie wahrscheinlich eher unter dem Begriff Gedankenstrich. In der deutschen Sprache wird für diesen Zweck der *Halbgeviertstrich* verwendet. Sie benutzen ihn zur optischen Trennung von in einem Satz eingefügten Nebenbemerkungen – wie etwa auch in diesem Satz.

» Ein *bedingter Trennstrich* trennt ein Wort dann, wenn es sich am Ende einer Zeile befindet. Befindet sich das Wort in der Mitte einer Zeile, erscheint das Trennzeichen nicht im Ausdruck. Sie können dieses Zeichen benutzen, wenn die automatische Silbentrennung von Microsoft Word Wörter immer an einer falschen oder einer ungünstigen Stelle trennt. Beispielsweise kann die Automatik dazu führen, dass Word das Wort *Autorennennung* zwischen *Autorennen* und *nung* trennt. Sinnvoller ist hier sicherlich eine Trennung zwischen *Autoren* und *nennung*. Das erreichen Sie durch die Eingabe eines bedingten Trennstrichs an der betreffenden Stelle.

» Der *geschützte Trennstrich* ist ein Bindestrich, mit dem verhindert wird, dass eine Wortkopplung mit Bindestrich am Zeilenende getrennt wird. Beim Verwenden eines normalen Minuszeichens als Binde-

strich zwischen zwei Wörtern wird dieses Zeichen als Trennzeichen verwendet, wenn das erste der beiden Wörter am Zeilenende steht. Wollen Sie beispielsweise vermeiden, dass ein Ausdruck wie *LH2-LOX-Triebwerk* am Bindestrich zwischen *LH2* und *LOX* getrennt wird, benutzen Sie einen geschützten Trennstrich statt des normalen Bindestrichs.

» Das *geschützte Leerzeichen* zwischen zwei Wörtern vermeidet, dass diese Wörter durch einen Zeilenumbruch getrennt werden. Typische Beispiele dafür finden Sie bei Namen von Königen – etwa *Ludwig XIV* –, bei denen der Name und die nachfolgende römische Zahl nicht in verschiedenen Zeilen stehen sollten.

Sie können zum Einfügen solcher Steuer- und Sonderzeichen auch Tastenkürzel verwenden (→ Abbildung 5.5 und Tabelle 5.1).

Tasten	Zeichen
Strg + –	Bedingter Trennstrich
Strg + ⇧ + –	Geschützter Trennstrich
Strg + ⇧ + Leer	Geschützter Wortzwischenraum
Strg + – auf der Zehnertastatur	Halbgeviert (= Gedankenstrich)

Tabelle 5.1 Einige Tastenkürzel für Steuer- und Sonderzeichen wurden bereits festgelegt.

Formeln

π Formel ▾ Und da wir gerade bei der Gruppe *Symbole* sind, können wir gleich noch einen Befehl ansprechen, den die Mehrzahl der Anwender wohl etwas seltener verwenden wird. Sie können mit der Befehlsschaltfläche *Formeln* in der Gruppe *Symbole* Formeln in ein Word-Dokument einfügen (→ Abbildung 5.6). Interessenten finden weitere Informationen weiter hinten in diesem Buch (→ Kapitel 19).

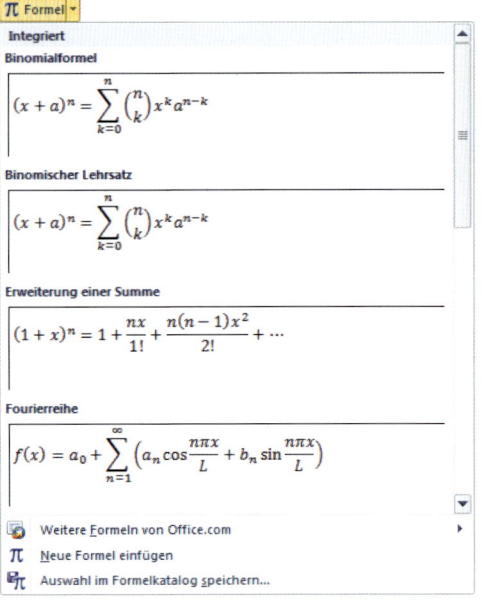

Abbildung 5.6 Im Katalog finden Sie bereits eine Reihe von häufiger verwendeten Formeln.

5.1.2 Schnellbausteine

Sie können häufig verwendete Textpassagen als *Schnellbausteine* speichern und so immer wieder schnell an der gewünschten Position im Text einfügen. Auf diese Weise müssen Sie immer wiederkehrende Texte nicht jedes Mal neu schreiben, sondern können sie aus dem Speicher zurückrufen. Das funktioniert übrigens auch mit Grafiken als Inhalt solche Bausteine.

Bereits vor einer Definition eigener Bausteine verfügt der Katalog zu dieser Schaltfläche über einige Eintragungen, die allerdings auf Ihren Namen und Ihre Initialen beschränkt sind (→ Abbildung 5.7).

Einen Schnellbaustein erstellen

Um einen neuen Schnellbaustein zu erstellen, geben Sie den dafür gewünschten Text zunächst in ein Dokument ein. Falls gewünscht, können Sie den Text auch formatieren und/oder zusätzliche Elemente – wie Grafiken oder Ähnliches – mit eingeben. Markieren Sie dann den gesamten Bereich, den Sie als Schnellbaustein verwenden wollen, öffnen Sie auf der Registerkarte *Einfügen* in der Gruppe *Text* die Liste zur Schaltfläche *Schnellbausteine* und klicken Sie auf *Auswahl im Schnellbaustein-Katalog speichern*. Weisen Sie anschließend im Dialogfeld *Neuen Baustein erstellen* dem Textbaustein einen Namen zu (→ Abbildung 5.8). Die ersten Zeichen des markierten Bereichs werden als Voreinstellung für den Namen des Eintrags angezeigt. Sie sollten diese Voreinstellung durch eine einprägsame, kurze und eindeutige Bezeichnung ersetzen.

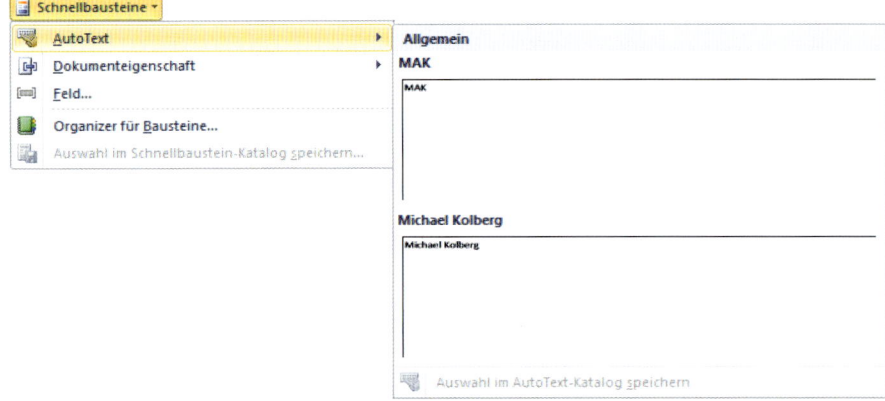

Abbildung 5.8 Ein neuer Schnellbaustein wird hinzugefügt. Der Text einer Markierung wird übernommen.

Abbildung 5.7
Einige Bausteine sind standardmäßig bereits vorhanden.

Beachten Sie auch die restlichen Felder im Dialogfeld *Neuen Baustein erstellen*:

» Im Feld *Katalog* werden Sie wahrscheinlich keine Änderungen durchführen wollen. Die Grundeinstellung *Schnellbausteine* sorgt dafür, dass der Baustein in diesem Katalog gespeichert wird.

» Wenn Sie häufig mit vielen Schnellbausteinen arbeiten, sollten Sie sich überlegen, ob Sie diese nicht in verschiedenen Kategorien organisieren sollten. Standardmäßig werden Schnellbausteine in der Kategorie *Allgemein* abgelegt. Durch Öffnen der Liste zum Feld *Kategorie* können Sie nach Wahl von *Neue Kategorie* weitere Kategorien definieren. Geben Sie der Kategorie zunächst einen Namen. Die Kategorie steht anschließend in der Liste zur Verfügung.

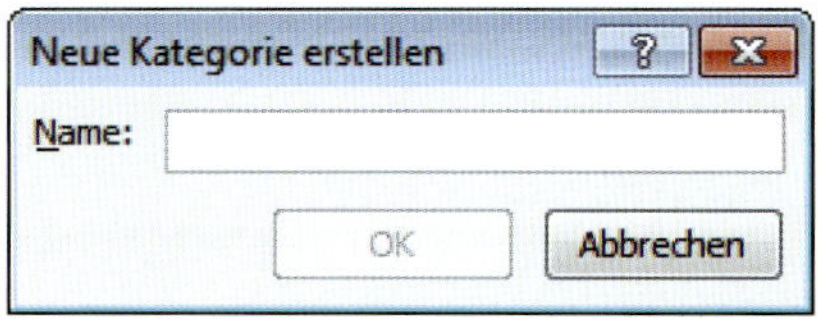

Abbildung 5.9
Eine neue Kategorie für Schnellbausteine erstellen. Geben Sie einen Namen ein.

» Wichtig ist das Feld *Speichern in*. Darüber legen Sie fest, ob der Baustein allgemein für alle Dokumente oder nur für solche nutzbar sein soll, die auf der aktuell benutzten Dokumentvorlage beruhen.

» Über das Feld *Optionen* können Sie regeln, ob genau der vorher markierte Inhalt als Textbaustein benutzt werden soll oder ob diesem eine Absatzmarke hinzugefügt werden soll.

Bestätigen Sie das Anlegen des Textbausteins abschließend durch einen Klick auf *OK*.

Einen definierten Schnellbaustein einfügen

Um einen definierten Schnellbaustein in ein Dokument einzufügen, setzen Sie die Einfügemarke an die gewünschte Stelle und wählen dann den betreffenden Eintrag über die Liste zur Schaltfläche *Schnellbausteine* aus

(→ Abbildung 5.10). Alternativ können Sie das entsprechende Kürzel des Bausteins eingeben und dann F3 drücken.

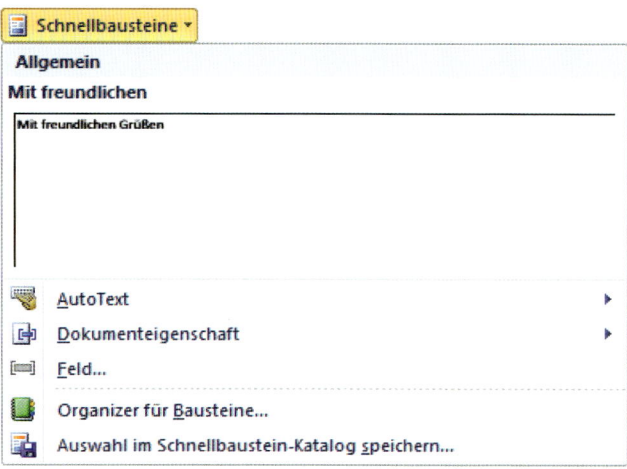

Abbildung 5.10 Einen definierten Baustein einfügen

Oder Sie geben die ersten Buchstaben des Elementnamens ein und drücken – sofern in der eingeblendeten QuickInfo der korrekte Text angezeigt wird – die ↵-Taste. Damit Letzteres funktioniert, muss die Option *Schaltfläche für AutoKorrektur-Optionen anzeigen* auf der Registerkarte *AutoKorrektur* im Fenster zu den *Word-Optionen* aktiviert sein (→ Kapitel 26).

Einen Schnellbaustein bearbeiten

Um die so definierten Bausteine zu editieren, wählen Sie *Organizer für Bausteine* im Katalog zu den Schnellbausteinen. Im gleichnamigen Dialogfeld wird eine Liste der vorhandenen Bausteine angezeigt (→ Abbildung 5.11). Nachdem Sie darin den gewünschten Eintrag markiert haben, können Sie ihn *Löschen* oder seine *Eigenschaften bearbeiten*. Das Dialogfeld zu *Eigenschaften bearbeiten* entspricht dem Dialogfeld *Neuen Baustein erstellen*.

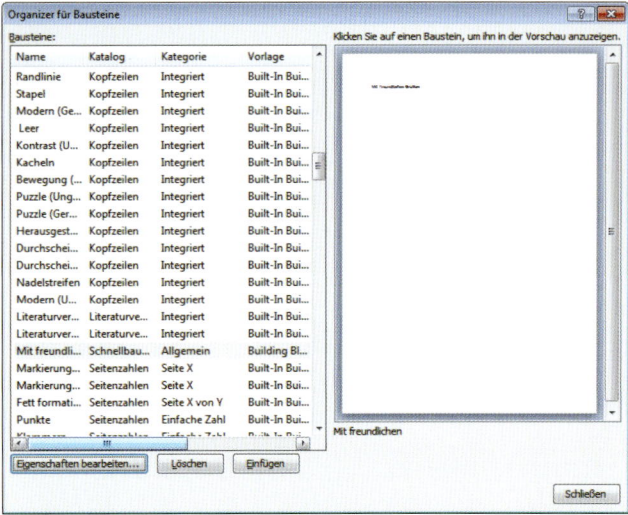

Abbildung 5.11 Die Bausteine organisieren. Klicken Sie links auf einen Baustein, um ihn vollständig in der Vorschau anzuzeigen.

5.1.3 Datum und Uhrzeit

Über die Schaltfläche *Datum und Uhrzeit* in der Gruppe *Text* können Sie das aktuelle Datum, die aktuelle Uhrzeit oder beide Angaben in Ihr Dokument einfügen. Setzen Sie vorher die Einfügemarke an die gewünschte Stelle im Dokument. Im Dialogfeld *Datum und Uhrzeit* können Sie entscheiden, in welcher Form die Daten eingefügt werden sollen (→ Abbildung 5.12).

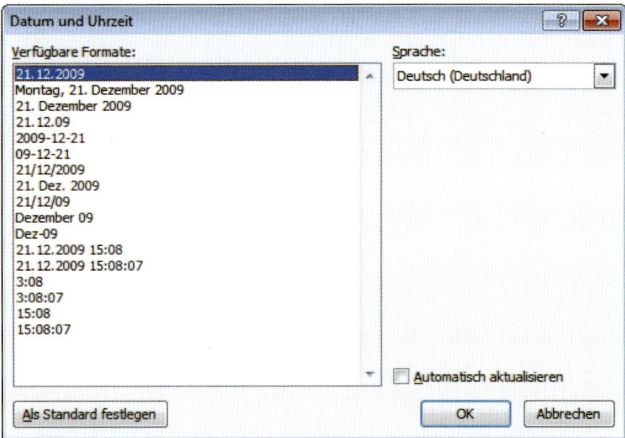

Abbildung 5.12 Legen Sie das Format für Datums-/Uhrzeitangaben fest. Beachten Sie auch die Option *Automatisch aktualisieren*.

» Über das Listenfeld *Sprache* bewirken Sie, dass die sprachtypischen Formate für Datums- und Uhrzeitangaben angezeigt werden. Im Feld *Verfügbare Formate* können Sie dann zwischen unterschiedlichen Formaten wählen.

» Sie haben außerdem die Möglichkeit, die Datums- und/oder Uhrzeitangabe entweder zu einem festen Zeitpunkt des Einfügens oder variabel anzeigen zu lassen. Wenn Sie das Kontrollkästchen *Automatisch aktualisieren* deaktiviert lassen, werden Datum und Uhrzeit zum Zeitpunkt des Einfügens angezeigt, das heißt, die Angaben ändern sich später nicht. Aktivieren Sie das Kontrollkästchen, wird der zum jeweiligen Zeitpunkt aktuelle Wert in das Dokument eingefügt. Dieser Wert ändert sich beim Öffnen des Dokuments oder – in der Standardeinstellung – beim Ausdruck des Dokuments. Wenn Sie die Anzeige manuell aktualisieren wollen, markieren Sie die eingefügte Datums- und/oder Uhrzeitangabe und drücken Sie F9 .

5.1.4 Signaturzeile

Eine digitale Signaturzeile kann als Unterschrift in einem papierlosen Signierprozess für Dokumente wie Verträge oder andere Abkommen eingesetzt werden.

Eine Signaturzeile erstellen

Wählen Sie den Eintrag *Microsoft Office-Signaturzeile* aus der Liste zur Schaltfläche *Signaturzeile* in der Gruppe *Text*. Über das dann angezeigte Informationsfenster haben Sie auch Zugriff auf kommerzielle Dienste, mit deren Hilfe Sie digitale Signaturen hinzufügen können.

Anschließend wird das Dialogfeld *Signatureinrichtung* angezeigt (→ Abbildung 5.13 links). Geben Sie hier die Informationen zu der Person ein, die in dieser Signaturzeile signieren wird. Wenn Sie dem Signierer Anweisungen bereitstellen möchten, geben Sie diese Anweisungen in das Feld *Anweisungen für den Signierer* ein.

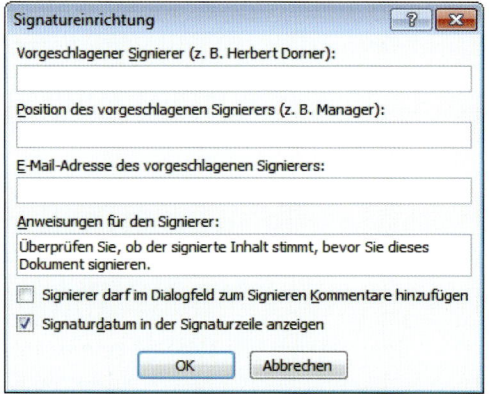

Abbildung 5.13 Über das Dialogfeld *Signatureinrichtung* geben Sie den Namen der Person an.

Klicken Sie auf *OK*. Diese Informationen werden direkt neben der Signaturzeile im Dokument angezeigt (→ Abbildung 5.14). Eine solche Signaturzeile sieht wie ein typischer Signaturplatzhalter in einem gedruckten Dokument aus, unterscheidet sich aber bezüglich der Funktionsweise (→ unten).

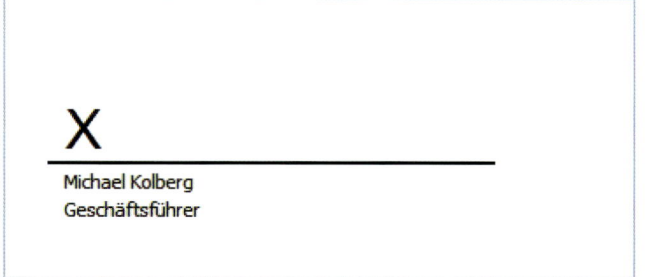

Abbildung 5.14 Eine Signaturzeile wurde dem Dokument hinzugefügt.

Ein Dokument signieren

Sie können natürlich das Dokument ganz normal auf Papier ausdrucken und unterschreiben. Wenn Sie oder Ihre Organisation aber zusätzlich über ein digitales Zertifikat verfügen, können Sie die Vorteile einer papierlosen Signatur nutzen. Der Autor des Dokuments kann im Dialogfeld *Signatureinrichtung* Informationen über den vorgesehenen Signierer sowie Anweisungen für den Signierer angeben. Wenn eine elektronische Kopie des Dokuments an den vorgesehenen Signierer gesendet wird, sieht diese Person die Signaturzeile und eine Benachrichtigung, dass ihre Signatur erforderlich ist.

Wenn Sie die Funktionsweise einmal austesten wollen, doppelklicken Sie im Dokument auf die Signaturzeile, in der Ihre Signatur angefordert wird. Dann wird das Dialogfeld *Signieren* angezeigt (→ Abbildung 5.15).

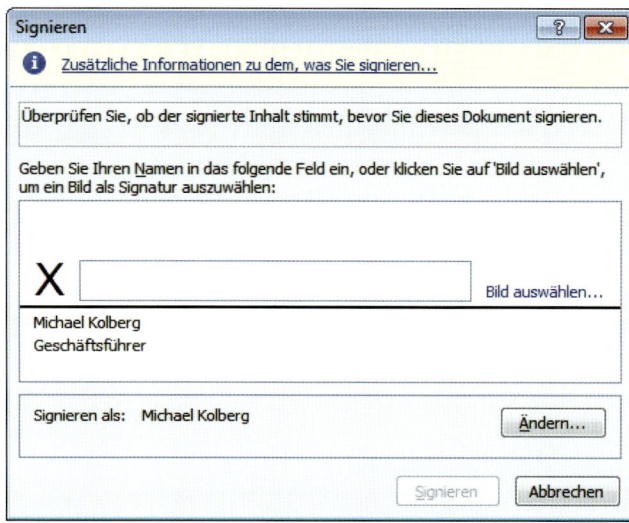

Abbildung 5.15 Signiert wird über ein Dialogfeld.

» Geben Sie Ihren Namen in das Feld neben dem *X* ein, um eine gedruckte Version Ihrer Signatur hinzuzufügen.

» Klicken Sie auf den Link *Bild auswählen*, um ein Bild Ihrer schriftlichen Signatur auszuwählen. Suchen Sie im Dialogfeld *Signaturbild auswählen* den Speicherort der Signaturbilddatei, wählen Sie die gewünschte Datei aus und klicken Sie dann auf *Auswählen*.

» Ein Tablet PC-Benutzer kann mithilfe der Freihandfunktion mit seinem Namen in dem Feld neben dem X unterschreiben.

Klicken Sie auf *Signieren*. Wenn ein Dokument digital signiert wurde, ist es schreibgeschützt, um Änderungen am Inhalt des Dokuments zu verhindern. Wenn dem Dokument eine sichtbare Darstellung einer Signatur hinzufügt wird, wird gleichzeitig eine digitale Signatur hinzugefügt, um die Identität des Signierers zu authentifizieren.

5.1.5   Initiale

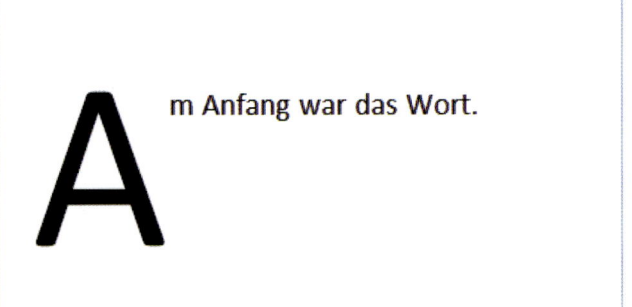 Der Befehl *Initiale* zählt technisch gesehen wohl eher zu den Absatzformaten, da Sie damit den jeweils ersten Buchstaben eines Absatzes in eine spezielle – vergrößerte – Form bringen (→ Abbildung 5.16).

Am Anfang war das Wort.

Abbildung 5.16 Mit einem Initial wird der erste Buchstabe im Absatz vergrößert angezeigt.

Setzen Sie hierfür die Einfügemarke in den gewünschten Absatz und rufen Sie dann den Befehl *Initiale* in der Gruppe *Text* der Registerkarte *Einfügen* im Menüband auf. Wählen Sie im Dialogfeld die gewünschte Form aus und legen Sie gegebenenfalls über den Befehl *Initialoptionen* weitere Optionen fest (→ Abbildung 5.17).

» Über die Varianten *Im Text* und *Im Rand* im Bereich *Position* legen Sie die Grundform des Initials fest.

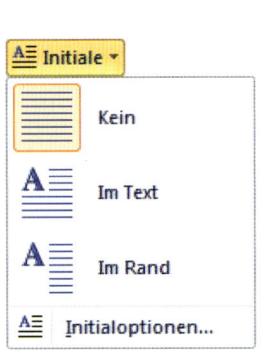
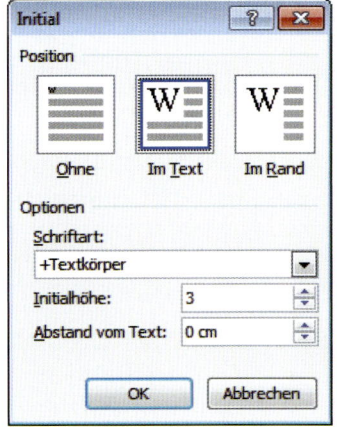

Abbildung 5.17 Das Einfügen eines Initials und die Initialoptionen

» In den darunterliegenden Feldern können Sie die *Schriftart*, die *Initialhöhe* und den *Abstand vom Text* angeben.

5.2   Tabellen

Einige Informationen lassen sich besser in einer Tabellenstruktur darstellen als in einem Fließtext. Zum einen können Sie zum Positionieren der Inhalte Tabulatorstopps einsetzen. Eleganter ist es jedoch, wenn Sie dafür eine Word-Tabelle verwenden. Solche Tabellen bestehen aus einzelnen Zellen, die in vertikalen Spalten und horizontalen Zeilen angeordnet sind. Diese Zellen können Text, Zahlen, Grafiken usw. enthalten. Der wesentliche Vorteil der Verwendung einer Tabelle gegenüber dem Einsatz von Tabulatorstopps besteht darin, dass in den einzelnen Spalten auch mehrzeilige Eintragungen ohne zusätzlichen Aufwand vorgenommen werden können.

Einträge in solchen Tabellen können im Prinzip wie normaler Text bearbeitet werden. Außerdem verfügt die Tabellenfunktion über recht einfache Formatierungsmethoden, wie beispielsweise das Anpassen der Spaltenbreiten, den Einsatz von Gitternetzlinien usw. Auch Berechnungen können Sie in einer Word-Tabelle durchführen. Sollten Sie größere Mengen und/oder kompliziertere Berechnungen in Tabellen beabsichtigen, empfiehlt es sich, dafür eine Microsoft-Excel-Tabelle zu verwenden.

5.2.1   Eine Tabelle erstellen

Zum Einfügen einer Tabelle stehen mehrere Möglichkeiten zur Verfügung. Setzen Sie in jedem Fall die Einfügemarke vorher an die gewünschte Stelle im Dokument. Öffnen Sie die Liste zur Schaltfläche *Tabelle* in der gleichnamigen Gruppe der Registerkarte *Einfügen*. Sie haben dann mehrere Möglichkeiten, eine Tabelle zu erstellen, die nachfolgend beschrieben sind.

Zahl der Felder auswählen

Spezifizieren Sie im Raster unter *Tabelle* die Abmessungen der Tabelle. Führen Sie den Mauszeiger über das Rasterfeld. Während der Bewegung wird im Dokument eine Tabelle in der entsprechenden Größe skizziert. Wenn die Tabelle den gewünschten Abmessungen entspricht, klicken Sie das aktuelle Feld im Raster an. Die Tabelle wird dann erstellt.

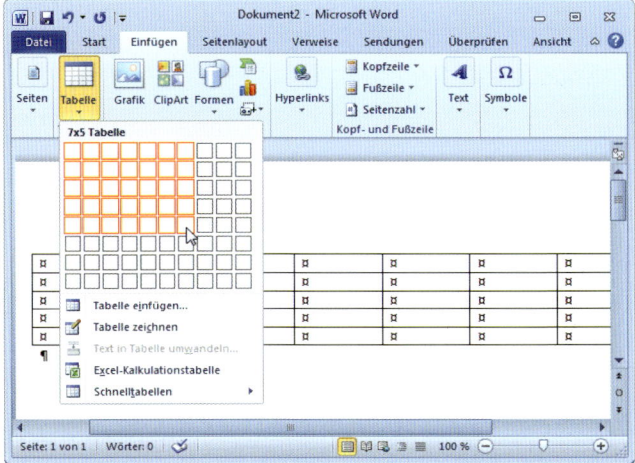

Abbildung 5.18 Zum Erstellen einer Tabelle können Sie ein Raster verwenden.

Das Dialogfeld benutzen

Eine Alternative hinsichtlich der Gestaltung der einzufügenden Tabelle bietet Ihnen das Dialogfeld, das Sie über den Befehl *Tabelle einfügen* im Katalog zum Befehl *Tabelle* aufrufen können. Setzen Sie die Schreibmarke vorher wieder zuerst an die Stelle im Dokument, an der die Tabelle erscheinen soll.

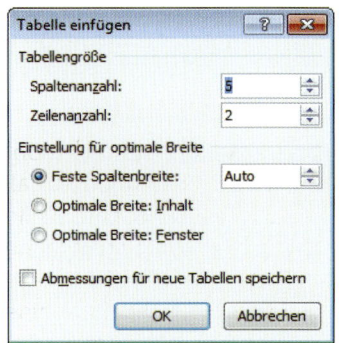

Abbildung 5.19
Über das Dialogfeld können Sie die Spalten- und Zeilenzahl sowie andere Größen einstellen.

» Geben Sie in den Feldern *Spaltenanzahl* und *Zeilenanzahl* die gewünschten Werte ein oder benutzen Sie die Drehfelder zum Einstellen. Sie können auch noch zu einem späteren Zeitpunkt die Anzahl erweitern oder reduzieren.

» Im Bereich *Einstellung für optimale Breite* können Sie die gewünschte Breite der Spalten festlegen: Über die Option *Feste Spaltenbreite* geben Sie eine

bestimmte Breite an oder Sie wählen den Eintrag *Auto*, um Spalten gleicher Größe auf Satzspiegelbreite einzufügen. *Optimale Breite: Inhalt* passt je nach eingegebener Textmenge automatisch die Breite der Spalten in der Tabelle an. *Optimale Breite: Fenster* passt die Größe der Tabelle an die Darstellung in der Weblayout-Ansicht oder im Webbrowser-Fenster an.

» Wenn Sie das Kontrollkästchen *Abmessungen für neue Tabellen speichern* aktivieren, werden für jede neue Tabelle die im Dialogfeld festgelegten Einstellungen vorgeschlagen.

Nach dem Bestätigen der Einstellungen im Dialogfeld über *OK* wird die Tabelle in der festgelegten Art und Größe an der aktuellen Cursorposition eingefügt. Wenn Sie im Dialogfeld die Option *Optimale Breite: Inhalt* gewählt haben, sind die Spalten der Tabelle zunächst recht schmal. Das ändert sich, sobald Sie die Zellen mit Inhalten gefüllt haben.

Vorhandenen Text in eine Tabelle umwandeln

Wenn Sie bereits Text eingegeben haben, den Sie in eine Tabelle umwandeln wollen, sollten Sie Folgendes beachten:

» Die Zeilen der zu erstellenden Tabelle sollten als einzelne Absätze eingegeben worden sein. Notwendig ist das zwar nicht, es erleichtert aber die Arbeit.

» Innerhalb dieser Absätze sollten die einzelnen Spalten immer durch dieselben Trennzeichen – am besten durch Tabulatorstopps – voneinander getrennt sein.

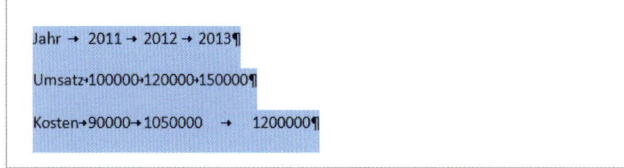

Abbildung 5.20 Absätze mit Tabulatorstopps können in Tabellen umgewandelt werden.

Nachdem Sie alle diese Absätze – und nur diese – markiert haben, wählen Sie im Katalog zum Befehl *Tabelle* den Befehl *Text in Tabelle umwandeln*. Das Dialogfeld entspricht dem oben angesprochenen zum Befehl *Tabelle einfügen* – zusätzlich können Sie im Bereich *Text trennen bei* angeben, welche Trennzeichen zwischen den einzelnen Spalten verwendet werden sollen.

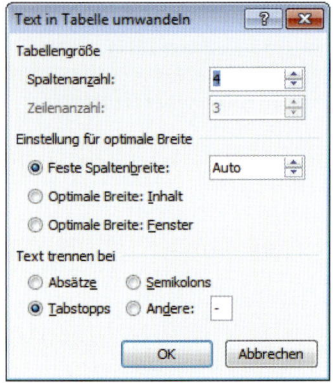

Abbildung 5.21
Das Dialogfeld erlaubt zusätzlich das Festlegen der Trennzeichen.

Abbildung 5.22 Sie können das Tabellenraster auch mit dem »Stift« zeichnen.

» Wie Sie sehen können, sind Tabulatorstopps nicht die einzige Art von Trennzeichen im Text, mit denen Sie Word anweisen können, den folgenden Bereich in die nächste Zelle der Tabelle zu setzen. Auch Absatzmarken, Semikola oder andere frei wählbare Zeichen sind dafür geeignet. Seien Sie etwas vorsichtig mit der Absatzmarke. Vor dem Erstellen der Tabelle können Sie dabei schwer entscheiden, welche Absätze später in welchen Zellen auftauchen. Ein genaues Abzählen der Absätze ist notwendig.

» Prüfen Sie im Bereich *Tabellengröße* die Anzahl der Zeilen und Spalten. Wenn die hier vorgeschlagene Spaltenzahl geringer ist als vermutet, haben Sie wahrscheinlich vergessen im Text einen Tabstopp zu setzen. In diesem Fall empfiehlt es sich, den Vorgang zunächst abzubrechen und den Fehler zu korrigieren. Anderenfalls müssen Sie die Zellinhalte mit viel Aufwand verschieben.

Nach der Bestätigung mit *OK* wird die Tabelle erstellt.

Tabelle zeichnen

Sie können die Tabelle auch einfach zeichnen. Nachdem Sie auf die Schaltfläche *Tabelle zeichnen* geklickt haben, wird der Mauszeiger zu einem Bleistift, mit dem Sie eine einzelne Zelle zeichnen können, indem Sie einen Rahmen aufspannen (→ Abbildung 5.22).

Anschließend können Sie daraus eine komplexe Tabelle erstellen, die beispielsweise Zellen unterschiedlicher Höhe oder unterschiedlich viele Spalten pro Zeile enthält. Dazu zeichnen Sie innerhalb dieses Rechtecks einfach die gewünschten Spalten- und Zeilenlinien.

Tabelle über die AutoKorrektur erstellen

Schließlich können Sie die Tabelle auch einfach über die AutoKorrektur erstellen, weil Sie die entsprechende Einstellung unter den Word-Optionen eingestellt haben. Beispielsweise legt die Zeichenfolge + - - - + - - - + eine zweispaltige Tabelle an.

5.2.2 Eingaben in Tabellen

Um Eingaben in einer Tabelle vorzunehmen, aktivieren Sie zunächst die gewünschte Zelle. Klicken Sie dazu in die Zelle oder wählen Sie sie über die Tastatur an. Geben Sie dann die Inhalte ein. Ein Zeilenumbruch wird automatisch erzeugt, sobald Sie das Ende der Zelle erreicht haben. Über die Taste ⏎ erzeugen Sie innerhalb einer Zelle einen neuen Absatz. Mittels der Taste ⇄ springen Sie zur nächsten Zelle.

Nachdem Sie eine Tabelle in Ihr Dokument eingefügt haben, können Sie jederzeit Änderungen darin vornehmen (→ Kapitel 14). Sie können die Position und Größe einer vorhandenen Tabelle ändern, Spalten und/oder Zeilen in die Tabelle einfügen und solche Elemente auch wieder löschen. Nebeneinander liegende Zellen können Sie verbinden und eine Zelle lässt sich auch in mehrere Zellen unterteilen. Zum Bearbeiten einzelner Bereiche der Tabelle müssen Sie gegebenenfalls vorher die Tabelle, eine Spalte, eine Zeile oder zumindest eine Zelle darin markieren.

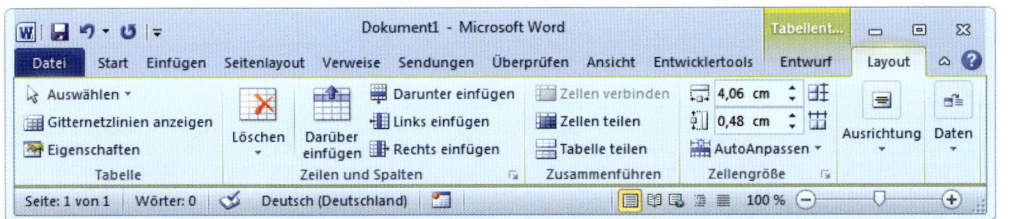

Abbildung 5.23
Die Registerkarte *Tabellen-tools/Layout* steht zur Verfügung, solange eine Tabelle im Dokument markiert ist.

5.2.3   Tabellen editieren

Solange eine Tabelle markiert ist, zeigt das Menüband gleich zwei zusätzliche Registerkarten an: Auf der Registerkarte *Entwurf* finden Sie Werkzeuge zur weiteren Gestaltung der Tabelle. Außerdem können Sie bei einer markierten Tabelle auch zu einer Registerkarte namens *Layout* wechseln (→ Abbildung 5.23). Wenn Sie an den Details zu diesen Werkzeugen interessiert sind – weiter hinten in diesem Buch finden Sie ausführliche Hinweise zu deren Benutzung (→ Kapitel 14).

5.3   Diagramme

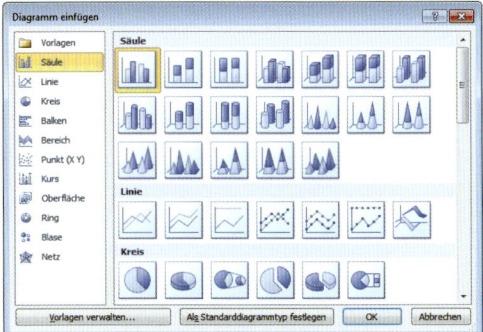 Sie können auch die üblichen Geschäftsgrafiken als Diagramme in Ihren Text einfügen. Dazu fügen Sie an der gewünschten Stelle im Dokument einen Absatz ein und klicken auf die Schaltfläche *Diagramm* in der Gruppe *Illustrationen*. Dadurch wird das Dialogfeld *Diagramm einfügen* geöffnet, über das Sie einen Typ wählen können (→ Abbildung 5.24).

5.3.1   Diagrammtyp wählen

Für jeden Typ finden Sie hier diverse Untertypen. Sie können sowohl den Typ als auch den Untertyp später ändern (→ Kapitel 16).

Abbildung 5.24 Mehrere Diagrammtypen und zugehörige Untertypen stehen zur Verfügung.

Sie finden darin zunächst einmal sechs wichtige Grundformen:

» In einem *Säulendiagramm* werden die Datenbereiche als nebeneinander stehende Säulen angezeigt. Sie vermitteln den Eindruck, als würde für jeden Abschnitt der waagerechten Achse ein Wert existieren – beispielsweise ein Umsatzwert für jedes Jahr.

» *Balkendiagramme* erfüllen dieselben Zwecke wie Säulendiagramme, die Elemente werden aber waagerecht angezeigt. Im üblichen Querformat erlauben sie meist die Anzeige von mehr Details.

» *Liniendiagramme* werden vordringlich dazu verwendet, einen Trend über die Zeit aufzuzeigen. Sie erwecken den Eindruck einer kontinuierlichen Entwicklung.

» Mit *Kreisdiagrammen* können Sie die Verteilung von Einzelwerten im Verhältnis zu deren Summe anzeigen. Ein Kreisdiagramm eignet sich nicht zur Darstellung einer Entwicklung. Es kann jeweils nur eine Datenreihe wiedergegeben werden.

» Bei *Punktdiagrammen* werden die zugrunde liegenden Werte paarweise angezeigt. Die Reihenfolge der Eingabe der Datenpaare in der Tabelle spielt keine Rolle, da die Werte im Diagramm sortiert werden.

» *Flächendiagramme* zeigen dieselben Charakteristika wie Liniendiagramme, mit dem Unterschied, dass die Fläche unter der Linie eingefärbt wird. Damit werden kleinere Werte im Hintergrund durch größere im Vordergrund verdeckt.

Außerdem finden Sie hier auch noch eine Reihe von weiteren Typen, die Sie vielleicht weniger häufig verwenden werden.

Nach der Wahl eines Typs wird der Bildschirm geteilt und links wird ein Diagramm dieses Typs angezeigt (→ Ab-

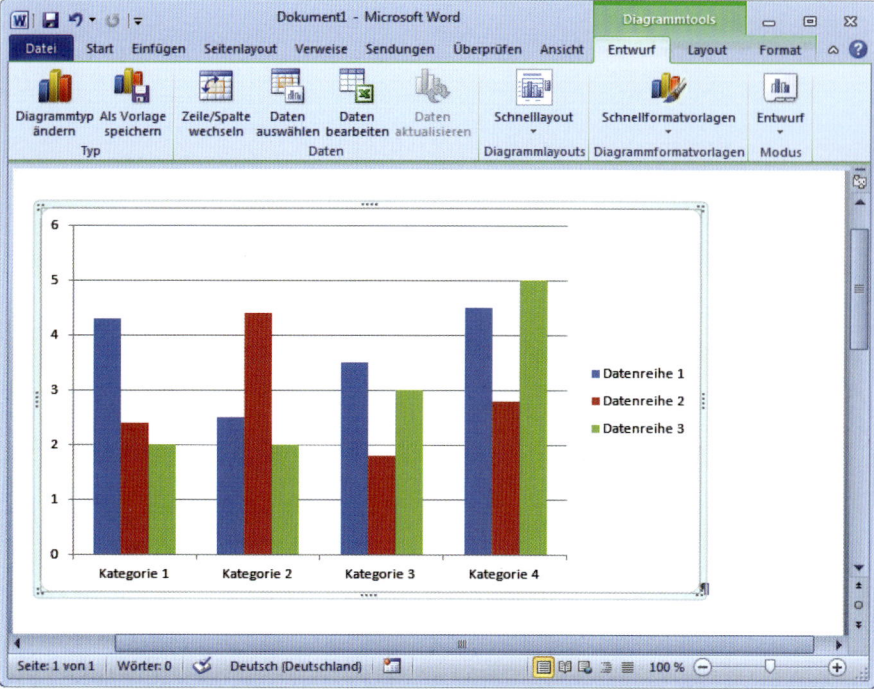

Abbildung 5.25
Zunächst wird ein Platzhalterdiagramm eingefügt. Die zu verwendenden Daten müssen Sie noch festlegen.

bildung 5.25). Die darin dargestellten Daten fungieren zunächst nur als Platzhalter.

Die konkreten Inhalte müssen Sie noch eingeben. Ist Microsoft Excel auf Ihrem Rechner installiert, erscheint auf der rechten Seite des Bildschirms ein Fenster mit der Überschrift *Diagramm in Microsoft Word – Microsoft Excel* (→ Abbildung 5.26).

5.3.2   Inhalte festlegen

Die in der Excel-Tabelle angezeigten Daten bilden die Grundlage für das Diagramm und müssen jetzt noch angepasst werden. Auch wenn Sie sich in Excel nicht zu Hause fühlen, ist das eine einfache Sache. Sie müssen im Prinzip nur zwei Dinge tun: die Zahlenwerte und Beschriftungen eingeben und dann den anzuzeigenden

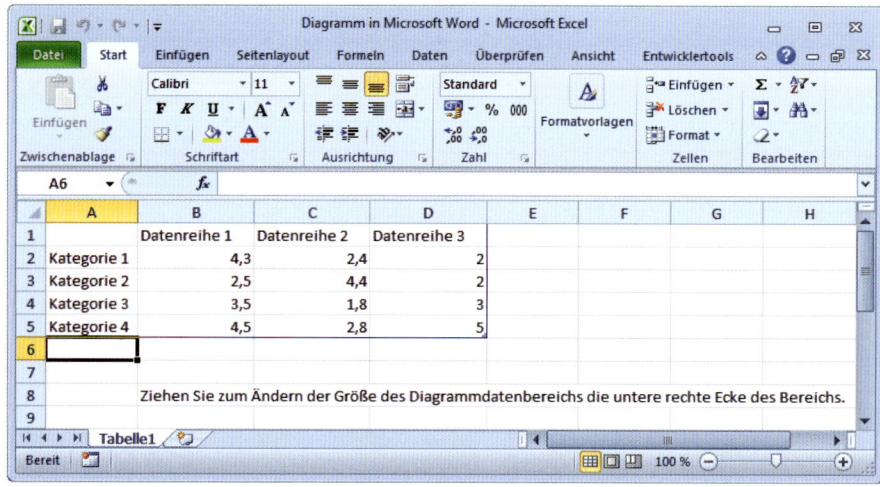

Abbildung 5.26
Eine Excel-Tabelle dient als Datengrundlage.

Bereich so anpassen, dass im Diagramm genau die gewünschten Daten wiedergegeben werden.

ACHTUNG Für den Fall, dass Sie sich in Excel noch nicht auskennen, haben wir in diesem Buch ein Kapitel bereitgestellt, das Ihnen die notwendigen Grundlagen vermittelt (→ Kapitel 15).

Zahlenwerte und Beschriftungen anpassen

Es ist sinnvoll – aber nicht notwendig –, zuerst die Zahlenwerte und Beschriftungen anzupassen. Durch Vergleich der beiden Fenster für das Diagramm einerseits und die zugrunde liegende Tabelle andererseits können Sie leicht herausfinden, welche Daten Sie ändern müssen. Klicken Sie die zu ändernde Zelle in der Tabelle einfach an, geben Sie den neuen Inhalt ein und bestätigen Sie mit ⏎.

Den darzustellenden Bereich anpassen

Der in der Tabelle mit einer blauen Linie umrandete Bereich enthält die Daten, die im Diagramm angezeigt werden. Wenn Sie weniger oder mehr Daten anzeigen lassen wollen, setzen Sie den Mauszeiger auf den unteren rechten Eckpunkt dieses Bereichs und verschieben Sie diesen Punkt.

» Wenn Sie ihn nach rechts verschieben, können Sie beispielsweise in einem Säulendiagramm weitere *Datenreihen* anzeigen lassen. Ein Verschieben nach links reduziert die Anzahl der *Datenreihen*.

» Wenn Sie den Eckpunkt nach unten verschieben, können Sie mehr *Kategorien* abbilden. Ein Verschieben nach oben reduziert die Anzahl der *Kategorien*.

Nach einer Änderung wird das Diagramm automatisch aktualisiert. Nach dem Erstellen des Diagramms können Sie die Tabelle durch einen Klick auf die *Schließen*-Schaltfläche ausblenden.

5.3.3 Diagramm ändern

Solange das Diagramm markiert ist, werden die kontextbezogenen Registerkarten *Diagrammtools/Entwurf*, *Diagrammtools/Layout* und *Diagrammtools/Format* im Menüband angezeigt. Darüber lassen sich nach dem Erstellen eines Diagramms viele Parameter mit wenigen Schritten abändern. Für grundlegende Änderungen benutzen Sie die Befehlsschaltflächen der Gruppen der Registerkarte *Entwurf*. Wenn Sie an den Details zu den Werkzeugen für die Bearbeitung eines Diagramms interessiert sind – weiter hinten in diesem Buch finden Sie ausführliche Hinweise zu deren Benutzung (→ Kapitel 16).

5.4 Grafische Objekte

 Diverse Formen von grafischen Objekten können Ihre Dokumente interessanter gestalten. Dazu gehören beispielsweise Grafikdateien oder -clips, geometrische Formen, verschiedene Diagramme oder auch grafisch aufgearbeiteter Text. Die Befehle dazu sind zum größten Teil auf der Registerkarte *Einfügen* in der Gruppe *Illustrationen* angesiedelt (→ Abbildung 5.27).

5.4.1 Zeichnungsobjekte

 Über die Schaltfläche *Formen* haben Sie Zugriff auf die Hilfsmittel, die zum Erstellen, Bearbeiten und Formatieren von Zeichnungsobjekten, Auto-Formen, Grafiken und Clips verfügbar sind (→ Abbildung 5.28).

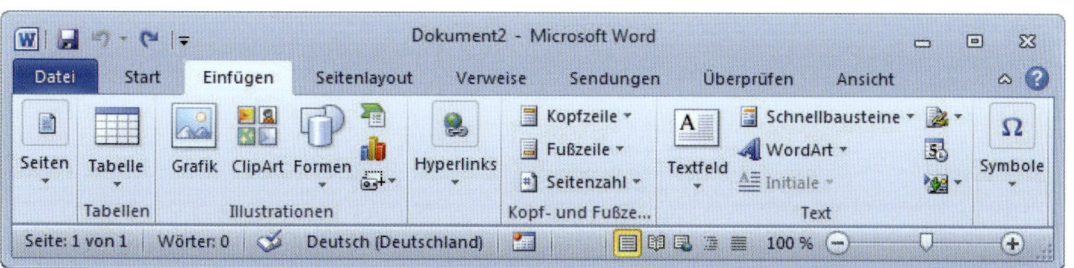

Abbildung 5.27
Die Werkzeuge zum Erstellen grafischer Elemente finden Sie auf der Registerkarte *Einfügen*. Beachten Sie hier die Gruppe *Illustrationen*.

Abbildung 5.28
Die Optionen zum Befehl *Formen* liefern viele grafische Symbole.

Einfache Zeichnungsobjekte erstellen

Um eines der in dieser Liste gezeigten Objekte in ein Dokument einzufügen, klicken Sie im Katalog auf die gewünschte Option. Anschließend bewegen Sie den Mauszeiger, der jetzt die Form eines Kreuzes hat, auf die gewünschte Stelle im Dokument und klicken diese an. Das Objekt erscheint dann in einer Standardgröße und -form im Dokument und kann anschließend hinsichtlich Lage, Form und Größe geändert werden (→ Abbildung 5.29).

Beim Erstellen von einfachen Zeichnungsobjekten – beispielsweise über die Schaltflächen *Linie*, *Rechteck*, *Ellipse* und *Pfeil* – wenden Sie immer einige Grundprinzipien an:

» Zum Zeichnen einer *Linie* setzen Sie nach dem Klicken auf die entsprechende Schaltfläche ◥ den Mauszeiger auf einen Endpunkt der geplanten Linie, halten die Maustaste gedrückt und führen dann den Zeiger zum anderen Ende. In der Grundeinstellung können Sie so Linien in jedem gewünschten Winkel zeichnen. Durch gleichzeitiges Drücken der ⇧-Taste schränken Sie den Winkel der Linie auf Schritte von jeweils 15° ein. Damit wird auch das Zeichnen von senkrechten oder waagerechten Linien vereinfacht. Wenn Sie gleichzeitig die Strg-Taste drücken, können Sie die Linie aus ihrem Mittelpunkt heraus aufziehen.

» Zum Zeichnen eines *Rechtecks* setzen Sie den Mauszeiger nach Klicken auf die Schaltfläche *Rechteck* □ auf einen der vier Eckpunkte des geplanten Rechtecks, halten die Maustaste gedrückt und führen dann den Zeiger auf die Position des diagonal gegenüberliegenden Eckpunkts. Damit können Sie Rechtecke mit beliebigen Proportionen zeichnen. Durch gleichzeitiges Drücken der ⇧-Taste lässt sich bewirken, dass nur Quadrate – also Rechtecke mit gleicher Höhe und Breite – gezeichnet werden.

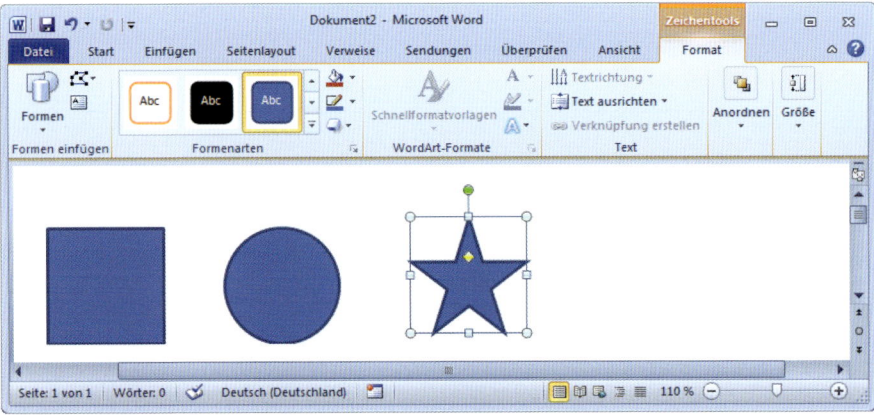

Abbildung 5.29
Zeichnungsobjekte wurden in einem Dokument eingefügt; zum Bearbeiten verwenden Sie die Befehle der Registerkarte *Zeichentools/Format*.

Wenn Sie während des Zeichnens die `Strg`-Taste drücken, können Sie die Form von ihrem Mittelpunkt aus aufziehen.

» Entsprechend funktioniert die Schaltfläche *Ellipse* ⬭. Durch gleichzeitiges Drücken der `⇧`-Taste können Sie bewirken, dass ein Kreis gezeichnet wird.

» Wenn Sie einen Pfeil zeichnen möchten, benutzen Sie die Schaltfläche *Pfeil* ⬉ und zeichnen diesen in der Grundeinstellung vom Ende zur Spitze.

In der Grundeinstellung zeichnen Sie einfache Formen mit einer durchgezogenen Linie in der Stärke von 0,75 Punkt. Die Stärke und Art der Linie können Sie anschließend ändern. Linien können nachträglich mit Pfeilspitzen versehen werden. Nach dem Erstellen bzw. Markieren ist das Zeichnungsobjekt mit einer bestimmten Anzahl von Ziehpunkten versehen – hierzu weiter unten mehr.

AutoFormen aufziehen

Neben einfachen Formen – wie Rechtecken, Ovalen und Linien – haben Sie die Auswahl zwischen vielen verschiedenen mehr komplexen Elementen, die früher als *Auto-Formen* bezeichnet wurden. Dabei handelt es sich um grafische Objekte – beispielsweise Pfeilsymbole, Sterne, Sprechblasen und Ähnliches. Sie finden diese Objekte in der Palette unterhalb von *Standardformen*, *Blockpfeile* usw.

» Klicken Sie in der Palette auf das Symbol der gewünschten Form und ziehen Sie dann die Form in der gewünschten Größe auf. Dazu setzen Sie den Mauszeiger auf einen Eckpunkt der geplanten Form, halten die Maustaste gedrückt und bewegen den Maus-

zeiger auf die gegenüberliegende Ecke. Wenn Sie stattdessen nur einfach auf eine Stelle im Dokument klicken, wird die Form in der Standardgröße erstellt – Sie können die Größe dann nachträglich anpassen.

» Nachdem Sie das Zeichnungsobjekt erstellt haben, können Sie die Form mit der Maus an eine andere Position verschieben. Über die Größenziehpunkte können Sie die Größe der Form verändern – siehe hierzu gleich mehr.

TIPP Die Mehrzahl dieser Formen hat zusätzlich die Eigenschaften von Textfeldern. Sie können also Text darin eingeben und bearbeiten. Sie erkennen diese AutoFormen an dem zusätzlichen gestrichelten Rahmen, der sie umgibt, solange sie markiert sind.

Formen formatieren

Nachdem Sie ein solches Zeichenelement in das Dokument eingefügt oder später markiert haben, meldet sich eine neue kontextbezogene Registerkarte mit dem Namen *Zeichentools/Format* (→ Abbildung 5.30). Wenn Sie an den Details zu diesen Werkzeugen interessiert sind – weiter hinten in diesem Buch finden Sie ausführliche Hinweise zu deren Benutzung (→ Kapitel 17).

5.4.2   Bilddateien

Um persönliche Bilder – beispielsweise Fotos – in einem Dokument anzuzeigen, können Sie auf Ihrem lokalen System gespeicherte Bilddateien hinzufügen.

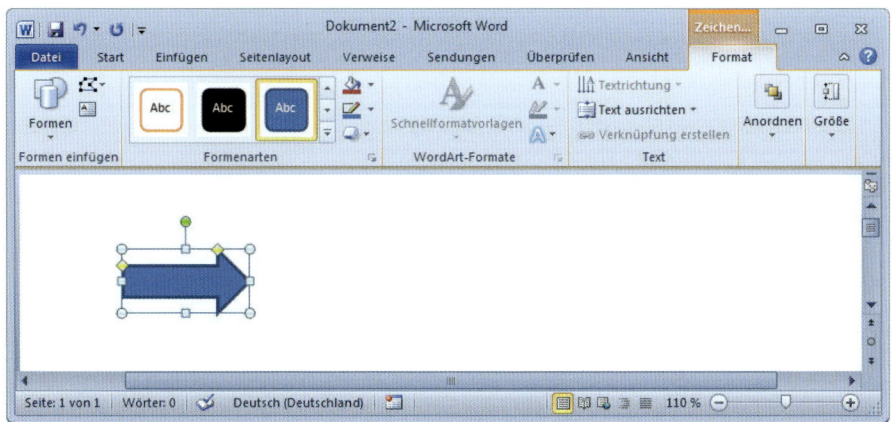

Abbildung 5.30
Eine Form wurde eingefügt; zum Bearbeiten verwenden Sie die Befehle der Registerkarte *Zeichentools/Format*.

Bild einfügen

Nach einem Klick auf den Befehl *Grafik* in der Gruppe *Illustrationen* auf der Registerkarte *Einfügen* wird das Dialogfeld *Grafik einfügen* angezeigt, das bei Vista als Betriebssystem den Inhalt des Ordners *Bilder* anzeigt (→ Abbildung 5.31).

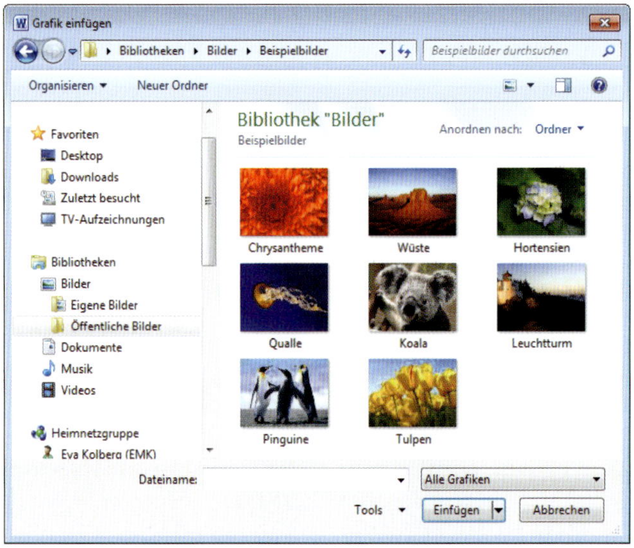

Navigieren Sie zum entsprechenden Speicherort, markieren Sie die gewünschte Grafik und bestätigen Sie Ihre Wahl mit *Einfügen*. Die sonstige Vorgehensweise in diesem Dialogfeld ist identisch mit der beim Öffnen oder Suchen von Dateien im Dialogfeld *Öffnen*. Nach dem Einfügen können Sie die Größe und Position der Grafik wie üblich bei eingefügten Objekten ändern und sie über die *Grafik*-Symbolleiste bearbeiten (→ Abbildung 5.32).

Bild bearbeiten

Nach dem Einfügen meldet sich die Registerkarte *Bildtools/Format* im Menüband. Sie können diese auch anzeigen lassen, nachdem Sie später das Bild erneut markiert haben. Wenn Sie an den Details zu diesen Werkzeugen interessiert sind – weiter hinten in diesem Buch finden Sie ausführliche Hinweise zu deren Benutzung (→ Kapitel 17).

Probleme beim Ändern des Bildpfads

Ein – seit der Version 2007 vorhandenes – Problem müssen wir an dieser Stelle noch ansprechen. Bis zur Programmversion 2003 konnte man den Pfad zu einer verknüpften Grafikdatei durch Anzeigen der Feldfunktionen anzeigen lassen. Dazu mussten Sie nur die Tastenkombination Alt+F9 drücken. Hatten Sie beispielsweise eine Grafikdatei mit dem Namen *Foto1.bmp* eingefügt, wurde eine Feldfunktion wie *{INCLUDEPCTURE »Foto1*.

Abbildung 5.31 Eine Grafik einfügen. Standardmäßig werden bei Windows 7 zunächst die Inhalte der Bibliothek *Bilder* angezeigt.

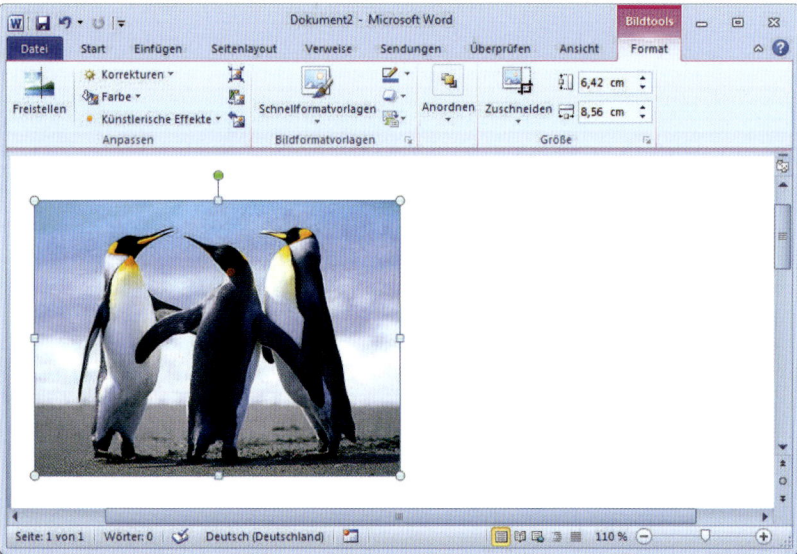

Abbildung 5.32
Ein Bild wurde eingefügt; zum Bearbeiten verwenden Sie die Befehle der Registerkarte *Bildtools/Format*.

bmp * MERGEFORMAT\d«} angezeigt. Sie konnten dann einfach den Namen der Grafikdatei ändern – beispielsweise in *Foto2.bmp*. Nach dem Abschalten der Anzeige der Feldfunktionen über Alt + F9 wurde nach Drücken von F9 die Anzeige im Dokument aktualisiert.

Seit der Programmversion 2007 funktioniert das nicht mehr. Auch nach der Anzeige der Feldfunktionen erscheint die Grafikdatei im Dokument. Wenn Sie den Namen oder den Pfad der Grafikdatei ändern wollen, müssen Sie sich einer der nachfolgend beschriebenen Verfahrensweisen bedienen:

» Sie können das Dokument im Format *Word97-2003-Dokument* speichern. Denken Sie aber daran, dass dabei wichtige Formateinstellungen verloren gehen können. Im damit erzeugten Kompatibilitätsmodus können Sie aber mit Alt + F9 die Feldfunktion anzeigen lassen (→ Abbildung 5.33). Beachten Sie auch, dass sich Word 2010 beim Verknüpfen absoluter Pfade bedient.

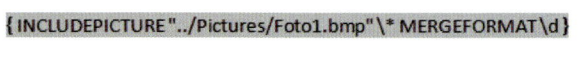

{ INCLUDEPICTURE "../Pictures/Foto1.bmp" * MERGEFORMAT \d }

Abbildung 5.33 Im Kompatibilitätsmodus werden die Feldfunktionen angezeigt; leider nicht im Standardmodus zu einem Word-2010-Dokument.

» Eine etwas bessere Alternative besteht darin, die Grafikdatei über den Befehl *Feld* im Katalog zu *Schnellbausteine* der Registerkarte *Einfügen* in das Dokument zu integrieren. Wählen Sie im Dialogfeld die Feldfunktion *IncludePicture* aus, tragen Sie den Dateinamen ein und aktivieren Sie die Optionen *Daten nicht im Dokument gespeichert* sowie *Formatierung bei Aktualisierung beibehalten* (→ Abbildung 5.34). Nach der Bestätigung erscheint die Grafik im Dokument. Über Alt + F9 können Sie zwischen der Anzeige der Grafik und der Feldfunktion umschalten. Das ist etwas umständlich, funktioniert aber ohne die Formatverluste der vorherigen Alternative. Allerdings können Sie auf eine so eingefügte Grafik eine Vielzahl der Effekte des Programms nicht mehr anwenden. Hier sollte sich Microsoft noch eine bessere Lösung einfallen lassen.

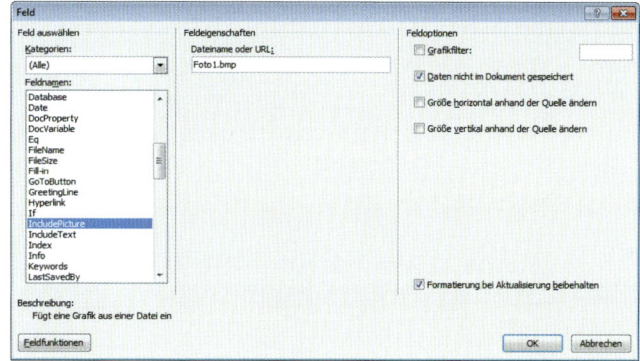

Abbildung 5.34 Eine Grafikdatei kann auch über eine Feldfunktion eingefügt werden. Das ist aber recht umständlich.

HINWEIS Weitere Informationen zu den verfügbaren Feldfunktionen finden Sie im Referenzteil dieses Buchs (→ Kapitel 25).

5.4.3 WordArt

Wenn Sie einen Schriftzug besonders hervorheben wollen, gestalten Sie ihn am besten mit *WordArt*. Sie können damit dem Text unterschiedliche Formen zuweisen, die mit den Werkzeugen der Textformatierung nicht verfügbar sind. Sie geben hierbei zwar Textelemente – wie Buchstaben oder Zahlen – ein, bearbeiten diese aber als Grafik. Dementsprechend können die Hilfsmittel der Textverarbeitung – wie Rechtschreibprüfung oder das Suchen und Ersetzen – innerhalb eines WordArt-Objekts nicht angewendet werden.

WordArt-Objekt erstellen

Um ein WordArt-Objekt einem Dokument hinzuzufügen, positionieren Sie die Einfügemarke an der Stelle im Dokument, an der das Objekt angezeigt werden soll. Klicken Sie dann auf der Registerkarte *Einfügen* im Menüband in der Gruppe *Text* auf die Schaltfläche *WordArt*. Dadurch wird eine Liste mit vorgefertigten Designs angezeigt (→ Abbildung 5.35).

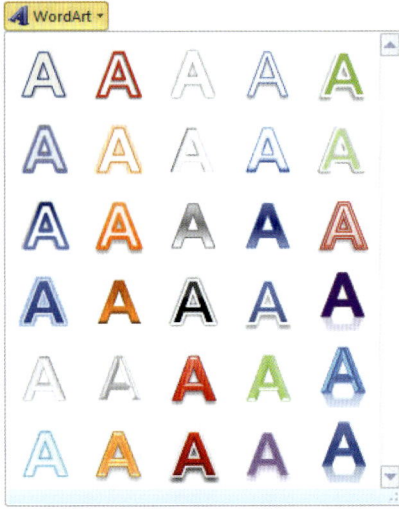

Abbildung 5.35
Wählen Sie ein
WordArt-Design aus:
Sie können es später
noch ändern.

Klicken Sie auf ein Feld in diesem Katalog, um das entsprechende Design für den Schriftzug auszuwählen. Das WordArt-Objekt wird mit dem Platzhaltertext *Hier steht Ihr Text* in das Dokument eingefügt (→ Abbildung 5.36).

Da der Platzhaltertext bereits markiert ist, können Sie ihn jetzt gleich direkt durch Eintippen des von Ihnen gewünschten Textes ersetzen. Anschließend wird das Dialogfeld *WordArt-Text bearbeiten* geöffnet, in dem Sie im Feld *Text* den Beispieltext durch eigenen Text ersetzen müssen. Bei längeren Texten können Sie – wie in einem normalen Textfeld – mit der Taste ⏎ einen Zeilenumbruch durchführen.

Der Schriftzug weist einen Markierungsrahmen mit acht Ziehpunkten auf, über die Sie mit der Maus Veränderungen bezüglich Größe, Form und Positionierung vornehmen können. Die Methoden dafür sind dieselben wie oben für andere grafische Objekte beschrieben.

WordArt-Objekt formatieren

Nach dem Einfügen meldet sich die Registerkarte *Word-Art-Tools/Format* im Menüband. Wenn Sie an den Details zu diesen Werkzeugen interessiert sind – weiter hinten finden Sie ausführliche Hinweise zu deren Benutzung (→ Kapitel 17).

5.4.4 ClipArt

Über den Befehl *ClipArt* können Sie unter anderem vorgefertigte Grafiken in ein Dokument einsetzen. Um eine solche Grafik einem Dokument hinzuzufügen, klicken Sie auf der Registerkarte *Einfügen* in der Gruppe *Illustrationen* auf die Schaltfläche *ClipArt*. Daraufhin wird der Aufgabenbereich *ClipArt* angezeigt, der Ihnen die Suche nach einem geeigneten Clip ermöglicht (→ Abbildung 5.37).

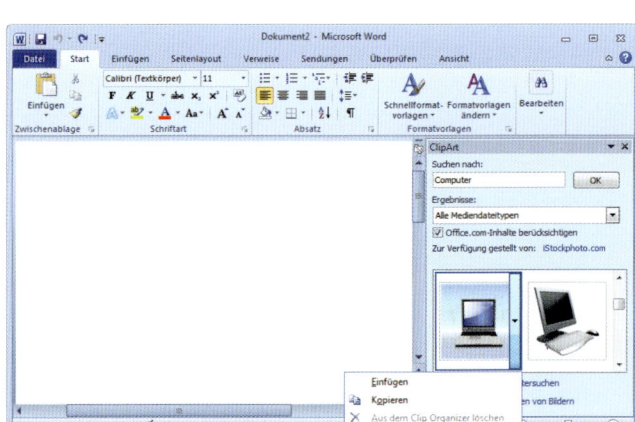

Abbildung 5.37 Im Aufgabenbereich *ClipArt* können Sie nach einem Clip suchen und diesen dann einfügen.

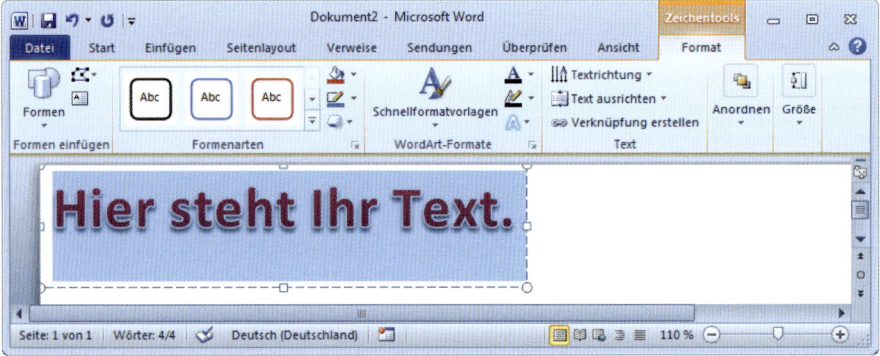

Abbildung 5.36 Ein Platzhalter für den WordArt-Text wurde eingeben; zum Bearbeiten verwenden Sie die Befehle auf der Registerkarte *Zeichentools/Format*.

» Geben Sie im Feld *Suchen nach* einen oder mehrere Begriffe ein, die den Inhalt der gesuchten Grafik beschreiben. Sie können hier auch mehrere Stichwörter eingeben, um eine Vorauswahl unter den Clips durchzuführen. Wo gesucht werden soll, legen Sie über *Suchen in* fest. Im Listenfeld *Ergebnisse* können Sie angeben, nach welcher Art von Clip gesucht werden soll – beispielsweise *ClipArt*, *Filme* oder *Fotos*.

» Sie starten die Suche durch einen Klick auf *OK*. Die gefundenen Clips werden anschließend im Listenfeld im Aufgabenbereich angezeigt (→ Abbildung 5.38). Über die Schaltfläche mit dem Pfeil neben einer markierten Abbildung aktivieren Sie ein Menü mit den Befehlen zum Einfügen, Anzeigen und Verwalten des Clips.

» Über *Auf Office.com weitersuchen* öffnen Sie die Webseite *ClipArt und Medien* auf Office.com im Webbrowser. Hier finden Sie eine Vielzahl von Clips, die Sie in den Clip Organizer übertragen können.

» Nach Klicken auf *Organisieren von Clips* wird der Microsoft Clip Organizer geöffnet. Hierin sind die standardmäßig zur Verfügung stehenden Clips im Ordner *Office-Sammlungen* in verschiedenen Unterordnern abgelegt. In den *Office-Sammlungen* selbst können Sie keine Änderungen vornehmen. Sie haben aber die Möglichkeit, eigene Clip-Sammlungen anzulegen, indem Sie sie im Ordner *Meine Sammlung* hinzufügen.

TIPP Beim Öffnen des Aufgabenbereichs werden Sie gefragt, ob die auf Ihrem Rechner vorhandenen Mediendateien katalogisiert werden sollen. Wenn Sie mit *Jetzt* bestätigen, werden alle auf Ihrem Computer vorhandenen Grafikdateien in Sammlungsordnern im Clip Organizer notiert. Ignorieren Sie am besten zunächst dieses Dialogfeld, um ein langwieriges Löschen von Verknüpfungen zu Dateien aus dem Organizer zu vermeiden. Diesen Vorgang können Sie auch – falls wirklich notwendig – zu einem späteren Zeitpunkt durchführen.

Der Aufgabenbereich *ClipArt* bleibt nach dem Einfügen des Clips weiterhin angezeigt. Um ihn wieder auszublenden, klicken Sie auf die *Schließen*-Schaltfläche.

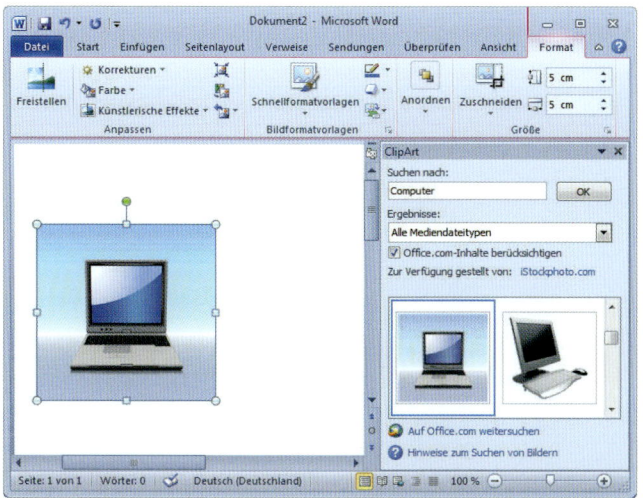

Abbildung 5.38 Ein ClipArt wurde eingefügt; zum Bearbeiten verwenden Sie die Befehle der Registerkarte *Bildtools/Format*.

Nach dem Einfügen ist das Objekt mit Ziehpunkten versehen. Um den Clip zu drehen, setzen Sie den Mauszeiger auf den grünen Punkt und verschieben ihn bei gedrückter Maustaste. Über die Ziehpunkte können Sie die Größe des Clips ändern. Wenn Sie zusätzlich die `Strg`-Taste gedrückt halten, können Sie das Verhältnis von Länge zu Breite konstant halten.

Im unteren Bereich des Aufgabenbereichs *ClipArt* finden Sie Links, über die Sie Clips im Clip Organizer verwalten können.

5.4.5 Schematische Darstellungen mit SmartArt

Eine *SmartArt*-Grafik ist eine visuelle Darstellung Ihrer Informationen und Ideen. Sie können damit Ideen und Fakten anschaulicher präsentieren und Dokumente lebendiger gestalten. Welche Vielfalt hinter diesem Werkzeug steht, merkt man erst, nachdem man einmal etwas intensiver damit gearbeitet hat. Denn das Erstellen von Illustrationen in professioneller Qualität kann eine Herausforderung sein. Dies gilt insbesondere dann, wenn Sie kein professioneller Grafiker sind oder es sich nicht leisten können, einen zu beschäftigen.

Einfügen

Klicken Sie in der Gruppe *Illustrationen* auf die Schaltfläche *SmartArt*. Wählen Sie dann im Dialogfeld *SmartArt-Grafik auswählen* den gewünschten Diagrammtyp aus (→ Abbildung 5.39). Dazu wählen Sie zunächst den Typ – beispielsweise *Prozess*, *Hierarchie*, *Zyklus* oder *Beziehung*. Ein Typ fasst jeweils mehrere unterschiedliche Layouts zusammen.

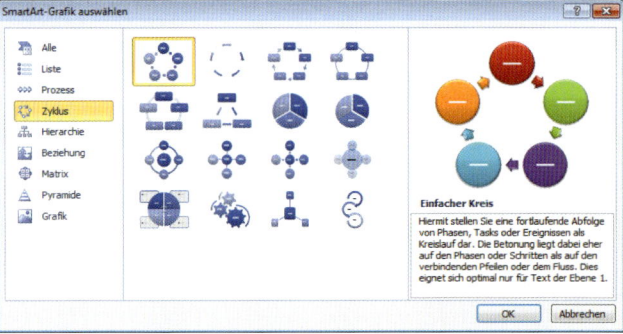

Abbildung 5.39 Die Sammlung stellt sechs Diagrammtypen zur Verfügung.

» Sie sollten sich bei dieser Auswahl darüber im Klaren sein, was Sie mitteilen möchten und ob Ihre Informationen auf eine bestimmte Weise dargestellt werden sollen (→ Tabelle 5.2). Aber da Sie später das Layout wechseln können, probieren Sie verschiedene Layouts aus, bis Sie das Layout gefunden haben, das Ihre Botschaft am besten veranschaulicht. Experimentieren Sie mit unterschiedlichen Typen und Layouts, indem Sie die folgende Tabelle als Ausgangspunkt verwenden.

Typ	Funktion
Liste	Zeigen Sie nicht sequenzielle Informationen an.
Prozess	Zeigen Sie Schritte in einem Prozess oder auf einer Zeitachse an.
Zyklus	Zeigen Sie einen kontinuierlichen Prozess an.
Hierarchie	Erstellen Sie ein Organigramm.
Hierarchie	Zeigen Sie eine Entscheidungsstruktur an.
Beziehung	Veranschaulichen Sie Verbindungen.

Typ	Funktion
Matrix	Stellen Sie dar, wie sich Teile auf ein Ganzes beziehen.
Pyramide	Zeigen Sie proportionale Beziehungen mit der größten Komponente auf der Ober- oder Unterseite an.
Grafik	Erlaubt das Einfügen eigener Bilder in ein SmartArt.

Tabelle 5.2 Orientieren Sie sich bei der Wahl des Typs an den unterschiedlichen Aufgaben von Darstellungen.

» Berücksichtigen Sie außerdem die Textmenge, über die Sie verfügen, da die Textmenge und die Anzahl der erforderlichen Formen oftmals das Layout bestimmen, das am besten aussehen wird. Im Allgemeinen sind die Grafiken am effektivsten, wenn sich die Anzahl der Formen und die Textmenge auf Kernpunkte beschränken.

Bestätigen Sie nach der Wahl von Form und Unterform durch einen Klick auf die Schaltfläche *OK*. Die Grafik wird in das Dokument eingefügt (→ Abbildung 5.40).

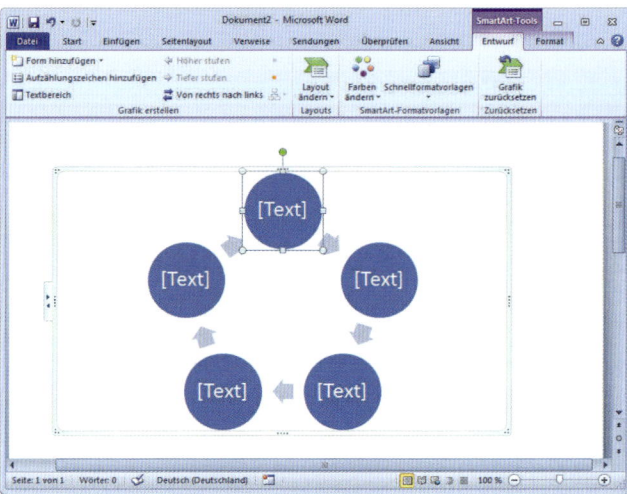

Abbildung 5.40 Eine *SmartArt*-Grafik wurde eingefügt; um sie zu bearbeiten, verwenden Sie die Registerkarten *SmartArt-Tools/ Entwurf* und *SmartArt-Tools/Format*.

Text hinzufügen

Nach dem Bestätigen wird das Diagramm im Dokument eingefügt. Beim Erstellen oder Ändern wird das Diagramm mit einem nicht druckbaren Rahmen versehen, dessen Ziehpunkte Sie zum Ändern der Größe des Gesamtobjekts verwenden können.

Innerhalb der einzelnen Elemente der Grafik wird zunächst Platzhaltertext – wie *[Text]* – angezeigt. Dieser kann nicht ausgedruckt. Sie können den Platzhaltertext durch Ihren eigenen Inhalt ersetzen. Ihre nächste Aufgabe besteht dann darin, die im Diagramm verwendeten Platzhalter mit den richtigen Texten zu versehen.

Verfeinern und formatieren

Anschließend können Sie die Grafik verfeinern und formatieren. Dazu stehen Ihnen zwei kontextbezogene Registerkarten zur Verfügung: *SmartArt/Entwurf* und *SmartArt/Format*. Klicken Sie außerhalb der SmartArt-Grafik, wenn Sie den Bearbeitungsvorgang beendet haben. Hinweise dazu finden Sie weiter hinten in diesem Buch (→ Kapitel 17).

5.4.6 Screenshot erstellen und einfügen

Mit der *Screenshot*-Funktion erstellen Sie schnell eine Bildschirmabbildung und fügen diese Ihrer Datei hinzu. Dieses Werkzeug eignet sich besonders für Dokumentationen.

Durch einen Klick auf die Befehlsschaltfläche *Screenshot* öffnen Sie einen Katalog, in dem im oberen Teil Miniaturansichten aller Programmfenster angezeigt werden, die nicht minimiert sind (→ Abbildung 5.41). Das Programmfenster, von dem aus Sie den Befehl aufgerufen haben, ist darin nicht mit aufgelistet.

Abbildung 5.41
Der Katalog zeigt Miniaturansichten der nicht minimierten Fenster an.

Wenn Sie auf eine dieser Miniaturansichten klicken, wird ein Bildschirmabbild dieses Fensters in das Dokument eingefügt (→ Abbildung 5.42).

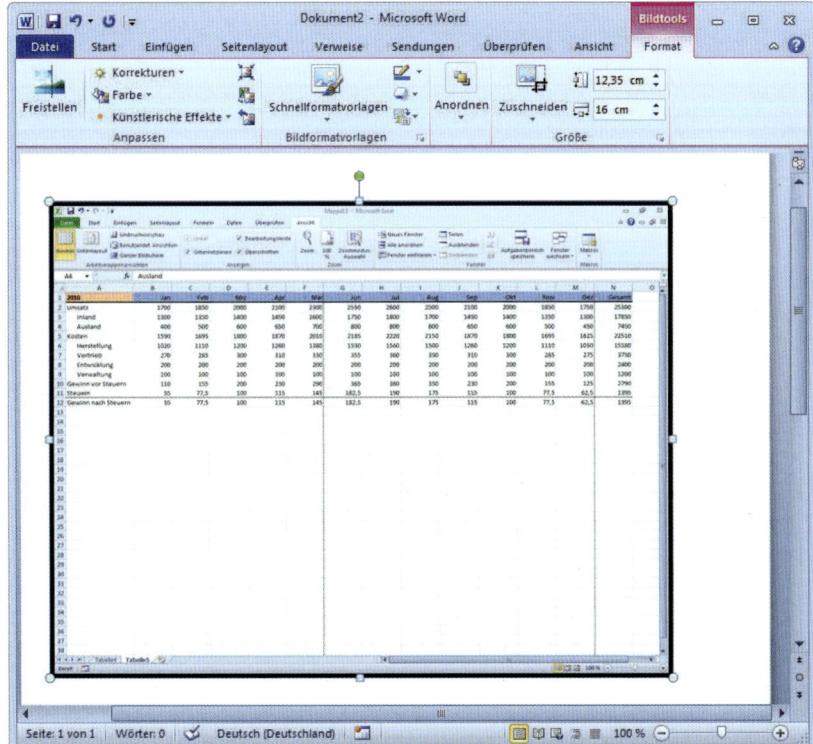

Abbildung 5.42
Eine Bildschirmabbildung wurde eingefügt; zum Bearbeiten verwenden Sie die Befehle der Registerkarte *Bildtools/Format*.

5.5 Objekte aus anderen Programmen

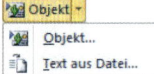

Abhängig von den auf Ihrem Computer installierten Programmen können Sie damit erstellte Objekte oder Dateien in einem anderen Programm als Objekt anzeigen. Beispielsweise können Sie in einem Microsoft-Word-Dokument die Zahlen aus einer Excel-Tabelle anzeigen lassen. Bei einer vollständigen Installation von Microsoft Office lassen sich beispielsweise Excel-Arbeitsblätter oder -Diagramme, Publisher-Publikationen oder PowerPoint-Folien in ein Dokument einfügen. Bei allen Standardinstallationen von Microsoft Windows können Sie außerdem Video- und Sounddateien integrieren. Benutzen Sie dazu den Befehl *Objekt* in der Gruppe *Text* auf der Registerkarte *Einfügen* im Menüband. Das Dialogfeld *Objekt* wird angezeigt (→ Abbildung 5.43 und Abbildung 5.46 auf Seite 178).

5.5.1 Ein leeres Objekt erstellen

Über die Registerkarte *Neu erstellen* können Sie ein Objekt aus einem der auf Ihrem Rechner installierten Programme erstellen und anschließend mit Inhalten füllen (→ Abbildung 5.43). Wählen Sie dazu im Listenfeld den einzufügenden Objekttyp aus. Welche Typen hier angezeigt werden, hängt von den auf dem System installierten Anwendungen ab. Um das Objekt lediglich als Symbol in der Nachricht anzuzeigen, aktivieren Sie das Kontrollkästchen *Als Symbol anzeigen*. Bestätigen Sie dann mit *OK*.

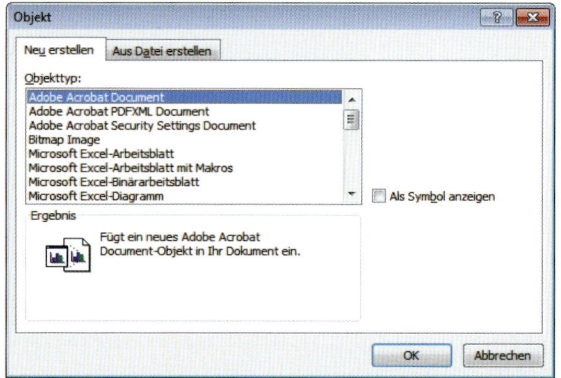

Abbildung 5.43 Wenn Sie die Registerkarte *Neu erstellen* gewählt haben, finden Sie die Objekttypen der auf dem Rechner installierten Programme.

Solange Sie das so erstellte Objekt markiert haben, steht Ihnen ein Großteil der Befehle des jeweiligen Programms zur Verfügung. Sie können die Größe und die Position eines auf diese Art und Weise eingefügten Objekts wie üblich über die acht Ziehpunkte verändern.

Eine Excel-Tabelle in Word einfügen

Zu den wahrscheinlich am häufigsten in ein Word-Dokument eingefügten Objekten zählen Excel-Kalkulationstabellen und die dazugehörigen Diagramme. Der einfachste Weg dazu führt über die Liste zur Schaltfläche *Tabelle* in der Gruppe *Tabellen* der Registerkarte *Einfügen*. Wählen Sie darin die Option *Excel-Kalkulationstabelle*. Alternativ können Sie eine Excel-Tabelle auch über die Option *Microsoft Excel-Arbeitsblatt* auf der Registerkarte *Neu erstellen* im Dialogfeld zum Befehl *Objekt* erstellen. Eine leere Tabelle wird erstellt und die Oberfläche von Microsoft Word wird mit der von Excel überlagert. Die Tabelle müssen Sie dann mit den gewünschten Daten füllen (→ Abbildung 5.44).

Wenn Sie außerhalb der Tabelle klicken, werden die Elemente der Excel-Oberfläche entfernt, das heißt, es wird zur Word-Oberfläche zurückgekehrt und die Tabelle wird im Dokument in einem Rahmen angezeigt (→ Abbildung 5.44 rechts).

Beachten Sie noch die folgenden Hinweise:

» Wollen Sie zum Bearbeiten der Daten in der Tabelle zurückkehren, müssen Sie auf die Tabelle doppelklicken.

» Auch um den Bereich der Tabelle festzulegen, der im Dokument angezeigt wird, müssen Sie zunächst wieder doppelklicken und dann den anzuzeigenden Bereich durch Verschieben der Ziehpunkte markieren.

» Wenn Sie die Ziehpunkte außerhalb der Anzeige der Excel-Oberfläche benutzen, ändern Sie damit nur den Maßstab der Anzeige der Tabelle innerhalb des Word-Dokuments.

HINWEIS Ausführliche Hinweise zum Arbeiten mit Excel-Tabellen finden Sie in Kapitel 15 weiter hinten in diesem Buch.

Um die Daten einer vorhandenen Excel-Datei in einem Word-Dokument anzuzeigen, verwenden Sie die Registerkarte *Aus Datei erstellen* zum Befehl *Objekt*.

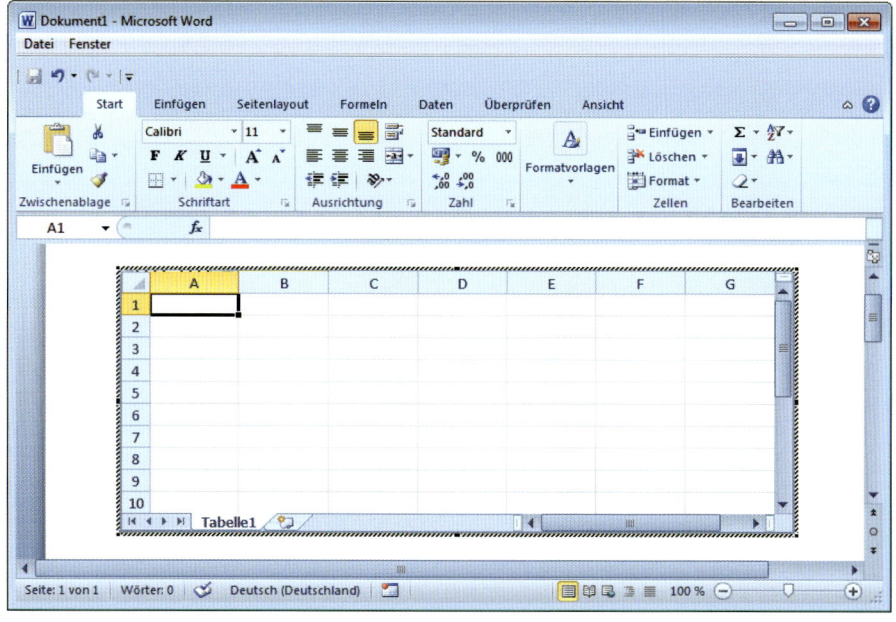

Abbildung 5.44
Eine Excel-Tabelle wurde in ein Dokument eingefügt. Geben Sie anschließend in die Tabelle die Daten ein.

Geben Sie im Feld *Dateiname* den Namen und den Pfad der zu verwendenden Excel-Datei ein oder wählen Sie die Datei über die Schaltfläche *Durchsuchen* aus. Nach dem Bestätigen wird der Inhalt des aktuellen Tabellenblatts in der Arbeitsmappe im Dokument angezeigt. Um ein anderes Blatt zu wählen oder Daten zu ändern, müssen Sie auf die Anzeige doppelklicken und dann die Änderungen vornehmen. Wenn Sie außerhalb der Tabelle klicken, werden die Elemente der Excel-Oberfläche entfernt und es wird wieder die Word-Oberfläche mit der im Dokument eingefügten Tabelle angezeigt.

Ein Excel-Diagramm in Word einfügen

Um ein Diagramm auf der Basis von Daten in einer Excel-Tabelle einzufügen, wählen Sie die Option *Microsoft Excel-Diagramm* auf der Registerkarte *Neu erstellen* im

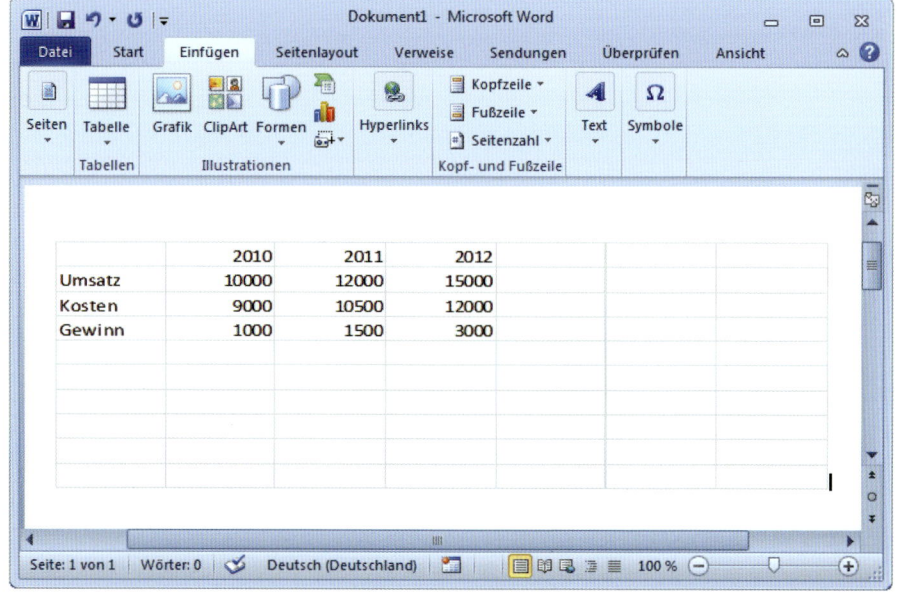

	2010	2011	2012
Umsatz	10000	12000	15000
Kosten	9000	10500	12000
Gewinn	1000	1500	3000

Abbildung 5.45
Eine Tabelle innerhalb eines Dokuments nach der Eingabe von Daten

Dialogfeld zum Befehl *Objekt*. Daraufhin wird die Word-Oberfläche mit der von Microsoft Excel überlagert und es wird eine Arbeitsmappe angezeigt, die aus einem Tabellenblatt und einem Diagrammblatt besteht. Nach dem Bestätigen wird zunächst ein Platzhalter mit Beispieldaten im Dokument angezeigt. Durch einen Klick auf die Registerlaschen am unteren Rand können Sie zwischen diesen beiden Elementen wechseln. Die Daten in der Beispieltabelle müssen Sie dann Ihren Erfordernissen entsprechend ändern.

5.5.2 Ein Objekt aus einer Datei erstellen

Über die Registerkarte *Aus Datei erstellen* können Sie auf eine vorhandene Datei zurückgreifen (→ Abbildung 5.46). Geben Sie dann im Feld *Dateiname* den Namen der Datei zusammen mit dem entsprechenden Pfad ein.

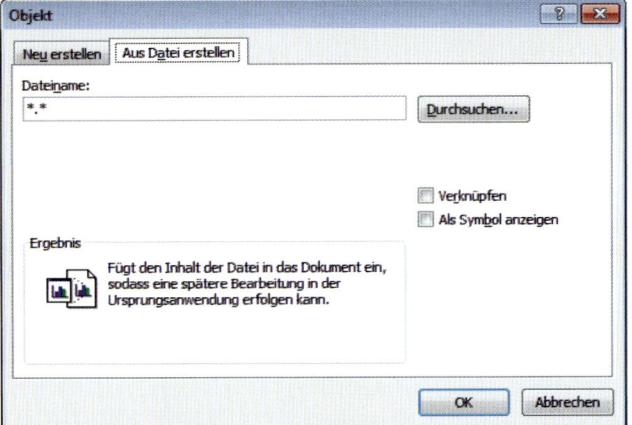

Abbildung 5.46 Die Registerkarte *Aus Datei erstellen* erlaubt das Einfügen von bereits vorhandenen Dateien.

Oder verwenden Sie die Schaltfläche *Durchsuchen*, um die Datei auszuwählen. Dadurch wird das Dialogfeld *Durchsuchen* geöffnet, in dem bei Windows 7 die Bibliothek *Dokumente* eingestellt ist (→ Abbildung 5.47).

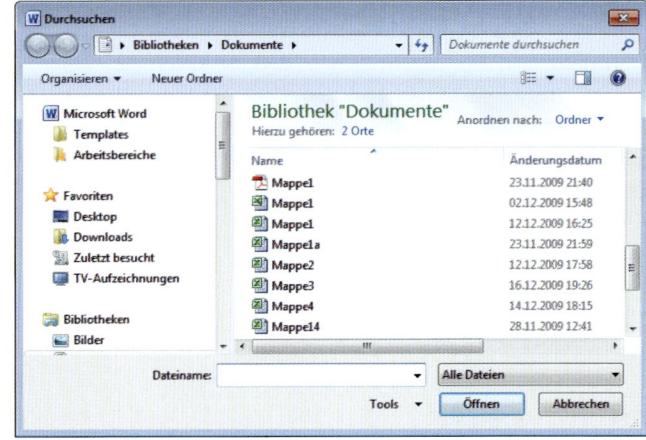

Abbildung 5.47 Wählen Sie eine Datei zum Einfügen aus.

Beachten Sie noch die folgenden Hinweise zum Einfügen von Dateien:

» Um die ausgewählte Datei zu verknüpfen und nicht einzubetten, aktivieren Sie das Kontrollkästchen *Verknüpfen*. Verknüpfte Objekte bleiben mit ihrer Quelldatei verbunden, das heißt, wenn im Quelldokument Änderungen vorgenommen werden, werden diese auch in das Dokument übertragen, in dem sich das verknüpfte Objekt befindet.

» Wählen Sie gegebenenfalls die Option *Als Symbol anzeigen*, um das Objekt lediglich als Symbol im Dokument anzuzeigen. Sie können die Inhalte dann anzeigen lassen, indem Sie auf das Symbol doppelklicken.

TIPP Wahrscheinlich ist die Methode, zum Erstellen des gewünschten Diagramms die Daten der Beispieltabelle zu ändern, mit mehr Aufwand verbunden, als wenn Sie selbst ein Diagramm auf der Basis eigener Daten in einer Excel-Arbeitsmappe erstellen und diese dann als Objekt einfügen würden.

5.5.3 Text aus Datei einfügen

Über den Befehl *Text aus Datei* in der Liste zur Schaltfläche *Objekt* können Sie Inhalte aus einer vorhandenen Datei in das Dokument einfügen. Diese werden nicht als Objekt, sondern direkt als Text im Dokument dargestellt. Die Inhalte sind auch nicht verknüpft, ändern sich also nicht, wenn Sie den Inhalt der Quelldatei ändern.

5.5.4 Kopieren und Einfügen

Letztlich – und auch am einfachsten – ist die Datenübernahme mittels Kopieren und Einfügen. Wie das funktioniert, sollten Sie schon wissen. Beachten Sie hierbei aber, dass die so eingefügten Daten rein statisch sind. Weder bleiben die Berechnungsfunktionen erhalten noch sind die Daten aktualisierbar.

5.6 Dokumenteigenschaften und Feldfunktionen

Bei Feldern handelt es sich um Codes, mit deren Hilfe Informationen in ein Dokument eingefügt werden, deren konkreter Inhalt automatisch aktualisiert wird. Word fügt standardmäßig Felder in ein Dokument ein, wenn Sie bestimmte Befehle verwenden – beispielsweise den Befehl *Seitenzahlen* in der Gruppe *Kopf- und Fußzeilen* der Registerkarte *Einfügen* oder den Befehl *Datum und Uhrzeit* in der Gruppe *Text*. Weitere Beispiele hierfür sind Felder für ein Inhalts- oder ein Stichwortverzeichnis. Standardmäßig werden in diesen Feldern bestimmte Ergebnisse – wie eine Seitenzahl oder der Index – angezeigt.

5.6.1 Dokumenteigenschaften

Es gibt unterschiedliche Arten von Dokumenteigenschaften:

» Zu den *automatisch aktualisierten Eigenschaften* gehören bestimmte Dateisystemeigenschaften – wie die Dateigröße oder die Daten des Erstellens oder letzten Änderns einer Datei – und Statistiken, die von den Office-Programmen automatisch geführt werden – wie die Anzahl von Wörtern oder Zeichen in einem Dokument. Sie können die automatisch aktualisierten Eigenschaften nicht angeben oder ändern.

» Daneben gibt es gewisse *Standardeigenschaften* – wie der Name des Autors des Dokuments, der Titel und das Thema. Automatisch vergeben wird nur die Eintragung für den Namen des Autors. Die Informationen dazu erhält das Programm aus den Eintragungen unter *Microsoft Office-Kopie personalisieren* in der Kategorie *Allgemein* unter den *Word-Optionen*. Die sonstigen Eigenschaften können Sie benutzen, um das Strukturieren und Identifizieren der Doku

mente zu erleichtern. Sie müssen diese aber selbst eingeben.

» *Benutzerdefinierte Eigenschaften* können Sie vollständig selbst festlegen. Diesen benutzerdefinierten Eigenschaften können Sie Text, Zeitangaben, Zahlen oder den Wert Ja oder Nein zuweisen. Sie können aus einer Liste mit vordefinierten Namen auswählen oder eigene Namen definieren.

» Wenn Ihre Organisation den Dokumentinformationsbereich angepasst hat, sind die Ihrem Dokument zugeordneten Dokumenteigenschaften möglicherweise auf Ihre Organisation zugeschnitten.

Dokumenteigenschaften einfügen

Um eine Eigenschaft im Dokument anzuzeigen, öffnen Sie den Katalog zum Befehl *Schnellbausteine* in der Gruppe *Text* der Registerkarte *Einfügen* und wählen Sie dann *Dokumenteigenschaft*. Wählen Sie dann den gewünschten Eintrag.

Klicken Sie auf *Dokumenteigenschaft*, um eine Auswahl aus einer Liste von Eigenschaften zu treffen, die Sie in das Dokument einfügen können. Füllen Sie das Feld *Dokumenteigenschaft* aus, um Eigenschaften zu erstellen, die an das Dokument gebunden werden (→ Abbildung 5.48).

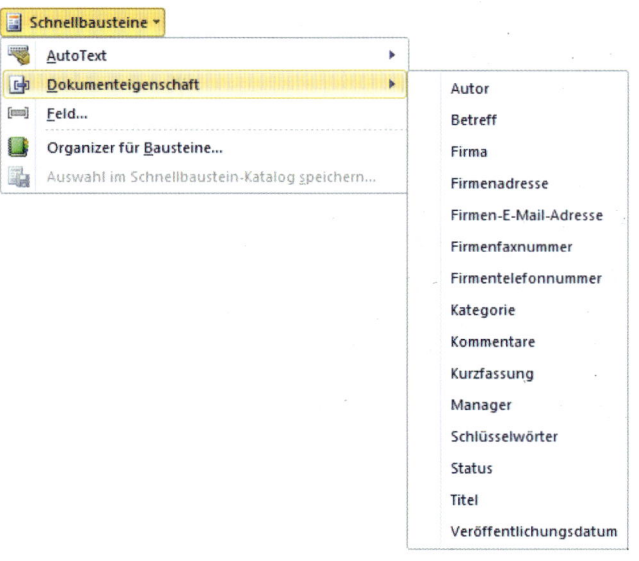

Abbildung 5.48 Die Dokumenteigenschaften in das Dokument eingeben.

Die gewählten Informationen werden als Felder an der vorher markierten Stelle eingefügt. Einige der in der Liste angezeigten Daten sind nicht mit vorgegebenen Inhalten gefüllt (→ Abbildung 5.49). Wenn Sie im Feld dafür Daten eingeben, werden diese als Eigenschaft für das Dokument übernommen. Sie stehen dann aber nur in diesem Dokument zur Verfügung.

  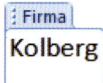

Abbildung 5.49 Felder wurden in das Dokument eingefügt.

TIPP Um ein solches Feld wieder zu löschen, klicken Sie auf die kleine Schaltfläche mit den drei Punkten und drücken Entf .

Eigenschaften eingeben

Wir sagten es gerade: Standardmäßig sind nicht alle Optionen im Katalog zum Befehl *Dokumenteigenschaft* mit Daten gefüllt. Um diese Daten einzugeben, klicken Sie auf die Registerkarte *Datei* und wählen Sie den Bereich *Informationen*, um die Dokumenteigenschaften anzuzeigen (→ Abbildung 5.50). Zum Hinzufügen oder Ändern von Eigenschaften, zeigen Sie mit dem Mauszeiger auf die Eigenschaft, die Sie aktualisieren möchten, und geben Sie die gewünschten Informationen ein. Alle von Ihnen vorgenommenen Änderungen werden automatisch gespeichert.

Benutzerdefinierte Eigenschaften für ein Dokument eingeben

Benutzerdefinierte Eigenschaften sind Eigenschaften, die Sie für ein Office-Dokument definieren. Öffnen Sie die Registerkarte *Datei* und klicken Sie auf *Informationen*. Klicken Sie rechts auf *Eigenschaften* und wählen Sie dann die Option *Erweiterte Eigenschaften* aus. Wählen Sie im Dialogfeld *Eigenschaften* die Registerkarte *Anpassen* (→ Abbildung 5.51).

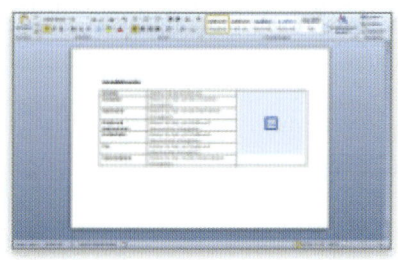

Eigenschaften ▾

Größe	26,2KB
Seiten	1
Wörter	60
Gesamtbearbeitungszeit	0 Minuten
Titel	Titel hinzufügen
Kategorien	Tag hinzufügen
Kommentare	Kommentare hinzufügen

Verwandte Datumsangaben

Letzte Änderung	Heute, 13:11
Erstellt	Heute, 12:29
Zuletzt gedruckt	Nie

Verwandte Personen

Autor	Michael Kolberg
	Autor hinzufügen
Zuletzt geändert von	Michael Kolberg

Verwandte Dokumente

Dateispeicherort öffnen

Abbildung 5.50 Die Eigenschaften regeln Sie über den Bereich *Informationen* der Registerkarte *Datei*.

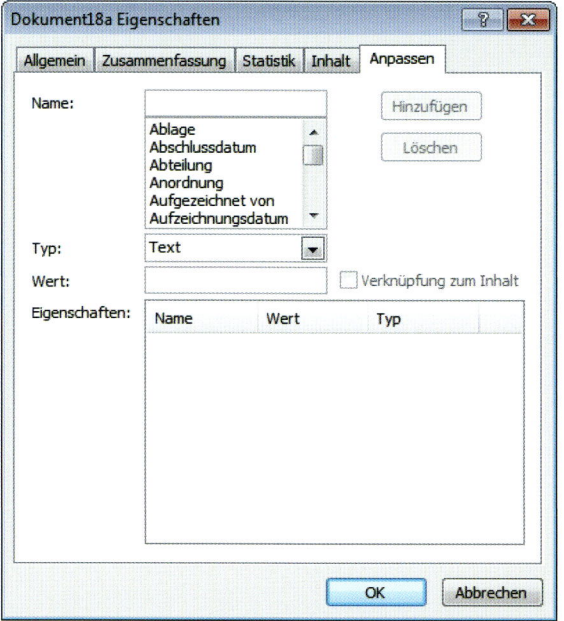

Abbildung 5.51 Geben Sie die benutzerdefinierten Eigenschaften ein.

» Geben Sie im Feld *Name* eine Bezeichnung für die benutzerdefinierte Dateieigenschaft ein oder wählen Sie einen Namen aus der Liste aus.

» Wählen Sie in der Liste *Typ* den Datentyp für die hinzuzufügende Eigenschaft aus.

» Geben Sie im Feld *Wert* einen Wert für die Eigenschaft ein. Der eingegebene Wert muss mit der in der Liste *Typ* getroffenen Auswahl übereinstimmen. Wenn Sie beispielsweise *Zahl* in der Liste *Typ* auswählen, müssen Sie in das Feld *Wert* eine Zahl eingeben.

» Bestätigen Sie über *OK*.

5.6.2 Felder

Bei Feldern handelt es sich um Codes, mit deren Hilfe Informationen in ein Dokument eingefügt werden, deren konkreter Inhalt automatisch aktualisiert wird. Microsoft Word fügt standardmäßig Felder in ein Dokument ein, wenn Sie bestimmte Befehle verwenden – beispielsweise den Befehl *Seitenzahlen*. Weitere Beispiele hierfür sind Felder für das Inhalts- und das Stichwortverzeichnis (→ Kapitel 12). Standardmäßig werden in diesen Feldern bestimmte Ergebnisse – wie eine Seitenzahl oder der Index – angezeigt. Sie können Berechnungen durchführen – beispielsweise Additionen, Subtraktionen oder sonstigen Kalkulationen. Ferner können Sie auch Felder in Seriendruckvorgängen verwenden.

HINWEIS Weitere Informationen zu den verfügbaren Feldfunktionen finden Sie im Referenzteil dieses Buchs (→ Kapitel 25).

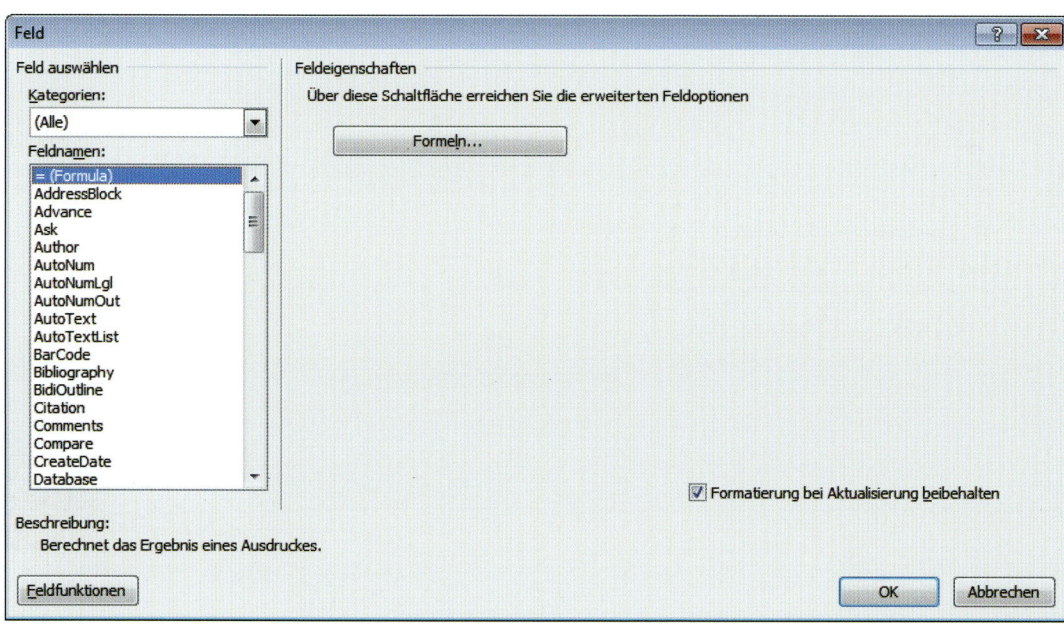

Abbildung 5.52
Das Dialogfeld zum Einfügen von Funktionen

Felder einfügen

Word stellt über diese standardmäßig automatisch eingefügten Felder hinaus Felder für die unterschiedlichsten Zwecke zur Verfügung. Öffnen Sie die Liste zur Schaltfläche *Schnellbausteine* in der Gruppe *Text* der Registerkarte *Einfügen* und wählen Sie den Eintrag *Feld*. Über das gleichnamige Dialogfeld können Sie ein Feld in das Dokument einfügen (→ Abbildung 5.52).

» Sie können die Auswahl der aufgelisteten Funktionen einschränken, indem Sie zunächst über das Feld *Kategorien* eine Funktionskategorie auswählen.

» Klicken Sie dann in der Liste *Feldnamen* auf den Namen einer Funktion. Anschließend können Sie bei fast allen Feldfunktionen zusätzliche Parameter einstellen. Bei der Auswahl der Funktion *Time* zur Anzeige der Uhrzeit können Sie beispielsweise das gewünschte Format einstellen (→ Abbildung 5.53). Im unteren Teil des Dialogfelds wird eine *Beschreibung* für den markierten Feldnamen angezeigt.

Nach der Bestätigung über *OK* wird das Feld an der vorher gewählten Stelle im Dokument angezeigt (→ Abbildung 5.54 links).

Donnerstag, 25. Februar 2010

{ TIME \@ "dddd, d. MMMM yyyy" * MERGEFORMAT }

Abbildung 5.54 Ein Feld und sein Hintergrund

Die hinter diesen Angaben stehenden Codes können Sie generell sichtbar machen, indem Sie in der Kategorie *Erweitert* in den *Word-Optionen* unter *Dokumentinhalt anzeigen* die Option *Feldfunktionen anstelle von Werten anzeigen* aktivieren. In dieser Form der Ansicht werden im gesamten Dokument die Feldfunktionen in geschweiften Klammern { } angezeigt (→ Abbildung 5.54 rechts).

TIPP Um die Feldfunktionen für ein bestimmtes Feld ein- bzw. auszublenden, klicken Sie auf das Feld oder die Feldergebnisse und drücken Sie dann ⇧-F9. Um die Feldfunktionen für alle Felder im Dokument ein- oder auszublenden, drücken Sie Alt + F9.

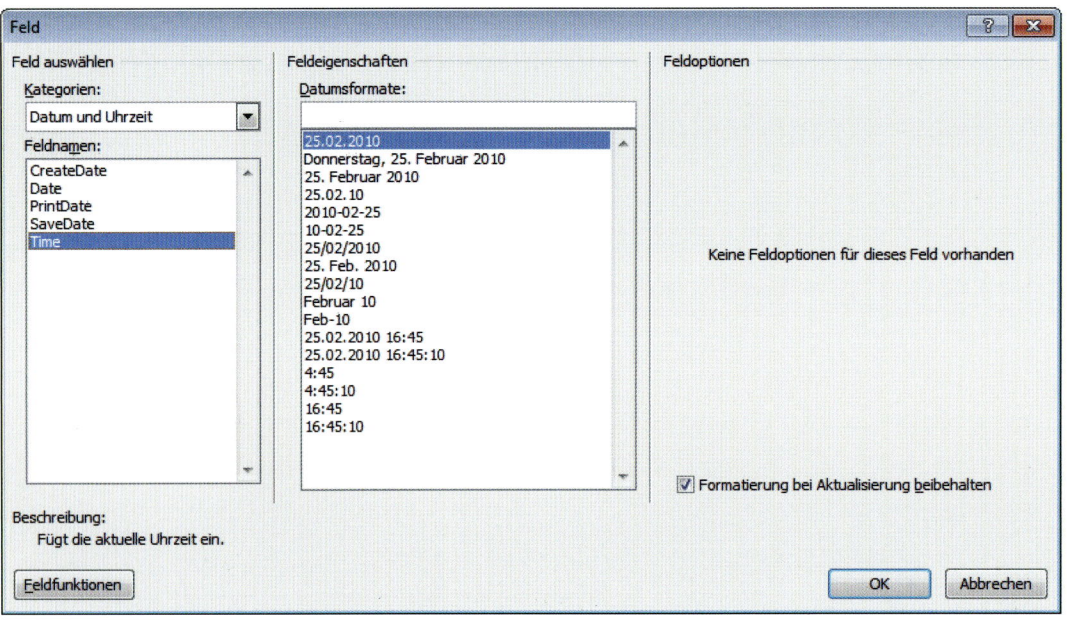

Abbildung 5.53
Wählen Sie das Format für die Zeitangabe.

Seitenzahl	{ PAGE * MERGEFORMAT }
Datum	{ DATE \@ »dd.MM.yyyy« * MERGEFORMAT }
Querverweis	{ REF _Ref18579727 \h }
Inhaltsverzeichnis	{ TOC \o »1-3« \h \z \u }

Tabelle 5.3 Einige Beispiele für Feldfunktionen

ACHTUNG Falls Sie ein Feld und den Feldinhalt von Hand einfügen wollen, sollten Sie beachten, dass die geschweiften Klammern zur Kennzeichnung eines Felds nicht direkt über die Tastatur eingegeben werden können. Verwenden Sie stattdessen die Tastenkombination `Strg`+`F9`. Das Ergebnis ist die Anzeige eines leeren Felds in der Form { }.

Um den Inhalt bestimmter Felder – die Feldergebnisse – nach entsprechenden Änderungen im Dokument zu aktualisieren, markieren Sie entweder das betreffende Feld(ergebnis) oder das gesamte Dokument und drücken dann `F9`.

Beispiele für Feldfunktionen

Wie oben schon angedeutet, können Sie einen Teil der mittels dieser Feldfunktionen darstellbaren Informationen auch über andere Befehle auf bequemere Weise in ein Dokument einfügen. Jedoch dienen einige der im Dialogfeld *Feld* verfügbaren Felder speziellen Zwecken. Die nachfolgenden Abschnitte liefern Beispiele dazu.

Michael Kolberg

1

22016

{ AUTHOR * MERGEFORMAT }

{ NUMPAGES * MERGEFORMAT }

{ FILESIZE * MERGEFORMAT }

Abbildung 5.55 Informationen zum Dokument einfügen. Links sehen Sie das Ergebnis, rechts die Feldfunktionen.

HINWEIS Eine fast vollständige Übersicht über die Feldfunktionen finden Sie im Referenzteil dieses Buchs (→ Kapitel 25).

» Um Informationen zum aktuellen Dokument einzufügen, können Sie beispielsweise die Felder *Author*, *FileSize* oder *NumPages* verwenden. Sie finden diese Felder in der Kategorie *Dokumentinformationen* (→ Abbildung 5.55).

» Über die Kategorie *Index und Verzeichnisse* können Sie auf Wunsch auch ein Stichwortverzeichnis oder andere Verzeichnisse in ein Dokument einfügen. Die Mehrzahl der in dieser Kategorie verfügbaren Felder entspricht denen, die auch durch Wählen des entsprechenden Befehls auf der Registerkarte *Verweise* im Menüband eingefügt werden (→ Kapitel 12). Interessant ist hier aber beispielsweise der Feldausdruck *RD*, mit dessen Hilfe Sie Indizes und Verzeichnisse in einem separaten Dokument erstellen können, von dem aus auf die Inhalte anderer Dokumente Bezug genommen wird. Beispielsweise können Sie darüber das gemeinsame Inhaltsverzeichnis eines aus mehreren Dokumenten – beispielsweise Kapiteln – bestehenden Buchs in einem neuen Dokument generieren lassen (→ Abbildung 5.56). Um ein solches Verzeichnis zu aktualisieren, markieren Sie das angezeigte Inhaltsverzeichnis und drücken dann `F9`.

{ TOC \h \z \t "Überschrift;2" }

{ RD "..\\01\\01.doc}

{ RD "..\\02\\02.doc}

{ RD "..\\03\\03.doc}

{ RD "..\\04\\04.doc}

{ RD "..\\05\\05.doc}

Abbildung 5.56 Ein Gesamtinhaltsverzeichnis in einem separaten Dokument erstellen

HINWEIS Weitere Hinweise dazu finden Sie im Kapitel über Verweise und Verzeichnisse (→ Kapitel 12).

Berechnungen durchführen

Mithilfe von Feldfunktionen können Sie auch einfache Berechnungen wie Addition, Subtraktion, Multiplikation usw. in Word-Dokumenten durchführen. Auch komplizierte Berechnungen sind möglich, aber relativ umständlich. Für solche Fälle sollten Sie besser eine Microsoft-Excel-Tabelle in das Dokument einfügen und die Berechnungen darin durchführen (→ oben).

» Für einfache Berechnungen im Text müssen Sie die Ausgangsdaten als Textmarken kennzeichnen. Wollen Sie beispielsweise in einem Rechnungsdokument aus einem Nettowert die Mehrwertsteuer und den Bruttowert berechnen, müssen Sie den Bereich des Nettowerts zuerst mit einer Textmarke versehen (→ Kapitel 19). Markieren Sie dazu die Eingabe und klicken Sie in der Registerkarte *Einfügen* in der Gruppe *Hyperlinks* auf *Textmarke*. Geben Sie im Dialogfeld *Textmarke* im Feld *Textmarkennamen* einen Namen ein – beispielsweise *Netto* – und bestätigen Sie über *OK* (→ Abbildung 5.57).

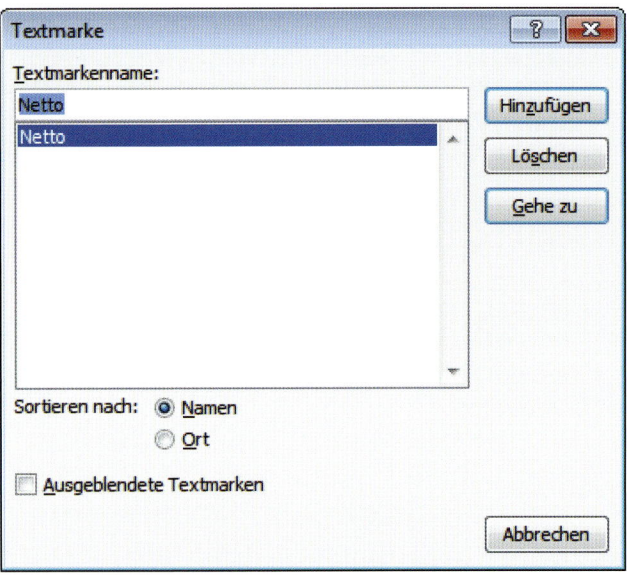

Abbildung 5.57 Eine Textmarke definieren

» Anschließend können Sie damit Berechnungen durchführen. Setzen Sie die Einfügemarke an die Stelle, an der das Ergebnis erscheinen soll und lassen Sie das Dialogfeld *Formel* anzeigen (→ oben). Klicken Sie darin auf die Schaltfläche *Formeln*. Geben Sie im daraufhin angezeigten Dialogfeld im Feld *Formel* die Berechnungsvorschrift ein. Über das Drop-down-Listenfeld *Zahlenformat* können Sie das Format der Anzeige festlegen.

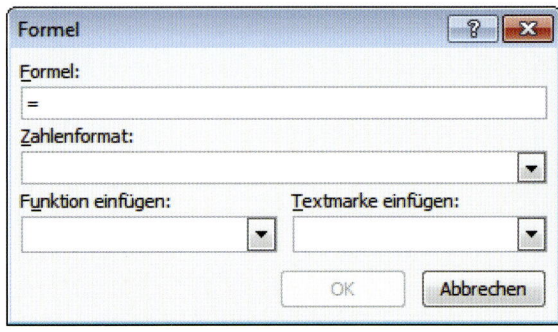

Abbildung 5.58 Eine Formel eingeben

» Nach dem Bestätigen wird das Feldergebnis angezeigt (→ Abbildung 5.59). Wenn Sie später den Ausgangswert ändern, müssen Sie das Ergebnis aktualisieren lassen. Dazu markieren Sie den Bereich, in dem das Ergebnis angezeigt wird, und drücken dann die Taste F9.

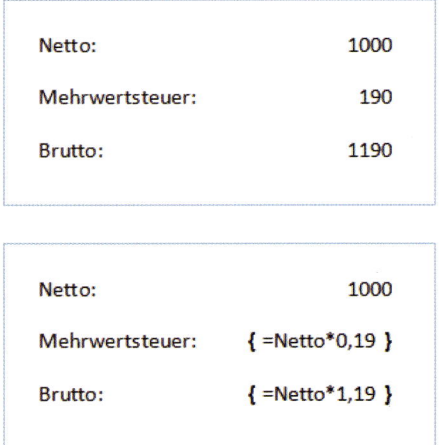

Abbildung 5.59 Berechnungen im Word-Dokument – Feldfunktionen und Feldergebnisse

Sie können Berechnungen vereinfachen und sich die manuelle Vergabe von Textmarken sparen, wenn Sie die Ausgangswerte und Ergebnisse in einer Word-Tabelle anordnen (→ Abbildung 5.60). Beim Durchführen von Berechnungen in Tabellen wird auf die Zellen der Tabelle mit einem Buchstaben als Spaltenangabe und einer Zahl als Zeilenangabe Bezug genommen – beispielsweise *A1*, *A2*, *B1*, *B2* usw. Zellbezüge in Microsoft Word sind allerdings im Gegensatz zu Zellbezügen in einem Tabellenkalkulationsprogramm immer absolute Bezüge, das heißt, Ihre Berechnungsergebnisse stimmen nicht mehr, wenn Sie vor oder über der Bezugszelle eine neue Spalte oder Zeile einfügen oder eine Spalte/Zeile löschen!

Netto:	1000
Mehrwertsteuer:	190
Brutto:	1190

Netto:	1000
Mehrwertsteuer:	{ =B1*0,19 }
Brutto:	{ =B1*1,19 }

Abbildung 5.60 Berechnungen in einer Word-Tabelle

Wenn gewünscht, können Sie die automatisch angezeigten Rahmenlinien der Tabelle auch ausblenden.

Kapitel 6

Druck und Seriendruck

In diesem Kapitel gehen wir auf die Aspekte ein, die Sie beim Drucken eines Dokuments berücksichtigen müssen. Das Ziel der Arbeit mit dem Programm Microsoft Word besteht ja meist darin, einen Ausdruck auf Papier zu erzeugen. Deswegen werden Sie die wichtigsten Parameter für den Ausdruck – wie beispielsweise das Papierformat, die Ausrichtung oder die Seitenränder – im Allgemeinen relativ früh erledigen und nicht erst dann, wenn Sie den Ausdruck beginnen wollen. Dazu dienen die Befehle zur Seiteneinrichtung (→ Kapitel 7). Sie können aber diese Einstellungen bei Word 2010 auch beim Ausdruck noch einstellen oder abändern.

» Zunächst wollen wir Ihnen zeigen, wie Sie einzelne Dokumente drucken (→ Abschnitt 6.1).

» Mit Word können Sie ohne großen Aufwand eine Vielzahl von Seriendokumenten – Serienbriefe, bedruckte Briefumschläge, Adressetiketten etc. – erstellen (→ Abschnitt 6.2). Sie benötigen dazu eine Datenquelle – beispielsweise eine Datenbank aus einer Microsoft-Office-Anwendung oder ein Adressbuch – und ein Hauptdokument, also ein Textgerüst, in dem die Elemente vorhanden sind, die in allen Exemplaren des Seriendokuments erscheinen sollen. Beim Drucken wird dann für jeden Datensatz aus der Datenquelle ein Exemplar des Dokuments mit den entsprechenden Feldinhalten erstellt.

HINWEIS Sie sollten gleich noch wissen, dass Ihnen im Bereich *Freigeben* der Registerkarte *Datei* Befehle zur Verfügung stehen, die manchmal über eine ähnliche Funktion verfügen wie der Bereich *Drucken*. Unten dem Begriff *Freigabe* wird – jedenfalls bei Microsoft Office – alles verstanden, was irgendwie mit der Verteilung von Dokumenten in elektronischer Form zusammenhängt. Dazu gehören sowohl einfache Dinge wie das Versenden eines Dokuments über das Internet als auch das Speichern auf einem Server.

6.1 Das Drucken einzelner Dokumente

Bei Word werden Sie die wichtigsten Parameter für den Ausdruck – wie beispielsweise das Papierformat, die Ausrichtung oder die Seitenränder – im Allgemeinen relativ früh erledigen und nicht erst dann, wenn Sie den Ausdruck beginnen wollen. Die Registerkarte *Datei* hält einen Befehl bereit, über den die wesentlichsten Einstellungen für den Ausdruck vorgenommen werden können. Öffnen Sie die Registerkarte *Datei* und klicken Sie auf *Drucken*. Alle für den Ausdruck von Dokumenten wichtigen Befehle sind auf einer Seite zusammengefasst (→ Abbildung 6.1).

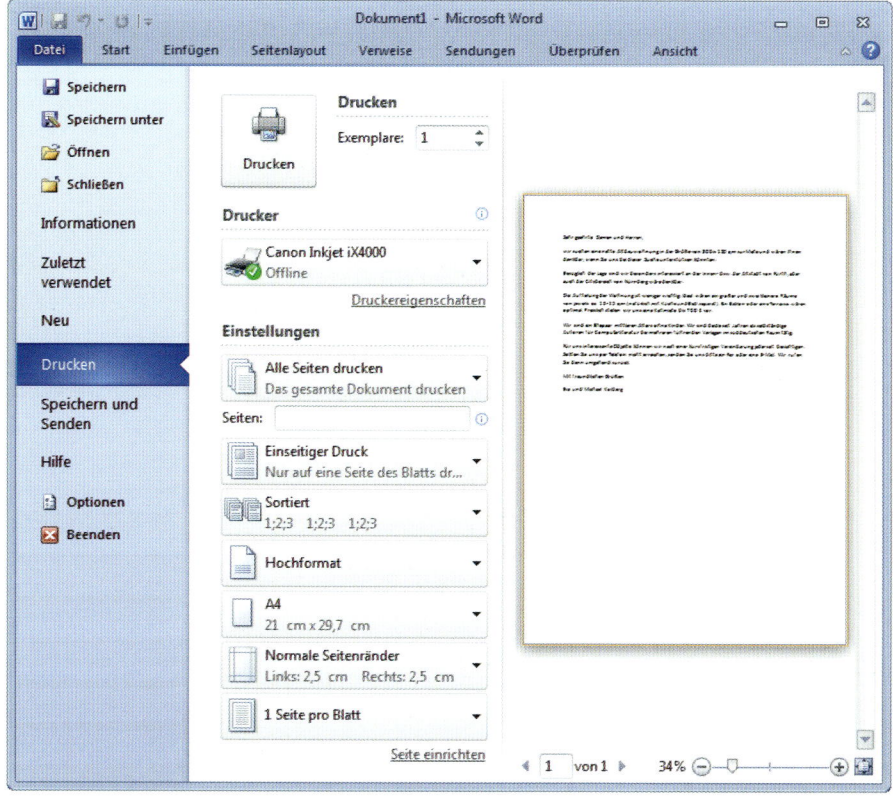

Abbildung 6.1
Der Bereich *Drucken* auf der Registerkarte *Datei* fasst alle wichtigen Befehle
zusammen.

» **◄ 1 von 1 ►** Auf der rechten Seite sehen Sie eine Vorschau auf das zu erwartende Ergebnis. Bei mehrseitigen Dokumenten können Sie hier zwischen den einzelnen Seiten wechseln.

» Der Schieberegler *Zoom* rechts daneben ermöglicht das Einstellen eines Vergrößerungsfaktors für diese Druckvorschau.

6.1.1 Den Drucker wählen

Wenn Sie mehrere Drucker installiert haben, können Sie über die Liste unterhalb der Überschrift *Drucker* den gewünschten Drucker auswählen (→ Abbildung 6.2).

Abbildung 6.2
Wählen Sie einen
Drucker aus.

TIPP Neben den eigentlichen Druckergeräten finden Sie in dieser Liste auch die Optionen *Microsoft XPS Document Writer* und – bei einigen Installationen – *Microsoft Office Document Image Writer*. Darüber können Sie eine Datei erstellen, die Sie auf elektronischem Weg verteilen können (→ Kapitel 13). Wenn Ihr Rechner über ein Faxmodem verfügt, können Sie darüber das Dokument auch als Fax versenden (→ unten).

Die Druckereigenschaften

Mit einem Klick auf den Link *Druckereigenschaften* öffnen Sie ein Dialogfeld, über das Sie die Parameter des aktuell gewählten Druckers festlegen können. Was in diesem Dialogfeld angezeigt wird, hängt vom jeweiligen Drucker ab. Bei (fast) allen Druckern finden Sie hier beispielsweise die Möglichkeit, die Standardeinstellungen für das *Seitenformat* und die *Orientierung* – also *Hochformat* oder *Querformat* – oder die Druckqualität festzulegen. Mehrere dieser Parameter entscheiden über die Qualität des Ausdrucks. Beispielsweise können Sie hierüber im Allgemeinen die Druckauflösung oder die Option *Schwarzweiß/Farbdruck* einstellen. Lesen Sie bitte bei eventuellen Problemen mit den Einstellmöglichkeiten in diesem Dialogfeld im Handbuch zu Ihrem Drucker nach. Bestätigen Sie Ihre Wahl über *OK*.

6.1.2   Die Einstellungen

Darunter finden Sie im Bereich *Einstellungen* eine größere Anzahl von Optionen für den Ausdruck. Einige davon – die Ausrichtung, die Randeinstellungen und das Papierformat betreffen auch das Seitenlayout. Sie können damit diese Parameter für den Ausdruck schnell ändern. Wenn Sie vor dem Schließen des Dokuments dieses speichern, werden die hier festgelegten Einstellungen für das Dokument übernommen.

Die Anzahl der Exemplare

Um die Anzahl der zu druckenden Seiten festzulegen, benutzen Sie das Feld *Exemplare*. Tippen Sie die Anzahl direkt ein oder klicken Sie auf die Pfeilspitzen, um die Zahl zu erhöhen oder zu verringern.

Die zu druckenden Seiten bestimmen

Über das erste Feld unter den Einstellungen können Sie festlegen, was gedruckt werden soll (→ Abbildung 6.3).

Abbildung 6.3 Legen Sie fest, was gedruckt werden soll.

Bei mehrseitigen Dokumenten sollten Sie zuerst festlegen, welche Seiten zu Papier gebracht werden sollen.

» Die Grundeinstellung liefert *Alle Seiten drucken*.

» Wenn Sie vor dem Öffnen der Registerkarte *Datei* einen Textabschnitt im Dokument markiert haben, können Sie diesen über *Auswahl drucken* ausgeben lassen. Beachten Sie dabei, dass der Seitenumbruch in diesem Fall automatisch neu geregelt wird, falls Sie keine manuellen Seitenumbrüche eingefügt haben.

» *Aktuelle Seite drucken* druckt nur die Seite, auf der sich die Einfügemarke momentan befindet.

» Wenn Sie *Benutzerdefinierten Bereich drucken* wählen, können Sie anschließend über das darunter angezeigte Feld *Seiten* die zu druckenden Seiten oder Seitenbereiche angeben; verwenden Sie einen Bindestrich zur Angabe von Seitenbereichen und trennen Sie einzelne Seiten oder Seitenbereiche durch ein Semikolon voneinander ab, beispielsweise in der Form *2-7; 9; 11-12*. In diesem Beispiel würden die Seiten 2 bis 7, die Seite 9 sowie die Seiten 11 und 12 ausgedruckt.

Über den Bereich *Dokumenteigenschaften* im zweiten Teil der Liste können Sie zusätzliche Informationen zu Papier bringen, die mit dem Dokument verbunden sind – beispielsweise die Dokumenteigenschaften oder eine Liste der verwendeten Formatvorlagen.

ACHTUNG Beachten Sie auch die standardmäßig eingeschaltete Option *Markup drucken*. Diese bewirkt, dass eingefügte Kommentare oder nachverfolgte Änderungen ebenfalls gedruckt werden. Durch Abschalten dieser Option können Sie dies vermeiden.

Mehrseitiger Druck

Wenn Sie beide Seiten des Papiers bedrucken wollen, wählen Sie *Beidseitiger manueller Druck* und legen das Papier nach dem Bedrucken der Vorderseite nochmals umgekehrt in den Drucker (→ Abbildung 6.4 links).

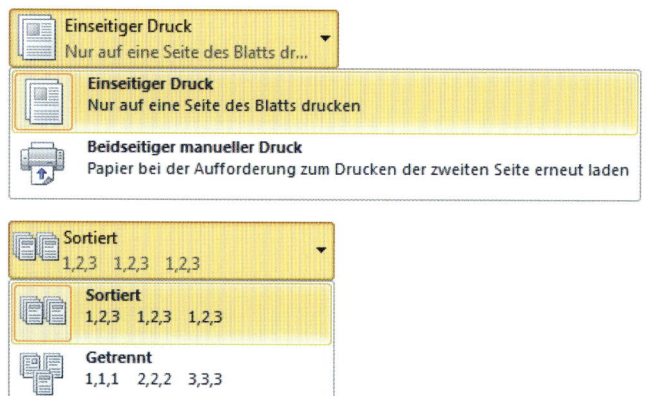

Abbildung 6.4 Die Optionen für den mehrseitigen Druck und zum Sortieren

Sortieren der Seiten

Wenn Sie mehrere Exemplare eines mehrseitigen Dokuments drucken wollen, können Sie festlegen, wie die Kopien ausgegeben werden sollen (→ Abbildung 6.4 rechts). Durch Wahl von *Sortiert* werden zuerst alle Seiten des ersten Exemplars vollständig gedruckt, bevor das nächste ausgegeben wird. Bei Wahl von *Getrennt* werden erst alle Exemplare der ersten Seite gedruckt, dann die der zweiten usw.

Änderungen im Seitenlayout

Als Nächstes finden Sie im Bereich *Einstellungen* drei Optionen vor, die das Seitenlayout für den Ausdruck betreffen – die Ausrichtung, die Randeinstellungen und das Papierformat (→ Abbildung 6.5). Bei Word werden Sie diese Parameter wahrscheinlich über die Registerkarte *Seitenlayout* bestimmen (→ Kapitel 7). Sie können hier aber noch eine schnelle Änderung durchführen, beispielsweise wenn Sie ein anderes Papierformat testen wollen.

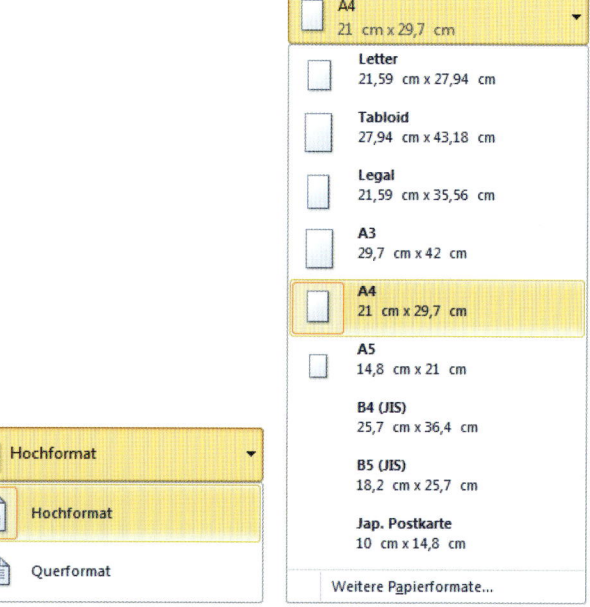

Abbildung 6.5 Legen Sie die Ausrichtung und das Papierformat fest.

Mit den Seitenrändern bestimmen Sie den Abstand zwischen dem Rand des Papiers und dem bedruckten Bereich (→ Abbildung 6.6). Dafür liefert Ihnen Word zunächst einmal mit den Einstellungen *Normal*, *Schmal*, *Mittel*, *Breit* und *Gespiegelt* fünf Alternativen.

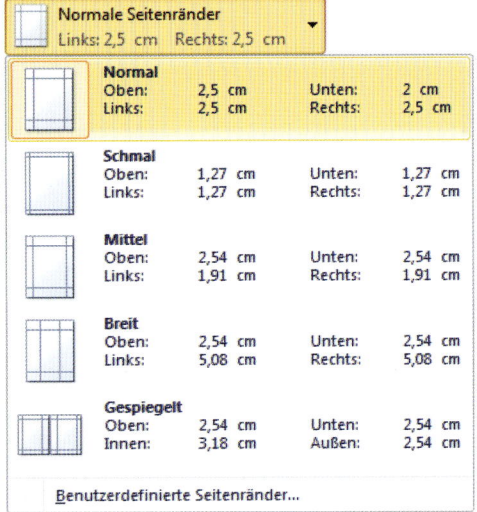

Abbildung 6.6 Auch die Seitenränder können über den Bereich *Einstellungen* noch geändert werden.

Skalierung

Das letzte Optionsfeld im Bereich *Einstellungen* ermöglicht es Ihnen, mehr als eine Seite pro Blatt zu drucken (→ Abbildung 6.7). So können Sie bis zu 16 Seiten auf einem Blatt Papier drucken. Mit der Option *An Papiergröße anpassen* können Sie bewirken, dass die Formateinstellungen so geändert werden, dass das Dokument auf ein anderes Papierformat passt. Bei Wahl einer anderen Einstellung als *Keine Skalierung* wird die Größe der Schrift und der grafischen Elemente entsprechend geändert.

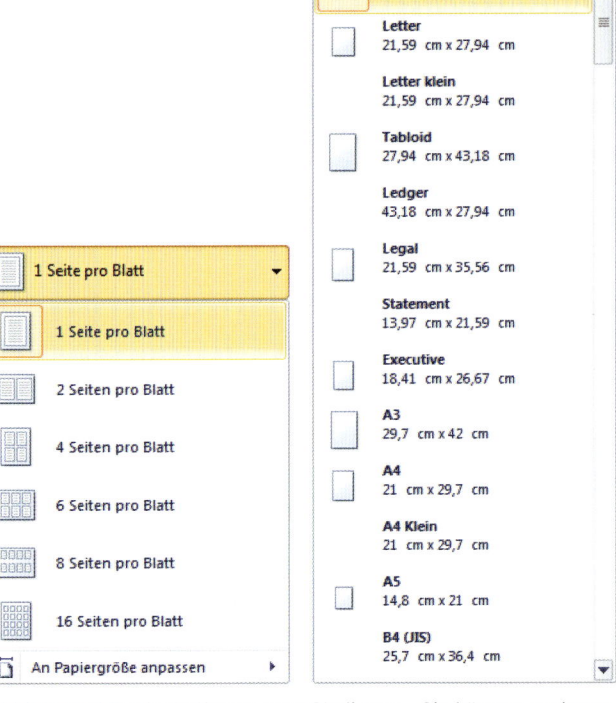

Abbildung 6.7 Die Optionen zum Skalieren – Sie können mehrere Seiten pro Blatt oder auch ein kleineres Papierformat verwenden.

6.1.3 Der Ausdruck

Wenn Sie den Ausdruck starten wollen, klicken Sie auf die Schaltfläche *Drucken*. Wenn Sie beispielsweise einen Drucker wie *Microsoft Office Document Image Writer* oder *Microsoft XPS Document Writer* eingestellt haben, wird das Dialogfeld *Datei speichern als* geöffnet, in dem Sie der Druckdatei einen Namen geben müssen. Nach einer Bestätigung über *Speichern* wird die Datei erstellt.

6.1.4 Fax

Wenn Sie über ein geeignetes Faxmodem verfügen, können Sie zum Senden von Faxen jede beliebige Windows-Anwendung verwenden. Nach der Auswahl von *Fax* unter *Drucker* wird nach einem Klick auf die Schaltfläche *Drucken* ein Teil des Programms *Windows-Fax und -Scan* gestartet. Hier ist die Nachricht bereits als Anhang eingefügt (→ Abbildung 6.8).

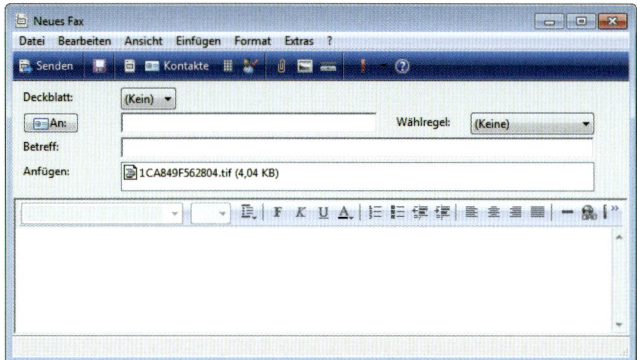

Abbildung 6.8 Das Dokument wird als Anhang zum Fax eingefügt.

Abbildung 6.9 Die Faxnummereigenschaften müssen vorher festgelegt werden.

ACHTUNG Bevor Sie ein Faxmodem nutzen können, müssen Sie dieses Gerät zunächst einrichten. Dazu verbinden Sie es mit dem entsprechenden Anschluss des Computers, den Sie der Dokumentation des Herstellers entnehmen können. Möglicherweise müssen Sie die Installation älterer Geräte manuell vornehmem. Kontrollieren Sie dann die Eigenschaften des verwendeten Geräts. Dazu öffnen Sie die Systemsteuerung von Windows. Bei Windows 7 wählen Sie dort den Bereich *Geräte und Drucker*.

» Im Allgemeinen werden Sie ein Fax mit der Eingabe des Empfängers starten. Dazu haben Sie mehrere Möglichkeiten: Sie können einfach die Faxnummer des Empfängers eingeben. Wenn Sie sich mit dem allgemein verwendeten kanonischen Format der Faxnummer nicht so gut auskennen, sollten Sie auf die Schaltfläche *Faxnummer richtig formatieren …* in der Symbolleiste klicken und dann die einzelnen Daten im Dialogfeld *Faxnummereigenschaften* eingeben. Den Namen können Sie hier auch weglassen (→ Abbildung 6.9). Nach der Bestätigung wird die Nummer im Fenster *Neues Fax* angezeigt.

» Geben Sie anschließend den Inhalt für die Titelseite ein. Klicken Sie dazu zunächst in den Hauptbereich des Fensters. Sollte das Fax nur aus Text bestehen, geben Sie ihn hier ein. Wenn Sie bestimmte Formate wünschen, können Sie diese über die Befehle des Menüs *Format* oder über die Schaltflächen in der gleichnamigen Symbolleiste bestimmen.

» 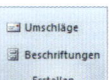 Anschließend können Sie das Fax senden. Dazu klicken Sie auf die Schaltfläche *Senden* in der Symbolleiste des Fensters *Neues Fax*. Der Status der Sendung wird angezeigt.

6.1.5 Briefumschläge und Etiketten

Sie können auch Briefumschläge oder Etiketten für Ihre Briefe ausdrucken lassen. Die Befehle dazu finden Sie bei Word 2010 in der Gruppe *Erstellen* auf der Registerkarte *Sendungen* des Menübands.

Umschläge

 Wenn Sie nicht bereits ein vorhandenes Umschlagdokument geöffnet haben, müssen Sie es zuerst anlegen. Nach dem Wählen von *Umschläge* in der Gruppe *Erstellen* wird das Dialogfeld *Umschläge und Etiketten* geöffnet (→ Abbildung 6.10). Geben Sie darin in den Feldern *Empfänger(adresse)* und *Absenderadresse* die erforderlichen Daten ein.

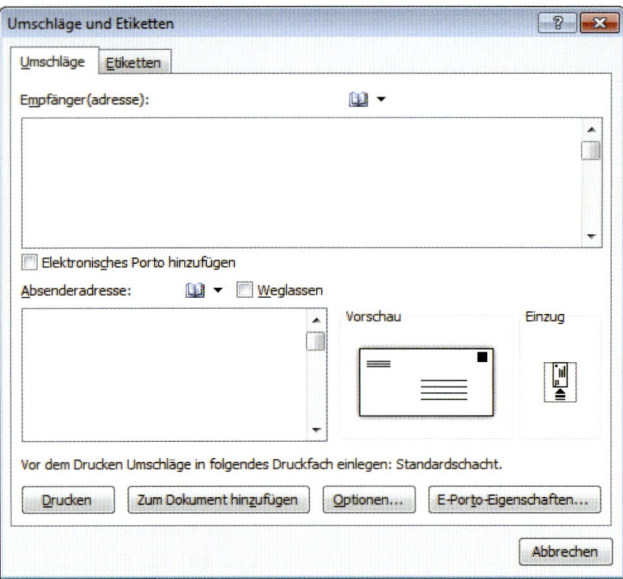

Abbildung 6.10 Das Dialogfeld für den Umschlag ermöglicht die Eingabe von Empfänger- und Absenderadresse.

Beachten Sie darin auch die Anzeigen in den Feldern *Vorschau* und *Einzug*. In Letzterem wird die Richtung angezeigt, in der Sie die Umschläge in den Drucker einführen müssen.

Standardmäßig wird für den Umschlag ein Format von *110 x 220 mm* (entspricht einem DIN-Lang-Umschlag) an-

genommen. Ein anderes Format müssen Sie erst einstellen, indem Sie auf *Optionen* klicken:

» Im Dialogfeld *Umschlagoptionen* können Sie auf der gleichnamigen Registerkarte ein anderes Format für den Umschlag auswählen (→ Abbildung 6.10 links). Im mittleren Bereich können Sie die Position der *Empfängeradresse* und der *Absenderadresse* eingeben. Die zu verwendende Schriftart können Sie getrennt für *Empfängeradresse* und *Absenderadresse* einstellen, nachdem Sie auf die Schaltfläche *Schriftart* geklickt haben.

» Über die Registerkarte *Druckoptionen* in diesem Dialogfeld können Sie die Zufuhrmethode für die Umschläge im Drucker bestimmen (→ Abbildung 6.10 rechts).

Etiketten

Wenn Sie statt Umschlägen Etiketten bedrucken wollen, wählen Sie auf der Registerkarte *Sendungen* des Menübands in der Gruppe *Erstellen* die Option *Beschriftungen*. Auch dabei wird das Dialogfeld *Umschläge und Etiketten* geöffnet, diesmal jedoch ist die Registerkarte *Etiketten* aktiviert (→ Abbildung 6.12). Geben Sie auch darin im Feld *Adresse* die erforderlichen Daten ein.

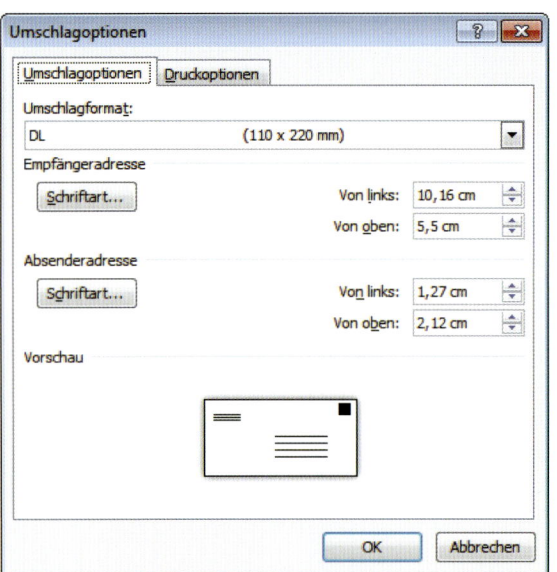

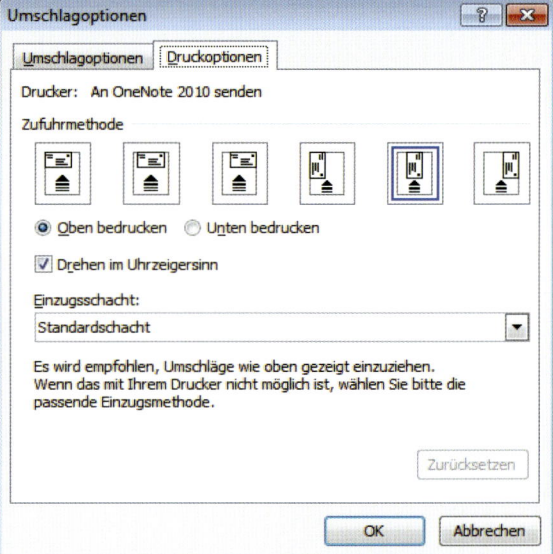

Abbildung 6.11 Format, Schriftart und Zufuhr können Sie festlegen.

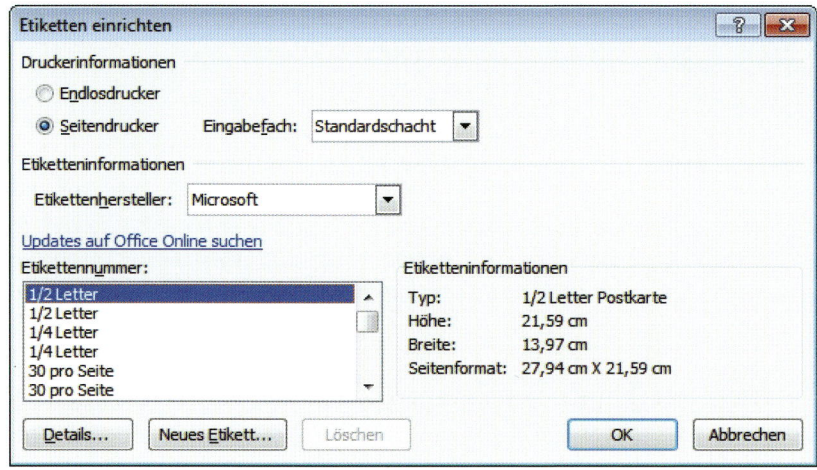

Abbildung 6.13
Wählen Sie das Etikettenformat aus.

» Hier empfiehlt es sich, auf die Schaltfläche *Optionen* zu klicken und damit das Dialogfeld *Etiketten einrichten* anzuzeigen. Darin müssen Sie das zu verwendende Etikettenformat festlegen (→ Abbildung 6.13). Sie sollten zunächst im oberen Bereich den zu verwendenden Druckertyp wählen, da sich daraus unterschiedliche Optionen ergeben. Anschließend werden die marktgängigen Etiketten für den Typ angezeigt. Wählen Sie im Drop-down-Listenfeld *Etikettenhersteller* den Hersteller bzw. die Marke der Etiketten aus. Unter *Etikettennummer* legen Sie dann den Typ der verwendeten Etiketten fest.

» Wenn Sie unter diesen Einträgen nicht das Format der gewünschten Etiketten finden, können Sie es über die Schaltfläche *Neues Etikett* selbst definieren (→ Abbildung 6.14). Weisen Sie dem Format einen Namen zu und legen Sie die Maße fest. Im oberen Bereich des Dialogfelds wird die Bedeutung der einzelnen Felder erklärt.

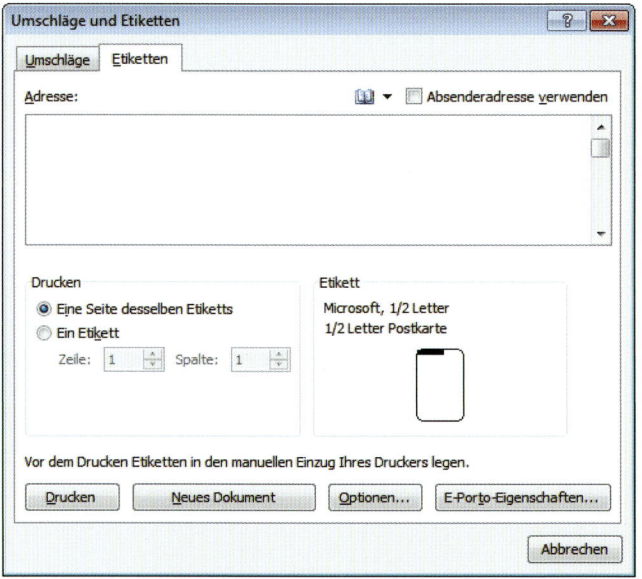

Abbildung 6.12 Das Dialogfeld für die Etiketten

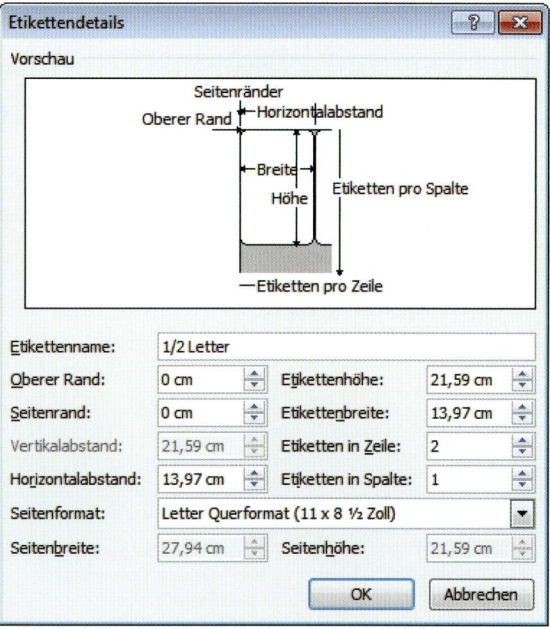

Abbildung 6.14 Definieren eines neuen Etikettenformats

Das Ergebnis

Nachdem Sie die Formate für den Umschlag oder das Etikett festgelegt haben, kehren Sie mit der Bestätigung automatisch zum Dialogfeld *Umschläge und Etiketten* zurück. Darin haben Sie dann mehrere Optionen für das weitere Vorgehen:

» Sowohl bei Umschlägen als auch bei Etiketten finden Sie die Schaltfläche *Drucken*. Den Ausdruck nehmen Sie dann wie oben für das Dokument selbst beschrieben vor.

» Bei Umschlägen finden Sie die Schaltfläche *Zum Dokument hinzufügen*. Wenn Sie darauf klicken, wird der Inhalt des Umschlagdokuments als separater Abschnitt vor das eigentliche Dokument – also den Brief – gesetzt und kann anschließend zusammen mit diesem gespeichert werden. Wenn Ihr Drucker nicht über separate Einzüge für den Umschlag und den Brief verfügt, müssen Sie sowohl den Umschlag als auch das normale Briefpapier im Drucker in der richtigen Reihenfolge bereitstellen. Sie können aber auch über das Dialogfeld *Drucken* zuerst die erste Seite mit den Daten für den Umschlag und dann die restlichen Daten für den Brief drucken (➔ oben).

» Bei Etiketten finden Sie stattdessen die Schaltfläche *Neues Dokument*. Ein Klick darauf bewirkt, dass die für das Etikett eingegebenen Daten in einem neu erstellten Dokument abgelegt werden. Sie können dieses speichern und bei Bedarf auch separat ausdrucken.

6.1.6 Zusätzliche Optionen

Unter den Word-Optionen finden Sie einige Einstellungen, die bestimmen, was bei einem Druckvorgang berücksichtigt werden soll. Um diese zu kontrollieren oder zu ändern, öffnen Sie die Registerkarte *Datei* und wählen Sie *Optionen*.

Die Druckoptionen im Bereich *Anzeige*

Einen Teil dieser Optionen finden Sie, wenn Sie dann links auf *Anzeige* klicken und rechts zu *Druckoptionen* navigieren (➔ Abbildung 6.15).

» Wählen Sie die Option *In Word erstellte Zeichnungen drucken* aus, um alle im Dokument erstellten Zeichnungsobjekte mit zu drucken. Wenn Sie diese Option deaktivieren, wird der Druckvorgang möglicherweise beschleunigt. Word druckt dann anstelle der einzelnen Zeichnungsobjekte ein leeres Feld. Das kann für einen schnellen Konzeptausdruck dienlich sein.

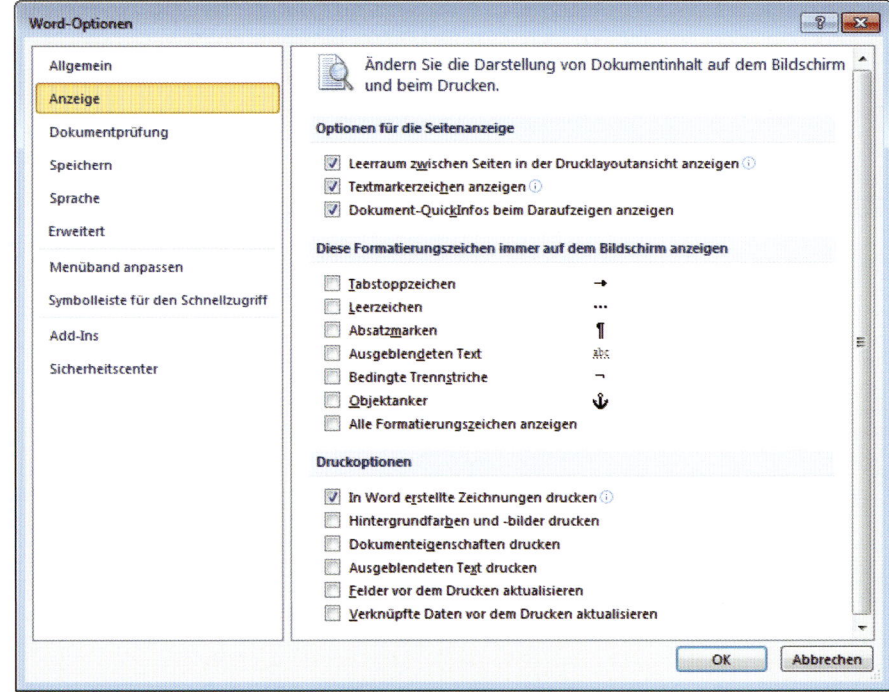

Abbildung 6.15
Mehrere zusätzliche Druckoptionen stehen zur Verfügung.

» Auch wenn Sie *Hintergrundfarben und -bilder drucken* deaktivieren, wird der Druckvorgang möglicherweise beschleunigt.

» Ist *Dokumenteigenschaften drucken* aktiviert, werden die Dateiinformationen des Dokuments nach dem Dokument auf einer eigenen Seite gedruckt. Word speichert diese Dateiinformationen im Dokumentinformationsbereich.

» Mit *Ausgeblendeten Text drucken* können Sie dafür sorgen, dass als ausgeblendet formatierter Text mit gedruckt wird. Die gepunktete Unterstreichung, die auf dem Bildschirm unter dem ausgeblendeten Text angezeigt wird, wird nicht mit gedruckt.

» Über *Felder vor dem Drucken aktualisieren* erreichen Sie, dass alle Felder in einem Dokument – beispielsweise automatische Bild- und Absatznummerierungen sowie Inhalts- und Stichwortverzeichnisse – vor dem Drucken aktualisiert werden.

» Wählen Sie die Option *Verknüpfte Daten vor dem Drucken aktualisieren* aus, um alle verknüpften Informationen – beispielsweise eingebettete Bilder – in einem Dokument vor dem Drucken zu aktualisieren.

Die Druckoptionen im Bereich *Erweitert*

Im Abschnitt *Drucken* des Bereichs *Erweitert* sind einige weitere allgemeinen Druckoptionen zusammengefasst (→ Abbildung 6.16). Beachten Sie, dass die verfügbaren Optionen vom verwendeten Drucker abhängig sind.

Einige der Einstellmöglichkeiten unter diesen Druckoptionen seien kurz erwähnt:

» *Entwurfsqualität verwenden* druckt das Dokument mit einer minimalen Formatierung, wodurch der Druckvorgang beschleunigt wird. Nicht alle Drucker unterstützen diese Funktion.

» *Drucken im Hintergrund* bewirkt, dass Sie während des Druckens weiterarbeiten können. Diese Option erfordert aber einen größeren verfügbaren Arbeitsspeicher. Wenn die Arbeit mit dem Dokument beim Drucken sehr langsam wird, deaktivieren Sie diese Option.

» Wenn Sie *Seiten in umgekehrter Reihenfolge drucken* aktivieren, werden mehrseitige Dokumente in umgekehrter Reihenfolge ausgedruckt, die letzte Seite also zuerst. Sollen Briefumschläge im Dokument mit gedruckt werden, aktivieren Sie dieses Kontrollkästchen nicht.

» Wählen Sie die Option *XML-Tags drucken* aus, um die XML-Tags für die in einem XML-Dokument verwendeten XML-Elemente zu drucken. An das Dokument muss ein Schema angefügt sein und die durch das angefügte Schema bereitgestellten Elemente müssen angewendet werden. Die Tags werden im gedruckten Dokument angezeigt.

» Mit *Feldfunktionen anstelle von Werten drucken* werden anstelle von Feldergebnissen die dazugehörenden Feldfunktionen gedruckt.

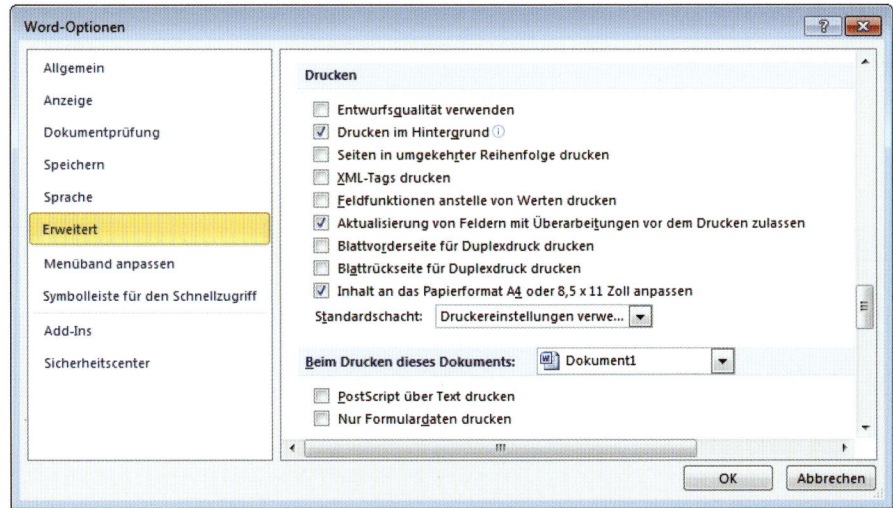

Abbildung 6.16
Der Bereich *Erweitert*
(Abschnitt *Drucken*)

» Über *Blattvorderseite für Duplexdruck drucken* und *Blattrückseite für Duplexdruck drucken* können Sie einen zweiseitigen Druck auch auf Druckern durchführen, die über keine Duplexfunktion verfügen. Damit wird jeweils die Blattvorderseite oder die Blattrückseite – also nur die ungeraden oder die geraden Seiten eines Dokuments – in einem Durchlauf bedruckt. Die Seiten werden in umgekehrter Reihenfolge gedruckt, so dass die Seiten in der richtigen Reihenfolge gedruckt werden, wenn Sie den Stapel zum Bedrucken der Blattrückseite umgedreht haben.

» Mit *Inhalt an das Papierformat A4 oder 8,5 x 11 Zoll anpassen* können Sie Dokumente automatisch anpassen, die so konzipiert sind, dass das Papierformat *8,5 x 11 Zoll* auf ein *A4*-Papier passt, oder so, dass ein *A4*-Format auf ein Papier mit dem Format *8,5 x 11 Zoll* passt. Diese Option ist nur wirksam, wenn das Papier im Format *A4* oder *8,5 x 11 Zoll* im Drucker nicht mit der Papiergröße übereinstimmt, die in Word auf der Registerkarte *Seitenlayoutansicht* festgelegt ist. Diese Option wirkt sich nur auf den Druck aus, nicht auf die Formatierung.

» Über den *Standardschacht* wird der Druckerschacht festgelegt, der standardmäßig verwendet wird. Um die Einstellungen des Druckers zu verwenden, wählen Sie die Option *Druckereinstellungen verwenden* aus. Um einen bestimmten Schacht festzulegen, wählen Sie ihn in der Liste aus. Die Optionen in der Liste hängen von der Konfiguration des Druckers ab.

Beim Drucken dieses Dokuments

Die Einstellungen unterhalb der Überschrift *Beim Drucken dieses Dokuments* gelten standardmäßig für das aktuelle Dokument. Wählen Sie das Dokument aus, auf das diese Druckeinstellungen angewendet werden. Wählen Sie in der Liste den Namen eines Dokuments aus, das bereits geöffnet ist, oder wählen Sie die Option *Alle neuen Dokumente* aus, so dass die Einstellung auf alle Dokumente angewendet wird, die Sie erstellen. Über *Post-Script über Text drucken* können Sie PostScript-Code drucken, wenn ein Dokument entsprechende Felder enthält. *Nur Formulardaten drucken* bewirkt, dass die in ein Onlineformular eingegebenen Daten gedruckt werden, das Formular selbst aber nicht.

6.2 Seriendokumente

Mit Word können Sie ohne großen Aufwand eine Vielzahl von Seriendokumenten – Serienbriefe, bedruckte Briefumschläge, Adressetiketten etc. – erstellen. Sie benötigen dazu eine Datenquelle – beispielsweise eine Datenbank aus einer Microsoft-Office-Anwendung oder ein Adressbuch – und ein Hauptdokument – das heißt ein Textgerüst, in dem die Elemente vorhanden sind, die in allen Exemplaren des Seriendokuments erscheinen sollen. Beim Drucken wird dann für jeden Datensatz aus der Datenquelle ein Exemplar des Dokuments mit den entsprechenden Feldinhalten erstellt.

» Einige Vorbereitungen sind natürlich notwendig: Sie müssen dem Hauptdokument die zu verwendende Datenquelle bereitstellen und dafür gibt es mehrere Möglichkeiten. Einerseits können Sie in Word selbst eine solche Quelle erstellen, andererseits können Sie dafür auch eine bestehende Datei aus Excel, Access, Outlook oder einem anderen Programm verwenden.

» Im weiteren Vorgehen müssen Sie zunächst den Typ des Dokuments festlegen, dann die zu verwendende Datenquelle auswählen, den gewünschten Text verfassen und die Seriendruckfelder einfügen. Das Ergebnis sollten Sie zuerst noch einmal am Bildschirm kontrollieren; dann können Sie den Ausdruck vornehmen.

Zur Abwicklung solcher Aufgaben verwenden Sie die Registerkarte *Sendungen* im Menüband (→ Abbildung 6.17).

Sie sollten in diesem Zusammenhang auch gleich beachten, dass Sie den Prozess der Serienbrieferstellung auch von anderen Office-Programmen her starten können (→ unten). Je nachdem, von welchem Programm Sie ausgehen, sind jeweils einige unterschiedliche Vorarbeiten erforderlich.

ACHTUNG Beachten Sie gleich noch den folgenden wichtigen Punkt: Wenn Sie für den Seriendruck eine Datenquelle festlegen, wird auf Ihrem Rechner im Standardordner ein Unterordner mit dem Namen *Meine Datenquellen* angelegt, in dem die Daten für die Datenverbindung gespeichert werden. Diese Da-

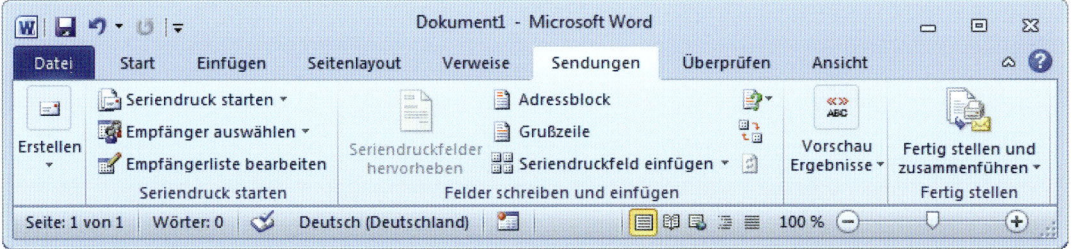

teien können Sie später auch für andere Seriendruck-
aufgaben verwenden. Wenn Sie ein Seriendruckdokument auf einen anderen Rechner übertragen, stehen
dort die Datei für die Datenverbindung nicht zur Verfügung.

6.2.1 Vorbereitungen aus Word heraus

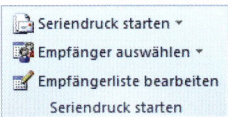

Wir sagten es gerade: Sie müssen
zunächst festlegen, woher Word
die Daten erhalten soll, die in die
einzelnen Seriendokumente ein-
gefügt werden sollen. Dies wird als *Datenquelle* bezeichnet. Eine Datenquelle ist eine Datei mit Daten, die in jeder Kopie eines Seriendokuments unterschiedlich sind.
Sie können sich eine Datenquelle als Tabelle vorstellen.
Jede Spalte der Datenquelle entspricht einer Informati-
onskategorie oder einem Datenfeld, beispielsweise Vorname, Nachname, Adresse und Postleitzahl. Der Name
jedes Datenfelds ist in der ersten Tabellenzeile aufgeführt und wird als Steuersatz bezeichnet. Jede nachfolgende Zeile enthält einen Datensatz, der über einen vollständigen Satz zusammengehöriger Informationen
verfügt. Bei der Verwendung der Seriendruckfunktion
werden die Daten der einzelnen Empfänger in die Felder
in Ihrem Hauptdokument eingefügt. Zum Festlegen einer
solchen Quelle benutzen Sie bei Word die Befehle der
Gruppe *Seriendruck starten* auf der Registerkarte *Sendungen*.

Für die Datenquelle können Sie unterschiedliche Grundlagen benutzen. In vielen Fällen wird dabei eine Datenbankverbindungsdatei erzeugt, die die Kommunikation
zwischen Word und dem Quellprogramm ermöglicht. Zur
Auswahl verwenden Sie die Liste zur Schaltfläche *Empfänger auswählen* (→ Abbildung 6.18). Hier haben Sie die
Wahl zwischen mehreren Alternativen.

Abbildung 6.18
Wählen Sie den Typ
der Datenquelle aus.

Neue Liste erstellen

Wenn Sie noch über keine Empfängerliste verfügen oder
wenn das aktuelle Dokument an Empfänger gesendet
werden soll, die noch in keiner vorhandenen Liste eingegeben wurden, benutzen Sie darin den Befehl *Neue
Liste eingeben*. Das Dialogfeld *Neue Adressliste* wird
dann angezeigt (→ Abbildung 6.19). Geben Sie darin die
erforderlichen Daten manuell ein.

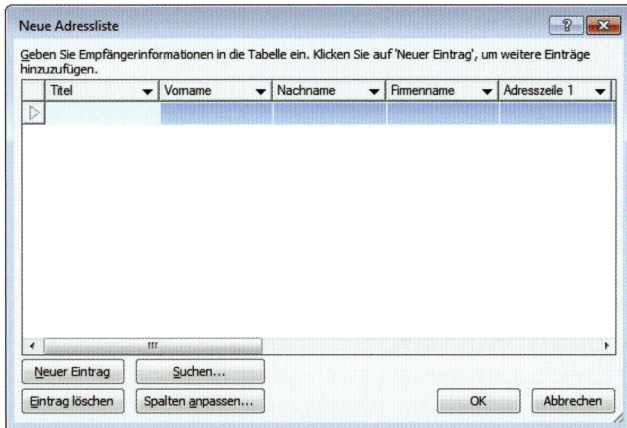

Abbildung 6.19 Eine neue leere Adressliste in Word

Markieren Sie nacheinander die einzelnen Feldspalten
und geben Sie die Daten ein. Nach Abschluss einer Zeile
klicken Sie auf *Neuer Eintrag* und fahren mit der nächsten Zeile fort. Falls dann in einer dieser Zeilen ein Feld-
eintrag auftaucht, den Sie vorher schon einmal verwendet haben, können Sie die auch durch Auswahl aus dem
Listenfeld zur jeweiligen Überschrift auswählen. Mit den

weiteren Optionen in dieser Liste können Sie die Einträge beispielsweise auch sortieren lassen.

Die verfügbaren Feldspalten reichen für die Mehrzahl der Seriendokumente aus. Wenn Sie weitere Felder wünschen, klicken Sie auf *Spalten anpassen*. Links im Dialogfeld *Adressliste anpassen* werden dann die bereits vorhandenen Feldnamen angezeigt (→ Abbildung 6.18 links). Für weitere Felder klicken Sie auf *Hinzufügen*, geben den Namen des Felds ein und bestätigen (→ Abbildung 6.18 rechts). Sie können die Reihenfolge der Felder auch über die Felder *Nach oben* und *Nach unten* anders gestalten.

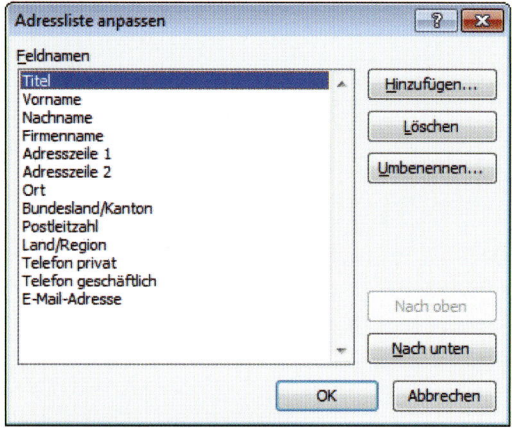

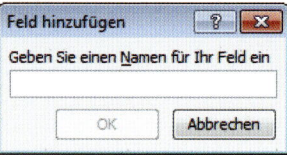

Abbildung 6.20
Die Adressleiste anpassen

Nach einer abschließenden Bestätigung im Dialogfeld *Neue Adressliste* erscheint automatisch das Dialogfeld *Adressliste speichern*. Ein Speichern ist notwendig, wenn Sie mit der Liste weiterarbeiten wollen! Außerdem ist es natürlich auch für den Fall sinnvoll, dass Sie die Liste später in einem anderen Seriendokument wieder verwenden wollen.

Auf Outlook zugreifen

Einfach ist auch die Übernahme von Kontakten aus Microsoft Outlook. Dazu wählen Sie die Option *Aus Outlook-Kontakten auswählen* in der Liste zur Schaltfläche *Empfänger auswählen*. Anschließend müssen Sie gegebenenfalls ein Profil und danach einen Ordner im Programmbereich *Kontakte* auswählen. Anschließend werden die Daten angezeigt (→ Abbildung 6.18 rechts).

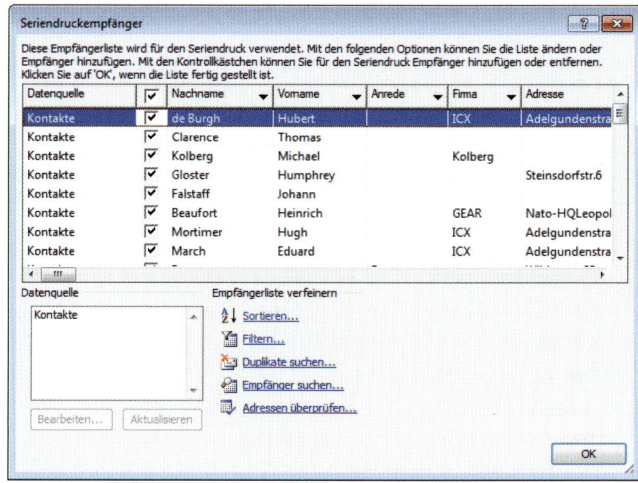

Abbildung 6.21 Die Seriendruckempfänger bei Microsoft Outlook 2010

Daten aus Access oder Excel

Die oben beschriebene Eingabe der Daten im Dialogfeld *Neue Adressliste* kann mühselig werden. Wenn also bereits irgendeine andere Datei mit den erforderlichen Daten vorhanden ist, die Sie für Ihre Zwecke benötigen, sollten Sie diese auch nutzen. Dazu wählen Sie die Option *Vorhandene Liste verwenden* in der Liste zur Schaltfläche *Empfänger auswählen*. Das zeigt das Dialogfeld *Datenquelle auswählen* an.

» Anfangs finden Sie hierin oft noch keine Einträge, mit deren Hilfe Sie eine Datenbankverbindungsdatei erzeugen können. Nach einem Klick auf *Neue Quelle* wird der *Datenverbindungs-Assistent* gestartet, über den Sie zunächst den Typ der Datenquelle festlegen müssen (→ Abbildung 6.22).

Abbildung 6.22 Im ersten Schritt des Datenverbindungs-Assistenten legen Sie den Typ der Verbindung fest.

» Wenn Sie eine Access-Datenbank oder eine Excel-Tabelle als Datenquelle verwenden wollen, wählen Sie darin die Option *ODBC DSN* – ODBC steht für *Open Database Connectivity* und ist ein Standardprotokoll, das es Anwendungen erlaubt, zu einer Vielzahl von externen Datenquellen wie Datenbanken oder Dateien eine Verbindung herzustellen, *DSN* hingegen steht für *Data Source Name* und enthält alle Informationen, um zu einer Datenbank zu verbinden. Der nächste Schritt zeigt dann die weiteren Verbindungsmöglichkeiten zu einer ODBC-Datenquelle an (→ Abbildung 6.23).

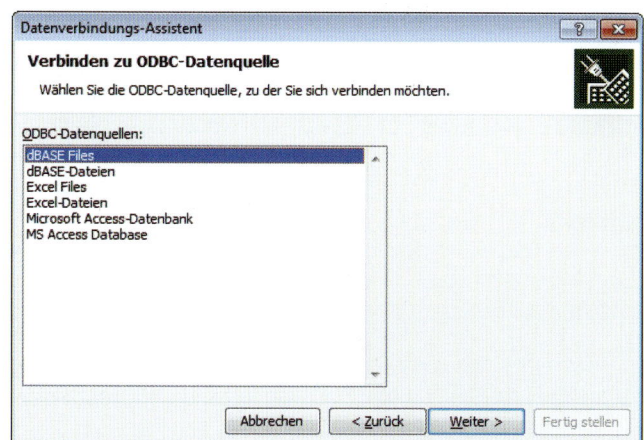

Abbildung 6.23 Die Optionen bei einer Verbindung zu einer ODBC-Datenquelle

» Nach dieser Wahl meldet sich nach einer Bestätigung über *Weiter* ein Dialogfeld, in dem Sie die gewünschte Datei auswählen müssen. Die Option *Microsoft Access-Datenbank* bezieht sich auf Datenbanken der Version 2003 oder früher im Format *.mdb*, *MS Access Database* ist verantwortlich für die Version 2007 oder später im Format *.accdb*. Entsprechendes gilt für Excel. Welche Optionen hier angezeigt werden, hängt auch davon ab, welche Versionen von Office Sie neben Office 2010 auf dem Rechner installiert haben.

» Wenn Sie den Microsoft-Access-Treiber verwenden, heißt das nächste Dialogfeld *Datenbank auswählen*. Bei Wahl des Excel-Treibers heißt es *Tabelle auswählen*. Navigieren Sie darin zu dem Speicherort und der Datei, die die Adressdaten enthält.

» Wenn die gewählte Datei mehr als eine mögliche Datenquelle enthält, müssen Sie angeben, welche verwendet werden soll (→ Abbildung 6.24).

Abbildung 6.24 Die Datenverbindungsdatei stellt die Verbindung her.

» Nach dem Bestätigen über *OK* kehren Sie zum *Datenverbindungs-Assistenten* zurück. Die Datenverbindungsdatei ist bereit zum Speichern. Legen Sie hier gegebenenfalls den Namen fest, unter dem die Datei im Dialogfeld *Datenquelle auswählen* angezeigt werden soll, und bestätigen Sie über *Fertig stellen*.

Die Datenverbindungsdatei wird dann im Dialogfeld *Datenquelle auswählen* mit aufgelistet.

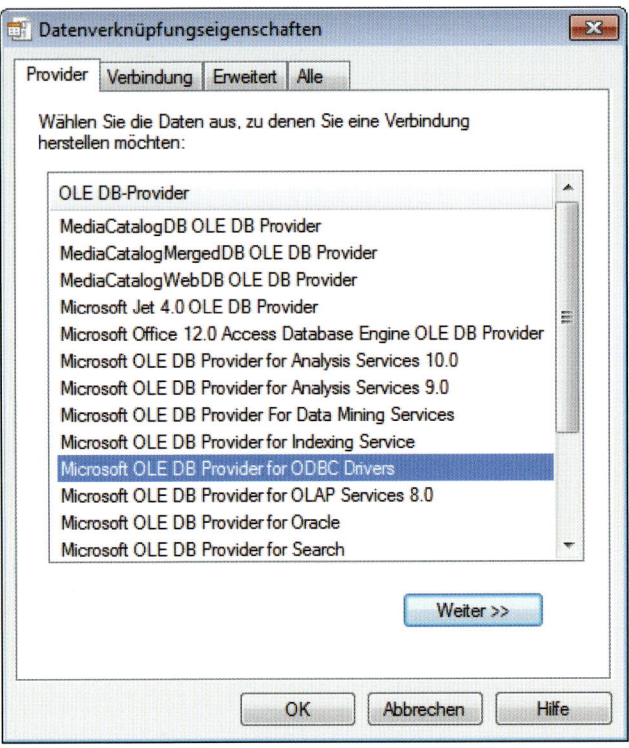 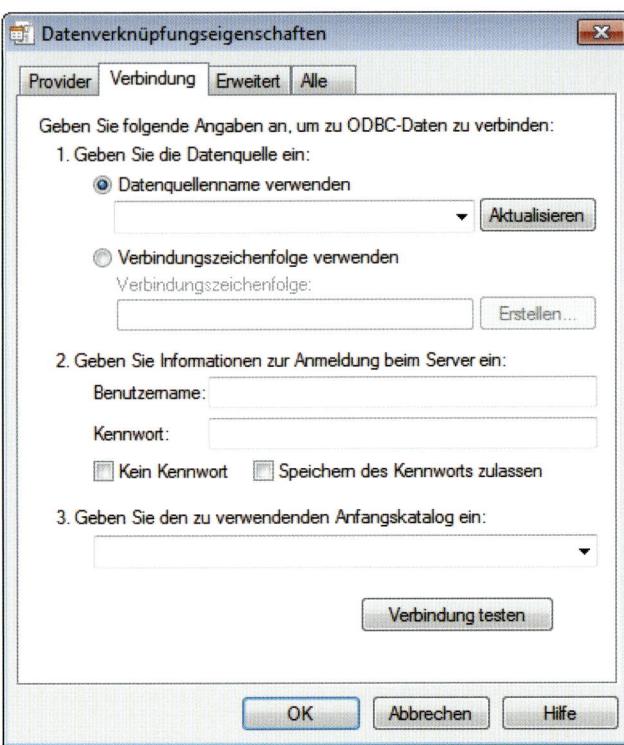

Abbildung 6.25 Über die Datenverknüpfungseigenschaften legen Sie die Verbindung fest.

Datenquelle aus anderen Programmen auswählen

Sie können auch auf der ersten Seite des Assistenten über die Option *Weitere/erweiterte* arbeiten. Sie öffnen damit das Dialogfeld *Datenverknüpfungseigenschaften*, in dem Sie auf vier Registerkarten die Verbindung zur Datenquelle weiter spezifizieren müssen.

» Für die Verbindung zu einer Access- oder Excel-Datenbank wählen Sie auf der Registerkarte *Provider* am besten die Option *Microsoft Jet 4.0 OLE DB-Provider* aus. Sie könnten auch eine andere Option benutzen – die detaillierte Beschreibung der einzelnen Optionen würde aber über den Umfang dieses Buchs hinausgehen. Klicken Sie anschließend auf *Weiter* oder aktivieren Sie die Registerkarte *Verbindung*.

» Dort können Sie im entsprechenden Feld den Pfad und Dateinamen der Quelldatei eingeben. Es empfiehlt sich, auf die daneben stehende Schaltfläche mit den drei Punkten zu klicken und hierüber den Speicherort anzugeben. Durch einen Klick auf die Schaltfläche *Verbindung testen* können Sie nach dem Festlegen der zu verwendenden Datenbank prüfen, ob die Verbindung hierzu aufgenommen werden kann.

TIPP Wenn Sie später ein anderes Seriendokument mit derselben Datenquelle verknüpfen möchten, reicht es aus, die entsprechende Datenbankverbindungsdatei im Dialogfeld *Datenquelle auswählen* anzugeben.

Falsche Zuordnung der Felder

Microsoft Word benutzt für die Serienbrieferstellung Standardfeldnamen und ermittelt selbstständig, welche Felder aus der Datenquelle den einzelnen im Programm benutzten Standardfeldnamen zugeordnet werden sollen. Sollten später bei der Anzeige der Feldinhalte im Seriendokument falsche Angaben – beispielsweise die Angabe eines Landes statt eines Ortsnamens oder Ähnliches – auftreten, können Sie das in den meisten Fällen über das Dialogfeld *Übereinstimmende Felder festlegen* korrigieren, das Sie über die gleichnamige Schaltfläche in der Gruppe *Felder schreiben und einfügen* der Registerkarte *Sendungen* öffnen (→ Abbildung 6.26).

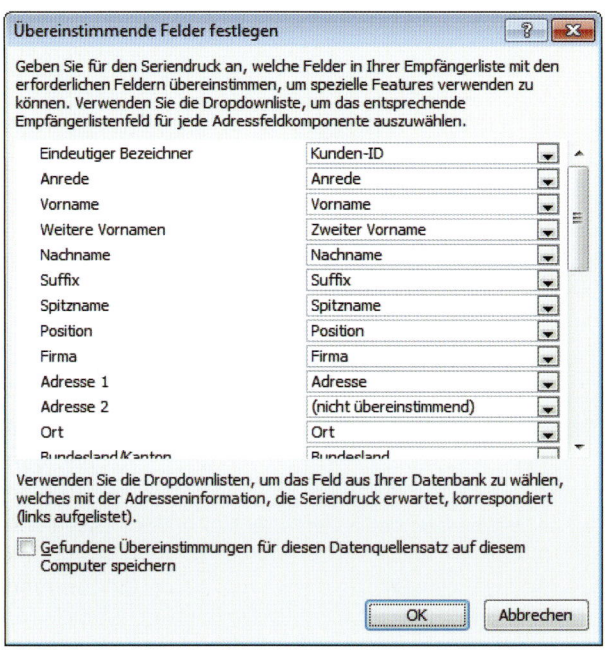

Abbildung 6.26 Felder aus der Datenquelle können zugeordnet werden.

Die Bezeichnungen auf der linken Seite kennzeichnen die von Microsoft Word verwendeten Feldnamen. Über die rechts daneben stehenden Drop-down-Listenfelder können Sie diesen die von der Datenquelle verwendeten Feldbezeichnungen zuordnen.

6.2.2 Empfängerliste bearbeiten

Empfängerliste bearbeiten Wenn Sie nicht gerade eine spezielle Liste für das

aktuelle Seriendokument manuell erstellt, sondern auf eine vorhandene Liste zurückgegriffen haben, werden Sie wahrscheinlich aus den darin enthaltenen Adressen eine Auswahl treffen oder diese beispielsweise noch sortieren wollen. Klicken Sie dazu auf *Empfängerliste bearbeiten* in der Gruppe *Seriendruck starten*. Das Dialogfeld *Seriendruckempfänger* wird angezeigt (→ Abbildung 6.27). Hierin werden alle Datensätze aus der vorher gewählten Datenquelle aufgelistet und sie sind standardmäßig für den Seriendruck aktiviert. Darin können Sie die Auswahl vornehmen. Die blau eingefärbten Links im unteren Bereich des Dialogfelds erlauben beispielsweise ein Sortieren oder Filtern der einzelnen Datensätze.

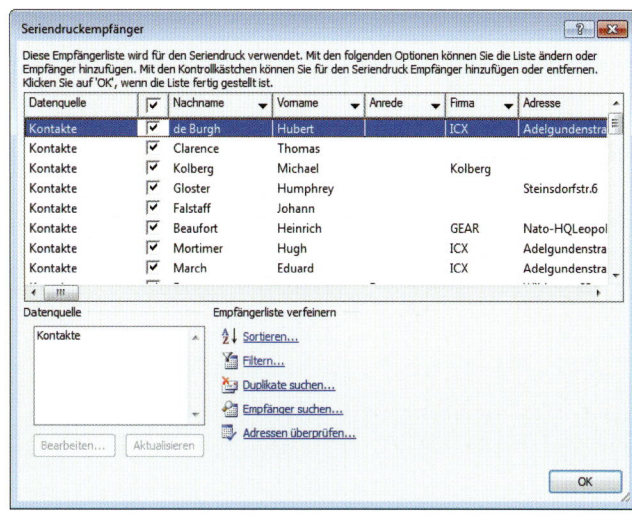

Abbildung 6.27 Wählen Sie die Datensätze aus – aktivieren Sie dazu die jeweiligen Kontrollkästchen.

Nach der Bestätigung über *OK* ist das Dokument an den bearbeiteten Datenbestand gebunden. Anschließend können Sie die Felder aus der Datenquelle mittels der Schaltfläche *Seriendruckfeld einfügen* in der Gruppe *Felder schreiben und einfügen* im Menüband in das Dokument einbauen (→ unten).

Manuelle Auswahl

Wenn Sie ein Dokument nicht an alle Adressen in der Liste senden wollen, besteht der einfachste Weg dazu in einer manuellen Auswahl: Aktivieren Sie im Dialogfeld *Seriendruckempfänger* die Datensätze, an die der Brief gerichtet werden soll, bzw. deaktivieren Sie die nicht gewünschten. Über das Kontrollkästchen in der Über-

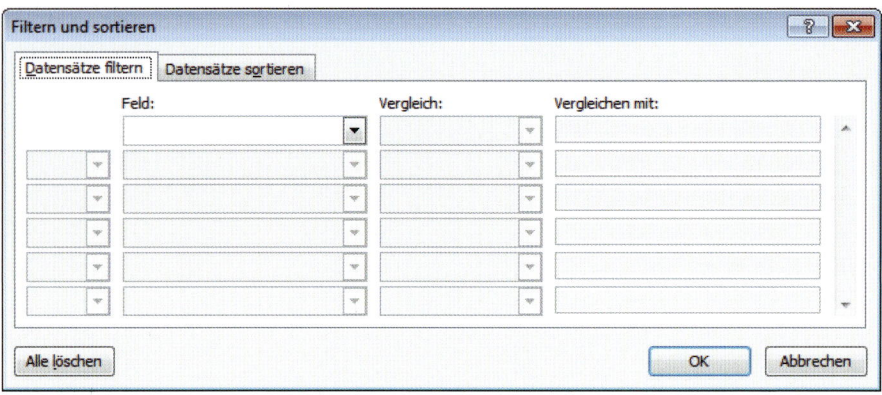

Abbildung 6.28
Die Empfänger können gefiltert werden.

schriftenzeile können Sie alle Kontrollkästchen für die einzelnen Datensätze darunter in einem Schritt ein- und ausschalten.

Empfänger filtern

Wenn Sie bestimmte Empfänger der verwendeten Datenquelle automatisch aus dem Seriendruck ausschließen möchten, können Sie das über einen Klick auf *Filtern* im Dialogfeld *Seriendruckempfänger* erreichen. Daraufhin wird das Dialogfeld *Filtern und sortieren* angezeigt (→ Abbildung 6.28).

» Wenn Sie beispielsweise nur Serienbriefe an Personen schreiben wollen, die an einem bestimmten Ort ihren Wohnsitz haben, wählen Sie unter *Feld* die Option *Ort*, belassen die Einstellung zu *Vergleich* auf *Gleich* und geben im Feld *Vergleichen mit* den Namen des Orts ein.

» Genauso können Sie beispielsweise Personen mit Wohnsitz an einem bestimmten Ort ausschließen, indem Sie die eben genannten Einstellungen benutzen, aber für *Vergleich* die Option *Ungleich* benutzen.

» Sie können auch mehrere Filterkriterien einsetzen. Beispielsweise könnten Sie nach Personen filtern, die ein bestimmtes Geschlecht – Herr oder Frau – und ihren Wohnsitz an einem bestimmten Ort haben. Benutzen Sie zur Formulierung zwei Zeilen im Dialogfeld.

» Beachten Sie bei der Verwendung mehrerer Kriterien auch die Feldspalte ganz links im Dialogfeld. Wenn Sie hier die Option *iterien erfüllen*. Bei *Oder*

werden nur jene Datensätze verwendet, in denen eines der Kriterien erfüllt wird.

Nach der Bestätigung über *OK* wird das Ergebnis der Filterung im Dialogfeld *Seriendruckempfänger* angezeigt.

Empfänger sortieren

Nach einem Klick auf *Sortieren* im Dialogfeld *Seriendruckempfänger* können Sie das Feld bestimmen, nach dem sortiert werden soll. Geben Sie außerdem an, ob die Sortierung *Aufsteigend* oder *Absteigend* vorgenommen werden soll. Auch hier können Sie mit mehreren Kriterien arbeiten: beispielsweise zuerst nach dem Nachnamen und – wenn mehrere Personen gleichen Nachnamens vorhanden sind – nach dem Vornamen.

Empfänger suchen

Über den Link *Empfänger suchen* im Dialogfeld *Seriendruckempfänger* können Sie nach einzelnen Datensätzen in der Liste suchen lassen. Nach der Bestätigung wird das Ergebnis im Dialogfeld *Seriendruckempfänger* markiert.

6.2.3 Vorbereitungen aus anderen Programmen heraus

Statt von der Textverarbeitung in Word aus zu starten, können Sie auch von dem Programm ausgehen, das die Datenquelle enthält – also beispielsweise Outlook oder Access.

Starten über Outlook 2010

Sie können die Microsoft-Outlook-Kontakte als Datenquelle für eine Vielzahl von Seriendokumenten – wie

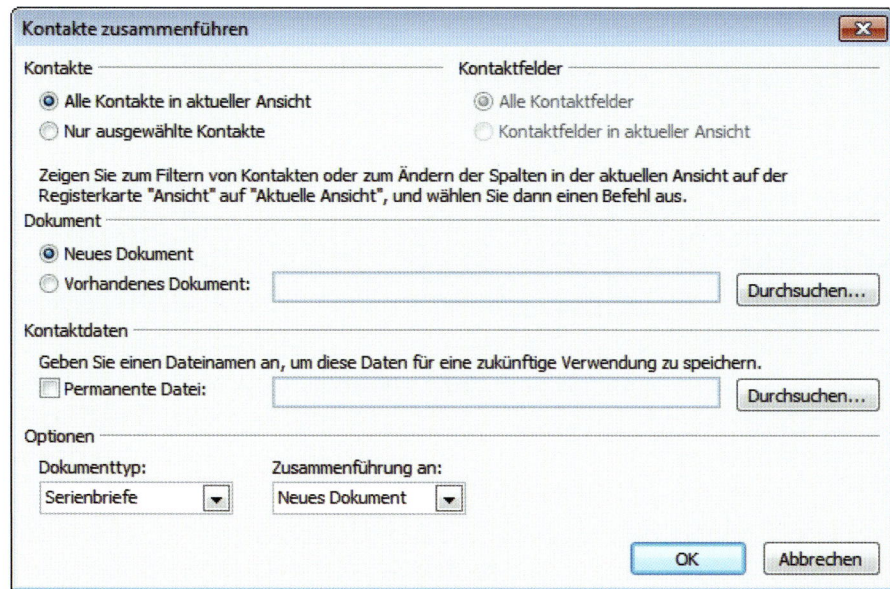

Abbildung 6.29
Das Dialogfeld
Kontakte zusammenführen

Serienbriefen, Adressetiketten oder bedruckten Briefumschlägen – verwenden. Mit Hilfe der zahlreichen Sortier- und Filterfunktionen von Outlook können Sie Ihre Kontakte so organisieren, dass Ihr Seriendokument genau die richtigen Ansprechpartner erreicht. Überlegen Sie sich aber vorher, welche Strategie mit dem geringsten Aufwand das gewünschte Ergebnis erreicht:

» Wollen Sie nur ein einzelnes Seriendokument an eine geringe Zahl von Kontakten senden, können Sie diese Kontakte in einer beliebigen Ansicht durch Mehrfachauswahl markieren und auf dieser Basis die Seriendruckfunktion starten. Die Kontakte, die Sie für den Seriendruck ausgewählt haben, werden in eine temporäre Quelldatei für den Seriendruck übertragen. Diese Datei wird nach drei Tagen wieder gelöscht.

» Wollen Sie für die so definierte Gruppe – über längere Zeit hinweg – mehrere Seriendokumente erstellen, können Sie beim Erstellen des ersten Dokuments die Daten der Gruppe speichern und später wieder verwenden.

» Wenn Sie häufiger Seriendokumente an eine Gruppe senden wollen und sich die Zahl der Mitglieder der Gruppe durch Zu- oder Abgänge über die Zeit ändert, lohnt es sich, dafür eine eigene Ansicht oder gar einen Unterordner zu erstellen. Sie könnten

eine solche Ansicht auf der Basis einer bestimmten Kategorie – beispielsweise *Kunden* – erstellen und die so gefilterten Kontakte als Datenbasis für das Seriendokument verwenden. Sie können auch benutzerdefinierte Felder verwenden, beispielsweise das Datum Ihres letzten Kontakts mit dem Kunden. Neue Kontakte mit der Kategorie *Kunden* werden dann automatisch in die Gruppe mit aufgenommen.

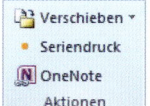

Öffnen Sie zunächst den Ordner, der die gewünschten Kontakte enthält. Sie können einen Seriendruck immer nur von einem einzigen *Kontakte*-Ordner ausführen. Wenn Sie das Seriendokument nur für einige der in dieser Ansicht vorhandenen Kontakte durchführen wollen, markieren Sie diese durch Mehrfachauswahl. Benutzen Sie dann die Befehle der Gruppe *Aktionen* auf der Registerkarte *Start*.

Wählen Sie darin den Befehl *Seriendruck*. Bestimmen Sie dann im Dialogfeld *Kontakte zusammenführen* die zu verwendenden Kontakte, die zu verwendenden Felder, das Dokument und den Typ des Dokuments (→ Abbildung 6.29). Sie können Ihre Einstellungen für eine spätere Verwendung speichern.

» Wählen Sie unter der Überschrift *Kontakte*, welche Kontakte Sie für den Druck verwenden wollen: Wenn Sie alle Kontakte in der aktuellen Ansicht für den Seriendruck verwenden wollen, wählen Sie *Alle Kontakte in aktueller Ansicht*. Über *Nur ausgewählte Kontakte* können Sie festlegen, dass nur die vorher markierten Elemente als Ziel für das Dokument benutzt werden.

» Legen Sie fest, welche Felder für den Seriendruck zur Verfügung stehen sollen. Mit der Option *Alle Kontaktfelder* stehen Ihnen später alle Felder des Ordners *Kontakte* zur Verfügung – auch die in der aktuellen Ansicht nicht angezeigten. Über *Kontaktfelder in aktueller Ansicht* ist die Auswahl später auf diese beschränkt. Für Standardfälle ist diese Option aber meist ausreichend – es sei denn, Sie verwenden eine selbst erstellte Ansicht ohne die üblichen Adressfelder.

» Wählen Sie mit den Optionen unter der Überschrift *Dokument*, ob Sie für den Seriendruck ein neues Dokument – beispielsweise einen vollständig neuen Brief – erstellen oder ein bereits vorhandenes benutzen wollen. Im zweiten Fall geben Sie Pfad und Namen der bestehenden Datei ein oder verwenden die Schaltfläche *Durchsuchen*, um diese Parameter festzulegen.

» **Serienbriefe** **Adressetiketten** **Umschläge** **Katalog** Wählen Sie im Listenfeld *Dokumenttyp* die Art der Aufgabe für den Seriendruck. Wenn Sie mehrere Aufgaben durchführen – beispielsweise einen Serienbrief und zusätzlich Umschläge dafür erstellen – wollen, wählen Sie zuerst eine Aufgabe und später – nach deren Abschluss – die nächste.

» **Neues Dokument** **Drucker** **E-Mail** Im Feld *Zusammenführung an* bestimmen Sie, welche Art von Übermittlung des Seriendokuments Sie wünschen.

TIPP Wenn Sie die Daten der gewählten Kontakte später für weitere Dokumente wieder verwenden wollen, können Sie sie im Dialogfeld *Kontakte zusammenführen* speichern, indem Sie die Option *Permanente Datei* aktivieren und im Feld daneben den Pfad und Namen für die Datei eingeben.

Nach der Bestätigung im Dialogfeld *Kontakte zusammenführen* kann es einen kleinen Moment dauern, bis Microsoft Word geöffnet ist und die gewählten Kontakte dorthin exportiert sind. In Microsoft Word wird entweder ein leeres Dokument oder – wenn Sie es im Dialogfeld

Kontakte zusammenführen so festgelegt haben – automatisch ein bereits vorhandenes Dokument geöffnet.

Starten von Access 2010 aus

Verwenden Sie den Microsoft-Word-Seriendruck-Assistenten, um einen Seriendruckvorgang mit den Daten einer Tabelle zu erstellen. Auf diesen Assistenten können Sie auch in Access 2010 zugreifen.

Word-Seriendruck Öffnen Sie die Quelldatenbank und wählen Sie im Navigationsbereich die als Datenquelle für den Seriendruck zu verwendende Tabelle oder Abfrage aus. Klicken Sie auf der Registerkarte *Externe Daten* in der Gruppe *Exportieren* auf *Word-Seriendruck*. Der Microsoft-Word-Seriendruck-Assistent wird gestartet.

Wählen Sie aus, ob die Verknüpfung in einem vorhandenen oder in einem neuen Dokument erstellt werden soll, und klicken Sie dann auf *OK* (→ Abbildung 6.30). Wenn Sie die Verknüpfung mit einem vorhandenen Dokument erstellen, suchen Sie die Datei im Dialogfeld *Microsoft Word-Dokument auswählen* und wählen Sie sie aus. Klicken Sie dann auf *Öffnen*.

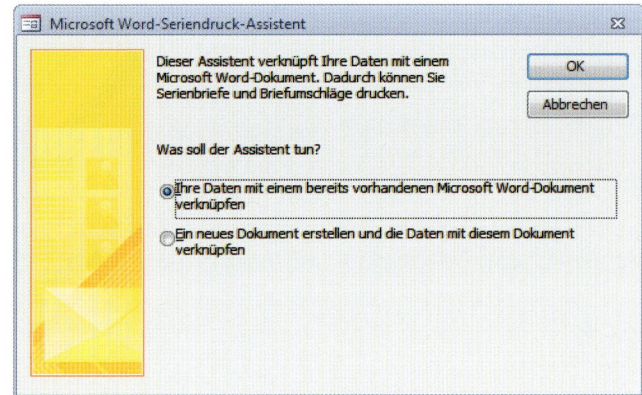

Abbildung 6.30 Existierende oder neue Datei?

Word wird gestartet. Je nachdem, was Sie ausgewählt haben, wird das angegebene Dokument oder ein neues Dokument geöffnet. Sie können dann zum Erstellen der Seriendruckelemente den rechts angezeigten Aufgabenbereich benutzen oder direkt über die Befehlsschaltflächen im Menüband arbeiten.

Sie haben dann mindestens zwei Möglichkeiten, ein Seriendruckdokument mit dem entsprechenden Zubehör

– wie Umschläge und Etiketten – zu erstellen: Am besten benutzen Sie den Befehl *Seriendruck starten* in der gleichnamigen Gruppe und legen darin zunächst den Typ des Dokuments fest. Anschließend können Sie das Dokument – beispielsweise den Brief – erstellen. Nachdem Sie das getan haben, können die bereits vorhandenen Eingaben dazu benutzt werden, Etiketten und/oder Umschläge dafür zu bedrucken.

6.3 Adressinformationen einfügen

Nachdem Sie über die eine oder andere Methode die Datenquelle festgelegt haben, können Sie das Seriendokument erstellen. Dafür stehen Ihnen zwei Möglichkeiten zur Verfügung: Zum einen können Sie die einzelnen Schritte – sozusagen manuell – direkt über Schaltflächen der Registerkarte *Sendungen* des Menübands durchführen. Zum anderen können Sie auch über den *Seriendruck-Assistenten* beziehungsweise den Aufgabenbereich *Seriendruck* eine gewisse Unterstützung anfordern. Beide Verfahrensweisen werden im Folgenden beschrieben.

6.3.1 Über die Befehle des Menübands

Wenn Sie direkt über das Menüband arbeiten wollen, benutzen Sie die Schaltfläche in der Gruppe *Felder schreiben und einfügen*.

Typ des Dokuments festlegen

Klicken Sie auf die Schaltfläche *Seriendruck starten* in der gleichnamigen Gruppe der Registerkarte *Sendungen* im Menüband und wählen Sie in der Liste die gewünschte

Option aus (→ Abbildung 6.31). Für einen Serienbrief wählen Sie hier natürlich die Option *Briefe*. Über die Befehle dieses Dialogfelds können Sie später auch weitere Aufgaben mit derselben Datenquelle – beispielsweise das Bedrucken von Umschlägen nach dem Erstellen der Briefe – erledigen.

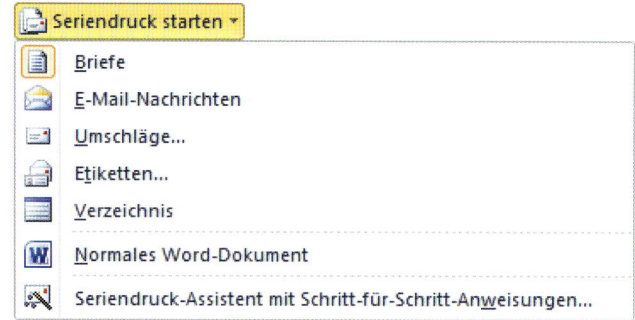

Abbildung 6.31 Legen Sie den Typ des Seriendokuments fest.

Adressblock

Die Informationen zur Adresse des Empfängers – also Vorname, Nachname, Straße und Wohnort – können Sie als Block übernehmen. Setzen Sie dazu die Einfügemarke an die gewünschte Stelle im Dokument und klicken Sie auf die Schaltfläche *Adressblock* in der Gruppe *Felder schreiben und einfügen*. Sie müssen dann im Dialogfeld *Adressblock einfügen* die Form der Adresse festlegen (→ Abbildung 6.32).

 Nach der Bestätigung erscheint im Dokument der Ausdruck *»Adresse«*. Wenn Sie auf die Schaltfläche *Vorschau Ergebnisse* in der gleich-

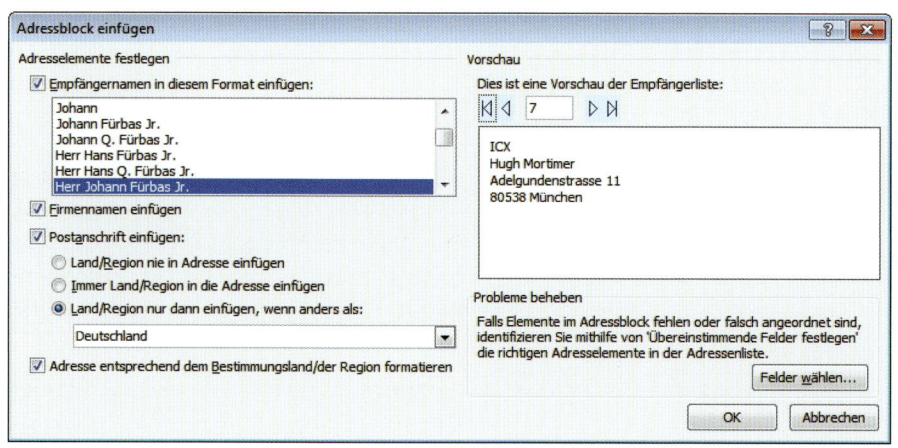

Abbildung 6.32
Den Adressblock einfügen – die Namen links sind nur Platzhalter, rechts werden die aktuellen Daten verwendet.

namigen Gruppe im Menüband klicken, können Sie zur Anzeige der endgültigen Daten umschalten.

Abbildung 6.33 Der Platzhalter und die Daten dafür im Dokument

Grußzeile einfügen

Über die entsprechende Schaltfläche im Bereich *Felder schreiben und einfügen* im Menüband definieren Sie die zu verwendende Anrede im Dialogfeld *Grußzeile* (→ Abbildung 6.34).

Abbildung 6.34 Im Dialogfeld geben Sie die Form der Anrede an.

Über die drei Drop-down-Listenfelder unter *Format für Grußzeile* lassen sich die Anrede, die Form des Namens und das abschließende Satzzeichen bestimmen. Im Drop-down-Listenfeld *Grußzeile für ungültige Empfängernamen* legen Sie den Text für die Fälle fest, in denen beispielsweise nur der Firmenname in der Datenbank angegeben ist. Über die Schaltfläche *Felder wählen* zeigen Sie das Dialogfeld *Übereinstimmende Felder festlegen* an, in dem Sie einzelne Komponenten für Adressfelder auswählen können. Nach dem Bestätigen wird die Grußzeile an der aktuellen Cursorposition in das Dokument eingefügt.

Weitere Felder

Falls nicht bereits erfolgt, sollten Sie nun noch den Standardtext, der in allen Briefen gleich ist, in das Dokument einfügen. Wenn Sie darin weitere Felder aus der Tabelle benötigen, setzen Sie die Schreibmarke an die gewünschte Stelle im Text und benutzen Sie die Schaltfläche *Seriendruckfeld einfügen* in der Gruppe *Felder schreiben und einfügen* im Menüband. Sie müssen anschließend das gewünschte Feld auswählen (→ Abbildung 6.36).

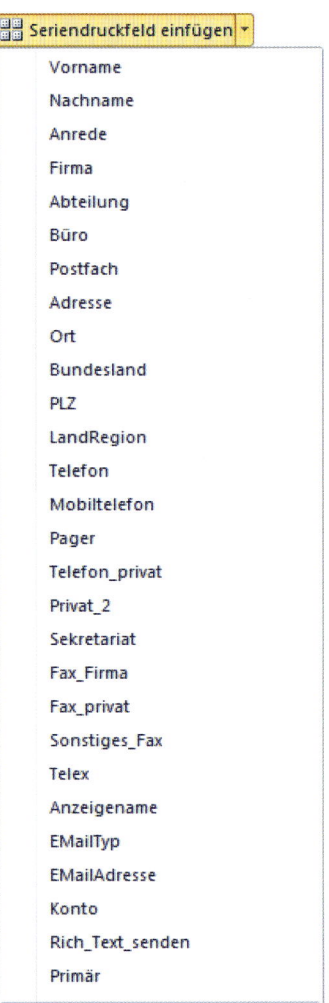

Abbildung 6.35 Wählen Sie das Seriendruckfeld aus.

Vergessen Sie nicht, aufeinanderfolgende Platzhalter – wie in einem normalen Text – durch Leerzeichen zu trennen, da diese sonst ohne Zwischenraum gedruckt werden.

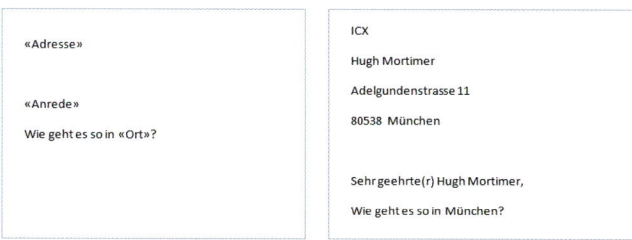

Abbildung 6.36 Ein zusätzliches Feld wurde in einen Text integriert.

Regeln bilden

Es gibt sehr oft Sonderfälle, in denen Sie die Felder der Datenquelle nicht nur in das Dokument einfach übernehmen wollen, sondern beispielsweise bestimmte Abfragen an den Inhalt des Feldinhalts knüpfen wollen. Wenn Sie beispielsweise einen Serienbrief an Personen beiderlei Geschlechts senden wollen, bildet bereits die Konstruktion der Anrede – also *Sehr geehrter Herr ...* und *Sehr geehrte Frau ...* – ein kleines Problem. Für solche Fälle liefert Word eine Vielzahl von Möglichkeiten, die Sie durch einen Klick auf die Schaltfläche *Regeln* in der Gruppe *Felder einfügen und schreiben* anzeigen lassen können (→ Abbildung 6.37).

Abbildung 6.37
Die Liste der Regeln

Setzen Sie die Einfügemarke an die Stelle, an der sich das Feld mit der Regel im Hauptdokument befinden soll. Für das eben genannte Beispiel könnten Sie eine *Wenn... Dann...Sonst*-Regel verwenden. Ein Klick auf diese Option zeigt ein Dialogfeld an, in dem Sie die Bedingung und die Aktionen formulieren können (→ Abbildung 6.38). Sie benötigen dafür natürlich in der Empfängerliste ein

Feld, anhand dessen Inhalts Word entscheiden kann, welche Aktion benutzt werden soll. Für unser Beispiel wäre dies das in den meisten Datenquellen vorhandene Feld *Titel*.

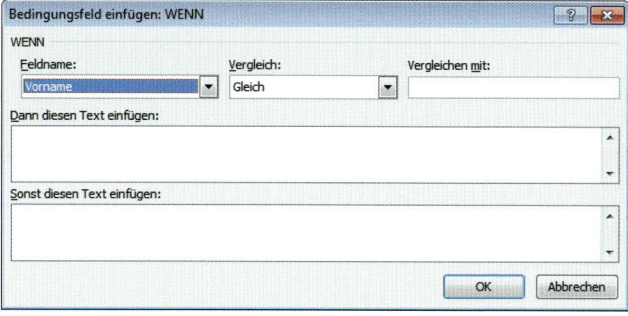

Abbildung 6.38 Eine Regel einsetzen

Oder Sie können eine Firmenadresse drucken, wenn die Spalte *Firma* in der Empfängerliste die entsprechende Information enthält. Ist die Spalte *Firma* für einen Empfänger aber leer, wird die Privatadresse gedruckt. Ein anderes Feld ist *Datensatz zusammenführen*, über das eine fortlaufende Nummer entsprechend den Empfängern in der Liste eingefügt wird.

 TIPP Eine detaillierte Beschreibung der hier vorhandenen Funktionen finden Sie im Teil dieses Buchs über die Automatisierung von Word (→ Kapitel 25). Beim Schreiben des Hauptdokuments und Einfügen von Feldern können Sie auch die Felder verwenden, die auf der Registerkarte *Einfügen* über den Befehl *Schnellbausteine* zur Verfügung stehen (→ Kapitel 5).

6.3.2   Ergebnis

Nach dem Einfügen werden die Felder im Dokument in Form eines Platzhalters angezeigt. Sie können das Ergebnis kontrollieren und dann zum Ausdruck schreiten.

Kontrolle

Wenn Sie auf die Schaltfläche *Vorschau Ergebnisse* in der gleichnamigen Gruppe im Menüband klicken, können Sie zur Anzeige der endgültigen Daten umschalten. Die eingegebenen Feldnamen werden daraufhin durch die entsprechenden Informationen aus der Datenquelle ersetzt.

Fünf Schaltflächen in der Gruppe *Vorschau Ergebnisse* erlauben das Navigieren zwischen den angezeigten Datensätzen (→ Tabelle 6.1).

Symbol	Bewirkt einen Sprung ...
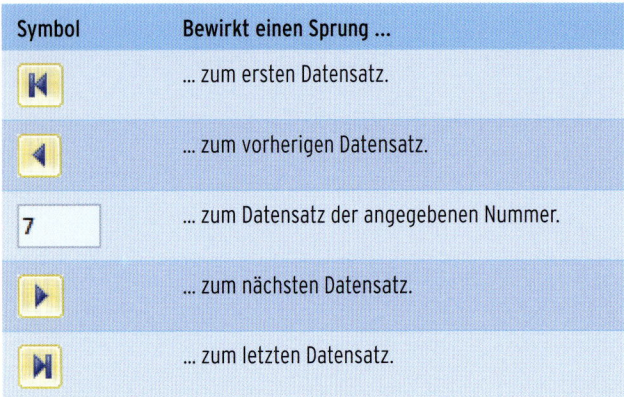	... zum ersten Datensatz.
	... zum vorherigen Datensatz.
7	... zum Datensatz der angegebenen Nummer.
	... zum nächsten Datensatz.
	... zum letzten Datensatz.

Tabelle 6.1 Die Schaltflächen zum Wechseln zwischen den Datensätzen

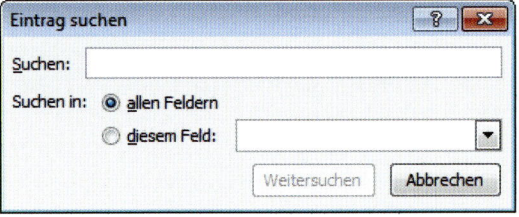 Über die Schaltfläche *Empfänger suchen* in der Gruppe *Vorschau Ergebnisse* rufen Sie ein Dialogfeld auf, mit dessen Hilfe Sie nach bestimmten Datensätzen suchen lassen können (→ Abbildung 6.39).

Abbildung 6.40 Die Optionen zur Ausgabe

Danach können Sie entscheiden, ob Sie den Seriendruck für alle Datensätze, nur für den aktuellen oder für eine bestimmte Anzahl aufeinanderfolgender Datensätze durchführen möchten (→ Abbildung 6.40 unten). Ein Klick auf *OK* zeigt das Dialogfeld *Drucken* an, über das Sie weitere Parameter für den Druck einstellen können (→ Abbildung 6.41).

Abbildung 6.39 Sie können nach einem Eintrag suchen lassen.

Ausdruck

Die Ausgabe der Seriendruckergebnisse erfolgt auf verschiedene Weise: Der einfachste Weg dazu besteht in der Wahl von *Dokumente drucken* in der Liste zur Schaltfläche *Fertig stellen und zusammenführen* (→ Abbildung 6.40 oben).

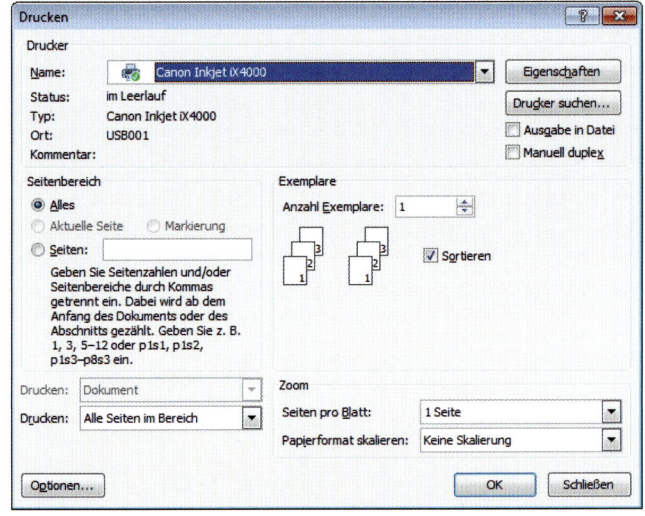

Abbildung 6.41 Über das Dialogfeld *Drucken* können Sie beispielsweise die Anzahl der Exemplare festlegen.

Dokumente erzeugen

Wenn Sie in der Liste zur Schaltfläche *Fertig stellen und zusammenführen* die Option *Einzelne Dokumente bearbeiten* wählen, wird ein mit *Serienbriefe …* benanntes Word-Dokument erstellt, in dem alle Exemplare des Seriendrucks enthalten sind. Auch hier können Sie entscheiden, ob Sie den Seriendruck für alle Datensätze, nur für den aktuellen oder für eine bestimmte Anzahl aufeinanderfolgender Datensätze durchführen möchten (→ Abbildung 6.40 rechts). Die damit erzeugten Dokumente können Sie dann nochmals prüfen – und dabei beispielsweise nicht gewünschte Exemplare entfernen – und anschließend wie ein normales Word-Dokument ausdrucken (→ oben).

E-Mail

Per Klick auf die Schaltfläche *E-Mail-Nachrichten senden* können Sie die Ergebnisse als separate E-Mails versenden. Nach Wahl dieser Option werden die einzelnen Nachrichten an Ihr Standardprogramm für den Nachrichtenaustausch – beispielsweise Microsoft Outlook – gesendet und dort meist im Ordner *Postausgang* abgelegt. Sie haben dort noch die Möglichkeit, die einzelnen Nachrichten wieder zu öffnen und bei Bedarf zu editieren. Voraussetzung für das Funktionieren ist, dass Word ein Feld findet, das eine E-Mail-Adresse des Empfängers beinhaltet. Das ist beispielsweise meist automatisch garantiert, wenn Sie eine Verbindungsdatei zu den Kontakten von Outlook verwenden. Auch hier können Sie bestimmen, welche Datensätze gesendet werden sollen (→ Abbildung 6.42). In dem automatisch angezeigten Dialogfeld *Seriendruck in E-Mail* können Sie ferner einen Text für die Zeile *Betreff* eingeben und das zu verwendende Format bestimmen.

Abbildung 6.42
Seriendruck kann auch als E-Mail vorgenommen werden.

Fehlerbehandlung

Fehler im Seriendruck haben meist die Vergeudung größerer Mengen von Papier oder aber die Notwendigkeit zum Nachdrucken einzelner Exemplare zur Folge. Durch einen Klick auf die Schaltfläche *Automatische Fehlerprüfung* in der Gruppe *Vorschau Ergebnisse* können Sie zumindest einen Teil der möglichen Fehlerquellen vom Programm auffangen lassen. Legen Sie im Dialogfeld *Fehlerbehandlung* fest, welche Art von Prüfung durchgeführt werden soll (→ Abbildung 6.43).

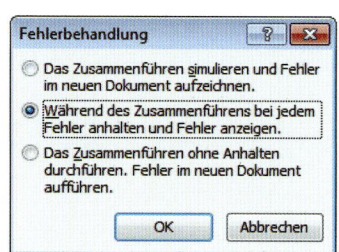

Abbildung 6.43
Sie sollten das Seriendokument auf Fehler prüfen.

6.3.3   Über den Assistenten

Alternativ können Sie dieselben Aufgaben über den Seriendruck-Assistenten durchführen. Wählen Sie hierzu *Seriendruck-Assistent mit Schritt-für-Schritt-Anweisungen* in der Liste zur Schaltfläche *Seriendruck starten*. Daraufhin wird der Aufgabenbereich *Seriendruck* angezeigt, in dem Sie in sechs Schritten durch den gesamten Prozess des Seriendrucks geleitet werden. Wechseln Sie nach Abschluss der Arbeit in einem Schritt über den Link *Weiter* ganz unten im Aufgabenbereich zum nächsten Schritt.

In diesem Aufgabenbereich können Sie das eigentliche Druckdokument und die zu verwendende Datenquelle definieren oder abändern und die Daten von Druckdokument und Datenquelle zusammenführen.

» Wählen Sie im ersten Schritt, was Sie tun wollen. Sie können *Briefe*, *E-Mail-Nachrichten*, *Etiketten*, *Umschläge* oder ein *Verzeichnis* erstellen.

» Im nächsten Schritt können Sie entweder das aktuelle Dokument verwenden, ein neues Dokument erstellen oder ein vorhandenes Dokument öffnen.

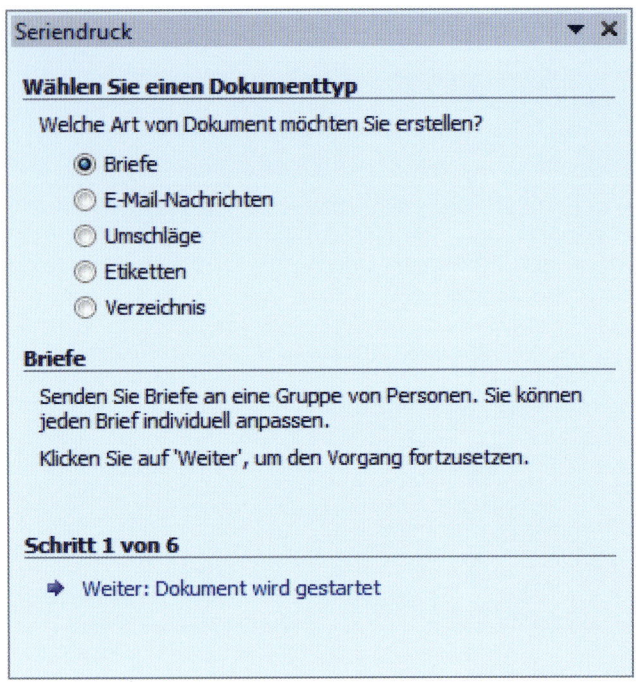

Abbildung 6.44 Die Schritte 1 und 2 des Seriendruck-Assistenten

» Im dritten Schritt müssen Sie angeben, welche Datenbank als Quelle für die Daten verwendet werden soll. Mit *Vorhandene Liste verwenden* können Sie im Dialogfeld *Datenquelle auswählen* eine vorhandene Datenliste bestimmen. Mit *Neue Liste eingeben* erstellen Sie anschließend »manuell« die betreffende Empfängerliste. Sie können aber natürlich auch die in Ihrer Outlook-Kontaktliste gespeicherten Daten verwenden.

» Anschließend können Sie im vierten Schritt den Brief schreiben. Die Links **Adressblock**, **Grußzeile** und **Weitere Elemente** erlauben das Einfügen der entsprechenden Elemente in das Dokument. **Elektronisches Porto** ist seit etlichen Office-Versionen vorhanden und trotzdem sinnlos, weil diese Funktion im deutschsprachigen Raum nicht unterstützt wird.

» Im fünften Schritt des Seriendruck-Assistenten werden die für den Seriendruck ausgewählten Datensätze im Dokument angezeigt. Mithilfe der Navigationsschaltflächen mit den doppelten Pfeilspitzen können Sie zwischen den Datensätzen wechseln. Der Link *Empfänger suchen* erlaubt es, den Brief für einen bestimmten Empfänger anzeigen zu lassen. Über die Schaltfläche *Empfänger ausschließen* können Sie verhindern, dass später ein Brief für den aktuell angezeigten Empfänger ausgedruckt wird. Mit *Empfängerliste bearbeiten* können Sie die gewünschten Empfänger im Dialogfeld *Seriendruckempfänger* auswählen.

» Im letzten Schritt können Sie entweder das Ergebnis *Drucken* oder *Individuelle Briefe bearbeiten*.

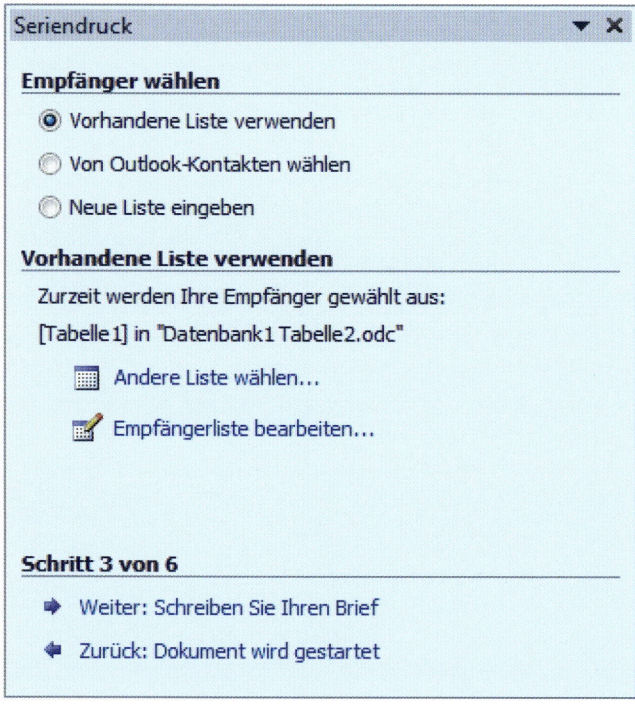

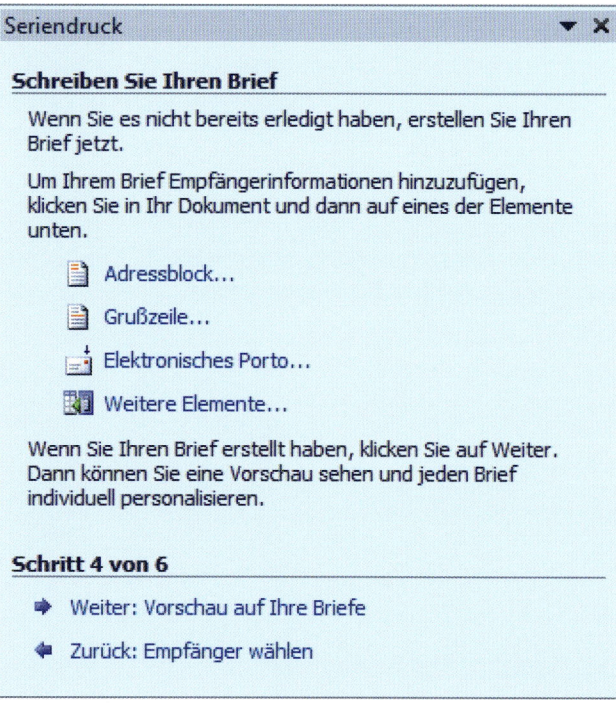

Abbildung 6.45 Die Schritte 3 und 4 des Seriendruck-Assistenten

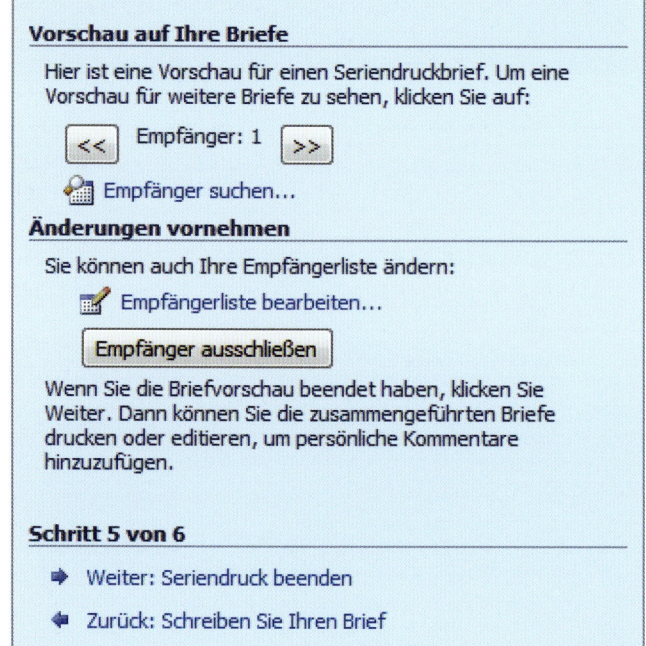

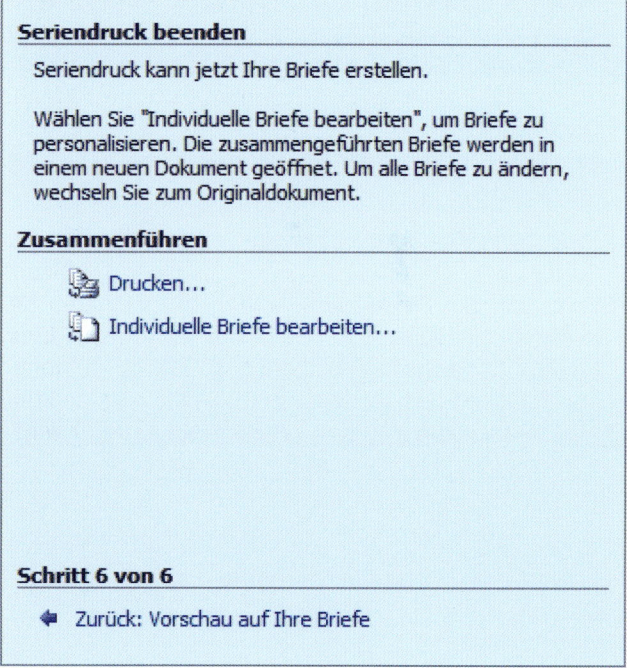

Abbildung 6.46 Die Schritte 5 und 6 des Seriendruck-Assistenten

6.3.4 Briefumschläge und Etiketten

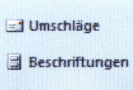

Sie können auch Briefumschläge oder Etiketten für Ihre Serienbriefe ausdrucken lassen. In der Praxis werden Sie meist Briefe und Umschläge oder Etiketten mit derselben Datenbasis drucken wollen. Es empfiehlt sich deshalb, zunächst den Serienbrief zu erstellen und dann die gewünschten Zusatzdokumente über die Befehle in der Gruppe *Erstellen* der Registerkarte *Sendungen* auszuwählen.

Umschläge

Wenn Sie nicht bereits ein vorhandenes Umschlagdokument geöffnet haben, müssen Sie es zuerst anlegen. Nach dem Wählen von *Umschläge* in der Liste zu *Erstellen* wird das Dialogfeld *Umschläge und Etiketten* geöffnet (→ Abbildung 6.47). Hatten Sie im Serienbrief selbst bereits zumindest einen Adressblock eingegeben, wird auch schon eine Adresse darin angezeigt.

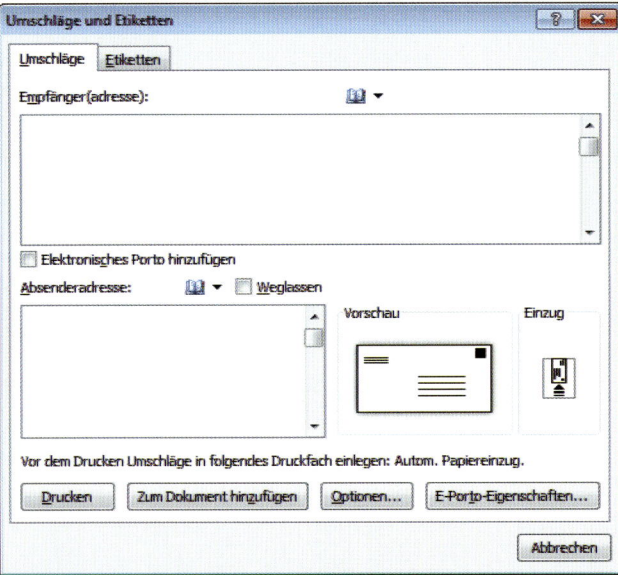

Abbildung 6.47 Das Dialogfeld für den Umschlag

Beachten Sie darin auch die Anzeigen in den Feldern *Vorschau* und *Einzug*. In Letzterem wird die Richtung angezeigt, in der Sie die Umschläge in den Drucker einführen müssen.

» Standardmäßig wird für den Umschlag ein Format vom *110 x 220 mm* angenommen. Ein Klick auf *Optionen* öffnet ein weiteres Dialogfeld, in dem Sie auf der Registerkarte *Umschlagoptionen* ein anderes Format für den Umschlag auswählen können (→ oben). Im mittleren Bereich können Sie die Position der *Empfängeradresse* und der *Absenderadresse* eingeben. Die zu verwendende Schriftart können Sie getrennt für *Empfängeradresse* und *Absenderadresse* einstellen, nachdem Sie auf die Schaltfläche *Schriftart* geklickt haben.

» Über die Registerkarte *Druckoptionen* in diesem Dialogfeld können Sie die Zufuhrmethode für die Umschläge im Drucker festlegen.

Etiketten

Wenn Sie statt Umschlägen Etiketten verwenden wollen, wählen Sie in der Gruppe *Erstellen* die Option *Beschriftungen*. Auch dabei wird das Dialogfeld *Umschläge und Etiketten* geöffnet, diesmal jedoch mit aktivierter Registerkarte *Etiketten* (→ Abbildung 6.48). Hatten Sie im Serienbrief selbst bereits wenigstens einen Adressblock eingegeben, wird eine Adresse darin angezeigt.

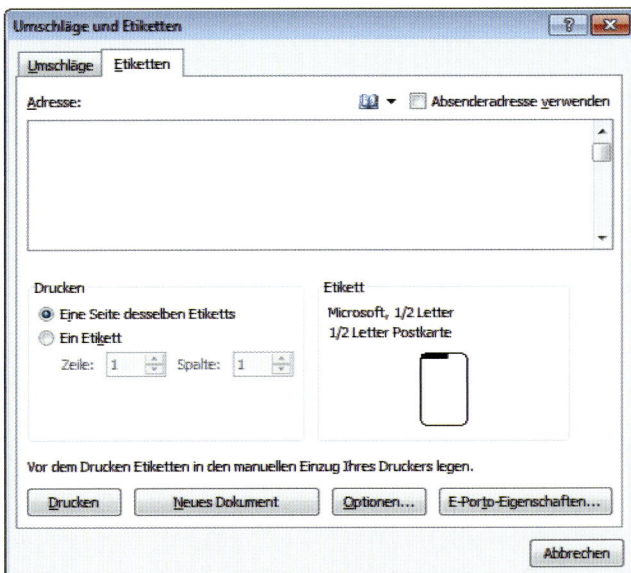

Abbildung 6.48 Das Dialogfeld für die Etiketten

» Hier empfiehlt es sich, auf die Schaltfläche *Optionen* zu klicken und damit das Dialogfeld *Etiketten einrichten* anzuzeigen. Darin müssen Sie das zu verwendende Etikettenformat festlegen (→ oben). Sie sollten zunächst im oberen Bereich den zu verwendenden Druckertyp wählen, da sich daraus unterschiedliche Optionen ergeben. Anschließend werden die marktgängigen Etiketten für den Typ angezeigt. Wählen Sie im Drop-down-Listenfeld *Etikettenhersteller* den Hersteller bzw. die Marke der Etiketten aus. Unter *Etikettennummer* wählen Sie dann den Typ der verwendeten Etiketten aus.

» Wenn Sie unter diesen Einträgen das Format der gewünschten Etiketten nicht finden, können Sie es über die Schaltfläche *Neues Etikett* selbst einstellen. Weisen Sie dem Format einen Namen zu und legen Sie die Maße fest. Im oberen Bereich des Dialogfelds wird die Bedeutung der einzelnen Felder erklärt.

Bestätigen Sie Ihre Eingaben. Den Ausdruck nehmen Sie dann wie oben beschrieben vor.

Teil 3
Textdokumente formatieren

Neben der Eingabe und Bearbeitung von Text gehört zu den wichtigsten Aufgaben der Textverarbeitung die optische Gestaltung der Elemente eines Dokuments. Diesen Arbeitsschritt bezeichnet man als Formatieren. Microsoft Word stellt dazu eine Vielzahl von Möglichkeiten zur Verfügung und unterscheidet dabei zunächst einmal zwischen Dokument-, Absatz- und Zeichenformaten:

» Dokumentformate liefern die Randbedingungen für die weitere Formatierung. Dazu gehören beispielsweise das Format der Seiten und der Satzspiegel – also der zu bedruckende Bereich der Seite.

» Für einen Absatz können Sie die Ausrichtung, die Einzüge, die Abstände zwischen den Absätzen und zwischen den Zeilen innerhalb eines Absatzes, die Position der Tabulatorstopps, Nummerierung und Aufzählungszeichen, Rahmen und Schattierungen sowie andere Parameter definieren.

» Für die Darstellung einzelner Zeichen oder Wörter können Sie Zeichenformate wie beispielsweise Schriftart, Schriftgröße, Schriftstil (normal, fett, unterstrichen usw.) und Schriftfarbe sowie weitere Effekte einstellen.

Kapitel 7: Das Seitenlayout

Zunächst wollen wir uns den Formaten zuwenden, die sich auf das gesamte Dokument beziehen – oder zumindest auf einen Teil davon. Dazu gehören beispielsweise das zu verwendende Papierformat, die Randeinstellungen und die Papierausrichtung. Wenn einzelne Bereiche des Dokuments anders als der Rest dargestellt werden sollen – beispielsweise mit einer anderen Spaltenzahl oder mit verschiedenen Kopf- und Fußzeilen –, müssen Sie das Dokument in mehrere Abschnitte unterteilen und diese entsprechend formatieren. Wir wollen uns in diesem Kapitel zunächst mit diesen durch das Seitenlayout vorgegebenen Randbedingungen der Formatierung beschäftigen.

Kapitel 8: Absatz- und Zeichenformate

Dann gehen wir einen Schritt tiefer und befassen uns mit den Absatz- und Zeichenformaten. Über diese regeln Sie die wohl wesentlichsten Aspekte der Gestaltung des Dokuments: Für einen Absatz können Sie die Ausrichtung, die Einzüge, die Abstände zwischen den Absätzen und zwischen den Zeilen innerhalb eines Absatzes, die Position der Tabulatorstopps, Nummerierung und Aufzählungszeichen, Rahmen und Schattierungen sowie andere Parameter definieren. Für die Darstellung einzelner Zeichen oder Wörter können Sie Zeichenformate wie beispielsweise Schriftart, Schriftgröße, Schriftstil – normal, fett, unterstrichen usw. – und Schriftfarbe sowie weitere Effekte einstellen. Texte und andere Elemente können auch in Rahmen gesetzt und dann an beliebigen Stellen im Dokument platziert werden.

Kapitel 9: Format- und Dokumentvorlagen

Der längerfristig einfachste Weg, einem Dokument ein durchgängiges Format zuzuweisen, besteht in der Anwendung einer Formatvorlage. Eine solche *Vorlage* ist eine Zusammenfassung von Formatangaben – beispielsweise hinsichtlich Schriftart, -größe oder Absatzabstand. Sie können eine solche Vorlage auf einzelne Elemente im Text anwenden. Dieser Themenkreis ist für den damit unerfahrenen Anwender etwas kompliziert. Der Grund dafür liegt einerseits in der Vielfalt der vorhandenen Möglichkeiten, aber auch daran, dass man mit den dabei verwendeten Begriffen leicht durcheinandergerät.

Kapitel 7

Das Seitenlayout

In diesem Kapitel wollen wir uns zunächst den Formaten zuwenden, die sich auf das gesamte Dokument oder zumindest auf einen Teil davon beziehen. Dazu gehören beispielsweise das zu verwendende Papierformat, die Randeinstellungen und die Papierausrichtung. Diese Formatierungsoptionen sind in der Registerkarte *Seitenlayout* zusammengefasst (→ Abbildung 7.1).

» Diese Formate gelten – wie gesagt – im einfachsten Fall für das gesamte Dokument. Wenn einzelne Bereiche des Dokuments anders als der Rest dargestellt werden sollen – beispielsweise mit einer anderen Spaltenzahl oder mit verschiedenen Kopf- und Fußzeilen –, müssen Sie das Dokument in mehrere Abschnitte unterteilen und diese dann anschließend entsprechend formatieren. Auf das Erstellen von Abschnitten wollen wir zuerst eingehen (→ Abschnitt 7.1).

» Dann wollen wir uns zunächst den Grundformaten zuwenden, die sich auf das Dokument oder einen Abschnitt darin beziehen. Diese werden im Allgemeinen unter dem Begriff *Seite einrichten* zusammengefasst. Dazu gehören beispielsweise das zu verwendende Papierformat, die Randeinstellungen und die Papierausrichtung (→ Abschnitt 7.2).

» Auch weitere Elemente – wie die Form und die Position der Seitenzahlen, die Kopf- und Fußzeilen und den Seitenhintergrund – können Sie entweder für das gesamte Dokument oder einzelne Abschnitte darin festlegen (→ Abschnitt 7.3).

» Dasselbe gilt für die Gestaltung des Seitenhintergrunds (→ Abschnitt 7.4). Sie können diesen mit Farben und Mustern oder einem Wasserzeichen versehen.

In den beiden nachfolgenden Kapiteln werden wir uns dann mit den sonstigen Formatbefehlen beschäftigen – der Absatz- und der Zeichenformatierung sowie der Verwendung von Formatvorlagen.

Abbildung 7.1
Die Registerkarte *Seitenlayout* legt die Einstellungen fest.

7.1 Abschnitte im Dokument

Gerade haben wie es schon angedeutet: Microsoft Word ermöglicht es, innerhalb eines Dokuments verschiedene Abschnitte festzulegen, für die sich unterschiedliche Einstellungen für Dokumentformate angeben lassen. Beispielsweise könnten Sie einen Teil des Dokuments im Hochformat und einen anderen Teil im Querformat gestalten oder Sie könnten auf bestimmten Seiten des Dokuments einen zusätzlichen Rand für Notizen vorsehen. Ein Abschnitt ist also ein Teil eines Dokuments, für den bestimmte Einstellungen hinsichtlich des Dokumentenformats gelten. Zu den für jeden Abschnitt einzeln einstellbaren Optionen gehören unterschiedliche Layouts innerhalb einer Seite, aber auch andere Eigenschaften, wie beispielsweise die Form der Zeilennummerierung, die Spaltenanzahl oder die Inhalte der Kopf- und Fußzeilen. Die Trennung zwischen zwei aufeinanderfolgenden Abschnitten wird als Abschnittsumbruch bezeichnet.

Innerhalb eines Abschnitts können Sie die folgenden Formatelemente für den Abschnitt separat festlegen: Seitenränder, Papierformat und -ausrichtung, Papierzufuhr für den Drucker, vertikale Ausrichtung von Text auf einer Seite, Kopf- und Fußzeilen, Spaltenzahl, Seitennummerierung, Nummerieren von Zeilen und Fuß- und Endnoten.

CD-ROM Ein Beispiel für die Möglichkeiten, die Sie durch den Einsatz von Abschnitten in einem Dokument haben, finden Sie auf der Begleit-CD im Ordner 07. Das **Dokument7** darin verfügt über zwei Seiten mit unterschiedlicher Ausrichtung – die erste Seite im Hochformat, die zweite im Querformat. Außerdem finden Sie auf beiden Seiten Abschnitte mit einer unterschiedlichen Zahl von Spalten (→ Abbildung 7.2).

7.1.1 Abschnitte erstellen

Standardmäßig besteht ein neues Word-Dokument zunächst immer nur aus einem Abschnitt. Wenn Sie es in mehrere Abschnitte aufteilen wollen, müssen Sie das im Allgemeinen manuell tun. Einige Layouts sorgen aber auch dafür, dass für jede neue Seite im Dokument automatisch ein neuer Abschnitt erstellt wird.

Manueller Abschnittswechsel

Beschäftigen wir uns zunächst mit der manuellen Steuerung. Dazu dienen die Optionen im unteren Bereich der Liste zur Schaltfläche *Seiten- und Abschnittsumbrüche einfügen* (→ Abbildung 7.3). Der obere Teil der Befehle darin fasst die Optionen zum *Seitenumbruch* zusammen. Darauf werden wir später eingehen (→ Kapitel 8).

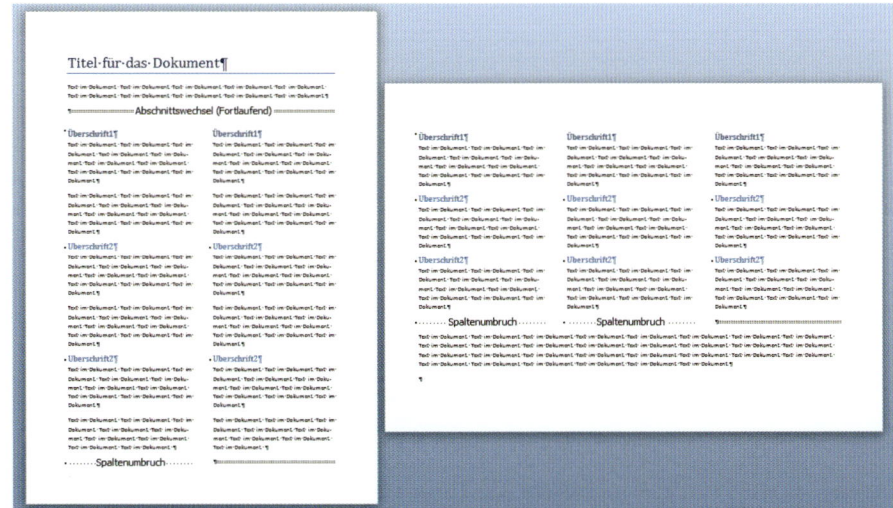

Abbildung 7.2
Abschnitte im Dokument erlauben beispielsweise eine flexible Gestaltung hinsichtlich Ausrichtung der Seite und Spaltenzahl.

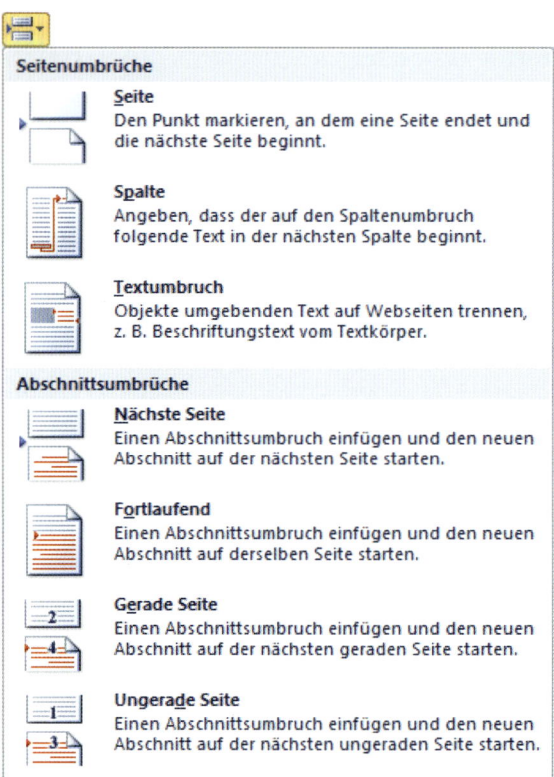

Abbildung 7.3 Abschnittswechsel können manuell eingefügt werden.

Setzen Sie die Einfügemarke an die Stelle im Dokument, an der ein Abschnittswechsel durchgeführt werden soll, öffnen Sie die Liste zur Schaltfläche *Seiten- und Abschnittsumbrüche einfügen* und wählen Sie die gewünschte Option aus (→ Tabelle 7.1).

Ist die Schaltfläche *Alle anzeigen* in der Gruppe *Absatz* der Registerkarte *Start* aktiviert, wird ein solcher eingefügter Abschnittsumbruch durch eine Doppellinie mit dem zentrierten Begriff *Abschnittswechsel* auf dem Bildschirm angezeigt (→ Abbildung 7.4).

Abbildung 7.4 Ein Abschnittswechsel auf dem Bildschirm

Option	Wirkung
Mit *Nächste Seite* fügt Word einen Abschnittsumbruch ein und beginnt den neuen Abschnitt auf der nächsten Seite. Damit wird also automatisch ein Seitenwechsel durchgeführt. Benutzen Sie diese Form des Abschnittsumbruchs beispielsweise, um ein neues Kapitel im Dokument zu beginnen. Sie können dann die Kapitel mit unterschiedlichen Kopf- und/oder Fußzeilen versehen.	
Mit *Fortlaufend* fügt Word einen Abschnittsumbruch ein und beginnt den neuen Abschnitt auf derselben Seite. Das ist beispielsweise dann sinnvoll, wenn Sie den Text im oberen Teil einer Seite einspaltig, den im unteren Teil aber mehrspaltig anzeigen lassen wollen. Da die Spaltenzahl immer für einen Abschnitt gilt, benötigen Sie hier einen Abschnittsumbruch.	
Mit *Ungerade Seite* oder *Gerade Seite* fügt Word einen Abschnittsumbruch ein und beginnt den neuen Abschnitt auf der nächsten ungeraden oder geraden Seite. Wenn ein Kapitel im Dokument beispielsweise immer mit einer ungeraden bzw. einer geraden Seite beginnen soll, verwenden Sie eine dieser Abschnittsumbruchoptionen. Ist der Text vor dem Abschnittsumbruch nicht lang genug, wird automatisch eine leere Seite eingefügt.	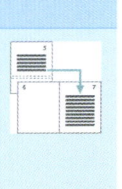

Tabelle 7.1 Die Wirkung der Optionen für einen Abschnittsumbruch

Ein solches Doppelliniensymbol markiert das Ende des vorherigen Abschnitts und speichert – für Sie unsichtbar – bestimmte Formatierungselemente des Bereichs. Dazu gehören beispielsweise Randeinstellungen, Papierformat und -ausrichtung, Papierzufuhr für einen Drucker, vertikale Ausrichtung, Kopf- und Fußzeilen, Spalten, Seitennummerierung, Zeilennummern sowie Fuß- und Endnoten.

ACHTUNG Wenn Sie einen solchen Abschnittsumbruch löschen, wird der vorhergehende Text in den folgenden Abschnitt übernommen, wobei ihm auch die Abschnittsformatierung dieses Abschnitts zugewiesen wird. Beachten Sie auch, dass mit der letzten Absatzmarke im Dokument die Abschnittsformatierung für den letzten Abschnitt im Dokument festgelegt wird – oder für das ganze Dokument, falls es keine Abschnitte enthält.

Automatischer Abschnittswechsel

Der wohl typischste Fall von Dokumenten mit mehreren Abschnitten besteht darin, dass Sie einem mehrseitigen Dokument unterschiedliche Abschnittsformate für die geraden und die ungeraden Seiten zuweisen. So können Sie – beispielsweise in einem Buch – die Seitenzahlen auf den geraden Seiten links oben, auf den ungeraden Seiten rechts oben anzeigen lassen. Sie können über die Registerkarte *Layout* des Dialogfelds *Seite einrichten* unterschiedliche Seitenlayoutparameter festlegen und so dafür sorgen, dass Seiten mit geraden und ungeraden Seitenzahlen oder auch die erste Seite eines Dokuments als unterschiedliche Abschnitte behandelt werden (→ Abbildung 7.5). Sie können auch dafür sorgen, dass die erste Seite eines Dokuments als unterschiedlicher Abschnitt behandelt wird. Beispielsweise fügt man auf der ersten Seite oft keine Seitenzahl ein.

Dieses Dialogfeld bringen Sie auf den Bildschirm, indem Sie auf die kleine Schaltfläche rechts neben der Gruppenbezeichnung *Seite einrichten* klicken.

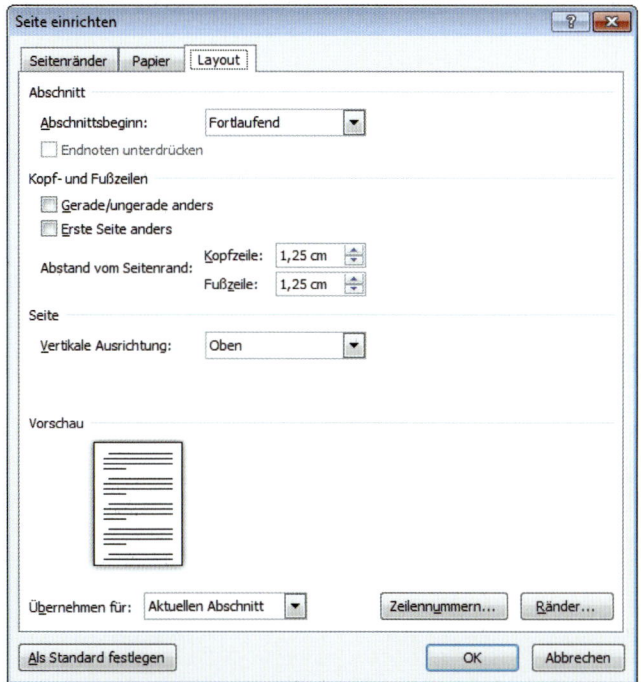

Abbildung 7.5 Legen Sie das Seitenlayout fest. Das Ergebnis wird in der Vorschau skizziert.

» Über das Listenfeld *Abschnittsbeginn* geben Sie an, wo der neue Abschnitt anfangen soll. Um beispielsweise nur zwischen geraden und ungeraden Seiten zu unterscheiden, belassen Sie es bei der Grundeinstellung *Neue Seite*.

» Im Bereich *Kopf- und Fußzeilen* legen Sie die Optionen für diese Bereiche fest. *Gerade/ungerade anders* erstellt für Seiten mit gerader Seitenzahl andere Kopf- beziehungsweise Fußzeilen als für Seiten mit ungerader Seitenzahl. *Erste Seite anders* erstellt für die erste Seite des gewählten Dokumentbereichs eine andere Kopf- beziehungsweise Fußzeile als für die folgenden Seiten. Unter *Abstand vom Seitenrand* legen Sie die Abstände der Kopf-/Fußzeile zum Rand des Papiers fest.

» Wählen Sie im Listenfeld *Vertikale Ausrichtung* die gewünschte Option für die Ausrichtung des Textes zwischen dem oberen und dem unteren Seitenrand. Die Einstellung *Blocksatz* wirkt sich nur auf volle Seiten aus; nur zum Teil beschriebene Seiten werden hierbei am oberen Seitenrand ausgerichtet.

» Über die Schaltfläche *Ränder* können Sie den gewünschten Bereich (Abschnitt, Absatz, Dokument) mit einem Rahmen versehen (→ folgende Abschnitte).

» Über die Schaltfläche *Zeilennummern* können Sie eine fortlaufende Zeilennummerierung am linken Rand des festgelegten Bereichs einfügen.

7.1.2   Leere Seiten und Deckblätter

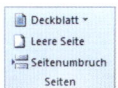

Auch in der Gruppe *Seiten* der Registerkarte *Einfügen* finden Sie Befehle, die etwas mit Abschnitten zu tun haben und erwähnenswert sind. Leere Seite darin fügt eine leere Seite mit einem nachfolgenden Seitenumbruch ein. Einen Sonderfall der Gestaltung von Abschnitten finden Sie bei *Deckblättern*. Wenn Sie ein Dokument aus einem bestimmten Dokumentvorlagentyp bearbeiten, können Sie aus einem Katalog mit vorformatierten Deckblättern auswählen, damit Ihr Dokument professionell aussieht (→ Abbildung 7.6).

Abbildung 7.6 Wählen Sie ein Design für ein Deckblatt aus. Sie können es anschließend noch verfeinern.

7.2 Die Seite einrichten

Nachdem Sie – gegebenenfalls – die einzelnen Abschnitte festgelegt haben, können Sie die Seitenformate dafür festlegen. Haben Sie keine Unterteilung in Abschnitte

vorgenommen, gelten diese Seitenformate für das gesamte Dokument. Dabei bildet das Format des zu verwendenden Papiers die erste wichtige Randbedingung. Dieses können Sie entweder im Hochformat oder Querformat benutzen. Außerdem definieren die Seitenränder dann den Bereich der Seite, den Sie für den Inhalt Ihres Dokuments nutzen können. Um diese Parameter festzulegen, benutzen Sie den Bereich *Seite einrichten* der Registerkarte *Seitenlayout*.

ACHTUNG Bei einer Unterteilung in Abschnitte sollten Sie vor dem Festlegen eines Formats immer die Einfügemarke zuerst in den Abschnitt setzen, für den die Angaben gelten sollen.

Einen großen Teil der Einstellungen zum Einrichten der Seite können Sie bei Word 2010 auch über den Bereich *Drucken* auf der Registerkarte *Datei* vornehmen (→ Kapitel 6). Da die Auswirkungen auf das Dokument in dieser Backstage-Ansicht aber nicht sichtbar sind, empfiehlt es sich, die Parameter über die Registerkarte *Seitenansicht* festzulegen. Die Optionen im Bereich *Drucken* können Sie später dann verwenden, wenn Sie das Dokument testweise in einem anderen Seitenformat zu Papier bringen wollen.

7.2.1 Das Papierformat

Im Allgemeinen empfiehlt es sich, zunächst das Papierformat – also die Größe des zum Ausdruck zu verwendenden Papiers und dessen Ausrichtung – festzulegen.

Die Größe

Öffnen Sie dazu den Katalog zur Schaltfläche *Größe* in der Gruppe *Seite einrichten*. Diese Liste beinhaltet die gängigsten Formate (→ Abbildung 7.7). Wählen Sie die gewünschte Papiergröße aus.

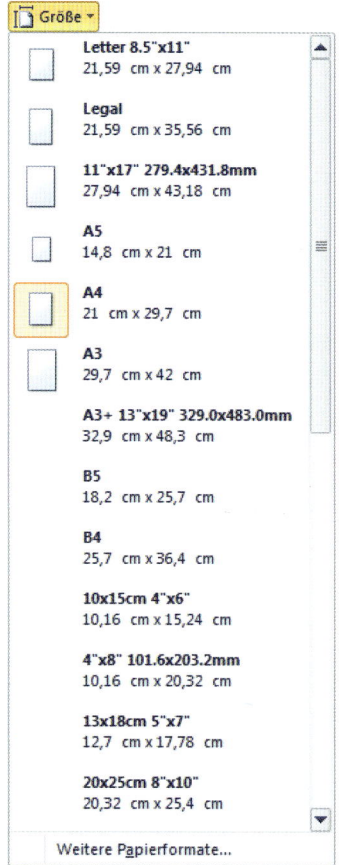

Abbildung 7.7
Der Katalog zur Schaltfläche *Größe* beinhaltet bereits viele Papierformate.

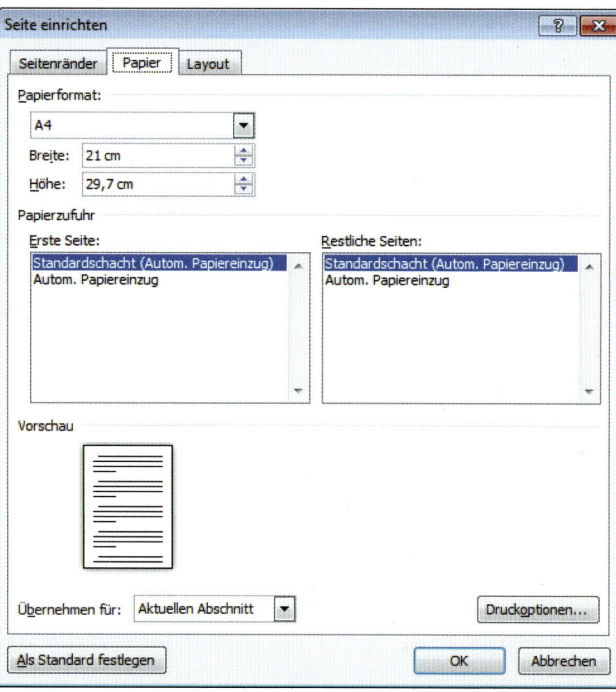

Abbildung 7.8 Weitere Formate finden Sie im Dialogfeld *Seite einrichten*. Das Ergebnis wird wieder in der Vorschau skizziert.

Nach Wahl der Option *Weitere Papierformate* wird ein Dialogfeld angezeigt, in dem Sie die verschiedenen Parameter auf drei Registerkarten einstellen können. Sie können zur Anzeige auch auf die kleine Schaltfläche rechts neben der Gruppenbezeichnung klicken. Über die Registerkarte *Papier* können Sie das zu verwendende Papierformat entweder aus einer Liste der international gängigen Formate auswählen oder es über die Felder *Breite* und *Höhe* selbst definieren (→ Abbildung 7.8 rechts). Die Standardwerte für diese Parameter werden über die Einstellungen im Betriebssystem festgelegt. Die beiden Listenfelder unter *Papierzufuhr* haben für Sie nur dann Bedeutung, wenn Sie über einen Drucker mit mehreren Einzugsschächten verfügen.

Wichtig – aber oft übersehen – ist das Listenfeld *Übernehmen für*, das Sie auf allen Registerkarten des Dialogfelds *Seite einrichten* finden. Darüber können Sie angeben, für welchen Teil des Dokuments die gewählten Einstellungen gelten sollen.

» Mit *Gesamtes Dokument* werden die Einstellungen für das Dokument insgesamt gesetzt. Das ist auch die Grundeinstellung.

» Bei Wahl von *Dokument ab hier* gelten die im Dialogfeld festgelegten Einstellungen ab der aktuellen Position der Einfügemarke. An der aktuellen Cursorposition wird hierbei ein Abschnittswechsel eingefügt.

» Die Option *Markierten Text* bewirkt, dass die Einstellungen nur für den vorher markierten Bereich gelten. Davor und dahinter wird ein Abschnittswechsel eingefügt.

» Die Option *Markierte Abschnitte* bezieht die Einstellungen auf vorher markierte Abschnitte.

» Mit *Aktuellen Abschnitt* wird nur der Abschnitt von den Einstellungen betroffen, in dem sich die Einfügemarke gerade befindet.

Die Ausrichtung

Ein Klick auf die Schaltfläche *Ausrichtung* zeigt zwei Optionen dafür an: *Hochformat* und *Querformat*. Die Bedeutung dieser Alternativen dürfte klar sein.

7.2.2 Die Seitenränder

Nach der Wahl des Papierformats können Sie die Seitenränder festlegen. Gemeint sind die nicht bedruckten Bereiche oben, unten, rechts und links. Benutzen Sie die Schaltfläche *Seitenränder* in der Gruppe *Seite einrichten*. Der Katalog dazu erlaubt eine schnelle Auswahl zwischen mehreren Alternativen (→ Abbildung 7.9). Die Option *Gespiegelt* in der Liste zur Schaltfläche *Seitenränder* tut, was ihr Name andeutet: Bei einem gebundenen mehrseitigen Dokument bildet das Layout der linken Seite ein Spiegelbild des Layouts der rechten Seite. Sie haben es dann beispielsweise nicht mehr mit einem rechten und linken Rand einer Seite zu tun, sondern mit einem äußeren und einem inneren Rand.

Normal			
Oben:	2,5 cm	Unten:	2 cm
Links:	2,5 cm	Rechts:	2,5 cm
Schmal			
Oben:	1,27 cm	Unten:	1,27 cm
Links:	1,27 cm	Rechts:	1,27 cm
Mittel			
Oben:	2,54 cm	Unten:	2,54 cm
Links:	1,91 cm	Rechts:	1,91 cm
Breit			
Oben:	2,54 cm	Unten:	2,54 cm
Links:	5,08 cm	Rechts:	5,08 cm
Gespiegelt			
Oben:	2,54 cm	Unten:	2,54 cm
Innen:	3,18 cm	Außen:	2,54 cm

Benutzerdefinierte Seitenränder...

Abbildung 7.9 Der Katalog für die Seitenränder beinhaltet die wichtigsten Alternativen dafür.

Nach Wahl der Option *Benutzerdefinierte Seitenränder* wird das schon erwähnte Dialogfeld *Seite einrichten* angezeigt. Sie können zur Anzeige auch auf die kleine Schaltfläche rechts neben der Gruppenbezeichnung *Seite einrichten* klicken. Auf der Registerkarte *Seitenränder* legen Sie im gleichnamigen Bereich die Randeinstellungen für die Seite fest (→ Abbildung 7.10). Dabei empfiehlt es sich, eine bestimmte Reihenfolge bei der Eingabe einzuhalten:

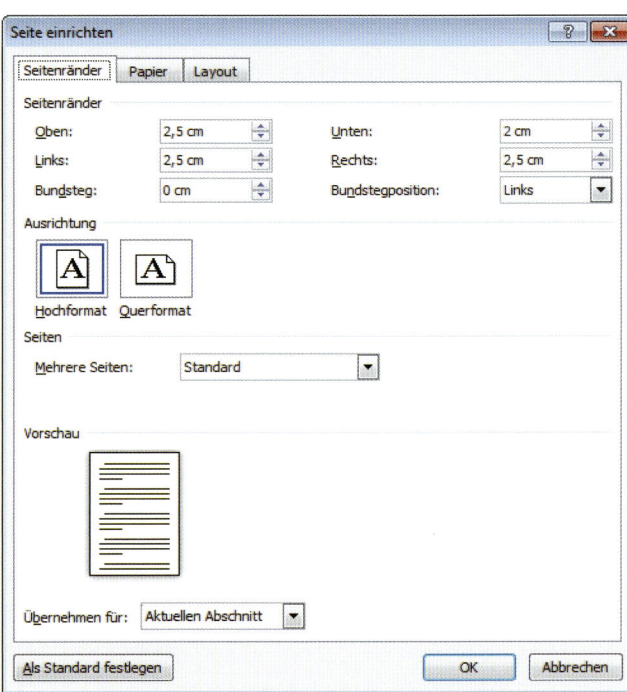

Abbildung 7.10 Über dieses Dialogfeld können Sie die Ränder individuell gestalten. Die Vorschau skizziert das Ergebnis.

» Legen Sie zuerst unter *Ausrichtung* fest, ob Sie ein Layout im *Hochformat* oder im *Querformat* wünschen.

» Wenn Sie mit einem mehrseitigen Dokument arbeiten, sollten Sie über das Drop-down-Listenfeld *Mehrere Seiten* festlegen, wie das Druckergebnis aussehen soll (→ Tabelle 7.2).

Option	Beschreibung	Beispiel
Standard	Benutzen Sie diese Option, wenn die Seitenränder immer gleich bleiben.	
Gegenüberliegende Seiten	Wenn Sie an einem Dokument arbeiten, das in einer buchähnlichen Form publiziert werden soll, können Sie durch Wahl dieser Option dafür sorgen, dass die Innen- und Außenränder entsprechend vertauscht, das heißt spiegelverkehrt, dargestellt werden.	
2 Seiten pro Blatt	Die Seite wird sozusagen halbiert, so dass zwei kleine Seiten auf ein Blatt Papier passen. Die Ränder werden dann spiegelverkehrt dargestellt, damit Innen- und Außenrand jeweils identisch sind.	
Buch	Hiermit werden Buchseiten definiert; anschließend steht eine weitere Option zur Verfügung: *Seiten pro Broschüre*. Damit können Sie die Anzahl der Seiten festlegen.	

Tabelle 7.2 Mehrseitige Dokumente können unterschiedlich gestaltet werden.

» Legen Sie dann im oberen Bereich der Registerkarte im Bereich *Seitenränder* die Randeinstellungen fest. Die Bezeichnungen für die Ränder ändern sich je nach Wahl der Einstellungen im Drop-down-Listenfeld *Mehrere Seiten*. Bei der Einstellung *Standard* finden Sie hier die Bezeichnungen *Oben*, *Unten*, *Links* und *Rechts*. *Gegenüberliegende Seiten* zeigt *Oben*, *Unten*, *Innen* und *Außen* an. Entsprechendes gilt für die anderen Optionen im Drop-down-Listenfeld *Mehrere Seiten*.

» Im Feld *Bundsteg* geben Sie an, wie viel Weißraum zum Binden des Dokuments zugegeben werden soll. Ist im Listenfeld *Mehrere Seiten* die Option *Gegenüberliegende Seiten* oder *2 Seiten pro Blatt* aktiviert, wird der Bundsteg den Innenrändern hinzugefügt, ansonsten dem linken oder dem oberen Rand.

» Die *Bundstegposition* kann nur für Standardseiten (Hoch- oder Querformat) angegeben werden, für alle anderen Optionen im Listenfeld *Mehrere Seiten* ist die Position festgelegt und kann nicht geändert werden.

ACHTUNG Denken Sie daran: Auf allen Registerkarten finden Sie das Drop-down-Listenfeld *Übernehmen für*, über das Sie angeben, für welchen Teil des Dokuments die gewählten Einstellungen gelten sollen (→ oben).

7.2.3 Die Textrichtung

Die Option *Textrichtung* wird Sie nur interessieren, wenn Sie mit ostasiatischen Sprachen arbeiten. Diese Schaltfläche taucht nur dann in der Gruppe *Seite einrichten* der Registerkarte *Seitenlayout* auf, wenn Sie über das Betriebssystem eine Eingabesprache wie beispielsweise Japanisch oder Chinesisch eingerichtet haben. Ein Klick darauf öffnet eine Liste mit Alternativen für den Textfluss (→ Abbildung 7.11 links). Sie wissen vielleicht, dass diese Sprachen nicht nur – wie beispielsweise europäische Sprachen – in untereinander angeordneten waagerechten Zeilen notiert werden, sondern (öfter) in Spalten und dann meist von links nach rechts.

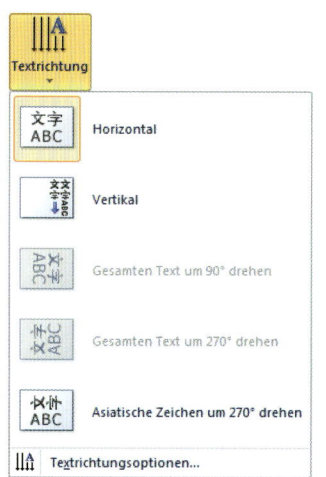

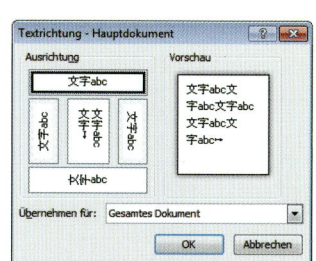

Abbildung 7.11 Die Optionen zur Textrichtung tauchen nur auf, wenn Sie ostasiatische Sprachen installiert haben.

Mit einem Klick auf den Eintrag *Textausrichtungsoptionen* in dieser Liste öffnen Sie ein zusätzliches Dialogfeld, in dem Sie weitere Möglichkeiten zur Ausrichtung finden (→ Abbildung 7.11 links). Sie können wiederum bestimmen, für welche Abschnitte des Dokuments die Einstellungen gelten sollen.

Wenn Sie Japanisch oder Chinesisch als Eingabesprache eingerichtet haben, finden Sie im Dialogfeld *Seite einrichten* noch eine weitere Registerkarte mit dem Namen *Dokumentraster* (→ Abbildung 7.12). Die Optionen darin dienen dazu, ein Raster für die Positionierung der einzelnen Zeichen auf der Seite festzulegen. Im übertragenen Sinn entspricht das den Funktionen zum Einstellen von Zeilenabstand und Zeichenabstand bei europäischen Sprachen. Über die Optionen unter der Überschrift *Raster* kann ein Gitternetz eingeschaltet werden. In der Standardeinstellung ist es aber nicht auf dem Bildschirm sichtbar, seine Wirkung ist nur an der Positionierung der Zeichen beobachtbar. Unter *Zeichen* und *Zeilen* legen Sie die Abmessungen für das Raster fest.

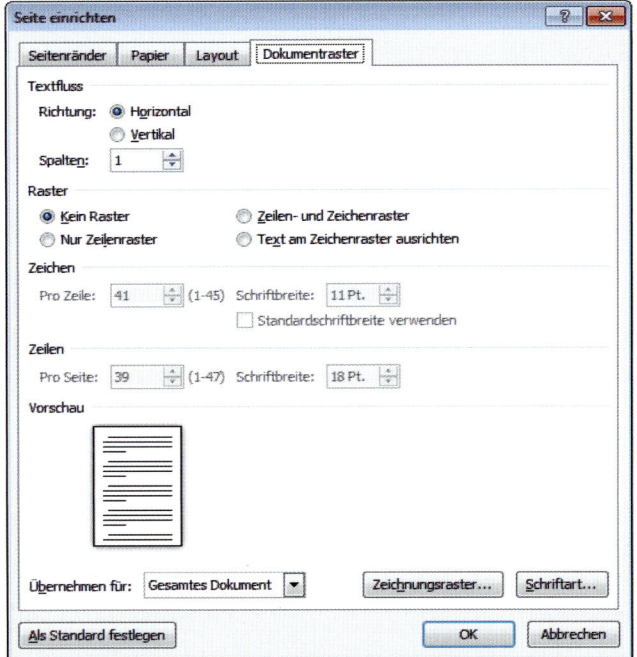

Abbildung 7.12 Sie können ein Raster für das Dokument festlegen.

Ein Klick auf die Schaltfläche *Zeichnungsraster* erlaubt das Einstellen weiterer Parameter für das Raster. Wenn

Sie darin beispielsweise die Option *Rasterlinien am Bildschirm anzeigen* aktivieren, wird das Raster in der Ansicht *Seitenlayout* auf dem Bildschirm sichtbar.

7.2.4 Spalten

Nachdem Sie über das Dialogfeld zum Befehl *Seite einrichten* zumindest das Papierformat und die Randeinstellungen festgelegt haben, können Sie bei Bedarf die Anzahl der fortlaufenden Spalten ändern. Auch diese Spalteneinstellungen werden auf das gesamte Dokument oder auf einzelne Abschnitte innerhalb des Dokuments angewendet. Positionieren Sie zunächst die Einfügemarke entsprechend: Wenn Sie die Änderung für das gesamte Dokument durchführen wollen, setzen Sie sie an eine beliebige Stelle. Soll ein bestimmter definierter Abschnitt davon betroffen sein, setzen Sie sie in diesen Abschnitt. Wollen Sie einen bestimmten Bereich in Spalten darstellen, markieren Sie diesen Bereich.

Mit Microsoft Word können – je nach Papierformat und Randeinstellungen – bis zu 45 Spalten auf einer Seite dargestellt werden. Den Abstand zwischen den Spalten können Sie festlegen. Auf Wunsch können Sie zwischen den Spalten vertikale Linien ziehen lassen. Auch hier haben Sie über die Liste zur Schaltfläche *Spalten* in der Gruppe *Seite einrichten* die Möglichkeit zur schnellen Wahl zwischen den am häufigsten verwendeten Alternativen (→ Abbildung 7.13 links). Beachten Sie in diesem Katalog auch die beiden Optionen *Links* und *Rechts*. Diese ermöglichen es, eine schmale Spalte – eine sogenannte Marginalspalte – am Rand einzurichten.

Abbildung 7.13
Die wichtigsten Einstellungen für die Spalten finden Sie im Katalog.

Über die Option *Weitere Spalten* der Liste können Sie die Spalten mit einem höheren Detailgrad einstellen (→ Abbildung 7.14). Legen Sie in dem dann angezeigten Dialogfeld zunächst einmal fest, wie viele Spalten definiert werden sollen:

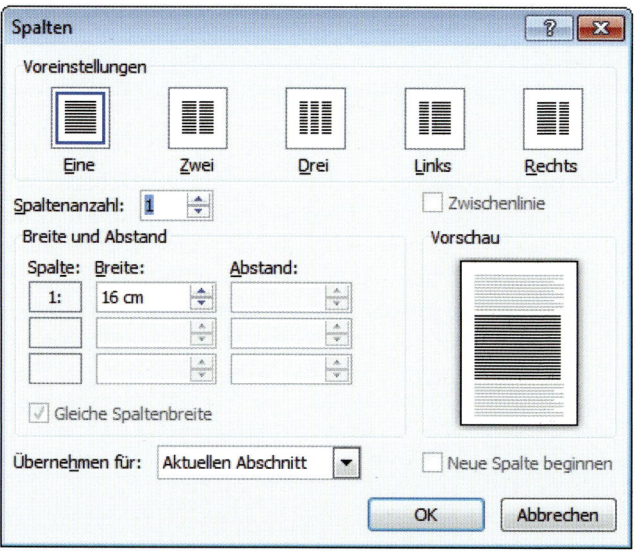

Abbildung 7.14 Das Dialogfeld *Spalten* erlaubt eine Feineinstellung.

» Wenn Sie mehrere Spalten gleicher Breite benötigen, können Sie deren Anzahl unter *Voreinstellungen* durch einen Klick auf eine der beiden Optionen *Zwei* oder *Drei* oder über das Feld *Spaltenanzahl* einstellen. Durch einen Klick auf *Eine* können Sie auch wieder zu einer einspaltigen Darstellung zurückkehren.

» Alternativ können Sie unter *Voreinstellungen* mit *Links* oder *Rechts* zwei Spalten definieren, bei denen - in der Grundeinstellung - die eine halb so breit ist wie die andere.

Anschließend können Sie die Einstellungen für die Spalten verfeinern. Die Felder im Bereich *Breite und Abstand* ermöglichen eine individuelle Anpassung der einzelnen Spalten.

» Wenn das Kontrollkästchen *Gleiche Spaltenbreite* aktiviert ist, können im Bereich *Breite und Abstand* nur die Daten in der ersten Zeile geändert werden. Alle anderen Spalten werden automatisch auf Satzspiegelbreite angepasst. Bei mehr als drei Spalten lässt sich mittels der dann angezeigten Bildlaufleiste durch die Liste blättern.

» Ist das Kontrollkästchen *Gleiche Spaltenbreite* deaktiviert, können alle Spalten individuell eingestellt werden. Word berechnet den jeweils noch zur Verfügung stehenden Platz und schlägt die entsprechenden Werte vor.

» Durch Aktivieren von *Zwischenlinie* wird zwischen den Spalten eine vertikale Linie eingefügt, die so lang ist wie die längste Spalte.

» Legen Sie über das Listenfeld *Übernehmen für* fest, für welchen Bereich im Dokument die Spaltendefinition gelten soll. Die hier angezeigten Alternativen sind abhängig davon, ob bereits Abschnitte im Dokument existieren und ob Sie vor dem Aufruf des Dialogfelds einen Bereich markiert hatten.

» Wenn Sie unter *Übernehmen für* die Option *Dokument ab hier* gewählt haben, können Sie durch Aktivieren von *Neue Spalte beginnen* dafür sorgen, dass an der aktuellen Cursorposition eine neue Spalte anfängt.

Die Breite der Spalten können Sie nach dem Erstellen auch über das horizontale Lineal verändern. Verschieben Sie dazu die entsprechenden Spaltenmarken. Ein Doppelklick auf eine Spaltenmarke öffnet das Dialogfeld *Spalten*.

7.3 Seitenzahlen, Kopf- und Fußzeilen

Zur Eingabe von Kopf- und Fußzeilen sowie Seitenzahlen dienen die Befehle in der Gruppe *Kopf- und Fußzeile* der Registerkarte *Einfügen*.

7.3.1 Kopf- und Fußzeilen

Kopf- und Fußzeilen werden - zumindest bei einfachen Dokumenten - auf allen Seiten des Dokuments in der gleichen Form angezeigt und müssen auch nur einmal für das gesamte Dokument eingegeben werden. Ausnahmen bilden hier die Fälle, in denen Sie im Dokument mehrere Bereiche definiert haben oder in denen Sie Unterschiede zwischen geraden und ungeraden Seiten wünschen. In diesen Fällen müssen Sie die Kopf- und Fußzeilen für jeden Bereich - beziehungsweise für alle geraden und für alle ungeraden Seiten - separat festlegen.

Kopf- und Fußzeilen anzeigen

Um diese Zeilen zu definieren, klicken Sie in der Gruppe *Kopf- und Fußzeile* entweder auf *Kopfzeile* 🟡 Kopfzeile ▾ oder auf *Fußzeile* 🟡 Fußzeile ▾. Wenn Sie die Listenfelder zu diesen Befehlsschaltflächen benutzen, haben Sie darin die Auswahl zwischen verschiedenen Formen des Layouts (→ Abbildung 7.15).

Nach der Wahl werden die entsprechenden Bereiche im Dokument eingefügt (→ Abbildung 7.16). Bei einigen der für die Kopf- und Fußzeilen bereitgestellten Alternativen sind ein zentrierter Tabstopp für die Mitte der Seite und ein rechtsbündiger Tabstopp am rechten Rand bereits vordefiniert. Sie können diese Tabstopps als Haltepunkte für linksbündige, zentrierte und rechtsbündige Eintragungen benutzen, aber auch eigene Einstellungen – wie beispielsweise andere Tabulatoreinstellungen, mehrere Absätze usw. – definieren.

Kopf- und Fußzeilen bearbeiten

Zusätzlich wird eine kontextbezogene Registerkarte mit dem Namen *Kopf- und Fußzeilentools* im Menüband angezeigt. Diese beinhaltet Schaltflächen zum Einfügen der in den Kopf- und Fußzeilen am häufigsten benutzten Elemente sowie solche für einen schnellen Wechsel zwischen diesen Zeilen. Wenn Sie die Schaltflächen zum Einfügen benutzen, markieren Sie vorher die Stelle in der Kopf-/Fußzeile, an der Sie das Element einfügen wollen.

»  Über die Listen zu den beiden Schaltflächen *Kopfzeile* oder *Fußzeile* in der Gruppe *Kopf- und Fußzeile* können Sie das gewählte Layout für die bereits angezeigten Elemente ändern. Ein vorheriges Markieren ist nicht notwendig. Sie ersetzen damit das bereits vorhandene Layout. Bereits vorgenommene Eingaben werden ersetzt.

» [Text eingeben] Wenn Sie feste Texte in ein Element dieser Zeilen eingeben wollen, markieren Sie es und geben Sie den Text ein. Sie können hierüber auch Grafiken einfügen oder Schnellbausteine benutzen (→ folgende Abschnitte).

» 🟡 Datum und Uhrzeit Wenn Sie ein Datum oder eine Uhrzeitangabe in einen Bereich dieser Zeilen einfügen

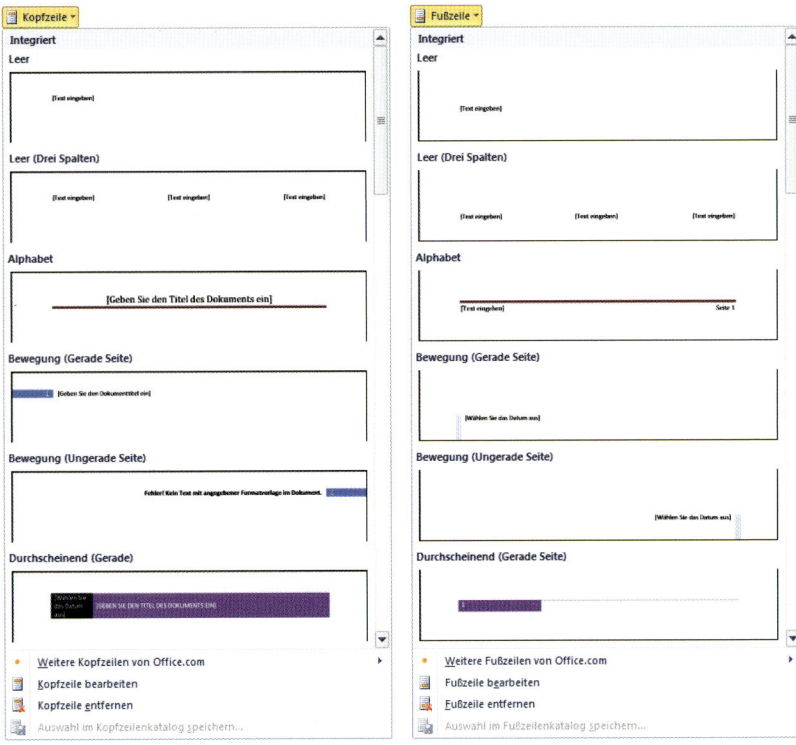

Abbildung 7.15 Die Alternativen für die Layouts von Kopf- und Fußzeilen

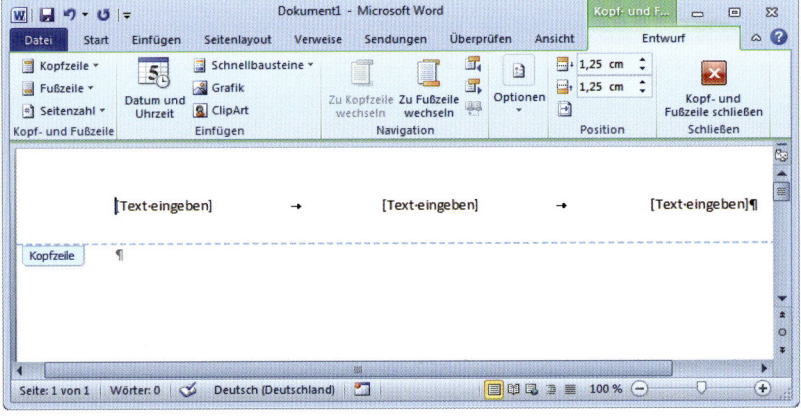

Abbildung 7.16
Die Bereiche für Kopfzeile und Fußzeile sowie die dazugehörige Registerkarte

wollen, markieren Sie den Bereich und wählen Sie die entsprechende Befehlsschaltfläche.

» Die Schaltflächen in der Gruppe *Navigation* dienen zum Bewegen zwischen Kopf- und Fußzeilen (→ Tabelle 7.3).

Symbol	Beschreibung
Zu Fußzeile wechseln	Wechselt bei markierter Kopfzeile zur Fußzeile.
Zu Kopfzeile wechseln	Wechselt bei markierter Fußzeile zur Kopfzeile.
Vorherige	Zeigt die Kopf- beziehungsweise Fußzeile des vorherigen Bereichs an.
Nächste	Zeigt die Kopf- beziehungsweise Fußzeile des nächsten Bereichs an.
Mit vorheriger verknüpfen	Übernimmt die Kopf-/Fußzeile vom vorherigen Abschnitt. Diese Schaltfläche ist nur wählbar, wenn Sie mit mehreren Abschnitten im Dokument arbeiten.

Tabelle 7.3 Die Funktionen der Schaltflächen in der Gruppe Navigation

» Über die ersten beiden Optionsschaltflächen in der Gruppe *Optionen* können Sie festlegen, wie die Kopf- und Fußzeilen bei mehrseitigen Dokumenten gestaltet werden sollen. *Untersch. gerade ungerade Seiten* erstellt für Seiten mit gerader Seitenzahl andere Kopf- beziehungsweise Fußzeilen als für Seiten mit ungerader Seitenzahl. *Erste Seite anders* erstellt für die erste Seite des gewählten Dokumentbereichs eine andere Kopf- beziehungsweise Fußzeile als für die folgenden Seiten. Sie können diese Einstellungen auch über die Registerkarte *Layout* im Dialogfeld *Seite einrichten* vornehmen.

» *Dokumenttext anzeigen* blendet den Text im eigentlichen Dokument zwischen Kopf- und Fußzeile ein oder aus.

Position

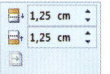 Über die Elemente der Gruppe *Position* können Sie die Abstände der Kopf- und Fußzeilen vom oberen und unteren Rand der Seite einstellen. Benutzen Sie die beiden Drehfelder oder geben Sie die gewünschten Zahlenwerte direkt ein.

Nach einem Klick auf die Schaltfläche *Ausrichtungstabstopp einfügen*  wird das Dialogfeld *Ausrichtungs-* tabstopp angezeigt, über das Sie die Feinheiten der Ausrichtung der Elemente in der Zeile steuern können (→ Abbildung 7.17).

Abbildung 7.17
Das Dialogfeld *Ausrichtungstabstopp*

Bereich verlassen

Wenn Sie die Arbeit an den Kopf- und Fußzeilen abschließen wollen, klicken Sie auf die Schaltfläche *Kopf- und Fußzeile schließen* in der Gruppe *Schließen*. Nach der Eingabe der Daten für die Kopf-/Fußzeile und dem Schließen der Ansicht werden die eingefügten Informationen in der Seitenlayoutansicht in einer leichteren Schriftfarbe – beispielsweise in einem hellen Grau – auf allen Seiten des Dokuments angezeigt (→ Abbildung 7.18). Dies symbolisiert, dass diese Elemente unabhängig vom Fließtext sind. Wenn Sie Änderungen daran vornehmen möchten, müssen Sie einen Doppelklick auf dem Element ausführen.

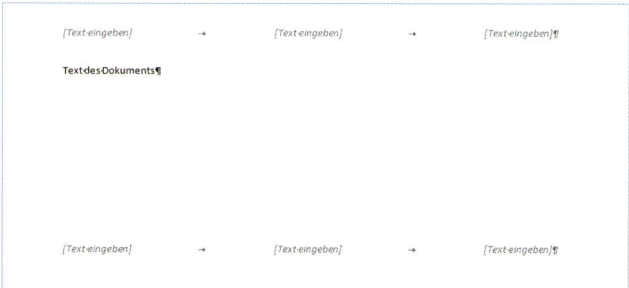

Abbildung 7.18 Kopf- und Fußzeilen werden grau angezeigt.

7.3.2 Seitenzahlen

Mit der Befehlsschaltfläche *Seitenzahl* in der Gruppe *Kopf- und Fußzeile* der Registerkarte *Einfügen* werden im Dokument Platzhalter für die automatische Seitennummerierung eingesetzt. Die Liste zu dieser Schaltfläche enthält Alternativen für die Position der Seitenzahlen. Nach Auswahl einer solchen können Sie das Format der Seitenzahlen festlegen (→ Abbildung 7.19).

Abbildung 7.19 Die Positionierung der Seitenzahlen bestimmen Sie über eine Liste.

Über die Option *Seitenzahlen formatieren* in der Liste zu *Seitenzahl* rufen Sie ein zusätzliches Dialogfeld auf den Bildschirm, über das Sie das für die Nummerierung zu verwendende Zahlenformat festlegen (→ Abbildung 7.20).

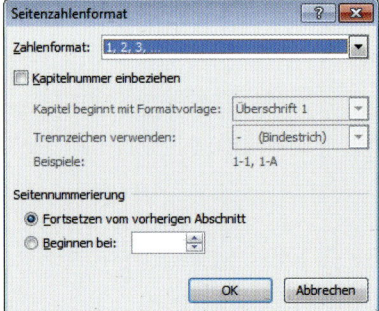

Abbildung 7.20 Stellen Sie das *Seitenzahlenformat* ein.

» Es stehen im entsprechenden Drop-down-Listenfeld mehrere *Zahlenformate* zur Verfügung. In der Grundeinstellung werden arabische Zahlen verwendet. In den einzelnen Abschnitten des Dokuments können Sie unterschiedliche Formate benutzen.

» Wenn Sie das Kontrollkästchen *Kapitelnummer einbeziehen* aktivieren, erhalten Sie Zugriff auf die darunter gezeigten Listenfelder. Mit diesen können Sie der Seitenzahl die Nummerierung der gewählten Überschriftenebene hinzufügen – beispielsweise in der Form *II-10* für Seite *10* in Kapitel *II*. Kapitelüberschriften müssen hierzu mit einer einheitlichen und nummerierten Formatvorlage formatiert sein (→ Kapitel 6).

» Im Bereich *Seitennummerierung* können Sie festlegen, mit welcher Zahl die Nummerierung beginnen soll. Das ist wichtig, wenn Sie beispielsweise die einzelnen Kapitel eines Buchs auf verschiedene Dokumente aufgeteilt haben.

TIPP Wenn Sie ein aus mehreren Dateien bestehendes Gesamtdokument mit fortlaufenden Seitenzahlen versehen wollen, können Sie dieses auch in ein *Masterdokument* eingliedern.

7.4 Der Seitenhintergrund

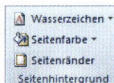 Wenn Sie nicht gerade mit fertig bedrucktem Papier arbeiten, könnten die Optionen der Gruppe *Seitenhintergrund* auf der Registerkarte *Seitenlayout* für Sie interessant sein. Sie können darüber eine Hintergrundfarbe festlegen, die Seiten mit Rahmenlinien an den Rändern versehen oder ein Wasserzeichen auf den Seiten simulieren.

TIPP Um ein solches Element nur zu ausgewählten Seiten hinzuzufügen, müssen Sie das Dokument in Abschnitte unterteilen (→ oben). Wenn Sie ein Wasserzeichen beispielsweise nur auf das Inhaltsverzeichnis in einem Dokument anwenden möchten, müssen Sie drei Abschnitte erstellen: einen Abschnitt mit dem Deckblatt, einen Abschnitt mit dem Inhaltsverzeichnis und einen Abschnitt mit dem restlichen Dokumenttext.

7.4.1 Farben und Muster

 Um die gesamte Seite mit einem Hintergrund – beispielsweise einer Farbe oder einem Muster oder Bild – zu versehen, benutzen Sie die Liste zur Schaltfläche *Seitenfarbe* im Bereich *Seitenhintergrund*. Eine Hintergrund- oder Seitenfarbe wird in erster Linie in einem Webbrowser verwendet, um einen Hintergrund für die Onlineansicht interessanter zu gestalten. Sie können Hintergründe aber auch in den meisten anderen Ansichten anzeigen, außer in der Entwurfsansicht und in der Gliederungsansicht.

Die Hintergrundfarbe

Nach dem Öffnen des Katalogs zur Schaltfläche *Seitenfarbe* können Sie eine Farbe auswählen (→ Abbildung 7.21). Es stehen Ihnen mehrere *Designfarben* und einige *Standardfarben* zur Verfügung. Beachten Sie, dass sich die gewählte Hintergrundfarbe von der verwendeten Schriftfarbe deutlich unterscheiden sollte, um die Schrift lesbar zu halten. Wenn Ihnen die zur Verfügung gestellten Designfarben nicht genügen, können Sie auch eigene Farben zusammenstellen. Klicken Sie dazu in der Liste auf *Weitere Farben*. Im daraufhin angezeigten Dialogfeld können Sie auch eine andere Farbe auswählen (→ Kapitel 4).

Abbildung 7.21
Wählen Sie eine Hintergrundfarbe aus.

Ein Muster für den Hintergrund

Nach einem Klick auf *Fülleffekte* in dieser Liste wird das gleichnamige Dialogfeld geöffnet, mit dessen Hilfe Sie Ihre Seiten mit speziellen Hintergrundeffekten versehen können. Auf vier Registerkarten können Sie zwischen verschiedenen Verläufen, Strukturen, Mustern und Grafiken die gewünschte Hintergrundgestaltung auswählen.

Auf der Registerkarte *Graduell* haben Sie die Wahl zwischen einfarbigen, zweifarbigen und vordefinierten Farbverläufen (→ Abbildung 7.22 links).

» Je nachdem, welche Option Sie im Bereich *Farben* wählen, ändern sich die Einstellungen, die Sie in diesem Bereich vornehmen können.

» Ist die Option *Einfarbig* aktiviert, klappen Sie für *Farbe 1* das Dropdown-Listenfeld zur Auswahl einer Farbe auf. Danach können Sie durch Ziehen des Felds darunter die Helligkeit des Farbverlaufs einstellen.

» Bei *Zweifarbig* müssen Sie zunächst im entsprechenden Drop-down-Listenfeld die erste Farbe einstellen und dann in einem weiteren Drop-down-Listenfeld die zweite Farbe auswählen.

» Bei Verwenden einer *Voreinstellung* wählen Sie im Drop-down-Listenfeld den gewünschten Stimmungseffekt – beispielsweise *Früher Sonnenuntergang* oder *Abenddämmerung* – aus.

» Unter *Schattierungsarten* wählen Sie die Richtung aus, in der der Farbverlauf erfolgen soll. Danach werden im Feld *Varianten* die zur gewählten Schattierungsart möglichen Darstellungen angezeigt. Klicken Sie auf das Feld der Variante, die Sie verwenden möchten.

Über die Registerkarte *Struktur* haben Sie Zugriff auf eine große Auswahl von Strukturfüllungen, wie zum Beispiel verschiedenfarbiger Marmor, Pergament oder Sand (→ Abbildung 7.22 rechts).

» Markieren Sie das Feld der Strukturfüllung, die Sie zuweisen wollen, und bestätigen Sie Ihre Wahl mit *OK*.

» Mit *Weitere Strukturen* öffnen Sie ein Dialogfeld, über das Sie eine andere Datei auswählen können, die Sie als Hintergrund verwenden wollen.

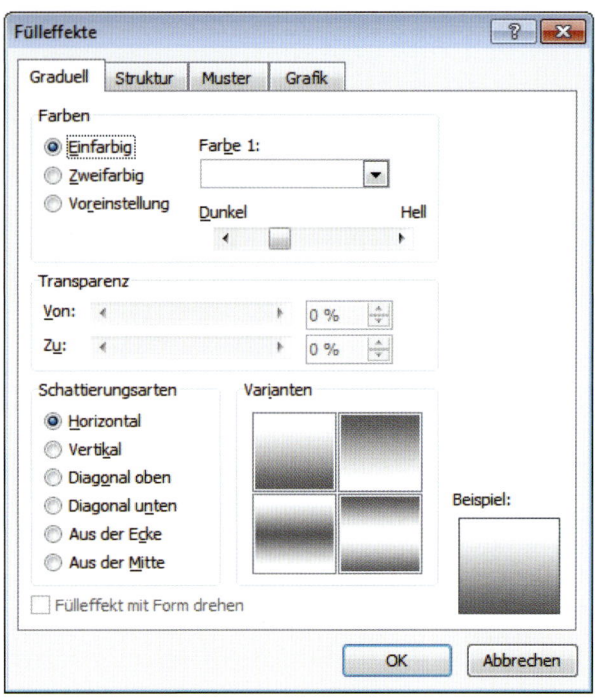

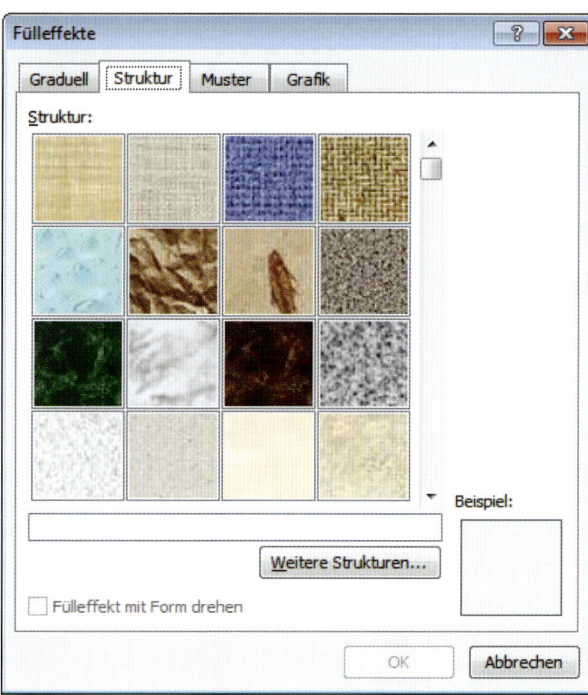

Abbildung 7.22 Als Fülleffekt können Sie Farbverläufe oder Strukturen verwenden.

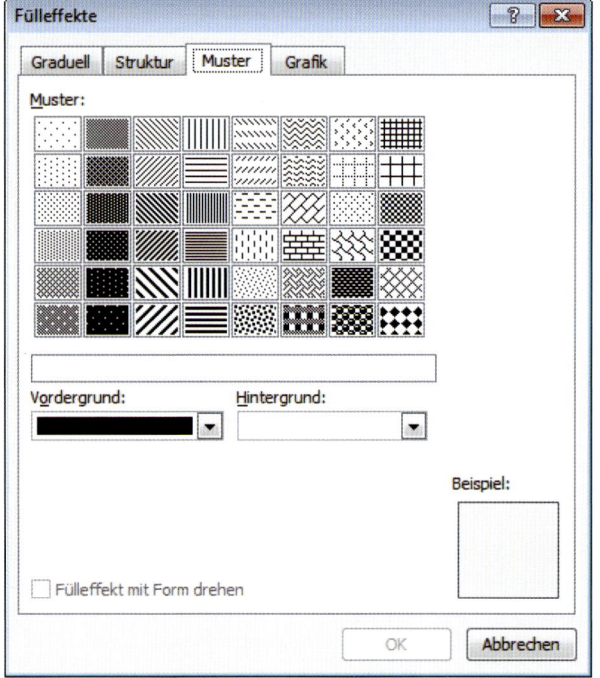

Abbildung 7.23 Als Fülleffekt können Sie auch Muster oder eine eigene Grafikdatei verwenden.

Auf der Registerkarte *Muster* stehen verschiedene Muster mit wählbaren Vorder- und Hintergrundfarben zur Verfügung (→ Abbildung 7.23 links).

» Legen Sie über die Drop-down-Listenfelder *Vordergrund* und *Hintergrund* die gewünschten Farben des Musters fest.

» Markieren Sie im Bereich *Muster* das Feld des Musters, das Sie zuweisen wollen, und bestätigen Sie Ihre Wahl mit *OK*.

Über die Registerkarte *Grafik* können Sie eine Grafik als Hintergrundbild hinzufügen (→ Abbildung 7.23 rechts). Sie sollten aber darauf achten, beispielsweise ein niedrig auflösendes Bild zu verwenden, damit die Ladezeiten nicht zu hoch werden. Klicken Sie auf *Grafik auswählen*, um über ein weiteres Dialogfeld die gewünschte Grafik anzugeben. Bestätigen Sie Ihre Wahl mit *OK*. Die gewählte Grafik wird dann im Feld *Beispiel* angezeigt.

7.4.2 Wasserzeichen

Unter einem Wasserzeichen versteht man traditionell schwächere Hintergrundbilder auf dem Papier. Bei Word handelt es sich um hinter dem Dokumenttext angezeigten Text bzw. angezeigte Bilder. Wasserzeichen gestalten ein Dokument interessanter oder geben den Status des Dokuments an, indem sie ein Dokument beispielsweise als Entwurf kennzeichnen. Wasserzeichen werden in der *Drucklayoutansicht* und in der Ansicht *Vollbild-Lesemodus* oder auf einem gedruckten Dokument angezeigt. Sie können ein vordefiniertes Wasserzeichen aus einem Katalog mit Wasserzeichentexten oder ein Wasserzeichen mit einem benutzerdefinierten Text einfügen.

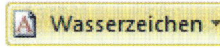 Mit dem Befehl *Wasserzeichen* im Bereich *Seitenhintergrund* können Sie solche Effekte auf Ihren Druckseiten simulieren. Klicken Sie im damit angezeigten Wasserzeichenkatalog auf ein vordefiniertes Wasserzeichen – beispielsweise *Eilt* oder *Nicht kopieren* (→ Abbildung 7.24).

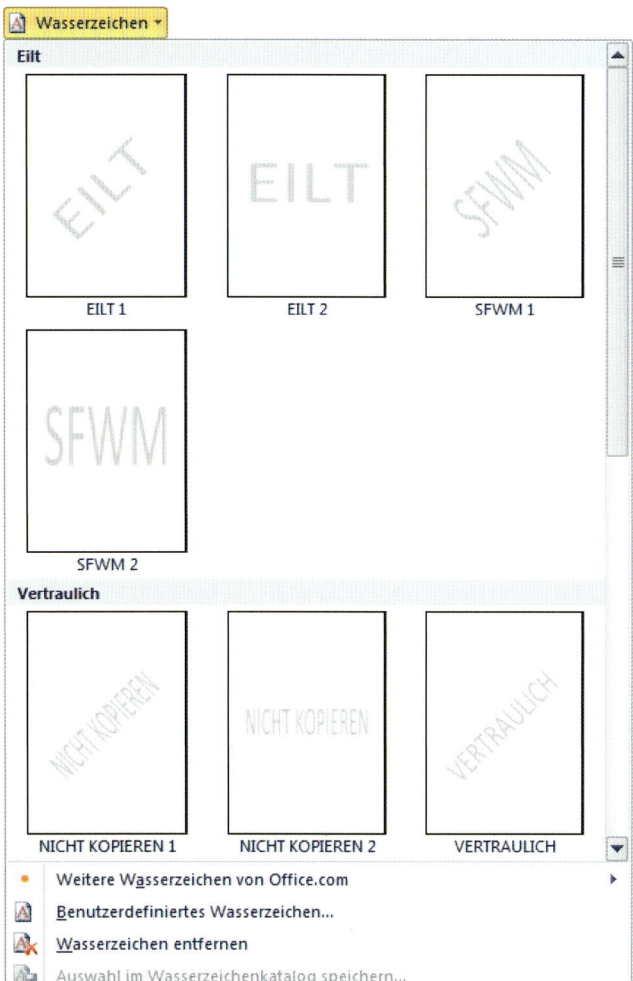

Abbildung 7.24 Der Wasserzeichenkatalog

TIPP Die Abkürzung *SFWM* steht für *So Früh Wie Möglich* und wurde aus den englischen *ASAP* – für *As Soon As Possible* – übersetzt. *SFWM* wird fast ausschließlich in Microsoft Office verwendet und ist sonst ungebräuchlich!

Wenn Sie ein eigenes Wasserzeichen erstellen wollen, klicken Sie auf *Benutzerdefiniertes Wasserzeichen*. Im Dialogfeld *Gedrucktes Wasserzeichen* haben Sie dann die Wahl zwischen mehreren Alternativen (→ Abbildung 7.25).

Abbildung 7.25 Ein Wasserzeichen selbst erstellen

» Wenn Sie die Option *Textwasserzeichen* einschalten, können Sie im Feld *Text* den Inhalt für den Wasserzeichentext eingeben. Sie können den Text dann auch über die Felder *Schriftart*, *Größe*, *Farbe* und über die Optionen zu *Layout* formatieren.

» Wenn Sie ein Bild als Wasserzeichen verwenden möchten, aktivieren Sie *Bildwasserzeichen* und klicken dann auf *Bild auswählen*. Wählen Sie das gewünschte Bild aus und klicken Sie auf *Einfügen*. Wählen Sie unter *Skalieren* eine Prozentzahl aus, um das Bild in einer bestimmten Größe einzufügen. Aktivieren Sie das Kontrollkästchen *Auswaschen*, um das Bild aufzuhellen, so dass die Anzeige von Text nicht gestört wird.

TIPP Um ein Wasserzeichen so anzuzeigen, wie es auf der gedruckten Seite aussehen wird, verwenden Sie die *Drucklayoutansicht*.

7.4.3 Rahmen und Schattierung

Sie können die Seiten eines Dokuments mit Rahmenlinien an den Rändern versehen. Außerdem können Sie den Seiten eine Schattierung unterlegen.

Rahmenlinien

Seitenränder Um Linien an die Ränder der Seite zu setzen, benutzen Sie die Schaltfläche *Seitenränder* in der Gruppe *Seitenhintergrund*. Das zeigt

Ihnen die Registerkarte *Seitenrand* im Dialogfeld *Rahmen und Schattierung* an (→ Abbildung 7.26).

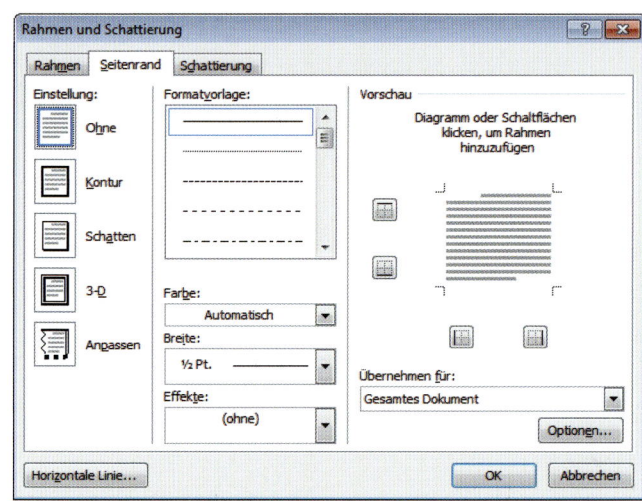

Abbildung 7.26 Details zu Rahmen und Schattierung können über das Dialogfeld eingestellt werden.

» Es empfiehlt sich, zuerst die *Formatvorlage*, die *Farbe* und die *Breite* (oder besser gesagt, die Stärke) der Linien beziehungsweise des Rahmens festzulegen.

» Anschließend können Sie sich für eine der Optionen im Bereich *Einstellung* entscheiden. Das Ergebnis wird in der *Vorschau* angezeigt.

» Über die Schaltflächen im Feld *Vorschau* oder durch den Klick auf eine entsprechende Stelle in der *Vorschau* können Sie einzelne Linien der eingestellten Linienart, -farbe und -stärke definieren.

» Durch einen Klick auf ein bereits vorhandenes Element in der *Vorschau* blenden Sie es aus. Um alle Rahmen oder Linien wieder zu entfernen, wählen Sie unter *Einstellungen* die Option *Ohne*.

» Um die Art und/oder die Farbe einer Rahmenlinie nachträglich zu ändern, wählen Sie zuerst die neue *Art* und/oder *Farbe* aus und klicken dann in der *Vorschau* auf das zu ändernde Linienelement.

» Hatten Sie einen Textbereich markiert, können Sie mit den Optionen im Drop-down-Listenfeld *Übernehmen für* festlegen, wofür der Rahmen gelten soll. Die Grundeinstellung im Drop-down-Listenfeld

Übernehmen für ist die Option *Gesamtes Dokument*. Alternativ können Sie nur die Seiten des aktuellen Abschnitts, die erste Seite des aktuellen Abschnitts oder alle Abschnittsseiten bis auf die erste Seite mit dem Rahmen verzieren.

» Zusätzlich finden Sie hier das Drop-down-Listenfeld *Effekte*, über das Sie grafische Elemente anstelle von Linien für den Seitenrahmen verwenden können.

Über die Schaltfläche *Optionen* können Sie die Abstände des Rahmens beziehungsweise der Linie zum Seitenrand einstellen (→ Abbildung 7.27). Die Werte für *Oben*, *Unten*, *Links* und *Rechts* können individuell eingestellt werden. Die Wirkung wird in der *Vorschau* skizziert.

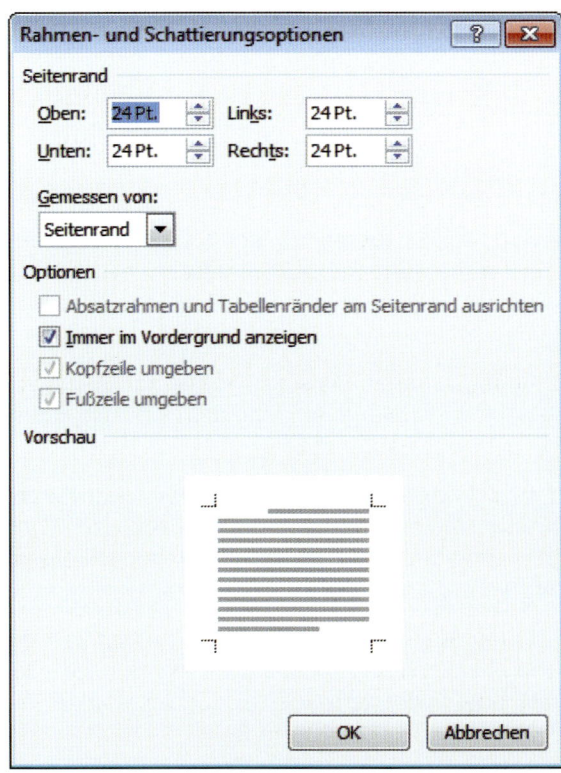

Abbildung 7.27 Der Abstand zum Seitenrand ist einstellbar.

» Das Drop-down-Listenfeld *Gemessen von* verfügt über zwei Optionen: *Seitenrand* und *Text*. Legen Sie hier fest, von wo aus die darüber angegebenen Abstände gemessen werden sollen. Nur wenn *Text* ausgewählt wird, stehen die Optionen *Absatzrahmen und Tabellenränder am Seitenrand ausrichten*, *Kopfzeile umgeben* und *Fußzeile umgeben* zur Verfügung.

» Mit *Absatzrahmen und Tabellenränder am Seitenrand ausrichten* bewirken Sie, dass zusätzliche Rahmen um Absätze und Tabellen rechts, links, oben beziehungsweise unten mit dem Seitenrahmen abschließen.

» Wenn Sie *Immer im Vordergrund anzeigen* aktivieren, überlagert der Rahmen alle Objekte, die sich mit ihm überschneiden.

Horizontale Linie

Ein Klick auf die Schaltfläche *Horizontale Linie* auf einer der Registerkarten im Dialogfeld *Rahmen und Schattierung* öffnet ein Dialogfeld mit verschiedenen horizontalen Linienobjekten, die Sie über, unter oder direkt im gewählten Dokumentbereich einfügen können. Wenn Sie vorher die Einfügemarke direkt in einen Ansatz gesetzt haben, wird dieser anschließend durch die Linie geteilt. Ein Doppelklick auf ein eingefügtes Linienobjekt öffnet das Dialogfeld *Horizontale Linie formatieren*, in dem Sie die Breite, Ausrichtung und/oder Farbe des Linienobjekts festlegen können.

Kapitel 8

Absatz- und Zeichenformate

Wir hatten es am Anfang dieses Teils bereits erwähnt: Microsoft Word unterscheidet zwischen Dokument-, Absatz- und Zeichenformaten. Die Möglichkeiten zur Formatierung des gesamten Dokuments haben wir bereits angesprochen. In diesem Kapitel nun geht es um die Absatz- und die Zeichenformatierung:

» Bevor wir auf die Details dazu eingehen, wollen wir noch einige Anmerkungen zur grundsätzlichen Vorgehensweise bei der Formatierung vorausschicken (→ Abschnitt 8.1). Wenn Sie diese kennen, ersparen Sie sich viel Arbeitsaufwand.

» Für einen Absatz können Sie die Ausrichtung, die Einzüge, die Abstände zwischen den Absätzen und zwischen den Zeilen innerhalb eines Absatzes, die Position der Tabstopps, Nummerierung und Aufzählungszeichen, Rahmen und Schattierungen sowie andere Parameter definieren (→ Abschnitt 8.2).

» Für die Darstellung einzelner Zeichen oder Wörter können Sie Zeichenformate wie beispielsweise Schriftart, Schriftgröße, Schriftstil (normal, fett, unterstrichen usw.) und Schriftfarbe sowie weitere Effekte einstellen (→ Abschnitt 8.3).

» Texte und andere Elemente können auch in Rahmen gesetzt und dann an beliebigen Stellen im Dokument platziert werden. Dazu benutzen Sie Textfelder oder

Positionsrahmen – beide sind von der Wirkungsweise her identisch (→ Abschnitt 8.4).

» Über die Registerkarte *Ersetzen* im Dialogfeld *Suchen und Ersetzen* können Sie einzelne Formate gegen andere austauschen (→ Abschnitt 8.5).

» Nach dem Formatieren können Sie die Silbentrennung durchführen lassen, um den Flattersatz an den Rändern beziehungsweise im Blocksatz die Lücken zwischen den Wörtern zu reduzieren (→ Abschnitt 8.6). Außerdem können Sie bei Bedarf einen manuellen Seitenumbruch vornehmen.

TIPP Für weitere optische Verfeinerungen können Sie ein Dokument über verschiedene Optionen mit zusätzlichen Objekten – wie Textelementen, Grafiken oder Medienclips – versehen (→ Kapitel 5 und Kapitel 17).

8.1 Grundlagen

Bevor wir in die Einzelheiten gehen, sollten Sie sich mit einigen Grundlagen der Zeichen- und Absatzformatierung – den Formatelementen, den möglichen Vorgehensweisen bei der Arbeit und den im Programm verfügbaren Werkzeugen – vertraut machen.

8.1.1 Die Werkzeuge

Die Werkzeuge zum Formatieren von Absätzen und Zeichen finden Sie bei Word 2010 in drei Bereichen.

Abbildung 8.1
Die Werkzeuge
zur Formatierung
von Absätzen und
Zeichen finden Sie
auf der Registerkarte
Start.

» Einerseits können Sie die beiden Gruppen *Schriftart* und *Absatz* der Registerkarte *Start* benutzen (→ Abbildung 8.1). In diesen Gruppen finden Sie Schaltflächen für die Mehrzahl der Befehle, die Sie für derartige Formatierungsaufgaben benutzen werden.

» Eine zusammenfassende Darstellung der Parameter für die Formatierung können Sie einblenden lassen, indem Sie in einer der Gruppen auf das kleine Pfeilsymbol unten rechts 🔲 neben der Gruppenbezeichnung klicken (→ unten). Mithilfe der Optionen im daraufhin angezeigten Dialogfeld können Sie sämtliche Änderungen an der Formatierung in einem Schritt vornehmen.

» Außerdem stehen Ihnen die wichtigsten Befehle dafür auch immer über die Minisymbolleiste zur Verfügung, die automatisch angezeigt wird, sobald Sie einen Textbereich markieren (→ Abbildung 8.2).

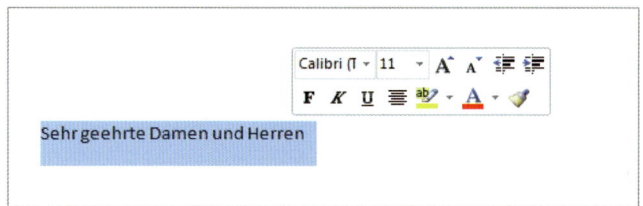

Abbildung 8.2 Auch die Minisymbolleiste hält Werkzeuge zur Formatierung bereit.

Natürlich können Sie dafür auch immer Tastenkombinationen benutzen (→ unten).

8.1.2 Die besten Vorgehensweisen

Hinsichtlich der Vorgehensweise beim Formatieren von Texten zur Gestaltung von Absätzen und Zeichen gibt es einige allgemeine Grundregeln, die Sie beachten sollten, um den Aufwand für diesen Arbeitsschritt möglichst gering zu halten.

» Zunächst sollten Sie immer erst die Formate festlegen, mit denen der größte Teil des Dokuments dargestellt werden soll – beispielsweise die Grundschrift für den Fließtext. Anschließend können Sie einzelne Teile des Textes – also einzelne Zeichen, Wörter, Sätze oder Absätze – in einer von diesem Standard abweichenden Form formatieren.

» Von diesen Grundformaten abweichende Formatierungen können Sie parallel zur Eingabe des Textes oder aber auch nach dessen Fertigstellung festlegen. Im ersten Fall schalten Sie vor jedem Textteil, der abweichend vom gewählten Standard dargestellt werden soll, auf das neue Format um, geben den Textteil ein und schalten anschließend wieder zurück. Der Vorteil dieses Vorgehens liegt darin, dass der auf dem Bildschirm dargestellte Zeilenumbruch bereits dem Druckbild entspricht. Wollen Sie den Text erst nach Abschluss der Eingabe formatieren, müssen Sie die Stellen, die vom Standardformat abweichen, zuerst markieren und dann die betreffenden Formatierungsanweisungen ausführen.

Bevor Sie einen Formatbefehl auswählen, müssen Sie gegebenenfalls zunächst den zu formatierenden Textbereich markieren:

» Zum Einstellen des Dokumentformats spielt die Position der Einfügemarke keine Rolle (→ Kapitel 7).

Haben Sie mehrere Abschnitte festgelegt, müssen Sie die Einfügemarke zumindest in den Abschnitt setzen, dessen Format Sie ändern wollen.

» Zum Festlegen eines Absatzformats (Einzüge und Abstände, Zeilen- und Seitenumbruch, Nummerierung und Aufzählungszeichen, Rahmen und Schattierung, Tabstopps) setzen Sie die Einfügemarke an eine beliebige Stelle im Absatz.

» Wollen Sie das Zeichenformat für ein ganzes Wort festlegen, genügt es, die Einfügemarke an eine beliebige Stelle im Wort zu setzen. In allen anderen Fällen müssen Sie zum Zuweisen eines Zeichenformats den gesamten zu formatierenden Bereich markieren.

TIPP Das horizontale Lineal am oberen Rand des Dokumentfensters dient zum einen als Bezugsmaßstab für die Position der einzelnen Elemente im Dokument. Zum anderen lassen sich hier auch die Einzüge und Tabstopps für den aktuellen Absatz festlegen.

8.1.3 Die Formatierung ändern

Microsoft Word stellt verschiedene Verfahren zur Verfügung, die im markierten Bereich verwendeten Formate zu ändern. Zur Korrektur können Sie entweder die einzelnen Formatierungen individuell ändern oder bestimmte Formatierungen durch andere ersetzen.

Um eine zugewiesene Formatierung zu ändern, können Sie genauso wie beim ursprünglichen Formatieren vorgehen: Markieren Sie das zu formatierende Element und legen Sie die Parameter des Formats über die entsprechenden Dialogfelder oder die Werkzeuge in den Gruppen *Schriftart* und *Absatz* der Registerkarte *Start* neu fest. Denken Sie daran, dass einige der Schaltflächen in der Gruppe *Schriftart* als Umschalter wirken. Um beispielsweise ein fett formatiertes Wort wieder normal darzustellen, markieren Sie das Wort und klicken dann auf die aktiviert dargestellte Schaltfläche *Fett*.

Sie können auch ein für ein bestimmtes Textelement festgelegtes Format auf ein anderes übertragen:

» Dazu markieren Sie zunächst das Element, dessen Format Sie übertragen wollen. Wollen Sie ein Absatzformat übertragen, markieren Sie am besten den gesamten Absatz einschließlich der Absatzen-

demarke. Bei einem Zeichenformat reicht es aus, wenn Sie die Einfügemarke an eine beliebige Stelle in den so formatierten Textbereich setzen.

» Klicken Sie dann auf die Schaltfläche *Format übertragen* in der Gruppe *Zwischenablage* der Registerkarte *Start*.

» Markieren Sie abschließend das Element, auf das das Format übertragen werden soll.

Wenn Sie auf der Schaltfläche *Format übertragen* einen Doppelklick ausführen, bleibt die Funktion nach dem Übertragen auf das Zielelement aktiviert. Sie können dann anschließend weitere Elemente anklicken, um auch diesen das Format zuzuweisen. Ein Drücken der Taste [Esc] oder ein erneuter Klick auf die Schaltfläche schaltet die Funktion wieder aus

8.2 Absatzformatierung

Ein Absatz wird in Microsoft Word – wie in praktisch allen Textverarbeitungsprogrammen – als der Bereich vor einer *Absatzmarke* ¶ definiert, die Sie durch Drücken der Taste [↵] erzeugen. Ist die Option *Alle anzeigen* in der Gruppe *Absatz* der Registerkarte *Start* aktiviert, wird die Absatzmarke auf dem Bildschirm durch das Zeichen ¶ angezeigt. In diesem Zeichen sind alle definierten Absatzformate enthalten.

ACHTUNG Sie sollten sich der Bedeutung dieses Zeichens bewusst sein. Wenn Sie in einem mit Absatzformaten versehenen Absatz die Taste [↵] betätigen, übernimmt der damit erstellte neue Absatz die Formatierungsmerkmale des vorherigen. Wird das Zeichen ¶ gelöscht, gehen diese Formate verloren, der Absatz wird mit dem darauffolgenden Absatz verbunden und übernimmt dessen Formateinstellungen.

8.2.1 Die Gruppe *Absatz*

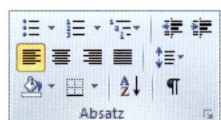

Der Standardabsatz eines Dokuments ist linksbündig ausgerichtet und zeigt weder Einzüge noch Anfangs- oder Endabstände. Der Zeilenabstand passt sich automatisch an die maximal vorhandene Zeichengröße an. Um diese Einstellungen zu ändern, setzen Sie die Einfügemarke an einer beliebigen

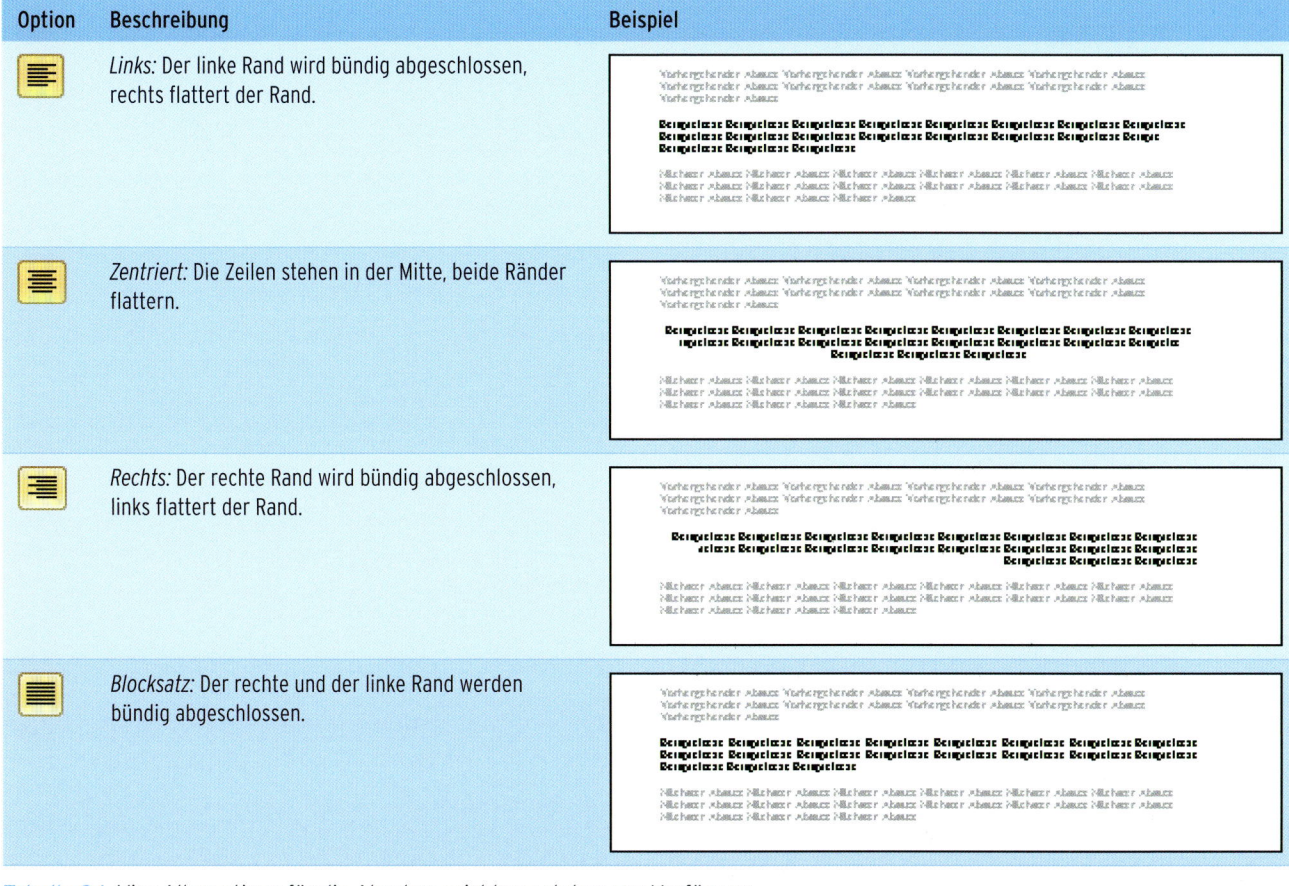

Option	Beschreibung	Beispiel
	Links: Der linke Rand wird bündig abgeschlossen, rechts flattert der Rand.	
	Zentriert: Die Zeilen stehen in der Mitte, beide Ränder flattern.	
	Rechts: Der rechte Rand wird bündig abgeschlossen, links flattert der Rand.	
	Blocksatz: Der rechte und der linke Rand werden bündig abgeschlossen.	

Tabelle 8.1 Vier Alternativen für die Absatzausrichtung stehen zur Verfügung.

Stelle in den gewünschten Absatz und benutzen die Werkzeuge in der Gruppe *Absatz* der Registerkarte *Start*.

TIPP Sie können auch mehrere Absätze markieren, die dieselben Absatzformate aufweisen sollen, und diesen dann die gewünschten Formate in einem Arbeitsgang zuweisen. Auch nicht aufeinanderfolgende Absätze können gemeinsam markiert werden, indem Sie die Taste `Strg` gedrückt halten und die Absätze dann markieren. Hinweise zum Markieren haben wir Ihnen bereits geliefert (→ Kapitel 4).

Die Ausrichtung

Für die Einstellung der Ausrichtung und der Einzüge eines Absatzes stehen Ihnen in der Gruppe *Absatz* vier Schaltflächen zur Verfügung: Damit kann ein Absatz neben der standardmäßigen linksbündigen Ausrichtung auch zentriert, rechtsbündig oder im Blocksatz ausgerichtet sein (→ Tabelle 8.1).

Die Einzüge

Ein Absatz kann mit einem rechten und/oder einem linken *Einzug* versehen werden. Über zwei Schaltflächen in der Gruppe *Absatz* der Registerkarte *Start* können Sie den Einzug vergrößern und verkleinern.

Option	Beschreibung	Beispiel
	Einzug vergrößern: Der linke Rand wird nach jedem Klick auf die Schaltfläche um 1,25 cm nach rechts verschoben.	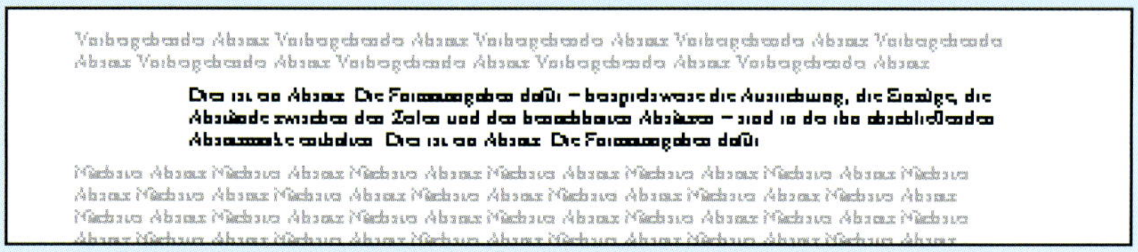
	Einzug verkleinern: Hatten Sie einen Einzug festgelegt, können Sie ihn durch einen Klick wieder schrittweise um 1,25 cm verkleinern.	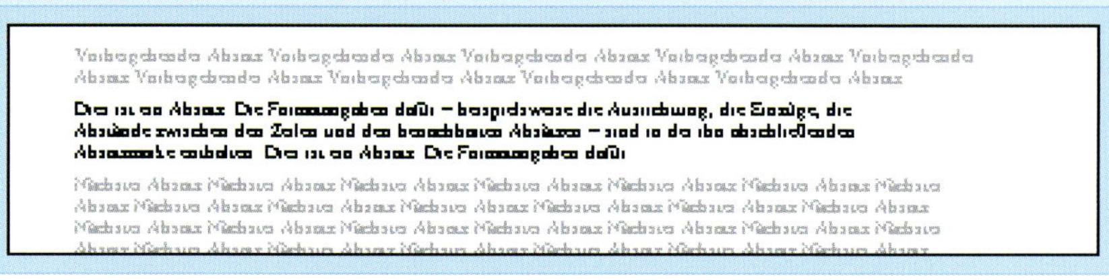

Tabelle 8.2 Zusätzlich kann ein linker Einzug eingestellt werden.

Der Zeilenabstand

Auch den gewünschten Zeilenabstand können Sie über ein Listenfeld zu einer Schaltfläche regeln (→ Abbildung 8.3). Oben im Katalog stehen Ihnen sechs Alternativen mit Zahlenwerten zur Verfügung; die Standardeinstellung ist *1,15*, was das Bild eines einfachen Zeilenabstands vermittelt. Über die beiden letzten Optionen im Katalog können Sie jeweils einen Zeilenabstand vor oder nach dem aktuellen Absatz hinzufügen. Der Befehl *Zeilenabstandsoptionen* zeigt das Dialogfeld *Absatz* an, auf das wir gleich eingehen werden.

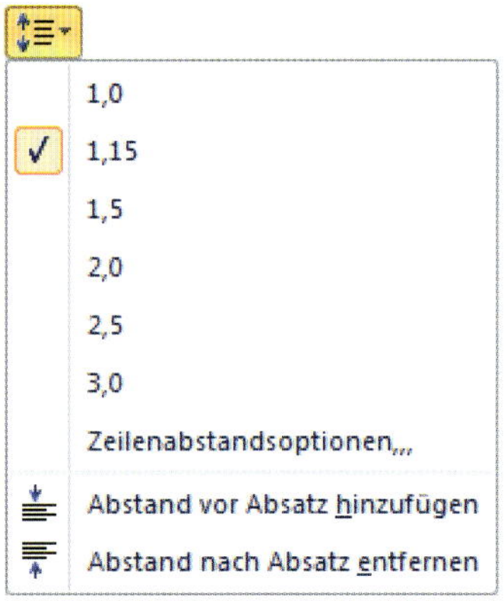

Zweck	Tastenkombination
Einfacher Zeilenabstand	Strg + 1
Doppelter Zeilenabstand	Strg + 2
1,5-facher Zeilenabstand	Strg + 5
Hinzufügen oder Entfernen eines Zeilenabstands vor einem Absatz	Strg + 0

Tabelle 8.3 Festlegen des Zeilenabstands über die Tastatur

ACHTUNG Wir hatten bereits erwähnt, dass mit Microsoft Office Word 2007 eine neu konzipierte Standardvorlage zum Erstellen von Dokumenten eingeführt wurde, die – unter anderem – auch über einen größeren Standardwert für den Zeilenabstand und größere Abstände zwischen den Absätzen verfügt: Der Zeilenabstand ist um 15% größer als bei Word in der Version 2003. Dies dient dazu, mehr Leerraum zwischen Textblöcken zu schaffen, um den Text lesbarer zu gestalten. Der Abstand zwischen den Absätzen wurde erweitert, damit der Anwender nicht mehr zweimal die Taste ↵ drücken muss, um zusätzlichen Leerraum zu schaffen. Sie können aber zu der früher von Word benutzten Form der Darstellung zurückschalten (→ Kapitel 4).

Abbildung 8.3
Die Optionen zum Zeilenabstand

Sie können auch Tastenkürzel zum Festlegen des Zeilenabstands benutzen (→ Tabelle 8.3).

8.2.2 Das Dialogfeld *Absatz*

Eine zusammenfassende Darstellung der Parameter für die Formatierung eines Absatzes können Sie einblenden lassen, indem Sie in der Gruppe *Absatz* 🔲 auf das kleine Pfeilsymbol unten rechts klicken. Mithilfe der Optionen im daraufhin angezeigten Dialogfeld *Absatz* können Sie sämtliche Änderungen am vorher markierten Absatz in einem Schritt vornehmen. Die gewählten Optionen werden in der *Vorschau* skizziert.

Einzüge und Abstände

Über die Registerkarte *Einzüge und Abstände* im Dialogfeld *Absatz* legen Sie die wesentlichen Absatzparameter fest (→ Abbildung 8.4).

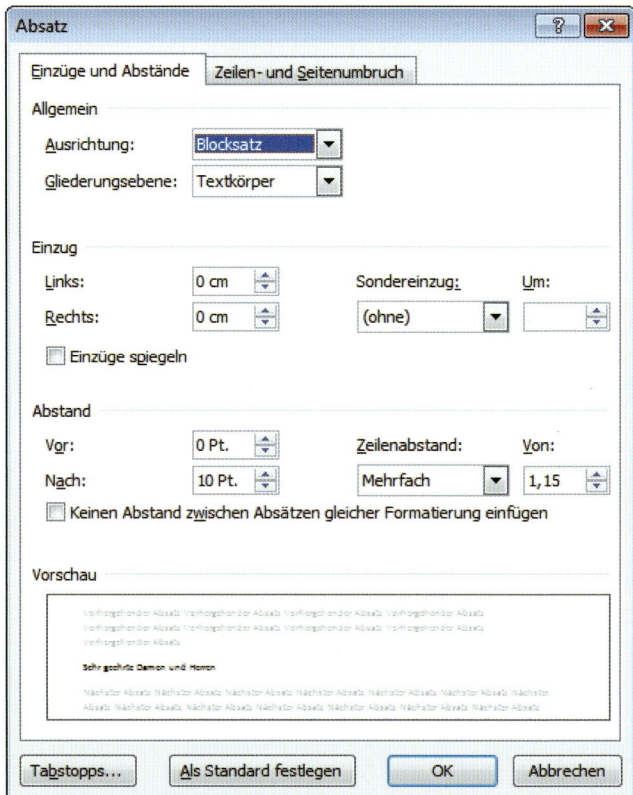

Abbildung 8.4 Weitere Details für Einzüge und Abstände können Sie über das Dialogfeld festlegen.

» ▭ Über das Drop-down-Listenfeld *Ausrichtung* können Sie den Absatz linksbündig, zentriert, rechtsbündig oder im Blocksatz ausrichten. Zum Einstellen der Absatzausrichtung können Sie auch Tastenkürzel verwenden (→ Tabelle 8.4).

Zweck	Tastenkombination
Umschalten eines Absatzes zwischen zentriert und linksbündig	Strg + E
Umschalten eines Absatzes zwischen Blocksatz und linksbündig	Strg + B
Umschalten eines Absatzes zwischen rechtsbündig und linksbündig	Strg + R
Linksbündiges Ausrichten eines Absatzes	Strg + L
Einziehen eines Absatzes von links	Strg + M
Entfernen eines linken Absatzeinzugs	Strg + ⇧ + M
Erstellen eines hängenden Einzugs	Strg + T
Verkleinern eines hängenden Einzugs	Strg + ⇧ + T
Entfernen der Absatzformatierung	Strg + Q

Tabelle 8.4 Das Ausrichten von Absätzen über die Tastatur

» Ein Absatz kann mit einem rechten und/oder einem linken *Einzug* versehen werden. Gemessen wird von dem durch das Dokument- oder Abschnittsformat definierten linken beziehungsweise rechten Rand. Durch Eingabe einer negativen Zahl wird ein negativer Einzug – also eigentlich ein »Auszug« – erzeugt; der Absatz ragt dann über den Rand hinaus. Über zwei Schaltflächen in der Gruppe *Absatz* der Registerkarte *Start* können Sie den Einzug vergrößern und verkleinern.

» ▭ Für die erste Zeile des Absatzes ist über das Drop-down-Listenfeld *Sondereinzug* ein separater Einzug einstellbar (→ Tabelle 8.5). Damit können Sie den linken Einzug so gestalten, dass sich die erste Zeile des Absatzes anders verhält als die folgenden. Gemessen wird hierbei von dem durch den linken Einzug bestimmten Nullpunkt. Wählen Sie zuerst eine Option aus dem Listenfeld und geben Sie dann im Feld *Um* einen Wert ein.

Option	Beispiel
Einzug/Links: verschiebt den linken Rand des Absatzes nach rechts.	
Einzug/Rechts: verschiebt den rechten Rand des Absatzes nach links.	
Sondereinzug/ Erste Zeile: verschiebt den Anfang der ersten Zeile des Absatzes nach rechts.	
Sondereinzug/ Hängend: verschiebt die Folgezeilen eines Absatzes nach rechts.	

Tabelle 8.5
Die für Einzüge verfügbaren Optionen

» Vor und hinter einem Absatz können Sie einen *Abstand* festlegen. Beispielsweise sollte der Abstand oberhalb und unterhalb einer Überschrift ausreichend groß und jeweils so gewählt sein, dass klar ist, zu welchem Bereich die Überschrift gehört. Das erübrigt das Einfügen von Leerzeilen, wenn Sie Absätze optisch voneinander absetzen wollen. Benutzen Sie dazu die Felder *Vor* und *Nach* im Bereich *Abstand*. Diese Werte werden in der Einheit *Punkt* angegeben. *1 Punkt* entspricht *0,351 mm* oder *1/72 Zoll*. Verwenden Sie zur Eingabe die Drehfelder oder tippen Sie den gewünschten Wert direkt in das Feld ein. Verbreitet ist ein Abstand von 0,5 Zeilen zur Erhöhung der Lesbarkeit – bei einer Schriftgröße von 10 Punkt mit einem Zeilenabstand von 12 Punkt also ein Abstand von 6 Punkt.

»  Die Abstände zwischen den Zeilen können Sie separat regeln. Der *Zeilenabstand* lässt sich als Vielfaches des Standardwerts angeben – beispielsweise *Einfach* oder *Doppelt*. Der Standardwert wird durch das größte in der Zeile verwendete Zeichen bestimmt. Sie können aber auch ein Mindestmaß oder mit *Genau* einen exakten Zeilenabstand angeben. Diesen müssen Sie dann im Feld *Von* präzisieren. Nach Angabe eines exakten Zeilenabstands wird dieser nicht mehr an die Zeichengröße angepasst. Bei einem zu großen Schriftgrad überschneiden sich daher die Zeilen. Zum Einstellen des Zeilenabstands können Sie auch Tastenkürzel verwenden (➔ Kapitel 27).

Zeilen und Seitenumbruch

Sie können für den Absatz festlegen, wie er bei einem Seitenwechsel umbrochen werden soll. Darüber hinaus ist es möglich, die automatische Silbentrennung sowie die Zeilennummerierung zu steuern. Verwenden Sie dazu die Registerkarte *Zeilen- und Seitenumbruch* im Dialogfeld *Absatz* (→ Abbildung 8.5).

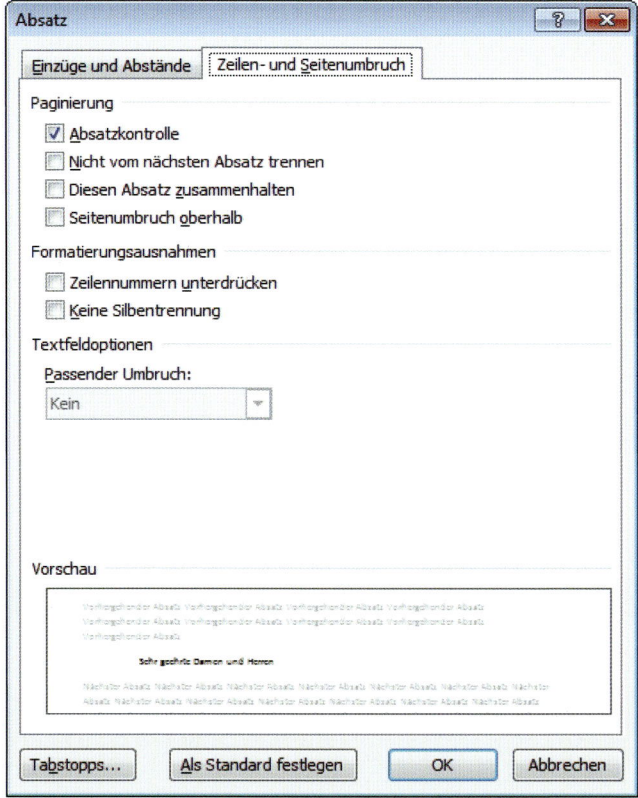

Abbildung 8.5 Ein Absatz kann Zeilen und Seitenumbruch automatisch steuern.

» Durch den programmeigenen automatischen Seitenumbruch kann es passieren, dass die erste Zeile eines Absatzes am Ende einer Seite beginnt und der Rest davon erst auf der folgenden Seite angezeigt wird. So etwas bezeichnet man in der Typografie als Schusterjungen. Genauso wäre es möglich, dass die letzte Zeile eines Absatzes auf der Folgeseite

erscheint. Die typografische Bezeichnung dafür ist Hurenkind. Beides wird als schwerer handwerklicher Fehler angesehen, da die Ästhetik des Satzspiegels dadurch stark beeinträchtigt wird. Ein Aktivieren der Option *Absatzkontrolle* bewirkt, dass keine einzelne Zeile eines Absatzes am Ende oder am Anfang einer Seite angezeigt wird. Wenn ein Absatz auf zwei Seiten verteilt wird, erscheinen also immer mindestens zwei Zeilen davon auf jeder dieser Seiten. Besteht der Absatz nur aus drei Zeilen, wird er in diesem Fall insgesamt auf der Folgeseite gezeigt.

» *Diesen Absatz zusammenhalten* verhindert generell ein Aufteilen des Absatzes auf zwei Seiten. Das kann manchmal sinnvoll sein, führt aber bei längeren Absätzen zu vielen leeren Stellen auf den Seiten.

» *Nicht vom nächsten Absatz trennen* garantiert, dass der aktuelle zusammen mit dem folgenden Absatz auf derselben Seite erscheint. Das ist beispielsweise wichtig für Überschriften, die nicht als letzter Absatz auf einer Seite stehen dürfen.

» *Seitenumbruch oberhalb* bewirkt, dass mit dem Absatz automatisch eine neue Seite begonnen wird. Bei einem Dokument mit mehreren Kapiteln können Sie die Kapitelüberschrift mit dieser Option ausstatten und so dafür sorgen, dass jedes Kapitel mit einer neuen Seite beginnt.

» Unter der Überschrift *Formatierungsausnahmen* können Sie außerdem regeln, dass für den Absatz keine Zeilennummern angezeigt werden und keine Silbentrennung durchgeführt wird.

Steuerung über das Lineal

Wenn Sie die Lineale anzeigen lassen, werden im horizontalen Lineal die Einzüge für den Absatz angezeigt, in dem sich die Einfügemarke befindet (→ Abbildung 8.6 und Tabelle 8.6). Gegebenenfalls müssen Sie zuerst dafür sorgen, dass das Lineal angezeigt wird. Das tun Sie durch einen Klick auf die kleine Schaltfläche *Lineal* in der vertikalen Bildlaufleiste. Alternativ dazu können Sie auch auf der Registerkarte *Ansicht* in der Gruppe *Anzeigen* das Kontrollkästchen neben *Lineal* anklicken.

Abbildung 8.6
Die Einzüge werden
im horizontale Lineal
angezeigt.

Mithilfe der Maus können Sie die Einzüge verändern. Setzen Sie den Mauszeiger auf das Symbol und verschieben Sie es mit gedrückt gehaltener Maustaste.

Symbol	Beschreibung
△	Rechter oder linker Einzug
▽	Erstzeileneinzug
⬚	Erlaubt ein gemeinsames Verschieben von linkem Einzug und Erstzeileneinzug

Tabelle 8.6 Im Lineal werden die festgelegten Einzüge durch entsprechende Symbole repräsentiert.

8.2.3 Tabstopps

Tabulatoren dienen als Haltepunkte innerhalb einer Zeile. Durch Drücken der Taste ⭾ springt die Einfügemarke zum nächsten Tabstopp. Standardmäßig sind linksbündige Tabstopps alle 1,25 cm gesetzt. Individuell gesetzte Tabstopps können unterschiedlich ausgerichtet und mit Füllzeichen versehen werden. Beim manuellen Setzen eines neuen Tabstopps werden alle standardmäßig gesetzten Stopps links davon für diesen Absatz unwirksam.

Tabstopps über das Dialogfeld definieren

Da Tabstopps absatzspezifisch definiert sind, lässt sich das Dialogfeld *Tabstopps* über die entsprechende Schaltfläche im Dialogfeld *Absatz* öffnen. Um eigene Stopps festzulegen, setzen Sie die Einfügemarke in den betreffenden Absatz und klicken darauf. Legen Sie anschließend im Dialogfeld die gewünschten Einstellungen fest. Diese gelten nur für den markierten Absatz (→ Abbildung 8.7).

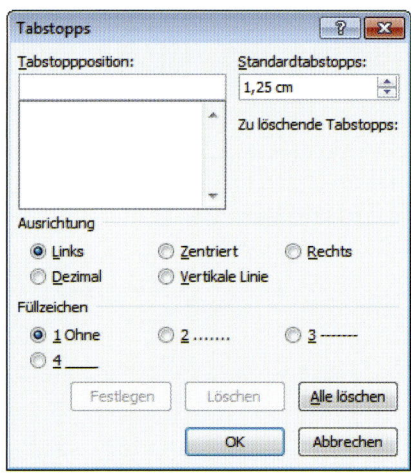

Abbildung 8.7 Tabstopps können individuell gesetzt und mit Füllzeichen versehen werden.

» Geben Sie im Feld *Tabstoppposition* die gewünschte Position für den neuen Tabstopp ein. Gemessen wird hier vom linken Satzspiegelrand aus.

» Wählen Sie die Form der *Ausrichtung* und gegebenenfalls das *Füllzeichen* aus. Letztere werden in den nicht durch andere Zeichen belegten Raum vor einem Tabstopp gesetzt.

» Bestätigen Sie über die Schaltfläche *Festlegen*, um den neuen Tabstopp zu setzen und das Dialogfeld geöffnet zu halten. Sie können anschließend weitere Tabstopps hinzufügen.

» Die manuell eingegebenen Tabstopps werden im Listenfeld unterhalb von *Tabstoppposition* aufgelistet. Um einen gesetzten Tabstopp zu entfernen, markieren Sie ihn in der Liste und klicken dann auf die Schaltfläche *Löschen*. Über *Alle löschen* entfernen Sie alle manuell festgelegten Tabstopps. Die standardmäßig gesetzten linksbündigen Tabstopps werden dann wieder gültig.

Abbildung 8.8
Die Tabulatoren
werden im Lineal
angezeigt.

Tabstopps über das Lineal definieren

Im horizontalen Lineal werden die manuell gesetzten Tabstopps durch kleine Markierungen angezeigt. Die Standardstopps werden hier nicht vermerkt! Sie müssen zuerst dafür sorgen, dass das Lineal angezeigt wird. Das tun Sie durch einen Klick auf die kleine Schaltfläche *Lineal* 🔲 in der vertikalen Bildlaufleiste.

Das Lineal wird oben im Textbereich des Dokuments angezeigt (➔ Abbildung 8.8).

Sie können die Tabstopps hier auch direkt setzen beziehungsweise ändern.

» Sie können einen Tabstopp und sein Füllzeichen setzen, indem Sie im Lineal auf die gewünschte Stelle doppelklicken. Dadurch öffnen Sie das Dialogfeld *Tabstopps*, in dem die Stelle, an der Sie auf das Lineal geklickt hatten, bereits als Position für den neuen Tabstopp vermerkt ist.

» Auch wenn Sie einen einfachen Klick im Lineal durchführen, setzen Sie an dieser Stelle einen Tabstopp. Welche Ausrichtung der Tabstopp hat, müssen Sie vorher regeln. Klicken Sie dazu so lange in das kleine Feld mit dem Rahmen am linken Rand des Lineals, bis die gewünschte Ausrichtung eingestellt ist (➔ Tabelle 8.7). Die jeweils aktive Art der Ausrichtung wird durch ein Symbol gekennzeichnet.

Symbol	Beschreibung
⌊	Linksbündiger Tabstopp
⊥	Zentrierter Tabstopp
⌋	Rechtsbündiger Tabstopp
⊥	Dezimaltabstopp (Zahlenwerte werden am Dezimalzeichen ausgerichtet)
⌶	Tabstopp zum Einfügen einer vertikalen Linie

Tabelle 8.7 Die Typen der Tabstopps werden durch unterschiedliche Symbole angezeigt.

» Um einen Tabstopp zu löschen, setzen Sie den Mauszeiger auf dessen Symbol im Lineal und ziehen dieses dann mit gedrückt gehaltener Maustaste nach oben oder unten aus dem Lineal heraus.

» Zum Ändern der Position setzen Sie den Mauszeiger auf das betreffende Symbol im Lineal und verschieben es mit gedrückter Maustaste an die gewünschte Stelle.

TIPP Um tabellarische Aufstellungen zu erzeugen, können Sie – anstatt mit Tabstopps zu arbeiten – auch eine Tabelle in den Text einfügen (➔ Kapitel 5 und Kapitel 14).

8.2.4 Nummerierung und Aufzählungszeichen

Aufeinanderfolgende Absätze können nummeriert oder mit Aufzählungszeichen versehen werden. Aufzählungszeichen oder Nummern werden vor den Absatz gesetzt und der Absatz selbst wird um ein bestimmtes Maß eingezogen. Markieren Sie dazu die gewünschten Absätze und wählen Sie dann den entsprechenden Befehl.

Aufzählungslisten

Unter einer Aufzählungsliste versteht man eine Folge von Absätzen, die sich mit einem Blickfangzeichen am Zeilenanfang vom Fließtext abheben.

🔳 Durch einen Klick auf die Schaltfläche *Aufzählungszeichen* in der Gruppe *Absatz* der Registerkarte *Start* können Sie dafür sorgen, dass die anschließend durch Drücken von ⏎ erzeugten Absätze mit einem Aufzählungszeichen versehen werden. Wenn Sie die Liste zur Schaltfläche öffnen, können Sie ein grafisches Symbol als Aufzählungszeichen festlegen, indem Sie dort einfach eine der sieben angebotenen Varianten markieren (➔ Abbildung 8.9). Nach dem Bestätigen werden die Absätze in der gewählten Form formatiert. Durch Wahl der Option *Ohne* heben Sie die Formatierung als Aufzählungsliste wieder auf.

Abbildung 8.9
Legen Sie die Form der Aufzählungszeichen fest. Der Katalog beinhaltet zunächst aber nur die Standardformen.

Um für ein Aufzählungszeichen eine andere Form zu wählen oder die Abstände zwischen Aufzählungszeichen und Text zu ändern, wählen Sie in dieser Liste zuerst eine der dort angebotenen Varianten und klicken dann auf *Neues Aufzählungszeichen definieren*. Nehmen Sie anschließend die Einstellungen im daraufhin angezeigten Dialogfeld vor (→ Abbildung 8.10).

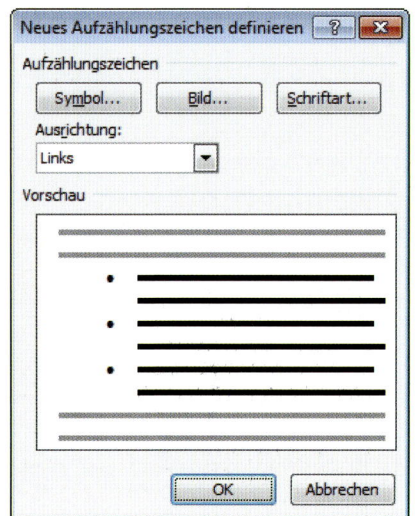

Abbildung 8.10
Sie können auch ein neues Aufzählungszeichen definieren.

» Im Bereich *Aufzählungszeichen* können Sie die Gestaltung des gewünschten Zeichens festlegen. Zugriff auf die Parameter zur Zeichenformatierung erhalten Sie durch einen Klick auf die Schaltfläche *Schriftart*. Daraufhin wird das gleichnamige Dialogfeld angezeigt, in dem Ihnen alle üblichen Zeichenformate – beispielsweise auch die Größe und Farbe – zur Verfügung stehen.

» Über die Schaltfläche *Symbol* öffnen Sie das Dialogfeld *Symbol*, in dem Sie ein anderes Sonderzeichen festlegen können (→ Abbildung 8.11).

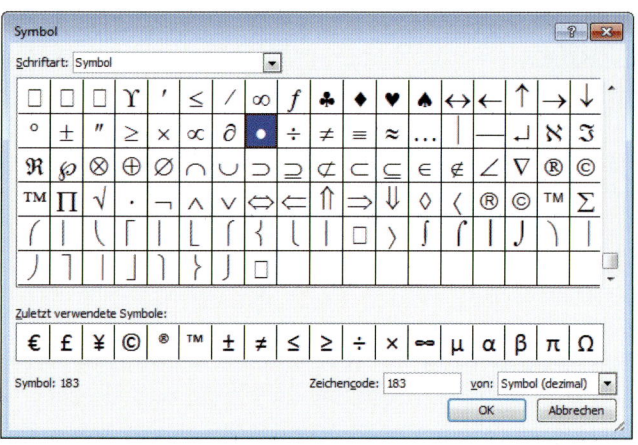

Abbildung 8.11 Ein Textsymbol für ein Aufzählungszeichen auswählen

» Die Schaltfläche *Bild* öffnet das Dialogfeld *Bildaufzählungszeichen*, in dem Sie ein anderes grafisches Symbol auswählen können (→ Abbildung 8.12). Hier können Sie über die Schaltfläche *Importieren* auch eigene Grafiksymbole für den Einsatz als Aufzählungszeichen hinzufügen.

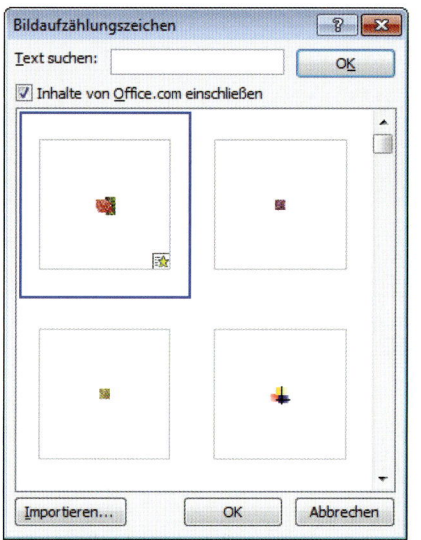

Abbildung 8.12
Ein Grafiksymbol für ein Aufzählungszeichen auswählen

» Über das Feld *Ausrichtung* regeln Sie die Ausrichtung des Zeichens vom für den Absatz festgelegten linken Einzug.

Wenn Sie zu Beginn einer Zeile ein Sternchen (oder ein anderes Aufzählungszeichen) eingeben und dann die Leer -Taste oder die ⇥ -Taste drücken, wird dieser Absatz automatisch als Beginn einer Aufzählungsliste interpretiert. Ein zweimaliges Drücken von ↵ beendet die Aufzählungsliste wieder. Das funktioniert jedoch nur, wenn die entsprechende Option in den *Word-Optionen* aktiviert ist (→ unten).

Nummerierte Listen

Eine nummerierte Liste besteht aus aufeinanderfolgenden Absätzen, die mit einer fortlaufenden Nummerierung versehen sind. Beim Löschen, Einfügen oder Umstellen von Absätzen in dieser Folge wird die Nummerierung automatisch angepasst.

Um einen oder mehrere Absätze mit einer solchen Formatierung zu versehen, markieren Sie den gewünschten Bereich und klicken auf die Schaltfläche *Nummerierung* in der Gruppe *Absatz* der Registerkarte *Start*. Ein weiterer Klick auf diese Schaltfläche entfernt die Formatierung als nummerierte Liste wieder. Wenn Sie die Liste zur Schaltfläche öffnen, können Sie eine bestimmte Form der Formatierung wählen (→ Abbildung 8.13). Hier haben Sie die Wahl zwischen unterschiedlichen Nummerierungsarten. Nach dem Bestätigen werden die Absätze in der gewählten Form formatiert. Durch Wählen der Option *Ohne* können Sie eine vorher eingestellte Nummerierung wieder abschalten.

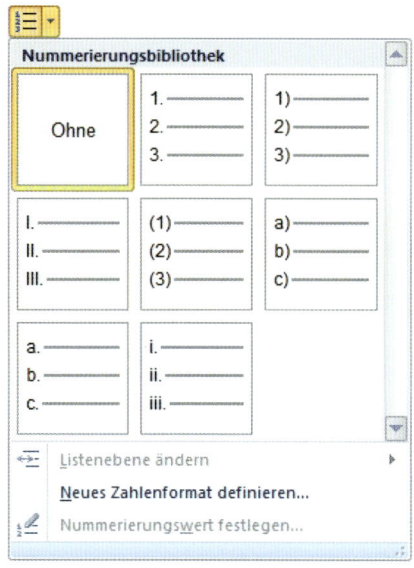

Abbildung 8.13
Wählen Sie die Nummerierungsart aus.

Um für die Nummerierung eine andere Form zu wählen, mit einer bestimmten Nummer zu beginnen oder die Abstände zwischen Nummer und Text zu ändern, klicken Sie auf *Neues Zahlenformat definieren* und nehmen Sie die Einstellungen im daraufhin angezeigten Dialogfeld vor (→ Abbildung 8.14).

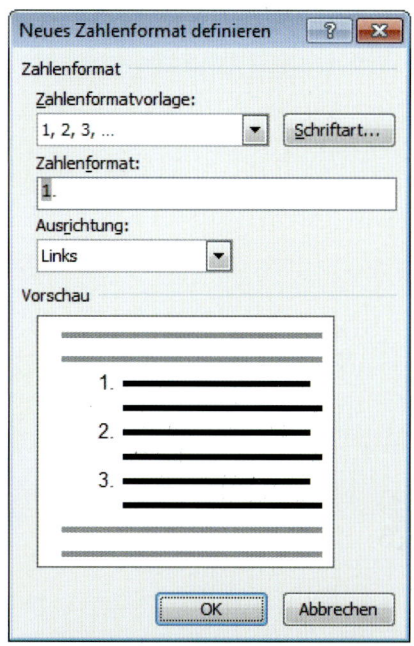

Abbildung 8.14
Über das Dialogfeld definieren Sie ein neues Format für die Nummerierung.

» Beginnen Sie mit der Einstellung im Feld *Zahlenformatvorlage*. Hier können Sie zwischen unterschiedlichen integrierten Formen des eigentlichen Nummerierungszeichens wählen. Wenn Sie den Eintrag *(ohne)* wählen, wird die vorhandene Nummerierung entfernt, alle anderen Einstellungen, zum Beispiel Abstände, bleiben aber erhalten. Beachten Sie gegebenenfalls, dass Word 2010 neue Nummerierungsformate mit einer festen Stellenzahl bereitstellt, etwa *001, 002, 003...* oder *0001, 0002, 0003...*

» Das gewählte Nummerierungsformat wird anschließend im Feld *Zahlenformat* angezeigt. Hier können Sie dem gewählten Format weitere Zeichen - Klammer, Punkt, Leerzeichen usw. oder anderen Text vor oder hinter dem hellgrau unterlegten Nummerierungsformat - hinzufügen. Hiermit können Sie beispielsweise aus dem Format *1.* das Format *Zum 1. Punkt* machen.

»  Mit der Angabe unter *Ausrichtung* regeln Sie die Position des Nummerierungszeichens relativ zum Text des Absatzes.

Die Option *Nummerierungswert festlegen* unten in der Liste zur Schaltfläche *Nummerierung* ist erst dann verfügbar, wenn vor den aktuell zu formatierenden Absätzen bereits Absätze mit einem Nummerierungsformat versehen sind. Durch Wahl dieser Option können Sie den Anfangswert der Nummerierung festlegen (→ Abbildung 8.15).

Abbildung 8.15
Den Anfangswert der Nummerierung legen Sie über dieses Dialogfeld fest.

» Standardmäßig ist die Option *Neue Liste beginnen* gewählt. Das bedeutet, dass beim Formatieren der Absätze mit der Nummerierung neu begonnen wird.

» Wenn Sie eine nummerierte Liste durch ein anderes Absatzformat unterbrechen und anschließend mit der nummerierten Liste fortfahren möchten, müssen Sie für den zweiten Teil der Liste die Option *Vorherige Liste fortsetzen* wählen. Damit sorgen Sie dafür, dass die Nummerierung des zweiten Teils an die des ersten anschließt.

TIPP Wenn Sie zu Beginn einer Zeile eine Zahl eingeben und dann die Leer-Taste oder die ⇥-Taste drücken, wird dieser Absatz automatisch als Beginn einer nummerierten Liste interpretiert, sobald Sie zum Abschluss des Absatzes die Taste ↵ drücken. Ein zweimaliges Drücken von ↵ beendet die Liste wieder. Das funktioniert nur, wenn die Option *Automatische Aufzählung* auf der Registerkarte *AutoFormat* im Dialogfeld zum Befehl *AutoKorrektur* in den *Word-Optionen* aktiviert ist (→ folgende Abschnitte).

Nummerierung fortsetzen oder neu nummerieren

Wenn Sie eine *Nummerierung* in einem Dokument mehrfach verwenden, können Sie diese Listen durch einen Absatz mit einem anderen Format voneinander trennen. Die Nummerierung beginnt dann bei Word 2010 standardmäßig immer wieder von vorn (→ Abbildung 8.16). Bei Word in der Version 2003 war das noch anders.

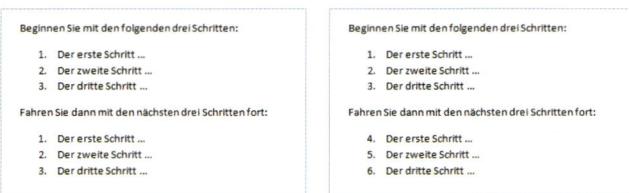

Abbildung 8.16 Nummerierungen können neu beginnen oder fortgesetzt werden. Beachten Sie hier die zweite Gruppe der Schritte.

Wenn Sie eine Nummerierung fortsetzen lassen wollen, markieren Sie den ersten Absatz der neuen Nummerierungsfolge und wählen Sie über das Kontextmenü die Form der Nummerierung (→ Abbildung 8.17). Sie finden darin die Befehle *Neu beginnen mit 1*, *Nummerierung fortsetzen* und *Nummerierungswert festlegen*. Letzterer zeigt ein kleines Dialogfeld an, über das Sie auch einen beliebigen Wert angeben können, mit dem die Nummerierungsfolge starten soll.

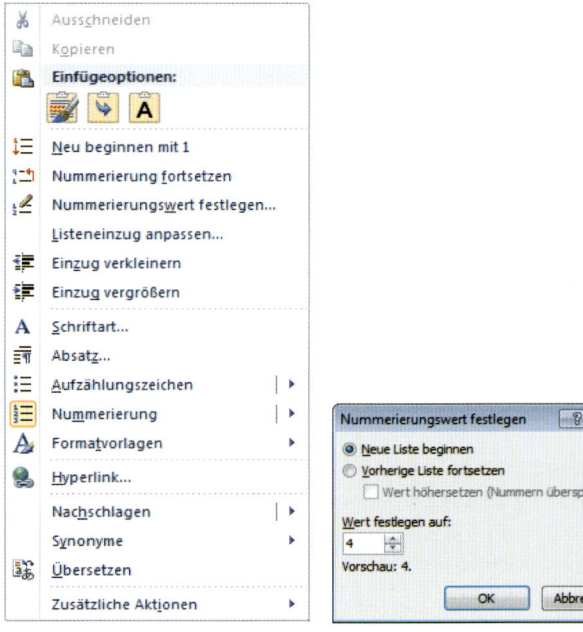

Abbildung 8.17 Das Kontextmenü zu einem nummerierten Absatz und den Nummerierungswert festlegen

Gegliederte Listen

Eine gegliederte Liste zeichnet sich – im Gegensatz zu einer nummerierten Liste – durch eine hierarchische Struktur aus. Die einzelnen Ebenen können dabei durch Nummerierungen und/oder Aufzählungszeichen gekennzeichnet werden. Bis zu neun Ebenen können auf diese Weise erstellt werden.

Zum Erstellen einer solchen Liste gibt es mehrere Möglichkeiten. Am einfachsten geht es, wenn Sie die Formatierung während der Texteingabe vornehmen. Markieren Sie dazu zunächst den ersten Absatz der obersten Ebene, klicken Sie auf die Schaltfläche *Liste mit mehreren Ebenen* in der Gruppe *Absatz* der Registerkarte *Start*. Legen Sie dann den gewünschten Gliederungstyp in der Liste fest (→ Abbildung 8.18).

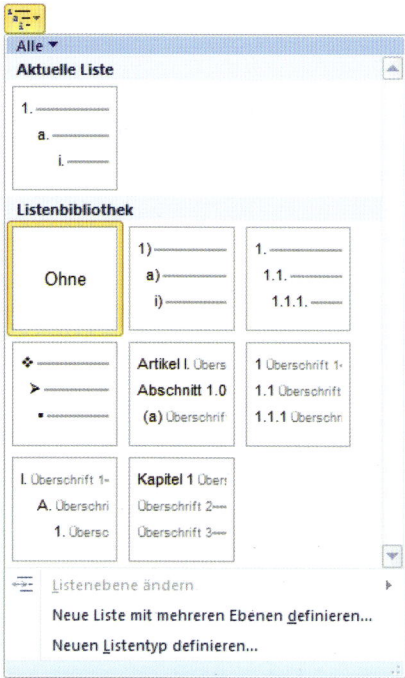

Abbildung 8.18
Die Optionen zur *Liste mit mehreren Ebenen*

Nach dem Bestätigen wird der Absatz mit dem gewählten Hierarchiekennzeichen – einer Zahl, einem Symbol, dem Wort »Kapitel« oder Ähnliches – versehen. Geben Sie dann – falls nicht bereits geschehen – den Text zu dieser Ebene ein.

Nach Drücken der Taste ↵ erstellen Sie einen neuen Absatz derselben Hierarchieebene. Sie müssen dann festlegen, ob dieser Absatz diese Ebene behalten, eine andere Ebene der Gliederung erhalten oder Bestandteil des eigentlichen Textes werden soll (→ Abbildung 8.19):

» Um den Absatz auf der aktuellen Ebene zu belassen, geben Sie den Text zu dieser Ebene ein.

» Um einen Absatz eine Ebene tiefer – oder später höher – zu stufen, benutzen Sie die Schaltflächen zum Steuern des Einzugs in der Gruppe *Absatz* der Registerkarte *Start* (→ Tabelle 8.8).

Symbol	Beschreibung
	Stuft das Listenelement um eine Ebene nach oben.
	Stuft das Listenelement um eine Ebene nach unten.

Tabelle 8.8 Abkürzungen zum Steuern der zu verwendenden Ebene

» Um den Absatz zum Bestandteil des Fließtextes zu machen, drücken Sie nochmals die Taste ↵ .

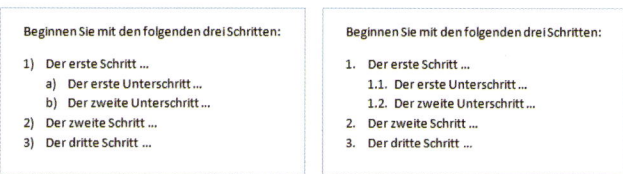

Abbildung 8.19 Für Gliederungen sind unterschiedliche Auszeichnungen möglich. Beachten Sie hier die zweite Ebene der Gliederung.

Um für die Gliederung eine andere Form festzulegen, wählen Sie in der Liste zur Schaltfläche *Liste mit mehreren Elementen* zunächst eine der sieben dort angegebenen Varianten aus. Klicken Sie dann auf *Neue Liste mit mehreren Elementen definieren* und nehmen Sie die Einstellungen im daraufhin angezeigten Dialogfeld vor (→ Abbildung 8.20). Sie können darin durch einen Klick auf *Erweitern* zusätzliche Optionen anzeigen lassen.

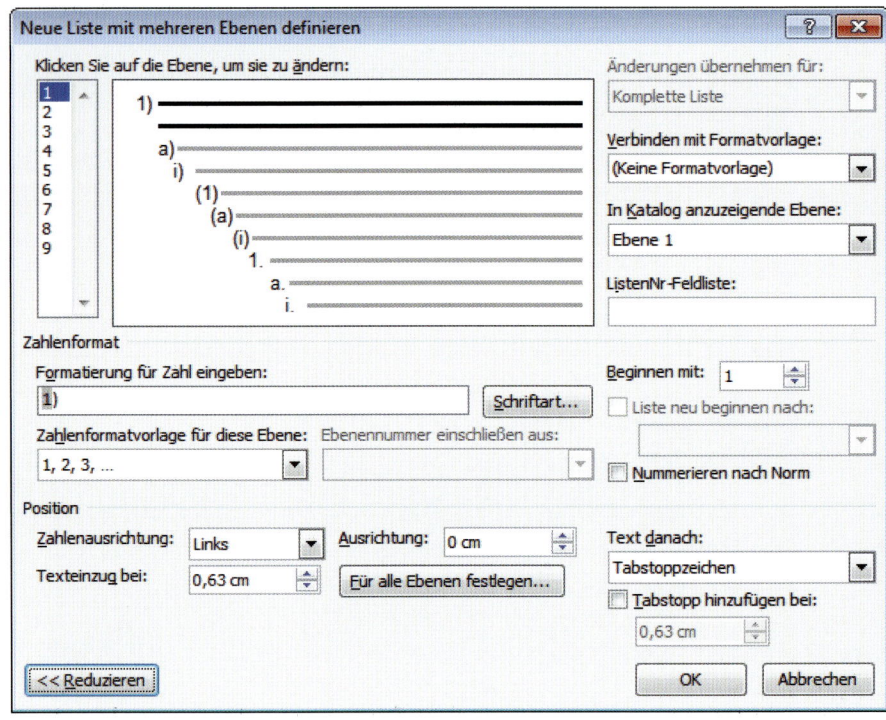

Abbildung 8.20
Die Form der Gliederung können Sie anpassen – das Dialogfeld wurde bereits erweitert.

» Wählen Sie dann zuerst über das Listenfeld *Klicken Sie auf die Ebene* … die Gliederungsebene aus, die Sie ändern wollen. Die gewählte Ebene wird in der *Vorschau* markiert.

» Nehmen Sie dann die Einstellung für diese Ebene im Drop-down-Listenfeld *Formatierung für Zahl* … vor. Hier können Sie zwischen unterschiedlichen Formen von Nummerierungen wählen.

» Das gewählte Format wird im Feld *Zahlenformatvorlage* … angezeigt. Hier können Sie – wie zuvor für die Nummerierung beschrieben – dem vorher gewählten Format weitere Zeichen – Klammer, Punkt, Leerzeichen usw. – hinzufügen.

» *Beginnen mit* erlaubt das Setzen eines Startwerts.

» Über die Felder *Zahlenausrichtung* und *Ausrichtung* regeln Sie die Position des Nummerierungszeichens relativ zum Text des Absatzes.

» Über die Schaltfläche *Erweitern* lassen sich im unteren Teil des Dialogfelds weitere Optionen zum Anpassen des Gliederungsformats einblenden.

» Bei Bedarf können Sie der ausgewählten Ebene über das Feld *Verbinden mit Vorlage* eine vorhandene Formatvorlage zuweisen.

» Ein Tabstopp, ein Leerzeichen oder nichts kann im Anschluss an das Gliederungssymbol über das Feld *Text danach* eingefügt werden.

» Durch Aktivieren von *Nummerieren nach Norm* lässt sich die Auswahl der zur Verfügung stehenden Zahlenformate auf deutsche Normen beschränken.

» Durch Aktivieren von *Liste neu beginnen nach* beginnt die Nummerierung der aktuellen Ebene von vorne, wenn es sich bei der vorhergehenden Ebene um eine höhere Ebene handelt; die Nummerierung wird fortgesetzt, wenn die vorhergehende Ebene eine niedrigere Ebene ist.

Um für die Gliederung eine generell neue Form festzulegen, wählen Sie in der Liste zur Schaltfläche *Liste mit mehreren Elementen* die Option *Neuen Listentyp definieren* und nehmen Sie die Einstellungen im daraufhin angezeigten Dialogfeld vor (→ Abbildung 8.21). Im Feld *Name* können Sie der neu zu definierenden Liste einen Namen geben.

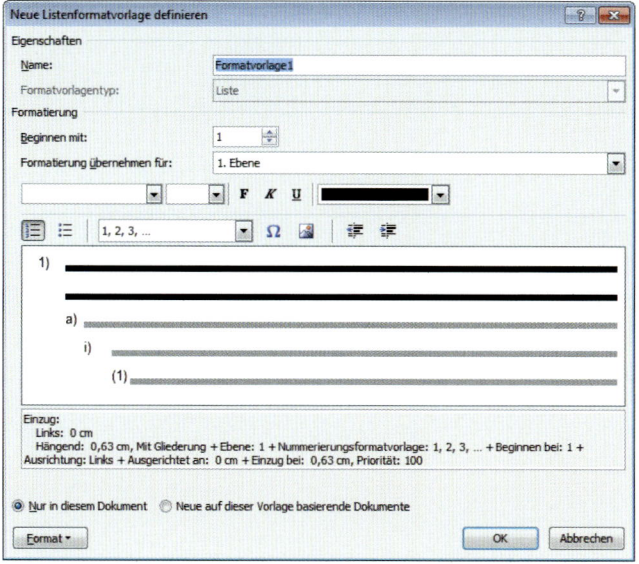

Abbildung 8.21 Neue Listenformatvorlage definieren

8.2.5 Rahmen und Schattierung

Absätze, Tabellen, Grafiken, Textfelder oder ganze Seiten können mit Rahmenlinien versehen werden. Außerdem können Sie eine Schattierung unterlegen.

Absatzrahmen

Um einen Absatz mit Linien an bestimmten Seiten oder mit einem vollständigen Rahmen zu versehen, benutzen Sie nach dem Markieren des Absatzes die Schaltfläche *Rahmenlinie* in der Gruppe *Absatz* der Registerkarte *Start*. Für diese Schaltfläche gibt es eine Voreinstellung. Standardmäßig heißt sie *Rahmenlinie unten*. Ein Klick auf die Schaltfläche sorgt also für eine Linie unter dem Absatz. Durch Aufklappen der Liste zu

dieser Schaltfläche können Sie aber andere Formen der Linienbildung wählen (→ Abbildung 8.22). Nachdem Sie eine dieser Optionen gewählt haben, wird diese als neue Voreinstellung für die Schaltfläche benutzt.

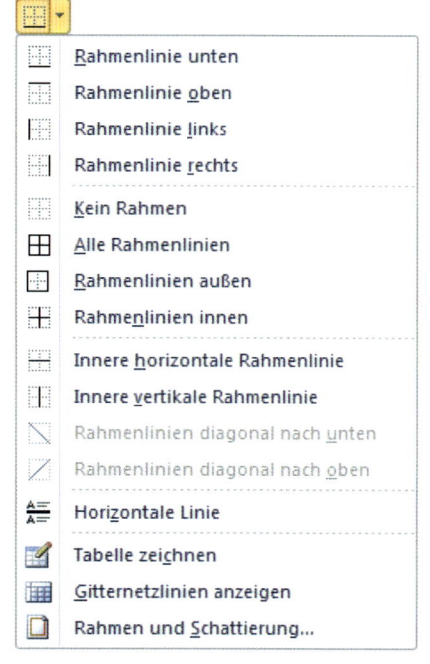

Abbildung 8.22
Um einen Absatz kann ein Rahmen gezeichnet werden.

Sollte Ihnen die Auswahl in der Liste zur Schaltfläche *Rahmenlinie …* nicht genügen, klicken Sie darin auf die Option *Rahmen und Schattierung*. Im gleichnamigen Dialogfeld können Sie auf der Registerkarte *Rahmen* zusätzliche Optionen einstellen (→ Abbildung 8.23).

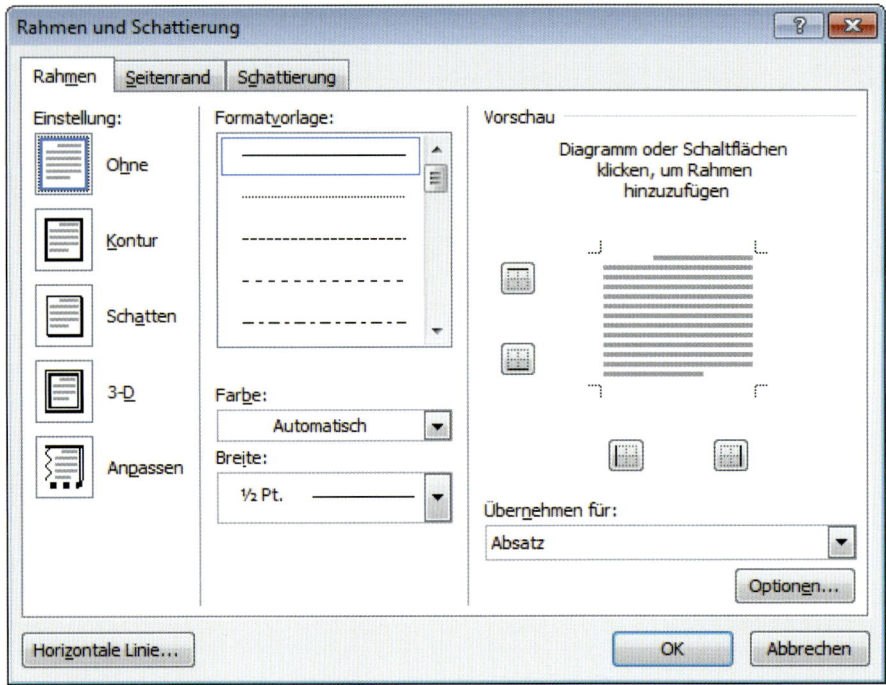

Abbildung 8.23
Die Details zu Rahmen und Schattierung
legen Sie über ein Dialogfeld fest.

» Es empfiehlt sich, zuerst die *Formatvorlage*, die *Farbe* und die *Breite* (oder besser gesagt, die Stärke) der Linien beziehungsweise des Rahmens festzulegen. Anschließend können Sie sich für eine der Optionen im Bereich *Einstellung* entscheiden. Das Ergebnis wird in der *Vorschau* angezeigt.

» Über die Schaltflächen im Feld *Vorschau* oder durch den Klick auf eine entsprechende Stelle in der *Vorschau* können Sie einzelne Linien mit der eingestellten Linienart, -farbe und -stärke definieren.

» Durch einen Klick auf ein bereits vorhandenes Element in der *Vorschau* blenden Sie es aus. Um alle Rahmen oder Linien wieder zu entfernen, wählen Sie unter *Einstellungen* die Option *Ohne*.

» Um die Art und/oder die Farbe einer Rahmenlinie nachträglich zu ändern, wählen Sie zuerst die neue *Art* und/oder *Farbe* aus und klicken Sie dann in der *Vorschau* auf das zu ändernde Linienelement.

» Hatten Sie einen Textbereich markiert, können Sie mit den Optionen im Drop-down-Listenfeld *Übernehmen für* festlegen, wofür der Rahmen gelten soll.

» Über die Schaltfläche *Optionen* können Sie die Abstände des Rahmens beziehungsweise der Linie zum Text einstellen. Die Werte für *Oben*, *Unten*, *Links* und *Rechts* können individuell eingestellt werden. Die Wirkung wird in der *Vorschau* skizziert.

TIPP Über die Registerkarte *Seitenrand* im Dialogfeld zum Befehl *Rahmen und Schattierung* aus der Liste der Schaltfläche *Rahmenlinie* können Sie die Seiten eines Dokuments mit einem Rahmen versehen (→ Kapitel 7).

Schattierung
Absätze, einzelne Textabschnitte, Tabellen und Textfelder können über die Schaltfläche *Schattierung* in der Gruppe *Absatz* der Registerkarte *Start* mit einer Schattierung versehen werden. Beachten Sie, dass sich die gewählte Hintergrundfarbe von der verwendeten Schriftfarbe deutlich unterscheiden sollte, um die Schrift lesbar zu halten. Nach dem Öffnen der Liste zu dieser Schaltfläche können Sie eine Farbe auswählen. Es stehen Ihnen mehrere *Designfarben* und einige *Standardfarben* zur Verfügung.

Wenn Ihnen die zur Verfügung gestellten Designfarben nicht genügen, können Sie auch eigene Farben zusammenstellen. Klicken Sie dazu in der Liste auf *Weitere Farben*. Im daraufhin angezeigten Dialogfeld können Sie eine andere Farbe auswählen.

Muster

Wirkliche Schraffuren – also Muster – können Sie über die Registerkarte *Schattierung* im Dialogfeld *Rahmen und Schattierung* erzeugen (→ Abbildung 8.24). Sie rufen es über die Option *Rahmen und Schattierung* in der Liste zur Schaltfläche *Rahmenlinie* in der Gruppe *Absatz* der Registerkarte *Start* auf den Bildschirm.

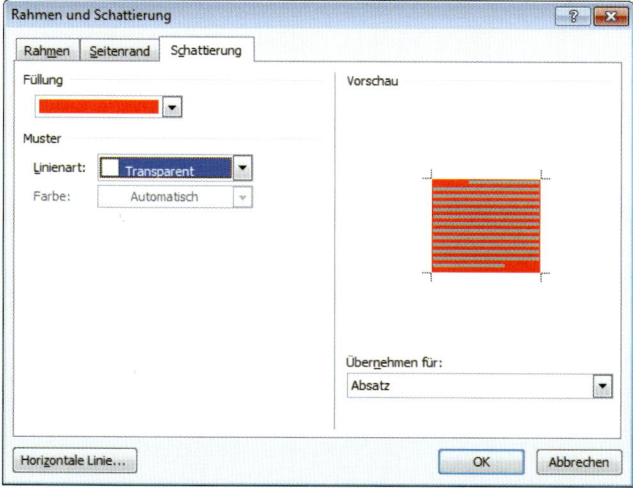

Abbildung 8.24 Die Schattierungseinstellungen legen Sie auf der entsprechenden Registerkarte fest.

» Bestimmen Sie unter *Füllung* die Grundfarbe für den markierten Bereich. Über den Listeneintrag *Weitere Farben* können Sie unter zusätzlichen Farben die gewünschte auswählen und auch eigene Farben mischen.

» Wenn Sie diese Grundfarbe mit einem zusätzlichen Muster versehen wollen, können Sie dies im Bereich *Muster* durch Definieren von *Linienart* und *Farbe* erledigen. Wenn Sie hier eine andere Option als *Transparent* wählen, können Sie über das darunterliegende Listenfeld *Farbe* eine Farbe für die Schraffur festle-

gen. Die Option *Automatisch* unter *Farbe* entspricht der Standardtextfarbe von Windows.

» Im Feld *Vorschau* wird die gewählte Kombination von Farbe und Muster zur Kontrolle angezeigt.

» Im Listenfeld *Übernehmen für* ist automatisch die Einstellung *Absatz* festgelegt. Diese kann hier auch nicht geändert werden.

Horizontale Linie

Ein Klick auf die Schaltfläche *Horizontale Linie* auf einer der Registerkarten im Dialogfeld *Rahmen und Schattierung* öffnet ein Dialogfeld mit verschiedenen horizontalen Linienobjekten, die Sie über, unter oder direkt im gewählten Dokumentbereich einfügen können. Wenn Sie vorher die Einfügemarke direkt in einen Ansatz gesetzt haben, wird dieser anschließend durch die Linie geteilt. Ein Doppelklick auf ein eingefügtes Linienobjekt öffnet das Dialogfeld *Horizontale Linie formatieren*, in dem Sie die Breite, Ausrichtung und/oder Farbe des Linienobjekts festlegen können.

8.3 Zeichenformatierung

Beginnen wir mit der Zeichenformatierung, die Sie – wenn überhaupt – wahrscheinlich am ehesten innerhalb eines Dokuments benutzen werden. Für die Darstellung einzelner oder mehrerer Zeichen (Buchstaben, Ziffern usw.) können Sie die Schriftart, deren Größe, den Schriftstil (normal, fett, unterstrichen usw.), die Position (normal, tiefgestellt oder hochgestellt) sowie die Farbe und einige weitere Effekte festlegen. Im Unterschied zur Absatzformatierung müssen Sie vor der Vergabe eines Zeichenformats den zu formatierenden Textbereich markieren. Zum Formatieren eines einzelnen Worts reicht es aber aus, die Einfügemarke an einer beliebigen Stelle im Wort zu positionieren.

Für die Darstellung einzelner oder mehrerer Zeichen (Buchstaben, Ziffern usw.) können Sie die Schriftart, deren Größe, den Schriftstil (normal, fett, unterstrichen usw.), die Position (normal, tiefgestellt oder hochgestellt) sowie die Farbe und einige weitere Effekte festlegen. Im Unterschied zur Absatzformatierung müssen Sie vor der Vergabe eines Zeichenformats den zu formatierenden Textbereich markieren. Zum Formatieren eines einzelnen Worts reicht es aber aus, die Einfügemarke an einer beliebigen Stelle im Wort zu positionieren.

Die wichtigsten Parameter einer Schrift sind deren Art und Größe:

» Die beiden wesentlichen Arten von Schriften sind die *Serifenschriften*, auch *Antiqua* – englisch *roman* – genannt, und die serifenlosen, auch *Grotesk* – oder englisch *modern* – genannt. *Serifen* sind bei einer Schrift die geschwungenen oder rechteckigen Enden der Striche, auch Endstriche genannt. *Serifenlose* Schriften werden vielfach als modern empfunden und zunehmend auch in umfangreichen Texten eingesetzt. Man sollte jedoch beachten, dass bei größeren Texten Serifenschriften für die meisten Menschen eine bessere Lesbarkeit mit sich bringen. Eine Schrift, bei der die Zeichen verschiedene Zeichenbreiten (diese werden als Dickten bezeichnet) haben, nennt man *Proportionalschrift*. Dies ist für die meisten Druckschriften heute der Standard. Schriften, die im Gegensatz dazu für jedes Zeichen die gleiche Breite aufweisen, werden als *dicktengleiche* – oder englisch *monospaced* – Schriften bezeichnet. Kennzeichnend für *Schreibschriften* ist, dass die Zeichen in einem Wort fast oder konkret aneinander anschließen, so dass das Bild einer handgeschriebenen Schrift entsteht. *Symbolschriften* ermöglichen die Darstellung von grafischen Symbolen.

» Schriftgrößen werden in Punkt gemessen. *1 Punkt* entspricht *0,351 mm* oder *1/72 Zoll*. Eine Serifenschrift zwischen 8 und 10 Punkt ist gut lesbar. Bei Dokumenten, die mit normalem Abstand zwischen Augen und Papier gelesen werden, sollte die Grundschrift einen Schriftgrad zwischen 8 und 12 Punkt aufweisen. Für Informationen, die aus größerer Entfernung gelesen werden, gelten natürlich andere

Regeln. Für Anmerkungen, Hinweise und Fußnoten empfehlen sich Schriftgrade von 6 bis 10 Punkt. Sie sollten jedenfalls ein bis zwei Punkt kleiner als der Schriftgrad der Grundschrift sein. Überschriften müssen Texte gliedern und eine schnelle Suche im Text erleichtern, deshalb sollten sie sich vom Grundtext abheben. Die hierfür zu verwendende Schriftgröße ist sehr stark von der Art des Dokuments abhängig.

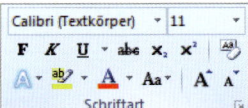

Die Elemente zur Steuerung dieser Größen finden Sie zunächst einmal in der Gruppe *Schriftart* der Registerkarte *Start* im Menüband. Die Elemente dieser Gruppe werden auch automatisch in der *Minisymbolleiste* eingeblendet, sobald Sie einen Textbereich des Dokuments markiert haben.

8.3.1 Schriftart, Schriftgrad und Schriftschnitt

Um die Schriftart und -größe für einen bestimmten Textbereich festzulegen, markieren Sie diesen und wählen Sie die gewünschten Parameter aus den Listenfeldern *Schriftart* und *Schriftgrad* aus.

» Calibri (Textkörper) ▾ Die Einstellung der *Schriftart* nehmen Sie über das entsprechende Listenfeld vor (→ Abbildung 8.25 links). Bei den Schriften mit dem vorangestellten doppelten *T* handelt es sich um sogenannte *TrueType-Schriften*. Diese werden mit Windows mitgeliefert und können auf jedem grafikfähigen Drucker gedruckt werden. Schriften mit dem vorangestellten Druckersymbol sind Schriften, die Ihnen der festgelegte Drucker zur Verfügung stellt; sie ändern sich also je nach verwendetem Drucker.

» 11 ▾ Über das Listenfeld *Schriftgrad* in diesem Bereich legen Sie die Größe der Schrift fest (→ Abbildung 8.25 rechts). Schriftgrößen werden in Punkt gemessen. *1 Punkt* entspricht *0,351 mm* oder *1/72 Zoll*.

Abbildung 8.25 Schriftart, Schriftgrad und Schriftschnitt

» A A Mithilfe der beiden Schaltflächen *Schriftart vergrößern* und *Schriftart verkleinern* können Sie die Größe der Schrift des markierten Bereichs stufenweise an Ihre Vorstellungen anpassen. Die Pfeilspitzen darin dienen nicht zum Aufklappen von Listen, sie beschreiben nur die Richtung der Änderung der Größe.

Wählen Sie einen *Schriftschnitt*, um den vorher markierten Teil des Textes hervorzuheben.

» F Eine **fette** Darstellung benutzt man häufig zum Hervorheben von Begriffen etc., die nicht übersehen werden sollen. Gehen Sie bei der Anwendung im Textkörper besser sparsam damit um.

» K Die *kursive* Darstellung ist dezenter und eignet sich besser für die Hervorhebung längerer Passagen.

» U Zum Unterstreichen können Sie zwischen mehreren Optionen wählen: Sie können zwischen mehrere Linienarten und der zu verwendenden Farbe wählen.

» abc Auch ein Durchstreichen ist möglich. Sie sollten aber dieses Format nur in Ausnahmefällen für Korrekturen benutzen. Dafür stehen Ihnen in Word andere Möglichkeiten zur Verfügung.

8.3.2 Weitere Optionen

Beachten Sie auch die Schaltflächen für zusätzliche Aufgaben bei der Formatierung:

» x₂ *Tiefgestellt* erzeugt tiefer gestellten Text in kleinerer Schriftgröße. Verwenden Sie diese Option beispielsweise für Indizes.

» x² *Hochgestellt* erzeugt hochgestellten Text in kleinerer Schriftgröße. Verwenden Sie diese Option beispielsweise für Exponenten.

» Aa *Groß-/Kleinschreibung* liefert diverse Alternativen, den markierten Text in großen oder kleinen Buchstaben anzuzeigen (→ Abbildung 8.26). Es ist vielleicht überflüssig zu erwähnen: Sie ändern damit nicht die Buchstaben selbst, nur die Art der Formatierung.

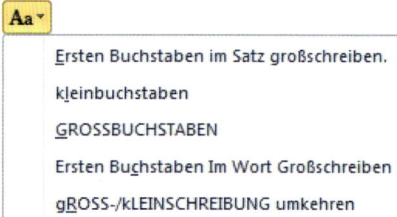

Abbildung 8.26
Die Alternativen für *Groß-/Kleinschreibung*

8.3.3 Farbgebung

Zur Farbgebung der Schrift stehen Ihnen zwei weitere Parameter zur Verfügung.

» 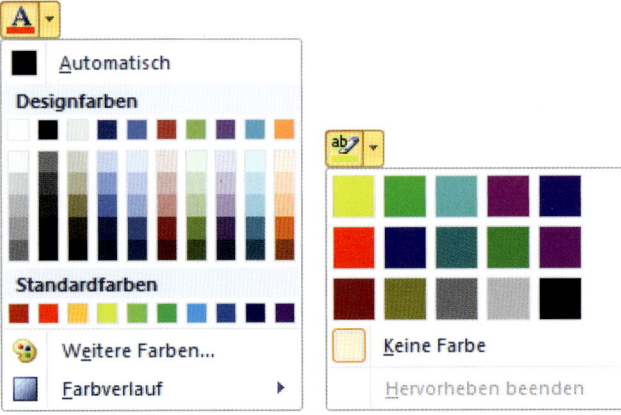 Im Listenfeld *Schriftfarbe* wählen Sie die Farbe der Schrift aus (→ Abbildung 8.27 links). Mit *Automatisch* wird die Standardtextfarbe unter Windows verwendet. Darunter stehen Ihnen mehrere *Designfarben* und noch weiter unten einige *Standardfarben* zur Verfügung.

» Wenn Sie innerhalb eines Textbereichs einen Abschnitt farblich besonders hervorheben wollen, benutzen Sie das Werkzeug *Texthervorhebungsfarbe* (→ Abbildung 8.27 rechts). Damit wird der Hintergrund des vorher markierten Textbereichs eingefärbt.

Abbildung 8.27 Schriftfarbe und Texthervorhebungsfarbe

Wenn Ihnen die zur Verfügung gestellten Designfarben nicht genügen, können Sie auch eigene Farben zusammenstellen. Klicken Sie dazu im Listenfeld *Schriftfarbe* auf *Weitere Farben*. Im daraufhin angezeigten Dialogfeld können Sie eine andere Farbe auswählen.

8.3.4 Formatierung übertragen oder löschen

Wir hatten es oben in diesem Kapitel schon erwähnt: Wenn Sie ein schon einmal benutztes Zeichenformat auf einen anderen Textbereich übernehmen wollen, markieren Sie zunächst den bereits formatierten Bereich. Klicken Sie dann auf die Schaltfläche *Format übertragen*

in der Gruppe *Zwischenablage* auf der Registerkarte *Start* im Menüband. Anschließend markieren Sie den Textbereich, für den Sie das Format übernehmen wollen.

Ein Klick auf die Schaltfläche *Formatierung löschen* entfernt die gesamte Zeichenformatierung aus dem vorher markierten Bereich.

8.3.5 Das Dialogfeld *Schriftart*

Eine zusammenfassende Darstellung der für die Formatierung eines Textbereichs zur Verfügung gestellten Parameter können Sie einblenden lassen, indem Sie im Bereich *Schriftart* auf das kleine Pfeilsymbol unten rechts neben der Gruppenbezeichnung klicken.

Die Registerkarte *Schriftart*

Mithilfe der Optionen im daraufhin angezeigten Dialogfeld können Sie sämtliche Änderungen an den markierten Zeichen in einem Schritt vornehmen (→ Abbildung 8.28). Die gewählten Optionen werden in der *Vorschau* skizziert.

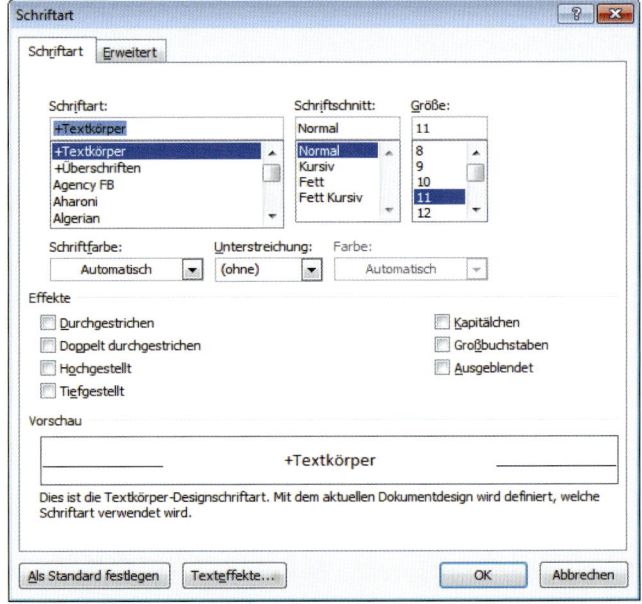

Abbildung 8.28 Schrifteinstellungen können auf vielfältige Weise abgewandelt werden.

» Im oberen Bereich des Dialogfelds finden Sie die schon vom Menüband und der Minisymbolleiste her bekannten Möglichkeiten zur Einstellung wie *Schriftart*, *Schriftschnitt*, *Größe* usw.

» Im unteren Bereich des Dialogfelds können Sie zusätzliche Effekte auswählen. Einige dieser Effekte können gemeinsam aktiviert werden, andere schließen sich aus, wie beispielsweise *Hochgestellt* und *Tiefgestellt*.

TIPP Die häufig verwendeten Parameter zur Zeichenformatierung – beispielsweise Schriftart, -größe und -farbe sowie die Attribute *Fett*, *Kursiv* und *Unterstrichen* – können Sie auch über die entsprechenden Schaltflächen in der Gruppe *Schriftart* einstellen. Außerdem stehen hierfür Tastenkürzel zur Verfügung (→ Kapitel 27).

Die Registerkarte *Erweitert*

Über die Registerkarte *Erweitert* im Dialogfeld *Schriftart* können Sie Zeichen sperren, unterschneiden sowie hoch- oder tiefstellen (→ Abbildung 8.29).

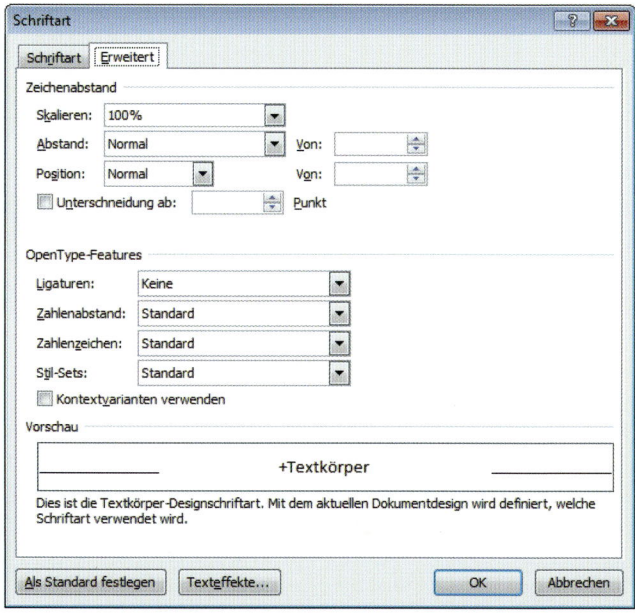

Abbildung 8.29 Texte können gesperrt oder unterschnitten werden.

» *Skalieren* streckt oder komprimiert die Zeichen horizontal um einen bestimmten Prozentsatz. Eingaben von 1 bis 600 sind möglich.

» Über den *Abstand* vergrößern oder verringern Sie den Abstand zwischen den Zeichen entsprechend dem im Feld *Von* angegebenen Maß. Die Option *Erweitert* bewirkt ein sogenanntes Sperren des Textes: Der Abstand zwischen den Zeichen wird vergrößert. *Schmal* bewirkt ein Unterschneiden – auch als *Kerning* bezeichnet: Die Abstände zwischen den Zeichen werden verkleinert. Dies wird häufig für große Schriftgrade verwendet, um zu groß wirkende Abstände auszugleichen.

» Über das Drop-down-Listenfeld *Position* können Sie den Text in Bezug auf eine gedachte Grundlinie um exakte Werte hoch- oder tiefstellen. Im Gegensatz zu den Optionen *Hochgestellt* oder *Tiefgestellt* auf der Registerkarte *Schrift* wird hiermit die Schriftgröße nicht automatisch reduziert. Achten Sie aber darauf, dass der Zeilenabstand dadurch beeinflusst werden kann.

» Wenn Sie eine automatische Unterschneidung wünschen, aktivieren Sie das Kontrollkästchen *Unterschneidung ab* und geben im Feld daneben den Schriftgrad ein, ab dem Sie das Kerning anpassen möchten.

Neu in Word 2010 ist der untere Bereich auf der Registerkarte *Erweitert* im Dialogfeld *Schriftart*. Er dient zur Feinabstimmung von Text mit OpenType-Schriften. Diese neuen Elemente können mit jeder OpenType-Schriftart verwendet werden.

» Unter dem Begriff *Ligatur* versteht man die Verschmelzung zweier oder mehrerer Buchstaben zu einer gemeinsamen Einheit. Typischer Weise verwendet man Ligaturen, wenn zwei Buchstaben mit Oberlängen – wie *t* oder *f* – aufeinanderfolgen. Ohne Ligatur würde eine Lücke zwischen den Buchstaben entstehen. Solche optischen Lücken, auch bedingt durch den normalen Zeichenabstand, stören beim flüssigen Lesen (→ Abbildung 8.30).

ttt fff   ttt fff

Abbildung 8.30 Ein Text ohne (links) und mit (rechts) Standard-ligatur. Beachten Sie den Abstand zwischen den Buchstaben.

» Über die Optionen darunter liefert Word 2010 er-weiterte Funktionen – beispielsweise zur Darstellung von Zahlenzeichen – um einen typografischen Fein-schliff zu erzielen (→ Abbildung 8.31).

123456   123456

Abbildung 8.31 Zwei Optionen zur Darstellung von Zahlen. Beachten Sie beispielsweise die Zahl 1.

» Im Listenfeld zu *Stil-Sets* finden Sie eine Reihe von Optionen, mit denen Sie die Ausprägung für die meisten Schriftarten beeinflussen können. Diese sind einfach nur von 1 bis 20 durchnummeriert (→ Abbildung 8.32)

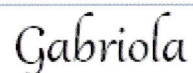

Abbildung 8.32 Zwei verschiedene Stil-Sets bei der Schrift *Gabriola*

Die eben angesprochen Möglichkeiten werden aber nicht von allen Schriften unterstützt. Prüfen Sie auch, ob die Möglichkeit zur Nutzung dieser erweiterten For-matierungselemente nicht deaktiviert wurde: Im Bereich *Erweitert* unter den *Word-Optionen* finden Sie ganz un-ten im Fenster den Eintrag *Layoutoptionen*. Nach einem Klick darauf finden Sie die Option *Formatierungsfeatures für OpenType-Schriftarten deaktivieren* vor. Schalten Sie gegebenenfalls dieses Kontrollkästchen ab.

8.4 Textfelder

Texte und andere Elemente können auch in Rahmen gesetzt und dann an beliebigen Stellen im Dokument platziert werden. Dazu benutzen Sie Textfelder. Diese Textfelder ersetzen seit Microsoft Word 97 die Positions-rahmen. Bei Bedarf können Sie aber ein Textfeld in einen Positionsrahmen umwandeln.

Textfelder haben in vieler Hinsicht die Eigenschaften von grafischen Objekten. Auf diese Besonderheiten wer-den wir noch speziell eingehen (→ Kapitel 17).

8.4.1 Textfeld einfügen

Zum Einfügen eines solchen Felds wählen Sie *Textfeld* in der Gruppe *Text* der Registerkarte *Ein-fügen*. Sie können aus der Liste zu dieser Schalt-fläche eine von mehreren Standardformen wählen (→ Abbildung 8.29).

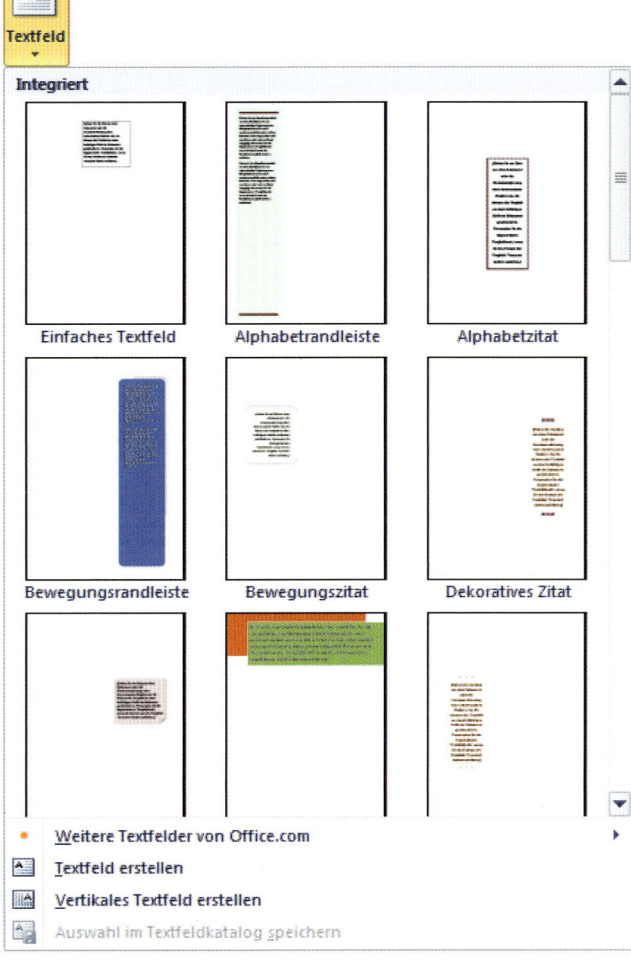

Abbildung 8.33 Wählen Sie eine Form für das Textfeld aus.

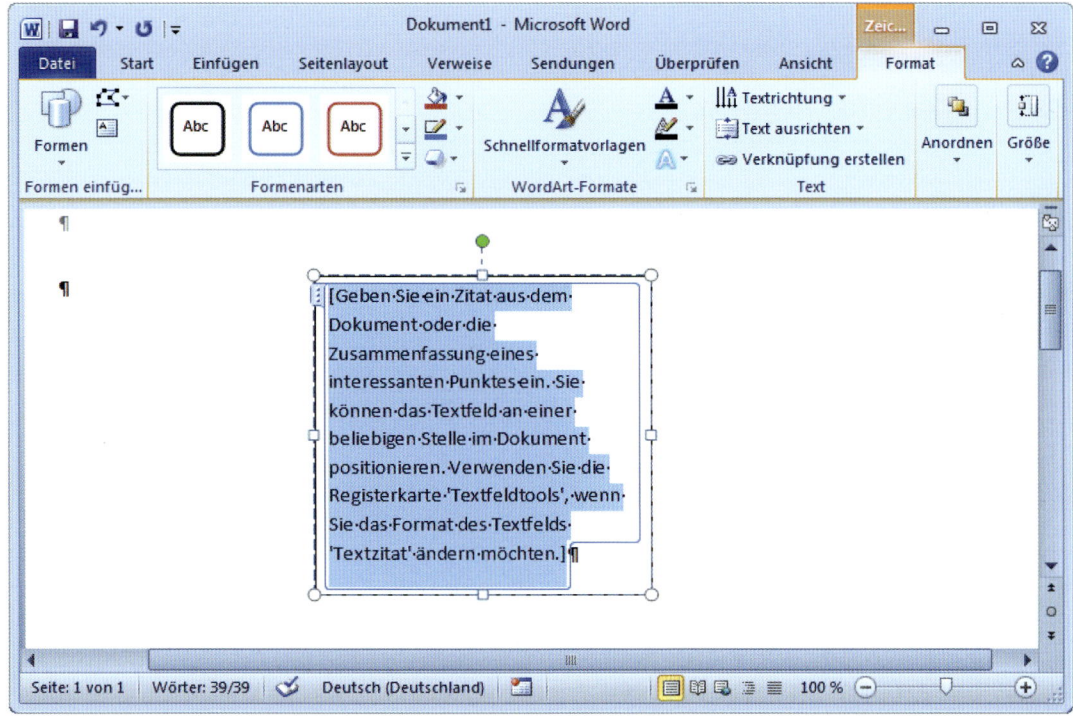

Abbildung 8.34
Ein Textfeld mit
Platzhaltern wurde
eingefügt.

Textfeld mit Textplatzhalter

Oft ist es einfacher, wenn Sie zum Erstellen eines Textfelds eine Option verwenden, die einen Platzhalter für den Text gleich mit einfügt. Benutzen Sie dazu eine der oben im Katalog aufgezeigten Alternativen. Sie haben hier die Wahl zwischen diversen Formaten. Das Einfügen geschieht nach einem Klick auf eine Option automatisch (→ Abbildung 8.34). Das Textfeld wird mit einem Platzhaltertext im Dokument eingefügt.

Ein Textfeld ohne Textplatzhalter

Alternativ dazu können Sie aus dem Katalog zum Befehl *Textfeld* die Option *Textfeld erstellen* benutzen. Ziehen Sie anschließend bei gedrückt gehaltener Maustaste einen Rahmen in der gewünschten Größe auf oder klicken Sie in Ihrem Dokument auf die Stelle, an der das Textfeld eingefügt werden soll. Lassen Sie dann die Maustaste los. Ein leeres Textfeld wird daraufhin erstellt.

Text einfügen

Um ein Textfeld mit einem eigenen Text zu versehen, klicken Sie in das Textfeld und beginnen Sie mit der Texteingabe. Ein vorhandener Platzhaltertext wird automatisch gelöscht, sobald Sie das erste Zeichen eingeben. Den eingegebenen Text können Sie auf dieselbe Weise formatieren wie Text im Dokument selbst.

8.4.2 Spezielle Formate in einem Textfeld

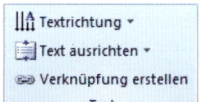

Beachten Sie, dass das Kontextregister *Textfeldtools* angezeigt wird, solange Sie ein Textfeld markiert haben. Zum Formatieren von Textfeldern stehen Ihnen darin etwa dieselben Optionen zur Verfügung wie zum Formatieren von Grafiken (→ Kapitel 17). Auf einige spezielle Formate wollen wir aber gleich hier eingehen.

Textrichtung ändern

Textrichtung Sie können den Inhalt eines Textfelds vertikal ausrichten. Dazu markieren Sie das Textfeld und klicken auf die Schaltfläche *Textrichtung*. Standardmäßig fließt der Text von links nach rechts. Es empfiehlt sich, für die Eingabe zu dieser normalen Darstellung umzuschalten und die gewünschte Richtung erst danach zu wählen. Es ist allerdings nicht möglich, Text auf den Kopf zu stellen. Hierfür könnten Sie aber WordArt benutzen.

Abbildung 8.35
Die Ausrichtung eines Textes kann frei gewählt werden.

Die vertikale Ausrichtung im Textfeld

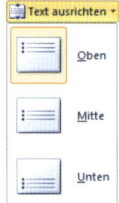 Die vertikale Ausrichtung des Textes im Textfeld bestimmen Sie über den Katalog zur Schaltfläche *Text ausrichten*. Standardmäßig ist hier die Option *Oben* eingestellt. Eingegebene Texte werden also am oberen Rand des Textfeldrahmens ausgerichtet. Beachten Sie, dass diese Alternativen nur dann Wirkung zeigen, wenn das Textfeld hoch genug ist. Anders herum können Sie immer erreichen, dass ein Text das Textfeld vollständig füllt, indem Sie seine Größe entsprechend verringern.

Textfelder verknüpfen

Wenn Sie vermuten, dass der später anzuzeigende Text nicht in den Rahmen passen wird, können Sie auch gleich mehrere Textrahmen erstellen und diese in einer bestimmten Reihenfolge miteinander verknüpfen. Damit erreichen Sie, dass ein später in den ersten Rahmen eingegebener Text in dem Folgerahmen fortgesetzt wird, wenn der Platz im ersten Rahmen nicht ausreicht. Dazu erstellen Sie zunächst mindestens zwei leere Textfelder. Diese können Sie auf derselben Seite oder aber auch auf verschiedenen Seiten befinden.

» **Verknüpfung erstellen** Markieren Sie das Textfeld, in dem später die Texteingabe beginnen soll, und wählen Sie die Registerkarte *Zeichentools/Format*. Klicken Sie dort auf die Schaltfläche *Verknüpfung erstellen* in der Gruppe *Text*. Im ursprünglichen Rahmen zeigt der Mauszeiger die Form eines Kännchens.

» Wenn Sie den Mauszeiger jetzt auf ein anderes eingefügtes Textfeld bewegen, zeigt der Mauszeiger das Symbol eines kleinen Kännchens, das seinen Inhalt ausgießt. Klicken Sie damit auf das Textfeld, das auf das anfänglich markierte folgen soll. Welches der bereits vorhandenen Textfelder Sie benutzen, ist gleichgültig. Beachten Sie aber, dass Sie mit dieser Aktion die Reihenfolge festlegen, in der später der Text in die Felder fließt.

» Damit haben Sie die ersten beiden Textfelder miteinander verknüpft. Wenn Sie noch weitere miteinander verknüpfen wollen, gehen Sie genauso vor: Markieren Sie das erste Feld, klicken Sie auf die Schaltfläche *Verknüpfung erstellen* und klicken Sie dann auf das damit zu verknüpfende Feld. Auf diese Weise können Sie eine Kette von miteinander verknüpften Textfeldern erzeugen.

Verknüpfung aufheben Solche Verknüpfungen können Sie auch wieder auflösen. Markieren Sie dazu das Textfeld, bei dem die Verknüpfung zu seinem Vorgänger gelöst werden soll, und klicken Sie in der Gruppe *Text* auf *Verknüpfung aufheben*.

Weitere Formatierungsoptionen

Wir hatten es schon erwähnt: Zum Formatieren von Textfeldern stehen Ihnen etwa dieselben Optionen zur Verfügung wie zum Formatieren von Formen oder Grafiken. Eine zusammenfassende Darstellung der für die Formatierung eines Textfelds zur Verfügung gestellten Parameter können Sie einblenden lassen, indem Sie nach dem Markieren des Textfelds auf die kleine Schaltfläche mit dem nach unten rechts weisenden Pfeil ![Pfeil] neben der Gruppenbezeichnung *WordArt-Formate* klicken. Mithilfe der Optionen im daraufhin angezeigten Dialogfeld *Texteffekte formatieren* können Sie im Bereich *Textfeld* viele Änderungen am vorher markierten Textfeld zentral vornehmen (→ Abbildung 8.36).

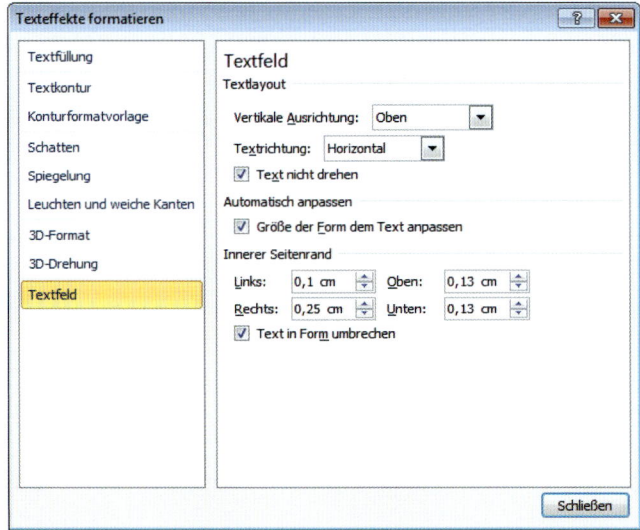

Abbildung 8.36 Legen Sie die Randeinstellungen für den Inhalt des Textfelds fest.

» Über die Felder unter *Innerer Seitenrand* bestimmen Sie den Abstand zwischen dem Rahmen des Textfelds und dem darin enthaltenen Text.

» Die beiden Optionen unterhalb der Randeinstellungen beziehen sich auf den Fall, in dem Sie das Textfeld in eine AutoForm umgewandelt haben: Ist das Kontrollkästchen *Text in Form umbrechen* aktiviert, wird der Text in mehrere Zeilen umbrochen, wenn die Breite der AutoForm nicht ausreicht, um ihn in einer Zeile darzustellen. Außerdem können Sie über *Größe der Form dem Text anpassen* dafür sorgen, dass sich die Größe der AutoForm automatisch ändert, damit der gesamte Inhalt sichtbar wird.

Sie können natürlich auch die Befehle der anderen Registerkarten des Dialogfelds *Texteffekte formatieren* auf Textfelder anwenden und so beispielsweise dreidimensionale Einstellungen erzeugen.

8.4.3 Position und Umbruch

Einfache Formate können Sie direkt über das eingefügte Textfeld selbst einstellen.

» Zum Ändern der Position können Sie das Feld markieren, dann den Mauszeiger auf den Markierungsrahmen setzen und es anschließend mit gedrückter Maustaste an die gewünschte Stelle verschieben.

» Über die Ziehpunkte innerhalb des Rahmens um das Textfeld können Sie die Proportionen des Felds ändern. Der grüne Punkt oberhalb des Rahmens erlaubt das Drehen des Felds (→ Kapitel 17).

Weitere wichtige Möglichkeiten zur Einstellung für ein vorher markiertes Textfeld finden Sie in den Gruppen *Anordnen* und *Größe* der Registerkarte *Zeichentools/ Format* (→ Abbildung 8.37). Einige davon beziehen sich aber auf grafische Aspekte und diese werden wir in einem zusammenfassenden Kapitel gemeinsam abhandeln (→ Kapitel 17). Auf einige wichtige Punkte wollen wir aber gleich hier eingehen.

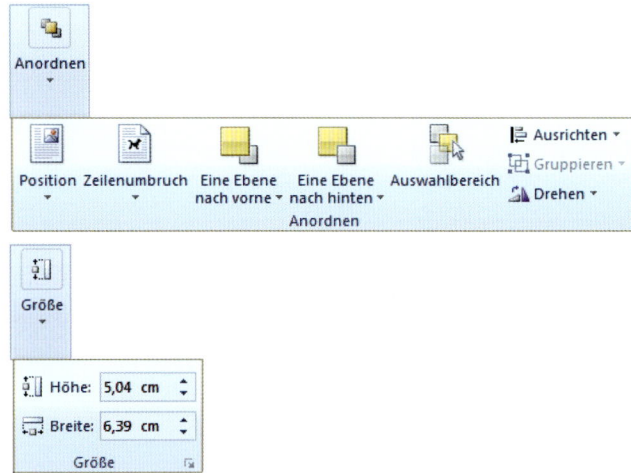

Abbildung 8.37 Die Befehle zu den Gruppen *Anordnen* und *Größe*

Größe

Zum Einstellen der Größe können Sie nach dem Markieren der Grafik auch die Drehfelder der Gruppe *Größe* in der jeweiligen *Format*-Registerkarte benutzen. Darin können Sie die Höhe und Breite separat einstellen. Durch einen Klick auf die kleine Schaltfläche neben der Gruppenbezeichnung *Größe* öffnen Sie ein Dialogfeld, über das Sie die für das ausgewählte Objekt einstellbaren Änderungen vornehmen können (→ Abbildung 8.38).

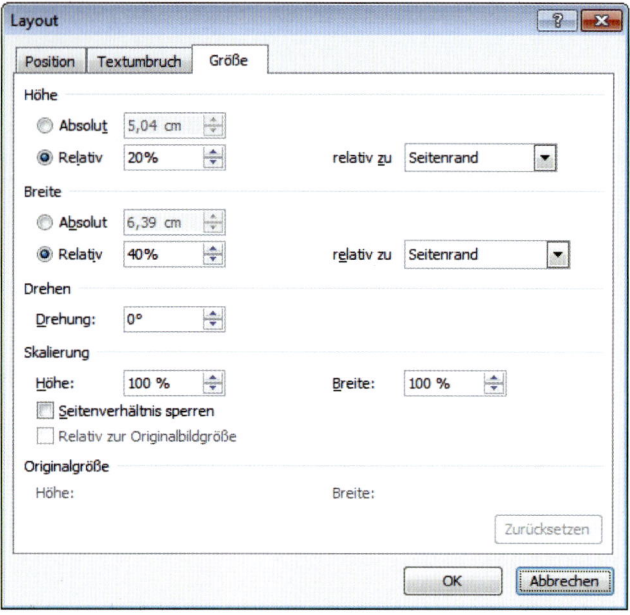

Abbildung 8.38 Größe und Winkel lassen sich exakt einstellen.

Ein Arbeiten über dieses Dialogfeld ist beispielsweise dann sinnvoll, wenn Sie mehrere Objekte mit denselben Maßen abbilden oder exakte Werte angeben wollen. Stellen Sie in den Feldern *Höhe* und *Breite* die Maße (in cm) des markierten Objekts ein. Über das Feld *Drehung* können Sie einen Winkel definieren, um den das markierte Objekt gedreht werden soll. Im Bereich *Skalierung* lässt sich die Größe proportional um einen Prozentsatz verändern. Ist das Kontrollkästchen *Seitenverhältnis sperren* aktiviert, bleibt das Verhältnis von Höhe zu Breite konstant.

Position

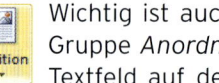

Wichtig ist auch die Schaltfläche *Position* in der Gruppe *Anordnen*. Damit bestimmen Sie, wo das Textfeld auf der Seite erscheinen soll (→ Abbildung 8.39 links).

» Die Option unter *Mit Zeile im Text* setzt das Zeichenelement direkt in die Zeile, in der es eingefügt wurde. Sie können es aber wie gewohnt an andere Stellen verschieben.

» Die neun Optionen unter *Mit Textumbruch* setzt das Zeichenelement an die horizontalen oder vertikalen Ränder bzw. zentriert es.

Noch mehr Details zur Positionierung finden Sie im Dialogfeld *Layout*, das Sie durch die Wahl von *Weitere Layoutoptionen* auf den Bildschirm bringen (→ Abbildung 8.39 rechts). Damit die Parameter darin wählbar sind, müssen Sie vorher eine der neun Optionen unter *Mit Textumbruch* für das Zeichenelement gewählt haben. Dann können Sie – getrennt für *Horizontal* und *Vertikal* – die Lage des Zeichenelements bestimmen.

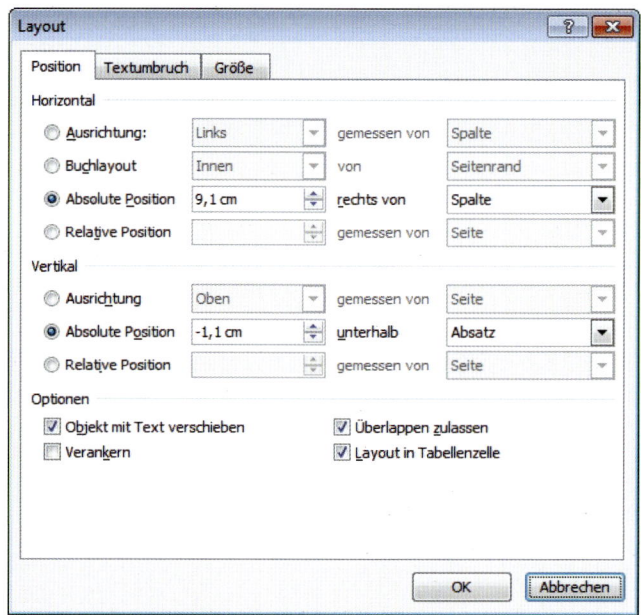

Abbildung 8.39
Über die Schaltfläche *Position* regeln Sie auch den Textumbruch um die Grafik.

» Zum Festlegen der horizontalen Position bestehen drei Möglichkeiten: Sie können entweder mit *Absolute Position* eine genaue Lage bezüglich des *Seitenrands*, der *Seite*, der *Spalte* oder des *Zeichens* angeben. Bei *Buchlayout* wählen Sie zwischen *Innen* und *Außen* bezogen auf den *Seitenrand* oder die *Seite* – beispielsweise am linken Seitenrand bei ungeraden und am rechten bei geraden Seitenzahlen. *Ausrichtung* ermöglicht die Wahl zwischen *Links*, *Zentriert* und *Rechts* bezogen auf *Seitenrand*, *Seite*, *Spalte* oder *Zeichen*.

» Das Festlegen der vertikalen Position funktioniert ähnlich, allerdings haben Sie hier nur zwei Möglichkeiten der Gestaltung: Sie können entweder wieder die *Absolute Position* bezogen auf *Seitenrand*, *Seite*, *Absatz* oder *Linie* festlegen oder die Ausrichtung mit *Oben*, *Zentriert*, *Unten*, *Innen* oder *Außen* bestimmen.

» Wenn die geraden und ungeraden Seiten des Dokuments über ein unterschiedliches Layout verfügen sollen, finden Sie in der Zeile *Buchlayout* die Positionsangaben *Innen* und *Außen*.

» Die Zeile *Absolute Position* ermöglicht das Festlegen einer Maßangabe für die Entfernung des Elements vom *Seitenrand*, *Seite*, *Spalte* usw.

Die zusätzlichen Optionen im unteren Bereich der Registerkarte sind interessant im Zusammenhang mit dem Bearbeiten des Fließtextes:

» Wenn Sie die Option *Objekt mit Text verschieben* aktivieren, wird die Grafik immer zusammen mit dem Absatz verschoben, zu dem sie gehört, wenn Sie beispielsweise im Bereich davor zusätzlichen Text einfügen oder Text löschen.

» Durch Verschieben der Grafik mit der Maus können Sie den zu ihr gehörenden Absatz wechseln. Ist aber das Kontrollkästchen *Verankern* eingeschaltet, bleibt sie stets mit demselben Absatz verbunden.

» Durch Aktivieren des entsprechenden Kontrollkästchens können Sie ein Überlappen von Objekten mit derselben Umbruchart ermöglichen.

Zeilenumbruch

Sehr wichtig ist auch der Textumbruch. Nach einem Klick auf die Schaltfläche *Zeilenumbruch* in der Gruppe *Anordnen* können Sie diesen regeln. Über die Optionen dazu legen Sie fest, wie der im Dokument vorhandene Text um eine eingefügte Grafik herumfließt. Die Symbole in der Liste zu diesem Befehl liefern einen Hinweis zur Bedeutung der einzelnen Optionen (→ Abbildung 8.40 links).

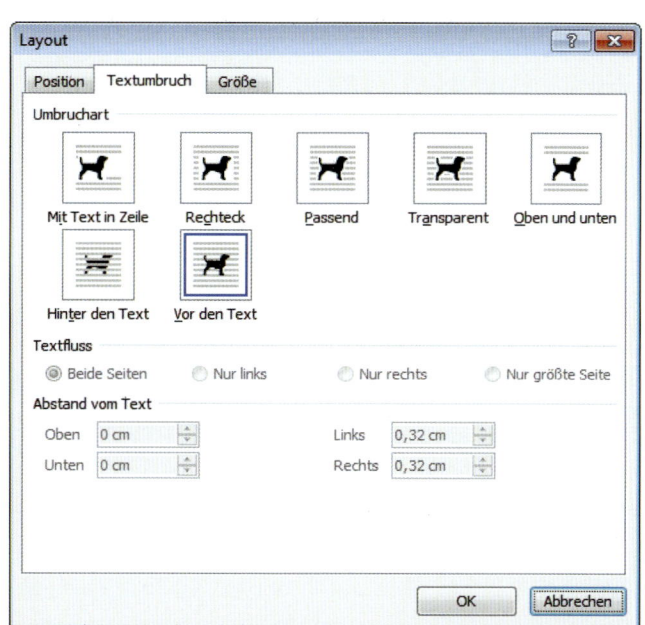

Abbildung 8.40
Die Optionen zum Textumbruch. Die Registerkarte *Textumbruch* zeigt die Details zur Form des Textflusses.

Wiederum finden Sie im Dialogfeld *Layout*, das Sie durch die Wahl von *Weitere Layoutoptionen* auf den Bildschirm bringen, mehr Details und auch größere Symbole für die Grundoptionen (→ Abbildung 8.40 rechts). Benutzen Sie hierfür die Registerkarte *Textfluss*.

Legen Sie durch Aktivieren einer der unter *Umbruchart* aufgeführten Optionen den Textfluss fest (→ Tabelle 8.9).

Symbol	Beschreibung
	Standardmäßig ist *Mit Text in Zeile* aktiviert. Der Textrahmen wird an der aktuellen Position eingefügt, kann aber durch Eingabe zusätzlicher Zeichen, beispielsweise Leerzeichen, verschoben werden. Wenn der Zeilenabstand automatisch eingestellt ist, ändert er sich entsprechend der Höhe der Grafik.
	*Rechteck* bewirkt, dass der Text die Grafik in rechteckiger Form umfließt. Die genaue Position der Grafik kann durch die Einstellungen unter *Horizontal* und *Vertikal* im Dialogfeld *Erweitertes Layout* (→ folgende Abschnitte) eingestellt werden.
	Mit *Passend* wird der Fließtext so weit wie möglich an die Form des Grafikinhalts angepasst.
	Mit *Hinter den Text* wird die Grafik hinter den Fließtext gelegt. Damit die Schrift im Vordergrund gelesen werden kann, empfiehlt es sich, auf der Registerkarte *Bild* des Dialogfelds die Option für *Farbe* auf *Ausgeblichen* zu stellen.
	Mit *Vor den Text* wird die Grafik vor den Fließtext gelegt und verdeckt diesen.

Tabelle 8.9 Einige Alternativen zum Textfluss

Auf der Registerkarte *Textumbruch* finden Sie unter *Umbruchart* noch zwei zusätzliche Optionen: *Transparent* und *Oben und unten*. Die Optionen darunter sind – je nach gewählter Umbruchart – nur zum Teil verfügbar. Über *Textfluss* legen Sie fest, wo der Zeilenumbruch des Fließtextes stattfinden soll. Ganz unten auf der Registerkarte können Sie den Abstand zwischen eingefügtem Objekt und Text festlegen.

8.5 Formate ersetzen

Über die Registerkarte *Ersetzen* im Dialogfeld *Suchen und Ersetzen* können Sie einzelne Formate gegen andere austauschen. Wählen Sie dazu *Ersetzen* in der Gruppe *Bearbeiten* der Registerkarte *Start*. Vergrößern Sie das Dialogfeld durch einen Klick auf die Schaltfläche *Erweitern* und definieren Sie dann über die Schaltfläche *Format* das zu suchende Format und das Ersatzformat (→ Abbildung 8.41). Geben Sie aber in den Feldern *Suchen nach* und *Ersetzen durch* selbst keine weiteren Daten ein.

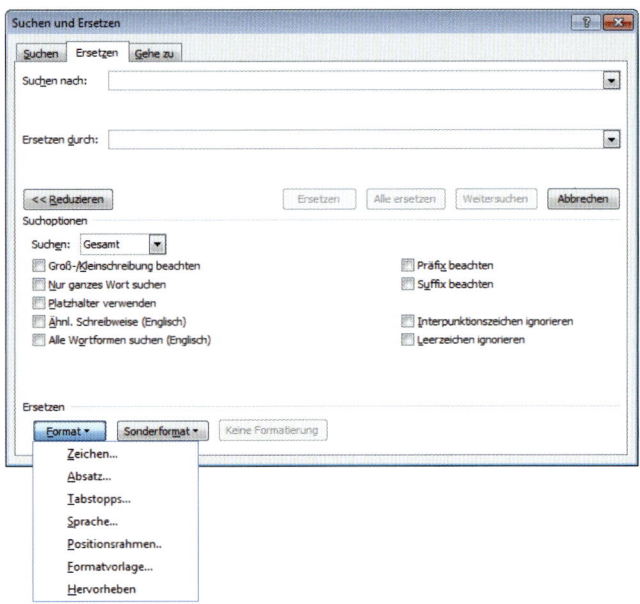

Abbildung 8.41 Formate können über das Dialogfeld *Suchen und Ersetzen* ausgetauscht werden.

ACHTUNG Wenn Sie nur Formate ersetzen wollen, müssen Sie darauf achten, dass weder im Feld *Suchen nach* noch im Feld *Ersetzen durch* ein Texteintrag steht. Anderenfalls wird dieser Texteintrag beim Suchen oder Ersetzen mit berücksichtigt, was meist nicht zu den gewünschten Ergebnissen führt.

Das gilt auch anders herum: Nachdem Sie ein auszutauschendes Format festgelegt haben, wird dieses im Dialogfeld *Suchen und Ersetzen* unterhalb der Felder *Suchen nach* und *Ersetzen durch* neben der Kennzeichnung *Format* aufgelistet. Diese Einstellung bleibt auch bei einem späteren Aufruf des Dialogfelds erhalten.

Wenn Sie dann statt eines Formats nur ein Wort ersetzen wollen, müssen Sie darauf achten, dass diese noch wirksam ist. Um die Einstellung vollständig abzuschalten, klicken Sie in das Feld *Suchen nach* und dann auf die Schaltfläche *Keine Formatierung* und wiederholen das noch mal nach einem Klick in das Feld *Ersetzen durch*.

8.5.1 Absatzformate austauschen

Um ein Absatzformat durch ein anderes zu ersetzen, setzen Sie die Einfügemarke im Dialogfeld in den Bereich *Suchen nach* und wählen Sie in der Liste zu *Format* die Option *Absatz*.

Suchoptionen festlegen

Im Dialogfeld *Absatz suchen* legen Sie auf der Registerkarte *Einzüge und Abstände* die Absatzparameter fest, die der zu ersetzende Absatz aufweisen soll (→ Abbildung 8.42). Sie können hier nur eine, aber auch mehrere Einstellungen vornehmen. Wenn Sie beispielsweise alle

rechtsbündig ausgerichteten Absätze mit anderen Absatzparametern formatieren wollen, wählen Sie im Feld *Ausrichtung* die Einstellung *Rechts*. Sollen die Änderungen alle rechtsbündig ausgerichteten Absätze mit einem Sondereinzug betreffen, müssen Sie zusätzlich noch eine Angabe im Feld *Sondereinzug* machen.

Im Dialogfeld *Absatz suchen* können Sie auf der Registerkarte *Zeilen- und Seitenumbruch* zusätzlich noch Suchparameter festlegen, die Sie auf der Registerkarte *Zeilen- und Seitenumbruch* im Dialogfeld *Absatz* festgelegt hatten (→ Abbildung 8.43). Beispielsweise können Sie hier dafür sorgen, dass nur Absätze ersetzt werden, bei denen die Absatzkontrolle ein- oder ausgeschaltet war. Die Kontrollkästchen sind standardmäßig ausgefüllt dargestellt. Dies bedeutet, dass sowohl Absätze mit als auch ohne die betreffende Option berücksichtigt werden. Wollen Sie eine Option benutzen, klicken Sie auf das entsprechende Kontrollkästchen. Darauf erscheint ein Häkchen darin.

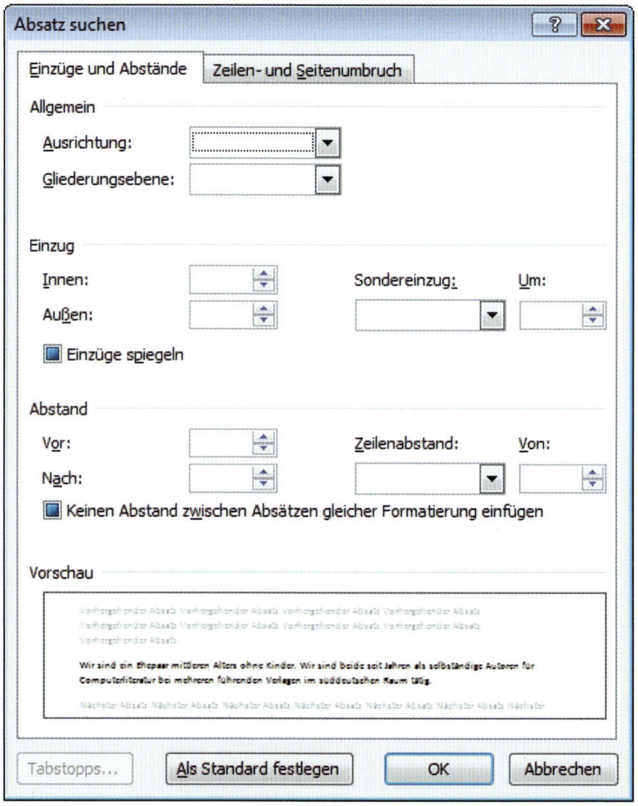

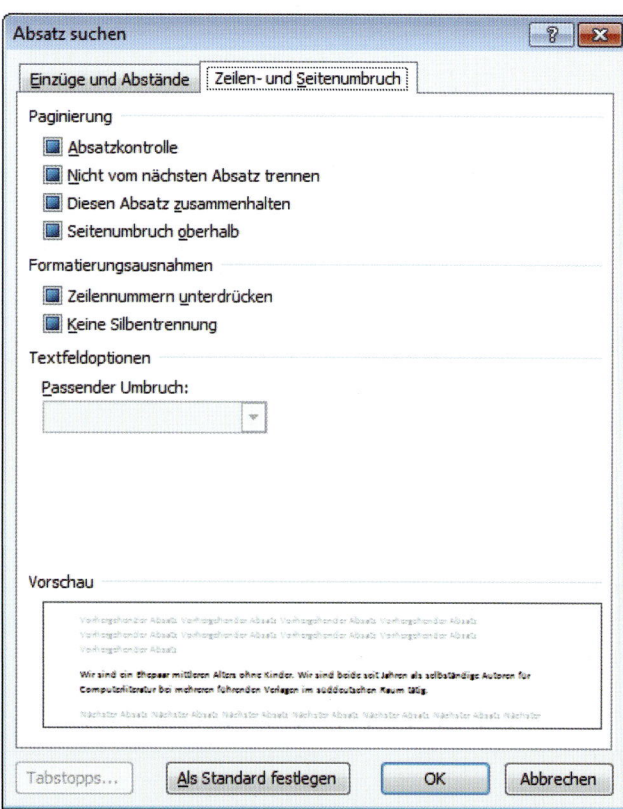

Abbildung 8.42 Nach Einzügen und Abständen suchen

Abbildung 8.43 Die Einstellungen für den Zeilen- und den Seitenumbruch können mit in die Suche einbezogen werden.

Ersatzoptionen festlegen

Nachdem Sie festgelegt haben, nach welchen Absätzen gesucht werden soll, bestätigen Sie das Dialogfeld *Absatz suchen* durch einen Klick auf *OK*. Die Suchparameter werden im Dialogfeld *Suchen und Ersetzen* unterhalb des Felds *Suchen nach* neben der Kennzeichnung *Format* aufgelistet.

Setzen Sie dann im Dialogfeld die Einfügemarke in das Feld *Ersetzen durch* und wählen Sie wieder in der Liste zu *Format* die Option *Absatz*. Legen Sie dann im Dialogfeld *Absatz ersetzen* die Einstellungen fest, die die Absätze nach dem Ersetzen aufweisen sollen. Die Optionen in diesem Dialogfeld entsprechen denen im Dialogfeld *Absatz suchen*.

Bestätigen Sie auch im Dialogfeld *Absatz ersetzen* durch einen Klick auf *OK*. Die Suchparameter werden im Dialogfeld *Suchen und Ersetzen* unterhalb des Felds *Ersetzen durch* neben der Kennzeichnung *Format* aufgelistet.

Das Ersetzen durchführen

Wie dann ersetzt wird, hängt von der Art Ihrer Bestätigung ab:

» Wenn Sie mit *Ersetzen* bestätigen, werden Sie bei der nächsten Fundstelle erneut gefragt, ob ersetzt werden soll oder nicht.

» Wenn Sie *Weitersuchen* verwenden, wird der markierte Begriff an der aktuellen Stelle nicht ersetzt.

» Bestätigen Sie mit *Alle ersetzen*, wird der im Feld *Suchen nach* eingegebene Begriff im gesamten Text automatisch durch den im Feld *Ersetzen durch* eingegebenen Begriff ersetzt.

8.5.2 Zeichenformate ersetzen

Beim Ersetzen eines Zeichenformats durch ein anderes gehen Sie im Prinzip genauso vor wie beim Ersetzen eines Absatzformats.

» Setzen Sie die Schreibmarke im Dialogfeld in den Bereich *Suchen nach* und wählen Sie in der Liste zu *Format* die Option *Zeichen*. Legen Sie dann im Dialogfeld *Zeichen suchen* die Parameter der Zeichenformatierung fest, die ersetzt werden sollen (→ Abbildung 8.44). Auf den beiden Registerkarten dieses Dialogfelds finden Sie dieselben Möglichkeiten,

die Sie schon vom Dialogfeld *Schriftart* her kennen. Beispielsweise können Sie hier den Schriftschnitt *Fett* festlegen, um ihn anschließend durch *Kursiv* zu ersetzen. Bestätigen Sie abschließend mit *OK*. Die Suchparameter werden im Dialogfeld *Suchen und Ersetzen* unterhalb des Felds *Suchen nach* neben der Kennzeichnung *Format* aufgelistet.

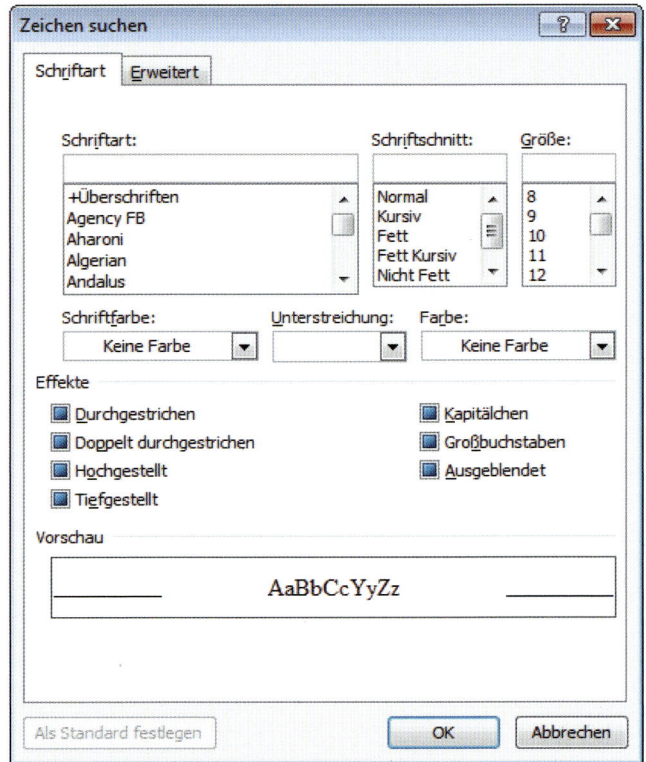

Abbildung 8.44 Legen Sie die Parameter der Zeichen fest, die ersetzt werden sollen.

» Setzen Sie dann im Dialogfeld die Einfügemarke in das Feld *Ersetzen durch* und wählen Sie wieder in der Liste zu *Format* die Option *Zeichen*. Legen Sie dann im Dialogfeld *Zeichen ersetzen* die Einstellungen fest, die die Zeichen nach dem Ersetzen aufweisen sollen. Die Optionen in diesem Dialogfeld entsprechen denen im Dialogfeld *Zeichen suchen*. Bestätigen Sie das Dialogfeld *Zeichen ersetzen* durch einen Klick auf *OK*. Die Suchparameter werden im Dialogfeld *Suchen und Ersetzen* unterhalb des Felds *Ersetzen durch* neben der Kennzeichnung *Format* aufgelistet.

» Führen Sie dann das Ersetzen durch. Wie dann ersetzt wird, hängt von der Art Ihrer Bestätigung ab.

8.5.3 Gemischte Formen des Ersetzens

Neben den eben beschriebenen Formen des Ersetzens von Absatzformaten durch andere Absatzformate oder des Ersetzens von Zeichenformaten durch andere können Sie auch Kombinationen dieser Formen anwenden.

» Beispielsweise können Sie fordern, dass ein Zeichenformat – wie *Fett* – nur in solchen Absätzen ersetzt wird, die bestimmte Absatzformate aufweisen – vielleicht *Rechts* ausgerichtet sind. In diesem Fall müssen Sie sowohl für das Feld *Suchen nach* als auch für das Feld *Ersetzen durch* sowohl ein Absatz- als auch ein Zeichenformat festlegen.

» Ebenso können Sie beim Suchen und Ersetzen dafür sorgen, dass ein bestimmtes Wort oder eine andere Zeichenfolge in einem bestimmten Format angezeigt wird. Dazu geben Sie das Wort im Feld *Suchen nach* ein und wählen über das Feld *Ersetzen durch* das Format.

8.5.4 Weitere Formen des Ersetzens

Die Optionsliste zum Format im Dialogfeld *Suchen und Ersetzen* verfügt noch über weitere Befehle:

» Über die Option *Tabstopps* können Sie nach dem Vorkommen bestimmter Tabstopps suchen und diese durch andere Einstellungen ersetzen lassen.

» *Sprache* ersetzt die für einen Textbereich festgelegte Sprache durch eine andere.

» Über die Option *Formatvorlage* können Sie Vorlagen ersetzen lassen. Darauf werden wir im folgenden Kapitel noch eingehen.

8.6 Zeilen- und Seitenumbruch

Erst nachdem die Formatierung des Dokuments vorgenommen ist, sollten Sie eine Silbentrennung und einen manuellen Seitenumbruch durchführen lassen, um den Flattersatz an den Rändern beziehungsweise bei Blocksatz die Lücken zwischen den Wörtern zu reduzieren und die endgültige Seitentrennung festzulegen.

8.6.1 Die Silbentrennung

Bei der Silbentrennung werden Wörter, die nicht mehr in eine Zeile passen, automatisch getrennt. Der dabei eingefügte Trennstrich ist ein bedingter Trennstrich. Er wirkt nur dann als Trennstrich, wenn sich die entsprechende Silbe am Ende der Zeile befindet. Passt das getrennte Wort aufgrund von Textverschiebungen wieder in eine Zeile, ist der Trennstrich nicht mehr sichtbar.

Wählen Sie die Registerkarte *Seitenlayout* und klicken Sie in der Gruppe *Seite einrichten* auf *Silbentrennung* . Wählen Sie dann die gewünschte Option (→ Abbildung 8.45). Standardmäßig ist die Silbentrennung bei jedem neuen Dokument abgeschaltet. Wenn Sie nur den Text in einem bestimmten Bereich trennen lassen möchten, markieren Sie diesen vorher.

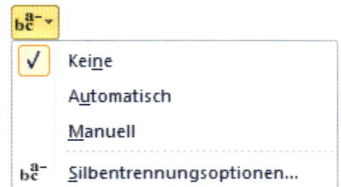

Abbildung 8.45
Die Silbentrennung ist bei neuen Dokumenten abgeschaltet.

Automatische Silbentrennung

Bei aktiviertem Kontrollkästchen *Automatische Silbentrennung* führt Microsoft Word während der Texteingabe automatisch die Silbentrennung durch. Wenn Sie nachträglich Text einfügen oder löschen, passt sich die Silbentrennung entsprechend an.

Um festzulegen, wie getrennt wird, klicken Sie in der Befehlsliste auf *Silbentrennungsoptionen*. Im Dialogfeld *Silbentrennung* können Sie die Einstellungen vornehmen (→ Abbildung 8.46).

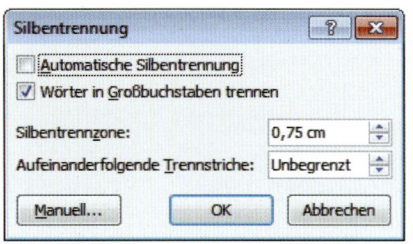

Abbildung 8.46
Die Parameter für die automatische Silbentrennung können Sie festlegen.

» Wenn Sie *Automatische Silbentrennung* einschalten, wird im Dokument immer eine solche vorgenommen.

» Standardmäßig werden auch Wörter in Großbuchstaben getrennt. Falls dies nicht erwünscht sein sollte, können Sie dies durch Abschalten der Option *Wörter in Großbuchstaben trennen* unterbinden.

» Im Feld *Silbentrennzone* geben Sie die Position zum rechten Rand an, bis zu der Microsoft Word versuchen soll zu trennen. Je breiter die Silbentrennzone, umso weniger Silben werden getrennt – je kleiner die Silbentrennzone, desto mehr wird der rechte Rand ausgeglichen.

» Über *Aufeinanderfolgende Trennstriche* können Sie regeln, wie viele untereinander stehende Zeilen mit einem Trennstrich enden dürfen.

Kontrolle

In manchen Fällen führt die automatische Silbentrennung zu unerwünschten Ergebnissen. Sie sollten also immer eine nachträgliche Kontrolle durchführen. Durch Verwenden von geschützten Leerzeichen, geschützten Trennstrichen und bedingten Trennstrichen können Sie die automatische Silbentrennung so gestalten, dass typische Fehler reduziert werden.

» Wenn Sie bei einer Kopplung von mehreren Wörtern mittels eines Bindestrichs – beispielsweise bei *MS-DOS* – vermeiden möchten, dass nach dem Bindestrich getrennt wird, benutzen Sie statt des normalen Minuszeichens auf der Tastatur einen *geschützten Trennstrich*. Diesen fügen Sie mit Strg+⇧+- oder über die Registerkarte *Sonderzeichen* ein.

» Wenn zwei durch ein Leerzeichen verbundene Wörter – wie beispielsweise Wilhelm II – nicht getrennt werden dürfen, verwenden Sie statt des normalen Leerzeichens ein *geschütztes Leerzeichen*. Dazu benutzen Sie die Tastenkombination Strg+⇧+Leer oder die Registerkarte *Sonderzeichen*.

Soll ein Wort im Bedarfsfall an einer bestimmten Stelle getrennt werden, fügen Sie an der entsprechenden Stelle durch Drücken von Strg+- einen *bedingten Trennstrich* ein – beispielsweise bei Wörtern wie *Modem→auswahl* oder *Autoren→nennung*. Anderenfalls könnte die automatische Silbentrennung zu nicht gewünschten Ergebnissen führen – zum Beispiel *Modem-*

auswahl oder *Autorennen-nung*. Diese Ergebnisse orientieren sich natürlich an dem verwendeten Wörterbuch.

Manuelle Silbentrennung

Sollten dem Programm beim Trennen Fehler unterlaufen, können Sie im Dialogfeld *Silbentrennung* durch Klicken auf die Schaltfläche *Manuell* die Silbentrennung auch von Hand erledigen. Positionieren Sie vorher die Einfügemarke am Anfang des Dokuments oder markieren Sie den Bereich, in dem manuell getrennt werden soll. Für Wörter, die getrennt werden könnten, wird ein Dialogfeld eingeblendet (→ Abbildung 8.47).

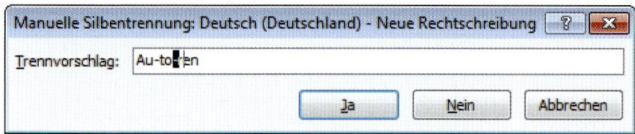

Abbildung 8.47 Die Silbentrennung kann auch manuell gesteuert werden.

» Der dünne senkrechte Strich im Feld *Trennvorschlag* kennzeichnet, bis zu welchem Zeichen das Wort noch in die Zeile passen würde.

» Der blinkende Cursor zeigt die Stelle, an der vom Programm die Silbentrennung vorgenommen würde. Wenn Sie damit einverstanden sind, klicken Sie auf *Ja*. Das Wort wird dann an dieser Stelle getrennt und das nächste zu trennende Wort wird gesucht.

» Wollen Sie das Wort an einer Stelle trennen, die vor dem Trennvorschlag liegt, positionieren Sie zuerst den Cursor an der gewünschten Stelle im Feld *Trennvorschlag* und klicken Sie dann auf die Schaltfläche *Ja*.

» Bei einem Klick auf *Nein* wird das Wort nicht getrennt. Anschließend wird das nächste zu trennende Wort im Text angezeigt.

» Da sich die Position der Wörter in einer Zeile meist ändert, wenn Sie Korrekturen im Dokument durchführen, sollten Sie die manuelle Silbentrennung erst dann durchführen, wenn Sie alle Korrekturen eingegeben haben. Falls Sie Ihr Dokument formatieren wollen, sollten Sie die Silbentrennung erst anschließend durchführen, da sich die Proportionen der Elemente im Dokument durch das Formatieren ändern.

8.6.2 Seitenumbruch

Microsoft Word umbricht die Seiten Ihres Dokuments standardmäßig automatisch im Hintergrund. Jede die Länge einer Seite beeinflussende Änderung im Text führt zu einer Verschiebung aller nachfolgenden Seitenumbrüche. Um an einer bestimmten Stelle im Dokument – sinnvollerweise am Anfang eines Absatzes oder einer Zeile – einen gezielten Seiten- oder Spaltenumbruch durchzuführen, markieren Sie die gewünschte Stelle im Dokument.

Sie können aber auch an einer beliebigen Stelle im Dokument – nicht nur am Beginn einer Seite – einen neuen Abschnitt beginnen. Dann fügen Sie einfach an der gewünschten Stelle einen Seitenumbruch ein. Verwenden Sie hierfür die Befehlsschaltfläche *Umbrüche* in der Gruppe *Seite einrichten* auf der Registerkarte *Seitenlayout* (→ Abbildung 8.48). Über die Optionen im oberen Bereich der Liste zu dieser Schaltfläche können Sie mehrere Arten von Umbrüchen einfügen.

» Die Option *Seite* unterbricht den automatisch durchgeführten Umbruch an der markierten Stelle. Alle darauffolgenden – automatischen – Seitenumbrüche werden an diesen manuell gesetzten Umbruch angepasst. Ein manueller Seitenumbruch wird im Dokument als gepunktete Linie angezeigt, wenn über die Schaltfläche *Alle anzeigen* in der Gruppe *Absatz* der Registerkarte *Start* die Anzeige der nicht druckbaren Zeichen aktiviert ist.

» Um bei mehrspaltigen Dokumenten mit einer neuen Spalte zu beginnen, benutzen Sie die Option *Spalte*.

» Ein *Textumbruch* beendet die aktuelle Zeile und veranlasst, dass der Text erst unterhalb eines Bilds, einer Tabelle oder eines anderen Objekts fortgesetzt wird.

Um einen manuell eingefügten Umbruch zu entfernen, markieren Sie ihn per Doppelklick und löschen ihn dann – wie jedes Zeichen – durch Drücken von `Entf`.

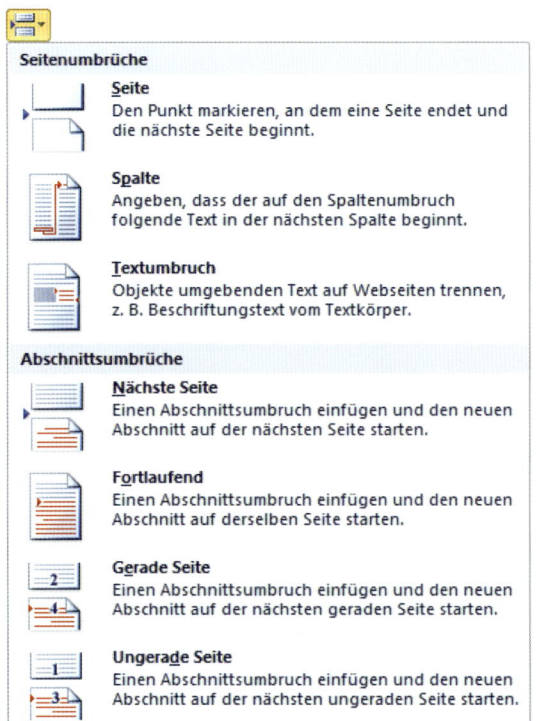

Abbildung 8.48
Sie können auch einen manuellen Umbruch durchführen.

Kapitel 9

Format- und Dokument-vorlagen

Der längerfristig einfachste Weg, einem Dokument ein einheitliches und durchgängiges Format zuzuweisen, besteht in der Anwendung einer *Formatvorlage*. Dieser Themenkreis ist für den damit unerfahrenen Anwender etwas kompliziert.

» Der Grund dafür liegt einerseits in der Vielfalt der damit vorhandenen Möglichkeiten, aber auch daran, dass man mit den dabei verwendeten Begriffen leicht durcheinandergerät. Darum wollen wir gleich mit einer kurzen Begriffsdefinition beginnen und Ihnen dann die grundlegenden Tätigkeiten bei der Arbeit mit solchen Vorlagen vorstellen (→ Abschnitt 9.1). Dazu werden wir Ihnen zeigen, wie man verschiedenen Texelementen unterschiedliche Vorlagen zuweist und anschließend das Erscheinungsbild des Dokuments durch Wahl eines anderen Vorlagensatzes ändert.

» Anschließend werden wir Ihnen zeigen, wie man die standardmäßig vorhandenen Vorlagen anpasst oder auch neue hinzufügt. Wahrscheinlich werden Sie eher das zweite tun, zum Verständnis der Techniken ist es aber einfacher, sich zunächst mit dem Erstellen neuer Elemente zu beschäftigen (→ Abschnitt 9.2).

» Wenn Sie eigene Sätze von Formatvorlagen immer wieder verwenden, lohnt es sich, dafür ein System

zu benutzen, in dem Ihre speziellen Vorlagen automatisch eingestellt sind. Dies bezeichnet man als Dokumentvorlage (→ Abschnitt 9.3). Neben diesem Satz von Formatvorlagen beinhalten eine Dokumentvorlage aber noch mehr: Sie können darüber alle Parameter auf der Registerkarte *Seitenlayout* im Menüband oder auch über Makros vorgeben.

9.1 Grundlegende Arbeiten mit Formatvorlagen

Ein Grund dafür, dass weniger erfahrene Anwender einige Probleme mit den Vorlagen haben, liegt darin begründet, dass man mit den dabei verwendeten Begriffen leicht durcheinander gerät. Darum wollen wir gleich mit einer kurzen Begriffsdefinition beginnen:

» Eine *Formatvorlage* oder *Vorlage* ist eine Zusammenfassung von Formatangaben – beispielsweise hinsichtlich Schriftart, -größe oder Absatzabstand. Sie können eine solche Vorlage auf einzelne Elemente wie beispielsweise Zeichen oder Absätze im Text anwenden.

» Ein *Formatvorlagensatz* oder *Vorlagensatz* ist die Bezeichnung für alle in einem Dokument verwendeten Formatvorlagen.

» *Schnellformatvorlagen* sind ein Teil des Formatvorlagensatzes. Darin sind im Allgemeinen diejenigen Formatvorlagen enthalten, die Sie wahrscheinlich am häufigsten verwenden werden.

» *Designs* bilden seit der Office-Version 2007 eine zusätzlich Ebene, mit deren Hilfe Sie dem Dokument schnell andere Farben und Schriftarten zuweisen können.

» Eine *Dokumentvorlage* beinhaltet einen Satz von Formatvorlagen, aber noch mehr: Sie können darüber beispielsweise alle Parameter für den Bereich *Seite einrichten* vorgeben. Wenn Sie auf Basis einer Dokumentvorlage ein neues Dokument erstellen, sind diese Einstellungen bereits vorhanden.

» Sie sollten in diesem Zusammenhang auch wissen, was man unter einer »harten« Formatierung versteht. Damit ist das Festlegen eines Formats über einen der üblichen Befehle in den Gruppen *Schriftart* und *Absatz* der Registerkarte *Start* gemeint. Wichtig wird dieser Begriff nur dann, wenn Sie im Dokument Vorlagen verwenden. Ist ein Textbereich mit Hilfe einer Formatvorlage formatiert, kann sich sein Aussehen ändern, wenn Sie die Einstellungen in der Vorlage ändern. Man spricht dann auch von einer »weichen« Formatierung. Im Gegensatz dazu ändern sich »harte« Formatierungen beim Wechsel der Definitionen in der Vorlage nicht.

Eine Formatvorlage ist also eine Definition für die Darstellung von Absätzen und Zeichen. Ein neues Word-Dokument verfügt bereits über eine Reihe von Vorlagen, mit deren Hilfe Sie den einzelnen Elementen eines Textes mehr oder minder automatisch bestimmte Formatierungsparameter zuweisen können. Zum Arbeiten damit benutzen Sie die Befehlsschaltflächen in der Gruppe *Formatvorlagen* auf der Registerkarte *Start*.

Beispielsweise können Sie im Dokument jeden Absatz für die zweite Überschriftenebene markieren und diesem dann ein Format mit dem Namen *Überschrift 2* zuweisen. Damit wird dieser Absatz mit den in der Vorlage festgelegten Parametern angezeigt. Wenn Sie das Format (also die Darstellung) dieser Überschriftenebene später für das gesamte Dokument ändern wollen, brauchen Sie diese Änderung nur in der Formatvorlage durchzuführen. Alle mit dieser Vorlage verbundenen Bereiche ändern ihr Format dann automatisch.

ACHTUNG Die in diesem Abschnitt beschriebenen Techniken beziehen Sie zunächst immer nur auf das aktuell geöffnete Dokument. Wenn Sie sie auf andere oder viele Dokumente einsetzen wollen, werden Sie im Allgemeinen mit einer Dokumentvorlage arbeiten (→ unten).

9.1.1 Elemente im Dokument kennzeichnen

Die erste Aufgabe beim Arbeiten mit Formatvorlagen besteht also darin, einzelne Elemente im Text mit einem Vorlagennamen zu kennzeichnen. Bevor Sie solche Kennzeichnungen vornehmen, ist der gesamte Text zunächst mit der Formatvorlage *Standard* gekennzeichnet. Sie müssen also nur noch die Elemente separat kennzeichnen, die eine andere Vorlage benutzen sollen – beispielsweise Überschriften oder Hervorhebungen im Text.

Eine Formatvorlage über die *Schnellformatvorlagen* zuweisen

 Dazu markieren Sie das entsprechende Element – beispielsweise eine Überschrift – und öffnen auf der Registerkarte *Start* in der Gruppe *Formatvorlagen* die Liste zum Befehl *Schnellformatvorlagen* (→ Abbildung 9.1).

Abbildung 9.1
Die *Schnellformatvorlagen* liefern eine Reihe unterschiedlicher Absatz- und Zeichenformate.

Wählen Sie dann in der Liste den Vorlagentyp aus, mit dem das vorher markierte Element gekennzeichnet werden soll. Die einzelnen Typen darin sind immer mit der Überschrift *AaBbCcDd* gekennzeichnet. Diese Buchstabenfolge soll aber nur das Format anzeigen, das Sie damit zuweisen. Bedeutsam sind die Angaben in der Zeile darunter – beispielsweise *Standard*, *Überschrift 1*, *Überschrift 2* usw.

Wenn Sie den zugewiesenen Typ wieder entfernen wollen, markieren Sie wiederum das betreffende Element und wählen Sie die Option *Formatierung löschen* unten in der Liste der Schnellformatvorlagen oder drücken Sie die Tastenkombination Strg+Shift+N, um ein Absatzformat aufzuheben bzw. Strg+Leer bei einem Zeichenformat.

Über die Liste der Formatvorlagen zuweisen

Manche Anwender finden die Arbeit mit dem Bereich *Schnellformatvorlagen* unbequem, da die Anzeige der einzelnen Vorlagen etwas unübersichtlich ist. Sie arbeiten lieber mit einer einfacheren Liste der Formatvorlagen. Diese bringen Sie durch einen Klick auf das kleine Pfeilsymbol neben dem Gruppennamen *Formatvorlagen* auf den Bildschirm. Ein Fenster mit dem Namen *Formatvorlagen* wird angezeigt (➔ Abbildung 9.2). Durch Aktivieren der Option *Vorschau anzeigen* können Sie die Grundeinstellungen für die Formatierung in der Liste sichtbar machen.

Hier erkennen Sie auch gleich, dass diese Liste drei Typen von Vorlagen beinhaltet:

» **a** Diejenigen mit dem Buchstaben *a* dahinter sind solche, für die ein Zeichenformat festgelegt ist.

» ¶ Die Vorlagen, die mit dem Zeichen ¶ gekennzeichnet sind, verfügen über ein Absatzformat.

» ¶a Sind beide Kennzeichnungen vorhanden, bedeutet das, dass sowohl Zeichen- als auch Absatzformate in der Vorlage vorhanden sind.

Auch hier gehen Sie zum Zuweisen einer Vorlage zu einem Element im Text so vor, dass sie zuerst das Element markieren und dann auf die gewünschte Vorlage in der Liste klicken.

Optionen zur Liste der Formatvorlagen

Welche Vorlagen in dieser Liste angezeigt werden, können Sie wählen, nachdem Sie unten in der Liste auf den Link *Optionen* geklickt haben. Über das Feld *Anzuzeigende Formatvorlagen auswählen* können Sie einstellen, welche Vorlagen in der Liste *Formatvorlagen* angezeigt werden sollen. Die Schnellvorlagen sind hiervon nicht betroffen. Sie haben hier die Wahl zwischen mehreren Alternativen (➔ Abbildung 9.3):

Abbildung 9.2 Formatvorlagen – ohne und mit *Vorschau anzeigen*

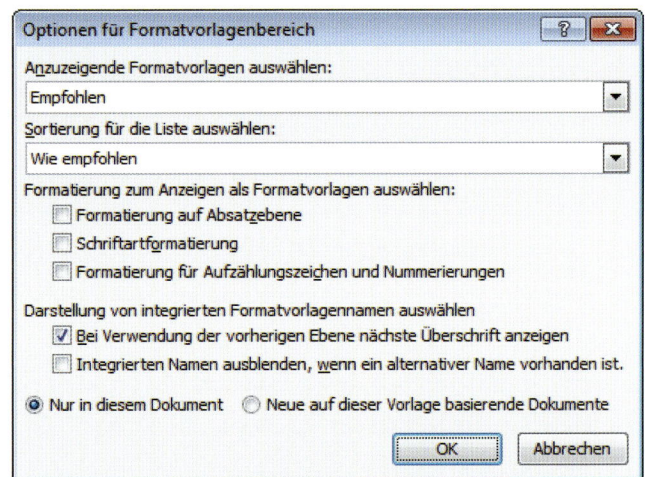

Abbildung 9.3 Die Optionen für den Formatvorlagenbereich

» *Empfohlen* ist die Grundeinstellung. Hier sorgt Word für eine Auswahl und zeigt nur die Vorlagen an, die Sie wahrscheinlich zunächst am häufigsten verwenden werden.

» Mit der Option *Verwendet* werden nur die Vorlagen angezeigt, die Sie im aktuellen Dokument verwendet haben. Sie sollten diese Variante erst wählen, nachdem Sie alle Formate, die Sie im Dokument verwenden wollen, einmal zugewiesen haben. Wenn Sie diese Option gleich nach dem Erstellen eines Dokuments einstellen, ist in der Liste *Formatvorlagen* nur die Vorlage *Standard* vorhanden, die allen Elementen im Text zugewiesen wird, denen Sie keine andere Vorlage zuweisen.

» Über *Im aktuellen Dokument* beschränken Sie die Anzahl der Vorlagen auf jene, die bereits im Text zugewiesen sind.

» *Alle Formatvorlagen* zeigt eine sehr große Vielfalt unterschiedlicher Formate an. Wenn Sie auch eigene Formate im Dokument definiert haben, kann die Zahl dafür leicht ein überschaubares Maß übersteigen. Sie sollten die Option nur wählen, wenn Sie nach einer bestimmten schon einmal benutzten Vorlage suchen wollen und dann besser wieder zu einer anderen Option zurückschalten.

Darunter finden Sie das Feld *Sortierung für die Liste auswählen*. Die Optionen darin liefern Alternativen für die Reihenfolge, in der die Vorlagen in der Liste *Formatvorlagen* angezeigt werden.

» *Alphabetisch* hat nur Vorteile, wenn Sie die Namen der vorhandenen Vorlagen kennen. Sie müssen beispielsweise wissen, dass ein Format mit *Intensive Hervorhebung* benannt wurde und nicht mit *Hervorhebung*. Dieses Wissen stellt sich aber erst nach längerem Gebrauch der Vorlagen ein.

» Die Standardeinstellung ist *Wie empfohlen*. Hier regelt Word selbst die Reihenfolge. Der Effekt ist meist der, dass die einzelnen Formate für die Überschriften zuerst genannt werden, da man diese – neben dem Format *Standard* – wohl am häufigsten benutzt.

» Die Alternative *Schriftart* listet die Schriftarten in alphabetischer Reihenfolge auf.

» Die Option *Basierend auf* sortiert die Vorlagen so, dass auf eine Vorlage immer die Vorlagen folgen, die auf der zuerst genannten aufbauen.

» Bei *Nach Typ* werden zuerst die Zeichenformate, dann die gemischten Formate und schließlich die Absatzformate angezeigt.

Schnellformatvorlagen und Liste der Formatvorlagen

Wie Sie gesehen haben, beinhalten die Schnellformatvorlagen und die Liste der Formatvorlagen teilweise dieselben Vorlagen. Schnellformatvorlagen sind eine Auswahl aus der Liste aller zur Verfügung stehenden Vorlagen. Sie entsprechen den Vorlagen, die in der Liste angezeigt werden, wenn Sie für das Feld *Anzuzeigende Formatvorlagen auswählen* in den *Optionen* zur Liste die Einstellung *Wie empfohlen* benutzen.

Sie können aber die unter den Schnellformatvorlagen angezeigten Vorlagen auch selbst beeinflussen:

» Um eine Vorlage aus den Schnellvorlagen zu entfernen, klicken Sie mit der rechten Maustaste darauf und wählen den Befehl *Aus Schnellformatvorlagen-Katalog entfernen* (➔ Abbildung 9.4).

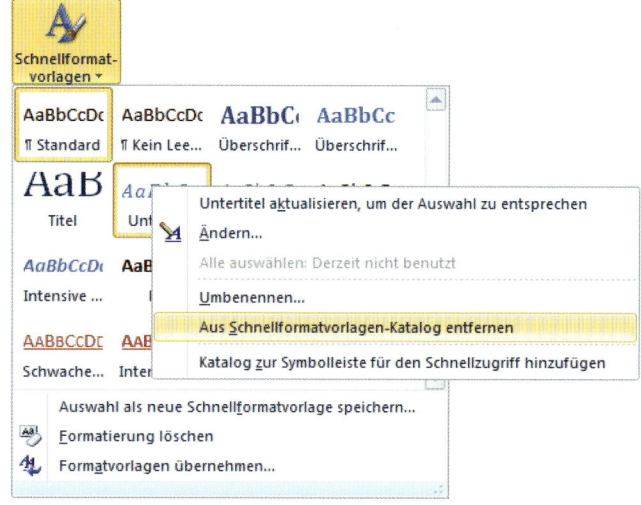

Abbildung 9.4 Eine Schnellformatvorlage aus dem Katalog entfernen

» Um eine bisher nicht im Schnellformatvorlagen-Katalog vorhandene Vorlage in den Katalog aufzunehmen, klicken Sie im Fenster *Formatvorlagen* mit der rechten Maustaste darauf und wählen *Zu Schnellformatvorlagen-Katalog hinzufügen* (➔ Abbildung 9.5).

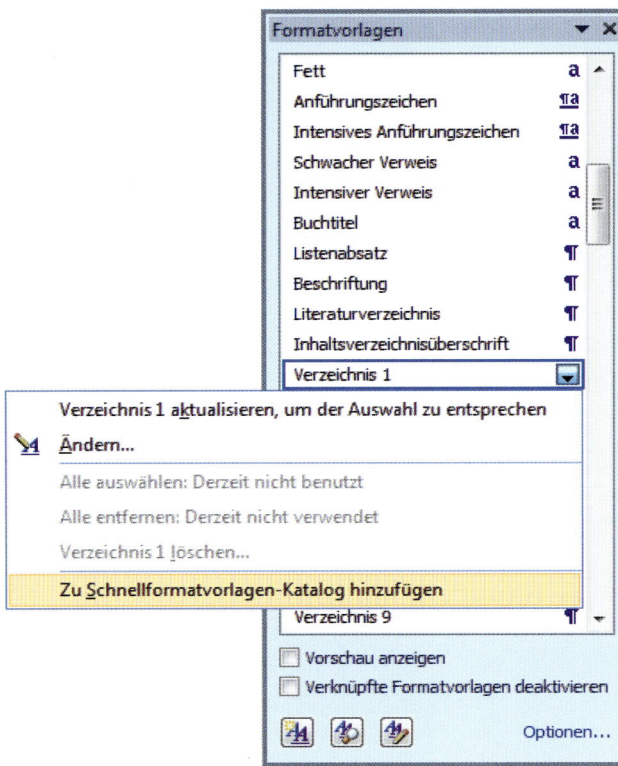

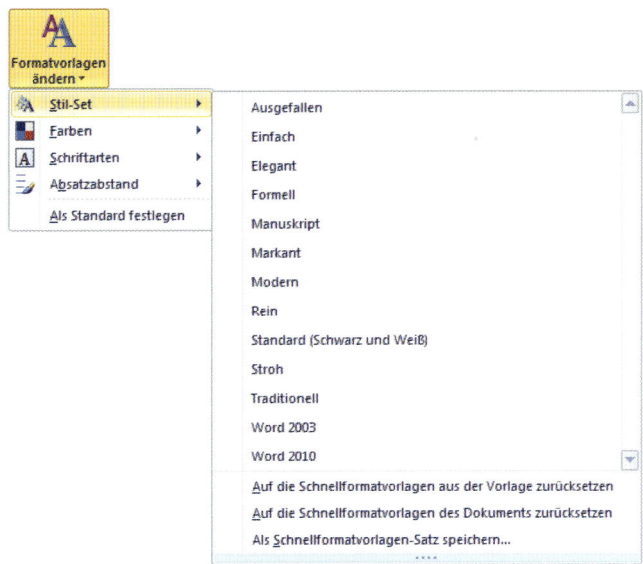

Abbildung 9.6 Einen Vorlagensatz auswählen

Abbildung 9.5 Eine Formatvorlage zum Katalog der Schnellformatvorlagen hinzufügen

9.1.2 Erscheinungsbild ändern

Als Ergebnis der Kennzeichnung der Elemente mit einer Formatvorlage sind diese Elemente mit den Formaten ausgezeichnet, die der aktuelle Vorlagensatz des Dokuments verwendet. Word verfügt standardmäßig über eine Reihe von bereits definierten Vorlagensätzen, die Sie nun dem Dokument als Ganzes zuweisen können. Indem Sie den zu verwendenden Vorlagensatz wechseln, können Sie schnell das Erscheinungsbild des gesamten Dokuments ändern.

Vorlagensatz zuweisen

Um einen Vorlagensatz zuzuweisen, öffnen Sie die Liste zum Befehl *Formatvorlagen ändern*, wählen darin die Option *Stil-Set* und im zugehörigen Untermenü den gewünschten Satz aus (→ Abbildung 9.6). Die einzelnen Elemente des Dokuments, die Sie vorher unterschiedlich gekennzeichnet hatten, werden je nach dem gewählten Vorlagensatz in unterschiedlicher Form dargestellt.

Designelemente zuweisen

Diese Wahl eines *Stil-Sets* (Vorlagensatz) ist aber nur ein Schritt. Bei Word 2003 war das noch die einzige Möglichkeit, das Aussehen des Dokuments zu ändern. Seit Word 2007 ist noch eine zusätzliche Dimension hinzugekommen. Hier sind zumindest die verwendeten Farben und Schriftarten noch offen und können separat eingestellt werden.

Ein *Design* ist eine Kombination aus einem Farbdesign, einem Schriftartendesign und einem Effektdesign und kann mit einer einzigen Auswahl auf das ganze Dokument angewendet werden. Ein Dokumentdesign besteht aus mehreren Formatierungsoptionen, die einen Satz von Designfarben, einen Satz von Designschriftarten und einen Satz von Designeffekten – das ist eine Gruppe von visuellen Attributen, die auf Elemente in einer Datei angewendet werden. Jedes Dokument, das Sie in Microsoft Word erstellen, verfügt über ein Design – selbst leere, neue Dokumente. Das Standarddesign ist das *Office*-Design, mit einem weißen Hintergrund und dunklen, sanften Farben.

Nachdem Sie also einen Vorlagensatz eingestellt haben, können Sie über die Wahl von *Farben* oder *Schriftarten* in der Liste zum Befehl *Formatvorlagen ändern* diese Parameter noch zusätzlich ändern (→ Abbildung 9.7).

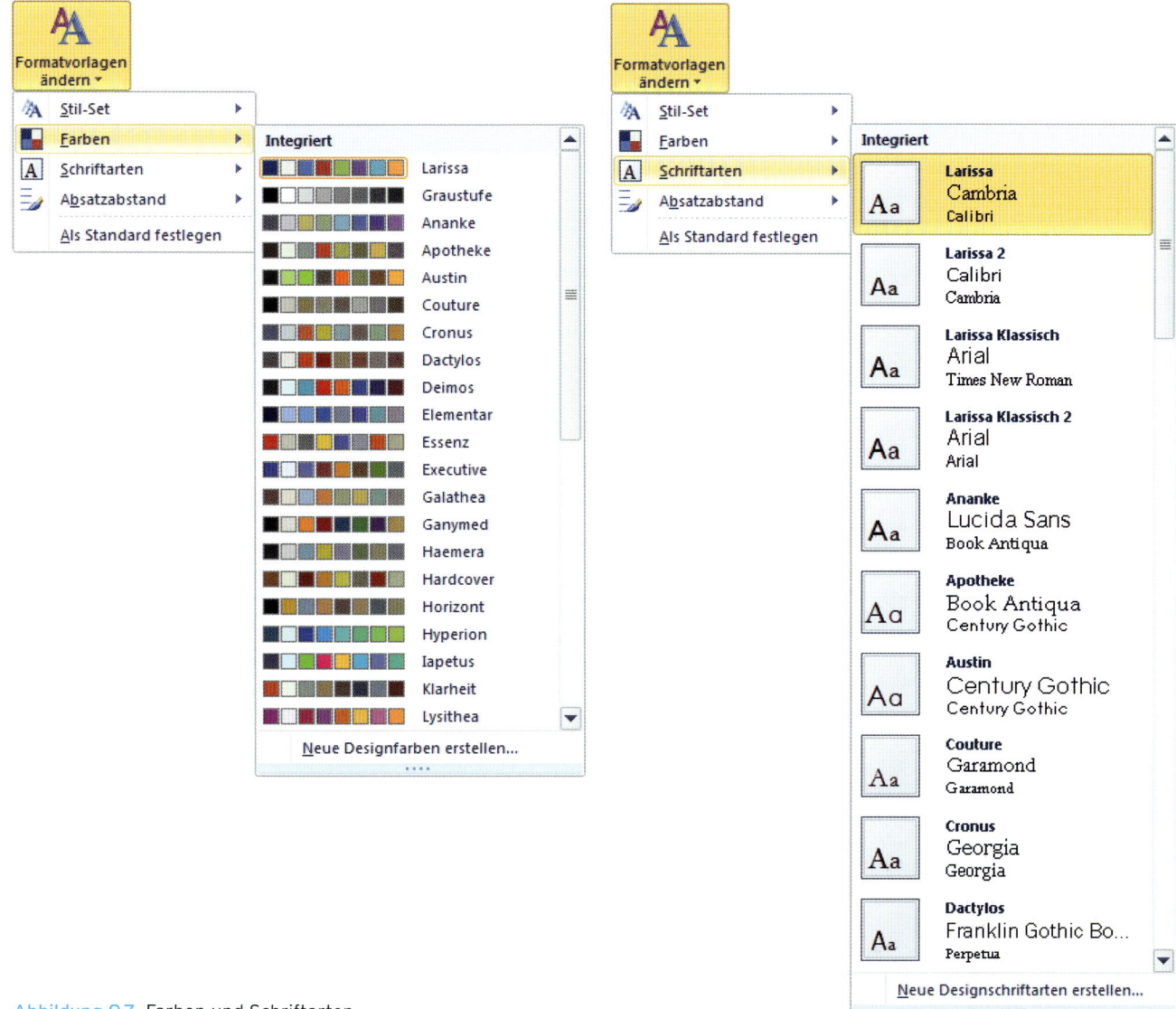

Abbildung 9.7 Farben und Schriftarten

» Über *Farben* stehen Ihnen eine Vielzahl von einzelnen Farbpaletten zur Verfügung. Zusätzliche können Sie nach einem Klick auf *Neue Designfarben erstellen* selbst definieren (→ Abbildung 9.7 links).

» In der Liste zu *Schriftarten* finden Sie mehrere Sätze von Kombinationen zweier Schriftarten. Beispielsweise sorgt die Kombination *Larissa* dafür, dass für Überschriften die Schriftart *Cambria* verwen-

det wird, für den normalen Fließtext die Schriftart *Calibri* (→ Abbildung 9.7 rechts).

» Neu bei Word 2010 ist, dass Sie über die Formatvorlagen schnell die Absatzabstände ändern können (→ Abbildung 9.8).

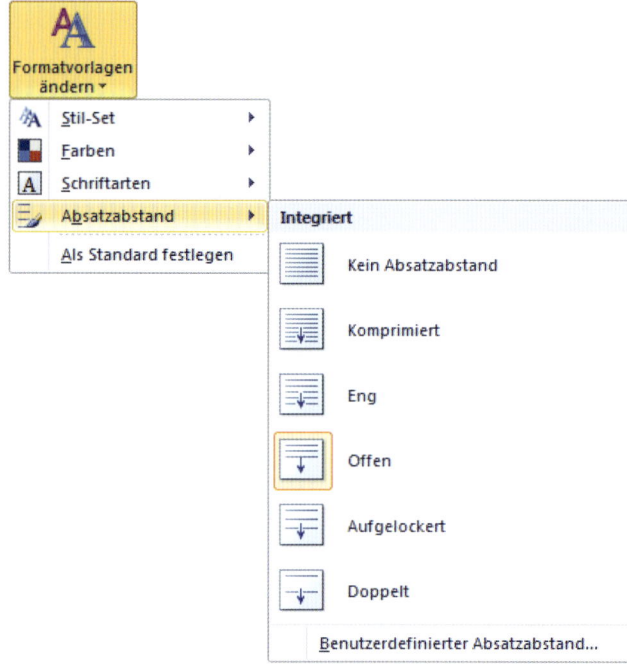

Abbildung 9.8 Die Absatzabstände ändern

Das Word-2003-Design benutzen

Wie hatten es bereits erwähnt: Mit Microsoft Office Word 2007 wurde eine neu konzipierte Standardvorlage zum Erstellen von Dokumenten eingeführt, die – unter anderem – auch über einen größeren Standardwert für den Zeilenabstand und größere Abstände zwischen den Absätzen verfügt. Wenn Sie zur von Word 2003 her gewohnten Darstellung zurückkehren möchten, verwenden Sie die folgenden Schritte:

» Klicken Sie auf der Registerkarte *Start* in der Gruppe *Formatvorlagen* auf *Formatvorlagen ändern*. Wählen Sie *Stil-Set* und dann Word *2003*.

» Klicken Sie auf der Registerkarte *Start* in der Gruppe *Formatvorlagen* auf *Formatvorlagen ändern*. Wählen Sie *Schriftarten* und klicken Sie im Abschnitt *Integriert* auf *Larissa Klassisch*.

» Wenn Sie alle neuen Dokumente mit dem Formatvorlagensatz und den Schriftarten von Word 2003 erstellen wollen, klicken Sie dann noch in der Gruppe *Formatvorlagen* auf *Formatvorlagen ändern* und auf *Als Standard festlegen*.

Wenn Sie später wieder zur von Word 2010 standardmäßig benutzten Form zurückkehren wollen, müssen Sie wieder zum Word-2010-Formatvorlagensatz und zu den Office-Schriftarten wechseln. Sie können die Standardeinstellungen wiederherstellen, indem Sie in der Gruppe *Formatvorlagen* auf *Formatvorlagen ändern* klicken, dann *Stil-Set* wählen und auf *Auf die Schnellformatvorlagen aus der Vorlage zurücksetzen* klicken.

Erscheinungsbild über das Seitenlayout ändern

In Word 2010 ist das Erscheinungsbild eines Formatvorlagensatzes eng an die Schriftarten und Farben gebunden, die im Design verwendet werden. Sie können die Designschriftarten und Designfarben sowohl auf der Registerkarte *Start* unter *Formatvorlagen ändern* als auch auf der Registerkarte *Seitenlayout* in der Gruppe *Designs* bestimmen.

Über die Schaltflächen in der Gruppe *Designs* der Registerkarte *Seitenlayout* öffnen Sie Listen mit Alternativen, die jeweils Kombinationen von Designschriftarten, Designfarben und Designeffekten zusammenfassen. Markieren Sie darin die gewünschte Gestaltungsvorlage. Die Wirkung einer Alternative können Sie direkt im Dokument kontrollieren, indem Sie den Mauszeiger auf eine der Optionen positionieren.

» Über die Schaltfläche *Designs* können Sie eine der Voreinstellungen für die Kombination dieser Elemente wählen (→ Abbildung 9.9 links). Diese setzen aber meist voraus, dass Sie zum Formatieren des Dokuments die Standard-Überschriftformatvorlagen – wie *Überschrift 1*, *Überschrift 2* etc. – benutzt haben (→ oben). Eine besondere Markierung einzelner Textelemente müssen Sie aber dann nicht mehr vornehmen.

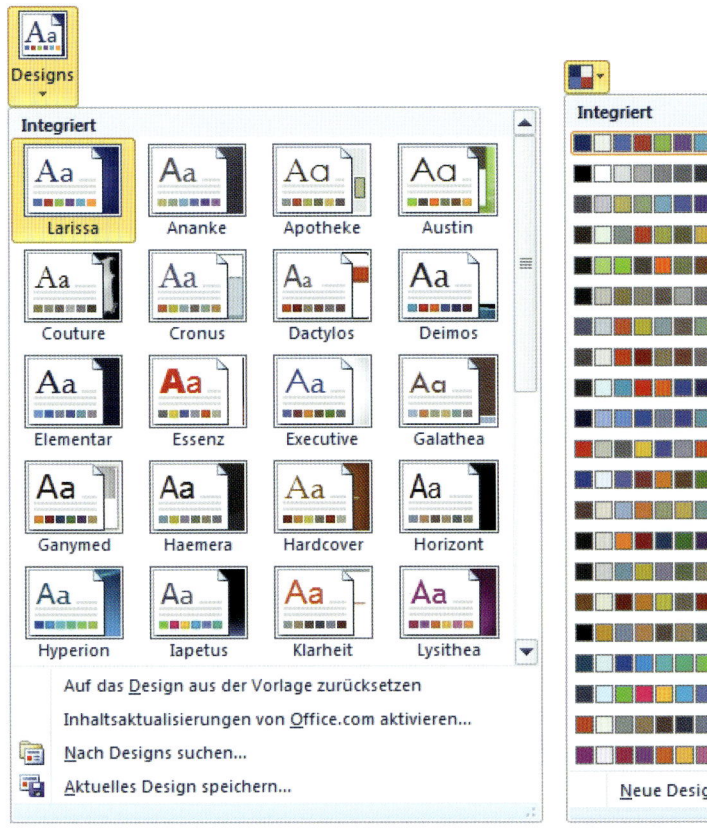

Abbildung 9.9
Die integrierten Designs

»  Sie können auch die einzelnen Elemente eines solchen integrierten Designs separat auswählen. Dazu benutzen Sie die Schaltflächen *Farben*, *Schriftarten* und *Effekte* in der Gruppe *Designs*. Sie öffnen darüber jeweils eine Liste, über die Sie den entsprechenden Parameter einstellen können (→ Abbildung 9.9 rechts und Abbildung 9.10). Auch hier ist keine spezielle Markierung im Text notwendig. Die Optionen betreffen das gesamte Dokument.

Formatvorlage als Standard festlegen

Wenn Sie mit einer Kombination von Formatvorlagensatz, Farben und Schriftarten immer wieder arbeiten, können Sie auch dafür sorgen, dass diese beim Erstellen eines neuen Dokuments immer automatisch eingestellt ist. Dazu nehmen Sie bei einem beliebigen Dokument zuerst die gewünschten Einstellungen vor und klicken dann auf *Als Standard festlegen* in der Liste zur Schaltfläche *Formatvorlagen ändern*.

9.2 Vorlagen anpassen

Wie Sie sehen konnten, beinhaltet Word 2010 bereits eine Vielzahl von voreingestellten Formatvorlagen, Formatvorlagensätzen sowie Schriftart- und Farbkombinationen. Auf diese sind Sie aber nicht beschränkt. Sie können die vorhandenen Einstellungen abwandeln oder auch neue hinzufügen. Wahrscheinlich werden Sie eher das zweite tun, zum Verständnis der Techniken ist es aber einfacher, sich zunächst mit dem Erstellen neuer Elemente zu beschäftigen.

9.2.1 Neue Vorlagenelemente erstellen

Neue Vorlagenelemente können Sie auf allen oben angesprochenen Ebenen erstellen – also Formatvorlagensätze, Formatvorlagen, Schriftarten- und Farbkombinationen. Überlegen Sie sich aber gleich vorher, ob Sie einen der bereits vorhandenen Formatvorlagensätze durch zusätzliche Formatvorlagen erweitern oder ob Sie dafür nicht besser mit einem neuen Formatvorlagensatz arbeiten wollen.

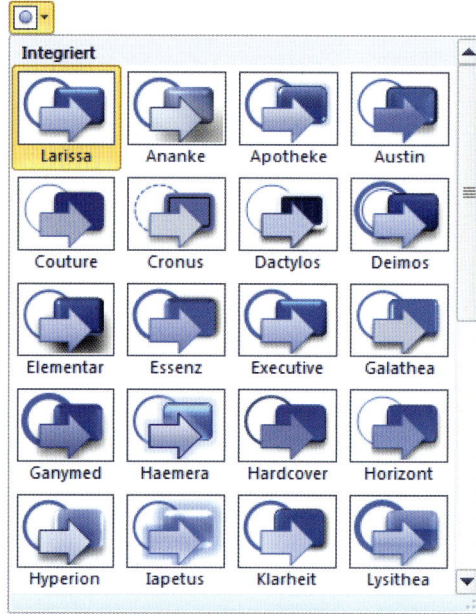

Abbildung 9.10
Die Designschriftarten und
die Designeffekte

Neuer Formatvorlagensatz

Beginnen wir mit dem Erstellen eines neuen Formatvorlagensatzes. Das macht beispielsweise dann Sinn, wenn
Sie die von Word gelieferten Voreinstellungen beibehalten wollen, aber einen zusätzlichen Vorlagensatz für
eigene Definitionen verwenden möchten. Es empfiehlt
sich übrigens, zunächst den Vorlagensatz und gegebenenfalls auch die Schriftart und Farben auszuwählen,
auf die Ihr neuer Satz aufbauen soll. Diese Einstellungen
werden dann für den neuen Satz übernommen.

Zum Erstellen öffnen Sie die Liste zu *Formatvorlagen
ändern/Stil-Set* und wählen darin die Option *Als Schnellformatvorlagen-Satz speichern*. Daraufhin öffnet sich
das Dialogfeld *Schnellformatvorlagen-Satz speichern*.
Geben Sie dem Satz einen Namen und bestätigen Sie
über *Speichern*.

Nach dem Erstellen ist dieser Satz in der Liste der
Schnellformatvorlagen eingestellt. Später können Sie
ihn über *Formatvorlagen ändern/Stil-Set* für jedes neue
Dokument einsetzen.

Neue Schnellformatvorlage

Sie können ein Element zunächst ohne den Einsatz einer Vorlage formatieren und dann daraus eine Schnellformatvorlage erstellen. Geben Sie einen beliebigen Text im Dokument ein, den Sie als Beispiel für die neue Formatvorlage benutzen wollen und markieren Sie diesen. Formatieren Sie ihn dann wie gewünscht. Sie können dafür beispielsweise die Minisymbolleiste benutzen, die über Ihrer Auswahl angezeigt wird, und den Text darüber beispielsweise in *Fett* und *Rot* formatieren. Klicken Sie mit der rechten Maustaste auf die Markierung, um das Kontextmenü anzuzeigen, wählen Sie *Formatvorlagen* und dann *Auswahl als neue Schnellformatvorlage speichern*.

Das zeigt das Dialogfeld *Neue Formatvorlage von Formatierung erstellen* an (→ Abbildung 9.11). Geben Sie der Formatvorlage einen Namen und klicken Sie dann auf *OK*. Die Wirkung des Formats wird übrigens im Feld *Vorschau …* skizziert.

Abbildung 9.11 Eine neue Formatvorlage aus einer Formatierung erstellen

Die von Ihnen erstellte neue Formatvorlage wird im Schnellformatvorlagen-Katalog unter dem Namen angezeigt, den Sie ihm zugewiesen haben, und kann von Ihnen jederzeit verwendet werden, wenn Textstellen fett und rot formatiert werden sollen. Sie finden die neue Vorlage auch in der Liste der Formatvorlagen.

Neue Formatvorlage

Die eben beschriebene Vorgehensweise hat den Vorteil, dass sie schnell zu Ergebnissen führt. Allerdings sind damit nicht alle Parameter einstellbar, die Sie vielleicht wünschen. Wenn Sie diese Dinge einstellen wollen, sollten Sie sich einer anderen Vorgehensweise bedienen.

Aber auch hier können Sie es sich einfacher machen, indem Sie einen beliebigen Text im Dokument eingeben und diesen als Beispiel für die neue Formatvorlage formatieren. Markieren Sie diesen formatierten Text anschließend. Dann klicken Sie auf das kleine Pfeilsymbol neben der Gruppenbezeichnung *Formatvorlagen*, um das gleichnamige Fenster zu öffnen. Klicken Sie in diesem Fenster auf das kleine Symbol unten links mit der QuickInfo-Bezeichnung *Neue Formatvorlage*, um das zugehörige Dialogfeld *Neue Formatvorlage von Formatierung erstellen* anzuzeigen (→ Abbildung 9.12). Die hierin angezeigten Einstellungen übernehmen die vorher für den markierten Text eingestellten Formate, können aber jetzt geändert und/oder erweitert werden.

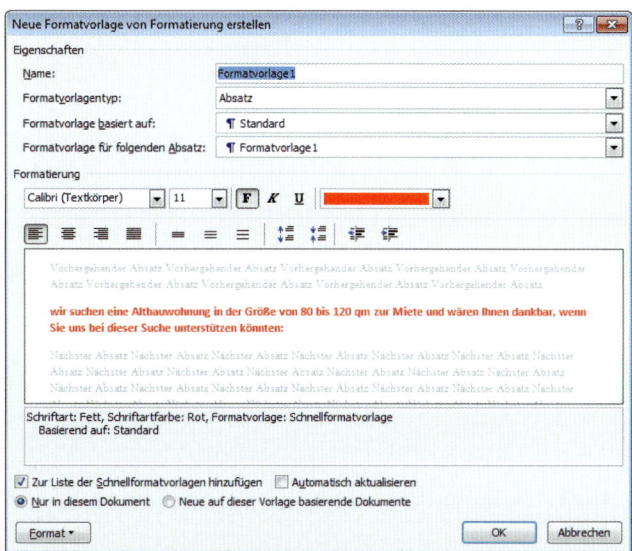

Abbildung 9.12 Sie können auch eigene Formatvorlagen über ein Dialogfeld erstellen.

» Benennen Sie die neue Vorlage über das Feld *Name*. Benutzen Sie hierfür nicht die Vorgabe des Programms – wie beispielsweise *Formatvorlage1* –, da Sie nach einiger Zeit nicht mehr wissen werden, welches Format damit gemeint war. Verwenden Sie stattdessen aussagekräftige Bezeichnungen – beispielsweise *Zeichen kursiv* oder *Einzug links 1cm*.

» Geben Sie im Feld *Formatvorlagentyp* an, ob Sie eine Zeichen- oder eine Absatz-Formatvorlage definieren wollen. Sie finden hier auch die Option *Verknüpft*, was bedeutet, dass für die Vorlage sowohl Zeichen- als auch Absatzformate festgelegt werden können.

Außerdem sind noch die Optionen *Tabelle* und *Liste* vorhanden. Das Dialogfeld weist andere Optionen auf, wenn Sie hier *Tabelle* und *Liste* markiert haben.

» Wenn Sie im Feld *Formatvorlage basiert auf* eine bereits definierte Vorlage angeben, werden die in dieser Vorlage verwendeten Formate automatisch als Grundlage in die neue Vorlage übernommen. Sie brauchen dann nur noch anzugeben, in welchen Punkten die neue Formatvorlage von jener abweichen soll, auf der sie basiert. Über die Liste zu diesem Feld können Sie jede bereits vorhandene Vorlage auswählen. Wenn Sie aber alle Parameter selbst festlegen wollen, sollten Sie darin die Option *(keine Formatvorlage)* wählen.

» Wenn Sie als *Formatvorlagentyp* eine der Optionen *Absatz* oder *Verknüpft* gewählt haben, können Sie im Feld *Formatvorlage für folgenden Absatz* festlegen, welche Vorlage dem nächsten Absatz automatisch zugewiesen werden soll, wenn Sie am Ende des aktuellen Absatzes die Taste ↵ drücken. Word schlägt hier standardmäßig den Namen der neu zu erstellenden Vorlage vor. In vielen Fällen macht es aber mehr Sinn, hier eine andere Vorlage zu wählen. Beispielsweise sollte nach einer Überschrift-Formatvorlage im Allgemeinen automatisch ein Absatz für den Fließtext folgen, der meist mit der Vorlage *Standard* formatiert ist.

» Im Bereich *Formatierung* legen Sie die Eigenschaften für das Zeichen- beziehungsweise Absatzformat fest. Die hier angezeigte verkürzte *Format*-Symbolleiste benutzen Sie genauso wie ihre Entsprechung im Programmfenster – nur dass Ihre Angaben sich hierbei nicht auf eine direkte Formatierung eines Textelements, sondern auf die Einstellungen der Vorlage beziehen.

» Alternativ können Sie auch über das Menü zur Schaltfläche *Format* unten links im Dialogfeld arbeiten. Hier können Sie wählen, welche Formate (*Zeichen*, *Absatz*, *Tabstopp*, *Rahmen*, *Sprache*, *Positionsrahmen*, *Nummerierung*) Sie definieren wollen. Dadurch öffnet sich jeweils wieder ein Dialogfeld, in dem Sie das Format wie gewohnt festlegen können (→ Kapitel 8). Hierüber können Sie der Vorlage auch eine Tastenkombination zuweisen (→ unten).

» Durch Aktivieren des Kontrollkästchens *Zur Liste der Schnellformatvorlagen hinzufügen* erreichen Sie, dass die neue Vorlage den Schnellformatvorlagen des Dokuments hinzugefügt wird.

» Mit *Automatisch aktualisieren* werden die Formatvorlagen automatisch neu definiert, wenn Sie einen Absatz mit dieser Formatvorlage direkt formatieren. Word aktualisiert dann alle Absätze im aktiven Dokument, die mit dieser Formatvorlage versehen sind.

» Wichtig ist noch die letzte Optionszeile: Durch Aktivieren von *Neue auf dieser Vorlage basierende Dokumente* erreichen Sie, dass die neue Formatvorlage allen Dokumenten zugänglich ist, die auf dieser Dokumentvorlage basieren (→ unten). Alternativ können Sie auch *Nur in diesem Dokument* einschalten.

Mit der Bestätigung über *OK* schließen Sie die Definition der Vorlage ab.

Neue Designfarben

Auch bei den Designfarben sind Sie nicht auf die Voreinstellungen beschränkt. Wenn Sie eine neue Farbkombination erstellen wollen, öffnen Sie die Liste zu *Formatvorlagen ändern/Farben* und wählen Sie darin *Neue Designfarben erstellen*. Das gleichnamige Dialogfeld wird angezeigt (→ Abbildung 9.13 oben).

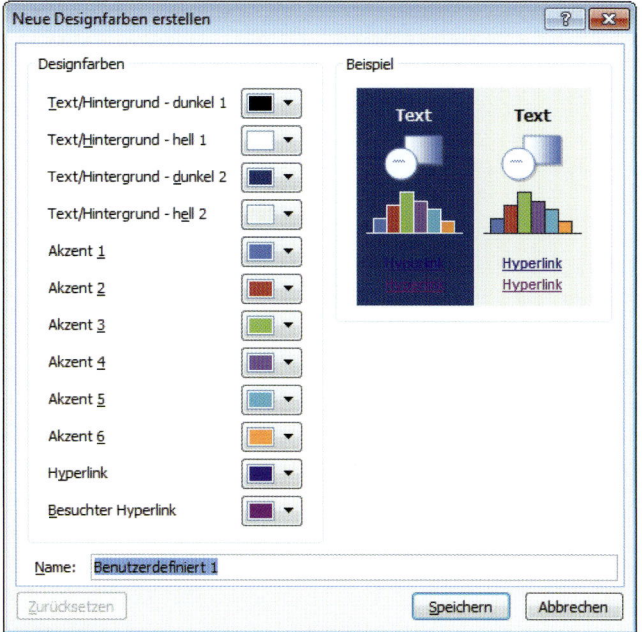

Abbildung 9.13
Neue Designfarben
erstellen

» In der linken Spalte finden Sie die Elemente, für die Sie einzelne Farben einstellen können. Die Wahl nehmen Sie über die Farbliste vor (→ Abbildung 9.13 unten).

» Ihre Auswahl wird im Beispiel auf der rechten Seite angezeigt. Durch scharfes Hinsehen finden Sie hier auch eine Erklärung dafür, was die Bezeichnungen im linken Bereich des Dialogfelds bedeuten.

» Geben Sie vor der Bestätigung über *Speichern* der Farbkombination noch einen sinnvollen Namen, unter dem Sie sie später in der Liste der Farben wiederfinden können.

Neue Designschriften

Auch die Schriftarten können Sie erweitern. Öffnen Sie die Liste zu *Formatvorlagen ändern/Schriftarten* und wählen Sie darin *Neue Designschriftarten erstellen*. Im dann angezeigten Dialogfeld entscheiden Sie, welche Schriften für die *Überschriften* und für den *Textkörper* verwendet werden sollen (→ Abbildung 9.14). Sie können über die Listenfelder aus den auf Ihrem Rechner vorhandenen Schriften einen neuen Satz erstellen. Geben Sie diesem einen aussagekräftigen Namen und bestätigen Sie über *Speichern*.

Abbildung 9.14 Neue Designschriftarten können zusammengestellt werden.

9.2.2   Vorlagen ändern

Manchmal ist das Anpassen vorhandener Vorlagen ein besserer Weg als das Erstellen neuer Vorlagen. Wählen Sie zuerst den Formatvorlagensatz, in dem Sie die Änderungen vornehmen möchten, und markieren Sie darin die zu ändernde Vorlage. Das können Sie im Bereich *Schnellformatvorlagen* oder in der Liste der *Formatvorlagen* tun. Klicken Sie dann mit der rechten Maustaste auf die Markierung und wählen Sie im Kontextmenü den Befehl *Ändern* aus. Das Dialogfeld *Formatvorlagen ändern* wird geändert.

Die Arbeit mit diesem Dialogfeld entspricht im Wesentlichen der mit dem Dialogfeld *Neue Formatvorlage von Formatierung erstellen* (→ Abbildung 9.12 auf Seite 281). Lediglich der Formatvorlagentyp kann nicht geändert werden. Beachten Sie auch hier wieder das Menü zur Schaltfläche *Format* unten links im Dialogfeld. Hier können Sie bestimmen, welche Formate (*Zeichen*, *Absatz*, *Tabstopp*, *Rahmen*, *Sprache*, *Positionsrahmen*, *Nummerierung*) Sie ändern wollen. Dadurch öffnet sich jeweils wieder ein Dialogfeld, in dem Sie das Format wie gewohnt festlegen können (→ Kapitel 8). Hierüber können

Sie der Vorlage auch eine Tastenkombination zuweisen (→ unten).

Ändern Sie die Formatvorlage in gewünschter Weise und bestätigen Sie mit *OK*.

Formate mit Tastenkombinationen zuweisen

Eine bequeme Möglichkeit, einem Textelement eine bestimmte Vorlage zuzuweisen, besteht darin, für die Vorlage eine Tastenkombination zu definieren. Dazu bringen Sie wieder das Dialogfeld *Formatvorlagen ändern* auf den Bildschirm. Dies können Sie im Bereich *Schnellformatvorlagen* oder in der Liste der *Formatvorlagen* tun. Klicken Sie mit der rechten Maustaste auf die Vorlage und wählen Sie im Kontextmenü den Befehl *Ändern* aus. Öffnen Sie das Menü zur Schaltfläche *Format* unten links im Dialogfeld und wählen Sie darin den Befehl *Tastenkombination*. Damit wird das Dialogfeld *Tastatur anpassen* geöffnet (→ Abbildung 9.15).

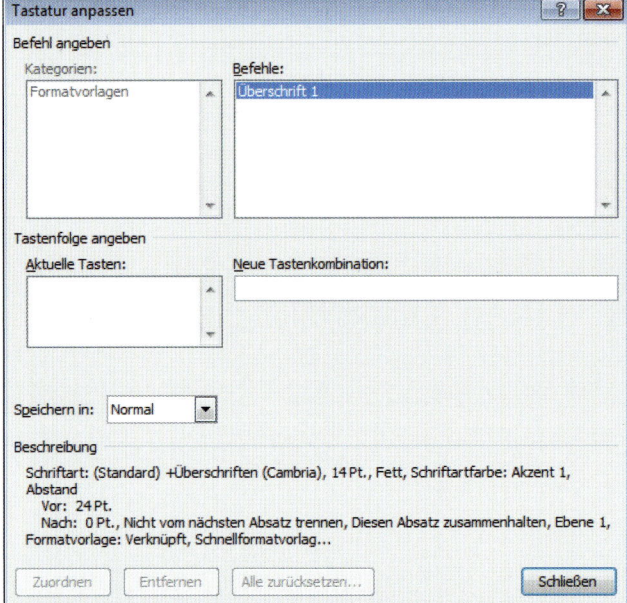

Abbildung 9.15 Das Dialogfeld *Tastatur anpassen* erlaubt das Zuordnen eines Tastenkürzels zu einer Vorlage.

» Entscheiden Sie zuerst über die Liste zum Feld *Speichern in*, für welche Dokumente die Tastenkombination gelten soll. Falls sie nur für das aktuelle Dokument gelten soll, wählen Sie hier den Namen des Dokuments aus. Soll die Tas-

tenkombination auch für alle neuen Dokumente gelten, die keine spezielle Dokumentvorlage benutzen, verwenden Sie als Speicherort die Standard-Dokumentvorlage *Normal*.

» Setzen Sie dann die Einfügemarke in das Feld *Neue Tastenkombination* und drücken Sie auf der Tastatur die gewünschte Kombination.

» Durch einen Klick auf *Zuordnen* könnten Sie die Tastenkombination der Vorlage zuweisen. Beenden Sie anschließend die Arbeit mit dem Dialogfeld über *Schließen*.

ACHTUNG Beachten Sie, dass viele Tastenkombinationen standardmäßig von Word und Windows bereits besetzt sind. Dies trifft beispielsweise auf fast alle Kombinationen mit der Taste `Strg` zu. In einem solchen Fall wird Ihnen die bereits der Tastenkombination zugewiesene Funktion angezeigt. Sie können diese Kombination trotzdem für die Vorlage verwenden, die ursprüngliche Zuweisung wird dabei jedoch überschrieben.

9.2.3   Vorlagen verwalten

Es kommt beispielsweise vor, dass Sie in einem Vorlagensatz eine Formatvorlage definiert haben, die Sie auch in einem anderen Satz zur Verfügung haben wollen. Diese und ähnliche Aufgaben erledigt ein spezielles Dialogfeld. Öffnen Sie zur Anzeige die Liste der Formatvorlagen und klicken Sie auf die Schaltfläche *Formatvorlagen* verwalten. Das gleichnamige Dialogfeld wird angezeigt, das mehrere Registerkarten beherbergt.

Bearbeiten

Auf der Registerkarte *Bearbeiten* finden Sie in der Liste *Formatvorlage zum Bearbeiten auswählen* alle Vorlagen. Die Reihenfolge der Anzeige können Sie über die *Sortierreihenfolge* ändern (→ oben). Die Eigenschaften einer in der Liste markierten Vorlage werden im mittleren Bereich des Dialogfelds angezeigt (→ Abbildung 9.16).

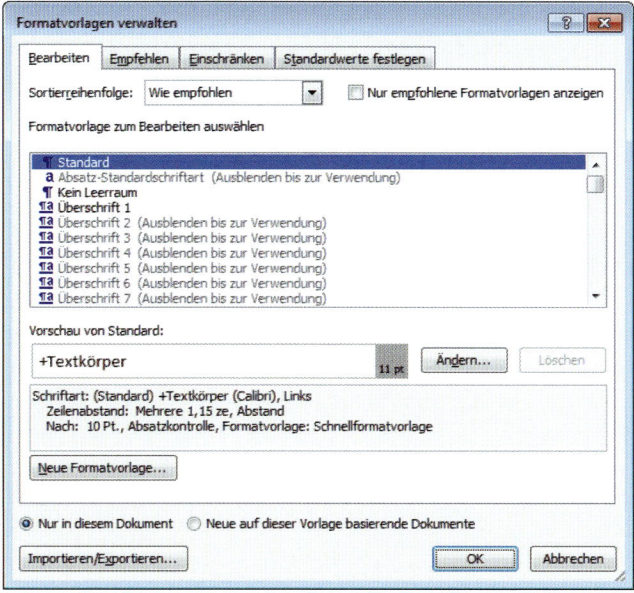

Abbildung 9.16 Formatvorlagen bearbeiten, Registerkarte *Bearbeiten*.

» Wenn Sie eine dieser Vorlagen ändern wollen, markieren Sie sie in der Liste und klicken Sie auf *Ändern*. Daraufhin wird das Dialogfeld *Formatvorlagen ändern* angezeigt, das inhaltlich dem Dialogfeld *Neue Formatvorlage von Formatierung erstellen* entspricht (→ Abbildung 9.12 auf Seite 281).

» Zum Entfernen einer Vorlage markieren Sie sie und klicken auf *Löschen*. Manche Vorlagen sind in Word fest integriert und können nicht gelöscht werden!

» Über die Schaltfläche *Neue Formatvorlage* können Sie eine neue Vorlage erstellen. Markieren Sie vorher in der Liste die bereits vorhandene Vorlage, auf der die neue basieren soll. Das Dialogfeld *Neue Formatvorlage von Formatierung erstellen* wird dann angezeigt (→ Abbildung 9.12 auf Seite 281).

» Beachten Sie auch wieder die letzte – wichtige – Optionszeile: Durch Aktivieren von *Neue auf dieser Vorlage basierende Dokumente* erreichen Sie, dass die neue Formatvorlage allen Dokumenten zugänglich ist, die auf dieser Dokumentvorlage basieren (→ unten). Alternativ können Sie auch *Nur in diesem Dokument* einschalten.

Organisieren

Wichtig ist die Schaltfläche *Importieren/Exportieren*. Ein Klick darauf öffnet das Dialogfeld *Organisieren* (→ Abbildung 9.17). Sie finden darin zwei Bereiche: Standardmäßig wird links eine Liste der im aktuellen Dokument gültigen Vorlagen angezeigt, rechts finden Sie eine Liste der Vorlagen in der globalen Vorlage *Normal.dotm*, auf der alle neu erstellten Dokumente basieren, für die Sie keine andere Dokumentvorlage verwendet haben (→ unten).

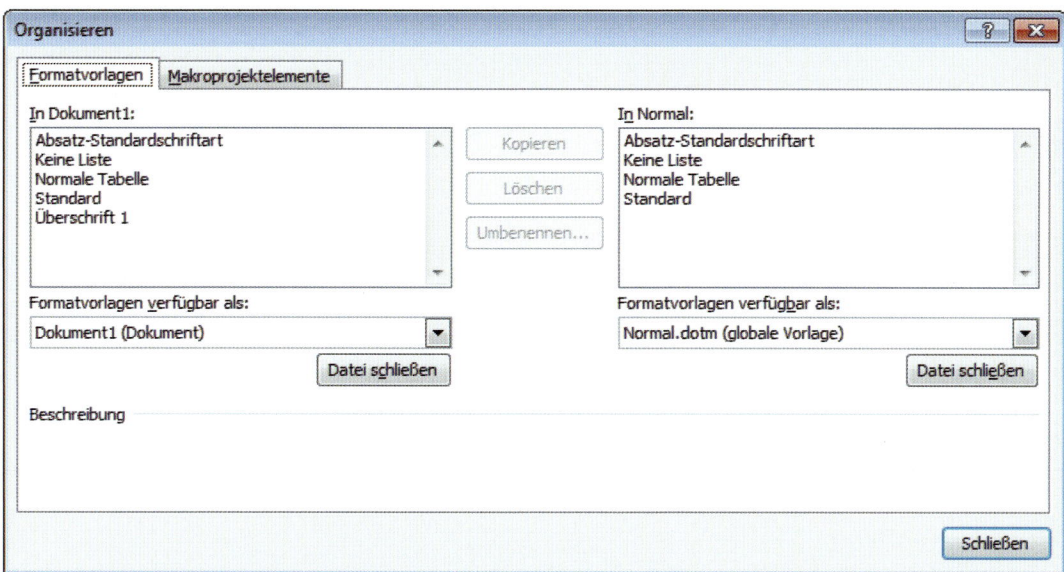

Abbildung 9.17
Vorlagen organisieren

» Sie können einzelne Vorlagen vom einen in den anderen Bereich kopieren. Dazu markieren Sie die gewünschte Vorlage dort, wo sie bereits vorhanden ist, und klicken dann auf die Schaltfläche *Kopieren* in der Mitte.

» Auf ähnliche Weise können Sie in beiden Bereichen eine vorhandene Vorlage löschen oder umbenennen.

» Sie können auf beiden Seiten des Dialogfelds auch Formatvorlagen aus anderen Dokumenten benutzen. Klicken Sie dazu zuerst auf der Seite, die Sie nicht benötigen, auf *Datei schließen* und dann auf *Datei öffnen*.

Empfehlen

Über die Registerkarte *Empfehlen* im Dialogfeld *Format-vorlagen verwalten* können Sie festlegen, welche Vorlagen in der Empfehlungsliste angezeigt werden sollen (→ Abbildung 9.18). In der Liste in der Mitte des Dialogfelds

werden alle vorhandenen Vorlagen aufgelistet. Die in der Empfehlungsliste angezeigten werden darin in schwarzer, die restlichen in grauer Schrift wiedergegeben. Sie können aber die Anzeige über das Kontrollkästchen *Nur empfohlene Formatvorlagen anzeigen* einschränken.

» Um eine noch ausgeblendete Vorlage standardmäßig anzuzeigen, markieren Sie sie in der Liste und klicken auf die Schaltfläche *Anzeigen* unten im Dialogfeld.

» Entsprechend können Sie eine standardmäßig angezeigte Vorlage nach dem Markieren durch einen Klick auf *Ausblenden* aus der Empfehlungsliste entfernen.

» Die Schaltfläche *Ausblenden bis zur Verwendung* bewirkt, dass die Vorlage zunächst in der Empfehlungsliste nicht angezeigt wird. Erst wenn Sie die Vorlage – beispielsweise über die Liste der Formatvorlagen – im Dokument verwendet haben, erscheint sie auch in der Empfehlungsliste.

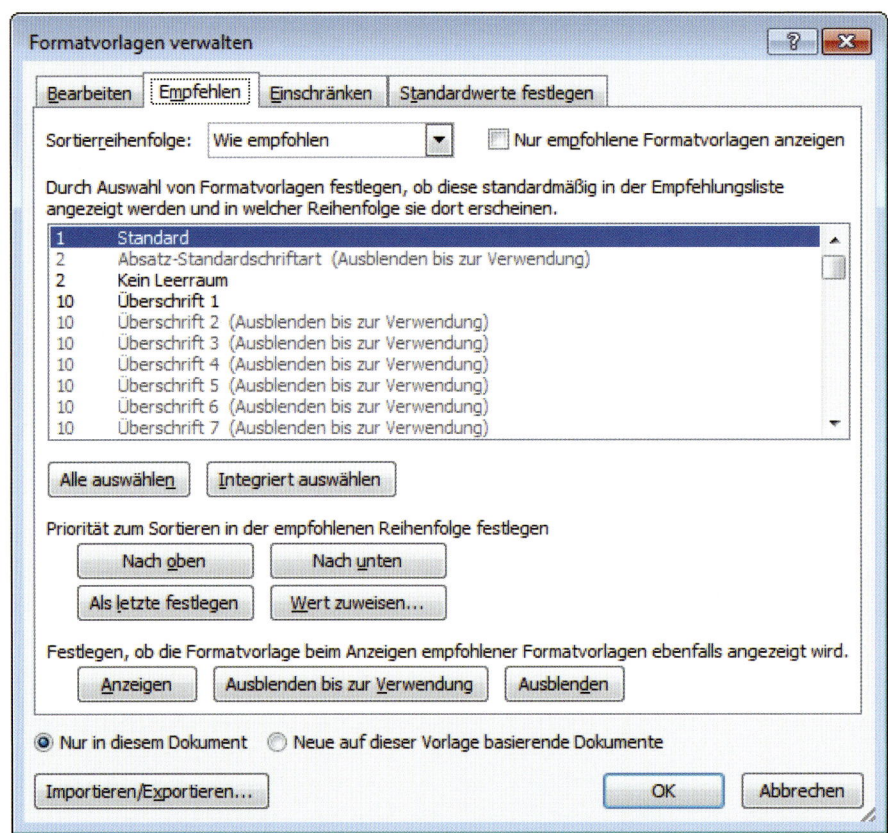

Abbildung 9.18
Die empfohlenen Vorlagen

Beachten Sie auch wieder die letzte Optionszeile: Durch Aktivieren von *Neue auf dieser Vorlage basierende Dokumente* erreichen Sie, dass die neue Formatvorlage allen Dokumenten zugänglich ist, die auf dieser Dokumentvorlage basieren (→ unten). Alternativ können Sie auch *Nur in diesem Dokument* einschalten.

Standardwerte festlegen

Die Registerkarte *Standardwerte festlegen* ist für Anwender interessant, die häufiger eigene Vorlagen erstellen. Hierüber lassen sich Werte festlegen, die beim Erstellen einer Vorlage standardmäßig benutzt werden sollen (→ Abbildung 9.19).

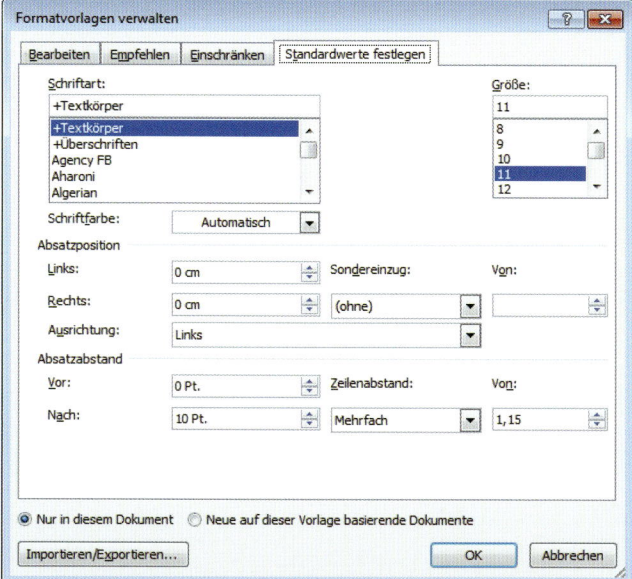

Abbildung 9.19 Formatvorlagen bearbeiten, Registerkarte *Standardwerte festlegen*

9.2.4 Konsistenzprüfung

Wenn Sie Formatvorlagen in einem Dokument einsetzen, sollten Sie »harte« Formatierungen in diesem Dokument vermeiden, da diese von einem Wechsel des Formatvorlagensatzes nicht beeinflusst werden, sondern immer ihr Aussehen beibehalten. Word kann Ihnen helfen, im Dokument vorhandene »harte« Formatierungen aufzuspüren. Dazu müssen in den *Word-Optionen* in der Rubrik *Erweitert* unter den *Bearbeitungsoptionen* die Kontrollkästchen *Formatierungen mitverfolgen* und *Inkonsistenzen bei Formatierungen markieren* aktiviert sein (→ Kapitel 26).

Vorlagen und »harte« Formatierung

Wenn Sie dann im Dokument für einen bestimmten Zeck sowohl »harte« Formatierungen als auch eine Vorlage verwenden, wird die Stelle mit der »harten« Formatierung mit einer blauen Wellenlinie unterlegt (→ Abbildung 9.20). Rote Wellenlinien zeigen übrigens Rechtschreibfehler an, grüne Grammatikfehler (→ Kapitel 10).

> *Dieser Text wurde mit einer Formatvorlage formatiert.*
>
> *Dieser Text wurde »hart« formatiert.*

Abbildung 9.20 Die Konsistenzprüfung zeigt bei harten Formatierungen blaue Wellenlinien an.

Passen Sie aber auf: Diese Anzeige erhalten Sie nur, wenn Sie eine »harte« Formatierung benutzen, die in allen Einstellungen – Schriftart, -schnitt, -farbe usw. – einer auch im Dokument benutzten Formatvorlage entspricht. Wenn Sie mit der rechten Maustaste auf die blaue Wellenlinie klicken, können Sie die direkte Formatierung mit einer Formatvorlage ersetzen.

Der Formatinspektor

Word besitzt einen sogenannten *Formatinspektor*. Dieser prüft das Dokument und findet heraus, welche Formatierungen auf einer Vorlage beruhen und welche durch »harte« Formatierung oder durch Überschreiben der Definition einer Vorlage zustande gekommen sind. Sie bringen ihn durch einen Klick auf die Schaltfläche *Formatinspektor* in der Liste der Formatvorlagen auf den Bildschirm. Dieser Formatinspektor zeigt die Parameter für die Formatierung des gerade im Dokument markierten Textes an.

» Wenn dieser Text ausschließlich mit Hilfe von Vorlagen formatiert wurde, sehen Sie sowohl im Bereich *Absatzformatierung* als auch unter *Formatierung auf Textebene* den Eintrag ‹keine› (→ Abbildung 9.21 links).

» Hatten Sie zusätzliche Änderungen in der Formatierung – beispielsweise über die Minisymbolleiste – durchgeführt, werden diese sowohl zur Absatzformatierung als auch zur Formatierung auf Textebene angezeigt (→ Abbildung 9.21 Mitte).

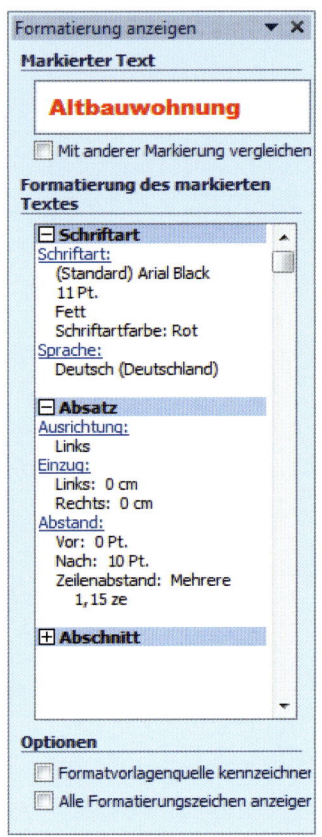

Abbildung 9.21
Den Formatinspektor und die
Formatierung anzeigen

»  Über den Formatinspektor können Sie solche zusätzlichen Formatierungen aufheben. Dazu dienen die Schaltflächen mit dem Radiergummisymbol auf der rechten Seite des Dialogfelds. Wenn Sie auf eines davon klicken, wird die links davon stehende Formatierung entfernt. Sie können damit sowohl Vorlagen als auch »harte« Formatierungen löschen.

» Details zur Formatierung des gerade im Dokument markierten Textelements werden Ihnen angezeigt, nachdem Sie auf die Schaltfläche *Formatierung anzeigen* im Formatinspektor geklickt haben (→ Abbildung 9.21 rechts). Ein weiterer Klick blendet diesen Bereich wieder aus.

» Wenn Sie in diesem Fenster die Option *Mit anderer Formatierung vergleichen* aktivieren, wird oben unter der Überschrift *Markierter Text* ein zweites Feld angezeigt. Wenn Sie dann im Dokument auf einen anders formatierten Textbereich klicken, werden die Unterschiede in der Formatierung angezeigt.

» Die Schaltfläche *Neue Formatvorlage* im *Formatinspektor* zeigt das schon beschriebene Dialogfeld *Neue Formatvorlage von Formatierung erstellen* an (→ Abbildung 9.12 auf Seite 281)

9.2.5 Vorlagen übertragen und ersetzen

Microsoft Word stellt verschiedene Verfahren zur Verfügung, um die im markierten Bereich verwendeten Formate zu ändern. Zur Korrektur können Sie entweder die einzelnen Formatierungen individuell ändern oder bestimmte Formatierungen durch andere ersetzen.

Individuelle Änderungen

Um eine zugewiesene Formatierung zu ändern, können Sie genauso wie beim ursprünglichen Formatieren vorgehen: Markieren Sie das zu formatierende Element und legen Sie die Parameter des Formats über die entsprechenden Dialogfelder oder die Werkzeuge in den Gruppen *Schriftart* und *Absatz* der Registerkarte *Start* neu fest. Denken Sie daran, dass einige der Schaltflächen in der Gruppe *Schriftart* als Umschalter wirken. Um beispielsweise ein fett formatiertes Wort wieder normal darzustellen, markieren Sie das Wort und klicken dann auf die aktiviert dargestellte Schaltfläche *Fett*.

Sie können auch ein für ein Textelement festgelegtes Format auf ein anderes übertragen:

» Dazu markieren Sie zunächst das Element, dessen Format Sie übertragen wollen. Wollen Sie ein Absatzformat übertragen, markieren Sie am besten den gesamten Absatz. Bei einem Zeichenformat reicht es aus, wenn Sie die Einfügemarke an eine beliebige Stelle in den so formatierten Textbereich setzen.

» Klicken Sie dann auf die Schaltfläche *Format übertragen* 🖌 in der Gruppe *Zwischenablage* der Registerkarte *Start*.

» Markieren Sie abschließend das Element, auf das das Format übertragen werden soll.

Wenn Sie auf der Schaltfläche *Format übertragen* einen Doppelklick ausführen, bleibt die Funktion nach dem Übertragen auf das Zielelement aktiviert. Sie können dann anschließend weitere Elemente anklicken, um auch diesen das Format zuzuweisen. Ein Drücken der Taste ⎋Esc oder ein erneuter Klick auf die Schaltfläche schaltet die Funktion wieder aus.

Automatisch ersetzen

Über die Registerkarte *Ersetzen* im Dialogfeld *Suchen und Ersetzen* können Sie einzelne Vorlagen gegen andere austauschen. Sie gehen dazu ähnlich vor wie beim Austausch von »harten« Formatierungen im Dokument (→ Kapitel 8). Wählen Sie auf der Registerkarte *Start* in der Gruppe *Bearbeiten* den Befehl *Ersetzen*.

» Erweitern Sie das Dialogfeld durch einen Klick auf die entsprechende Schaltfläche und setzen Sie die Einfügemarke in das Feld *Suchen nach*. Öffnen Sie die Liste zur Schaltfläche *Format* und klicken Sie auf die Option *Formatvorlage*. Ein kleines Dialogfeld mit dem Namen *Formatvorlage suchen* wird angezeigt (→ Abbildung 9.22). Wählen Sie darin die Vorlage, die ersetzt werden soll.

Abbildung 9.22
Formate können ausgetauscht werden.

» Setzen Sie dann die Einfügemarke in das Feld *Ersetzen durch* und gehen Sie wie eben beschrieben vor, um die Vorlage zu wählen, die die vorher gewählte ersetzen soll.

» Benutzen Sie dann – wie üblich – die Schaltflächen *Weitersuchen*, *Ersetzen* oder *Alle ersetzen*. Die Formatvorlagen werden ausgetauscht.

ACHTUNG Achten Sie unbedingt darauf, dass sich in den Feldern *Suchen nach* und *Ersetzen durch* keine zusätzlichen Texteintragungen oder gar Leerzeichen befinden, da diese sonst beim Suchen und Ersetzen mit berücksichtigt werden.

9.2.6 Formatvorlagen ersetzen

Über die Registerkarte *Ersetzen* im Dialogfeld *Suchen und Ersetzen* können Sie im Dokument verwendete Formatvorlagen gegen andere austauschen. Wählen Sie dazu auf der Registerkarte *Start* in der Gruppe *Bearbeiten* den Befehl *Ersetzen*. Vergrößern Sie das Dialogfeld durch einen Klick auf die Schaltfläche *Erweitern* und definieren Sie dann über die Schaltfläche *Format* das zu suchende Format und das Ersatzformat (→ Abbildung 9.22). Geben Sie aber in den Feldern *Suchen nach* und *Ersetzen durch* selbst keine weiteren Daten ein.

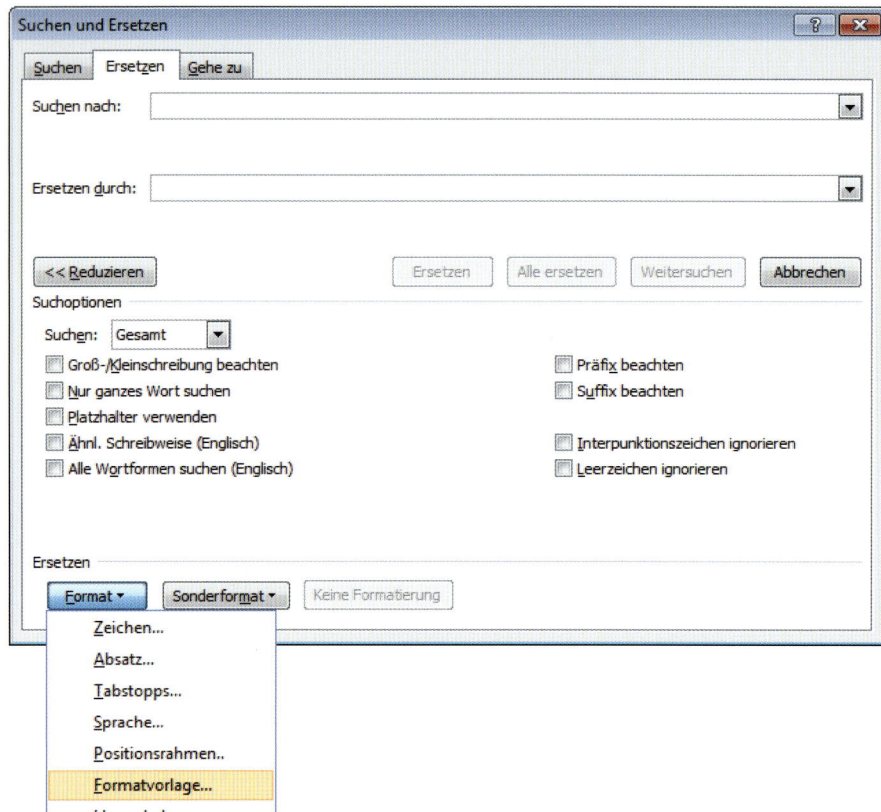

Abbildung 9.23
Formatvorlagen können über das
Dialogfeld *Suchen und Ersetzen*
ausgetauscht werden.

ACHTUNG Wenn Sie nur Formatvorlagen ersetzen wollen, müssen Sie darauf achten, dass weder im Feld *Suchen nach* noch im Feld *Ersetzen durch* ein Texteintrag steht (besonders tückisch sind übrigens Leerzeichen). Anderenfalls wird dieser Texteintrag beim Suchen oder Ersetzen mit berücksichtigt, was meist nicht zu den gewünschten Ergebnissen führt.

Das gilt auch anders herum: Nachdem Sie eine auszutauschende Formatvorlage festgelegt haben, wird diese im Dialogfeld *Suchen und Ersetzen* unterhalb der Felder *Suchen nach* und *Ersetzen durch* neben der Kennzeichnung *Format* aufgelistet. Diese Einstellung bleibt auch bei einem späteren Aufruf des Dialogfelds erhalten. Wenn Sie dann statt eines Formats nur ein Wort ersetzen wollen, müssen Sie darauf achten, dass diese noch wirksam ist. Um die Einstellung vollständig abzuschalten, klicken Sie in das Feld *Suchen nach* und dann auf die Schaltfläche *Keine Formatierung* und wiederholen Sie das noch mal nach einem Klick in das Feld *Ersetzen durch*.

9.3   Dokumentvorlagen

Was Formatvorlagen sind und was Sie damit tun können, dürfte jetzt klar geworden sein. Wenn Sie eigene Sätze von Formatvorlagen immer wieder verwenden, lohnt es sich, dafür ein System zu benutzen, in dem Ihre speziellen Vorlagen automatisch eingestellt sind. Dieses System bezeichnet man als *Dokumentvorlage*. Neben diesem Satz von Formatvorlagen beinhaltet eine Dokumentvorlage aber noch mehr: Sie können darüber alle Parameter auf der Registerkarte *Seitenlayout* im Menüband oder auch Makros vorgeben. Sie können also eine Dokumentvorlage verwenden, bei der Seitenlayout, Schriftarten, Seitenränder und Formatvorlagen vordefiniert sind. Sie

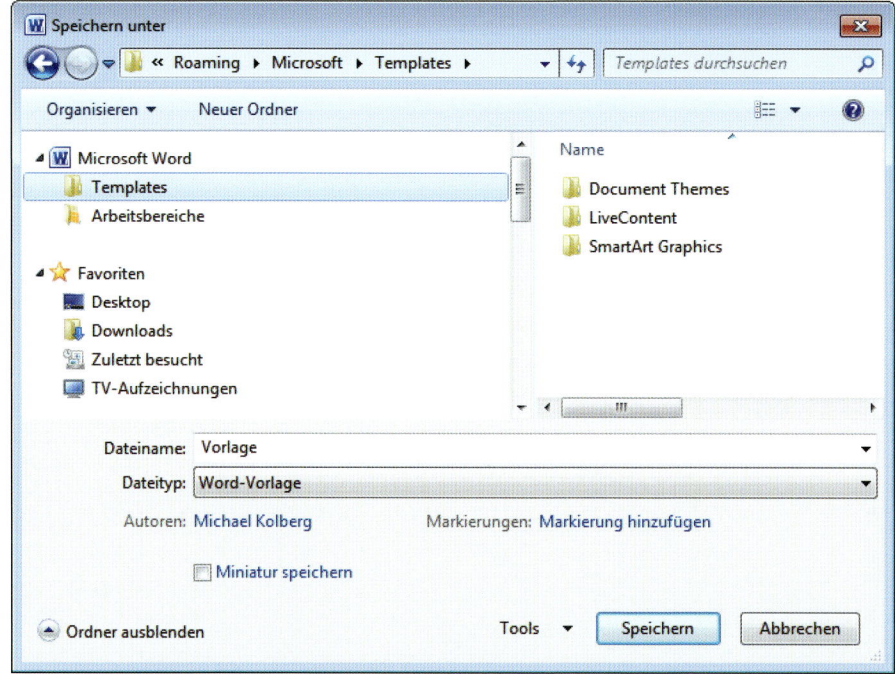

Abbildung 9.24
Eine Vorlage speichern Sie am besten unter *Templates*.

müssen nur eine Dokumentvorlage öffnen und die Daten eingeben, die für Ihr Dokument spezifisch sind. Wenn Sie das Dokument dann speichern, erstellen Sie eine separate Datei und überschreiben nicht die Vorlage, auf der es basiert. Anders gesagt: Eine Dokumentvorlage ist ein Dokumenttyp, der eine Kopie von sich selbst erstellt, wenn die Dokumentvorlage geöffnet wird.

9.3.1 Dokumentvorlage erstellen

Auch wenn es zunächst nicht so aussieht, jedes in Word erstellte Dokument beruht auf einer solchen Dokumentvorlage. Die Standarddokumentvorlage *Normal* wird automatisch beim Erstellen eines neuen Dokuments verwendet, wenn Sie keine andere Vorlage wählen. Wenn Sie an den darin enthaltenen Formatvorlagen Änderungen oder Ergänzungen vornehmen, stehen diese Elemente auch für alle neuen Dokumente in Microsoft Word zur Verfügung. Das kann aber leicht dazu führen, dass die Zahl der in *Normal* vorhandenen Formatvorlagen unnötig aufgebläht wird. Wenn Sie Ihre speziellen Formatvorlagen für bestimmte Typen von Dokumenten einsetzen wollen, sollten Sie zunächst eine neue Dokumentvorlage erstellen und dann Änderungen oder Ergänzungen auf dieser Basis vornehmen.

Wenn Sie selbst eine Dokumentvorlage erstellen wollen, können Sie mit einem leeren Dokument beginnen und dieses als Dokumentvorlage speichern, oder Sie können eine Dokumentvorlage auf der Grundlage eines vorhandenen Dokuments oder einer vorhandenen Dokumentvorlage erstellen.

Erstellen auf Basis einer leeren Dokumentvorlage

Wir hatten es schon erwähnt: Alle Dokumente basieren auf einer Dokumentvorlage. Wenn Sie zum Erstellen einer neuen Dokumentvorlage von der – standardmäßig noch recht leeren – Standarddokumentvorlage *Normal* ausgehen wollen, gehen Sie wie folgt vor:

» Erstellen Sie zuerst ein leeres Dokument. Dieses basiert auf der Standarddokumentvorlage *Normal*.

» Nehmen Sie darin die gewünschten Einstellungen für die Seitenränder, das Seitenformat, die Seitenausrichtung, die Formatvorlagen und die anderen Formate vor. Sie können auch Texte und andere Elemente einfügen, die in allen neuen Dokumenten angezeigt werden sollen, die auf der Grundlage der Dokumentvorlage erstellt werden.

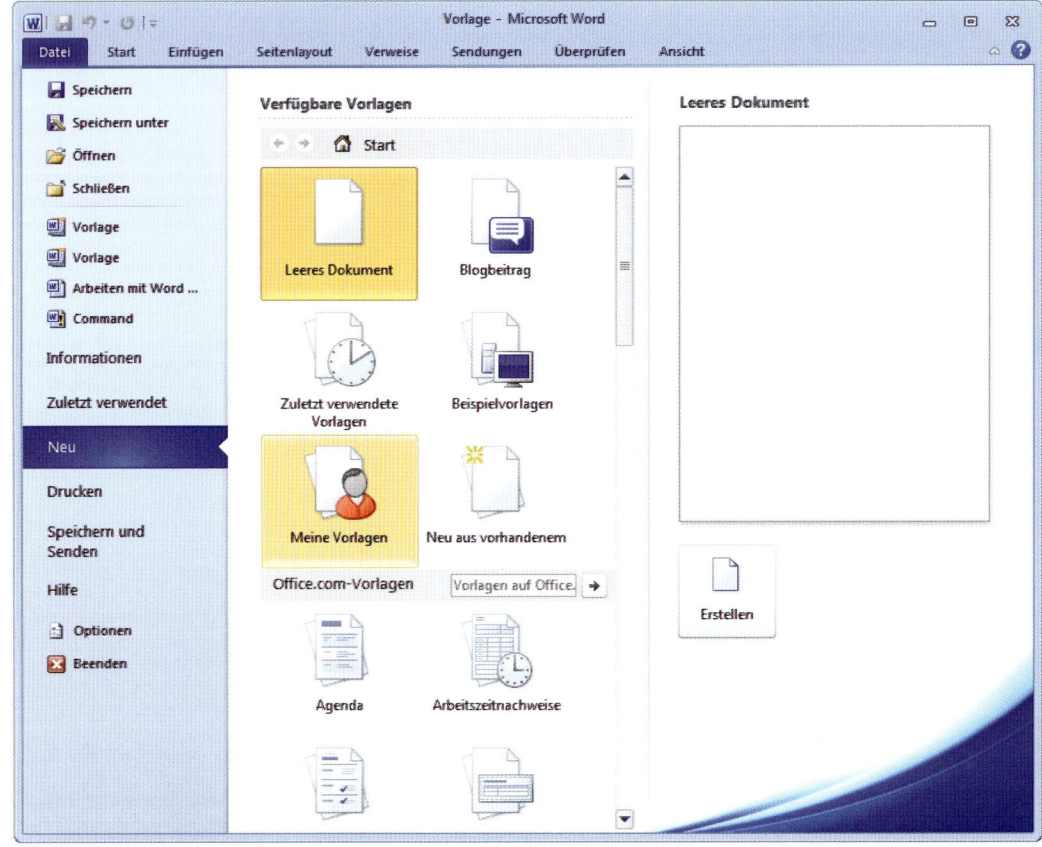

Abbildung 9.25 Eine selbst erstellte Vorlage für ein neues Dokument nutzen

» Öffnen Sie die Registerkarte *Datei* und klicken Sie anschließend auf *Speichern unter*. Im Dialogfeld *Speichern unter* wählen Sie links im Navigationsbereich als Speicherort *Templates* bzw. den Ordner, den Sie als Vorlagenordner verwenden wollen (→ Abbildung 9.24). Weisen Sie der neuen Dokumentvorlage einen Namen zu, wählen Sie in der Liste *Dateityp* die Option *Word-Vorlage* aus und klicken Sie auf *Speichern*. Schließen Sie dann die Dokumentvorlage.

Erstellen auf Basis eines vorhandenen Dokuments

Manchmal beinhaltet ein bestehendes Dokument schon genau die Inhalte, die auch die Dokumentvorlage besitzen soll. Sie können dann auf der Basis dieses Doku-

ments die Vorlage direkt erstellen. Öffnen Sie das Dokument und gehen Sie genau wie eben beschrieben vor.

Erstellen auf Basis einer vorhandenen Dokumentvorlage

Ein weiterer Spezialfall ist der folgende: Sie wollen in einer neuen Dokumentvorlage alle Elemente nutzen, die bereits in einer vorhandenen Vorlage integriert sind, aber zusätzliche Elemente darin aufnehmen.

» Öffnen Sie die Registerkarte *Datei* und wählen Sie anschließend *Neu*. Klicken Sie unter *Vorlagen* auf *Neu von vorhandenem* und wählen Sie eine Dokumentvorlage, die der gleicht, die Sie erstellen möchten. Klicken Sie dann auf *Neu erstellen*.

» Nehmen Sie die gewünschten Erweiterungen oder Änderungen hinsichtlich Seitenrand, Seitenformat, Seitenausrichtung, Formatvorlagen usw. vor. Sie können wieder auch Texte und andere Elemente einfügen, die in allen neuen Dokumenten angezeigt werden sollen, die auf der Grundlage der Dokumentvorlage erstellt werden.

» Öffnen Sie die Registerkarte *Datei* und klicken Sie anschließend auf *Speichern unter*. Im Dialogfeld *Speichern unter* klicken Sie auf *Vertrauenswürdige Vorlagen*. Weisen Sie der neuen Dokumentvorlage einen Namen zu, wählen Sie in der Liste *Dateityp* die Option *Word-Vorlage* aus und klicken Sie auf *Speichern*.

» Schließen Sie die Dokumentvorlage.

9.3.2 Dokumentvorlage einsetzen

Wie man mit den vorhandenen Dokumentvorlagen arbeitet, haben wir schon beschrieben (→ Kapitel 3). Nachdem Sie eigene Dokumentvorlagen erstellt haben, werde diese im Dialogfeld *Neu* mit aufgelistet und können genau wie die mit Word standardmäßig ausgelieferten benutzt werden (→ Abbildung 9.25).

9.3.3 Dokumentvorlagen austauschen

 Sie können die Dokumentvorlage eines Dokuments wechseln, um auf die Inhalte anderer Dokumentvorlagen zugreifen zu können. Dazu müssen Sie zunächst die Registerkarte *Entwicklertools* auf dem Bildschirm sichtbar machen (→ Kapitel 2). Sie finden darin eine Gruppe mit dem Namen *Vorlagen*. Wenn Sie darin auf die Schaltfläche *Dokumentvorlage* klicken, wird das Dialogfeld *Dokumentvorlagen und Add-Ins* angezeigt (→ Abbildung 9.26).

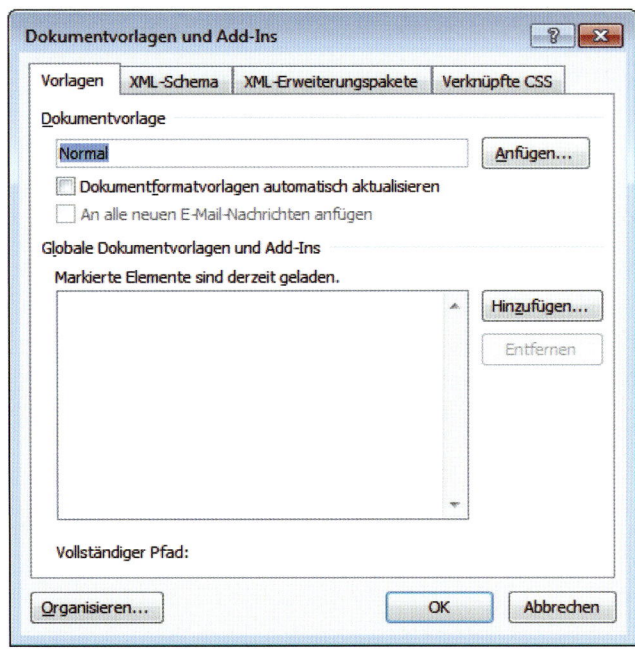

Abbildung 9.26 Die Dokumentvorlagen und Add-Ins

Im Feld *Dokumentvorlage* wird die aktuell benutzte Vorlage angegeben. Um eine andere Vorlage zu verwenden, klicken Sie auf die Schaltfläche *Anfügen* und wählen dann im Dialogfeld *Vorlage verbinden* die gewünschte aus (→ Abbildung 9.27). Bestätigen Sie anschließend. Die Elemente der Dokumentvorlage sind dann im aktuellen Dokument verfügbar und können – beispielsweise über das Dialogfeld *Formatvorlagen* – genutzt werden.

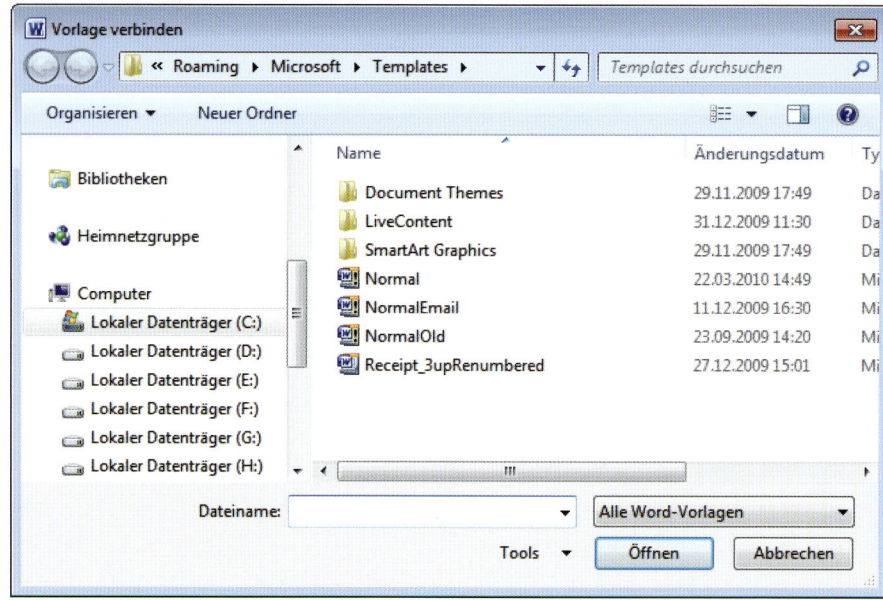

Abbildung 9.27
Wählen Sie die zu verwendende
Vorlage aus.

Bei einem solchen Wechsel der Dokumentvorlage sind zwei Punkte noch zu beachten:

» Einerseits werden die Parameter für das Seitenlayout nicht automatisch an die Inhalte der Vorlage angepasst. Das müssen Sie noch manuell vornehmen.

» Auch wenn Unterschiede in den vorhandenen Absatz- und Zeichenvorlagen vorhanden sind, werden diese durch das Öffnen der neuen Dokumentvorlage noch nicht geändert. Wenn Sie eine Anpassung wünschen, sollten Sie das Kontrollkästchen *Dokumentformatvorlagen automatisch aktualisieren* einschalten, dann bestätigen und – nach einem erneuten Aufruf des Dialogfelds *Dokumentvorlagen und Add-Ins* – gegebenenfalls wieder abschalten.

Beachten Sie auch die zusätzlichen Optionen auf der Registerkarte *Vorlagen*:

» Wenn Sie das Kontrollkästchen *Dokumentformatvorlagen automatisch aktualisieren* einschalten, werden die Formate im aktiven Dokument bei jedem Öffnen des Dokuments automatisch aktualisiert, um den Formaten in der Vorlage zu entsprechen.

» Im unteren Bereich unter *Globale Dokumentvorlagen und Add-Ins* können Sie dafür sorgen, dass bestimmte Vorlagen bei jedem Starten von Word automatisch mit geladen werden.

» Klicken Sie in diesem Bereich auf *Hinzufügen*, um das Dialogfeld *Vorlage hinzufügen* zu öffnen. Verwenden Sie dieses Dialogfeld, um eine Vorlage zu laden (→ oben). Über *Entfernen* können Sie die ausgewählte Vorlage wieder aus der Liste löschen. Um ein Element aus Word zu entladen und es trotzdem in der Liste zu behalten, deaktivieren Sie das entsprechende Kontrollkästchen in der Zeile.

» *Vollständiger Pfad* zeigt den Speicherort der ausgewählten Vorlage mit an.

» Ein Klick auf die Schaltfläche *Organisieren* zeigt das gleichnamige Dialogfeld an. Verwenden Sie dieses Dialogfeld, um einzelne Formate, Makros usw. von einem Dokument in ein anderes zu kopieren.

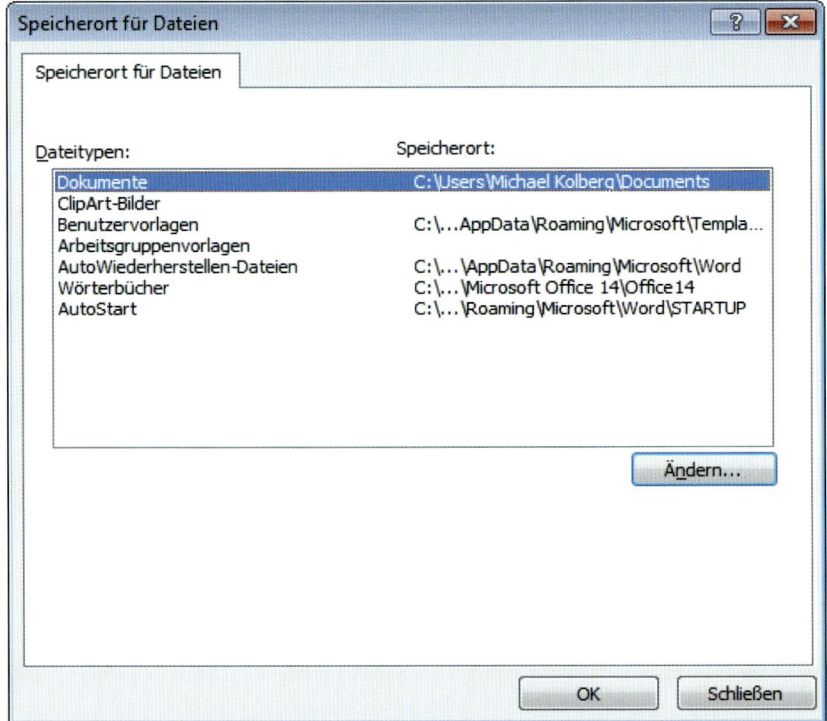

Abbildung 9.28
Die Standardspeicherorte für Word

TIPP Welcher Ordner standardmäßig beim Aufruf des Dialogfelds *Vorlage verbinden* angezeigt werden soll, können Sie einstellen. Öffnen Sie die *Word-Optionen* und wählen Sie die Rubrik *Erweitert*. Klicken Sie dann im Abschnitt *Allgemein* auf *Dateispeicherorte*. Im Dialogfeld *Speicherorte für Dateien* markieren Sie die Zeile *Benutzervorlagen* (→ Abbildung 9.28). Klicken Sie dann auf *Ändern* und navigieren Sie zu dem gewünschten Ordner. Bestätigen Sie die Änderungen in den einzelnen Dialogfeldern jeweils per Klick auf *OK*.

Teil 4
Erweiterte Aufgaben der Textverarbeitung

Durch das Arbeiten an den vorhergegangenen Teilen in diesem Buch sollten Sie in der Lage sein, einfache Textdokumente – wie Briefe und Ähnliches – zu erstellen, zu formatieren und zu korrigieren. In dem jetzt beginnen Teil des Buchs wollen wir uns mit einigen tiefergehenden Aspekten der Arbeit mit dem Programm Word 2010 beschäftigen.

Kapitel 10: Überprüfen und Überarbeiten

Sie können das gesamte Dokument auf Fehler hinsichtlich Rechtschreibung und Grammatik untersuchen und diese gegebenenfalls korrigieren lassen. Wenn mehrere Personen an einem Dokument arbeiten, ist es oft nützlich, Überarbeitungsvorgänge nachvollziehen zu können, die am Dokument vorgenommen werden. Solche Änderungen werden mit Überarbeitungsfunktionen besonders gekennzeichnet.

Kapitel 11: Gliedern und Zusammenführen

Wenn Sie Microsoft Word zum Verfassen von längeren und gegebenenfalls komplexeren Arbeiten verwenden, dürften die in diesem Kapitel vorgestellten Techniken interessant für Sie sein. Wir beschreiben hier, wie man Dokumente gliedert, Gliederungen umstellt oder auch einzelne Dokumente zu einem Zentraldokument zusammenfasst.

Kapitel 12: Verweise und Verzeichnisse

Damit sich Leser besser in Ihrem Dokument zurechtfinden, können Sie mit unterschiedlichen Beschriftungen arbeiten, die automatisch aktualisiert werden. Für beschriftete Elemente können Sie dann Verzeichnisse erstellen, in denen diese zusammengefasst werden.

Kapitel 13: Freigabe

Unter dem Begriff Freigabe wird - jedenfalls bei Microsoft Office - alles verstanden, was irgendwie mit der Verteilung von Dokumenten in elektronischer Form zusammenhängt. Dazu gehören sowohl einfache Dinge wie das Versenden eines Dokuments über das Internet als auch das Speichern an einem Ort, zu dem auch andere Benutzer Zugriff haben - beispielsweise im privaten Netzwerk oder im Internet. Wenn Sie ein Dokument nicht in gedruckter Form verbreiten, sondern als Datei anderen Personen zukommen lassen möchten, kommen zusätzliche Aspekte ins Spiel. Diese betreffen beispielsweise sowohl die Sicherheit als auch andere Dinge. In diesem Kapitel wollen wir diese Aspekte zusammenfassend ansprechen.

Kapitel 10

Überprüfen und Überarbeiten

In diesem Kapitel finden Sie Hinweise, wie Sie Ihr Dokument überprüfen und überarbeiten können:

» Mit der Dokumentprüfung können Sie das gesamte Dokument – beispielsweise bei Word einschließlich Kopfzeile, Fußzeile, Fußnoten, Endnoten und Kommentare – oder einen markierten Bereich auf Fehler hinsichtlich Rechtschreibung und Grammatik untersuchen und gegebenenfalls korrigieren lassen (→ Abschnitt 10.1).

» Wenn mehrere Personen an ein und demselben Dokument arbeiten, ist es oft nützlich, Überarbeitungsvorgänge – wie Löschen, Einfügen und auch Formatierungsänderungen – nachvollziehen zu können, die Sie oder eine andere Person am Dokument vornehmen. Solche Änderungen werden mit der Überarbeitungsfunktion besonders gekennzeichnet (→ Abschnitt 10.2). Außerdem lässt sich das Dokument mit Kommentaren versehen.

» Mittels verschiedener Funktionen können Sie ein Dokument und seine Inhalte davor schützen, dass Personen, die nicht im Besitz des entsprechenden Kennworts sind, dieses öffnen, bearbeiten oder speichern können (→ Abschnitt 10.3).

Aufgaben dieser Art erledigen Sie über die Registerkarte *Überprüfen* im Menüband (→ Abbildung 10.1).

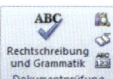 **CD-ROM** Die Mehrzahl der in diesem Kapitel gezeigten Abbildungen finden Sie auch in der Datei **Dokument10** im Ordner **10** auf der Begleit-CD. Sie benötigen diese Datei aber nur, wenn Sie zusätzliche Dinge ausprobieren wollen.

10.1 Dokumentprüfung

In der Gruppe *Dokumentprüfung* der Registerkarte *Überprüfen* sind Werkzeuge zusammengefasst, mit deren Hilfe Sie Ihr Dokument einer Rechtschreib- und Grammatikprüfung unterziehen können. Außerdem finden Sie darin auch diverse andere Recherche- und Übersetzungsfunktionen.

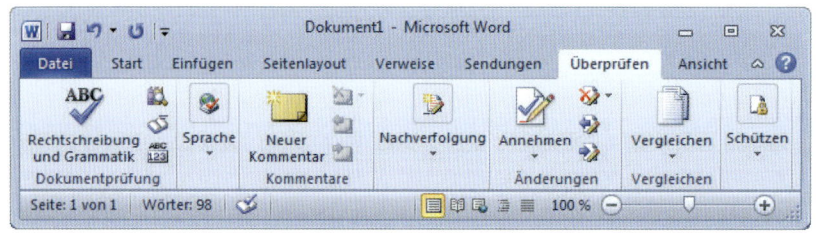

Abbildung 10.1
Die Registerkarte *Überprüfen* im Menüband

10.1.1 Rechtschreib- und Grammatik-prüfung

Mit der Rechtschreibprüfung können Sie das gesamte Dokument – beispielsweise bei Word einschließlich Kopfzeile, Fußzeile, Fußnoten, Endnoten und Kommentare – oder einen markierten Bereich auf Fehler hinsichtlich Rechtschreibung und Grammatik untersuchen und gegebenenfalls korrigieren lassen. Für die Rechtschreibprüfung stellt Microsoft Office interne Wörterbücher zur Verfügung. Diese Wörterbücher sind bei allen Programmen der Office-Familie dieselben. Sie können aber auch eigene Wörterbücher verwenden, in die Sie Einträge einfügen können, die nicht bekannt sind. Bei einer Grammatikprüfung können Sie zwischen verschiedenen Schreibstilen wählen.

Prüfung im Hintergrund

Die Rechtschreib- und Grammatikprüfung im Hintergrund ist standardmäßig automatisch eingeschaltet. Dies bedeutet, dass beim Schreiben von Text das Rechtschreib- und Grammatikprogramm aktiv ist und Fehler mit einer roten beziehungsweise einer grünen Wellenlinie auf dem Bildschirm gekennzeichnet werden (→ Abbildung 10.2).

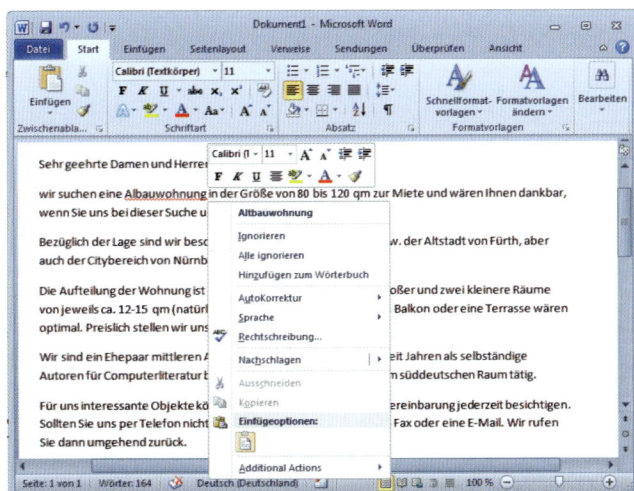

Abbildung 10.2 Die Prüfung im Hintergrund zeigt Rechtschreibfehler mit roten Wellenlinien an.

» Zur Korrektur eines durch eine rote Wellenlinie gekennzeichneten Rechtschreibfehlers klicken Sie mit der rechten Maustaste auf das betreffende Wort, um über das Kontextmenü zu entscheiden, ob und wie zu korrigieren ist.

» Die Grammatikprüfung funktioniert ähnlich wie die Rechtschreibprüfung. Zur Kennzeichnung von Grammatikfehlern wird eine grüne Wellenlinie benutzt (→ Abbildung 10.3). Auch hier können Sie über das Kontextmenü die Optionen für die Korrektur festlegen.

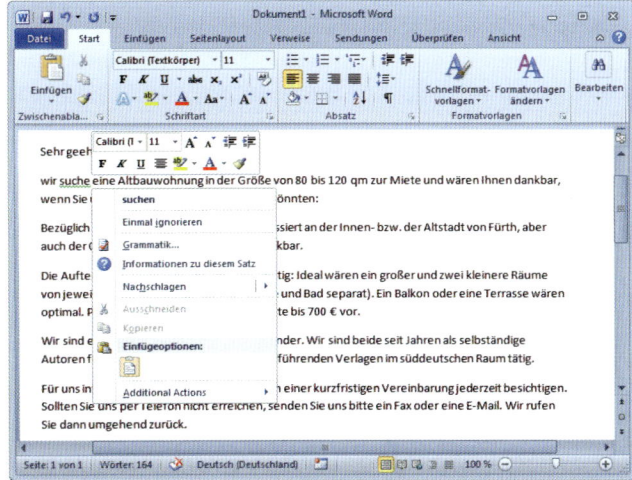

Abbildung 10.3 Auch Grammatikfehler werden angezeigt – mit grünen Wellenlinien.

Auch in der Statusleiste des Programms wird das Vorhandensein von Fehlern vermerkt. Durch einen Klick auf die Schaltfläche können Sie bewirken, dass die als fehlerhaft erkannten Stellen markiert und Vorschläge zur Korrektur eingeblendet werden.

TIPP Es gibt auch blaue Wellenlinien: Wenn Sie im Dokument für einen bestimmten Zeck sowohl »harte« Formatierungen als auch eine Vorlage verwenden, wird die Stelle mit der »harten« Formatierung damit unterlegt (→ Kapitel 9).

Nachträgliche Prüfung

Wenn Sie die Prüfung lieber nach Abschluss der Texteingabe durchführen möchten, klicken Sie auf der Registerkarte *Überprüfen* in der Gruppe *Dokumentprüfung* auf die Schaltfläche *Rechtschreibung und Grammatik*. Wenn Sie nur einen bestimmten Bereich im Dokument prüfen wollen, markieren Sie diesen zuerst. Dem Wörterbuch nicht bekannte Wörter und Satzkonstruktionen werden dann im Dialogfeld *Rechtschreibung und Grammatik* gemeldet. Sie können die Korrekturen direkt in diesem Dialogfeld vornehmen (→ Abbildung 10.4). Bei einem Rechtschreibfehler wird im Feld *Nicht im Wörterbuch* das Microsoft Word nicht bekannte Wort in roter Schrift hervorgehoben.

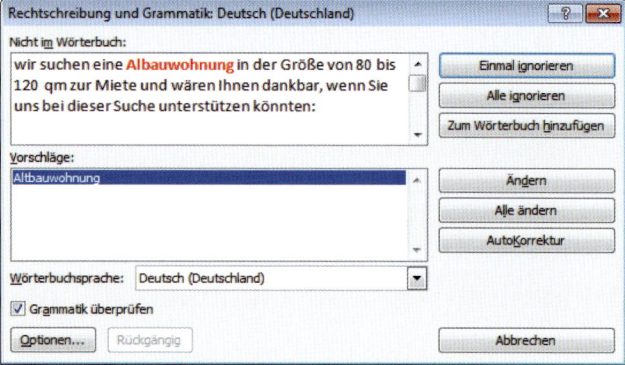

Abbildung 10.4 Rechtschreibfehler werden im Dialogfeld in roter Schrift angezeigt.

» Unter *Vorschläge* wird ein Vorschlag oder eine Liste mit Vorschlägen für die Korrektur angezeigt. Wählen Sie hier die korrekte Schreibweise des Worts aus oder korrigieren Sie das Wort im darüberliegenden Feld manuell.

» Ein Klick auf *Einmal ignorieren* behält die Schreibweise bei diesem Wort bei, meldet aber bei einem weiteren Auftreten die Schreibweise erneut als Fehler.

» Mit *Alle ignorieren* legen Sie fest, dass die Schreibweise des Worts innerhalb des gesamten Bereichs beibehalten und nicht mehr als Fehler gemeldet wird.

» Falls das Wort tatsächlich korrekt geschrieben wurde, es dem Programm aber unbekannt ist, können Sie es über die Schaltfläche *Zum Wörterbuch hinzufügen* in das aktuelle Wörterbuch aufnehmen.

» *Ändern* korrigiert das Wort entsprechend Ihrer Auswahl im Feld *Vorschläge* beziehungsweise entsprechend Ihrer Korrektur im Feld *Nicht im Wörterbuch*.

» Bei einer Bestätigung über *Alle ändern* wird sowohl das aktuell hervorgehobene als auch jedes weitere

Auftreten dieses Wortes entsprechend Ihrer Auswahl im Feld *Vorschläge* beziehungsweise entsprechend Ihrer Korrektur im Feld *Nicht im Wörterbuch* geändert.

» *AutoKorrektur* übernimmt die fehlerhafte und die korrekte Schreibweise in die AutoKorrektur-Funktion.

Auch Grammatikfehler werden in diesem Dialogfeld gemeldet. Im oberen Bereich des Dialogfelds wird die Regelverletzung in grüner Schrift hervorgehoben (→ Abbildung 10.5).

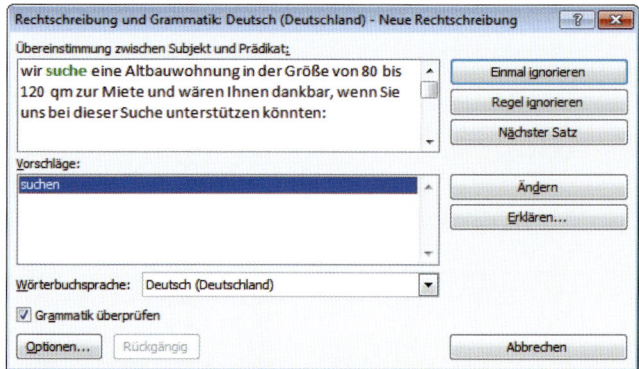

Abbildung 10.5 Grammatikfehler werden im Dialogfeld in grüner Schrift angezeigt.

» Unter *Vorschläge* werden Vorschläge zum Beheben des Grammatikfehlers angezeigt.

» Klicken Sie auf *Ändern*, um die im Feld *Vorschläge* markierte Änderung durchzuführen oder die im Feld darüber vorgenommene Korrektur auszuführen.

» *Einmal ignorieren* überspringt die als Regelverletzung gemeldete Stelle und setzt die Prüfung fort.

» *Regel ignorieren* überspringt alle Stellen im Dokument, an denen Word eine solche Regelverletzung sieht, und setzt die Prüfung fort.

10.1.2 Die Einstellungen zur Dokumentprüfung

Nach einem Klick auf *Optionen* im Dialogfeld *Rechtschreibung und Grammatik* werden die Optionen zur Dokumentprüfung angezeigt. Sie können dieses Fenster auch auf den Bildschirm bringen, indem Sie die Registerkarte *Datei* öffnen und nach einem Klick auf *Optionen* die Kategorie *Dokumentprüfung* wählen. Im Fenster werden die Optionen zur Einstellung für dieses Werkzeug in mehreren Abschnitten angezeigt (→ Abbildung 10.6).

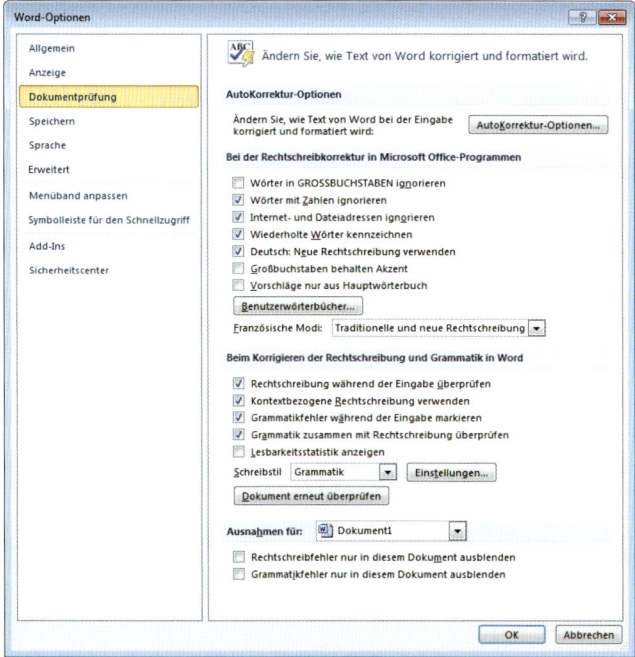

Abbildung 10.6 Über die Optionen der Kategorie *Dokumentprüfung* lässt sich festlegen, was geprüft werden soll.

Allgemeine Einstellungen

Die Rechtschreibprüfung ist seit Office 2007 einheitlicher geworden. Einige der Optionen für die Rechtschreibprüfung sind nun global verfügbar. Wenn Sie eine dieser Optionen in einem Office-Programm ändern, wird diese Änderung auch für alle anderen Office-Programme übernommen. In der Rubrik *Dokumentprüfung* unter den *Word-Optionen* sind das diejenigen, die unter *Bei der Rechtschreibkorrektur in Microsoft Office-Programmen* zusammengefasst sind:

» Sind Optionen aktiviert, deren Bezeichnung mit *... ignorieren* endet, werden die entsprechenden Elemente bei der Rechtschreibprüfung nicht berücksichtigt – dies betrifft *Wörter in GROSSBUCH-STABEN*, *Wörter mit Zahlen* sowie *Internet- und Dateiadressen*.

» *Wiederholte Wörter kennzeichnen* macht genau das, was es sagt.

» Sie können ferner die neue deutsche Rechtschreibung ein- oder ausschalten.

» *Großbuchstaben behalten Akzent* weist Sie auf Großbuchstaben mit Akzent hin, denen der Akzent fehlt. Wenn Sie die französische Sprache verwenden, ist diese Option standardmäßig immer aktiviert, da das Wörterbuch für diese Sprache Großbuchstaben mit Akzent umfasst.

» Ist *Vorschläge nur aus Hauptwörterbuch* aktiviert, werden gegebenenfalls vorhandene Vorschläge aus geöffneten Benutzerwörterbüchern nicht mit angezeigt.

» Die Rechtschreibprüfung enthält seit Office 2007 das reformierte *Französisch*-Wörterbuch. In Office 2003 handelte es sich hierbei um ein Add-In, das separat installiert werden musste.

Benutzerwörterbücher

Auch die Eintragungen in die Benutzerwörterbücher werden für alle Office-Programme gemeinsam geregelt. Über die Schaltfläche *Benutzerwörterbücher* in der Rubrik *Dokumentprüfung* der Word-Optionen können Sie eine Liste mit allen geöffneten Benutzerwörterbüchern anzeigen lassen sowie neue Wörterbücher anlegen (→ Abbildung 10.7). Wenn Sie mehrere davon erstellt haben, wählen Sie hier das Wörterbuch aus, in das bestimmte Schreibweisen aufgenommen werden sollen.

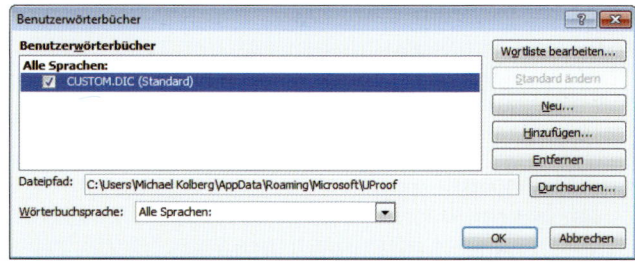

Abbildung 10.7 Die Benutzerwörterbücher

» Über *Wortliste bearbeiten* können Sie die vorhandenen Einträge in dem vorher markierten Wörterbuch kontrollieren, editieren, erweitern oder löschen (→ Abbildung 10.8). Sie finden hier beispielsweise alle

Ergänzungen, die Sie über die Schaltfläche *Zum Wörterbuch hinzufügen* im Dialogfeld *Rechtschreibung und Grammatik* in das aktuelle Wörterbuch aufgenommen haben. Falls Sie versehentlich ein falsch geschriebenes Wort aufgenommen haben, können Sie es markieren und löschen. Über das Feld *Wort/Wörter* können Sie auch neue Wörter hinzufügen. Um ein Wort zu bearbeiten, löschen Sie es zuerst und fügen Sie es dann in der gewünschten Schreibweise hinzu.

Abbildung 10.8 Der Inhalt eines Benutzerwörterbuchs – hier werden Wörter abgelegt, die Word noch nicht kannte.

» Wenn Sie viel mit Fachausdrücken zu tun haben, können Sie dafür spezielle Wörterbücher anlegen. Um ein neues Wörterbuch anzulegen, klicken Sie im Dialogfeld *Benutzerwörterbücher* auf *Neu*. Geben Sie im Feld *Dateiname* den Namen des neuen Benutzerwörterbuchs ein und klicken Sie auf *Speichern*. Neue Wörterbücher müssen Sie aktivieren: Überprüfen Sie im Dialogfeld *Benutzerwörterbücher*, ob das Kontrollkästchen neben dem Namen des betreffenden Wörterbuchs aktiviert ist. Außerdem deaktivieren Sie auf der Registerkarte *Rechtschreibung und Grammatik* das Kontrollkästchen *Vorschläge nur aus Hauptwörterbuch*.

» Im Dialogfeld *Benutzerwörterbücher* sind alle Wörterbücher aufgelistet, die für die Rechtschreibprüfung in Word zur Verfügung stehen. Wenn Sie ein Wörterbuch von einem Drittanbieter erworben und auf dem Computer installiert haben, müssen Sie es

hier verfügbar machen. Wenn das gewünschte Wörterbuch im Dialogfeld *Benutzerwörterbücher* nicht angezeigt wird, klicken Sie auf *Hinzufügen*, öffnen Sie den Ordner, der das gewünschte Benutzerwörterbuch enthält, und doppelklicken Sie auf die Wörterbuchdatei.

» Wenn Sie ein Wörterbuch als Standardwörterbuch verwenden möchten, klicken Sie auf den Namen des Wörterbuchs und dann auf *Standard ändern*.

Programmspezifische Einstellungen

Im unteren Teil der Rubrik *Dokumentprüfung* in den Word-Optionen finden Sie Einstellungen vor, die für den Einsatz im aktuellen Office-Programm gelten sollen – beispielsweise *Beim Korrigieren der Rechtschreibung und Grammatik in Word*.

» Über *Rechtschreibung während der Eingabe überprüfen* legen Sie fest, ob die Prüfung automatisch im Hintergrund erfolgen soll.

» Sie können die Option *Kontextbezogene Rechtschreibung verwenden* benutzen, die Ihnen beim Finden und Beheben von Fehlern hilft, die mit einer normalen Rechtschreibprüfung nicht erkannt werden. Ein Beispiel dafür wären Fälle, in denen zwar alle einzelnen Wörter richtig geschrieben sind, aber der Kontext für die Verwendung eines Worts in diesem Zusammenhang nicht stimmt. Diese Option steht Ihnen zur Verfügung, wenn Sie die Rechtschreibprüfung von Dokumenten in Englisch, Deutsch oder Spanisch durchführen.

» In den mit *Grammatik* benannten Optionen finden Sie entsprechende Optionen zur Prüfung auf Grammatikfehler.

» Ist *Lesbarkeitsstatistik anzeigen* aktiviert, wird auch eine Statistik erstellt, die – bedingt – Rückschlüsse auf die Lesbarkeit des Dokuments zulässt.

» Über die Schaltfläche *Einstellungen* können Sie Grammatikbereiche für die Prüfung aktivieren oder deaktivieren und Schwellenwerte für die Prüfung festlegen (➔ Abbildung 10.9).

Abbildung 10.9 Über die Grammatikeinstellungen legen Sie fest, was als Fehler gemeldet werden soll.

Wenn Sie Optionen für die Rechtschreib- und/oder Grammatikprüfung ändern, können Sie über die entsprechende Schaltfläche unten auf der Registerkarte das *Dokument erneut überprüfen* lassen. Diese Funktion verwenden Sie auch, wenn Sie die für dieses Dokument während der Prüfung angelegte Liste der zu ignorierenden Schreibweisen zurücksetzen wollen.

Ausnahmen

Bei einigen Programmen der Familie – beispielsweise Word – finden Sie auch einen mit *Ausnahmen* überschriebenen Bereich. Die Einstellungen darin gelten standardmäßig für das aktuelle Dokument. Wenn Sie mehrere Dokumente geöffnet haben, wählen Sie das Dokument aus, auf das diese Einstellungen angewendet werden. Oder wählen Sie die Option *Alle neuen Dokumente* aus, so dass die Einstellung auf alle Dokumente angewendet wird, die Sie erstellen. Sie können dann regeln, ob Rechtschreib- und/oder Grammatikfehler für dieses Dokument ausgeblendet werden sollen.

10.1.3   Sprachfunktionen

Sie können bei Word Texte in anderen Sprachen verfassen oder auch mehrere Sprachen in einem Dokument verwenden. Außerdem können Sie den Text im Dokument oder Teile davon in andere Sprachen übersetzen lassen. Die Befehle dazu finden Sie in der Gruppe *Sprache* der Registerkarte *Überprüfen*.

Die verwendete Sprache für die Rechtschreibprüfung regeln

Das Programm sollte die Sprache, in der Ihre Texte verfasst sind, und die darin enthaltenen fremdsprachigen Ausdrücke, automatisch erkennen. Falls das Programm damit Probleme hat, können Sie diese über das Dialogfeld zum Befehl *Sprache festlegen* in der Liste beheben (→ Abbildung 10.10). Dieses lassen Sie anzeigen, indem Sie auf der Registerkarte *Überprüfen* in der Gruppe *Sprache* die Liste zu *Sprache* öffnen und darin den Befehl *Sprache für die Korrekturhilfen festlegen* wählen. Markieren Sie bei mehrsprachigen Dokumenten gegebenenfalls vorher die einzelnen Textbereiche und legen Sie dann für diese die Sprache individuell fest.

Abbildung 10.10
Die verwendete Sprache können Sie festlegen.

» Auf dem Betriebssystem installierte Sprachen werden oben im Listenfeld angezeigt, damit sie schneller wieder zugewiesen werden können.

» Für einige Sprachen können Sie zwischen landesspezifischen Varianten wählen, zum Beispiel *Deutsch (Deutschland)* und *Deutsch (Schweiz)*.

» Wenn Sie das Kontrollkästchen *Rechtschreibung und Grammatik nicht prüfen* aktivieren, wird im markierten Bereich keine Prüfung in der gewählten Sprache durchgeführt.

» Die Option *Sprache automatisch erkennen* sollte dafür sorgen, dass Word in einer anderen Sprache geschriebene Textabschnitte automatisch richtig interpretiert. Das funktioniert jedoch meist nur bei etwas längeren Abschnitten und dort auch nicht immer zuverlässig.

» Nach einem Klick auf *Als Standard festlegen* wird die gewählte Sprache als neue Standardsprache eingetragen.

Weitere automatische Sprachfunktionen

Word ist seit langem schon so intelligent, dass es die Sprache des eingegebenen Textes automatisch erkennt. Damit werden nicht nur die entsprechenden Korrekturhilfen aktiviert, die Automatik geht so weit, dass das Tastaturlayout auf die Sprache des Texts umgeschaltet wird, in dem sich die Einfügemarke befindet.

Diese Funktion müssen Sie aber erst einschalten: Öffnen Sie die Registerkarte *Datei* und klicken Sie auf *Optionen*. Im Fenster der Word-Optionen klicken Sie auf *Erweitert* und aktivieren unter *Bearbeitungsoptionen* das Kontrollkästchen *Tastatur automatisch an Sprache des umgebenden Texts anpassen*. Dieses Kontrollkästchen wird erst angezeigt, wenn Sie ein Tastaturlayout für eine Sprache aktiviert haben.

Die Wirkung können Sie testen, indem Sie in einem deutschsprachigen Text einen englischsprachigen Absatz einfügen. Solange sich die Einfügemarke im englischsprachigen Textbereich befindet, führt ein Drücken der Taste `Z` zur Eingabe des Buchstabens *y* – die Tasten `Z` und `Y` sind ja bei deutschem und englischem Tastaturlayout vertauscht. Dieses Beispiel verwirrt vielleicht eher, als es nützt. Aber wenn Sie viel mit Sprachen arbeiten, deren Zeichen über den üblichen Zeichensatz *Standardlateinisch* hinausgehen, kann das sehr hilfreich sein.

Übersetzungen

Die Liste zur Schaltfläche *Übersetzen* beinhaltet drei Optionen, über die Sie ein Dokument als Ganzes oder ausgewählte Teile davon in andere Sprachen übersetzen können (→ Abbildung 10.11).

ACHTUNG Vertrauen Sie diesen maschinellen Übersetzungsprogrammen nur bedingt. Eine einfache Qualitätsprüfung führen Sie durch, indem Sie einen Text erst in eine andere Sprache übersetzen und dann zurückübersetzen lassen. Oft zeigt sich dabei ein starkes Ausmaß an »Kreativität«.

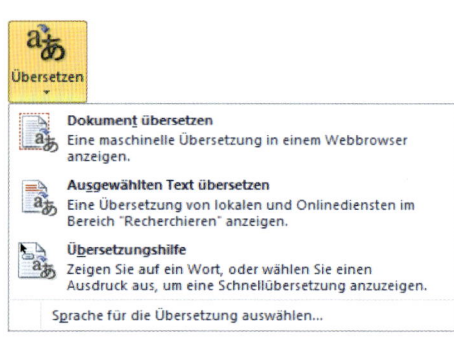

Abbildung 10.11
Die Optionen zum Übersetzen

» Wählen Sie darin zunächst den Befehl *Sprache für die Übersetzung auswählen* und legen Sie dann die Sprachen fest (→ Abbildung 10.12). Bestätigen Sie über *OK*. Bei jeder Änderung der Sprache müssen Sie diese Einstellung neu vornehmen.

» Der Befehl *Dokument übersetzen* zur Schaltfläche *Übersetzen* sendet den Inhalt des Dokuments in unverschlüsselter Form an einen Onlinedienst. Sie müssen nach dem Aufruf des Befehls diesem Vorgang noch zustimmen. Anschließend wird Ihr Browserprogramm geöffnet und die Übersetzung auf einer Webseite präsentiert (→ Abbildung 10.13). Sie können diesen Text mit den üblichen Methoden kopieren und in Ihr Dokument übernehmen oder in ein neues Dokument einfügen.

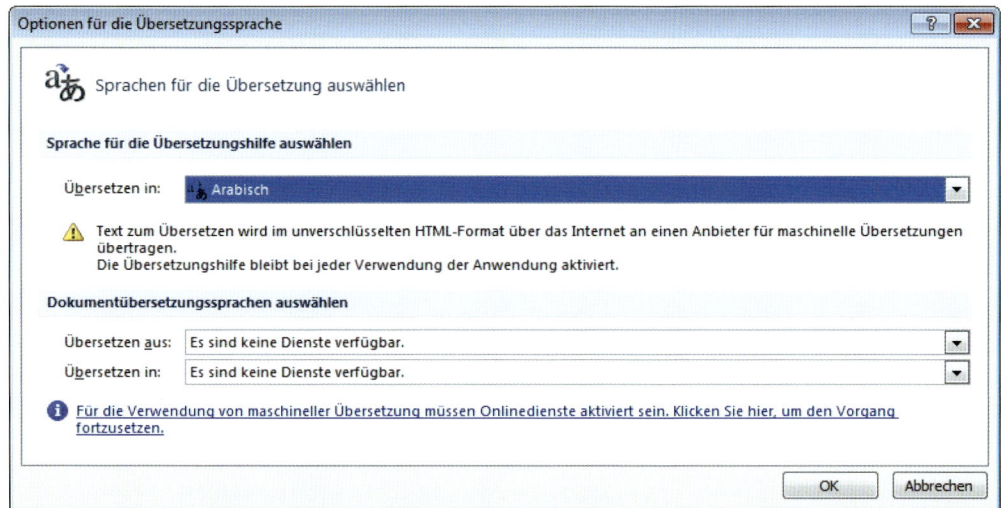

Abbildung 10.12
Wählen Sie eine Sprachkombination aus.

» Wenn Sie einen Textbereich markiert und in der Liste zur Schaltfläche *Übersetzen* die Option *Ausgewählten Text übersetzen* gewählt haben, wird rechts auf dem Bildschirm der Aufgabenbereich *Recherchieren* mit bereits ausgewählter Funktion *Übersetzung* eingeblendet (→ Abbildung 10.14). Die zunächst benutzte Sprache entspricht der vorher eingestellten. Sie können über das Feld *Nach* auch eine andere Sprache wählen.

» Als dritte Möglichkeit können Sie im Menü zur Schaltfläche *Übersetzen* den Befehl *Übersetzungshilfe* benutzen. Wenn Sie danach den Mauszeiger auf ein Wort im Text bewegen, wird die Übersetzung

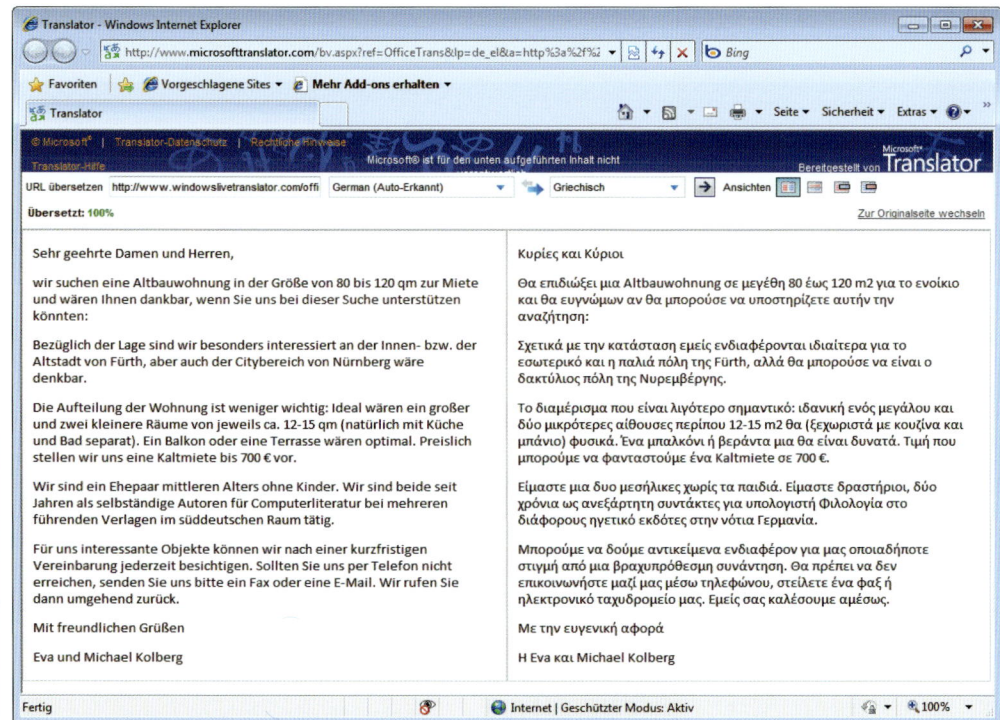

Abbildung 10.13
Der Text eines Dokuments wurde ins Griechische übersetzt.

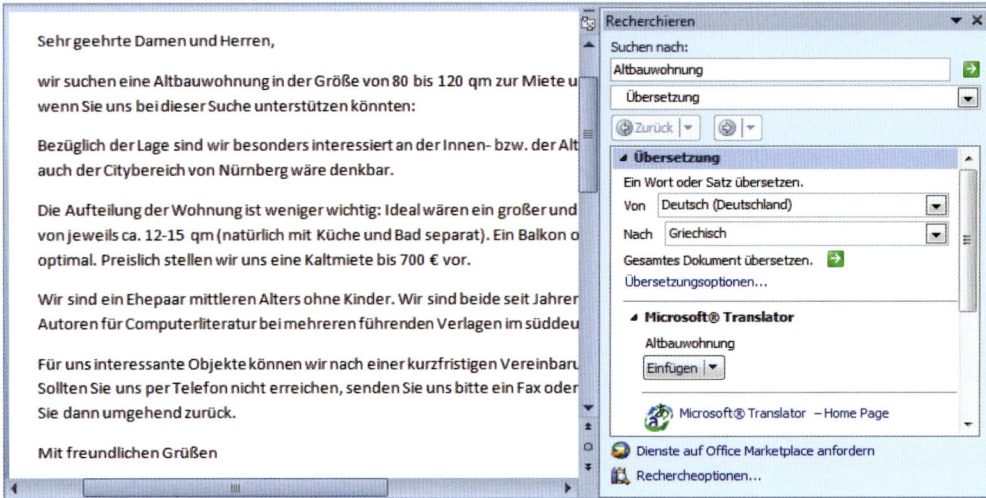

Abbildung 10.14
Ein Textbereich wurde
übersetzt.

dazu in einem zusätzlichen Feld eingeblendet. Über die Schaltflächen in diesem Feld können Sie beispielsweise diese Übersetzung in die Zwischenablage kopieren.

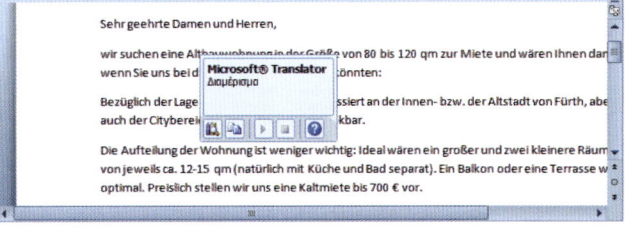

Abbildung 10.15 Die Übersetzung wird eingeblendet.

10.1.4 Weitere Funktionen zum Recherchieren

Recherchieren Eine bereits in Office 2003 neu eingeführte Funktion nennt sich *Recherchieren*. Damit lassen sich Referenzinformationen zu bestimmten Begriffen sammeln. Als Quellen können Sie die vorhandenen Wörterbücher, Enzyklopädien oder das Internet verwenden. Dazu lassen Sie auf der Registerkarte *Überprüfen* in der Gruppe *Dokumentprüfung* mit einem Klick auf die Schaltfläche *Recherchieren* den Aufgabenbereich *Recherchieren* anzeigen (→ Abbildung 10.16 links). Geben Sie dann im Feld *Suchen nach* den Begriff ein, zu dem Sie Informationen wünschen. Ein vorher im Dokument markierter Textbereich wird automatisch in das Feld übernommen. Legen Sie im

Listenfeld unterhalb von *Suchen nach* fest, in welchem Nachschlagewerk gesucht werden soll. Standardmäßig können Sie beispielsweise – wie schon oben angesprochen – eine Übersetzung vornehmen lassen oder im Wörterbuch oder im Thesaurus nachschlagen lassen. Sie können auch diverse Quellen im Internet zurate ziehen.

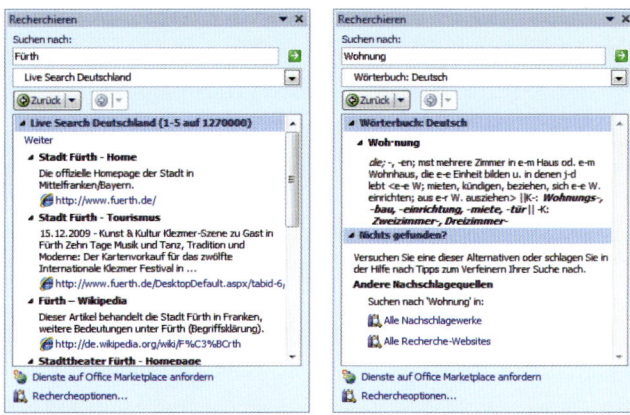

Abbildung 10.16 Eine Recherche liefert unterschiedliche Informationen.

Bestätigen Sie durch einen Klick auf die grüne Schaltfläche mit dem Pfeil. Die Ergebnisse werden anschließend im entsprechenden Listenfeld angezeigt. Nachdem Sie mehrere Recherchen durchgeführt haben, können Sie über die beiden Schaltflächen mit dem nach rechts und dem nach links zeigenden Pfeil zwischen diesen wechseln.

Wörterbuch

Über die Option *Wörterbuch* können Sie die Bedeutung eines Wortes nachschlagen lassen (→ Abbildung 10.16 rechts). Sie finden unter den Ergebnissen auch Beispiele für die Verwendung des Worts und weitere Informationen.

Thesaurus

 Damit die Feinheiten der deutschen Sprache auch im Zeitalter des Computers nicht untergehen, können Sie den Thesaurus einsetzen, um Ersatzwörter für ein Wort zu suchen – beispielsweise dann, wenn Sie die häufige Wiederholung eines Worts in einem Text umgehen möchten. Markieren Sie das Wort, zu dem Sie Synonyme suchen. Klicken Sie dann auf *Thesaurus* in der Gruppe *Dokumentprüfung*. Sie können den Begriff auch direkt im Feld *Suchen nach* im Aufgabenbereich *Recherchieren* eingeben. Klicken Sie dann auf die grüne Schaltfläche mit dem Pfeil, um die Suche zu starten (→ Abbildung 10.17).

Abbildung 10.17
Über den Thesaurus können Sie Ersatzbegriffe auswählen.

» In manchen Fällen müssen Sie zuerst die Bedeutung des Worts bestimmen. Diese Bedeutungen sind fett formatiert. Durch einen Klick auf das kleine schwarze Dreieck vor einer Bedeutung blenden Sie die darunter gezeigten Synonyme aus. Ein Klick auf das dann angezeigte kleine weiße Dreieck blendet sie wieder ein.

» Markieren Sie das gewünschte Ersatzwort und öffnen Sie das zugehörige Menü, um das Wort an der aktuell markierten Stelle in das Dokument zu übernehmen oder es in die Zwischenablage zu kopieren. Der Befehl *Nachschlagen* in diesem Menü führt dazu, dass das in der Liste mit Synonymen markierte Wort selbst wieder in das Feld *Suchen nach* übernommen wird.

Optionen

Ein Klick auf den Link *Rechercheoptionen* ganz unten im Aufgabenbereich *Recherchieren* öffnet ein Dialogfeld, über das Sie festlegen können, welche Suchdienste standardmäßig verwendet und im Listenfeld angezeigt werden sollen (→ Abbildung 10.18). Aktivieren Sie hier die gewünschten Dienste. Wenn Sie Enzyklopädieprogramme – beispielsweise *Microsoft Encarta* – auf Ihrem Rechner installiert haben, können auch diese mit in die Suchfunktion eingeschlossen werden. Über die Schaltfläche *Dienste hinzufügen* können Sie – nachdem Sie eine Verbindung zum Internet hergestellt haben – weitere Suchdienste in Anspruch nehmen.

Abbildung 10.18 Aktivieren Sie die gewünschten Dienste.

10.2 Überarbeitungsfunktionen

In den Gruppen *Kommentare*, *Nachverfolgung*, *Änderungen* und *Vergleichen* auf der Registerkarte *Überprüfen* finden Sie eine Reihe von Werkzeugen, die Sie zur Überarbeitung Ihrer Dokumente verwenden. Änderungen am Dokument werden damit von Microsoft Word besonders gekennzeichnet. Unabhängig davon können Sie bestimmte Stellen im Dokument mit Kommentaren versehen. Später können Sie dann die Änderungen überprüfen (lassen) und jede Änderung individuell annehmen oder ablehnen; Kommentare lassen sich gegebenenfalls beantworten und auch wieder aus dem Dokument entfernen. Solche in ein Dokument eingefügte Kommentare und Korrekturkennungen werden als *Markups* bezeichnet.

10.2.1 Änderungen nachverfolgen

Gerade wenn mehrere Personen an ein und demselben Dokument arbeiten, ist es oft nützlich, Einfüge- und Löschvorgänge sowie Änderungen in der Formatierung nachvollziehen zu können, die Sie oder eine andere Person am Dokument vorgenommen haben.

Einschalten der Änderungskontrolle

Zum Ein- und Ausschalten der Überarbeitungsfunktion klicken Sie in der Gruppe *Nachverfolgung* auf *Änderun-*

gen nachverfolgen und wählen in der Liste den gleichnamigen Befehl aus (→ Abbildung 10.19).

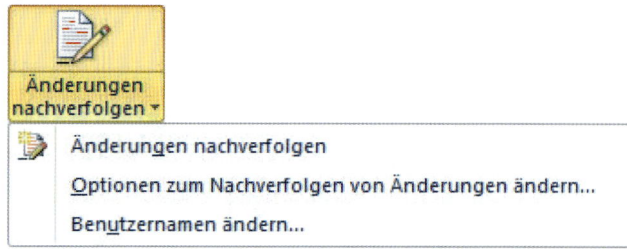

Abbildung 10.19 Aktivieren Sie die Option zum Nachverfolgen.

TIPP Für den Fall, dass mehrere Personen unter demselben Benutzerkonto auf dem Rechner arbeiten, können Sie über *Benutzernamen ändern* den aktuellen Namen des Benutzers einstellen.

Die Anzeige der Änderungen

Nachdem Sie die Überarbeitungsfunktion eingeschaltet haben, werden Änderungen im Dokument besonders markiert (→ Abbildung 10.20). In der Grundeinstellung werden diese in blauer Farbe dargestellt, eingefügte Elemente werden unterstrichen und gelöschte Elemente durchgestrichen formatiert. Senkrechte Striche am Seitenrand zeigen Stellen an, an denen Änderungen durchgeführt wurden.

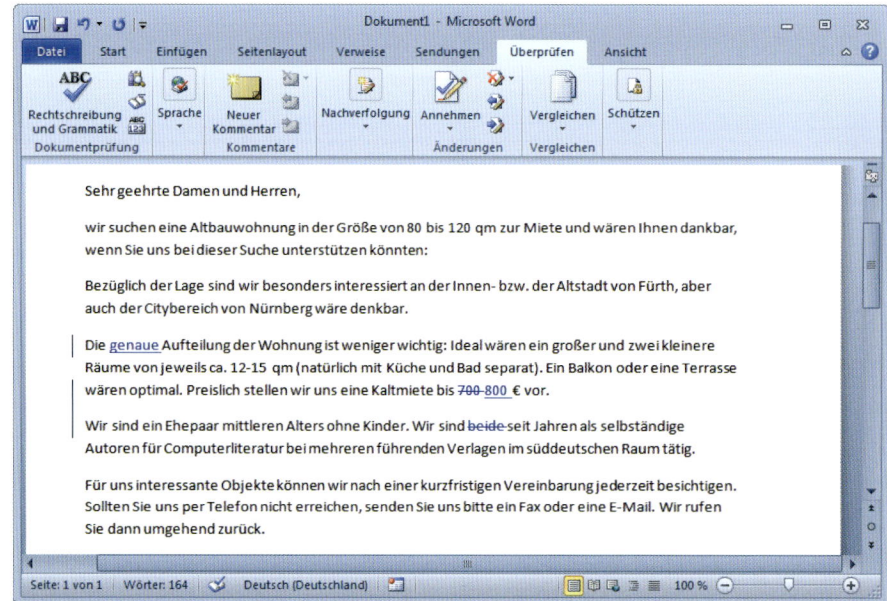

Abbildung 10.20
Die Änderungen werden angezeigt.

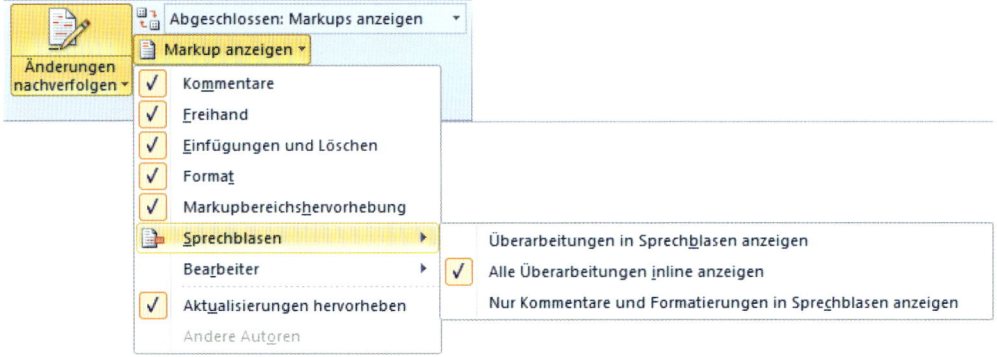

Abbildung 10.21
Die Optionen zur Anzeige
der Änderungen

Wie Änderungen angezeigt werden, regeln Sie über die Liste zu *Markup anzeigen* in der Gruppe *Nachverfolgung* (→ Abbildung 10.21). Beispielsweise können Sie über die Unteroptionen zu Sprechblasen auch bewirken, dass die Änderungen nicht im Text, sondern als separate Sprechblasen am Seitenrand dargestellt werden.

Über das Feld *Für Überarbeitung anzeigen* darüber können Sie einstellen, ob auf dem Bildschirm die Überarbeitung oder das Original des Dokuments angezeigt werden soll (→ Abbildung 10.22).

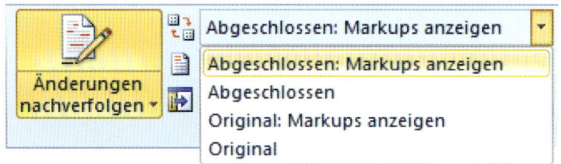

Abbildung 10.22 Wählen Sie, was angezeigt werden soll.

Außerdem steht Ihnen über den Befehl *Überarbeitungsbereich* in der Gruppe *Nachverfolgung* die Möglichkeit zur Verfügung, die Änderungen in einem separaten Teilfenster anzuzeigen (→ Abbildung 10.23). Darin wird auch der Name des Bearbeiters angezeigt.

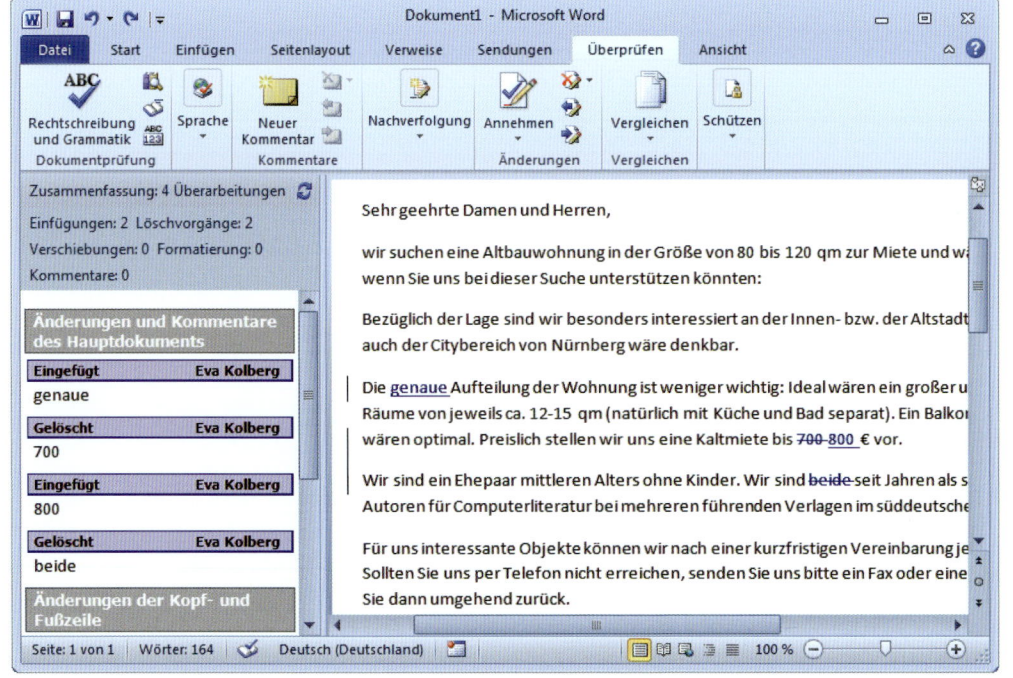

Abbildung 10.23
Der Überarbeitungsbereich
zeigt die Änderungen in
einem separaten Teilfenster
an.

Optionen für die Anzeige

Über den Eintrag *Optionen zum Nachverfolgen von Änderungen ändern* in der Liste zum Befehl *Änderungen nachverfolgen* können Sie die Form dieser Anzeige anpassen. Neben anderen Farben und Formaten können Sie hier auch festlegen, dass vorgenommene Korrekturen in der Seitenlayout- oder Weblayoutansicht – und auch im Ausdruck – in Sprechblasen angezeigt werden (→ Abbildung 10.24).

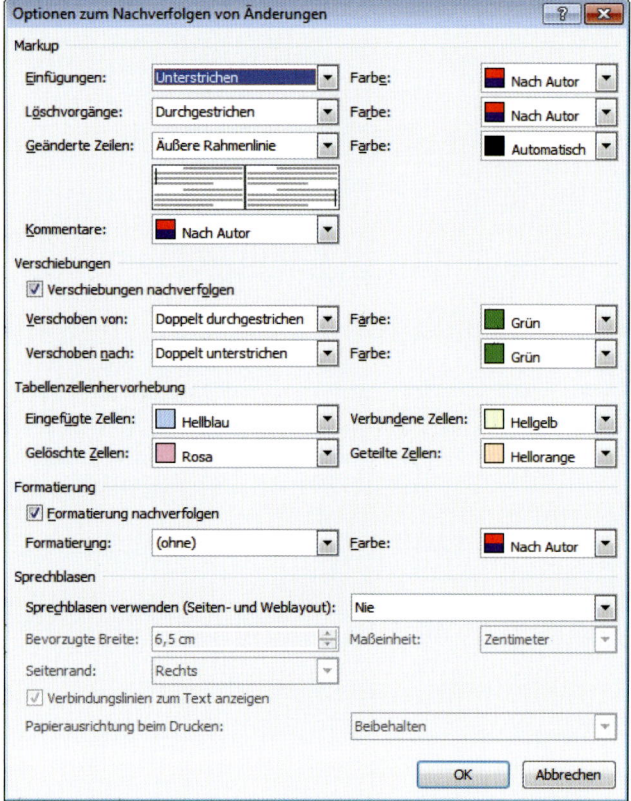

Abbildung 10.24 Die Anzeige bestimmter Änderungen kann auch in Sprechblasen erfolgen.

Änderungen annehmen oder ablehnen

 Vorgenommene Änderungen können Sie mithilfe der Schaltflächen in der Gruppe *Änderungen* abarbeiten (→ Tabelle 10.1).

Symbol	Beschreibung
	Vorherige Änderung: markiert die vorherige Änderung.
	Nächste Änderung: markiert die nächste Änderung.
	Änderungen: übernimmt die aktuell markierte Änderung. Über das Drop-down-Menü können Sie auch alle Änderungen im Dokument in einem Arbeitsgang übernehmen.
	Ablehnen: verwirft die aktuell markierte Änderung. Über das Drop-down-Menü können Sie auch alle Änderungen im Dokument in einem Arbeitsgang ablehnen.

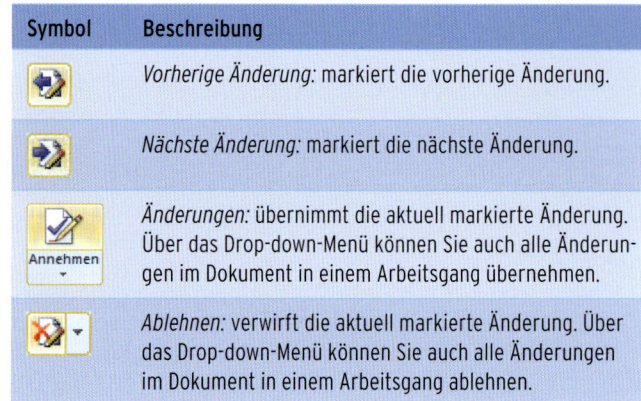

Tabelle 10.1 Die Funktionen der Schaltflächen der Gruppe *Änderungen*

Zwei der Schaltflächen in dieser Gruppe verfügen über Listen, über deren Optionen Sie bei der Annahme und Ablehnung von Änderungen noch schneller arbeiten können (→ Abbildung 10.25).

Abbildung 10.25
Die Listen zum Annehmen und Ablehnen

10.2.2 Versionen vergleichen und kombinieren

Wenn Sie an einem Dokument Änderungen durchgeführt und die so erzeugte neue Version unter einem anderen Namen gespeichert haben, können Sie auch später einen Vergleich dieser Dokumente vornehmen und auch diese Versionen miteinander kombinieren. Die Werkzeuge dazu finden Sie in der Gruppe *Vergleichen* der Registerkarte *Überarbeiten* (→ Abbildung 10.26).

Abbildung 10.26
Sie können Versionen eines Dokuments miteinander vergleichen und kombinieren.

Vergleichen

Bei der Option *Vergleichen* werden zwei Dokumente miteinander verglichen und nur Änderungen zwischen den Dokumenten angezeigt. Die verglichenen Dokumente selbst werden nicht geändert. Der Vergleich zwischen den beiden Dokumenten wird standardmäßig in einem neuen, dritten Dokument angezeigt.

Öffnen Sie zunächst die Dokumente, die Sie vergleichen möchten. Dazu klicken Sie auf der Registerkarte *Überprüfen* in der Gruppe *Vergleichen* auf *Vergleichen*. Im Dialogfeld *Dokumente vergleichen* wählen Sie im oberen Bereich das Originaldokument und das damit zu vergleichende überarbeitete Dokument aus (→ Abbildung 10.27). Über

die Liste zu den Feldern können Sie zwischen den kürzlich bearbeiteten Dokumenten wählen. Sollten Sie eine Datei darin nicht finden, benutzen Sie die Schaltfläche *Nach Original suchen* bzw. *Nach Überarbeitungen suchen* (das sind die kleinen Ordnersymbole) und wählen Sie das Dokument anschließend über das Dialogfeld *Öffnen* aus.

Im unteren Bereich können Sie nach einem Klick auf *Erweitern* unter *Vergleichseinstellungen* festlegen, hinsichtlich welcher Änderungen verglichen werden soll. Standardmäßig sind hier alle Optionen eingeschaltet. Geben Sie unter *Änderungen anzeigen* an, ob Änderungen auf Zeichen- oder Wortebene angezeigt werden sollen. Wenn Änderungen nicht in einem dritten Dokument angezeigt werden sollen, geben Sie an, in welchem Dokument die Änderungen enthalten sein sollen.

ACHTUNG Alle Optionen, die unter den *Vergleichseinstellungen* ausgewählt werden, werden als Standardoptionen beim nächsten Vergleichen von Dokumenten verwendet.

Nach der Bestätigung über *OK* werden beide Dokumente rechts auf dem Bildschirm in etwas kleineren Teilfenstern angezeigt (→ Abbildung 10.28). Ist die Option *Neuem Dokument* markiert, zeigt Word außerdem ein neues, drittes Dokument an, in dem nachverfolgte Änderungen im Originaldokument angenommen werden und Ände-

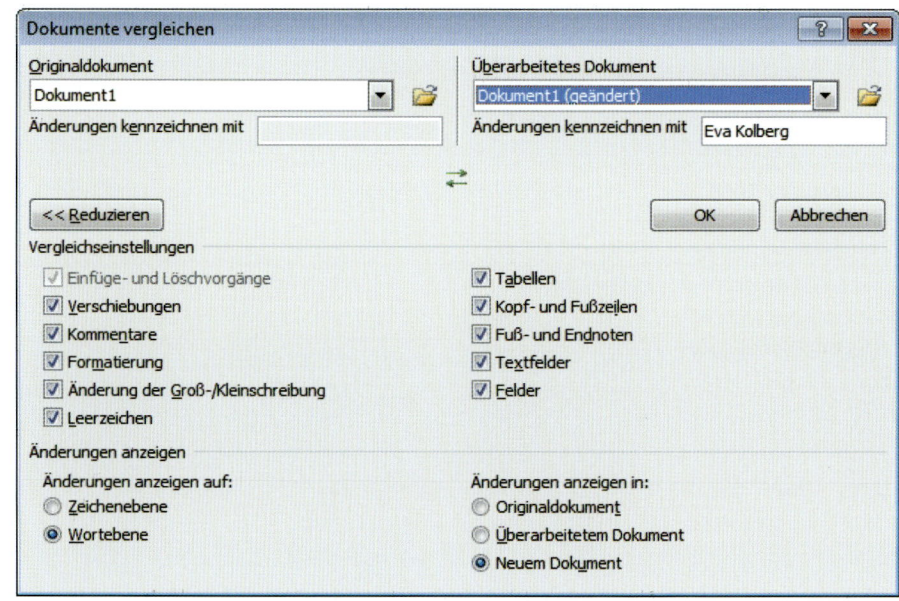

Abbildung 10.27
Wählen Sie die zu vergleichenden Dokumente aus.

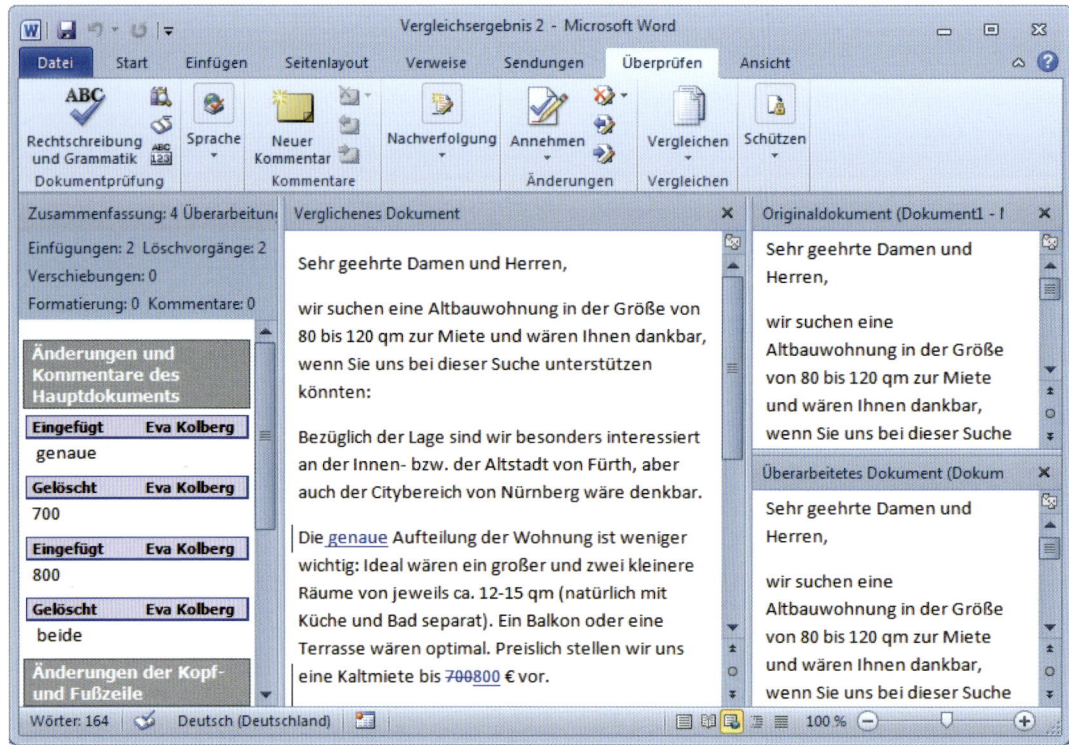

Abbildung 10.28
Ein Vergleich von
zwei Dokumenten

rungen im überarbeiteten Dokument als nachverfolgte Änderungen angezeigt werden. Sie können in diesem dritten Dokument die Abweichungen zwischen den beiden anderen Dokumenten genauso abarbeiten wie beim Nachverfolgen von Änderungen (→ oben). Die dabei verglichenen Quelldokumente selbst werden nicht geändert.

> **TIPP** Um die bestmöglichen Ergebnisse beim Zusammenführen von Dokumenten zu erzielen, sollten Sie in den *Word-Optionen* zunächst die Rubrik *Sicherheitscenter* auswählen und anschließend auf die Schaltfläche *Einstellungen für das Sicherheitscenter* klicken. Aktivieren Sie in der Rubrik *Datenschutzoptionen* des Sicherheitscenters das Kontrollkästchen *Zufallszahlen zur Verbesserung der Kombiniergenauigkeit speichern*.

Kombinieren

Auch bei der Option *Kombinieren* werden zwei Dokumente miteinander verglichen und nur Änderungen zwischen den Dokumenten angezeigt. Die verglichenen Dokumente werden dabei aber nicht angezeigt. Es wird stattdessen ein neues Dokument erstellt, in dem die Abweichungen zwischen den Quelldokumenten als nachverfolgte Änderungen angezeigt werden. Sie können in diesem Dokument die Abweichungen wieder genauso abarbeiten wie beim Nachverfolgen von Änderungen (→ oben). Auch hier werden die Quelldokumente selbst nicht geändert.

10.2.3 Kommentare

 Kommentare sind von einem Autor oder Bearbeiter hinzugefügte Notizen beziehungsweise Anmerkungen zum Dokument. Word zeigt diese auf dem Bildschirm – und auch im Ausdruck – in Sprechblasen am Rand des Dokuments oder im einblendbaren Überarbeitungsfenster an. Hiermit können Sie die Anmerkungen eines Bearbeiters leicht erkennen und darauf reagieren. Zum Arbeiten mit diesem Werkzeug dienen die Befehle der Gruppe *Kommentare* auf der Registerkarte *Überarbeiten*.

Kommentar einfügen

Markieren Sie den Text oder das Element, zu dem Sie einen Kommentar hinzufügen möchten, oder setzen Sie die Einfügemarke an das Ende des zu kommentierenden Textes. Wählen Sie dann *Neuer Kommentar* in der Gruppe *Kommentare* und geben Sie den Kommentartext im Überarbeitungsfenster ein (→ Abbildung 10.29). Dass ein Kommentar an einer Stelle vorhanden ist, wird zusätzlich im Dokument angezeigt.

TIPP Wie bei der Anzeige von nachverfolgten Änderungen können Sie auch Kommentare als separate Sprechblasen am Seitenrand anzeigen lassen. Verwenden Sie zur Wahl der Darstellung die Liste zu *Markup anzeigen* in der Gruppe *Nachverfolgung* (→ oben).

Kommentare bearbeiten

Zum Beantworten eines Kommentars klicken Sie in den betreffenden Kommentar in der Sprechblasenleiste beziehungsweise im Überarbeitungsfenster und wählen dann in der Gruppe *Kommentare* den Befehl *Neuer Kommentar*. Geben Sie anschließend Ihre Antwort in der neuen Kommentarsprechblase beziehungsweise im neuen Eintrag im Überarbeitungsfenster ein.

Zwischen eingefügten Kommentaren können Sie mithilfe der sonstigen Befehlsschaltflächen in der Gruppe *Kommentare* navigieren und diese auch löschen (→ Tabelle 10.2).

Symbol	Beschreibung
	Vorheriges Element: markiert den vorherigen Kommentar.
	Nächstes Element: markiert den nächsten Kommentar.
	Löschen: verwirft den aktuell markierten Kommentar. Über das Dropdown-Menü können Sie auch alle Kommentare im Dokument in einem Arbeitsgang löschen.

Tabelle 10.2 Die Funktionen der Schaltflächen in der Gruppe *Kommentare*

10.3 Schutzfunktionen

Mittels verschiedener Funktionen können Sie ein Dokument und dessen Inhalte davor schützen, dass Personen, die nicht im Besitz des entsprechenden Kennworts sind, es öffnen, bearbeiten oder speichern können.

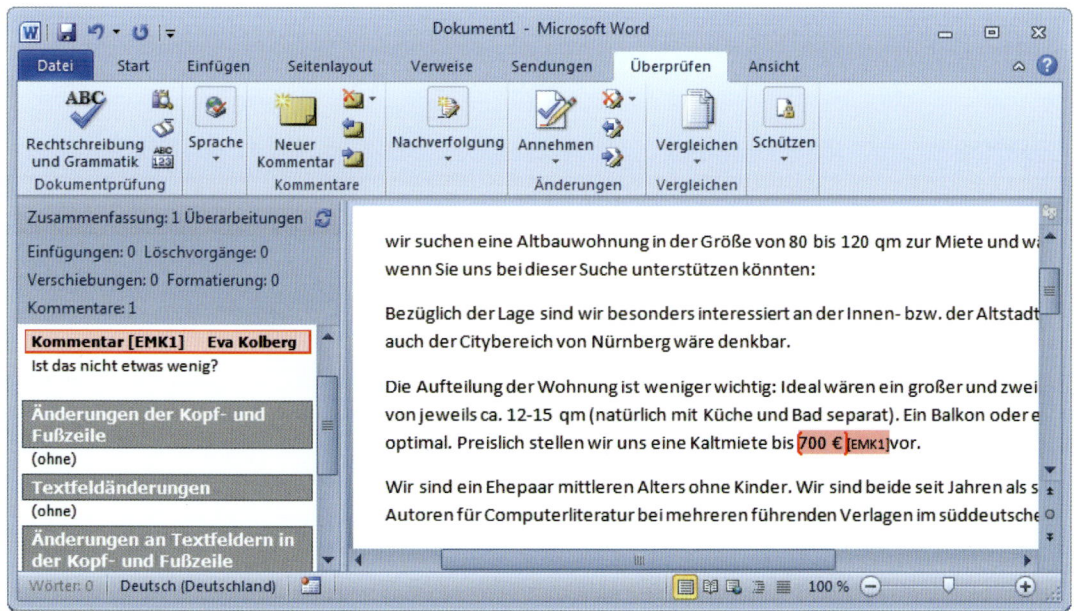

Abbildung 10.29 Ein Kommentar wird angezeigt.

ACHTUNG Wenn Sie das Kennwort für ein geschütztes Dokument vergessen haben, können Sie den Dateischutz nicht aufheben. Die Datei kann dann nicht mehr geöffnet werden.

10.3.1 Lese-/Schreibschutz

Kennwörter für das aktuelle Dokument können Sie beim Speichern des Dokuments festlegen. Wählen Sie hierzu auf der Registerkarte *Datei* den Befehl *Speichern unter* (→ Kapitel 3). Öffnen Sie dann im Dialogfeld *Speichern unter* das Menü zur Schaltfläche *Tools* und wählen Sie dort den Befehl *Allgemeine Optionen*. Daraufhin wird das gleichnamige Dialogfeld angezeigt, in dem Sie – unter anderem – Kennwörter zum Öffnen und/oder zum Ändern des Dokuments vergeben können (→ Abbildung 10.30).

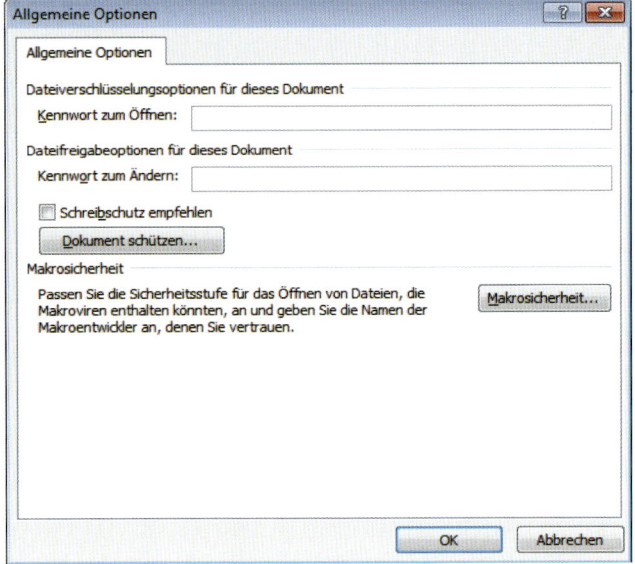

Abbildung 10.30 Sie können den Dokumentinhalt schützen.

Kennwörter vergeben

Beim Festlegen und Eingeben von Kennwörtern wird zwischen Groß- und Kleinschreibung unterschieden. Um das Ablesen durch andere Personen zu verhindern, erfolgt die Anzeige bei der Kennworteingabe in Form von Punkten. Das Kennwort muss beim Festlegen aus Sicherheitsgründen (falls Sie sich eventuell vertippt haben) noch einmal wiederholt werden.

Im Dialogfeld *Allgemeine Optionen* können zwei verschiedene Typen von Kennwörtern festgelegt werden:

» Wenn Sie im Feld *Kennwort zum Öffnen* ein Kennwort angeben, kann das Dokument nur von Personen geöffnet werden, denen das korrekte Kennwort bekannt ist.

» Unter *Kennwort zum Ändern* können Sie ein Kennwort angeben, damit andere Benutzer das Dokument nur als schreibgeschützt öffnen, das heißt keine Bearbeitungen speichern können. Sie können zwar Änderungen in der Datei durchführen, diese aber nicht unter demselben Namen und im selben Ordner speichern. Ein Speichern unter einem anderen Namen oder in einem anderen Ordner ist aber möglich.

» Unabhängig von der Kennwortvergabe können Sie über die Option *Schreibschutz empfehlen* festlegen, dass der Benutzer beim Öffnen des Dokuments die Option *Schreibgeschützt* aktivieren soll. Das heißt, beim Öffnen kann der Benutzer entscheiden, ob das Dokument mit oder ohne Schreibschutz geöffnet wird. Ohne zusätzliche Kennwortvergabe bringt diese Option natürlich keinen Schutz.

Ein kennwortgeschütztes Dokument öffnen

Beim Öffnen einer kennwortgeschützten Datei wird zunächst das Kennwort abgefragt (→ Abbildung 10.31).

» Wurde ein Kennwort zum Öffnen der Datei vergeben, müssen Benutzer dieses Dokuments das Kennwort eingeben, wenn sie die Datei öffnen wollen.

» Wurde ein Kennwort für den Schreibschutz vergeben, muss der Benutzer dieses eingeben, um das Dokument öffnen zu können. Der Schreibschutz ist dann abgeschaltet. Alternativ kann er das Dokument aber durch einen Klick auf die Schaltfläche *Schreibgeschützt* im entsprechenden Modus öffnen. Ein Speichern des Dokuments – mit oder ohne Änderungen – ist dann nur unter einem anderen Namen oder an einem anderen Ort möglich.

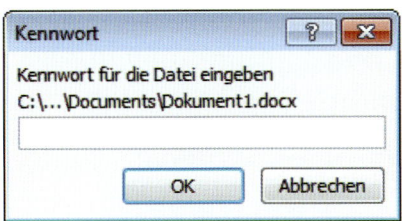
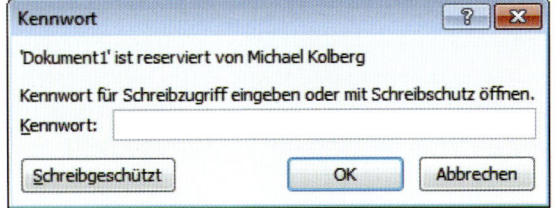

Abbildung 10.31
Vor dem Öffnen muss das
Kennwort eingegeben werden.

10.3.2 Dokumentschutz

Neben dem Schutz des Dokuments als Ganzes können auch die Formatierungsmöglichkeiten eingeschränkt werden. Sie können beispielsweise festlegen, dass nur noch bestimmte Formate benutzt werden dürfen. Außerdem können Sie bestimmen, wer welche Änderungen an welchen Stellen im Dokument durchführen darf. Wählen Sie hierzu *Dokument schützen* im Dialogfeld *Allgemeine Optionen* oder klicken Sie auf die gleichnamige Schaltfläche in der Gruppe *Schützen* der Registerkarte *Überprüfen* des Menübands. Legen Sie dann im Aufgabenbereich *Formatierung und Bearbeitung einschränken* die betreffenden Einstellungen fest (→ Abbildung 10.32 links).

Die Einstellungen werden erst wirksam, nachdem Sie auf die Schaltfläche *Ja, Schutz jetzt anwenden* geklickt haben. Sie können den Schutz aber jederzeit wieder über die entsprechende Schaltfläche im Aufgabenbereich *Formatierung und Bearbeitung einschränken* abschalten.

Formatierungseinschränkungen

Wenn Sie die Möglichkeiten zum Formatieren beschränken wollen, aktivieren Sie das Kontrollkästchen unterhalb von *Formatierungseinschränkungen* und klicken Sie anschließend auf den Link *Einstellungen*. Im daraufhin angezeigten Dialogfeld werden die Formatvorlagen zum Dokument aufgelistet (→ Abbildung 10.32 rechts). Standardmäßig sind zunächst alle Formatvorlagen zugelassen; das erkennen Sie an den aktivierten Kontrollkästchen vor den Vorlagenbezeichnungen. Direkte Formatierungen im Text sind dann generell nicht möglich,

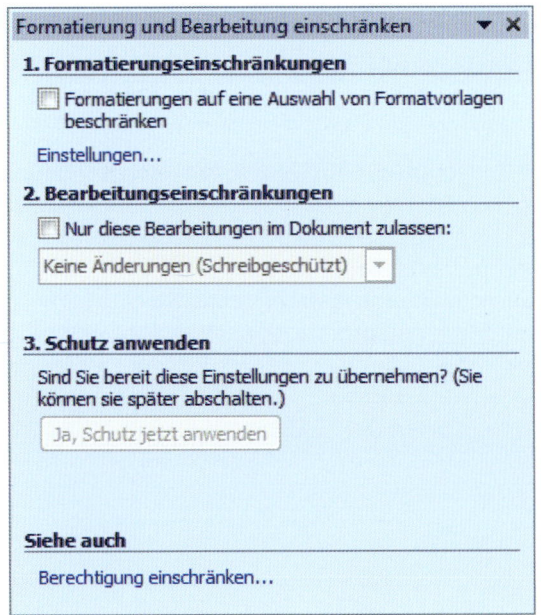
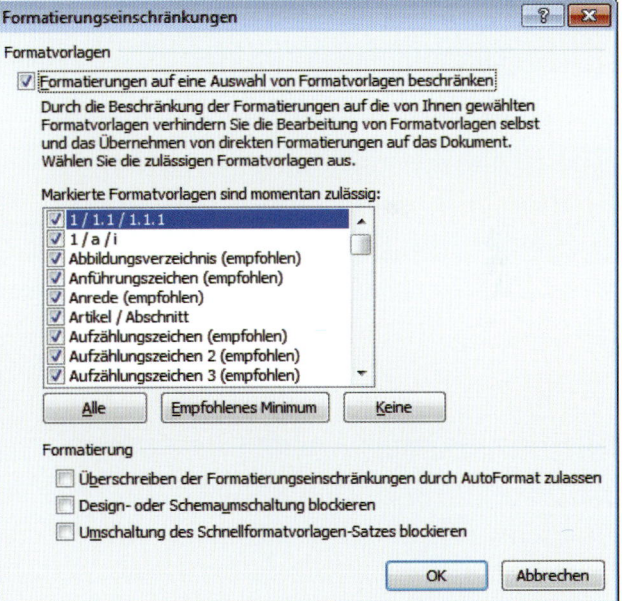

Abbildung 10.32
Im links gezeigten Aufgabenbereich schränken Sie die Formatierungs- und Bearbeitungsmöglichkeiten ein.

es können nur diese Vorlagen durch einen Bearbeiter eingesetzt werden, die sich aber auch nicht verändern lassen. Durch einen Klick auf *Empfohlenes Minimum* schalten Sie die Markierung für die Vorlagen ab, die nicht durch den zusätzlichen Hinweis *(empfohlen)* gekennzeichnet sind.

Bearbeitungseinschränkungen

Über die entsprechende Option im Aufgabenbereich *Formatierung und Bearbeitung einschränken* können Sie festlegen, ob und welche Einschränkungen für die Bearbeitung gelten sollen. Wenn Sie Einschränkungen wünschen, aktivieren Sie zunächst das Kontrollkästchen unterhalb von *Bearbeitungseinschränkungen* und legen Sie dann im zugehörigen Drop-down-Listenfeld fest, was ein Bearbeiter mit dem Dokument tun darf.

Zu den so festgelegten generellen Einschränkungen können Sie auch Ausnahmen definieren, die es allen oder bestimmten Bearbeitern erlauben, bestimmte Bereiche im Dokument uneingeschränkt bearbeiten zu können. Markieren Sie hierfür zuerst den Bereich oder die Bereiche, für den/die die Ausnahme gelten soll, und aktivieren Sie dann im Aufgabenbereich entweder das Kontrollkästchen *Jeder* oder legen Sie über *Weitere Benutzer* die Personen fest, die diese Bereiche bearbeiten dürfen, und aktivieren Sie dann die betreffenden Kontrollkästchen.

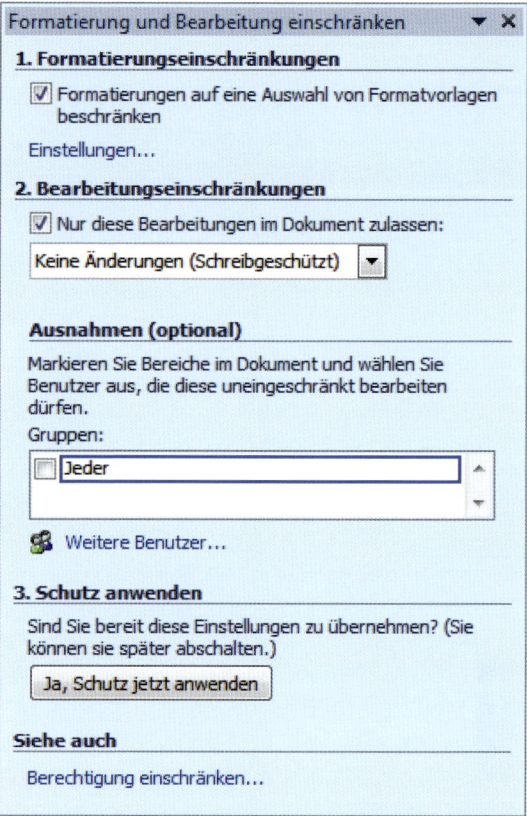

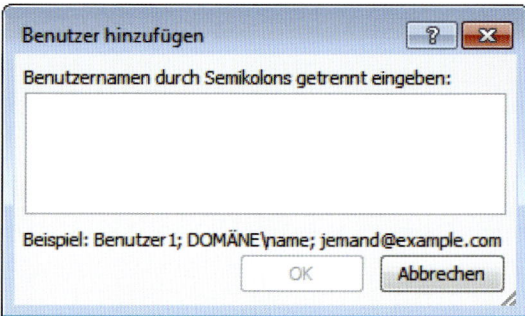

Abbildung 10.33 Das Bearbeiten des Dokuments kann eingeschränkt werden.

Gliedern und Zusammenführen

Wenn Sie Microsoft Word nicht gerade nur zum Schreiben von Briefen oder anderen kurzen Dokumenten verwenden wollen, sondern auch zum Verfassen von längeren und gegebenenfalls komplexeren Arbeiten, dürften die Techniken, die in diesem Kapitel vorgestellt werden, interessant für Sie sein. Word bietet eine ganze Reihe von Werkzeugen, die Ihnen das Organisieren Ihrer Dokumente beziehungsweise der Dokumentinhalte erleichtern.

» Der bei Word 2010 neue Navigationsbereich stellt Ihnen mehrere Werkzeuge zur Verfügung, die ein Ändern der Struktur des Dokumentinhalts erlauben (→ Abschnitt 11.1). Daneben verfügt dieser Bereich aber auch über weitere Funktionen – beispielsweise zum Suchen.

» Auch das Arbeiten in der *Gliederungsansicht* ermöglicht es Ihnen, auf schnelle Weise den logischen Fluss der Argumentation im Dokument festzulegen oder zu korrigieren (→ Abschnitt 11.2). Beispielsweise können Sie darin angeben, in welcher Reihenfolge Sie Ihre Aussagen zu Papier bringen wollen und ob eine Aussage als selbstständiges Element in der Argumentationskette oder als Unterpunkt zu einer anderen Aussage dargestellt werden soll.

» Mithilfe eines *Zentraldokuments* – auch *Masterdokument* genannt – kann ein aus mehreren Teilen bestehendes Werk, beispielsweise ein aus mehreren Kapiteln bestehendes Buch, in einem Dokument zusammengefasst und verwaltet werden (→ Abschnitt 11.3). Ein solches Zentraldokument enthält meist nur Verknüpfungen zu den einzelnen Filial- beziehungsweise Unterdokumenten.

11.1 Der Navigationsbereich

Mit der aktuellen Version von Word wurde die Navigation in umfangreichen Dokumenten vereinfacht. Dokumente können durch Ziehen und Ablegen von Abschnitten auf einfache Weise neu organisiert werden. Darüber hinaus kann jetzt durch inkrementelles Suchen nach Inhalten gesucht werden. Sie müssen also keine langen Dokumentabschnitte mehr kopieren und einfügen oder ganz genau wissen, wonach Sie suchen, um fündig zu werden. Voraussetzung dafür ist, dass Sie das Dokument mit Formatvorlagen für Überschriften versehen haben (→ Kapitel 9).

11.1.1 Die Grundaufgaben

Die Aufgabe des Navigationsbereichs besteht zunächst einmal darin, die Struktur des Dokuments in verkürzter Form darzustellen. Sie können darin die Logik Ihrer Argumentation überprüfen.

Den Navigationsbereich anzeigen lassen

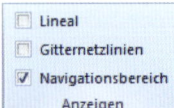 Zur Anzeige des Navigationsbereichs schalten Sie auf der Registerkarte *Ansicht* in der Gruppe *Anzeigen* das Kontrollkästchen *Navigationsbereich* ein. Als Erfolg wird im linken Bereich des Bildschirms eine Spalte angezeigt, in der die Überschriftenebenen im Dokument vermerkt werden (→ Abbildung 11.1). Die Breite dieser Spalte können Sie – wie gewohnt – mit Hilfe der Maus verändern.

Die Registerkarten

Der Bereich verfügt über drei Registerkarten, die Sie je nach Aufgabenstellung einsetzen können:

» Standardmäßig ist der Bereich *Durchsuchen der Überschriften in Ihrem Dokument* aktiviert. Dann wird die Struktur der Überschriftenebenen im Dokument angezeigt und Sie können damit zwischen den einzelnen Abschnitten wechseln.

» Die beiden anderen Registerkarten *Durchsuchen der Seiten in Ihrem Dokument* und *Durchsuchen der Ergebnisse der aktuellen Seite* eignen sich vordringlich für die Suche im Dokument (→ unten).

Die Navigation

Durch einen Klick auf eine der darin angezeigten Überschriftenebenen können Sie schnell zu der entsprechenden Stelle im Dokument wechseln. Sie können zum Wechsel auch die beiden Schaltflächen mit den Pfeilspitzen rechts oben im Navigationsbereich benutzen.

Neu ist, dass Sie die Ebenen in der Dokumentgliederung reduzieren können, um geschachtelte Überschriften auszublenden, so dass Sie selbst bei tief strukturierten, komplexen, umfangreichen Dokumenten problemlos mit der Gliederung arbeiten können. Zum Ausblenden der Unterebenen klicken Sie auf die nach rechts unten weisende schwarze Pfeilspitze links neben einer Ebene. Dass unterhalb einer Überschriftenebene noch weitere Ebenen im Dokument vorhanden sind, erkennen Sie an der weißen nach rechts weisenden Pfeilspitze.

Die Suche über den Navigationsbereich

Über das *Suchen*-Feld oben im Navigationsbereich haben Sie die Möglichkeit, direkt nach Zeichenfolgen im Dokument suchen zu lassen. Sobald Sie damit beginnen, darin Text einzugeben, werden die Fundstellen im Dokument farbig hervorgehoben (→ Abbildung 11.2). Außer-

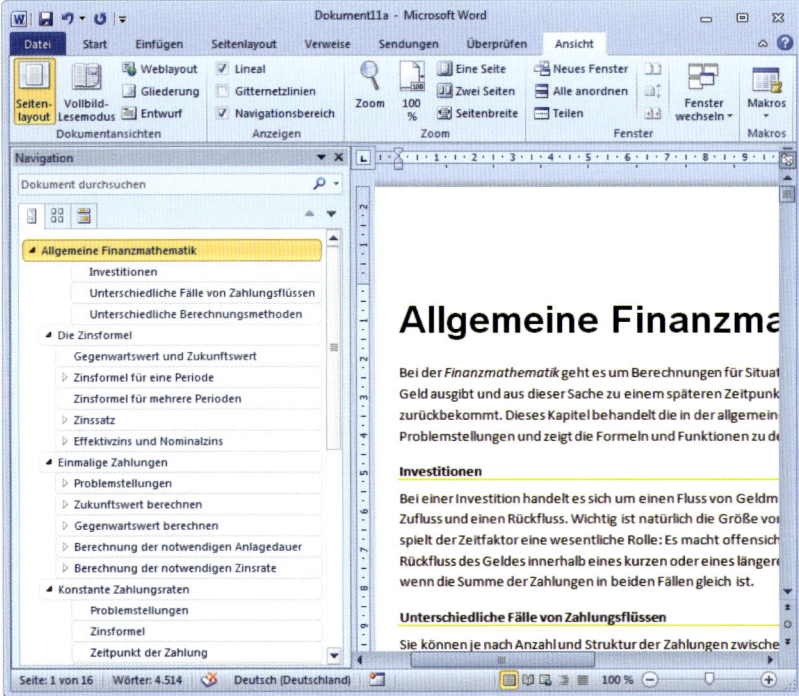

Abbildung 11.1
Der Navigationsbereich wird links angezeigt. Er zeigt die Überschriften an.

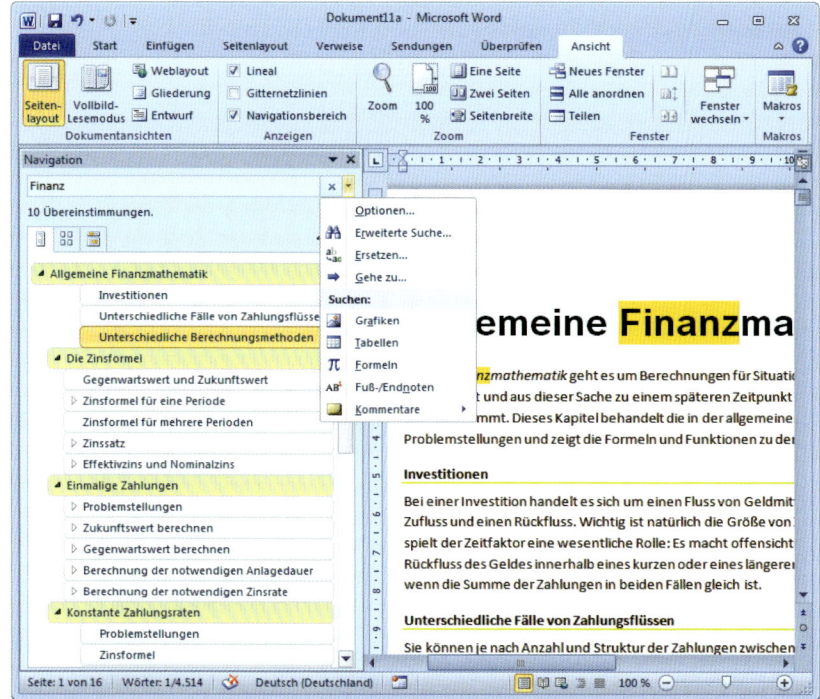

Abbildung 11.2 Eine Suche im Navigationsbereich markiert auch die Abschnitte darin,
wenn das Suchobjekt dort vorhanden ist.

dem werden die Abschnitte, in denen die Zeichenfolge gefunden wurde, ebenfalls markiert. Die Anzahl der Fundstellen wird ebenfalls angezeigt.

» Über das Menü zum Feld *Suchen* können Sie die weiteren wesentlichen Befehle zum Suchen bzw. Ersetzen ansteuern.

» Durch einen Klick auf die *Schließen*-Schaltfläche im Feld *Suchen* schalten Sie die Suchfunktion wieder ab.

» Wenn Sie im Navigationsbereich die Registerkarte *Durchsuchen der Seiten in Ihrem Dokument* anzeigen lassen, werden darin Miniaturansichten der Seiten angezeigt, in denen die Fundstellen auftauchen (→ Abbildung 11.3 links). Wenn Sie scharfe Augen haben, finden Sie darin bereits die gewünschte Seite und Sie können diese durch einen Mausklick im Hauptfenster anzeigen lassen.

» Nach Wahl der Registerkarte *Durchsuchen der Ergebnisse der aktuellen Seite* werden die Fundstellen im Zusammenhang aufgelistet (→ Abbildung 11.3 rechts). Auch hier können Sie durch einen Klick auf ein Element in der Liste zum jeweiligen Bereich im Dokument navigieren.

11.1.2 Die Struktur des Dokuments ändern

Sie können den Navigationsbereich auch dazu benutzen, die Struktur des Dokuments zu ändern oder das Dokument durch die Eingabe weiterer Überschriftenebenen zu erweitern. Außerdem können Überschriften und ihr Inhalt gelöscht, ausgeschnitten und kopiert werden.

Ebenen verschieben

Zum Ändern der Dokumentgliederung können Sie Überschriften innerhalb eines Dokuments ziehen und ablegen. Klicken Sie zunächst auf der Registerkarte *Durchsuchen der Überschriften in Ihrem Dokument* auf die Überschriftenebene, die Sie zu einer anderen Stelle im Dokument verlagern wollen. Halten Sie die Maustaste gedrückt und verschieben Sie den Zeiger in senkrechte Richtung (→ Abbildung 11.4 links). Lassen Sie die Maustaste an der gewünschten Stelle los. Der vorher markierte Bereich wird verschoben (→ Abbildung 11.4 rechts).

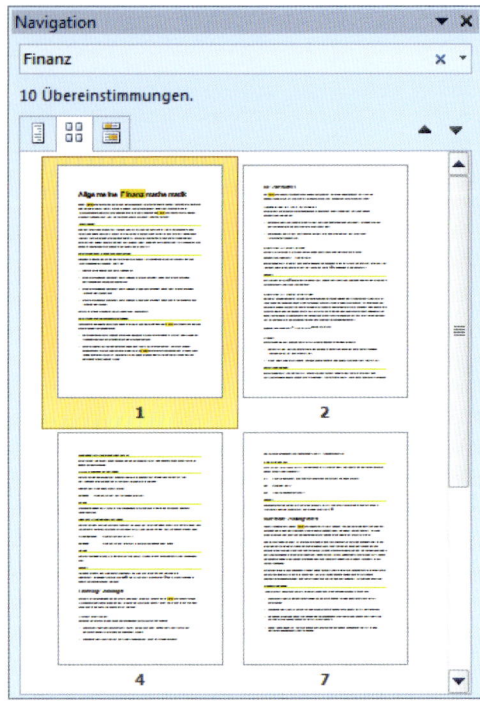

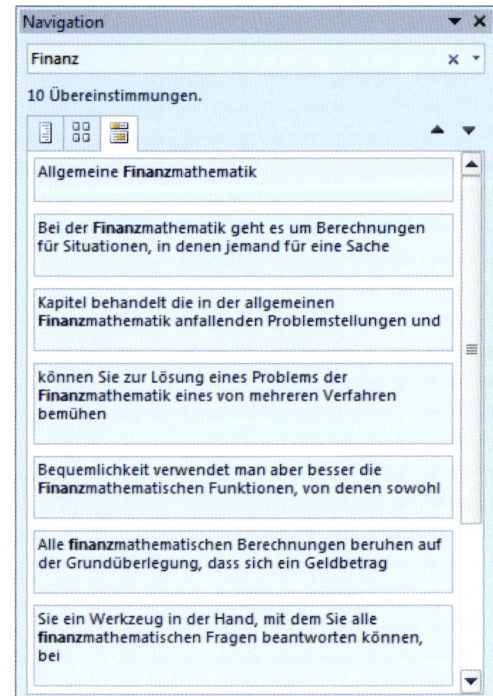

Abbildung 11.3
Die beiden anderen Registerkarten im Navigationsbereich
liefern weitere Möglichkeiten
zur Navigation.

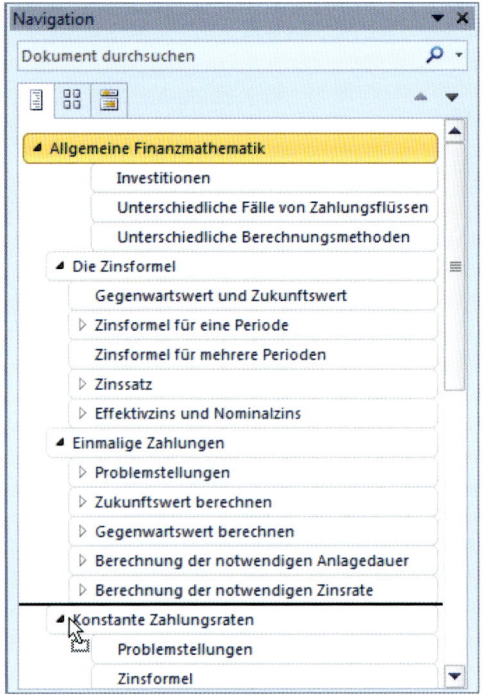

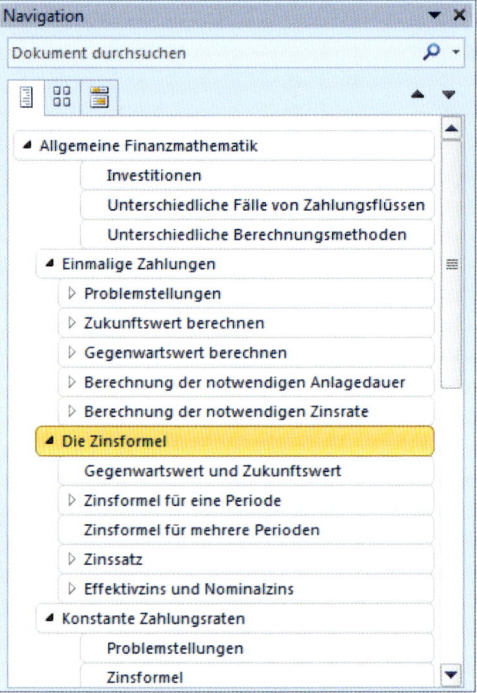

Abbildung 11.4
Überschriftenebenen können
über die Maus verschoben
werden.

ACHTUNG Beachten Sie, dass mit einer Ebene immer auch die dazu gehörenden Unterebenen mit verschoben werden.

Weitere Aktionen im Navigationsbereich

Für weitere Aktionen können Sie das Kontextmenü zum Navigationsbereich benutzen (→ Abbildung 11.5). Markieren Sie immer zuerst die Überschriftenebene, an der Sie Änderungen durchführen wollen.

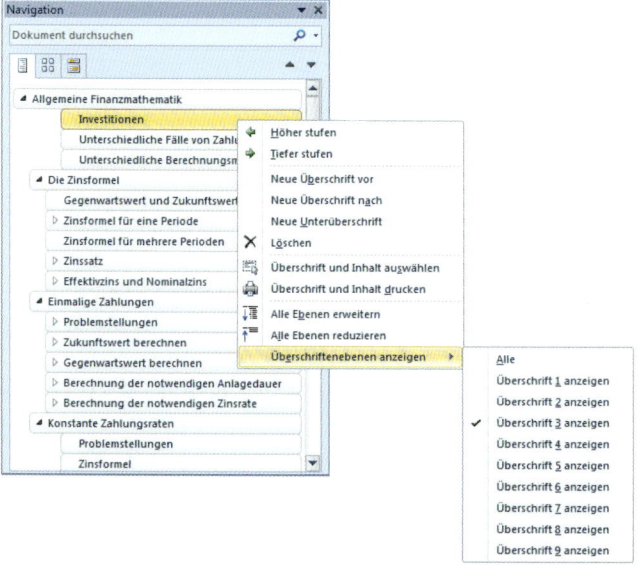

Abbildung 11.5 Das Kontextmenü zum Navigationsbereich beinhaltet viele nützliche Befehle.

» Die Ebene der markierten Überschrift innerhalb des Dokuments lässt sich einfach ändern. Verwenden Sie die Befehle *Höher stufen* bzw. *Tiefer stufen*. Damit ändern Sie auch immer die Ebenen der zur markierten Überschrift gehörenden Unterebenen.

» Sie können auch einfach neue Überschriften zum Dokument hinzufügen – beispielsweise um vergessene Abschnitte hinzuzufügen. Markieren Sie dazu die gewünschte Stelle und verwenden Sie *Neue Überschrift vor* bzw. *Neue Überschrift nach*. Damit erstellen Sie im Dokument zunächst einen leeren Absatz, der mit der Formatvorlage der vorher markierten Überschrift formatiert ist. Den dazugehörenden Text können Sie gleich im Hauptfenster eintragen.

» Der Befehl *Neue Unterüberschrift* fügt nach den bereits vorhandenen Unterebenen eine weitere Über-

schrift der tieferen Ebene ein. Auch damit erstellen Sie im Dokument zunächst einen leeren Absatz, der mit der Formatvorlage der vorher markierten Überschrift formatiert ist. Den dazugehörenden Text müssen Sie gleich im Hauptfenster eintragen.

» Über *Löschen* können Sie die markierte Überschrift samt der gegebenenfalls vorhandenen Unterebenen aus dem Dokument entfernen.

» Der Befehl *Überschrift und Inhalt auswählen* markiert den entsprechenden Bereich im Dokument selbst.

» Die drei letzten Befehle im Kontextmenü arbeiten unabhängig von der gerade im Navigationsbereich vorgenommenen Markierung: Mit *Alle Ebenen erweitern* und *Alle Ebenen reduzieren* können Sie die einzelnen Unterebenen ausblenden oder wieder anzeigen lassen. Über die Optionen im Untermenü zu *Überschriftenebenen anzeigen* können Sie regeln, bis zu welcher Gliederungsebene die Überschriften im Navigationsbereich angezeigt werden sollen.

11.2 Arbeiten in der Gliederungsansicht

Auch das Arbeiten in der *Gliederungsansicht* ermöglicht es Ihnen, auf schnelle Weise den logischen Aufbau Ihres Dokuments überblicken und gegebenenfalls korrigieren zu können. Sie können darin festlegen, in welcher Reihenfolge Ihre Aussagen im Dokument erscheinen sollen und ob eine Aussage als selbstständiges Element in der Argumentationskette oder als Unterpunkt zu einer anderen Aussage angeordnet werden soll.

 Um zur Gliederungsansicht zu wechseln, wechseln Sie im Menüband zur Registerkarte *Ansicht* und klicken auf die Schaltfläche *Gliederung* im Bereich *Dokumentenansichten*. Oder Sie benutzen die gleichbedeutende kleine Schaltfläche *Gliederung* rechts unten im Programmfenster in der Statusleiste (→ Abbildung 11.6). Beachten Sie in der dann angezeigten Ansicht gleich die Registerkarte *Gliederung*. Wichtig sind für uns zunächst nur die Schaltflächen in der Gruppe *Gliederungstools*.

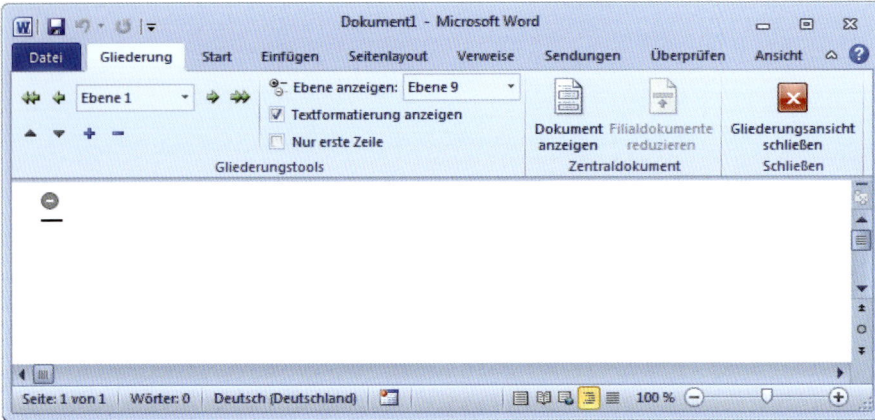

Abbildung 11.6
Ein leeres Dokument in der
Gliederungsansicht

Hatten Sie nur ein noch leeres Dokument geöffnet, finden Sie im Hauptbereich des Fensters nur ein Kreissymbol mit einem Minuszeichen ⊖ (→ Abbildung 11.6). Sind im aktuellen Dokument bereits Inhalte vorhanden, hängt die Darstellung davon ab, ob Sie bereits zuvor Textelemente mit den integrierten Formatvorlagen *Überschrift 1*, *Überschrift 2* etc. entsprechend gekennzeichnet haben (→ Kapitel 9). Ist dies der Fall, werden diese als Gliederungsebenen angezeigt.

11.2.1 Eingaben in der Gliederungsansicht

Im Allgemeinen arbeitet man in dieser Ansicht vorzugsweise auf der Ebene von Überschriften. Sie können hierin aber auch Eingaben bis hinunter zum eigentlichen Textkörper vornehmen und Bearbeitungen durchführen. Da die Gliederungsansicht jedoch über eine auf ihre speziellen Zwecke der Organisation ausgerichtete Darstellungsform verfügt, sollten Sie für ausführlichere

Arbeiten am Textkörper besser zur Seitenlayoutansicht wechseln.

Die oberste Ebene

Wenn Sie in einem noch leeren Dokument in der Gliederung eine Eingabe durchführen, wird dem Absatz damit automatisch die Formatvorlage *Überschrift 1* zugewiesen. Das erkennen Sie in der Gliederungsansicht daran, dass im Feld *Gliederungsebene* der Ausdruck *Ebene 1* steht, solange der Absatz markiert ist. Wenn Sie von der Gliederungsansicht zur Ansicht *Seitenlayout* wechseln, ist im Bereich der Schnellformatvorlagen die Option *Überschrift 1* eingestellt. Auch weitere Absätze, die Sie dann nach Drücken von ⏎ eingeben, tragen diese Kennzeichnung. Word nimmt in der Gliederungsansicht also an, dass Sie zunächst einmal die Überschriften der obersten Ebene eingeben wollen – beispielsweise die Überschriften der Kapitel (→ Abbildung 11.7).

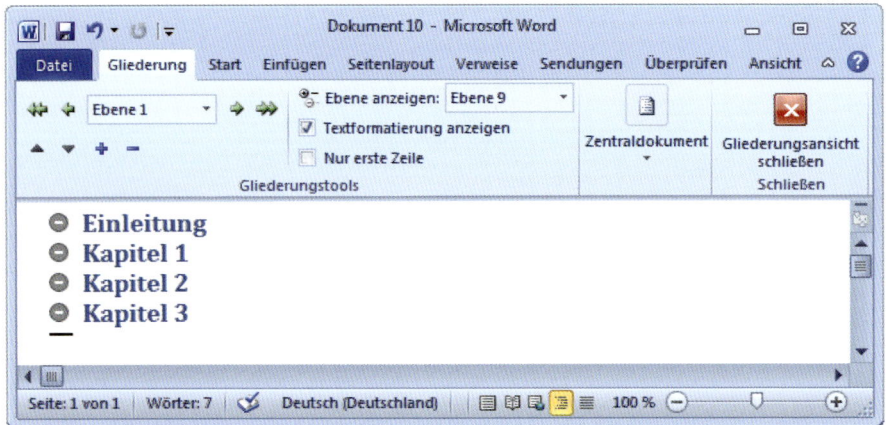

Abbildung 11.7
Die Überschriften der obersten Ebene;
weitere Eingaben müssen noch hinzu
gefügt werden.

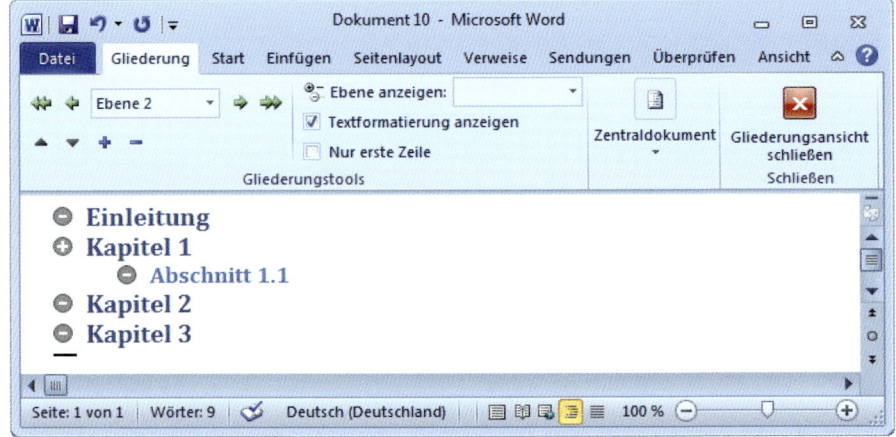

Abbildung 11.8 Zwei Gliederungsebenen sind hier vorhanden.

Untere Ebenen

Um unterhalb einer mit *Ebene 1* markierten Ebene arbeiten zu können, gehen Sie wie folgt vor:

» Setzen Sie die Einfügemarke an das Ende des bereits eingegebenen Textes für eine Überschrift der *Ebene 1* – beispielsweise an das Ende der Überschrift *Kapitel 1*.

» Drücken Sie die Taste ⏎. Word nimmt zunächst an, dass Sie eine weitere *Ebene 1* einfügen wollen, und weist dem Absatz eine entsprechende Markierung zu.

» Wechseln Sie dann die Ebene. Das können Sie auf zwei Weisen tun: Entweder Sie stellen über das Feld *Gliederungsebene* die Ebene *Ebene 2* ein. Die Liste zum Feld *Gliederungsebene* enthält neun Überschriftenebenen. Sie könnten auch jede andere Ebene einstellen, im Allgemeinen wird man auf *Ebene 1* die Ebene *Ebene 2* verwenden. Anschließend können Sie den Text für die Überschrift dieser Ebene eingeben (→ Abbildung 11.8).

Sie können zum Wechsel zur nächsten Ebene nach der Eingabe eines neuen Absatzes aber auch einfach die Schaltfläche *Tiefer stufen* ➡ benutzen. Damit wird dem Absatz automatisch die nächst tiefere Ebene zugewiesen.

Fahren Sie auf diese Weise mit dem Aufbau der Überschriftenebenen des Dokuments fort. Wenn Sie beispielsweise unterhalb von *Ebene 2* eine *Ebene 3* einrich-

ten wollen, setzen Sie die Einfügemarke an das Ende der Überschrift von *Ebene 2*, drücken Sie die Taste ⏎ und wechseln Sie die Ebene des neuen Absatzes zu *Ebene 3*.

Die Ebene des Textkörpers

➡ Natürlich besteht ein Dokument nicht nur aus Überschriften, sondern hauptsächlich aus normalem Text. Um irgendwo zwischen den Überschriften einen solchen Fließtext einzufügen, setzen Sie die Einfügemarke an das Ende der davor stehenden Überschriftenebene, drücken die Taste ⏎ und wechseln die Ebene des neuen Absatzes zu *Textkörper*. Geben Sie dann den Text auf dieser Ebene ein (→ Abbildung 11.9). Sie können zum Zuweisen dieser Ebene auch einfach auf die Schaltfläche *Tieferstufen zu Textkörper* klicken.

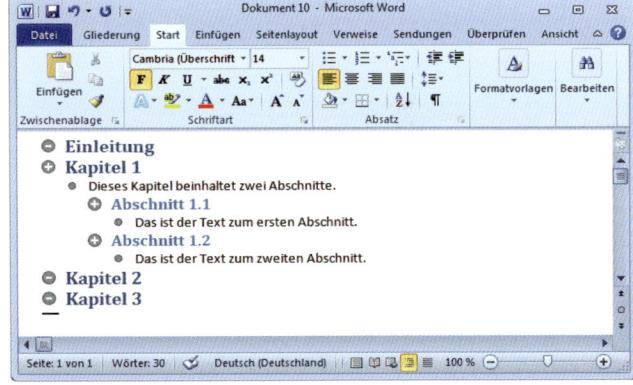

Abbildung 11.9 Zwei Überschriftenebenen und Textkörper wurden eingegeben.

11.2.2 Die Gliederung bearbeiten

Zum Bearbeiten einer Gliederung sind meist zwei verschiedene Aufgaben zu bewerkstelligen: Zum einen muss die Reihenfolge einzelner Abschnitte – Überschriftenebenen mit den dazugehörigen Unterpunkten und Texten – geändert werden, ohne dass sich dabei deren Gliederungsebene ändert. Zum anderen ergibt sich manchmal auch die Notwendigkeit, die Gliederungsebene oder Einzugsebene bestimmter Abschnitte zu ändern, diese also höher oder tiefer zu stufen. Details dazu finden Sie in den nachfolgenden Ausführungen.

Ebenen anzeigen und ausblenden

In der Grundeinstellung werden nach dem Wechseln zur Gliederungsansicht alle Ebenen im Dokument inklusive der Bestandteile des Textkörpers vollständig angezeigt. Sie können aber die Dokumentstruktur in der Regel besser überblicken und sich leichter durch das Dokument bewegen und größere Textabschnitte neu anordnen, wenn Sie die Anzeige so reduzieren, dass nur die von Ihnen gewünschten Überschriftenebenen und Teile des Textkörpers angezeigt werden. Beachten Sie, dass nur mit den integrierten Überschrift-Formatvorlagen oder Absatzgliederungsebenen formatierte Elemente ein- und ausgeblendet werden können.

» Sie können zum einen die Anzahl der in der Ansicht anzuzeigenden Ebenen generell festlegen. Dazu wählen Sie im Drop-down-Listenfeld zur Schaltfläche *Ebene anzeigen* in der Gruppe *Gliederungstools* die gewünschte Anzahl aus. Beispielsweise können Sie durch Wahl von *Ebene 1* bestimmen, dass nur die Überschriften der ersten Ebene angezeigt werden. Wollen Sie wieder sämtliche Ebenen inklusive Textkörper anzeigen, wählen Sie im Drop-down-Listenfeld die Option *Alle Ebenen* aus. Beachten Sie, dass die Ebenen, zu denen ausgeblendete Unterebenen – dazu gehört auch Textkörper – existieren, durch einen grauen Strich besonders gekennzeichnet sind (→ Abbildung 11.10).

» ➕ ➖ Manchmal geht es schneller, wenn Sie stattdessen die Schaltflächen *Gliederung erweitern* und *Gliederung reduzieren* benutzen. Damit können Sie die Anzeige schrittweise – also Ebene für Ebene – erweitern oder reduzieren.

» Sie können auch nur die Gliederung innerhalb eines bestimmten Bereichs reduzieren, indem Sie auf das Symbol mit dem Pluszeichen ⊖ links neben der betreffenden Überschrift doppelklicken. Ein zweiter Doppelklick blendet die Unterebenen wieder ein.

» Auch ein zu langer Textkörper erschwert die Übersicht in der Gliederungsansicht. Um den Textkörper im gesamten Dokument bis auf die erste Zeile in jedem Abschnitt auszublenden, aktivieren Sie die Option *Nur erste Zeile* in der Gruppe *Gliederungstools*. Die auf die Zeile folgenden Auslassungspunkte weisen anschließend darauf hin, dass weitere Textzeilen reduziert sind. Um den Text wieder vollständig anzuzeigen, deaktivieren Sie das Kontrollkästchen.

» Formatierungen können Sie in der Gliederungsansicht nicht vornehmen. Dazu wechseln Sie zu einer anderen Ansicht. Wenn Sie später die Zeichenformatierung in dieser Ansicht – beispielsweise große Schriftarten oder Kursivschrift – irritiert, können Sie die Gliederung als einfachen Text anzeigen. Deaktivieren Sie in der Gruppe *Gliederungstools* das Kontrollkästchen *Textformatierung anzeigen*. Durch Aktivieren schalten Sie die Formatierung wieder an.

Elemente markieren

Bevor Sie beginnen, Elemente in der Gliederungsansicht zu verschieben oder auf andere Art zu bearbeiten, müssen Sie zunächst das, was Sie bearbeiten wollen, markieren. Das geht am einfachsten mit der Maus: Um einen Bereich – also eine Überschrift samt der in den Ebenen darunter vorhandenen Überschriften und dem dazugehörigen Textkörper – zu markieren, klicken Sie auf das kleine Symbol links von der betreffenden Überschrift. Um nur den Textkörper einer Ebene zu markieren, kli-

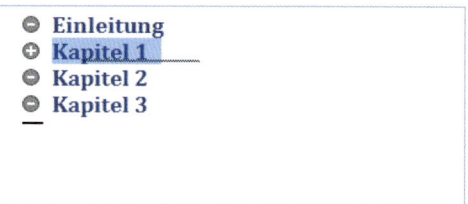

Abbildung 11.10
Ebene 1 anzeigen und *Ebene 2* anzeigen

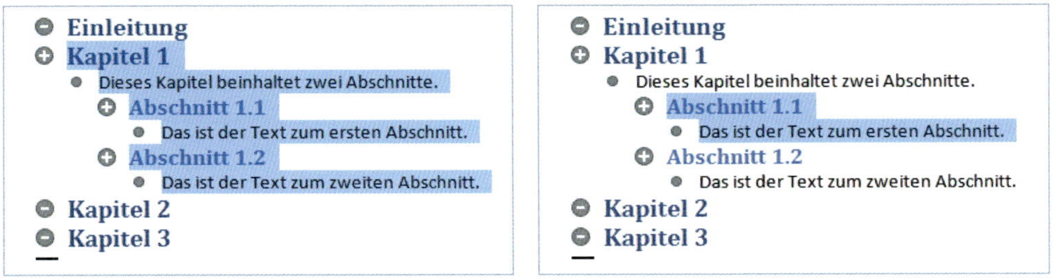

Abbildung 11.11
Bereiche können insgesamt
markiert werden.

cken Sie auf das Symbol links vom betreffenden Text (→ Abbildung 11.11).

Beachten Sie dabei zwei wichtige Punkte: Die unter der markierten Ebene vorhandenen Ebenen werden – inklusive des Textkörpers – mit markiert! Und wenn Sie eine Überschrift mit reduziertem untergeordnetem Text markieren, wird auch der reduzierte Text markiert, obwohl er in der Anzeige nicht zu sehen ist.

Die Reihenfolge ändern

Ein häufig durchgeführter Arbeitsschritt bei der Bearbeitung eines Dokuments besteht darin, die Reihenfolge bestimmter Abschnitte zu ändern. In der Normalansicht und der Seitenlayoutansicht können Sie für diese Aufgaben auf der Registerkarte *Start* die Befehle der Gruppe *Zwischenablage* zum Ausschneiden und Einfügen von Text benutzen. Einfacher arbeiten Sie aber in diesen Fällen in der Gliederungsansicht mit den entsprechenden Schaltflächen oder durch Verschieben mit der Maus.

ACHTUNG Wenn Sie eine Überschrift mit reduziertem untergeordnetem Text markieren, wird auch der reduzierte Text markiert, obwohl er in der Anzeige nicht zu sehen ist. Änderungen wie Verschieben, Kopieren oder Löschen dieser markierten Überschriften wirken sich also auch auf den reduzierten Text aus.

» Zum Verschieben eines Dokumentabschnitts samt seiner Unterelemente markieren Sie ihn zunächst, indem Sie auf das Symbol links neben der betreffenden Überschrift klicken. Um diesen Bereich dann im Dokument nach hinten zu verschieben, klicken Sie anschließend – falls notwendig mehrmals – auf die Schaltfläche *Nach unten*. Um einen Abschnitt nach oben zu verschieben, benutzen Sie die Schalt-

fläche *Nach oben*. Beachten Sie, dass dabei die zugewiesene Gliederungsebene nicht verändert wird. Auch die zur markierten Ebene gehörigen Unterüberschriften und der Textkörper werden damit ebenfalls verschoben.

» Sie können Text auch neu anordnen, indem Sie das betreffende Gliederungssymbol – das Kreuz links neben der Überschrift – mit der Maus nach oben oder unten verschieben. Beim Ziehen mit der Maus zeigt Microsoft Word für jede mögliche Einfügeposition eine horizontale Linie an. Lassen Sie an der gewünschten Stelle die Maustaste los, um dem Abschnitt die neue Position zuzuweisen. Der Abschnitt wird vor der durch die Markierung gekennzeichneten Stelle eingefügt und behält seine ursprüngliche Gliederungsebene bei. Auch in diesem Fall werden die dazugehörigen Unterüberschriften und der Textkörper ebenfalls mit verschoben.

Die Einzugsebenen ändern

In der Gliederungsansicht lassen sich Überschriften auch höher oder tiefer stufen. Beispielsweise können Sie damit eine Überschrift samt Textkörper und eventuellen Unterüberschriften eine Ebene tiefer setzen und so zu einem Unterpunkt der vorherigen Ebene machen.

Markieren Sie zunächst den Abschnitt, den Sie neu einordnen wollen. Benutzen Sie dann die entsprechenden Schaltflächen der Registerkarte *Gliederung* im Menüband.

» Klicken Sie auf die Schaltfläche *Tiefer stufen*, um den Abschnitt eine Ebene zurückzustufen. Klicken Sie auf die Schaltfläche *Höher stufen*, um den Abschnitt eine Ebene höher zu setzen. Klicken Sie so oft auf die entsprechende Schaltfläche, bis die gewünschte Ebene erreicht ist.

» ⏪ ⏩ Um schnell einer Überschrift oder einem Text-körper die erste Gliederungsebene zuzuweisen, kli-cken Sie nach dem Markieren auf die Schaltfläche *Höher stufen zu Überschrift 1*. Um umgekehrt eine Überschrift in Textkörper umzuwandeln, klicken Sie auf *Tieferstufen zu Textkörper*.

Sie können Text auch neu anordnen, indem Sie die be-treffenden Gliederungssymbole für die Überschriften und Textkörper nach dem Markieren des entsprechen-den Bereichs mit der Maus nach links beziehungsweise nach rechts ziehen. Auch hierbei passen sich die dazugehöri-gen Unterüberschriften und der Textkörper ihre Gliede-rungsebene entsprechend an.

11.3   Zentral- und Filialdokumente

Der zweite große Aufgabenbereich für die Ansicht *Glie-derung* ist das Arbeiten mit *Zentral- und Filialdokumen-ten*. Ein Zentraldokument – auch Masterdokument ge-nannt – ist ein Behälter für eine bestimmte Anzahl von separaten Unterdokumenten, die auch als Filialdoku-mente bezeichnet werden. Mithilfe eines Masterdoku-ments kann ein aus mehreren Teilen bestehendes Werk – beispielsweise ein aus mehreren Kapiteln bestehendes Buch – auf einfache Weise organisiert und verwaltet wer-den. Dazu erstellen Sie die einzelnen Teile in separaten Dateien, den Filialdokumenten, und fassen diese im Zentraldokument zusammen. Das Zentraldokument ent-hält dann meist nur Verknüpfungen zu den einzelnen Fi-lialdokumenten, die dazu verwendet werden, Kopien der Filialdokumente in das Zentraldokument einzufügen. Sie können diese Technik verwenden, um ein umfangreiches Dokument in einzelne Teile aufzuspalten, zu organisieren und zu verwalten.

ACHTUNG   Bevor Sie einen Satz von Zentral- und Fi-lialdokumenten erstellen, sollten Sie zu-nächst einen gemeinsamen Speicherort für diese Datei-en festlegen. Erstellen Sie dazu beispielsweise über den Windows-Explorer einen entsprechenden Ordner. Wenn Sie bereits vorhandene Word-Dokumente als Filialdoku-mente verwenden möchten, verschieben oder kopieren Sie die betreffenden Dokumente in diesen Ordner.

 Zur Arbeit mit Zentral- und Filialdokumenten ar-beiten Sie mit der Gruppe *Zentraldokument* auf der Registerkarte *Gliederung*. Wenn diese aus-

geblendet dargestellt wird, müssen Sie zuerst auf die Schaltfläche *Dokument anzeigen* klicken.

11.3.1   Zentraldokument in Filialdokumente aufteilen

Im Allgemeinen werden Sie ein Zentraldokument mit bereits vorhandenen Filialdokumenten füllen wollen (→ unten). Wir wollen trotzdem zunächst einmal von dem Fall ausgehen, in dem Sie die Filialdokumente direkt im Zentraldokument erstellen, da dabei einige wichtige Punkte klarer werden.

Ein Zentraldokument erstellen

Wenn Sie ein Zentraldokument später in Filialdokumente aufteilen wollen, müssen Sie das Zentraldokument zu-erst anlegen.

» Dazu erstellen Sie innerhalb von Microsoft Word ein neues Dokument. Aktivieren Sie dann gleich zu An-fang die Gliederungsansicht, indem Sie auf der Re-gisterkarte *Ansicht* in der Gruppe *Dokumentansich-ten* auf die Schaltfläche *Gliederung* klicken, oder Sie benutzen die gleichbedeutende kleine Schaltfläche *Gliederung* rechts unten im Programmfenster in der Statusleiste.

» Geben Sie die Überschrift für den Gesamttitel des Dokuments und darunter die Überschriften für je-den Abschnitt ein, den Sie später als Filialdokumen-te benutzen wollen. Wenn Sie nach der Eingabe ei-ner Überschriftenzeile die Taste ⏎ drücken, wird jede dieser Ebenen automatisch mit der integrier-ten Überschrift-Formatvorlage *Ebene 1* – bzw. *Über-schrift 1* – formatiert.

» Weisen Sie den Überschriften für die Filialdokumen-te eine geeignete Überschrift-Formatvorlage zu. Sie können mit einer von mehreren Alternativen arbei-ten: Wenn Sie nur auf einer Ebene arbeiten wollen, verwenden Sie *Ebene 1* für jedes Filialdokument (→ Abbildung 11.12 links). Sie können aber das Zentral-kument auch mit einem übergeordneten Titel verse-hen (→ Abbildung 11.12 rechts). In diesem Fall können Sie die darunter liegenden Überschriften eine Ebene tiefer stufen. Dazu können Sie die Schaltflächen der Gruppe *Gliederungstools* auf der Registerkarte *Glie-derung* benutzen (→ oben).

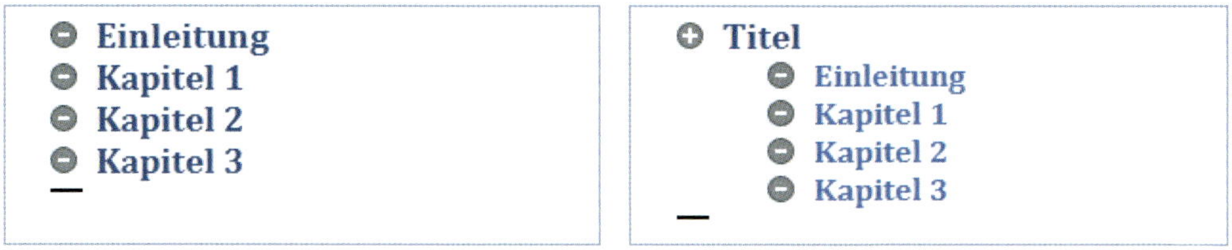

- ⊖ **Einleitung**
- ⊖ **Kapitel 1**
- ⊖ **Kapitel 2**
- ⊖ **Kapitel 3**

- ⊕ **Titel**
  - ⊖ **Einleitung**
  - ⊖ **Kapitel 1**
  - ⊖ **Kapitel 2**
  - ⊖ **Kapitel 3**

Abbildung 11.12
Zwei Alternativen für die Gestaltung

» Im weiteren Vorgehen können Sie dann unterhalb der Ebenen der Überschriften für die einzelnen Filialdokumente weitere Eingaben vornehmen. Sie können beispielsweise weitere Unterebenen und auch Eingaben für den Textkörper festlegen. Gehen Sie dazu genauso vor wie bei einem normalen Dokument in der Gliederungsansicht (→ oben).

TIPP Alternativ können Sie auch ein bestehendes Dokument in ein Zentraldokument umwandeln: Öffnen Sie das Dokument, das Sie als Zentraldokument verwenden möchten, und weisen Sie jeder Überschrift eine geeignete Überschrift-Formatvorlage zu. Wechseln Sie dann in die Gliederungsansicht.

Filialdokumente aus dem Zentraldokument heraus erstellen

Nachdem das Zentraldokument damit über eine Gliederung verfügt, können Sie die Filialdokumente anhand der vorhandenen Gliederungsüberschrift erstellen. Dabei werden im Prinzip die Überschriften und deren Unterebenen durch die vorher separat gespeicherten Dateien ersetzt.

» Dazu markieren Sie in der Gliederungsansicht im Zentraldokument die Überschriften, die Sie als Filialdokumente verwenden möchten (→ Abbildung 11.13). Wenn Sie mehrere Überschriften der obersten dafür verwendeten Ebene markieren, werden nachfolgend mehrere Filialdokumente erstellt – für jede Überschrift der Ebene eines.

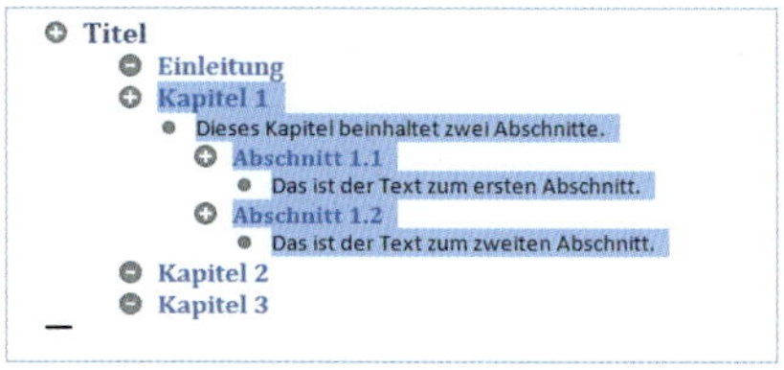

- ⊕ Titel
  - ⊖ Einleitung
  - ⊕ Kapitel 1
    - ● Dieses Kapitel beinhaltet zwei Abschnitte.
      - ⊕ Abschnitt 1.1
        - ● Das ist der Text zum ersten Abschnitt.
      - ⊕ Abschnitt 1.2
        - ● Das ist der Text zum zweiten Abschnitt.
  - ⊖ Kapitel 2
  - ⊖ Kapitel 3

Abbildung 11.13
Der Abschnitt *Kapitel 1* ist markiert.

» ⊞ **Erstellen** Klicken Sie nach dem Markieren in der Gruppe *Zentraldokument* auf die Schaltfläche *Erstellen*. Falls die Schaltfläche aktuell nicht angezeigt wird, müssen Sie zunächst auf die Schaltfläche *Dokument anzeigen* klicken. Die vorher markierte Überschrift wird dann als Überschrift eines Filialdokuments umfunktioniert (→ Abbildung 11.14).

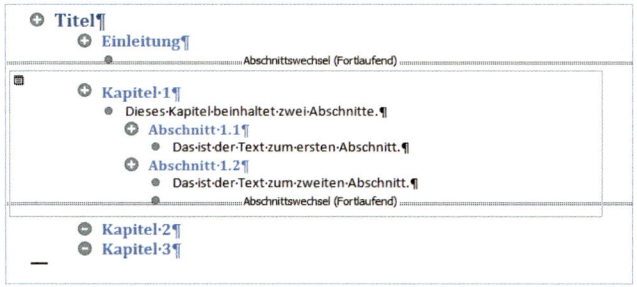

Abbildung 11.14 Ein Filialdokument in einem Zentraldokument

» ¶ Word fügt einen fortlaufenden Abschnittswechsel vor und hinter jedem Filialdokument ein. Das erkennen Sie aber erst dann, wenn Sie auf der Registerkarte *Start* in der Gruppe *Absatz* die Schaltfläche *Alle anzeigen* aktiviert haben. Ein solcher Abschnittsumbruch speichert die Formatierungselemente des Bereichs, beispielsweise Randeinstellungen, Seitenausrichtung, Kopf- und Fußzeilen sowie fortlaufende Seitenzahlen (→ Kapitel 4).

Auf diese Weise können Sie weitere Filialdokumente im Zentraldokument erstellen und diese danach auch bereits mit weiteren Inhalten versehen.

Sie sollten gleich wissen, dass die erste Überschrift der Markierung mit der Formatvorlage – oder mit der Gliederungsebene – formatiert ist, die für den Beginn des jeweiligen Filialdokuments verwendet wird. Haben Sie beispielsweise das Zentraldokument mit der Überschrift

Ebene 1 versehen und darunter mehrere Überschriften der *Ebene 2* eingegeben, müssen Sie mindestens eine dieser Überschriften der *Ebene 2* markieren, um diese Überschrift in ein Filialdokument umzuwandeln.

Speichern

💾 Geben Sie dann den Befehl zum Speichern des Zentraldokuments. Dazu gehen Sie wie üblich bei Word vor. Der Unterschied zum Speichern eines normalen Word-Dokuments besteht darin, dass dabei auch automatisch die gerade erstellten Filialdokumente gespeichert werden. Darum empfiehlt es sich, zum Speichern einen separaten Ordner zu verwenden.

Word verwendet beim automatischen Speichern der Filialdokumente jeweils die ersten Zeichen der Überschrift, die Sie in der Gliederungsansicht den einzelnen Dokumenten zugewiesen haben. So wird ein Filialdokument, das mit der Gliederungsüberschrift *Kapitel 1* beginnt, *Kapitel 1.docx* genannt. Dies können Sie über das Dialogfeld *Speichern unter* oder das Dialogfeld *Öffnen* kontrollieren.

Filialdokument reduzieren

Die Wirkung der bisher durchgeführten Tätigkeiten wird klarer, wenn Sie in der Gruppe *Zentraldokument* auf die Schaltfläche *Filialdokumente reduzieren* klicken. Dann erkennen Sie auf dem Bildschirm, dass der Inhalt des als Filialdokument definierten Bereichs eigentlich nicht mehr Bestandteil des Zentraldokuments ist. Stattdessen finden Sie im Zentraldokument einen Hyperlink zum Speicherort des Filialdokuments (→ Abbildung 11.15).

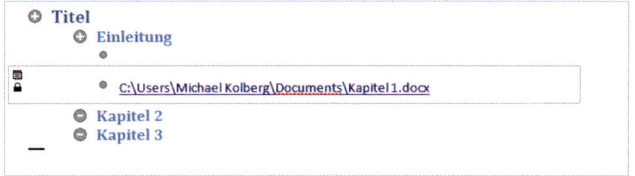

Abbildung 11.15 Das Filialdokument wurde reduziert.

Wollen Sie zur vorherigen – vollständigen – Darstellung zurückkehren, klicken Sie auf die Schaltfläche *Filialdokumente erweitern* in der Gruppe *Zentraldokument*. Der Hyperlink wird dann wieder durch den Inhalt des Filialdokuments ersetzt (→ Abbildung 11.14 auf Seite 327).

Filialdokument öffnen

Nachdem Sie das Speichern durchgeführt haben, können Sie die damit erzeugten Filialdokumente auch separat öffnen (→ Abbildung 11.16). Gehen Sie dazu wie üblich vor (→ Kapitel 3). Sie können dann an diesem weiterarbeiten und es mit weiteren Inhalten füllen.

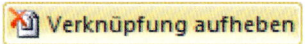

Abbildung 11.16 Ein Filialdokument

Nachdem Sie es erneut gespeichert haben, können Sie zum Zentraldokument zurückkehren. Die am Filialdokument durchgeführten Erweiterungen werden dann auch im Zentraldokument angezeigt. Standardmäßig werden die Inhalte nach dem Öffnen zunächst in reduzierter Form dargestellt. Zur vollständigen Anzeige müssen Sie wieder auf die Schaltfläche *Filialdokumente erweitern* in der Gruppe *Zentraldokument* klicken.

Verknüpfung aufheben

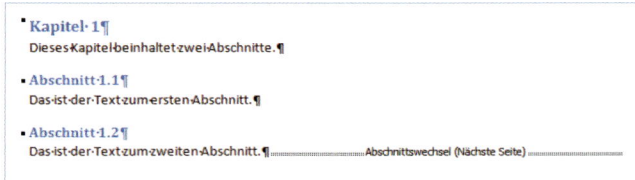 Seien Sie vorsichtig mit der Schaltfläche *Verknüpfung aufheben*. Wenn Sie den Bereich eines bereits ausgegliederten Filialdokuments im Zentraldokument markieren und dann auf diese Schaltfläche in der Gruppe *Zentraldokument* klicken, wird die Verknüpfung zwischen den beiden separaten Dateien aufgehoben und der Inhalt des Filialdokuments wird wieder als fester Bestandteil in das Zentraldokument übernommen. Die Datei des Filialdokuments wird dabei aber nicht gelöscht.

Filialdokument weiter aufteilen

📄 Teilen Manchmal wollen Sie ein Filialdokument weiter aufteilen – beispielsweise dann, wenn Sie den zweiten Teil eines Kapitels in einer separaten Datei ablegen wollen. Setzen Sie dazu die Einfügemarke im Zentraldokument innerhalb des aufzuteilenden Filialdokument an die Stelle, nach der die Teilung vorgenommen werden soll und klicken Sie auf *Teilen* in der Gruppe *Zentraldokument*. Als Erfolg wird der Bereich nach der Einfügemarke in ein neues Filialdokument übernommen (→ Abbildung 11.17). Nach dem Speichern wird auch eine neue Datei dafür erstellt.

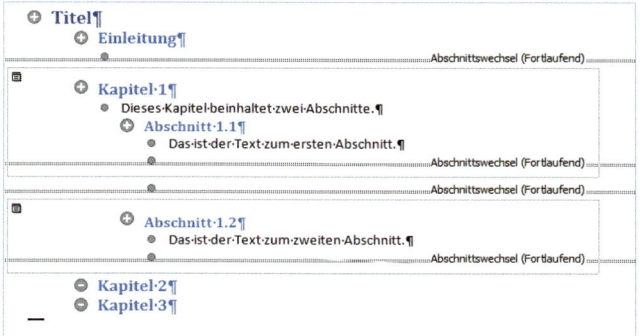

Abbildung 11.17 Ein Filialdokument wurde geteilt.

11.3.2 Filialdokumente zusammenführen

Das Grundprinzip der Arbeit mit Zentral- und Filialdokumenten dürfte damit klar geworden sein. Meist werden Sie aber in der Praxis insofern anders vorgehen, als Sie bereits bestehende Dokumente als Filialdokumente in einem Zentraldokument zusammenstellen.

» Dazu erstellen Sie ein neues Dokument, das Sie anschließend als Zentraldokument nutzen wollen. Sie können dafür auch ein bereits vorhandenes Word-Dokument öffnen. Wechseln Sie zur Ansicht *Gliederung* und markieren Sie dort die Stelle, an der ein bestehendes Dokument eingefügt werden soll.

» Klicken Sie dann auf der Registerkarte *Gliederung* in der Gruppe *Zentraldokument* auf *Einfügen*. Navigieren Sie anschließend zum Speicherort des einzufügenden Dokuments, markieren Sie dieses und bestätigen Sie über *Öffnen*. Als Erfolg wird der Inhalt des Dokuments als Filialdokument angezeigt (→ Abbildung 11.18).

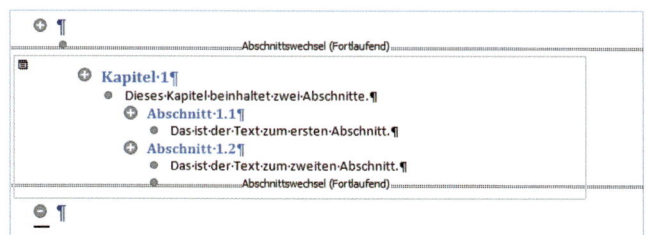

Abbildung 11.18 Ein Filialdokument wurde eingefügt.

Fahren Sie auf diese Weise mit dem Einfügen weiterer Dokumente fort. Wenn Sie ein Dokument zwischen zwei bereits eingefügten Filialdokumente setzen wollen, stellen Sie sicher, dass Sie vorher auf eine Leerzeile zwischen den bereits vorhandenen Filialdokumenten klicken.

Nachdem Sie das Zentraldokument definiert haben, können Sie die einzelnen Filialdokumente gemeinsam bearbeiten.

Probleme beim Zusammenführen

Beim Einfügen von Dokumenten in ein Zentraldokument kann es zu einigen kleinen Problem hinsichtlich der Formate der Überschriftenzeilen kommen. Beachten Sie die folgenden Hinweise:

» Es empfiehlt sich, dass Sie zunächst sicherstellen, dass alle Einzeldateien auf einer gemeinsamen Dokumentvorlage basieren müssen, um unliebsame Überraschungen – beispielsweise durch unterschiedliche Formatierungen für Überschriften – zu vermeiden. Sie müssen dazu wissen, dass für die Ansicht und das Drucken des gesamten Dokuments verwendete Formatvorlagen sich nach der für das Zentraldokument benutzten Dokumentvorlage richten. Sie können aber für das Zentraldokument und die einzelnen Filialdokumente auch verschiedene Vorlagen beziehungsweise verschiedene Einstellungen innerhalb der Vorlagen verwenden. In der Gliederungsansicht des Zentraldokuments werden die Formatierungen nur dann angezeigt, wenn auf der Registerkarte *Gliederung* in der Gruppe *Gliederungstools* das Kontrollkästchen *Textformatierung anzeigen* aktiviert ist.

» Ferner sollten Sie darauf achten, dass das Format der Ebene im Zentraldokument, an der Sie das Filialdokument einfügen wollen, dem Überschriftenformat entspricht, mit dem das Filialdokument beginnt. Haben Sie beispielsweise das einzufügende Filialdokument mit der Überschrift *Ebene 1* versehen und darunter mehrere Überschriften der *Ebene 2* eingegeben, müssen Sie dafür sorgen, dass vor dem Einfügen der entsprechende Absatz im Zentraldokument mit *Ebene 1* ausgezeichnet ist. Anderenfalls wird ein Warnhinweis angezeigt, in dem Sie entscheiden müssen, wie die Überschriften angepasst werden sollen.

Automatische Anpassungen

Wenn Sie innerhalb der Filialdokumente bereits Fußnoten oder Beschriftungen verwendet haben, werden die Fußnoten nach Zusammenfügen der Filialdokumente zu einem Gesamtwerk automatisch neu nummeriert; die Nummerierung der Beschriftung muss mit Hilfe der Option *Felder aktualisieren* auf den aktuellen Stand gebracht werden. Dies gilt in beiden Fällen allerdings nur dann, wenn die automatischen Standards für die Fußnoten- bzw. die Beschriftungsnummerierung verwendet wurden. Auch eine bereits vergebene Seitennummerierung wird nur dann automatisch aktualisiert, wenn Sie diese nicht manuell eingegeben bzw. nicht die Funktion *Beginnen mit* im Filialdokument verwendet haben!

Eingaben und Änderungen

Eingaben und Änderungen in bereits vorhandenen Inhalten können Sie innerhalb des Zentraldokuments – zum Teil aber auch in den Filialdokumenten – durchführen. Direkt zum Zentraldokument gehörende Inhalte können Sie natürlich nur direkt in diesem bearbeiten.

» Die Reihenfolge der Filialdokumente im Zentraldokument können Sie über die Schaltflächen in der Gruppe *Gliederungstools* (→ oben) oder per Drag&Drop mit der Maus verändern. Nummerierte Inhalte in den Filialdokumenten werden dabei automatisch angepasst.

» Um den Inhalt eines Filialdokuments zu bearbeiten, können Sie zum einen dieses Dokument separat öffnen und dann darin arbeiten. Zum Öffnen können Sie entweder wie gewohnt das Dialogfeld *Öffnen* benutzen oder auf den in der reduzierten Ansicht des Masterdokuments angezeigten Hyperlink mit gedrückter Strg-Taste klicken. Auch nach dem Klicken auf den Hyperlink zeigt Microsoft Word das Filialdokument in einem separaten Dokumentfenster an. Zum anderen können Sie die Eingaben oder Änderungen in einem Filialdokument auch direkt im Zentraldokument in der nicht reduzierten Ansicht vornehmen.

Zur Anzeige von Details können Sie das Masterdokument auch in einer anderen Ansicht als der Gliederungsansicht anzeigen lassen – beispielsweise in der Ansicht *Seitenlayout*. Wenn Sie in einer solchen Ansicht Änderungen direkt im Masterdokument vornehmen, sei es im Masterdokument selbst oder in einem darin integrierten Filialdokument, sollten Sie sich davon überzeugen, dass Sie diese Änderungen an der richtigen Stelle vornehmen. Die Abschnittswechselmarkierungen liefern die entsprechenden Hinweise. Diese werden aber nur angezeigt, wenn Sie auf der Registerkarte *Start* in der Gruppe *Absatz* die Schaltfläche *Alle anzeigen* aktiviert haben.

Verzeichnisse

Im Zentraldokument selbst können Sie für alle Filialdokumente ein Gesamtinhaltsverzeichnis, einen Gesamtindex, Querverweise und Kopf- beziehungsweise Fußzeilen erstellen. Die Inhalte der Filialdokumente werden dabei automatisch berücksichtigt (→ oben).

Filialdokument sperren

Wenn Sie Änderungen und Ergänzungen am Inhalt der Filialdokumente nur in der Datei des Filialdokuments selbst durchführen wollen, können Sie im Zentraldokument auf die Schaltfläche *Dokument sperren* klicken. Das Symbol eines Vorhängeschlosses links im Bereich der Filialdokumente zeigt an, dass diese im Zentraldokument nicht bearbeitet werden können. Ist diese Option abgeschaltet, werden Änderungen beim Speichern automatisch auch in die separate Datei des Filialdokuments übernommen.

Verweise und Verzeichnisse

Auch dieses Kapitel beschäftigt sich mit zusätzlichen Hilfsmitteln, die Sie verwenden können, wenn Sie mit Word längere und gegebenenfalls komplexere Arbeiten verfassen.

» Damit sich Leser besser in Ihrem Dokument zurechtfinden, stehen unter dem Begriff *Referenzen* folgende Funktionen zur Verfügung (➔ Abschnitt 12.1): *Fuß-* und *Endnoten* können in gedruckten Texten für Erläuterungen, Kommentare, Verweise und Quellenangaben verwendet werden. Tabellen, Abbildungen und verschiedene andere Elemente im Dokument lassen sich mit einer fortlaufenden automatischen *Beschriftung* versehen. Damit ist es beispielsweise auch möglich, im Dokument *Querverweise* auf Abbildungen, Tabellen und andere Elemente einzufügen.

» Sie können Indizes und Verzeichnisse in das Dokument einfügen (➔ Abschnitt 12.2): Der *Index* enthält Stichwörter mit den entsprechenden Seitenverweisen darauf, wo im Dokument Informationen zum jeweiligen Stichwort zu finden sind. Bei einem *Ver-*

zeichnis handelt es sich beispielsweise um das klassische *Inhaltsverzeichnis*, das automatisch anhand der Überschriften im Dokument generiert wird. Es können aber auch verschiedene andere Arten von Verzeichnissen erstellt werden, beispielsweise Literatur-, Rechtsgrundlagen-, Abbildungs- oder Tabellenverzeichnisse.

12.1   Referenzen

Sie können Ihre Dokumente mit Fußnoten, Beschriftungen, Querverweisen, Indizes und Verzeichnissen versehen. Microsoft Word stellt für die Arbeit mit derartigen Elementen auf der Registerkarte *Verweise* die betreffenden Werkzeuge bereit (➔ Abbildung 12.1).

12.1.1   Fuß- und Endnoten

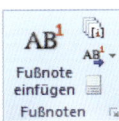 Fuß- oder Endnoten benutzt man im Allgemeinen dazu, dem Leser zu einem bestimmten Begriff oder einer Aussage im Fließtext zusätzliche Erläuterungen zu liefern, die im Fließtext selbst von der beabsichtigten Argumentation ablenken würden. Solche erläuternden Ergänzungen werden in Microsoft Word entweder als Fußnoten am

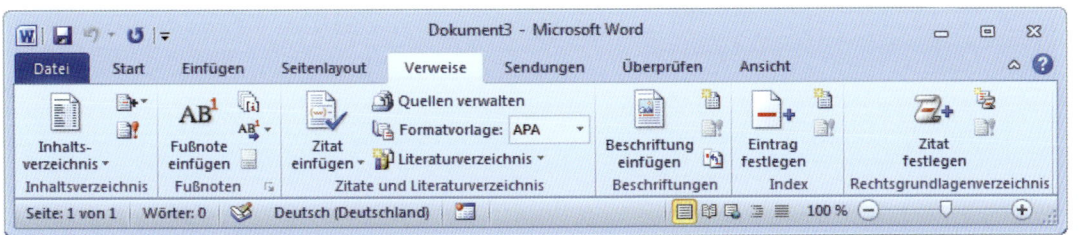

Abbildung 12.1
Die Befehle der Registerkarte *Verweise*

333

Ende der aktuellen Seite oder als Endnoten am Ende des Dokuments angezeigt. Die Befehlsschaltflächen dafür finden Sie in der Gruppe *Fußnoten* der Registerkarte *Verweise*.

Fußnoten einfügen

Eine Fußnote oder eine Endnote besteht aus zwei miteinander verknüpften Teilen: dem Fußnotenzeichen im eigentlichen Fließtext und dem Fuß- beziehungsweise Endnotentext am Ende der Seite. Sie können in eine Fußnote Text von beliebiger Länge eingeben und diesen Text wie normalen Text formatieren.

 Setzen Sie die Einfügemarke an die Stelle im Dokument, an der das Fußnotenzeichen erscheinen soll. Wählen Sie dann den Befehl *Fußnote einfügen* in der Gruppe *Fußnoten* der Registerkarte *Verweise*. Die Fußnote wird erzeugt und die Einfügemarke springt in den Fußnotenbereich (→ Abbildung 12.2).

Abbildung 12.2 Fußnoten werden in einem eigenen Bereich angesiedelt.

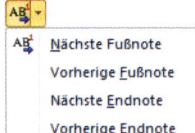 Geben Sie hier den gewünschten Text ein. Sie können praktisch alle Befehle zur Bearbeitung und Formatierung nutzen, die Ihnen auch im normalen Fließtext zur Verfügung stehen. Durch einen Doppelklick auf das Symbol für die Fußnote können Sie zwischen der Fußnote und dem eigentlichen Text wechseln. Sie können für eine erweiterte Navigation auch die Optionen zur Befehlsschaltfläche *Nächste Fußnote* in der Gruppe *Fußnoten* benutzen.

Endnote einfügen

Zum Einfügen einer Endnote gehen Sie entsprechend vor. Setzen Sie die Einfügemarke an die Stelle im Dokument, an der das Endnotenzeichen erscheinen soll. Wählen Sie dann den Befehl *Endnote einfügen* in der Gruppe *Fußnoten* der Registerkarte *Verweise*.

Zusätzliche Optionen

Wo und wie die Fuß- und/oder Endnoten im Dokument gehandhabt werden sollen, steuern Sie über ein Dialogfeld, das Sie durch einen Klick auf die kleine Schaltfläche neben der Gruppenbezeichnung *Fußnoten* auf den Bildschirm holen (→ Abbildung 12.3).

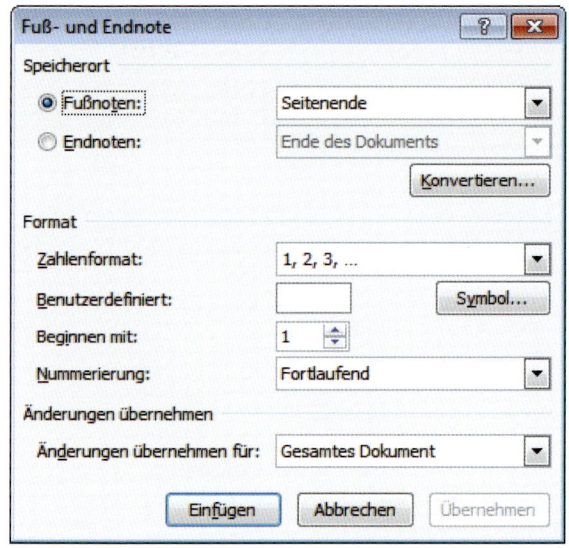

Abbildung 12.3 Legen Sie die Einstellungen für Fußnoten und/oder Endnoten fest.

» Legen Sie als Erstes fest, ob Sie die Fußnoten oder die Endnoten steuern wollen, indem Sie die entsprechende Option wählen, und bestimmen Sie gegebenenfalls im zugehörigen Drop-down-Listenfeld den Ort, an dem der Fuß-/Endnotentext erscheinen soll.

» Wenn Sie eine der Optionen im Drop-down-Listenfeld *Zahlenformat* wählen, hat das den Vorteil, dass die Fuß-/Endnotenzeichen zusammen mit den dazugehörigen Texten automatisch verwaltet werden. Wird beispielsweise zwischen zwei vorhandenen Fußnoten eine neue eingefügt oder ein Textbereich mit Fußnoten verschoben, sorgt das Programm automatisch für eine Aktualisierung der Nummerierung.

» Mit der Option *Benutzerdefiniert* können Sie ein beliebiges Zeichen zur Kennzeichnung der Fuß-/Endnote angeben. In diesem Fall wird aber keine automatische Aktualisierung der Fuß-/Endnoten durchgeführt. Über die Schaltfläche *Symbol* können Sie ein geeignetes Zeichen auswählen.

» Über *Beginnen bei* können Sie die Anfangsziffer für die automatische Nummerierung festlegen. So können Sie bei einem aus mehreren Dateien bestehenden Dokument für eine fortlaufende Nummerierung der Fuß-/Endnoten sorgen.

» In den Drop-down-Listenfeldern *Nummerierung* und *Änderungen übernehmen für* können Sie die festgelegten Einstellungen gegebenenfalls auch nur auf Abschnitte im Dokument oder markierte Bereiche anwenden lassen.

TIPP Wenn Sie die Optionen für die erste Fußnote oder Endnote festgelegt haben, können Sie alle weiteren Fußnoten durch Drücken von `Strg`+`Alt`+`F` und alle weiteren Endnoten durch Drücken von `Strg`+`Alt`+`D` definieren.

12.1.2 Beschriftungen

 Sie können die unterschiedlichsten Dokumentelemente – beispielsweise Abbildungen, Tabellen, Formeln usw. – mit einer fortlaufenden automatischen Beschriftung versehen, um beispielsweise an anderen Stellen im Dokument auf diese Elemente verweisen zu können. Wenn Sie eine weitere Beschriftung zwischen vorhandenen Beschriftungen einfügen oder Beschriftungen aus dem Dokument entfernen, wird die Nummerierung sowohl der beschrifteten Elemente als auch die der Verweisstelle(n) automatisch angepasst. Mit der Beschriftungsfunktion ist es beispielsweise auch möglich, Abbildungs- oder Tabellenverzeichnisse in einem Dokument zu erstellen. Zum Einsatz solcher Funktionen benutzen Sie die Befehlsschaltfläche in der Gruppe *Beschriftungen* der Registerkarte *Verweise*.

Beschriftung einfügen

 Markieren Sie die Stelle im Dokument, der Sie eine Beschriftung zuweisen wollen, beispielsweise unterhalb einer Tabelle oder einer Abbildung. Wählen Sie dann *Beschriftung einfügen* in der Gruppe *Beschriftungen* und legen Sie im daraufhin angezeigten Dialogfeld die Art und Position der Beschriftung fest (→ Abbildung 12.4).

Abbildung 12.4 Bestimmen Sie die Art der Beschriftung und deren Position.

» Den Eintrag im Feld *Beschriftung* können Sie erweitern oder auch komplett neu schreiben. Definieren Sie hier aber nur den Typ der Bezeichnung – beispielsweise *Abbildung* oder *Bild* –, lassen Sie den eigentlichen Inhalt noch weg.

» Wenn Sie mehrere unterschiedliche Arten von Elementen in Ihrem Dokument beschriften wollen, beispielsweise sowohl Abbildungen als auch Tabellen, müssen Sie im Feld *Bezeichnung* die aktuell gewünschte auswählen. Standardmäßig haben Sie hier die Wahl zwischen den Kategorien *Abbildung*, *Formel* und *Tabelle*.

Nach dem Bestätigen über *OK* wird an der aktuellen Cursorposition die festgelegte Beschriftung zusammen mit einer Nummer eingefügt (→ Abbildung 12.5). Geben Sie nun den dazugehörenden Text – beispielsweise die Beschreibung der Abbildung – ein.

Abbildung 12.5 Ein Bild wurde beschriftet.

Zusätzliche Optionen

Im Dialogfeld *Beschriftung* stehen Ihnen noch zusätzliche Optionen zur Verfügung:

» Wenn Sie ein Element im Text – beispielsweise eine Abbildung – vor dem Aufrufen des Dialogfelds markiert haben, lässt sich über das Drop-down-Listenfeld *Position* festlegen, ob die Beschriftung oberhalb oder unterhalb des Elements eingefügt werden soll.

» Nach einem Klick auf die Schaltfläche *Neue Bezeichnung* können Sie eigene Beschriftungsbezeichnungen definieren (→ Abbildung 12.6, oben).

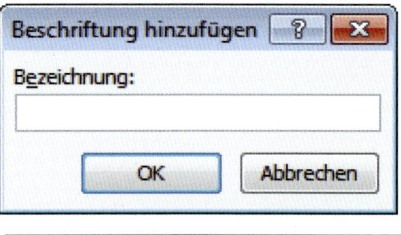

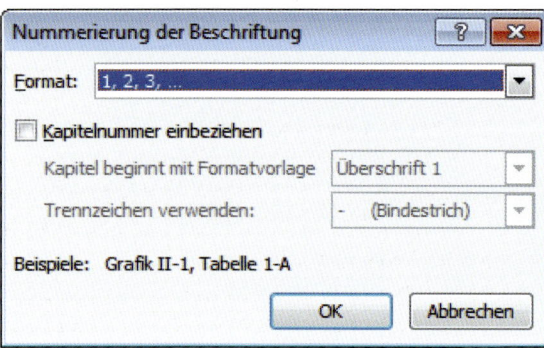

Abbildung 12.6 Sie können eigene Beschriftungen definieren.

» Wie die aktuell gewählte Beschriftung nummeriert werden soll, legen Sie nach einem Klick auf die Schaltfläche *Nummerierung* fest (→ Abbildung 12.6, unten). Sie können im daraufhin angezeigten Dialogfeld das Format der Nummerierung wählen und die Kapitelnummer mit in die Beschriftung einbeziehen.

» Das Dialogfeld, das Sie über die Schaltfläche *Auto-Beschriftung* aufrufen, erlaubt die Zuordnung von automatischen Bezeichnungen zu Elementen, die Sie aus anderen Anwendungen einfügen (→ Abbildung 12.7). Im Listenfeld *Beschriftung beim Einfügen hinzufügen* werden die Anwendungen angezeigt, die

vom Programm unterstützt werden. Aktivieren Sie das Kontrollkästchen links neben dem Element, dem automatisch eine Beschriftung hinzugefügt werden soll. Wählen Sie im Drop-down-Listenfeld *Bezeichnung* einen Kategorienamen für die Beschriftung aus. Möchten Sie eine weitere Kategorie für das markierte Element erstellen, klicken Sie auf *Neue Beschriftung* und geben dann die gewünschte Bezeichnung ein.

Abbildung 12.7 *AutoBeschriftung* listet Elemente aus anderen Anwendungen auf.

12.1.3 Querverweise

Mithilfe von *Querverweisen* können Sie in Ihrem Dokument Verweise auf bestimmte andere Stellen oder Elemente in diesem Dokument angeben. Ein Querverweis bezieht sich beispielsweise auf eine Abbildung, eine Tabelle oder eine Überschrift. Solche Verweise werden automatisch aktualisiert, wenn Sie im Dokument Änderungen durchführen, die beispielsweise die Reihenfolge der Elemente, auf die verwiesen wird, betreffen.

Positionieren Sie die Einfügemarke an der Stelle im Dokument, an der der Verweis eingetragen werden soll, und klicken Sie auf der Registerkarte *Verweise* in der Gruppe *Beschriftungen* auf die Schaltfläche *Querver-*

weis. Wählen Sie im daraufhin angezeigten Dialogfeld den gewünschten Querverweis aus (→ Abbildung 12.8).

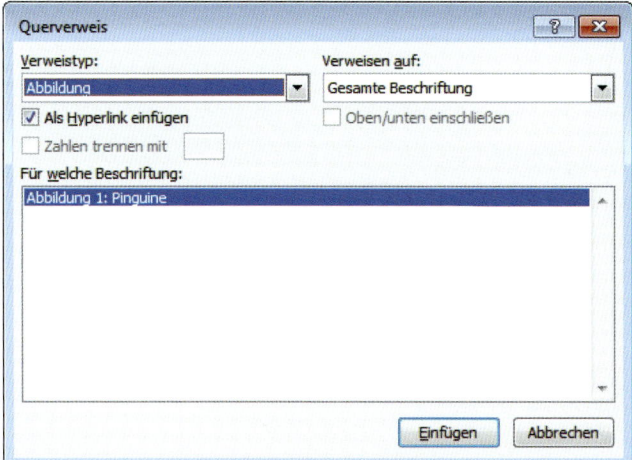

Abbildung 12.8 Fügen Sie über das Dialogfeld *Querverweise* ein.

» Wählen Sie im Drop-down-Listenfeld *Verweistyp* den Elementtyp aus, für den Sie einen Querverweis erstellen möchten. Aufgelistet werden hier alle definierten Kategorien wie mit der Standardformatvorlage formatierte Überschriften, Textmarken, Abbildungen, Tabellen etc.

» Im Drop-down-Listenfeld *Verweisen auf* legen Sie fest, was Sie in den Text des Querverweises einbeziehen möchten – beispielsweise das Wort *Abbildung* und die zugehörige Nummer. Die Elemente in dieser Liste beziehen sich auf die Auswahl im Drop-down-Listenfeld *Verweistyp*.

» Markieren Sie im Feld *Für welche Beschriftung* das Element, auf das der Verweis Bezug nehmen soll, und klicken Sie dann auf *Einfügen*, um den Querverweis in den Dokumenttext eintragen zu lassen (→ Abbildung 12.9).

Abbildung 12.9
Ein Verweis auf eine
Abbildung darunter

12.2 Indizes und Verzeichnisse

Mithilfe von Indizes und Verzeichnissen – beispielsweise einem Inhalts- oder einem Abbildungsverzeichnis – können Sie den Lesern längerer Dokumente die Möglichkeit bieten, sich darin schneller zurechtzufinden.

12.2.1 Indizes

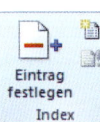

Ein Index enthält Stichwörter mit den entsprechenden Seitenverweisen darauf, wo im Dokument Informationen zu dem entsprechenden Stichwort zu finden sind. Zur Steuerung der dafür notwendigen Eingaben benutzen Sie die Gruppe *Index* der Registerkarte *Verweise*.

Indexeintrag erstellen

Bevor Sie ein Stichwortverzeichnis generieren können, müssen Sie die entsprechenden Stellen in Ihrem Dokument als Indexeinträge kennzeichnen. Setzen Sie dazu die Einfügemarke an die Stelle im Dokument, an der ein Indexeintrag eingefügt werden soll, oder markieren Sie den Text im Dokument, den Sie an dieser Stelle als Indexeintrag verwenden möchten. Wählen Sie dann in der Gruppe *Index* die Schaltfläche *Eintrag festlegen*. Im nun angezeigten Dialogfeld *Indexeintrag festlegen* können Sie den Eintrag spezifizieren sowie weitere Einträge definieren (→ Abbildung 12.10).

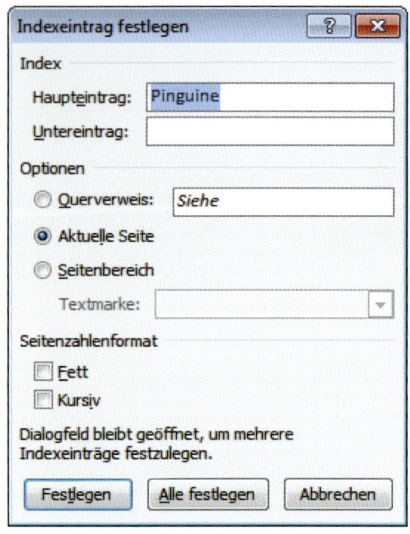

Abbildung 12.10
Definieren Sie über dieses Dialogfeld die Indexeinträge.

net. Sie können also zwischen dem Dialogfeld und dem Text beliebig hin- und herwechseln. Schließen Sie das Dialogfeld mit *Abbrechen*, nachdem Sie alle Einträge im Dokument gekennzeichnet haben.

¶ Indexeinträge werden als eine verborgen formatierte Feldfunktion in das Dokument eingefügt. Sie können diese sichtbar machen, wenn Sie die Option *Alle anzeigen* eingeschaltet haben (→ Abbildung 12.11). Sie können den Eintrag dann auch direkt im Dokument editieren, passen Sie aber auf, dass Sie dabei nur den in Anführungszeichen gesetzten Bereich ändern, nicht die Elemente der Feldfunktion {XE »...«}.

Abbildung 12.11 Ein Indexeintrag im Dokument – *Alle anzeigen* wurde eingeschaltet.

» Falls Sie vor dem Aufruf des Dialogfelds Text markiert haben, wird dieser im Feld *Haupteintrag* angezeigt. Sie können den gewünschten Eintrag hier aber auch direkt eingeben oder bearbeiten.

» Im Feld *Untereintrag* können Sie einen Unterpunkt zum Haupteintrag definieren. Wollen Sie mit mehr als zwei Ebenen arbeiten, geben Sie diese auch hier ein – jeweils getrennt durch einen Doppelpunkt.

» Im Bereich *Optionen* wird standardmäßig auf die aktuelle Seite des Eintrags verwiesen. Über die Option *Querverweis* kann aber auch ein Verweis auf einen anderen Indexeintrag festgelegt werden. Den Vorgabetext *Siehe* können Sie ändern. Mit *Seitenbereich* lässt sich auf eine bereits definierte Textmarke verweisen.

» Für das *Seitenzahlenformat* können Sie zwischen *Fett* und *Kursiv* (oder auch beides) wählen, wenn Sie bei mehreren Seitenangaben zu einem Indexeintrag den Haupteintrag besonders kennzeichnen möchten.

» Über die Schaltfläche *Alle festlegen* werden alle Stellen im Dokument als Indexeintrag gekennzeichnet, bei denen die Schreibweise exakt mit dem *Haupteintrag* übereinstimmt.

Mit *Festlegen* schließen Sie die Definition des aktuellen Eintrags ab. Das Dialogfeld bleibt danach für die Kennzeichnung weiterer Indexeinträge im Dokument geöff-

Index erstellen

Nachdem Sie die zu erfassenden Einträge im Dokument gekennzeichnet haben, können Sie diese im eigentlichen Index zusammenfassen. Setzen Sie hierfür die Einfügemarke an die Stelle im Dokument, an der der Index erstellt werden soll – in der Regel am Ende des Dokuments –, und klicken Sie dann in der Gruppe *Index* auf *Index einfügen*. Im Dialogfeld legen Sie die gewünschte Formatierung fest (→ Abbildung 12.12). Die Einträge im Feld *Seitenansicht* dienen nur als Vorschau mit einem Beispieltext.

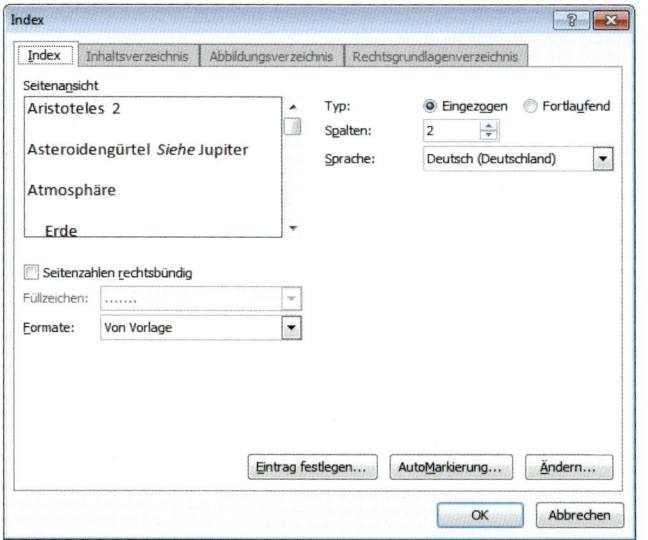

Abbildung 12.12 Über dieses Dialogfeld formatieren und erstellen Sie das Stichwortverzeichnis.

» Wählen Sie unter *Typ*, ob die Untereinträge in separaten Zeilen mit Einzug oder nacheinander, durch Semikolon getrennt, in einer Zeile angeordnet werden sollen.

» In wie vielen *Spalten* der Index gesetzt werden soll, können Sie im entsprechenden Feld festlegen.

» Sie können die *Seitenzahlen rechtsbündig* – statt direkt hinter dem Eintrag – anzeigen lassen. Diese Option ist nicht für *Fortlaufend* wählbar. Wenn Sie unter *Typ* die Option *Eingezogen* und außerdem *Seitenzahlen rechtsbündig* gewählt haben, können Sie ein *Füllzeichen* zwischen Indexeintrag und Seitenzahl einfügen lassen.

» Im Drop-down-Listenfeld *Formate* stehen Ihnen mehrere integrierte Darstellungsmöglichkeiten für Indizes zur Verfügung. Am flexibelsten bleiben Sie, wenn Sie die Option *Von Vorlage* wählen und das Format der einzelnen Ebenen gegebenenfalls über *Ändern* anhand der Index-Formatvorlagen bestimmen.

Nach dem Bestätigen über die Schaltfläche *OK* wird der Index an der aktuellen Cursorposition im Dokument generiert.

12.2.2 Inhaltsverzeichnis

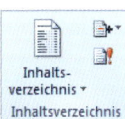

Zum Erstellen eines Inhaltsverzeichnisses verwenden Sie auf der Registerkarte *Verweise* die Befehle in der Gruppe *Inhaltsverzeichnis*. Standardmäßig erstellt Word ein Inhaltsverzeichnis auf der Basis der integrierten Überschrift-Formatvorlagen (→ Kapitel 9). Damit wird die Gliederung des Textes erkannt und im Inhaltsverzeichnis wiedergegeben.

Inhaltsverzeichnis erstellen

Um ein Inhaltsverzeichnis an einer bestimmten Stelle im Dokument einfügen zu lassen, setzen Sie die Einfügemarke an die betreffende Stelle und öffnen Sie die Liste zur Schaltfläche *Inhaltsverzeichnis* in der gleichnamigen Gruppe. Darin können Sie zwischen unterschiedlichen Formen wählen (→ Abbildung 12.13).

Abbildung 12.13 Der Katalog für die Inhaltsverzeichnisse liefert mehrere Alternativen.

Nach der Wahl einer Option wird das Inhaltsverzeichnis erstellt (→ Abbildung 12.14).

Abbildung 12.14 Ein Inhaltsverzeichnis wurde erstellt.

Über die Schaltfläche *Inhaltsverzeichnis* links oben im Rahmen für das Verzeichnis lassen Sie wieder den Katalog zu dieser Funktion anzeigen (→ Abbildung 12.13). Sie können darüber die Form des bereits erstellten Verzeichnisses ändern, ohne es – wie beispielsweise bei Word 2003 – vorher löschen zu müssen.

Details festlegen

Über die Option *Inhaltsverzeichnis einfügen* im Katalog zur Schaltfläche *Inhaltsverzeichnis* können Sie vorher

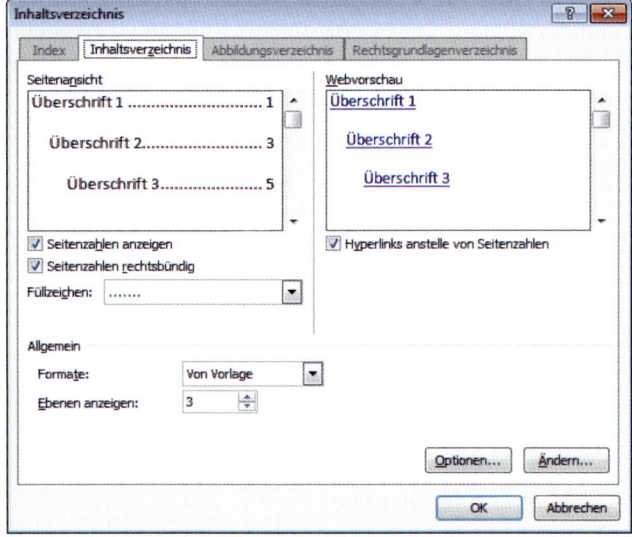

Abbildung 12.15 Legen Sie die Struktur des Inhaltsverzeichnisses fest.

die Form der Einträge im Verzeichnis im Detail festlegen (→ Abbildung 12.15).

» Die *Seitenzahlen* können Sie anzeigen lassen oder ausblenden. Außerdem können *Seitenzahlen rechtsbündig* angeordnet werden oder direkt auf die entsprechende Überschrift folgen. Wenn Sie sie rechtsbündig setzen lassen, können Sie ein *Füllzeichen* zwischen Eintrag und Seitenzahl definieren.

» Über das Drop-down-Listenfeld *Formate* stehen Ihnen mehrere integrierte Darstellungsmöglichkeiten für ein Inhaltsverzeichnis zur Verfügung. Am flexibelsten bleiben Sie, wenn Sie die Option *Von Vorlage* wählen und das Format der einzelnen Ebenen gegebenenfalls über *Ändern* anhand der Verzeichnis-Formatvorlagen bestimmen.

» Wichtig ist natürlich die Einstellung im Listenfeld *Ebenen anzeigen*. Darüber legen Sie fest, bis zu welcher Überschriftenebene das Verzeichnis angezeigt werden soll.

Nach dem Bestätigen über die Schaltfläche *OK* wird das Inhaltsverzeichnis an der aktuellen Cursorposition im Dokument generiert.

Aktualisieren

Wenn Sie die Struktur des Dokuments später ändern, müssen Sie das Inhaltsverzeichnis gegebenenfalls aktualisieren. Dazu klicken Sie auf eine Stelle links vom Verzeichnis und drücken die F9-Taste. Sie können auch auf die Schaltfläche *Tabelle aktualisieren* klicken (→ Abbildung 12.14).

Weitere Optionen

Über die Schaltfläche *Optionen* im Dialogfeld *Inhaltsverzeichnis* lassen Sie das Dialogfeld *Optionen für Inhaltsverzeichnis* anzeigen, in dem Sie die zu berücksichtigenden Ebenen festlegen können (→ Abbildung 12.16).

Abbildung 12.16 Sie können bestimmen, aus welchen Vorlageelementen das Inhaltsverzeichnis generiert wird.

Wenn Sie das Kontrollkästchen *Formatvorlagen* aktivieren, wird das Verzeichnis anhand der Formatvorlagen erstellt, ansonsten auf Basis der *Verzeichniseintragsfelder*. In der Liste unter *Verfügbare Formatvorlagen* werden die für das Dokument definierten Vorlagen angezeigt. Standardmäßig werden zunächst die Überschriften im Dokument für das Inhaltsverzeichnis verwendet. Diese sind mit einem Häkchen versehen. Sie können aber auch jede andere Formatvorlage als Eintrag für das Inhaltsverzeichnis verwenden. Geben Sie dazu neben der Bezeichnung für die Vorlage in der Spalte *Inhaltsverzeichnisebene* die entsprechende Zahl für die gewünschte Ebene ein, also beispielsweise *4* für Ebene 4.

12.2.3 Literaturverzeichnis

Ein Literaturverzeichnis steht in der Regel am Ende eines Dokuments und bezeichnet die aufgeführten Quellenangaben, die beim Erstellen des Dokuments benutzt wurden. In Word 2010 können Sie anhand der Quellenangaben für das Dokument automatisch ein Literaturverzeichnis erstellen lassen. Wenn Sie eine neue Quelle erstellen, werden die Quellenangaben auf dem Computer gespeichert, damit Sie jede erstellte Quelle finden und verwenden können.

Hinzufügen einer neuen Quelle

 Öffnen Sie die Liste zur Schaltfläche *Formatvorlage* auf der Registerkarte *Verweise* in der Gruppe *Zitate und Literaturverzeichnis*. Wählen Sie die Formatvorlage aus, die für das Zitat und die Quelle verwendet werden soll. Beispielsweise werden in Dokumenten aus dem Bereich Sozialwissenschaften häufig die Formatvorlagen *MLA* oder *APA* für Zitate und Quellen verwendet.

Setzen Sie die Einfügemarke hinter das Satzende oder den Ausdruck, der als Zitat gekennzeichnet werden soll, und öffnen Sie dann die Liste zu *Zitat einfügen* in der Gruppe *Zitate und Literaturverzeichnis*. Sie finden darin mehrere Optionen:

» Klicken Sie auf *Neue Quelle hinzufügen*, um die Quellenangaben hinzuzufügen. Im Dialogfeld können Sie dann die Quelle spezifizieren (→ Abbildung 12.17). Bei der Quelle kann es sich beispielsweise um ein Buch, einen Bericht oder eine Website handeln. Die einzelnen Felder der Literaturverzeichnisangaben können

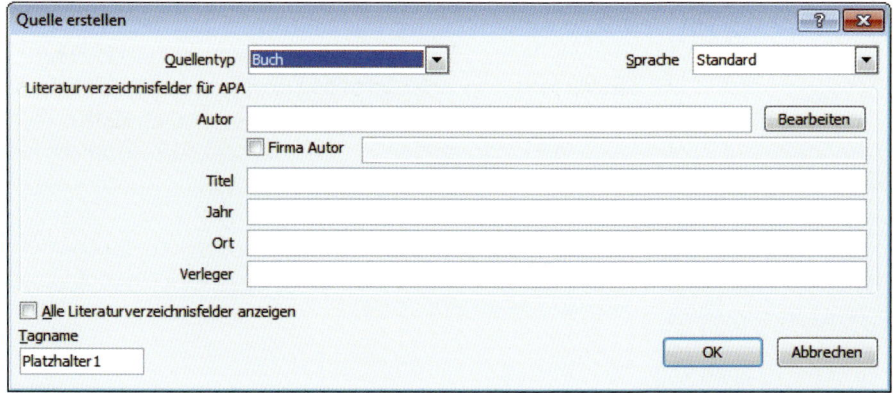

Abbildung 12.17 Eine Quelle erstellen

Sie gleich oder erst später ausfüllen. Wenn Sie das Kontrollkästchen *Alle Literaturverzeichnisfelder anzeigen* aktivieren, werden Ihnen weitere Felder für Informationen zu einer Quelle angezeigt.

» Wenn Sie beispielsweise ein Zitat verwenden, dessen genauer Ursprung Ihnen gerade entfallen ist, können Sie auf *Neuen Platzhalter hinzufügen* klicken (→ Abbildung 12.18). Sie können dann die Details zur Quellenangabe später einfügen. Im Quellen-Manager wird neben der Platzhalterquelle ein Fragezeichen angezeigt (→ unten).

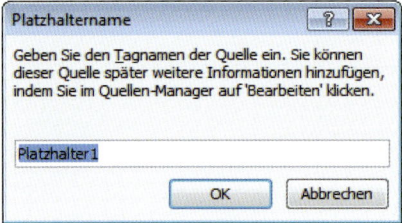

Abbildung 12.18
Einen Platzhalter
hinzufügen

Nach der Bestätigung wird im Dokument hinter dem Zitat automatisch ein Quellverweis angezeigt (→ Abbildung 12.19). Dessen Form haben Sie durch die gewählte *Formatvorlage* bestimmt.

Abbildung 12.19 Ein Quellverweis

Wenn Sie diesen markieren, können Sie nach einem Klick auf den kleinen Pfeil weitere Aktionen zu dieser Marke ausführen:

» *Zitat bearbeiten* zeigt ein kleines Dialogfeld an, über das Sie über das Feld *Seiten* einen Seitenverweis zum Original angeben können (→ Abbildung 12.20 oben). Dieser wird nach der Bestätigung mit im Dokument angezeigt. Über die Optionen unter *Unterdrücken* können Sie dafür sorgen, dass *Autor*, *Jahr* und/oder *Titel* nicht angezeigt werden.

Abbildung 12.20 Das Zitat bearbeiten

» *Quelle bearbeiten* öffnet ein Dialogfeld, das dem vorher verwendeten Dialogfeld *Quelle erstellen* ähnelt (→ Abbildung 12.17 auf Seite 341). Die aktuellen Quelldaten sind hier bereits eingetragen und können editiert werden.

» Seien Sie vorsichtig mit *Zitat in statischen Text konvertieren*. Das belässt zwar den Quellverweis im Text, entfernt ihn aber aus dem Verzeichnis.

Nachdem Sie über das Dialogfeld *Quelle erstellen* eine Quelle definiert haben, wird diese auch in der Liste zur Schaltfläche *Zitat einfügen* mit aufgeführt und kann für weitere Verweise zu dieser Quelle benutzt werden (→ Abbildung 12.20 unten).

Suchen nach einer Quelle

Die Liste der Quellen kann recht umfangreich werden. Für solche Fälle stellt Word einen Quellen-Manager zur Verfügung, den Sie durch einen Klick auf *Quellen verwalten* auf den Bildschirm bringen (→ Abbildung 12.21). Wenn Sie ein neues Dokument öffnen, das noch keine Zitate enthält, werden alle Quellen, die Sie in früheren Dokumenten verwendet haben, links im Dialogfeld unter *Masterliste* angezeigt. Beim Öffnen

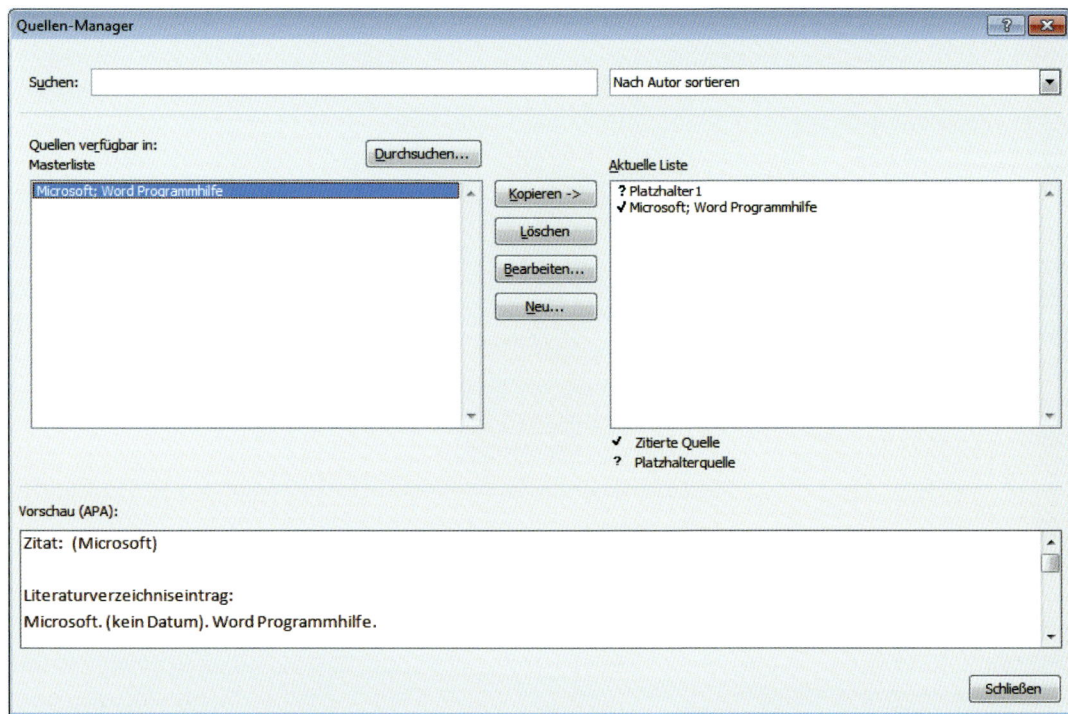

Abbildung 12.21
Der Quellen-Manager

eines Dokuments, das bereits Zitate enthält, werden die Quellen dieser Zitate rechts unter *Aktuelle Liste* angezeigt. Alle Quellen, die Sie entweder in früheren Dokumenten oder im aktuellen Dokument zitiert haben, werden unter *Masterliste* aufgelistet.

» Um nach einer bestimmten Quelle zu suchen, können Sie rechts oben im Feld für das Sortieren nach *Autor*, *Titel*, *Tag des Zitats* oder *Jahr* sortieren lassen. Durchsuchen Sie anschließend die Ergebnisliste nach der gesuchten Quelle.

» Oder Sie geben im Feld *Suchen* den Titel oder den Autor der gesuchten Quelle ein. Die *Liste* wird in Übereinstimmung mit Ihrem Suchbegriff dynamisch angepasst.

TIPP Wenn Sie im *Quellen-Manager* auf die Schaltfläche *Durchsuchen* klicken, können Sie eine andere Masterliste auszuwählen, aus der Sie neue Quellen in Ihr Dokument importieren können. So können Sie beispielsweise eine Verbindung mit einer Datei auf einer Freigabe auf dem Computer oder Server eines Forschungskollegen oder der Website einer Universität oder Forschungseinrichtung herstellen.

Bearbeiten eines Zitatplatzhalters

Manchmal ist es sinnvoll, beim Hinzufügen einer Quelle zunächst ein Platzhalterzitat zu erstellen (➔ oben). Im *Quellen-Manager* wird neben dem Namen des Platzhalters ein Fragezeichen angezeigt. Später können Sie dann die ausführlichen Literaturverzeichnisangaben eintragen. Beachten Sie, dass Platzhalterzitate im Literaturverzeichnis nicht angezeigt werden.

Zum Eintragen der Angaben öffnen Sie den *Quellen-Manager*, klicken zunächst unter *Aktuelle Liste* auf den gewünschten Platzhalter und anschließend auf *Bearbeiten*. Daraufhin wird das Dialogfeld *Quelle bearbeiten* geöffnet, in dem Sie die Literaturverzeichnisangaben für die Quelle eintragen können (➔ Abbildung 12.17 auf Seite 341). Nach der Bestätigung werden alle Änderungen, die Sie an einer Quelle vornehmen, auch in das Literaturverzeichnis übernommen, sofern Sie dieses bereits erstellt haben.

Erstellen eines Literaturverzeichnisses

Ein Literaturverzeichnis kann zu jedem beliebigen Zeitpunkt nach dem Einfügen von Quellen in ein Dokument erstellt werden. Wenn Ihnen noch nicht alle erforderlichen Informationen zu einer Quelle zur Verfügung stehen, um ein Zitat vollständig zu erstellen, können Sie ein Platzhalterzitat erstellen und die Quellenangaben zu einem späteren Zeitpunkt vervollständigen.

Setzen Sie die Einfügemarke an die Stelle im Dokument, an der das Literaturverzeichnis eingefügt werden soll – meist fügt man ein solches Verzeichnis am Ende eines Dokuments, aber noch vor dem Stichwortverzeichnis ein. Klicken Sie dann in der Gruppe *Zitate und Literaturverzeichnis* auf *Literaturverzeichnis* und wählen Sie ein vordefiniertes Literaturverzeichnisformat aus (→ Abbildung 12.22).

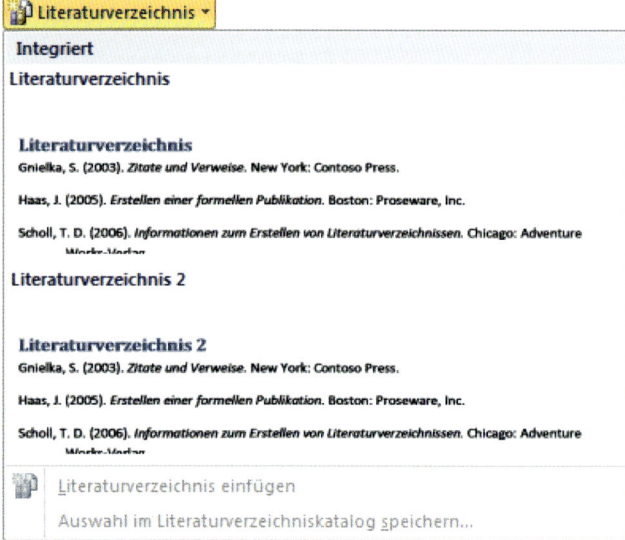

Abbildung 12.22 Ein Literaturverzeichnis erstellen

12.2.4 Rechtsgrundlagenverzeichnis

 Ein Rechtsgrundlagenverzeichnis ist eine Liste von Querverweisen in einem juristischen Dokument. Darin kann beispielsweise auf Fälle, Statuten und Regelungen und die entsprechenden Seitenzahlen Bezug genommen werden. Benutzen Sie zum Arbeiten die Befehle in der Gruppe *Rechtsgrundlagenverzeichnis* der Registerkarte *Verweise*.

Das Prinzip ist folgendes: Um im Text des Dokuments nicht mit andauernd wiederkehrenden Hinweisen wie beispielsweise *Kolberg gg. Schamberger, 158 Wn. 2d 243 (2009)* gelangweilt zu werden, setzt man dort nur eine Kurzform

dafür in Form eines Zitats ein – beispielsweise *Kolberg gg. Schamberger*. Anschließend kann man dann ein Rechtsgrundlagenverzeichnis erstellen lassen, in dem die Kurzform erklärt wird.

TIPP Sie können das Rechtgrundlagenverzeichnis aber auch für andere Zwecke einsetzen: Es ist immer dann sinnvoll, wenn Sie im Haupttext des Dokuments nur eine Kurzform verwenden und die Erklärung dazu dem Verzeichnis überlassen wollen.

Einträge festlegen

Voraussetzung ist, dass Sie alle gewünschten Stellen im Dokument mit der Kurzform des Zitats versehen haben. Der erste Schritt besteht im Festlegen dieser Einträge im Dokument, die dem Rechtsgrundlagenverzeichnis hinzugefügt werden sollen.

Markieren Sie den ersten Eintrag in dem Dokument – beispielsweise *Kolberg gg. Schamberger* – und klicken Sie auf *Zitat festlegen* in der Gruppe *Rechtsgrundlagenverzeichnis* oder drücken Sie Alt + Umschalt + I. Daraufhin wird das Dialogfeld *Zitat markieren* angezeigt (→ Abbildung 12.23 links).

» Oben im Dialogfeld finden Sie ein Feld mit dem Namen *Ausgewählter Text*. Darin wird zunächst der vorher markierte Text angezeigt. Bearbeiten Sie diesen Eintrag so, wie er später im Rechtsgrundlagenverzeichnis angezeigt werden soll – erweitern Sie also beispielsweise den Text *Kolberg gg. Schamberger* zu *Kolberg gg. Schamberger, 158 Wn. 2d 243 (2009)*.

» Wenn Sie den Text oder einen Teil davon formatieren möchten, klicken Sie mit der rechten Maustaste auf den Text und klicken Sie auf *Schriftart*. Wählen Sie dann die gewünschten Formatierungsoptionen aus.

» Wählen Sie im Feld *Kategorie* die Gattung für den Eintrag. Sie können weitere Kategorien selbst definieren, nachdem Sie auf die Schaltfläche *Kategorie* geklickt haben (→ Abbildung 12.23 rechts).

» Den Text im Feld *Kurzes Zitat* werden Sie im Allgemeinen nicht verändern. Damit wird dann im Word-Dokument nach weiteren Stellengesucht.

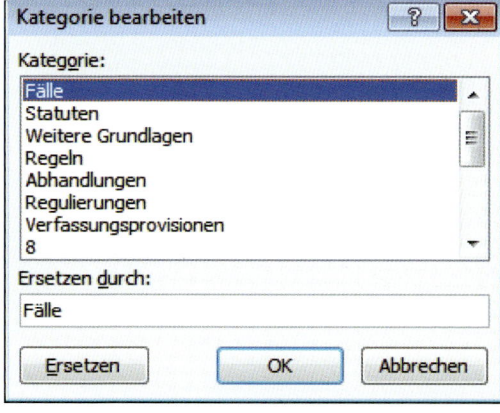

Abbildung 12.23
Das Zitat markieren und Kategorien bearbeiten

» Wenn Sie einen einzelnen Eintrag festlegen möchten, klicken Sie auf *Markieren*. Um alle Einträge im Dokument festzulegen, die denen im Dialogfeld *Eintrag festlegen* entsprechen, klicken Sie auf *Alle markieren*.

» Um den nächsten Eintrag im Dokument zu suchen, klicken Sie auf *Weitersuchen*.

¶ Word fügt nach jedem festgelegten Eintrag in versteckter Formatierung ein sogenanntes *TA*-Feld hinzu. Für das eben benutzte Beispiel erscheint *{ TA \1 "Kolberg gg. Schamberger, 158 Wn. 2d 243 (2009)" \s "Kolberg gg. Schamberger" \c 1 \b }*. Wenn dieses *TA*-Feld nicht angezeigt wird, klicken Sie in der Registerkarte *Start* im Bereich *Absatz* auf die Schaltfläche *Alle anzeigen*.

Verzeichnis erstellen

Klicken Sie im Dokument an die Stelle, an der Sie das Rechtsgrundlagenverzeichnis einfügen möchten. Klicken Sie dann auf die Schaltfläche *Rechtsgrundlagenverzeichnis einfügen*. Ein Dialogfeld wird angezeigt, in dem Sie das Format wählen und weitere Optionen einstellen können (→ Abbildung 12.24).

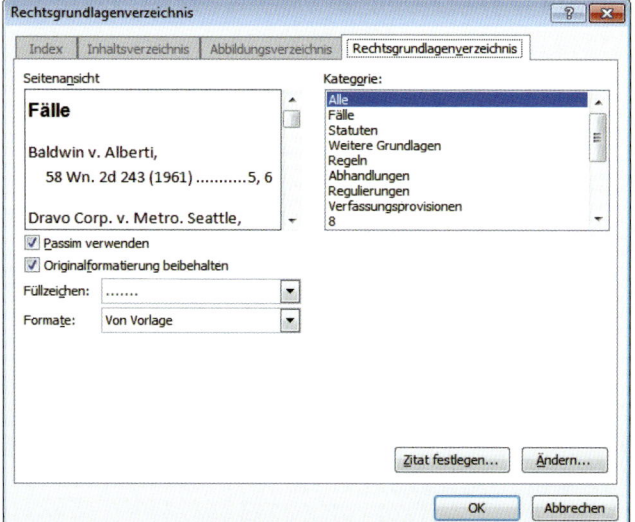

Abbildung 12.24 Ein Rechtsgrundlagenverzeichnis einfügen

» Wählen Sie im Feld *Kategorie* die Kategorie, die in Ihrem Rechtsgrundlagenverzeichnis enthalten sein soll. Zum Einbeziehen aller Kategorien wählen Sie *Alle*.

» Um eines der vorgegebenen Formate zu verwenden, klicken Sie im Feld *Formate* auf eine Option.

» Die Einstellungen entsprechen zum Großteil denen der Registerkarten *Inhaltsverzeichnis* und *Abbildungsverzeichnis*. Die Option *Passim verwenden* ersetzt bei fünf oder mehr identischen Einträgen die Seitenzahlen durch das Wort *passim* und sollte in der Regel deaktiviert werden. *passim* ist lateinisch und steht für *überall*. Das wird in wissenschaftlichen Texten anstelle von konkreten Seitenangaben gebraucht, wenn keine konkrete Zeile oder kein bestimmter Absatz zum Sachverhalt angegeben werden können, sondern der Sachverhalt sich durch den gesamten Text oder ein großes Textstück zieht.

Nach der Bestätigung über *OK* wird das Verzeichnis erstellt. Beim Erstellen eines Rechtsgrundlagenverzeichnisses sucht Word nach markierten Einträgen, ordnet diese nach Kategorien, verweist auf die jeweiligen Seitenzahlen und zeigt das Verzeichnis im Dokument an.

Aktualisieren

Nach dem Einfügen, Löschen, Verschieben oder Überarbeiten von Einträgen oder anderem Text im Dokument sollten Sie das Rechtsgrundlagenverzeichnis aktualisieren. Wenn Sie beispielsweise einen Eintrag überarbeiten und auf eine andere Seite verschieben, sollten Sie sicherstellen, dass das Rechtsgrundlagenverzeichnis den überarbeiteten Eintrag und die neue Seitenzahl enthält. Um das Rechtsgrundlagenverzeichnis zu aktualisieren, klicken Sie auf eine Stelle links vom Verzeichnis und drücken Sie ⌨F9.

¶ Um sicherzustellen, dass die Seitenzählung im Dokument korrekt ist, müssen Feldfunktionen und verborgener Text bei einer Aktualisierung ausgeblendet werden. Wenn die *TA*-Felder sichtbar sein sollten, klicken Sie auf in der Registerkarte *Start* in der Gruppe *Absatz* auf die Schaltfläche *Alle anzeigen*.

TIPP Wenn Sie einen Eintrag im Rechtsgrundlagenverzeichnis entfernen wollen, markieren Sie den vollständigen Eintrag im Hauptteil des Dokuments einschließlich der geschweiften Klammern und drücken Sie dann die ⌨Entf-Taste. Führen Sie anschließend eine Aktualisierung durch.

12.2.5 Abbildungsverzeichnis

Die Schaltfläche heißt zwar *Abbildungsverzeichnis*, Sie können damit aber neben Abbildungen auch alle anderen beschrifteten Elemente – wie Tabellen oder Formeln – in einem Verzeichnis zusammenfassend aufnehmen. Wenn Sie Beschriftungen für diese Elemente im Dokument bereits eingesetzt haben, sind dazu keine weiteren Vorarbeiten notwendig (→ oben). Klicken Sie einfach auf *Abbildungsverzeichnis einfügen* in der

Gruppe *Beschriftungen*. Die Registerkarte *Abbildungsverzeichnis* des Dialogfelds wird angezeigt (→ Abbildung 12.25).

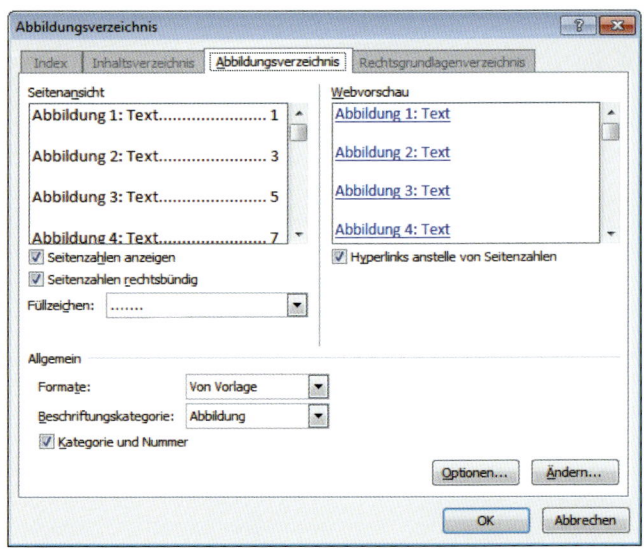

Abbildung 12.25 Ein Abbildungsverzeichnis einfügen

» Wählen Sie zuerst unten im Dialogfeld die *Beschriftungskategorie*, für die Sie das Verzeichnis erstellen wollen. Benutzen Sie *Abbildung* für ein Abbildungsverzeichnis. Wenn Sie ein Verzeichnis der Tabellen wünschen, wählen Sie hier *Tabelle*.

» Danach können Sie über das Listenfeld *Formate* einen Stil für das Verzeichnis einstellen. Die Wirkung wird in den Bereichen *Seitenansicht* und *Webvorschau* des Dialogfelds skizziert.

» Wenn Sie den Abbildungsbeschriftungen bereits andere benutzerdefinierte Formatvorlagen zugewiesen haben, können Sie die Formateinstellungen angeben, die beim Erstellen des Abbildungsverzeichnisses verwendet werden sollen. Beachten Sie, dass alle Abbildungsbeschriftungen mit derselben Formatvorlage formatiert sein müssen und diese Formatvorlage nur für Beschriftungen verwendet werden darf. Klicken Sie dazu im Dialogfeld auf *Optionen*, aktivieren Sie das Kontrollkästchen *Formatvorlage*, klicken Sie auf den Namen der Formatvorlage, die Sie für die Abbildungsbeschriftungen verwendet haben, und bestätigen Sie anschließend mit *OK* (→ Abbildung 12.26 links).

» Über *Ändern* haben Sie die Möglichkeit, Änderungen an der verwendeten Formatvorlage vorzunehmen, die für die Elemente des Verzeichnisses benutzt wird (→ Abbildung 12.26 rechts).

Nach einer Bestätigung über *OK* wird das Verzeichnis an der vorher markierten Stelle erzeugt. Wie immer können Sie es über die Funktionstaste F9 aktualisieren lassen.

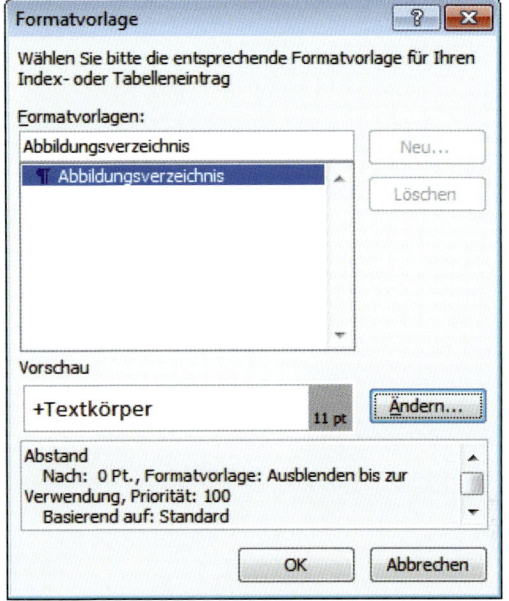

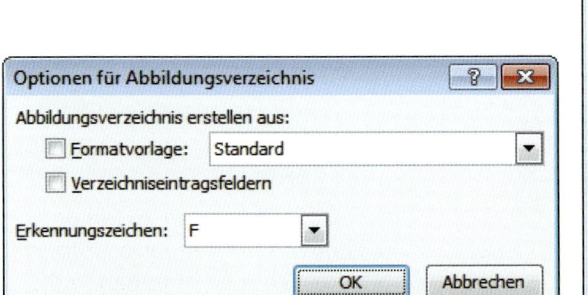

Abbildung 12.26
Optionen und
Ändern

Kapitel 13

Freigabe

Unter dem Begriff Freigabe wird – jedenfalls bei Microsoft Office – alles verstanden, was irgendwie mit der Verteilung von Dokumenten in elektronischer Form zusammenhängt. Dazu gehören sowohl einfache Dinge wie das Versenden eines Dokuments über das Internet als auch das Speichern in anderen Dateiformaten oder das Ablegen auf allgemein zugängliche Speicherorten.

» Zunächst wollen wir die Dinge ansprechen, die Sie an einem Dokument vor der eigentlichen Freigabe gegebenenfalls durchführen werden (→ Abschnitt 13.1). Beispielsweise können Sie das Dokument verschlüsseln und/oder verschiedene Berechtigungen für die Bearbeitung festlegen.

» Anschließend gehen wir auf die unterschiedlichen Methoden zur Freigabe ein (→ Abschnitt 13.2). Interessant ist hier insbesondere das Speichern eines Dokuments im Web.

» Der letzte Abschnitt in diese Kapitel beschreibt den Einsatz von Office Web App (→ Abschnitt 13.3). Damit können Sie Dokumente problemlos und direkt im Browser anzeigen sowie neue Dokumente erstellen und einfache Änderungen vornehmen, wobei Ihnen die vertraute Office-Benutzeroberfläche zur Verfügung steht. Diese Anwendungen sind vollständig webbasiert, daher muss keine zusätzliche Software heruntergeladen oder installiert werden.

13.1 Die Freigabe vorbereiten

Bevor Sie ein Dokument freigeben, können bzw. sollten Sie einige Vorbereitungen treffen. Einen guten Einstieg in die Themenkreise zu dieser Vorbereitung finden Sie in den Optionen im Bereich *Informationen* der Registerkarte *Datei* (→ Abbildung 13.1). Wichtig sind darin die Befehle zu den Schaltflächen *Dokument schützen* und *Auf Probleme überprüfen*.

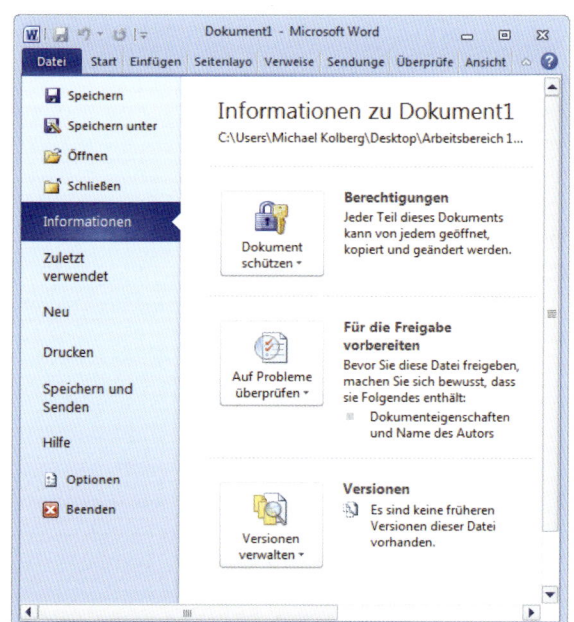

Abbildung 13.1 Der Bereich *Informationen* auf der Registerkarte *Datei* liefert einige Optionen, über die Sie die Freigabe vorbereiten können.

13.1.1 Die Problemprüfung

Beginnen wir mit dem Abschnitt *Auf Probleme überprüfen*. Unter den Befehlen zu dieser Schaltfläche finden Sie drei unterschiedliche Werkzeuge (→ Abbildung 13.2): Sie können damit die Eigenschaften des Dokuments auf unerwünschte persönliche Informationen prüfen, das Dokument nach Inhalten durchsuchen, die von behinderten Personen schwer zu lesen sind, und außerdem die Kompatibilität des Dokuments hinsichtlich der Möglichkeit der Weiterverarbeitung mit älteren Versionen des Programms ermitteln.

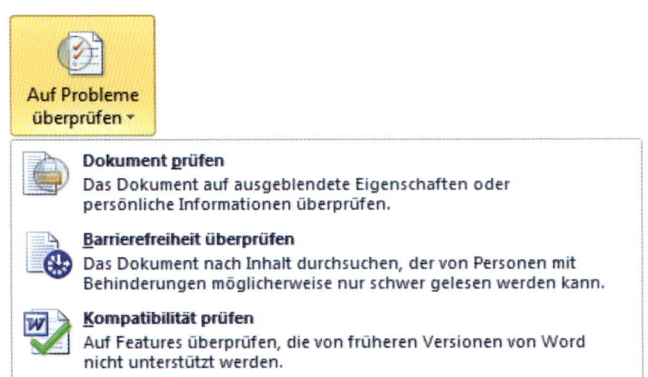

Abbildung 13.2 Die Optionen zum Prüfen auf Probleme

Dokument prüfen

Wenn Sie eine elektronische Kopie einer Arbeitsmappe freigeben möchten, sollten Sie das Dokument auf ausgeblendete Daten oder persönliche Informationen prüfen, die im Dokument selbst oder in den Dokumenteigenschaften gespeichert sein könnten. Da diese ausgeblendeten Informationen Details über Sie oder Ihr Unternehmen preisgeben können, die Sie vielleicht nicht öffentlich bekannt machen möchten, sollten Sie diese Informationen entfernen, bevor Sie das Dokument für andere Personen freigeben. Mit dem früher als *Dokumentinspektor* bezeichneten Werkzeug können Sie solche Daten in Dokumenten suchen und entfernen lassen. Durchsucht wird beispielsweise nach Kommentaren, Überarbeitungsmarkierungen aus nachverfolgten Änderungen, Freihandanmerkungen, Dokumenteigenschaften und persönliche Informationen, Kopfzeilen, Fußzeilen und Wasserzeichen sowie nach ausgeblendetem Text. Nicht erkannt werden – natürlich – Dinge wie weißer Text auf weißem Grund.

Gehen Sie zur Prüfung und zum Entfernen in den folgenden Schritten vor:

» Öffnen Sie das gewünschte Dokument und speichern Sie eine Kopie davon unter einem anderen Namen oder einem anderen Speicherort. Dies ist deswegen sinnvoll, da es nicht immer möglich ist, die vom Dokumentinspektor entfernten Daten wiederherzustellen.

» Öffnen Sie die Registerkarte *Datei* und wählen Sie darin den Bereich *Informationen*. Klicken Sie auf die Schaltfläche *Auf Probleme überprüfen* und wählen Sie *Dokument prüfen*. Das Dialogfeld *Dokumentprüfung* wird angezeigt (→ Abbildung 13.3).

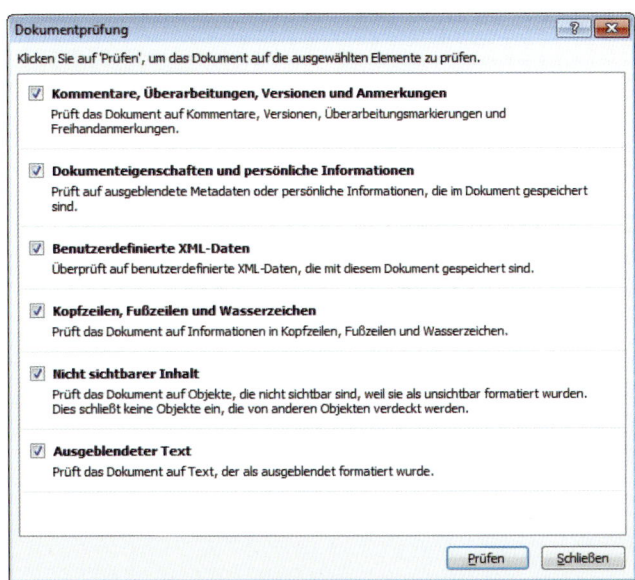

Abbildung 13.3 Das Dialogfeld *Dokumentprüfung* erlaubt die Auswahl der zu prüfenden Elemente.

» Aktivieren Sie die betreffenden Kontrollkästchen, um festzulegen, welche Inhalte geprüft werden sollen, und klicken Sie dann auf *Prüfen*.

» Überprüfen Sie die Ergebnisse im nun angezeigten zweiten Schritt des Dialogfelds *Dokumentprüfung* (→ Abbildung 13.4). Klicken Sie neben den Prüfungsergebnissen für die Arten des ausgeblendeten Inhalts, den Sie aus Ihrem Dokument entfernen möchten, auf *Alle entfernen*.

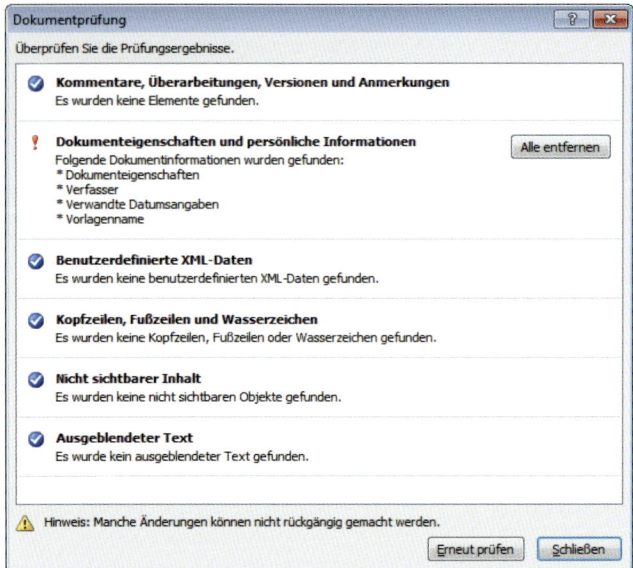

Abbildung 13.4 Ein Beispiel für das Ergebnis der Prüfung. Ein Klick auf *Alle entfernen* löscht die Dokumenteigenschaften.

ACHTUNG Wenn Sie ausgeblendeten Inhalt aus Ihrem Dokument entfernen, können Sie diesen eventuell nicht durch Klicken auf *Rückgängig* wiederherstellen. Deshalb hatten wir Ihnen vorhin empfohlen, diese Arbeit mit einer Kopie des Dokuments durchzuführen.

Barrierefreiheit

Mit Barrierefreiheit ist die Tatsache gemeint, dass behinderte Personen keine oder zumindest kaum Schwierigkeiten haben, mit dem Dokument zu arbeiten. Wenn Sie beispielsweise eine Grafik im Dokument eingebunden haben, werden Sie bei einer Prüfung darauf hingewiesen, dass Sie diese mit einem Alternativtext versehen sollten. Ein solcher Alternativtext kann - wie der eigentliche Text im Dokument - Personen mit einer Sehbehinderung von geeigneten Geräten vorgelesen werden und die Person erhält damit Informationen über den Inhalt der Grafik.

Eine derartige Prüfung bewirken Sie durch einen Klick auf *Barrierefreiheit überprüfen* in der Liste zur Schaltfläche *Auf Probleme überprüfen* innerhalb der Kategorie *Informationen* auf der Registerkarte *Datei*. Als Ergebnis wird rechts im Programmfenster ein Aufgabenbereich eingeblendet, der die gefundenen Probleme auflistet und Lösungsvorschläge skizziert (→ Abbildung 13.5).

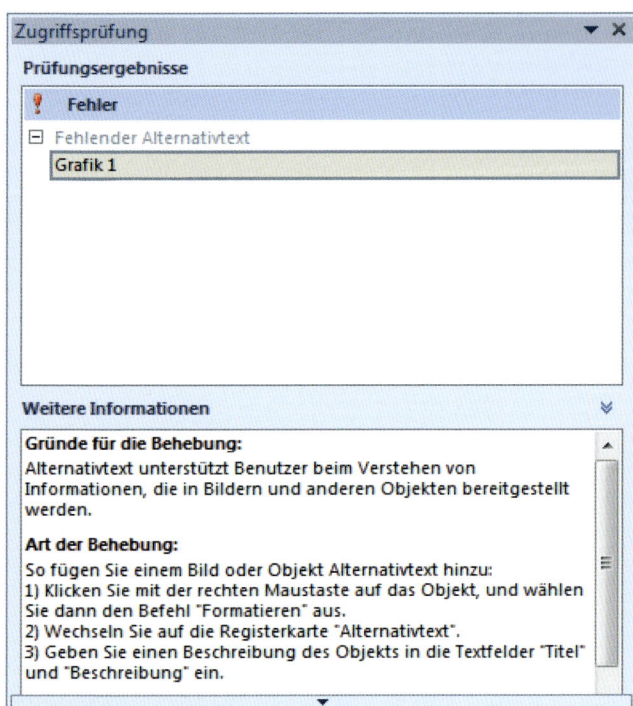

Abbildung 13.5 Ein mögliches Ergebnis der Prüfung hinsichtlich Barrierefreiheit

Kompatibilitätsprüfung ausführen

Wenn Sie Ihr Dokument einer Person zu Bearbeitung zukommen lassen wollen, die mit einer früheren Version von Word arbeitet, sollten Sie sicherstellen, dass Ihr Dokument keine Elemente enthält, die dieser Person Probleme bereiten könnten. Dazu können Sie im sogenannten *Kompatibilitätsmodus* arbeiten, was sicherstellt, dass beim Bearbeiten eines Dokuments keine neuen oder erweiterten Features der aktuellen Word-Version mehr zur Verfügung stehen.

TIPP Sie können diesen Modus von vornherein aktivieren, indem Sie eine neue Datei erstellen und diese gleich im *Word 97-2003*-Format speichern (→ Kapitel 3). Ihre Word-Version verfügt dann nur noch über Befehle bzw. Elemente, die mit diesem Format kompatibel sind. Beispielsweise können alle Elemente, die mit dem *Design* zusammenhängen, nicht mehr genutzt werden.

Wenn Sie nicht von vornherein im Kompatibilitätsmodus gearbeitet haben, können Sie prüfen lassen, ob das

Dokument Elemente enthält, die sich nicht mit dem gewünschten Format vertragen. Dazu öffnen Sie die Registerkarte *Datei*, wählen den Bereich *Informationen*, klicken auf *Auf Probleme überprüfen* und rufen dann den Befehl *Kompatibilität prüfen* auf. Das Dialogfeld *Kompatibilitätsprüfung* wird angezeigt, in dem die Problemstellen vermerkt werden (→ Abbildung 13.6). Über die Liste zu *Anzuzeigende Versionen auswählen* können Sie bestimmen, welche Programmversion zur Prüfung herangezogen werden soll.

Abbildung 13.6 Ein Beispiel für Kompatibilitätsprobleme bei Word

Sie können dann diese Stellen entweder manuell abändern oder das Dokument gleich im Format *Word 97-2003* speichern, womit die problematischen Stellen automatisch entfernt werden. Natürlich ergeben sich bei Wahl der zweiten Möglichkeit – unter Umständen nicht gewünschte – Änderungen im Dokument.

TIPP Unten im Dialogfeld zur Kompatibilitätsprüfung finden Sie ein Kontrollkästchen, über das Sie festlegen können, dass die Prüfung beim Speichern im Format *Word 97-2003* automatisch ausgeführt wird.

13.1.2 Schutzfunktionen

Der zweite interessante Abschnitt im Bereich *Informationen* der Registerkarte *Datei* betrifft die Schutzfunk-

tionen für das Dokument (→ Abbildung 13.7). Sie können darüber das Dokument verschlüsseln, die Bearbeitung durch andere Anwender auf bestimmte Funktionen oder Personen einschränken, das Dokument als abgeschlossen kennzeichnen und eine digitale Signatur hinzufügen.

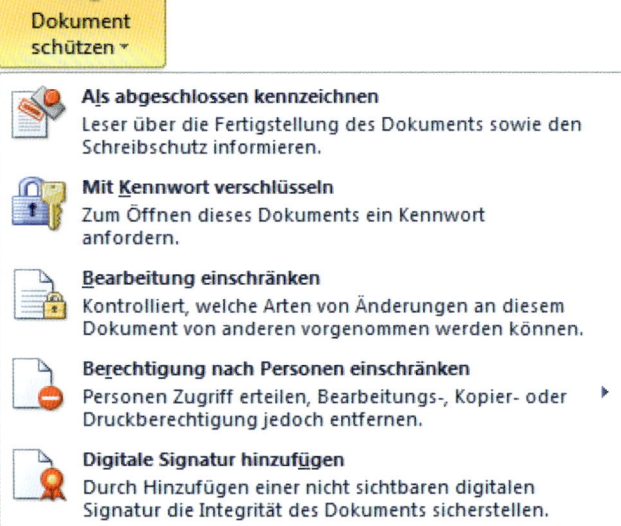

Abbildung 13.7 Die Befehle zum Schützen eines Word-Dokuments

Dokument verschlüsseln

Durch Verschlüsseln können Sie sicherstellen, dass kein Unbefugter das Dokument öffnen kann. Standardmäßig wird dabei die sogenannte erweiterte AES-128-Bit-Verschlüsselung verwendet. *AES* steht für *Advanced Encryption Standard*. Dabei handelt es sich um ein symmetrisches Kryptosystem, das ein sehr hohes Maß an Sicherheit aufweist. AES ist in den USA für staatliche Dokumente mit höchster Geheimhaltungsstufe zugelassen.

Zur Verschlüsselung eines Dokuments arbeiten Sie mit einem Kennwort, das Sie den Personen zukommen lassen müssen, die zum Öffnen berechtigt sind. Öffnen Sie die Liste der Befehle zur Schaltfläche *Dokument schützen* und wählen Sie *Dokument verschlüsseln*. Das gleichnamige Dialogfeld wird angezeigt (→ Abbildung 13.8 oben). Legen Sie darin ein Kennwort fest. Sie können dafür bis zu 255 Zeichen benutzen. Nach einem Klick auf OK müssen Sie das Kennwort wiederholen. Zum Öffnen muss das Kennwort wieder eingegeben werden (→ Abbildung 13.8 unten).

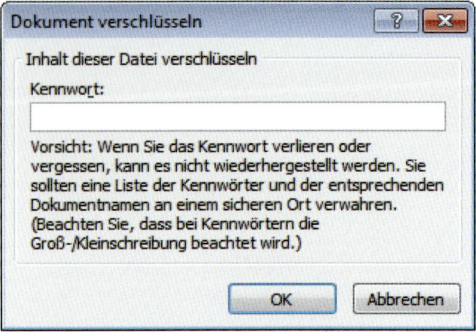

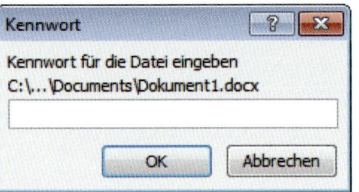

Abbildung 13.8 Ein Dokument verschlüsseln und öffnen

ACHTUNG Lesen Sie auch die Hinweise im Dialogfeld *Dokument verschlüsseln*! Denken Sie daran, dass auch Sie das Kennwort wieder eingeben müssen, um an dem Dokument weiterarbeiten zu können.

Um einen Kennwortschutz später wieder zu entfernen, öffnen Sie das Dokument – dazu müssen Sie wieder das Kennwort benutzen – und wählen nochmals den Befehl *Mit Kennwort verschlüsseln*. Entfernen Sie dann in den beiden Dialogfeldern das Kennwort und speichern Sie das Dokument.

Digitale Signatur hinzufügen

Ein Dokument kann aus denselben Gründen digital signiert werden, aus denen Sie auch ein Papierdokument signieren. Eine digitale Signatur wird zum Authentifizieren verwendet. Sie können damit sicherstellen, dass die signierende Person diejenige ist, die sie zu sein vorgibt. Zusätzlich lässt sich damit gewährleisten, dass der Inhalt des Dokuments seit dem digitalen Signieren nicht geändert oder manipuliert wurde.

Empfänger des Dokuments können jedoch über eine Anzeige in der Statusleiste am unteren Bildschirmrand feststellen, dass das Dokument digital signiert wurde.

» Wenn Sie damit arbeiten wollen, öffnen Sie die Liste der Befehle zur Schaltfläche *Dokument schützen* und wählen Sie *Digitale Signatur hinzufügen*. Standardmäßig wird zunächst ein Dialogfeld angezeigt, in dem Sie über den Sinn der Aktion aufgeklärt werden. Wenn Sie darin die Schaltfläche *Signaturdienste von Office Marketplace* anwählen, werden Sie mit einer Seite im Internet verbunden, über die Sie einen Vertrag mit einem Signaturdienst – beispielsweise VeriSign – eingehen können.

» Wenn Sie stattdessen auf *OK* klicken und noch über keinen entsprechenden Vertrag verfügen, können Sie zumindest die Funktion des Signierens ausprobieren. In diesem Fall ist die Signatur aber nicht rechtlich verbindlich. Wählen Sie dazu im Dialogfeld *Digitale ID anfordern* die Option *Eigene digitale ID erstellen* und bestätigen Sie mit *OK* (→ Abbildung 13.9 links). Word kann aber hier auch einen anderen Ablauf aufweisen. Das hängt mit davon ab, welche Office-Versionen auf Ihrem Rechner installiert sind.

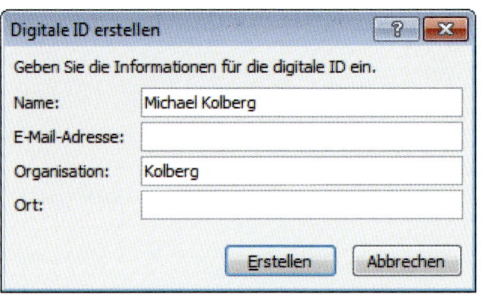

Abbildung 13.9
Eine digitale ID anfordern und erstellen

» Geben Sie im Dialogfeld *Digitale ID erstellen* die geforderten Daten ein und bestätigen Sie (→ Abbildung 13.9 rechts).

» Das Dialogfeld *Signieren* wird angezeigt (→ Abbildung 13.10). Optional können Sie im Textfeld den Zweck der Signierung eingeben.

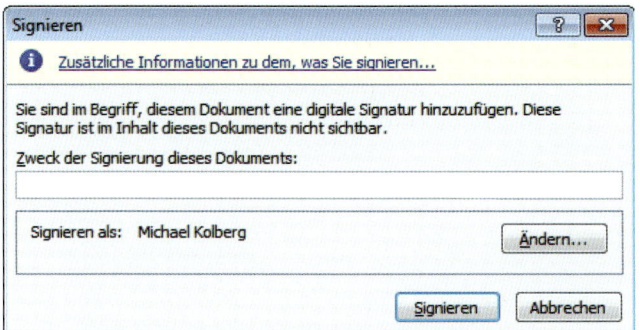

Abbildung 13.10 Das digitale Signieren eines Dokuments

» Wenn Sie über mehrere Zertifikate auf dem Rechner verfügen, können Sie im Dialogfeld *Signieren* nach einem Klick auf *Ändern* das zu verwendende auswählen. Haben Sie nur ein Zertifikat auf dem Rechner installiert, wird nur eine Bestätigung dafür angezeigt (→ Abbildung 13.11). Bestätigen Sie diese Wahl.

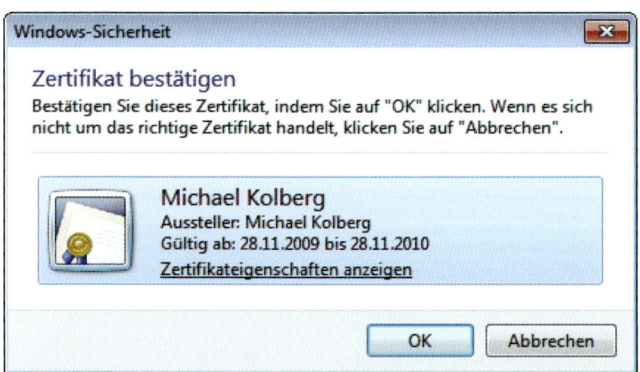

Abbildung 13.11 Ein Zertifikat auswählen

» Klicken Sie dann im Dialogfeld *Signieren* auf *Signieren*. Sie erhalten eine kurze Bestätigung. Im Bereich *Informationen* der Registerkarte *Datei* wird angezeigt, dass das Dokument signiert wurde und dass

Änderungen darin dazu führen, dass diese Signatur ungültig wird (→ Abbildung 13.12).

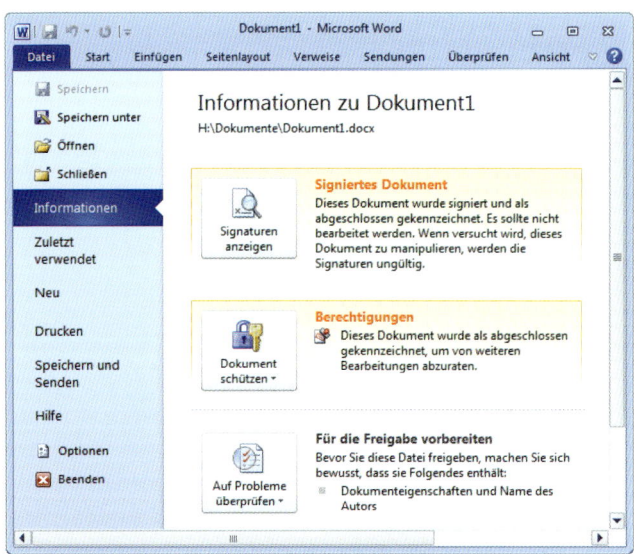

Abbildung 13.12 Die Informationen bei einem digital signierten Dokument

» Auch in der Statusleiste finden Sie ein zusätzliches Symbol. Daran kann ein Empfänger des Dokuments erkennen, dass das Dokument signiert wurde.

» Nachdem ein Dokument digital signiert wurde, ist es zunächst schreibgeschützt, um Änderungen am Inhalt des Dokuments zu verhindern. Das erkennen Sie an den Informationen der Leiste, die unterhalb des Menübands angezeigt wird (→ Abbildung 13.13).

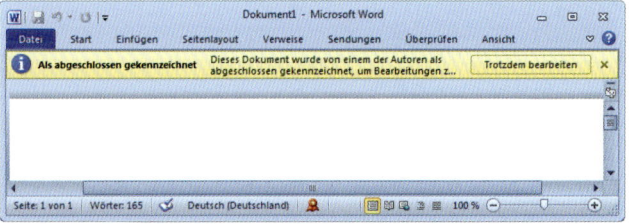

Abbildung 13.13 Der Schreibschutz wird angezeigt.

» Wenn Sie jetzt noch Änderungen durchführen möchten, klicken Sie in dieser Leiste zunächst auf die Schaltfläche *Trotzdem bearbeiten*. Dann können Sie die Änderungen durchführen. Anschließend müssen Sie das Dokument erneut signieren.

» 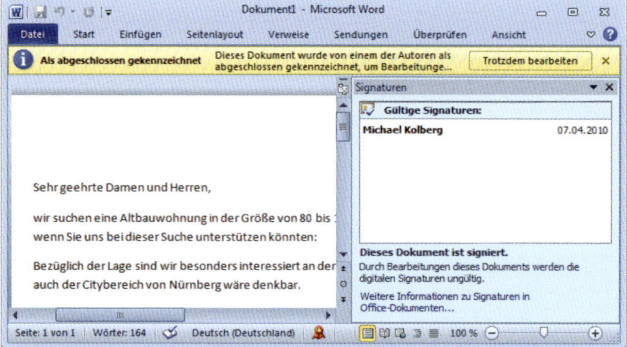 Wenn Sie im Bereich *Informationen* nach dem Signieren auf die Schaltfläche *Signaturen anzeigen* klicken, erscheint rechts im Dokumentfenster der Bereich *Signaturen* (→ Abbildung 13.14). Nach dem Markieren des Namens unter *Gültige Signaturen* können Sie oder der Empfänger des Dokuments Details zur Signatur abrufen.

Abbildung 13.14 Der Aufgabenbereich *Signaturen* rechts im Fenster.

Als abgeschlossen kennzeichnen

Bevor Sie eine endgültige Version eines Dokuments für andere Personen freigeben, können Sie den Befehl *Als abgeschlossen kennzeichnen* verwenden, um den Schreibschutz für das Dokument zu aktivieren und anderen mitzuteilen, dass Sie eine endgültige Version des Dokuments freigeben. Wenn ein Dokument als abgeschlossen gekennzeichnet ist, sind Eingaben, Bearbeitungsbefehle und Überarbeitungsmarkierungen deaktiviert, und Leser können das Dokument nicht unbeabsichtigt ändern. Der Befehl *Als abgeschlossen kennzeichnen* ist aber keine Sicherheitsfunktion. Dokumente, die als abgeschlossen gekennzeichnet sind, können von jedem bearbeitet werden, indem *Als abgeschlossen kennzeichnen* deaktiviert wird.

Bearbeitungseinschränkungen

Über die Option *Bearbeitung einschränken* in der Liste der Befehle zu *Dokument schützen* können Sie festlegen, ob und welche Einschränkungen für die Bearbeitung gelten sollen. Die Wahl dieses Befehls zeigt rechts im Programmfenster den Aufgabenbereich *Formatierung und Bearbeitung einschränken* an (→ Abbildung 13.15 links).

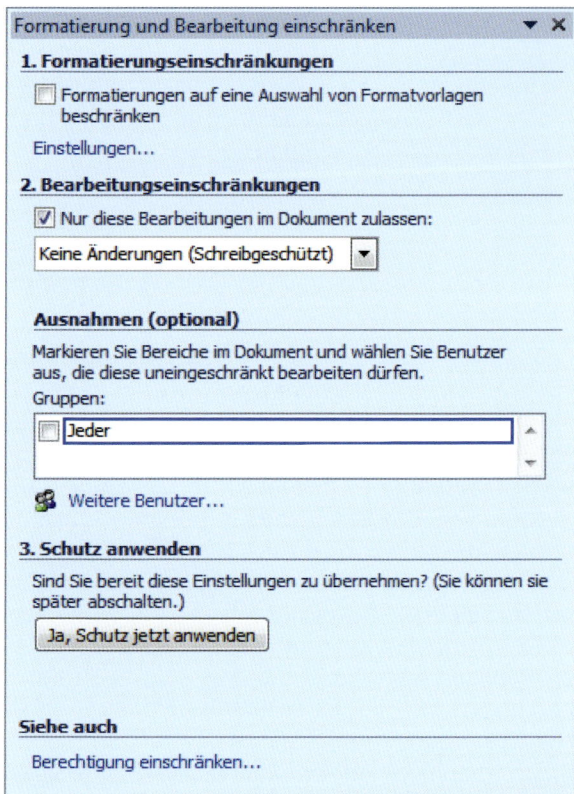

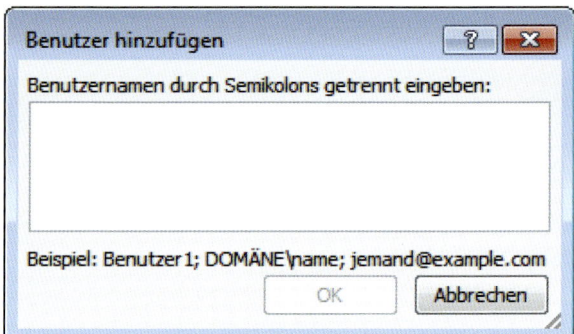

Abbildung 13.15 Das Bearbeiten des Dokuments kann eingeschränkt werden.

» Wenn Sie Einschränkungen wünschen, aktivieren Sie zunächst das Kontrollkästchen unterhalb von *Bearbeitungseinschränkungen* und legen Sie dann im zugehörigen Drop-down-Listenfeld fest, was ein Bearbeiter am Dokument tun darf. Bei Word können Sie beispielsweise alternativ Überarbeitungen, Kommentare oder das Ausfüllen von Formularen zulassen oder alle Änderungen verbieten.

» Zu den so festgelegten generellen Einschränkungen können Sie auch Ausnahmen definieren, die es allen oder bestimmten Bearbeitern erlauben, bestimmte Bereiche im Dokument uneingeschränkt bearbeiten zu können. Aktivieren Sie dann im Aufgabenbereich entweder das Kontrollkästchen *Jeder* oder legen Sie über *Weitere Benutzer* die Personen fest, die diese Bereiche bearbeiten dürfen (→ Abbildung 13.15 rechts). Aktivieren Sie dann die betreffenden Kontrollkästchen.

» Wenn Sie die Möglichkeiten zum Formatieren beschränken wollen, aktivieren Sie das Kontrollkästchen unterhalb von *Formatierungseinschränkungen* und klicken Sie anschließend auf *Einstellungen*. Im daraufhin angezeigten Dialogfeld werden die Formatvorlagen zum Dokument aufgelistet (→ Abbildung 13.16). Standardmäßig sind zunächst alle Formatvorlagen zugelassen; das erkennen Sie an den aktivierten Kontrollkästchen vor den Vorlagenbezeichnungen. Direkte Formatierungen im Text sind dann generell nicht möglich, es können nur diese Vorlagen durch einen Bearbeiter eingesetzt werden, die aber auch nicht verändert werden können. Durch einen Klick auf *Empfohlenes Minimum* schalten Sie die Markierung für die Vorlagen ab, die nicht durch den zusätzlichen Hinweis *(empfohlen)* gekennzeichnet sind.

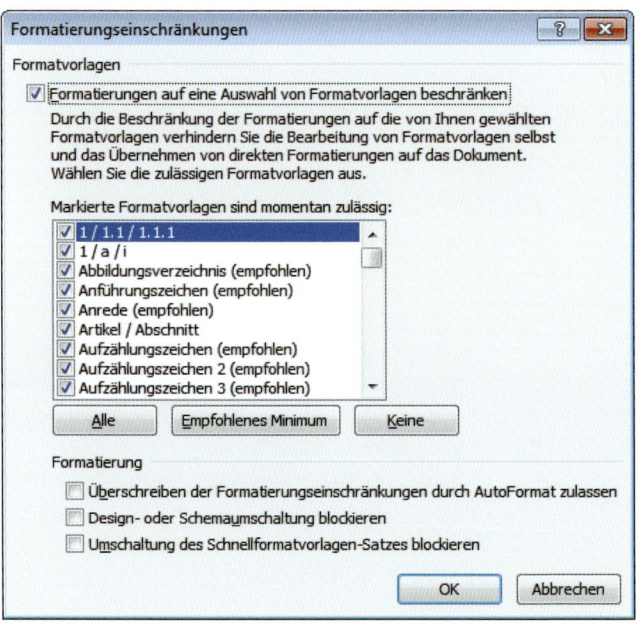

Durch einen Klick auf die Schaltfläche *Ja, Schutz jetzt anwenden* schalten Sie den Schutz ein. Sie können den Schutz aber jederzeit wieder über die entsprechende Schaltfläche im Aufgabenbereich *Dokument schützen* abschalten.

Berechtigung nach Personen einschränken

Sicherheitssensitive Informationen werden im Allgemeinen durch Einschränken des Zugangs zu den Dateien geschützt. Ist einem Benutzer der Zugang zu einem Dokument gestattet, besteht keine Beschränkung, die es ihm beispielsweise anschließend verbieten könnte, das Dokument an andere Personen weiterzuleiten. Die Programme der Microsoft-Office-Familie verfügen mit dem *Information Rights Management (IRM)* genannten Werkzeug über eine Möglichkeit, diese Weitergabe zumindest einzuschränken. Der Autor eines Dokuments kann angeben, ob ein Benutzer das Dokument lesen oder ändern darf, und kann auch eine zeitliche Beschränkung für den Zugriff setzen. So können Sie beispielsweise einem Mitarbeiter die Berechtigung erteilen, ein Dokument zu drucken , es jedoch nicht bearbeiten zu dürfen, oder den Zugriff auf fünf Tage beschränken. Die Einschränkung der Rechte kann auch schnell wieder abgeschaltet werden. Theoretisch schaffen Sie durch Verwenden dieses Dienstes eine Sicherheitslücke in Ihrem System. Microsoft versichert jedoch, dass dabei Ihre Dokumente selbst nicht an Microsoft weitergeleitet werden.

Bevor Sie *Information Rights Management* benutzen können, müssen Sie zunächst einige Voraussetzungen schaffen:

» Dazu wählen Sie in der Liste zu *Dokument schützen* den Befehl *Berechtigung nach Personen einschränken* und dann zunächst *Anmeldeinformationen verwalten*. Lesen Sie den Text im Fenster *Dienstanmeldung* durch, aktivieren Sie unten die Option für die Anmeldung und klicken Sie auf *Weiter* (→ Abbildung 13.17).

Abbildung 13.16
Über den Aufgabenbereich *Dokument schützen* können Sie auch die Formatierungsmöglichkeiten einschränken.

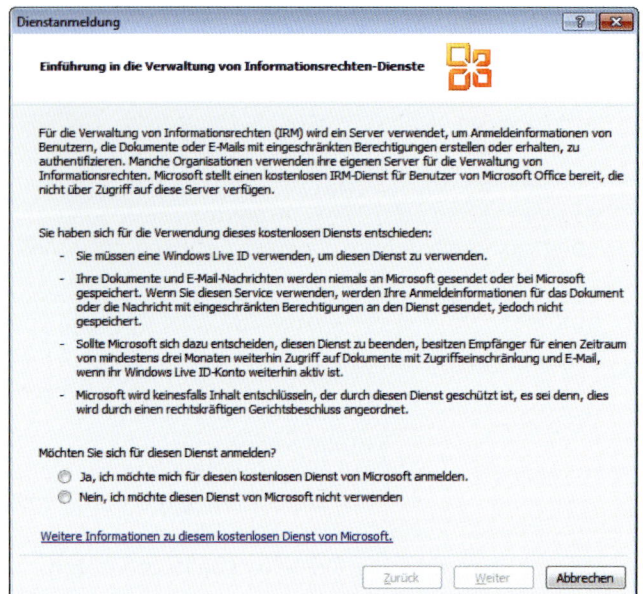

Abbildung 13.17 Melden Sie sich zuerst für den Dienst an.

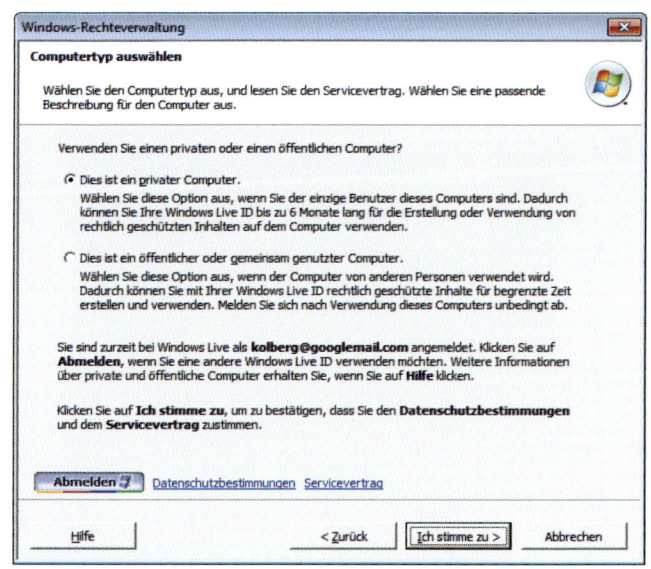

Abbildung 13.18 Wählen Sie den Typ des Rechners aus.

» Geben Sie an, ob Sie bereits im Besitz einer *Windows Live ID* sind. Wenn Sie noch über keine verfügen, können Sie an dieser Stelle eine solche einrichten. Klicken Sie dann wieder auf *Weiter*.

» Sie müssen sich bei Windows Live anmelden. Geben Sie dazu Ihre E-Mail-Adresse und Ihr Kennwort ein (→ Abbildung 13.18). Klicken Sie auf *Weiter*.

» Sie erhalten anschließend eine E-Mail zugestellt. Öffnen Sie diese und folgen Sie den darin enthaltenen Anweisungen. Dabei geht es nur darum, Ihre E-Mail-Adresse zu bestätigen. Damit wird das nicht autorisierte Erstellen von Konten verhindert.

» Kehren Sie dann zum Anmelde-Assistenten für die Rechteverwaltung zurück und klicken Sie auf *Weiter*. Sie müssen noch angeben, ob Sie einen privaten oder einen öffentlichen Computer verwenden, und den Vertragsbedingungen zustimmen (→ Abbildung 13.18).

» Nachdem Sie auf *Ich stimme zu* geklickt haben, wird Ihr Rechner für die Verwendung dieses Dienstes konfiguriert. Klicken Sie auf *Fertig stellen*, um den Vorgang abzuschließen.

Nachdem die eben genannten Voraussetzungen geschaffen sind, können Sie für ein Dokument eine Zugriffseinschränkung für bestimmte Personen, die auf den Inhalt zugreifen, erstellen. Dazu wählen Sie in der Liste zu *Dokument schützen* den Befehl *Berechtigung nach Personen einschränken* und dann *Eingeschränkter Zugriff*. Das Dialogfeld *Berechtigung* wird angezeigt (→ Abbildung 13.19). Aktivieren Sie zunächst die Option *Berechtigung für diese(s) Dokument einschränken* und geben Sie anschließend in den Feldern *Lesen* und *Ändern* die E-Mail-Adressen der Personen an, denen Sie die entsprechenden Rechte erteilen möchten. Sie können in jedes Feld mehrere Adressen eingeben; trennen Sie diese jeweils durch ein Semikolon voneinander ab. Nach einem Klick auf *Lesen* oder *Ändern* können Sie die Adressen auch aus dem aktuell eingestellten Adressbuch auswählen. Gruppennamen können ebenfalls verwendet werden.

Nach einem Klick auf die Schaltfläche *Weitere Optionen* im Dialogfeld *Berechtigung* öffnet sich ein weiteres Dialogfeld, in dem Sie zusätzliche Berechtigungen formulieren können (→ Abbildung 13.20).

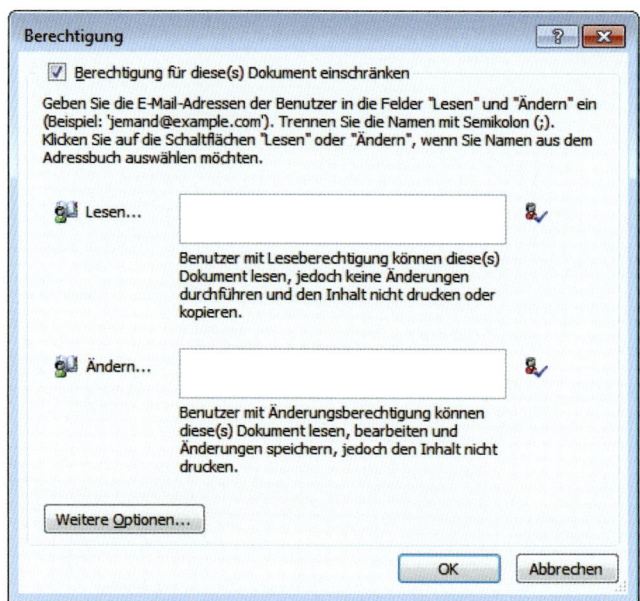

Abbildung 13.19 Zwei Grundrechte können vergeben werden.

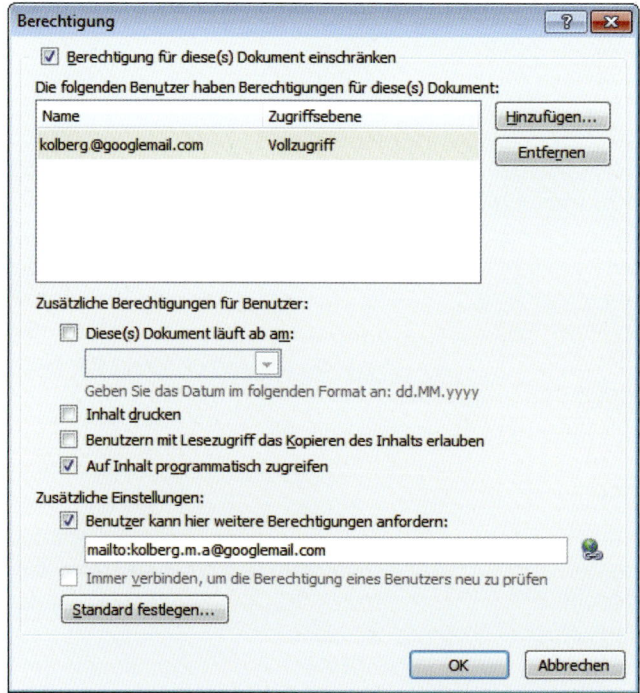

Abbildung 13.20 Über dieses Dialogfeld können Sie die vergebenen Berechtigungen weiter spezifizieren und verwalten.

» In der Liste im oberen Bereich werden die Personen beziehungsweise deren E-Mail-Adressen aufgelistet, für die Sie Lese-/Änderungsberechtigungen vergeben haben. Auch Sie selbst gehören mit der Zugriffsebene *Vollzugriff* dazu. Weitere Personen können Sie nach einem Klick auf *Hinzufügen* angeben; zum Löschen eines Benutzereintrags markieren Sie die entsprechende Zeile und klicken dann auf *Entfernen*.

» Unter *Zusätzliche Berechtigungen für Benutzer* können Sie die vorher angegebenen Rechte modifizieren: Sie können beispielsweise ein zeitliches Limit für die Berechtigungen setzen oder das Drucken des Dokuments zulassen.

» Im Textfeld zu *Benutzer kann hier weitere Berechtigungen anfordern* wird standardmäßig automatisch Ihre E-Mail-Adresse als Verweisadresse angezeigt; diese Angabe können Sie jedoch beliebig ändern.

Klicken Sie abschließend auf *OK*, speichern Sie das Dokument und leiten Sie es dann an die betreffenden Personen weiter. Benutzer, die Inhalte mit Zugriffseinschränkung erhalten, können – nachdem sie ein Nutzungszertifikat von einem Lizenzierungsserver heruntergeladen haben – das Dokument genauso öffnen, wie sie Inhalte ohne Zugriffseinschränkung öffnen würden. Wenn auf dem jeweiligen Computer Office 2003 oder höher nicht installiert ist, kann ein Programm heruntergeladen werden, mit dessen Hilfe diese Inhalte im Webbrowser angezeigt werden können.

13.2 Freigeben

Nachdem die Vorarbeiten erledigt sind, beschäftigen wir uns jetzt mit den unterschiedlichen Möglichkeiten, ein Office-Dokument freizugeben. Sie finden diese im Bereich *Speichern und Senden* der Registerkarte *Datei* (→ Abbildung 13.21).

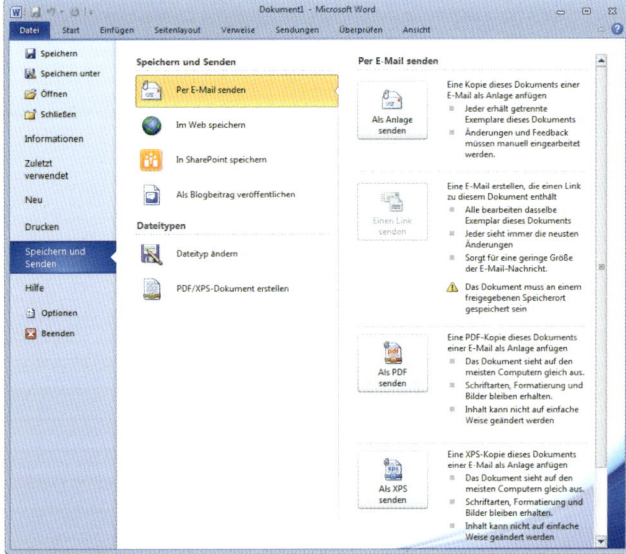

Abbildung 13.21 Der Bereich *Speichern und Senden* bei Word

13.2.1 Dokumente per E-Mail versenden

Die vielleicht einfachste Form der Freigabe besteht darin, das Dokument per E-Mail an andere Personen zu versenden. Dafür gibt es bereits mehrere Optionen: Sie können das Dokument selbst als Anhang zu einer Nachricht versenden, lediglich einen Hyperlink verschicken, eine PDF-Kopie als Anhang versenden oder einen Internetfaxdienst benutzen.

Eine Kopie über E-Mail senden

 Dazu müssen Sie das Dokument zunächst speichern. Öffnen Sie dann die Registerkarte *Datei*, wählen Sie den Bereich *Speichern und Senden* und darin den Abschnitt *Per E-Mail senden*. Klicken Sie rechts auf *Als Anlage senden*. Das öffnet Ihr Standardprogramm für den Nachrichtenaustausch – beispielsweise Microsoft Outlook – und darin das Formular für eine neue Nachricht (→ Abbildung 13.22). Der Name des aktiven Dokuments wird dabei automatisch in der *Betreff*-Zeile angezeigt. Sie können diesen Eintrag bei Bedarf editieren. Außerdem wird das vorher gespeicherte Dokument als Anlage eingefügt.

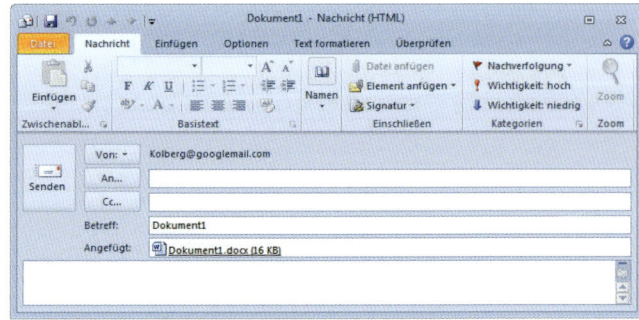

Abbildung 13.22 Die Anlage in der Nachricht

» Geben Sie in den Feldern im oberen Bereich des Formulars die Adresse(n) des oder der Empfänger(s) ein. Im Feld *An* geben Sie den oder die Empfänger an, an den/die die Nachricht geschickt werden soll. *Cc* steht für *Carbon Copy* – also Durchschlag. Sie lassen damit dem oder den hier eingetragenen Empfänger(n) eine Kopie der E-Mail zukommen.

» Klicken Sie abschließend auf die Schaltfläche *Senden*, um die Mail auf den Weg zu bringen.

ACHTUNG Je nach gewählten Sendeeinstellungen befinden sich Ihre E-Mails nach dem Abschicken gegebenenfalls erst in der Ablage des Postausgangs. Wechseln Sie in diesem Fall dorthin und senden Sie dann die Mails an den/die Empfänger.

Als PDF oder XPS senden

  Wenn Sie dem Empfänger nicht eine Kopie des Originaldokuments zukommen lassen möchten, sondern ihm nur die Möglichkeit geben möchten, den Inhalt zu lesen, sollten Sie ihm eine PDF- oder XPS-Datei übermitteln. Öffnen Sie dann die Registerkarte *Datei*, wählen Sie den Bereich *Speichern und Senden* und darin den Abschnitt *Per E-Mail senden*. Klicken Sie rechts auf *Als PDF senden* oder auf *Als XPS senden*. Das erstellt zunächst eine PDF- bzw. XPS-Datei des Dokuments und fügt diese dann als Anlage in eine noch zu vervollständigende Nachricht ein. Benutzen Sie dabei die Option, die der Empfänger anzeigen kann. Was der Empfänger an einem solchen Dokument noch ändern kann, ist abhängig von der Softwareausstattung seines Rechners. Wie

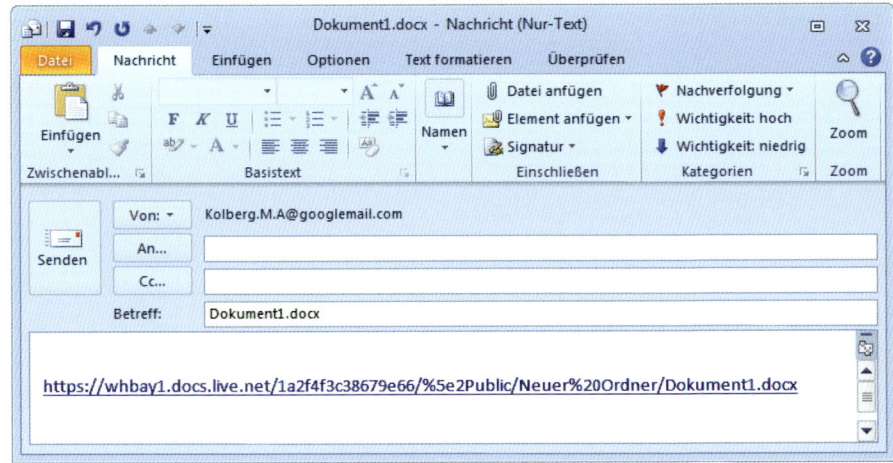

Abbildung 13.23
Einen Link senden

beim Senden des Dokuments selbst wird Ihr Standardprogramm für den Nachrichtenaustausch – beispielsweise Microsoft Outlook – geöffnet und darin das Formular
für eine neue Nachricht (→ Abbildung 13.22). Der Name
der erzeugten Datei wird dabei automatisch in der *Betreff*-Zeile angezeigt. Vervollständigen Sie die Nachricht
und bringen Sie sie auf den Weg zum Empfänger.

Einen Link senden

Die Option *Einen Link senden* benutzen Sie
dann, wenn Sie andere Personen darauf hinweisen wollen, dass Sie ein Dokument an einem
freigegebenen Speicherort abgelegt haben. Dazu können
Sie beispielsweise die gleich anschließend angesprochene Option *Im Web speichern* benutzen. Das Dokument, auf
das sich der Link beziehen soll, muss vor dem Senden
vom freigegebenen Speicherort aus geöffnet werden.

Das Ergebnis ist, dass Ihr Standardprogramm für den Nachrichtenaustausch und darin das Formular für eine neue
Nachricht geöffnet wird. Im Textbereich der Nachricht befindet sich ein Hyperlink zum Speicherort des Dokuments
(→ Abbildung 13.23). Es empfiehlt sich natürlich, noch etwas Text hinzuzufügen, um dem Empfänger den Sinn des
Links klar zu machen. Geben Sie die restlichen Bestandteile
für die Nachricht ein und bringen Sie sie auf den Weg.

13.2.2 Speichern im Web

Mit den Office Web Apps werden die Funktionen von
Office 2010 in abgespeckter Form als Webanwendung
zur Verfügung gestellt. Über den Abschnitt *Im Web speichern* im Bereich *Speichern und Senden* der Registerkarte *Datei* können Sie ein Dokument im Web speichern und
haben so von jedem internetfähigen Computer aus die
Möglichkeit, darauf zuzugreifen (→ Abbildung 13.24).

Ihre Dokumente werden in Office Web App praktisch genauso wie in dem Programm angezeigt, in dem Sie sie
erstellt haben. Sie können damit von überall arbeiten
und brauchen lediglich einen Browser für den Zugriff
auf Ihre Dokumente. Außerdem können auch andere
Personen unabhängig von der von ihnen verwendeten
Office-Version gemeinsam mit Ihnen Änderungen an
den Dokumenten vornehmen. Ein Programm unter
Office Web App hat das bekannte Erscheinungsbild der
Originalanwendung, allerdings werden nicht alle Werkzeuge davon unterstützt oder funktionieren manchmal
nicht auf dieselbe Weise. Wenn Sie an einem im Web gespeicherten Dokument Änderungen vornehmen möchten, die in Office Web Apps nicht möglich sind, können
Sie das Dokument auf dem lokalen Rechner öffnen,
ändern und anschließend wieder auf dem Server speichern.

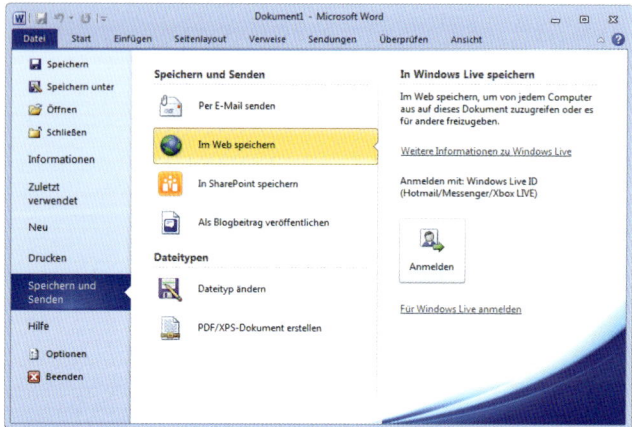

Abbildung 13.24 Der Bereich *Im Web speichern* auf der Register-karte *Datei*

Eine Windows Live ID erhalten

Dazu benötigen Sie eine Windows Live ID. Wenn Sie noch nicht über eine solche verfügen, besuchen Sie die Windows Live-Website – beispielsweise unter der Adresse *http://skydrive.live.com*. Klicken Sie dort unter *Haben Sie bereits eine Windows Live ID?* auf *Anmelden* und füllen Sie das Formular aus, um Ihre Windows Live ID zu erstellen. Wenn Sie bereits Hotmail, Messenger oder Xbox Live verwenden, können Sie sich mit der dafür benutzten ID auch bei Windows Live anmelden.

Anmeldung

Vor der ersten Nutzung müssen Sie sich zuerst anmelden. Öffnen Sie dann die Registerkarte *Datei*, wählen Sie den Bereich *Speichern und Senden* und darin den Abschnitt *Im Web speichern*. Klicken Sie rechts auf *Anmelden*. Geben Sie Ihren Benutzernamen und Ihr Kennwort ein (→ Abbildung 13.25).

Abbildung 13.25 Melden Sie sich an.

Nach der Bestätigung über *OK* wird die Verbindung zum Laufwerk hergestellt. In der Registerkarte *Datei* werden auf der rechten Seite die verfügbaren Ordner angezeigt (→ Abbildung 13.26). Standardmäßig finden Sie dort die Ordner *Öffentlich* und *Eigene Dateien*. Letzter ist nur für Sie freigegeben – bzw. für jeden, der über Ihre Zugangs-daten verfügt.

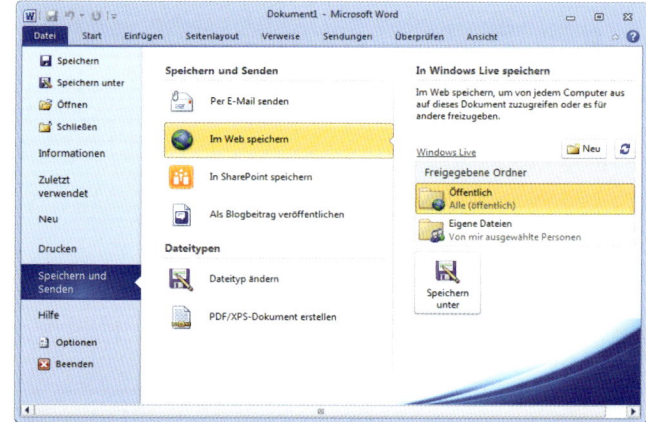

Abbildung 13.26 Rechts im Fenster werden die verfügbaren Ordner angezeigt.

Dokument speichern

Um das aktuelle Dokument im Web zu speichern, klicken Sie zunächst unterhalb von *Meine Ordner* auf den gewünschten Ordner. Anschließend klicken Sie auf *Speichern unter*. Das altbekannte Dialogfeld *Speichern unter* wird angezeigt (→ Abbildung 13.27). Die Möglichkeiten zur Navigation sind darin allerdings auf den gewählten Webordner beschränkt. Sie können aber beispielsweise über die Schaltfläche *Neuer Ordner* einen Unterordner erstellen.

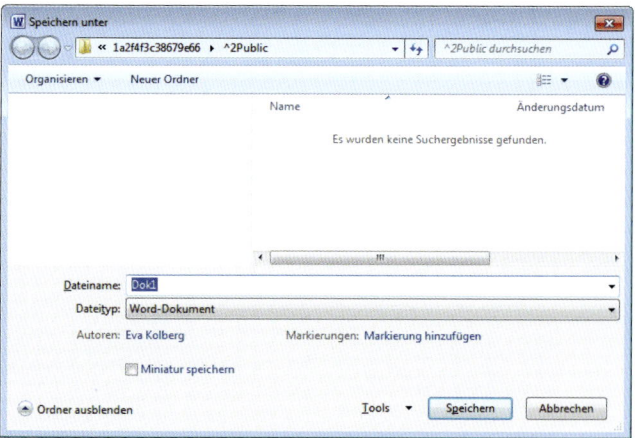

Abbildung 13.27 Das Speichern im Webordner

Weisen Sie dem Dokument gegebenenfalls noch einen Namen zu und klicken Sie auf *Speichern*.

Neue Ordner erstellen

Neben den standardmäßig angezeigten Ordnern *Öffentlich* und *Eigene Dateien* können Sie weitere Ordner erstellen. Klicken Sie dazu im Abschnitt *Speichern auf SkyDrive* der Registerkarte *Datei* auf die Schaltfläche *Neuer Ordner*. Das öffnet die Webseite dieses Dienstes (→ Abbildung 13.28).

Abbildung 13.28 Einen neuen Ordner auf SkyDrive erstellen

Geben Sie dem Ordner einen Namen. Über das Listenfeld *Freigeben für* können Sie angeben, für welche Personen der Inhalt des Ordners zugänglich sein soll. Wenn Sie darin die Option *Personen auswählen* benutzen, können Sie neben den Personen in Ihrem Netzwerk auch zusätzlichen Einzelpersonen den Zugriff erlauben, indem Sie den Namen oder die Adresse als Zugangsdaten angeben (→ Abbildung 13.29).

Abbildung 13.29 Sie können weiteren Personen den Zugriff gestatten.

ACHTUNG Sie erteilen den Benutzern Berechtigungen für den Zugriff auf den gesamten Ordner, nicht nur auf einzelne Dokumente in dem Ordner. Wenn einige Dokumente privat bleiben sollen, verwenden Sie einen Ordner für private Dokumente und erstellen Sie einen separaten Ordner für Dokumente, die Sie freigeben möchten.

Aktualisieren

Über *Aktualisieren* im Abschnitt *Speichern auf SkyDrive* der Registerkarte *Datei* sorgen Sie dafür, dass Änderungen, die andere Personen am Dokument vorgenommen haben, in Ihre Kopie übernommen werden.

Dokument vom Web öffnen

Im Bereich *Zuletzt verwendet* der Registerkarte *Datei* werden auch Dokumente aufgelistet, die Sie im Web gespeichert haben. Klicken Sie darauf, um das Dokument wieder zu öffnen. Wenn Sie die Zugangsdaten nicht gespeichert haben, müssen Sie diese zuerst wieder eingeben. Nach dem Öffnen finden Sie auf dem Bildschirm einen Hinweis, in dem Sie vor möglichen Gefahren gewarnt werden (→ Abbildung 13.30). Wenn Sie der Datei vertrauen, klicken Sie darin auf *Bearbeitung aktivieren*. Erst danach wird der Inhalt vollständig heruntergeladen.

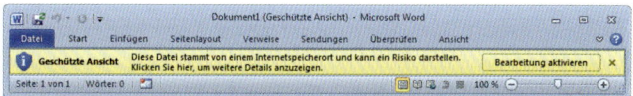

Abbildung 13.30 Im Web gespeicherte Dateien verfügen über einen Schutzmechanismus.

TIPP Sie können ein im Web gespeichertes Dokument auch direkt über den Browser öffnen und weiterbearbeiten (→ unten).

13.2.3 In SharePoint speichern

Auch wenn Sie ein Dokument in einer Bibliothek auf der SharePoint-Website speichern, verfügen Sie über einen zentralen Speicherort für den Zugriff auf das Dokument. Damit sind Sie in der Lage, ein Dokument mit mehreren Personen gleichzeitig zu bearbeiten. Je nach der in Ihrem Unternehmen verwendeten Version von SharePoint stehen auch weitere Funktionen für die Zusammenarbeit zur Verfügung: SharePoint kann auch verschiedene

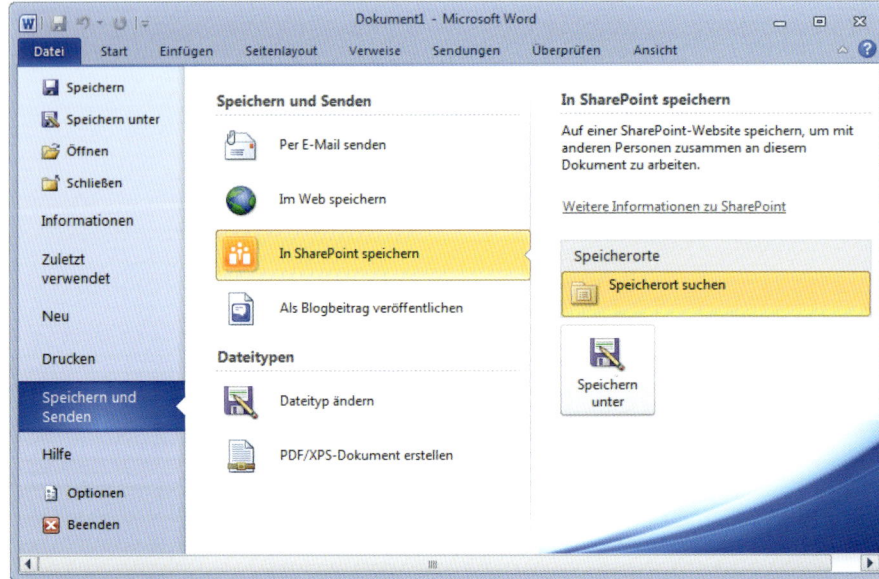

Abbildung 13.31
Der Bereich *In SharePoint speichern*

Versionen eines Dokuments verfolgen, für den Fall, dass Sie eine vorherige Version abrufen müssen. Sie können außerdem festlegen, dass Sie per E-Mail benachrichtigt werden, wenn Änderungen an einem Dokument vorgenommen werden.

» Verwenden Sie den Abschnitt *In SharePoint speichern* im Bereich *Speichern und Senden* der Registerkarte *Datei*, um Ihr Dokument auf einem SharePoint-Server abzulegen (→ Abbildung 13.31).

» Wenn Sie das Dokument zum ersten Mal auf dem Server speichern wollen, klicken Sie auf *Speicherort suchen* und legen Sie im Dialogfeld *Speichern unter* den Ort fest. Dazu geben Sie im Feld *Dateiname* die Webadresse der Dokumentbibliothek an – beispielsweise *http://Server/Dokumente*. Drücken Sie dann die Taste ⏎. Wenn Sie das Dokument an einem SharePoint-Speicherort ablegen wollen, den Sie bereits verwendet haben, können Sie einfach auf dessen Namen klicken.

» Geben Sie einen Namen für die Datei ein und klicken Sie dann auf *Speichern*.

TIPP Zur gemeinsamen Nutzung mit anderen Personen empfiehlt es sich, wiederum einen Link anstelle eines Anhangs zu versenden (→ oben).

13.2.4 Als Blogbeitrag veröffentlichen

Es ist wahrscheinlich überflüssig, es zu erwähnen: Ein Blog ist eine Website, auf der Sie oder Ihre Organisation auf schnelle Weise Ideen und Informationen austauschen können. Blogs enthalten mit Datum versehene Beiträge, die in umgekehrter chronologischer Reihenfolge aufgeführt werden. Andere Benutzer können Ihre Beiträge kommentieren sowie Hyperlinks zu interessanten Websites, Fotos und verwandten Blogs angeben.

Seit Word 2007 wird das Veröffentlichen von Blogbeiträgen direkt von Word unterstützt. Das Programm unterstützt einige Bloganbieter und Blogsoftware. Die Details der Arbeit unterscheiden sich je nach dem verwendeten Blogkonto. Im Prinzip verwenden Sie aber die folgende Verfahrensweise:

» Richten Sie ein Blogkonto ein. Dies müssen Sie außerhalb von Word über den Browser erledigen.

» Erstellen Sie einen neuen Blogbeitrag. Dafür verwenden Sie am besten eine Vorlage, die auch gleich dafür sorgt, dass Ihnen anschließend die geeigneten Befehle in den Registerkarten des Menübands zur Verfügung gestellt werden.

» Speichern Sie Ihren Blockbeitrag lokal und veröffentlichen Sie ihn dann.

Einrichten eines Blogkontos

Wenn Sie kein Konto bei einem Dienstanbieter haben, können Sie – zumindest zum Probieren – den Dienst *Windows Live Spaces* unter der Webadresse *http://spaces.live.com* verwenden. Befolgen Sie die Anweisungen auf der Homepage, um einen eigenen Bereich zu erstellen (→ Abbildung 13.32). Dieser Dienst ist kostenlos.

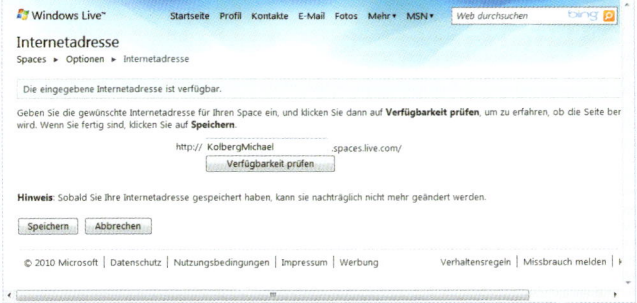

Abbildung 13.32 Bei *Windows Live Spaces* anmelden

Wenn Sie diesen Dienst benutzen wollen, sollten Sie nach dem Erstellen eines Kontos zumindest auch gleich Ihre E-Mail-Adressen und – das benötigen Sie gleich noch – ein *Geheimes Wort* eintragen. Diese Daten werden im Allgemeinen automatisch abgefragt. Später können Sie sie ändern, indem Sie auf Ihrer Seite das Menü *Optionen* öffnen und dort den Befehl *Über E-Mail veröffentlichen* wählen.

Eine Vorlage verwenden

Es empfiehlt sich, zum Erstellen von Blogs die Vorlage *Blogbeitrag* zu verwenden. Sie finden diese – wie alle Vorlagen – im Bereich *Neu* der Registerkarte *Datei*. Dadurch wird ein Dokument für den Blog erstellt und auch gleich eine neue kontextbezogene Registerkarte mit dem Namen *Blogbeitrag* angezeigt (→ Abbildung 13.32).

Wenn Sie bereits über ein Konto bei einem Dienstanbieter verfügen, können Sie Word so konfigurieren, dass beim Öffnen oder Veröffentlichen von Beiträgen Ihre Kontoinformationen verwendet werden. Wenn Sie über mehrere Blogkonten verfügen, können Sie alle in Word registrieren. Beim Bloggen können Sie das Konto auswählen, das Sie für einen bestimmten Beitrag verwenden möchten.

Den Dienst bei Word registrieren

Wenn Sie noch kein Blogkonto in Word registriert haben, werden Sie nach dem Erstellen des Dokuments über die Vorlage *Blogbeitrag* auch automatisch aufgefordert, das zu tun. Klicken Sie im Dialogfeld *Blogkonto registrieren* auf *Jetzt registrieren*. Das Dialogfeld *Neues Blogkonto* wird angezeigt (→ Abbildung 13.34). Wählen Sie darin über das Listenfeld *Blog* einen Dienst aus und klicken Sie danach auf *Weiter*.

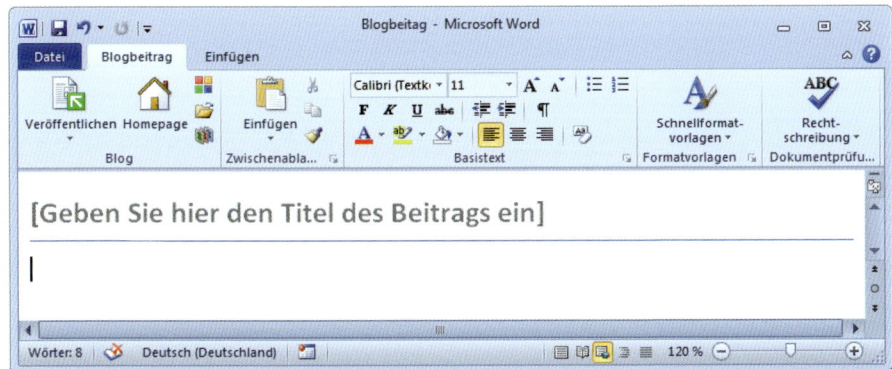

Abbildung 13.33
Ein über die Vorlage *Blogbeitrag* erstelltes Dokument

363

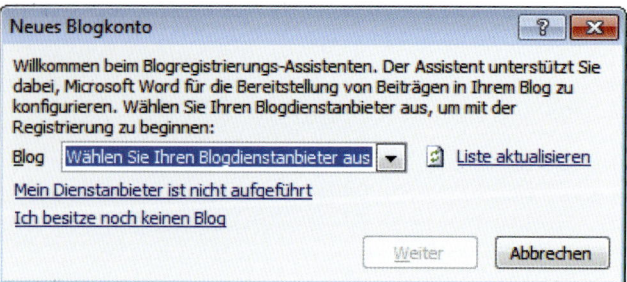

Abbildung 13.34
Melden Sie sich bei einem Dienst an.

Die weitere Vorgehensweise kann sich – je nach Dienst unterscheiden: Um – beispielsweise – ein *Windows Live Spaces*-Konto bei Word zu registrieren, geben Sie im Dialogfeld zum Registrieren von Blogkonten in Word den *Bereichsnamen* und ein *Geheimes Wort* ein (→ Abbildung 13.35). Der *Bereichsname* ist der eindeutige Teil der Windows Live Spaces-Webadresse. Wenn die Windows Live Spaces-Webadresse beispielsweise *http://biber.spaces.live.com/* lautet, ist *biber* der Bereichsname. *Geheimes Wort* ist das Wort, das Sie ausgewählt haben, als Sie bei den Bereichseinstellungen die E-Mail-Veröffentlichung aktiviert haben (→ oben). Klicken Sie dann auf *OK*.

Sie eine Meldung über eine erfolgreiche Registrierung des Kontos. Wenn Sie die Einstellungen später ändern oder ein weiteres Konto hinzufügen wollen, klicken Sie auf der Registerkarte *Blogbeitrag* auf *Konten verwalten*. Im Dialogfeld wählen Sie dann die Schaltfläche *Neu* und wiederholen den eben beschriebenen Vorgang (→ Abbildung 13.36).

Abbildung 13.35 Melden Sie sich an – beispielsweise bei *Windows Live Spaces*.

Sie müssen dann noch angeben, ob und wohin Bilder hochgeladen werden sollen. Bei einem *Windows Live Spaces*-Konto können Sie dieselbe Adresse wie vorher verwenden. Bei anderen Dienstanbietern kann das anders sein. Nach einer weiteren Bestätigung erhalten

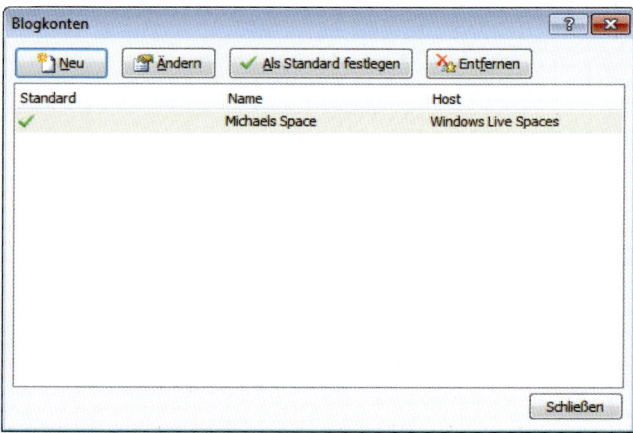

Abbildung 13.36 Die in Word registrierten Blogkonten – hier nur eines – werden aufgelistet.

Im Blog arbeiten

Im Dokument für den Blog wird auch gleich eine neue Registerkarte mit dem Namen *Blogbeitrag* angezeigt. Erwähnt werden sollten hier die Schaltflächen in der Gruppe *Blog* der Registerkarte *Blogbeitrag* (→ Tabelle 13.1).

Symbol	Name und Wirkung
Veröffentlichen	Ein Klick zeigt das Dialogfeld *Verbindung herstellen mit …* an, über das Sie eine Verbindung mit Ihrem Konto einrichten können. Ihre Zugangsdaten müssen Sie noch eingeben. Nach einem Klick auf die Pfeilspitze in der Schaltfläche können Sie entscheiden, ob Sie den Beitrag endgültig oder zuerst als Entwurf veröffentlichen wollen.
Homepage	Damit öffnen Sie die Homepage für Ihr Standard-Blogkonto. Haben Sie nur ein Konto eingerichtet, ist dieses automatisch das Standardkonto.
	Kategorie einfügen: erstellt in Ihrem Beitrag eine Zeile mit der Beschriftung *Kategorie.* Über das dazugehörende Listenfeld können Sie eine Kategorie auswählen. Kategorien zu listen, erhöht die Übersichtlichkeit.
	Vorhandenen Beitrag öffnen: nach Eingabe der Zugangsdaten haben Sie Zugriff auf die von Ihnen veröffentlichten Beiträge.
	Konten verwalten: zeigt das Dialogfeld *Blogkonten* an, über das Sie die Einstellungen zum Konto ändern und neue Konten hinzufügen können (→ Abbildung 13.36).

Tabelle 13.1 Die Schaltfläche der Gruppe *Blog* der Registerkarte *Blogbeitrag*

Einen Blogbeitrag veröffentlichen

Nach der Fertigstellung des Beitrags können Sie ihn lokal speichern und dann veröffentlichen:

» Achten Sie beim lokalen Speichern darauf, dass Sie das Dateiformat mit der Erweiterung *.docx* verwenden. Andere Formate führen dazu, dass bestimmte Funktionen für den Blogbeitrag verloren gehen. Diese können auch nicht wiederhergestellt werden, wenn Sie das Dokument später im Format *.docx* erneut speichern.

» Zum Veröffentlichen klicken Sie auf der Registerkarte *Blogbeitrag* in der Gruppe *Blog* auf *Veröffentlichen.* Sie müssen dann wieder Ihre Zugangsdaten eingeben. Nach der Bestätigung wird der Beitrag auf dem Konto veröffentlicht.

Einen Text als Blogbeitrag veröffentlichen

Alternativ zur eben beschriebenen Vorgehensweise können Sie auch einen bereits in einem normalen Dokument eingegebenen Text als Blogbeitrag veröffentlichen. Öffnen Sie zunächst das gewünschte Dokument. Dann öffnen Sie die Registerkarte *Datei,* wählen *Speichern und Senden,* dann *Als Blogbeitrag veröffentlichen* und klicken anschließend auf die Schaltfläche *Als Blogbeitrag veröffentlichen* (→ Abbildung 13.37).

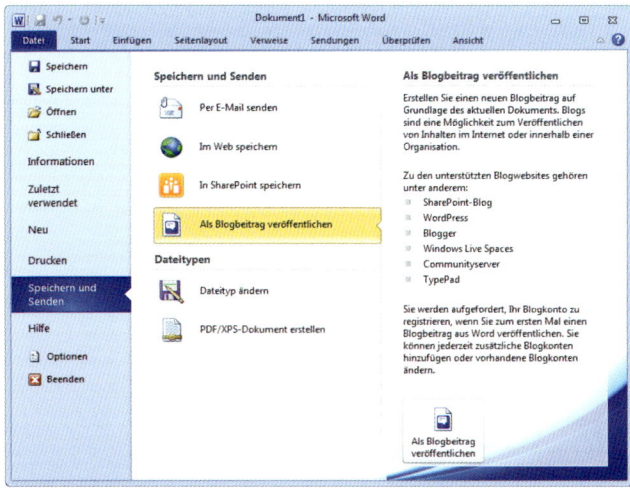

Abbildung 13.37 Der Bereich *Als Blogbeitrag veröffentlichen* auf der Registerkarte *Datei*

Damit wird der Inhalt des aktuellen Dokuments in einem neuen Dokumentfenster geöffnet. Der Eintrag *[Geben Sie hier den Titel des Beitrags ein]* erscheint in der ersten Zeile des Dokuments (→ Abbildung 13.33 auf Seite 361). Fahren Sie dann wie oben beschrieben fort: Speichern Sie Ihren Blockbeitrag lokal und veröffentlichen Sie ihn dann.

13.2.5 Das Dateiformat ändern

Der Bereich *Speichern und Senden* auf der Registerkarte *Datei* beinhaltet auch einige Werkzeuge zum Ändern des Dateiformats.

Dateityp ändern

Wenn Sie feststellen, dass die Personen, denen Sie Ihr Dokument zukommen lassen wollen, nicht über die aktuelle Programmversion des jeweiligen Office-Programms verfügen, können Sie dafür ein anderes Dateiformat wählen. Öffnen Sie das Dokument, lassen Sie die Registerkarte *Datei* anzeigen und wählen Sie *Speichern und Senden.* Nach der Wahl von *Dateityp ändern* werden Ihnen rechts im Fenster die Dateiformate angezeigt, in die Sie das Dokument konvertieren können (→ Abbildung 13.38).

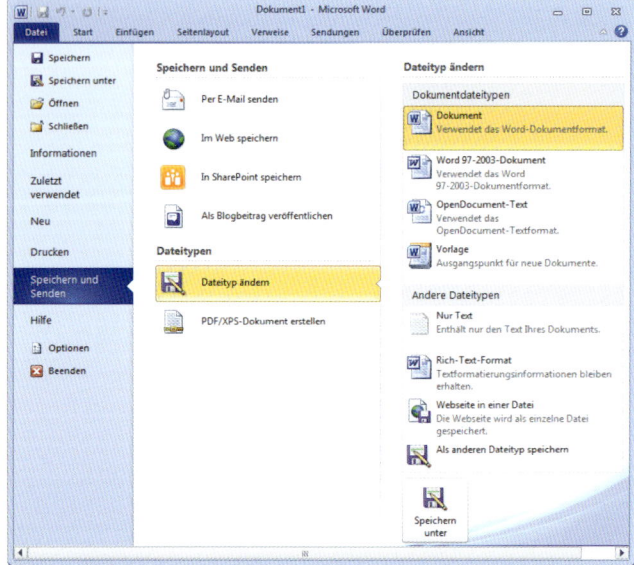

Abbildung 13.38 Den Dateityp ändern

Denken Sie daran, dass in den anderen Dateiformaten bestimmte Einstellungen am Office-2007-Dokument verloren gehen. Überprüfen Sie also das Ergebnis, bevor Sie die Datei anderen Personen zukommen lassen (→ oben). Wenn Sie einen anderen Dateityp verwenden wollen, sollten Sie auch immer vorher eine Sicherungsdatei im Standardformat des jeweiligen Office-Programms behalten.

» Die Option *Dokument* erstellt eine Datei im Standardformat vom Word 2010. Benutzen Sie diese, wenn Sie beispielsweise aus einer *.doc*-Datei eine *.docx*-Datei erstellen wollen.

» *Word 97-2003-Dokument* macht genau das, was der Name sagt: eine *.doc*-Datei wird aus dem Dokument erstellt.

» Das Format *OpenDocument-Text* hatten wir schon gesprochen (→ Kapitel 3). Die Vorteile der Verwendung dieses Dateiformats sind offensichtlich: Sie können das Dokument problemlos in den meisten anderen Büroanwendungen öffnen und weiterverarbeiten. Allerdings gehen viele Details, die Sie mit einem Office-2010-Programm Ihrem Dokument hinzufügen, beim Speichern in diesem Programm verloren.

» Auch die Option *Vorlage* wurde bereits erwähnt (→ Kapitel 9).

» Eine *Nur Text*-Datei kann nur unformatierten Text enthalten. Wenn Sie ein Word-Dokument in diesem Format speichern, werden alle Formatierungen, Bilder, Objekte oder Tabellen, also alle Elemente außer dem eigentlichen Text, verworfen. Sie können aber das Ergebnis in fast allen Programmen einlesen – beispielsweise in Microsoft Excel, wo Sie dann den Textkonvertierungsassistenten benutzen können, um den Text in Spalten aufzuteilen.

» Das *Rich-Text-Format* ist ein Dateiformat, das von vielen Textverarbeitungsprogrammen unterstützt wird. Es wird häufig verwendet, wenn ein Dokument in einem Textverarbeitungsprogramm erstellt wird und wahrscheinlich in einem anderen Textverarbeitungsprogramm bearbeitet wird. Einige Datentypen oder Formatierungstypen gehen jedoch möglicherweise verloren, wenn Sie ein Microsoft-Word-Dokument im RTF-Format speichern. Sie können das Dokument stattdessen in einem anderen Format speichern oder einen Dokumentkonverter verwenden.

Nach der Wahl eines dieser Dateiformate öffnet ein Klick auf die Schaltfläche *Speichern unter* das gleichnamige Dialogfeld, in dem dann das Format im Feld *Dateityp* bereits eingestellt ist. Geben Sie einen Namen ein und bestätigen Sie über *Speichern*. Sie können denselben Namen wie im Originaldokument verwenden – die automatisch vergebene Namenserweiterung sorgt für die Unterscheidung.

PDF/XPS-Dokument erstellen

In manchen Fällen ist es notwendig bzw. sinnvoll, Dateien so zu speichern, dass sie nicht geändert, gleichzeitig aber problemlos freigegeben und gedruckt werden können. Bei der Office-Version 2007 brauchten Sie dazu noch ein Konvertierungsprogramm. Mit Microsoft Office 2010-Programmen können Sie Dateien ohne zusätzliche Software und Add-Ins in PDF- oder XPS-Formate übertragen. Sie erzeugen damit ein Dokument, das im Prinzip dieselben Inhalte und Formate aufweist wie das Original. Solche Dokumente können mit geeigneten Programmen angezeigt werden. Aber sowohl Inhalte als auch Formate können nicht mehr auf einfache Weise verändert werden.

Abbildung 13.39
Das Dokument als PDF und XPS veröffentlichen

» *PDF* steht für *Portable Document Format*. Damit behält eine Datei bei der Onlineanzeige oder beim Drucken das vorgesehene Format bei. In der Datei enthaltene Daten können nur schwer geändert werden, außerdem kann die Bearbeitung explizit verboten werden. PDF ist auch für Dokumente nützlich, die mit professionellen Druckmethoden reproduziert werden. Viele Behörden und Organisationen akzeptieren PDF als gültiges Format und es gibt Leseprogramme für eine breitere Palette von Plattformen als bei XPS. Ein solches Leseprogramm ist beispielsweise der *Adobe Reader*, der bei Adobe Systems erhältlich ist.

» *XPS* steht für *XML Paper Specification* und leistet im Prinzip dasselbe – Formate und natürlich auch Inhalte bleiben erhalten. Alle Schriftarten werden in die Datei eingebettet, so dass sie wie gewünscht angezeigt werden und es keine Rolle spielt, ob die jeweilige Schriftart auf dem Computer des Empfängers verfügbar ist. Im Vergleich zum PDF-Format bietet das XPS-Format eine exaktere Bild- und Farbwiedergabe auf dem Computer des Empfängers. Zum Anzeigen der Inhalte von so erzeugten XPS-Dateien benutzen Sie das Programm *XPS-Viewer*, das Sie direkt unter *Alle Programme* in Startmenü von Windows finden.

Um ein Dokument in eines dieser Formate zu konvertieren, wählen Sie auf der Registerkarte *Datei* unter *Speichern und Senden* den Bereich *PDF/XPS-Dokument erstellen* (→ Abbildung 13.40).

 Nach einem Klick auf die gleichnamige Schaltfläche rechts im Fenster wird das Dialogfeld *Als PDF und XPS veröffentlichen* angezeigt, das in seiner Grundstruktur dem Dialogfeld *Speichern unter* entspricht (→ Abbildung 13.41).

» Im Feld *Dateityp* können Sie zwischen den beiden Alternativen *PDF* und *XPS* wählen.

» Beachten Sie auch die beiden Optionen unter der Überschrift *Optimieren für*: Hier können Sie eine Entscheidung hinsichtlich der Qualität auswählen. Benutzen Sie die Einstellung *Standard* für die höchste Qualitätsstufe.

» Geben Sie dem Dokument dann einen Namen und bestätigen Sie über *Speichern*. Sie können wieder denselben Namen wie im Originaldokument verwenden – die automatisch vergebene Namenserweiterung sorgt für die Unterscheidung.

Über die Schaltfläche *Optionen* stehen dabei je nach Format weitere Einstellmöglichkeiten zur Auswahl. So können Sie bei PDF etwa bestimmen, ob das Dokument mit geringerer Qualität und kleinerer Dateigröße im Web veröffentlicht oder später mit hoher Qualität als größere Datei gedruckt werden soll (→ Abbildung 13.41).

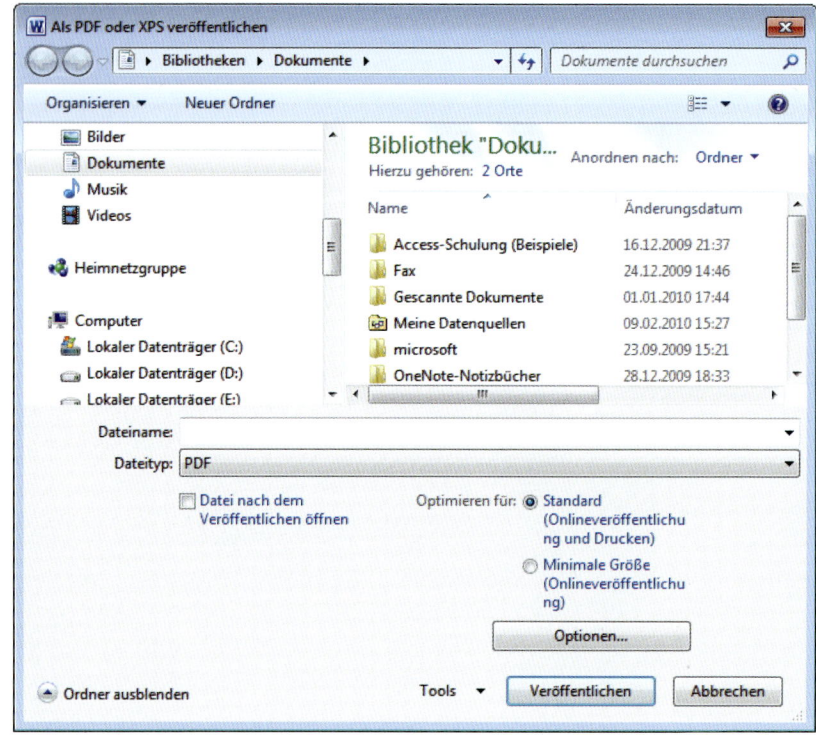

Abbildung 13.40
Als PDF und XPS veröffentlichen

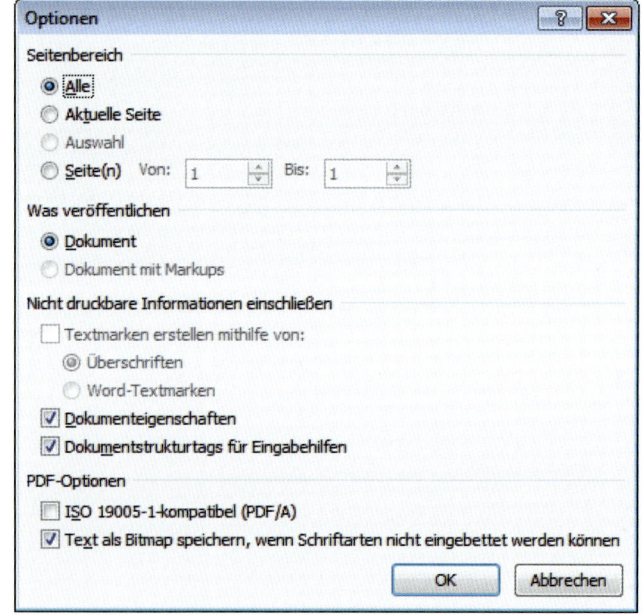
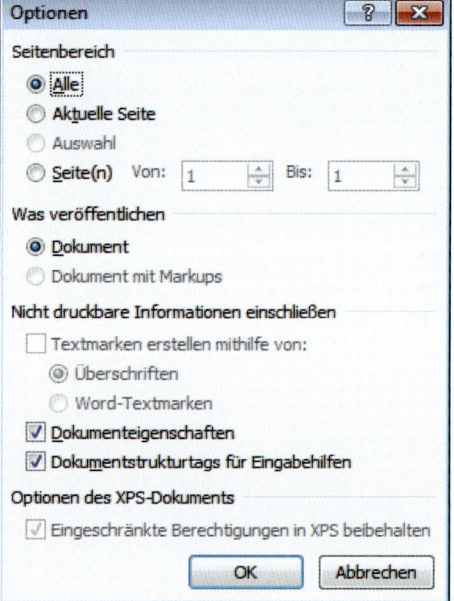

Abbildung 13.41
Die Optionen für
PDF und XPS

13.3 Office Web App

Sie haben es ja schon gemerkt: Mit der Office-Version 2010 will Microsoft das Online-Geschäft offenbar nicht länger nur Google überlassen. Über *Office Web App* können Sie jetzt Dokumente problemlos und direkt im Browser anzeigen sowie neue Dokumente erstellen und einfache Änderungen vornehmen, wobei Ihnen die vertraute Office-Benutzeroberfläche zur Verfügung steht. Diese Anwendungen sind vollständig webbasiert, daher muss keine zusätzliche Software heruntergeladen oder installiert werden. Office Web App wird in den Browsern Internet Explorer 7.0, Internet Explorer 8.0, Firefox 3 und Safari für Mac 3 bzw. eine höhere Version des jeweiligen Programms unterstützt.

13.3.1 Anzeigen, Lesen und Drucken von Dokumenten

Voraussetzung für das Anzeigen, Lesen und Drucken eines Dokuments über das Web – wie auch eine weitere Bearbeitung – ist natürlich, dass Sie es im Web gespeichert haben (→ oben).

Das Dokument anzeigen

Melden Sie sich über einen Browser bei Windows Live an. Zur obersten Ebene dieses Dienstes gelangen Sie durch Eingabe der Adresse *http://www.windowslive.de/*. Navigieren Sie von dieser Seite aus zu *SkyDrive*. Alternativ können Sie auch mit *http://skydrive.live.com* direkt zu *SkyDrive* navigieren. Melden Sie sich an. Automatisch werden dann die für Sie verfügbaren Ordner Ihres Kontos angezeigt. Öffnen Sie den Ordner, in dem das Dokument gespeichert ist. Ihre dort gespeicherten Dokumente werden aufgelistet (→ Abbildung 13.42).

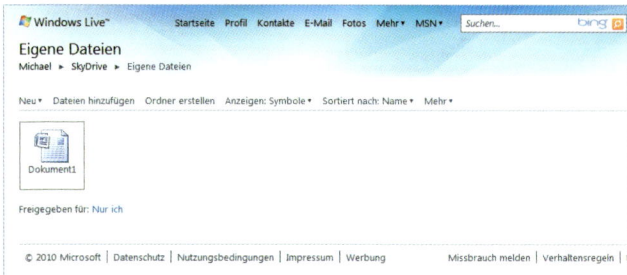

Abbildung 13.42 Die Dokumente unter SkyDrive

Klicken Sie zweimal nacheinander (kein Doppelklick!) auf die Datei. Das Dokument wird im Ansichtsmodus geöffnet (→ Abbildung 13.43).

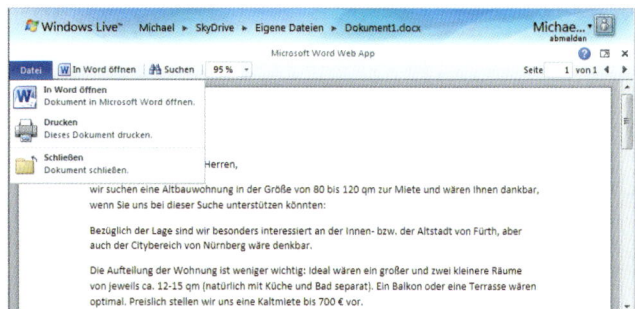

Abbildung 13.43 Das Dokument im Ansichtsmodus

TIPP Wenn Silverlight 2 oder höher nicht installiert ist, wird hier eine Leiste mit einem Link zur Installation von Silverlight angezeigt. Silverlight ist nicht erforderlich, aber mit der neuesten Version von Silverlight werden Dokumente schneller und bei hohem Vergrößerungsfaktor in besserer Qualität angezeigt.

Lesen des Dokuments im Browser

Das Layout und die Formatierung entsprechen der Drucklayoutansicht des in Word geöffneten Dokuments. Drei Befehle können zum Lesen dienlich sein:

» `Seite 1 von 1 ◄ ►` Sie können das Dokument seitenweise durchblättern oder zu einer bestimmten Seite wechseln. Geben Sie die Nummer der gewünschten Seite ein oder verwenden Sie die Schaltflächen *Vorherige Seite* und *Nächste Seite*.

» Über den Befehl *Zoom* vergrößern oder verkleinern Sie die Anzeige.

» Mit dem Befehl *Suchen* können Sie darüber hinaus nach Wörtern oder Ausdrücken suchen. Die Suchergebnisse werden in dem Dokument hervorgehoben.

TIPP Wie bei einer Webseite können Sie Text in dem Dokument markieren und kopieren und anschließend in eine andere Anwendung einfügen.

Drucken über den Browser

Sie können das Dokument so ausdrucken lassen, wie es im Lesemodus angezeigt wird. Öffnen Sie im Lesemodus die Registerkarte *Datei* und wählen Sie dann *Drucken*, um ein Dokument zu drucken (→ Abbildung 13.44).

Abbildung 13.44 Die Registerkarte *Datei*

Zum Ausdrucken ist ein PDF-Viewer erforderlich. Wenn Sie noch keinen installiert haben, werden Sie dazu aufgefordert, ein entsprechendes Programm herunterzuladen.

13.3.2 Das Dokument bearbeiten

Sie haben dann zwei Möglichkeiten zur Bearbeitung – entweder direkt im Browser oder aber in Word.

Bearbeiten im Browser

Wenn Sie Änderungen an dem Dokument vornehmen möchten, klicken Sie auf *Bearbeiten*. Dann stellt Ihnen Windows Live eine etwas eingeschränkte Funktionalität zum Bearbeiten des Dokuments zur Verfügung. Sie finden auf dem Bildschirm ein vereinfachtes Menüband mit den Registerkarten *Datei*, *Start* und *Einfügen*.

Im Bearbeitungsmodus können Sie Inhalte hinzufügen und löschen sowie Text formatieren. Die Bearbeitung eines Dokuments im Browser eignet sich gut für schnelle Änderungen – beispielsweise die Durchführung von Korrekturen im Text oder das Einfügen eines Bilds. Beachten Sie aber, dass dieser Modus zum Bearbeiten von Inhalten dient, nicht zum Anzeigen von Dokumenten. Das hat einige Auswirkungen:

» Das Layout ist darin vereinfacht dargestellt und Elemente, die dort nicht angezeigt werden können, werden als Platzhalter dargestellt. Die Platzhalter verhindern, dass Sie unabsichtlich Inhalte löschen, die in der Word-Webanwendung zwar angezeigt, aber nicht bearbeitet werden können.

» Sie können wie gewohnt schreiben und auch die Befehle zum *Kopieren* und *Einfügen* sowie zum *Rückgängig machen* und *Wiederherstellen* verwenden. Sie können Text formatieren, indem Sie Formatvorlagen zuweisen und alle auf der Registerkarte *Start* enthaltenen Formatierungsoptionen nutzen.

» Darüber hinaus können Sie über die Registerkarte *Einfügen* Bilder oder ClipArts sowie Tabellen und Hyperlinks hinzufügen.

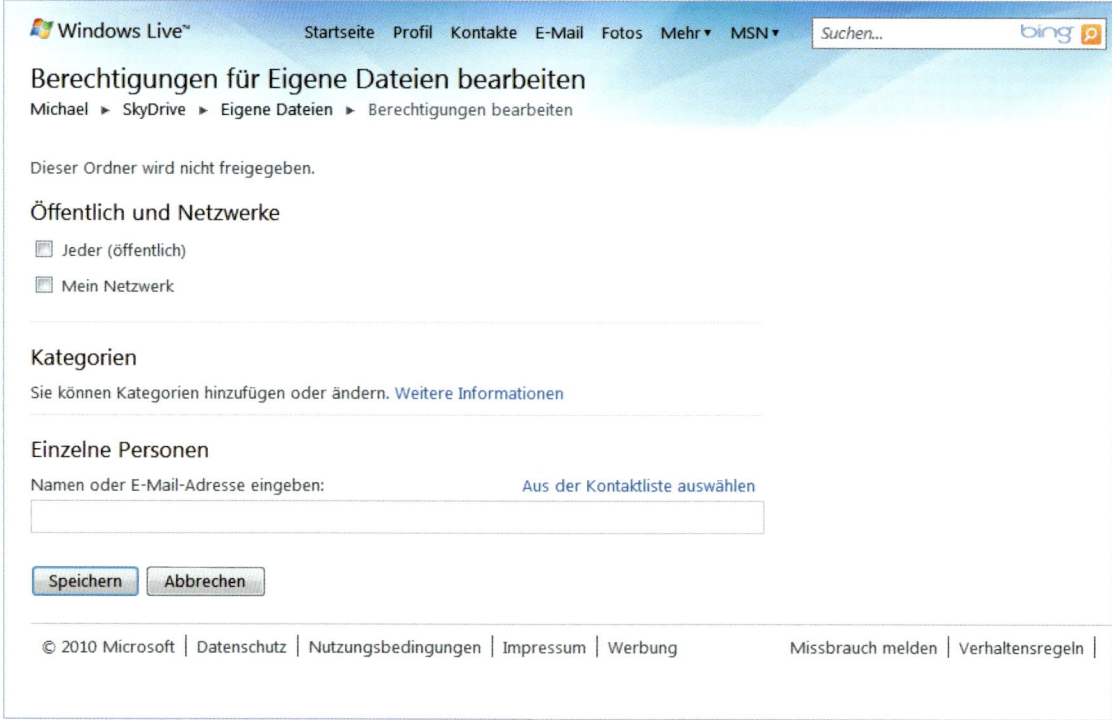

Abbildung 13.45 Die Berechtigungen einstellen

» Wenn Sie anzeigen möchten, wie sich die Änderungen in dem Dokument auswirken, wechseln Sie wieder zum Lesemodus. Klicken Sie auf der Registerkarte *Ansicht* zur *Leseansicht*.

» Klicken Sie auf der Registerkarte *Datei* auf *Speichern*, nachdem Sie die Bearbeitung des Dokuments abgeschlossen haben.

Weitere Bearbeitung in Word

Wenn Sie umfangreichere Word-Funktionen benötigen, klicken Sie auf die Registerkarte *Datei* und anschließend auf *In Word öffnen*. Das öffnet das Dokument direkt in der Word-Desktopanwendung. Übrigens kann auch Office Word 2003 dazu verwendet werden.

ACHTUNG Wenn Sie in Word auf *Speichern* klicken, wird das Dokument von Word wieder auf dem Webserver gespeichert.

Die gemeinsame Bearbeitung eines Dokuments

Wichtig ist, dass ein auf SkyDrive abgelegtes Dokument durch mehrere Anwender gemeinsam bearbeitet werden kann. Wenn Sie den Ordner nicht bereits für andere Benutzer freigegeben haben, müssen Sie zunächst einige Einstellungen vornehmen:

» Melden Sie sich bei Windows Live an und klicken Sie in SkyDrive auf einen Ihrer Ordner, in dem das Dokument gespeichert ist. Ihre dort gespeicherten Dokumente werden aufgelistet (→ Abbildung 13.42).

» Klicken Sie neben *Freigegeben für* auf *Nur ich*. Die Seite *Berechtigungen für Eigene Dateien* wird angezeigt. Klicken Sie darin auf *Berechtigungen bearbeiten* (→ Abbildung 13.45).

» Geben Sie unter *Einzelne Personen* die entsprechenden E-Mail-Adressen ein.

» Klicken Sie auf *Speichern*. Die Seite *Benachrichtigung für Eigene Dateien senden* wird angezeigt.

» Verfassen Sie eine E-Mail-Nachricht, in der Sie den ausgewählten Benutzern mitteilen, dass Sie ihnen die Berechtigung erteilen, auf Ihren Ordner zuzugreifen, und sie zu der Arbeitsmappe weiterleiten, die sie bearbeiten sollen. Die Empfänger erhalten dann in der E-Mail-Nachricht einen Link zum Ordner.

Die Empfänger der Nachricht können auf den von Ihnen gesendeten Link klicken und die Arbeitsmappe zum gleichen Zeitpunkt wie Sie bearbeiten. Die jeweils vorgenommenen Änderungen werden sofort angezeigt.

13.3.3 Dokumente direkt auf SkyDrive erstellen

Sie können Dokumente auch gleich auf SkyDrive erstellen (→ Abbildung 13.46): Melden Sie sich über den Browser bei SkyDrive an und wählen Sie einen Ordner. Klicken Sie danach auf die Schaltfläche *Neu* und wählen Sie *Microsoft Word-Dokument*. Weisen Sie dem neuen Dokument im Feld *Name* eine Bezeichnung zu und bestätigen Sie über *Erstellen*. Word Web App wird im Bearbeitungsmodus geöffnet. Anschließend können Sie das Dokument mit Inhalten füllen. Die von Ihnen vorgenommenen Änderungen werden automatisch gespeichert.

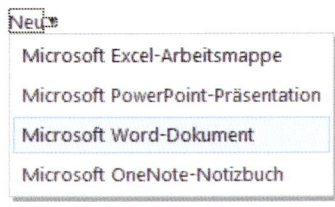

Abbildung 13.46 Ein neues Dokument über den Browser erstellen

Wiederum gilt: Wenn Sie Arbeiten am Dokument durchführen wollen, die über die Möglichkeiten im Browser hinausgehen, können Sie das Dokument ganz einfach auf dem Computer in Word öffnen. Dazu klicken Sie auf der Registerkarte *Start* in der Gruppe *Office* auf *In Word öffnen*. Word wird dann auf Ihrem Rechner geöffnet und das Dokument kann damit weiterbearbeitet werden. Anschließend können Sie es wieder im entsprechenden Ordner in SkyDrive speichern.

13.3.4 Dateiverwaltung auf SkyDrive

Wir wollen noch einige Worte über die Dateiverwaltung auf SkyDrive verlieren. Die Befehle dazu finden Sie in der Zeile oben im Fenster (→ Abbildung 13.47).

Abbildung 13.47 Die Befehle für die Dateiverwaltung

» Über die Schaltfläche *Herunterladen* können Sie dafür sorgen, dass das vorher ausgewählte Dokument direkt auf Ihrem lokalen Rechner verfügbar wird. Bestätigen Sie die Nachfrage mit einem Klick auf *Speichern* und legen Sie dann im Dialogfeld *Speichern unter* die Parameter fest.

» Über *Verschieben* können Sie die aktuell gewählte Datei in andere Ordner auf SkyDrive verschieben (→ Abbildung 13.48). Navigieren Sie dann per Klick auf die entsprechenden Symbole zum gewünschten Zielordner.

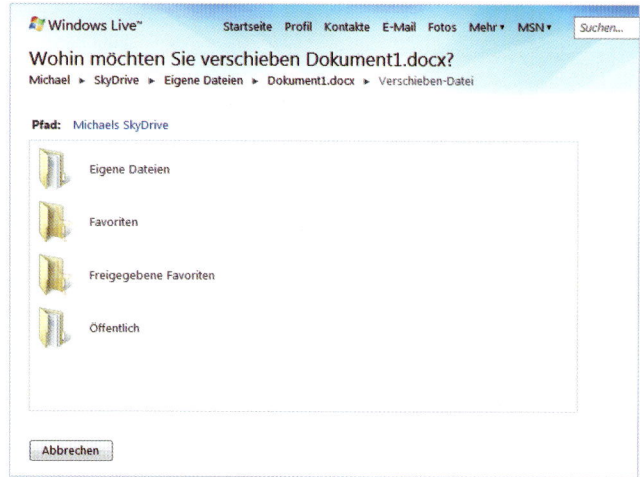

Abbildung 13.48 Die Optionen zum Verschieben in andere Ordner

» Über *Löschen* entfernen Sie ein Dokument aus dem SkyDrive-Ordner. Das müssen Sie noch bestätigen.

» Über das Menü zu *Mehr* können Sie ein Dokument umbenennen oder kopieren.

Teil 5
Tools

Wenn Sie die Kapitel der vorherigen Teile gelesen haben, haben Sie vielleicht gemerkt, dass wir zwar auf (fast) alle Aspekte der Arbeit mit Word eingegangen sind, bei einigen Kapiteln haben wir es aber etwas an Tiefe fehlen lassen, um nicht durch Konzentration auf einen Punkt von der Vielfalt der Möglichkeiten abzulenken. Diese Tiefe wollen wir jetzt für diese entsprechenden Bereiche nachholen.

Kapitel 14: Tabellen und Tabellentools

Wir hatten bereits angesprochen, wie man Word-Tabellen in ein Dokument einfügt und darin Texte und Zahlen eingibt (→ Kapitel 7). Die Techniken, die Sie benutzen müssen, um solche Tabellen zu editieren und zu formatieren, liefern wir Ihnen im ersten Kapitel dieses Teils.

Kapitel 15: Excel-Tabellen

Schon öfter hatten wir dafür plädiert, dass Sie statt einer Word-Tabelle besser eine aus dem Office-Programm Excel verwenden. Sie können damit viel einfacher Berechnungen durchführen oder die darin vorhandenen Daten manipulieren. Damit Sie wissen, wie man das macht, wollen wir Ihnen die wichtigsten Grundbegriffe der Arbeit mit diesem Programm vorstellen.

Kapitel 16: Diagrammtools

Fast dasselbe trifft auch auf die Arbeit mit Diagrammen zu. Wie Sie solche in das Dokument einfügen, sollten Sie bereits wissen (→ Kapitel 7). Was Sie noch beherrschen müssen, ist, wie man Diagramme editiert und so formatiert, dass sie zum restlichen Erscheinungsbild des Dokuments passen.

Kapitel 17: Tools für grafische Elemente

Zu den sonstigen grafischen Elementen, die Sie in ein Word-Dokument einfügen können, gehören beispielsweise einfache Formen, Grafikdateien, SmartArt, WordArt oder Textfelder. Auch hierzu wollen wir Ihnen die Feinheiten liefern, die Sie zur vollständigen Kontrolle dieser Dinge wissen müssen.

Kapitel 18: Formulare

Unter einem Formular versteht man in der Regel ein Blatt Papier beziehungsweise einen Bildschirm mit vorgegebenem Text und Leerfeldern für variable Einträge und/oder ausformulierten Antwortalternativen, die angekreuzt werden können. In jedem Fall handelt es sich bei einem Formular um ein strukturiertes Dokument zum Sammeln von Daten und Informationen. Mit Microsoft Word können Sie verschiedene Arten solcher Formulare erstellen.

Kapitel 19: Weitere Funktionen und Tools

Wir beginnen dieses Kapitel mit einigen Bemerkungen zur Erstellung von Webseiten. Sie sollten aber gleich wissen, das Word nur bedingt für diese Aufgabe geeignet ist. Wichtiger sind aber die erweiterten Navigationsmöglichkeiten beim Einsatz von *Textmarken* und *Hyperlinks*. Sie können diese nutzen, wenn Sie das Endprodukt Ihrer Arbeit – also das Dokument – nicht ausdrucken, sondern für den Benutzer auf dem Bildschirm bereitstellen. Der letzte Abschnitt beschäftigt sich mit einem speziellen Themenbereich – der Darstellung von mathematischen und wissenschaftlichen Gleichungen und ähnlichen Ausdrücken.

Kapitel 14

Tabellen und Tabellentools

Wir hatten es schon erwähnt: Einige Informationen lassen sich besser in einer Tabellenstruktur darstellen als in einem Fließtext. Solche Tabellen bestehen aus einzelnen Zellen, die in vertikalen Spalten und horizontalen Zeilen angeordnet sind. Diese Zellen können Text, Zahlen, Grafiken usw. enthalten. Die Techniken, die Sie benutzen müssen, um solche Tabellen zu editieren und zu formatieren, liefern wir Ihnen in diesem Kapitel:

» Zunächst wollen wir noch einmal die wichtigsten Werkzeuge zum Erstellen von Tabellen in einem Word-Dokument zusammenfassen (→ Abschnitt Abbildung 14.1).

» Nachdem Sie eine Tabelle in Ihr Dokument eingefügt haben, können Sie jederzeit Änderungen darin vornehmen (→ Abschnitt 14.2). Sie können die Position und Größe einer vorhandenen Tabelle ändern, Spalten und/oder Zeilen in die Tabelle einfügen und solche Elemente auch wieder löschen. Nebeneinander liegende Zellen können Sie verbinden und eine Zelle auch in mehrere Zellen unterteilen. Zum Bearbeiten einzelner Bereiche der Tabelle müssen Sie gegebenenfalls vorher die Tabelle, eine Spalte, eine Zeile oder zumindest eine Zelle darin markieren.

» Zum Formatieren von Tabellen und ihren Inhalten stehen natürlich alle in Microsoft Word enthaltenen Formatierungsmöglichkeiten zur Verfügung. Es gibt beim Einsatz auf Tabellen einige Besonderheiten (→ Abschnitt 14.3). Darüber hinaus werden speziell für Tabellen zugeschnittene Tabellenvorlagen angeboten, die Sie über die *Schnellformat*-Funktion zuweisen können. Ebenso wie bei Zeichen- und Absatzformatvorlagen können Sie auch die integrierten Tabellenformatvorlagen an Ihre Erfordernisse anpassen und auch eigene Vorlagen erstellen.

» Am Ende dieses Kapitels wollen wir noch auf die Möglichkeiten eingehen, die Ihnen Word-Tabellen hinsichtlich Sortieren und dem Berechnen von Zellinhalten bieten (→ Abschnitt 14.4). Die Vielfalt ist hier – besonders beim Berechnen – beschränkt. Sollten Sie größere Mengen und/oder kompliziertere Berechnungen in Tabellen beabsichtigen, empfiehlt es sich, dafür eine Microsoft-Excel-Tabelle zu verwenden (→ Kapitel 5 und 15).

Zum Bearbeiten und Formatieren stehen Ihnen die Werkzeuge in zwei kontextbezogenen Registerkarten zur Verfügung, die angezeigt werden, solange ein Element in einer Tabelle markiert ist.

14.1   Tabellen erstellen

 Zum Einfügen einer Tabelle stehen mehrere Möglichkeiten zur Verfügung. Setzen Sie in jedem Fall die Einfügemarke vorher an die gewünschte Stelle im Dokument. Öffnen Sie die Liste zur Schaltfläche *Tabelle* in der Gruppe *Tabellen* der Registerkarte *Einfügen*. Sie haben dann mehrere Möglichkeiten, eine Tabelle zu erstellen: Sie können leere Tabellen über mehrere Methoden definieren oder Sie können unter bestimmten Voraussetzungen einen bereits vorhandenen Text in

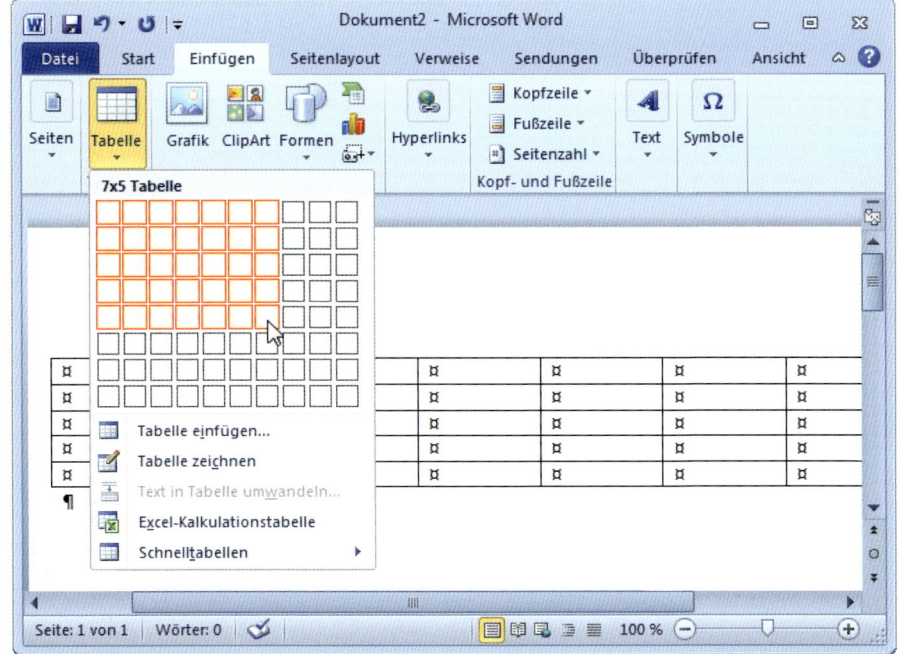

Abbildung 14.1
Die Dimension der Tabelle bestimmen Sie über das Raster zur Schaltfläche *Tabelle*.

eine Tabelle umwandeln. Zusätzlich können Sie aber auch auf bestimmte Standardtabellen zurückgreifen, die Ihnen Office zur Verfügung stellt.

Wie man das tut, hatten wir schon im Detail angesprochen (→ Kapitel 5). Hier noch einmal die Alternativen in Kurzform. In jedem Fall sollten Sie vorher die Stelle im Dokument markieren, in der die Tabelle später erscheinen soll. Am besten eignet sich dafür ein zunächst noch leerer Absatz.

» Entweder spezifizieren Sie im Raster unter *Tabelle* die Abmessungen der Tabelle. Führen Sie den Mauszeiger über das Rasterfeld. Während der Bewegung wird im Dokument eine Tabelle in der entsprechenden Größe skizziert (→ Abbildung 14.1). Wenn die Tabelle den gewünschten Abmessungen entspricht, klicken Sie das aktuelle Feld im Raster an. Die Tabelle wird anschließend erstellt.

» Weitere Einstellungen hinsichtlich der Gestaltung der einzufügenden Tabelle haben Sie, wenn Sie das Dialogfeld nutzen, welches Sie über den Befehl *Tabelle einfügen* im Katalog zum Befehl *Tabelle* aufrufen können (→ Abbildung 14.2). Geben Sie in den Feldern

Spaltenanzahl und *Zeilenanzahl* die gewünschten Werte ein oder benutzen Sie die Drehfelder zum Einstellen. Sie können auch noch zu einem späteren Zeitpunkt die Anzahl erweitern oder reduzieren.

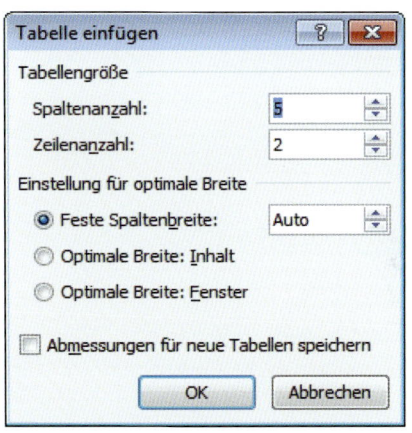

Abbildung 14.2
Über das Dialogfeld können Sie die Spalten- und Zeilenzahl sowie andere Größen einstellen.

» Sie können die Tabelle auch einfach zeichnen. Nachdem Sie im Dropdown-Menü zur Schaltfläche *Tabelle* den Befehl *Tabelle zeichnen* ausgewählt haben, wird der Mauszeiger zu einem Bleistift, mit dem Sie eine einzelne Zelle zeichnen können, indem Sie einen Rahmen aufspannen.

» Sie können zum Einfügen einer Tabelle auch die Möglichkeit nutzen, die Ihnen die *AutoKorrektur* zur Verfügung stellt. Voraussetzung dafür ist, dass die Option *Tabellen* auf der Registerkarte *AutoKorrektur während der Eingabe* im Dialogfeld *AutoKorrektur* eingeschaltet ist (→ Kapitel 4). Erstellen Sie einen neuen Absatz und fügen Sie einfach eine Folge von Bindestrichen und Pluszeichen ein. Beispielsweise legt die Zeichenfolge + - - - + - - - + eine zweispaltige Tabelle an.

» Wenn Sie bereits Text eingegeben haben, den Sie in eine Tabelle umwandeln wollen, sollten die Zeilen der zu erstellenden Tabelle als einzelne Absätze eingegeben worden sein. Innerhalb dieser Absätze sollten die einzelnen Spalten immer durch dieselben Trennzeichen – am besten durch Tabulatorstopps – voneinander getrennt sein. Nachdem Sie alle diese Absätze – und nur diese – markiert haben, wählen Sie im Katalog zur Schaltfläche *Tabelle* den Befehl *Text in Tabelle umwandeln*. Nach der Bestätigung mit *OK* wird die Tabelle erstellt.

Um Eingaben in einer Tabelle vorzunehmen, aktivieren Sie zunächst die gewünschte Zelle. Klicken Sie dazu in die Zelle oder wählen Sie sie über die Tastatur an. Geben Sie dann die Inhalte ein. Ein Zeilenumbruch wird automatisch erzeugt, sobald Sie das Ende der Zelle erreicht haben. Über die Taste ⏎ erzeugen Sie innerhalb einer Zelle einen neuen Absatz. Mittels der Taste ⇆ wechseln Sie zur nächsten Zelle.

14.2 Tabellen bearbeiten

Nachdem Sie eine Tabelle in Ihr Dokument eingefügt haben, können Sie jederzeit Änderungen darin vornehmen. Sie können die Position und Größe einer vorhandenen Tabelle ändern, Spalten und/oder Zeilen in die Tabelle einfügen und solche Elemente auch wieder löschen. Nebeneinander liegende Zellen können Sie verbinden und eine Zelle auch in mehrere Zellen unterteilen.

Zum Bearbeiten einzelner Bereiche der Tabelle müssen Sie gegebenenfalls vorher die Tabelle, eine Spalte, eine Zeile oder zumindest eine Zelle darin markieren. Solange eine Tabelle oder ein Teil davon markiert ist, zeigt das Menüband gleich zwei zusätzliche Registerkarten an (→ Abbildung 14.3). Auf der Registerkarte *Tabellentools/ Entwurf* finden Sie Werkzeuge zur weiteren Gestaltung der Tabelle. Außerdem können Sie bei einer markierten Tabelle auch zu einer Registerkarte namens *Layout* wechseln.

14.2.1 Tabellenelemente markieren

 Wenn Sie Befehle auf die Tabelle anwenden wollen, müssen Sie meist den Teil der Tabelle markieren, für den die Befehle gelten sollen. Zum Markieren eines bestimmten Tabellenelements können Sie die Maus oder Befehle verwenden. Wenn Sie eine Spalte oder eine Zeile über Befehle markieren wollen, klicken Sie eine Zelle an, die zu dem zu markierenden Bereich gehört, und öffnen Sie dann die Liste zur Schaltfläche *Auswählen* in der Gruppe *Tabelle* auf der Registerkarte *Layout*. Darin können Sie festlegen, was Sie markieren möchten. Nach Wahl des Befehls wird der markierte Bereich invers dargestellt.

Sie können zum Markieren auch die Maus verwenden (→ Abbildung 14.4).

» Klicken Sie auf den linken Rand der Zelle, um nur diese Zelle zu markieren.

» Ziehen Sie mit gedrückter Maustaste über benachbarte Zellen, um diese gemeinsam zu markieren.

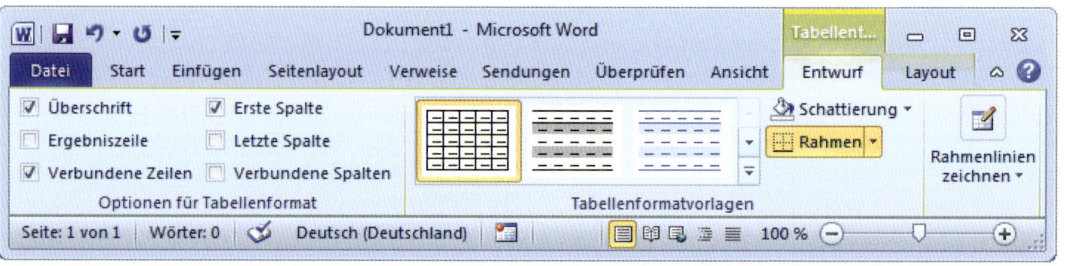

Abbildung 14.3
Die Registerkarte *Tabellentools/Entwurf* liefert die wichtigsten Werkzeuge zum Bearbeiten einer Tabelle.

» Zum Markieren einer Zeile klicken Sie links neben der betreffenden Zeile.

» Entsprechend klicken Sie zum Markieren einer Spalte auf den oberen Rand der Spalte.

» Um mehrere benachbarte Zeilen/Spalten gemeinsam zu markieren, halten Sie die Maustaste gedrückt und ziehen über die entsprechenden Zeilen/Spalten.

» Zum Markieren der gesamten Tabelle ziehen Sie den Mauszeiger mit gedrückter Maustaste über sämtliche Zellen. Sie können auch einfach auf das Kästchen mit dem Vierfachpfeil ⊞ klicken, das oben links neben der Tabelle angezeigt wird.

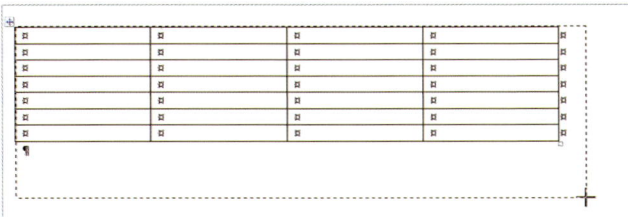

Abbildung 14.4 Zum Markieren von Tabellenelementen können Sie auch die Maus verwenden.

14.2.2 Größe und Positionierung ändern

Alle Elemente der Tabelle – auch die Tabelle als Ganzes – können Sie hinsichtlich Größe und auch Position ändern.

Größe ändern

Zum Ändern der Größe und/oder der Proportionen der Tabelle setzen Sie den Mauszeiger auf das Ziehkästchen rechts unten neben der Tabelle und verändern die Maße mit gedrückter Maustaste. Während des Ziehens zeigt eine gestrichelte Linie die neuen Abmessungen an (→ Abbildung 14.5). Wenn Sie dabei die Breite der Tabelle ändern, schalten Sie damit die beim Erstellen der Tabelle eingestellten Parameter für die Option *Optimale Breite* ab.

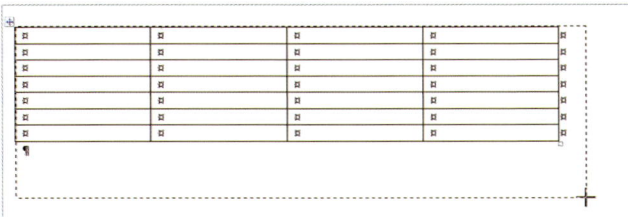

Abbildung 14.5 Die Größe und/oder die Proportionen der Tabelle können Sie ändern.

Position im Dokument

Bezüglich ihrer Position im Dokument verhält sich eine Tabelle wie ein Textfeld: Sie können sie frei bewegen. Dazu setzen Sie den Mauszeiger auf das Kästchen links oben neben der Tabelle ⊞ und verschieben sie dann mit gedrückt gehaltener Maustaste an die gewünschte Stelle (→ Abbildung 14.6).

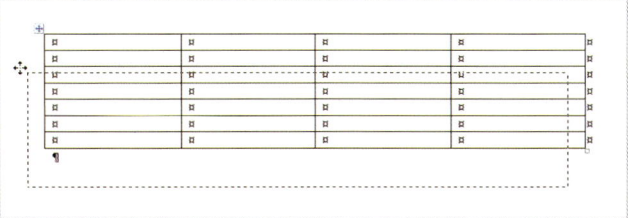

Abbildung 14.6 Auch die Position der Tabelle kann über die Maus geändert werden.

Spaltenbreite und Zeilenhöhe ändern

Die Spaltenbreite und die Zeilenhöhe können Sie schnell über die Maus regeln. Setzen Sie dazu den Mauszeiger auf eine Linie in der Tabelle, so dass er als Doppelpfeil angezeigt wird. Halten Sie dann die Maustaste gedrückt und verschieben Sie die Linie in die gewünschte Richtung (→ Abbildung 14.7).

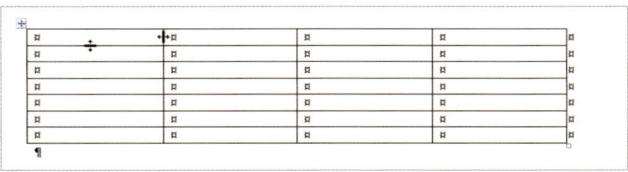

Abbildung 14.7 Die Spaltenbreite und die Zeilenhöhe können Sie mit Hilfe der Maus ändern - der Mauszeiger erscheint immer als Doppelpfeil.

Neben dieser direkten Methode zum Ändern von Spaltenbreite und Zeilenhöhe können Sie dafür noch andere Werkzeuge einsetzen:

» ⊞ Über die Felder *Tabellenzeilenhöhe* und *Tabellenspaltenbreite* in der Gruppe *Zellengröße* der Registerkarte *Tabellentools/Layout* können Sie Maße für die Spalte oder die Zeile auch eintippen (→ Abbildung 14.8). Markieren Sie vorher zumindest eine Zelle in der Spalte bzw. Zeile, deren Maße Sie ändern wollen. Sollen sich die Änderungen auf die gesamte

Tabelle beziehen, markieren Sie sie durch einen Klick auf das Kästchen links oben neben der Tabelle.

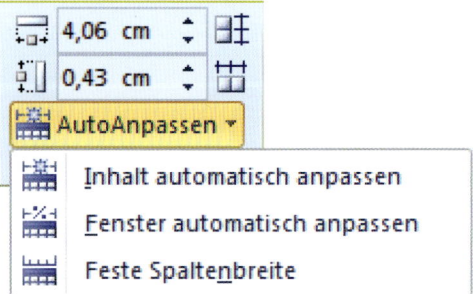

Abbildung 14.8 Werkzeuge zum Ändern von Spaltenbreite und Zeilenhöhe finden Sie auch in der Gruppe *Zellengröße* der Registerkarte *Tabellentools/Layout*.

» Sie können aber dafür auch eine Automatik verwenden. Benutzen Sie dazu die Optionen in der Liste zur Schaltfläche *AutoAnpassen* in der Gruppe *Zellengröße*. Interessant ist hier besonders die Alternative *Inhalt automatisch anpassen*, die die Spaltenbreite anhand des längsten Eintrags in den Zellen der Spalte regelt.

» Wenn Sie nach größeren Änderungen der Maße wieder zu einem Zustand konstanter Spaltenbreiten oder Zeilenhöhen einer Tabelle zurückkehren wollen, markieren Sie die Zelle, deren Maße Ihren Wünschen entspricht, und klicken Sie auf die Schaltfläche *Zeilen verteilen* und/oder *Spalten verteilen*. Die Zeilenhöhen bzw. Spaltenbreiten der gesamten Tabelle werden dann auf die Maße der gewählten Zelle gesetzt.

14.2.3 Zeilen und Spalten einfügen und entfernen

Zum Einfügen oder Entfernen von Spalten oder Zeilen benutzen Sie die Befehle der Gruppe *Zeilen und Spalten* auf der Registerkarte *Tabellentools/Layout* (→ Abbildung 14.9).

Abbildung 14.9 Die Gruppe *Zeilen und Spalten* zeigt Werkzeuge zum Einfügen und Entfernen von Spalten und Zeilen in der Tabelle.

Tabellenelemente einfügen

Markieren Sie zunächst zumindest eine Zelle neben der Stelle, an der Sie ein Element – Zelle, Zeile oder Spalte – einfügen wollen. Verwenden Sie dann die Befehle *Darüber einfügen*, *Darunter einfügen*, *Links einfügen* oder *Rechts einfügen* in der Gruppe *Zeilen und Spalten*. Beispielsweise bewirkt *Darüber einfügen*, dass oberhalb der markierten Zelle eine Zeile eingefügt wird.

Wenn Sie nur eine einzelne Zelle – und nicht eine ganze Spalte oder Zeile – einfügen wollen, klicken Sie auf das kleine Pfeilsymbol unten rechts in der Gruppe *Zeilen und Spalten*. Dann müssen Sie angeben, wohin die vorhandenen Zellen nach dem Einfügen verschoben werden sollen. Seien Sie vorsichtig: Oft führt dieser Befehl nicht zu den gewünschten Ergebnissen (→ Abbildung 14.10).

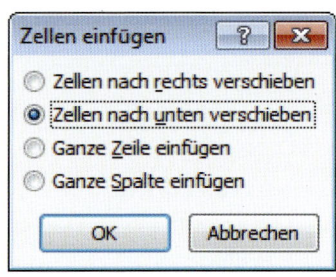

Abbildung 14.10 In welche Richtung sollen die vorhandenen Zellen verschoben werden?

Tabellenelemente entfernen

Markieren Sie zuerst zumindest eine Zelle des zu löschenden Bereichs und rufen Sie dann den Befehl *Löschen* im Bereich *Zeilen und Spalten* der Registerkarte *Tabellentools/Layout* auf. In der Liste dazu müssen Sie angeben, was Sie löschen wollen. Mit dem Befehl *Zeilen löschen* entfernen Sie beispielsweise die gesamte zur markierten Zelle gehörende Zeile. Nach Wahl des Befehls *Zellen löschen* müssen Sie anschließend noch angeben, wohin die verbleibenden Zellen nach dem Löschen verschoben werden sollen.

Außerdem können Sie zum Entfernen von Elementen aus der Tabelle mit der Schaltfläche *Radierer* in der Gruppe *Rahmenlinien zeichnen* der Registerkarte *Tabellentools/Entwurf* arbeiten. Nach der Wahl dieses Werkzeugs führen Sie den Mauszeiger bei gedrückt gehaltener Maustaste über die zu entfernenden Trennlinien zwischen den Tabellenelementen (→ Abbildung 14.11).

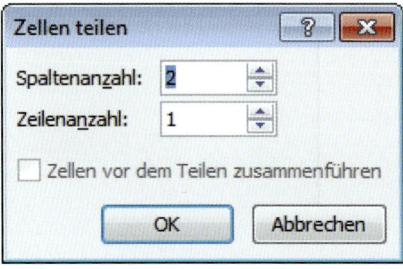

Abbildung 14.11 Eine Tabellenlinie kann mit dem Radierer entfernt werden.

Zellen teilen oder verbinden

Sie können eine Zelle in mehrere Zellen unterteilen. Diese Technik benötigen Sie beispielsweise dann, wenn Sie eine Spalte weiter unterteilen möchten. Über die Befehle in der Gruppe *Zusammenführen* der Registerkarte *Tabellentools/Layout* stehen Ihnen dazu diverse Werkzeuge zur Verfügung.

» Wenn Sie eine Zelle in mehrere aufteilen wollen, markieren Sie sie und wählen Sie dann den Befehl *Zellen teilen* in der Gruppe *Zusammenführen* der Registerkarte *Tabellentools/Layout*. Im daraufhin angezeigten Dialogfeld müssen Sie angeben, wie die Zelle(n) geteilt werden soll(en) (→ Abbildung 14.12).

Abbildung 14.12 Geben Sie an, wie die Zelle aufgeteilt werden soll.

»  Sie können auch zwei oder mehr benachbarte Zellen zu einer einzigen verbinden. Markieren Sie hierfür die zu verbindenden Zellen und wählen Sie dann den Befehl *Zellen verbinden* in der Gruppe *Zusammenführen* der Registerkarte *Tabellentools/Layout*.

» Sie können auch eine Tabelle in zwei Tabellen aufteilen. Markieren Sie dazu zumindest eine Zelle in der Zeile, mit der nach der Teilung die zweite Tabelle beginnen soll, und klicken Sie auf *Tabelle teilen*.

14.2.4 Tabelleneigenschaften

Über die *Tabelleneigenschaften* regeln Sie die Breite der Spalten, die Höhe der Zeilen, die Abstände zwischen den Zellen und andere Parameter. Markieren Sie zunächst den Bereich – oder zumindest eine Zelle darin –, für den Sie die Eigenschaften festlegen wollen. Klicken Sie auf das kleine Pfeilsymbol unten rechts in der Gruppe *Zellengröße* der Registerkarte *Tabellentools/Layout*. Legen Sie dann auf den verschiedenen Registerkarten des Dialogfelds *Tabelleneigenschaften* die gewünschten Einstellungen fest.

Die Registerkarte *Tabelle*

Über die Registerkarte *Tabelle* lassen sich die Grundeinstellungen für die gesamte Tabelle regeln (→ Abbildung 14.13). Diese Einstellungen können Sie später für ausgewählte Elemente – einzelne Spalten, Zeilen oder Zellen – abändern.

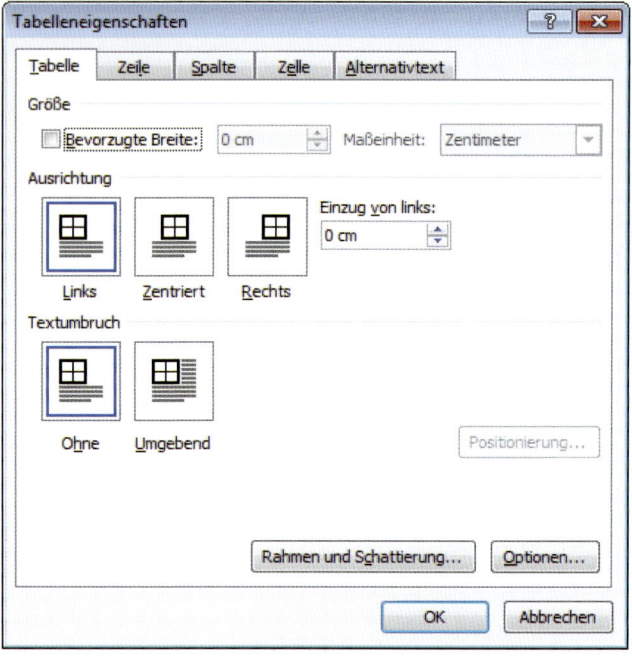

feste Maßeinheit oder einen prozentualen Anteil der Seitenbreite (für die Weblayoutansicht oder die Anzeige im Webbrowser).

» Mit den Optionen im Bereich *Ausrichtung* stellen Sie die Anordnung der Tabelle in Bezug zum Fließtext ein. Wenn Sie hier die Option *Links* wählen, können Sie auch einen zusätzlichen linken Einzug definieren.

» Im Bereich *Textumbruch* bestimmen Sie mit der Option *Ohne*, dass Text nicht um die Tabelle fließt. *Umgebend* legt fest, dass Text um die Tabelle fließt. Voraussetzung dafür ist, dass die Tabelle schmaler ist als der eingestellte Satzspiegel.

» Wenn Sie unter *Textumbruch* die Option *Umgebend* gewählt haben, ist die Schaltfläche *Positionierung* wählbar (→ Abbildung 14.14 links). Sie können darüber die vertikale und die horizontale Position sowie den Abstand der Tabelle zum Text festlegen. Dies funktioniert ähnlich wie bei Positionsrahmen. Die Ergebnisse einer solchen Positionierung werden nur in der Seitenlayoutansicht und im Weblayout korrekt angezeigt.

Abbildung 14.13 Die grundlegenden Einstellungen legen Sie auf der Registerkarte *Tabelle* im Dialogfeld *Tabelleneigenschaften* fest.

» Aktivieren Sie das Kontrollkästchen *Bevorzugte Breite*, wenn Sie eine solche angeben wollen. Legen Sie anschließend die gewünschte Tabellenbreite fest. Wählen Sie im Feld *Maßeinheit* entweder eine

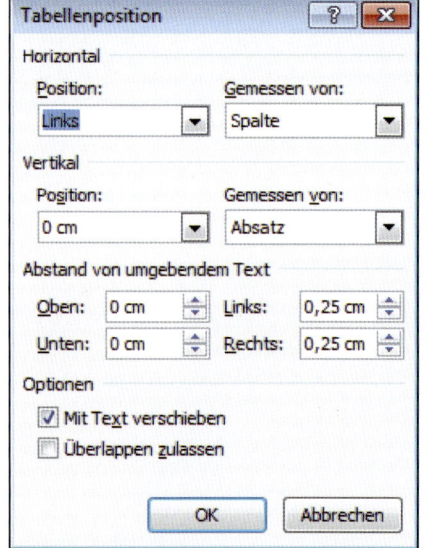

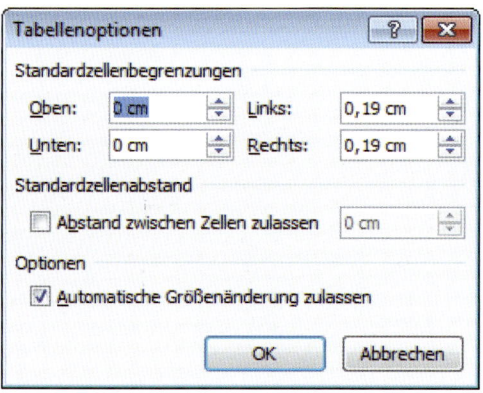

Abbildung 14.14
Legen Sie die Tabellenposition fest, wenn Text um die Tabelle fließt.

» Rahmen und/oder Schattierungen für Zellen oder Zellbereiche können Sie nach einem Klick auf die Schaltfläche *Rahmen und Schattierung* festlegen.

» Über die Schaltfläche *Optionen* können Sie die Abstände zwischen dem Zelleintrag und dem Zellenrand und außerdem einen zusätzlichen Abstand zwischen den Zellen festlegen (→ Abbildung 14.14 rechts).

» Über die Felder im Bereich *Standardzellenbegrenzungen* legen Sie den Abstand zwischen Zellumrandung und Inhalt für alle Zellen in der Tabelle fest.

» Aktivieren Sie das Kontrollkästchen unter *Standardzellenabstand*, wenn Sie den Abstand zwischen den Zellen in der Tabelle festlegen möchten.

» Wenn Sie das Kontrollkästchen *Automatische Größenänderung zulassen* aktivieren, wird bei der Eingabe automatisch die Spaltenbreite geändert, wenn der Text nicht in die vorhandene Zelle passt. Anderenfalls wird die Zeile umbrochen und die Zeilenhöhe entsprechend angepasst.

Die Registerkarte *Zeile*

Über die Registerkarte *Zeile* regeln Sie unter anderem die Höhe der vorher markierten Zeile (→ Abbildung 14.15). Das wäre eine Alternative zum direkten Arbeiten mit der Maus. Sie sollten diese Möglichkeit benutzen, wenn Sie die Maße exakt einstellen wollen.

» Über *Höhe definieren* ändern Sie die bevorzugte Zeilenhöhe. Geben Sie die gewünschte Zeilenhöhe an. Im Feld *Zeilenhöhe* können Sie zwischen *Mindestens* und *Genau* wählen. Bei Wahl der Option *Mindestens* wird – ab einem gewissen Maß – die Höhe der Zeile an den jeweils größten Eintrag darin angepasst. Mit *Genau* geben Sie eine präzise Zeilenhöhe an; alles, was höher ist, wird abgeschnitten.

» Ein Aktivieren von *Zeilenwechsel auf Seiten zulassen* bewirkt, dass der Inhalt einer mehrzeiligen Tabellenzeile durch einen Seitenumbruch geteilt werden kann.

» Über *Gleiche Kopfzeile auf jeder Seite wiederholen* kennzeichnen Sie die markierten Zeilen als Tabellenüberschrift, die auf den nachfolgenden Seiten wiederholt wird, wenn sich die Tabelle über mehr als eine Seite erstreckt. Diese Option ist nur verfügbar,

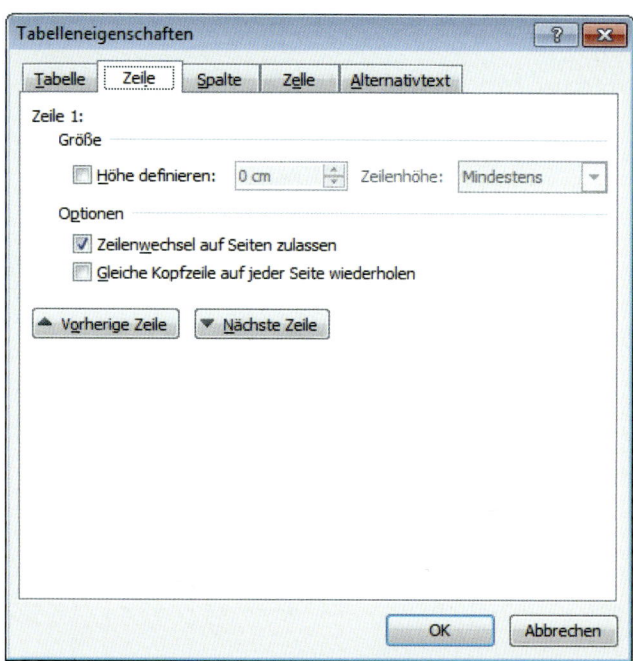

Abbildung 14.15 Über die Registerkarte *Zeile* können Sie die Höhe einer Zeile einstellen.

wenn die erste Zeile der Tabelle in den markierten Zeilen enthalten ist.

» Über die Schaltflächen *Vorherige Zeile* und *Nächste Zeile* können Sie die entsprechenden Zeilen der Tabelle markieren und dann hierfür die gewünschten Einstellungen vornehmen, ohne das Dialogfeld schließen zu müssen.

TIPP Zum Ändern der Höhe einer Zeile mit der Maus setzen Sie den Mauszeiger auf die Linie unterhalb der Zeile und verändern dann die Höhe mit gedrückter Maustaste. Der Mauszeiger ändert dabei sein Aussehen in einen Doppelpfeil.

Die Registerkarte *Spalte*

Über die Registerkarte *Spalte* regeln Sie die Breite der vorher markierten Spalte (→ Abbildung 14.16).

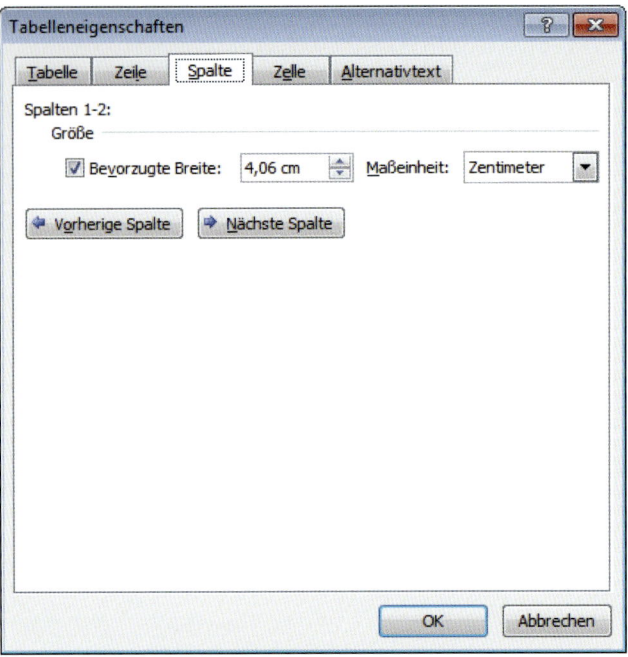

Abbildung 14.16 Über die Registerkarte *Spalte* können Sie die Breite einer Spalte einstellen.

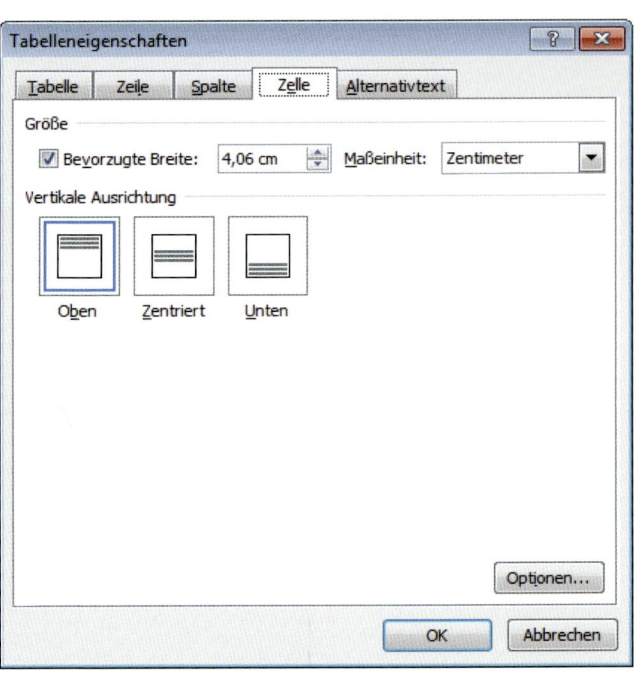

Abbildung 14.17 Breite und Ausrichtung können für die Zellen einer Tabelle individuell festgelegt werden.

» Aktivieren Sie das Kontrollkästchen *Bevorzugte Breite* und geben Sie anschließend die gewünschte Spaltenbreite ein. Wählen Sie im Feld *Maßeinheit* entweder eine feste Maßeinheit oder einen prozentualen Anteil der Seitenbreite (für die Weblayoutansicht oder die Anzeige im Webbrowser).

» Über die Schaltflächen *Vorherige Spalte* und *Nächste Spalte* können Sie die entsprechenden Spalten der Tabelle markieren und dann hierfür die gewünschten Einstellungen vornehmen, ohne das Dialogfeld schließen zu müssen.

TIPP Zum Ändern der Breite einer Spalte mit der Maus setzen Sie den Mauszeiger auf die Linie rechts von der Spalte. Verändern Sie dann die Breite mit gedrückt gehaltener Maustaste. Der Mauszeiger ändert sein Aussehen dabei in einen Doppelpfeil.

Die Registerkarte *Zelle*

Über die Registerkarte *Zelle* können Sie die Breite der vorher markierten Zelle und die Ausrichtung des Eintrags bestimmen (→ Abbildung 14.17).

» Aktivieren Sie das Kontrollkästchen *Bevorzugte Breite* und geben Sie anschließend die gewünschte Breite für die markierte Zelle an. Auch hier können Sie sich wieder im entsprechenden Drop-down-Listenfeld zwischen einer festen Maßeinheit und einer Prozentangabe für die Anzeige in der Weblayoutansicht oder im Webbrowser entscheiden.

» Besonders wichtig sind hier die Optionsfelder im Bereich *Vertikale Ausrichtung*. Sie ermöglichen das Positionieren des Eintrags in der Zelle. Sichtbar wird die Wirkung gerade bei hohen Zellen – also solchen, bei denen das Verhältnis zwischen Höhe und Inhalt der Zelle groß ist.

» Über die Schaltfläche *Optionen* können Sie für die markierte Zelle den Abstand zwischen Zelleintrag und Zellenrand und außerdem einen zusätzlichen Abstand zwischen den Zellen vereinbaren (→ Abbildung 14.18). Die Mehrzahl der Optionen im Dialogfeld ist nur verfügbar, wenn Sie das Kontrollkästchen *Wie gesamte Tabelle* deaktivieren. *Zeilenumbruch* bewirkt, dass Text automatisch umbrochen wird, wenn der Platz in der Zelle nicht für eine einzeilige Darstellung ausreicht. Bei besonders viel Text in einigen

Zellen können Sie durch Aktivieren von *Text anpassen* dafür sorgen, dass automatisch eine kleinere Schriftgröße gewählt wird.

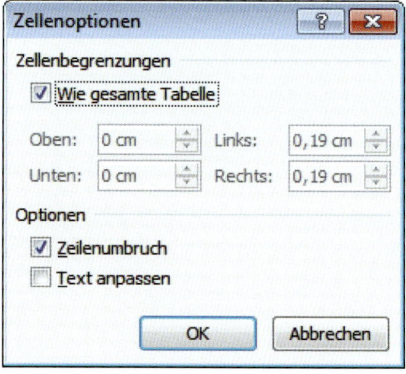

Abbildung 14.18
Text kann in der Zelle umbrochen und/oder angepasst werden.

Die Registerkarte *Alternativtext*

Die Registerkarte *Alternativtext* ist für den Fall interessant, in dem Sie Word dazu benutzen, eine Webseite zu erstellen (→ Abbildung 14.19). Der Text, den Sie im Feld *Titel* eingeben, wird im Browser angezeigt, während die Tabelle geladen wird. Alternativtext kann auch von Suchmaschinen verwendet werden.

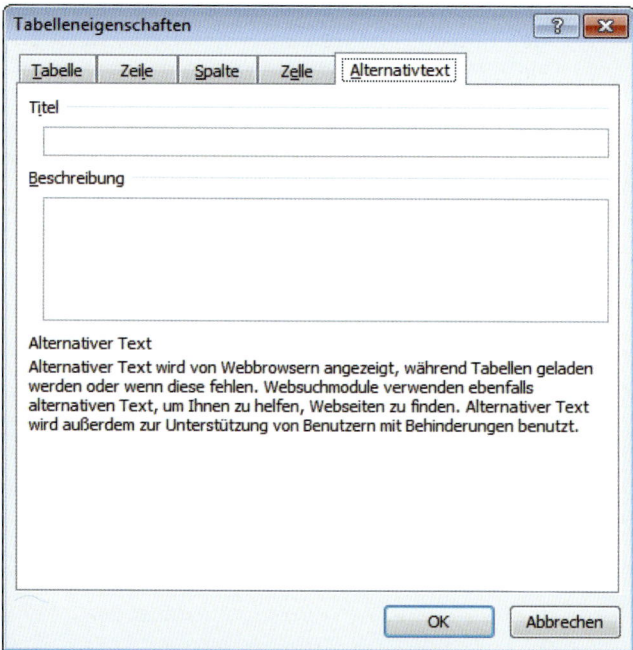

Abbildung 14.19 Die Registerkarte *Alternativtext*

14.3 Tabellen formatieren

Zum Formatieren von Tabellen und ihren Inhalten stehen alle in Microsoft Word enthaltenen Formatierungsmöglichkeiten zur Verfügung. Darüber hinaus werden speziell für Tabellen zugeschnittene Tabellenvorlagen angeboten, die Sie über die *Tabellenformatvorlagen*-Funktion zuweisen können. Ebenso wie bei Zeichen- und Absatzformatvorlagen können Sie auch die integrierten Tabellenformatvorlagen an Ihre Erfordernisse anpassen und auch eigene Vorlagen erstellen.

Die Werkzeuge dazu finden Sie auf der Registerkarte *Tabellentools/Entwurf*, die nur zugänglich ist, wenn sich die Einfügemarke in einer Tabelle befindet (→ Abbildung 14.20). Einige Formatbefehle finden Sie aber auch auf der Registerkarte *Tabellentools/Layout*.

14.3.1 Tabellenformatvorlagen

Der schnellste Weg zum Formatieren einer Tabelle und ihrer Inhalte besteht in der Verwendung der *Tabellenformatvorlagen*. Wenn Sie der Tabelle eines der vordefinierten Formate zuweisen wollen, klicken Sie auf die Schaltfläche *Tabellenformatvorlagen* in der gleichnamigen Gruppe auf der Registerkarte *Tabellentools/Entwurf*. In der Liste dazu wählen Sie dann das gewünschte Tabellenformat aus (→ Abbildung 14.21). Dieses können Sie jederzeit auch nachträglich noch ändern und/oder verfeinern.

Eigene Formatvorlagen für Tabellen

Die in dieser Liste angezeigten Vorlagen können Sie durch selbst erstellte Vorlagen erweitern. Das empfiehlt sich, wenn Sie häufig Tabellen mit bestimmten Formaten erstellen müssen, die nicht im Standardvorrat enthalten sind. Nach einem Klick auf die Schaltfläche *Neue Tabellenformatvorlage* in der Liste zur Auswahl der *Tabellenformatvorlage* können Sie eine neue Formatvorlage definieren (→ Abbildung 14.22).

Abbildung 14.20
Die Registerkarte *Tabellentools/Entwurf* liefert auch die Werkzeuge zum Formatieren.

Abbildung 14.21 Die Tabellenformatvorlagen bieten einen einfachen Weg zum Formatieren.

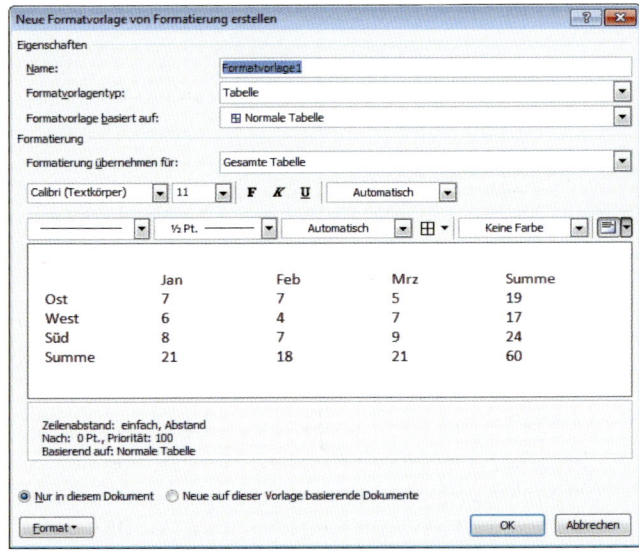

Abbildung 14.22 Sie können auch eigene Tabellenvorlagen erstellen – die Vorschau zeigt nur einen Platzhaltertext an.

» Weisen Sie der Vorlage einen Namen zu, unter dem sie in der Liste aufgeführt werden soll.

» Wenn Sie bei der Definition der neuen Vorlage von den Formaten einer bereits bestehenden ausgehen und diese nur abändern wollen, können Sie über das Drop-down-Listenfeld *Formatvorlage basiert auf* die gewünschte Formatvorlage auswählen.

» Im Drop-down-Listenfeld *Formatierung übernehmen für* lässt sich angeben, für welchen Bereich der Tabelle die anschließend festzulegenden Formatangaben gelten sollen. Sie können zuerst die Option

Gesamte Tabelle einstellen und dann die dafür gewünschten Formate wählen. Anschließend können Sie eine andere Option wählen und die Formate festlegen, die für diesen Tabellenbereich gelten sollen.

» Über die Schaltflächen darunter stellen Sie dann die Formate ein. Die Funktionen entsprechen den Schaltflächen im Menüband von Word.

Wenn Sie die Option *Neue auf dieser Vorlage basierende Dokumente* aktivieren, wird die neue Formatvorlage nach dem Bestätigen über *OK* in der aktuellen Dokumentvorlage gespeichert. Ansonsten gilt sie nur für das aktuelle Dokument.

Besondere Zeilen und Spalten

Beachten Sie bei der Wahl der Tabellenformatvorlage, dass einige Optionen darin Besonderheiten hinsichtlich der ersten oder letzten Zeile oder Spalte aufweisen.

Diese speziellen Einstellungen können Sie aber nach der Wahl einer Vorlage auch noch gezielt abändern. Dazu verwenden Sie die Kontrollkästchen in der Gruppe *Optionen für Tabellenformat* der Registerkarte *Tabellentools/Entwurf* (→ Abbildung 14.23).

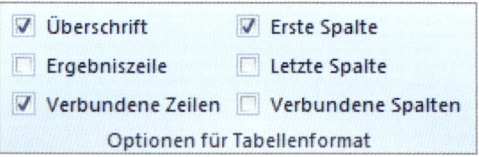

Abbildung 14.23 Über die Gruppe *Optionen für Tabellenformat* können Sie Besonderheiten der Darstellung regeln.

» Beispielsweise können Sie durch Deaktivieren von *Überschrift* bewirken, dass die erste Zeile der Tabelle mit denselben Formaten angezeigt wird wie die Folgezeilen. Entsprechendes gilt für die Option *Ergebniszeile*, die sich auf die letzte Zeile der Tabelle bezieht. Für die Spaltengestaltung finden Sie hier die Optionen *Erste Spalte* und *Letzte Spalte*.

» Mit den beiden Schaltflächen *Verbundene Zeilen* und *Verbundene Spalten* erreichen Sie, dass gerade Zeilen bzw. Spalten anders dargestellt werden als ungerade, was manchmal die Lesbarkeit verbessert (→ Abbildung 14.24).

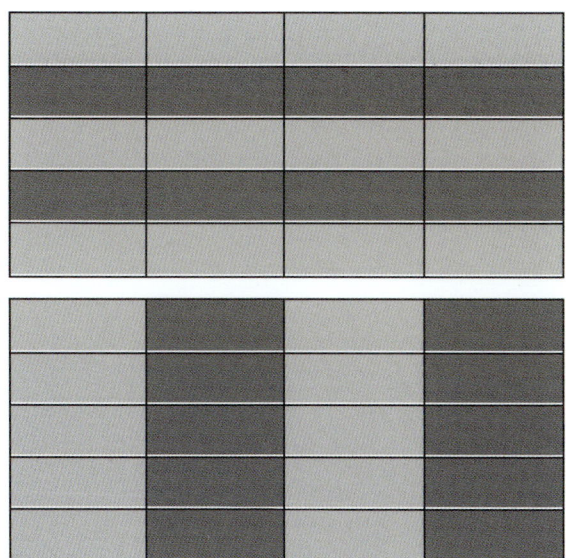

Abbildung 14.24 Über *Verbundene Zeilen* und *Verbundene Spalten* kann der Leser sich besser in der Tabelle zurechtfinden.

Gitternetzlinien

Beachten Sie auch, dass einige Vorlagen automatisch die Trennlinien zwischen den einzelnen Zellen einblenden, andere nicht. Sie können aber die Anzeige dieser Linien über die Schaltfläche *Gitternetzlinien anzeigen* auf der Registerkarte *Ansicht* in der Gruppe *Anzeigen* wahlweise ein- oder ausblenden.

14.3.2 Weitere Elemente zum Layout

Auch die Form der Anzeige innerhalb einzelner Zellen können Sie regeln. Markieren Sie vor der Wahl eines Befehls immer zuerst die Zelle(n), auf die sich der Befehl beziehen soll.

Ausrichtung in der Zelle

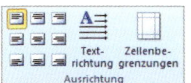 Für die Ausrichtung des Eintrags in einer Zelle benutzen Sie die kleinen Schaltflächen links in der Gruppe *Ausrichtung* der Registerkarte *Tabellentools/Layout*. Sie können damit sowohl die horizontale als auch die vertikale Ausrichtung regeln. Beachten Sie aber, dass sich die Unterschiede erst zeigen, wenn Sie eine größere Spaltenbreite bzw. Zeilenhöhe eingestellt haben.

 Die Richtung des Textflusses in einer Zelle regeln Sie über die Schaltfläche *Textrichtung*. Standardmäßig fließt der Text von links nach rechts. Nach einem Klick auf *Textrichtung* wird der Eintrag senkrecht von oben nach unten angezeigt. Ein weiterer Klick bewirkt eine Anzeige von unten nach oben.

Zellenbegrenzungen

 Über die Schaltfläche *Zellenbegrenzungen* in der Gruppe *Ausrichtung* der Registerkarte *Tabellentools/Layout* bewirken Sie die Anzeige des Dialogfelds *Tabellenoptionen* (→ Abbildung 14.25). Die zu editierende(n) Zelle(n) müssen Sie – wie üblich – vorher markieren. Im Dialogfeld können Sie über die Felder unterhalb der Überschrift *Standardzellenbegrenzungen* den Abstand zwischen dem Rand der Zelle und dem Eintrag darin einstellen.

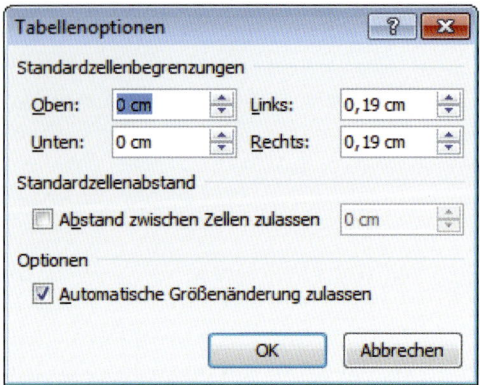

Abbildung 14.25 Über die *Tabellenoptionen* stellen Sie die Ränder ein.

Überschriften wiederholen

 Für längere Tabellen ist die Option *Überschriften wiederholen* in der Gruppe *Daten* der Registerkarte *Tabellentools/Layout* interessant. Wenn sich eine Tabelle über mehrere Seiten eines Dokuments erstreckt, bewirkt ein Einschalten dieser Option, dass auf der zweiten Seite die Überschriftzeile – also die erste Zeile der Tabelle – automatisch nochmals angezeigt wird.

Natürlich kann der Umbruch von Tabellen, die sich über mehrere Seiten erstrecken, gezielt angepasst werden.

» Wenn Sie einen automatischen Seitenumbruch in einer Tabellenzeile verhindern wollen, markieren Sie die Zeile und lassen Sie die *Tabelleneigenschaften* anzeigen (→ unten). Wählen Sie die Registerkarte *Zeile* und deaktivieren Sie das Kontrollkästchen *Zeilenwechsel auf Seiten zulassen*.

» Wenn Sie einen Seitenumbruch gezielt in einer bestimmten Zeile für eine Tabelle vornehmen wollen, markieren Sie die Zeile, die auf der nächsten Seite angezeigt werden soll, und drücken Sie `Strg` + `Eingabe`.

14.4 Sortieren und berechnen

Tabelleninhalte lassen sich schnell und einfach in alphabetischer, numerischer oder chronologischer Reihenfolge sortieren. Standardmäßig wird dabei eine Tabelle nach den Einträgen in der ersten Spalte sortiert. Sie können aber auch eine andere Spalte oder – bei Mehrfachsortierung – bis zu drei Spalten als Schlüssel festlegen.

Sortieren

 Zum Einleiten eines Sortiervorgangs setzen Sie die Einfügemarke an eine beliebige Stelle in der Tabelle – oder Sie markieren den Bereich, der sortiert werden soll. Öffnen Sie dann die Liste zur Schaltfläche *Daten* auf der Registerkarte *Tabellentools/Layout*

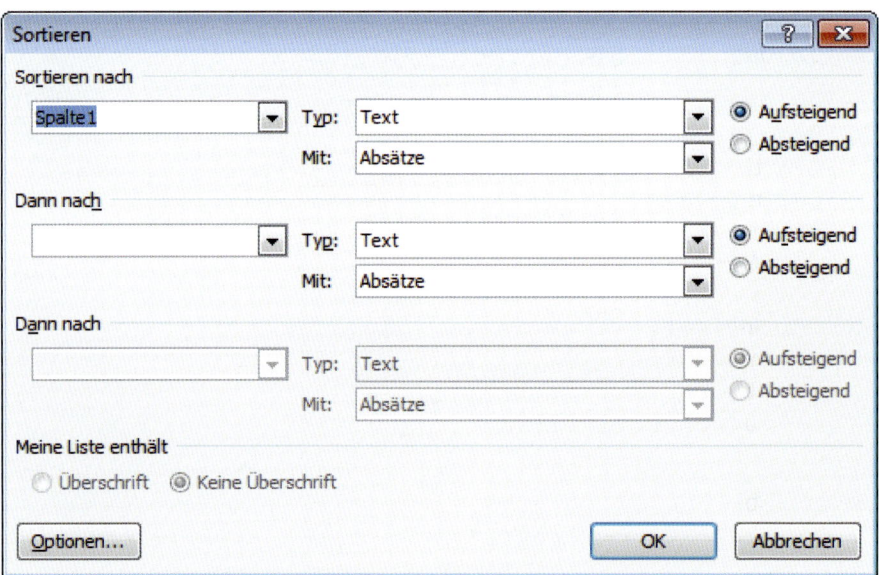

Abbildung 14.26
Den Sortiervorgang steuern Sie über das entsprechende Dialogfeld.

und wählen Sie den Befehl *Sortieren*. Im daraufhin angezeigten Dialogfeld *Sortieren* legen Sie das/die Sortierkriterien, den jeweiligen Datentyp und die gewünschte Sortierfolge fest (➔ Abbildung 14.22).

» Geben Sie zunächst unten im Dialogfeld unter *Meine Liste enthält* an, ob die erste Zeile der Tabelle Spaltenüberschriften enthält, die nicht mit sortiert werden sollen.

» Legen Sie dann unter *Sortieren nach* fest, nach den Inhalten welcher Spalte zuerst sortiert werden soll. Wenn Sie unter *Liste enthält* die Option *Keine Überschrift* eingestellt haben, enthält das Drop-down-Listenfeld die Einträge *Spalte1*, *Spalte2* usw. Haben Sie *Überschrift* aktiviert, finden Sie im Drop-down-Listenfeld die entsprechenden Spaltenüberschriften.

» Über das daneben befindliche Listenfeld *Typ* können Sie festlegen, welcher Sortiertyp benutzt werden soll: Die Option *Text* bewirkt, dass zuerst Zahlen und dann Texteinträge in auf- beziehungsweise absteigender Reihenfolge sortiert werden sollen. Datumsangaben werden wie normale Zahlenangaben behandelt. Mit *Zahl* werden nur Zahlen in auf- beziehungsweise absteigender Reihenfolge sortiert. *Datum* sortiert nur Datumsangaben.

» Rechts daneben müssen Sie festlegen, ob *Aufsteigend* oder *Absteigend* sortiert werden soll. *Aufsteigend* sortiert von A bis Z, niedrigste Zahl bis höchste Zahl und ältestes Datum bis neuestes Datum. *Absteigend* bewirkt die Sortierung von Z bis A, höchste bis niedrigste Zahl und neuestes bis ältestes Datum.

» Nachdem Sie das erste Sortierkriterium unter *Sortieren nach* festgelegt haben, können Sie über die Felder unter *Dann nach* angeben, wie sortiert werden soll, wenn innerhalb der für den ersten Sortierschlüssel benutzten Spalte zwei oder mehr Zeilen mit identischen Einträgen vorkommen. Wenn Sie eine Tabelle beispielsweise nach der Spalte *Nachname* sortieren, können Sie festlegen, dass innerhalb gleicher Nachnamen nach dem Vornamen sortiert werden soll. Für weitere Verfeinerungen stehen Ihnen noch die zweiten *Dann nach*-Felder zur Verfügung.

» Nach dem Bestätigen über *OK* wird die Tabelle sortiert.

TIPP Die Sortierfunktion ist nicht allein auf Tabellen beschränkt. Hiermit kann auch herkömmlicher Text – solange er in geeigneter Form, beispielsweise durch Absatzmarken getrennt oder an Tabulatorstopps ausgerichtet, angeordnet ist – sortiert werden.

Optionen zum Sortieren

Nach einem Klick auf die Schaltfläche *Optionen* im Dialogfeld *Sortieren* wird ein Dialogfeld angezeigt, in dem Sie Sortieroptionen festlegen können. Interessant ist hier vor allem die Option, dass zwischen Groß- und Kleinschreibung unterschieden werden soll (➔ Abbildung 14.26).

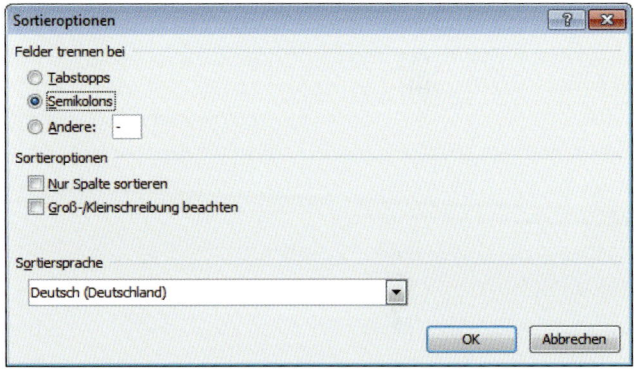

Abbildung 14.27 Zum Sortieren können Sie Optionen festlegen.

Unter *Felder trennen bei* finden Sie drei Optionen, die Ihnen vom Umwandeln von Textbereichen in Tabellen her bekannt sind. Sie können damit festlegen, welche Zeichen als Trennzeichen benutzt werden sollen, wenn Sie die Inhalte von Textbereichen sortieren wollen, die nicht als Tabelle vorliegen. Standardmäßig ist hier die Option *Semikolons* aktiviert. Wenn Sie die Einträge in mehreren Absätzen durch Semikola getrennt haben, können Sie auch solche Bereiche in eine andere Reihenfolge bringen, ohne dass Sie sie vorher in Tabellen umwandeln müssen.

Zelladressen

Sie können mit den in einer Word-Tabelle eingegebenen Zahlenwerten auch rechnen. Dazu müssen Sie die einzelnen Zellen ansprechen können. Wie auch bei Microsoft Excel wird der Zelle einer Word-Tabelle eine Spalten- und eine Zeilenadresse zugewiesen, die zu einer Zelladresse kombiniert werden. Für die Spaltenadressen werden Buchstaben, für die Zeilenadressen Zahlen verwendet. Die Zelle in der fünften Zeile der ersten Spalte trägt also beispielsweise die Zelladresse *A5* – *A* für die erste Spalte, 5 für die fünfte Zeile. Diese Adressen müssen über die Tastatur eingegeben werden, ein Zeigen auf eine Zelle mit der Maus wie bei Excel ist nicht möglich.

ACHTUNG Im Gegensatz zu Excel-Tabellen stellen die Zellbezeichnungen in Word-Tabellen absolute Adressen dar – im Unterschied zu relativen Adressen. Das bedeutet, dass Ihre Berechnungsergebnisse nicht mehr stimmen, wenn Sie vor oder über der Bezugszelle eine neue Spalte oder Zeile einfügen.

Einfache Addition

Um eine Berechnung durchzuführen, geben Sie in der Tabelle zunächst die Werte ein, auf denen die Berechnung beruhen soll. Wollen Sie beispielsweise mehrere Werte in einer Spalte addieren, geben Sie diese ein.

Markieren Sie dann die Zelle, in der das Berechnungsergebnis erscheinen soll, und klicken Sie auf *Formel* in der Gruppe *Daten* der Registerkarte *Tabellentools/Layout*. Das Dialogfeld *Formel* wird angezeigt (→ Abbildung 14.28).

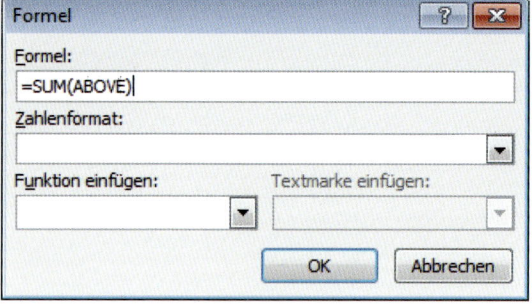

Abbildung 14.28 Dialogfeld *Formel*

» Befindet sich die markierte Zelle am Ende einer Spalte mit Zahlenwerten, schlägt Microsoft Word die Formel *=SUM(ABOVE)* vor. Klicken Sie auf *OK*, wenn Sie diese Formel wünschen.

» Befindet sich die markierte Zelle am rechten Ende einer Zeile von Zahlenwerten, schlägt Word die Formel *=SUM(LEFT)* vor. Klicken Sie auf *OK*, wenn diese Formel gewünscht ist.

Damit wird in der Zelle eine Feldfunktion zwischen geschweiften Klammern eingefügt – beispielsweise *{=SUM(ABOVE)}*. Sie können diese sichtbar machen, indem Sie das Ergebnis der Berechnung markieren und die Tastenkombination [Alt]+[F9] drücken (→ Abbildung 14.29). Durch nochmalige Wahl dieser Tastenkombination kehren Sie zur Anzeige des Berechnungsergebnisses zurück.

Nord	1000
Süd	6000
West	500
Ost	100
	7600

Nord	1000
Süd	6000
West	500
Ost	100
	{ =SUM(ABOVE) }

Abbildung 14.29 Eine Spaltensumme berechnen

ACHTUNG Enthält die Spalte bzw. die Zeile leere Zellen, wird nicht die ganze Spalte bzw. Zeile summiert. Um die ganze Zeile bzw. Spalte zu summieren, geben Sie in jede leere Zelle eine Null ein.

Andere Berechnungen

Sie können aber auch andere Formen von Berechnungen durchführen. Auch dazu klicken Sie auf die Zelle, in der das Ergebnis angezeigt werden soll und lassen dann das Dialogfeld *Formel* anzeigen.

» Wenn eine Formel vorgeschlagen wird, die Sie nicht verwenden möchten, löschen Sie diese im Feld *Formel*. Löschen Sie nicht das Gleichheitszeichen. Wenn Sie das Gleichheitszeichen gelöscht haben, fügen Sie es wieder ein.

» Klicken Sie im Feld *Funktion einfügen* auf die gewünschte Funktion. Um zum Beispiel Zahlen zu addieren, klicken Sie auf *SUM*.

» Um einen Bezug zum Inhalt einer Tabellenzelle herzustellen, geben Sie in die Klammern der Formel den Zellbezug ein. Um zum Beispiel die Zahlen in den Zelle *A1* und *B4* zu addieren, müsste die Formel lauten =*SUM(a1,b4)*.

» Geben Sie im Feld *Zahlenformat* das für die Zahlen gewünschte Format ein. Um die Zahlen zum Beispiel als Prozentzahl mit Dezimalstellen anzuzeigen, klicken Sie auf *0,00 %*.

» Bestätigen Sie dann über *OK*. Word fügt das Ergebnis der Berechnung als Feld in die markierte Zelle ein.

Wenn Sie die Werte in den der Berechnung zugrunde liegenden Zellen ändern, zu denen Bezüge hergestellt wurden, können Sie die Berechnung aktualisieren, indem Sie das Ergebnisfeld markieren und dann F9 drücken.

TIPP Sie können auch andere Funktionen zur Berechnung von Werten in Tabellen einsetzen. Diese – und andere – Funktionen finden Sie im Referenzteil zu diesem Buch (→ Kapitel 25). Wirkliche Berechnungen in einem Word-Dokument sind aber einfacher durchzuführen, wenn Sie eine Excel-Tabelle in dieses einfügen (→ Kapitel 15).

Kapitel 15

Excel-Tabellen

Schon öfter haben wir dafür plädiert, dass Sie statt einer Word-Tabelle besser eine aus dem Office-Programm *Excel* verwenden – zumindest dann, wenn Sie darin Berechnungen durchführen wollen. Sie können damit diese Arbeiten viel einfacher durchführen oder auch die darin vorhandenen Daten leichter manipulieren. Das Programm Microsoft Excel ist ja innerhalb der Microsoft-Office-Familie für den Bereich Tabellenkalkulation zuständig. Und damit Sie wissen, wie man damit umgeht, wollen wir Ihnen die wichtigsten Grundbegriffe der Arbeit mit diesem Programm vorstellen:

» Wir wollen Sie zunächst mit den Besonderheiten der Arbeit mit der Oberfläche des Programms vertraut machen (→ Abschnitt 15.1). Excel verfügt hier über einige Besonderheiten, die Sie kennen sollten.

» Die Tabellenblätter liefern ein Raster aus Spalten und Zeilen, in dessen Elemente – die Zellen – Texte und Zahlenwerte eingetragen werden können (→ Abschnitt 15.2).

» Außerdem sollten Sie die Techniken zur anschließenden Bearbeitung der eingegebenen Daten kennen (→ Abschnitt 15.3). Dazu gehören das Verschieben und Kopieren von Daten, das automatische Ausfüllen von Bereichen in der Tabelle, das Einfügen von Zellen, Spalten oder Zeilen in eine Tabelle, das Löschen von Zellen, Spalten oder Zeilen sowie das Suchen nach und Ersetzen von bestimmten Zellinhalten.

» Auf der Basis dieser Eingaben können Sie Berechnungen durchführen. Wir zeigen Ihnen die wichtigsten Werkzeuge zur Eingabe und Korrektur von Formeln und Funktionen (→ Abschnitt 15.4).

» Mit Formatierungen bestimmen Sie – wie bei Word selbst – die optische Gestaltung. Das gilt auch für Excel (→ Abschnitt 15.5). Zahlenwerte können auf unterschiedliche Arten – beispielsweise mit einem Prozent- oder Währungszeichen – angezeigt werden. Zusätzliche Formatelemente erlauben die Wahl von Schriftarten und -größen, Farben, Mustern, Rahmen und mehr.

CD-ROM Die Mehrzahl der in diesem Kapitel gezeigten Beispiele finden Sie auf der Begleit-CD im Ordner *15* in der Excel-Datei *Mappe1*.

15.1 Die Elemente der Excel-Oberfläche

Wenn Sie in Word eine solche Tabelle über den Befehl *Excel-Kalkulationstabelle* im Katalog zur Schaltfläche *Tabelle* der Gruppe *Tabellen* auf der Registerkarte *Einfügen* in das Dokument integrieren, verfügt diese über ein einziges Blatt mit dem Namen *Tabelle1* (→ Kapitel 5). Genauso ist das, wenn Sie über den Befehl *Objekt* der Gruppe *Text* auf derselben Registerkarte arbeiten. Da drei Tabellen aber der Standard von Excel sind, wollen wir auch in den Abbildungen in diesem Kapitel von diesen drei Tabellen ausgehen.

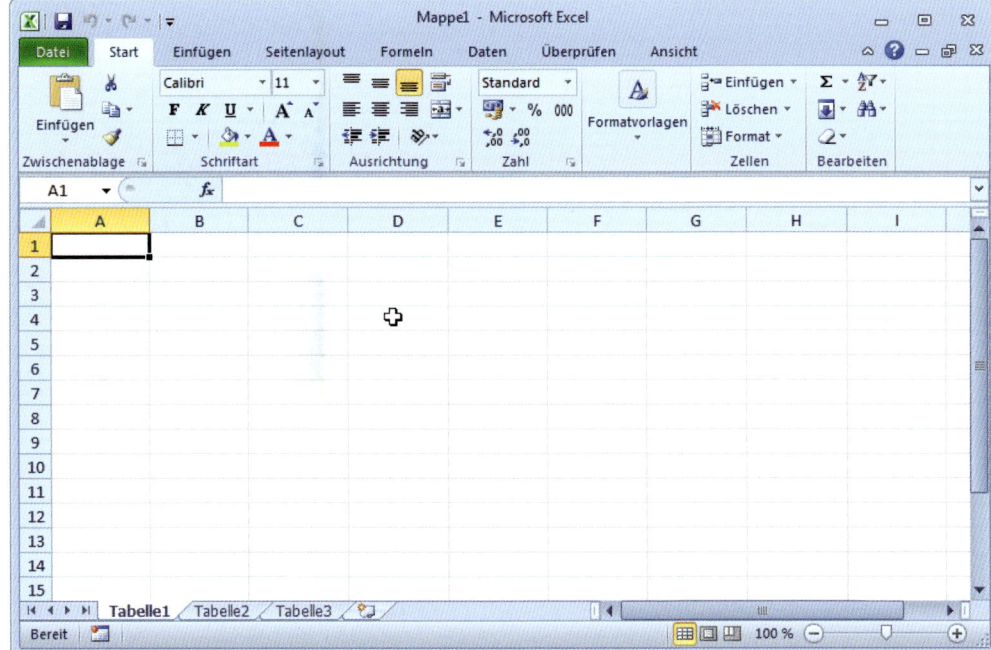

Die Oberfläche von Microsoft Excel 2010 besteht aus dem Anwendungsfenster, in dem die wesentlichsten Steuerungselemente angezeigt werden, und einem Dokumentfenster, in dem Sie Ihre Daten eingeben und bearbeiten können (→ Abbildung 15.1).

» Das Anwendungsfenster von Microsoft Excel ist der durch den äußeren Rahmen umschlossene Bereich. Es beinhaltet ein als Arbeitsmappe bezeichnetes Dokument. Diese Arbeitsmappe hat zunächst den allgemeinen Namen *Mappe1*, der in der Titelleiste des Anwendungsfensters angezeigt wird.

» Eine Arbeitsmappe beinhaltet mehrere – standardmäßig sind es in Excel drei – Arbeitsblätter, die auch als Tabellenblätter bezeichnet werden (→ oben). Zwischen diesen Blättern können Sie durch Klicken auf eines der Blattregister *Tabelle1*, *Tabelle2* und *Tabelle3* im unteren Bereich des Fensters wechseln.

» Ein Tabellenblatt selbst besteht aus einem rechteckigen Gitternetz mit 16.384 Spalten und bis zu 1.048.576 Zeilen. Die Spalten sind von links nach rechts mit den Buchstaben *A* bis *Z* beschriftet. Nach *Z* wird die Beschriftung mit *AA* bis *AZ* fortgeführt, dann *BA* bis *BZ* usw. bis *XFD*. Die Zeilen sind von *1* bis *1048576* nummeriert. Damit stehen 1500% mehr Zeilen und 6300% mehr Spalten als bei Excel 2003 zur Verfügung.

» Die Schnittflächen der Spalten und Zeilen werden als *Zellen* bezeichnet. Eine Zelle ist die Grundeinheit der Tabelle. Hier werden die einzelnen Daten eingegeben. Bis zu 32.000 Zeichen können in einer Zelle eingegeben werden. Zellen werden mit den Bezeichnungen der dazugehörenden Spalte und Zeile benannt. Beispielsweise trägt die Zelle in der oberen linken Ecke – also die in der ersten Zeile der ersten Spalte – den Namen *A1*. Diese Angabe wird auch als *Zelladresse* bezeichnet. Mindestens eine der Zellen ist immer markiert. Diese erkennen Sie an der stärkeren Umrandung. Beim Öffnen von Excel mit einer leeren Arbeitsmappe ist beispielsweise die Zelle *A1* markiert.

» Der Mauszeiger hat die Form eines Kreuzes, solange er sich innerhalb der Tabelle befindet. Wenn Sie diesen Mauszeiger auf eine Zelle bewegen und dann die linke Maustaste drücken, wird diese Zelle aktiviert. Den Erfolg erkennen Sie an der stärkeren Umrandung der Zelle.

» Oben finden Sie darin das Menüband, das die Menüs und die Symbolleisten der früheren Versionen

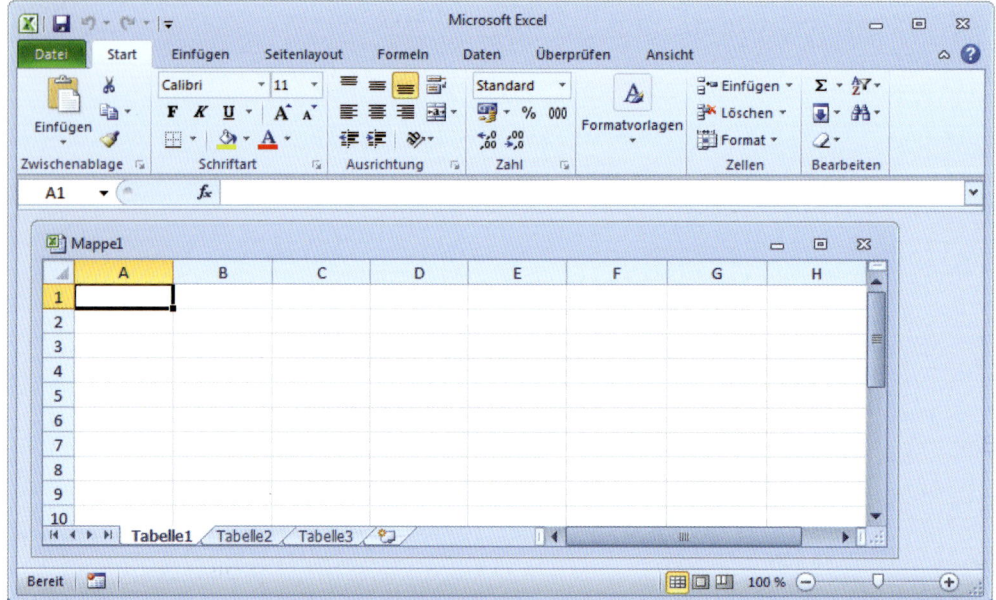

Abbildung 15.2
Das Dokumentfenster in der Fensterdarstellung; beachten Sie, dass es frei verschiebbar ist.

ersetzt. Unterhalb des Menübands befindet sich eine sogenannte Bearbeitungsleiste. In dieser erscheinen während der Eingabe die eingegebenen Zeichen. Später werden hierin die Inhalte der gerade markierten Zelle angezeigt.

» Am unteren Rand des Excel-Fensters befindet sich die Statusleiste, die nützliche Informationen und zusätzliche Elemente zur Steuerung bereithält.

» Über die Bildlaufleisten können Sie den im Fenster angezeigten Bereich der Tabelle mit den üblichen Methoden verschieben: Klicken Sie auf die entsprechende Pfeilschaltfläche, um eine weitere Zeile oder Spalte anzuzeigen; verschieben Sie das Bildlauffeld, um größere Bereiche zu überspringen. Durch Klicken auf den Bereich zwischen Bildlauffeld und Pfeilschaltflächen erreichen Sie eine Bewegung um die Breite beziehungsweise Höhe des Bildschirms.

15.1.1   Fenster

Beachten Sie, dass Excel – im Gegensatz zur Standardeinstellung von Word – über ein eigenes Dokumentfenster verfügt, dessen Einstellungen Sie separat regeln können. Mithilfe der drei Schaltflächen auf Höhe der Namen der Registerkarten im Menüband können Sie die Anzeige zwischen den bei Windows üblichen Formen *Fenster*, *Vollbild* und *Symbol* wechseln (→ Abbildung 15.2).

Dazu benutzen Sie die üblichen kleinen Schaltflächen in der oberen rechten Ecke der Titelleiste eines Fensters. Wenn das Dokumentfenster in der Fensterdarstellung geöffnet ist, lässt sich die Form der Anzeige auch über das Systemmenü des Fensters regeln. Hierüber können Sie unter anderem auch die Position und Größe des Fensters ändern. Wenn Sie mehrere Arbeitsmappen geöffnet haben, können diese in separaten Fenstern angezeigt werden.

15.1.2   Blätter

Arbeitsmappen beinhalten Tabellenblätter, in denen Sie Ihre Daten und Berechnungen eingeben können. Standardmäßig enthält eine Arbeitsmappe drei Blätter, in denen Sie die Daten eingeben können. Sie können diese Anzahl in den *Excel-Optionen* erhöhen oder verringern.

Die wichtigsten Befehle zum Bearbeiten eines Blatts sind im Kontextmenü für das Blattregister zusammengefasst. Klicken Sie mit der rechten Maustaste auf ein Blattregister, um es anzuzeigen (→ Abbildung 15.3). Sie können darüber die Blätter benennen, kopieren und verschieben, zusätzliche Blätter einfügen oder nicht benötigte löschen.

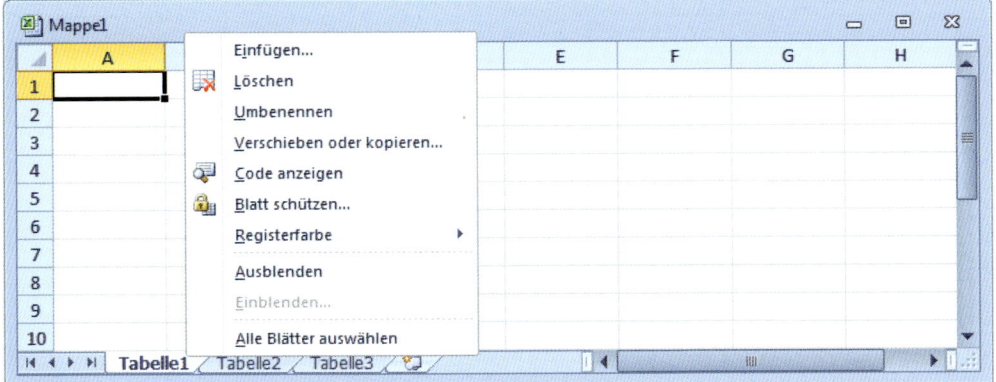

Abbildung 15.3
Das Kontextmenü zum Blattregister beinhaltet wichtige Befehle.

Die Navigation zwischen Blättern

Tabelle1 Von den Blättern einer Arbeitsmappe ist immer nur eines aktiv. Welches Blatt gerade aktiv ist, erkennen Sie an der hervorgehobenen Darstellung der Registerlasche am unteren Rand des Fensters. Nach dem Erstellen einer neuen Arbeitsmappe ist das immer das Blatt *Tabelle1*. Das ist auch zunächst die einzige, die Ihnen zur Verfügung steht, wenn Sie in Word eine solche Tabelle über den Befehl *Excel-Kalkulationstabelle* im Katalog zum Schaltfläche *Tabelle* der Gruppe *Tabellen* auf der Registerkarte *Einfügen* in das Dokument integrieren.

» **Tabelle2** Wenn Sie ein anderes Blatt anzeigen wollen – beispielsweise um darin Daten einzugeben –, müssen Sie das gewünschte Blatt über das Blattregister aktivieren, indem Sie auf die entsprechende Registerlasche klicken. Klicken Sie beispielsweise auf die Lasche *Tabelle2*, um dieses Blatt zu aktivieren und anzuzeigen.

» Aus Platzgründen sind aber am unteren Fensterrand immer nur die Registerlaschen von einigen Blättern sichtbar. Wie viele das sind, hängt auch von den Namen ab, die Sie den Blättern gegeben haben (→ folgende Abschnitte). Bei der Standardanzahl von drei Blättern pro Mappe sind alle drei Registerlaschen sichtbar. Wenn Sie später der Mappe weitere Blätter hinzufügen, sind meist einige Blattregister verdeckt. Sie können dann den Registerteiler – der kleine senkrechte Balken vor der horizontalen Bildlaufleiste – weiter nach rechts ziehen, um mehr Blattregister anzuzeigen. Das empfiehlt sich, wenn Sie beispielsweise mit vier Blättern arbeiten und oft zwischen dem ersten und dem vierten wechseln müssen.

» ⏮◀▶⏭ Wenn Sie aber die Registerlaschen aller Blätter in der Mappe nicht gleichzeitig anzeigen wollen, können Sie die Registerlaufpfeile benutzen, um nicht angezeigte Blattregister sichtbar zu machen. Das Klicken auf einen der Registerlaufpfeile verschiebt nur die gerade angezeigten Registerlaschen, wechselt aber nicht die aktive Tabelle. Zum endgültigen Wechseln müssen Sie anschließend noch auf die Lasche des Blatts klicken.

Blätter organisieren

Bezüglich der Anzahl der Blätter in einer Arbeitsmappe sind Sie nicht auf die standardmäßig vorgegebene Zahl von drei beschränkt: Sie können weitere hinzufügen, aber auch nicht benötigte löschen. Außerdem können Sie Blätter kopieren und durch Verschieben in eine andere Reihenfolge bringen. Zum Arbeiten benutzen Sie beispielsweise die Befehle in den Listen zu den Schaltflächen *Einfügen*, *Löschen* und *Format* der Gruppe *Zellen* auf der Registerkarte *Start* (→ Abbildung 15.4).

» Wenn Sie ein neues Blatt in die Mappe einfügen und dieses neue Blatt an das Ende der Liste der bereits vorhandenen Blätter stellen wollen, klicken Sie auf *Tabellenblatt einfügen* rechts neben den Blattregistern. Sie können das neue Blatt aber auch an einer beliebigen Stelle im Register einfügen. Aktivieren Sie dazu zunächst das Blatt, vor dem Sie das neue einfügen wollen. Wollen Sie beispielsweise zwischen *Tabelle1* und *Tabelle2* eine neue Tabelle einfügen, markieren Sie *Tabelle2*. Wählen Sie dann den Befehl *Blatt einfügen* in der Liste zur Schaltfläche *Einfügen* der Gruppe *Zellen*. Das neue Tabellenblatt wird daraufhin links vom markierten eingefügt.

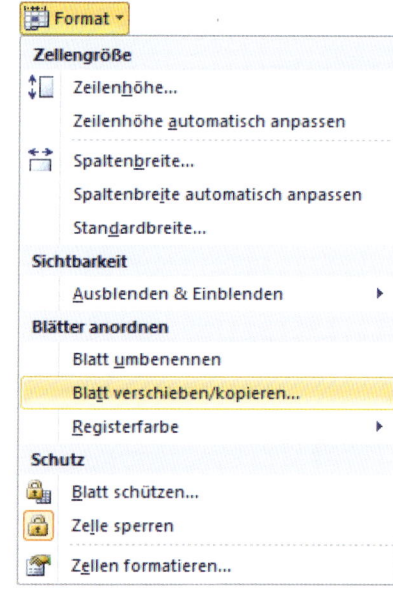

Abbildung 15.4
Einige Befehle zum
Organisieren von
Blättern

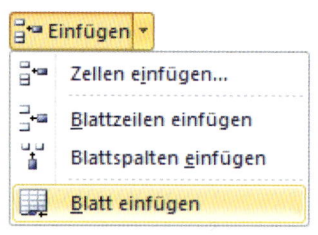

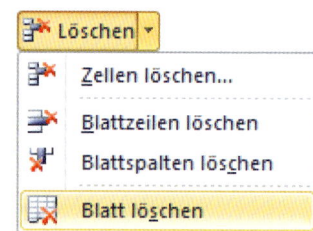

» Für den Namen des neuen Blatts wird die anfängliche Nummerierung fortgesetzt. Hatten Sie bisher die Blätter mit den Namen *Tabelle1*, *Tabelle2* und *Tabelle3* in Ihrer Mappe, trägt das neue den Namen *Tabelle4*. Hatten Sie vorher *Tabelle2* gelöscht – sind also nur *Tabelle1* und *Tabelle3* in der Mappe –, wird dem neuen Blatt wieder der Name *Tabelle2* gegeben.

» Um ein Blatt aus der Arbeitsmappe zu entfernen, aktivieren Sie dieses Blatt und wählen dann *Blatt löschen* in der Liste zur Schaltfläche *Löschen* der Gruppe *Zellen* der Registerkarte *Start*. Beachten Sie den anschließend angezeigten Warnhinweis, der Sie darauf aufmerksam macht, dass mit dem Blatt auch alle darin enthaltenen Daten für immer verschwinden. Mehrere Blätter können Sie in einem Arbeitsgang löschen, indem Sie sie vorher gemeinsam markieren.

» Das Verschieben oder das Kopieren von Blättern innerhalb einer Arbeitsmappe und zwischen verschiedenen Arbeitsmappen hat meist organisatorische Gründe. Verschieben und Kopieren können Sie sowohl innerhalb einer Mappe als auch zwischen verschiedenen Mappen. In beiden Fällen können Sie sowohl direkt mit der Maus als auch über ein Dialogfeld arbeiten: Zum Verschieben mit der Maus aktivieren Sie das gewünschte Blatt und verschieben es dann mittels der Maus an die gewünschte Stelle in

der Blattregisterleiste. Sie können es zwischen zwei Blättern derselben oder in einer anderen geöffneten Arbeitsmappe ablegen. Der zwischen den Registerlaschen angezeigte Pfeil kennzeichnet die Stelle, an der das Blatt eingefügt wird. Wollen Sie das Blatt kopieren, halten Sie während des gesamten Vorgangs die Strg-Taste gedrückt. Dabei wird ein zusätzliches Pluszeichen neben dem Mauszeiger angezeigt.

15.2 Daten eingeben und bearbeiten

In die Zellen einer Tabelle können Sie Texte und Zahlenwerte eingeben. Texteingaben dienen meist als Titel für Bereiche, Zeilen oder Spalten. Zahlen können als einzelne Daten eingegeben werden und ermöglichen – und darin liegt die wesentlichste Aufgabe von Excel – das Durchführen von Berechnungen.

15.2.1 Das Grundprinzip der Eingabe

Beschäftigen wir uns zunächst kurz mit dem Grundprinzip der Eingaben in Excel: In der Regel – aber nicht immer – wird jede Eingabe in einer anderen Zelle der Tabelle vorgenommen. Das gilt auch umgekehrt: Jede Zelle kann nur eine Eingabe aufnehmen.

Eingaben

Markieren Sie vor einer Eingabe also immer zuerst die Zelle, in der Sie die Eingabe vornehmen wollen. Der einfachste Weg dazu besteht darin, die gewünschte Zelle anzuklicken; Sie können aber auch andere Techniken benutzen. Die gerade markierte Zelle erkennen Sie an einem Rahmen um die Zelle. Geben Sie dann die Daten über die Tastatur ein. Die aktuellen Eingaben werden während der Eingabe sowohl in der Bearbeitungsleiste unterhalb des Menübands als auch in der gerade aktiven Zelle angezeigt (→ Abbildung 15.5).

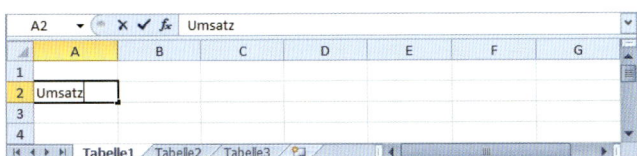

Abbildung 15.5 Eingaben werden in der Zelle und in der Bearbeitungsleiste angezeigt.

ACHTUNG Wenn eine Eingabe nicht in der gewünschten Zelle der Tabelle erscheint, haben Sie wahrscheinlich vergessen, die Zelle vor der Eingabe zu markieren. Ihre Eingaben werden immer in der aktuell markierten Zelle der Tabelle dargestellt!

Bestätigen

Jede Eingabe müssen Sie durch eine Bestätigung abschließen. Dazu können Sie sowohl die Schaltflächen in der Bearbeitungsleiste als auch die Tastatur verwenden (→ Tabelle 15.1 und Tabelle 15.2). Nach dem Bestätigen werden in der Grundeinstellung Texteingaben linksbündig und Zahlenwerte rechtsbündig angezeigt. Logische Konstanten werden zentriert.

Symbol	Beschreibung
✔	Zum Bestätigen klicken Sie auf dieses Symbol in der Bearbeitungsleiste oder Sie bestätigen über die Tastatur.
✖	Wenn Sie sich vor dem Bestätigen dazu entschließen sollten, die Eingabe doch nicht vorzunehmen, drücken Sie Esc oder klicken Sie auf dieses Symbol.

Tabelle 15.1 Die Schaltflächen zum Bestätigen und Verwerfen von Eingaben

Taste(n)	Beschreibung
↵	Bestätigen und die Zelle darunter markieren
⇥	Bestätigen und die Zelle rechts daneben markieren
⇧ + ⇥	Bestätigen und die Zelle links daneben markieren
Pfeiltaste	Bestätigen und die Zelle in der Richtung der verwendeten Pfeiltaste markieren

Tabelle 15.2 Verschiedene Tasten dienen zum Bestätigen von Eingaben.

Korrigieren

Fehler bei der Text- oder Zahleneingabe können Sie während der Eingabe oder auch erst nachträglich korrigieren.

» Während der Eingabe – also vor dem Bestätigen – können Sie die links vom Cursor stehenden Zeichen durch Drücken der Rück-Taste löschen.

» Wenn Sie schon bestätigt haben, müssen Sie die Zelle mit den zu korrigierenden Daten zuerst wieder markieren. Klicken Sie dann in der Bearbeitungsleiste die zu bearbeitende Stelle an. Die Einfügemarke erscheint in Form eines senkrechten Strichs (→ Abbildung 15.6). Korrigieren Sie dann den Zellinhalt und bestätigen Sie wieder. Statt in der Bearbeitungsleiste können Sie Eingaben auch in der Zelle selbst korrigieren. Dazu doppelklicken Sie in der Zelle, führen die Korrektur durch und bestätigen.

Die Korrektur in der Zelle selbst ist nur möglich, wenn die Option *Direkte Zellbearbeitung zulassen* in den *Excel-Optionen* aktiviert ist.

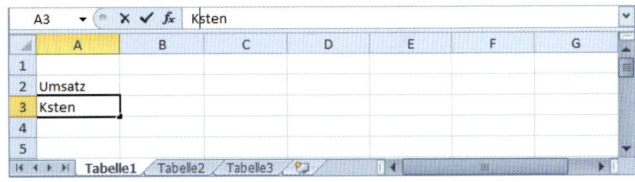

Abbildung 15.6 Die Korrektur erfolgt entweder in der Bearbeitungsleiste oder in der Zelle.

Die Mehrzahl der Eingaben und Befehle können Sie rückgängig machen. Verwenden Sie dazu den Befehl *Rückgängig* in der Symbolleiste für den Schnellzugriff.

15.2.2 Zellen und Bereiche markieren

Nicht nur die oben beschriebenen Eingaben, sondern auch viele Befehle beziehen sich immer auf die gerade aktive Zelle oder einen Bereich von Zellen. Durch das vorherige Markieren stellen Sie sicher, dass Sie genau die gewünschte Stelle in der Tabelle bearbeiten. Sie können eine Zelle, eine Zeile, eine Spalte, zusammenhängende Zellen, nicht zusammenhängende Zellen oder die ganze Tabelle markieren. Zum Markieren können Sie sich verschiedener Methoden bedienen.

Mit der Maus

Am schnellsten markieren Sie eine Zelle oder einen Zellbereich mithilfe der Maus. Das gilt jedenfalls dann, wenn die zu markierenden Zellen bereits in dem auf dem Bildschirm angezeigten Ausschnitt der Tabelle sichtbar sind oder sich in unmittelbarer Nachbarschaft befinden (→ Abbildung 15.7).

» Um eine einzelne Zelle zu markieren, bewegen Sie den Mauszeiger auf die Zelle und klicken sie dann mit der linken Maustaste an.

» Wenn Sie mehrere Zellen, die in Form eines rechteckigen Bereichs zusammenhängen, gemeinsam markieren wollen, setzen Sie den Mauszeiger auf eine Ecke des zu markierenden Zellbereichs und überstreichen bei gedrückt gehaltener Maustaste den Bereich.

» Zum Markieren einer ganzen Zeile klicken Sie auf den Zeilenkopf – das ist das Feld, in dem die Zeilennummer angezeigt wird. Wollen Sie mehrere aufeinanderfolgende Zeilen markieren, halten Sie die Maustaste gedrückt und verschieben dann den Mauszeiger über die Köpfe der zu markierenden Zeilen.

» Zum Markieren von Spalten gehen Sie entsprechend vor: Klicken Sie auf den Spaltenkopf – also das Feld, in dem der oder die Buchstaben zur Spaltenkennung angezeigt werden. Mehrere nebeneinander liegende Spalten markieren Sie, indem Sie die Maustaste gedrückt halten und den Mauszeiger über die Köpfe der zu markierenden Spalten verschieben.

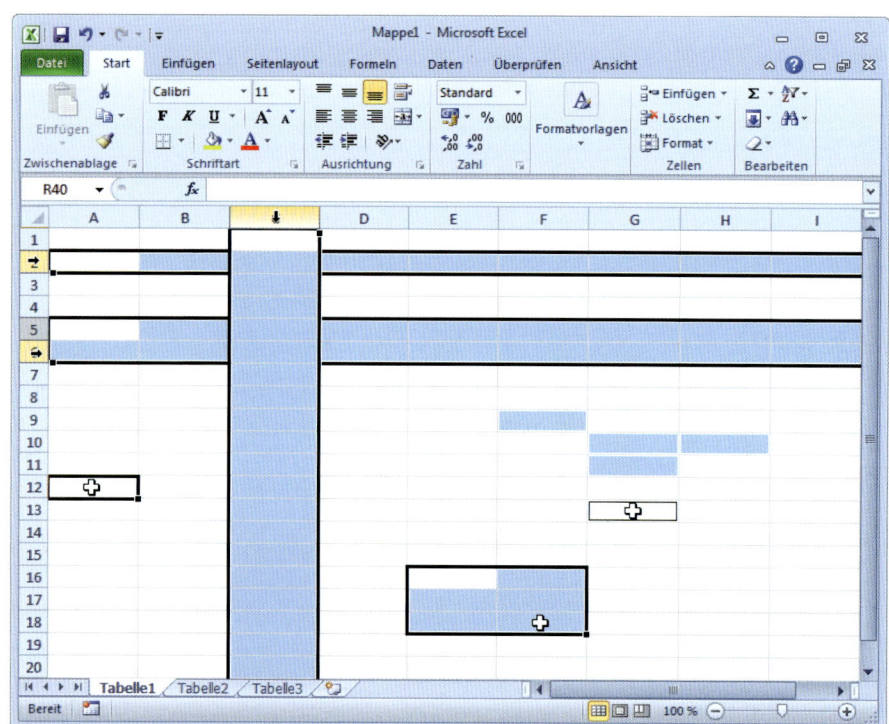

Abbildung 15.7
Sie können einzelne Zellen oder aber auch Zellbereiche schnell über die Maus markieren.

Taste(n)	Wirkung
↑, ↓, →, ←	Bewegen um eine Zelle nach oben, unten, links oder rechts
Strg +Pfeiltaste	Bewegen an den Rand des aktuellen Datenblocks
Pos1	Bewegen an den Anfang der Zeile
Strg + Pos1	Bewegen an den Anfang des Tabellenblatts
Strg + Ende	Bewegen zur letzten verwendeten Zelle im Tabellenblatt
Bild ↓	Bewegen um eine Bildschirmseite nach unten
Bild ↑	Bewegen um eine Bildschirmseite nach oben
Alt + Bild ↓	Bewegen um eine Bildschirmseite nach rechts
Alt + Bild ↑	Bewegen um eine Bildschirmseite nach links
Strg + Bild ↓	Wechseln zum nächsten Blatt in der Arbeitsmappe
Strg + Bild ↑	Wechseln zum vorherigen Blatt in der Arbeitsmappe
Strg + F6 bzw. Strg + ⇆	Wechseln zur nächsten Arbeitsmappe bzw. zum nächsten Fenster
F6	Wechseln zum nächsten Ausschnitt in einer Arbeitsmappe, die geteilt wurde
⇧ + F6	Wechseln zum vorherigen Ausschnitt in einer Arbeitsmappe, die geteilt wurde
Strg + Rück	Durchführen eines Bildlaufs, um die aktive Zelle anzuzeigen
F5	Anzeigen des Dialogfelds *Gehe zu*
⇧ + F5	Anzeigen des Dialogfelds *Suchen und Ersetzen*
⇧ + F4	Wiederholen des letzten Vorgangs *Suchen* (entspricht *Weitersuchen*)

Tabelle 15.3 Tasten und Tastenkombinationen zum Markieren von Zellen

» Sie können auch Zellen, die nicht in Form eines rechteckigen Blocks zusammenhängen, gemeinsam markieren. Markieren Sie dazu die erste Zelle oder den ersten Bereich und drücken Sie dann Strg. Halten Sie die Strg-Taste gedrückt und wählen Sie die nächste Zelle oder den nächsten Bereich.

Die Verwendung der Bildlaufleisten verschiebt zunächst nur den im Fenster angezeigten Ausschnitt der Tabelle. Um eine Zelle zu aktivieren, müssen Sie sie danach noch markieren.

Über die Tastatur

Mithilfe der Pfeiltasten und zusätzlichen Tastenkombinationen können Sie die Zellen ebenfalls markieren (→ Tabelle 15.3). Wenn Sie mehrere zusammenhängende Zellen gemeinsam markieren wollen, halten Sie die ⇧-

Taste gedrückt und verwenden dieselben Tastenkombinationen wie beim Markieren einzelner Zellen.

15.2.3 Zahlenwerte eingeben

Sie können in eine Tabelle Zahlen in unterschiedlichen Formaten eingeben, ohne dass Sie spezielle Formatanweisungen geben müssen. Dazu gehören sowohl normale Zahlenwerte als auch Datums- und Uhrzeitangaben und logische Konstanten. Sollten Sie das Format nachträglich ändern wollen, benutzen Sie die entsprechenden Formatierungsbefehle.

Normale Zahlenwerte

Im Prinzip geben Sie einen Zahlenwert so über die Tastatur ein, wie er in der Tabelle dargestellt werden soll (→ Abbildung 15.8). Einige Dinge sollten Sie aber zusätzlich beachten.

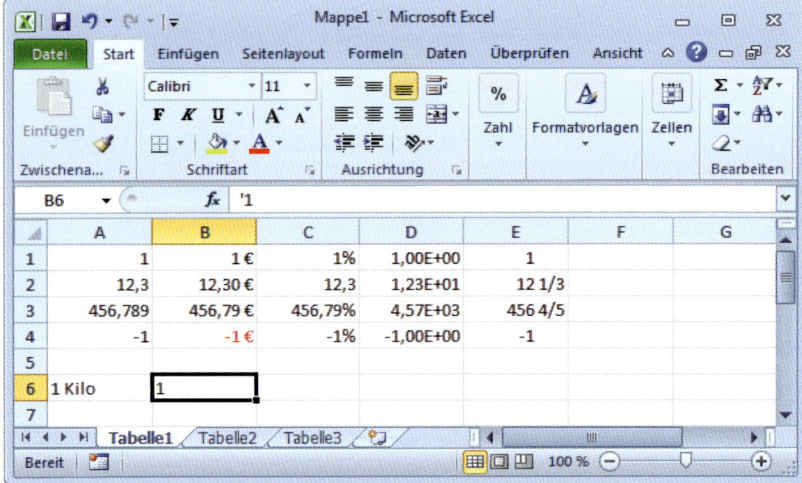

Abbildung 15.8
Zahlenwerte können in unterschiedlicher Form eingegeben werden.

» Positive Zahlen geben Sie direkt ein. Bei negativen Zahlen setzen Sie ein Minuszeichen davor.

» Dezimalzahlen können mit maximal 15 Stellen hinter dem Dezimalzeichen eingegeben werden. Als Dezimalzeichen wird in der Grundeinstellung das in den Ländereinstellungen des Betriebssystems gewählte Zeichen akzeptiert. Die deutschsprachigen Installationen von Windows benutzen dafür das Komma. Wenn Sie einen Punkt verwenden, wird die Eingabe als Datumswert interpretiert.

Excel zeigt im Format *Standard* die Stellen hinter dem Komma nur so weit wie notwendig an. Wenn Sie beispielsweise eine Dezimalzahl mit einer 0 als letzter Ziffer hinter dem Dezimalkomma eingeben, wird diese nach dem Bestätigen nicht angezeigt. Die Anzeige der Stellen hinter dem Komma regeln Sie über die Gruppe *Zahl* auf der Registerkarte *Start* (→ unten). Die Anzeige in der Tabelle ist dann unabhängig davon, wie viele Ziffern Sie hinter dem Komma eingeben.

» Durch Anfügen oder Voranstellen des Währungszeichens € schalten Sie das Währungsformat ein. Die Leerstelle zwischen der Zahl und dem Währungszeichen können Sie bei der Eingabe weglassen. Automatisch werden bei mehr als dreistelligen Zahlenwerten Tausendertrennzeichen eingefügt. Eine Eingabe von *1000 €* führt also zur Anzeige von *1.000 €*. Das ist aber von der gewählten Ländereinstellung abhängig: In der Schweiz wird beispielsweise ein Hochkomma als Tausendertrennzeichen verwendet. Auch hier ist eine beliebige Anzahl von Dezimalstellen möglich. Negative Werte im Währungsformat werden in der Grundeinstellung automatisch rot dargestellt.

» Brüche können ebenfalls direkt eingegeben werden. Wichtig ist, dass Sie die Eingabe mit einer ganzen Zahl beginnen und zwischen dieser und dem Bruch ein Leerzeichen einfügen. Für den Wert *2/3* verwenden Sie also die Eingabe *0 2/3*. Wenn bei Eingabe eines Bruchs dieser in eine Datumsangabe umgewandelt wird, haben Sie wahrscheinlich vergessen, zuerst eine führende *0* einzugeben. Setzen Sie nach der *0* eine Leerstelle und anschließend den gewünschten Bruchausdruck.

» Durch Anfügen des Prozentzeichens schalten Sie das Prozentformat für diese Eingabe ein. Ein Wert von *100%* entspricht dem Zahlenwert *1,00*.

» Auch das Format für die wissenschaftliche Darstellung – das die Eingabe von Zehnerpotenzen benutzt – können Sie direkt zur Eingabe verwenden. Um beispielsweise den Wert *1234* in diesem Format einzugeben, schreiben Sie *1,234E3* – für $1,234*10^3$. Auch kleine Zahlen können Sie in diesem Format eingeben. Um den Wert *0,001234* in diesem Format einzugeben, schreiben Sie *1,234E-3* – für $1,234*10^{-3}$.

» Andere Einheiten – wie beispielsweise Fremdwährungsangaben oder Mengeneinheiten – sollten Sie nicht direkt eingeben. Eingaben dieser Art erscheinen zwar in der Zelle, werden aber als Text interpretiert und mit einem solchen können Sie keine Berechnungen durchführen. Sie können dafür aber Sonderformate definieren, die die Einheit nach Eingabe des Zahlenwerts mit anzeigen.

» Wenn Sie eine Zahl als Text eingeben wollen, stellen Sie dem Wert ein einfaches Anführungszeichen (,) voraus. Eine solche Eingabe wird – wie jede Texteingabe – automatisch linksbündig angezeigt, das Anführungszeichen erscheint nicht in der Zelle, aber in der Bearbeitungsleiste. Auf der Basis von Zahlen im Textformat können keine numerischen Berechnungen durchgeführt werden.

Falsche Anzeige?

In einigen Fällen werden Sie bemerken, dass der in der Zelle angezeigte Wert zumindest optisch nicht dem entspricht, was Sie über die Tastatur eingegeben haben. Das kann mehrere Gründe haben:

» Haben Sie für eine Zelle einmal eine Eingabe gewählt, die das Format der Zelle ändert, wird die Zelle auf dieses Format gesetzt. Haben Sie die Zelle beispielsweise durch Eingabe von 65% auf das Prozentformat gesetzt, führt eine nachfolgende Eingabe in derselben Zelle als Dezimalzahl wieder zur Anzeige im Prozentformat. Eine Eingabe von 5 wird dann als 500% angezeigt. Um das zu vermeiden, müssen Sie das Zahlenformat der Zelle auf das Standardformat zurücksetzen – beispielsweise indem Sie die Zelle markieren und dann Strg + & drücken.

» Wesentlich für die Anzeige einer eingegebenen Zahl ist auch die Breite der Zelle beziehungsweise der Spalte, zu der diese Zelle gehört (→ Abbildung 15.9). Ist diese zu klein, erfolgt die Anzeige möglicherweise in einer anderen Form als gewünscht. Wenn Sie beispielsweise in eine Zelle eine längere Zahl – etwa 1000000 – eingegeben haben, wird diese Eingabe nur in dieser Form angezeigt, wenn die Breite ausreicht – also Raum für mindestens sieben Stellen vorhanden ist. Ist das nicht der Fall, wird automatisch zur wissenschaftlichen Anzeige umgeschaltet: Der Zahlenwert erscheint als 1E+06. Ist die Breite auch zur Anzeige in dieser Form zu gering, erscheinen nur #-Zeichen in der Zelle. Das ist aber keine Fehlermeldung, Berechnungen auf der Basis eines in dieser Form angezeigten Zahlenwerts funktionieren wie gewünscht. Zum Ändern der Anzeige müs-

sen Sie einfach die Spaltenbreite vergrößern (→ unten).

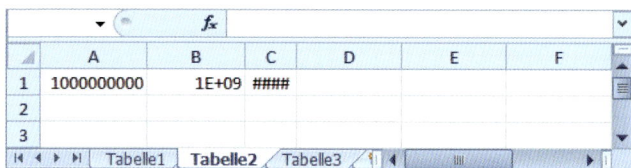

Abbildung 15.9 In allen Zellen wurde derselbe Zahlenwert eingegeben. Die verschiedenen Spaltenbreiten führen zu unterschiedlichen Anzeigen.

Datums- und Uhrzeitangaben

Auch Datumswerte und Uhrzeitangaben können mit unterschiedlichen Formaten direkt in die Zellen der Tabelle eingegeben werden (→ Abbildung 15.10). Solche Werte werden intern als normale Zahlen verarbeitet, aber mit einem besonderen Format angezeigt. Beispielsweise entspricht das Datum 24.12.2010 der Zahl 40536, die Uhrzeitangabe 12:00 dem Wert 0,5. Normale Zahlenwerte, Datums- und Uhrzeitangaben können durch Wahl eines anderen Formats entsprechend umgewandelt werden.

	A	B	C	D	E
1	24.12.2010		24:00:00		
2	24. Dez 10		12:00 PM		
3	Dez 10		23:59,9		
4	24. Dez				
5					

Tabelle3 / Tabelle4

Abbildung 15.10 Datum und Uhrzeit können in mehreren Formaten eingegeben werden.

» Zur Eingabe einer vollständigen Datumsangabe in Zahlenwerten verwenden Sie eines der Formate Tag.Monat.Jahr – beispielsweise 11.6.2010 –, Tag-Monat-Jahr – beispielsweise 11-6-2010 – oder Tag/Monat/Jahr – beispielsweise 11/6/2010. Tag und Monat können dabei als ein- oder zweistellige Zahl, das Jahr als zwei- oder vierstellige Zahl eingegeben werden. Alle drei Eingabeformen werden standardmäßig nach dem Bestätigen in der Tabelle im Format Tag.Monat.Jahr angezeigt.

» Im Fall von Datumsangaben können auch Abkürzungen für den Monatsnamen eingegeben werden. Wenn Sie den Monat ausschreiben, wird die Eingabe nach dem Bestätigen automatisch durch die Abkürzung ersetzt.

» Auch die Uhrzeit können Sie direkt eingeben. Verwenden Sie eines der Eingabeformate *Stunde:Minute* oder *Stunde:Minute:Sekunde*. Stunde, Minute und Sekunde können als ein- oder zweistellige Zahl eingegeben werden, die Anzeige erfolgt immer zweistellig.

Um die aktuellen Daten für Datum und/oder Uhrzeit aus dem Betriebssystem zu übernehmen, können Sie Tastenkombinationen verwenden. Diese Daten ändern sich zu einem späteren Zeitpunkt nicht mehr.

Tasten	Beschreibung
Strg + .	Aktuelles Datum einfügen
Strg + :	Aktuelle Uhrzeit einfügen

Tabelle 15.4 Tastenkürzel für das aktuelle Datum und die aktuelle Uhrzeit

TIPP Wollen Sie erreichen, dass Datum und Uhrzeit nach jeder Berechnung der Tabelle aktualisiert werden, benutzen Sie die Funktion *=JETZT()*.

Logische Konstante

Auch die beiden logischen Konstanten *WAHR* und *FALSCH* können Sie direkt in eine Zelle eingeben (→ Abbildung 15.11). Beachten Sie, dass es sich hierbei nicht um Texteingaben handelt, sondern um die Zahlenwerte *1* und *0*, die in einem besonderen Format angezeigt werden. Um das auch optisch zu zeigen, werden die logischen Konstanten zentriert und in Großbuchstaben – auch wenn Sie Kleinbuchstaben zur Eingabe verwenden – angezeigt.

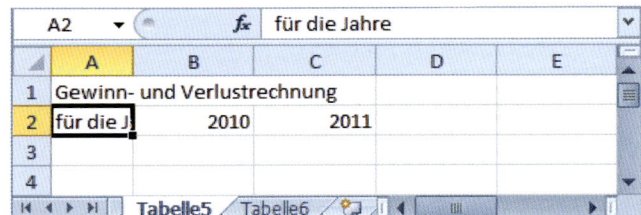

Abbildung 15.11 Wahrheitswerte – hier links – sind keine Texteingaben.

TIPP Wollen Sie die Wörter *Wahr* oder *Falsch* tatsächlich als Texteingabe in einer Zelle verwenden, stellen Sie dem Wort ein einfaches Anführungszeichen (,) voran. Eine solche Eingabe wird – wie jede Texteingabe – automatisch linksbündig angezeigt, das Anführungszeichen erscheint nicht in der Zelle, aber in der Bearbeitungsleiste.

15.2.4 Texteingaben

Texteingaben dienen meist als Titel für Tabellen oder als Zeilen- oder Spaltenbeschriftungen. Auch hier gelten die üblichen Methoden zur Eingabe: Markieren Sie zuerst die gewünschte Zelle und geben Sie dann den Text ein. Ihre Eingaben erscheinen in der Bearbeitungsleiste und der vorher markierten Zelle (→ Abbildung 15.12). Beachten Sie aber eine Besonderheit: Texteingaben, die für die eingestellte Spaltenbreite zu lang sind, werden abgeschnitten, wenn sich in der Zelle rechts davon eine Eingabe befindet. Für eine vollständige Anzeige müssen Sie in diesem Fall die Spaltenbreite vergrößern (→ unten).

Abbildung 15.12 Zu lange Texteingaben werden abgeschnitten, wenn sich in der Zelle rechts davon ein Eintrag befindet.

TIPP Für Texteingaben können Sie außerdem mehrere Methoden der AutoKorrektur und eine Rechtschreibprüfung vornehmen (→ Kapitel 10). Über die *AutoKorrektur-Optionen* können Sie Tippfehler, die Ihnen häufig unterlaufen, automatisch korrigieren lassen. Außerdem finden Sie hier die schon vordefinierten Codes für eine vereinfachte Eingabe von Sonderzeichen. Weitere Sonderzeichen können Sie definieren. Viele der hier verfügbaren Optionen sind natürlich bei einem Programm für Textverarbeitung wichtiger, haben aber auch in Excel ihren Sinn.

15.3 Tabellen editieren

In diesem Abschnitt beschäftigen wir uns mit dem Editieren von bereits vorhandenen Eingaben in Tabellen. Wir wollen zeigen, wie man Zellen oder Zellbereiche kopiert oder verlagert, einfügt und löscht.

15.3.1 Daten verschieben und kopieren

Einträge in Zellen können Sie an andere Stellen in der Tabelle kopieren oder verschieben. Dazu können Sie mit Drag&Drop oder mit *Ausschneiden* beziehungsweise *Kopieren* und *Einfügen* arbeiten. Beachten Sie, dass sich beim Kopieren von Zellen, die Bezugsadressen beinhalten, absolute und relative Bezüge unterschiedlich verhalten. Auf diese verschiedenen Bezugsadressen und die Unterschiede beim Kopieren werden wir aber noch eingehen.

Drag&Drop

Am schnellsten funktioniert das Kopieren oder Verschieben mittels Maus und Drag&Drop.

» Markieren Sie zuerst die entsprechende(n) Zelle(n) und positionieren Sie den Zeiger auf einem Rand des Auswahlrahmens. Dass Sie die richtige Stelle gewählt haben, erkennen Sie daran, dass sich der Zeiger in einen Vierfachpfeil ändert. Wenn Sie die Auswahl kopieren – nicht verschieben – wollen, drücken Sie zusätzlich die `Strg`-Taste und halten sie gedrückt. Ein zusätzliches Pluszeichen wird in diesem Fall neben dem Mauszeiger eingeblendet.

» Ziehen Sie die Auswahl zu dem Bereich, in den Sie die Daten verschieben oder kopieren wollen. Während des Ziehens zeigt ein Rahmen die neue Position an. Die aktuelle Einfügeadresse wird in der QuickInfo angezeigt. Wenn Sie sich an der gewünschten Stelle befinden, lassen Sie die Maustaste los.

» Sollen die Zellen mit den einzufügenden Daten zwischen vorhandenen Zellen platziert werden, halten Sie beim Kopieren beziehungsweise Verschieben zusätzlich die `⇧`-Taste gedrückt und bringen Sie den Mauszeiger über eine Gitternetzlinie. Die Stelle, an der eingefügt wird, wird entsprechend gekennzeichnet. Vorhandene Zellen und Daten werden verschoben, um Raum für die neuen Zellen zu schaffen.

» Ist das Ziel eine andere Tabelle in derselben Arbeitsmappe, müssen Sie den Mauszeiger über das Blattregister führen. Sobald der Mauszeiger das Blattregister berührt, wird die Zieltabelle aktiviert. Bewegen Sie dort die Daten an die gewünschte Stelle.

» Ist das Ziel eine andere geöffnete Arbeitsmappe, ziehen Sie die markierten Zellen einfach vom einen in das andere Dokumentfenster (ordnen Sie vorher die Fenster entsprechend an).

Über die Zwischenablage

Zum Verschieben oder Kopieren von Zellbereichen können Sie ebenso die Zwischenablage von Windows oder Office verwenden (→ Kapitel 4). Markieren Sie auch in diesem Fall zunächst die Zelle(n), die verschoben oder kopiert werden soll(en). Beachten Sie die folgenden Besonderheiten für Excel:

» Der anfangs markierte Bereich wird von einem blinkenden Laufrahmen umgeben. Das ist das Zeichen dafür, dass sich eine Kopie dieses Bereichs in der Zwischenablage befindet. Er kann jetzt noch an weiteren Stellen eingefügt werden. Um den Rahmen abzuschalten, drücken Sie die `Esc`-Taste.

» Die Schaltfläche *Einfügeoptionen* wird unmittelbar unterhalb der eingefügten Auswahl angezeigt (→ Abbildung 15.13). Wenn Sie auf die Schaltfläche klicken, wird ein Menü angezeigt, in dem Sie auswählen können, wie die Informationen in das Arbeitsblatt eingefügt werden sollen. Die Verfügbarkeit der Optionen hängt von der Art des einzufügenden Inhalts, vom Programm, aus dem die einzufügenden Daten stammen, sowie vom Format der Inhalte, in die Sie einfügen möchten, ab.

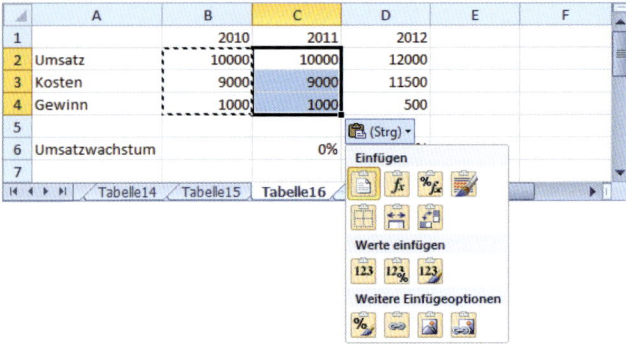

Abbildung 15.13 Die Optionen zum Einfügen

Inhalte vor dem Einfügen kontrollieren

Beim Einfügen aus der Zwischenablage können Sie die einzufügenden Daten nicht nur einfach übernehmen, sondern auch gleich noch abwandeln. Dazu können Sie einerseits die *Einfügeoptionen* verwenden und dann angeben, wie die Daten verwendet werden sollen. Klicken Sie zum Einfügen aus der Zwischenablage auf die Pfeilspitze zur Schaltfläche *Einfügen*. Wählen Sie aus der Liste, was Sie einfügen wollen (→ Tabelle 15.5).

 Einfügen: ist die Standardeinstellung.

 Formeln: fügt nur die in der Bearbeitungsleiste angezeigten Formeln der kopierten Daten ein.

 Formeln und Zahlenformat: übernimmt neben den Formeln auch das eingestellte Zahlenformat.

 Ursprüngliche Formatierung beibehalten: übernimmt beim Einfügen die Formate der Quelldaten.

 Keine Rahmenlinien: entfernt beim Einfügen im Quellbereich vorhandene Rahmen und Linien.

 Breite der Ursprungsspalte beibehalten: übernimmt beim Einfügen die Breite der Spalte der Quelldaten.

 Transponieren: vertauscht beim Einfügen Zeilen und Spalten. Dazu muss sich ein Bereich aus mehreren Zeilen und Spalten in der Zwischenablage befinden.

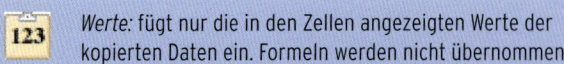 *Werte:* fügt nur die in den Zellen angezeigten Werte der kopierten Daten ein. Formeln werden nicht übernommen.

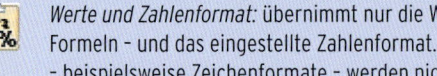 *Werte und Zahlenformat:* übernimmt nur die Werte - nicht die Formeln - und das eingestellte Zahlenformat. Andere Formate - beispielsweise Zeichenformate - werden nicht übernommen.

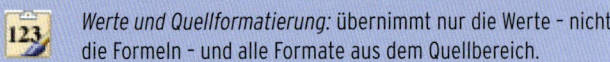 *Werte und Quellformatierung:* übernimmt nur die Werte - nicht die Formeln - und alle Formate aus dem Quellbereich.

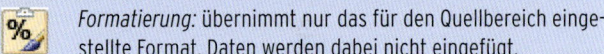 *Formatierung:* übernimmt nur das für den Quellbereich eingestellte Format. Daten werden dabei nicht eingefügt.

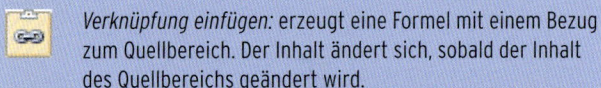 *Verknüpfung einfügen:* erzeugt eine Formel mit einem Bezug zum Quellbereich. Der Inhalt ändert sich, sobald der Inhalt des Quellbereichs geändert wird.

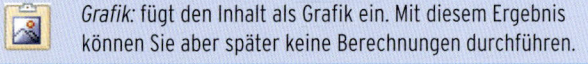 *Grafik:* fügt den Inhalt als Grafik ein. Mit diesem Ergebnis können Sie aber später keine Berechnungen durchführen.

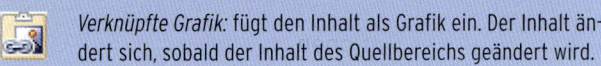 *Verknüpfte Grafik:* fügt den Inhalt als Grafik ein. Der Inhalt ändert sich, sobald der Inhalt des Quellbereichs geändert wird.

Tabelle 15.5 Die Optionen zum Einfügen

15.3.2 Ausfüllen

Wenn die Zellen, in die kopiert werden soll, direkt neben, unter oder über den Zellen liegen, die kopiert werden sollen, können Sie den Kopierprozess einfacher gestalten, indem Sie die Ausfüllfunktion von Microsoft Excel nutzen. Außerdem können Sie diese Technik dazu benutzen, bestehende Datenreihen zu erweitern und damit fortzuschreiben.

Ausfüllen über Befehlsschaltfläche

Markieren Sie die Zelle(n), die kopiert werden soll(en), zusammen mit dem benachbarten Bereich, der ausgefüllt werden soll. Wählen Sie dann den gewünschten Befehl in der Liste zur Befehlsschaltfläche *Füllbereich* in der Gruppe *Bearbeiten* (→ Abbildung 15.14).

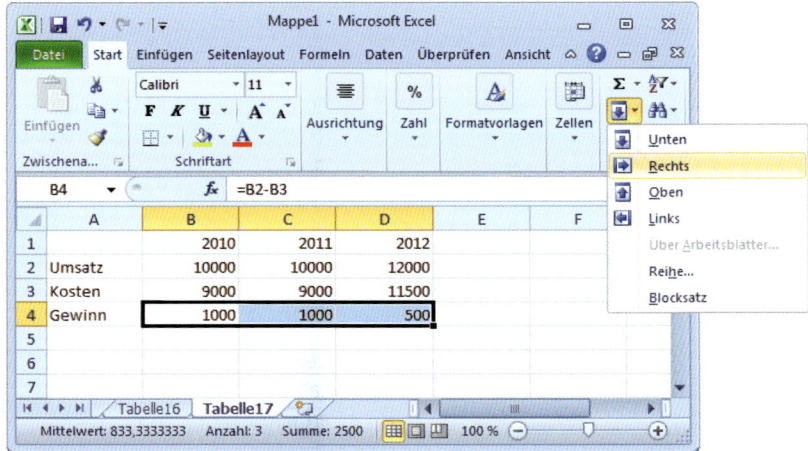

Abbildung 15.14 Zellinhalte können Sie in mehrere benachbarte Zellen kopieren.

» Die ersten vier Optionen im Untermenü erlauben ein Ausfüllen in unterschiedliche Richtungen. Der Befehl *Rechts* kopiert den Inhalt einer Zelle oder eines Bereichs in die rechts angrenzenden Zellen. Um in die links angrenzenden Zellen zu kopieren, wählen Sie den Befehl *Links*. Der Befehl *Unten* kopiert den Inhalt einer Zelle oder eines Bereichs in die darunter liegenden Zellen. Um die letzte Zeile der Auswahl in die oben angrenzenden Zellen zu kopieren, wählen Sie den Befehl *Oben*. Je nachdem, was Sie markiert haben, sind immer nur bestimmte Optionen verfügbar. Der Rest wird abgeblendet angezeigt.

» Die Option *Blocksatz* im Menü zum Befehl *Füllbereich* ordnet die Textinhalte von Zellen so an, dass diese den markierten Bereich ausfüllen. Zahlen oder Formeln können nicht bündig angeordnet werden.

» Der Befehl *Über Arbeitsblätter* im Menü zum Befehl *Füllbereich* kopiert den Inhalt des im aktiven Tabellenblatt markierten Zellbereichs in denselben Zellbereich aller anderen markierten Blätter einer Gruppe. Dieser Befehl ist nur verfügbar, wenn mehrere Blätter markiert sind.

Texte und Zahlenwerte werden wie angezeigt kopiert, Formeln und Funktionen verhalten sich entsprechend der Form der verwendeten Bezüge.

Datenreihen ausfüllen

Sie können mit *Füllbereich* auch automatisch eine Datenreihe erstellen beziehungsweise eine vorhandene ausweiten lassen. Geben Sie hierzu zumindest das erste Element der Reihe ein und markieren Sie dann den Bereich, in dem Sie die Reihe erstellen wollen. Wählen Sie anschließend den Befehl *Reihe* in der Liste zur Befehlsschaltfläche *Füllbereich* in der Gruppe *Bearbeiten*.

Geben Sie im Dialogfeld *Reihe* die Parameter für die Fortschreibung der Reihe an (→ Abbildung 15.15). Wenn Sie mehrere Spalten und Zeilen markiert haben, müssen Sie über *Reihe in* angeben, ob die Reihe in Spalten oder in Zeilen erstellt werden soll. Außerdem ergeben sich einige Unterschiede für reine Zahlenreihen und Reihen aus Datumswerten.

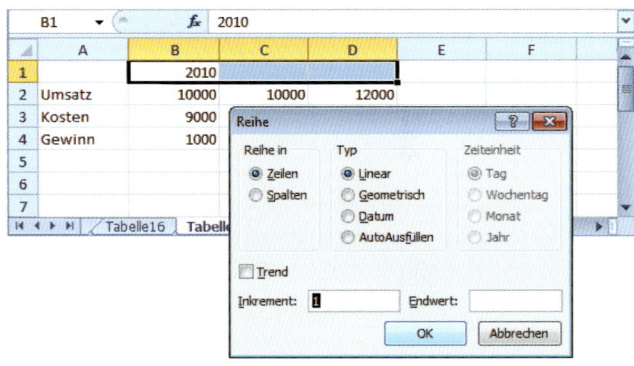

Abbildung 15.15 Mit *Reihe* können Sie auch Datenreihen erstellen.

Unter *Typ* geben Sie die Art der Fortschreibung an. Sie legen damit fest, um welchen Wert die Daten von Feld zu Feld ansteigen sollen:

» *Linear* bedeutet, dass der Wert von Zelle zu Zelle um einen konstanten Wert erhöht wird. Die Reihe *1, 2, 3, 4, 5* usw. ist eine lineare Reihe. Den Wert, um den die Reihe erhöht werden soll, legen Sie über *Inkrement* fest. Alternativ können Sie hier auch den Wert für das letzte Feld der Reihe im Feld *Endwert* eingeben. Das Inkrement wird dann automatisch errechnet.

» Mit *Geometrisch* geben Sie an, dass die Reihe einer geometrischen Struktur folgen soll. Solche Reihen vervielfachen den Wert von Element zu Element – beispielsweise ist *1, 2, 4, 8, 16* usw. eine geometrische Reihe.

» Wenn Sie die Option *AutoAusfüllen* wählen, wird der im Feld *Inkrement* eingegebene Wert ignoriert.

» Wenn Sie die Option *Datum* aktivieren, müssen Sie im Gruppenfeld *Zeiteinheit* eine Einheit wählen. Auf diese Weise können Sie einen Datumswert tageweise, monatlich oder jährlich fortschreiben. Die Option *Wochentag* bedeutet hier, dass nur die Tage von Montag bis Freitag benutzt werden. Auch hier können Sie ein Inkrement angeben – beispielsweise *3*, wenn nur jeder dritte Monat in der Reihe verwendet werden soll.

Nach dem Bestätigen wird die Datenreihe erstellt.

AutoAusfüllen mit der Maus

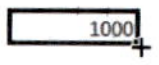
Die Funktion *AutoAusfüllen* ermöglicht das Ausfüllen allein durch Ziehen mit der Maus. Markieren Sie die Zelle(n) mit den zu kopierenden Daten und positionieren Sie den Zeiger auf dem Ausfüllkästchen – das schwarze Quadrat in der rechten unteren Ecke der Auswahl. Der Zeiger wechselt zur Form eines Kreuzes. Drücken Sie die Maustaste und markieren Sie dann den Bereich, der mit Daten ausgefüllt werden soll. Lassen Sie abschließend die Maustaste los. Die Daten werden fortgeschrieben (Abbildung 15.16).

ACHTUNG Wenn Sie ein Ausfüllkästchen in der Auswahl nach oben oder nach links ziehen und in den ausgewählten Zellen anhalten, ohne es zuvor an der ersten Spalte oder an der obersten Zeile vorbeigezogen zu haben, werden die Daten in der Auswahl gelöscht.

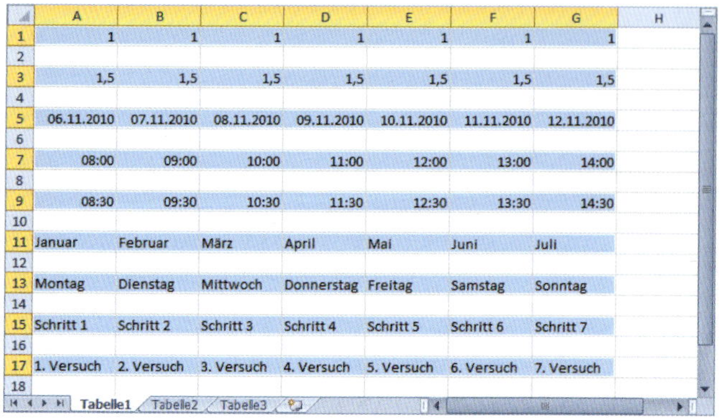

	A	B	C	D	E	F	G	H
1	1	1	1	1	1	1	1	
2								
3	1,5	1,5	1,5	1,5	1,5	1,5	1,5	
4								
5	06.11.2010	07.11.2010	08.11.2010	09.11.2010	10.11.2010	11.11.2010	12.11.2010	
6								
7	08:00	09:00	10:00	11:00	12:00	13:00	14:00	
8								
9	08:30	09:30	10:30	11:30	12:30	13:30	14:30	
10								
11	Januar	Februar	März	April	Mai	Juni	Juli	
12								
13	Montag	Dienstag	Mittwoch	Donnerstag	Freitag	Samstag	Sonntag	
14								
15	Schritt 1	Schritt 2	Schritt 3	Schritt 4	Schritt 5	Schritt 6	Schritt 7	
16								
17	1. Versuch	2. Versuch	3. Versuch	4. Versuch	5. Versuch	6. Versuch	7. Versuch	
18								

Tabelle1 Tabelle2 Tabelle3

Abbildung 15.16 Verschiedene Daten werden unterschiedlich fortgeschrieben.

» Texteingaben werden wie eingegeben fortgeschrieben, sofern sie nicht über *Benutzerdefinierte Listen bearbeiten* im Fenster der *Excel-Optionen* als Element einer Reihe aufgelistet sind. Beispielsweise werden Textangaben für Monate und Wochentage fortgeschrieben, da sie in der Grundeinstellung des Programms als Liste eingetragen sind.

» Zahlenwerte, Datums- und kombinierte Angaben werden fortgeschrieben: Zahlenwerte werden um den Wert 1 erhöht. Datumsangaben werden jeweils um einen Tag erhöht. Uhrzeitangaben werden um eine Stunde erhöht. Bei aus Texten und Zahlenwerten kombinierten Angaben wird der Zahlenteil um jeweils 1 erhöht.

» Die Schaltfläche *Auto-Ausfülloptionen* wird unmittelbar unterhalb der Füllauswahl angezeigt. Wenn Sie auf die Schaltfläche klicken, wird ein Menü angezeigt, das Optionen für den Umgang mit dem Text oder den Daten beim Ausfüllen enthält – *Zellen kopieren* benutzt Inhalte und Formate, alternativ können Sie nur die Formate oder nur die Inhalte fortschreiben. Die Verfügbarkeit der Optionen hängt vom einzufüllenden Inhalt, vom Programm, aus dem die einzufüllenden Daten stammen, sowie vom Format des Textes beziehungsweise der Daten, die Sie einfüllen möchten, ab.

Wenn Sie beim Ausfüllen zusätzlich die Strg-Taste drücken, erreichen Sie ein reines Kopieren der Eingaben. Ein zusätzliches Pluszeichen wird dann neben dem Ausfüllen-Mauszeiger angezeigt. Beachten Sie, dass sich dabei andere Ergebnisse zeigen (→ Abbildung 15.17).

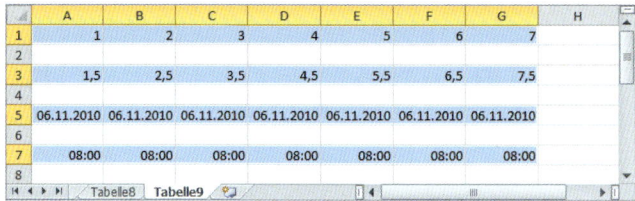

Abbildung 15.17 Die Daten werden fortgeschrieben.

15.3.3 Zellbereiche einfügen oder löschen

Falls Sie zwischen Zellen, in denen Sie bereits Daten eingegeben haben, zusätzliche Eingaben vornehmen wollen, brauchen Sie die vorhandenen Eingaben nicht zu verschieben. Sie können stattdessen Spalten, Zeilen, einzelne Zellen oder Zellbereiche in die Tabelle einfügen. Auf ähnliche Weise können Sie auch Elemente aus der Tabelle entfernen. Benutzen Sie dazu die Befehlsschaltflächen zur Gruppe *Zellen* auf der Registerkarte *Start* (→ Abbildung 15.18).

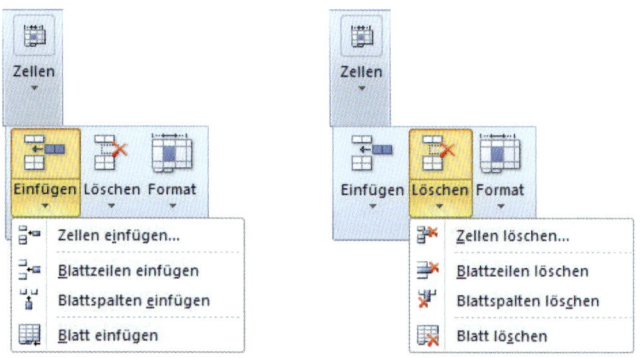

Abbildung 15.18 Die Befehle zum *Einfügen* und zum *Löschen*

Zeilen und Spalten einfügen

Sie können leere Spalten und Zeilen mithilfe der Maus oder mit Befehlen erzeugen: Bei der Arbeit über das Menüband markieren Sie die Spalte(n) oder Zeile(n), vor der/denen die neue(n) Spalte(n) beziehungsweise Zeile(n) eingefügt werden soll(en), und wählen dann in der Liste zur Befehlsschaltfläche *Einfügen* den Befehl *Blattspalten einfügen* beziehungsweise *Blattzeilen einfügen*.

TIPP Sie können auch mehrere Spalten oder Zeilen in einem Arbeitsgang markieren und damit neue Zeilen beziehungsweise Spalten einfügen.

Zellinhalte oder Bereiche löschen

In Zellen eingegebene Daten können natürlich bei Bedarf wieder gelöscht werden. Dazu drücken Sie nach dem Markieren einfach die Taste ⌈Entf⌋. Sie können Zellbereiche auch direkt über die Maus löschen: Positionieren Sie den Mauszeiger auf dem Ausfüllkästchen in der unteren rechten Ecke der Auswahl. Der Zeiger wird daraufhin als Kreuz dargestellt. Ziehen Sie das Ausfüllkästchen in die obere linke Ecke des vorher markierten Bereichs. Die ganze Auswahl wird grau angezeigt. Lassen Sie die Maustaste los. Die direkten Eingaben im Bereich werden daraufhin gelöscht. Vorhandene Formate und Kommentare bleiben erhalten.

Anstatt nur die Inhalte von Zellbereichen zu löschen, können Sie Zellbereiche - auch ganze Spalten oder Zeilen - vollständig entfernen. Auch hier können Sie Befehle verwenden oder mit der Maus arbeiten. Denken Sie aber vorher daran, dass Formeln und Funktionen mit Bezügen, die sich auf eine gelöschte Zelle beziehen, nach dem Löschen andere - meist falsche - Werte aufweisen. Markieren Sie zunächst den Zellbereich, den Sie löschen wollen. Öffnen Sie dann die Liste zur Schaltfläche *Löschen* in der Gruppe *Zellen* der Registerkarte *Start* und wählen Sie den entsprechenden Befehl aus. Wenn Sie hier *Zellen löschen* wählen, wird das Dialogfeld *Löschen* angezeigt, in dem Sie angeben müssen, wie die verbleibenden Zellen verschoben werden sollen.

» Mit den beiden Optionen im oberen Bereich können Sie die Zellen rechts vom vorher markierten Bereich nach links rücken beziehungsweise die darunter gelegenen Zellen nach oben.

» Die Optionen darunter entfernen die zu den markierten Zellen gehörenden Zeilen beziehungsweise Spalten vollständig.

ACHTUNG Die Ergebnisse eines solchen Vorgangs entsprechen nicht immer den Erwartungen. Überlegen Sie vorher genau, welche Verschiebung Sie wünschen. Formeln in Zellen, die sich auf die gelöschten Bereiche beziehen, zeigen nach dem Löschen eine Fehlermeldung.

Sie können einzelne Zellen auch direkt mit der Maus löschen. Dazu markieren Sie den Bereich und positionieren den Mauszeiger unten rechts auf dem Ausfüllkästchen. Der Zeiger wird daraufhin als Kreuz dargestellt. Drücken

Sie ⇧ und ziehen Sie das Ausfüllkästchen nach oben. Der Mauszeiger nimmt daraufhin die Form eines Doppelpfeils an. Lassen Sie dann die Maustaste und die ⇧-Taste los. Die Zellen werden gelöscht und die unterhalb des markierten Bereichs liegenden Zellen werden nach oben verschoben.

15.3.4 Suchen und Ersetzen

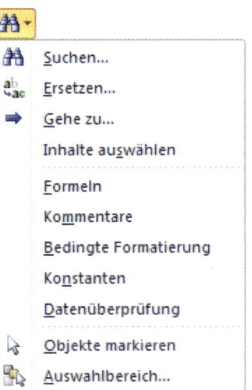

Sie können eine Tabelle oder einen markierten Bereich nach Zeichen oder Zeichenfolgen durchsuchen und diese – wenn gewünscht – durch andere ersetzen lassen. Dazu benutzen Sie die Optionen in der Liste zur Befehlsschaltfläche *Suchen und Auswählen* in der Gruppe *Bearbeiten* auf der Registerkarte *Start*.

Suchen

Zum Suchen markieren Sie in der Tabelle gegebenenfalls den Bereich, den Sie durchsuchen wollen. Falls nur eine Zelle markiert wurde, durchsucht Microsoft Excel die ganze Tabelle. Wählen Sie dann in der Liste den Befehl *Suchen*. Das Dialogfeld *Suchen und Ersetzen* wird angezeigt (→ Abbildung 15.19).

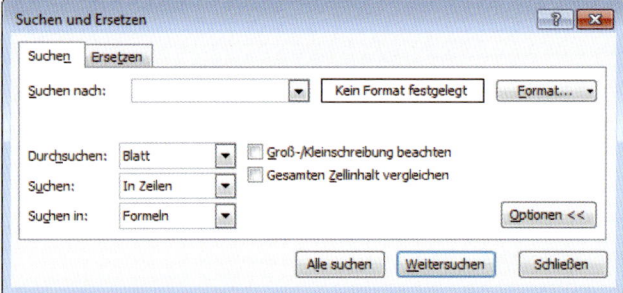

Abbildung 15.19 Sie können nach Zellinhalten und Formaten suchen lassen.

» Geben Sie in das Feld *Suchen nach* das oder die Zeichen ein, nach denen gesucht werden soll. Sie können dabei beliebige Buchstaben, Zahlen, Satzzeichen oder die Stellvertreterzeichen * und ? verwenden (→ Tabelle 15.6). Um nach den Zeichen * oder ? selbst zu suchen, müssen Sie diesen eine Tilde (~) voranstellen.

Zeichen	Beschreibung
*	Steht für eine beliebige Anzahl von Zeichen
?	Steht für ein beliebiges Zeichen

Tabelle 15.6 Stellvertreterzeichen zum Suchen

» Sie können auch – nur oder zusätzlich – ein Format angeben, nach dem gesucht werden soll. Öffnen Sie dazu das Menü zur Schaltfläche *Format* und wählen Sie dann eine der angezeigten Optionen: Der Befehl *Format* öffnet das Dialogfeld *Format suchen*, in dem Sie eine oder mehrere Formatangaben – wie beispielsweise eine fett formatierte Zahl mit zwei Stellen hinter dem Dezimalzeichen – festlegen können. Wenn Sie mit komplexen Formatangaben arbeiten, sollten Sie den Befehl *Format von Zelle wählen* benutzen und anschließend auf eine Zelle klicken, die dieselben Formate enthält, wie die zu suchende.

Sie starten den Suchprozess über die Schaltfläche *Weitersuchen*. Die erste Fundstelle wird daraufhin in der Tabelle markiert. Setzen Sie den Suchprozess über die Schaltfläche *Weitersuchen* fort.

Ersetzen

Um eine Zeichenkette gegen eine andere auszutauschen, wählen Sie den Befehl *Ersetzen*. Wenn das Dialogfeld *Suchen und Ersetzen* vorher geöffnet war, können Sie dafür auch die Registerkarte *Ersetzen* aktivieren. Geben Sie im Feld *Suchen nach* die Zeichen ein, die ersetzt werden sollen, und im Feld *Ersetzen durch* diejenigen, die stattdessen eingefügt werden sollen. Auch hier können Sie zusätzlich oder nur Formate festlegen (→ Abbildung 15.20). Die sonstigen Optionen entsprechen den bei der Registerkarte *Suchen* beschriebenen (→ vorherige Abschnitte).

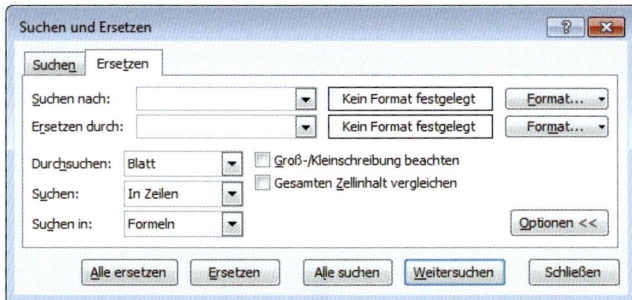

Abbildung 15.20 Sie können bestimmte Zellinhalte und/oder Formate ersetzen.

Zum Ersetzen können Sie sich folgender Vorgehensweisen bedienen:

» Wählen Sie die Schaltfläche *Weitersuchen*, wenn Sie das nächste Vorkommen der Zeichen markieren lassen wollen, ohne den gefundenen Begriff zu ersetzen.

» Wählen Sie *Ersetzen*, um die angegebenen Zeichen zu ersetzen und automatisch das nächste Vorkommen des Suchbegriffs markieren zu lassen.

» Wählen Sie *Alle ersetzen*, wenn Microsoft Excel automatisch jedes Vorkommen des angegebenen Begriffs suchen und entsprechend ersetzen soll.

Inhalte suchen

Um Zellen mit speziellen Eigenschaften zu markieren, können Sie das Dialogfeld *Inhalte auswählen* verwenden, das Sie über den gleichnamigen Befehl in der Liste zur Befehlsschaltfläche *Suchen und Auswählen* anzeigen lassen (→ Abbildung 15.21). Stellen Sie im Dialogfeld die Option ein, die die zu markierende Zelle beschreibt. Nach dem Bestätigen werden die entsprechenden Zellen markiert.

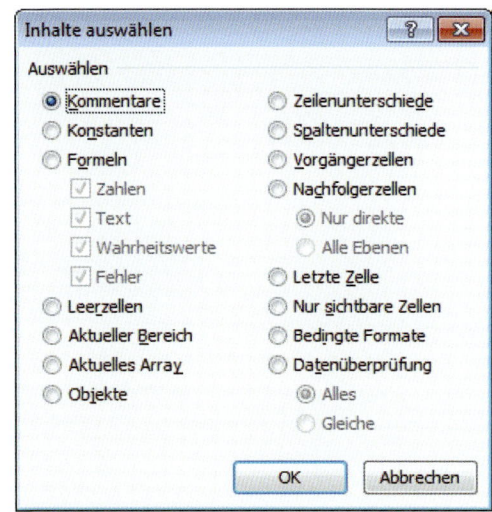

Abbildung 15.21 Sie können nach bestimmten Zellinhalten suchen lassen.

15.4 Berechnungen mit Formeln und Funktionen

Microsoft Excel kann Berechnungen auf der Basis von eingegebenen Werten mithilfe von Formeln oder Funktionen durchführen.

» Für einfachere Berechnungen verwenden Sie *Formeln*, in denen Werte miteinander verknüpft werden. Meist verknüpfen Sie damit Zelladressen - beispielsweise in der Form *=A1+A2+A3+A4*. Für die Berechnung werden dann die Inhalte dieser Adressen benutzt.

» *Funktionen* sind vordefinierte Formeln, die Berechnungen unter Verwendung bestimmter Werte - die sogenannten Argumente - ausführen. Beispielsweise berechnet die Funktion *SUMME* die Summe mehrerer Zahlenwerte, bei denen die Adressen der zu addierenden Zellen als Argumente dienen.

15.4.1 Formeln

Formeln sind Gleichungen, die Berechnungen für Werte im Arbeitsblatt durchführen. Formeln beginnen mit einem Gleichheitszeichen, gefolgt von der eigentlichen Gleichung. Eine solche Gleichung kann unterschiedliche Aufgaben und Inhalte haben. Im Allgemeinen wird sie dazu verwendet, aus den Inhalten von zwei oder mehr Zellen einen Wert zu errechnen. Die Zelle, die die Formel enthält, wird als abhängige Zelle bezeichnet, weil ihr Wert von Werten in anderen Zellen abhängt. In einem einfachen Beispiel können Sie die Inhalte zweier Zellen in einer abhängigen Zelle addieren. Wenn sich die Ausgangswerte in den Zellen *A1* und *A2* befinden, können Sie dazu die Formel *=A1+A2* benutzen (→ Abbildung 15.22 oben). Der Vorteil der Verwendung von Zelldressen in der Formel wird klar, wenn Sie die Werte in den Bezugszellen ändern (→ Abbildung 15.22 unten). Die Zelle mit der Formel zeigt weiterhin das richtige Berechnungsergebnis, da sich die Formel nicht auf die Zahlenwerte, sondern auf die Adressen der Zellen bezieht, in denen diese Zahlen eingegeben wurden.

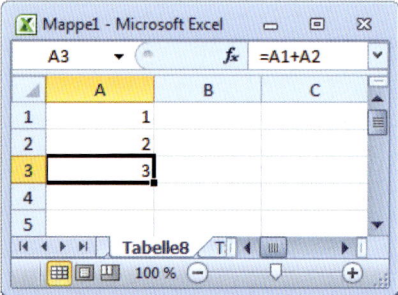

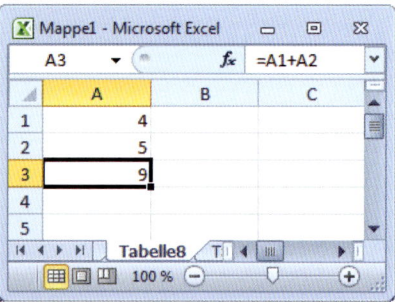

Abbildung 15.22 Das Ergebnis ändert sich, wenn sich die Ausgangswerte ändern.

Die Adressen, die eine Formel benutzt, werden auch als die *Bezüge* der Formel bezeichnet. Mithilfe solcher Bezü-ge können Sie Daten aus unterschiedlichen Teilen eines Arbeitsblatts in einer einzigen Formel verwenden oder den Wert einer Zelle in verschiedenen Formeln einsetzen (→ Tabelle 15.7). Sie können Bezüge auf Zellen in anderen Arbeitsblättern derselben Arbeitsmappe oder in anderen Arbeitsmappen definieren.

Anwendung	Beispiel
Im einfachsten Fall besteht die Formel aus zwei Zahlen, die durch einen Operator verknüpft sind. Sie besteht aus einem einleitenden Gleichheitszeichen und dem zu berechnenden Ausdruck.	*=2003+2*
Mithilfe von Übertragungsformeln können Sie Zellinhalte in andere Zellen übertragen. Den Formelausdruck sehen Sie in der Bearbeitungsleiste. Er besteht aus einem einleitenden Gleichheitszeichen und der Adresse der Bezugszelle. Die Übertragung funktioniert auch bei Texten als Zellinhalt.	*=D2*
Im Allgemeinen besteht der Formelausdruck aus Bezügen auf Zelladressen, die mit Operatoren verknüpft sind. Den Formelausdruck sehen Sie in der Bearbeitungsleiste. Er besteht aus einem einleitenden Gleichheitszeichen und den über Operatoren verknüpften Adressen der Bezugszellen.	*=D2-D3*
Sie können auch Texteingaben miteinander verknüpfen. Zum Verknüpfen von Textzellen verwenden Sie den Operator &. Die Verwendung eines arithmetischen Operators führt zu einer Fehlermeldung. Zusätzliche Textelemente können Sie - in Anführungszeichen eingeschlossen - einfügen.	*=A2&» und »&A4*
Formeln können sich auch auf andere Tabellen derselben Arbeitsmappe beziehen. Dazu müssen Sie als Bezug vor der eigentlichen Zelladresse den Namen der Tabelle - gefolgt von einem Ausrufezeichen - angeben.	*=Tabelle2!D4*
Auch die Übernahme von Daten aus den Tabellen anderer Arbeitsmappen ist möglich. Zusätzlich zur eigentlichen Zelladresse müssen Sie hier - in eckige Klammern eingeschlossen - den Namen der Arbeitsmappe und den Namen der Tabelle, gefolgt von einem Ausrufezeichen, voranstellen.	*=[Mappe2.xlsx] Tabelle1!D4*

Tabelle 15.7 Formeln können verschiedene Aufgaben wahrnehmen.

Formeln eingeben

Zur Eingabe einer Formel markieren Sie zunächst die Zelle, in der Sie die Formel eingeben wollen. Geben Sie dann ein Gleichheitszeichen und anschließend die Formel ein. Im Allgemeinen verknüpfen Sie dazu Zelladressen oder Werte mithilfe von sogenannten Operatoren - beispielsweise können Sie auf diese Weise in der Zelle *A3* die Summe der Werte in den Zellen *A1* und *A2* mit der Formel *=A1+A2* berechnen (→ Tabelle 15.8). Das Pluszeichen ist in diesem Fall der Operator. Bestätigen Sie die Eingabe mit den üblichen Methoden. Sollte Ihnen bei der Eingabe einer Formel ein Syntaxfehler unterlaufen sein, wird das von Microsoft Excel - zusammen mit einem Korrekturvorschlag - gemeldet.

Operator	Funktion
+	Addieren
-	Subtrahieren
*	Multiplizieren
/	Dividieren
^	Potenzieren
&	Texte verknüpfen

Tabelle 15.8 Operatoren verknüpfen Adressen oder Werte.

Alternativ können Sie die in der Formel miteinander zu verknüpfenden Zelladressen nacheinander mit der Maus auswählen. Man redet dann auch von der Methode des »Zeigens«. Angenommen, Sie wollen wieder in der Zelle *A3* die Summe der Zellen *A1* und *A2* mit *=A1+A2* berechnen, dann gehen Sie wie folgt vor:

» Klicken Sie auf die Zelle *A3* und geben Sie ein Gleichheitszeichen ein.

» Klicken Sie dann - ohne vorher zu bestätigen - auf die Zelle *A1*. In der Bearbeitungsleiste steht nun *=A1*.

» Fügen Sie über die Tastatur ein Pluszeichen hinzu und klicken Sie anschließend auf die Zelle *A2*.

» In der Bearbeitungsleiste steht jetzt die vollständige Formel *=A1+A2*. Nach dem Bestätigen ist die Formel funktionsfähig.

TIPP Standardmäßig wird eine Tabelle nach jedem Bestätigen einer Eingabe oder Änderung neu berechnet. Das können Sie über die *Excel-Optionen* ändern. Wenn Sie diese automatische Berechnung abgeschaltet haben, können Sie eine Neuberechnung durch die Eingabe einer Tastenkombination bewirken (→ Tabelle 15.9).

Taste(n)	Beschreibung
F9	Alle geöffneten Tabellenblätter berechnen
⇧ + F9	Aktives Tabellenblatt und darauf bezogene Tabellenblätter berechnen

Tabelle 15.9 Tastenkürzel zum manuellen Berechnen

Formeln korrigieren

Um eine Formel zu korrigieren, markieren Sie zunächst die Zelle, in der die Formel steht. Die einzelnen Bezugsadressen in der Formel werden daraufhin in der Bearbeitungsleiste verschiedenfarbig dargestellt (→ Abbildung 15.23). In der Tabelle werden die Zellen mit denselben Farben markiert. Auf diese Weise sehen Sie schnell, auf welche Zellen sich die Formel bezieht.

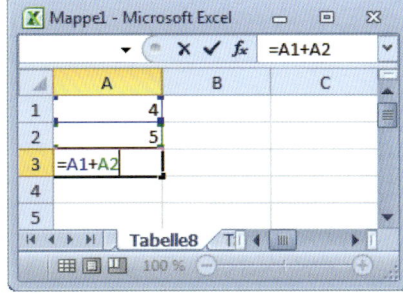

Abbildung 15.23
Korrekturen können über die Tastatur oder mit der Maus vorgenommen werden.

Zur Korrektur können Sie zum einen in die Zelle selbst oder in die Bearbeitungsleiste an der zu bearbeitenden Stelle klicken und die Änderung manuell über die Tastatur vornehmen. Zum anderen können Sie die farbig markierten Bezugszellen mit der Maus an andere Stellen in der Tabelle verschieben. Beispielsweise können Sie eine

Formel =A1+A2 in =A1+B2 ändern, indem Sie die farbige Markierung der Zelle A2 auf die Zelle B2 verschieben.

ACHTUNG Wenn eine Formel einen falschen Wert als Ergebnis zeigt, haben Sie wahrscheinlich die Formel falsch eingegeben. Excel berechnet zusammengesetzte Ausdrücke in der üblichen Reihenfolge: Zuerst werden die Inhalte von Ausdrücken in Klammern berechnet, dann werden Exponenten berechnet, es folgen die Berechnungen von Multiplikationen und Divisionen, Additionen und Subtraktionen werden abschließend durchgeführt. Das Beispiel =(1+2)*3+4 wird also in folgender Reihenfolge berechnet: (1+2) ergibt 3, diese 3*3 ergibt 9, diese 9+4 ergibt 13.

15.4.2 Relative und absolute Bezüge

Microsoft Excel unterscheidet zwischen absoluten, relativen und gemischten Bezügen, die sich beim Kopieren der Zellinhalte unterschiedlich verhalten (→ folgende Abschnitte). Standardmäßig werden relative Bezüge verwendet. Sie formulieren einen Bezug als absolut, indem Sie vor dem Buchstaben für die Spalte und der Zahl für die Zeile jeweils ein $-Zeichen eingeben. Statt der Eingabe =B2 verwenden Sie also die Eingabe =B2. Gemischte Bezüge bilden eine Kombination aus relativen und absoluten Elementen. Zwei Typen von gemischten Bezügen sind möglich: ein relativer Spaltenbezug mit einem absoluten Zeilenbezug, beispielsweise in der Form =$B2, und ein relativer Spaltenbezug mit einem absoluten Zeilenbezug, beispielsweise in der Form =B$2.

Bezugsformen eingeben

Relative, absolute und gemischte Bezugsadressen können Sie natürlich einfach über die Tastatur eingeben. Außerdem können Sie einen eingegebenen relativen Bezug vor dem Bestätigen in einen absoluten oder einen gemischten Bezug umwandeln, indem Sie direkt nach der Eingabe oder dem Markieren der Zelle entsprechend oft [F4] drücken. Haben Sie beispielsweise den relativen Bezug B2 eingegeben, bewirkt ein erstes Drücken von [F4] die Umwandlung in den absoluten Bezug B2. Wollen Sie diesen in einen gemischten Bezug mit relativer Spaltenadresse und absoluter Zeilenadresse umwandeln, drücken Sie nochmals [F4]. Damit erhalten Sie B$2. Wollen Sie die Form des gemischten Bezugs umkehren, drücken Sie nochmals [F4]. Das erzeugt

$B2. Nochmaliges Drücken von [F4] liefert wieder den ursprünglich eingegebenen relativen Bezug. Bestätigen Sie abschließend die Eingabe.

Zwischen Bezugsformen wechseln

Auf dieselbe Weise können Sie die Art des Bezugs nachträglich ändern. Sie können dazu in der Bearbeitungsleiste in einer Formel jeden einzelnen Bezug oder aber auch die gesamte Formel markieren und dann die Form der Bezüge mittels Drücken von [F4] wechseln. Bestätigen Sie abschließend wieder die Eingabe.

15.4.3 Funktionen

Funktionen sind ein Spezialfall von Formeln. Sie erleichtern die Eingabe oder ermöglichen komplexere Formen der Berechnung. Beispielsweise ist bereits beim Addieren der Inhalte mehrerer Zellen die Eingabe einer einfachen Formel recht aufwändig – etwa mit =A1+A2+A3+A4+A5+A6. Einfacher geht es in diesem Fall mit einer Funktion: =SUMME(A1:A6). Außerdem ermöglichen Funktionen Formen von Berechnungen, die Sie über normale Formeln nicht oder nur sehr aufwendig ausführen können. Beispielsweise könnten Sie mit =SIN(PI()/2) den Sinus der Zahl ℗/2 berechnen.

Auch eine Funktion beginnt mit einem Gleichheitszeichen, das von dem Funktionsnamen – beispielsweise SUMME – gefolgt wird. Anschließend folgen die Argumente der Funktion, die durch Semikola getrennt und zusammen in einer Klammer eingeschlossen werden müssen. Fast alle Funktionen verlangen Argumente. Argumente sind Werte oder Adressen, aus denen die Funktion den Funktionswert errechnet. Beispielsweise ist im Funktionsausdruck =SIN(A1) das Argument der Wert in der Zelladresse A1, bei =SUMME(A1:A6) sind die Werte im Bereich A1:A6. Einige Funktionen benötigen keine Argumente, aber auch diese müssen mit zwei Klammern abgeschlossen werden: Um beispielsweise den Wert der Zahl ℗ anzuzeigen, benutzen Sie die Funktion =PI().

Der Funktions-Assistent

Funktionen können Sie wie normale Formeln direkt eintippen. Während Sie die Funktion eingeben, wird eine QuickInfo eingeblendet, die Sie hinsichtlich der Syntax und den Argumenten unterstützt. Einfacher ist es aber, wenn Sie den Funktions-Assistenten benutzen.

» 🔣 Markieren Sie dazu zunächst die Zelle, in die Sie die Funktion eingeben wollen, und klicken Sie auf die Schaltfläche *Funktion einfügen* in der Bearbeitungsleiste (→ Abbildung 15.24).

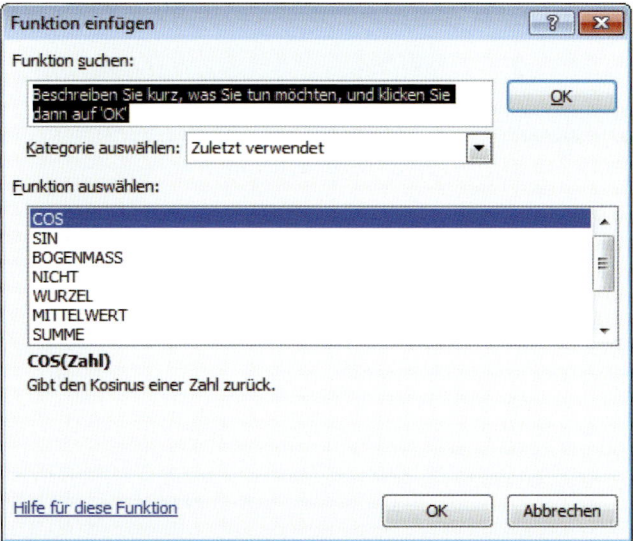

Abbildung 15.24 Funktionen können über einen Assistenten eingefügt werden.

» 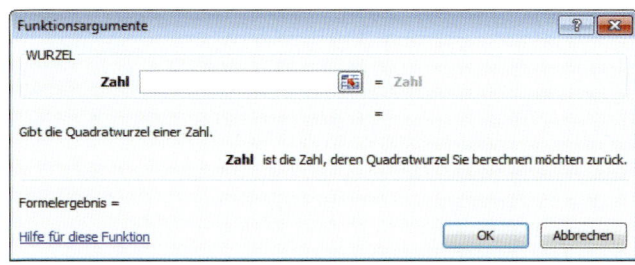 Wählen Sie im Dialogfeld die gewünschte Funktion aus. Durch vorherige Wahl einer *Kategorie* treffen Sie eine Vorauswahl. Die Kategorie *Alle* umfasst sämtliche Tabellenfunktionen. Markieren Sie die gewünschte Funktion und bestätigen Sie Ihre Wahl über *OK*. Einige Beispiele dafür finden Sie anschließend.

Sie können im Feld *Funktion suchen* auch eine Beschreibung der gewünschten eingeben und durch Anklicken der Schaltfläche *OK* eine Suche durchführen lassen. Der Assistent erstellt daraufhin die Kategorie *Empfohlen*, in der geeignete Funktionen aufgelistet werden. Das funktioniert unserer Meinung nach aber mehr schlecht als recht.

» Nach der Wahl der Funktion geben Sie im folgenden Dialogfeld des Assistenten die für die Funktion erforderlichen Argumente ein (→ Abbildung 15.25). Je nach Art der Funktion finden Sie hier im oberen Bereich ein oder mehrere Felder für diese Argumente. Sie können darin Zahlenwerte, Bezüge, Formeln oder weitere Funktionen in die Bearbeitungsfelder für die Argumente eingeben. Im unteren Bereich finden Sie Hinweise zur Natur der Funktion und der Argumente.

Abbildung 15.25 Die Argumente werden festgelegt.

» 🔲 🔲 Wenn Sie auf eine der Schaltflächen am rechten Rand eines solchen Eingabefelds klicken, wird das Dialogfeld verkleinert, so dass Sie die Bezugszellen durch Zeigen in der Tabelle markieren können (→ Abbildung 15.26). Klicken Sie anschließend auf die Schaltfläche am rechten Rand der Zeile zum Festlegen der Argumente, um das Dialogfeld wieder komplett anzeigen zu lassen.

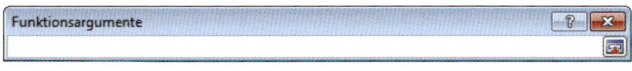

Abbildung 15.26 Das verkleinerte Dialogfeld verbessert die Sicht auf die Tabelle.

» Ein Klick auf die Schaltfläche *OK* schließt die Arbeit mit dem Assistenten ab. In der Bearbeitungsleiste wird das Ergebnis der Arbeit angezeigt. Nach dem Bestätigen wird die Funktion dann in die aktive Zelle eingefügt und das Ergebnis dort angezeigt.

Die Registerkarte *Formeln*

Jeder Anwender wird aufgrund seines Aufgabenspektrums vordringlich mit bestimmten Funktionen oder Funktionskategorien arbeiten. Viele Funktionen werden Sie vielleicht nie verwenden, einige sind aber von

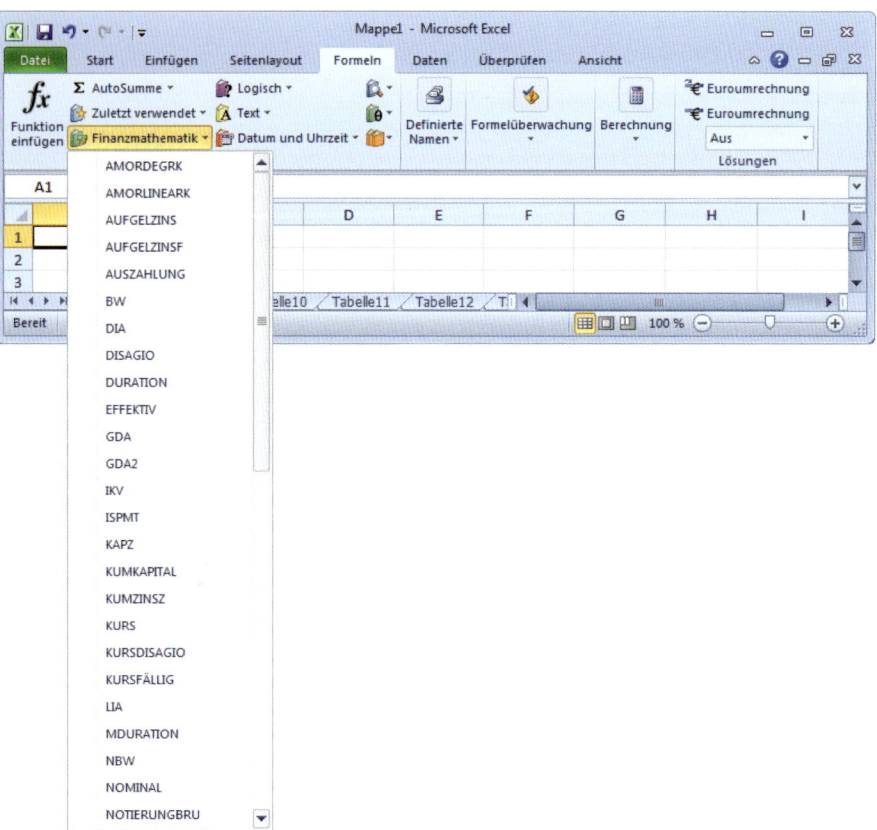

Abbildung 15.27
Die Registerkarte *Formeln* beinhaltet in der Gruppe *Funktionsbibliothek* Kataloge mit vielen Funktionen.

allgemeinem Interesse. Die Registerkarte *Formeln* des Menübands von Excel stellt in der Gruppe *Funktionsbibliothek* mehrere Befehlsschaltflächen bereit, über die Sie die gerade benötigte Funktion auswählen können (→ Abbildung 15.27).

Wenn Sie wissen, welcher Gruppe die benötigte Funktion zugeordnet ist, können Sie sie aus der Liste zu einer Befehlsschaltfläche auswählen. Die Funktion wird dann eingefügt und muss noch mit den notwendigen Parametern versehen werden.

Die wichtigsten Funktionen

Die wahrscheinlich für Sie wichtigsten Funktionen – wie *SUMME*, *MITTELWERT* usw. – sind in der *Funktionsbibliothek* über den Befehl *AutoSumme* zu erreichen. Diese – und auch einige andere – Funktionen verfügen über eine Besonderheit: Wenn Sie beispielsweise eine Summe direkt neben oder unter einem Block von Zahlenwerten berechnen wollen, werden beim Einfügen der Funktion

automatisch die Adressen dieser benachbarten Zellen als Argumente für die Funktion eingefügt. Wenn diese Automatik nicht die von Ihnen gewünschten Bezugszellen markiert, können Sie diese aber auch selbst durch Verschieben des Bereichs mit der Maus festlegen. Wenn Sie für den zu verwendenden Bereich bereits einen Namen definiert haben, können Sie diesen aber auch einfach über die Tastatur eingeben.

» Wenn Sie eine Summe von Zellinhalten berechnen wollen, markieren Sie die Zelle, in der die Summenformel erscheinen soll – beispielsweise die Zelle rechts neben dem Block der Zellen mit den zu summierenden Werten. Lassen Sie die Registerkarte *Formeln* anzeigen und klicken Sie auf die Schaltfläche *AutoSumme* in der Gruppe *Funktionsbibliothek*.

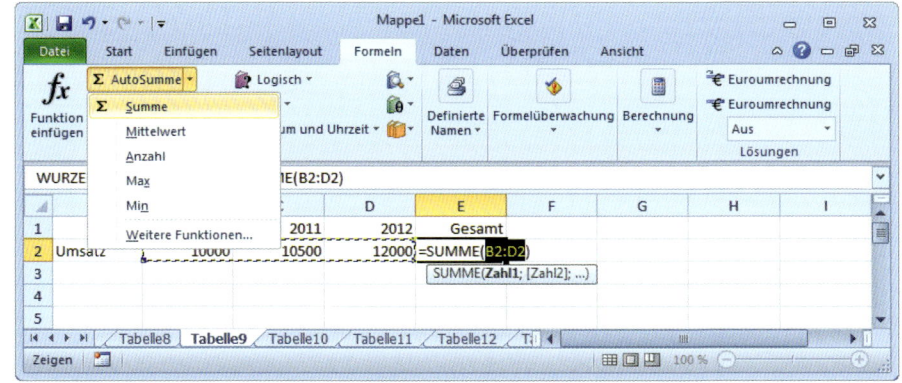

Abbildung 15.28
Einige Funktionen – beispielsweise
SUMME – verfügen über eine auto-
matische Auswahl der Bezugszellen.

Nach Wahl des Befehls *SUMME* wird der automatisch gewählte Bereich durch einen Laufrahmen angezeigt (→ Abbildung 15.28). Wenn der automatisch gewählte Bereich richtig ist, bestätigen Sie. Das Ergebnis erscheint.

» Wenn die automatisch gewählte Auswahl nicht Ihren Wünschen entspricht, können Sie nach dem Aufruf der Funktion und vor der Bestätigung den gewünschten Bereich mit der Maus markieren und dann bestätigen.

Auf dieselbe Weise funktionieren auch die Funktionen *MITTELWERT*, *ANZAHL*, *MAX* und *MIN*.

Wegen ihrer großen Bedeutung der Funktionen *SUMME*, *MITTELWERT*, *ANZAHL*, *MAX* und *MIN* können Sie diese Funktion auch direkt über die entsprechende Schaltfläche in der Gruppe *Bearbeiten* in der Registerkarte *Start* abrufen.

Die Funktion WENN

Die Funktionen im Bereich *Logik* liefern zum großen Teil Ergebnisse in der Form *WAHR* oder *FALSCH*. Eine Ausnahme in dieser Gruppe ist die Funktion *WENN*. Diese ermöglicht die Wahl oder die Berechnung eines Werts in Abhängigkeit davon, ob eine bestimmte Bedingung zutrifft oder nicht zutrifft. Beispielsweise können Sie die *WENN*-Funktion dazu verwenden, zu bestimmen, ob und in welcher Höhe Steuern zu zahlen sind (→ Abbildung 15.29).

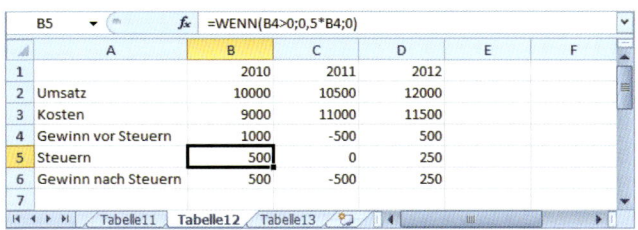

Abbildung 15.29 Die *WENN*-Funktion gehört zu der Gruppe der logischen Funktionen.

Die *WENN*-Funktion besitzt drei Parameter:

» Im ersten Parameter wird meist ein Vergleich zweier Werte mittels eines logischen Operators formuliert (→ Tabelle 15.10). Das Ergebnis eines solchen Vergleichs ist entweder *true* (*wahr*) oder *false* (*falsch*). Beispielsweise hat in der oben gezeigten Tabelle der Vergleich des Ausdrucks *C4>0* den Wert *false*, da der Wert in der Zelle *C4* nicht größer als 0 ist. Der Ausdruck *B4>0* dagegen ist aus entsprechenden Gründen heraus *true*.

Operator	Vergleich
=	Gleich
<	Kleiner als
>	Größer als
<=	Kleiner oder gleich
>=	Größer oder gleich
<>	Ungleich

Tabelle 15.10 Logische Operatoren ermöglichen Vergleiche.

Meldung	Beschreibung
#BEZUG!	Die Formel bezieht sich auf eine unzulässige Zelle: Sie haben beispielsweise Zellen gelöscht, auf die sich andere Formeln beziehen, oder Sie haben beim Verschieben einige Zellen in Zellen eingefügt, auf die sich andere Formeln beziehen.
#DIV/0!	In einer Formel wurde eine Division durch null versucht: Sie haben beispielsweise als Divisor einen Bezug auf eine leere Zelle oder auf eine Zelle mit dem Inhalt null verwendet.
#NAME?	Ein Name wird nicht erkannt, der in einer Formel verwendet wird: Sie haben beispielsweise einen in der Formel verwendeten Bezug gelöscht oder einen Namen verwendet, der nicht existiert. Oder Sie haben den Namen falsch eingegeben.
#NULL!	Sie haben eine Schnittmenge von zwei Bereichen angegeben, die sich nicht überschneiden: Sie haben beispielsweise einen falschen Bereichsoperator oder einen falschen Bezug verwendet.
#NV	Dieser Fehlerwert wird angezeigt, wenn ein Wert in einer Funktion oder Formel nicht verfügbar ist. Wenn bestimmte Zellen des Tabellenblatts Daten enthalten sollen, diese Daten aber noch nicht verfügbar sind, geben Sie in diese Zellen *#NV* ein. Formeln, die sich auf diese Zellen beziehen, geben in diesem Fall *#NV* zurück und führen keine Berechnung des Werts durch.
#WERT!	Der Typ eines Arguments oder Operanden ist falsch: Sie haben beispielsweise Text an einer Stelle der Formel eingegeben, an der eine Zahl oder ein Wahrheitswert erforderlich ist. Oder Sie haben einem Operator oder einer Funktion, die einen einzelnen Wert erfordert, einen Bereich zugewiesen.
#ZAHL!	Es besteht ein Problem mit einer Zahl: Sie haben beispielsweise ein unzulässiges Argument in einer Funktion verwendet, die ein numerisches Argument erfordert. Oder Sie haben eine Formel eingegeben, deren Ergebnis zu groß oder zu klein ist, um in Microsoft Excel dargestellt zu werden.

Tabelle 15.11 Einige typische Fehlermeldungen

» Im zweiten Parameter der *WENN*-Funktion – der vom ersten durch ein Semikolon getrennt ist – wird angegeben, welchen Wert die Funktion liefern soll, falls der erste Parameter den Wert *true* annimmt. Im oben gezeigten Beispiel heißt das: Ist *Gewinn vor Steuern* positiv, werden Steuern in Höhe von 50% dieses Werts fällig. Das erreichen Sie beispielsweise in der Zelle *C5* durch die Funktion =*WENN(C4>0;0,5*C4;O)*.

» Der dritte Parameter – vom zweiten wiederum durch ein Semikolon getrennt – gibt an, welcher Wert geliefert werden soll, falls der erste Parameter den Wert *false* annimmt. Ist in unserem Beispiel *Gewinn vor Steuern* negativ, sind keine Steuern zu zahlen. Auch das erreichen Sie in der Zelle *C5* durch die Funktion =*WENN(C4>0;0,5*C4;O)*.

15.4.4 Fehlermeldungen

Fehlermeldungen in der Tabelle können eigentlich nur dann auftauchen, wenn Sie eine Formel oder Funktion eingeben, bei der irgendetwas nicht stimmt. Die dann von Excel angezeigten Ausdrücke liefern Ihnen einen Hinweis über die mögliche Ursache des Fehlers (→ Tabelle 15.11).

TIPP Die Schaltfläche *Spur zum Fehler* wird neben der Zelle angezeigt, in der ein Formelfehler aufgetreten ist. Außerdem wird ein grünes Dreieck links oben in der Zelle dargestellt. Wenn Sie auf den Pfeil neben *Spur zum Fehler* klicken, wird eine Liste mit Optionen für die Fehlerüberprüfung angezeigt.

15.4.5 Formelüberwachung

Bei komplexeren Berechnungen in größeren Tabellen ergeben sich Strukturen, die später – besonders für einen Anwender, der nicht an der Entwicklung des Formelwerks beteiligt war – nicht immer einfach nachzuvollziehen sind. Über die *Formelüberwachung* können Sie die in einer Tabelle vorhandenen Berechnungsstrukturen sichtbar machen. Sie finden die dazugehörenden Werkzeuge in der Gruppe *Formelüberwachung* der Registerkarte *Formeln* (→ Abbildung 15.30).

Abbildung 15.30 Die Gruppe *Formelüberwachung* der Register-karte *Formeln*

Prüfung auf gleiche Formelstruktur

⎡ 21500 ⎤ In vielen Fällen weisen die Formeln einer Tabelle gleiche oder ähnliche Strukturen auf. Wenn Sie beispielsweise in einer Tabelle den Umsatz, die Kosten und den sich daraus ergebenden Gewinn über mehrere Jahre hinweg darstellen, muss für jedes Jahr der Gewinn als Differenz zwischen Umsatz und Kosten des Jahres ermittelt werden. Excel vergleicht in einem solchen Fall die Struktur der Formel in einer Zelle mit der Struktur der Formeln in den Nachbarzellen. Wenn sich in einer solchen Reihe Abweichungen ergeben, wird das automatisch durch einen Indikator in Form eines kleinen grünen Dreiecks links oben in der betreffenden Zelle gekennzeichnet (→ Abbildung 15.31).

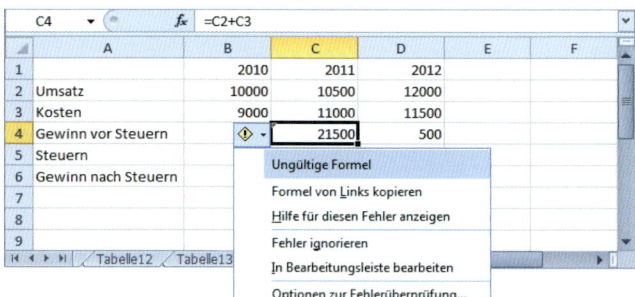

Abbildung 15.31 Der Fehlerindikator zeigt Abweichungen in Formelstrukturen auf.

Dieser Indikator zeigt nur an, dass die Formel in dieser Zelle von den anderen Formeln im Bereich abweicht. Nach dem Markieren der Zelle mit dem Indikator können Sie über eine Schaltfläche die Befehle zur Korrektur anzeigen lassen. Beispielsweise können Sie mithilfe des Befehls *Formel von links kopieren* die Formel aus der linken Nachbarzelle übernehmen.

TIPP Welche Fälle durch einen Indikator gekennzeichnet werden sollen, können Sie über die *Excel-Optionen* einstellen.

Formelüberwachungsmodus

📊 Um einen Überblick über alle in der Tabelle verwendeten Formeln zu erhalten, können Sie den Befehl *Formeln anzeigen* in der Gruppe *Formelüberwachung* wählen. Daraufhin werden in den Zellen statt der Berechnungsergebnisse die dahinter stehenden Formeln angezeigt. Die Breite der Spalten wird automatisch vergrößert (→ Abbildung 15.32). Zur Anzeige der Berechnungsergebnisse schalten Sie diesen Modus wieder aus.

15.5 Formatieren

Für die Formate aller neuen Tabellen sind standardmäßig bestimmte Voreinstellungen festgelegt. Generell wird beispielsweise die Schriftart *Arial* in der Schriftgröße *10* verwendet. Die Spaltenbreite beträgt *10,71 Zeichen*, die Zeilenhöhe *12,75 Punkt*. Wenn Sie bestimmte Formateinstellungen – beispielsweise Schriftart, Schriftgröße, Zahlenformat usw. – für alle neuen Tabellen ändern wollen, öffnen Sie die Arbeitsmappe und benutzen Sie die Werkzeuge der vier Gruppen *Schriftart*, *Ausrichtung*, *Zahl* und *Formatvorlagen* in der Registerkarte *Start* des Menübands (→ Abbildung 15.33).

15.5.1 Einfache Zellenformate

Für eine etwas individuellere Formatierung einzelner Zellen oder Zellbereiche können Sie über die Minisymbolleiste arbeiten, die automatisch angezeigt wird, wenn Sie einen Bereich markieren und auf die rechte Maustaste klicken (→ Abbildung 15.34).

✔ Um die für eine Zelle definierten Formateinstellungen auf andere Teile der Tabelle zu übertragen, markieren Sie die Zelle mit dem gewünschten Format und klicken dann auf die Schaltfläche *Format übertragen* in der Symbolleiste. Klicken Sie anschließend auf die Zelle oder markieren Sie den Bereich, auf die beziehungsweise den Sie das Format übertragen wollen.

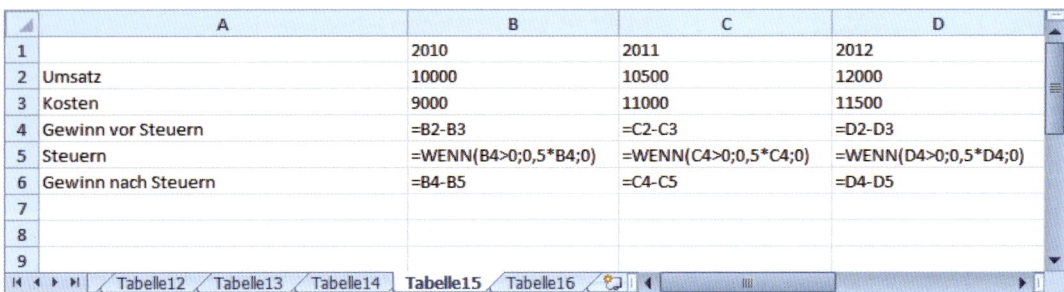

Abbildung 15.32 Die Inhalte der Formeln können angezeigt werden.

Abbildung 15.33 Benutzen Sie zum Formatieren die Schaltflächen auf der Registerkarte *Start*.

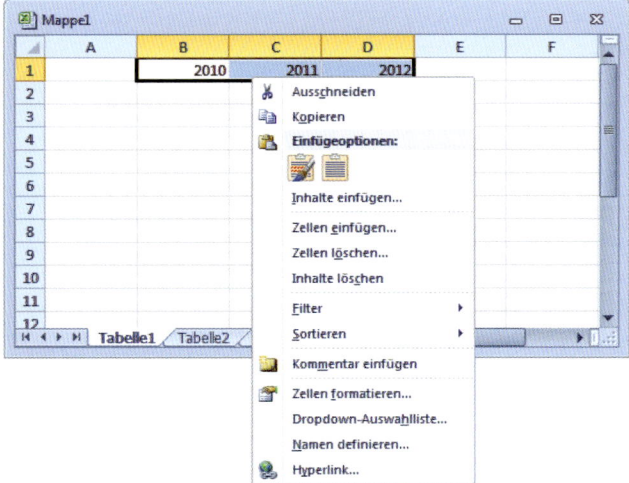

Abbildung 15.34 Die wichtigsten Formate werden in der Minisymbolleiste zusammengefasst.

15.5.2 Schriftformate

Für Text- oder Zahleneingaben können Sie die Schriftart, den Schriftstil, die Schriftgröße, die Form der Unterstreichung, die Schriftfarbe und andere Gestaltungsoptionen festlegen. Die Werkzeuge zur Zeichenformatierung sind bei fast allen Programmen der Office-Generation 2010 identisch. Sie finden bei Excel praktisch dieselben Optionen wie bei Word (→ Kapitel 8). Für das schnelle Arbeiten verwen-

den Sie die Befehlsschaltflächen der Gruppe *Schriftart* auf der Registerkarte *Start*. Markieren Sie den zu formatierenden Bereich und wählen Sie dann den gewünschten Befehl aus.

Wenn Sie noch weitere Details benötigen oder eine zusammenhängende Bearbeitung über ein Dialogfeld vorziehen, klicken Sie nach dem Markieren des zu formatierenden Bereichs auf die Schaltfläche mit dem nach rechts unten weisenden Pfeil neben der Gruppenbezeichnung *Schriftart*. Die Registerkarte *Schrift* im Dialogfeld *Zellen formatieren* wird angezeigt. Sie können darüber die Schriftart, den Schriftstil, die Größe der Schrift, ihre Farbe und weitere Effekte einstellen.

Auch Tastenkombinationen stehen Ihnen für die wichtigsten Schriftformate zur Verfügung (→ Tabelle 15.12).

Tasten	Beschreibung
Strg + ⇧ + F	*Fett* ein- oder ausschalten
Strg + ⇧ + K	*Kursiv* ein- oder ausschalten
Strg + ⇧ + U	*Unterstrichen* ein- oder ausschalten
Strg + 5	*Durchstreichen* ein- oder ausschalten

Tabelle 15.12 Für die wichtigsten Schriftformate stehen auch Tastenkürzel zur Verfügung.

Im Allgemeinen werden Sie für alle Einträge in einer Zelle dasselbe Format benutzen. Sie können aber auch innerhalb einer Zelle unterschiedliche Schriftformate zuweisen. Auf diese Weise lassen sich beispielsweise innerhalb einer Zelle tief- oder hochgestellte Zeichen für Indizes und Exponenten erzeugen. Wählen Sie dazu zunächst die Zelle, in der Sie die Formateinstellungen vornehmen wollen. Markieren Sie dann den Bereich des Zellinhalts in der Bearbeitungsleiste, den Sie formatieren wollen, und legen Sie die gewünschten Schriftparameter für den markierten Bereich fest. Das eingestellte Format wird nur in der Zelle selbst angezeigt, nicht in der Bearbeitungsleiste (→ Abbildung 15.35).

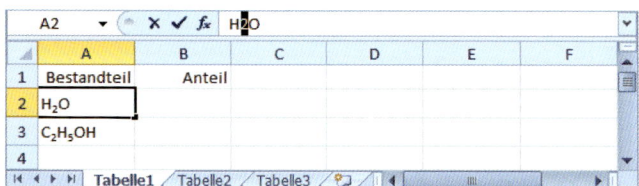

Abbildung 15.35 In einer Zelle können unterschiedliche Schriftformate verwendet werden.

15.5.3 Ausrichtung

 Standardmäßig werden in einer Zelle Textwerte linksbündig, Zahlenwerte rechtsbündig und Wahrheitswerte zentriert ausgerichtet. Sie können diese Voreinstellungen ändern und außerdem die horizontale und vertikale Ausrichtung, den Einzug in der Zelle, den Winkel und diverse andere Parameter einstellen. Die wesentlichsten Ausrichtungsparameter können Sie über die entsprechenden Schaltflächen in der Gruppe *Ausrichtung* einstellen (→ Tabelle 15.13). Markieren Sie vorher den zu formatierenden Zellbereich.

Einige dieser Schaltflächen beherbergen Listen, die weitere Optionen anbieten (→ Abbildung 15.36).

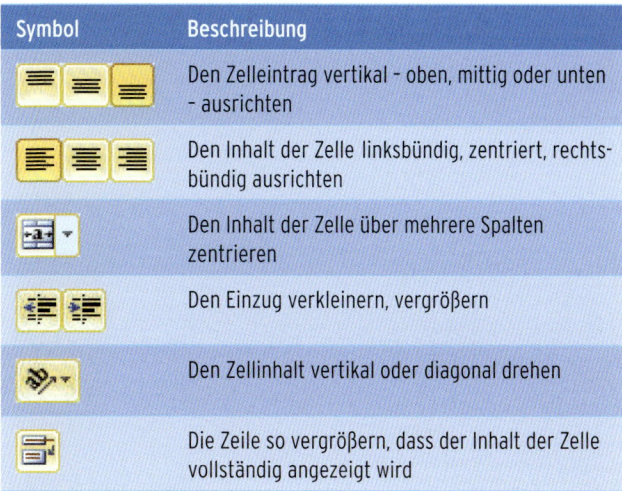

Symbol	Beschreibung
	Den Zelleintrag vertikal - oben, mittig oder unten - ausrichten
	Den Inhalt der Zelle linksbündig, zentriert, rechtsbündig ausrichten
	Den Inhalt der Zelle über mehrere Spalten zentrieren
	Den Einzug verkleinern, vergrößern
	Den Zellinhalt vertikal oder diagonal drehen
	Die Zeile so vergrößern, dass der Inhalt der Zelle vollständig angezeigt wird

Tabelle 15.13 Die wichtigsten Befehle können Sie über die Gruppe *Ausrichtung* aufrufen.

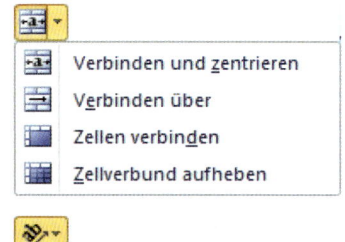

Verbinden und zentrieren
Verbinden über
Zellen verbinden
Zellverbund aufheben

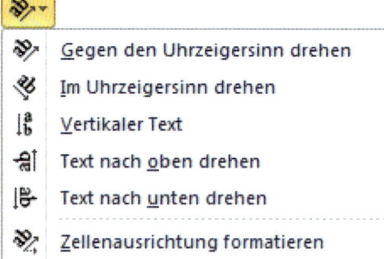

Gegen den Uhrzeigersinn drehen
Im Uhrzeigersinn drehen
Vertikaler Text
Text nach oben drehen
Text nach unten drehen
Zellenausrichtung formatieren

Abbildung 15.36 Die Optionen zum *Verbinden und zentrieren* und zur *Ausrichtung*

Beispielsweise können Sie über *Verbinden und zentrieren* dafür sorgen, dass benachbarte Zellen zu einer Zelle zusammengefasst werden und der Inhalt der Zelle links in diesem Zellverbund zentriert angezeigt wird. Markieren Sie vor der Anwendung dieses Befehls die Zelle mit den Nachbarzellen (→ Abbildung 15.37).

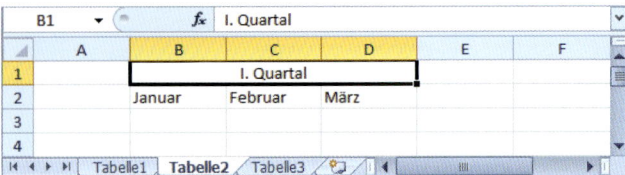

Abbildung 15.37 *Verbinden und zentrieren* ermöglicht die Darstellung von gemeinsamen Überschriften.

Wenn Sie noch weitere Details benötigen oder eine zusammenhängende Bearbeitung über ein Dialogfeld vorziehen, klicken Sie nach dem Markieren des zu formatierenden Bereichs auf die Schaltfläche mit dem nach rechts unten weisenden Pfeil neben der Gruppenbezeichnung *Ausrichtung*. Die Registerkarte *Ausrichtung* im Dialogfeld *Zellen formatieren* wird angezeigt (→ Abbildung 15.38 und Tabelle 15.14). Sie können darüber den Text in den Zellen ausrichten und weiter anpassen.

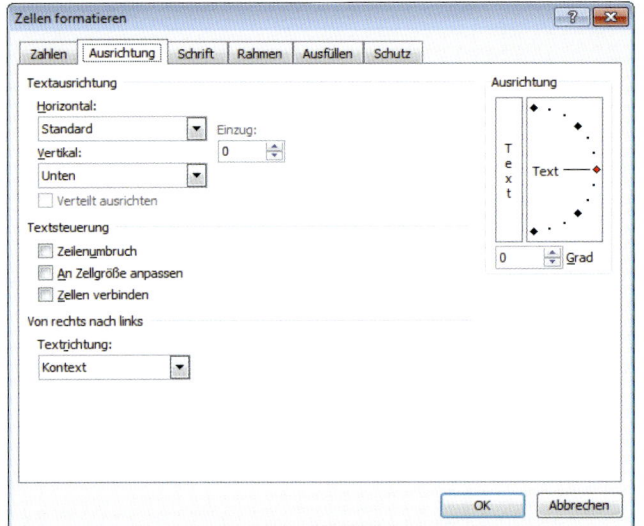

Abbildung 15.38 Die Ausrichtung der Zelleinträge kann eingestellt werden.

Das wichtigste Feld ist das mit der Bezeichnung *Horizontal* im Bereich *Textausrichtung*. Hierüber stellen Sie die waagerechte Ausrichtung ein.

Option	Beschreibung
Standard	Grundeinstellung: Textwerte linksbündig, Zahlenwerte rechtsbündig und Wahrheitswerte zentriert
Links (Einzug)	Wenn im Feld *Einzug* ein Wert eingegeben wurde, wird der Zellinhalt um diese Zahl von Zeichen nach rechts eingezogen.
Zentriert	Zentriert den Zellinhalt.
Rechts (Einzug)	Richtet den Inhalt am rechten Zellrand aus. Wenn im Feld *Einzug* ein Wert eingegeben wurde, wird der Zellinhalt um diese Zahl von Zeichen nach links eingezogen.
Ausfüllen	Der Inhalt der aktiven Zelle wird wiederholt, bis der markierte Bereich gefüllt ist.
Blocksatz	Richtet den Inhalt rechts- und linksbündig aus; ist nur bei mehrzeiligen Texteingaben relevant.
Über Auswahl zentrieren	Zentriert die Daten in einer Zelle innerhalb des vorher markierten Zellbereichs.

Tabelle 15.14 Bei der horizontalen Ausrichtung gibt es mehrere Alternativen.

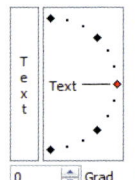 Über das Feld *Vertikal* legen Sie die senkrechte Ausrichtung der Einträge in den Zellen fest. Der Effekt ist nur sichtbar, wenn Sie die Höhe der betroffenen Zeile vergrößern. Standardmäßig werden Einträge unten in der Zelle angezeigt. Sie können sie hierüber aber auch oben oder in der Mitte (*Verteilt*) anzeigen lassen. Die Option *Blocksatz* bewirkt, dass ein längerer Text umbrochen, also auf mehrere Zeilen aufgeteilt wird.

Die Einstellmöglichkeiten im Gruppenfeld *Orientierung* eignen sich besonders für Fälle, in denen eine Spaltenüberschrift – gemessen an den sonstigen Inhalten dieser Spalte – recht lang ist. In solchen Fällen spart es Platz, wenn Sie die Überschrift schräg oder senkrecht stellen. Zur senkrechten Anordnung klicken Sie auf das Feld mit dem senkrechten Eintrag *Text*. Um den Inhalt schräg zu stellen, verschieben Sie im Feld daneben den Zeiger auf die gewünschte Position oder geben im Feld *Grad* den gewünschten Winkel ein. Letzteres ermöglicht eine feinere Einstellung.

Weitere Optionen bieten die Kontrollkästchen im Gruppenfeld *Textsteuerung*:

» *Zeilenumbruch* legt fest, ob ein Zeilenumbruch vorgenommen werden soll, wenn der Zellinhalt länger als die Spaltenbreite ist. Wenn diese Option aktiviert ist, erfolgt bei mehreren Wörtern in der Zelle der Umbruch automatisch. Bei einem langen Wort sollten Sie an einer geeigneten Stelle über die Bearbeitungsleiste einen Trennstrich einfügen. Um einen längeren Texteintrag in einer Zelle gezielt an einer Stelle zu umbrechen, verwenden Sie die Tastenkombination `Alt`+`↵`.

» *An Zellgröße anpassen* bewirkt, dass die Schriftgröße so verkleinert wird, dass die Zelle ganz ausgefüllt wird.

» Mit *Zellen verbinden* können Sie zwei oder mehr benachbarte Zellen, die Sie vorher gemeinsam markiert haben, zu einer einzigen verbinden.

» Über das Drop-down-Listenfeld *Textrichtung* unter *Von rechts nach links* können Sie bestimmen, in welche Richtung der Text laufen soll.

15.5.4 Zahlenformate

Zahlen in einer Tabelle – dazu gehören auch Datums- und Uhrzeitangaben sowie Wahrheitswerte – können in unterschiedlichen Formaten angezeigt werden. Einige Zahlenformate können Sie auch über die entsprechenden Schaltflächen in der Gruppe *Zahl* im Menüband einstellen (→ Tabelle 15.15). Markieren Sie vorher den zu formatierenden Zellbereich.

Symbol	Beschreibung
Standard ▾	Über das Listenfeld können Sie die Form der Darstellung einer Zahl auswählen – beispielsweise als Dezimalzahl, Prozentzahl usw.
▾ % 000	Den Inhalt der Zelle in unterschiedlichen Währungsformaten, im Prozentformat oder mit Tausendertrennzeichen darstellen
←,0 ,00	Eine Dezimalstelle hinzufügen und entfernen

Tabelle 15.15 Die wichtigsten Befehle können Sie über die Gruppe *Zahl* aufrufen.

Wiederum gibt es hier Befehlsschaltflächen, deren Kataloge mehrere Optionen beinhalten (→ Abbildung 15.39). Auf deren Bedeutung werden wir gleich noch eingehen.

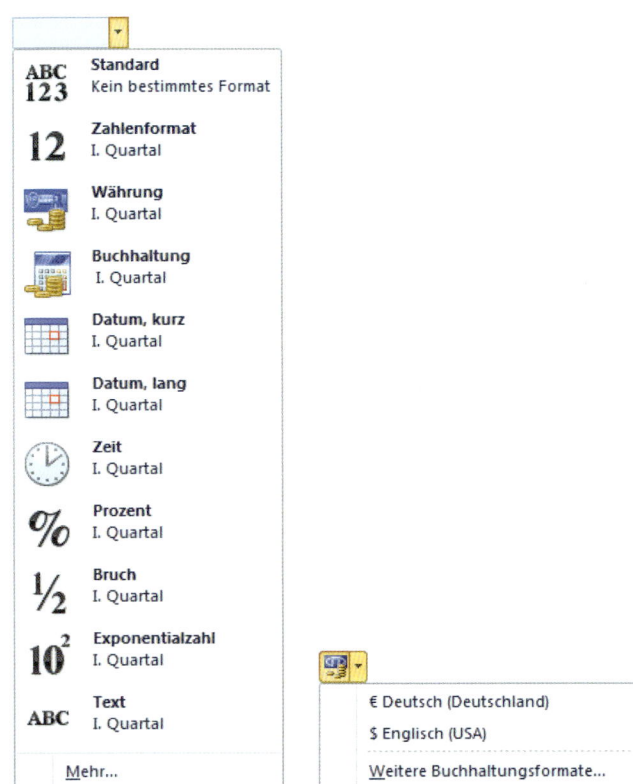

Abbildung 15.39 Die Optionen zu *Zahlenformat* und *Buchhaltungszahlenformat*

Feinheiten über das Dialogfeld einstellen

Auch hier können Sie wieder zusammenhängend über ein Dialogfeld arbeiten. Klicken Sie nach dem Markieren des zu formatierenden Bereichs auf die Schaltfläche mit dem nach rechts unten weisenden Pfeil neben der Gruppenbezeichnung *Zahl*. Die Registerkarte *Zahlen* im Dialogfeld *Zellen formatieren* wird angezeigt (→ Abbildung 15.40 bis Abbildung 15.46). Wählen Sie hier zuerst eine *Kategorie* und bestimmen Sie dann die zusätzlichen Parameter. Beachten Sie, dass sich einige Inhalte auf der Registerkarte ändern (können), wenn Sie die Kategorie wechseln. Die Wirkung der aktuell gewählten Einstellungen wird im Feld *Vorschau* skizziert.

ACHTUNG Beachten Sie, dass einige der Formatoptionen mit einem kleinen Sternchen
gekennzeichnet sind. Diese reagieren auf Änderungen
der Einstellungen im Bereich *Region und Sprache* der
Systemsteuerung von Windows. Wenn Sie dort auf der
Registerkarte *Formate* Änderungen durchführen, wird
diese Änderung auch in Excel übernommen. Der Sinn
dieser Sache liegt darin, dass Anwender mit anderen
Regionaleinstellungen die Angaben mit den Einstellungen sehen, die sie gewohnt sind. Formatoptionen ohne
Sternchen reagieren nicht auf andere Vorgaben aus
dem Betriebssystem.

Standardformate

Die ersten zehn Kategorien werden Sie wahrscheinlich
am häufigsten verwenden:

» Die Kategorie *Standard* bewirkt die Übernahme der
Grundeinstellungen, die Sie schon von der Daten-
eingabe über die Tastatur her kennen. Zahlenwerte
werden mit allen Dezimalstellen (bei ausreichender
Spaltenbreite; maximal 15 Zeichen) angezeigt.

» Die Kategorie *Zahl* erlaubt die Wahl der Dezimalstellen und unterschiedliche Darstellungsformen für
negative Zahlenwerte (→Abbildung 15.40). Aktivieren Sie das Kontrollkästchen *1000er-Trennzeichen
verwenden*, wenn zwischen den Tausendern – in der
deutschen Version – jeweils ein Punkt gesetzt werden soll. Die Form des Trennzeichens wird über die
Ländereinstellung des Betriebssystems geregelt.

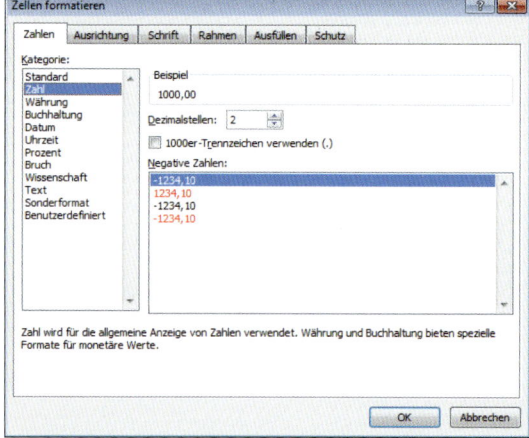

Abbildung 15.40 Im Format *Zahl* können Zahlen mit mehreren
Dezimalstellen angezeigt werden.

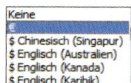

Die Kategorie *Währung* erlaubt die Wahl
unterschiedlicher Währungszeichen, bestimmt die Zahl der Dezimalstellen und
die separate Darstellungsform von negativen Zahlenwerten. Das Tausendertrennzeichen wird bei dieser Kategorie automatisch gesetzt.

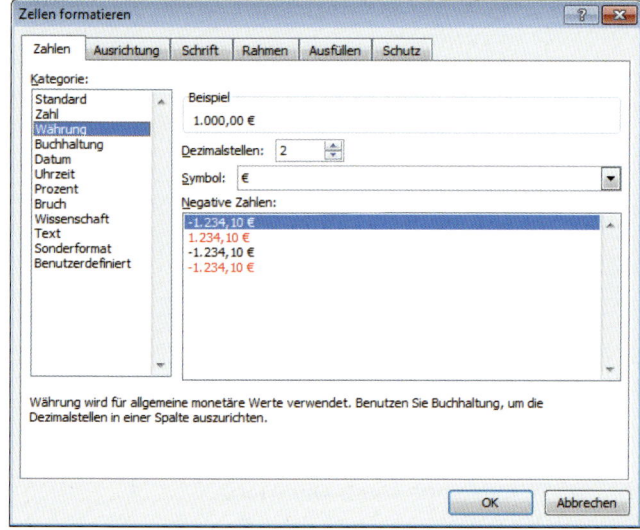

Abbildung 15.41 Das Format *Währung* ermöglicht die Wahl eines
Währungskennzeichens.

» *Buchhaltung* erlaubt die Ausrichtung der Zahlenwerte an Währungssymbolen und Dezimaltrennzei-
chen in einer Spalte – unabhängig von einer separat
gewählten Ausrichtung.

» In der Kategorie *Datum* haben Sie die Wahl zwischen
unterschiedlichen Darstellungsformen für Datumsangaben (→ Abbildung 15.42). Wählen Sie zuerst
unter *Gebietsschema* den betreffenden Eintrag. Damit erreichen Sie, dass die für diese Region üblichen
Alternativen zur Darstellung im Listenfeld *Typ* angezeigt werden. Sie können darin reine Datums-, reine
Uhrzeit- und gemischte Formate auswählen.

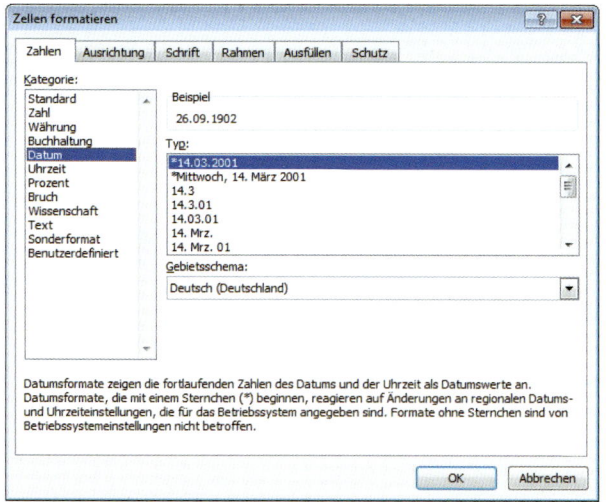

Abbildung 15.42 Datumsformate unterscheiden sich je nach dem gewählten Gebietsschema.

» Für die Kategorie *Uhrzeit* stehen entsprechende Optionen zur Verfügung. Normale Zahlenwerte können in Datums- oder Uhrzeitangaben umformatiert werden – und umgekehrt: Das Datum *1. Jul. 2010* entspricht dem Zahlenwert *40360* – der *1.7.2010* ist der *40360.* Tag nach dem *1.1.1900.* Die Uhrzeitangabe *18:30* entspricht dem Zahlenwert *0,77* – 24 Stunden entsprechen dem Wert *1.* Kombinationen von Datum und Uhrzeit werden entsprechend umgerechnet.

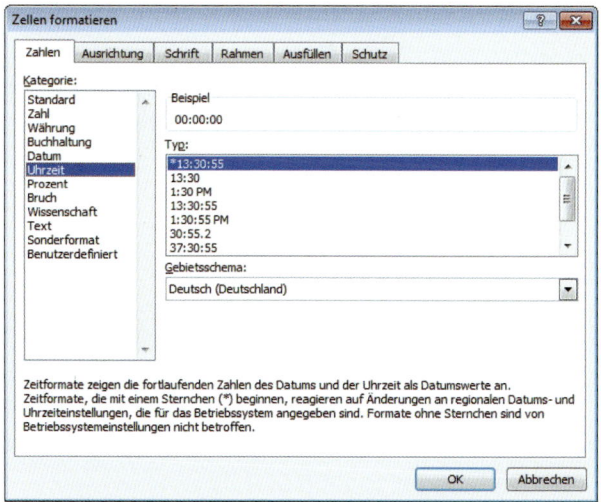

Abbildung 15.43 Auch Uhrzeitangaben können auf verschiedene Weisen formatiert werden.

» Das Format *Prozent* multipliziert den Zahlenwert mit dem Faktor *100* und setzt ein %-Zeichen hinzu. Beispielsweise wird die Eingabe *0,65* im Format *Prozent* als *65%* dargestellt. Legen Sie außerdem die Zahl der Stellen hinter dem Komma fest.

» Das Format *Bruch* erlaubt die Darstellung als Bruchzahl. Die Eingabe *1,25* kann beispielsweise als *1 1/4* oder als *1 2/8* dargestellt werden. Legen Sie unter *Typ* die Form der Darstellung des Bruchs fest.

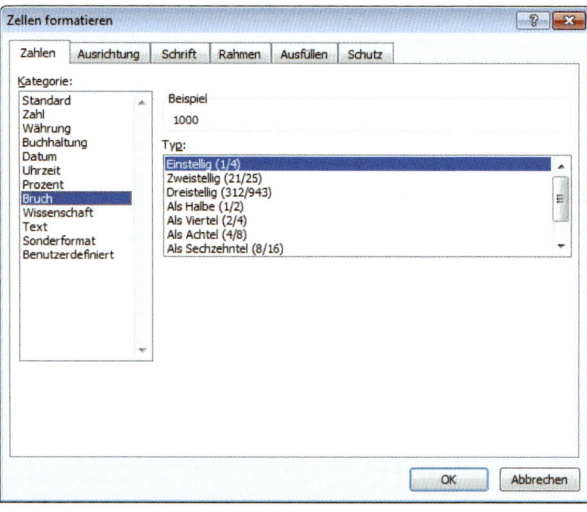

Abbildung 15.44 Das Bruchformat unterscheidet zwischen »echten« und »unechten« Brüchen.

Auch Tastenkombinationen stehen Ihnen für die wichtigsten Zahlenformate zur Verfügung (→ Tabelle 15.16).

Tasten	Format
Strg + &	Standardzahlenformat
Strg + $	Standardwährungsformat mit zwei Dezimalstellen (negative Werte werden rot formatiert)
Strg + %	Prozentformat ohne Dezimalstellen
Strg +)	Exponentielles Zahlenformat mit zwei Dezimalstellen

Tabelle 15.16 Für die wichtigsten Zahlenformate gibt es Tastenkürzel.

Sonderformate

Die Kategorie *Sonderformat* ist besonders beim Formatieren von Listen und Datenbankeinträgen hilfreich. Beispielsweise finden Sie hier Formate für die Postleitzahlen und Versicherungsnummern unterschiedlicher Länder (→ Abbildung 15.45). Geben Sie hier zuerst das Gebietsschema an. Unter *Typ* wählen Sie dann das gewünschte Format.

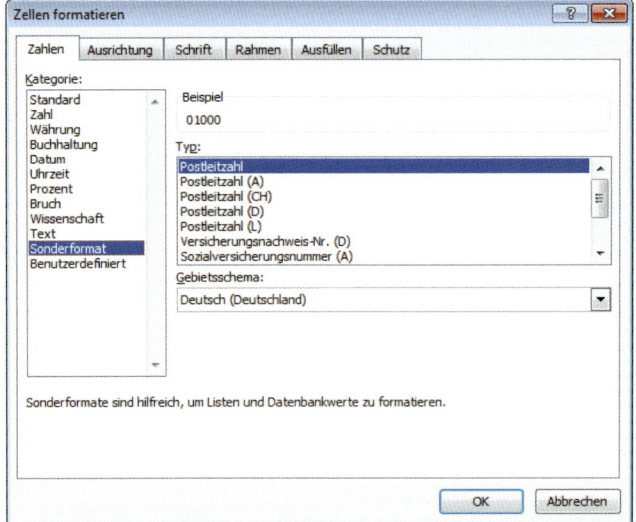

Abbildung 15.45 Sonderformate gibt es beispielsweise für Postleitzahlen.

Benutzerdefinierte Formate

Um Zahlenformate zu definieren, die von den in der Liste angezeigten abweichen, verwenden Sie die Kategorie *Benutzerdefiniert* (→ Abbildung 15.46). Diese Kategorie erlaubt es, fast jedes Format für Zahlen sowie Datums- und Uhrzeitangaben zu definieren. Wählen Sie unter den im Listenfeld *Typ* aufgelisteten Formaten zunächst den Typ, der Ihren Vorstellungen am nächsten kommt. Durch das Bearbeiten eines solchen integrierten Formats wird dieses nicht verändert, sondern es wird ein neues hinzugefügt. Einige der hier angezeigten symbolischen Formate bestehen aus zwei oder drei Abschnitten, die jeweils durch ein Semikolon voneinander getrennt sind. Wenn nur zwei Abschnitte angegeben sind, wird der erste Abschnitt für positive Zahlen und Nullen benutzt, der zweite für negative. Ein dritter Abschnitt wird für Nullwerte und Text verwendet.

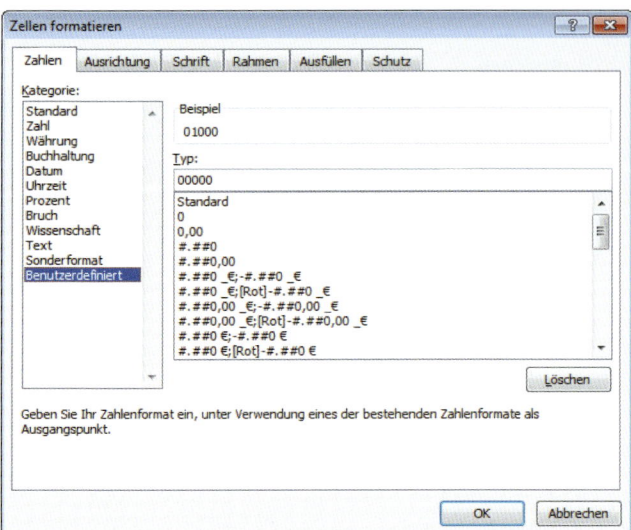

Abbildung 15.46 Auch benutzerdefinierte Formate können erstellt werden.

» Im Textfeld *Typ* können Sie das gewählte Format abändern. Das Format wird mithilfe von Zahlenformatcodes definiert. Benutzen Sie die Codes #, 0 und ? zur Angabe der Zahlenformate (→ Tabelle 15.17).

Zeichen	Beschreibung
#	Zeigt nur signifikante Ziffern an, nicht signifikante Nullen werden ignoriert.
0	Zeigt nicht signifikante Nullen an, wenn eine Zahl weniger Stellen aufweist als Nullen im Format vorhanden sind.
?	Fügt auf beiden Seiten der Dezimalstelle Leerzeichen für nicht signifikante Nullen ein, um Dezimalzahlen am Dezimalkomma auszurichten.

Tabelle 15.17 Zahlenformate werden mit Codes gekennzeichnet.

» Zur Anzeige eines Punkts als Tausendertrennzeichen fügen Sie einen Punkt in das Zahlenformat ein.

» Die Farbe für einen Abschnitt des Formats wird eingestellt, indem Sie den Namen der Farbe in eckige Klammern eingeben.

» Um Zahlenformate zu definieren, die nur dann angewendet werden, wenn eine Zahl eine angegebene Bedingung erfüllt, schließen Sie die Bedingung in eckige Klammern ein. Die Bedingung setzt sich aus einer Farbangabe und einem Wert zusammen.

15.5.5 Rahmen, Linien und Muster

Sie können einzelne Zellen oder Zellbereiche mit Rahmen, Linien oder Mustern versehen. Auf diese Weise können Sie eine optische Strukturierung der Tabellen vornehmen oder bestimmte Zellen oder Bereiche besonders betonen. Denken Sie aber auch hier an einen angemessenen Einsatz. Zu überladene Dokumente könnten die Seriosität der Aussage gefährden.

Über die Befehlsschaltflächen *Rahmenlinie* und *Füllfarbe* der Gruppe *Schriftart* in der Registerkarte *Start* des Menübands können Sie die wichtigsten Einstellungen sofort vornehmen (→ Abbildung 15.47). Markieren Sie vorher die gewünschten Zellen in der Tabelle.

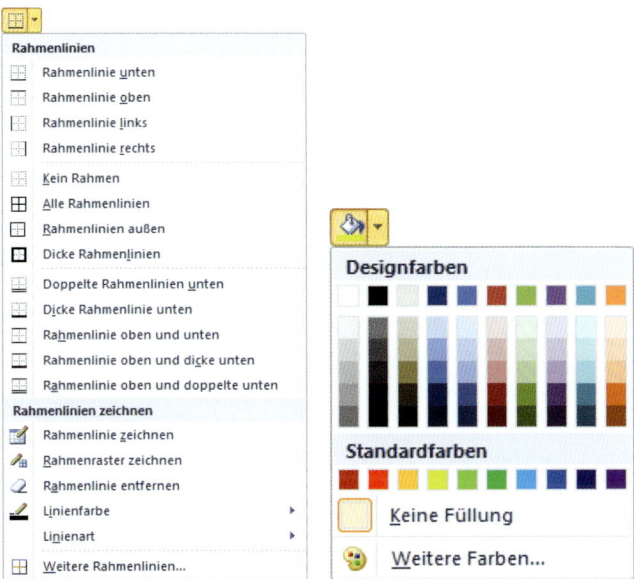

Abbildung 15.47 Die Befehlsschaltflächen *Rahmenlinie* und *Füllfarbe*

Für Entwürfe mit höherem Detailgrad können Sie auch hier wieder zusammenhängend über ein Dialogfeld arbeiten. Klicken Sie nach dem Markieren des zu formatierenden Bereichs auf die Schaltfläche mit dem nach rechts unten weisenden Pfeil neben einer der Gruppen-

bezeichnungen *Schriftart*, *Ausrichtung* oder *Zahl*. Das Dialogfeld *Zellen formatieren* wird angezeigt. Benutzen Sie hierin die Registerkarten *Rahmen* oder *Ausfüllen* (→ Abbildung 15.48 und Abbildung 15.49). Die Wirkung der aktuell gewählten Einstellungen wird auch hier im Feld *Vorschau* skizziert.

Rahmen und Linien

Rahmen und Linien sind ähnliche Elemente. Ein Rahmen ist eine Linie, die eine Zelle oder einen Zellbereich voll umschließt. Zum Festlegen markieren Sie den gewünschten Zellbereich und wählen dann die Registerkarte *Rahmen* im Dialogfeld *Zellen formatieren* (→ Abbildung 15.48). Hier können Sie Position, Stärke und Farbe der Linienelemente festlegen. Das Ergebnis wird in der Vorschau angezeigt.

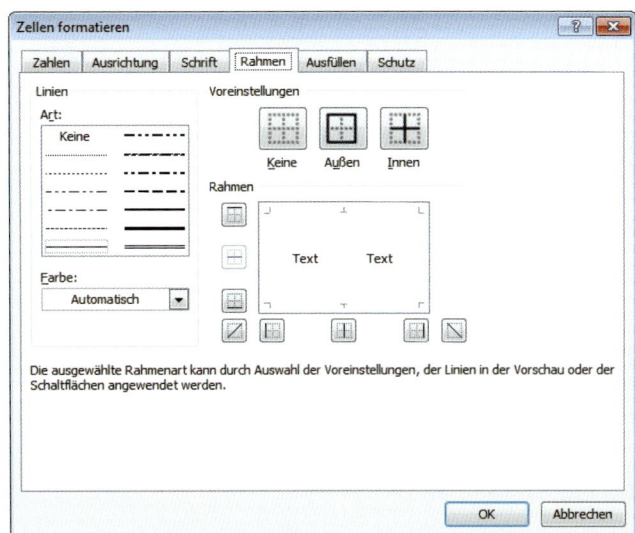

Abbildung 15.48 Über die Registerkarte *Rahmen* können Sie Linienelemente einfügen.

Da Sie jedes Linienelement nach der Auswahl noch ändern können, spielt es im Prinzip keine Rolle, in welcher Reihenfolge Sie bei der Festlegung von Position, Art und Farbe vorgehen. Für ein schnelles Arbeiten empfiehlt es sich aber, immer zuerst *Art* und *Farbe* der zu verwendenden Linien einzustellen. Das erledigen Sie durch Auswahl in den Feldern auf der rechten Seite des Dialogfelds. Anschließend legen Sie fest, wo die Linienelemente erscheinen sollen. Alle Linien weisen dann die gewählte Art und

Farbe auf. Auch wenn Sie Art und/oder Farbe wechseln wollen, geht es schneller, wenn Sie das vor dem Festlegen der Position der Linie erledigen.

» Mit den drei Schaltflächen unter *Voreinstellungen* können Sie die am häufigsten auftretenden Fälle einstellen (→ Tabelle 15.18). Sie können diese Optionen auch als eine Voreinstellung benutzen, die Sie anschließend über weitere Schaltflächen abwandeln können.

Symbol	Beschreibung
	Mit der Rahmenoption *Außen* können Sie einen vorher markierten Zellbereich mit einem umgebenden Rahmen versehen.
	Mit der Option *Innen* setzen Sie nur Linien im Inneren des markierten Bereichs.
	Über die Option *Keine* entfernen Sie alle bisher festgelegten Linienelemente.

Tabelle 15.18 Verschiedene Voreinstellungen ermöglichen ein schnelles Arbeiten.

» Das Ergebnis der Auswahl wird in der Vorschau angezeigt. Durch Klicken auf eine entsprechende Stelle können Sie ein weiteres Element mit der vorher eingestellten Linienart und -farbe erstellen. Ein Klick auf ein bereits vorhandenes Element blendet es wieder aus.

» Die Schaltflächen links und unterhalb des Vorschaufelds benutzen Sie, um einzelne Linienelemente um den oder in dem markierten Bereich zu setzen. Auch hier können Sie durch einen weiteren Klick auf eine der Schaltflächen das betreffende Element wieder abschalten.

» Eine weitere Möglichkeit zum Positionieren von Linien besteht darin, an der gewünschten Stelle im Feld für die Vorschau einen Klick durchzuführen. Damit erzeugen Sie dort eine Linie. Ein Klick auf eine schon vorhandene Linie entfernt diese wieder.

» Um alle Rahmen oder Linien aus einem vorher markierten Bereich wieder zu entfernen, wählen Sie die Voreinstellung *Keine*. Um ein einzelnes bereits eingefügtes Element zu löschen, klicken Sie auf die entsprechende Schaltfläche im Bereich *Rahmen* oder Sie klicken direkt auf das Element in der Vorschau.

» Um die Art und/oder die Farbe eines Elements nachträglich zu ändern, wählen Sie zuerst die neue Art und/oder Farbe und klicken dann in der Vorschau auf das zu ändernde Element.

Muster

Zum Erzeugen eines Zellhintergrunds – beispielsweise farbig oder gemustert – in einem Zellbereich dient eine separate Registerkarte. Markieren Sie zunächst den gewünschten Zellbereich und wählen Sie dann die Registerkarte *Ausfüllen* im Dialogfeld *Zellen formatieren* (→ Abbildung 15.49). Hier können Sie den markierten Zellbereich mit einer einfachen Hintergrundfarbe versehen und/oder ein zusätzliches Muster verwenden.

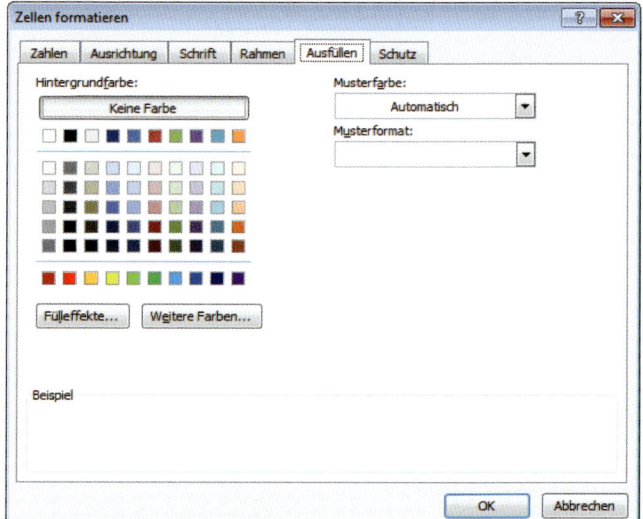

Abbildung 15.49 Zellbereiche können mit Farben und Schraffuren versehen werden.

» Wählen Sie aus den 50 Farben im oberen Bereich der Registerkarte zunächst eine Grundfarbe für den markierten Bereich. Im Feld *Beispiel* wird die gewählte Farbe angezeigt. Die zehn zusätzlichen Farben im Bereich ganz oben benutzt Microsoft Excel standardmäßig für Diagramme.

» Wenn Sie die eingestellte Grundfarbe mit einem zusätzlichen Muster versehen wollen, benutzen Sie dazu die Einstellungen über die Listenfelder *Musterfarbe* und *Musterformat*. Hier können Sie einerseits die Form des Musters und andererseits dessen Farbe bestimmen. Benutzen Sie *Automatisch*, wenn Sie die Farbauswahl für das Muster Microsoft Excel überlassen wollen. Das Ergebnis wird wieder im Feld *Beispiel* angezeigt.

» Nach einem Klick auf die Schaltfläche *Fülleffekte* können Sie einen solchen für den vorher ausgewählten Zellbereich festlegen (→ Abbildung 15.50).

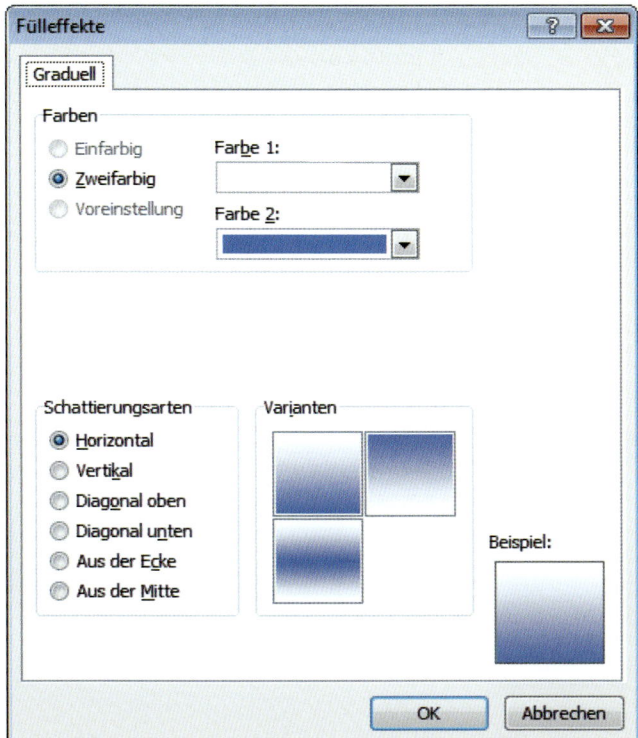

Abbildung 15.50 Die Fülleffekte

TIPP Beachten Sie, dass sich die gewählte Hintergrundgestaltung von der verwendeten Schriftfarbe gut unterscheiden sollte, damit die Zellinhalte lesbar sind.

15.5.6 Zeilen und Spalten formatieren

Microsoft-Excel-Tabellen besitzen zunächst einen Standardwert für die Zeilenhöhe und die Spaltenbreite, den Sie über die Formatvorlage *Standard* regeln können. Sie können diese Standardwerte mithilfe der Befehlsschaltfläche *Format* oder direkt über die Maus an die speziellen Erfordernisse der Spalten und Zeilen anpassen.

TIPP Bei Spalten, deren Höhe Sie nicht speziell festgelegt haben oder die auf eine optimale Höhe eingestellt wurden, ändert sich bei der Wahl eines größeren Schriftgrads für den Zellinhalt automatisch die Zeilenhöhe. Die Höhe einer Zeile wird automatisch an die größte, in dieser Zeile verwendete Schriftart angepasst. Nachdem Sie die Höhe einer Zeile manuell geändert haben, werden größere Schriften oft nicht mehr vollständig angezeigt, da die Zeile die eingestellte Höhe behält.

Befehlsschaltflächen verwenden

Markieren Sie zunächst die zu ändernde(n) Zeile(n) oder Spalte(n) oder wählen Sie jeweils eine Zelle aus der zu ändernden Zeile oder Spalte. Verwenden Sie dann die Optionen in der Liste zur Schaltfläche *Format* in der Gruppe *Zellen* der Registerkarte *Start* (→ Abbildung 15.51, links).

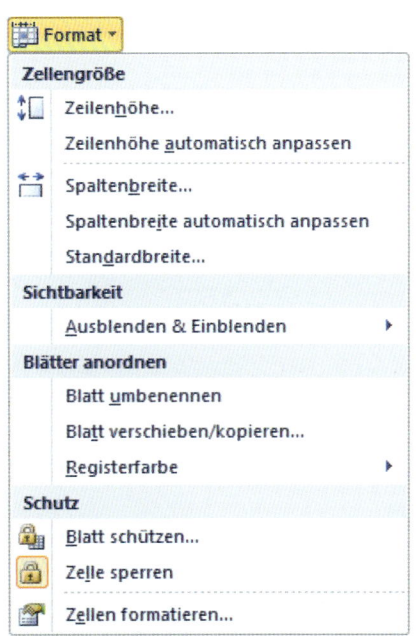

Abbildung 15.51 Zeilenhöhe und Spaltenbreite können geändert werden.

» Über die Befehle *Zeilenhöhe* und *Spaltenbreite* in der Liste können Sie die Maße für den markierten Bereich über zwei kleine Dialogfelder einstellen (→ Abbildung 15.51, Mitte und rechts). Die Zeilenhöhe wird in Punkt angegeben. Ein Punkt entspricht 0,35 mm. Werte zwischen 0 und 409,5 sind zugelassen. Bei einer Eingabe von 0 wird die Spalte ausgeblendet. Die Spaltenbreite wird in Zeichen gemessen. Zugelassen sind Spaltenbreiten zwischen 0 und 255. Bei einer Breite von 0 wird die Spalte ausgeblendet.

» Der Befehl *Zeilenhöhe automatisch anpassen* stellt die Höhe so ein, dass die größte in dieser Zeile verwendete Schrift vollständig dargestellt wird. Bei einem maximalen Schriftgrad von 10 Punkt wird beispielsweise eine Zeilenhöhe von 12,75 Punkt gewählt: 12 Punkt für die Zeile selbst und 0,75 Punkt für die Linien des Gitternetzes.

» *Spaltenbreite automatisch anpassen* sorgt dafür, dass die Breite der Spalte so angepasst wird, dass der längste Eintrag in der Spalte vollständig angezeigt wird.

» Wenn die Anzeige der Inhalte von bestimmten Zeilen oder Spalten nicht notwendig ist, können Sie diese aus- und bei Bedarf wieder einblenden. Der Inhalt ausgeblendeter Zeilen oder Spalten bleibt aber weiterhin vorhanden und wird bei entsprechenden Berechnungen mit berücksichtigt. Dazu benutzen Sie den Befehl *Ausblenden und Einblenden*. Dass eine Zeile oder Spalte ausgeblendet ist, erkennen Sie an der fehlenden Nummer beziehungsweise dem fehlenden Buchstaben und dem etwas dickeren Trennstrich zwischen den entsprechenden Zeilen- und Spaltenköpfen.

» Mit dem Befehl *Standardbreite* setzen Sie alle Spalten der Tabelle, deren Breite Sie nicht vorher manuell festgelegt hatten, auf einen bestimmten Wert, den Sie in einem Dialogfeld angeben müssen. Die Markierung spielt bei diesem Befehl keine Rolle.

Mit der Maus

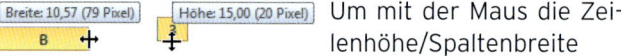

Um mit der Maus die Zeilenhöhe/Spaltenbreite festzulegen, ziehen Sie die untere Begrenzungslinie des Zeilenkopfs beziehungsweise die rechte Begrenzungslinie des Spaltenkopfs mit gedrückter Maustaste an die gewünschte Stelle. Die neuen Werte für Breite beziehungsweise Höhe werden während des Ziehens angezeigt. Sie können mit diesem Verfahren auch Spalten und Zeilen ausblenden, indem Sie eine Breite/Höhe von 0 einstellen.

Um die Höhe oder Breite benachbarter Zeilen oder Spalten zu ändern, markieren Sie diese vorher gemeinsam. Ziehen Sie dann die rechte Begrenzungslinie des Spaltenkopfs, um die Spaltenbreite zu ändern, oder ziehen Sie die untere Begrenzungslinie des Zeilenkopfs, um die Zeilenhöhe zu ändern.

» Zum Einstellen der optimalen Einstellungen doppelklicken Sie auf die Linie rechts vom entsprechenden Spaltenkopf beziehungsweise auf die Linie unterhalb des entsprechenden Zeilenkopfs.

» Eine breite Markierung im Spaltenkopf und eine fehlende Spaltenkennzeichnung zeigen an, dass ausgeblendete Spalten vorhanden sind. Positionieren Sie den Mauszeiger dort und ziehen Sie dann nach rechts, um die Spalte wieder einzublenden.

» Eine breite Markierung im Zeilenkopf und eine fehlende Zeilennummer zeigen an, dass ausgeblendete Zeilen vorhanden sind. Um eine ausgeblendete Zeile wieder einzublenden, positionieren Sie den Zeiger direkt unterhalb der Markierung für die ausgeblendete Zeile und ziehen sie dann nach unten.

TIPP Lange Einträge in einzelnen Zellen können Sie durch Aktivieren der Option *Zeilenumbruch* auf der Registerkarte *Ausrichtung* im Dialogfeld *Zellen formatieren* in mehreren Zeilen aufgeteilt anzeigen lassen, ohne dabei die Spalte insgesamt verbreitern zu müssen.

15.5.7 Formatvorlagen

Mithilfe eines Dokumentdesigns können Sie eine ganze Tabelle schnell und variabel formatieren. Ein solches Dokumentdesign ist eine Gruppe von Formatierungsoptionen, die aus einer Gruppe von Designfarben, einer Gruppe von Designschriftarten und einer Gruppe von Designeffekten besteht. Excel verfügt dafür über mehrere eingebaute Formatvorlagen, von denen Sie dann eine über die angezeigte Liste wählen können (→ Abbildung 15.52). Damit eine Tabelle auf ein bestimmtes Dokumentdesign reagieren kann, müssen Sie einzelnen Elementen darin unterschiedliche Zellenformatvorlagen zuweisen. Danach können Sie ihr Aussehen schnell ändern, indem Sie ein anderes Design darauf anwenden

Vorlagen zuweisen

Um eine vorhandene Formatvorlage zu verwenden, markieren Sie zunächst den zu formatierenden Tabellenbereich und wählen dann auf der Registerkarte *Start* aus der Gruppe *Formatvorlagen* den Befehl *Zellenformatvorlage*. Wählen Sie eine Zellformatvorlage für den markierten Bereich aus (→ Abbildung 15.52). Nach dieser Wahl werden die dafür eingestellten Parameter in der Zelle angezeigt. Wiederholen Sie diese Schritte für weitere Zellbereiche.

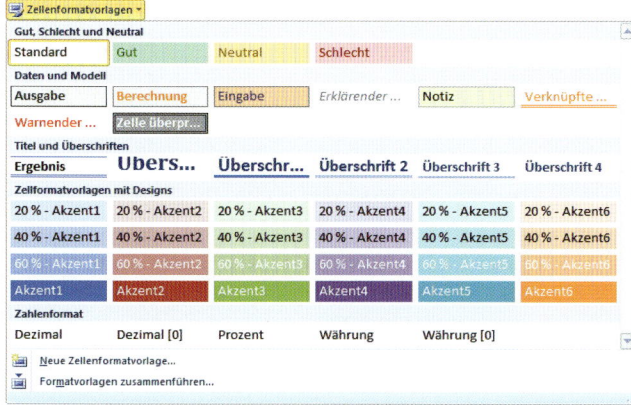

Abbildung 15.52 Formatvorlagen liefern die Standardwerte der Tabelle.

Bei Tabellen, auf deren Elemente noch keine Formatvorlagen angewendet wurden, haben verschiedene Designs nur die Auswirkung, dass die verwendete Schrift in der gesamten Tabelle geändert wird. Das gilt auch für die Bezeichnung in den Spalten- und Zeilenköpfen der Tabelle.

Ein anderes Design wählen

Nach dem Zuweisen von Zellformatvorlagen können Sie der Tabelle ein anderes Design zuweisen und damit Schriftarten und Farben schnell ändern. Lassen Sie die Registerkarte *Seitenlayout* anzeigen. Klicken Sie auf die Schaltfläche *Designs*. Die Liste der auf Ihrem Rechner verfügbaren Designs wird angezeigt (→ Abbildung 15.53). Wählen Sie darin ein Design

aus. Danach wird das Format für den markierten Bereich übernommen. Beachten Sie dabei die Wahl der anderen Schriftarten, Farben und Darstellung des Pfeilsymbols.

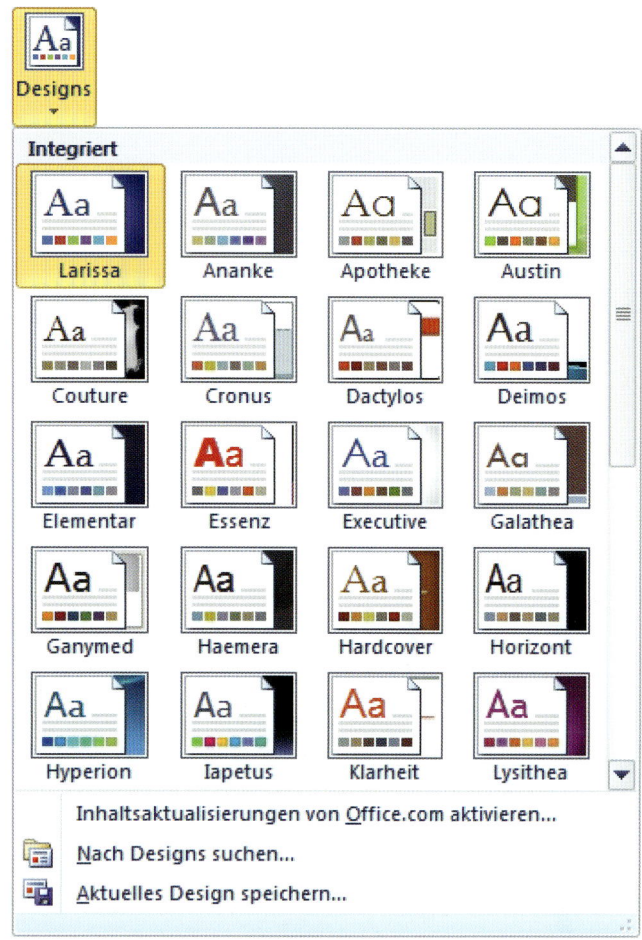

Abbildung 15.53 Durch Wahl eines anderen Designs können Sie schnell Schriftarten und Farben ändern.

Neue Designelemente wählen

Sie können zu jedem eingestellten Design auch die Schriftarten, die Farben und die sonstigen Effekte ändern. Lassen Sie die Registerkarte *Seitenlayout* anzeigen und wählen Sie in der Gruppe *Designs* einen anderen Satz von *Designschriftarten*, *Designfarben* oder *Designeffekten* (→ Abbildung 15.54).

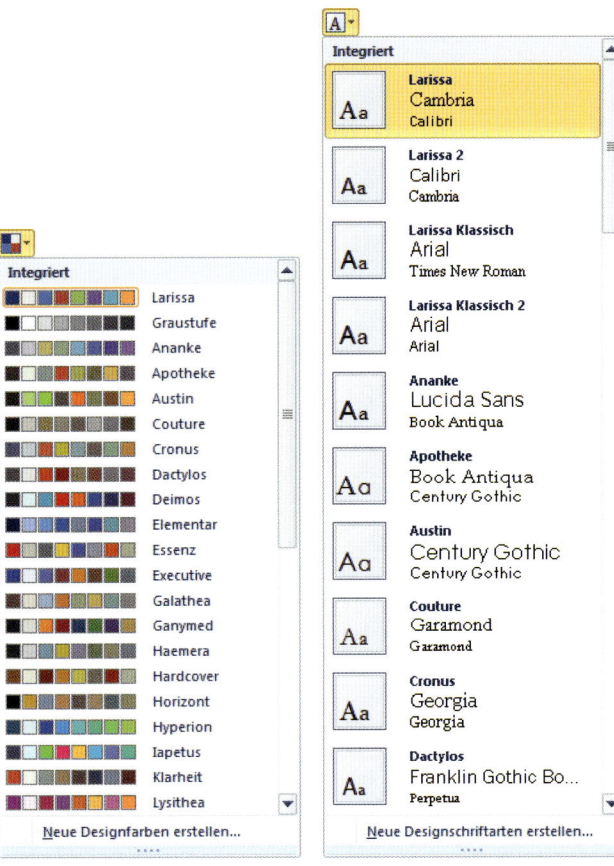

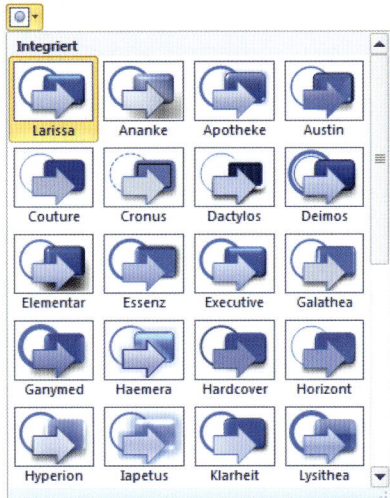

Abbildung 15.54 *Designschriftarten*, *Designfarben* oder *Design-effekte* können schnell geändert werden.

15.5.8 Bedingte Formatierung

Mithilfe der bedingten Formatierung können Sie errei-chen, dass Microsoft Excel ein Format in Abhängigkeit von bestimmten Bedingungen selbstständig zuweist. Damit können Sie bewirken, dass Zellen, in denen Berechnungsergebnisse angezeigt werden, in Abhängigkeit von der Höhe des Ergebnisses unterschiedliche Formate zeigen. Beispielsweise lassen sich geringe Werte mit einem roten, mittlere mit einem gelben und hohe Werte mit einem grünen Hintergrund kennzeichnen.

Markieren Sie den zu formatierenden Zellbereich und öffnen Sie dann die Liste zur Schaltfläche *Bedingte Formatierung* in der Gruppe *Formatvorlagen*. In dieser Liste können Sie über zwei Stufen zunächst die Form der For-matierung wählen (→ Abbildung 15.55).

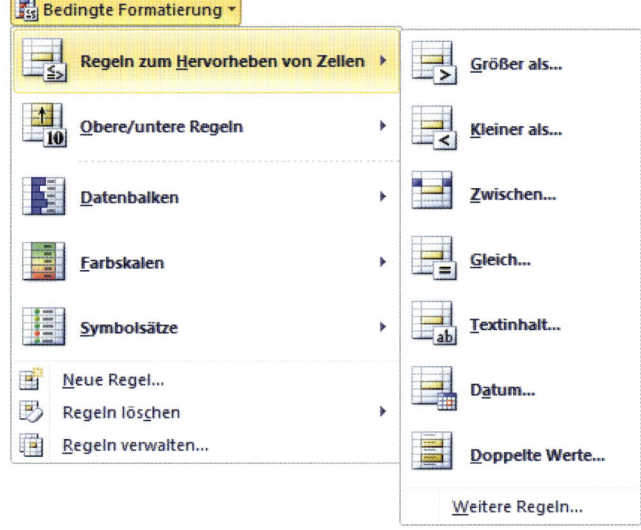

Abbildung 15.55 Formate ändern sich in Abhängigkeit vom Wert in der Zelle.

Nach dieser Wahl müssen Sie die Werte konkretisieren, bei denen Excel von einem Format auf ein anderes um-schalten soll. Wenn Sie beispielsweise die Option *Zwischen* ausgewählt hatten, müssen Sie zwei Zahlenwerte eingeben und dann das dafür gewünschte Format ange-ben (→ Abbildung 15.56).

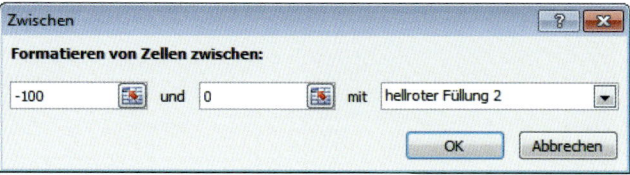

Abbildung 15.56 Die Formate werden an Bedingungen geknüpft.

Wenn die bei der bedingten Formatierung angegebenen Bedingungen nicht richtig interpretiert werden, liegt die Ursache dafür meist darin, dass sich die Bedingungen überlappen: Wird bei mehreren definierten Bedingungen mehr als eine Bedingung durch den Inhalt einer Zelle erfüllt, wendet Microsoft Excel nur die Formatierungseinstellungen der ersten erfüllten Bedingung an.

Der Manager für Regeln zur bedingten Formatierung

Bei jeder Anwendung eines Befehls zur bedingten Formatierung auf denselben Bereich wird immer eine neue Regel erstellt. Bei mehrfacher Anwendung gelten dann mehrere Regeln gleichzeitig. Benutzen Sie den *Manager für Regeln zur bedingten Formatierung*, um die nicht erwünschten Regeln zu löschen. Oder löschen Sie die vorhandene Regel, bevor Sie eine neue Regel formulieren.

» Markieren Sie den Zellbereich, für den die Regel gelten soll, und lassen Sie die Registerkarte *Start* anzeigen. Öffnen Sie die Liste zur Schaltfläche *Bedingte Formatierung* in der Gruppe *Formatvorlagen* der Registerkarte *Start* und wählen Sie darin die Option *Regeln verwalten*. Das Dialogfeld *Manager für Regeln zur bedingten Formatierung* wird angezeigt, in dem gegebenenfalls bereits definierte Regeln angezeigt werden.

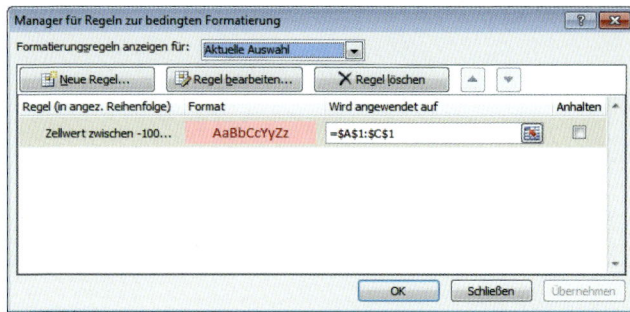

Abbildung 15.57 Über den *Manager für Regeln zur bedingten Formatierung* können Sie auch komplexe Regeln erstellen.

» Wenn Sie eine (weitere) Regel für den aktuellen Bereich aufstellen wollen, klicken Sie auf *Neue Regel*. Das Dialogfeld wird angezeigt, in dem Sie eine solche definieren können. Oben im Dialogfeld können Sie einen *Regeltyp auswählen*. Belassen Sie es für diese Übung bei der Voreinstellung *Alle Zellen basierend auf ihren Werten formatieren*.

» Im Bereich *Regelbeschreibung bearbeiten* können Sie die Details zur Regel festlegen. Angenommen, Sie wollen die Zahlenwerte mit einer abgestuften Farbskala kennzeichnen, die von *rot* (für die kleinsten Werte) über *gelb* bis nach *grün* (für die kleinsten Werte) reicht. Dazu wählen Sie in der Liste *Formatstil* die Option *3-Farben-Skala*.

Kapitel 16

Diagrammtools

Was wir zu Beginn des vorherigen Kapitels zur Arbeit mit Excel-Tabellen sagten, trifft auch auf die Arbeit mit Diagrammen zu. Wenn Microsoft Excel auf Ihrem Computer installiert ist, wird dieses Programm auch zum Erstellen von Diagrammen verwendet. Wie Sie solche Diagramme in ein Dokument einfügen, sollten Sie bereits wissen (→ Kapitel 5). Was Sie noch wissen müssen, ist, wie man Diagramme editiert und so formatiert, dass sie zum restlichen Erscheinungsbild des Dokuments passen.

» Zunächst wollen wir Ihnen noch einige Grundlagen für das Erstellen eines Diagramms liefern (→ Abschnitt 16.1). Denn Diagramme können nicht nur direkt in Word erstellt werden; Sie können auch von bereits in Excel vorhandenen Daten ausgehen, daraus das Diagramm aufbauen und es anschließend in Word anzeigen lassen. Das ist gerade dann der bequemere Weg, wenn Sie in ein Word-Dokument mehrere Diagramme mit einer ähnlichen Datengrundlage einfügen möchten. Diagramme können in Excel bequem erstellt werden. Im Prinzip verwenden Sie dazu bei der Version 2010 nur zwei Schritte: Sie markieren die im Diagramm darzustellenden Daten und wählen den Typ für das Diagramm aus.

» Außerdem können Sie Verfeinerungen oder Änderungen durchführen bezüglich des Musters und der Schrift der Hintergrundflächen, der darzustellenden Datenreihen, Art und Format der Beschriftungen, Anzeige und Format der Achsen und Gitternetzlinien sowie der Anzeige von Trendlinien (→ Abschnitt 16.2).

CD-ROM Die Mehrzahl der in diesem Kapitel gezeigten Beispiele finden Sie auf der Begleit-CD im Ordner *16* in der Excel-Datei *Mappe2*.

16.1 Grundlagen

Um in Word ein auf Excel basierendes Diagramm einzufügen, haben Sie im Prinzip drei Möglichkeiten (→ Kapitel 5):

» Sie verwenden die Befehlsschaltfläche *Diagramm* in der Gruppe *Illustrationen* der Registerkarte *Einfügen*. Nach der Wahl eines Diagrammtyps wird der Bildschirm geteilt und links wird ein Diagramm dieses Typs angezeigt. Die darin dargestellten Daten fungieren zunächst nur als Platzhalter. Die konkreten Inhalte müssen Sie noch eingeben. Auf der rechten Seite des Bildschirms erscheint ein Fenster mit der Überschrift *Diagramm in Microsoft Word – Microsoft Excel*.

» Einen ähnlichen Effekt erreichen Sie, wenn Sie den Befehl *Objekt* in der Gruppe *Text* der Registerkarte *Einfügen* verwenden. Wenn Sie die Option *Microsoft Excel-Diagramm* auf der Registerkarte *Neu erstellen* im Dialogfeld zum Befehl *Objekt* benutzen, wird die Word-Oberfläche mit der von Microsoft Excel überlagert und es wird eine Arbeitsmappe angezeigt, die aus einem Tabellenblatt und einem Diagrammblatt besteht. Auch hier wird nach dem Bestätigen zunächst ein Platzhalter mit Beispieldaten im Dokument angezeigt. Durch einen Klick auf die Registerlaschen am unteren Rand können Sie zwischen diesen beiden Elementen wechseln. Die Daten in der Beispieltabelle müssen Sie dann Ihren Erfordernissen entsprechend ändern.

» Die dritte Möglichkeit ist die beste für den Fall, dass Sie ein Word-Dokument mit mehreren Diagrammobjekten versehen wollen – beispielsweise in einem Geschäftsbericht. In diesem Fall empfehlen wir Ihnen, die gewünschten Diagramme zunächst in einer separaten Excel-Datei zu erstellen und die Ergebnisse dann in Word einzufügen. Vorteile sind besonders dann gegeben, wenn die den Diagrammen zugrunde liegenden Daten in verschiedenen Darstellungen mehrfach verwendet werden oder sogar aufeinander Bezug nehmen. Zum Einfügen benutzen Sie wieder den Befehl *Objekt* in der Gruppe *Text* der Registerkarte *Einfügen*. Verwenden Sie im Dialogfeld zu diesem Befehl die Registerkarte *Aus Datei erstellen* und fügen Sie die Excel-Datei in das Dokument ein. Sie können dann nach einem Doppelklick die an dieser Stelle im Dokument gewünschte Tabelle bzw. das gewünschte Diagramm auswählen.

In allen Fällen benutzen Sie ein Excel-Arbeitsblatt als Grundlage für die im Diagramm darzustellenden Daten. Diagramme sind bei Excel mit den Tabellendaten verknüpft, aus denen sie erstellt wurden, und werden immer dann aktualisiert, wenn Sie Ihre Tabelle aktualisieren. Es werden also immer die aktuellen Daten der Tabelle im Diagramm angezeigt. Solche Diagramme können entweder als eingebettete Diagramme innerhalb eines Tabellenblatts oder als separate Diagrammblätter in der Arbeitsmappe erstellt werden.

Excel stellt Ihnen diverse Typen von Diagrammen für unterschiedliche Zwecke zur Verfügung. Sie können sie in der Grundform über den Diagramm-Assistenten erstellen und anschließend verfeinern. Die Wahl eines Diagrammtyps sollte sich vordringlich an der Art der darzustellenden Aussage und nicht an ästhetischen Gesichtspunkten orientieren. Viele Diagrammtypen können außerdem in dreidimensionaler Form angezeigt werden. Für diese gelten im Prinzip dieselben Richtlinien wie für ihre zweidimensionalen Brüder. Sie sehen interessanter aus, sind aber oft schwerer zu lesen.

16.1.1 Diagramm in Excel erstellen

Wenn Sie die dritte der eben vorgestellten Methoden zum Einfügen eines Diagramms in ein Word-Dokument verwenden, müssen Sie das Diagramm in Excel zunächst selbst erstellen. Das ist recht einfach. Im Prinzip verwenden Sie dazu bei der Version 2010 nur zwei Schritte: Sie markieren die im Diagramm darzustellenden Daten und wählen den Typ für das Diagramm.

Daten markieren

Der erste Schritt zum Erstellen eines Diagramms besteht darin, die Daten in der Tabelle zu markieren, die im Diagramm dargestellt werden sollen (→ Abbildung 16.1). Wenn Sie sich die Arbeit erleichtern wollen, sollten Sie dabei einige Dinge beachten.

» Wenn Sie planen, Werte in einem Diagramm mit senkrecht aufeinander angeordneten Achsen zu erstellen – also beispielsweise als Balkendiagramm, Säulendiagramm oder Liniendiagramm –, sollten Sie immer gleich mindestens zwei Datenreihen markieren. Diese können in Zeilen oder in Spalten angeordnet sein. Die horizontale Achse wird in der Grundeinstellung bei einer zeilenförmigen Darstellung durch die oberste Zeile, bei einer spaltenförmigen Darstellung durch die am weitesten links stehende Spalte gebildet. Die anderen markierten Zeilen oder Spalten werden dann im Diagramm in der Senkrechten angezeigt.

» Wenn sich in den betreffenden Zeilen oder Spalten nur Daten befinden, die auch im Diagramm dargestellt werden sollen, können Sie durch einen Klick die gesamte Zeile beziehungsweise Spalte markieren, ansonsten führen Sie eine Bereichsmarkierung durch. Auch nicht direkt aufeinanderfolgende Zeilen oder Spalten können Sie einzeln markieren, indem Sie die Taste `Strg` gedrückt halten.

» Achten Sie darauf, dass Überschriften, die als Grundlage für die waagerechte Achse dienen sollen, immer auch markiert werden müssen. Texte in Spalten- und Zeilenüberschriften können Sie ebenfalls markieren, müssen es aber nicht. Wenn Sie sie markieren, werden diese Texte automatisch als Voreinstellung für Achsenbezeichnungen und Legenden verwendet.

» Wenn Sie zusätzliche Texte markieren, achten Sie darauf, dass die Zelle in der oberen linken Ecke leer ist. Andernfalls wird der Eintrag an dieser Stelle als Element der waagerechten Achse missverstanden.

A1	▼	🔘	*f_x*				▾

◢	A	B	C	D	E	F
1		2010	2011	2013	2014	
2	Umsatz	1000	1300	1600	1800	
3	Kosten	850	1000	1150	1500	
4	Gewinn	150	300	450	300	
5						

Tabelle1 / Tabelle2 / Tabelle3 / 🛠 /

Abbildung 16.1 Sie können den Zahlenbereich zusammen mit den Überschriften markieren.

» Kreis- und Ringdiagramme können nur eine einzelne Datenreihe wiedergeben – beispielsweise den Anteil einzelner Produkte am Gesamtumsatz. Daher sollten Sie auch in der Tabelle nur eine Datenreihe markieren. Wenn Sie mehrere Reihen markieren, wird nur die oberste beziehungsweise die am weitesten links stehende im Diagramm benutzt.

Excel benutzt eine sogenannte Vorzugsform für Diagramme. Diese bestimmt, welcher Typ benutzt wird, wenn Sie keine speziellen Angaben zum Typ machen. Standardmäßig ist dies das Säulendiagramm. Sie können aber auch einen anderen Typ einstellen. Wenn Sie nach dem Markieren der Daten die Taste F11 drücken, wird ein Diagramm in dieser Vorzugsform erstellt und als separates Blatt eingefügt. Sie können auch ein Diagramm eines beliebigen Typs erstellen, indem Sie nach dem Markieren der Daten auf die entsprechende Schaltfläche in der Gruppe *Diagramme* der Registerkarte *Einfügen* klicken.

Diagrammtyp auswählen

Nachdem Sie die darzustellenden Daten in der Tabelle markiert haben, benutzen Sie die Befehlsschaltflächen in der Gruppe *Diagramme* der Registerkarte *Einfügen*. Darin finden Sie zunächst einmal sechs Grundformen.

Diagramm	Beschreibung
Säule	In einem *Säulendiagramm* werden die Datenbereiche als nebeneinander stehende Säulen angezeigt. Sie vermitteln den Eindruck, als würde für jeden Abschnitt der waagerechten Achse ein Wert existieren – beispielsweise ein Umsatzwert für jedes Jahr.
Balken	*Balkendiagramme* erfüllen dieselben Zwecke wie Säulendiagramme, die Elemente werden aber waagerecht angezeigt. Im üblichen Querformat erlauben sie meist die Anzeige von mehr Details.

Diagramm	Beschreibung
 **Linie**	*Liniendiagramme* werden vordringlich dazu verwendet, einen Trend über die Zeit aufzuzeigen. Sie erwecken den Eindruck einer kontinuierlichen Entwicklung.
 **Kreis**	Mit *Kreisdiagrammen* können Sie die Verteilung von Einzelwerten im Verhältnis zu deren Summe anzeigen. Ein Kreisdiagramm eignet sich nicht zur Darstellung einer Entwicklung. Es kann jeweils nur eine Datenreihe wiedergegeben werden.
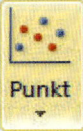 **Punkt**	Bei *Punktdiagrammen* werden die zugrunde liegenden Werte paarweise angezeigt. Die Reihenfolge der Eingabe der Datenpaare in der Tabelle spielt keine Rolle, da die Werte im Diagramm sortiert werden.
 **Fläche**	*Flächendiagramme* zeigen dieselben Charakteristika wie Liniendiagramme, mit dem Unterschied, dass die Fläche unter der Linie eingefärbt wird. Damit werden kleinere Werte im Hintergrund durch größere im Vordergrund verdeckt.
 **Weitere**	Unter *Weitere* sind eine Reihe von Diagrammtypen zusammengefasst, die Sie vermutlich weniger häufig verwenden werden.

Tabelle 16.1 Unterschiedliche Diagrammtypen eignen sich für unterschiedliche Aufgaben.

Öffnen Sie die Liste zu einer der dort gezeigten Optionen und wählen Sie die gewünschte Unterform des Diagramms aus (→ Abbildung 16.2).

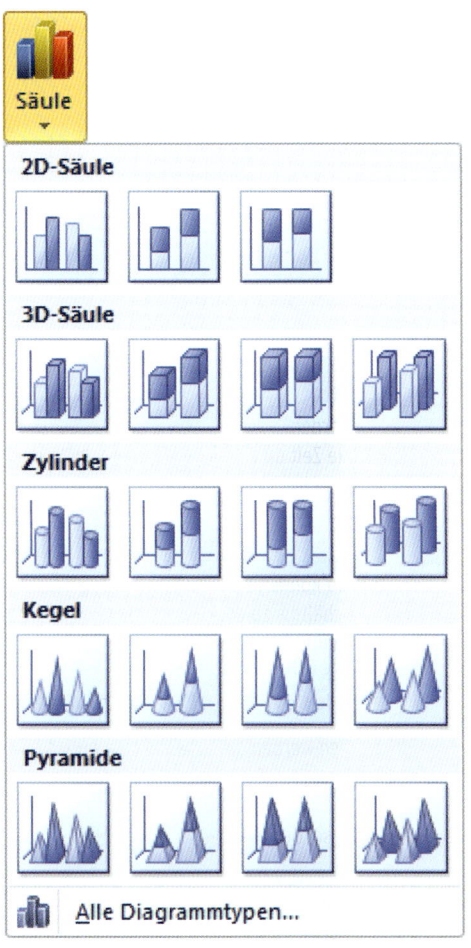

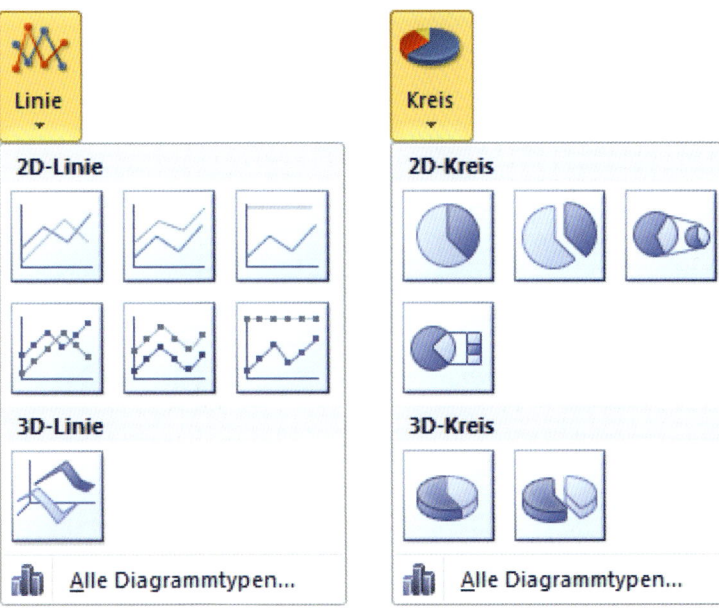

Abbildung 16.2 Wählen Sie die Unterform aus.

Beachten Sie einige Besonderheiten bei dieser Wahl:

» Gestapelte *Säulendiagramme* eignen sich für Fälle, in denen man sowohl die Entwicklung der Summe mehrerer Werte als auch deren Zusammensetzung darstellen möchte. Achten Sie darauf, dass eine solche Summe auch einen Sinn ergibt – addieren Sie hier also beispielsweise nicht Umsatz und Gewinn.

» Bei der gestapelten Form eines *Säulendiagramms* können Sie auch eine Normierung vornehmen – also die Anteile von der Gesamtsumme anzeigen. Diese Form eignet sich besonders dann, wenn Sie die Entwicklung einer Zusammensetzung betonen wollen, die Gesamtsumme aber nur eine geringere Rolle spielt.

» *Liniendiagramme* mit zusätzlichen Punkten können Sie verwenden, wenn Sie beispielsweise einzelne konkrete Werte als Punkte mit einer verbindenden Linie zur Anzeige des Trends darstellen wollen.

» Bei einer gestapelten Darstellung eines *Liniendiagramms* wird sowohl die Entwicklung der Summe mehrerer Werte als auch deren Zusammensetzung dargestellt.

» Sie können bei *Liniendiagrammen* auch eine Normierung vornehmen – also die Anteile an einer festen Gesamtsumme anzeigen lassen. Diese Form eignet sich besonders dann, wenn Sie die Entwicklung einer Zusammensetzung betonen wollen, die Gesamtsumme aber nur eine geringere Rolle spielt.

» Bei der »explodierenden« Form eines *Kreisdiagramms* können entweder alle oder einzelne Elemente herausgezogen werden. Benutzen Sie diese Form, wenn Sie bestimmte Segmente des Kreises besonders betonen wollen.

» Die Punkte in einem *Punkt-XY-Diagramm* können Sie durch verschiedene Formen von Linien interpolieren lassen. Die Punkte können dann auch weggelassen werden. Benutzen Sie diese Form, wenn Sie beispielsweise die einzelnen Messwerte und den Trend dahinter anzeigen lassen wollen.

» Auch gestapelte Darstellungsformen sind bei *Flächendiagrammen* möglich. Diese eignen sich sowohl zur Darstellung der Entwicklung einer Summe mehrerer Werte als auch zum Zeigen ihrer Zusammensetzung. Die Werte können auch auf 100% normiert werden.

» *Ringdiagramme* erfüllen denselben Zweck wie Kreisdiagramme, zeigen jedoch ein Loch in der Mitte. Auch hier kann jeweils nur eine Datenreihe wiedergegeben werden.

» *Netzdiagramme* erlauben einen Vergleich mehrerer Charakteristika relativ zu einem Zentralpunkt. Sie sind für das unerfahrene Auge etwas schwer zu lesen, besonders wenn sich im Diagramm mehrere Linien überschneiden.

» *Blasendiagramme* haben bezüglich der Anordnung auf den beiden Achsen Ähnlichkeit mit Punktdiagrammen. Hier kann aber ein zusätzlicher Wert durch die Größe der Blase vermittelt werden.

» *Kursdiagramme* ermöglichen die Darstellung von drei Werten – beispielsweise Tiefst-, Höchst- und Endstand. Dafür müssen drei Datenreihen eingegeben werden.

Einen zusammenfassenden Überblick über alle zur Verfügung gestellten Typen bekommen Sie, nachdem Sie auf die kleine Schaltfläche neben der Gruppenbezeichnung *Diagramme* geklickt haben (→ Abbildung 16.3). Wählen Sie darin zuerst links den gewünschten Typ aus und legen Sie dann die spezielle Form fest.

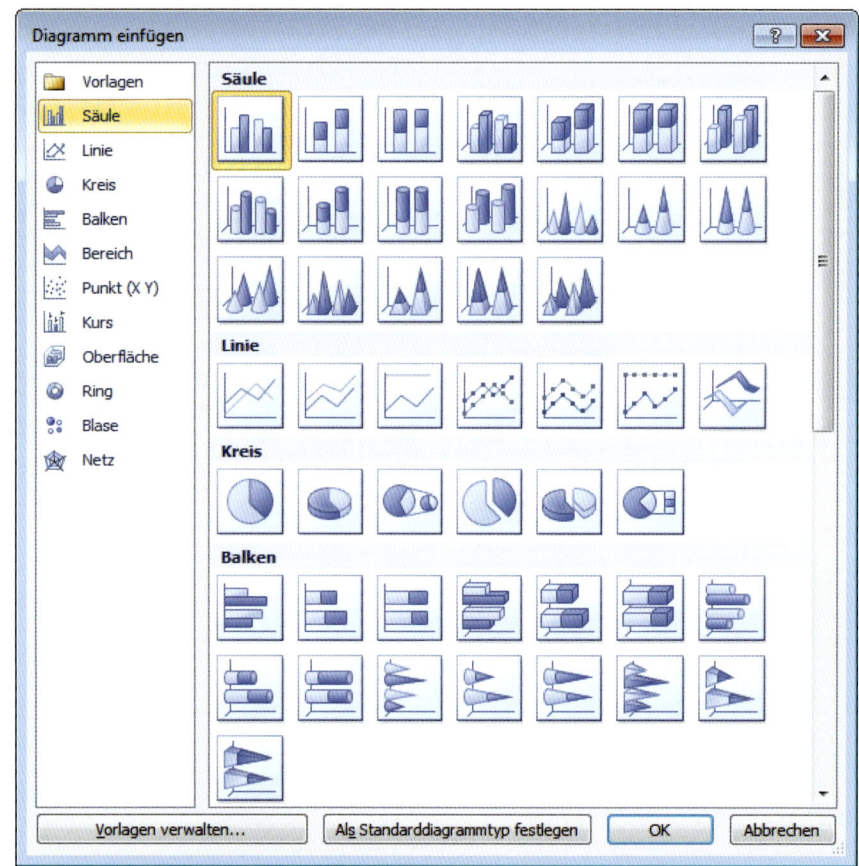

Abbildung 16.3 Die Gruppen aller Diagramme erlauben eine noch größere Auswahl.

Nach einer solchen Wahl wird das Diagramm erstellt (→ Abbildung 16.4). Es wird standardmäßig als eingebettetes Diagramm in der zugrunde liegenden Tabelle angezeigt. Sie können die voreingestellten Parameter anschließend ändern und/oder die Diagrammelemente verfeinern.

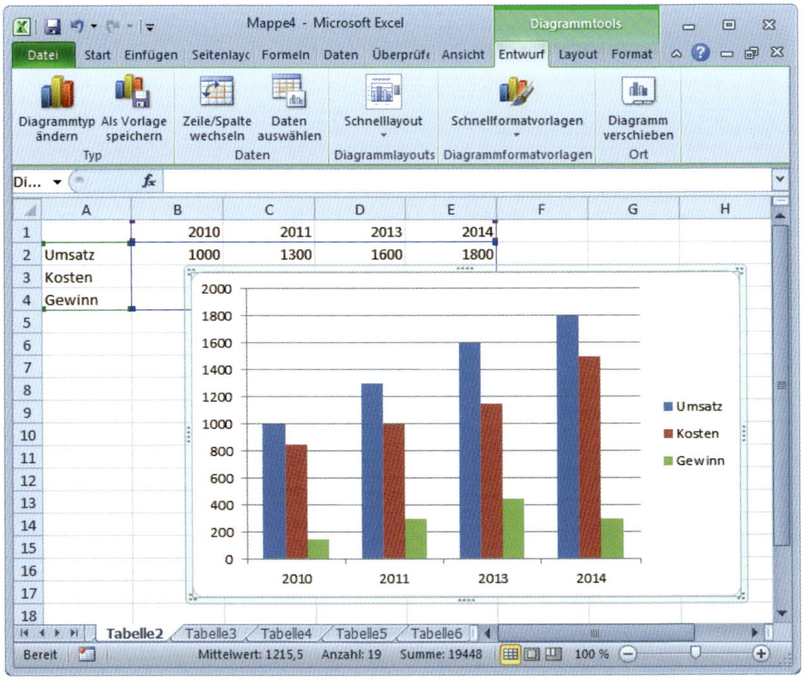

Abbildung 16.4 Ein Diagramm wurde auf einem Excel-Arbeitsblatt erstellt.

TIPP Bei eingebetteten Diagrammen können Sie die zugrunde liegenden Daten auf einfache Weise kontrollieren, indem Sie das Diagramm markieren. Die Daten werden daraufhin farbig eingerahmt. Die Markierung kann mit der Maus geändert werden.

16.1.2 Wichtige Diagrammparameter ändern

Die wichtigsten Befehle für Änderungen am Diagramm finden Sie in den Gruppen der Registerkarte *Diagrammtools/Entwurf* (→ Abbildung 16.5).

Den Speicherort ändern

Wir haben es gerade erwähnt: Wenn Sie in Excel ein Diagramm mit der eben beschriebenen Methode erstellen, wird es als eingebettetes Diagramm auf dem dazugehörenden Tabellenblatt angezeigt. Sie können dieses Blatt in ein Word-Dokument einfügen, zeigen aber damit auch die Daten in der Tabelle an. Wenn Sie wünschen, dass nur das Diagramm im Dokument angezeigt wird, müssen Sie das Diagramm auf ein separates Blatt verschieben und dieses dann anzeigen lassen.

Um die Platzierung des Diagramms in der Arbeitsmappe festzulegen, markieren Sie zunächst das Diagramm und wählen dann den Befehl *Diagramm verschieben* in der Gruppe *Ort* der automatisch angezeigten kontextbezogenen Registerkarte *Diagrammtools/Entwurf*. Im Dialogfeld *Diagramm verschieben* können Sie die Platzierung neu festlegen (→ Abbildung 16.6).

Legen Sie fest, wo das Diagramm angezeigt werden soll. Sie können es als neues Blatt in die Arbeitsmappe einfügen. In diesem Fall können Sie dem Blatt gleich einen eigenen Namen zuweisen oder die Voreinstellung – beispielsweise *Diagramm1* – übernehmen. Alternativ dazu können Sie das Diagramm als Objekt in ein von Ihnen festlegbares Tabellenblatt einfügen.

Abbildung 16.5 Die Registerkarte *Diagrammtools/Entwurf*

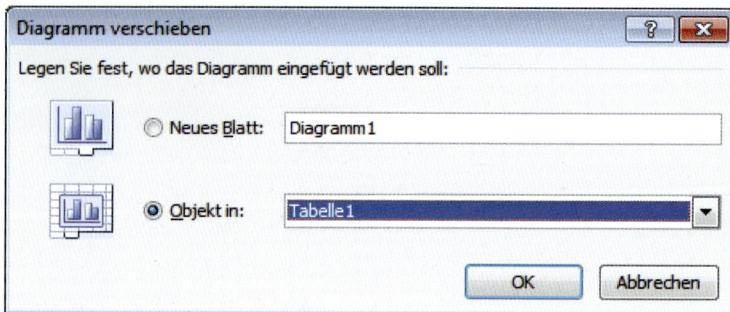

Abbildung 16.6 Das Diagramm verschieben

Diagramm löschen

Nicht (mehr) benötigte Diagramme können Sie jederzeit aus der Arbeitsmappe entfernen. Bei einem Diagramm auf einem separaten Blatt verfahren Sie wie üblich beim Löschen eines Blatts (→ Kapitel 15). Haben Sie das Blatt als Objekt in eine Tabelle eingefügt, markieren Sie es zunächst, indem Sie darauf klicken. Drücken Sie anschließend die ⌈Entf⌋-Taste.

Diagrammtyp ändern

Um den gewählten Typ des Diagramms zu ändern, markieren Sie das Diagramm und klicken auf die Befehlsschaltfläche *Diagrammtyp ändern* in der Gruppe *Typ* der Registerkarte *Diagrammtools/ Entwurf*. Das öffnet die Diagrammtyp-Palette (→ Abbildung 16.7). Wählen Sie darin zuerst in der linken Spalte den gewünschten Typ aus und legen Sie dann die spezielle Form fest.

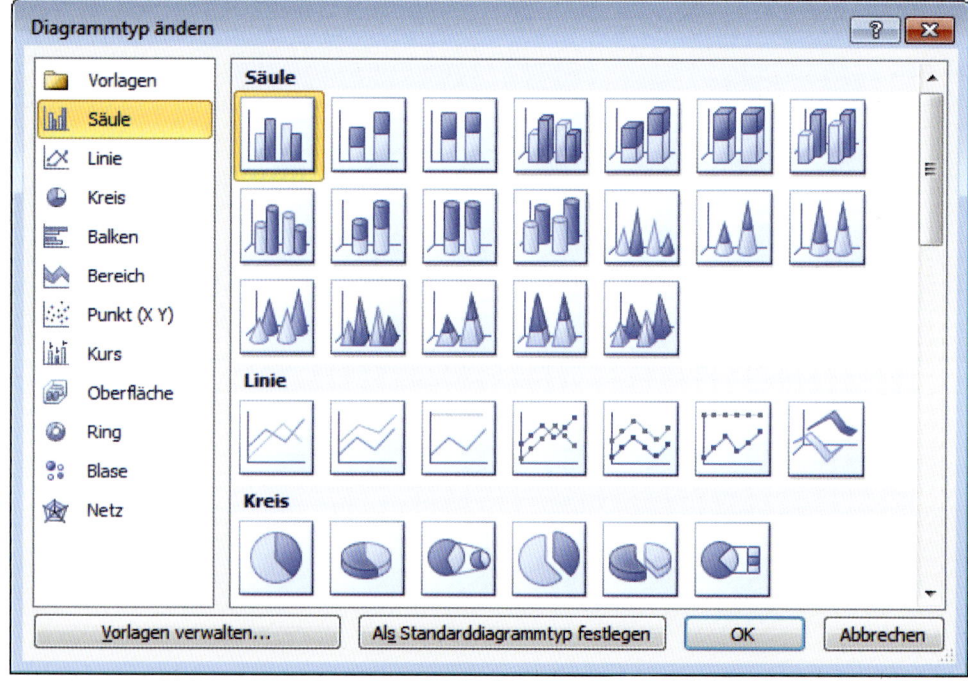

Abbildung 16.7 Wählen Sie hier einen anderen Diagrammtyp aus.

Datenreihen ändern

Unter Datenreihen versteht man zusammengehörige Datenpunkte in einem Diagramm. Jede Datenreihe in einem Diagramm besitzt eine eindeutige Farbe bzw. ein eindeutiges Muster und wird in der Diagrammlegende dargestellt. In einem Diagramm können eine oder mehrere Datenreihen dargestellt werden. Kreisdiagramme können lediglich eine Datenreihe enthalten.

 Zum Ändern der aktuell angezeigten Datenreihe(n) aktivieren Sie das Diagramm und klicken dann auf die Befehlsschaltfläche *Daten auswählen* in der Gruppe *Daten* der Registerkarte *Diagrammtools/Entwurf*. Daraufhin wird das Dialogfeld *Datenquelle auswählen* angezeigt (→ Abbildung 16.8).

Sie können die Eintragungen darin benutzen, um den gesamten dargestellten Datenbereich zu kontrollieren oder zu ändern. Änderungen der Angaben auf dieser Registerkarte sind nur notwendig, wenn Sie einen grundsätzlich anderen Bereich im Diagramm darstellen lassen wollen.

» Das Feld *Diagrammdatenbereich* zeigt den Bereich der im Diagramm gezeichneten Arbeitsblattdaten an. Wenn Sie die Quelldaten des Diagramms ändern möchten, markieren Sie den bestehenden Bereich und geben Sie dann einen neuen Bereich ein. Sie können auch auf das Feld *Diagrammdatenbereich* klicken und dann den Bereich auf dem Arbeitsblatt

markieren. Mit der Schaltfläche zum Reduzieren des Dialogfelds am rechten Ende dieses Felds wird das Dialogfeld vorübergehend minimiert und verschoben, so dass Sie Zellen auf dem Arbeitsblatt markieren können. Wenn das Dialogfeld wieder vollständig angezeigt werden soll, klicken Sie nach dem Markieren des Bereichs erneut auf diese Schaltfläche.

» Über *Zeile/Spalte wechseln* wird die Datenreihe im Diagramm entweder anhand der Zeilen oder anhand der Spalten des Arbeitsblatts gezeichnet.

» Unterhalb von *Legendeneinträge (Reihen)* werden die Namen vorhandener Datenreihen aufgelistet. Sie können Datenreihen hinzufügen, bearbeiten und aus dem Diagramm entfernen, ohne die Daten auf dem Arbeitsblatt zu ändern. Klicken Sie auf *Hinzufügen*, um dem Diagramm eine neue Datenreihe hinzuzufügen. Klicken Sie auf *Bearbeiten*, um die vorher ausgewählte Datenreihe zu ändern. Um die im Feld *Legendeneinträge (Reihen)* ausgewählten Datenreihen aus dem Diagramm zu löschen, klicken Sie auf *Entfernen*.

» Über die Schaltflächen *Nach oben* und *Nach unten* können Sie eine ausgewählte Datenreihe im Listenfeld *Legendeneinträge (Reihen)* nach oben oder nach unten verschieben. Dadurch wird die Reihenfolge geändert, in der die Datenreihen im Diagramm gezeichnet werden.

Abbildung 16.8 Das Dialogfeld *Datenquelle auswählen*

» Unterhalb von *Horizontale Achsenbeschriftungen (Rubrik)* werden vorhandene horizontale Achsenbeschriftungen aufgelistet. Klicken Sie auf die Schaltfläche *Bearbeiten*, um diese zu ändern.

Klicken Sie auf die Schaltfläche *Ausgeblendete und leere Zellen*, um ausgeblendete Arbeitsblattwerte im Diagramm zu zeichnen und um festzulegen, wie leere Arbeitsblattzellen in einer Datenreihe im Diagramm angezeigt werden sollen (→ Abbildung 16.9).

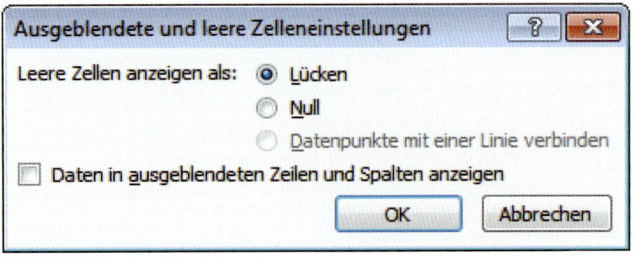

Abbildung 16.9 Das Dialogfeld *Ausgeblendete und leere Zelleneinstellungen*

Sie können eine Reihe direkt im Diagramm löschen. Markieren Sie dazu die Datenreihe und drücken Sie die `Entf`-Taste. Sie können neue Datenreihen auch direkt von der Tabelle in das Diagramm kopieren.

Zeilen und Spalten vertauschen

 Durch einen Klick auf die Schaltfläche *Zeile/Spalte wechseln* in der Gruppe *Daten* der Registerkarte *Diagrammtools/Entwurf* können Sie schnell die zugrunde liegenden Spalten im Diagramm vertauschen.

16.2 Diagramm verfeinern

Excel benutzt beim Erstellen eines Diagramms gewisse Grundeinstellungen, die Sie aber anschließend ändern können. Dies betrifft beispielsweise die Farbgebung des Diagramms insgesamt, aber auch einzelne, darin enthaltene Elemente wie Datenreihen, Achsen oder Gitternetzlinien.

16.2.1 Vorlagen verwenden

Mithilfe der beiden Gruppen *Diagrammlayout* und *Diagrammformatvorlagen* können Sie schnell das Erscheinungsbild des Diagramms ändern und auch Platzhalter

für zusätzliche Elemente – wie Überschriften oder Achsenbeschriftungen – einblenden (→ Abbildung 16.10).

Abbildung 16.10 *Diagrammlayouts* und *Diagrammformatvorlagen*

Das Gesamtlayout ändern

Die Optionen in der Liste zur Schaltfläche *Schnelllayout* in der Gruppe *Diagrammlayouts* ermöglichen es, dem Diagramm auf einfache Weise ein Layout zuzuordnen, ohne erst die einzelnen Schritte zur Anzeige von Titeln und sonstigen Beschriftungen separat durchführen zu müssen. Sie können auf diese Weise schnell das Diagramm mit Platzhaltern für diese Elemente versehen (→ Abbildung 16.11).

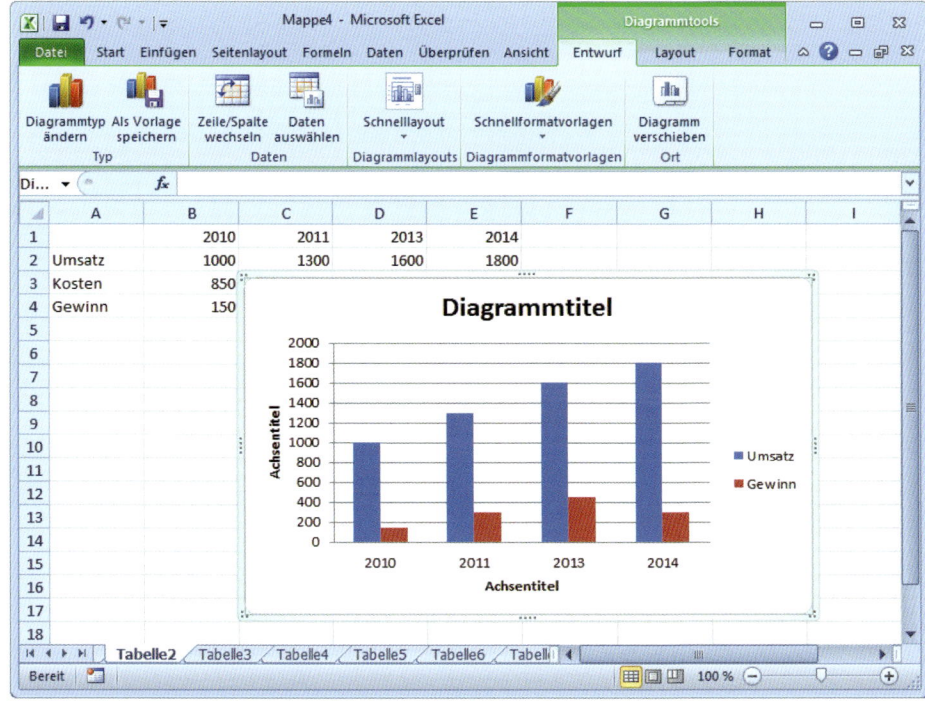

Abbildung 16.11
Mit Hilfen von Schnelllayouts
können Sie schnell Platzhalter für
zusätzliche Elemente erzeugen.

Das Grafikformat des Diagramms ändern

Über die Optionen in der Gruppe *Diagrammformatvorlagen* können Sie den Elementen des Diagramms schnell eine andere Farbgebung zuweisen. Nachdem Sie die Liste dazu geöffnet haben, werden Ihnen eine Vielzahl von Alternativen angeboten (→ Abbildung 16.12). Die Optionen unterscheiden sich je nach dem eingestellten Diagrammtyp. Die Farbsystematik ist aber bei allen Typen dieselbe.

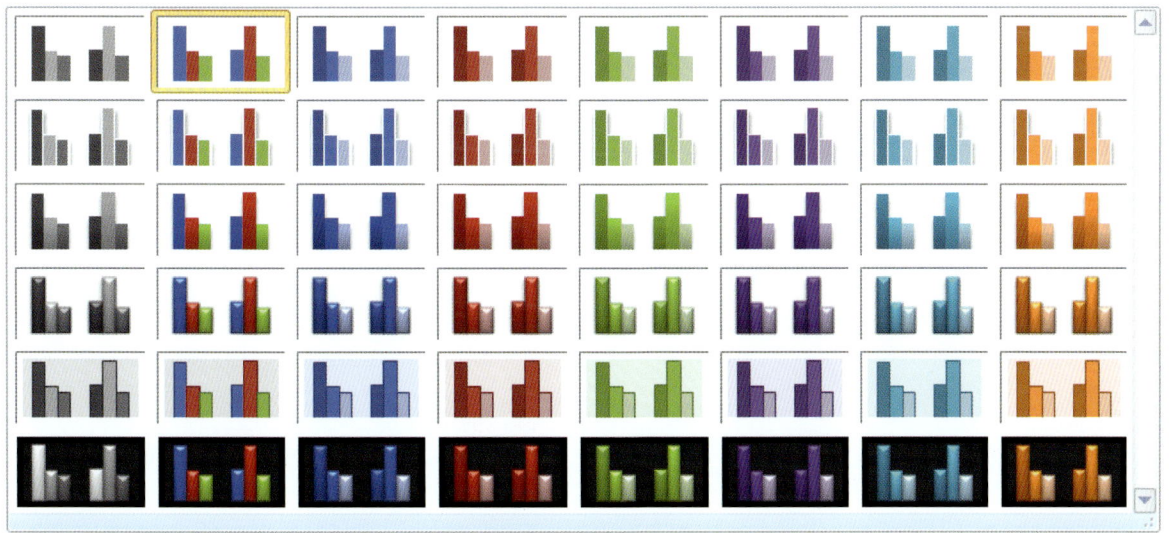

Abbildung 16.12 Die Optionen in der Gruppe *Diagrammformatvorlagen*

Abbildung 16.13 Die Registerkarte *Diagrammtools/Layout*

16.2.2 Diagrammelemente ändern

Wenn Ihnen die eben gezeigten Werkzeuge nicht genügen, können Sie auch die einzelnen Elemente eines Diagramms nach dem Erstellen ändern oder verfeinern. Um ein Element eines Diagramms zur Bearbeitung auszuwählen, müssen Sie es markieren. Dazu benutzen Sie die Befehlsschaltflächen in den Gruppen der Registerkarte *Diagrammtools/Layout* (→ Abbildung 16.13).

Auswahl eines Elements

Was Sie im Diagramm ändern wollen, müssen Sie oft erst auswählen. Klicken Sie entweder das gewünschte Element direkt im Diagramm an oder verwenden Sie die Liste in der Gruppe *Aktuelle Auswahl* auf der Registerkarte *Diagrammtools/Layout* (→ Abbildung 16.14).

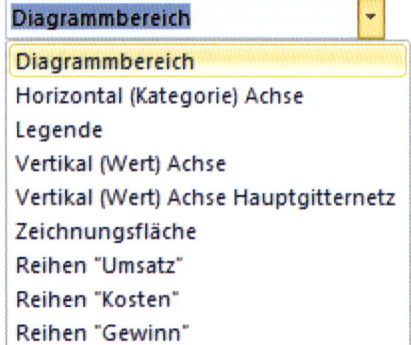

Abbildung 16.14 Die Liste in der Gruppe *Aktuelle Auswahl*

Welches Element eines Diagramms gerade markiert ist, erkennen Sie an den es umgebenden Markierungspunkten. Ein Klick auf ein Element einer Datenreihe markiert die gesamte Reihe. Ein zweiter Klick (kein Doppelklick) auf ein solches Element markiert dieses separat. Bei Textelementen können Sie mit einem zweiten Klick die Einfügemarke in den Text setzen und diesen ändern.

Von vordringlichem Interesse in einem Diagramm sind natürlich die Teile, deren Größe die Werte in der zugrunde liegenden Tabelle wiedergeben. Hier kann es sich – je nach Typ des Diagramms – um Säulen, Kreissegmente, Linien, Flächen oder Punkte handeln. Meist befinden sich mehrere Elemente eines Typs innerhalb eines Diagramms, also beispielsweise mehrere Säulen oder Kreissegmente. Excel spricht in diesem Fall von *Datenreihen* und damit sind sowohl die grafischen Elemente als auch die dahinter stehenden Wertebereiche in der Tabelle gemeint.

Aber auch die weiteren Elemente sind zum Verständnis der Aussage eines Diagramms zum Teil von großer Bedeutung:

» Die *Hintergrund-* oder *Diagrammfläche* füllt den Fenster- oder Objektrahmen aus. Auf ihr befinden sich alle sonstigen Elemente des Diagramms. Sie kann mit Farben oder Mustern versehen werden.

» Auf der eigentlichen *Zeichnungsfläche* werden die Datenreihen dargestellt. Auch sie kann Farben oder Muster aufnehmen.

» Die Mehrzahl der Diagrammtypen verfügt über *Achsen*. Bei zweidimensionalen Diagrammen sind es deren zwei, die mit *Rubrikenachse (X)* für die waagerechte Achse und *Größenachse (Y)* für die senkrechte Achse bezeichnet werden. Bei dreidimensionalen Diagrammen kommt noch die sogenannte *Reihenachse* hinzu. Achsen werden in der Grundeinstellung links und unterhalb der Datenreihen angeordnet, aber auch eine zusätzliche Achse rechts davon ist möglich.

» Der Titel sollte den Inhalt des Diagramms beschreiben. In der Regel verwendet man dafür entweder eine Kurzbezeichnung, wie etwa *Umsatzentwicklung,* oder einen aktionsbezogenen Satz, beispielsweise *Der Umsatz steigt wieder*. Zusätzlich kann das Diagramm auch noch mit einem Untertitel versehen werden. Hierin liefert man meist zusätzliche Erklärungen – beispielsweise eine zusätzliche Angabe für den Zeitbereich, etwa *Für die Jahre 2000 bis 2010* – oder auch eine Angabe zur Maßeinheit der dargestellten Werte – wie *in Mio. €*.

» *Achsenbezeichnungen* sind ein absolutes Muss. Sie beinhalten einerseits die Erklärung der dargestellten Werte – beispielsweise mit *Umsatz (in Mio. €)* – und andererseits die Skala, die eine Interpretation und ein Ablesen der Werte ermöglicht. Die dargestellten Datenreihen können aber auch separat beschriftet werden, womit sich die Angabe einer Skala manchmal erübrigt. Eine solche Form der Beschriftung macht Diagramme aber etwas unübersichtlich.

» *Legenden* dienen – wenn mehrere Datenreihen im Diagramm angezeigt werden – zur Identifizierung der einzelnen Datenreihen. Sie können sie an verschiedenen Stellen auf der Hintergrundfläche platzieren.

» *Gitternetzlinien* – das sind die zusätzlichen senkrechten und waagerechten Linien auf der Zeichnungsfläche – verbessern die Lesbarkeit der im Diagramm dargestellten Größen. Sie können waagerechte und/oder senkrechte Gitternetzlinien verwenden.

» Über eine *Datentabelle* können Sie die dargestellten Daten zusätzlich anzeigen. Darin werden nur die im Diagramm benutzten Werte der Tabelle angezeigt.

Diagrammflächen

Beginnen wir mit den Flächen, auf denen ein Diagramm angezeigt wird. Das ist zwar nicht das wichtigste Element, es beinhaltet Optionen, die auch bei vielen anderen Elementen eines Diagramms auftauchen werden. Alle Diagramme verfügen über einen Hintergrund – *Diagrammfläche* genannt – und eine oder mehrere *Zeichnungsflächen*. 2D-Diagramme verfügen über eine einzige Zeichnungsfläche, 3D-Diagramme über zwei Wände und eine Bodenfläche. Diese Flächen können Sie individuell formatieren (→ Abbildung 16.15).

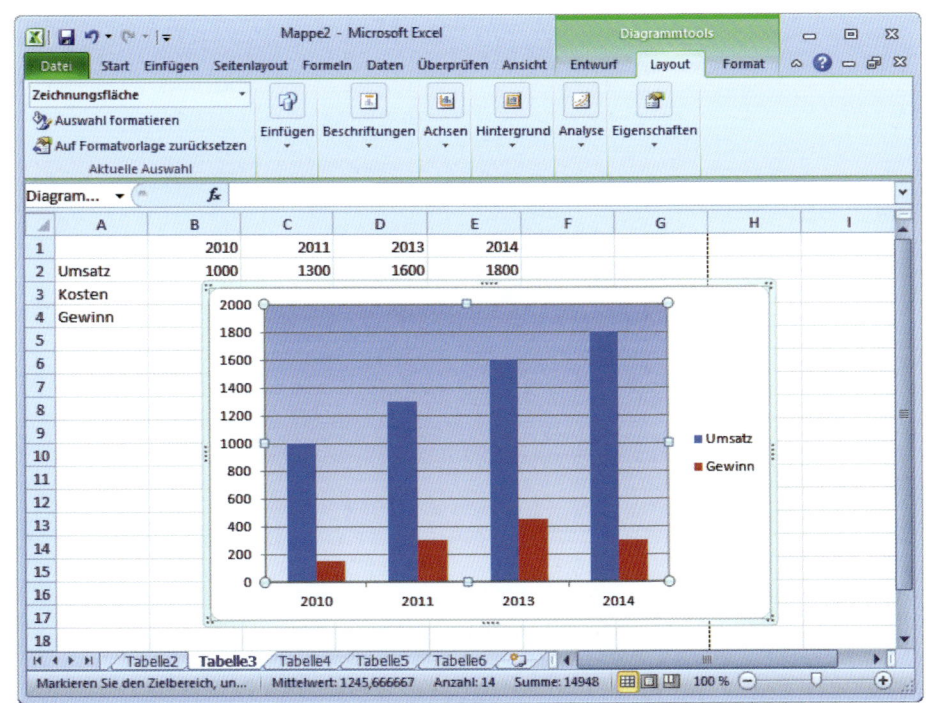

Abbildung 16.15 Diagrammflächen können eingefärbt werden.

Aktivieren Sie dazu zunächst die Fläche, die Sie formatieren wollen, und wählen Sie dann über die Gruppe *Hintergrund* die entsprechende Befehlsschaltfläche. Die Option *Weitere Zeichnungsflächenoptionen* in dieser Liste öffnet ein aus mehreren Registerkarten bestehendes Dialogfeld. Wählen Sie zunächst links das Element, mit dem Sie das Diagramm versehen wollen, und stellen Sie anschließend rechts die Parameter dafür ein.

Nach einem Klick auf die Schaltfläche *Füllung* werden Parameter angezeigt, über die Sie solche Effekte definieren können (→ Abbildung 16.16). Die vielen Möglichkeiten darin verführen leicht dazu, den Hintergrund der Diagramme zu überladen. Seien Sie also etwas vorsichtig damit, so dass die eigentliche Aussage des Diagramms im Vordergrund immer betont bleibt. Wenn Sie einen Satz von mehreren Diagrammen zu einem Themenbereich erstellen, sollten Sie bei allen Diagrammen mit denselben Effekten arbeiten.

» *Keine Füllung* meint, was es sagt: Die Diagrammfläche bleibt leer.

» Eine *Einfarbige Füllung* erlaubt die Wahl einer Farbe und über *Transparenz* die Wahl eines Grads für die

Durchsichtigkeit. Wählen Sie hier eine möglichst hohe Transparenz, um das Diagramm optisch nicht zu überladen.

» Die Registerkarte *Graduelle Füllung* erlaubt die Wahl eines gleichmäßigen Farbübergangs. Es stehen unter *Voreingestellte Farben* eine Reihe von Grundmustern zur Verfügung, die Sie über weitere zusätzliche Optionen variieren können. Das Feld *Richtung* im unteren Bereich erlaubt die Wahl der Richtung des Farbverlaufs.

» Über *Bild- oder Texturfüllung* erreichen Sie, dass eine Struktur für den Hintergrund gewählt wird. Klicken Sie zur Auswahl auf die Schaltfläche *Textur*. Ein Klick auf die Schaltfläche *Datei* zeigt das Dialogfeld *Grafik einfügen* an, über das Sie eine Grafik als Grundlage für eine weitere Struktur öffnen können. Legen Sie dann unter den *Anordnungsoptionen* fest, wie die Grafik die markierten Diagrammelemente ausfüllen soll.

Über die beiden nächsten Registerkarten können Sie die *Rahmenfarbe* und die *Rahmenarten* festlegen (→ Abbildung 16.17).

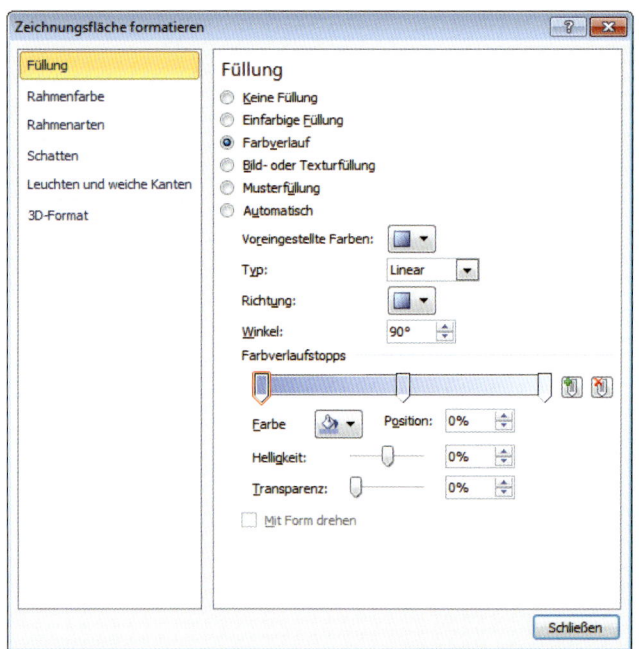

Abbildung 16.16 Für Füllungen stehen mehrere Alternativen zur Verfügung.

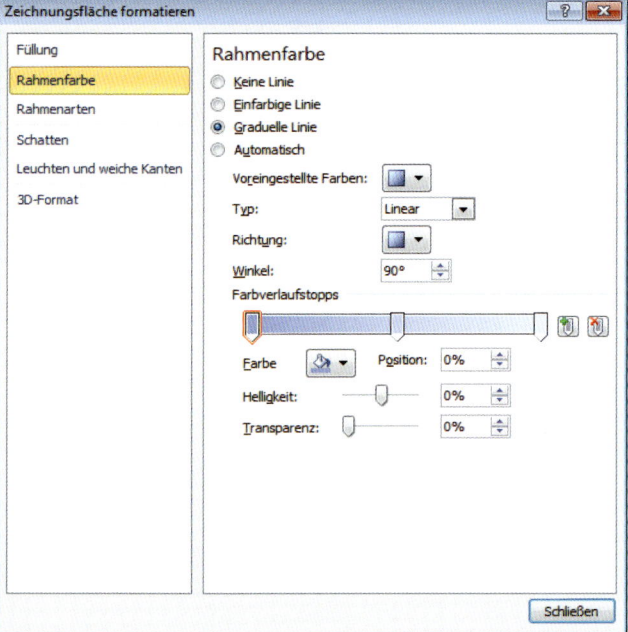

Abbildung 16.17 Die *Rahmenfarbe* kann unterschiedlich gewählt werden.

Die beiden letzen Registerkarten für die Diagrammflächen erlauben das Festlegen von *Schatten* und Einstellungen für ein *3D-Format*.

» Wählen Sie auf der Registerkarte *Schatten* zunächst über *Voreinstellungen* die Form und über *Farbe* die Farbe des Schattenwurfs. Anschließend können Sie die Transparenz und weitere Parameter dafür einstellen.

» Für die 3D-Einstellung stehen unterschiedliche Parameter – wie *Abschrägung*, *Tiefe* und *Oberfläche* – zur Verfügung.

Datenreihen formatieren

Die Formate für die einzelnen Datenreihen in einem Diagramm können Sie einstellen (→ Abbildung 16.18).

Aktivieren Sie dazu zunächst die Datenreihe, die Sie formatieren wollen. Klicken Sie dann auf *Auswahl formatieren*. Das Dialogfeld *Datenreihen formatieren* wird daraufhin angezeigt. Welche Formatierungsoptionen Ihnen jeweils zur Verfügung stehen, hängt vom Typ des Elements ab. Hier wird beispielsweise zwischen Flächen, Linien und Punkten unterschieden.

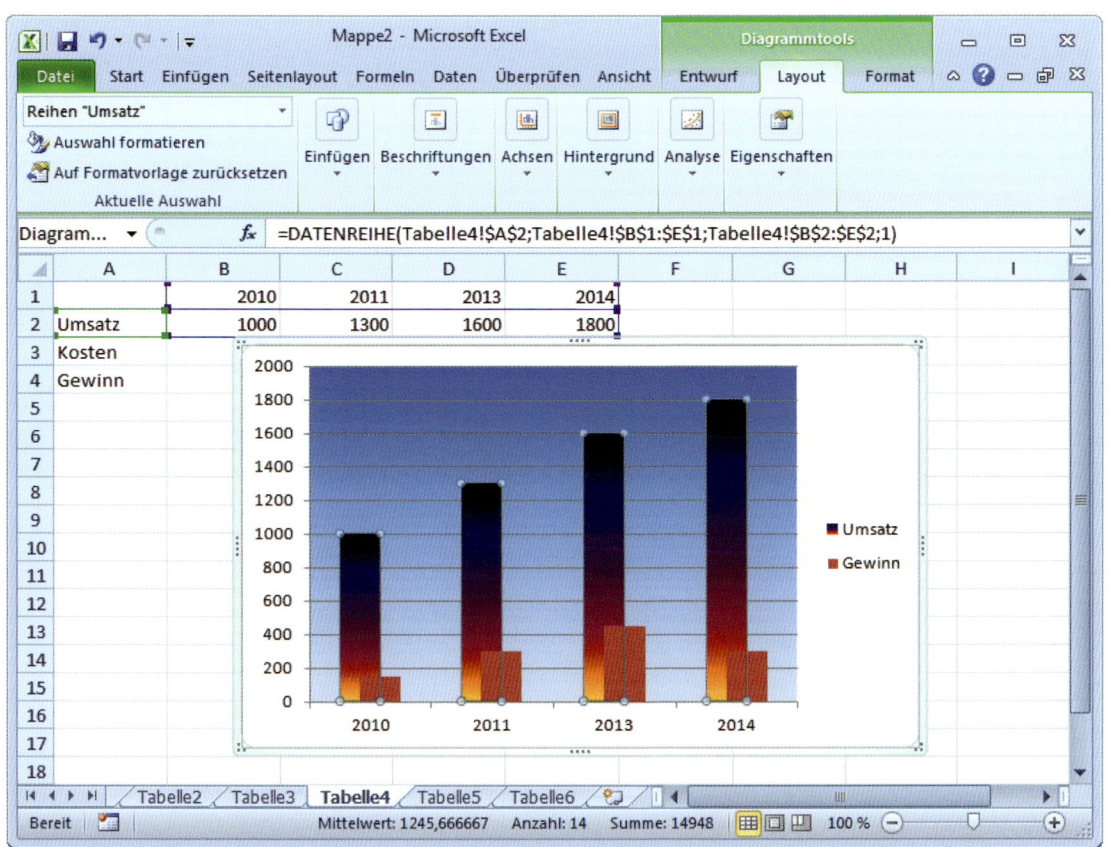

Abbildung 16.18 Einzelne Datenreihen können ebenfalls formatiert werden.

Wollen Sie nur einen einzelnen Datenwert – beispielsweise eine einzelne Säule – formatieren, markieren Sie diesen durch einen zweiten Klick darauf.

Wenn Sie im Diagramm mindestens zwei Datenreihen darstellen lassen, können Sie der vorher markierten Datenreihe eine primäre oder eine sekundäre Achse zuweisen. Die Sekundärachse wird auf der rechten Seite des Diagramms angezeigt und verfügt über eine separate Skalierung. Das Verwenden einer solchen zweiten Achse ist zu empfehlen, wenn in der Senkrechten verschiedene Daten mit unterschiedlichen Dimensionen, beispielsweise € und *kg,* und/oder starken Größenunterschieden, beispielsweise eine mit einem Maximalwert von *1000* und eine mit *1* als Maximum, dargestellt werden sollen.

Die sonstigen Optionen zeigen – je nach Diagrammtyp – unterschiedliche Inhalte.

» Bei Balken- und Säulendiagrammen können Sie unter anderem den Abstand zwischen den Balken/Säulen festlegen. Über das Feld *Reihenachsenüberlappung* können Sie regeln, ob und wie weit die zu einer Rubrik gehörenden Elemente übereinander

angezeigt werden sollen. Der Wert *0* setzt sie direkt nebeneinander, schaltet die Überlappung also aus. *Abstandsbreite* regelt den Abstand zwischen den Balken/Säulen zweier Rubriken. Bei gestapelten Diagrammformen können Sie durch Aktivieren von *Verbindungslinien* auch Linien zwischen den einzelnen Abschnitten des Stapels ziehen lassen.

» Kreis- und Ringdiagramme zeigen andere Optionen. Über *Winkel des ersten Segments* können Sie beispielsweise den Winkel des ersten Segments zur Senkrechten festlegen.

» Punkt- und Liniendiagramme erlauben das Einfärben der Punkte und Verbindungslinien.

» Bei Blasendiagrammen können Sie Einstellungen zur Größe und Farbe der Blasen vornehmen: Mit den Optionen unter *Größe repräsentiert* können Sie bestimmen, ob die Fläche oder der Durchmesser der Blase für den zugrunde liegenden Wert stehen soll. Wenn Sie *Blasendurchmesser* wählen, treten im Allgemeinen größere Unterschiede hinsichtlich der Größe auf. *Blasengröße anpassen an* legt fest, wie groß die Blase – relativ zum vom Programm gewählten Standard – gezeichnet werden soll. Damit

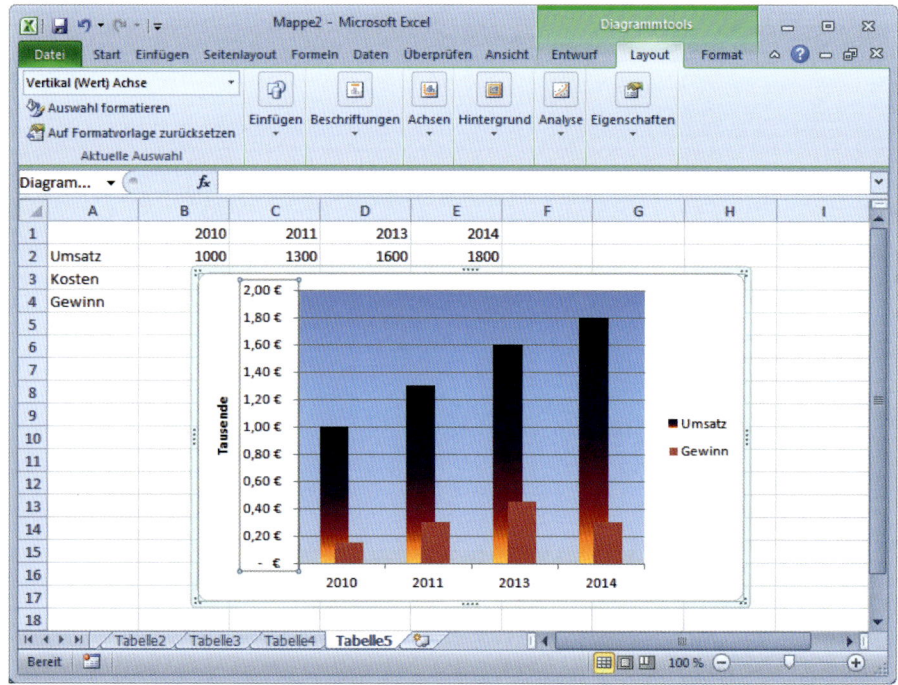

Abbildung 16.19
Die Achsen können separat eingestellt werden.

können Sie alle Blasen insgesamt vergrößern oder verkleinern. Je größer der eingegebene Wert, desto größer die Blase. *Negative Blasen anzeigen* bewirkt, dass Blasen ohne Füllfarbe gezeichnet werden, wenn die zugrunde liegenden Werte negativ sind. *Punktfarbunterscheidung* weist jedem Datenpunkt eine andere Farb- oder Stiloption zu.

» Bei Netzdiagrammen können Sie die Achsenbeschriftung ein- und ausschalten.

Achsen und Gitternetzlinien

Wenden wir uns als Nächstes den Achsen des Diagramms zu. Bei der Mehrzahl der Diagramme mit Achsen wird an diesen Achsen automatisch eine Skala für die angezeigten Daten eingefügt. Sie können sowohl die Achsen als auch die dazugehörenden Skalen und deren Beschriftung ein- und ausschalten sowie zusätzliche Optionen dazu einstellen (→ Abbildung 16.19).

Um die Einstellungen dafür festzulegen, benutzen Sie die Befehlsschaltfläche *Achsen* in der gleichnamigen Gruppe auf der Registerkarte *Diagrammtools/Layout*. Wenn ein Diagramm über Achsen verfügt, können Sie in der Liste dazu zunächst die Achse auswählen, die Sie einstellen wollen. In einem Untermenü zu der gewählten Option können Sie jeweils die gewünschten Grundeinstellungen für die Achse einstellen (→ Abbildung 16.20). Sie können hierüber beispielsweise die gesamte Achse oder die Beschriftung dazu ein- und ausblenden, die Richtung und auch einige Formate bestimmen.

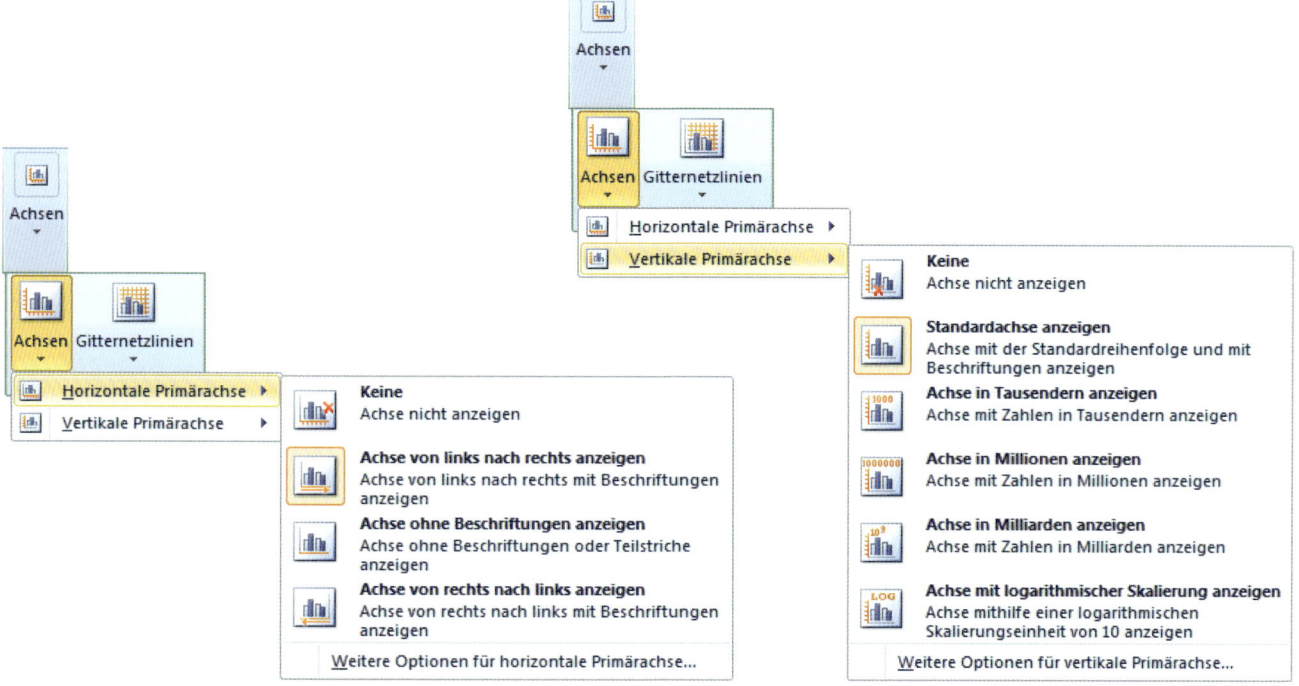

Abbildung 16.20 Die Grundoptionen für die Achsen

TIPP 3D-Diagramme verfügen über drei Achsen, die separat ein- und ausgeschaltet werden können.

Nach einem Klick auf die Option *Weitere Optionen für* können Sie die Einstellungen für die jeweilige Achse im Detail regeln. Die Optionen dafür unterscheiden sich teilweise zwischen der horizontalen und der vertikalen Achse.

Die horizontale Achse

Die Optionen auf der Registerkarte *Achsenoptionen* für die waagerechte Achse dienen beispielsweise zum Festlegen der Art der zu benutzenden Teilstrichbeschriftungen. *Hauptstriche* unterteilen die Achsen an den Stellen, an denen auch ein Hauptgitternetz angezeigt werden würde – also beispielsweise zwischen den Rubriken. Zusätzliche *Hilfsstriche* unterteilen die Achsen an den Stellen, an denen auch ein Hilfsgitternetz angezeigt werden würde – also beispielsweise zwischen den Rubriken. Auch andere Einstellungen können hierüber vorgenommen werden (→ Abbildung 16.21).

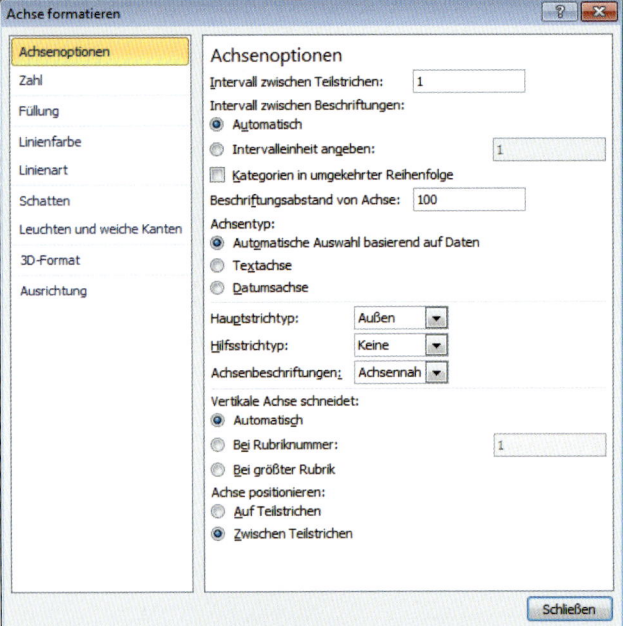

Abbildung 16.21 Die Grundoptionen zur horizontalen Achse

Über die Registerkarte *Ausrichtung* legen Sie beispielsweise die Textrichtung für Beschriftungen an der Achse fest. Die Registerkarte *Zahl* erlaubt die Wahl des Zahlenformats.

Die vertikale Achse

Die Optionen für die vertikale Achse ermöglichen unterschiedliche Formen der Skalierung (→ Abbildung 16.22). Sie können sich durch Aktivieren der einzelnen Optionen im oberen Bereich des Dialogfelds einer automatischen Einstellung bedienen oder die entsprechenden Werte selbst eintragen. Als zusätzliche Optionen können Sie beispielsweise eine logarithmische Skala verwenden und die angezeigten Zahlenwerte durch eine separate Angabe der Einheiten – beispielsweise *Tausende* – verkürzen.

» *Logarithmische Skalierung* schreibt eine logarithmische Skala an die Größenachse. Das ist besonders dann interessant, wenn sich die darzustellenden Werte in der Größe stark voneinander unterscheiden. Beachten Sie, dass damit nur positive Werte dargestellt werden können.

» Über *Anzeigeeinheiten* können Sie eine gemeinsame Einheit an der Achse einfügen und damit die einzelnen anzuzeigenden Zahlen verkürzen.

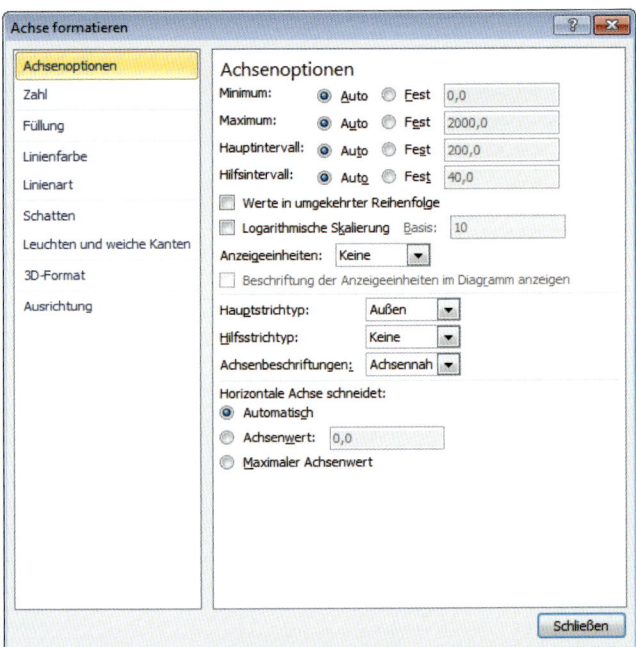

Abbildung 16.22 Die Einstellungen für die vertikale Achse

» Mit *Horizontale Achse schneidet* können Sie festlegen, wo die waagerechte Achse die senkrechte Achse schneiden soll. Das ist besonders für Fälle interessant, in denen negative Werte für die waagerechte Achse vorhanden sind.

Gitternetz ein- und ausschalten

Daneben erleichtern Gitternetzlinien das Ablesen der im Diagramm dargestellten Werte. Ein Hauptgitternetz unterteilt die Achsen grob, das Hilfsgitternetz fügt eine zusätzliche Unterteilung hinzu. Zum Ein- oder Ausschalten von Gitternetzlinien aktivieren Sie zunächst das Diagramm und wählen dann die Befehlsschaltfläche *Gitternetzlinien* (→ Abbildung 16.23). Sie können – getrennt für die horizontale und die vertikale Achse – ein *Hauptgitternetz* und ein *Hilfsgitternetz* ein-/ausschalten. Ein Hauptgitternetz bildet Linien zwischen den Rubriken beziehungsweise an den mit Zahlen markierten Stellen der senkrechten Achse. Ein Hilfsgitternetz liefert zusätzliche Linien. Standardmäßig wird für die vertikale Achse das Hauptgitternetz angezeigt.

16.2.3 Beschriftungen

Diagramme gewinnen erst dann an Aussagekraft, wenn klar zu erkennen ist, was auf ihnen dargestellt wird. Dazu benötigt ein Diagramm einen Titel und Achsenbeschriftungen. Sie können das Diagramm nachträglich mit diesen Elementen versehen. Alle eingefügten Beschriftungen können Sie nachträglich hinsichtlich der zu verwendenden Schriftparameter formatieren. Klicken Sie mit der rechten Maustaste auf die Beschriftung und benutzen Sie die Elemente der dann angezeigten Minisymbolleiste.

Diagrammtitel

Zum Einfügen eines Titels markieren Sie zunächst das Diagramm und wählen dann auf der Registerkarte *Diagrammtools/Layout* in der Gruppe *Beschriftungen* die Befehlsschaltfläche *Diagrammtitel* aus. Sie können in der Liste dazu zwischen drei Optionen auswählen (→ Abbildung 16.24 links).

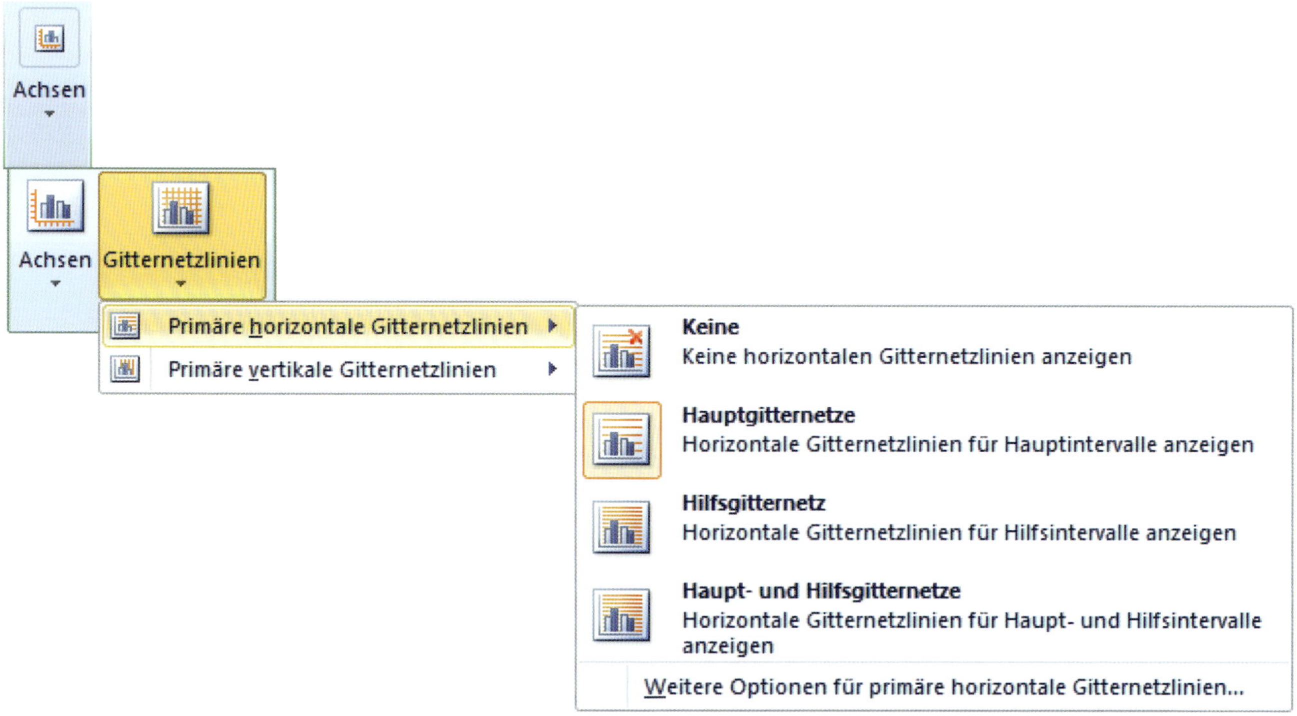

Abbildung 16.23 Gitternetzlinien erhöhen die Lesbarkeit.

Wählen Sie aus der Liste die gewünschte Option. Das fügt zunächst ein Feld mit dem Text *Diagrammtitel* in das Diagramm ein. Sie können diesen Text – wie alle Texte im Diagramm – nachträglich direkt im Diagramm bearbeiten. Markieren Sie dazu zunächst das Diagrammelement, das Sie bearbeiten wollen. Klicken Sie dann auf die Stelle im Text, an der Sie Änderungen durchführen wollen, und bearbeiten Sie den Text mit denselben Verfahren, die Sie zum Bearbeiten der Inhalte von Tabellenzellen verwenden.

Ein Klick auf *Weitere Titeloptionen* zeigt das Fenster *Diagrammtitel formatieren* an. Die Mehrzahl der Registerkarten darin entspricht denen, die Sie schon von den Diagrammflächen her kennen (→ vorherige Abschnitte). Nach Wahl von *Ausrichtung* können Sie den Titel über mehrere Optionen für das Layout anpassen (→ Abbildung 16.24 rechts).

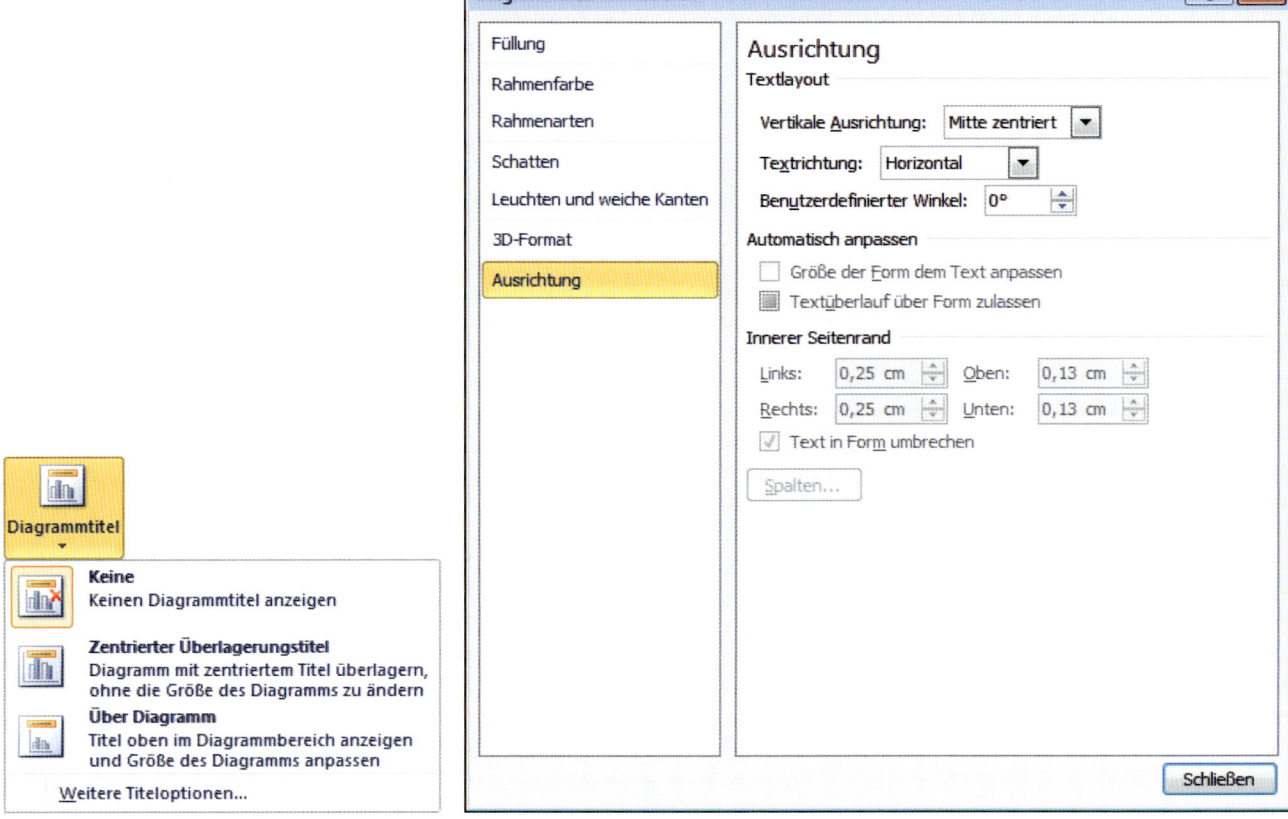

Abbildung 16.24 Lassen Sie einen Titel anzeigen.

Achsentitel

 Achsentitel sind im Allgemeinen notwendig, da sie dem Betrachter sagen, was dargestellt wird. Zum Einfügen eines Titels für die Achsen markieren Sie zunächst das Diagramm. Öffnen Sie dann die Liste zur Befehlsschaltfläche *Achsentitel* in der Gruppe *Beschriftungen* der Registerkarte *Diagrammtools/Layout*. In der Liste zur Schaltfläche finden Sie mehrere Möglichkeiten für die Grundeinstellung (→ Abbildung 16.25). Je nach Diagrammtyp stehen Ihnen hier unterschiedlich viele Felder zur Verfügung: Bei Kreis- und Ringdiagrammen können Sie keine Titel eingeben, da diese Diagramme keine Achsen haben. Diagramme mit Achsen verfügen zumindest über zwei Unteroptionen. Flächendiagramme verfügen über drei Achsen, die Sie benennen können. Haben Sie eine oder mehrere Datenreihen einer Sekundärachse zugeordnet, können Sie auch für diese separate Beschriftungen benutzen.

Ein Klick auf *Weitere Optionen für ...* zeigt das Fenster *Achsentitel formatieren* an. Die Mehrzahl der Registerkarten darin entspricht denen, die Sie schon von den Diagrammflächen her kennen (→ vorherige Abschnitte).

Legenden

Legende ▾ Legenden dienen – wenn mehrere Datenreihen im Diagramm angezeigt werden – zur Identifizierung der einzelnen Datenreihen. Für die Darstellung gibt es einige Optionen. Aktivieren Sie zunächst das Diagramm und öffnen Sie dann die Liste zur Befehlsschaltfläche *Legende* in der Gruppe *Beschriftungen* der Registerkarte *Diagrammtools/Layout*. In der Liste zur Schaltfläche finden Sie mehrere Möglichkeiten für die Grundeinstellung (→ Abbildung 16.26 links). Ein Klick auf *Weitere Legendenoptionen* zeigt das Fenster *Legende formatieren* an. Die Mehrzahl der Registerkarten darin entspricht denen, die Sie schon von den Diagrammflächen her kennen (→ vorherige Abschnitte). Unter *Legendenoptionen* können Sie unter der Überschrift *Legendenposition* wählen, wo die Legende im Diagramm angezeigt werden soll. Standardmäßig setzt Microsoft Excel die Legende rechts innerhalb der Diagrammfläche ein. Sie können eine Legende mit der Maus verschieben beziehungsweise das gesamte Legendenfeld in der Größe ändern.

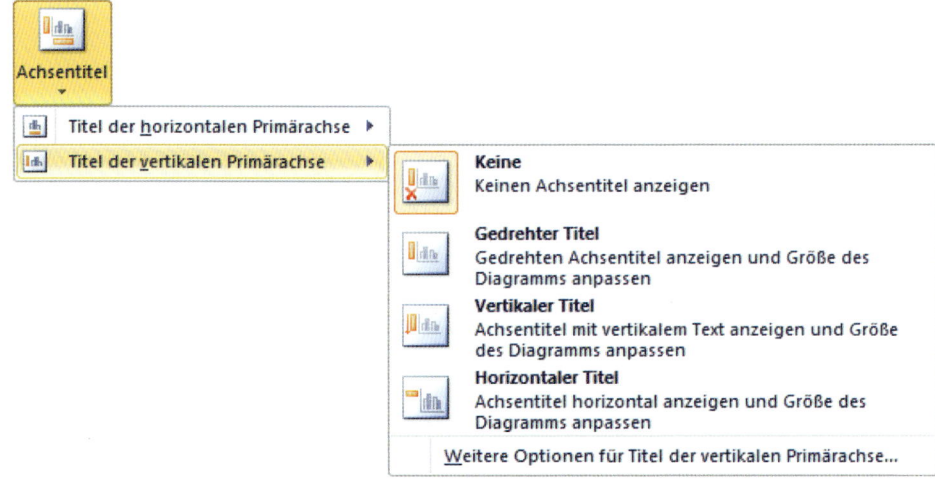

Abbildung 16.25
Die Grundoptionen für die Achsentitel

Datenbeschriftungen

In manchen Fällen wird man sich dafür entscheiden, die grafischen Elemente im Diagramm zusätzlich mit Zahlenwerten zu versehen. Aktivieren Sie dazu das Diagramm und öffnen Sie dann die Liste zur Befehlsschaltfläche *Datenbeschriftungen* in der Gruppe *Beschriftungen* der Registerkarte *Diagrammtools/Layout*. In der Liste zur Schaltfläche finden Sie mehrere Möglichkeiten für die Grundeinstellung (→ Abbildung 16.26 rechts).

Ein Klick auf *Weitere Datenbeschriftungsoptionen* zeigt das Fenster *Datenbeschriftungen formatieren* an. Die Mehrzahl der Registerkarten darin entspricht denen, die Sie schon von den Diagrammflächen und anderen Beschriftungen her kennen (→ vorherige Abschnitte). Auf der Registerkarte *Beschriftungsoptionen* können Sie wählen, was wo im Diagramm angezeigt werden soll. Die verfügbaren Optionen unterscheiden sich wieder – zumindest teilweise – je nach Diagrammtyp. Folgende Elemente stehen (fast) immer zur Verfügung: *Wert* zeigt die Werte der Datenpunkte an, *Kategoriename* zeigt für alle Datenpunkte die zugehörige Beschriftung der waagerechten Achse an und *Datenreihenname* die der Größenachse. Bei Flächendiagrammen blendet diese Option die Namen der Datenreihen ein. Die zusätzliche Option *Le-*

gendensymbol in Beschriftung einschließen bewirkt, was sie sagt: Neben den Datenbeschriftungen werden im Diagramm entsprechende Legendensymbole mit dem zugewiesenen Format und der festgelegten Farbe angezeigt.

Kreis- und Ringdiagramme erlauben andere Optionen. Über *Prozentsatz* können Sie beispielsweise die prozentuale Aufteilung anzeigen. Zusätzlich können Sie auch hier die Werte selbst oder die Beschriftungen anzeigen lassen. Sie können auch wieder die Legendensymbole neben der Datenbeschriftung platzieren und mit der Option *Führungslinien anzeigen* in Kreisdiagrammen eine Linie vom Kreissegment zur zugehörigen Beschriftung einsetzen.

Datentabelle

Wenn die Notwendigkeit auftauchen sollte, das Diagramm und die zugrunde liegende Tabelle zusammen darzustellen, liefert die *Datentabelle* eine Lösung, die wenig Raum beansprucht. Sie können damit auch in separaten Diagrammblättern die Daten selbst anzeigen lassen. Es werden nur die Daten dargestellt, die auch im Diagramm benutzt werden.

Zur Anzeige einer Datentabelle aktivieren Sie das Diagramm und öffnen dann die Liste zur Befehlsschaltfläche *Datentabelle* in der Gruppe *Beschriftungen* der Registerkarte *Diagramm-*

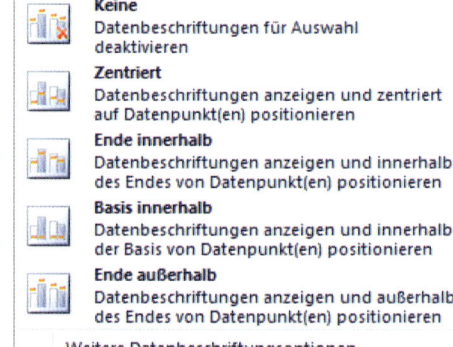

Abbildung 16.26
Legenden und Datenbeschriftungen können nach Wunsch positioniert werden.

tools/Layout. In der Liste zur Schaltfläche finden Sie mehrere Möglichkeiten für die Grundeinstellung (→ Abbildung 16.27).

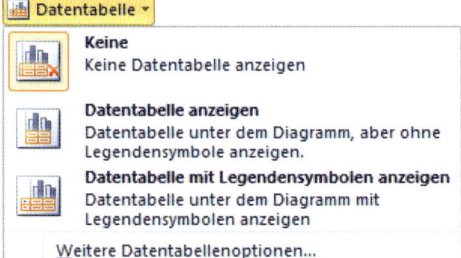

Abbildung 16.27 Eine Datentabelle zeigt die dem Diagramm zugrunde liegenden Werte.

Für die Datentabelle stehen einige Formatierungsoptionen zur Verfügung. Ein Klick auf *Weitere Datentabellenoptionen* zeigt das Fenster *Datentabelle formatieren* an. Über die Optionen im linken Bereich können Sie die Form und Farbe der in der Datentabelle zu verwendenden Linien festlegen. Über die Registerkarte *Datentabellenoptionen* lässt sich bestimmen, wo Linien in der Datentabelle gezogen werden sollen. Sie können mehrere Optionen aktivieren. *Horizontal* zeigt nur innen horizontale Linien an, *Vertikal* zeigt nur innen vertikale Linien an, *Gliederung* zeigt nur den umgebenden Rahmen an. Durch Aktivieren von *Legendensymbole anzeigen* schalten Sie die Darstellung dieser Elemente innerhalb der Datentabelle an. Dies kann dem Betrachter beim Identifizieren der Werte helfen.

16.2.4 Analysewerkzeuge

Über die Befehlsschaltflächen in der Gruppe *Analyse* der Registerkarte *Diagrammtools/Layout* können Sie dem Diagramm zusätzliche Verfeinerungen hinzufügen (→ Abbildung 16.28). Mithilfe der Trendlinienfunktion können Sie Ausgleichskurven oder grafische Vorhersagen in Ihre Diagramme einfügen. Über Fehlerindikatoren können Sie für die Mehrzahl der Diagrammtypen die Anzeige eines Fehlerbereichs bewirken. Sie können damit dem Betrachter zeigen, dass es sich bei den im Diagramm dargestellten Daten nicht um genaue Zahlen, sondern um Werte innerhalb eines bestimmten Bereichs handelt.

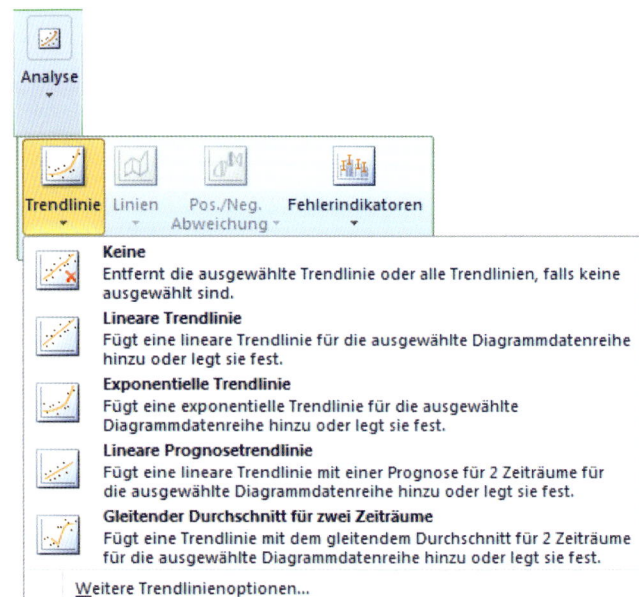

Abbildung 16.28 Die Gruppe *Analyse*

Trendlinien

 Zum Erstellen einer solchen Trendlinie markieren Sie zunächst das Diagramm und öffnen dann die Liste zur Befehlsschaltfläche *Trendlinie* unterhalb von *Analyse* auf der Registerkarte *Diagrammtools/Layout*. Legen Sie die Grundeinstellungen für die Trendlinie fest. Wählen Sie unter den sechs Alternativen den für Ihre Daten geeigneten Typ aus. Wenn Sie vorher noch keine einzelne Datenreihe ausgewählt haben, müssen Sie angeben, welche Datenreihe mit einem solchen Indikator versehen werden soll. Trendlinien können nur für Diagramme mit Achsen – also nicht für Kreis-, Ring- oder Blasendiagramme – erstellt werden.

Ein Klick auf *Weitere Trendlinienoptionen* zeigt das Dialogfeld *Trendlinie formatieren* an (→ Abbildung 16.29). Besonders interessant ist darin die Registerkarte *Trendlinienoptionen*. Die restlichen Registerkarten kennen Sie schon von anderen Formatierungsaufgaben her (→ vorherige Abschnitte).

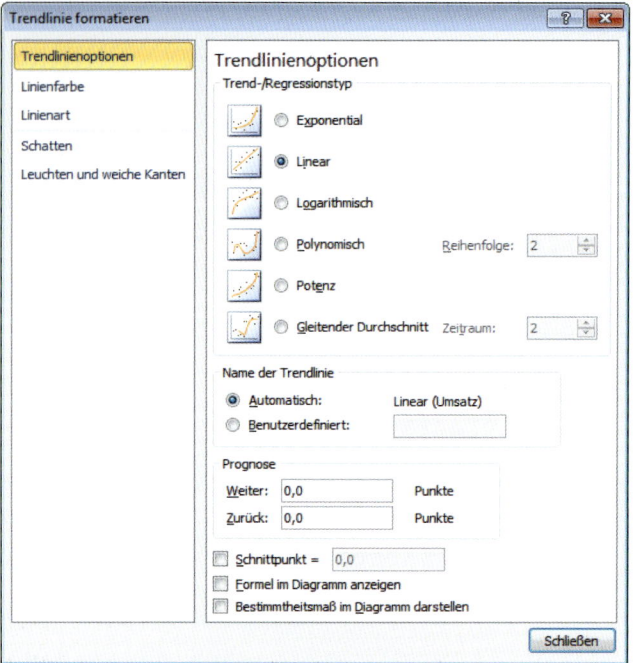

Abbildung 16.29 Aktivieren Sie die Art der Kurve.

Einige Optionen darin bedürfen vielleicht einer zusätzlichen Erklärung:

» Wenn Sie den Typ *Polynomisch* gewählt haben, können Sie im Feld *Reihenfolge* die Ordnung des Polynoms festlegen.

» Wenn Sie mehrere Datenreihen im Diagramm dargestellt haben, können Sie im Listenfeld *Basierend auf Reihe* wählen, für welche Reihe der Typ festgelegt wird. Sie können Trendlinien nacheinander für mehrere Datenreihen erstellen.

» Wenn Sie die Option *Benutzerdefiniert* im Abschnitt *Name der Trendlinie* gewählt haben, können Sie eine Bezeichnung für die Trendlinie eingeben. Diese wird dann in der Legende angezeigt.

» Im Abschnitt *Prognose* legen Sie fest, um wie viele Perioden die Trendlinie vor und hinter die vorhandenen Daten extrapoliert werden soll.

» Wenn Sie das Kontrollkästchen *Schnittpunkt* aktivieren, geht die Trendlinie durch den im Feld rechts davon angegebenen Wert.

» Mit *Formel im Diagramm anzeigen* können Sie zusätzlich die zur Berechnung der Trendlinie verwendete Funktion im Diagramm anzeigen lassen.

» Die Option *Bestimmtheitsmaß im Diagramm darstellen* zeigt ein Maß für die Genauigkeit der Trendaussage im Diagramm an.

Fehlerindikatoren

Mithilfe von Fehlerindikatoren können Sie für die Mehrzahl der Diagrammtypen die Anzeige eines Fehlerbereichs bewirken. Sie zeigen damit dem Betrachter, dass es sich bei den im Diagramm dargestellten Daten nicht um genaue Zahlen, sondern um Werte innerhalb eines bestimmten Bereichs handelt. Markieren Sie zunächst das Diagramm und öffnen Sie dann die Liste zur Befehlsschaltfläche *Fehlerindikatoren* in der Gruppe *Analyse* auf der Registerkarte *Diagrammtools/Layout*. Legen Sie die Grundeinstellungen für den Indikator fest (→ Abbildung 16.30 links). Auch hier müssen Sie – wenn Sie vorher noch keine einzelne Datenreihe ausgewählt haben – angeben, welche Datenreihe mit einem solchen Indikator versehen werden soll (→ Abbildung 16.30 rechts).

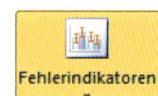

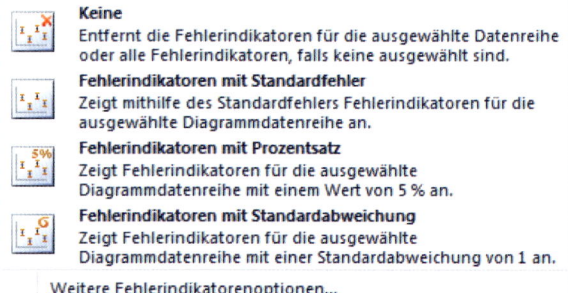

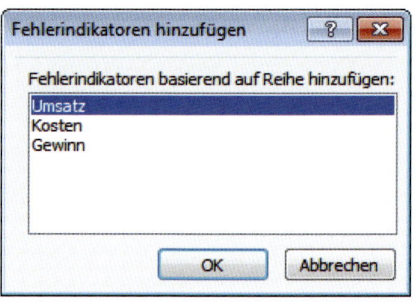

Abbildung 16.30
Legen Sie
Fehlerindikatoren fest.

Nach Wahl von *Weitere Fehlerindikatorenoptionen* können Sie Feineinstellungen für die Anzeige festlegen (→ Abbildung 16.31).

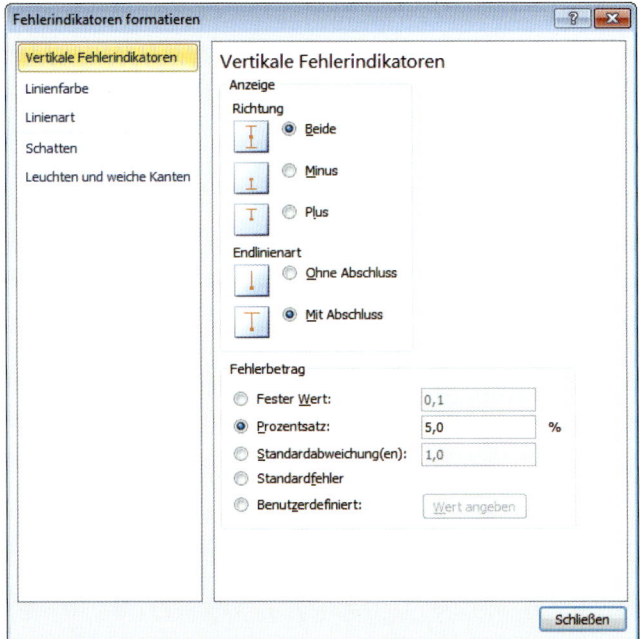

Abbildung 16.31 Der Fehlerindikator beschreibt einen Genauigkeitsbereich.

» Unter *Anzeige* wählen Sie die Form der Fehlerdarstellung. Solche Bereiche können entweder nach oben, nach unten oder in beide Richtungen angezeigt werden.

» Die Optionen unter *Fehlerbetrag* liefern alternative Möglichkeiten zum Festlegen der Größe des Fehlers. Sie können diese als konstanten Wert oder Prozentsatz eingeben. Die Option *Prozentsatz* zeigt

bei größeren Basisdaten auch größere Fehler an. *Standardabweichung(en)* verwendet für den Fehlerbetrag eine bestimmte – festlegbare – Anzahl von Standardabweichungen vom Mittel der grafisch dargestellten Werte. *Standardfehler* benutzt für den Fehlerbetrag den Standardfehler. Sie können auch im Feld *Benutzerdefiniert* einen Wert eingeben, um einen in der Tabelle definierten Wert als Fehlerbetrag für die einzelnen Datenpunkte zu verwenden.

16.2.5 Zusätzliche Verfeinerungen

Nachdem Sie die gewünschten Diagramme erstellt und formatiert haben, können Sie abschließende Verfeinerungen daran durchführen. Sie können beispielsweise zusammenpassende Diagramme auf einem Blatt darstellen, zusätzliche Texte oder Bildelemente einfügen sowie Wertekorrekturen vornehmen.

» Wenn Sie zwei Diagramme auf einem Blatt vereinigen wollen, markieren Sie zunächst das einzufügende Diagramm und wählen dann den Befehl *Diagramm verschieben* in der Gruppe *Ort* der Registerkarte *Diagrammtools/Entwurf*. Geben Sie im daraufhin angezeigten Dialogfeld im Feld *Als Objekt in* das Diagrammblatt an, in das das Diagramm eingefügt werden soll.

» Zusätzliche Text- und Zeichnungsobjekte können Sie über die Befehlsschaltflächen in der Registerkarte *Diagrammtools/Format* in das Diagramm einfügen.

Kapitel 17

Tools für grafische Elemente

Dieses Kapitel liefert Ihnen Hinweise zu den Feinheiten der Bearbeitung von grafischen Elementen, die Sie in ein Office-Dokument eingefügt haben. Dazu gehören beispielsweise einfache Zeichnungsobjekte, Bilddateien, WordArt- und ClipArt-Objekte, schematische Darstellungen mit SmartArt oder einfach nur Textfelder. Wie man zum Einfügen vorgeht, haben wir bereits angesprochen (→ Kapitel 5). Je nachdem, welche Elemente Sie eingefügt haben, liefert Word unterschiedliche Möglichkeiten für deren Formatierung.

» Wir werden uns zunächst den Werkzeugen zuwenden, die Sie für (fast) alle dieser Elemente benutzen können. Dazu gehören beispielsweise die Befehle zum Ändern der Größe oder der Position im Dokument (→ Abschnitt 17.1).

» Alle grafischen Elemente verfügen aber noch über spezielle Werkzeuge, mit deren Hilfe Sie das Erscheinungsbild abändern können. Diese unterscheiden sich je nach Typ des Grafikelements. Je nachdem, welchen Typ von Element Sie eingefügt haben, werden verschiedene Registerkarten im Menüband eingeblendet. Unterschiede gibt es zwischen Zeichentools (→ Abschnitt 17.2), Bildtools (→ Abschnitt 17.3) und SmartArt-Tools (→ Abschnitt 17.4).

17.1 Gemeinsam nutzbare Werkzeuge zur Bearbeitung

Alle grafischen Elemente verfügen nach dem Einfügen in ein Dokument über mehrere Werkzeuge, mit denen Sie ihr Erscheinungsbild auf (fast) dieselbe Weise ändern können. Mit diesen wollen wir uns jetzt beschäftigen.

17.1.1 Einfache Einstellungen mit der Maus

Nachdem Sie ein Zeichnungsobjekt erstellt haben, können Sie dessen generelles Erscheinungsbild sowie die Position und Größe direkt mit der Maus ändern. Bei einigen AutoFormen können Sie auch deren Drehwinkel und manchmal auch die Proportionen der Form variieren. In allen Fällen müssen Sie das zu ändernde Objekt zuerst durch einen Klick darauf markieren. Welche Parameter auf diese Weise veränderbar sind, erkennen Sie dann an den angezeigten Punkten.

Position

 Im Allgemeinen können Sie die Position eines grafischen Objekts im Dokument verändern, indem Sie es mit der Maus an eine neue Stelle verschieben. Setzen Sie dafür den Mauszeiger auf das Element, so dass er sich in einen Vierfachpfeil verwandelt. Ziehen Sie dann das Zeichnungsobjekt an die gewünschte Position.

Größe

 Die Höhe und Breite eines markierten Objekts können Sie über die Größenziehpunkte ändern. Setzen Sie dazu den Mauszeiger auf einen der kleinen Kreise und verschieben Sie dann die Maus in die gewünschte Richtung. Benutzen Sie die Punkte an den Ecken, wenn Sie gleichzeitig die Höhe und Breite ändern wollen. Diese können Sie auch diagonal verschieben. Wenn Sie gleichzeitig die Taste [Strg] gedrückt halten, bleiben die eingestellten Proportionen – also das Verhältnis von Höhe zu Breite – erhalten. Die Punkte in der Mitte lassen nur ein waagerechtes oder senkrechtes Verschieben zu.

Drehwinkel

 Komplexere Zeichnungsobjekte verfügen zusätzlich über einen grünen Punkt, über den Sie den Drehwinkel des Objekts verändern können. Setzen Sie den Mauszeiger auf diesen Punkt und halten Sie die Maustaste gedrückt. Der Zeiger wechselt daraufhin sein Aussehen in vier kleine kreisförmig angeordnete Pfeile. Durch Verschieben dieses Symbols drehen Sie das Objekt in die entsprechende Richtung. Bei gleichzeitigem Drücken der Taste [⇧] ist nur noch ein Drehen in Schritten von 15° möglich.

Proportionen

 Einige Objekte zeigen im markierten Zustand zusätzlich eine gelb eingefärbte Raute. Diese dient dazu, die Proportionen der Form zu ändern. Setzen Sie – wie üblich – den Mauszeiger auf dieses Symbol, so dass er sein Aussehen in eine kleine Pfeilspitze ändert. Durch Verschieben können Sie dann die Proportionen der Form ändern. Welche Änderungen sich ergeben, hängt auch von der konkret benutzten Auto-Form ab.

17.1.2 Detaileinstellungen

Zum Einstellen der Feinheiten benutzen Sie die Befehle in den beiden Gruppen *Anordnen* und *Größe* auf der jeweiligen *Format*-Registerkarte – also beispielsweise *Zeichentools/Format* (→ Abbildung 17.1).

Größe

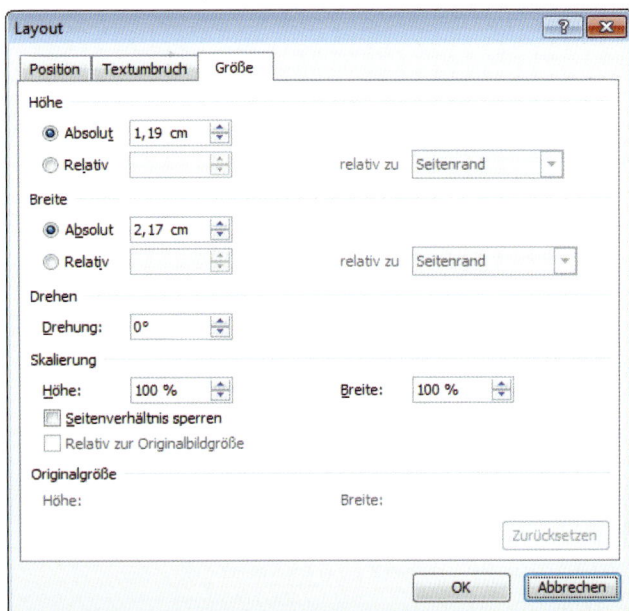 Zum Einstellen der Größe können Sie nach dem Markieren der Grafik auch die Drehfelder der Gruppe *Größe* in der jeweiligen *Format*-Registerkarte benutzen. Darin können Sie die Höhe und Breite separat einstellen. Durch einen Klick auf die kleine Schaltfläche neben der Gruppenbezeichnung *Größe* öffnen Sie ein Dialogfeld, über das Sie Änderungen für das ausgewählte Objekt durchführen können. Das dann angezeigte Dialogfeld *Layout* können Sie auch über das Kontextmenü zum Objekt anzeigen lassen (→ Abbildung 17.2).

Abbildung 17.2 Größe und Winkel lassen sich exakt einstellen.

Ein Arbeiten über dieses Dialogfeld ist beispielsweise dann sinnvoll, wenn Sie mehrere Objekte mit denselben Maßen abbilden oder exakte Werte angeben wollen. Stellen Sie in den Feldern *Höhe* und *Breite* die Maße (in

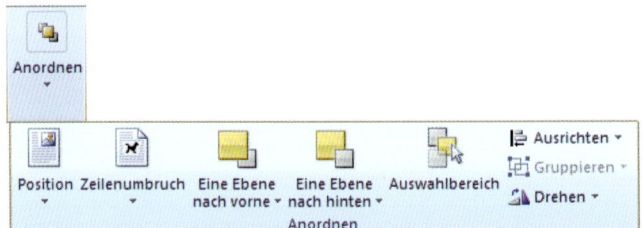

Abbildung 17.1
Die Feinheiten der Einstellung regeln Sie über die Gruppen *Anordnen* und *Größe*.

cm) des markierten Objekts ein. Über das Feld *Drehen* können Sie einen Winkel definieren, um den das markierte Objekt gedreht werden soll. Im Abschnitt *Skalierung* lässt sich die Größe proportional um einen Prozentsatz verändern. Ist das Kontrollkästchen *Seitenverhältnis sperren* aktiviert, bleibt das Verhältnis von Höhe zu Breite konstant.

Position

 Wichtig ist auch die Schaltfläche *Position* in der Gruppe *Anordnen*. Darüber bestimmen Sie, wo das Zeichenelement auf der Seite erscheinen soll (→ Abbildung 17.3 links).

» Die Option unter *Mit Zeile in Text* setzt das Zeichenelement direkt in die Zeile, in der es eingefügt wurde. Sie können es aber wie gewohnt an eine andere Stelle verschieben.

» Über die neun Optionen im Abschnitt *Mit Textumbruch* setzen Sie das Zeichenelement an die horizontalen oder vertikalen Ränder bzw. zentrieren es.

Noch mehr Details zur Positionierung finden Sie im Dialogfeld *Layout*, das Sie durch die Wahl von *Weitere Layoutoptionen* auf den Bildschirm bringen (→ Abbildung 17.3 rechts). Damit die Parameter darin wählbar sind, müssen Sie vorher eine der neun Optionen unter

Mit Textumbruch für das Zeichenelement ausgewählt haben. Dann können Sie – getrennt für *Horizontal* und *Vertikal* – die Lage des Zeichenelements bestimmen.

» Zum Festlegen der horizontalen Position bestehen drei Möglichkeiten: Sie können entweder mit *Absolute Position* eine genaue Lage bezüglich des *Seitenrands*, der *Seite*, der *Spalte* oder des *Zeichens* angeben. Bei *Buchlayout* wählen Sie zwischen *Innen* und *Außen* bezogen auf den *Seitenrand* oder die *Seite* – beispielsweise am linken Seitenrand bei ungeraden und am rechten bei geraden Seitenzahlen. *Ausrichtung* ermöglicht die Wahl zwischen *Links*, *Zentriert* und *Rechts* bezogen auf *Seitenrand*, *Seite*, *Spalte* oder *Zeichen*.

» Das Festlegen der vertikalen Position funktioniert ähnlich, allerdings haben Sie hier nur zwei Möglichkeiten der Gestaltung: Sie können entweder wieder die *Absolute Position* bezogen auf *Seitenrand*, *Seite*, *Absatz* oder *Linie* festlegen oder die Ausrichtung mit *Oben*, *Zentriert*, *Unten*, *Innen* oder *Außen* bestimmen.

» Wenn die geraden und ungeraden Seiten des Dokuments über ein unterschiedliches Layout verfügen sollen, finden Sie in der Zeile *Buchlayout* die Positionsangaben *Innen* und *Außen*.

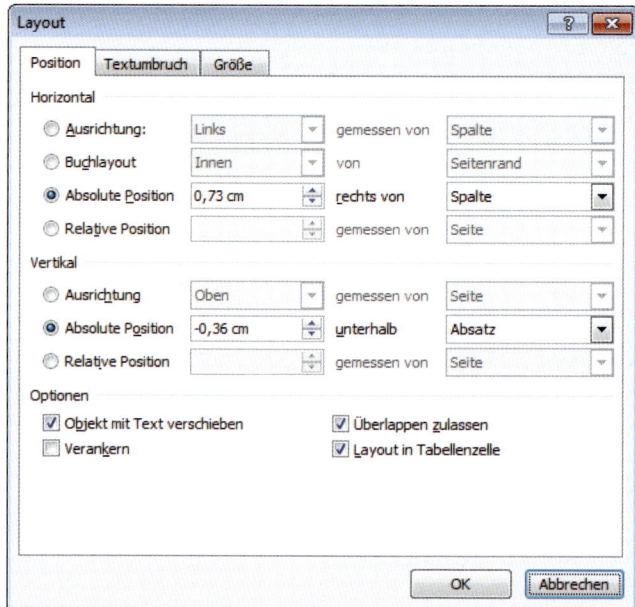

Abbildung 17.3
Über die Schaltfläche *Position* regeln Sie auch den Textumbruch um die Grafik.

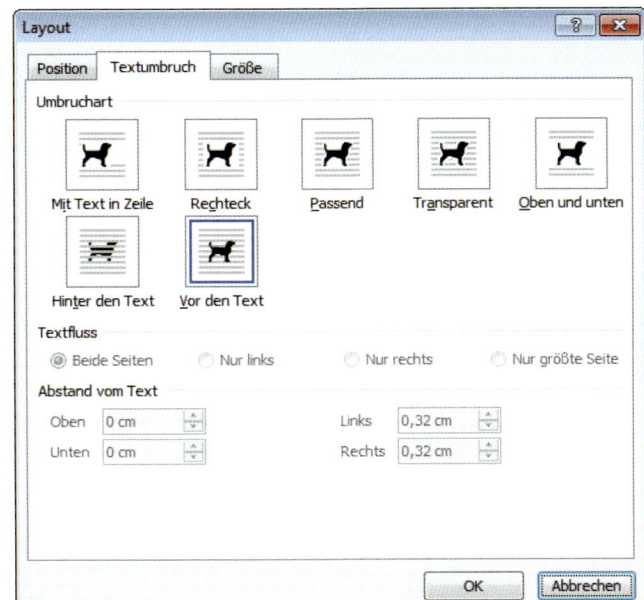

Abbildung 17.4
Die Optionen zum Zeilen-
umbruch. Die Registerkarte
Textumbruch im Dialogfeld
Layout zeigt die Details zur
Form des Textflusses.

» Die Zeile *Absolute Position* ermöglicht das Festlegen einer Maßangabe für den Abstand des Elements
vom *Seitenrand*, *Seite*, *Spalte* usw.

Die zusätzlichen Optionen im unteren Abschnitt der Registerkarte *Position* des Dialogfelds *Layout* sind interessant im Zusammenhang mit dem Bearbeiten des Fließtextes:

» Wenn Sie das Kontrollkästchen *Objekt mit Text verschieben* aktivieren, wird das Element immer zusammen mit dem Absatz verschoben, zu dem es gehört,
wenn Sie beispielsweise im Bereich davor zusätzlichen Text einfügen oder Text löschen.

» Durch Verschieben des Elements mit der Maus können Sie den zu ihm gehörenden Absatz wechseln. Ist
aber das Kontrollkästchen *Verankern* eingeschaltet,
bleibt es stets mit demselben Absatz verbunden.

» Durch Aktivieren des entsprechenden Kontrollkästchens können Sie ein Überlappen von Objekten mit
derselben Umbruchart ermöglichen.

Zeilenumbruch

Sehr wichtig ist auch der Textumbruch. Nach
einem Klick auf die Schaltfläche *Zeilenumbruch* in der Gruppe *Anordnen* können Sie
diesen regeln. Über die Optionen dazu legen Sie fest, wie

der im Dokument vorhandene Text um ein eingefügtes
Objekt herum fließt. Die Symbole in der Liste zu diesem
Befehl liefern einen Hinweis zur Bedeutung der einzel-
nen Optionen (→ Abbildung 17.4 links).

Wiederum finden Sie im Dialogfeld *Layout*, das Sie
durch die Wahl von *Weitere Layoutoptionen* im Menü
zur Schaltfläche *Zeilenumbruch* auf den Bildschirm bringen, mehr Details und auch größere Symbole für die
Grundoptionen (→ Abbildung 17.4 rechts). Benutzen Sie
hierfür die Registerkarte *Textumbruch*.

Legen Sie durch Aktivieren einer der unter *Umbruchart*
aufgeführten Optionen den Textfluss fest (→ Tabelle 17.1).

Auf der Registerkarte *Textumbruch* finden Sie unter *Umbruchart* noch zwei zusätzliche Optionen: *Transparent*
und *Oben und unten*. Die Optionen darunter sind – je
nach gewählter Umbruchart – nur zum Teil verfügbar. Im
Abschnitt *Textfluss* der Registerkarte legen Sie fest, wo
der Zeilenumbruch des Fließtextes stattfinden soll. Ganz
unten auf der Registerkarte können Sie den Abstand
zwischen eingefügtem Objekt und Text festlegen.

Symbol	Beschreibung
	Standardmäßig ist *Mit Text in Zeile* aktiviert. Das Objekt wird an der aktuellen Position eingefügt, kann aber durch Eingabe zusätzlicher Zeichen, beispielsweise Leerzeichen, verschoben werden. Wenn der Zeilenabstand automatisch eingestellt ist, ändert er sich entsprechend der Höhe der Grafik.
	Rechteck bewirkt, dass der Text das Objekt in rechteckiger Form umfließt. Die genaue Position des Objekts kann durch die Einstellungen unter *Horizontal* und *Vertikal* im Dialogfeld *Erweitertes Layout* (➔ folgende Abschnitte) eingestellt werden.
	Mit *Passend* wird der Fließtext so weit wie möglich an die Form des Objektinhalts angepasst.
	Mit *Hinter den Text* wird das Objekt hinter den Fließtext gelegt. Damit die Schrift im Vordergrund gelesen werden kann, empfiehlt es sich, eine ausgeblichene Farbgebung zu verwenden.
	Mit *Vor den Text* wird das Objekt vor den Fließtext gelegt und verdeckt diesen.

Tabelle 17.1 Einige Alternativen zum Textfluss

17.2 Die Zeichentools

Wir wollen uns nun mit den unterschiedlichen Tools beschäftigen, die Ihnen nach dem Einfügen bestimmter Grafikelemente zur Verfügung stehen. Beginnen wir mit der Registerkarte *Zeichentools/Format*, die angezeigt werden, wenn Sie eine Form oder ein WordArt-Objekt in das Dokument eingefügt oder später markiert haben (➔ Abbildung 17.5).

17.2.1 Formen ändern und zusätzliche Elemente

Über die Elemente der Gruppe *Formen einfügen* auf der Registerkarte *Zeichentools/Format* können Sie schnell neue Formen erstellen oder bereits vorhandene ändern.

Neue Formen einfügen und Formen ändern

 Über den Katalog zu *Formen* in der Gruppe *Formen einfügen* können Sie schnell eine weitere Form erstellen. Gehen Sie dazu genauso vor wie beim ursprünglichen Einfügen (➔ Kapitel 5). Nach Wahl eines Formsymbols wird der Mauszeiger in Form eines Kreuzes angezeigt. Sie können dann damit auf eine Stelle im Dokument klicken, um eine Form in einer vorgegebenen Standardgröße zu erstellen, oder eine Form in der gewünschten Größe aufziehen.

Wenn Sie eine bereits eingefügte Form in einer andere umwandeln und dabei die vorab eingestellten sonstigen Formate beibehalten wollen, benutzen Sie die Optionen zur Schaltfläche *Form bearbeiten*. Markieren Sie aber die Form vorher. Der Katalog liefert Ihnen dieselben Alternativen wie der Katalog zu *Formen einfügen* (➔ Abbildung 17.6).

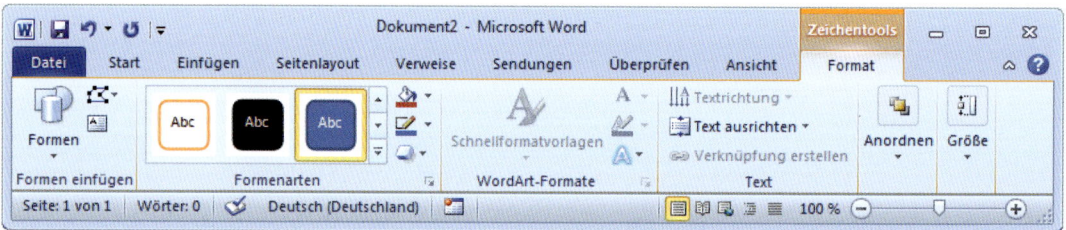

Abbildung 17.5
Die Registerkarte
Zeichentools/Format

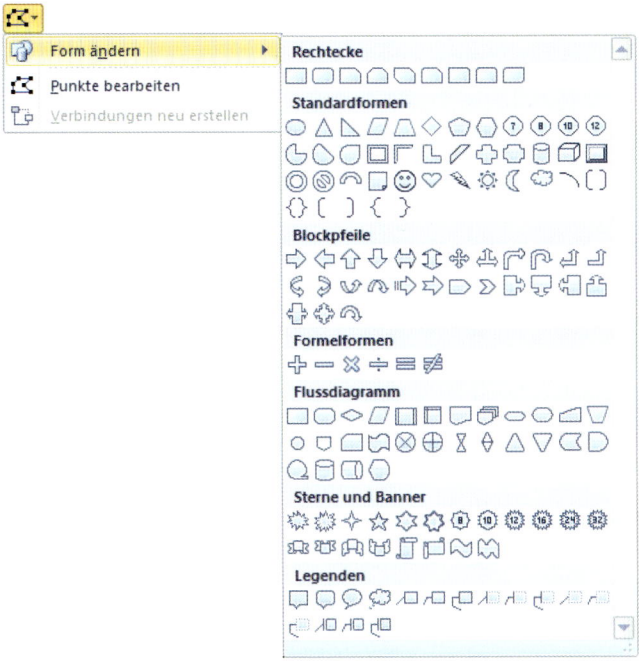

Abbildung 17.6 Eingefügte Formen können in andere Formen umgewandelt werden.

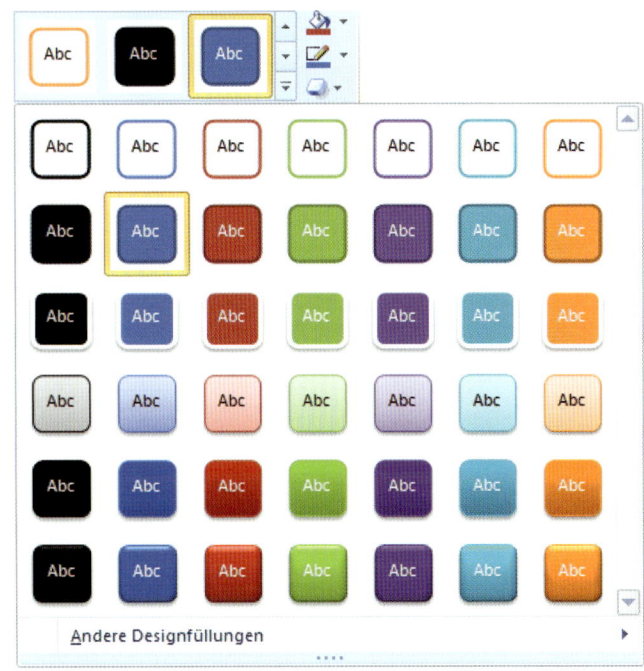

Abbildung 17.7 Der Katalog zu den Formenarten

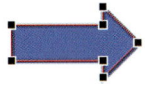 Mit *Punkte bearbeiten* fügen Sie der Form einen weiteren Satz von Ziehpunkten an den Ecken der Form hinzu, die Sie verwenden können, um deren Aussehen zu ändern.

17.2.2 Farben, Linien, Schatten und 3D-Effekte

Jedes von Ihnen erstellte Zeichnungsobjekt können Sie nachträglich noch verändern. Dafür benutzen Sie die Befehle in der Gruppe *Formenarten*. Dabei lassen sich beispielsweise Füll- und Linienfarben neu bestimmen und Schatten mit unterschiedlichen Einfallswinkeln oder 3D-Effekte zuweisen.

Akzente setzen

Zuerst sollten Sie prüfen, ob im Katalog in der Gruppe *Formenarten* nicht bereits eine Variante der Form vorhanden ist, die Ihren Vorstellungen entspricht (→ Abbildung 17.7).

Wenn Sie hier kein Element finden, können Sie sich auch der nachfolgend beschriebenen Möglichkeiten zur individuellen Einstellung bedienen.

Formkontur und Fülleffekt

Sie können Farben eines Objekts – getrennt für Linien, Flächen und den gegebenenfalls darin vorhandenen Text – ändern. Markieren Sie dazu das Zeichnungsobjekt und benutzen Sie die Befehle *Formkontur* und *Fülleffekt* (→ Abbildung 17.8). Wählen Sie anschließend in der angezeigten Palette die gewünschte Einstellung aus.

» Weiterhin können Sie über die Schaltfläche *Formkontur* eine geeignete Linie aus einer Liste mit unterschiedlichen unterbrochenen Linien auswählen. Die Linienstärke stellen Sie über die Palette zur entsprechenden Schaltfläche ein.

» Der Befehl *Pfeile* zum Aufklappen der Palette mit verschiedenen Pfeiloptionen ist nur dann aktivierbar, wenn Sie als Zeichnungsobjekt eine Linie oder einen Pfeil markiert haben. Wählen Sie dort unter verschiedenen Pfeilarten die gewünschte aus.

3D-Effekte und Schatten

Eine große Zahl zusätzlicher Effekte steht Ihnen über den Katalog zu *Formeffekte* in der Gruppe *Formenarten* zur Verfügung.

» Bei *3D-Effekte* können Sie Tiefe, Farbe und Drehung, den Winkel und die Richtung des Lichteinfalls sowie die Oberflächenstruktur eines Objekts ändern. Hiermit rufen Sie eine Palette auf, über deren Schaltflächen Sie unter anderem ein 3D-Objekt in verschiedene Richtungen kippen sowie die Tiefe, den Lichteinfall, die Oberflächenstruktur und die Farbe eines Effekts verändern können (→ Abbildung 17.9 links).

» Klicken Sie auf den Befehl *Schatten*, um die Palette mit den verschiedenen Schattenwürfen anzuzeigen. Wählen Sie hier einen Schattenwurf aus. Die Option unter *Kein Schatten* entfernt einen bereits zugewiesenen Schatten (→ Abbildung 17.9 rechts).

Weitere Akzente

Den Zugriff auf eine Vielzahl von sonstigen Einstellungen haben Sie, nachdem Sie auf die kleine Schaltfläche mit dem nach unten rechts weisenden Pfeil neben der Gruppenbezeichnung *Formenarten* klicken. Das dann angezeigte Dialogfeld *Form formatieren* verfügt links über mehrere Bereiche, über die Sie die einzelnen Elemente einer Form auf unterschiedliche Weise beeinflussen können (→ Abbildung 17.10). Darüber können Sie beispielsweise auch dreidimensionale Varianten einstellen (→ Abbildung 17.11).

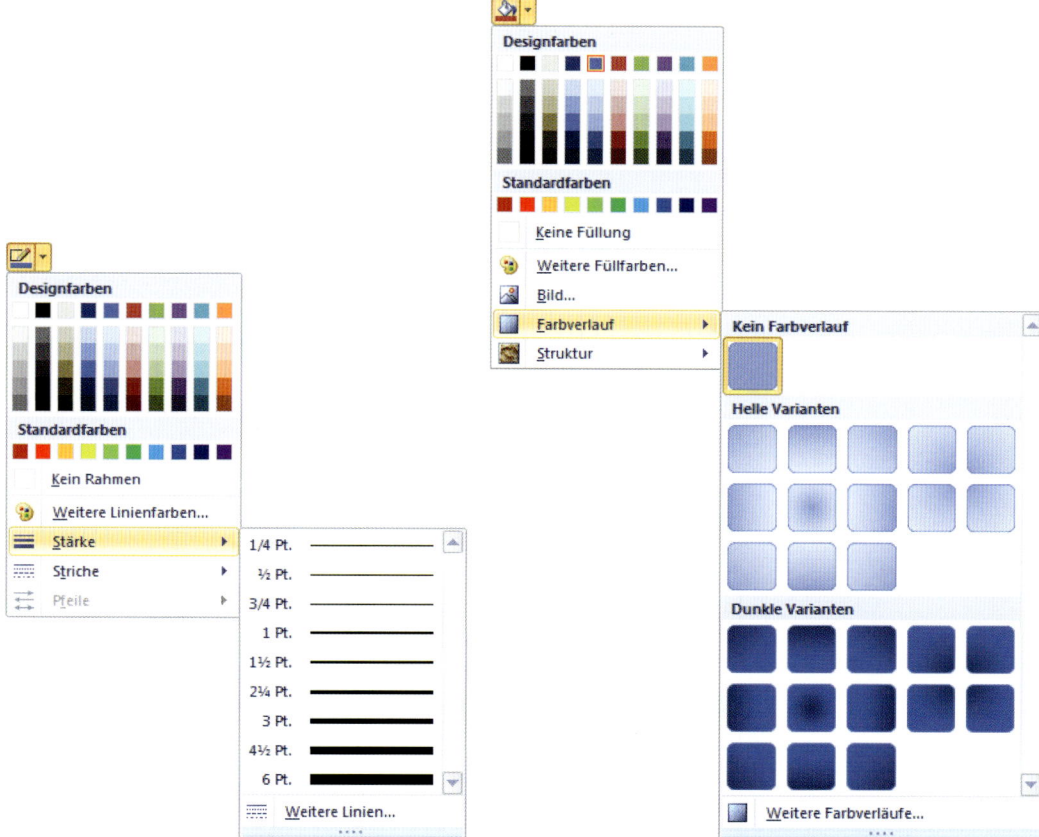

Abbildung 17.8
Formkontur für die Linien und Fülleffekt für die Flächen

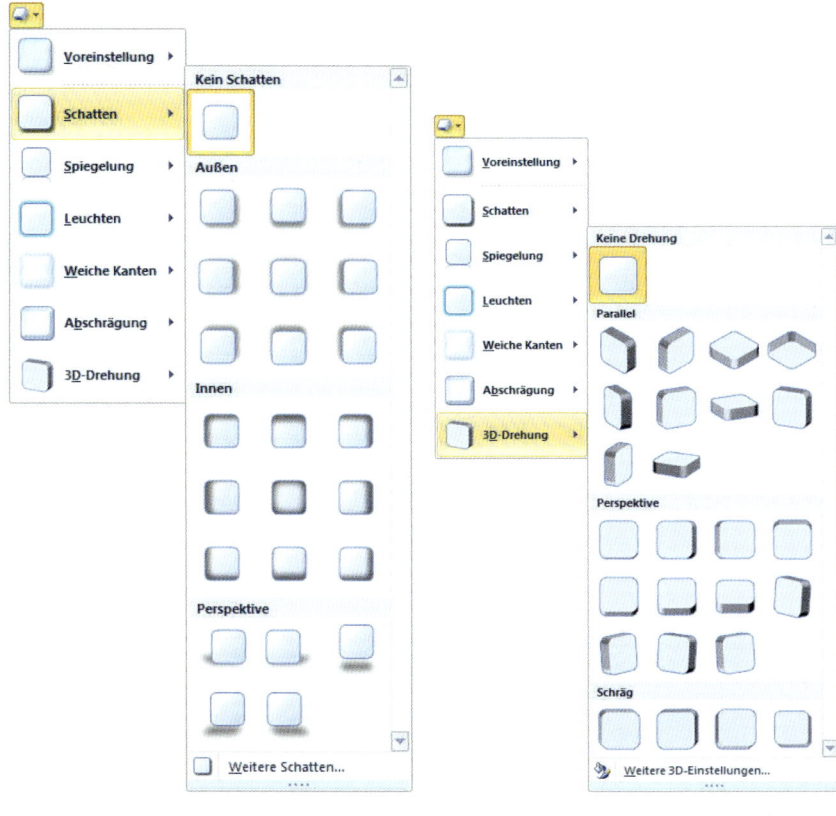

Abbildung 17.9
Schatteneffekte und 3D-Effekte

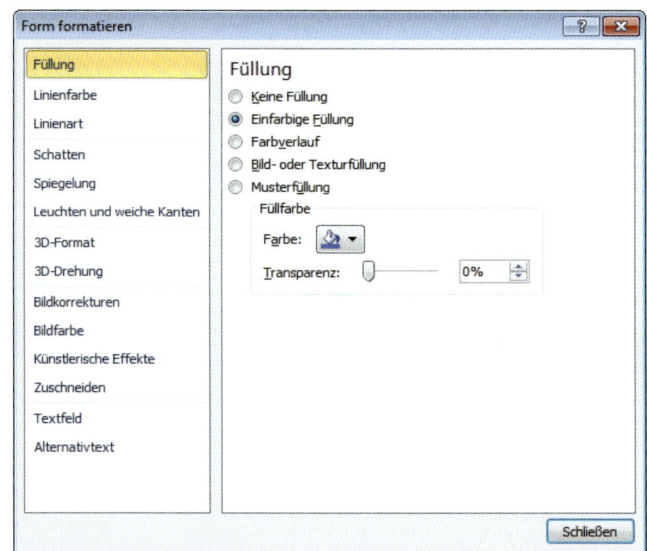

Abbildung 17.10 Farben und Linien können auch über ein Dialogfeld eingestellt werden.

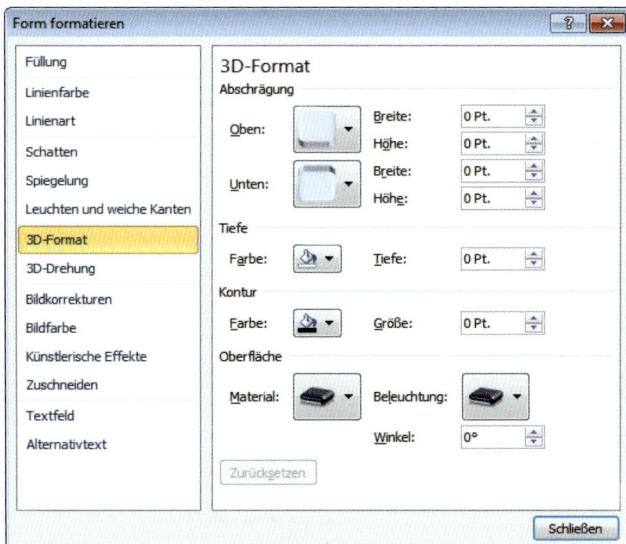

Abbildung 17.11 Auch dreidimensionale Darstellungen sind
möglich.

17.2.3 WordArt

 Auch nach dem Einfügen eines WordArt-Objekts meldet sich die Registerkarte *Zeichentools/Format* im Menüband. Über die Befehle in der Gruppe *WordArt-Formate* können Sie den markierten WordArt-Text bearbeiten.

Die Schnellformatvorlagen

Über den Katalog der Schnellformatvorlagen in dieser Gruppe können Sie aus einer Liste eines der vorgefertigten Designs wählen (→ Abbildung 17.12 links). Die Optionen darin kennen Sie schon vom Erstellen eines WordArt-Schriftzugs her.

Füllfarben

Die Farben können Sie auch separat ändern. Benutzen Sie dazu den Befehl *Füllfarben*. Besonders interessant darin ist vielleicht die Option *Farbverlauf* (→ Abbildung 17.12 rechts).

17.2.4 Anordnen und Gruppieren

Mit den Befehlen in der Gruppe *Anordnen* der Registerkarte *Zeichentools/Format* finden Sie Möglichkeiten zum Anordnen und Gruppieren von Objekten. Wenn Sie mit mehreren Zeichnungselementen auf einer Seite arbeiten, können Sie noch mit weiteren Werkzeugen arbeiten:

»  Objekte werden in der Reihenfolge, in der Sie sie erstellen, übereinander auf der Arbeitsfläche abgelegt (→ Abbildung 17.13 links). Daraus ergeben sich unter Umständen unerwünschte Effekte; beispielsweise kann in einer AutoForm eingegebener Text durch eine andere AutoForm verdeckt werden. Wenn Sie ein Objekt in einem solchen Stapel auf eine andere Ebene setzen wollen, markieren Sie es zuerst. Klicken Sie dann auf eine der Schaltflächen *Eine Ebene nach vorne* oder *Eine Ebene nach hinten* (→ Abbildung 17.13 rechts). Über die Befehle in den Listen zu diesen Schaltflächen können Sie bei sich überlappenden Objekten das jeweils markierte *In den Vordergrund* oder *In den Hintergrund* schieben. Auch ein Platzieren vor oder hinter dem Text ist möglich.

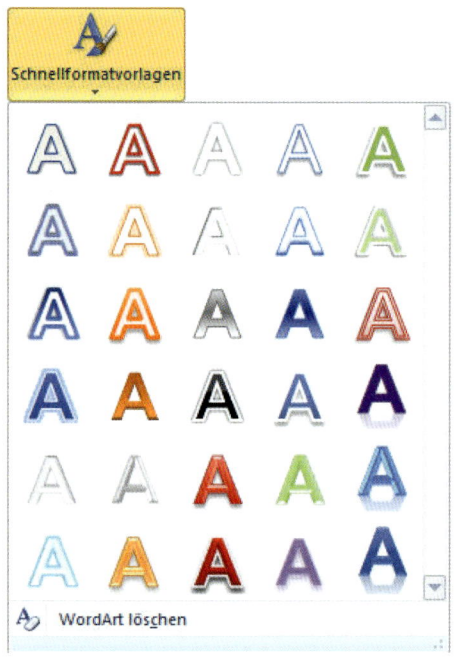

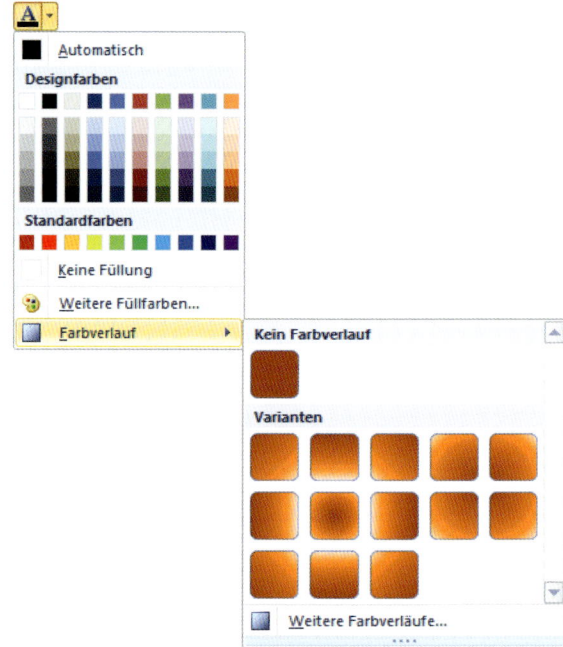

Abbildung 17.12
Die Schnellformatvorlagen und die Füllfarben bei *WordArt*

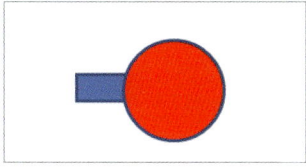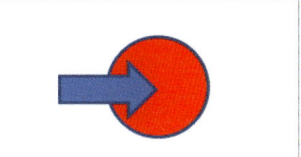

Abbildung 17.13 Die Reihenfolge der Darstellung der Objekte können Sie ändern.

» 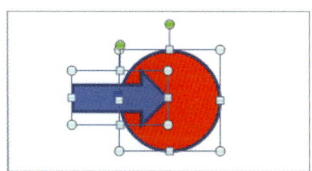... Sie können mehrere Objekte zu einer Gruppe zusammenfassen und diese Objektgruppe anschließend als zusammenhängendes, einzelnes Objekt bearbeiten. Das empfiehlt sich besonders dann, wenn Sie eine komplexe Zeichnung aus mehreren Freihandobjekten erstellt haben und deren Zusammenhang sichern wollen. Markieren Sie dazu alle nebeneinander liegenden Objekte, die Sie zu einer Gruppe zusammenfassen wollen, indem Sie mit der Maus einen Rahmen um die betreffenden Objekte ziehen (→ Abbildung 17.14 links). Nicht benachbarte Objekte können Sie gemeinsam markieren, indem Sie die ⎡Strg⎤-Taste gedrückt halten und die Objekte nacheinander anklicken. Wählen Sie dann die Schaltfläche *Gruppieren* und darin den Befehl *Gruppieren*, um die markierten Objekte zu einer Objektgruppe zusammenzufassen. Die Objekte, die zu einer Objektgruppe zusammengefasst wurden, sind mit einem gemeinsamen Markierungsrahmen versehen, der auch einen gemeinsamen Satz von Ziehpunkten aufweist (→ Abbildung 17.14 rechts). Sie können nun die Größe und Position der Gruppe gemeinsam ändern. Jede Änderung, die Sie an diesem Objekt hinsichtlich Größe, Farbe, Position usw. vornehmen, wirkt sich auf die gesamte Gruppe aus.

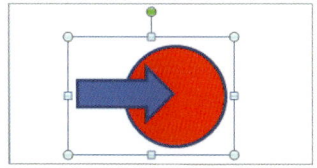

Abbildung 17.14 Gemeinsam markiert und gruppiert

» Wenn Sie eine markierte Objektgruppe wieder auflösen wollen – um beispielsweise ein einzelnes Objekt darin zu bearbeiten –, verwenden Sie den Befehl *Gruppierung aufheben* in der Befehlsliste zur Schaltfläche *Gruppieren*.

» ... Über den Befehl *Drehen* können Sie Objekte in einem festgelegten Winkel horizontal, vertikal, nach links oder nach rechts kippen oder in einem bestimmten Winkel drehen.

» ... Über den Befehl *Ausrichten* legen Sie fest, wie mehrere markierte Objekte aneinander ausgerichtet werden sollen.

17.2.5 Zeichnungsbereich

Wenn Sie eine Zeichnung in ein Dokument einfügen wollen, können Sie das auf verschiedene Weise tun: Sie können zum einen die gewünschte Form auswählen und sie direkt im Dokument aufziehen, positionieren und formatieren. Das empfiehlt sich aber nur bei Grafiken, die lediglich aus einem Element – etwa einem Kreis oder einem Rechteck – bestehen. Wenn Sie eine komplexere Zeichnung einfügen wollen – beispielsweise ein eigenes Firmenlogo, das sich aus mehreren Zeichnungsobjekten und Bildern zusammensetzt –, empfiehlt es sich, diese Objekte innerhalb eines speziell dafür vorgesehenen *Zeichnungsbereichs* zu erstellen. Der Vorteil dabei besteht darin, dass Sie alle in diesem Zeichnungsbereich abgelegten Elemente gemeinsam behandeln können; Sie können sie beispielsweise innerhalb des Dokuments verschieben oder kopieren, ohne dass sich die Zusammenstellung ändert.

Einen Zeichnungsbereich definieren Sie, indem Sie aus der Liste zur Schaltfläche *Formen* in der Gruppe *Illustrationen* der Registerkarte *Einfügen* den Befehl *Neuer Zeichnungsbereich* wählen. Daraufhin wird der Zeichnungsbereich in Form eines rechteckigen Rahmens angezeigt (→Abbildung 17.15). In diesem Bereich können Sie Zeichnungsobjekte erstellen oder vorhandene Grafiken einfügen. Der Rahmen wird nicht gedruckt und nur angezeigt, solange der Zeichnungsbereich aktiviert ist.

Der Zeichnungsbereich kann wie ein normaler Absatz behandelt werden. Sie können ihn zusammen mit den in ihm angesiedelten Objekten – die Sie natürlich auch einzeln bearbeiten können – als eine Einheit verschieben, ausschneiden, kopieren und an anderer Stelle wieder einfügen.

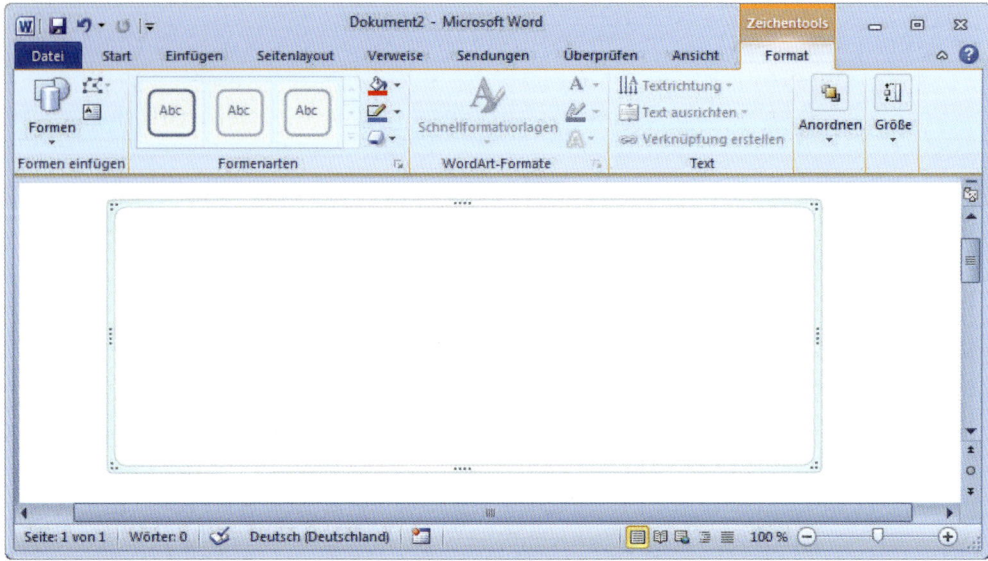

Abbildung 17.15
In einem Zeichnungsbereich können Sie anschließend Grafiken ablegen.

17.2.6 Textfelder

Für eingefügte Textfelder gelten fast dieselben Befehle zur Bearbeitung, die wir eben beschrieben haben. Die Gruppe *Text* auf der Registerkarte *Zeichentools/Format* ist aber speziell für Textfelder vorgesehen: Sie können hierüber neue Textfelder erstellen, die Ausrichtung ändern oder auch Verknüpfungen zwischen Textfeldern erstellen oder diese auflösen.

Textrichtung ändern

Sie können den Inhalt eines Textfelds vertikal ausrichten. Dazu markieren Sie das Textfeld und klicken auf die Schaltfläche *Textrichtung*. Standardmäßig fließt der Text von links nach rechts. Es empfiehlt sich, für die Eingabe zur normalen Darstellung umzuschalten und die gewünschte Richtung erst danach zu wählen. Es ist allerdings nicht möglich, Text auf den Kopf zu stellen. Hierfür könnten Sie aber WordArt benutzen.

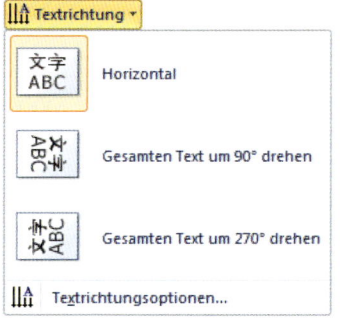

Abbildung 17.16
Die Ausrichtung eines Textes kann frei gewählt werden.

Textfelder verknüpfen

Wenn Sie mehrere Textfelder in einem Dokument erstellen, können Sie Text in einem Textfeld beginnen lassen und in einem anderen Textfeld fortsetzen.

» Zum Verknüpfen von Textfeldern markieren Sie zunächst das erste Textfeld. Dazu bewegen Sie den Mauszeiger über den Rahmen des Textfelds, bis dieser die Form eines Vierfachpfeils annimmt, und klicken dann auf den Rahmen. Klicken Sie anschließend auf die Schaltfläche *Verknüpfung erstellen* in der Gruppe *Text* der Registerkarte *Zeichentools/Format*. Der Mauszeiger ändert daraufhin seine Form zu einem kleinen Krug.

» Klicken Sie dann auf das Textfeld, in dem der Text fortgesetzt werden soll. Wenn der Krug über einem Textfeld positioniert wird, für das eine Verknüpfung erstellt werden kann, nimmt er die Form eines Krugs an, aus dem Buchstaben herausfallen. Um Verknüpfungen mit weiteren Textfeldern zu erstellen, klicken Sie auf das Textfeld, für das Sie soeben eine Verknüpfung erstellt haben, und wiederholen den beschriebenen Vorgang.

» Geben Sie im ersten Textfeld den gewünschten Text ein oder fügen Sie ihn aus der Zwischenablage ein. Nimmt das Textfeld keinen weiteren Text mehr auf, wird der Text in den anderen verknüpften Textfeldern fortgesetzt.

TIPP Wenn Sie auf die Schaltfläche *Verknüpfung erstellen* geklickt haben und sich dann entscheiden, doch keine Verknüpfung mit einem anderen Textfeld erstellen zu wollen, drücken Sie [Esc], um den Verknüpfungsvorgang abzubrechen.

Form des Textfelds ändern

Sie können für ein Textfeld auch eine andere Form als die eines Rechtecks wählen. Erstellen Sie hierfür zuerst das Textfeld und markieren Sie es. Öffnen Sie dann die Liste zur Schaltfläche *Form bearbeiten*, klicken Sie auf *Form ändern* und wählen Sie dort die gewünschte Form aus (→ Abbildung 17.17).

Weitere Formatierungsoptionen

Zum Formatieren von Textfeldern stehen Ihnen darin etwa dieselben Optionen zur Verfügung wie zum Formatieren von Formen oder Grafiken. Eine zusammenfassende Darstellung der für die Formatierung eines Textfelds zur Verfügung gestellten Parameter können Sie einblenden lassen, indem Sie auf die kleine Schaltfläche mit dem nach unten rechts weisenden Pfeil neben der Gruppenbezeichnung *Formenarten* klicken. Mithilfe der Optionen im daraufhin angezeigten Dialogfeld *Form formatieren* können Sie im Bereich *Textfeld* viele Änderungen am vorher markierten Textfeld zentral vornehmen (→ Abbildung 17.18).

Abbildung 17.17 Das Textfeld kann auch andere Formen annehmen.

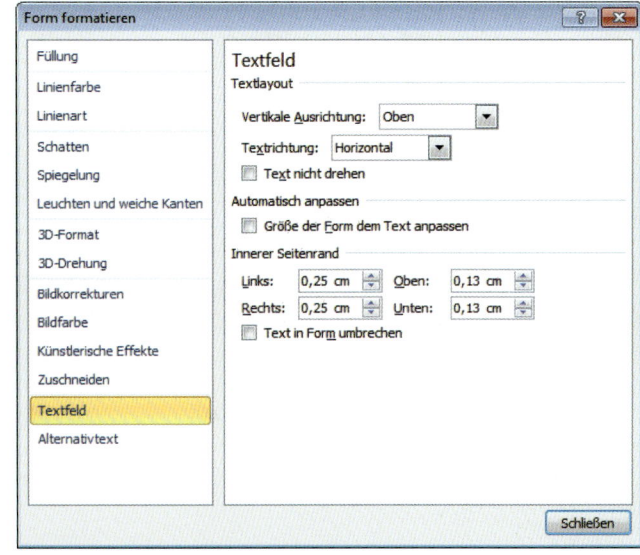

Abbildung 17.18 Legen Sie die Randeinstellungen für den Inhalt des Textfelds fest.

» Über die Felder im Abschnitt *Innerer Seitenrand* bestimmen Sie den Abstand zwischen dem Rahmen des Textfelds und dem darin enthaltenen Text.

Abbildung 17.19
Die Registerkarte
Bildtools/Format

» Die beiden Optionen unterhalb der Randeinstellungen beziehen sich auf den Fall, in dem Sie das Textfeld in eine AutoForm umgewandelt haben: Ist das Kontrollkästchen *Text in Form umbrechen* aktiviert, wird der Text in mehrere Zeilen umbrochen, wenn die Breite der AutoForm nicht ausreicht, um ihn in einer Zeile darzustellen. Außerdem können Sie über *Größe der Form dem Text anpassen* dafür sorgen, dass sich die Größe der AutoForm automatisch ändert, damit der gesamte Inhalt sichtbar wird.

Sie können natürlich auch die Befehle der anderen Registerkarten des Dialogfelds *Form formatieren* auch auf Textfelder anwenden und so beispielsweise dreidimensionale Einstellungen erzeugen.

17.3 Bildtools

Bei eingefügten Bildern und ClipArts wird die Registerkarte *Bildtools/Format* angezeigt, solange das betreffende Element markiert ist (→ Abbildung 17.19).

17.3.1 Das Bild anpassen

In der Gruppe *Anpassen* finden Sie einige Befehle, die es Ihnen erlauben, das eingefügte Bild selbst zu bearbeiten. Sie können darüber beispielsweise den Kontrast und die Helligkeit regeln, aber auch bestimmte Bereiche im Bild ausblenden.

Korrekturen für Helligkeit und Kontrast

Über den Katalog zu *Korrekturen* stehen Ihnen Möglichkeiten zur Verfügung, um die Helligkeit und den Kontrast des vorher markierten Bilds zu verändern (→ Abbildung 17.20). Zusätzlich können Sie auch die Schärfe regeln.

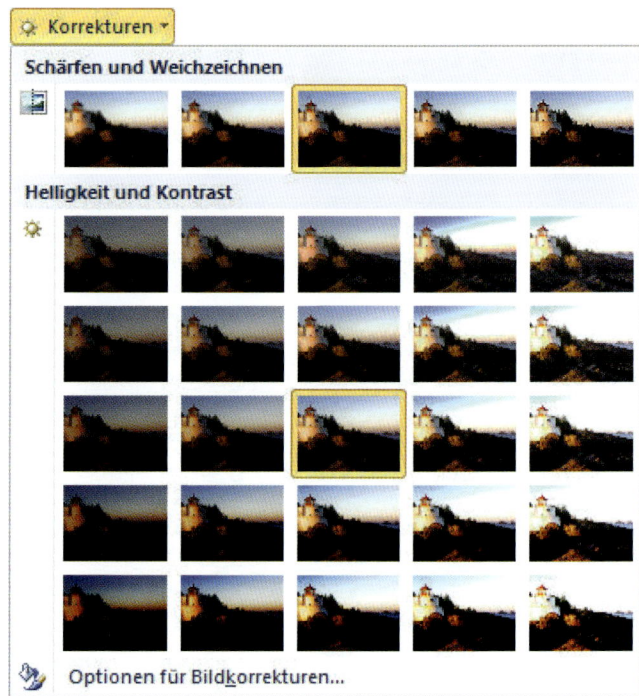

Abbildung 17.20 Die Helligkeit und den Kontrast des Bilds festlegen

Einfärben

Über den Katalog zur Befehlsschaltfläche *Farbe* können Sie dem markierten Bild einen Farbton zuweisen (Abbildung 17.21).

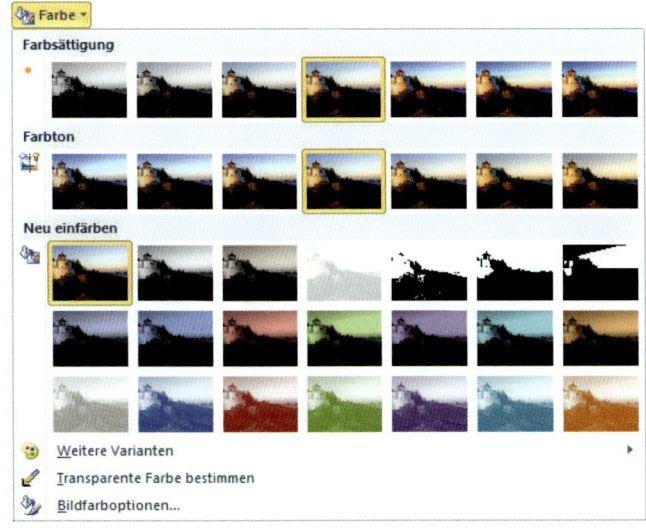

Abbildung 17.21 Bildern können Sie Farbeffekte zuweisen.

» Unter *Farbsättigung* bestimmen Sie, wie stark die bereits vorhandenen Farben erscheinen sollen. Mit der Option ganz links in dieser Zeile können Sie auch die Farben ganz verschwinden lassen und eine schwarzweiße Darstellung erzeugen.

» Im Bereich *Farbton* können Sie eine Art von Farbstich für das Bild wählen. Auch dabei wird von den bereits vorhandenen Farben ausgegangen.

» Über *Neu einfärben* können Sie eine zusätzlich Farbe einstellen. Im Prinzip arbeiten diese Optionen mit einem Schwarzweißbild als Grundlage und einer überlagerten Farbe.

Künstlerische Effekte

Die Befehlsschaltfläche *Künstlerische Effekte* erlaubt es, verschiedene künstlerische Effekte auf ein Bild anzuwenden, damit es eher wie eine Skizze, eine Zeichnung oder ein Gemälde aussieht (→ Abbildung 17.22). Die neuen künstlerischen Effekte umfassen Bleistiftskizze, Strichzeichnung, Wasserfarbenschwamm, Mosaikblasen, Glas, Pastellfarben-Weichzeichner, Klarsichtfolie, Fotokopie, Farbstriche und mehr.

Abbildung 17.22 Auch einem Bild können Sie Effekte zuweisen.

17.3.2 Bildbereiche freistellen

 Wenn Sie bestimmte Teile eines Bilds nicht anzeigen wollen, klicken Sie nach dem Markieren des Bilds in der Gruppe *Anpassen* auf den Befehl *Freistellen*. Daraufhin wird im Menüband die zusätzliche Registerkarte *Freistellen* angezeigt (→ Abbildung 17.23).

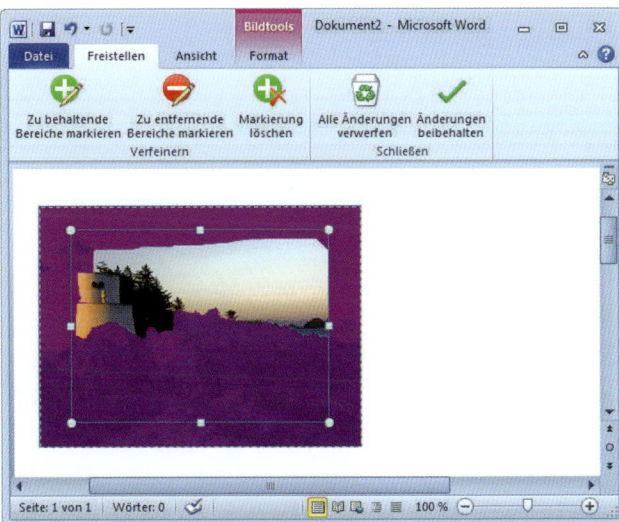

Abbildung 17.23 Die zusätzliche Registerkarte *Freistellen* beinhaltet Werkzeuge, mit deren Hilfe Sie einzelne Bereiche ausblenden können.

Rechteckigen Bereich festlegen

Zunächst einmal wird das Bild mit einem zusätzlichen Rahmen versehen. Nur der Bereich des Bilds, der sich innerhalb dieses Rahmens befindet, wird nach Abschluss dieses Bearbeitungsvorgangs beibehalten.

» Sie können diesen Rahmen verschieben, um seine Lage auf dem Bild zu ändern. Setzen Sie dazu den Mauszeiger auf seinen Rand und verschieben Sie ihn mit gedrückt gehaltener Maustaste.

» Verwenden Sie die Ziehpunkte im Rahmen, um seine Größe zu ändern. Setzen Sie den Mauszeiger auf einen Ziehpunkt und verschieben Sie ihn mit gedrückt gehaltener Maustaste.

Bildbereiche ausblenden

Außerdem können Sie einzelne Bereiche im Bild ausblenden. Das Arbeiten mit diesen Werkzeugen ist etwas gewöhnungsbedürftig, nach einiger Zeit stellt sich aber ein intuitives Verständnis ein.

» Wählen Sie das Werkzeug *Zu entfernende Bereiche markieren* und klicken Sie dann auf den Bildbereich, der später nicht mehr angezeigt werden soll. Der Bereich wird mit einem Kreissymbol mit einem Minuszeichen versehen.

» Sie können auch anders herum vorgehen und das Werkzeug *Zu behaltende Bereiche markieren* benutzen. Klicken Sie dann auf einen Bereich im Bild, der später angezeigt bleiben soll. Der Bereich wird mit einem Kreissymbol mit einem Pluszeichen versehen.

» Haben Sie sich bei der Wahl eines Bildbereichs geirrt, können Sie die Markierung wieder rückgängig machen, in den Sie zuerst auf *Markierung löschen* und dann auf das entsprechende Kreissymbol klicken.

» Durch Anwenden dieser Werkzeuge können die Bereiche festlegen, die beibehalten werden sollen. Wenn Sie das Endergebnis kontrollieren wollen, klicken Sie auf *Änderungen beibehalten*. Das Ergebnis wird im Dokument angezeigt.

»  Sie können aber auch alle durchgeführten Markierungen wieder rückgängig machen, indem Sie auf *Alle Änderungen verwerfen* klicken.

Einstellungen zurücksetzen

Wenn Sie nach einer Änderung in Farbe, Kontrast oder Helligkeit oder aber auch nach dem Zuweisen einer Formatvorlage wieder zum Ausgangszustand nach dem Einfügen zurückkehren wollen, klicken Sie auf *Bild zurücksetzen* in der Gruppe *Anpassen*.

Bild austauschen

Wenn Sie ein eingefügtes Bild gegen ein anderes austauschen wollen, markieren Sie es und wählen *Bild ändern* in der Gruppe *Anpassen*. Wie beim ursprünglichen Einfügen wird das Dialogfeld *Grafik einfügen* angezeigt, über das Sie ein anderes Bild wählen können. Die bereits vorgenommenen Einstellungen für die Bildformatvorlagen werden übrigens für das neu gewählte Bild übernommen.

Bild komprimieren

Besonders bei sehr großen Bilddateien und/oder beim Erstellen von Webseiten sollten Sie sich überlegen, ob Sie den Umfang der Datei nicht reduzieren sollten. Damit können Sie Speicherplatz auf der Festplatte sparen und die zum Download erforderliche Zeit verringern. Klicken Sie dazu auf die Schaltfläche *Bilder komprimieren* in der Gruppe *Anpassen*. Wenn Sie eine bestimmte Einstellung für die Kompressionsrate wünschen, können Sie diese im unteren Bereich unter *Zielausgabe* des Dialogfelds *Komprimierungsoptionen* einstellen. Die weiteren Komprimierungsoptionen erlauben es, dass die Aktion beim Speichern automatisch ausgeführt wird oder dass abgeschnittene Teile eines Bilds gelöscht werden (➔ Abbildung 17.24).

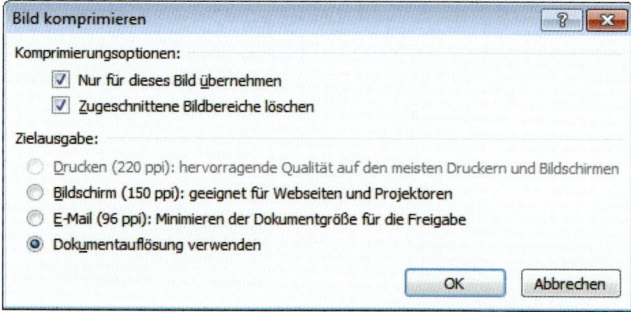

Abbildung 17.24 Wenn Sie Bilder komprimieren, benötigen Sie weniger Speicherplatz.

17.3.3 Formatvorlagen für Bilder

Für weitere Formatierungsaufgaben benutzen Sie die Befehle der Gruppe *Bildformatvorlagen* auf der Registerkarte *Bildtools/Format*. Sie können damit einen Rahmen um das Bild setzen und diesen auf unterschiedliche Weise gestalten.

Rahmen

Über den Katalog in der Gruppe *Rahmen* haben Sie Zugriff auf unterschiedliche Formen von Rahmen (→ Abbildung 17.25 links). Beachten Sie, dass Sie darüber zunächst nur die Form des Rahmens wählen.

» **Grafikrahmen ▾** Die Farbe des Rahmens können Sie über die Liste zur Schaltfläche *Grafikrahmen* einstellen.

» **Bildeffekte ▾** Weitere, aber wiederum nur den Rahmen betreffende Effekte können Sie über die Liste zu *Bildeffekte* wählen (→ Abbildung 17.25 rechts).

Bildform

Bildlayout ▾ Statt einen Rahmen um ein Bild zu setzen, können Sie es auch in eine Autoform zwängen. Dazu markieren Sie das Bild, klicken auf die Schaltfläche *Bildlayout* und wählen die gewünschte Form aus (→ Abbildung 17.26).

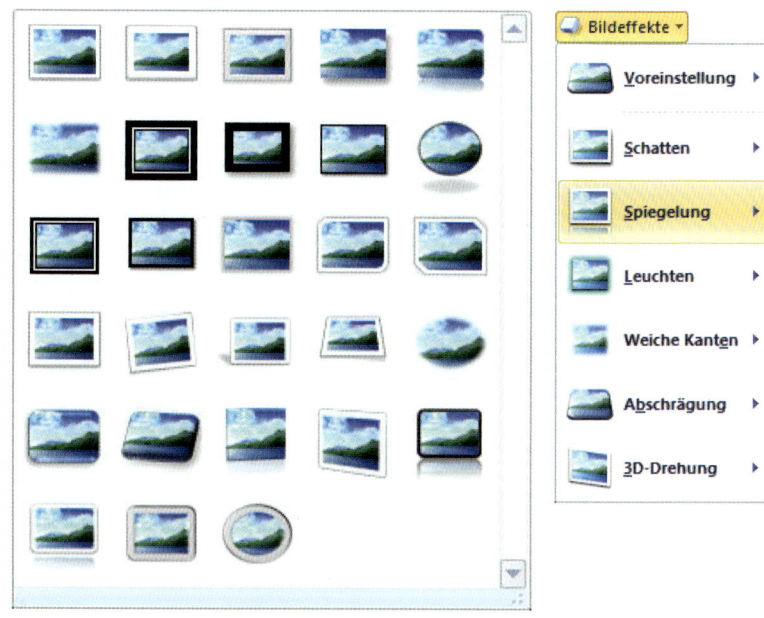

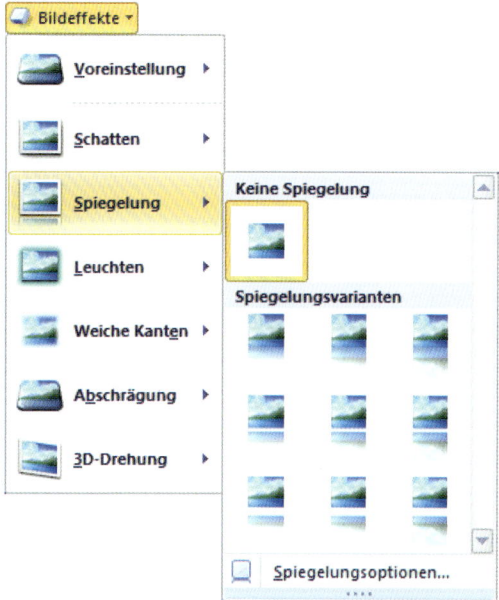

Abbildung 17.25
Rahmen für ein Bild und Bildeffekte

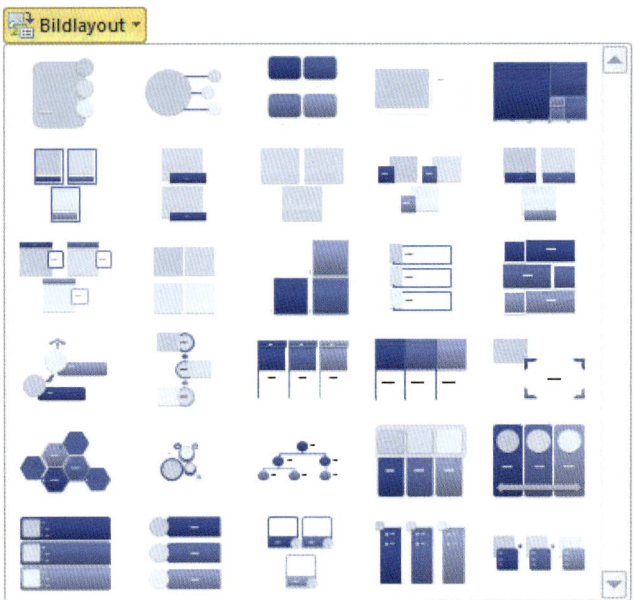

Abbildung 17.26 Sie können ein Bild in eine Form zwingen.

17.3.4 Zuschneiden

Sie können eine Grafik direkt mithilfe der Maus zuschneiden. Dazu können Sie Randbereiche des Bilds abschneiden oder auch zusätzliche Funktionen benutzen.

Ränder abschneiden

Klicken Sie dazu zunächst in der Gruppe *Größe* auf die Schaltfläche *Zuschneiden*. Die Ecken und die Seitenränder des vorher markierten Bilds werden dann mit Beschnittkanten versehen (→ Abbildung 17.27). Zeigen Sie mit dem Mauszeiger auf eine dieser Kanten, halten Sie die Maustaste gedrückt und verschieben Sie die Kante. Zum Zuschneiden einer bestimmten Seite verwenden Sie die Kante an der betreffenden Seite. Mit der Kante in einer Ecke können Sie zwei benachbarte Seiten gleichzeitig zuschneiden.

Weitere Werkzeuge zum Zuschneiden

Der Befehl *Zuschneiden* hält aber noch weitere Werkzeuge bereit, auf die Sie zugreifen können, wenn Sie nach dem Markieren des Bilds die Liste der Befehle zur Schaltfläche öffnen (→ Abbildung 17.28):

» Über den Befehl *Seitenverhältnis* lassen Sie einen Beschnittrahmen mit einem bestimmten Verhältnis von Seite zu Höhe einblenden. Sie können diesen Rahmen auf der Grafik verschieben und so den gewünschten Ausschnitt festlegen.

» Mit *Auf Form zuschneiden* können Sie eine Form wählen, in die das Bild dann eingepasst wird.

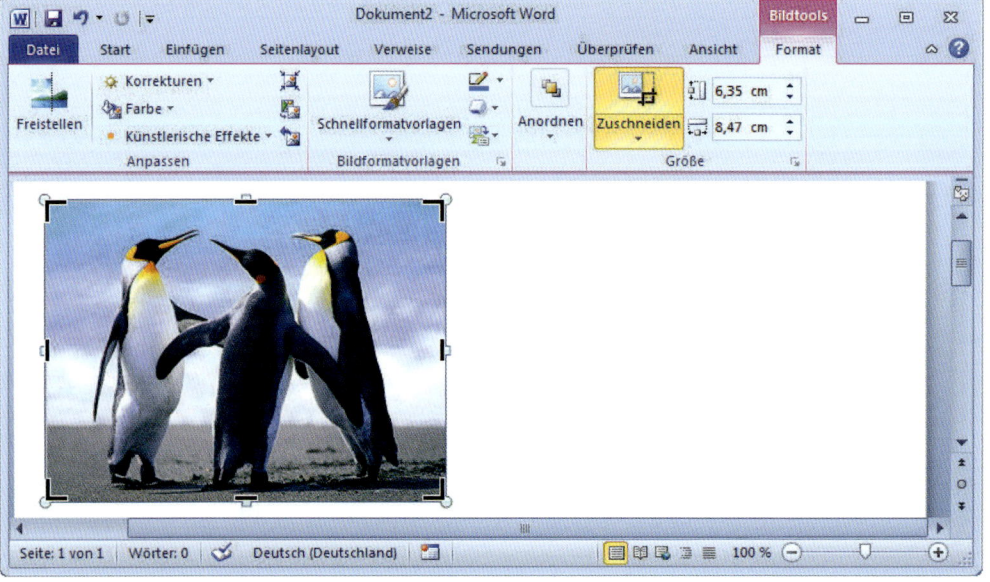

Abbildung 17.27
Grafiken können zugeschnitten werden.

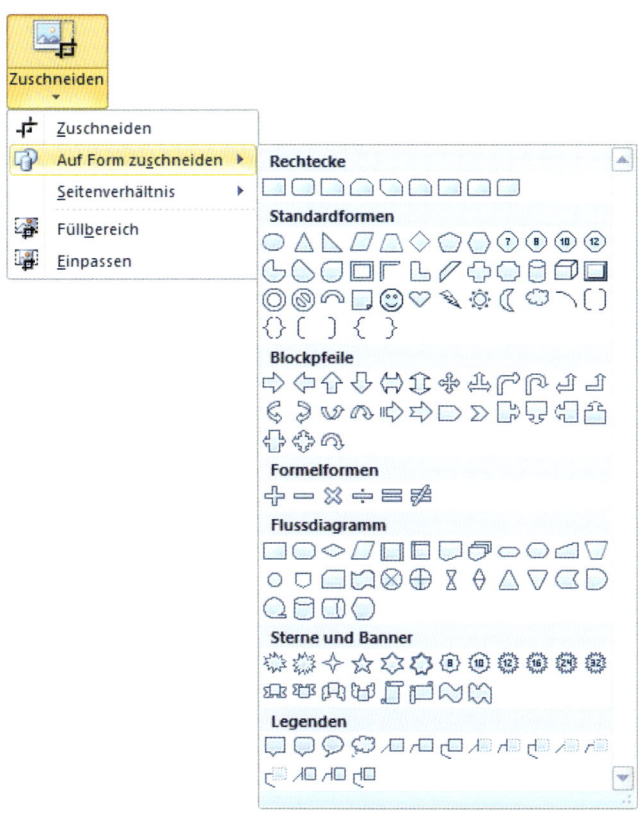

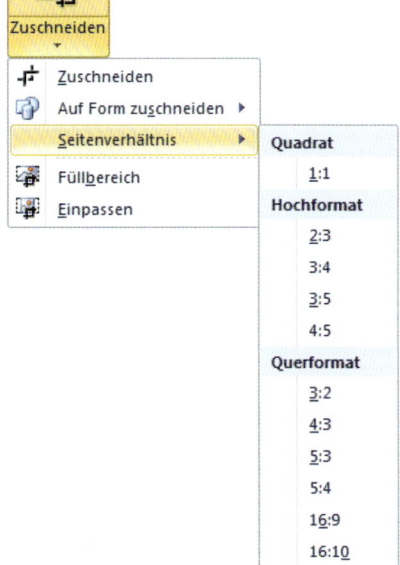

Abbildung 17.28 Die weiteren Werkzeuge zum Zuschneiden

17.4 SmartArt-Tools

Nach dem Einfügen einer SmartArt stehen Ihnen zwei kontextbezogene Registerkarten für die weitere Bearbeitung und Formatierung zur Verfügung: *SmartArt-Tools/Entwurf* und *SmartArt-Tools/Format*. Klicken Sie außerhalb der SmartArt-Grafik, wenn Sie den Bearbeitungsvorgang beendet haben.

17.4.1 Entwurf

Über *SmartArt-Tools/Entwurf* können Sie am bereits eingefügten Objekt weitere Änderungen und Verfeinerungen durchführen (→ Abbildung 17.29).

Elemente hinzufügen

Um der SmartArt weitere Elemente hinzuzufügen, benutzen Sie die Befehle in der Gruppe *Grafik erstellen* der Leiste *SmartArt-Tools/Entwurf*.

» *Form hinzufügen* erlaubt es, der Grafik ein zusätzliches Element hinzuzufügen. Besteht eine SmartArt-Grafik beispielsweise aus mehreren Rechtecken, können Sie darüber ein zusätzliches Rechteck einfügen. In der Liste zur Schaltfläche finden Sie meist Befehle wie *Form danach hinzufügen* oder *Form davor hinzufügen*. Markieren Sie also immer zuerst das Element in der Grafik, auf das sich der Befehl beziehen soll.

» Die Option *Von rechts nach links* bezieht sich auf Formen, deren Elemente eine Flussrichtung andeuten – beispielsweise Formen, die Pfeilsymbole oder Ähnliches beinhalten. Mit dieser Schaltfläche können Sie wählen, ob diese Elemente von links nach rechts oder in die umgekehrte Richtung zeigen sollen.

» Einige der SmartArt-Elemente unterstützen die Möglichkeit, eine Liste von Aufzählungszeichen zuzulassen. In diesem Fall können Sie nach dem Markieren eines Elements auf die Schaltfläche *Aufzählungszeichen hinzufügen* klicken. Das wird dann zunächst als Punkt unter dem bereits vorhandenen Text eingefügt.

» Wenn Sie mit solchen Aufzählungszeichen arbeiten wollen, sollten Sie die beiden Schaltflächen *Höher stufen* und *Tiefer stufen* kennen. Hatten Sie die Ebene eines Aufzählungszeichens markiert, können Sie damit hierarchische Strukturen aufbauen.

Abbildung 17.29
Die Registerkarte
*SmartArt-Tools/
Entwurf*

Textbereich Oft ist es aber einfacher, in solchen Fällen über den *Textbereich* zu arbeiten. Ein Klick auf die gleichnamige Schaltfläche zeigt diesen an (→ Abbildung 17.30). Dieser Textbereich funktioniert wie eine Gliederung oder Aufzählung, in der die Informationen direkt der SmartArt-Grafik zugeordnet werden. In jeder SmartArt-Grafik wird eine eigene Zuordnung zwischen den Aufzählungszeichen im Textbereich und in den Formen in der Grafik definiert. Unten im Textbereich können zusätzliche Informationen zur SmartArt-Grafik angezeigt werden.

» Oben im Textbereich können Sie den Text bearbeiten, der in Ihrer SmartArt-Grafik angezeigt wird. Die Verwendung der Taste ⏎ erstellt eine neue Zeile derselben Ebene. Abhängig vom ausgewählten Layout werden alle Aufzählungszeichen im Textbereich

in der SmartArt-Grafik durch eine neue Form oder durch ein Aufzählungszeichen in einer Form dargestellt.

» Benutzen Sie die Schaltflächen *Höher stufen* und *Tiefer stufen*, um die Ebene zu wechseln. Sie können auch für einen Einzug die Taste ⇥ oder für einen negativen Einzug ⇧ + ⇥ im Textbereich drücken.

» In SmartArt-Grafiken, die eine festgelegte Anzahl an Formen enthalten, wird nur ein Teil des Texts im Textbereich in Ihrer SmartArt-Grafik anzeigt. Text, Bilder oder sonstiger nicht angezeigter Inhalt werden im Textbereich mit einem roten *X* angegeben. Nicht angezeigter Inhalt steht nach wie vor zur Verfügung, wenn Sie zu einem anderen Layout wechseln. Behalten Sie jedoch dasselbe Layout bei und schließen Sie es, werden die Informationen nicht gespeichert.

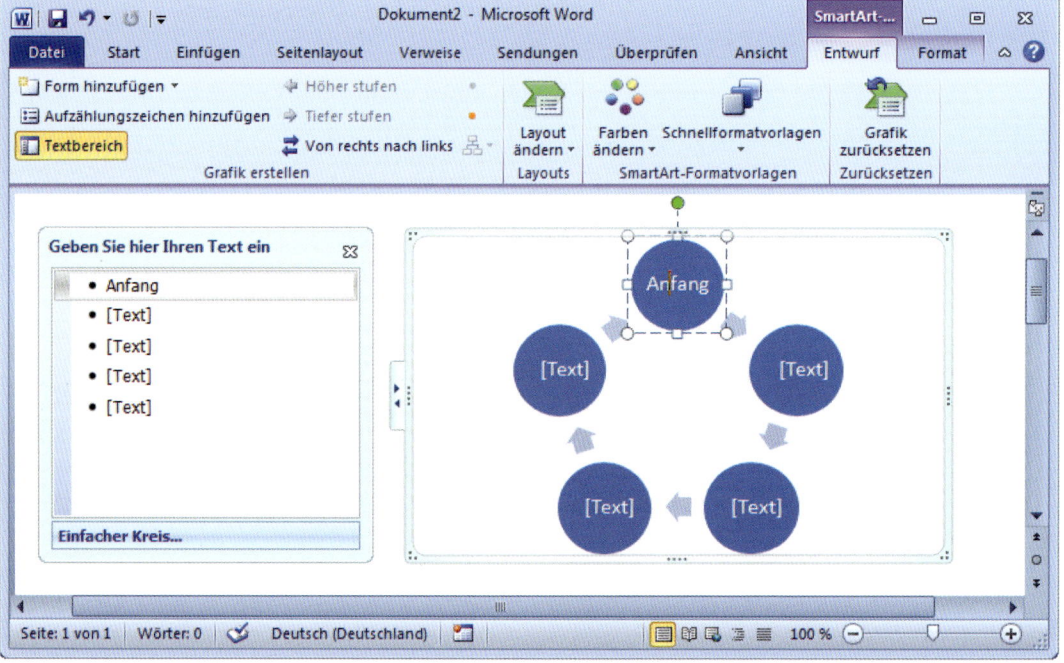

Abbildung 17.30
Der Textbereich
erlaubt die Eingabe
von Texten außer-
halb der Grafik.

» Zwar können Zeichenformatierungen wie *Schriftart*, *Schriftgrad*, *fett*, *kursiv* und *unterstrichen* im Textbereich auf Text angewendet werden, die Zeichenformatierung wird im Textbereich aber nicht angezeigt. Die Formatierungsänderungen werden jedoch in der SmartArt-Grafik wiedergegeben.

Layout wechseln

Benutzen Sie den Katalog in der Gruppe *Layout*, um ein anderes Layout für die Grafik zu wählen (→ Abbildung 17.31). Das funktioniert auch, nachdem Sie bereits Textelemente hinzugefügt haben. Beachten Sie aber, dass immer nur zwischen Layouts einer Kategorie – wie Liste, Prozess, Zyklus usw. – gewechselt werden sollte. Bei einem Wechsel zu einer anderen Kategorie kann es zu Verlusten kommen. Sie können es trotzdem versuchen, indem Sie unten im Katalog auf den Befehl *Weitere Layouts* klicken und dann eine andere Kategorie wählen.

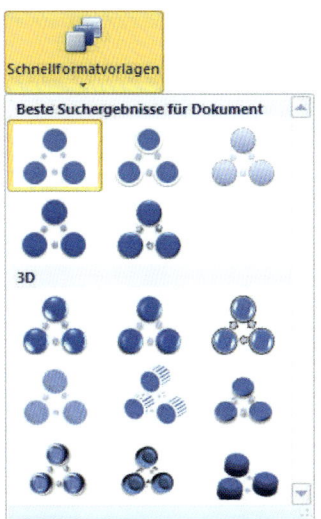

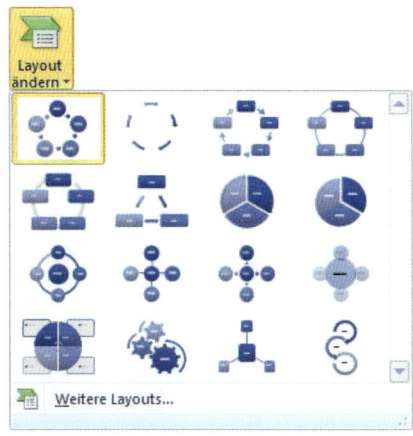

Abbildung 17.31 Das Layout wechseln

Formatvorlagen

Auf der Registerkarte *SmartArt-Tools/Entwurf* befinden sich zwei Kataloge, mit deren Hilfe Sie das Erscheinungsbild Ihrer SmartArt-Grafik rasch ändern können: *Schnellformatvorlagen* und *Farben ändern* (→ Abbildung 17.32). Wenn Sie den Mauszeiger auf eine Miniaturansicht in einem dieser Kataloge setzen, können Sie sehen, wie sich eine SmartArt-Formatvorlage oder Farbvariation auf Ihre SmartArt-Grafik auswirkt, ohne diese tatsächlich anzuwenden.

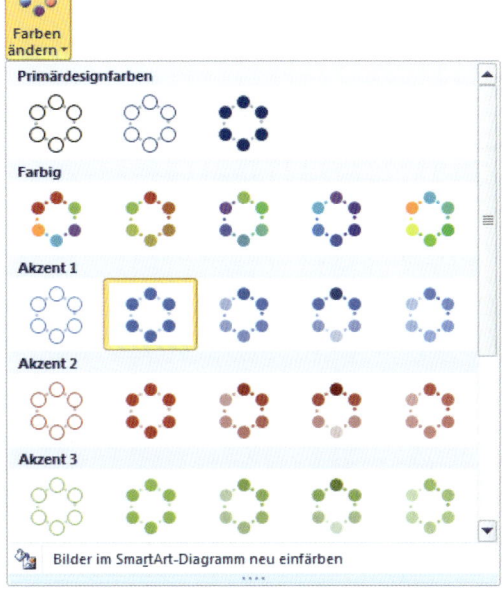

Abbildung 17.32 Formatvorlagen und Farben für eine SmartArt

» Über den Katalog in der Gruppe *Schnellformatvorlagen* können Sie zwischen unterschiedlichen Vorlagen wählen (→ Abbildung 17.32 oben). Diese Formatvorlagen umfassen Fülleffekte, Kanten, Schatten, Linienarten, Farbverläufe und dreidimensionale Perspektiven und werden auf die gesamte SmartArt-Grafik angewendet.

Abbildung 17.33
Die Registerkarte
SmartArt/Format
benutzen Sie zum
Formatieren.

» Außerdem haben Sie über die Liste zu *Farben ändern* die Möglichkeit, verschiedene Designfarben und Akzentsetzungen einzusetzen (→ Abbildung 17.32 unten). Beispielsweise können Sie zum Hervorheben von unterschiedlichen Schritten in einer SmartArt-Grafik des Typs *Prozess* eine beliebige Kombination unter *Farbig* verwenden. Wenn Sie den Grafiktyp *Zyklus* haben, können Sie eine beliebige Option aus den Optionen unter *Farbverlaufbereich/Akzent n-Farben* verwenden, um die Kreisbewegung hervorzuheben. Diese Farben verlaufen entlang eines Farbverlaufs bis zur mittleren Form und kehren dann zur ersten Form zurück.

TIPP Bei der Auswahl von Farben sollten Sie auch bedenken, ob das Publikum Ihre SmartArt-Grafik ausdrucken oder online anzeigen soll. Die Primärdesignfarben sind übrigens auch auf den Schwarzweißdruck ausgerichtet.

Zurücksetzen

Durch einen Klick auf *Grafik zurücksetzen* in der Gruppe *Zurücksetzen* der Registerkarte *SmartArt-Tools/Entwurf* kehren Sie zum Ausgangszustand nach dem Einfügen der SmartArt-Grafik zurück.

17.4.2 Formatieren

Über die Registerkarte *SmartArt-Tools/Format* können Sie die Linienstärke und -art ändern sowie Füllbereiche, Strukturen und Hintergründe hinzufügen (→ Abbildung 17.33). Die Optionen unterscheiden sich teilweise je nach dem eingefügten Objekt.

Formen verändern

Die Gruppe *Formen* auf dieser Registerkarte erlaubt ein Ändern einzelner Elemente einer SmartArt-Grafik. Markieren Sie dieses Element zuerst.

» *In 2D bearbeiten* ist nur wählbar, wenn Sie vorher über die Gruppe *Schnellformatvorlagen* der Registerkarte *SmartArt-Tools/Entwurf* eine dreidimensionale Darstellungsweise gewählt hatten. Da das Bearbeiten der Grafik – beispielsweise die Eingabe von neuem Text – in einer 3D-Form etwas schwierig ist, können Sie mit diesem Befehl kurzfristig zur zweidimensionalen Darstellung umschalten. Nach der Bearbeitung können Sie durch einen nochmaligen Klick auf diese Schaltfläche zur 3D-Darstellung zurückkehren.

» Über die Liste zu *Form ändern* können Sie einem vorher markierten Element einer SmartArt-Grafik die Optik einer der schon angesprochenen AutoFormen geben.

» Mit den beiden Schaltflächen *Größer* und *Kleiner* können Sie ein vorher markiertes Element einer SmartArt-Grafik schrittweise vergrößern oder verkleinern. Die Größe der anderen Elemente wird davon nicht beeinflusst.

Formatvorlagen

Zwei Kataloge von Formatvorlagen stehen Ihnen in den Gruppen *Formenarten* und *WordArt-Formate* zur Verfügung (→ Abbildung 17.34). Markieren Sie vor der Anwendung immer zuerst das Element der Grafik, das Sie formatieren wollen.

 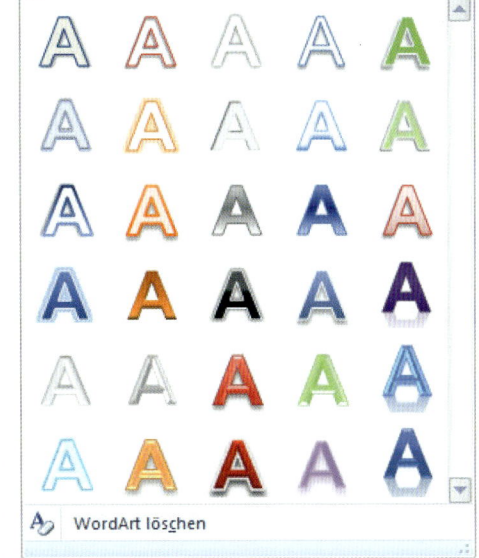

Abbildung 17.34 *Formenarten* und *WordArt-Formate*

» Mit *Formenarten* können Sie einzelne Elemente durch unterschiedliche Farbgebung für Flächen und Ränder verschieden akzentuieren (→ Abbildung 17.34 links). Der Katalog zeigt immer nur abgerundete Rechtecke an, unabhängig von der bereits eingestellten Form, die damit auch nicht geändert wird.

» Über *WordArt-Formate* können Sie Text in einer WordArt-ähnlichen Form darstellen lassen (→ Abbildung 17.34 rechts). Die Optionen im oberen Bereich gelten für einen vorher markierten Textbereich, die im unteren für das vorher markierte Element.

TIPP Es gibt auch noch das früher unter Microsoft Organigramm 2.0 bekannte Werkzeug. Dieses trägt jetzt den Namen *Organigramm-Add-In für Microsoft Office-Programme*. Es wird nicht automatisch bei der Installation von Office 2010 installiert. Seit der ersten Version wurde das Programm kaum verändert. Es ist auch nicht geplant, die Funktionalität wesentlich zu erweitern. Hinweise dazu finden Sie im Kapitel über die weiteren in Word verfügbaren Funktionen und Tools (→ Kapitel 19).

Kapitel 18

Formulare

Unter einem Formular versteht man in der Regel ein Blatt Papier beziehungsweise einen Bildschirm mit vorgegebenem Text und Leerfeldern für variable Einträge und/oder ausformulierte Antwortalternativen, die angekreuzt werden können. In jedem Fall handelt es sich bei einem Formular um ein strukturiertes Dokument zum Sammeln von Daten und Informationen. Mit Microsoft Word lassen sich folgende Arten von Formularen erstellen:

» Zum Ausdruck bestimmte *Formulare* können Sie wie ein normales Dokument auf dem Bildschirm gestalten (→ Abschnitt 18.1). Die wenigen zusätzlichen Elemente können Sie leicht über Tabulatoren, Tabellen und aus dem Zeichenvorrat zum Befehl *Symbol* einfügen.

» Bildschirmformulare können von einem Benutzer in Microsoft Word betrachtet und ausgefüllt werden (→ Abschnitt 18.2). Ein solches Formular kann mittels E-Mail oder eines freigegebenen Netzwerkordners verteilt und gesammelt werden. Sie können darin Textfelder, Kontrollkästchen und Drop-down-Listenfelder verwenden und die Benutzereingaben auch automatisch prüfen lassen. Des Weiteren kann durch die Anzeige einer Hilfe das Ausfüllen des Formulars erleichtert werden. Solche zur Verwendung auf dem Bildschirm vorgesehenen Formulare können natürlich auch ausgedruckt und dann ausgefüllt werden.

Zum Erstellen eines Formulars benutzen Sie ein normales Word-Dokument, in das Sie den die Formularfelder begleitenden Text eingeben und diesen formatieren können. Viele Formulare, beispielsweise Verträge, bestehen fast ausschließlich aus Text und der Benutzer kann über die im Dokument eingefügten Formularfelder spezielle Informationen eingeben. Bei auf einem Gitternetz basierenden Formularen können verschiedene Funktionen kombiniert werden. Verwenden Sie Tabellen zum Ausrichten von Text, Rahmen zum Definieren auszufüllender Textbereiche und Schattierungen zum Hervorheben von Überschriften oder anderen Elementen. Damit wirken Formulare ansprechender und vereinfachen deren Verwendung.

CD-ROM Einige der Beispiele für Formulare aus diesem Kapitel finden Sie in den Dateien im Ordner *18* auf der Begleit-CD.

TIPP Beim Erstellen von Formularen können Sie auch auf Musterformulare beispielsweise auf *Office.com* zurückgreifen. Klicken Sie zum Auswählen und Downloaden solcher Musterformulare im Bereich *Neu* der Registerkarte *Datei* auf *Office.com-Vorlagen*.

18.1 Gedruckte Formulare

Wenn Sie das Formular später nur in gedruckter Form verwenden wollen, können Sie es wie ein normales Dokument ohne viele weitere Hilfsmittel aufbauen. Die wenigen zusätzlichen Elemente können Sie über Tabulatoren und aus dem Zeichenvorrat zum Befehl *Symbol* einfügen.

18.1.1 Tabulatoren einsetzen

Wenn zum Ausfüllen Texteingaben verlangt werden, ist es sinnvoll, dem Benutzer Hilfslinien für seine Angaben zur Verfügung zu stellen. Dafür verwenden Sie am einfachsten einen Tabulator mit Füllzeichen (→ Abbildung 18.1 und Kapitel 8).

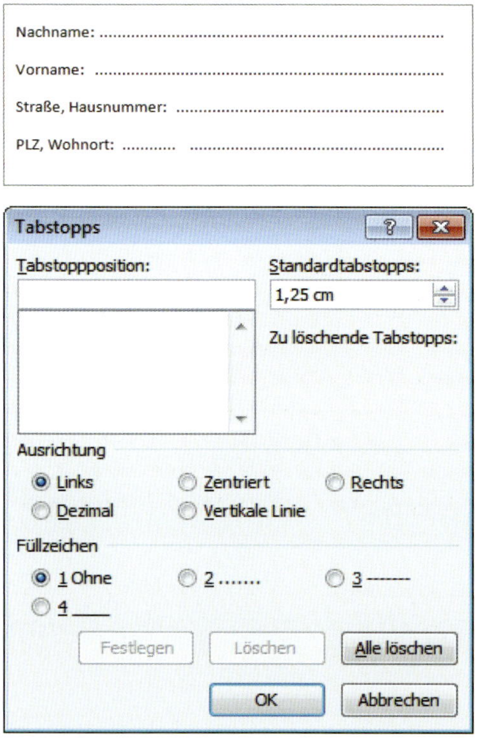

Abbildung 18.1 Der Einsatz von Tabulatoren erleichtert die Darstellung.

18.1.2 Kästchen

Kästchen, die die ausfüllende Person mit einem Häkchen oder einem Kreuz versehen soll, können Sie aus dem Zeichenvorrat des Befehls *Symbol* in der Gruppe *Symbole* der Registerkarte *Einfügen* entnehmen (→ Abbildung 18.2). Geeignete Symbole finden Sie darin beispielsweise unter der Schriftart *Wingdings*. Dort gibt es auch weitere Symbole, die Sie hier sinnvoll einsetzen können – beispielsweise ☎.

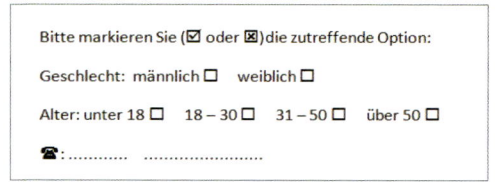

Abbildung 18.2 Sie können Optionskästchen und Symbole benutzen.

18.1.3 Für Klarschriftleser

Wenn die ausgefüllten Formulare später mit einem Klarschriftleser gelesen werden sollen, sollten Sie ein Raster für die Buchstaben bzw. Zahlen vorgeben. Das bewirken Sie am einfachsten durch mehrere einzeilige Tabellen (→ Abbildung 18.3).

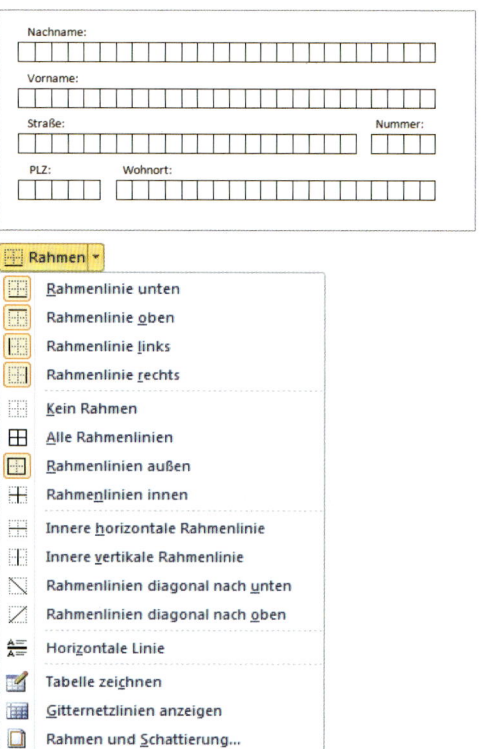

Abbildung 18.3 Ein Tabellenraster definiert den Raum für Eintragungen.

» Ein einigermaßen quadratisches Raster erreichen Sie, indem Sie nach dem Einfügen die Tabellenzeile markieren und unter den *Eigenschaften* auf der Registerkarte *Zelle* das Kontrollkästchen *Bevorzugte Breite* deaktivieren.

» Wenn Sie mehrere Tabellenzeilen in einer Zeile des Dokuments anzeigen lassen wollen – beispielsweise für *PLZ* und *Wohnort* – fügen Sie zunächst eine Tabellenzeile ein, die genügend Zellen für beide Angaben enthält. Markieren Sie dann die Zelle zwischen den beiden Angaben und schalten Sie die Anzeige für *Rahmenlinie oben* und *Rahmenlinie unten* ab.

18.2 Bildschirmformulare

Bildschirmformulare können von einem Benutzer in Microsoft Word betrachtet und ausgefüllt werden. Auf diesen Formularen können Sie verschiedene Arten von Formularfeldern verwenden, beispielsweise Textfelder, Kontrollkästchen und Drop-down-Listenfelder. Diese fügen zunächst Platzhalter für sich ändernde Daten im Dokument ein und enthalten nach dem Ausfüllen die eigentlichen Daten.

TIPP Generell sollten Sie beachten, dass Sie das von Ihnen erstellte Formular als Dokumentvorlage speichern, damit das Original beim Ausfüllen nicht überschrieben werden kann. Jedes ausgefüllte Formular kann anschließend als Word-Dokument abgelegt werden.

Word 2010 stellt einen großen – vielleicht zu großen – Vorrat an solchen Feldfunktionen bereit. Diese erfüllen zum Teil auch dieselben Aufgaben.

» Einerseits finden Sie darunter die seit Word 2007 vorhandenen Inhaltssteuerelemente, die einfach zu bedienen sind, aber nicht die Funktionsvielfalt der anderen verfügbaren Steuerelemente aufweisen. Diese Inhaltssteuerelemente sind neu seit Word 2007 und damit nicht abwärtskompatibel. Alte Word-Versionen konvertieren die Elemente in ein-

fachen Text. Deshalb sollte man unbedingt darauf achten, in welcher Umgebung das Formular benutzt werden soll.

» Als zweite Gruppe finden Sie die auch schon in Word 2003 vorhandenen und oft als *Legacytools* bezeichneten Elemente.

» Schließlich stehen Ihnen dafür auch die klassischen *ActiveX*-Steuerelemente zur Verfügung, denen Sie zwar eine zusätzliche Funktionalität zuweisen können, wofür Sie aber über Kenntnisse in VBA verfügen sollten. Diese Steuerelemente sind aber in den meisten Browsern nicht funktionsfähig. Deshalb sollten sie nicht für Webformulare verwendet werden, sondern nur für Formulare, die in Word ausgefüllt werden.

18.2.1 Vorbereitungen

Einige vorbereitende Schritte sind notwendig bzw. sinnvoll: Sie müssen dafür sorgen, dass die Registerkarte *Entwicklertools* im Menüband angezeigt wird, und außerdem sollten Sie zunächst ein Tabellenraster aufbauen.

Word einrichten

Bevor Sie ein Formular erstellen, müssen Sie Word dafür einrichten: Öffnen Sie die Registerkarte *Datei* und klicken Sie anschließend auf *Optionen*. Wählen Sie den Bereich *Menüband anpassen* und aktivieren Sie rechts das Kontrollkästchen vor *Entwicklertools*. Bestätigen Sie durch einen Klick auf *OK*. Damit sorgen Sie dafür, dass die zusätzliche Registerkarte *Entwicklertools* in der Multifunktionsleiste angezeigt wird (→ Abbildung 18.4). Wichtig für die Formularerstellung ist darin die Gruppe *Steuerelemente*.

Abbildung 18.4
Die Registerkarte
Entwicklertools

Anmeldeformular

Anrede:	Wählen Sie die Anrede aus.
Vorname:	Klicken Sie hier, um den Vornamen einzugeben.
Nachname:	Klicken Sie hier, um den Nachnamen einzugeben.
Straße und Hausnummer:	Klicken Sie hier, um Straße und Hausnummer einzugeben.
Postleitzahl:	Klicken Sie hier, um Straße und Hausnummer einzugeben.
Ort:	Klicken Sie hier, um Straße und Hausnummer einzugeben.
Geburtsdatum:	Klicken Sie hier, um das Geburtsdatum einzugeben.

Abbildung 18.5
Ein Formular mit mehreren Steuerelementen

Erstellen oder öffnen Sie dann das Dokument, das Sie als Formular verwenden wollen. Auf die weiteren Gruppen dieser Registerkarte werden wir noch zu sprechen kommen (→ Kapitel 20).

TIPP Wenn Inhaltssteuerelemente nicht verfügbar sind, ist möglicherweise ein Dokument geöffnet, das mit einer früheren Version von Word erstellt wurde. Um Inhaltssteuerelemente zu verwenden, müssen Sie das Dokument in das Dateiformat von Word 2010 konvertieren.

Tabellen als Raster

Es ist zwar nicht unbedingt notwendig, aber meist sinnvoll: Da die Elemente, die Sie zum Aufbau eines Formulars verwenden, auf der Seite nicht frei verschoben werden können, empfiehlt es sich, zunächst eine Tabelle anzulegen, in deren Zellen diese Elemente angesiedelt werden können. Und um diese Tabelle später nicht ständig ändern zu müssen, sollten Sie das geplante Formular zunächst skizzieren. Das geht am besten handschriftlich.

Markieren Sie die Tabelle nach dem Erstellen und schalten Sie für alle Zellen alle Rahmenlinien ab. Das erledigen Sie am besten über die Registerkarte *Tabellentools/ Entwurf*, indem Sie in der Gruppe *Tabellenformatvorlagen* im Drop-down-Menü zur Schaltfläche *Rahmen* den Befehl *Kein Rahmen* wählen. Damit Sie aber später wissen, in welcher Zelle Sie gerade arbeiten, können Sie danach über die Schaltfläche *Rasterlinien anzeigen* in der Gruppe *Tabelle* der Registerkarte *Tabellentools/Layout* einen gestrichelten Rahmen um die Zellen anzeigen lassen. Beim späteren Ausdruck werden diese Rasterlinien nicht mit ausgegeben.

18.2.2 Inhaltssteuerelemente

Wir wollen uns nun etwas genauer mit den Inhaltssteuerelementen und deren Eigenschaften beschäftigen (→ Abbildung 18.5). Zunächst liefern wir Ihnen Hinweise zum allgemeinen Vorgehen, dann gehen wir auf die Steuerelemente im Detail ein.

Einfügen

Zum Einfügen eines Inhaltssteuerelements positionieren Sie zunächst die Einfügemarke an der gewünschten Stelle im Dokument – also beispielsweise hinter dem Text einer Feldbeschreibung oder in einer Zelle einer Tabelle. Wählen Sie dann den Typ des Felds über die Gruppe *Steuerelemente* auf der Registerkarte *Entwicklertools* (→ Tabelle 18.1).

Symbol	Beschreibung
Aa	*Rich-Text:* fügt ein Formularfeld ein, in das Sie Zeichen (Text oder Zahlen) eingeben können. Sie können danach Zeichenformate auf verschiedene Abschnitte anwenden.
Aa	*Nur-Text:* fügt ebenfalls ein Formularfeld für Text ein. Hier ist aber nur eine Zeichenformatierung für den gesamten Eintrag möglich.
	Bild-Inhaltssteuerelement: erstellt ein Feld, in dem Sie eine Grafikdatei einfügen können.
	Kombinationsfeld: fügt eine Kombination aus einem Listenfeld und einem Textfeld ein. Benutzer können Einträge eingeben oder aus einer Liste auswählen. Kombinationsfelder enthalten Bildlaufleisten.

	Dropdown-Listenfeld: fügt ein Feld ein, in dem verfügbare Auswahlmöglichkeiten in Form einer aufklappbaren Liste angezeigt werden.
	Datumsauswahl: ermöglicht die Auswahl eines Datums aus einem Kalendersteuerelement.
	Bausteinkatalog: erlaubt ähnliche Auswahlmöglichkeiten wie ein *Kombinationsfeld* oder eine *Dropdown-Liste*, allerdings werden hierüber gleich ganze Schnellbausteine zur Verfügung gestellt.
	Vorversionstools: liefert weitere Steuerelemente (→ unten).

Tabelle 18.1 Die Standard-Steuerelemente

Nach dem Einfügen erscheint das Steuerelement an der vorher markierten Stelle (→ Abbildung 18.5). Wenn Sie darin auf den kleinen Anfasser in der linken oberen Ecke klicken, wird das Feld insgesamt markiert. Dann können Sie beispielsweise das Feld über die Taste `Entf` löschen. Ein freies Verschieben im Dokument ist aber nicht möglich. Sorgen Sie also vor dem Einfügen für eine geeignete Positionierung – beispielsweise über eine Tabelle.

Hinzufügen von Hinweistext

Alle Steuerelemente verfügen über einen Hinweistext – beispielsweise *Klicken Sie hier, um Text einzugeben* oder *Wählen Sie ein Element aus*. Dieser Aufforderungstext wird später beim Ausfüllen des Formulars durch die eigentlichen Inhalte ersetzt. Gelegentlich ist es hilfreich, statt dieses Platzhalterhinweises einen mehr spezifischen Text anzeigen zu lassen (→ Abbildung 18.6).

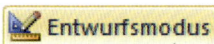 Dazu klicken Sie auf das Steuerelement und dann auf der Registerkarte *Entwicklertools* in der Gruppe *Steuerelemente* auf *Entwurfsmodus*. Links und rechts des Eingabetextes sieht man dann Häkchen. Der Patzhaltertext kann in diesem Modus bearbeitet und auch formatiert werden (→ Abbildung 18.7). Man muss nur den alten Text überschreiben. Schalten Sie nach Abschluss dieser Arbeit den *Entwurfsmodus* wieder ab.

TIPP Um ein Steuerelement einfügen zu können, ist es egal, ob man dieses im Entwurfsmodus oder im normalen Betrieb erledigt. Anders als bei den ActiveX-Steuerelementen schaltet sich der Entwurfsmodus dann auch nicht automatisch an.

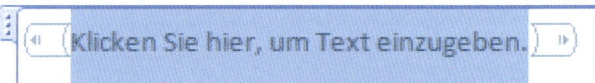

Abbildung 18.7 Normalmodus und Entwurfsmodus

Anmeldeformular

Anrede:	‹Anrede› Wählen Sie die Anrede aus. ‹Anrede›	‹Foto›
Vorname:	‹Vorname› Klicken Sie hier, um den Vornamen einzugeben. ‹Vorname›	
Nachname:	‹Nachname› Klicken Sie hier, um den Nachnamen einzugeben. ‹Nachname›	
Straße und Hausnummer:	‹Straße und Hausnummer› Klicken Sie hier, um Straße und Hausnummer einzugeben. ‹Straße und Hausnummer›	
Postleitzahl:	‹Postleitzahl› Klicken Sie hier, um Straße und Hausnummer einzugeben. ‹Postleitzahl›	‹Foto›
Ort:	‹Ort› Klicken Sie hier, um Straße und Hausnummer einzugeben. ‹Ort›	

Abbildung 18.6
Der Inhaltstext wurde geändert und Titel wurden hinzugefügt.

Eigenschaften zu Steuerelementen

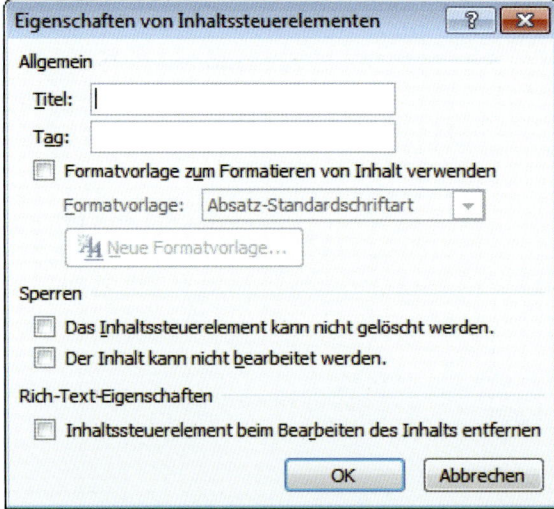 **Eigenschaften** Nachdem Sie ein Steuerelement eingefügt haben, können Sie dafür einige Eigenschaften festlegen. Zur Anzeige der entsprechenden Dialogfelds markieren Sie das Steuerelement und klicken auf *Eigenschaften* (→ Abbildung 18.8).

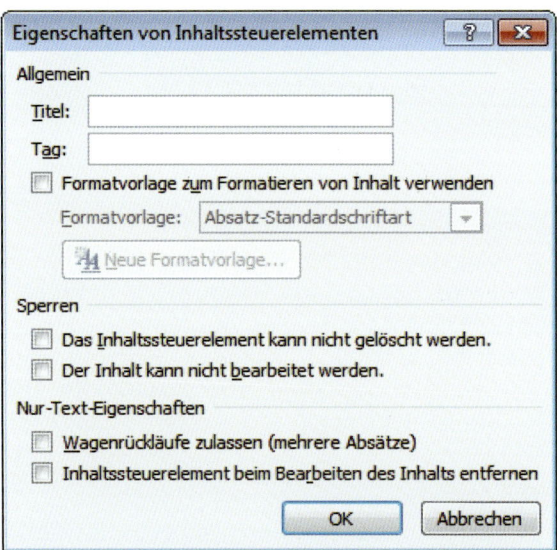

Abbildung 18.8 Optionen zum Typ *Rich-Text* und zum Typ *Text*

Es gibt einige Eigenschaften, die bei allen Typen von Steuerelementen identisch sind. Auf diese wollen wir hier kurz eingehen. Andere Eigenschaften sind spezifisch für bestimmte Inhaltssteuerelemente (→ unten).

» Über das Feld *Titel* können Sie dem Steuerelement einen Namen geben. Der Titel ist im Prinzip der Name des Steuerelements. Er erscheint als zusätzlicher Hinweis, wenn das Element markiert ist (→ Abbildung 18.6). Er ist über VBA abrufbar.

» Standardmäßig wird der in *Titel* eingegebene Name auch für das Feld *Tag* übernommen. Der Tag ist die Information für das XML-Schema. Auch dieser Wert ist über VBA abrufbar

» Wenn Sie das Kontrollkästchen *Formatvorlage zum Formatieren von Inhalt verwenden* aktivieren, können Sie über das Listenfeld *Formatvorlage* eine Vorlage einstellen, mit der der durch den Benutzer eingegebene Eintrag formatiert wird. Wenn das Steuerelement einen ganzen Absatz ausfüllt, ist das nicht relevant, da man dann wie gewohnt Formatvorlagen direkt dem Absatz zuweisen kann. Ist es aber nur Teil eines Absatzes und soll es dort anderes formatiert sein, dann macht das durchaus Sinn. Dieses Format betrifft aber nicht den Hinweistext. Solange man in das Element keinen Text eingegeben hat, sieht man die Auswirkungen der Formatvorlage also nicht. Erst nach der Eingabe des Inhalts ist die Formatierung zu erkennen.

» Aktivieren Sie das Kontrollkästchen *Das Inhaltssteuerelement kann nicht gelöscht werden*, damit der Inhalt des Steuerelements später zwar bearbeitet, das Steuerelement selbst jedoch nicht aus dem Dokument gelöscht werden kann.

» Aktivieren Sie das Kontrollkästchen *Der Inhalt kann nicht bearbeitet werden,* so dass das Steuerelement zwar gelöscht, der Inhalt des Steuerelements jedoch nicht bearbeitet werden kann.

» Wenn Sie möchten, dass der Platzhaltertext ausgeblendet wird, sobald der Benutzer einen eigenen Text eingibt, klicken Sie in der Gruppe *Steuerelemente* auf *Eigenschaften* und aktivieren dann das Kontrollkästchen *Inhaltssteuerelement beim Bearbeiten des Inhalts entfernen*.

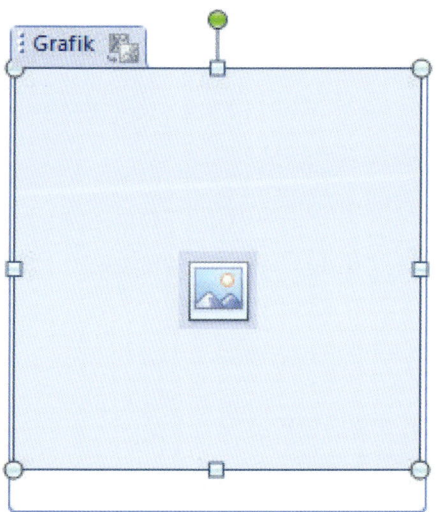

ACHTUNG Die Optionen werden erst dann richtig wirksam, wenn Sie nach Abschluss der Arbeit das Dokument schützen (→ unten). Anderenfalls kann ein Anwender die von Ihnen festgelegten Eigenschaften ändern.

Rich-Text und Nur-Text

Wir wollen uns nun mit den einzelnen Inhaltssteuerelementen auf einer höheren Detailebene beschäftigen: Die Steuerelemente *Rich-Text* und *Text* dienen beispielsweise zur Eingabe von Text.

» In einem Feld vom Typ *Rich-Text* kann der Benutzer mehrere Absätze eingeben. Wenn er das tut, wird das Textfeld automatisch vergrößert. Er kann die einzelnen Zeichen anschließend über die Befehle der Gruppe *Schriftart* auf der Registerkarte *Start* individuell formatieren.

» Bei einem Feld vom Typ *Nur-Text* ist standardmäßig nur ein Absatz möglich. Dieser Typ verfügt aber über die zusätzliche Eigenschaft *Wagenrückläufe zulassen (mehrere Absätze)*. Wenn Sie dieses Kontrollkästchen einschalten, kann der Benutzer auch mehrere Absätze eingeben. Das Textfeld wird dann automatisch vergrößert. Eine Formatierung über die Befehle der Gruppe *Schriftart* auf der Registerkarte *Start* ist nur für den gesamten Eintrag möglich.

Sobald ein Benutzer seine Eingabe wieder aus einem solchen Feld entfernt, taucht darin erneut der festgelegte Hinweistext auf.

Bild-Inhaltssteuerelement

Über das *Bild-Inhaltssteuerelement* kann der Benutzer eine Bilddatei einbinden. Dazu muss er auf den zentral angezeigten Platzhalter klicken, wodurch das Dialogfeld *Grafik einfügen* anzeigt wird. Nach dem Einfügen kann das Bild in seiner Größe geändert und auch gedreht werden (→ Abbildung 18.9 oben). Abgesehen von einigen Standardeinstellungen können Sie für einen solchen Feldtyp keine weiteren Eigenschaften festlegen (→ Abbildung 18.9 unten).

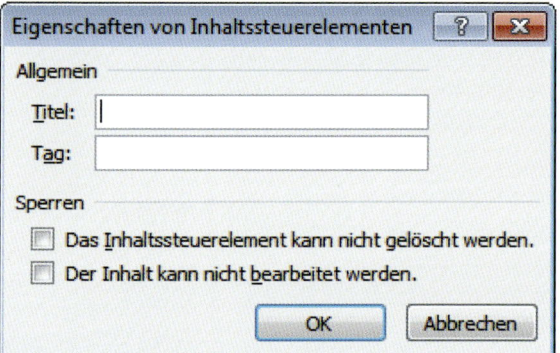

Abbildung 18.9 Ein *Bild-Inhaltssteuerelement* und die Optionen dazu.

Kombinationsfeld und Drop-down-Listenfeld

Über ein *Kombinationsfeld* oder eine *Drop-down-Liste* kann der Benutzer zwischen vordefinierten Einträgen den gewünschten Eintrag auswählen. Bei einem *Kombinationsfeld* kann er zusätzlich einen eigenen Text eingeben, der nicht in der Auswahlliste enthalten ist. Dies ist bei einer *Dropdown-Liste* nicht möglich. Die Eigenschaften für diese beiden Typen sind identisch.

Standardmäßig steht zunächst nur der Eintrag *Wählen Sie ein Element aus* zur Verfügung (→ Abbildung 18.10 oben). Über die Eigenschaften zum Feld können Sie nach einem Klick auf *Hinzufügen* weitere Alternativen bereit stellen (→ Abbildung 18.10 unten). Um einen dieser Einträge zu löschen, markieren Sie ihn in der Liste im Abschnitt *Dropdownlisten-Eigenschaften* und klicken dann auf *Entfernen*. Die Reihenfolge der Einträge in der Liste können Sie über die Schaltflächen *Nach oben* und *Nach unten* regeln.

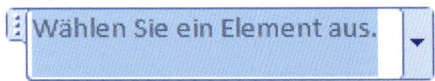

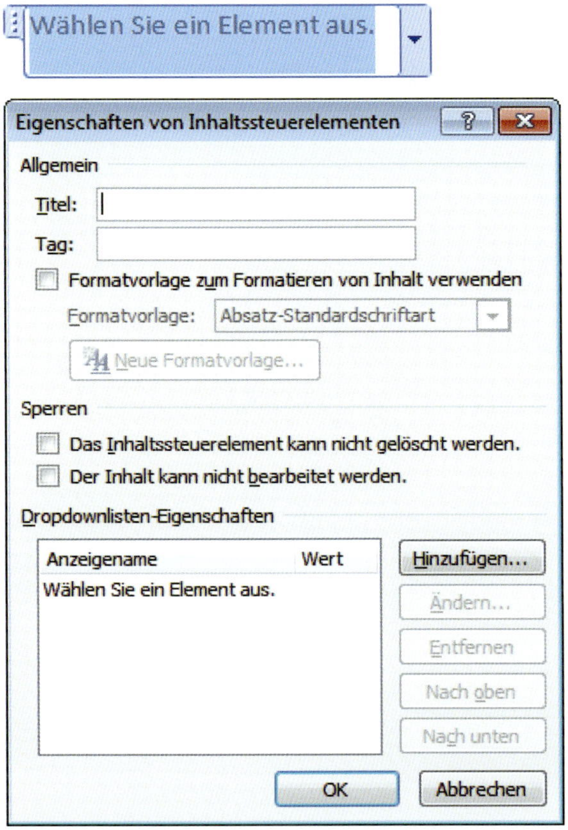

Wählen Sie ein Element aus.
Eigenschaften von Inhaltssteuerelementen
Allgemein
Titel:
Tag:
Formatvorlage zum Formatieren von Inhalt verwenden
Formatvorlage:
Absatz-Standardschriftart
Neue Formatvorlage...
Sperren
Das Inhaltssteuerelement kann nicht gelöscht werden.
Der Inhalt kann nicht bearbeitet werden.
Dropdownlisten-Eigenschaften
Anzeigename
Wert
Wählen Sie ein Element aus.
Hinzufügen...
Ändern...
Entfernen
Nach oben
Nach unten
OK
Abbrechen

Abbildung 18.10 Eine Drop-down-Liste und die Eigenschaften dazu

Datumsauswahl

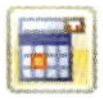

Über das Feld vom Typ *Datumsauswahl* bieten Sie dem Benutzer die Möglichkeit, über ein Kalendersteuerelement ein Datum zu wählen (→ Abbildung 18.11 oben). In den Eigenschaften zum Steuerelement legen Sie fest, in welchem Format das Datum nach der Auswahl im Feld angezeigt werden soll (→ Abbildung 18.11 unten).

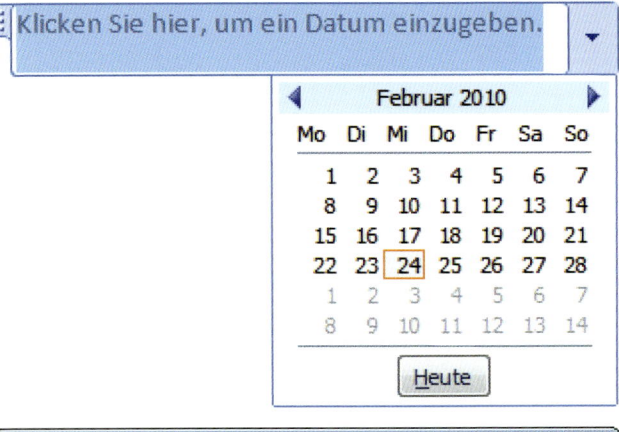

Klicken Sie hier, um ein Datum einzugeben.
Februar 2010
Mo Di Mi Do Fr Sa So
Heute
Eigenschaften von Inhaltssteuerelementen
Allgemein
Titel:
Tag:
Formatvorlage zum Formatieren von Inhalt verwenden
Formatvorlage:
Absatz-Standardschriftart
Neue Formatvorlage...
Sperren
Das Inhaltssteuerelement kann nicht gelöscht werden.
Der Inhalt kann nicht bearbeitet werden.
Datumsauswahleigenschaften
Datum wie folgt anzeigen:
dd.MM.yyyy
24.02.2010
Mittwoch, 24. Februar 2010
24. Februar 2010
24.02.10
2010-02-24
10-02-24
24/02/2010
24. Feb. 2010
Gebietsschema:
Deutsch (Deutschland)
Kalendertyp:
Westlich
XML-Inhalt im folgenden Format speichern, wenn der Inhalt zugeordnet ist:
Datum und Uhrzeit (xsd:dateTime)
OK
Abbrechen

Abbildung 18.11 Steuerelement *Datumsauswahl* und die zugehörigen Eigenschaften

Bausteinkatalog

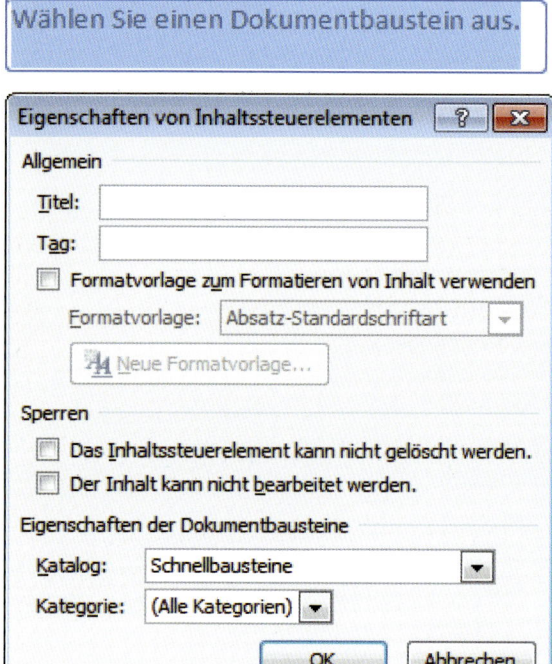

Ein Feld vom Typ *Bausteinkatalog* erlaubt ähnliche Auswahlmöglichkeiten wie ein *Kombinationsfeld* oder eine *Dropdown-Liste*, allerdings werden hierüber gleich komplette Schnellbausteine zur Verfügung gestellt. Wählen Sie in den Eigenschaften zu diesem Feldtyp unter *Eigenschaften der Dokumentbausteine* zunächst den *Katalog* und dann gegebenenfalls die *Kategorie* (→ Abbildung 18.12). Dem Benutzer werden dann in einer Drop-down-Liste die Namen der Schnellbausteine zur Auswahl angezeigt. Nach der Wahl erscheint der Inhalt des Schnellbausteins im Feld.

Abbildung 18.12 Die Eigenschaften zu *Bausteinkatalog*

Diese Bausteine sind wieder verwendbare Inhalte oder andere Dokumentteile, die in Katalogen gespeichert werden. Sie müssen sie natürlich zuerst für die Dokumentvorlage des Formulars festlegen (→ Kapitel 9).

Gruppieren

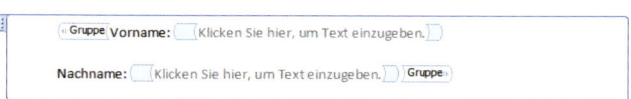

Ein Gruppieren von Elementen wird beispielsweise dann wichtig, wenn Sie ein Formular erstellen wollen, in dem die Inhaltssteuerelemente nicht geändert oder verschoben werden dürfen, aber der Rest des Dokuments frei gestaltbar sein soll. Um mehrere Inhaltssteuerelemente oder auch Textabschnitte zusammenzuhalten, markieren Sie die Steuerelemente und gegebenenfalls auch den dazugehörenden Text, und wählen Sie *Gruppieren* in der Liste zur gleichnamigen Schaltfläche in der Gruppe *Steuerelemente*. In der Entwurfsansicht sieht man dann einen neuen Tag mit dem Namen *Gruppe* (→ Abbildung 18.13).

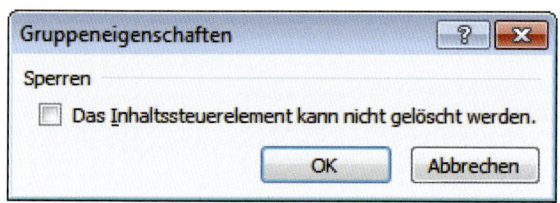

Abbildung 18.13 Elemente werden gruppiert.

Setzt man die Schreibmarke direkt hinter das Wort *Gruppe*, liefert ein Klick auf die Schaltfläche *Eigenschaften* nur eine einzige Eigenschaft (→ Abbildung 18.14). Dadurch lässt sich bewirken, dass die Gruppe bzw. das Steuerelement nicht gelöscht werden darf.

Abbildung 18.14 Das Dialogfeld *Gruppeneigenschaften*

18.2.3 Vorversionstools

Schon die Anordnung der eben beschriebenen Inhaltssteuerelemente direkt auf der Registerkarte zeigt, dass Microsoft eher auf diese setzt, als auf die früheren Formular- und ActiveX-Steuerelemente. Diese können Sie aber weiter benutzen. Nach einem Klick auf die Schaltfläche *Vorversionstools* öffnet sich eine Liste mit weiteren Schaltflächen (→ Abbildung 18.15).

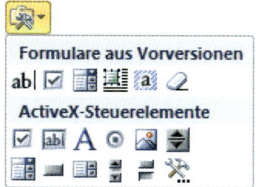

Abbildung 18.15 Die Vorversionstools und ActiveX-Steuerelemente

ACHTUNG Beachten Sie gleich, dass diese Felder später erst nach einem Schutz des Dokuments als Formularfelder angewählt werden können (→ Abbildung 18.16).

Anmeldeformular

Anrede:	Herr ±	
Vorname:	Frau	Sie Ihnen Vornamen ein
Nachname:	Herr	Sie Ihren Nachnamen ein
Straße und Hausnummer:	Geben Sie Straße und Hausnummer ein
Postleitzahl:	Geben Sie die Postleitzahl ein
Ort:	Geben Sie den Wohnort ein
Geburtsdatum:	01.01.1901

Abbildung 18.16 Ein Formular mit Vorversionstools

Im Abschnitt *Formulare aus Vorversionen* finden Sie Symbole für vier weitere Steuerelemente und drei zusätzliche Schaltflächen (→ Tabelle 18.2).

Symbol	Beschreibung
ab|	*Textfeld* – fügt ein Formularfeld ein, in das Sie Zeichen (Text oder Zahlen) eingeben können.
☑	*Kontrollkästchen* – fügt ein Formularfeld ein, das als Kontrollkästchen verwendet wird.
📋	*Kombinationsfeld* – fügt ein Drop-down-Listenfeld in das Formular ein.
📋	*Horizontalen Rahmen einfügen* – setzt einen Positionsrahmen in das Dokument (siehe Kapitel 8).
a	*Feldschattierung anzeigen* – schaltet die graue Hinterlegung von Formularfeldern ab und an.
✏	*Formularfelder zurücksetzen* – entfernt Eingaben aus Formularfeldern, die Sie beispielsweise zu Testzwecken eingegeben haben.

Tabelle 18.2 Die verfügbaren Vorversionstools

Einfügen

Zum Einfügen eines Formularfelds positionieren Sie die Einfügemarke wieder an der gewünschten Stelle im Dokument – also beispielsweise hinter dem Text einer Feldbeschreibung oder in einer Zelle einer Tabelle – und klicken dann auf die entsprechende Schaltfläche. Die eingefügten Felder werden standardmäßig als grau hinterlegte Rechtecke im Dokument angezeigt.

Eigenschaften

Eigenschaften Nach dem Einfügen eines Formularfelds können Sie dessen Eigenschaften festlegen. Bei einigen Typen von Feldern – beispielsweise bei Drop-down-Listenfeldern – müssen Sie das sogar tun, damit sie wie gewünscht funktionieren. Dazu markieren Sie das betreffende Feld und klicken dann auf die Schaltfläche *Eigenschaften* oder Sie führen einen Doppelklick auf dem Feld aus. Die Eigenschaften unterscheiden sich zum Teil je nach Typ des Felds (→ unten).

Textfeld

ab| In einem *Textfeld* kann der Benutzer eine Eingabe vornehmen. Über die Eigenschaften dazu können Sie für diese Art von Formularfeld beispielsweise den Typ des Eintrags und auch einen Standardeintrag festlegen (→ Abbildung 18.17).

Abbildung 18.17 Die Optionen für Textformularfelder

» 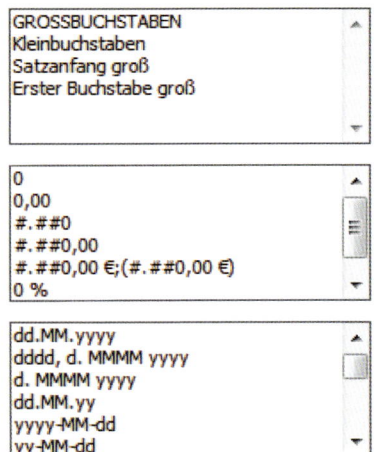 Unter *Typ* können Sie festlegen, was der Benutzer im Feld eintragen darf. Hier stehen die Optionen *Normaler Text*, *Zahl*, *Datum*, *Aktuelles Datum*, *Aktuelle Uhrzeit* und *Berechnung* zur Verfügung. Wird beim Ausfüllen des Formulars etwas anderes als hier festgelegt eingetragen, gibt das Programm eine Fehlermeldung aus. Am tolerantesten ist hier die Option *Normaler Text*, die die Eingabe von Text, Zahlen und Sonderzeichen gestattet.

» Unter *Standardtext* können Sie eine Vorgabe für das Formularfeld definieren, die standardmäßig im Formular erscheint und vom Benutzer überschrieben werden kann. Der Name des Felds im Dialogfeld ändert sich je nach im Drop-down-Listenfeld *Typ* gewählten Eintrag – bei Zahlenfeldern heißt er *Vorgabezahl*, bei Datumsfeldern *Vorgabedatum*, bei berechneten Feldern *Ausdruck*. Die Eingabe in diesem Feld muss den für den Typ genannten Bedingungen genügen. Für die Typen *Aktuelles Datum* und *Aktuelle Uhrzeit* steht diese Option nicht zur Verfügung.

» Im Feld *Maximale Länge* können Sie die maximale Anzahl von Zeichen angeben, die der Benutzer im Feld eingeben darf.

» Das Drop-down-Listenfeld *Textformat* ermöglicht die Auswahl eines Formats. Die Optionen sind für Texte, Zahlen und Datumsangaben unterschiedlich.

» Unter der Überschrift *Makro ausführen bei* können Sie Makros angeben, die ausgeführt werden, wenn der Benutzer die Einfügemarke in das Feld setzt und/oder wenn er sie wieder aus dem Feld herausbewegt. Ein Beispiel für den ersten Fall wäre ein Makro, das eine benutzerdefinierte Beschreibung einblendet, für den zweiten Fall könnten Sie über ein Makro eine erweiterte Gültigkeitsprüfung der Eingabe vornehmen.

» Jedem Formularfeld wird automatisch eine fortlaufend nummerierte *Textmarke* zugewiesen, auf die beispielsweise in Makros verwiesen werden kann. Den Namen der Textmarke können Sie bei Bedarf ändern.

» Deaktivieren Sie *Eingabe zulassen*, wenn der angegebene Feldinhalt nicht überschrieben werden darf.

» Durch Einschalten von *Beim Verlassen berechnen* bewirken Sie, dass die Felder aktualisiert werden, wenn der Benutzer zum nächsten Feld wechselt.

Kontrollkästchen

Ein *Kontrollkästchen* kann vom Benutzer aktiviert oder deaktiviert werden, das heißt, die zugehörige Option wird damit gewählt beziehungsweise abgewählt. Sie können für diese Art von Formularfeld auch den Standardzustand angeben, den der Benutzer beim Öffnen des Formulars vorfindet (→ Abbildung 18.19 oben).

Abbildung 18.18
Unterschiedliche Formate zu unterschiedlichen Eingabetypen

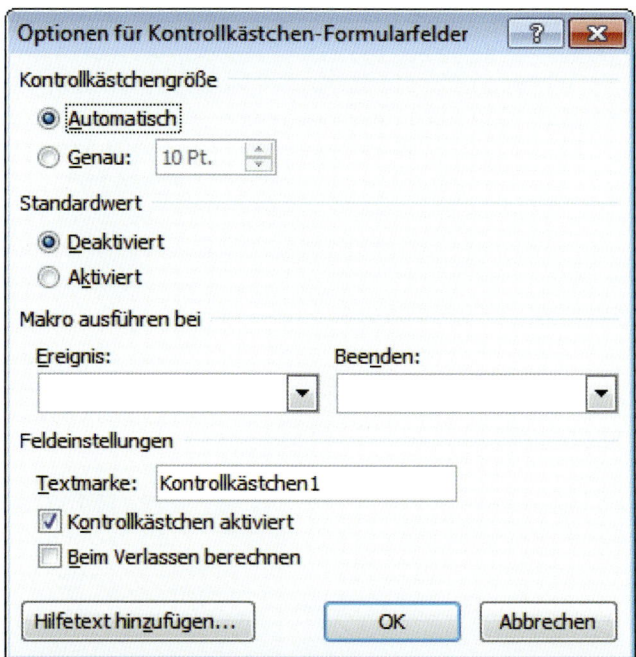

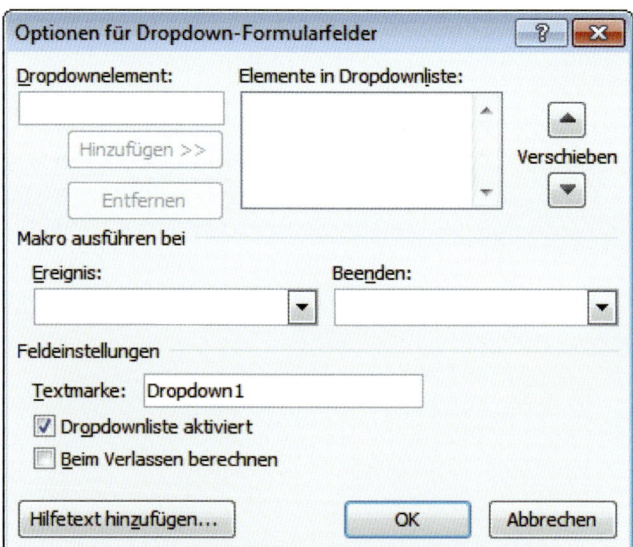

Abbildung 18.19 Die Optionen für Kontrollkästchen

» Über die Optionen unter *Kontrollkästchengröße* können Sie die gewünschte Größe einstellen. *Automatisch* passt die Größe des Kontrollkästchens an die aktuell verwendete Schriftart und -größe an; *Genau* ermöglicht eine individuelle Einstellung in Punkt.

» Unter *Standardwert* können Sie festlegen, ob das Kontrollkästchen beim Öffnen des Formulars *Deaktiviert* oder *Aktiviert* gezeigt werden soll. Im aktivierten Zustand ist das Kästchen angekreuzt.

» Unter *Makro ausführen bei* können Sie Makros angeben, die beim Positionieren der Einfügemarke im Formularfeld beziehungsweise beim Verlassen des Felds aufgerufen werden.

» Darf der Benutzer des Formulars die Einstellung eines Kontrollkästchens nicht verändern – darf er es also nicht aktivieren oder deaktivieren –, schalten Sie die Option *Kontrollkästchen aktiviert* ab.

» Durch Einschalten von *Beim Verlassen berechnen* bewirken Sie, dass die Felder aktualisiert werden, wenn der Benutzer zum nächsten Feld wechselt. Damit können Sie beispielsweise erreichen, dass in Abhängigkeit vom aktuellen Zustand des Kontrollkästchens bestimmte weitere Felder »freigeschaltet« werden.

Drop-down-Listenfeld

In einem *Dropdown-Listenfeld* können Sie dem Benutzer mehrere Optionen zur Auswahl anbieten, die Sie in den Eigenschaften zu diesem Formularfeld angeben müssen (→ Abbildung 18.19 unten).

» Zum Hinzufügen einer Option geben Sie den gewünschten Text im Feld *Dropdownelement* ein und bestätigen über *Hinzufügen*. Der Eintrag wird dann in der Liste *Elemente in Dropdownliste* gezeigt. Benutzen Sie diese Verfahrensweise für alle Optionen, die in der Liste enthalten sein sollen.

» Die Reihenfolge der Elemente können Sie ändern, indem Sie das betreffende Element im Listenfeld *Elemente in Dropdownliste* markieren und dann mit den rechts davon stehenden Schaltflächen mit den Pfeilen nach oben oder nach unten verschieben. Zum Löschen eines markierten Elements benutzen Sie *Entfernen*.

» Die weiteren Optionen im Dialogfeld entsprechen denen für die oben beschriebenen Formularfeldtypen.

Eingabehilfe zu Formularfeldern

Mit zusätzlichen Hilfeinformationen können Sie die Benutzer Ihrer Formulare beim Ausfüllen unterstützen. Eine solche Hilfeinformation wird entweder in der Statusleiste oder in Form eines Meldungsdialogfelds angezeigt. Zur Eingabe eines Hilfetextes klicken Sie im Dialogfeld *Optionen für -Formularfeld* auf die Schaltfläche *Hilfetext hinzufügen*. Das daraufhin angezeigte Dialogfeld *Formularfeld-Hilfetext* verfügt über zwei Registerkarten, über die Sie unterschiedliche Texte für die *Statusleiste* und für den Fall eingeben können, in dem der Benutzer die *Hilfetaste (F1)* drückt (→ Abbildung 18.20).

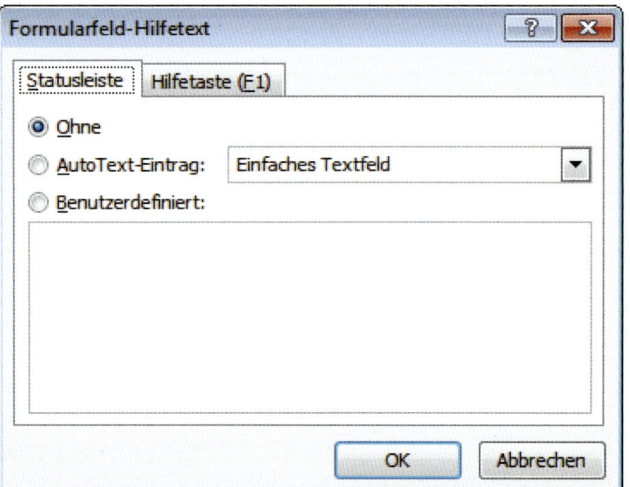

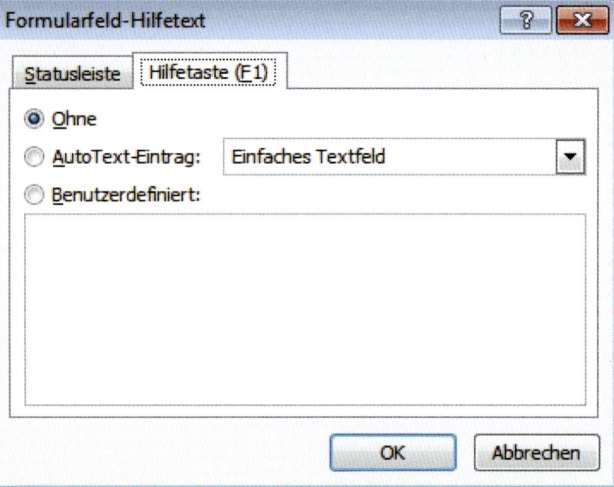

Abbildung 18.20 Geben Sie einen Hilfetext zu einem Formularfeld ein.

Über die Optionen im oberen Bereich der Registerkarte können Sie angeben, ob und woher der Hilfetext kommen soll. Nach Wahl von *Benutzerdefiniert* können Sie im unteren Bereich einen individuellen Hilfetext für das betreffende Formularfeld eingeben. Wenn Sie für mehrere Formularfelder denselben Hilfetext benutzen wollen – beispielsweise *Fragen Sie Ihren Systemadministrator* –, sollten Sie diesen Text als AutoText formulieren und den Formularfeldern zuweisen, indem Sie die Option *AutoText-Eintrag* aktivieren und den entsprechenden AutoText dann über das daneben stehende Drop-down-Listenfeld auswählen. Mit *Ohne* wird ein bereits vorhandener Hilfetext wieder gelöscht

Sperren des Formulars

Um die über die *Formulare aus Vorversionen* eingefügten Formularfelder zur Eingabe nutzen zu können, müssen Sie das Formular sperren. Allerdings sind keine Änderungen am Text oder Layout möglich, solange das Formular gesperrt ist. Führen Sie diesen Schritt daher ganz zum Schluss durch. Wenn Sie das Formular später wieder bearbeiten möchten, können Sie die Sperrung im Dokument einfach wieder aufheben. Vergessen Sie aber nicht, das Dokument wieder zu sperren, damit die Felder benutzt werden können.

» Stellen Sie sicher, dass Sie sich nicht im Entwurfsmodus befinden, indem Sie auf der Registerkarte *Entwicklertools* in der Gruppe *Steuerelemente* die Schaltfläche *Entwurfsmodus* deaktivieren.

» Klicken Sie auf der Registerkarte *Entwicklertools* in der Gruppe *Schützen* auf *Bearbeitung einschränken*. Der Aufgabenbereich *Formatierung und Bearbeitung einschränken* wird angezeigt (→ Abbildung 18.21).

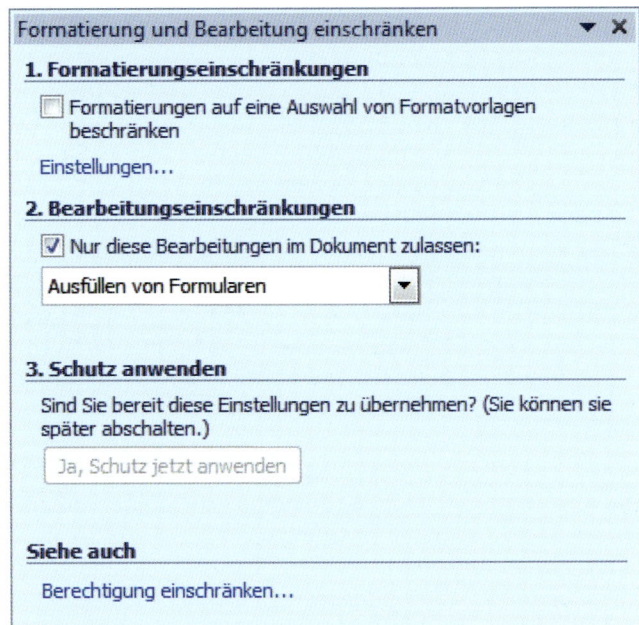

Abbildung 18.21 Der Aufgabenbereich *Formatierung und Bearbeitung einschränken*

» Aktivieren Sie unter *Bearbeitungseinschränkungen* das Kontrollkästchen *Nur diese Bearbeitungen im Dokument zulassen* und wählen Sie in der Liste der Bearbeitungseinschränkungen die Option *Ausfüllen von Formularen* aus.

» Klicken Sie auf die Schaltfläche *Ja, Schutz jetzt anwenden*. Geben Sie in das Feld *Neues Kennwort eingeben (optional)* ein Kennwort ein, wenn Sie erreichen wollen, dass ein Bearbeiter keine Änderungen im Formular durchführen kann (→ Abbildung 18.22).

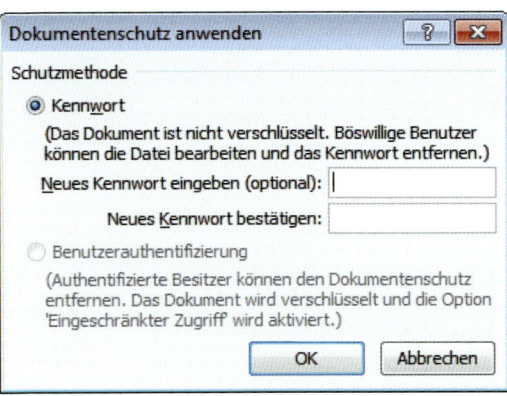

Abbildung 18.22 Schützen Sie das Formular durch ein Kennwort.

In den Feldern des Formulars können jetzt Eingaben vorgenommen werden.

Zum späteren Aufheben der Sperre für das Formular klicken Sie wieder auf der Registerkarte *Entwicklertools* in der Gruppe *Schützen* auf *Bearbeitung einschränken* und klicken Sie im Aufgabenbereich auf *Schutz aufheben*. Wenn Sie den Dokumentschutz mit einem Kennwort eingerichtet haben, müssen Sie das Kennwort eingeben, bevor Sie den Dokumentschutz aufheben können.

18.2.4 ActiveX-Steuerelemente

Mit den *ActiveX-Steuerelementen* können Sie einem Formular zusätzliche Funktionalitäten zuweisen (→ Tabelle 18.3). Allerdings unterstützen nicht alle Browser diese ActiveX-Steuerelemente. Außerdem sollten Sie mit Visual Basic for Applications vertraut sein, wenn Sie ActiveX-Steuerelemente in Ihren Formularen effektiv nutzen wollen (→ Kapitel 21 bis 23).

Symbol	Beschreibung
☑	*Kontrollkästchen:* Fügt ein Kontrollkästchen ein, das aktiviert oder deaktiviert werden kann. Wenn Sie mehrere Steuerelemente dieser Art einfügen, können beim Ausfüllen des Formulars gleichzeitig mehrere Optionen ausgewählt werden.
abl	*Textfeld:* Fügt ein Steuerelement ein, in dem der Benutzer einzeiligen Text eingeben kann.
A	*Bezeichnung:* Einfügen eines Bezeichnungsfelds
⊙	*Optionsfeld:* Fügt ein Optionsfeld ein, das aktiviert oder deaktiviert werden kann. Es kann beim Ausfüllen des Formulars immer nur eine Option aus einer Gruppe von Optionen ausgewählt werden.
🖼	*Bild:* Einfügen eines Bilds oder einer Grafik
⬍	*Drehfeld:* Einfügen eines Drehfelds, mit dem ein Wert erhöht oder verringert werden kann
📋	*Kombinationsfeld:* Einfügen eines Kombinationsfelds aus einem Listenfeld und einem Textfeld. Benutzer können Einträge eingeben oder aus einer Liste auswählen. Kombinationsfelder enthalten Bildlaufleisten.
▭	*Befehlsschaltfläche:* Einfügen einer Befehlsschaltfläche, mit der eine Operation, z.B. die Anzeige weiterer Optionen, ausgeführt wird
📑	*Listenfeld:* Einfügen eines Felds, in dem verfügbare Auswahlmöglichkeiten in Listenform angezeigt werden. Wenn die Liste länger ist als das Feld, können die weiteren Optionen durch einen Bildlauf angezeigt werden.
▤	*Bildlaufleiste:* Einfügen einer Bildlaufleiste neben einem Listenfeld, das mehr Einträge enthält, als im Feld angezeigt werden können, z.B. zum dynamischen Aktualisieren der Anzeige, wenn ein hypothetischer Wert für eine Anlagesumme oder das Rentenalter eingegeben wird
▦	*Umschaltfläche:* Einfügen einer Umschaltfläche, mit der zwischen zwei Zuständen gewechselt werden kann, z.B. zwischen der Anzeige mehrerer Optionen und der Anzeige weniger Optionen
🛠	*Weitere:* Anzeigen zusätzlicher Steuerelemente, die Sie in ein Onlineformular einfügen können. Wenn die benötigten Steuerelemente nicht angezeigt werden, müssen Sie diese möglicherweise registrieren lassen.

Tabelle 18.3 Die ActiveX-Steuerelemente

Einfügen

Entwurfsmodus Auch um *ActiveX*-Steuerelemente in einem Formular einfügen zu können, müssen Sie es zunächst durch einen Klick auf die entsprechende Schaltfläche in den Entwurfsmodus schalten. Allerdings wird das Dokument auch automatisch in diesen Modus geschaltet, wenn Sie ein solches Steuerelement einfügen. Setzen Sie dann die Einfügemarke an die gewünschte Stelle im Dokument und klicken Sie das Symbol für das einzufügende Steuerelement an. Beachten Sie, dass einige Steuerelemente auch über einen zusätzlichen Texteintrag verfügen (→ Abbildung 18.23).

Abbildung 18.23 Drei *ActiveX*-Steuerelemente im Dokument

TIPP Wenn Sie mehrere Steuerelemente in einer Zeile anordnen wollen, empfiehlt es sich, vorher eine Tabelle auf der Seite einzurichten und die Steuerelemente dann in den Zellen dieser Tabelle einzufügen.

Eigenschaften

Eigenschaften Nachdem Sie ein Steuerelement eingefügt haben, können beziehungsweise müssen Sie dessen Eigenschaften definieren. Dazu markieren Sie das Steuerelement im Entwurfsmodus und klicken dann auf die Schaltfläche *Eigenschaften* in der Gruppe *Steuerelemente*. Sie öffnen damit ein Fenster, in dem Sie die verschiedenen Eigenschaften für das betreffende Element festlegen können. Einige dieser Eigenschaften finden Sie bei allen Steuerelementen, die meisten Steuerelemente verfügen aber auch über individuelle Eigenschaften.

Es gibt eine Reihe von Eigenschaften, die Sie für fast alle Typen auf dieselbe oder zumindest ähnliche Form festlegen können. Dazu gehören beispielsweise Größe und Lage, die Namensgebung, die Schriftart, die Farben usw. Eine Vielzahl von Eigenschaften legen das optische Erscheinungsbild eines Steuerelements fest. Im Fenster der *Eigenschaften* sind diese unter der Überschrift *Darstellung* zusammengefasst.

Sie sollten auch gleich darauf achten, dass es zwei Eigenschaften gibt, die mit dem Namen etwas zu tun haben.

» Die Eigenschaft (*Name*) im Bereich *Verschiedenes* betrifft den Namen, unter dem das Element im Programm verwaltet wird und angesprochen werden muss. Beispielsweise hat die erste in ein Formular eingefügte Schaltfläche den Name *CommandButton1*. Wenn Sie diese ändern wollen, sollten Sie das gleich nach dem Einfügen des Steuerelements tun. Bei einer späteren Änderung müssen Sie gegebe-

nenfalls auch alle Verweise auf dieses Element im Code ändern.

» Die Eigenschaft *Caption* im Bereich *Darstellung* betrifft nur den auf der Schaltfläche angezeigten Namen. Beispielsweise verfügt ein *CommandButton*-Steuerelement üblicherweise über eine Beschriftung, die auf die beim Klicken der Schaltfläche ausgeführte Aktion hinweist.

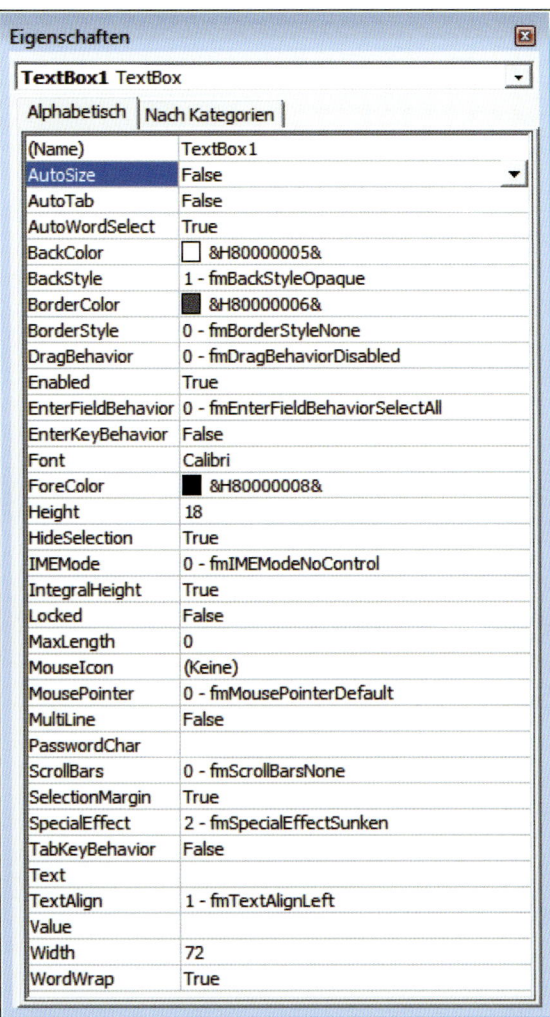

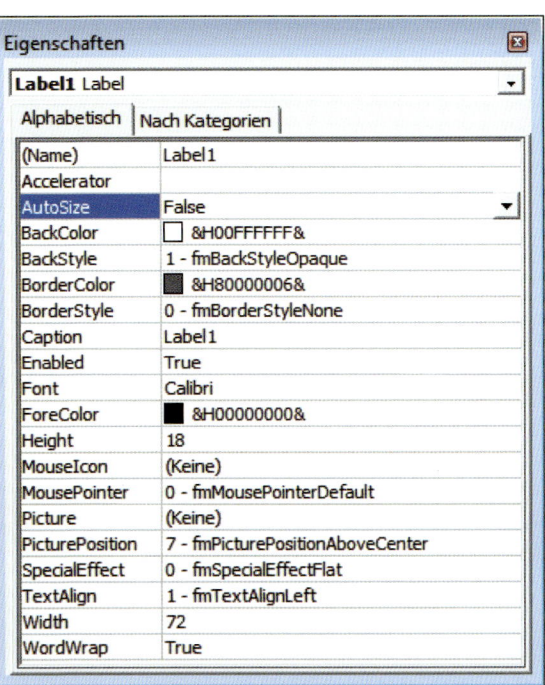

Abbildung 18.24
Die Eigenschaften von Textfeld und Bezeichnung

495

Auch die Form, die der Mauszeiger annehmen soll, wenn er in oder auf das Steuerelement bewegt wird, können Sie ändern. Dazu verwenden Sie die Eigenschaft *MousePointer* im Bereich *Verschiedenes* des Fensters *Eigenschaften*.

Textfeld und Bezeichnungsfeld

Das Steuerelement *Textfeld* wird meist zur Eingabe von Informationen durch den Benutzer oder deren Anzeige verwendet. In der Regel wird es für editierbaren Text verwendet, es unterstützt jedoch auch schreibgeschützten Text. Das Steuerelement kann ein- oder mehrzeilig sein und Bildlaufleisten beinhalten (→ Abbildung 18.24 links).

» Standardmäßig wird das Steuerelement anfangs leer angezeigt. Wollen Sie erreichen, dass das Steuerelement mit einem Inhalt versehen wird, geben Sie diesen im Feld *Text* im Abschnitt *Daten* ein.

» Bei einem Kennwortfeld handelt es sich um ein Textfeld, in dem Platzhalterzeichen angezeigt werden, während der Benutzer eine Zeichenfolge eingibt. Dazu legen Sie für die *PasswordChar*-Eigenschaft des Steuerelements ein bestimmtes Zeichen – beispielsweise Sternchen – fest.

» Optional können Sie über die *MaxLength*-Eigenschaft festlegen, wie viele Zeichen in das Textfeld eingegeben werden können. Sobald die maximale Länge überschritten wird, gibt das System einen Signalton aus und das Textfeld nimmt keine weiteren Zeichen mehr auf. Beachten Sie, dass es durch die Kenntnis der maximalen Länge möglicherweise erleichtert wird, das Kennwort zu erraten.

» Das *Textfeld*-Steuerelement enthält standardmäßig eine einzelne Textzeile und es werden keine Bildlaufleisten angezeigt. Wenn der Text zu lang ist, wird er nur teilweise angezeigt. Dieses standardmäßige Verhalten ändern Sie, indem Sie für die Eigenschaften *MultiLine*, *WordWrap* und *ScrollBars* entsprechende Werte festlegen. Wenn Sie mehrere Zeilen im Steuerelement anzeigen lassen wollen, setzen Sie die *MultiLine*-Eigenschaft auf *True*. Mehrzeilige Textfelder können bis zu 32 KB Text aufnehmen. Standardmäßig wird dann der im Steuerelement enthaltene Text in einem oder mehreren Absätzen dargestellt. Die Anzeigen von Bildlaufleisten regeln Sie über den für die *ScrollBars*-Eigenschaft gesetzten Wert. Über die *WordWrap*-Eigenschaft legen Sie fest, wie der Text im Steuerelement umbrochen werden soll.

Bezeichnung-Steuerelemente werden zum Anzeigen von Text oder Bildern verwendet, der bzw. die vom Benutzer nicht bearbeitet werden können (→ Abbildung 18.24 rechts). Im Allgemeinen werden sie dazu benutzt, andere Steuerelemente oder Aktionen zu beschreiben, die nach dem Klicken auf ein bestimmtes Steuerelement erfolgen.

Einen festen Text für dieses Steuerelement formulieren Sie wie üblich über seine Eigenschaft *Caption*. Das Steuerelement kann eine oder mehrere Zeilen umfassen. Wenn Sie die *AutoSize*-Eigenschaft des Steuerelements auf *True* setzen, wird die Größe automatisch an die Länge der Beschriftung angepasst. Wenn *AutoSize* die Einstellung *False* hat, werden die durch die *Text*-Eigenschaft festgelegten Wörter in die nächste Zeile (falls vorhanden) umbrochen. Die Größe des Steuerelements wird dabei nicht angepasst.

Kontrollkästchen und Optionsfelder

Ein Kontrollkästchen kann aktiviert oder deaktiviert werden. Wenn Sie mehrere Steuerelemente dieser Art einfügen, können diese unabhängig voneinander ein- und ausgeschaltet werden (→ Abbildung 18.25 links). Das anfängliche Erscheinungsbild eines Kontrollkästchens können Sie über die *Value*-Eigenschaft im Bereich *Darstellung* festlegen. In der Standardeinstellung wird diese Eigenschaft auf *False* gesetzt – das Kontrollkästchen ist deaktiviert. *True* sorgt für eine anfänglich aktivierte Anzeige. Daneben gibt es noch die Einstellung *TripleState*, die dafür sorgt, dass das Kontrollkästchen farbig unterlegt angezeigt wird. Das weist den Benutzer darauf hin, dass hier noch eine Auswahl getroffen werden muss.

Optionsfelder treten fast immer in Gruppen auf, da sie eine Auswahl zwischen mehreren Alternativen ermöglichen sollen. Es muss also mindestens zwei Optionen geben, wenn Sie zwischen zwei Einstellungen wechseln wollen. Im Allgemeinen sollen diese Optionen sich ja gegenseitig ausschließen – das Aktivieren einer Option soll also automatisch die andern deaktivieren. Dieses Verhalten müssen Sie erst manuell herstellen. Sie erreichen es, indem Sie zusammenhängenden Feldern im Bereich *Verschiedenes* unter *GroupName* denselben Namen geben.

Listenfeld und Kombinationsfeld

Die Steuerelemente *Listenfeld* und *Kombinationsfeld* weisen ähnliche Verhaltensweisen auf und sind in einigen Fällen austauschbar. Auch hinsichtlich der allgemeinen Eigenschaften besteht weitgehende Identität.

» Ein Listenfeld zeigt die Auswahlmöglichkeiten in Form einer Liste an, die erst aufgeklappt werden muss. Überschreitet die Länge der Liste die Größe des Felds, kann der Benutzer einen Bildlauf durchführen, um weitere Auswahlmöglichkeiten in der Liste einzusehen.

» In der Standardeinstellung wird das *Kombinationsfeld*-Steuerelement in zwei Teilen angezeigt: Der obere Bereich ist ein Textfeld, in das der Benutzer ein Listenelement eingeben kann. Der zweite Bereich ist ein Listenfeld mit einer Liste von Elementen, aus denen der Benutzer eines auswählen kann. Die Liste in einem Kombinationsfeld-Steuerelement besteht aus mehreren Zeilen mit Daten. Da die Liste nur vollständig angezeigt wird, wenn der Benutzer auf den Abwärtspfeil klickt, findet ein Kombinationsfeld auch dort Platz, wo ein Listenfeld nicht mehr angezeigt werden kann.

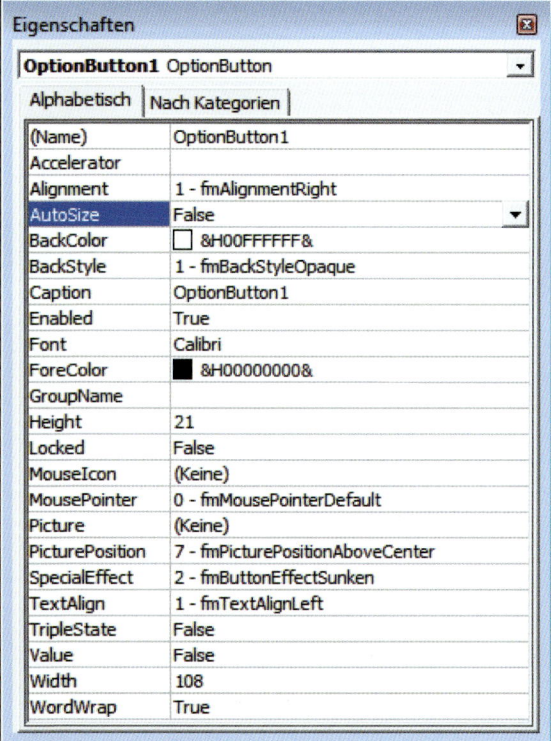

Abbildung 18.25 Eigenschaften von Kontrollkästchen und Optionsfeld

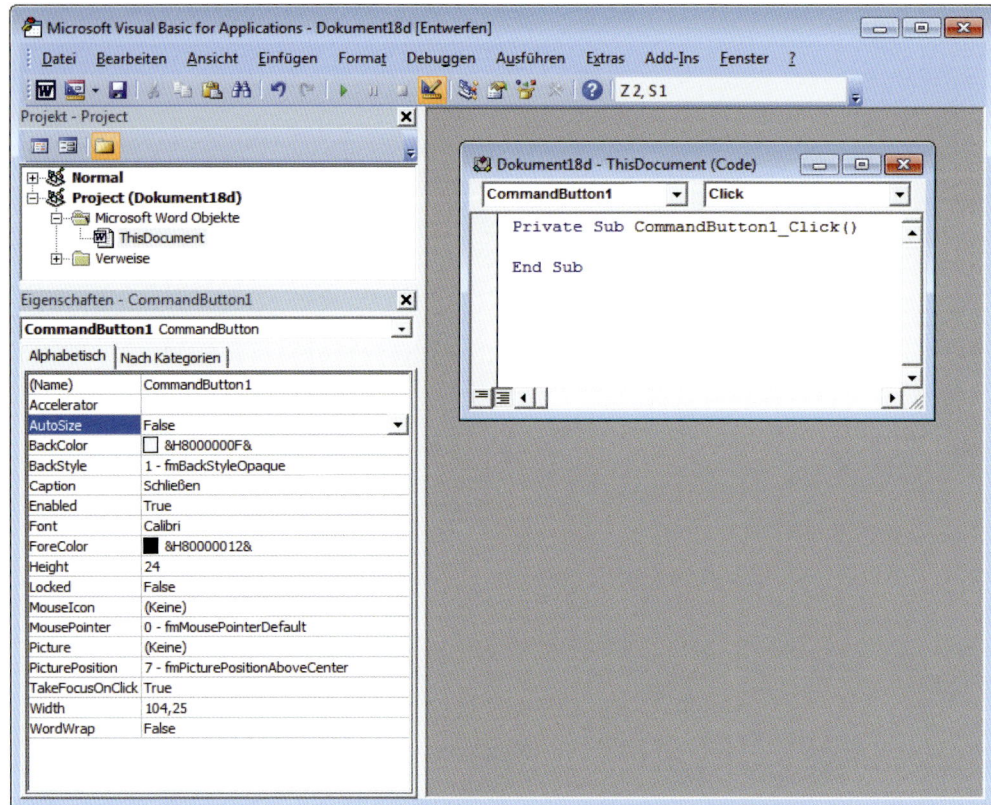

Abbildung 18.26
Der VBA-Editor nach
dem Öffnen durch einen
Doppelklick auf eine
ActiveX-Schaltfläche.

Aktionen festlegen

In der Mehrzahl der Fälle werden Sie einem ActiveX-Steuerelement eine Funktionalität hinzufügen wollen. Beispielsweise soll ein Klick auf eine ActiveX-Schaltfläche meist eine bestimmte Aktion bewirken. Diese Aktion(en) legen Sie über VBA fest. Dazu doppelklicken Sie im Dokument im Entwurfsmodus auf das Steuerelement, wodurch sich der VBA-Editor öffnet (→ Abbildung 18.26).

Details zur Arbeit darin finden Sie im Teil über das Automatisieren von Word mit VBA (→ Kapitel 21 bis 23). Wir wollen Ihnen aber hier schon einige kurze Informationen liefern.

» Automatisch wird rechts im Editor ein Codefenster erstellt, indem der Rahmen für den einzufügenden Code durch die beiden Zeilen *Private Sub …* und *End Sub* bereits notiert ist. Zwischen diese beiden Zeilen geben Sie die Anweisungen ein, die ausgeführt

werden sollen. Hatten Sie beispielsweise eine Schaltfläche eingefügt, die ein Schließen des Dokuments bewirken soll, wird der Benutzer mit dem folgenden Code aufgefordert, alle Dokumente zu speichern. Klickt der Benutzer auf *Ja*, werden alle Dokumente vor dem Beenden im Word-Format gespeichert.

```
Private Sub CommandButton1_Click()
Dim Frage As Integer
Frage = _
    MsgBox(„Wollen Sie alle Dokumente
speichern?", vbYesNo)
If Frage = vbYes Then Application.Quit _
    SaveChanges:=wdSaveChanges,
OriginalFormat:=wdWordDocument
End Sub
```

» Eine andere Möglichkeit wäre beispielsweise, dass ein Klick auf eine Schaltfläche einem bereits vorhandenen Listenfeld Optionen hinzufügt.

```
Private Sub CommandButton2_Click()
  ListBox1.AddItem („Option1")
  ListBox1.AddItem („Option2")
  ListBox1.AddItem („Option3")
  ListBox1.AddItem („Option4")
End Sub
```

» Außerdem kann links unten im Editor ein Eigenschaftenfenster eingeblendet werden, in dem Sie dieselben Parameter einstellen können wie auch über das Eigenschaftenfenster im Dokument selbst (→ Abbildung 18.27).

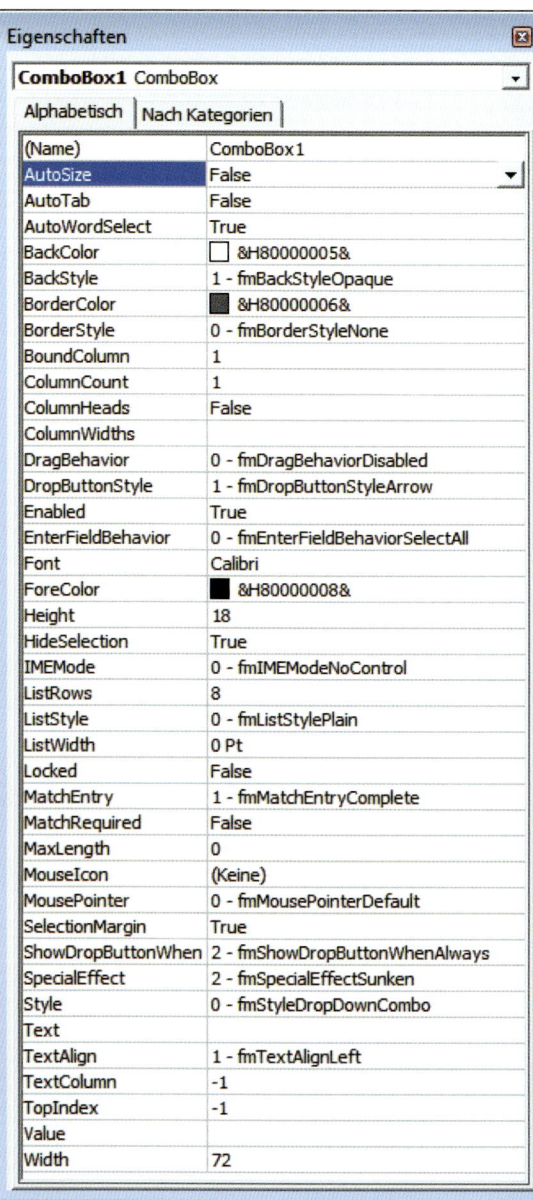

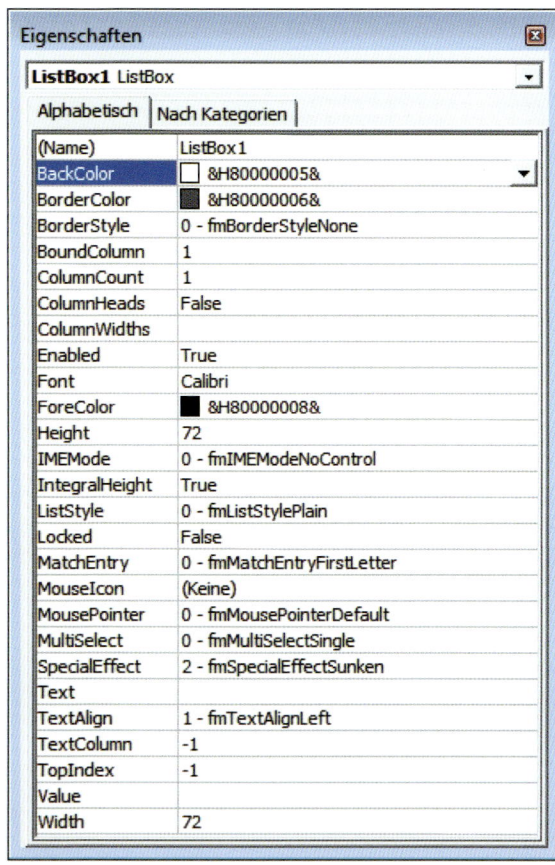

Abbildung 18.27
Die Eigenschaften von Kombinationsfeld und Listenfeld

18.2.5 Formular schützen

Sie können einzelne Inhaltssteuerelemente schützen, um zu verhindern, dass bestimmte Inhaltssteuerelemente oder Steuerelementgruppen gelöscht oder bearbeitet werden, oder Sie können den gesamten Inhalt mit einem Kennwort schützen (→ Kapitel 13). Wenn Sie Legacytools im Formular eingesetzt haben, haben Sie auch nach einem Schützen die Möglichkeit, die eingegebenen Formularfelder für Eingaben zu nutzen.

Schützen von Teilen eines Formulars

 Wenn Sie nur einen Teil des Formulars schützen wollen, markieren Sie die Inhaltssteuerelemente oder die Gruppe von Steuerelementen, für die Sie Änderungen einschränken möchten. Klicken Sie dann auf der Registerkarte *Entwicklertools* in der Gruppe *Steuerelemente* auf *Eigenschaften*.

» Aktivieren Sie das Kontrollkästchen *Das Inhaltssteuerelement kann nicht gelöscht werden*, so dass der Inhalt des Steuerelements bearbeitet, das Steuerelement selbst jedoch nicht aus der Vorlage oder aus einem Dokument, das auf dieser Vorlage basiert, gelöscht werden kann.

» Aktivieren Sie das Kontrollkästchen *Der Inhalt kann nicht bearbeitet werden*, so dass das Steuerelement zwar gelöscht, der Inhalt des Steuerelements jedoch nicht bearbeitet werden kann.

Schützen des gesamten Inhalts

Klicken Sie auf der Registerkarte *Entwicklertools* in der Gruppe *Schützen* auf *Bearbeitung einschränken*. Das zeigt rechts auf dem Bildschirm den Aufgabenbereich *Formatierung und Bearbeitung einschränken* an.

Nachdem Sie das Kontrollkästchen *Formatierungen auf eine Auswahl von Formatvorlagen beschränken* aktiviert haben, können Sie über den darunter angezeigten Link *Einstellungen* das Dialogfeld *Formatierungseinschränkungen* anzeigen lassen. Aktivieren Sie darin zunächst das Kontrollkästchen *Formatierungen auf eine Auswahl von Formatvorlagen beschränken*. Dann können Sie im Listenfeld in der Mitte diejenigen Formatvorlagen auswählen, die Sie zur Formatierung zulassen möchten.

» Aktivieren Sie im Aufgabenbereich unter *Bearbeitungseinschränkungen* das Kontrollkästchen *Nur diese Bearbeitungen im Dokument zulassen*. Damit werden im Aufgabenbereich weitere Optionen angezeigt.

» Klicken Sie in der Liste mit *Bearbeitungseinschränkungen* auf die gewünschten Einschränkungen. Für Formulare werden Sie im Allgemeinen die Option *Ausfüllen von Formularen* verwenden. Im Bereich unter *Ausnahmen (optional)* können Sie zusätzliche Einschränkungsoptionen auswählen, beispielsweise von welchen Benutzern das Dokument gelesen oder geändert werden kann. Das geht aber nicht, wenn Sie im Feld darüber die Option *Ausfüllen von Formularen* verwendet haben.

Um die eben vorgenommenen Einstellungen wirksam zu machen, klicken Sie unter *Schutz anwenden* auf *Ja, Schutz jetzt anwenden*. Optional können Sie dann im Dialogfeld *Dokumentenschutz anwenden* in das Feld *Neues Kennwort eingeben (optional)* ein Kennwort eingeben. Damit erreichen Sie, dass nur Bearbeiter, denen das Kennwort bekannt ist, den Dokumentschutz aufheben können. Wenn Sie kein Kennwort verwenden, kann jeder Benutzer die Bearbeitungseinschränkungen aufheben! Verwenden Sie sichere Kennwörter, die Groß- und Kleinbuchstaben, Zahlen und Symbole kombinieren. Unsichere Kennwörter weisen nicht diese Mischung auf.

18.2.6 Formular einsetzen

Abschließend sollten Sie das Formular testen und dann speichern. Dann können Sie es verteilen.

Testen

Nachdem Sie ein Formular fertiggestellt haben, können Sie es testen. Probieren Sie aus, ob das Ausfüllen des Formulars wie geplant funktioniert. Wenn Sie nachträglich Änderungen im Formular wünschen, müssen Sie gegebenenfalls zunächst den Schutz wieder aufheben.

Formular speichern

Da jeder Benutzer ein anfangs leeres Formular benötigt, sollten Sie den Formularentwurf als Vorlage erstellen. Speichern Sie das Formular also unter einem geeigneten

Namen mit dem Dateityp *Dokumentvorlage*. Der Ordner *Vorlagen* wird auch hier automatisch als Speicherort vorgeschlagen. Das Formular wird dabei im aktuellen Zustand gespeichert – das gilt auch für etwa vorhandene Eingaben. Bevor Sie speichern, sollten Sie also gegebenenfalls vom Testen noch vorhandene Daten aus den Feldern entfernen.

Formular ausfüllen

Das eigentliche Ziel beim Arbeiten mit Formularen besteht natürlich im Ausfüllen. Dieses Ausfüllen wird aber nicht in der Vorlage vorgenommen, sondern in einem Dokument, das auf dieser Vorlage basiert. Dazu benutzen Sie die Formularvorlage wie jede andere Vorlage und legen später das ausgefüllte Formular als Word-Dokument ab.

» Zunächst müssen Sie die Formularvorlage wieder öffnen: Klicken Sie auf der Registerkarte *Datei* zunächst auf *Neu* und anschließend auf *Meine Vorlagen*. Wählen Sie die gewünschte Vorlage aus und stellen Sie sicher, dass unter *Neu erstellen* die Option *Dokument* aktiviert ist. Klicken Sie anschließend auf *OK*.

» Füllen Sie das Formular aus, indem Sie in den einzelnen Formularfeldern die erforderlichen Informationen eingeben. Mit der Taste `Tab`, der Tastenkombination `Umschalt`+`Tab` und den Pfeiltasten können Sie zwischen den Feldern wechseln.

» Abschließend müssen Sie die im Formular eingegebenen Daten speichern. Wählen Sie hierzu *Speichern unter*, geben Sie im Feld *Dateiname* einen Namen für die Kopie des Formulars ein, legen Sie gegebenenfalls den Speicherort fest und bestätigen Sie.

» Wenn der Autor des Formulars eine zusätzliche Hilfestellung für Formularfelder vorgesehen hat, wird nach dem Positionieren der Einfügemarke in ein solches Feld eine entsprechende Meldung entweder in der Statusleiste oder nach Drücken von `F1` in einem separaten Dialogfeld angezeigt.

Kapitel 19

Weitere Funktionen und Tools

In diesem Kapitel wollen wir Sie mit weiteren Elementen vertraut machen, die Sie in ein Word-Dokument einfügen können.

» Wir beginnen mit einigen notwendigen Bemerkungen zur Erstellung von Webseiten (→ Abschnitt 19.1). Sie sollten aber gleich wissen, das Word nur bedingt für diese Aufgabe geeignet ist. Die Microsoft-Office-Programme sind generell nicht dafür konzipiert, als Programm für die Erstellung professioneller Webseiten benutzt zu werden. Dafür gibt es Besseres.

» Wichtiger sind aber die erweiterten Navigationsmöglichkeiten, die Sie nutzen können, wenn Sie das Endprodukt Ihrer Arbeit – also das Dokument – nicht ausdrucken, sondern für den Benutzer auf dem Bildschirm bereitstellen. Mithilfe von *Textmarken* und *Hyperlinks* können Sie zwischen verschiedenen Abschnitten einer Webseite, zwischen verschiedenen Dokumenten oder auch anderen Formen von Dateien navigieren (→ Abschnitt 19.2). Diese komfortable Form des »Blätterns« zwischen Elementen können Sie nicht nur in Word-Dokumenten, sondern auch bei anderen Dateien einsetzen.

» Der letzte Abschnitt beschäftigt sich mit einem speziellen Themenbereich – der Darstellung von mathematischen und wissenschaftlichen Gleichungen und ähnlichen Ausdrücken (→ Abschnitt 19.3). Die Vor-

teile eines solchen Werkzeugs wird jeder verstehen, der einmal versucht hat, eine komplexere Formel als nur $E = m * c^2$ auf dem Bildschirm zu notieren.

» Es gibt auch noch das früher unter Microsoft Organigramm 2.0 bekannte Werkzeug. Dieses trägt jetzt den Namen *Organigramm-Add-In für Microsoft Office-Programme* (→ Abschnitt 19.4). Es wird nicht automatisch bei der Installation von Office 2010 installiert. Seit der ersten Version wurde das Programm kaum verändert. Es ist auch nicht geplant, die Funktionalität wesentlich zu erweitern.

19.1 Webseiten

Sie können Word im Prinzip auch dazu verwenden, Webseiten zu erstellen, und damit Ihre Dokumente anderen Benutzern zur Anzeige im Webbrowser zur Verfügung stellen. In weiten Bereichen entspricht die Arbeit beim Erstellen von Webseiten der von Dokumenten, die für den Ausdruck vorgesehen sind. Der Unterschied besteht eigentlich nur darin, dass Sie Webseiten im HTML-Format speichern. Damit bleiben die wesentlichsten Formate erhalten, so dass die Dokumente auch von Benutzern angezeigt werden können, die Word nicht verwenden.

Word ist aber nicht in der Lage, einen sauberen Quellcode zu schreiben! Das hat zur Folge, dass die Seiten zwar im Internet Explorer noch einigermaßen richtig dargestellt werden, in anderen Browsern aber nur bedingt. Wir wollen deswegen darum auf das Erstellen von Webseiten hier nur am Rande eingehen und Ihnen das Grundprinzip und einige Optionen dafür vorstellen.

19.1.1 Inhalte eingeben

Um ein Dokument für eine Webseite zu erstellen, gehen Sie im Prinzip wie beim Erstellen eines konventionellen Dokuments, das für den Ausdruck vorgesehen ist, vor: Sie legen ein neues Dokument an, fügen die gewünschten Texte und andere Elemente ein, formatieren das Dokument und speichern es.

Die Ansicht einstellen

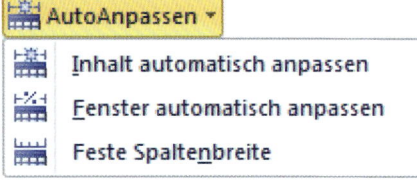 Schalten Sie nach dem Erstellen des neuen Dokuments am besten gleich um zur Ansicht *Weblayout*. Das tun Sie über die gleichnamige Schaltfläche in der Gruppe *Dokumentenansichten* der Registerkarte *Ansicht* im Menüband oder über die kleine Schaltfläche rechts in der Statusleiste. Ein wesentlicher Unterschied bei dieser Darstellung besteht darin, dass der Zeilenumbruch von der Breite des Fensters abhängig ist. Dieses Verhalten zeigt sich später auch im Webbrowser.

Um dann eine Webseite mit Inhalten – also Texten, Grafiken oder anderen Elementen – zu füllen, gehen Sie genauso wie beim Erstellen eines herkömmlichen Dokuments vor. Allerdings sollten Sie einige Befehle nicht verwenden, beispielsweise können auf einer Webseite keine Seitenzahlen eingefügt werden, da diese Funktion in diesem Zusammenhang keinen Sinn macht. Wenn Sie das trotzdem tun, wird automatisch zur Ansicht *Seitenlayout* zurückgeschaltet.

Tabellen verwenden

Verwenden Sie gegebenenfalls für bestimmte Inhalte die Tabellenfunktion, mit der das Positionieren der einzelnen Elemente auf der Seite vereinfacht werden kann. Beachten Sie dabei zwei Punkte.

» Markieren Sie die Tabelle nach dem Erstellen und schalten Sie für alle Zellen alle Rahmenlinien ab. Das tun Sie über die Option *Kein Rahmen* in der Liste zu *Rahmen* in der Gruppe *Tabellenformatvorlagen* der Registerkarte *Tabellentools/Entwurf* (→ Abbildung 19.1 oben). Damit Sie aber später wissen, in welcher Zelle Sie gerade arbeiten, sollten Sie danach über *Rasterlinien anzeigen* in der Gruppe *Tabelle* der Registerkarte *Tabellentools/Layout* die gestrichelten Hilfslinien einblenden. Diese Linien werden später nicht ausgedruckt.

» Nützlich sind auch die Optionen in der Liste zur Schaltfläche *AutoAnpassen* in der Gruppe *Zellengröße* (→ Abbildung 19.1 unten). Hierüber können Sie nach dem Markieren einer Spalte und der Wahl von *Feste Spaltenbreite* dafür sorgen, dass sich die Spaltenbreite nicht mehr in Abhängigkeit von der Fenstergröße des Browsers ändert. Das empfiehlt sich beispielsweise für Spalten, in denen kürzere Zeilenbezeichnungen stehen, die nicht umbrochen werden sollen. Für Spalten mit längeren Inhalten können Sie die Option *Fenster automatisch anpassen* benutzen. Der Umbruch wird dann automatisch geregelt.

Rahmen ▾

	Rahmenlinie unten
	Rahmenlinie oben
	Rahmenlinie links
	Rahmenlinie rechts
	Kein Rahmen
	Alle Rahmenlinien
	Rahmenlinien außen
	Rahmenlinien innen
	Innere horizontale Rahmenlinie
	Innere vertikale Rahmenlinie
	Rahmenlinien diagonal nach unten
	Rahmenlinien diagonal nach oben
	Horizontale Linie
	Tabelle zeichnen
	Gitternetzlinien anzeigen
	Rahmen und Schattierung...

AutoAnpassen ▾

	Inhalt automatisch anpassen
	Fenster automatisch anpassen
	Feste Spaltenbreite

Abbildung 19.1 Rahmen und AutoAnpassen

Bilder und andere grafische Elemente

Das zu verwendende Bildformat hängt vom Inhalt des Bilds ab. Für Fotos würde sich das *.jpg*-Format eignen, an der Komprimierung müssen Sie so lange experimentieren, wie das Bild scharf bleibt. Der Kompressionsgrad kann pro Bild unterschiedlich sein, weshalb es keinen pauschalen Wert gibt. Bilder, die wenige Farbwerte enthalten, können beispielsweise im *.gif*- oder im *.png*-Format abgelegt werden. Versuchen Sie, die Anzahl der Bilder auf einer Einzelseite auf ein sinnvolles Maß zu reduzieren, da immer alle Grafiken in den Browser geladen werden.

Wenn Sie mit großen Bildern arbeiten müssen, können Sie dafür sorgen, dass während des Ladevorgangs ein Text angezeigt wird. Diesen können Sie auf der Registerkarte *Alternativtext* im Dialogfeld zum Befehl *Größe* im Kontextmenü zum Bild eingeben. Standardmäßig steht hier eine Angabe zu Pfad und Dateiname der eingefügten Bilddatei. Sie können aber jeden anderen Text – beispielsweise *Bitte warten* – verwenden.

Formatieren

Die umfangreichen Formatierungswerkzeuge von Word können auch zum Gestalten von Webseiten und ihren Inhalten eingesetzt werden. Wie bei Druckdokumenten können Sie durch den Einsatz von Formatvorlagen den Seiten schnell ein anderes Format zuweisen. Damit können Sie Ihrer Website mit den untergeordneten Webseiten auch ein einheitliches Erscheinungsbild verleihen. Für die Gestaltung von Hintergründen stellt Word spezielle Werkzeuge zur Verfügung, mit denen Sie auch Verläufe und Fülleffekte verwenden können.

 Der einfachste Weg, einem Webdokument ein durchgängiges Format zuzuweisen, besteht wiederum in der Anwendung der Befehle in der Gruppe *Designs* auf der Registerkarte *Seitenlayout*. Diese setzen meist voraus, dass Sie zum Formatieren des Dokuments die Standard-Formatvorlagen *Überschrift 1*, *Überschrift 2* etc. benutzt haben (→ Kapitel 9). Markieren Sie im Listenfeld *Designs* die gewünschte Gestaltungsvorlage. Im rechten Bereich der Gruppe können Sie die *Designfarben*, *Designschriftarten* und zusätzliche *Designeffekte* individuell einstellen.

Für die Hintergrundgestaltung sollten Sie nur in Ausnahmefällen Flächengrafiken verwenden, da die Ladezeiten für solche Grafiken relativ hoch sind. Word stellt für Webseiten spezielle Hintergründe zur Verfügung, mit denen Sie auch Verläufe und Fülleffekte generieren können. Wählen Sie dazu den Befehl *Seitenfarbe* in der Gruppe *Seitenhintergrund*. Über das zugehörige Untermenü können Sie Ihrer Webseite eine Hintergrundfarbe oder spezielle Fülleffekte – Verläufe, Muster, Grafiken – zuweisen (→ Kapitel 8).

» Wählen Sie in der Farbpalette zum Befehl *Seitenfarbe* entweder eine der Standardfarben aus oder klicken Sie auf *Weitere Farben*, um im daraufhin angezeigten Dialogfeld eine andere Farbe auszuwählen.

» Über die Option *Fülleffekte* in der Liste rufen Sie ein Dialogfeld auf, mit dessen Hilfe Sie Ihre Webseite mit speziellen Hintergrundeffekten versehen können. Auf vier Registerkarten können Sie zwischen verschiedenen Verläufen, Strukturen, Mustern und Grafiken die gewünschte Hintergrundgestaltung auswählen. Beispielsweise haben Sie im Dialogfeld *Fülleffekte* auf der Registerkarte *Graduell* die Wahl zwischen einfarbigen, zweifarbigen und vordefinierten Farbverläufen (→ Kapitel 8). Über die Registerkarte *Struktur* haben Sie Zugriff auf eine große Auswahl von Strukturfüllungen, wie zum Beispiel verschiedenfarbiger Marmor, Pergament oder Sand. Auf der Registerkarte *Muster* stehen verschiedene Muster mit wählbaren Vorder- und Hintergrundfarben zur Verfügung. Über die Registerkarte *Grafik* können Sie eine Grafik als Hintergrundbild hinzufügen. Sie sollten aber – wie bereits erwähnt – darauf achten, beispielsweise ein niedrig auflösendes Bild zu verwenden, damit die Ladezeiten nicht zu hoch werden.

Auch für die Zeichenformate sollten Sie – der Bequemlichkeit halber – die Schnellformatvorlagen benutzen. Sie können aber auch eine direkte Formatierung verwenden. Für die Darstellung von Zeichen können Sie wie bei herkömmlichen Dokumenten die Schriftart, deren Größe, den Schriftstil – normal, fett, kursiv usw. – und die Position des/der Zeichen – normal, tiefgestellt oder hochgestellt – sowie die Farbe und sonstige Effekte verändern. Einige der für Druckdokumente einstellbaren Zeichenformate – wie beispielsweise *Schattiert*, *Umriss*, *Relief* usw. – sind für Webseiten aber nicht verfügbar.

19.1.2 Als Webseite speichern

Auch zum Speichern gehen Sie wie gewohnt vor: Wählen Sie zunächst über die Registerkarte *Datei* den Befehl *Speichern unter* und stellen Sie dann über die Dropdown-Liste zu *Dateityp* eine der Optionen *Webseite* oder *Webseite in einer Datei* ein (→ Abbildung 19.2). Beim Speichern eines Dokuments als *Webseite* werden alle dafür notwendigen sogenannten Hilfsdateien – Grafiken etc. – in einem separaten Ordner gespeichert. Mit dem Format *Webseite in einer Datei* werden alle Elemente einer Website, einschließlich Text und Grafiken, in einer Datei gespeichert. Diese Zusammenfassung gibt Ihnen die Möglichkeit, komplette Websites als einzelne Dateien zu veröffentlichen oder als E-Mail-Anhang zu versenden.

» Sie können einen lokalen Ordner benutzen, wenn Sie das Speichern erst einmal auf dem lokalen System vornehmen wollen – beispielsweise um die Funktionsfähigkeit nochmals zu testen. Wenn Sie die Speicherung gleich auf einem Server durchführen wollen, wählen Sie diesen als Speicherort an.

» Wenn Sie der Seite einen separaten Titel geben wollen, der beim Öffnen im Webbrowser in der Titelleiste angezeigt wird, klicken Sie auf die Schaltfläche *Titel ändern* und geben dann den gewünschten Text ein. Wenn Sie keinen separaten Titel festlegen, wird hierfür der Dateiname verwendet. Nach dem Bestätigen wird der Titel im Feld *Seitentitel* angezeigt.

» Als Dateiname wird zunächst der Name des Dokuments vorgeschlagen. Sie können diesen auf dem Server unverändert benutzen. Die erste Seite, die beim Aufrufen durch den Benutzer automatisch im Browser angezeigt werden soll, sollten Sie aber in *Index* oder *Default* umbenennen.

» Nachdem Sie gegebenenfalls noch als Dateityp *Webseite* festgelegt haben, wird nach einem Klick auf die Schaltfläche *Speichern* der Speichervorgang begonnen. Sie werden dann mit dem festgelegten Speicherort verbunden beziehungsweise müssen die Verbindung manuell herstellen. In der Mehrzahl der Fälle müssen Sie für weitere Eingaben Ihre Berechtigung zum Zugriff nachweisen.

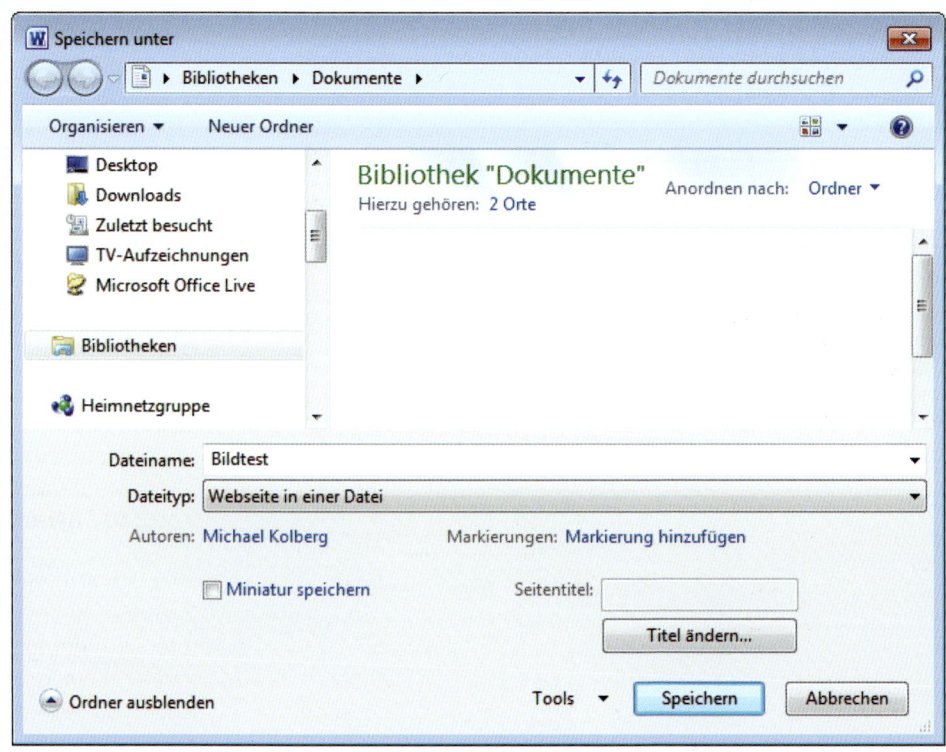

Abbildung 19.2
Webseiten werden über das modifizierte Dialogfeld *Speichern unter* gespeichert.

» Beim Speichern eines Dokuments als *Webseite* werden alle dafür notwendigen sogenannten Hilfsdateien – Grafiken etc. – in einem separaten Ordner gespeichert. Dieser Ordner trägt denselben Namen wie die ursprüngliche HTML-Datei, gefolgt von einem Bindestrich und dem Wort *Dateien*. Wo und in welchen Formaten Grafikdateien gespeichert werden, können Sie über die Weboptionen festlegen (→ unten).

19.1.3   Weboptionen

Nach Wahl des Befehls *Weboptionen* in der Liste zur Schaltfläche *Tools* im Dialogfeld *Speichern unter* können Sie auf fünf Registerkarten festlegen, wie Microsoft Word Webseiten erstellen und formatieren soll. Sie können darauf auch über die Word-Optionen zugreifen: Benutzen Sie den Bereich *Erweitert* und klicken Sie im Abschnitt *Allgemein* auf die Schaltfläche *Weboptionen*. Es empfiehlt sich, vor dem Erstellen der Webseiten in Microsoft Word die Einstellungen für die Weboptionen zu kontrollieren und gegebenenfalls mit den gewünschten Einstel-

lungen abzugleichen. Bestimmte Formate beschleunigen das Downloaden und Speichern von Webseiten in einem Webbrowser und die Webseiten beanspruchen weniger Speicherplatz. Beachten Sie aber, dass die verschiedenen Browser und -versionen nicht alle Formate unterstützen. Beispielsweise unterstützen ältere Webbrowser einige Formatierungsspezifikationen noch nicht. Wenn also zu erwarten ist, dass die Betrachter Ihrer Webseite mit unterschiedlichen Browsern und/oder unterschiedlichen Bildschirmeinstellungen arbeiten, sollten Sie Ihre Webseiten mit diesen Alternativen testen. Bei Webseiten für das Intranet sollten Sie sich auch darüber informieren, welche Formate vom Server unterstützt werden.

Browser

Auf der Registerkarte *Browser* wählen Sie über das Drop-down-Listenfeld *Besucher dieser Webseite verwenden* den Webbrowser aus, dessen Funktionen auf der Webseite unterstützt werden sollen (→ Abbildung 19.3).

Die darunter angezeigte Liste mit Optionen legt zusätzliche Einstellungen fest (→ Tabelle 19.1).

Abbildung 19.3
Legen Sie den bevorzugten Browser fest.

Option	Beschreibung
PNG als Grafikformat zulassen	Speichert Bilder auf der Webseite im Speicherplatz und Download-Zeit sparenden Format *PNG* (*Portable Network Graphics*).
Von diesen Browsern nicht unterstützte Features deaktivieren	Entsprechende Features werden beim Speichern als Webseite gemeldet und gegebenenfalls durch andere Features ersetzt.
Für Schriftformatierung auf CSS vertrauen	Aktivieren Sie diese Option nur dann, wenn die Webseiten in einem Browser angezeigt werden, der *Cascading Style Sheets (CSS)* unterstützt.
Für Grafikdarstellung auf VML vertrauen	Verwenden Sie diese Option nur, wenn keine Grafiken generiert werden und die Webseiten in einem Browser angezeigt werden, der *VML* unterstützt. *VML* steht für *Vector Markup Language* und ist eine Auszeichnungssprache zur Beschreibung zweidimensionaler Vektorgrafiken in XML. Die Webseite beansprucht dann weniger Speicherplatz.
Neue Webseiten speichern als Webseiten in einer Datei	Speichert alle Elemente einer Webseite, einschließlich Text und Grafiken, in einer Datei.

Tabelle 19.1 Zusätzliche Einstellungen zum Browser

Dateien

Mit den Optionen auf der Registerkarte *Dateien* werden einige Aspekte der Dateibehandlung geregelt (→ Abbildung 19.4).

Die Optionen im oberen Bereich bestimmen, wie die zu einer Webseite gehörenden Dateien gespeichert werden sollen (→ Tabelle 19.2).

Option	Beschreibung
Hilfsdateien in einen Ordner speichern	Alle Hilfsdateien, zum Beispiel für Aufzählungszeichen, Hintergrundstrukturen und Grafiken werden beim Speichern der Webseite in einem separaten Ordner abgelegt. Ein Deaktivieren bewirkt, dass diese Hilfsdateien im gleichen Ordner wie die Webseite gespeichert werden.
Nach Möglichkeit lange Dateinamen verwenden	Ermöglicht die Verwendung von Dateinamen mit mehr als acht Zeichen beim Speichern einer Webseite auf einem Server. Deaktivieren Sie das Kontrollkästchen, wenn die Dateien immer mit kurzen Namen gespeichert werden sollen.
Links beim Speichern aktualisieren	Verknüpfungen zu Hilfsdateien werden automatisch aktualisiert, wenn Sie die Webseite speichern.

Tabelle 19.2 Die Form der Speicherung kann geregelt werden.

Abbildung 19.4
Legen Sie die Dateibehandlung fest.

Im Abschnitt *Standard-Editor* legen Sie die gewünschten Programme beziehungsweise das Programm fest, mit dem Webseiten – sowohl in Microsoft Office als auch mit anderen Programmen erstellte – vorzugsweise bearbeitet werden können.

TIPP Wenn zu erwarten ist, dass die Betrachter Ihrer Webseite mit unterschiedlichen Browsern und/oder unterschiedlichen Bildschirmeinstellungen arbeiten, sollten Sie Ihre Webseiten mit diesen Alternativen testen. Bei Webseiten für das Intranet sollten Sie sich auch darüber informieren, welche Formate vom Server unterstützt werden.

Bilder

Auf der Registerkarte *Bilder* geben Sie die Bildschirmauflösung eines Monitors an, auf dem die Webseiten angezeigt werden sollen. Wählen Sie im Feld darunter die gewünschte Anzahl der Pixel pro Zoll für die Bildschirmanzeige. Die festgelegte Einstellung wirkt sich auf die Größe und das Layout von Bildern aus. Sie sollten gegebenenfalls die Anzeige in verschiedenen Webbrowsern testen.

Codierung

Wenn Sie eine Webseite öffnen, ermittelt Microsoft Office die Codierung, die für diese Seite verwendet wurde. Falls in einem Dokument falsche Zeichen angezeigt werden, können Sie auf der Registerkarte *Codierung* eine andere Sprache auswählen und die Seite dann erneut laden. Probieren Sie unterschiedliche Sprachen aus, bis Sie den Text einwandfrei lesen können. Hier lässt sich auch die Sprache festlegen, die beim Speichern der Webseite verwendet werden soll. Durch Aktivieren des betreffenden Kontrollkästchens legen Sie fest, dass Webseiten immer in der Sprache gespeichert werden, die im darüber liegenden Drop-down-Listenfeld als Standardkodierung ausgewählt ist.

Schriftarten

Auf der Registerkarte *Schriftarten* wählen Sie im entsprechenden Listenfeld den *Zeichensatz* aus, der standardmäßig für die Codierung der Datei verwendet werden soll. Über die Drop-down-Listenfelder darunter bestimmen Sie, welche Schriftarten und -größen für Text mit variabler Zeichenbreite (Proportionalschrift) und für Text mit fester Zeichenbreite verwendet werden sollen (→ Abbildung 19.5).

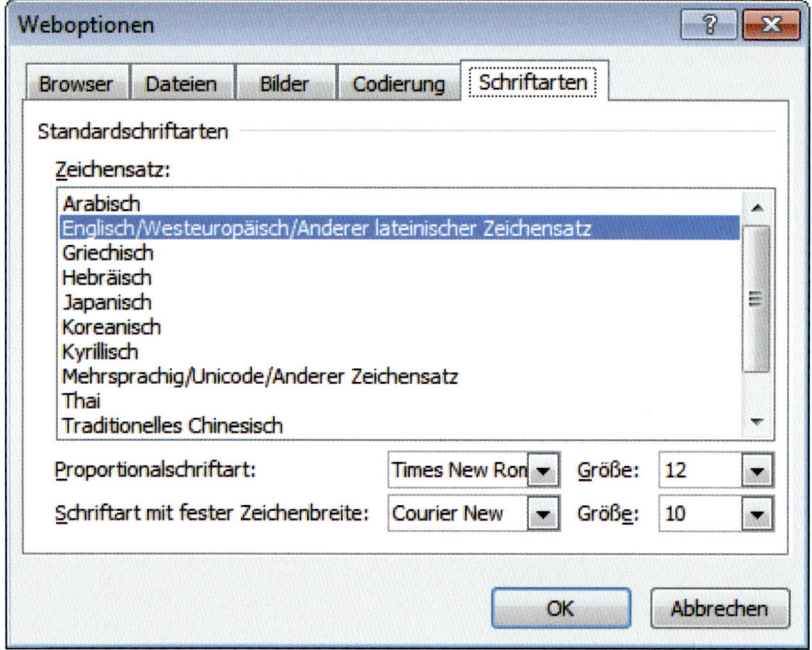

Abbildung 19.5
Festlegen der Schriftarten

19.1.4 Testen

Wichtig ist, dass Sie nach dem Erstellen einer Webseite diese in den marktgängigen Browsern testen. Dazu gehören der Firefox, Opera und natürlich auch der Microsoft Internet Explorer. Bei Letzteren ist es wichtig, auch verschiedene Versionen zu benutzen, da zwischen diesen beiden Unterschiede auftreten können. Seien Sie auf einige Überraschungen gefasst!

19.2 Tools zur Navigation

 Die Vorteile der Verwendung der elektronischen Form eines Dokuments zeigen sich – neben der vielleicht bequemeren Form des Zugangs über den Computer – besonders in den erweiterten Navigationsmöglichkeiten. Diesen Navigationsmöglichkeiten wollen wir uns jetzt zuwenden. Hyperlinks dienen im Allgemeinen zum Navigieren zwischen den einzelnen Bestandteilen der Webseite sowie zu anderen Webseiten, Dokumenten etc. Sie können damit beispielsweise auch zu bestimmten Stellen in einem Dokument springen, die Sie durch eine Textmarke gekennzeichnet hatten. Sowohl Hyperlinks als auch Textmarken definieren Sie bei Word durch Elemente in der Gruppe *Hyperlinks* der Registerkarte *Einfügen*.

19.2.1 Textmarken

Textmarken dienen dazu, Markierungen im Text zu definieren, zu denen Sie später schnell wechseln können. In einem einfachen Beispiel könnten Sie solche Marken dazu benutzen, Stellen im Text zu kennzeichnen, die Sie später noch einmal überarbeiten wollen. Textmarken lassen sich darüber hinaus hervorragend zum Erstellen von Querverweisen oder von Seitenbereichen für Indexeinträge einsetzen (→ Kapitel 12).

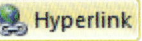 Setzen Sie zum Definieren einer Textmarke zunächst die Einfügemarke an die gewünschte Stelle im Dokument. Sie können auch einen Bereich markieren, wenn die Textmarke diesen enthalten soll. Wählen Sie dann *Textmarke* in der Gruppe *Hyperlinks* und nehmen Sie die Eingaben im Dialogfeld vor (→ Abbildung 19.11).

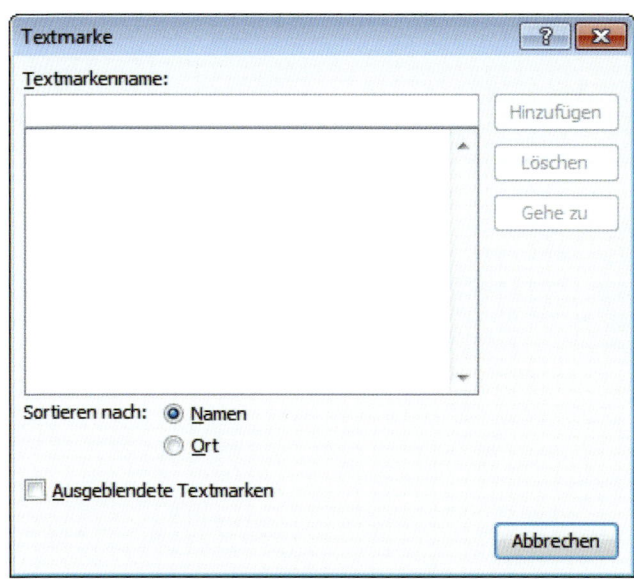

Abbildung 19.6 Textmarken müssen benannt werden.

» Geben Sie im Feld *Textmarkenname* eine Bezeichnung ein. Dieser Name muss mit einem Buchstaben beginnen, der Rest kann aus bis zu 40 Buchstaben, Zahlen und Unterstrichen bestehen; Leerzeichen sind nicht zugelassen.

» In der darunter stehenden Liste werden die bereits definierten Textmarken angezeigt. Diese können Sie alphabetisch oder nach ihrer Position im Dokument sortieren lassen.

» Bestätigen Sie über *Hinzufügen*, um die neue Textmarke in die Liste aufzunehmen. Über *Löschen* können Sie die in der Liste markierte Textmarke entfernen.

19.2.2 Hyperlinks

Sie können sowohl Text als auch jedes andere in das Dokument eingefügte Objekt als Hyperlink formatieren. Text-Hyperlinks sind in der Regel an einer bestimmten Farbe und/oder an der Unterstreichung zu erkennen. Um einen Hyperlink zu erstellen, markieren Sie zunächst einmal das Element, das als Hyperlink formatiert werden soll. Sie können dafür einen Textbereich oder ein bereits eingefügtes Grafikelement benutzen. Wählen Sie anschließend den Befehl

Hyperlink in der Gruppe *Hyperlinks*. Im Dialogfeld *Hyperlink einfügen* legen Sie dann zuerst über die mit *Link zu* überschriebene Leiste fest, welche Art von Hyperlink eingefügt werden soll, und bestimmen dann das konkrete Hyperlinkziel (→ Abbildung 19.7 bis Abbildung 19.9).

TIPP Wenn Sie einen eingefügten Hyperlink bearbeiten möchten, markieren Sie zunächst das als Hyperlink formatierte Element im Dokument und wählen dann die Schaltfläche *Hyperlink*.

Link zu Datei oder Webseite

Wenn Sie einen Hyperlink einfügen wollen, der einen Sprung zu einer bestimmten Webseite oder einer Datei bewirken soll, wählen Sie in der Leiste *Link zu* am linken Rand des Dialogfelds die Option *Datei oder Webseite* (→ Abbildung 19.7).

» Über die zweite Leiste im inneren Bereich des Dialogfelds können Sie mit *Aktueller Ordner*, *Besuchte Webseiten* und *Zuletzt verwendet* eine weitere Vorauswahl der im Listenfeld angezeigten Ziele treffen.

» Wählen Sie das gewünschte Ziel im Listenfeld aus oder geben Sie im Feld *Adresse* die Seite oder Datei an, zu der der Sprung erfolgen soll. Über das Drop-down-Listenfeld *Suchen in* können Sie – wie in den Dialogfeldern *Speichern unter* und *Öffnen* – den Ordner wählen, dessen Inhalt im Listenfeld darunter angezeigt werden soll.

» Im Feld *Anzuzeigender Text* geben Sie an, welcher Text für den Hyperlink verwendet werden soll. Hier wird in der Grundeinstellung die gewählte Zieladresse beziehungsweise der im Dokument markierte Textbereich verwendet. Zum Ersetzen der Zieladresse können Sie einen beliebigen Text angeben.

» Über die Schaltfläche *Textmarke* können Sie darüber hinaus zu einer bestimmten Stelle im Dokument springen. Dazu müssen Sie entweder bereits Textmarken im Zieldokument eingefügt oder die Standardvorlagen für die Überschriften benutzt haben. Sie können dann im Dialogfeld *Stelle im Dokument auswählen* zwischen den so gekennzeichneten Stellen die gewünschte Sprungmarke bestimmen. Standardmäßig erfolgt ein Sprung zum Anfang des Dokuments.

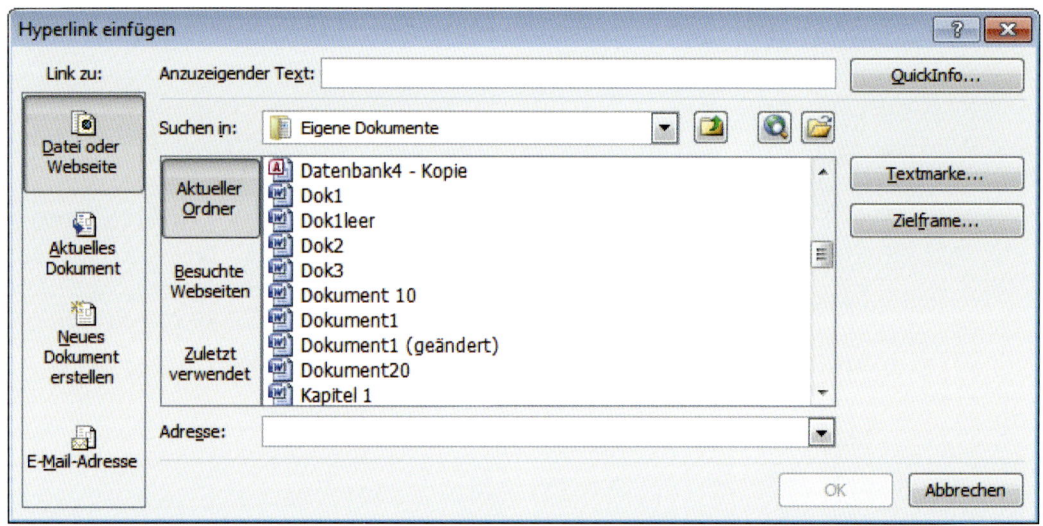

Abbildung 19.7 Hyperlinks können zu einer Datei oder Webseite führen.

Link zu aktuellem Dokument

Mit der Option *Aktuelles Dokument* in der Leiste *Link zu* können Sie ein Sprungziel innerhalb des aktuellen Dokuments festlegen. Auch hier müssen Sie entweder bereits Textmarken im Dokument eingefügt oder die Standardvorlagen für die Überschriften benutzt haben (→ Abbildung 19.8). Sie können dann unter den so gekennzeichneten Stellen die gewünschte auswählen.

Link zu neuem Dokument

Die Option *Neues Dokument erstellen* in der Leiste *Link zu* ist eher für den Einsatz auf dem lokalen System oder einem Intranet gedacht. Hiermit wird eine neue Datei erstellt (→ Abbildung 19.9). Den Namen für die Datei können Sie im entsprechenden Feld angeben und den Speicherort dafür über die Schaltfläche *Ändern* festlegen.

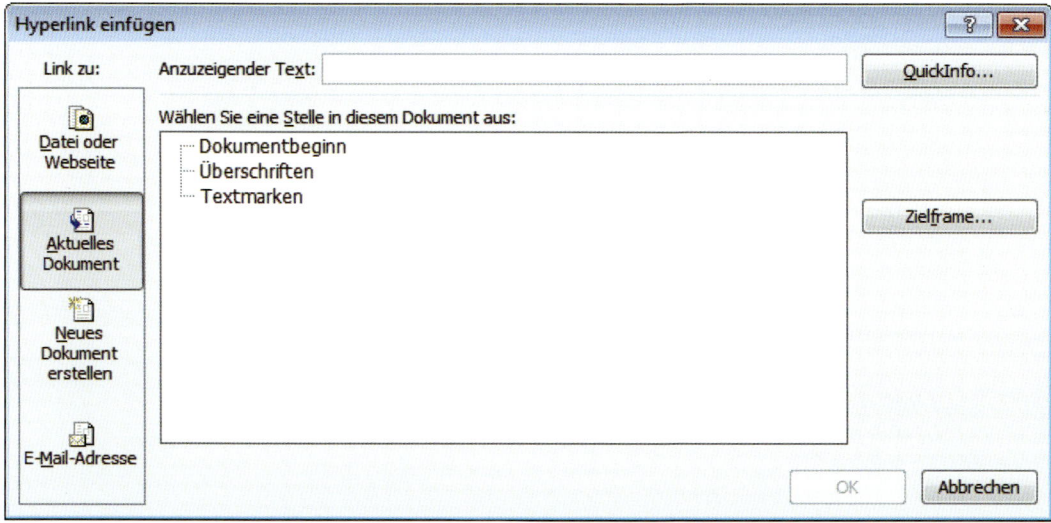

Abbildung 19.8 Auch eine Navigation im aktuellen Dokument ist möglich.

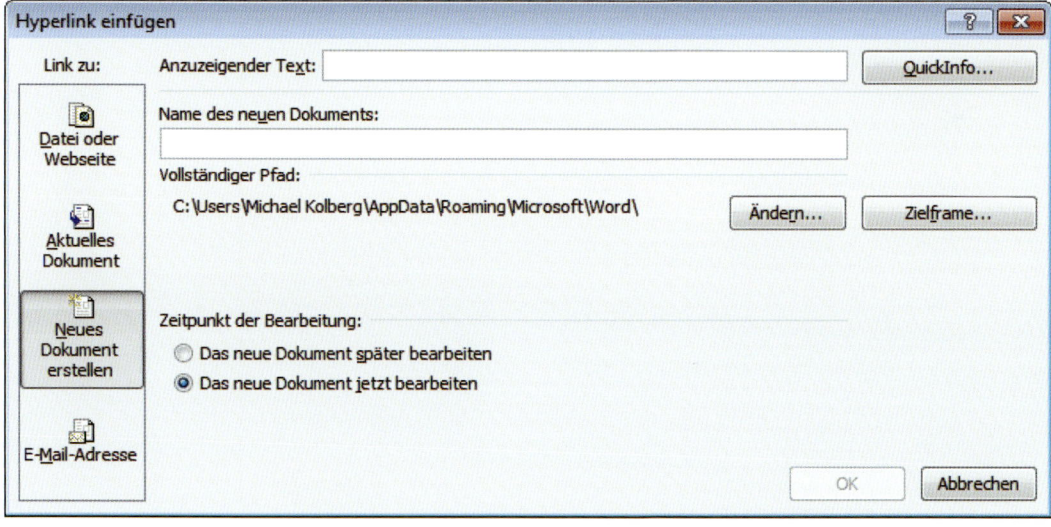

Abbildung 19.9 Über einen Hyperlink kann auch ein neues Dokument erstellt werden.

Link zu E-Mail-Adresse

Mit der Option *E-Mail-Adresse* in der Leiste *Link zu* erstellen Sie einen Hyperlink, der den E-Mail-Editor des Benutzers öffnet (→ Abbildung 19.10). Die Adresse, die Sie im Feld *E-Mail-Adresse* festlegen, wird dann im Mail-Formular bereits angezeigt. Beispielsweise können Sie hier Ihre eigene Adresse angeben, wenn Sie dem Betrachter Ihrer Webseite eine bequeme Möglichkeit bieten wollen, mit Ihnen Kontakt aufzunehmen. Sie können auch gleich einen *Betreff* vorgeben.

Automatische Hyperlinks

Wenn Sie eine E-Mail- oder eine andere Internetadresse in das Dokument eingeben, wird daraus in der Grundeinstellung ein Hyperlink erzeugt, nachdem Sie ein anschließendes Leerzeichen oder einen Punkt hinzugefügt haben. Wenn Sie dies nicht wünschen, wählen Sie im Kontextmenü zum Hyperlink den Befehl *Hyperlink entfernen* aus.

TIPP Sie können diese Automatik auch generell abschalten: Wählen Sie in den *Word-Optionen* die Kategorie *Dokumentprüfung*. Klicken Sie auf die Schaltfläche *AutoKorrektur-Optionen* und öffnen Sie die Registerkarte *AutoFormat während der Eingabe*. Deaktivieren Sie das Kontrollkästchen *Internet- und Netzwerkpfade durch Hyperlinks* und bestätigen Sie mit *OK*.

Sie können auch einen Hyperlink rasch erstellen, ohne das Dialogfeld *Hyperlink einfügen* verwenden zu müssen, indem Sie im Zieldokument einen Bereich markieren und ihn in das Word-Dokument ziehen. Klicken Sie mit der rechten Maustaste auf das markierte Element, ziehen Sie es – falls erforderlich mit dem Umweg über die Taskleiste – an die Stelle im Dokument, an der Sie einen Hyperlink hinzufügen möchten. Sobald Sie die Maustaste loslassen, werden Einfügeoptionen angezeigt. Wählen Sie darin den Befehl *Hyperlink hier erstellen*.

Hyperlink-QuickInfo festlegen

Auf allen Registerkarten des Dialogfeldes *Hyperlink einfügen* finden Sie die Schaltfläche *QuickInfo*, über die Sie das Dialogfeld *Hyperlink-QuickInfo festlegen* öffnen (→ Abbildung 19.11). Hier lässt sich ein zusätzlicher Text angeben, der angezeigt wird, wenn der Mauszeiger auf dem Hyperlink ruht.

Abbildung 19.11 Eine QuickInfo enthält zusätzliche Informationen zum Hyperlink.

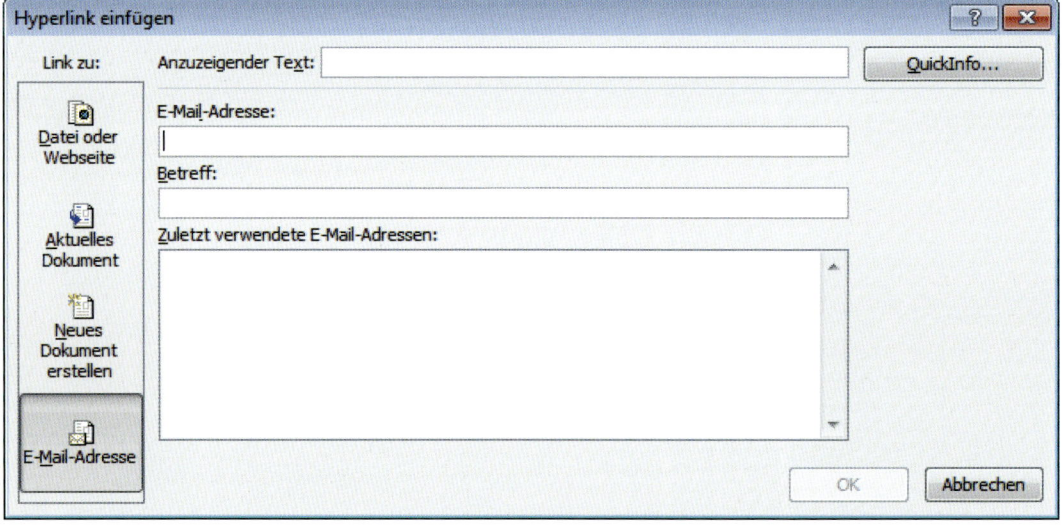

Abbildung 19.10 Ein Hyperlink kann auch das Fenster zum Erstellen einer neuen E-Mail-Nachricht öffnen.

TIPP Sie können einen eingefügten Hyperlink in Microsoft Word testen, indem Sie mit gedrückter `Strg`-Taste auf den betreffenden Hyperlink klicken.

19.3 Wissenschaftliche Formeln

Dieser Abschnitt beschäftigt sich mit einem speziellen Themenbereich – der Darstellung von mathematischen und wissenschaftlichen Gleichungen und ähnlichen Ausdrücken. Die Vorteile eines solchen Werkzeugs wird jeder verstehen, der einmal versucht hat, eine komplexere Formel als nur $E = m * c^2$ auf dem Bildschirm zu notieren. Schon ein etwas längerer Bruchstrich kann hier bei Verwendung eines normalen Textverarbeitungsprogramms Schwierigkeiten machen, geschweige denn die Eingabe komplexerer Exponenten, Integralzeichen, Sonderzeichen und Ähnlichem. Die Verwendung eines geeigneten Grafikprogramms macht vielleicht die anfängliche Eingabe leichter, Komplikationen treten aber dann auf, wenn man das Ergebnis später korrigieren möchte. Bei Verwendung eines Programms wie Word ist die Durchführung solcher Aufgaben ungleich einfacher. Da sich jedoch wohl nur ein kleiner Anwenderkreis mit solchen Problemen auseinander setzen muss, werden wir dieses Kapitel etwas kürzer halten. Ein kurzer Überblick über einige wichtige Funktionen und Fähigkeiten des Programmbereichs soll hier genügen.

Zunächst werden wir Ihnen die wesentlichsten Grundbegriffe der Arbeit mit diesem Programmbereich aufzeigen. Dann werden wir Ihnen zeigen, wie man eine Formel von Grund auf selbst erstellt oder aus den vorhandenen Bausteinen heraus editiert. Schließlich liefern wir Ihnen noch einige Anmerkungen zum Positionieren und Formatieren der Formel im Dokument.

19.3.1 Der Formelkatalog

π Formel ▾ Um eine Formel in einem Dokument einzufügen, setzen Sie die Einfügemarke an die gewünschte Stelle im Dokument. Sie brauchen dafür nicht durch Drücken von `↵` einen neuen Absatz zu erzeugen, sondern können auch – wenn beispielsweise die Formel in eines Zeile des Textes erscheinen soll – die Einfügemarke mitten in einen Absatz setzen. Öffnen Sie dann die Liste zur Schaltfläche *Formeln* in der Gruppe *Symbole* auf der Registerkarte *Einfügen*. In dieser Liste

finden Sie regelmäßig verwendete oder vorformatierte Formeln (→ Abbildung 19.12). In vielen Fällen empfiehlt es sich, diese Liste einmal durchzusehen. Möglicherweise finden Sie darin eine Formel, die der gewünschten zumindest ähnelt. Sie können diese dann nach dem Einfügen editieren.

ACHTUNG Vertrauen Sie den hier angezeigten Formeln nur bedingt: Beispielsweise hat sich hier beim *Binomischen Lehrsatz* ein kleiner Fehler eingeschlichen.

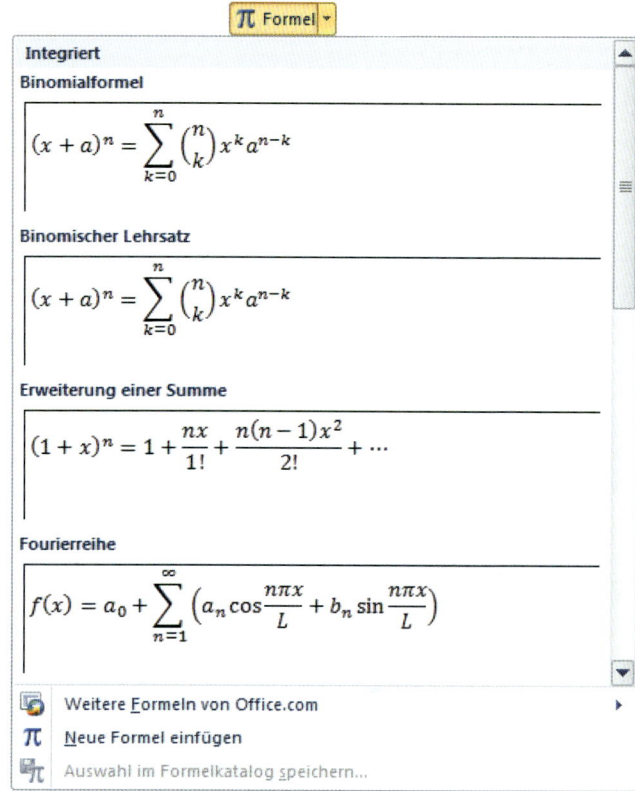

Abbildung 19.12 Der Katalog der Formeln

Nach der Wahl einer Formel wird diese in einem separaten Feld eingefügt (→ Abbildung 19.13). Beachten Sie auch gleich, dass eine kontextbezogene Registerkarte mit der Bezeichnung *Formeltools/Entwurf* im Menüband angezeigt wird, solange dieses Formelfeld markiert ist.

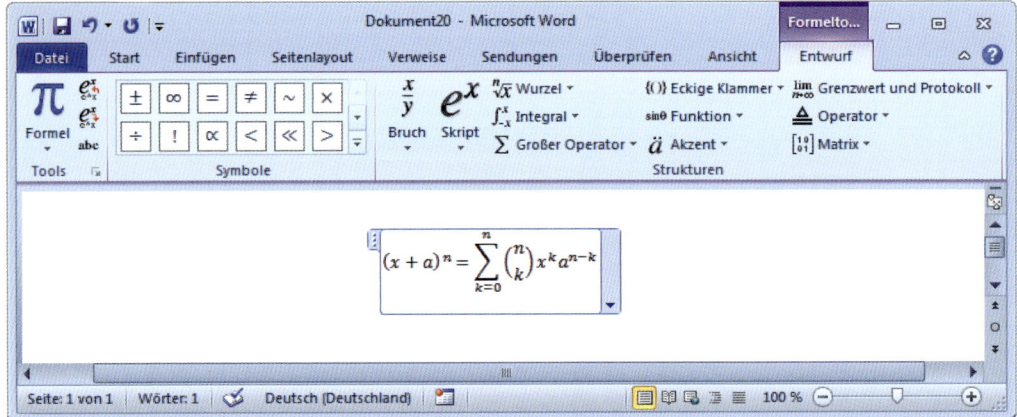

Abbildung 19.13 Eine Formel wurde eingefügt.

Die Formel wird in einem Eingabebereich angezeigt. Durch einen Klick auf die kleine Schaltfläche mit den drei Punkten am linken Rand können Sie diesen Bereich insgesamt markieren. Dieser Eingabebereich verfügt über ein eigenes Menü, das Sie durch einen Klick auf die Pfeilspitze rechts unten im Rahmen anzeigen lassen können (→ Abbildung 19.14). Auf die Befehle darin werden wir noch eingehen.

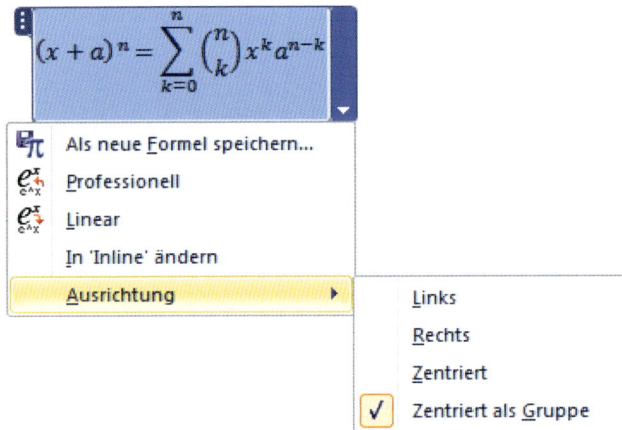

Abbildung 19.14 Die Liste der Befehle zu einer eingefügten Formel

Direkt nach dem Einfügen oder immer dann, wenn die Formel insgesamt markiert ist, können Sie über die Liste zur Schaltfläche *Formel* in der Gruppe *Tools* die gesamte Formel durch eine andere aus dem Katalog ersetzen.

19.3.2 Ansichten für Formeln

Für die Darstellung einer Formel gibt es drei Alternativen: *Professionell*, *Linear* und *Normaler Text*.

Professionell

Über den Katalog *Formel* eingefügte Formeln werden gleich in der Ansicht *Professionell* angezeigt. Das ist auch die Form, in der man sich wahrscheinlich die Darstellung wünscht (→ Abbildung 19.15 oben). Sie können Änderungen an der Formel direkt in dieser Ansicht vornehmen. Wenn Sie die Einfügemarke in die Forman setzen, können Sie die einzelnen Elemente schnell über die Pfeiltasten → und ← ansteuern.

Linear

Die Ansicht *Linear* ist eher zum Durchführen von Änderungen geeignet - jedenfalls bei einigen Formeln. In dieser Ansicht werden die Elemente der Formel in einer Zeile geschrieben (→ Abbildung 19.15 unten). Neben den Zeichen, die Sie auch in der Ansicht *Professionell* sehen, finden Sie in dieser Zeile zusätzliche Zeichen, die die Position der Elemente in der Formel steuern. Beispielsweise bewirkt ein Unterstrich _ zwischen dem Σ-Zeichen und dem nachfolgenden Ausdruck *(k=0)*, dass *k=0* als Startwert unter das Σ-Zeichen gesetzt wird, der dann folgende Ausdruck ^n setzt den Endwert *n* über das Σ-Zeichen. Diese Ansicht kann in vielen Fällen das Editieren erleichtern, da Sie dabei nicht - wie bei der Ansicht *Professionell* - auf die Position der einzelnen Elemente achten müssen.

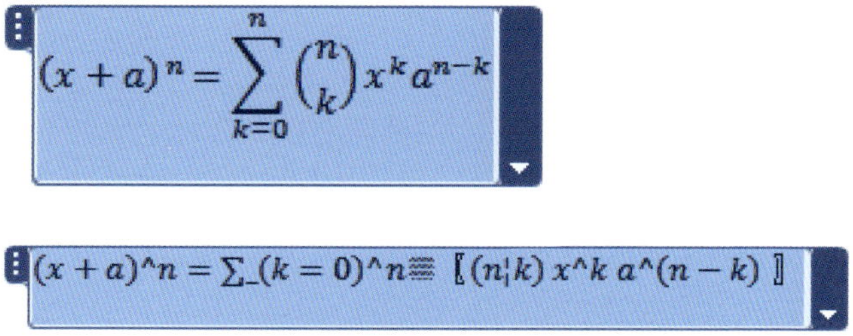

$$(x + a)^n = \sum_{k=0}^{n} \binom{n}{k} x^k a^{n-k}$$

$(x + a)^{\wedge} n = \sum\_(k = 0)^{\wedge} n \equiv [(n \mid k) \, x^{\wedge} k \, a^{\wedge}(n - k)]$

Abbildung 19.15 Die Ansichten *Professionell* und *Linear*

Sie brauchen sich die Wirkung aller dieser Zeichen nicht gezielt zu merken. Die selten benutzten vergisst man sowieso wieder, die häufiger verwendeten prägen sich nach einiger Zeit automatisch ein.

Normaler Text

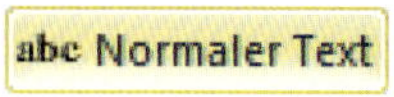

abc Normaler Text Die Ansicht *Normaler Text* kommt zur Wirkung, wenn Sie nichtmathematischen Text in dem mathematischen Bereich der Formel verwenden möchten. Setzen Sie dazu die Einfügemarke an eine geeignete Stelle im Eingabebereich und geben Sie den gewünschten Text ein. Markieren Sie den Text und klicken Sie auf *Normaler Text* (→ Abbildung 19.16). Der Erfolg ist, dass Sie diesen Text mit alle Zeichenformaten im Bereich Zeichen der Registerkarte *Start* formatieren können. Sie können auch die Schriftart wechseln, was für die Elemente der Formel selbst nicht möglich ist.

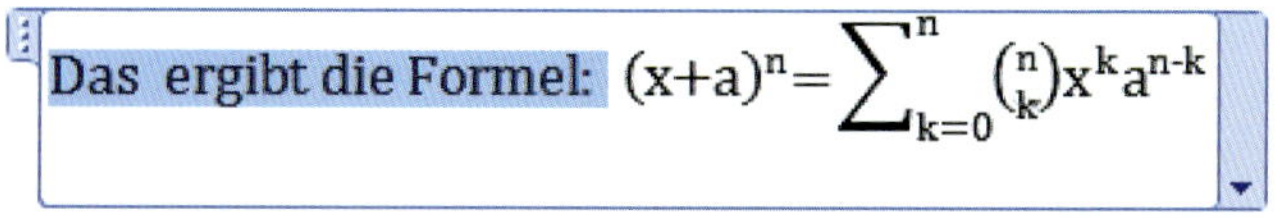

Das ergibt die Formel: $(x+a)^n = \sum_{k=0}^{n} \binom{n}{k} x^k a^{n-k}$

Abbildung 19.16 Normaler Text im Eingabebereich der Formel

19.3.3 Optionen

Durch einen Klick auf das kleine Pfeilsymbol unten rechts in der Gruppe *Tools* lassen Sie das Dialogfeld *Formeloptionen* anzeigen (→ Abbildung 19.17). Sie finden darin eine Reihe von Einstellungen vor, auf die wir hier nicht weiter eingehen können. Von einer gewissen Bedeutung sind aber die Schaltflächen in diesem Dialogfeld.

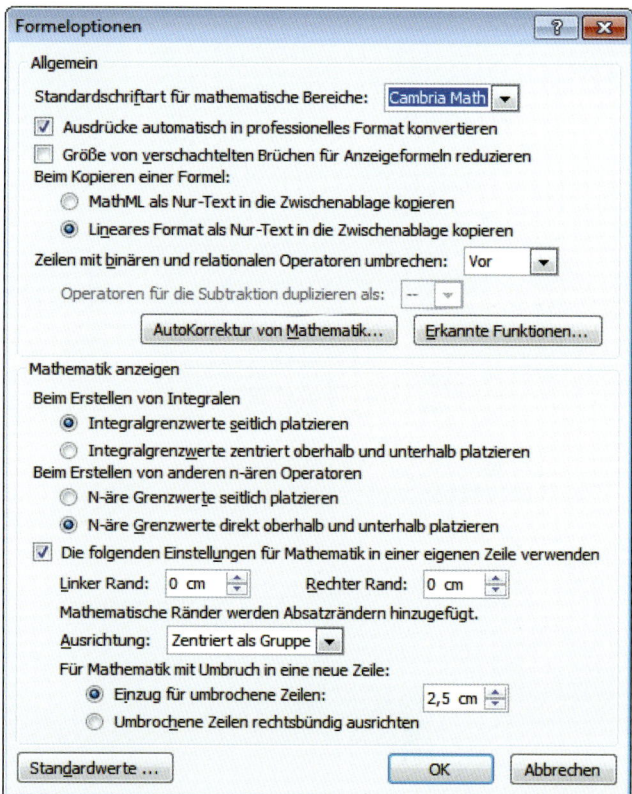

Abbildung 19.17 Die Formeloptionen

AutoKorrektur für Mathematik

Die Funktion *AutoKorrektur* kennen Sie schon (→ Kapitel 10). Wenn Sie im Dialogfeld *Formeloptionen* auf die Schaltfläche *AutoKorrektur für Mathematik* klicken, wird die gleichnamige Registerkarte des Dialogfelds *AutoKorrektur* angezeigt (→ Abbildung 19.18). Im Hauptbereich des Fensters finden Sie unter *Ersetzen* eine Liste von Eingaben, die durch die Elemente in der Liste unter *Durch* ersetzt wird.

» Standardmäßig gilt diese Automatik nur für Eingaben, die Sie im Formelbereich vornehmen. Über *AutoKorrekturregeln … in anderen als mathematischen Bereichen verwenden* können Sie das ändern.

» Das automatische Ersetzen wird aber nur durchgeführt, wenn das Kontrollkästchen *Während der Eingabe ersetzen* eingeschaltet ist.

» Darunter finden Sie eine Liste von Codes, die durch die AutoKorrektur in ein mathematisches Zeichen umgewandelt werden. Geben Sie einen dieser Codes gefolgt von einem Trennzeichen ein. Geben Sie beispielsweise nach einem Code ein Satzzeichen ein oder drücken Sie die Taste Leer oder ↵. Bei den Codes muss die Groß-/Kleinschreibung beachtet werden. Damit diese Symbole im Dokument so angezeigt werden, wie im Dialogfeld, wählen Sie auf der Registerkarte *Start* in der Gruppe *Schriftart* die Option *Cambria Math* aus.

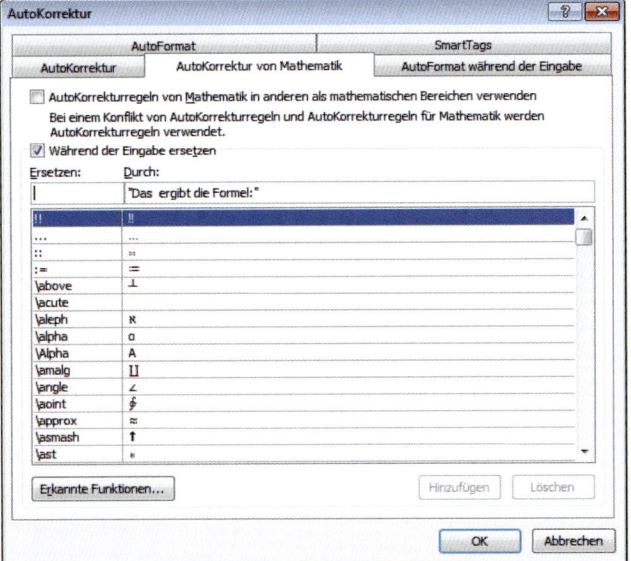

Abbildung 19.18 Die AutoKorrektur für Mathematik

Erkannte Funktionen

Ein Klick auf die Schaltfläche *Erkannte Funktionen* im Dialogfeld *Formeloptionen* liefert eine Liste der mathematischen Ausdrücke, die automatisch erkannt werden (→ Abbildung 19.18). Diese Liste ist bereits sehr ausführlich. Sie können aber auch weitere Ausdrücke hinzufügen.

19.3.4 Formeln selbst erstellen

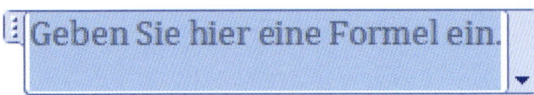

In vielen Fällen werden Sie eigene Formeln erstellen wollen bzw. müssen. Sie können einerseits Formeln von Grund auf selbst aufbauen. Dazu wählen Sie im Katalog zur Schaltfläche *Formel* die Option *Neue Formel einfügen*. Ein Eingabefeld mit der Bezeichnung *Geben Sie hier eine Formel ein* wird angezeigt (→ Abbildung 19.20).

Abbildung 19.20 Eine Formel eingeben

Einfache Formeln

Sie können zum Erstellen einer einfachen Formel direkt über die Tastatur arbeiten und die Formel damit aufbauen. Dies empfiehlt sich aber nur bei rein linearen Ausdrücken –

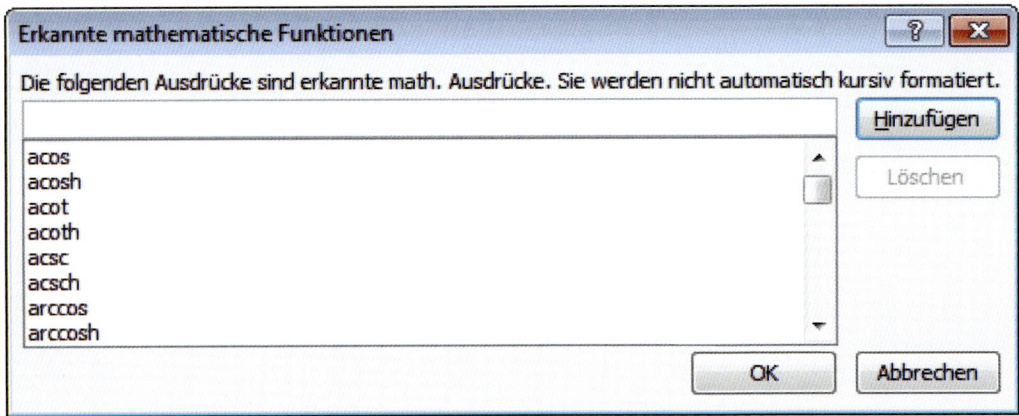

Abbildung 19.19 Erkannte mathematische Funktionen

Typ/Element	Linear	Professionell
Lineare Gleichung	$p * v = const.$	$p * v = const.$
Brüche	$\alpha = \pi/2$	$\alpha = \dfrac{\pi}{2}$
Exponenten	$E = m * c\verb|^|2$	$E = m * c^2$
Indizes	$m\_0 = m\_1 + m\_2$	$m_0 = m_1 + m_2$
Klammern	$K = \kappa * (m\_1 * m\_2)/r\verb|^|2$	$K = \kappa * \dfrac{m_1 * m_2}{r^2}$

Tabelle 19.3 Direkte Eingabe über die Tastatur; beachten Sie die Unterschiede zwischen den Ansichten *Linear* und *Professionell*.

beispielsweise bei einer Gleichung wie *p * v = const.* – oder ähnlich einfachen Dingen. Schreiben Sie die Gleichung einfach in der Ansicht *Linear* und schalten Sie dann später zu *Professionell* um. Verwenden Sie das Zeichen / für Brüche, ^ für Exponenten und _ für Indizes (→ Tabelle 19.3).

An die Eingabe von Leerzeichen brauchen Sie dabei nicht zu denken: Die Ansicht *Professionell* fügt automatisch Lücken an den entsprechenden Stellen ein.

Sonderzeichen

Sonderzeichen – etwa mathematische Zeichen wie ⊕, ↓ oder ⊹, griechische Buchstaben wie α, β, γ sowie diverse andere Sonderzeichen – können Sie über den Katalog in der Gruppe *Symbole* einfügen. Eigentlich handelt es sich hier um mehrere Kataloge, zwischen denen Sie über das Listenfeld in der Überschriftenzeile wechseln können (→ Abbildung 19.21 und Tabelle 19.4).

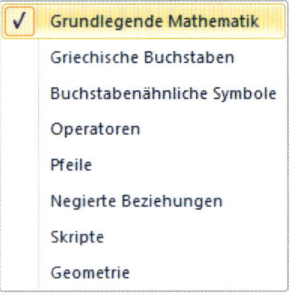

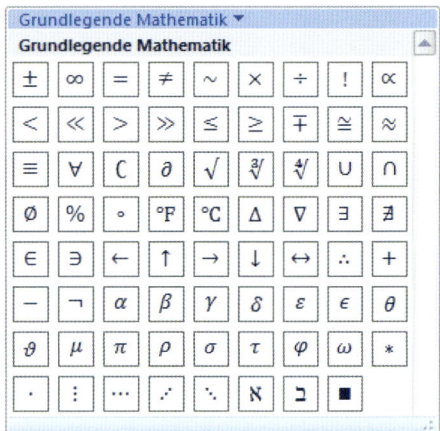

Abbildung 19.21 Der Katalog und zwei Listenfelder dazu

Setzen Sie vor dem Einfügen eines solchen Sonderzeichens die Einfügemarke an die gewünschte Stelle.

TIPP Griechische Buchstaben und andere Sonderzeichen können Sie dank der *AutoKorrektur für Mathematik* ebenfalls direkt über die Tastatur eingeben (→ oben). Beispielsweise bewirkt die Eingabe \alpha die Anzeige α. So wird aus \alpha \approx \beta nach dem Tippen des nächsten Leerzeichens der Ausdruck α ≈ β.

Symbolgruppe	Beinhaltet
Grundlegende Mathematik	Häufig verwendete mathematische Symbole, wie z.B. > und <
Griechische Buchstaben	Kleinbuchstaben und Großbuchstaben des griechischen Alphabets
Buchstabenähnliche Symbole	Symbole, die Buchstaben ähneln
Operatoren	*Allgemeine binäre Operatoren* für Symbole, die auf zwei Werten operieren, wie z.B. + und ⊹, *Allgemeine relationale Operatoren* für Symbole, die eine Beziehung zwischen zwei Ausdrücken bezeichnen, wie z.B. = und ~, *Grundlegende N-äre Operatoren* für Operatoren, die für eine Reihe von Variablen oder Begriffen ausgeführt werden, *Erweiterte Binäroperatoren* für zusätzliche Symbole, die auf zwei Werten operieren und *Erweiterte relationale Operatoren* für zusätzliche Symbole, die eine Beziehung zwischen zwei Ausdrücken bezeichnen
Pfeile	Symbole, die eine Richtung anzeigen
Negierte Beziehungen	Symbole, die eine negierte Beziehung bezeichnen
Skripte	*Skripte* für die mathematische Skriptschriftart, *Frakturen* für die mathematische Frakturschriftart, *Mit Doppellinie* für Zeichen mit Doppellinien
Geometrie	Häufig verwendete geometrische Symbole

Tabelle 19.4 Die Symbolgruppen beinhalten auch komplexe Elemente.

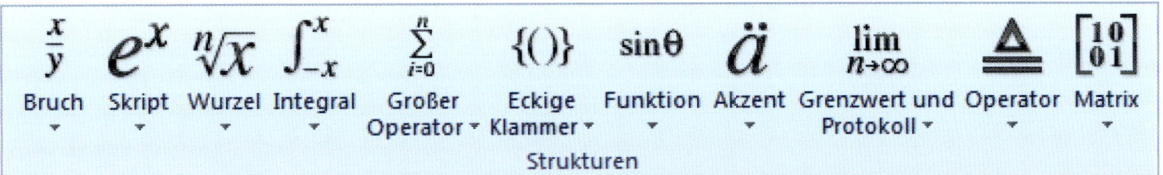

Abbildung 19.22 Die Gruppe *Strukturen* liefert die Grundelemente für komplexe mathematische Ausdrücke.

Strukturen

Für etwas komplexere Bestandteile in der Formel sollten Sie die Elemente aus den Katalogen der Gruppe *Strukturen* verwenden (→ Abbildung 19.22). Dazu gehören beispielsweise Brüche in unterschiedlicher Form, aber auf jeden Fall Elemente wie Wurzelzeichen, Integrale, Summen usw.

Auch hier empfiehlt es sich manchmal, zunächst mit der Ansicht *Linear* zu arbeiten. Setzen Sie die Einfügemarke an die gewünschte Stelle in der Gleichung und wählen Sie in der jeweiligen Liste die gewünschte Struktur aus (→ Abbildung 19.23).

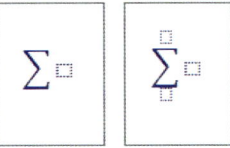

Beachten Sie, dass es für viele Symbole verschiedene Varianten gibt. Beispielsweise können Sie das Σ-Zeichen entweder nur mit einem Argument oder aber gleich mit Platzhaltern für den Start- und den Endwert oder nur mit einem Startwert auswählen. Diese Platzhalter werden im Katalog und auch nach dem Einfügen durch ein kleines graues Rechteck symbolisiert. Ähnliches gilt für das a-Symbol oder das $\sqrt{\ }$-Symbol. Wählen Sie die für Sie am besten geeignete Form. In Zweifelsfällen sollten Sie die Variante mit den meisten Platzhaltern benutzen, da Sie die Platzhalter anschließend auch löschen können.

Platzhalter einsetzen

Nachdem Sie eine mit Platzhaltern versehene Struktur eingefügt haben, müssen Sie die Platzhalter noch durch konkrete Daten ersetzen (→ Abbildung 19.24 oben). Zum Markieren eines Platzhalters können Sie ihn über die Maus markieren. Oft ist es aber einfacher, die Einfügemarke zuerst vor die Struktur zu setzen und dann die Taste `Pfeil rechts` so oft zu drücken, bis der zu ersetzende Platzhalter markiert ist. Geben Sie dann den gewünschten Wert ein (→ Abbildung 19.24 Mitte).

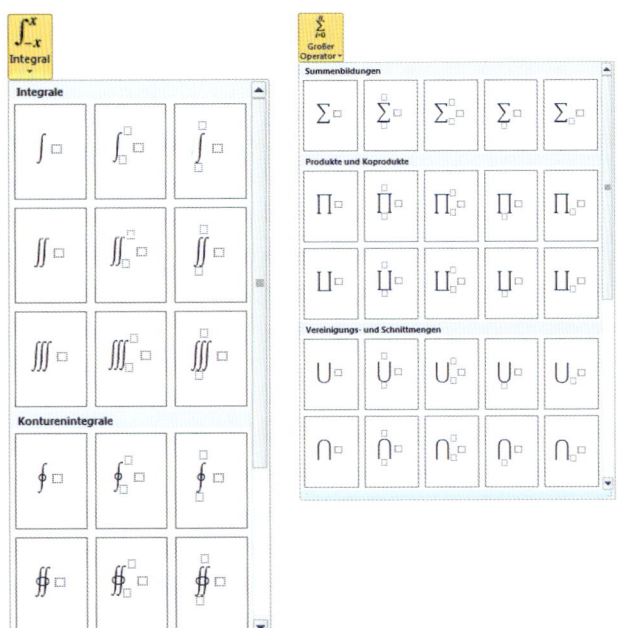

Abbildung 19.23 Die Kataloge zu *Integral* und *Großer Operator*

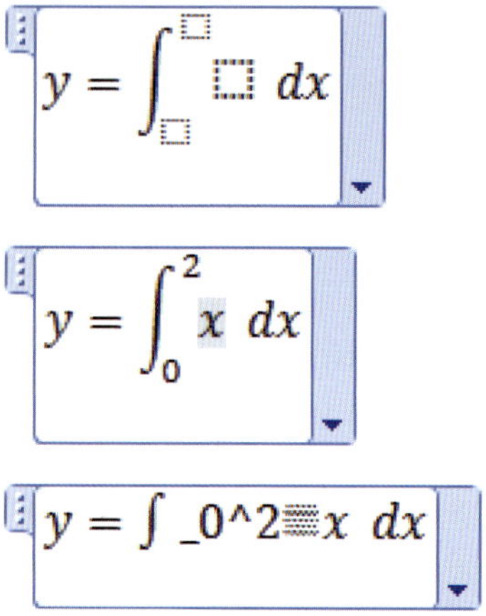

$$y = \int_{\square}^{\square} \square \, dx$$

$$y = \int_{0}^{2} x \, dx$$

$$y = \int \_0\char`^2\equiv x \ dx$$

Abbildung 19.24 Platzhalter ersetzen und die Ansicht *Linear*

Sie können dafür auch die Ansicht *Linear* benutzen, allerdings werden beim Verwenden der eben angesprochenen Strukturen darin Symbole verwendet, an deren Bedeutung Sie sich erst gewöhnen müssen (→ Abbildung 19.24 unten). Wenn Sie in dieser Ansicht arbeiten, schalten Sie häufiger um zur Ansicht *Professionell*, um den Erfolg zu kontrollieren.

19.3.5 Formel editieren

Mit denselben Methoden können Sie eine vorhandene Formel auch editieren. Beachten Sie die folgenden Punkte:

» Wenn Sie einen Bestandteil einer Formel löschen wollen, markieren Sie ihn besser zuerst und löschen Sie ihn dann mit der Taste `Entf`. Wenn Sie stattdessen die `Rück`-Taste benutzen, kommen Sie leicht durcheinander. Denken Sie auch daran, eventuell davorgestellte Positionierungszeichen – wie _ oder ^ – ebenfalls zu löschen, da diese sich sonst auf das jeweils nachfolgende Element beziehen und dessen Position ändern würden.

» Sie können auch einzelne Bestandteile aus der Formel selbst oder einer anderen Formel in eine Formel

kopieren. Markieren Sie den Bestandteil wie üblich über die Maus oder – besser – nach dem Drücken von `F8` über die Pfeiltasten (→ Kapitel 4). Benutzen Sie dann die Befehle in der Gruppe *Zwischenablage* der Registerkarte *Start* oder Tastenkombinationen.

» Schalten Sie häufiger um zur Ansicht *Professionell*, um den Erfolg zu kontrollieren.

19.3.6 Eine neue Formel speichern

Wenn Sie den etwas mühsamen Weg zum Erstellen einer eigenen Formel beschritten haben, können Sie sie speichern, um sie später wieder verwenden zu können. Dies empfiehlt sich auch dann, wenn Sie später lediglich Abwandlungen der Formel benötigen. Öffnen Sie die Liste der Befehle für den Eingabebereich und wählen Sie *Als neue Formel speichern* (→ Abbildung 19.14 auf Seite 514). Geben Sie im Dialogfeld *Neuen Baustein erstellen* einen Namen für die Formel ein.

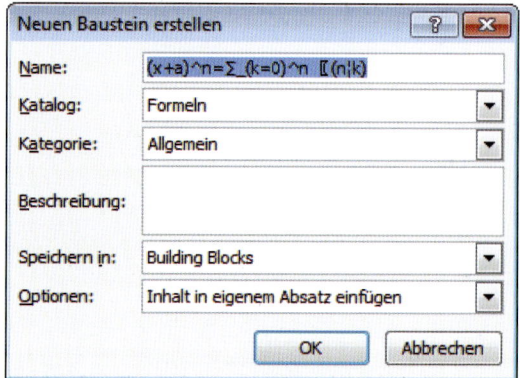

Abbildung 19.25 Eine Formel speichern

Sie können die so gespeicherte Formel später über den Katalog zur Schaltfläche *Formel* wieder auf den Bildschirm bringen.

19.3.7 Die Formeln im Dokument

Nachdem wir uns mit dem Aufbau von Formeln beschäftigt haben, geht es in diesem letzten Abschnitt um das Einfügen des Ergebnisses in das Dokument.

Die Position im Text

Hinsichtlich der Frage, wo die Formel im Text auftauchen soll, gibt es zwei Alternativen: *Anzeige* und *Inline*.

» Einerseits können Sie die Formel direkt in die Textzeile setzen. Dazu wählen Sie *In ‚Inline' ändern* im Menü zum Eingabebereich für die Formel (→ Abbildung 19.26). Diese Form wird auch automatisch eingestellt, wenn sich die Einfügemarke vor dem Einfügen der Formel in einem bereits vorhandenen Absatz befand. Beachten Sie, dass sich bei Formeln, die sich in der Mitte eines längeren Textabsatzes befinden, der Zeilenabstand in diesem Absatz automatisch an die Höhe der Formel anpasst. Diese Form erlaubt auch einen – nicht unbedingt gewünschten – Zeilenumbruch in der Formel.

Ein solches Problem können Sie mit Hilfe des binomischen Lehrsatzes angehen. Das Erlebnis lautet dann: $(x + a)^n = \sum_{k=0}^{n} \binom{n}{k} x^k a^{n-k}$. Sie müssen dann nur noch die Werte für die einzelnen Parameter eingeben.

Abbildung 19.26 Eine ‚Inline'-Formel positioniert diese direkt in den Text. Beachten Sie aber den vergrößerten Zeilenabstand.

» Wenn Ihnen diese Form der Anzeige nicht gefällt, können Sie alternativ zur Option *In ‚Anzeige' ändern* zurückkehren. Der Eingabebereich erscheint dann wie ein separater Absatz innerhalb des Textes (→ Abbildung 19.27).

Ein solches Problem können Sie mit Hilfe des binomischen Lehrsatzes angehen. Das Erlebnis lautet dann:

$$(x + a)^n = \sum_{k=0}^{n} \binom{n}{k} x^k a^{n-k}$$

Sie müssen dann nur noch die Werte für die einzelnen Parameter eingeben.

Abbildung 19.27 Eine ‚Anzeige'-Formel wird zwischen die Textabschnitte eingefügt. Der Zeilenabstand wird nicht vergrößert.

Standardmäßig wird die Formel bei der Option *In ‚Anzeige' ändern* zunächst auf der Seite zentriert. Sie können die Position der Formel in der Zeile des Dokuments über die Optionen zu *Ausrichtung* ändern (→ Abbildung 19.14 auf Seite 514).

19.3.8 Weitere Formatierungsaufgaben

Abschließend wollen wir Ihnen noch einige Hinweise zur weiteren Formatierung einer Formel liefern.

Zeichenformate

Die standardmäßig verwendete Schriftart *Cambria Math* ist eine Serifenschrift, die speziell für die Darstellung kleiner Schriftgrößen mit ausgeglichenen Abständen entwickelt wurde. Diese Eigenarten finden Sie bei den normalerweise auf Ihrem Rechner installierten Schriftarten nicht. Sie können aber ähnliche Schriftarten separat erwerben und auf dem Rechner installieren.

Aus diesem Grund können Sie auch die Schriftparameter für eine Formel mit den üblichen Methoden über die Gruppe *Schriftart* in der Registerkarte *Start* nur eingeschränkt ändern. Eine andere Schriftart können Sie beispielsweise zunächst einmal nicht wählen, wohl aber andere Schriftparameter wie Schriftgrad oder Schriftschnitt – wie beispielsweise *Fett* – oder eine andere Farbe. Markieren Sie die Formel oder den Teilbereich davon zuerst.

Wenn Sie unbedingt eine andere Schriftart verwenden wollen, können Sie sich eines Tricks bedienen: Sorgen Sie dafür, dass die Formel in der Ansicht *Professionell* angezeigt wird, markieren Sie sie insgesamt und klicken Sie dann auf die Schaltfläche *Normaler Text*. Jetzt können Sie über die Gruppe *Schriftart* in der Registerkarte *Start* eine andere Schrift auswählen (→ Abbildung 19.28). Beachten Sie aber, dass Sie damit die Qualitäten der Schriftart *Cambria Math* verlieren. Unter Umständen müssen Sie die Größen der einzelnen Elemente der Formel nachträglich noch individuell regulieren.

Abbildung 19.28 *Normaler Text* und Schriftart *Arial*

Nummerierung von Formeln

Wenn Sie mit vielen Formeln im Dokument arbeiten, wird noch der Aspekt einer fortschreitenden Nummerierung der Formeln wichtig. Damit können Sie auf einzelne Formeln verweisen. Im Allgemeinen benutzt man dazu eine Nummer rechts neben der Formel. Diese können Sie am einfachsten positionieren, indem Sie die Formel in eine Tabelle mit einer Zeile und zwei Spalten setzen (→ Abbildung 19.29). Die Rahmenlinien der Tabelle können Sie später abschalten.

Abbildung 19.29 Die Formeln nummerieren

Die Nummern können Sie entweder manuell eingeben. Bei umfangreichen Werken empfiehlt es sich aber, über den Befehl *Beschriftung einfügen* in der Gruppe *Beschriftungen* auf der Registerkarte *Verweise* zu arbeiten (→ Kapitel 10). Damit erreichen Sie eine automatische Nummerierung.

19.4 Organigramme

Zur Darstellung von Organigrammen werden Sie zwar in aller Regel SmartArts verwenden, allerdings ist für bestimmte Aufgaben das klassische *Microsoft Organigramm* besser geeignet, da es flexibler ist. Ein Organigramm ist ein Diagramm einer Berichtshierarchie, das allgemein dazu verwendet wird, die Beziehungen zwischen Mitarbeitern, Titeln und Gruppen darzustellen.

Dafür gibt es auch noch das früher unter Microsoft Organigramm 2.0 bekannte Werkzeug. Dieses trägt jetzt den Namen *Organigramm-Add-In für Microsoft Office-Programme*. Es wird nicht automatisch bei der Installation von Office 2010 installiert. Seit der ersten Version wurde das Programm kaum verändert. Es ist auch nicht geplant, die Funktionalität wesentlich zu erweitern. In Word 2010 können Sie es als separates Add-In in das Programm integrieren.

19.4.1 Installieren von Organigramm

Wir sagten es gerade: Organigramm wird nicht automatisch installiert und Sie müssen die Installation erst nachholen. Beenden Sie alle Office-Programme und klicken Sie in der Systemsteuerung auf das Modul *Programme und Funktionen*. Markieren Sie den Eintrag *Microsoft Office 2010* und klicken Sie dann auf *Ändern*. Wählen Sie dann *Features hinzufügen oder entfernen* und klicken Sie dann auf *Weiter*. Öffnen Sie den Knoten zu *Microsoft PowerPoint*, klicken Sie auf die Schaltfläche neben *Organigramm-Add-In für Microsoft Office-Programme* und wählen Sie dann *Vom Arbeitsplatz starten*. Klicken Sie abschließend auf *Weiter*. Nachdem Organigramm installiert ist, können Sie es öffnen.

19.4.2 Arbeiten mit Organigramm

Der Darstellungsbereich des Programms reicht von einfachen Strukturen bis zu großen und komplexen Diagrammen, die auf Informationen aus einer externen Datenquelle basieren. Die einzelnen Elemente in einem Organigramm können grundlegende Informationen – wie beispielsweise Name und Titel einer Person – oder weitere Details dazu – beispielsweise die Abteilung und die Kostenstelle – anzeigen. Sie können auch Bilder hinzufügen.

Programmfenster anzeigen

Nach der Installation von Organigramm klicken Sie auf der Registerkarte *Einfügen* in der Gruppe *Text* auf *Objekt* und klicken Sie auf *Organigramm-Add-In für Microsoft Office-Programme*. Die Oberfläche wird in einem separaten Fenster angezeigt (→ Abbildung 19.30).

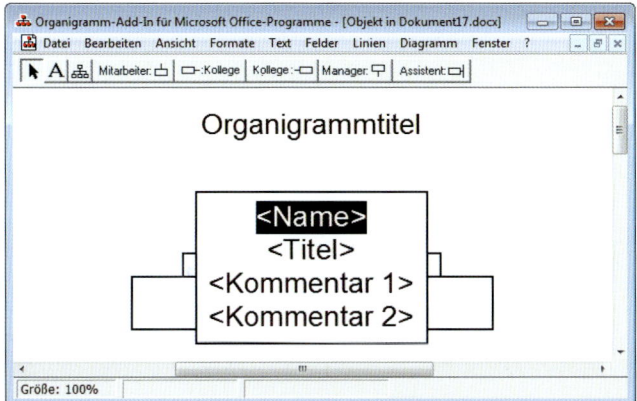

Abbildung 19.30 Auch das alte Microsoft Organigramm 2.0 steht noch zur Verfügung.

Ein einfaches Organigramm

Standardmäßig erscheint nach dem Starten des Programms ein kleines Organigramm mit einem Titel und Kästchen für einen Manager und drei Mitarbeiter. Das Kästchen für den Manager ist bereits geöffnet und zeigt die Platzhalter *‹Name›*, *‹Titel›*, *‹Kommentar 1›* und *‹Kommentar 2›*. Sie können dann die Daten für den Manager eingeben (→ Abbildung 19.31 oben):

» Ersetzen Sie die vorhandenen Platzhalter mit den gewünschten Bezeichnungen. Dazu klicken Sie auf den Platzhalter und tippen die Bezeichnung ein.

» Nicht benötigte Platzhalter können Sie einfach ignorieren; sie werden im Ergebnis nicht dargestellt. Löschen brauchen Sie sie also nicht.

» Wenn Sie aber eine bereits eingegebene Bezeichnung wieder entfernen wollen, markieren Sie sie und drücken Sie [Entf]. Sie wird dann wieder durch den ursprünglichen Platzhalter ersetzt.

Um die Kästchen für die Mitarbeiter mit Daten zu füllen, gehen Sie entsprechend vor. Klicken Sie – unter Umständen mehrfach – auf das gewünschte Kästchen und geben Sie die Daten ein (→ Abbildung 19.31 unten).

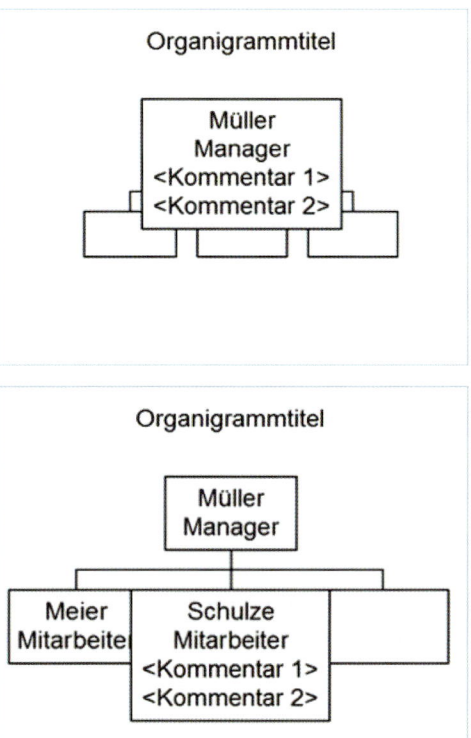

Abbildung 19.31 Ersetzen Sie die Platzhalter durch die gewünschten Bezeichnungen.

Geben Sie dem Organigramm abschließend einen Titel. Wenn das Organigramm damit vollständig ist, können Sie das Fenster für das Organigramm-Add-In schließen. Das Ergebnis der Arbeit erscheint im Dokument. Sie können es als Ganzes mit denselben Methoden formatieren, die Sie schon von Grafikobjekten her kennen (→ Kapitel 17). Klicken Sie beispielsweise mit der rechten

Maustaste auf das Objekt und wählen Sie im Kontextmenü den Befehl *Objekt formatieren* aus.

Wenn Sie anschließend innerhalb des Organigramm-Objekts noch Änderungen durchführen wollen, führen Sie einen Doppelklick darauf aus. Das Fenster für das Organigramm-Add-In wird dann wieder geöffnet und Sie können darin Änderungen oder Erweiterungen vornehmen.

Organigramm erweitern

Sie können die Struktur des Organigramms natürlich noch erweitern. Dazu sorgen Sie dafür, dass das Fenster für das Organigramm-Add-In angezeigt wird. Klicken Sie dann in der Symbolleiste auf die Funktion, die Sie hinzufügen wollen – beispielsweise *Manager*, *Kollege* oder *Assistent*. Klicken Sie dann in der bereits vorhandenen

Struktur auf das Kästchen, dem Sie das neue Element zuordnen möchten. Beispielsweise könnten Sie dem Kästchen *Manager* ein Kästchen *Assistent* zuordnen (→ Abbildung 19.33).

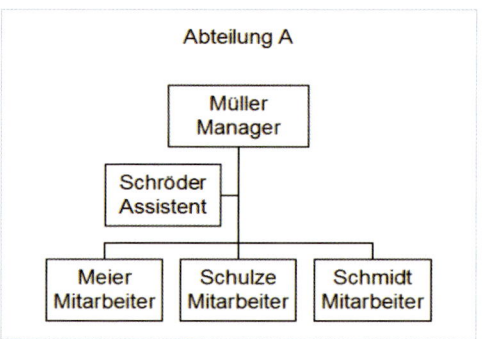

Abbildung 19.33 Ein Assistent wurde dem Manager hinzugefügt.

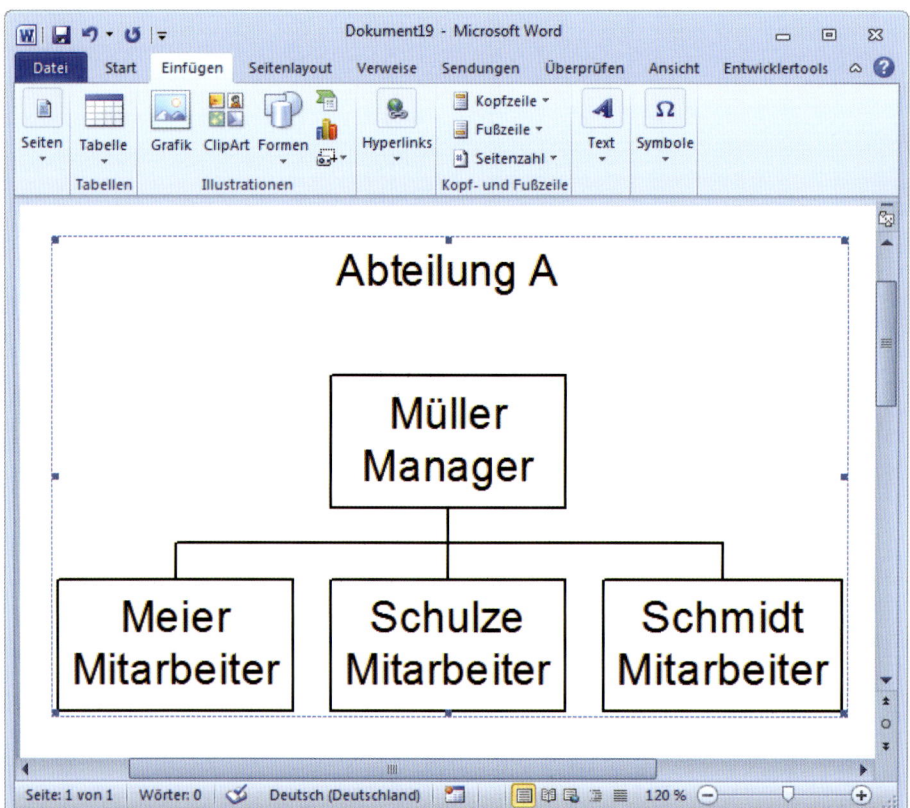

Abbildung 19.32 Das Organigramm im Dokument

Die Grundstruktur ändern

Wenn Sie nicht von der Standardstruktur mit einem Manager und drei Mitarbeitern ausgehen wollen, sondern eine andere Grundstruktur wünschen, verwenden Sie die folgenden Schritte:

» Markieren Sie die bereits vorhandene und zu ersetzende Struktur insgesamt. Dazu können Sie den Befehl *Alles* im Untermenü zu *Auswählen* des Menüs *Bearbeiten* verwenden. Sie können aber auch eine Markierung mit der Maus vornehmen.

» Wählen Sie über das Menü *Formate* eine andere Struktur für das Organigramm (→ Abbildung 19.34).

Diese Technik können Sie auch für Teile des Organigramms einsetzen. Markieren Sie dazu die zu ändernden Elemente vorher.

Organigramm separat speichern

Wenn Sie ein Organigramm nicht nur im aktuellen Word-Dokument, sondern auch an anderen Stellen wiederverwenden wollen, sollten Sie es separat speichern. Dazu verwenden Sie den Befehl *Kopie speichern unter* im Menü *Datei* des Fensters für das Organigramm-Add-In.

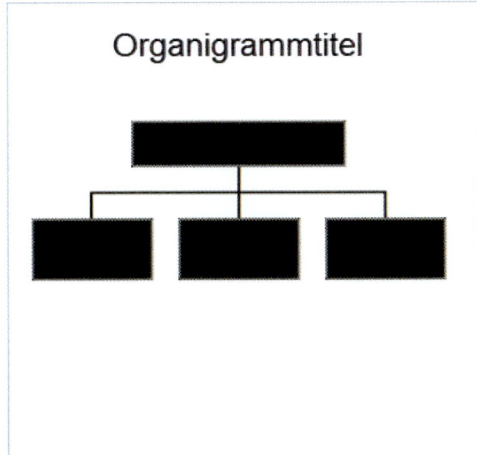
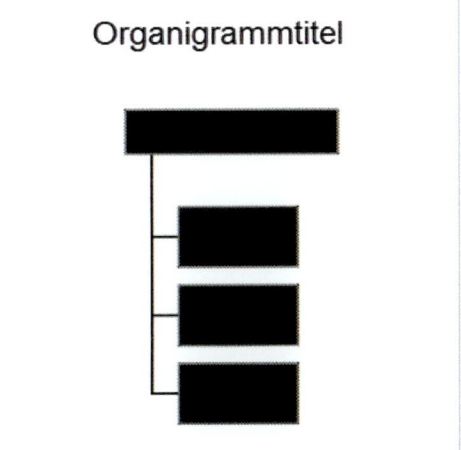

Abbildung 19.34 Sie können auch eine andere Grundstruktur für das Organigramm verwenden.

Teil 6
Automatisierung

Wer mit dem Programm Microsoft Word arbeitet, hat nach dem Überwinden der bei diesem Programm manchmal typischen Anfangsschwierigkeiten sicherlich den Wunsch, die bereits vorhandene Funktions-vielfalt des Programms weiter zu steigern und auch bestimmte Vorgänge zu automati-sieren. Zur Bewältigung solcher Aufgaben steht dem Anwender die Programmiersprache *Visual Basic für Applikationen* – abge-kürzt mit *VBA* – zur Verfügung. VBA ist heute eine objektorientierte, vollwertige Program-miersprache, die sich an Visual Basic anlehnt. Sie verfügt über umfassende Objektmodelle für alle Office-Anwendungen und erlaubt dafür eine strukturierte und modulorientierte Programmierung.

Kapitel 20: Arbeiten mit Makros

Der einfachste Weg zum Automatisieren besteht aber in der Verwendung von Makros. Sie können Makros aufzeichnen, indem Sie den Makrorekorder starten und dem Programm die auszuführenden Schritte vorführen. Anschließend können Sie das Makro wiedergeben. Makros sind einfacher zu erstellen als VBA-Code. Sie bieten die Möglichkeit, einfache Aufgaben schnell erledigen zu können, ohne sich mit den Problemen der Syntax einer Programmiersprache wie VBA herumplagen zu müssen.

Kapitel 21: Der Visual Basic-Editor

Die Programmierung mit VBA werden Sie fast ausschließlich in dem allen Office-Programmen eigenen VBA-Editor erledigen. Dieses Werkzeug ist im Prinzip mit einem Texteditor vergleichbar, leistet aber bedeutend mehr. Für den mit der Arbeit in diesem Bereich unerfahrenen Anwender lohnt es sich, einige Zeit mit dem Kennenlernen der wichtigsten Elemente zu verbringen. In diesem Kapitel finden Sie die nötigen Hinweise zu den wesentlichen Elementen in diesem Editor.

Kapitel 22: VBA-Programmelemente

Nachdem Sie die Arbeit mit dem Editor kennengelernt haben, können Sie sich daran machen, eigene Programme zu schreiben. Wir werden dafür in diesem Kapitel auf die wesentlichen Elemente der Programmierung eingehen: Dazu gehören die Module und Prozeduren, die – wie in anderen Programmiersprachen auch – zum Strukturieren von Code dienen, und auch die Variablen, mit denen VBA Werte intern speichert. Mithilfe von Steueranweisungen bringen Sie ein Programm dazu, bestimmte Zeilen oder Abschnitte im Code auszuführen und andere nicht. Außerdem geht es in diesem Kapitel um Klassen, Objekte und die damit zusammenhängende objektorientierte Programmierung.

Kapitel 23: VBA in Word einsetzen

Auf dieser Grundlage können wir uns anschließend damit beschäftigen, VBA speziell für Aufgaben einzusetzen, die für Microsoft Word typisch sind. Dazu verwenden wir eine Vielzahl der in Word VBA vordefinierten Klassen. Für diese Klassen sind bereits viele Eigenschaften und Methoden definiert, mit deren Hilfe Sie – zusammen mit von Ihnen selbst erstellten Codesegmenten – alle typische Aufgaben der Steuerung von Word-Dokumenten durchführen können. Die Vielfalt der Einstellmöglichkeiten ist groß, die dabei einzusetzenden Techniken sind aber im Prinzip immer identisch und auch einfach zu beherrschen.

Kapitel 24: Die XML-Funktionen

Im letzten Kapitel des Teils zur Automatisierung gehen wir auf die Funktionen zur Unterstützung hinsichtlich des Einsatzes von XML in Microsoft Word 2010 ein. Dazu liefern wir Ihnen zunächst eine kurze Einführung zu XML und zeigen Ihnen dann, welche Funktionen man in Microsoft Word hinsichtlich XML benutzen kann. In diesem Zusammenhang wollen wir an dieser Stelle auch noch auf die seit der Version 2007 neuen Dateiformate des Programms etwas intensiver eingehen. Die neue Benutzeroberfläche seit Office 2007 ermöglicht den Benutzern eine flexible Arbeitsweise mit Office-Anwendungen. Das Menüband verwendet ein textbasiertes XML-Markup, wodurch das Erstellen und Anpassen der Benutzeroberfläche vereinfacht wird. Mit ein paar XML-Zeilen können Sie genau die passende Benutzeroberfläche für den Benutzer erstellen.

Kapitel 20

Arbeiten mit Makros

In diesem Kapitel wollen wir uns mit Makros beschäftigen. Falls Sie es noch nicht wissen sollten: Makros sind Anweisungen – beispielsweise Befehle oder Eingaben –, die ein Programm wie Microsoft Word automatisch ausführt, nachdem Sie das Makro aufgerufen haben. Sie können Makros aufzeichnen, indem Sie den Makrorekorder starten und dem Programm die auszuführenden Schritte vorführen. Dabei können Makros praktisch alle Befehle beinhalten, die Sie normalerweise über Tastatur oder Maus eingeben. Anschließend können Sie ein aufgezeichnetes Makro über verschiedene Methoden ausführen lassen.

» Bevor Sie mit diesem Werkzeug arbeiten, sollten Sie sich aber der damit verbundenen Gefahren bewusst sein. Darum wollen wir diese Kapitel damit beginnen, Ihnen die wichtigen Elemente des Sicherheitscenters vorzustellen, das für die Abwehr dieser Gefahren zuständig ist (→ Abschnitt 20.1).

» Dann werden wir Ihnen zeigen, wie man Makros erstellt (→ Abschnitt 20.2). Die mit einem Makro aufgezeichneten Aktionen werden zusammen als sogenannte Sub-Prozeduren in der Programmiersprache *Visual Basic* gespeichert (→ unten und Kapitel 21 bis 23). Sie können über den Visual-Basic-Editor das Makro korrigieren oder weitere Makros ohne den Makrorekorder direkt manuell erstellen.

» Abschließend beschreiben wir Ihnen, wie man aufgezeichnete Makros einsetzt (→ Abschnitt 20.3). Beachten Sie gleich, dass wir in diesem Kapitel zunächst nur

auf die Grundtechniken der Wiedergabe von Makros eingehen. Weitere Möglichkeiten für die Wiedergabe von Makros finden Sie im Kapitel über die Anpassung der Word-Oberfläche über XML (→ Kapitel 24).

20.1 Vorbereitungen

Bevor Sie mit Makros arbeiten, sollten Sie wissen, welche Gefahren damit verbunden sein können. Es ist unumgänglich, dass Sie sich vorher etwas mit dem Sicherheitscenter beschäftigen, das diese Bedrohungen abwehren kann. Außerdem sollten Sie noch eine zusätzliche Einstellung an Word vornehmen und die zusätzliche Registerkarte *Entwicklertools* im Menüband anzeigen lassen.

20.1.1 Das Sicherheitscenter

Sie werden es gleich sehen: Makros sind zunächst einmal nur eine Aufzeichnung Ihrer Tastenanschlägen oder Mausklicks innerhalb Word. Man kann aber auch leistungsfähigere Makros schreiben, mit dem viele Befehle auch außerhalb von Word auf dem Computer ausgeführt werden können. Aus diesem Grund stellen Makros ein potenzielles Sicherheitsrisiko dar. Hacker können ein bösartiges Makro durch ein Dokument einschleusen, das nach dem Öffnen des Dokuments ausgeführt wird und möglicherweise einen Virus auf dem Computer verbreitet.

Sie sollten sich darum mit den Sicherheitseinstellungen beschäftigen, die sich im *Sicherheitscenter* unter den *Word-Optionen* befinden. Die Anwahl dieses Bereichs unter den Optionen zeigt zunächst ein Übersichtsfenster an. Details liefert ein Klick auf die Schaltfläche *Einstellungen für das Sicherheitscenter*. Sie öffnen damit ein separates Fenster, das auf seiner linken Seite über mehrere Schaltflächen verfügt, über die Sie einzelne Bereiche anzeigen lassen können.

ACHTUNG Wenn Sie die Einstellungen im Sicherheitscenter ändern, werden sie ausschließlich für das Office-Programm geändert, das Sie derzeit verwenden – beispielsweise in Word. Die Einstellungen werden also nicht für alle Office-Programme geändert. In einer Organisation kann es jedoch sein, dass der Systemadministrator die Standardeinstellung geändert hat und es Ihnen deshalb nicht gelingt, bestimmte Einstellungen zu ändern.

Die Standardeinstellung

In der Standardeinstellung von Word – oder anderen Office-Programmen – kann ein Makro in einem Dokument erst aktiviert werden, nachdem das Sicherheitscenter Folgendes überprüft hat:

» Das Makro wurde vom Entwickler mit einer digitalen Signatur signiert.

» Die digitale Signatur ist gültig und aktuell – also nicht abgelaufen.

» Das der digitalen Signatur zugeordnete Zertifikat wurde von einer bekannten Zertifizierungsstelle ausgestellt.

» Der Entwickler, der das Makro signiert hat, ist ein vertrauenswürdiger.

Erkennt das Sicherheitscenter ein Problem bei einer dieser Voraussetzungen, wird das Makro standardmäßig deaktiviert, kann also nicht ausgeführt werden. Außerdem wird eine Statusleiste angezeigt, um Sie auf ein potenziell unsicheres Makro hinzuweisen (→ Abbildung 20.1).

Abbildung 20.1 Die Statusleiste mit der Sicherheitswarnung

Inhalt aktivieren Durch einen Klick auf *Inhalt aktivieren* in dieser Statusleiste sorgen Sie dafür, dass die Makros zugänglich werden. Sie sollten die Makros nur aktivieren, wenn Sie sicher sind, dass diese aus einer vertrauenswürdigen Quelle stammen.

Wenn Sie in der Statusleiste auf den Link *Makros wurden deaktiviert* klicken, wird die Kategorie *Informationen* im Menü *Datei* angezeigt, in der Sie weitere Auswahlmöglichkeiten haben (→ Abbildung 20.2).

Abbildung 20.2 Weitere Informationen werden angezeigt.

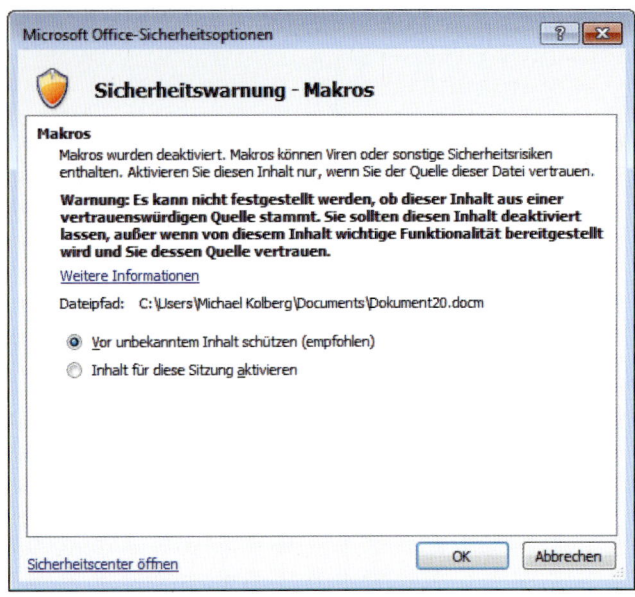

Abbildung 20.3 Die Sicherheitswarnung

Klicken Sie im Bereich *Sicherheitswarnung* auf der Schaltfläche *Inhalt aktivieren* auf den Pfeil nach unten. Es werden zwei Optionen angezeigt: *Alle Inhalte aktivieren* und *Erweiterte Optionen*.

» Mit *Alle Inhalte aktivieren* machen Sie die Datei zu einem vertrauenswürdigen Dokument, damit aktive Inhalte ausgeführt werden können. Beim nächsten Öffnen der Datei wird dann die Statusleiste nicht mehr angezeigt.

» Über *Erweiterte Optionen* können Sie auswählen, welche aktiven Inhalte für diese Sitzung ausgeführt werden sollen (→ Abbildung 20.3). Durch Wahl von *Inhalt für diese Sitzung aktivieren* werden die Inhalte nur für dieses eine Mal aktiviert. Wenn Sie die Datei später erneut öffnen, wird erneut die Statusleiste angezeigt.

Je nach der Situation wird das jeweilige Problem im Sicherheitsdialogfeld beschrieben (→ Tabelle 20.1).

Problem	Tipp
Makro ist nicht signiert	Da das Makro nicht digital signiert ist, kann die Identität des Makroherausgebers nicht überprüft werden. Deshalb kann nicht festgestellt werden, ob das Makro sicher ist oder nicht. Vor dem Aktivieren nicht signierter Makros sollten Sie sicherstellen, dass das Makro aus einer vertrauenswürdigen Quelle stammt. Sie können auch dann in einem Dokument arbeiten, wenn Sie das Makros nicht aktivieren.
Makrosignatur ist nicht vertrauenswürdig	Das Makro ist potenziell unsicher, da das Makro zwar digital signiert wurde, die Signatur auch gültig ist, Sie aber entschieden haben, dem Herausgeber, der das Makro signiert hat, nicht zu vertrauen. Sie können dem Makroherausgeber explizit vertrauen, indem Sie im Sicherheitsdialogfeld auf *Allen Dokumenten von diesem Herausgeber vertrauen* klicken. Diese Option wird nur angezeigt, wenn die Signatur gültig ist. Durch Klicken auf diese Option wird der Herausgeber der Liste vertrauenswürdiger Herausgeber im Sicherheitscenter hinzugefügt.
Ungültige Makrosignatur	Das Makro ist potenziell unsicher, da es zwar digital signiert wurde, die Signatur aber ungültig ist. Die Aktivierung von Makros mit ungültigen Signaturen wird nicht empfohlen. Ein möglicher Grund für die Ungültigkeit der Signatur liegt in einer möglichen Manipulation.
Abgelaufene Makrosignatur	Das Makro ist potenziell unsicher, da es zwar digital signiert wurde, die Signatur aber abgelaufen ist. Vor dem Aktivieren von Makros mit abgelaufenen Signaturen sollten Sie sicherstellen, dass das Makro aus einer vertrauenswürdigen Quelle stammt. Wenn Sie das Dokument in der Vergangenheit ohne jegliche Sicherheitsprobleme verwendet haben, ist das Risiko geringer, wenn Sie das Makro aktivieren.

Tabelle 20.1 Mögliche Probleme mit Makros

Die Kategorie *Einstellungen für Makros*

Sie haben in der Kategorie *Einstellungen für Makros* im *Sicherheitscenter* die Möglichkeit, die eben beschriebene Standardverhaltensweise zu ändern. Vier Optionen stehen zur Verfügung (→ Abbildung 20.4):

» Aktivieren Sie *Alle Makros ohne Benachrichtigung deaktivieren*, wenn Sie Makros grundsätzlich nicht vertrauen. Alle Makros sowie Sicherheitshinweise zu Makros werden deaktiviert. Dokumente mit nicht signierten Makros, die Sie für vertrauenswürdig halten, können Sie an einen vertrauenswürdigen Speicherort verschieben (→vorherige Abschnitte). Diese werden dann ohne Überprüfung durch das Sicherheitssystem des Sicherheitscenters ausgeführt.

» Die Option *Alle Makros mit Benachrichtigung deaktivieren* ist die Grundeinstellung. Wählen Sie sie, wenn Makros deaktiviert werden sollen, Sie jedoch benachrichtigt werden möchten, falls Makros vorhanden sind.

» Die Einstellung *Alle Makros außer digital signierten Makros deaktivieren* ist mit der Option *Alle Makros mit Benachrichtigung deaktivieren* identisch, außer dass das Makro ausgeführt werden kann, wenn es von einem vertrauenswürdigen Herausgeber signiert wurde, dem Sie bereits vertrauen. Wenn Sie den Herausgeber nicht als vertrauenswürdig eingestuft haben, werden Sie benachrichtigt. So können Sie auswählen, ob Sie die signierten Makros aktivieren oder dem Herausgeber vertrauen möchten. Alle nicht signierten Makros werden ohne Benachrichtigung deaktiviert.

» Wählen Sie die Option *Alle Makros aktivieren (nicht empfohlen, weil potenziell gefährlicher Code ausgeführt werden kann)*, um die Ausführung aller Makros zuzulassen. Bei dieser Einstellung ist der Computer für Angriffe durch potenziell bösartigen Code gefährdet, deshalb ist sie nicht zu empfehlen.

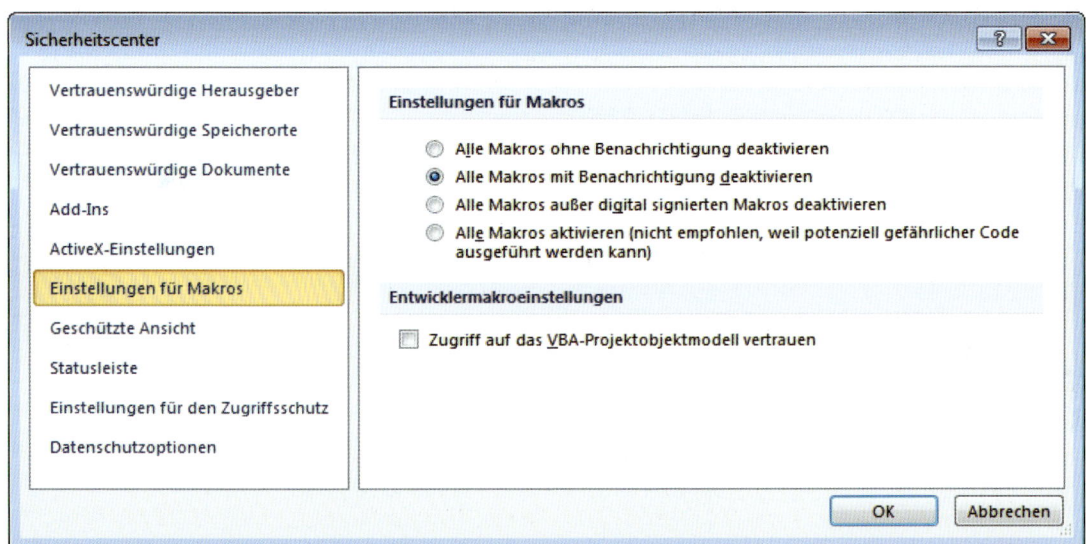

Abbildung 20.4 Die Kategorie *Einstellungen für Makros* regelt, ob Makros zunächst deaktiviert sein sollen.

ACHTUNG Wenn Sie die Makroeinstellungen im Sicherheitscenter ändern, werden sie ausschließlich für das Office-Programm geändert, das Sie derzeit verwenden, in unserem Fall also Word 2010. Die Makroeinstellungen für andere Office-Programme werden nicht geändert.

Die Kategorie *Statusleiste*

In der Statusleiste werden Sicherheitshinweise angezeigt, wenn potenziell unsichere, aktive Inhalte in dem von Ihnen geöffneten Dokument enthalten sind (→vorherige Abschnitte). So kann das Dokument beispielsweise ein nicht signiertes Makro oder ein signiertes Makro mit einer ungültigen Signatur enthalten. Um Sie auf das Problem hinzuweisen, wird in solchen Fällen standardmäßig ein von Microsoft als *Statusleiste* bezeichnetes Element eingeblendet. Verwechseln Sie dies nicht mit der ebenfalls als Statusleiste bezeichneten Leiste am unteren Rand eines Anwendungsfensters. Wenn Sie keine solchen Benachrichtigungen erhalten möchten, können Sie die Statusleiste deaktivieren. Dazu dient die Kategorie *Statusleiste* im *Sicherheitscenter* (→ Abbildung 20.5).

» Standardmäßig ist *Meldungsleiste in allen Anwendungen anzeigen, wenn aktiver Inhalt … gesperrt ist* aktiviert. Benachrichtigungen der Statusleiste werden also angezeigt, sobald potenziell unsicherer In-

halt deaktiviert wurde. Das Optionsfeld ist übrigens nicht aktiviert, wenn Sie im *Sicherheitscenter* unter *Einstellungen für Makros* das Optionsfeld *Alle Makros ohne Benachrichtigung deaktivieren* aktiviert haben. Sie erhalten dann keine Benachrichtigungen in der Statusleiste; dies ist dann aber auch nicht notwendig.

» Mithilfe von *Informationen zu gesperrtem Inhalt niemals anzeigen* wird die Statusleiste deaktiviert. Unabhängig von den Sicherheitseinstellungen im Sicherheitscenter erhalten Sie keine Benachrichtigungen bei möglichen Sicherheitsproblemen.

Die Kategorie *Vertrauenswürdige Herausgeber*

Unter einem *Herausgeber* versteht Microsoft einen Entwickler, der ein Makro, ein *Add-In* oder eine andere Erweiterung erstellt hat, die von Ihnen und von anderen Personen verwendet werden kann. *Vertrauenswürdige Herausgeber* sind Entwickler, die das Projekt mit einer digitalen Signatur signiert haben. Diese digitale Signatur muss gültig und aktuell sein – also nicht abgelaufen – und das Zertifikat, das der digitalen Signatur zugeordnet ist, muss von einer vertrauenswürdigen Zertifizierungsstelle ausgestellt sein.

Die Daten des Herausgebers werden dann in der Kategorie *Vertrauenswürdige Herausgeber* im *Sicherheitscenter* angezeigt (→ Abbildung 20.6).

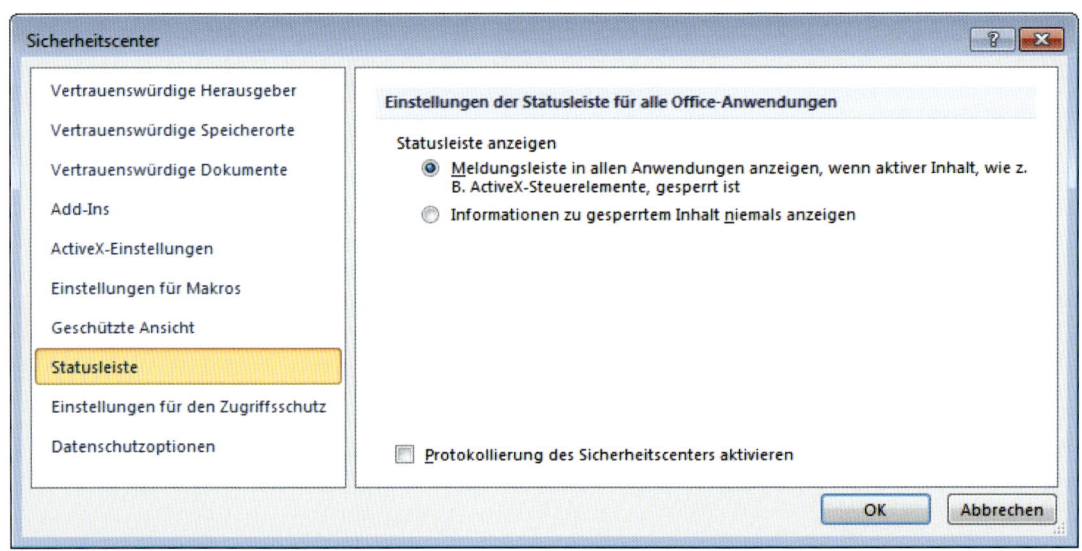

Abbildung 20.5 Die Kategorie *Statusleiste*

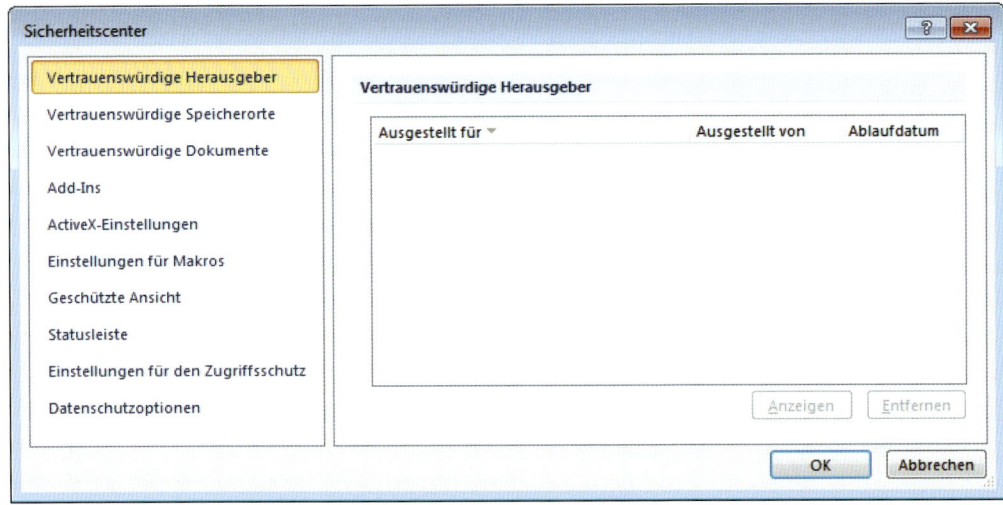

Abbildung 20.6
Die Kategorie *Vertrauenswürdige Herausgeber*

» Sie können einen Eintrag auf der Registerkarte *Vertrauenswürdige Herausgeber* löschen, indem Sie die
entsprechende Zeile markieren und dann auf *Entfernen* klicken.

» Klicken Sie in der Liste *Vertrauenswürdige Herausgeber* auf den Namen des Herausgebers, dessen
Zertifikat Sie anzeigen möchten, und klicken Sie
dann auf *Anzeigen*.

Die Kategorie *Vertrauenswürdige Speicherorte*

Ein vertrauenswürdiger Speicherort ist normalerweise
ein Ordner auf der Festplatte oder auf einer Netzwerkfreigabe. Jede Datei, die Sie an einem vertrauenswürdigen Speicherort ablegen, kann ohne eine Überprüfung
durch das Sicherheitscenter geöffnet werden. In der Kategorie *Vertrauenswürdige Speicherorte* innerhalb des
Sicherheitscenters können Sie diese Speicherorte einrichten und kontrollieren (→ Abbildung 20.7).

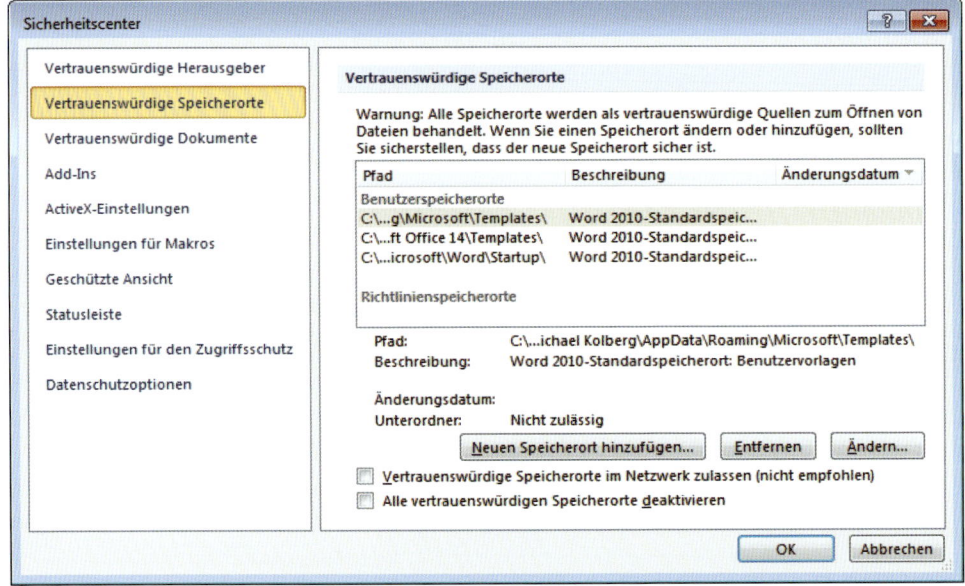

Abbildung 20.7 Die Kategorie *Vertrauenswürdige Speicherorte* zeigt zunächst die standardmäßig eingestellten Orte an.

Ein vertrauenswürdiger Speicherort kann ein Ordner auf der Festplatte oder auf einer Netzwerkfreigabe sein:

» Es ist immer sicherer, einen lokalen Ordner als vertrauenswürdig zu verwenden, sofern Sie ein Anmeldekennwort für Microsoft Windows zum Schutz des Computers verwenden. Sie sollten aber nicht den gesamten Ordner *Dokumente* oder *Eigene Dateien* als vertrauenswürdigen Speicherort vorsehen. Erstellen Sie einen Unterordner in *Dokumente* oder *Eigene Dateien* und bestimmen Sie nur diesen Ordner als vertrauenswürdigen Speicherort.

» Speicherorte, die sich nicht auf Ihrem Computer befinden – beispielsweise Netzwerkordner –, sind weniger sicher. Sie sollten keinen öffentlichen Ordner auf einer Netzwerkfreigabe zum vertrauenswürdigen Speicherort für Ihre Dateien bestimmen.

Um einen neuen vertrauenswürdigen Speicherort zu erstellen, klicken Sie in der Kategorie *Vertrauenswürdige Speicherorte* des *Sicherheitscenters* auf *Neuen Speicherort hinzufügen*. Ein Dialogfeld wird angezeigt, in dem Sie den Ort definieren können (→ Abbildung 20.8).

» Geben Sie in das Feld *Pfad* den Namen des Ordners ein, den Sie als vertrauenswürdigen Speicherort verwenden möchten, oder klicken Sie auf *Durchsuchen*, um nach dem Ordner zu suchen.

» Wenn Sie Unterordner als vertrauenswürdige Speicherorte einschließen möchten, aktivieren Sie das Kontrollkästchen *Unterordner dieses Speicherorts sind ebenfalls vertrauenswürdig*.

» In das Feld *Beschreibung* können Sie einen beliebigen Text als Beschreibung für den Zweck des vertrauenswürdigen Speicherorts eingeben.

» Klicken Sie auf *OK*.

TIPP Wenn Sie einen solchen Speicherort als nicht mehr vertrauenswürdig zurückstufen möchten, markieren Sie ihn unter *Pfad* im Fenster der Kategorie *Vertrauenswürdige Speicherorte* des *Sicherheitscenters*. Klicken Sie anschließend auf *Entfernen* und bestätigen Sie mit *OK*.

HINWEIS Wenn Sie einen vertrauenswürdigen Speicherort erstellen möchten, der sich nicht auf Ihrem Computer befindet, aktivieren Sie das Kontrollkästchen *Vertrauenswürdige Speicherorte im Netzwerk zulassen*. Das ist aber nicht zu empfehlen.

Die Kategorie *Add-Ins*

Ähnlich wie Makros können Add-Ins von Hackern ausgenutzt werden, um umfangreiche Schäden anzurichten,

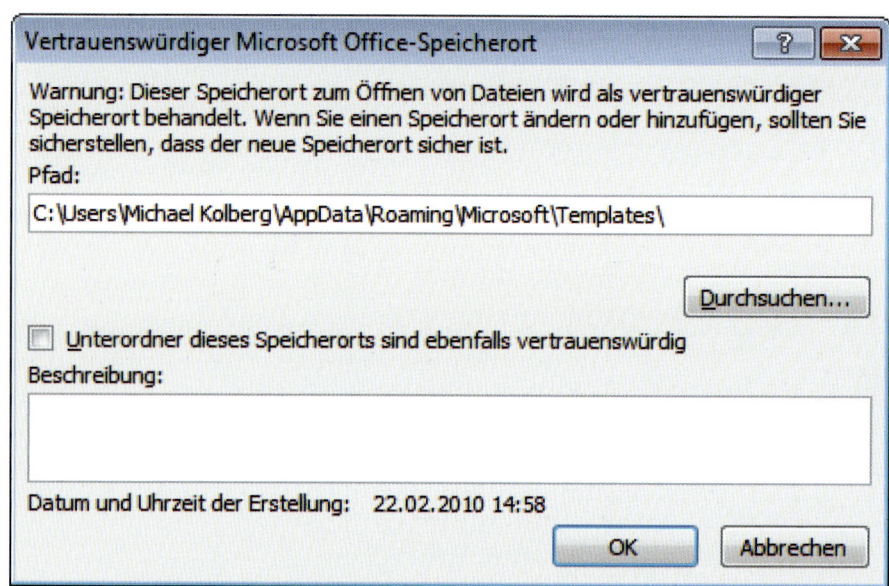

Abbildung 20.8
Einen vertrauenswürdigen Speicherort können Sie selbst hinzufügen.

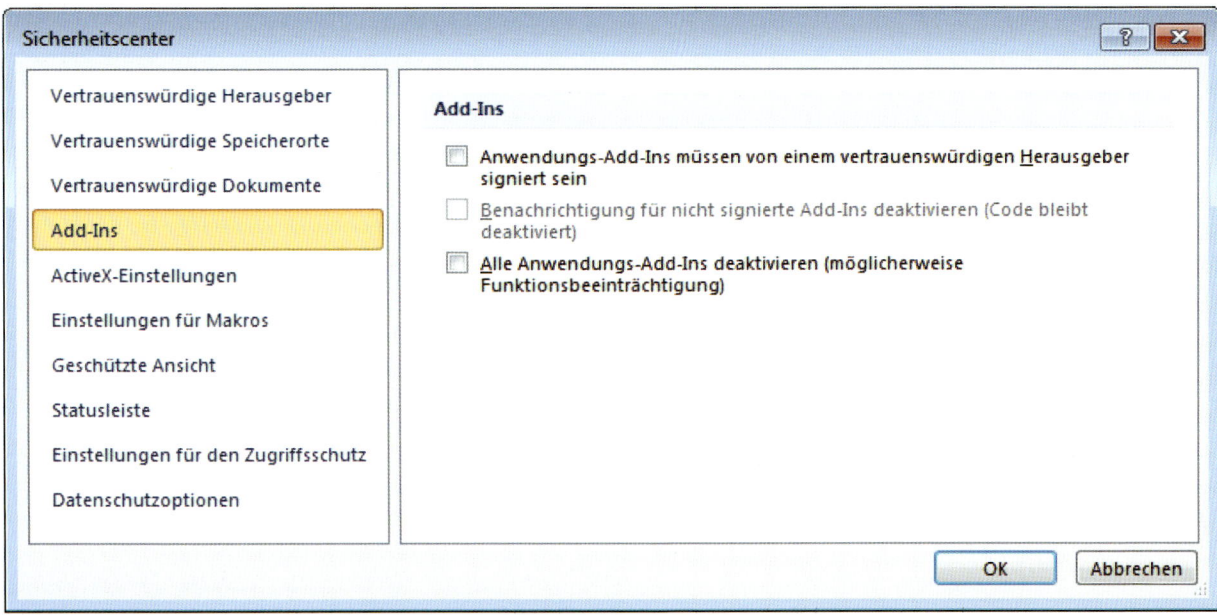

Abbildung 20.9 Über die Kategorie *Add-Ins* lässt sich regeln, wie Add-Ins behandelt werden sollen.

wie beispielsweise das Verbreiten eines Virus. Da es viele verschiedene Add-Ins gibt, die nicht von Microsoft stammen, müssen bestimmte Kriterien erfüllt werden, bevor ein Add-In als vertrauenswürdig eingestuft wird. Über die Kategorie *Add-Ins* im Dialogfeld *Sicherheitscenter* können Sie die Einstellungen für Add-Ins allgemein regeln (→ Abbildung 20.9). Aktivieren Sie hier die gewünschten Optionen. Standardmäßig sind sämtliche Kontrollkästchen abgeschaltet. Änderungen darin werden erst nach dem Beenden und erneuten Starten des Programms wirksam.

» Aktivieren Sie das Kontrollkästchen *Anwendungs-Add-Ins müssen von einem vertrauenswürdigen Herausgeber signiert sein*, wenn das Sicherheitscenter überprüfen soll, ob eine digitale Signaturdatei, die das Add-In enthält, vorhanden ist. Ist der Herausgeber nicht vertrauenswürdig, wird das Add-In vom Office-Programm nicht geladen. In der Statusleiste wird eine Benachrichtigung angezeigt, dass das Add-In deaktiviert wurde.

» Das Kontrollkästchen *Benachrichtigung für nicht signierte Add-Ins deaktivieren (Code bleibt deaktiviert)* ist nur verfügbar, wenn Sie das erste Kontrollkäst-

chen aktiviert haben. In bestimmten Situationen ist die *DLL*-Datei, die das Add-In enthält, möglicherweise nicht signiert. In diesen Fällen werden von einem vertrauenswürdigen Herausgeber signierte Add-Ins aktiviert, während nicht signierte Add-Ins im Hintergrund deaktiviert werden.

» Benutzen Sie *Alle Anwendungs-Add-Ins deaktivieren (möglicherweise Funktionsbeeinträchtigung)*, wenn Sie Add-Ins grundsätzlich nicht vertrauen. Alle Add-Ins werden ohne Benachrichtigung deaktiviert, und alle anderen Kontrollkästchen für Add-Ins stehen nicht mehr zur Verfügung.

Die Kategorie *Datenschutzoptionen*

Über die Kategorie *Datenschutzoptionen* regeln Sie den für Sie im Allgemeinen unsichtbaren Kommunikationsfluss zwischen Ihrem Rechnersystem und Microsoft über das Internet (→ Abbildung 20.10). Extrem auf Sicherheit ausgerichtete Anwender sehen vielleicht auch hierin ein mögliches Risiko. Auf jeden Fall hat Microsoft damit eine zusammenfassende Stelle geschaffen, über die diese Kommunikation kontrolliert werden kann.

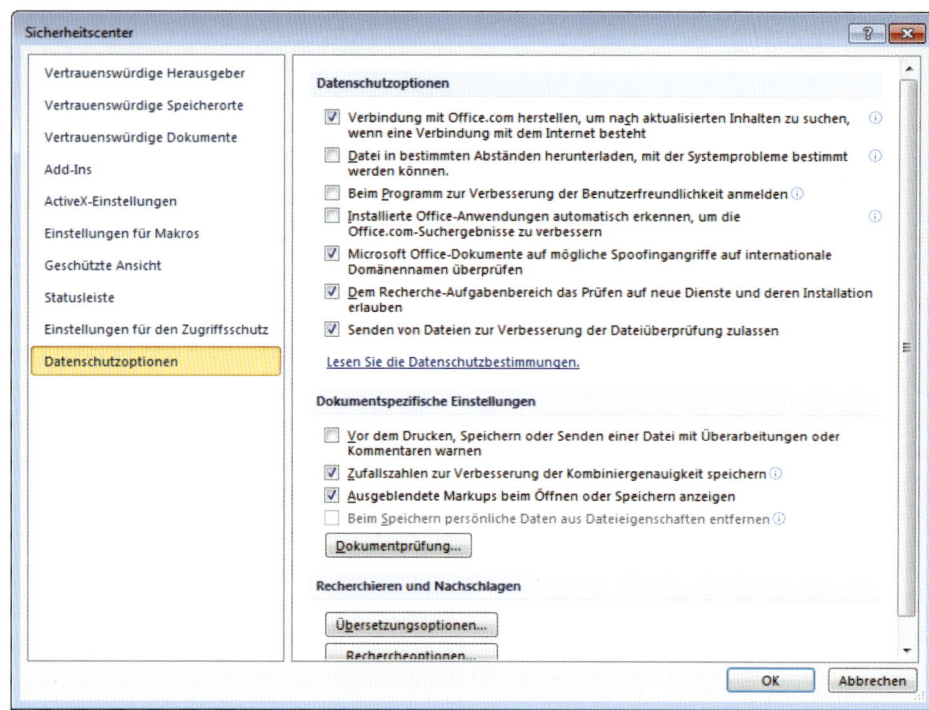

Abbildung 20.10 Die Kategorie *Datenschutzoptionen* regelt den Kommunikationsfluss zwischen Ihrem Rechner und Microsoft über das Internet.

» Wenn Sie das Kontrollkästchen *Verbindung mit Office.com herstellen, um nach aktualisierten Inhalten zu suchen, wenn eine Verbindung mit dem Internet besteht* aktivieren, werden die aktuellsten Hilfeinhalte von der Office.com-Website auf Ihren Computer heruntergeladen. Sie müssen mit dem Internet verbunden sein, um die Downloads empfangen zu können. Es wird nicht das gesamte Hilfesystem heruntergeladen, sondern nur der Artikel in der Hilfe, auf den Sie im Feld mit den Suchergebnissen klicken.

» Durch die Aktivierung des Kontrollkästchens *Datei in bestimmten Abständen herunterladen, mit der Systemprobleme bestimmt werden können* lassen Sie zu, dass eine Datei von Office Online auf den Computer heruntergeladen wird, damit bei instabilem Verhalten oder einem Absturz des Computers automatisch das Tool *Microsoft Office-Diagnose* ausgeführt wird, um das Problem zu diagnostizieren oder zu beheben.

» Wenn Sie das Kontrollkästchen *Beim Programm zur Verbesserung der Benutzerfreundlichkeit anmelden* aktivieren, sammelt Microsoft automatisch Informa-

tionen von Ihrem Computer, einschließlich der Fehlermeldungen, die von der Software generiert werden, des Zeitpunkts, zu dem die Fehlermeldungen generiert werden, der Art der verwendeten Computerausstattung, etwaiger Schwierigkeiten Ihres Computers beim Ausführen von Microsoft-Software und ob die Hardware bzw. Software erwartungsgemäß und schnell reagiert. Im Allgemeinen werden diese Informationen einmal täglich gesammelt.

» Wenn Sie das Kontrollkästchen *Microsoft Office-Dokumente auf mögliche Spoofingangriffe auf internationale Domänennamen überprüfen* aktivieren, schalten Sie die Erkennung gefälschter Websites ein. Falls ein gefälschter Domänenname erkannt wird, werden Sie mit einem Sicherheitshinweis benachrichtigt. Die Prüfung auf Erkennung gefälschter Websites wird lokal auf dem Computer ausgeführt. Es werden keine Informationen zurück an Microsoft gesendet.

20.1.2 Die Registerkarte *Entwicklertools*

Für einfache Arbeiten mit Makros können Sie über die Befehle in der Liste zur Schaltfläche *Makros* in der gleichnamigen Gruppe auf der Registerkarte *Ansicht* im Menüband arbeiten. Längerfristig ist es aber bequemer, dafür die Registerkarte *Entwicklertools* sichtbar zu machen (→ Abbildung 20.11): Öffnen Sie die Registerkarte *Datei* und klicken Sie anschließend auf *Optionen*. Wählen Sie die Kategorie *Menüband anpassen* und aktivieren Sie im rechten Listenfeld das Kontrollkästchen *Entwicklertools*. Bestätigen Sie durch einen Klick auf *OK*. Wichtig für die Arbeit mit Makros ist darin die Gruppe *Code*.

HINWEIS Hinweise zu weiteren Arbeiten mit der Kategorie *Menüband anpassen* haben wir bereits angesprochen (→ Kapitel 2).

20.2 Ein Makro erstellen

Die einfachste Methode, ein Makro zu erstellen, besteht bei Word in der Verwendung des Makrorekorders. Dieser Makrorekorder arbeitet wie ein Kassettenrekorder – die älteren Leser unter Ihnen werden sich vielleicht noch an ein solches Gerät erinnern: Ihre Aktionen werden aufgezeichnet, um jederzeit wieder abgespielt beziehungsweise ausgeführt werden zu können.

20.2.1 Aufzeichnung starten

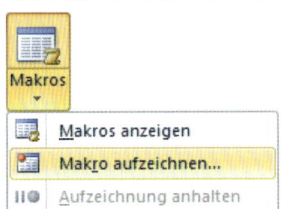

Um ein Makro aufzuzeichnen, öffnen Sie die Liste zur Schaltfläche *Makros* in der gleichnamigen Gruppe der Registerkarte *Ansicht* und wählen dann den Befehl *Makro aufzeichnen*.

Auf der Registerkarte *Entwicklertools* können Sie diesen Befehl auch direkt in der Gruppe *Code* aufrufen. Im Dialogfeld *Makro aufzeichnen* können Sie dann dem Makro einen Namen zuweisen, den Speicherort festlegen und eine Tastenkombination zum späteren Starten vereinbaren (→ Abbildung 20.12).

Abbildung 20.12 Vereinbaren Sie einen Namen und legen Sie fest, wo das Makro gespeichert werden soll.

Name und Speicherort

Mindestens zwei Elemente sollten Sie in diesem Dialogfeld beachten oder gegebenenfalls einstellen – die Einstellungen in den Feldern *Makroname* und *Makro speichern in*.

» Geben Sie unter *Makroname* einen Namen für das Makro ein oder editieren Sie die Vorgabe. Word liefert hier eine Voreinstellung, die die bereits existierenden Namen berücksichtigt. Der Name sollte verständlich und eindeutig sein, so dass Sie daran die Wirkung des Makros auch dann sofort erkennen,

Abbildung 20.11 Die Registerkarte *Entwicklertools*

wenn Sie mit dem Dokument längere Zeit nicht mehr gearbeitet haben. Der Name eines Makros darf nicht mehr als 255 Zeichen beinhalten. Er muss mit einem Buchstaben beginnen und darf nicht die folgenden Zeichen aufweisen: Leerzeichen, Punkt, Ausrufezeichen, @, &, $ und #. Benutzen Sie auch keine Bezeichnungen, die zum Sprachumfang von Visual Basic gehören.

» Sehr wichtig ist die Einstellung unter *Makro speichern in*. Hier müssen Sie wählen, ob das Makro nur für das aktuelle Dokument oder für alle Dokumente gelten soll, die auf der aktuellen Dokumentvorlage beruhen.

Optional können Sie unter *Beschreibung* einen zusätzlichen Kommentar zu dem Makro eingeben, der beispielsweise die Arbeitsweise genauer beschreibt. Wenn Sie eine Makro häufiger verwenden, lohnt es sich, für den Aufruf zusätzlich eine Tastenkombination oder eine Schaltfläche anzulegen (➔ unten).

Tastenkombination zum Starten

 Die Zuweisung einer Tastenkombination zu einem Makro ist besonders dann sinnvoll, wenn Sie das Makro häufiger verwenden wollen. Durch einen Klick auf die Schaltfläche *Tastatur* öffnen Sie das Dialogfeld *Tastatur anpassen* (➔ Abbildung 20.13).

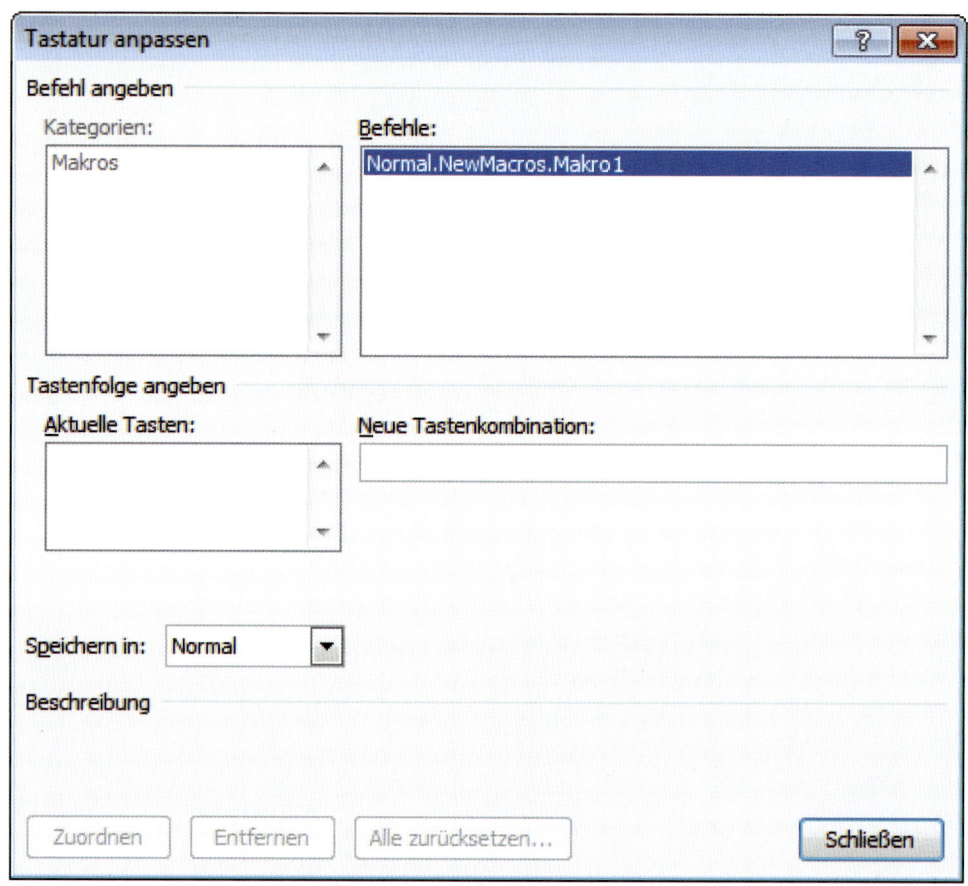

Abbildung 20.13 Legen Sie eine Tastenkombination fest.

» Auch hier ist die wichtigste Einstellung zunächst einmal jene im Feld *Speichern in*. Hier müssen Sie wählen, ob das Makro nur für das aktuelle Dokument oder für alle Dokumente gelten soll, die auf der aktuellen Dokumentvorlage beruhen. Nehmen Sie als Erstes diese Wahl vor.

» Setzen Sie dann die Einfügemarke in das Feld *Neue Tastenkombination* und drücken Sie auf der Tastatur die Kombination, die Sie dem Makro zuweisen wollen. Meist werden Sie dazu eine Kombination aus den Tasten `Strg` und/oder `Alt` und einem Buchstaben oder einer Ziffer verwenden. Die gedrückten Tasten werden im Feld *Neue Tastenkombination* angezeigt. Viele Tastenkombinationen dieser Art sind aber standardmäßig von Word bereits mit bestimmten Befehlen belegt. Falls dies der Fall ist, werden Sie im Dialogfeld entsprechend darauf hingewiesen.

» Wenn Sie die Tastenkombination benutzen wollen, klicken Sie auf *Zuordnen*. Eine von Ihnen zum Starten eines Makros definierte Tastenkombination überschreibt im Programm eventuell vorhandene vordefinierte Tastenkombinationen.

Wenn Sie eine festgelegte Kombination anschließend oder später wieder entfernen wollen, markieren Sie im Feld *Befehle* zunächst das Makro, für das die Tasten vereinbart wurden. Die Tastenkombination wird dann im Feld *Aktuelle Tasten* angezeigt. Markieren Sie diese Anzeige und klicken Sie auf *Entfernen*.

Schaltfläche zum Starten

 Wenn Sie das Makro lieber über einen Mausklick starten wollen, können Sie dafür eine Schaltfläche einrichten, die in der *Symbolleiste für den Schnellzugriff* angezeigt wird. Dazu klicken Sie im Dialogfeld *Makro aufzeichnen* auf *Schaltfläche*. Dadurch öffnet sich die Registerkarte *Anpassen* innerhalb der *Word-Optionen* (→ Abbildung 20.14).

» Wiederum sollten Sie zunächst festlegen, ob die Schaltfläche für das Makro nur für das aktuelle Dokument oder für alle Dokumente gelten soll, die auf der aktuellen Dokumentvorlage beruhen. Diese Wahl treffen Sie über das Listenfeld unterhalb der Beschriftung *Symbolleiste für den Schnellzugriff anpassen*.

» In der Liste links im Hauptbereich des Fensters finden Sie eine Zeile mit dem Namen des aktuellen Makros. Wenn Sie diese markieren und auf *Hinzufügen* klicken, wird diese Zeile in die Liste auf der rechten Seite übernommen.

» Standardmäßig wird als Symbol für die Schaltfläche zum Starten eines Makros immer eine bestimmte Schaltfläche benutzt. Wenn Sie eine andere Schaltfläche benutzen wollen, klicken Sie auf *Ändern* und wählen Sie ein Symbol aus (→ Abbildung 20.15).

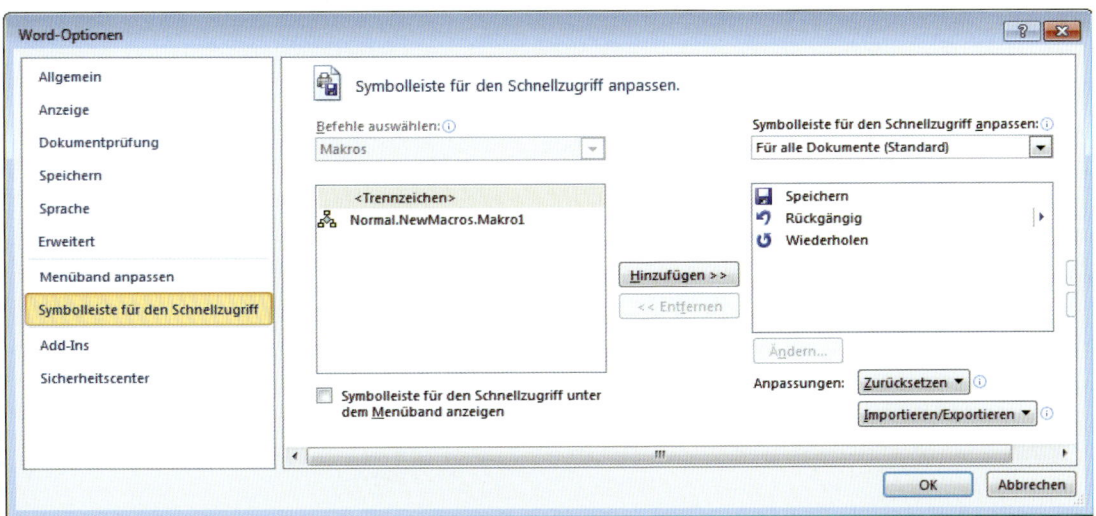

Abbildung 20.14 Eine Schaltfläche zum Aufruf eines Makros einrichten

Abbildung 20.15 Wählen Sie ein Symbol für die Makro-Schaltfläche aus.

» Nach einer Bestätigung über *OK* wird eine Schaltfläche für das Makro rechts in die *Symbolleiste für den Schnellzugriff* eingefügt und die Aufzeichnung beginnt automatisch (→ unten). Nachdem Sie diese abgeschlossen haben, können Sie das Makro über diese Schaltfläche starten.

Wenn Sie die Schaltfläche anschließend oder später wieder entfernen möchten, markieren Sie die entsprechende Zeile im rechten Listenfeld und klicken Sie auf *Entfernen*.

20.2.2 Aufzeichnung durchführen

Nachdem Sie im Dialogfeld *Makro aufzeichnen* auf *OK* geklickt haben, wird die Aufzeichnung gestartet. Von diesem Augenblick an werden alle Ihre Aktionen aufgezeichnet, die Sie per Maus oder Tastatur ausführen. Der Mauszeiger zeigt während dieser Zeit zusätzlich das Symbol einer kleinen Kassette an.

Aufzeichnung beenden

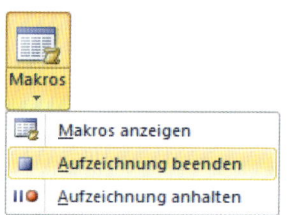

Führen Sie nun die Aktionen aus, die Sie aufzeichnen möchten. Es spielt keine Rolle, ob Sie dabei die Maus oder die Tastatur benutzen. Um die Aufzeichnung abzuschließen, wählen Sie den Befehl *Aufzeichnung beenden* im Untermenü zum Befehl *Makros*. Alternativ können Sie auch auf *Aufzeichnung beenden* in der Gruppe *Code* klicken.

Aufzeichnung anhalten

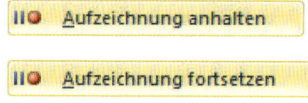

Es gibt Fälle, in denen Sie während der Aufzeichnung einige Aktionen durchführen müssen, die später nicht Bestandteil des Makros sein sollen. In diesem Fall klicken Sie auf die Schaltfläche *Aufzeichnung anhalten*. Führen Sie dann diese Aktionen durch. Klicken Sie anschließend auf *Aufzeichnung fortsetzen*. Die zwischen diesen beiden Klicks durchgeführten Aktionen werden nicht mit aufgezeichnet.

TIPP Wenn beim Aufzeichnen eines Makros ein falscher Befehl gewählt oder eine falsche Eingabe vorgenommen wird, wird dieser »Fehler« mit aufgezeichnet. Setzen Sie in einem solchen Fall – falls möglich – die Aufzeichnung fort. Öffnen Sie nach Abschluss der »fehlerhaften« Aufzeichnung die Liste zur Schaltfläche *Makros* und korrigieren Sie den Fehler im Microsoft Visual Basic-Editor (→ unten). Sollten Ihre Kenntnisse in Visual Basic dazu nicht ausreichen, empfiehlt es sich, die Aufzeichnung zu wiederholen.

20.2.3 Startmethoden später ändern

Wenn Sie die vereinbarten Tastenkombinationen und/oder Schaltflächen zum Starten eines Makros später ändern wollen, verwenden Sie die Kategorie *Menüband anpassen* innerhalb der *Word-Optionen* (→ Abbildung 20.14).

» Wenn Sie eine Schaltfläche für das Makro festlegen wollen, stellen Sie in der Liste *Befehle auswählen* die Option *Makros* ein und markieren Sie im linken Listenfeld das Makro, für das Sie die Einstellungen ändern wollen. Legen Sie dann die Schaltfläche fest (→ oben).

» Wenn Sie eine neue Tastenkombination für das Makro definieren wollen, klicken Sie auf die Schaltfläche *Anpassen* neben *Tastenkombinationen*. Das Dialogfeld *Tastatur anpassen* wird geöffnet (→ Abbildung 20.13 auf Seite 540). Wählen Sie im linken Listenfeld die Kategorie *Makros*. Im rechten Listenfeld mit dem Namen *Makros* werden dann die definierten Makros aufgelistet. Markieren Sie das betreffende Makro und definieren Sie die gewünschte Tastenkombination (→ oben).

20.2.4 Speichern von Dokumenten mit Makros

Sie sollten auch berücksichtigen, dass für Dokumente mit Makros ein spezielles Dateiformat zur Verfügung steht. Wenn Sie ein Makro in einem bereits gespeicherten Dokument erstellen und diese Änderung im Dokument durch einen Klick auf die Schaltfläche *Speichern* erneut speichern wollen, erhalten Sie eine Meldung, dass dies nicht möglich ist (→ Abbildung 20.16).

Sie müssen im Dialogfeld *Speichern unter* im Listenfeld *Dateityp* die Option *Word-Dokument mit Makros* – bzw. *Word-Vorlage mit Makros* –
Dokument20
wählen. Solche Dateitypen werden mit einem Symbol gekennzeichnet, auf dem Sie ein kleines Banner mit einem Ausrufezeichen finden.

20.2.5 Ein Makro signieren

Wir hatten es eingangs schon erwähnt: Wenn Personen auf ihrem Rechner ein Dokument öffnen, das Makros beinhaltet, wird das Sicherheitscenter aktiv. Tritt ein Problem bei einer der dafür eingestellten Voraussetzungen auf, wird das Makro standardmäßig deaktiviert – kann also nicht ausgeführt werden – und eine Statusleiste wird angezeigt, um den Anwender auf ein potenziell unsicheres Makro hinzuweisen. Wenn Sie Ihre mit Makros versehenen Dokumente mit anderen Anwendern austauschen wollen, sollten Sie das beachten. Der einfachste Weg, Ihren Partnern Probleme zu ersparen, besteht darin, Makros zu signieren.

ACHTUNG Es empfiehlt sich, Makros erst zu signieren, nachdem die jeweilige Lösung getestet wurde und veröffentlicht werden kann. Nach jeder Änderung von Code in einem signierten Makroprojekt wird die zugehörige digitale Signatur entfernt. Wenn jedoch das gültige digitale Zertifikat, das vorher zum Signieren des Projekts verwendet wurde, auf dem Computer vorhanden ist, wird das Makroprojekt bei jedem Speichern automatisch neu signiert.

Zertifikat erstellen

Wenn Sie noch kein digitales Zertifikat besitzen, müssen Sie ein solches von einer Zertifizierungsstelle beziehen. Zum Anzeigen des Zertifikats im Speicher der persönlichen Zertifikate öffnen Sie die Systemsteuerung und darin das Modul *Internetoptionen*. Wählen Sie im Dialogfeld *Internetoptionen* die Registerkarte *Inhalte* und klicken Sie dann auf *Zertifikate*. Auf der Registerkarte *Eigene Zertifikate* finden Sie die für Sie ausgestellten Zertifikate (→ Abbildung 20.17).

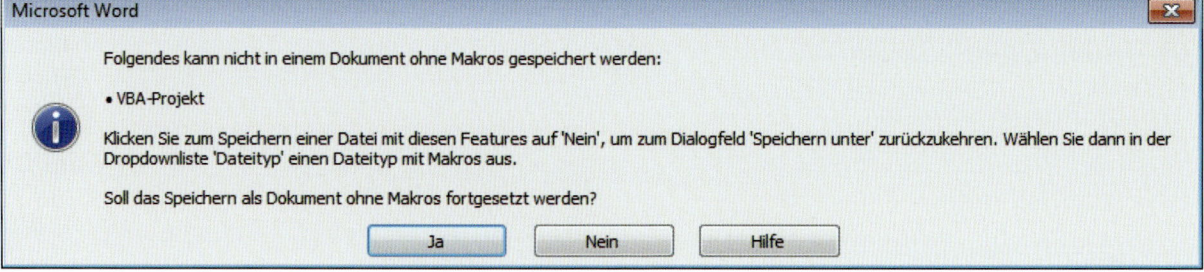

Abbildung 20.16 Sie müssen ein anderes Format verwenden.

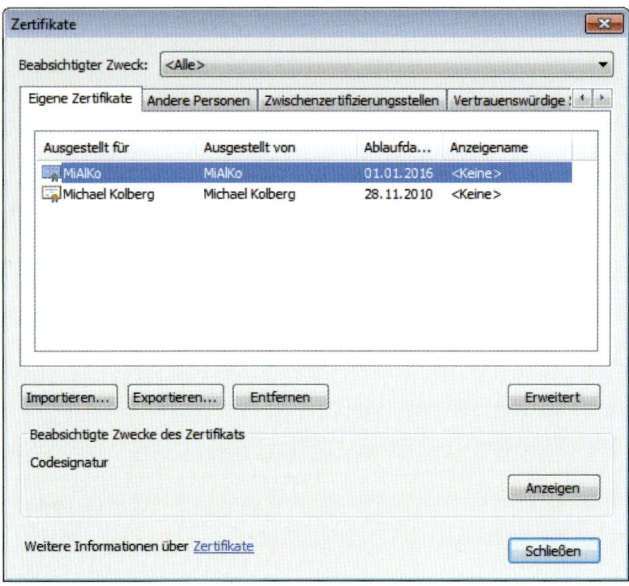

Abbildung 20.17 Die eigenen Zertifikate

TIPP Zum Testen von Makroprojekten auf dem Computer können Sie ein selbst signierendes Zertifikat mithilfe des Tools *Selfcert.exe* erstellen. Wählen Sie über das Startmenü von Windows das Programm *Digitales Zertifikat für VBA-Projekte* in der Gruppe *Microsoft Office/Microsoft Office 2010-Tools*. Das Dialogfeld *Eigenes Zertifikat erstellen* wird angezeigt (→ Abbildung 20.18). Geben Sie einen Namen für das Zertifikat in das Feld *Ihr Zertifikatsname* ein und bestätigen Sie über *OK*.

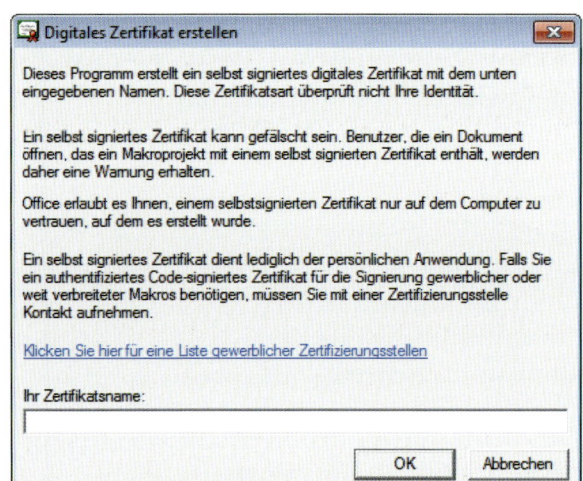

Abbildung 20.18 Ein eigenes Zertifikat erstellen

Die Signatur durchführen

Wenn Sie ein Makro digital signieren wollen, öffnen Sie die Datei, die das Makro enthält, und klicken Sie auf der Registerkarte *Entwicklertools* in der Gruppe *Code* auf *Visual Basic*. Wählen Sie dann im Projekt-Explorer von Visual Basic das Projekt aus, das Sie signieren möchten, und klicken Sie im Menü *Extras* auf *Digitale Signatur*. Wenn Sie noch kein digitales Zertifikat ausgewählt haben oder ein anderes verwenden möchten, klicken Sie auf die Schaltfläche *Wählen*, bestimmen das Zertifikat und klicken anschließend zweimal auf *OK* (→ Abbildung 20.19).

Abbildung 20.19 Ein Makro signieren

Beachten Sie noch die folgenden Hinweise:

» Da die digitale Signatur nach jeder Änderung des Codes in einem signierten Makroprojekt entfernt wird, sollten Sie Makros erst signieren, nachdem Ihre Lösung getestet wurde und veröffentlicht werden kann. Wenn das gültige digitale Zertifikat, das vorher zum Signieren des Projekts verwendet wurde, auf Ihrem Computer vorhanden ist, wird das Makroprojekt bei jedem Speichern automatisch neu signiert.

» Wenn Sie verhindern möchten, dass Benutzer Ihrer Lösung Ihr Makroprojekt versehentlich ändern und damit Ihre Signatur ungültig machen, sperren Sie das Makroprojekt, bevor Sie es signieren. Ihre digitale Signatur sagt nur aus, dass Sie garantieren, dass das Projekt seit der Signierung nicht geändert wurde. Die digitale Signatur beweist nicht, dass Sie das Makroprojekt geschrieben haben. Dementsprechend schützt Sie das Sperren Ihres Makroprojekts nicht davor, dass ein anderer Benutzer die digitale Signatur durch eine andere ersetzt. Administratoren eines Unternehmens können zum Beispiel Vorlagen und Add-Ins noch einmal signieren und damit genau kontrollieren, was Benutzer auf ihren Computern ausführen dürfen.

» Wenn Sie ein Add-In erstellen, das einem Makroprojekt Code hinzufügt, sollte Ihr Code überprüfen, ob das Projekt digital signiert ist. Darüber hinaus sollten die Benutzer vor dem Fortfahren auf die Konsequenzen hingewiesen werden, welche die Veränderung eines signierten Projekts nach sich ziehen kann.

» Wenn Sie Makros digital signieren, ist es wichtig, dass Sie einen Zeitstempel verwenden, damit andere Benutzer Ihre Signatur auch dann überprüfen können, wenn das für die Signatur verwendete Zertifikat abgelaufen ist. Wenn Sie Makros ohne Zeitstempel signieren, bleibt die Signatur nur während der Gültigkeit des Zertifikats gültig.

20.3 Ein Makro ausführen

Um ein aufgezeichnetes Makro auszuführen, können Sie es über das Dialogfeld *Makro* auswählen, die vereinbarte Tastenkombination verwenden oder einfach auf die vereinbarte Schaltfläche klicken.

TIPP Wenn Sie ein Makro aufgezeichnet haben und dieses nach dem erneuten Öffnen des Dokuments nicht mehr funktioniert, haben Sie es wahrscheinlich an einem anderen Ort gespeichert (→ oben). Die zur Verfügung stehenden Speicherorte können Sie über das Listenfeld *Makros in* anzeigen lassen.

20.3.1 Makroaufruf über das Dialogfeld *Makro*

Zum Ausführen eines aufgezeichneten Makros öffnen Sie die Liste zur Schaltfläche *Makros* in der gleichnamigen Gruppe der Registerkarte *Ansicht* und wählen dann den Befehl *Makro anzeigen*. Im Dialogfeld werden die Namen aller definierten Makros angezeigt (→ Abbildung 20.20).

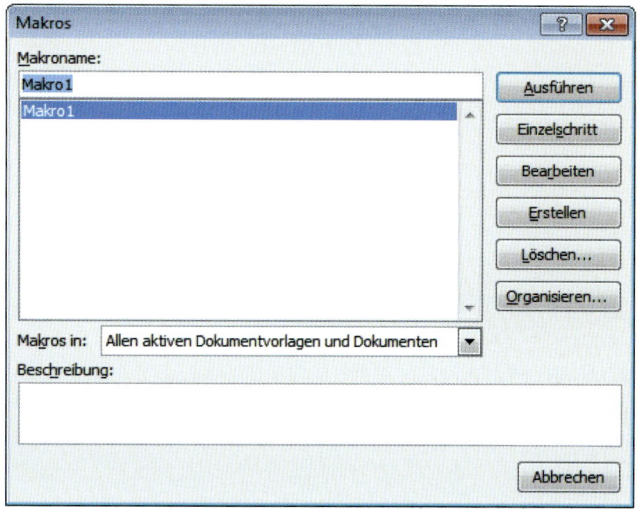

Abbildung 20.20 Das Dialogfeld zum Starten eines Makros

» Um eines der vorhandenen Makros auszuführen, markieren Sie es. Sie können den gewünschten Makronamen aber auch direkt im Feld *Makroname* eingeben. Klicken Sie dann auf die Schaltfläche *Ausführen*.

» Sollte das Makro nicht wie gewünscht funktionieren, können Sie es schrittweise ausführen lassen, indem Sie es markieren und dann auf die Schaltfläche *Einzelschritt* klicken. Sie wechseln damit zum Visual-Basic-Editor im *Unterbrechen*-Modus, in dem Sie das Makro Schritt für Schritt durchgehen können (→ Kapitel 21).

» Auch die Schaltfläche *Bearbeiten* öffnet das vorher markierte Makro im VBA-Editor (→ Abbildung 20.21).

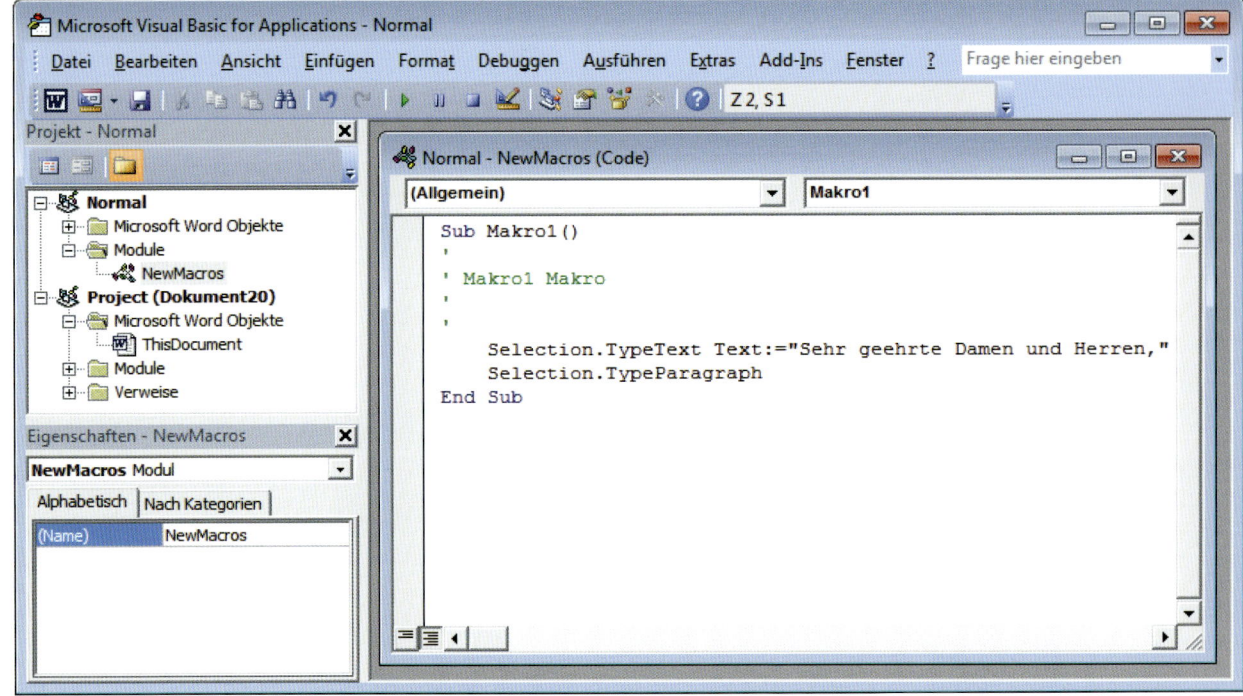

Abbildung 20.21 Ein Makro im VBA-Editor. Einfache Makros erklären sich fast von selbst.

» Nicht mehr im Dokument benötigte Makros können Sie entfernen. Markieren Sie dazu das betreffende Makro und klicken Sie dann auf die Schaltfläche *Löschen*.

20.3.2 Makroaufruf über eigene Registerkarten

Eine weitere wichtige Methode zum Starten von Code müssen wir noch erwähnen – den Aufbau einer eigenen Registerkarte mit geeigneten Befehlsschaltflächen darin. Das Grundprinzip der Vorgehensweise dazu haben wir bereits in Kapitel 2 kurz umrissen.

ACHTUNG Beachten Sie aber gleich auch die folgenden Einschränkungen dieser Methode: Benutzerdefinierte Registerkarten erscheinen bei Word standardmäßig bei jedem Aufruf des Programms. Wenn sich darin abgelegte Befehlsschaltflächen auf ein Makro beziehen, müssen diese Makros auch verfügbar sein. Sie sollten also die Makros im Speicherort *Normal. dotm* angelegt haben. Aber auch dann sind sie natürlich nur aufrufbar, wenn Sie diese Vorlage benutzen.

Die anschließend beschriebene Vorgehensweise erläutert, wie man Schaltflächen zum Starten von Makros in einer speziellen Gruppe anlegt.

» Lassen Sie die Registerkarte *Datei* anzeigen und wählen Sie *Optionen*. Unter den Word-Optionen wählen Sie die Kategorie *Menüband anpassen*.

» Öffnen Sie im linken Bereich des Fensters die Liste zu *Befehle auswählen* und wählen Sie darin den Eintrag *Makros* aus. Die definierten Makros werden aufgelistet (→ Abbildung 20.22).

» Klicken Sie rechts auf die Schaltfläche *Neue Registerkarte*. Ein neuer Eintrag mit dem Namen *Neue Registerkarte (Benutzerdefiniert)* wird erstellt.

» Markieren Sie diesen, klicken Sie auf *Umbenennen* und weisen Sie der neuen Registerkarte einen geeigneten Namen zu – beispielsweise *Makros*.

» Sie können auch gleich auf dieselbe Weise die automatisch erstellte Gruppe mit dem Namen *Neue Gruppe (Benutzerdefiniert)* mit einem anderen Namen versehen.

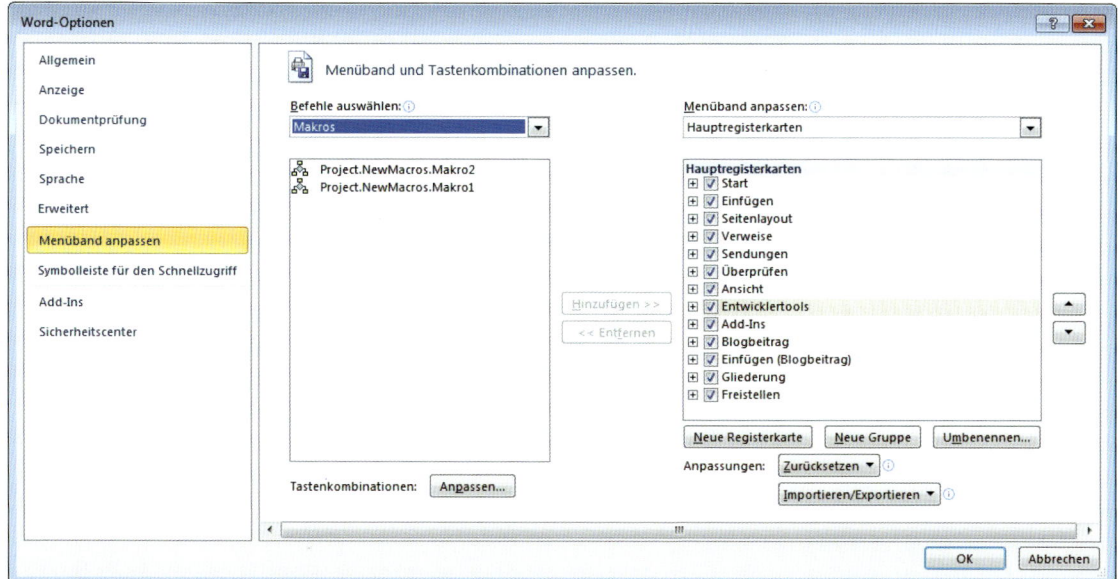

Abbildung 20.22 Die definierten Makros werden angezeigt.

» Markieren Sie dann die Gruppe und anschließend den Makroeintrag auf der linken Seite, den Sie hinzufügen wollen. Klicken Sie auf *Hinzufügen*.

» Die Makroeinträge werden unterhalb der Gruppenbezeichnung mit den Namen aufgelistet, mit denen sie im linken Listenfeld vorhanden waren. Oft empfiehlt sich auch hier ein Umbenennen. Markieren Sie den Eintrag und klicken Sie auf *Umbenennen*. Über das Dialogfeld können Sie dem Makrobefehl einen geeigneten Namen zuweisen und auch gleich ein Symbol dafür festlegen (→ Abbildung 20.23).

» Wiederholen Sie den letzten Schritt für weitere Makroeinträge. Diese werden dann rechts unterhalb der Gruppenbezeichnung aufgelistet (→ Abbildung 20.24).

Abbildung 20.23 Ändern Sie den Namen und wählen Sie ein Symbol aus.

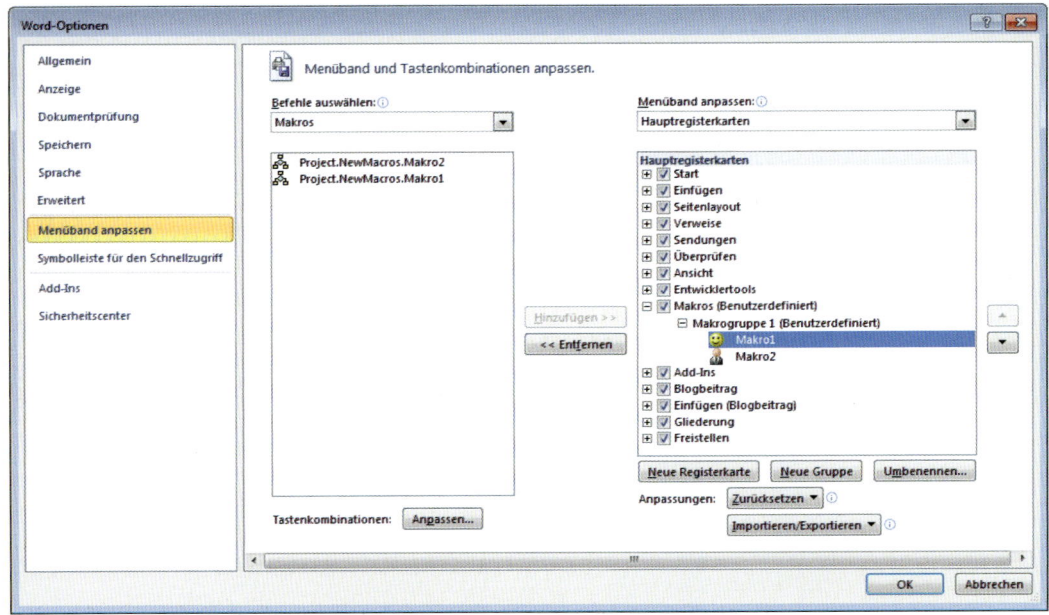

Abbildung 20.24 Makros wurden als Bestandteile eine Gruppe definiert.

» Bestätigen Sie über *OK*.

Anschließend verfügt das Menüband über eine neue Registerkarte, auf der sich in einer Gruppe die Symbole für die Makros befinden (→ Abbildung 20.25).

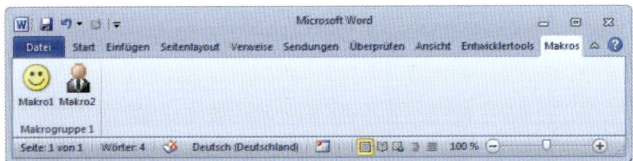

Abbildung 20.25 Eine neue Registerkarte mit Schaltflächen zum Starten von Makros

ACHTUNG Wir müssen nochmals darauf hinweisen: Die Makros, auf die sich die Befehlsschaltflächen in der benutzerdefinierten Registerkarte beziehen, müssen verfügbar sein. In Kapitel 24 zeigen wir Ihnen, wie man Registerkarten erstellt, die nur für einzelne Word-Dateien angezeigt werden.

20.3.3 Makroaufruf über andere Methoden

Neben der eben beschriebenen Methode zum Ausführen eines Makros können Sie auch weitere Techniken dazu verwenden. Einige davon erfordern jedoch Kenntnisse in VBA (→ Kapitel 21 und 22).

» Wenn Sie im Dialogfeld *Makro aufzeichnen* über die Option *Tastenkombination* eine solche vereinbart haben, können Sie diese zum Starten des Makros verwenden.

» Dasselbe gilt für das Starten über eine Schaltfläche, die Sie zum Starten vereinbart haben. Diese wird in der Symbolleiste für den Schnellzugriff angezeigt. Klicken Sie zum Starten darauf.

Makros können auch programmgesteuert ausgeführt werden. Dazu können Sie ein Makro von einem anderen Makro aus oder über eine Visual-Basic-Prozedur starten. Da Makros in der Regel zur Automatisierung gewisser Aufgaben eingesetzt werden, wird man ihre Ausführung auch meist automatisch starten wollen, sobald ein bestimmtes Ereignis eintritt. Beispielsweise könnten Sie ein Makro automatisch starten lassen, sobald Sie ein Dokument öffnen (→ Kapitel 23).

Kapitel 21

Der Visual Basic-Editor

Nachdem Sie im vorherigen Kapitel die Makros kennengelernt haben, können Sie sich jetzt dem wesentlichen Themenkreis dieses Teils widmen – dem Programmieren von Microsoft Word mit Hilfe von VBA. Die dafür notwendigen Arbeiten werden Sie fast ausschließlich in dem für alle Office-Programme eigenen Editor erledigen. Für den damit unerfahren Anwender lohnt es sich, ein bisschen Zeit für das Kennenlernen der wichtigsten Elemente dieses Werkzeugs aufzuwenden.

» Wir wollen Ihnen zunächst die Oberfläche dieses Editors vorstellen (→ Abschnitt 21.1). Diese verfügt über mehrere Fenster, deren Bedeutung Sie kennen sollten. Außerdem werden wir Sie in diesem Abschnitt mit den wichtigsten Programmeinstellungen des Editors bekannt machen und die Möglichkeiten des Zugangs zur Hilfe erklären.

» Anschließend werden wir Ihnen zeigen, wie man im Editor Code eingibt oder vorhandenen Code ändert (→ Abschnitt 21.2). Im Prinzip arbeiten Sie dabei wie mit einem normalen Texteditor – wie beispielsweise dem Windows-Editor. Der VBA-Editor enthält aber einige zusätzliche Werkzeuge, die Ihnen helfen, die Arbeiten schnell und effektiv zu erledigen.

» Es jetzt auch gleich Zeit, sich mit möglichen Fehlern im Code zu beschäftigen (→ Abschnitt 21.3). Denn spätestens dann, wenn Sie anfangen, einen einfachen Code zu erweitern, damit zu experimentieren oder einen komplizierten Code selbst einzugeben,

wird es – hin und wieder – bei der Ausführung zu Fehlermeldungen kommen. Das ist ganz normal und auch erfahrene Entwickler kennen das. Den Vorgang zum Suchen und Beheben von Fehlern in einer Visual-Basic-Prozedur bezeichnet man als *Debugging*. Debuggen umfasst in der Regel das Ausführen bestimmter Teile einer Prozedur und deren Analyse an verschiedenen Stellen.

» Eine der Schwierigkeiten, die Ihnen bei der Programmierung mit VBA begegnen wird, besteht darin, dass Sie oft nicht wissen werden, welche der eingebauten Objekte Sie für eine bestimmte Aufgabe verwenden sollten. Hier hilft Ihnen ein kleines, aber leistungsstarkes Dialogfeld – der *Objektkatalog* (→ Abschnitt 21.4).

CD-ROM Öffnen Sie zur Arbeit in diesem Kapitel die Datei *Dokument21* im Ordner *21*. Denken Sie daran, dass sich VBA-Code im Dokument befindet (→ Kapitel 20). Klicken Sie – falls erforderlich – in der Statusleiste auf *Inhalt aktivieren*, um den Zugang dazu zu ermöglichen.

21.1 Die Oberfläche des VBA-Editors

Beginnen wir mit einigen grundlegenden Aufgaben: Lassen Sie den Editor über Microsoft Word anzeigen und machen Sie sich mit den darin angezeigten Fenstern vertraut.

21.1.1 Den Editor anzeigen

 Den VBA-Editor können Sie auf verschiedene Weisen anzeigen lassen. Welche davon Sie bei Ihrer Arbeit benutzen sollten, hängt davon ab, was Sie im Editor tun wollen. Eine Methode ist aber für alle Zwecke gültig: Klicken Sie auf die Schaltfläche *Visual Basic* in der Gruppe *Code* der Registerkarte *Entwicklertools* im Menüband. Sie können den Editor auch einfach über die Tastenkombination ⌐Alt⌐+⌐F11⌐ auf den Bildschirm bringen. Für einige Leser ist das Bild, mit dem sich der Editor präsentiert, vielleicht ein Grund zur Freude: Der VBA-Editor zeigt die klassische Oberfläche mit Menüs und Symbolleisten.

Im Hauptbereich des Editors sind zumindest zwei Unterfenster vorhanden – *Projekt* und *Eigenschaften* –, die standardmäßig am linken Rand des Anwendungsfensters eingeblendet werden. Ist für das Dokument bereits VBA-Code eingegeben worden, kann zusätzlich das *Codefenster* eingeblendet sein, in dem dieser Code angezeigt wird (→ Abbildung 21.1).

21.1.2 Fenstertechniken

Auf die Inhalte dieser Fenster werden wir in den folgenden Abschnitten eingehen. Zuerst wollen wir aber noch einige Worte über die Darstellungstechniken für diese Fenster verlieren.

Fenster ein- und ausblenden

Sie können einzelne dieser Fenster – wenn Sie den Platz auf dem Bildschirm für andere Zwecken nutzen wollen – ausblenden. Um ausgeblendete Fenster wieder anzuzeigen, benutzen Sie die Befehle des Menüs *Ansicht* (→ Abbildung 21.2). Hierin finden Sie auch Befehle zur Anzeige weiterer Hilfsfenster und die dazugehörenden Tastenkürzel. Hinweise zu den weiteren in diesem Menü aufgeführten Fenstern finden Sie in den nachfolgenden Kapiteln.

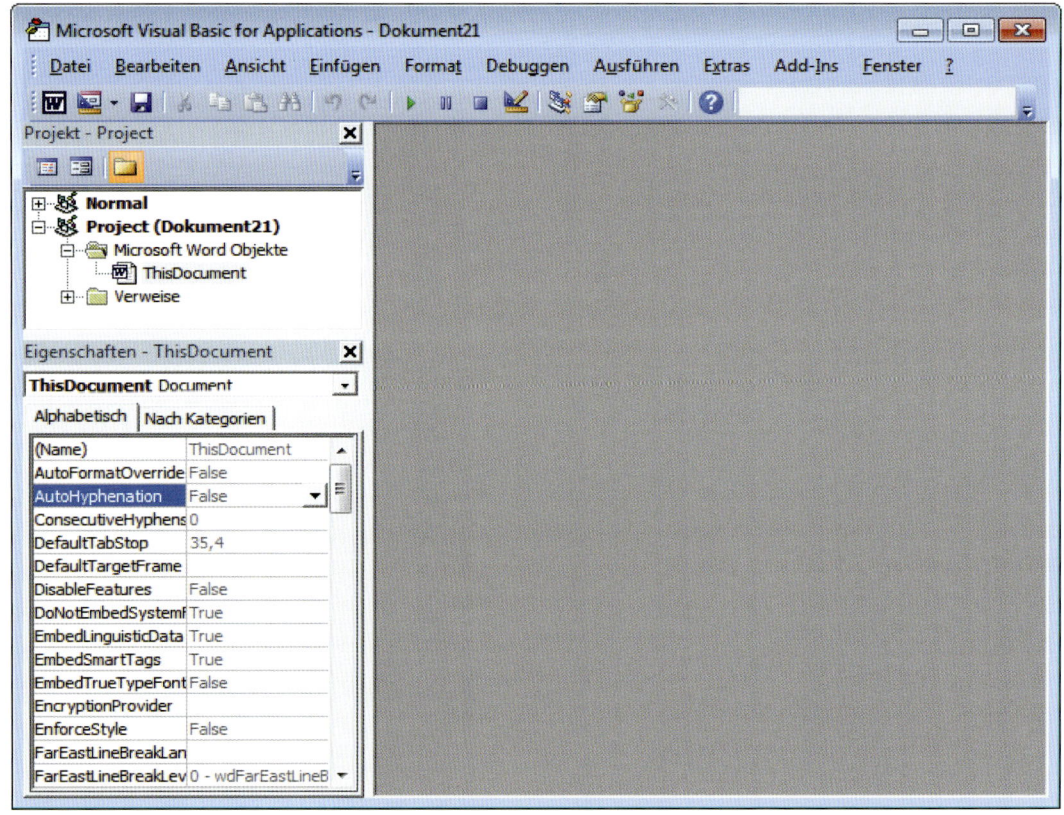

Abbildung 21.1
Der Editor zeigt mehrere Fenster an. Das Codefenster im Hauptbereich ist hier ausgeblendet.

Abbildung 21.2 Über das Menü *Ansicht* können Sie Fenster ein- und ausblenden.

TIPP Schaltflächen zur erneuten Anzeige der beiden wichtigen Fenster *Projekt-Explorer* und *Eigenschaftenfenster* enthält auch die standardmäßig angezeigte Symbolleiste *Voreinstellung* (→ unten).

Fenster verankern

Das *Codefenster* ist frei auf dem Bildschirm positionierbar und Sie können es mit Hilfe der üblichen Schaltflächen in der oberen rechten Ecke maximieren oder minimieren. Die Fenster *Projekt* und *Eigenschaften* sind im Editor *verankert*. Sie sind mit einer Kante mit dem Rahmen des umgebenden Fensters verbunden und werden somit automatisch ausgerichtet.

Sie können diese beiden Fenster aus der Verankerung lösen, indem Sie sie über die Titelleiste aus dieser Lage herausziehen. Ein so gelöstes Fenster ist frei auf dem Bildschirm verschiebbar. Ein Doppelklick auf die Titelleiste bewegt sie anschließend in ihre ursprüngliche Verankerung zurück. Sie können ein Fenster bei Bedarf auch an einen anderen Rand des Editors bewegen und dort verankern.

Über die Optionen auf der Registerkarte *Verankern* im Dialogfeld zum Menübefehl *Extras/Optionen* können Sie festlegen, ob Fenster des Editors verankerbar sein sollen (→ unten).

21.1.3 Die Symbolleiste *Voreinstellung*

Standardmäßig wird nach dem Starten des VBA-Editors nur eine mit *Voreinstellung* bezeichnete Symbolleiste angezeigt. Sie sollten sich kurz mit der Bedeutung der einzelnen Schaltflächen vertraut machen (→ Tabelle 21.1). Auf Details dazu werden wir später eingehen. Damit die Namen der Schaltflächen als *QuickInfo* angezeigt werden, wenn Sie den Mauszeiger auf einer Schaltfläche ruhen lassen, stellen Sie sicher, dass das Kontrollkästchen *QuickInfo anzeigen* auf der Registerkarte *Allgemein* im Dialogfeld zum Befehl *Optionen* im Menü *Extras* aktiviert ist.

Symbol	Name und Wirkung
	Ansicht Microsoft Word: zeigt das Objekt in Word an, von dem aus der VBA-Editor gestartet wurde. Der Editor wird dabei nicht geschlossen.
	Modul, Klassenmodul oder *Prozedur einfügen:* erstellt im Codefenster ein neues Element. Name und Symbol dieser Schaltfläche ändern sich. Es wird immer das zuletzt eingefügte Element angezeigt.
	<Dokumentname> speichern: speichert die im Editor vorgenommenen Änderungen zusammen mit dem aktuellen Dokument.
	Ausschneiden: verschiebt den vorher im Codefenster markierten Bereich in die Zwischenablage.
	Kopieren: kopiert den vorher im Codefenster markierten Bereich in die Zwischenablage.
	Einfügen: fügt den Inhalt der Zwischenablage an der vorher im Codefenster markierten Stelle ein.
	Suchen: zeigt das gleichnamige Dialogfeld an, über das Sie nach Codeelementen suchen können.
	Rückgängig: macht die letzte Änderung rückgängig.
	Wiederholen: stellt einen vorher rückgängig gemachten Befehl oder eine Eingabe wieder her.

Symbol	Name und Wirkung
▶	*Sub/UserForm ausführen:* führt die aktuelle *Sub*-Prozedur aus, falls sich die Einfügemarke im Codefenster in einer Prozedur befindet, oder führt eine *UserForm* aus, falls eine solche aktiv ist. Falls weder eine *Sub*-Prozedur noch eine *UserForm* aktiv ist, wird das Dialogfeld *Makros* angezeigt, aus dem Sie eines zur Ausführung wählen können.
❚❚	*Unterbrechen:* unterbricht ein laufendes Programm und wechselt in den *Haltemodus.* In diesem Modus können Sie die Programmausführung überprüfen, zurücksetzen oder fortsetzen sowie Fehler beseitigen und schrittweise das Programm durchlaufen
■	*Zurücksetzen:* löscht die Aufrufliste und die Variablen auf Modulebene und beendet das Projekt.
☑	*Entwurfsmodus:* aktiviert und deaktiviert den Entwurfsmodus.
🗔	*Projekt-Explorer:* blendet das gleichnamige Fenster ein. Standardmäßig erscheint dieses Fenster oben links auf dem Bildschirm.
🗖	*Eigenschaftenfenster:* zeigt das Fenster *Eigenschaften* an. Standardmäßig erscheint dieses Fenster unten links auf dem Bildschirm.
🗂	*Objektkatalog:* zeigt das gleichnamige Dialogfeld an, über das Sie Klassen und deren Elemente aus mehreren Bibliotheken auswählen können.
❓	*Microsoft Visual Basic for Applications-Hilfe:* blendet das Fenster der Programmhilfe ein. Wenn Sie vorher ein bestimmtes Element markiert hatten, wird darin gleich das entsprechende Hilfethema angezeigt.
Z 3, S 1	Zeigt die aktuelle Position der Einfügemarke im Codefenster an. Eine Anzeige *Z1, S1* steht beispielsweise für *Zeile 1, Spalte 1.*

Tabelle 21.1 Die wichtigsten Schaltflächen in der Symbolleiste *Voreinstellung*

Daneben verfügt der Editor noch über drei weitere Symbolleisten, die Sie über die Befehle des Untermenüs zum Menübefehl *Ansicht/Symbolleisten* auf den Bildschirm bringen können. Auf deren Inhalt werden wir später eingehen.

21.1.4 Das Fenster *Projekt-Explorer*

Das mit *Projekt* – ... überschriebene Fenster in der linken oberen Ecke wird auch als *Projekt-Explorer* bezeichnet. Seine wesentliche Aufgabe besteht in der Navigation zwischen den einzelnen VBA-Elementen, die in den aktuellen Dokumenten enthalten sind (➔ Abbildung 21.3). Es zeigt diese Elemente in einer hierarchischen Liste an. Sollte es nicht angezeigt werden, wählen Sie im Menü *Ansicht* den Befehl *Projekt-Explorer* oder klicken Sie auf die gleichnamige Schaltfläche in der Symbolleiste *Voreinstellung.*

Ebenen ein- und ausblenden

Die hierarchische Darstellung der Elemente erlaubt ein Anzeigen oder Ausblenden der jeweiligen Unterebenen. Welche Ebenen der Hierarchie angezeigt werden, können Sie über die kleinen Schaltflächen links vor einem Symbol regeln (➔ Abbildung 21.3).

» Durch einen Klick auf die links vor den einzelnen Elementen stehenden kleinen Minuszeichen können Sie die untergeordneten Elemente ausblenden.

» Klicken Sie auf das links vor einem Element stehende Pluszeichen, um untergeordnete Elemente einzublenden.

Die einzelnen Ebenen

Die Hierarchie im *Projekt-Explorer* besteht aus maximal drei Ebenen.

» Die oberste Ebene beinhaltet meist zwei Elemente: das aktuelle Dokument und die diesem zugrunde liegende Vorlage – beispielsweise finden Sie bei einem Dokument mit dem Namen *Dokument21* auf Basis der Vorlage *Normal* hier die Bezeichnungen *Normal* und *Project (Dokument21).* Sind mehrere Dokumente mit verschiedenen Vorlagen geöffnet, finden Sie in diesem Fenster auch entsprechend viele Abschnitte.

» Auf der mittleren Ebene werden die einzelnen Projekte darin dargestellt. Projekte dienen zur organisatorischen Zusammenfassung der in ihnen enthaltenen Module. Beispielsweise finden Sie fast immer die Bezeichnungen *Microsoft Word Objekte* und *Module.*

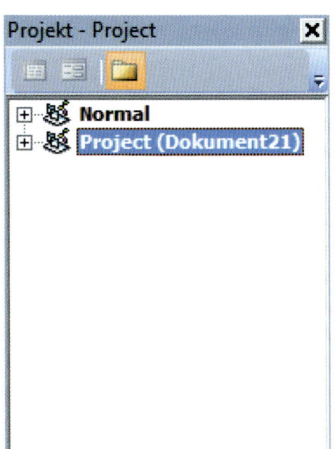 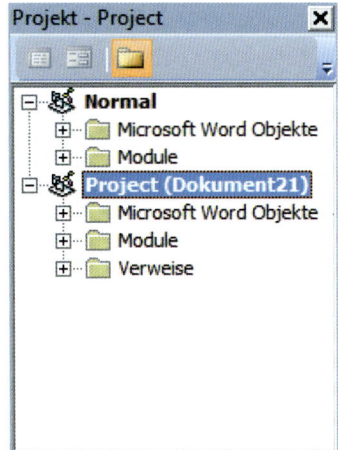 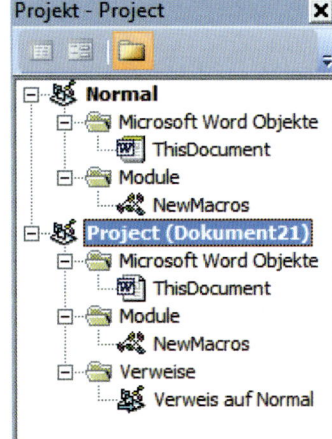

Abbildung 21.3
Der *Projekt-Explorer* zeigt unterschiedliche Ebenen an.

» Die untere Ebene im *Projekt-Explorer* zeigt die einzelnen Module an, aus denen die Projekte bestehen. Module dienen – wie in anderen Programmiersprachen – zum Strukturieren von Code. Sie sind eine Art von Behälter, in denen zusammengehörende Codeelemente – wie Prozeduren und Anweisungen – gemeinsam abgelegt und zusammen gespeichert werden. Wenn Sie von der Word-Oberfläche her bereits Makros erstellt hatten, finden Sie hier immer den Eintrag *NewMacros*. Das ist der Name für das Modul, in dem der Code für die einzelnen Makros abgelegt wurde.

Die richtige Ebene auswählen

Wichtig an dieser Stelle ist, beim Erstellen und beim späteren Bearbeiten von VBA-Code immer sicherzustellen, dass Sie sich auf der gewünschten Ebene befinden.

» Wenn beispielsweise sowohl das Dokument als auch die damit verbundene Vorlage Makros beinhaltet, finden Sie für beide Bestandteile unterhalb der Ebene *Module* den Eintrag *NewMacros*. Wenn Sie eines der Makros bearbeiten wollen, doppelklicken Sie auf diesen Eintrag. Benutzen Sie aber dabei auch den gewünschten: Wenn Sie ein Makro im Dokument selbst editieren wollen, doppelklicken Sie auf *NewMacros* unterhalb des Dokuments – beispielsweise unterhalb von *Dokument21*.

» Dasselbe gilt auch, wenn Sie neuen Code erstellen wollen: Wenn der Code nur für das Dokument gelten soll, markieren Sie zuerst im Projekt-Explorer die Ebene des Dokuments.

TIPP Microsoft Word VBA unterscheidet zwei Grundtypen von Modulen: Standardmodule und Klassenmodule. Die Unterschiede dazwischen beziehen sich im Wesentlichen auf die Frage, ob die jeweiligen Module mit anderen Word-Objekten verbunden sind oder nicht. Auf weitere Elemente in diesem Fenster werden wir später noch eingehen.

Wesentliche Aufgaben

Das Fenster *Projekt-Explorer* sorgt also zunächst einmal für eine zusammenfassende Darstellung der Elemente Ihres Projekts. Über die drei Schaltflächen unterhalb der Titelleiste des Fensters können Sie einige Ansichten ansteuern (→ Tabelle 21.2).

Symbol	Name und Wirkung
	Code anzeigen: zeigt das *Codefenster* für das *im Projekt-Explorer* markierte Element an, um Code dafür zu erstellen und zu bearbeiten. Alternativ können Sie dafür auch den Befehl *Code anzeigen* aus dem Kontextmenü zu diesem Element wählen.
	Objekt anzeigen: zeigt das Objektfenster für das ausgewählte Element an. Haben Sie beispielsweise in der Hierarchie ein *Microsoft Office Word Klassenobjekt* gewählt, wird damit dieses im Word-Fenster angezeigt.
	Ordner wechseln: blendet die Objektordner ein bzw. aus, während die darin enthaltenen Objekte weiterhin angezeigt werden.

Tabelle 21.2 Die Schaltflächen oben im *Projekt-Explorer*

Interessant ist hier die Funktion der Schaltfläche *Ordner wechseln*. Standardmäßig werden die Elemente im Projekt-Explorer wie eben beschrieben dargestellt. Nach einem Klick auf *Ordner wechseln* werden diese anders sortiert. Auch hier können Sie auf ein Pluszeichen klicken, um untergeordnete Elemente anzuzeigen. Der Klick auf ein Minuszeichen blendet diese Elemente wieder aus (→ Abbildung 21.4).

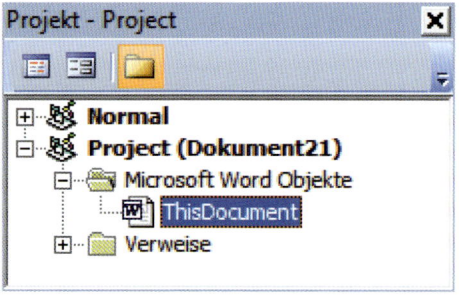

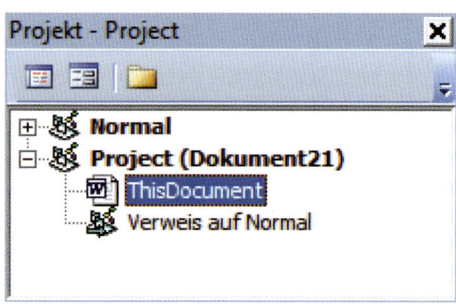

Abbildung 21.4 Die Form der Auflistung können Sie ändern.

21.1.5 Das Fenster *Eigenschaften*

Viele Elemente, mit denen Sie in Visual Basic arbeiten, haben Attribute oder Eigenschaften. Diese Eigenschaften sind Informationen, die das Element beschreiben, wie beispielsweise der Name eines Dokuments oder die Farbe eines Elements. Nach dem Erstellen eines Objekts werden dessen Eigenschaften auf Standardwerte gesetzt. Über die Optionen im Fenster *Eigenschaften* haben Sie die Möglichkeit, diese anzuzeigen oder zu modifizieren. Dieses Fenster wird standardmäßig unten links im Editor angezeigt (→ Abbildung 21.5). Sollte es

nicht angezeigt werden, rufen Sie den Menübefehl *Ansicht/Eigenschaftenfenster* auf oder klicken Sie auf die gleichnamige Schaltfläche in der Symbolleiste *Voreinstellung*.

Um das Objekt festzulegen, dessen Eigenschaften im Fenster angezeigt werden sollen, müssen Sie es markieren. In einfachen Fällen können Sie dazu die Auflistung des Projekt-Explorers benutzen. Wenn Sie beispielsweise dort den Eintrag *ThisDocument* markieren, werden im Fenster *Eigenschaften* die Eigenschaften dieses Elements angezeigt. Sie können diese Eigenschaften zur Entwurfszeit ändern. Bei einer gemeinsamen Auswahl mehrerer Objekte werden im Eigenschaftenfenster diejenigen Eigenschaften angezeigt, die alle ausgewählten Elemente aufweisen.

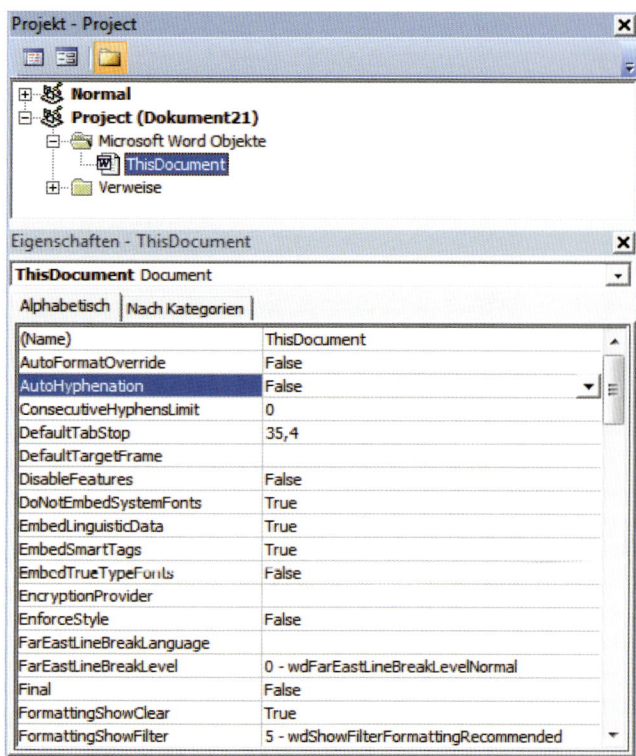

Abbildung 21.5 Im Fenster werden die Eigenschaften zum Objekt angezeigt.

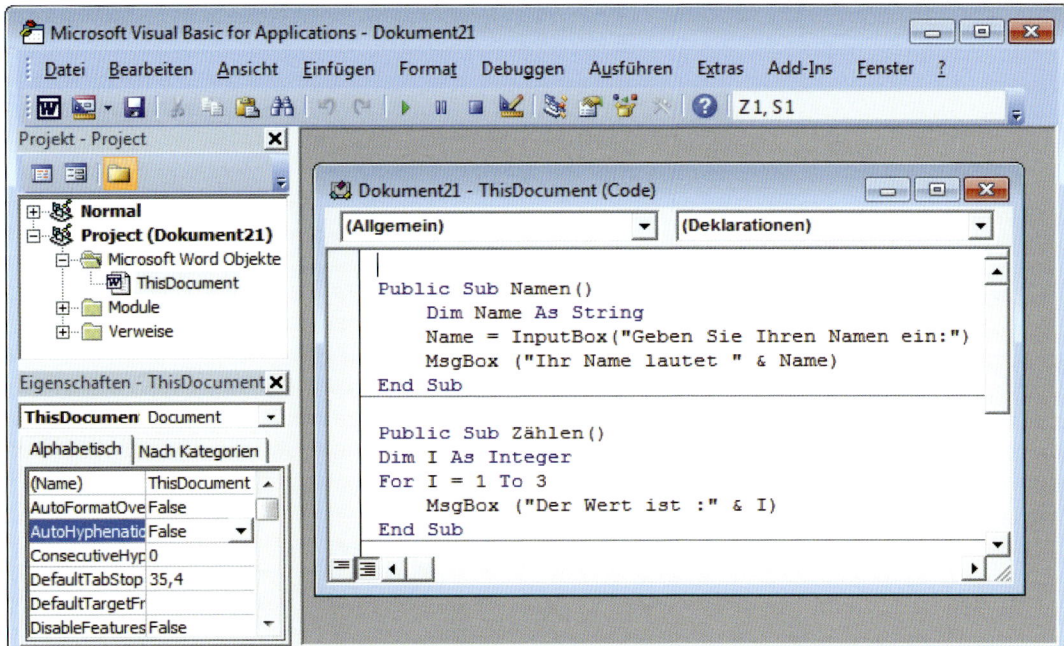

Abbildung 21.6
Im Codefenster
wird der Inhalt des
markierten Moduls
angezeigt. Hier
wurde bereits Code
eingegeben.

Beachten Sie bei der Arbeit mit diesem Fenster einige wichtige Eigenheiten:

» In dem mit *Objekt* benannten Listenfeld unterhalb der Titelleiste wird das aktuell markierte Objekt angegeben. Über das Listenfeld dazu können Sie andere Elemente des aktiven Objekts anzeigen lassen.

» In Bereich darunter werden die für das oben gewählte Objekt vorhandenen Eigenschaften aufgelistet und können dort auch geändert werden. Bei Auswahl mehrerer Objekte werden auf den Registerkarten, die die Eigenschaften auflisten, nur die Eigenschaften angezeigt, die allen Objekten gemeinsam sind, sowie die Einstellungen, basierend auf dem zuerst ausgewählten Objekt.

» Mit den beiden Registerkarten *Alphabetisch* und *Nach Kategorien* können Sie wählen, ob diese Eigenschaften in alphabetischer Reihenfolge oder nach Kategorien aufgelistet werden sollen. *BackColor*, *Caption* und *ForeColor* befinden sich bei dieser Ansicht in der Kategorie *Darstellung*. Die Inhalte einzelner Kategorien können Sie durch einen Klick auf das Pluszeichen bzw. das Minuszeichen links neben dem Kategorienamen aus- und einblenden.

21.1.6 Das Codefenster

Den Hauptteil Ihrer Arbeit werden Sie im Codefenster vornehmen. Dieses Fenster dient zum Anzeigen, Erstellen und Bearbeiten von VBA-Code. Dieser Code besteht aus einer Reihe von Anweisungen und Methoden, die eine Operation durchführen oder einen Wert berechnen. Sie können so viele Codefenster öffnen wie Module vorhanden sind, so dass der Code auf einfache Weise in verschiedenen Formularen oder Modulen angezeigt und zwischen diesen kopiert und eingefügt werden kann.

Code im Fenster anzeigen

Wichtig ist, dass Sie bei der Arbeit im Codefenster berücksichtigen, dass Code immer auf der Ebene einzelner Module erstellt wird. Um den bereits vorhandenen Code zu einem Modul anzuzeigen, verwenden Sie das Fenster *Projekt-Explorer*.

» Falls der *Projekt-Explorer* ausgeblendet ist, blenden Sie ihn wieder ein: Wählen Sie dazu den Befehl *Projekt-Explorer* im Menü *Ansicht* oder klicken Sie auf die gleichnamige Schaltfläche in der Symbolleiste *Voreinstellung* oder drücken Sie Strg + R . Der *Projekt-Explorer* wird angezeigt.

» Wenn die Unterelemente ausgeblendet sind, blenden Sie sie wieder ein, indem Sie auf das Plus-Zeichen oder auf die Schaltfläche *Ordner wechseln* im Fenster klicken. Die Elemente werden im Fenster *Projekt-Explorer* angezeigt.

» Markieren Sie ein Element und klicken Sie auf die Schaltfläche *Code anzeigen* im Fenster oder doppelklicken Sie auf das Element. Der zum Element definierte Code wird im Codefenster angezeigt (→ Abbildung 21.6).

Abschnitte im Codefenster

Im Allgemeinen besteht ein solcher Code aus einer oder mehreren Prozeduren. Im Fenster werden diese in einer einzigen Liste angezeigt. Die einzelnen Prozeduren sind in der Standardeinstellung des Editors durch Striche voneinander abgesetzt.

Manchmal finden Sie als erstes Element im Fenster auch den sogenannten *Deklarationsabschnitt*. Dort sind Elemente abgelegt, die für das gesamte Modul gelten sollen. An dieser Stelle finden Sie auch zusätzliche Vereinbarungen, wie beispielsweise Deklarationsanweisungen für Variablen, die im gesamten Modul gelten sollen. Manchmal finden Sie hier auch die Anweisung *Option Explicit*, die das Standardverfahren für die Deklaration von Variablen regelt.

TIPP Trennstriche zwischen den einzelnen Bestandteilen werden nur angezeigt, wenn die Option *Prozedurtrennlinie* auf der Registerkarte *Editor* im Dialogfeld zum Menübefehl *Extras/Optionen* aktiviert ist.

Navigation im Codefenster

Alle Prozeduren eines Moduls werden in einer einzigen Liste angezeigt, in der Sie einen Bildlauf durchführen können. Über die beiden Felder unterhalb der Titelleiste des Codefensters können Sie schnell zwischen einzelnen Bereichen im Codefenster navigieren (→ Tabelle 21.3).

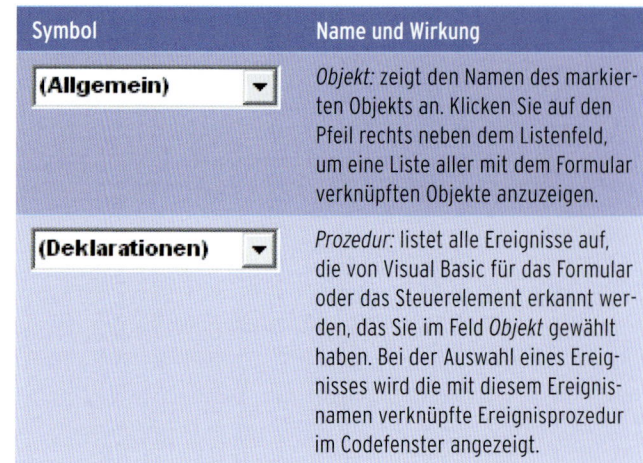

Symbol	Name und Wirkung
(Allgemein) ▼	*Objekt:* zeigt den Namen des markierten Objekts an. Klicken Sie auf den Pfeil rechts neben dem Listenfeld, um eine Liste aller mit dem Formular verknüpften Objekte anzuzeigen.
(Deklarationen) ▼	*Prozedur:* listet alle Ereignisse auf, die von Visual Basic für das Formular oder das Steuerelement erkannt werden, das Sie im Feld *Objekt* gewählt haben. Bei der Auswahl eines Ereignisses wird die mit diesem Ereignisnamen verknüpfte Ereignisprozedur im Codefenster angezeigt.

Tabelle 21.3 Zwei Listenfelder dienen zur Navigation.

» Im Feld *Objekt* im linken Abschnitt finden Sie innerhalb von Standardmodulen nur die Option *(Allgemein)*. In anderen Fällen wird der Name des markierten Objekts angezeigt. Klicken Sie auf den Pfeil rechts neben dem Listenfeld, um eine Liste aller mit dem Formular verknüpften Objekte anzuzeigen und ein anderes Objekt auszuwählen.

» Das Feld *Prozedur* auf der rechten Seite listet alle Ereignisse auf, die zum gewählten Objekt erkannt werden. Wenn im Feld *Objekt* die Option *(Allgemein)* angezeigt wird, werden im Feld *Prozedur* alle Deklarationen und allgemeinen Prozeduren aufgeführt, die für dieses Modul erstellt wurden. Nach der Auswahl eines Elements aus dieser Liste wird der Code dazu im unteren Bereich des Fensters angezeigt.

Außerdem können Sie über die Bildlaufleiste den im Fenster angezeigten Ausschnitt verändern. Zum Bewegen der Einfügemarke klicken Sie die gewünschte Stelle mit der Maus an oder arbeiten mit den üblichen Tastenkürzeln. Letztere sind im Wesentlichen die Pfeiltasten und Kombinationen davon mit der Taste Strg . Beispielsweise erreichen Sie durch Drücken von Strg + Pos1 einen Sprung zum Anfang der Codes, die Tastenkombination Strg + Ende führt Sie zum Ende.

Die Kennzeichenleiste

Unten links im Codefenster finden Sie die sogenannte *Kennzeichenleiste*. Über die beiden kleinen Schaltflächen darin können Sie regeln, welche Bestandteile der Codes im Modul im Codefenster angezeigt werden soll (→ Tabelle 21.4).

Symbol	Name und Wirkung
≡	*Prozeduransicht:* zeigt nur die gerade ausgewählte Prozedur an.
≣	*Vollständige Modulansicht:* zeigt den gesamten Code im Modul an.

Tabelle 21.4 Über die *Kennzeichenleiste* regeln Sie den Inhalt des Fensters

21.1.7 Die Programmeinstellungen

Wie so gut wie alle Anwendungen verfügt der VBA-Editor über eine Reihe von Einstellungen, die bestimmte Verhaltensweisen des Programms regeln. Diese sind nicht projektspezifisch, sondern gelten für alle neuen Projekte, die Sie über den Editor erstellen. Wir werden in den nachfolgenden Teilen dieses Buchs auf die Wirkung der wichtigsten davon eingehen. Zuvor sollten Sie sich aber einen Überblick darüber verschaffen, was eingestellt werden kann. Den Zugang erhalten Sie über das Dialogfeld zum Menübefehl *Extras/Optionen*.

Die Registerkarte *Editor*

Die Registerkarte *Editor* enthält die Einstellungen für das Code- und das Projektfenster (→ Abbildung 21.7). Sie finden darin zwei Bereiche – *Code-Einstellungen* und *Fenstereinstellungen*.

Die *Code-Einstellungen* finden Sie im oberen Bereich der Registerkarte:

» Die *Automatische Syntaxüberprüfung* bestimmt, ob Visual Basic nach der Eingabe einer Codezeile automatisch die Syntax überprüfen soll. Ist sie eingeschaltet, werden Fehler in der Syntax gemeldet. Fehler werden in roter Farbe gekennzeichnet.

» Über *Variablendeklaration erforderlich* können Sie festlegen, ob explizite Variablendeklarationen in Modulen erforderlich sind. Durch Aktivieren dieser Option wird die *Option Explicit*-Anweisung den allgemeinen Deklarationen in allen neuen Modulen hinzugefügt.

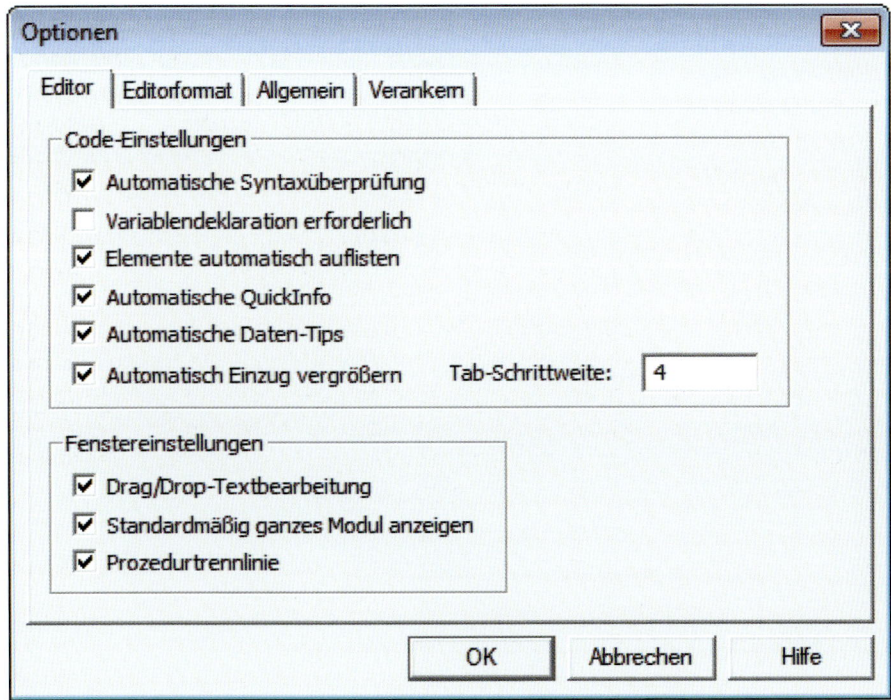

Abbildung 21.7
Die Optionen auf der Registerkarte *Editor*

» *Elemente automatisch auflisten* zeigt bei der Eingabe bestimmter Codeelemente eine Liste mit den Informationen an, die die Anweisung an der aktuellen Einfügemarke logisch vervollständigen würden.

» Die Option *Automatische QuickInfo* zeigt bei der Eingabe Informationen zu Funktionen und deren Parametern an.

» *Automatische Daten-Tips* sorgt für die Anzeige des Werts der Variablen, auf der der Cursor positioniert ist. Die Wirkung kann nur im Haltemodus gesehen werden.

» Die Option *Automatisch Einzug vergrößern* sorgt dafür, dass Sie einen Tabulator für Einzüge in Code benutzen können. Alle nachfolgenden Zeilen beginnen an der Tabulatorposition.

» *Tab-Schrittweite* stellt die Schrittweite des Tabulators auf einen Wert zwischen *1* und *32* Leerzeichen ein; die Standardeinstellung beträgt *4* Leerzeichen.

Die *Fenstereinstellungen* im unteren Bereich der Registerkarte *Editor* haben die folgende Wirkung:

» Wenn *Drag/Drop-Textbearbeitung* aktiviert ist, haben Sie die Möglichkeit zum Ziehen und Ablegen von Elementen im aktuellen Code und vom Codefenster in das Direkt- oder Überwachungsfenster.

» *Standardmäßig ganzes Modul anzeigen* sorgt dafür, dass Prozeduren im Codefenster entweder fortlaufend als Liste dargestellt werden, durch die geblättert werden kann, oder dass immer nur jeweils eine Prozedur angezeigt wird. Die Darstellung von momentan geöffneten Modulen ist aber davon nicht betroffen.

» Eine *Prozedurtrennlinie* ermöglicht die Anzeige bzw. das Ausblenden von Prozedurtrennlinien am Ende der einzelnen Prozeduren im Codefenster.

Die Registerkarte *Editorformat*

Die Optionen auf der Registerkarte *Editorformat* im Dialogfeld *Optionen* bestimmen die Darstellung des VBA-Codes (→ Abbildung 21.8). Sie können darüber die Farbe, Schriftart und -größe für bestimmte Arten von Text im Editor einstellen.

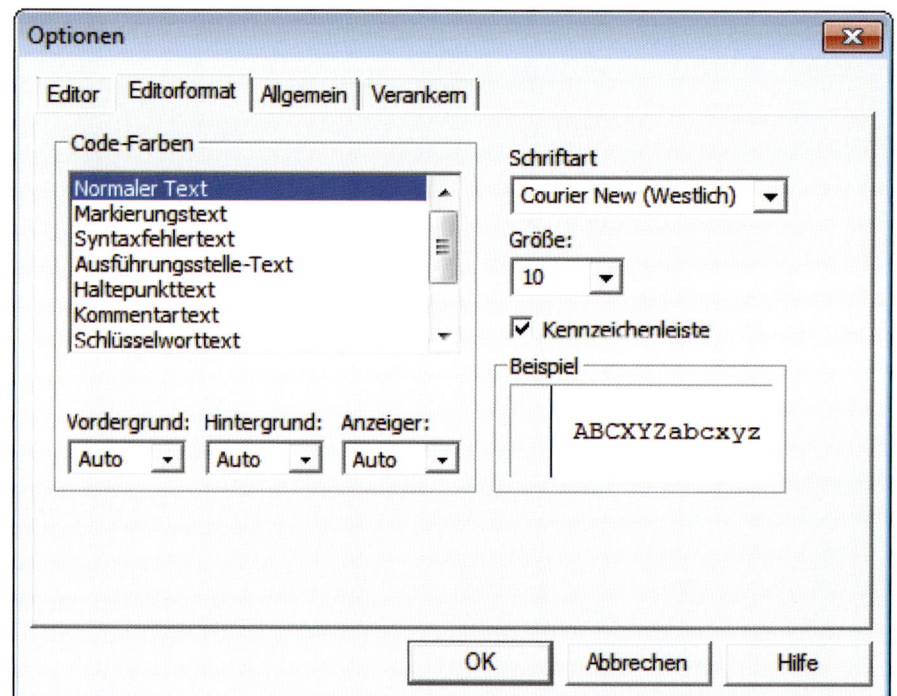

Abbildung 21.8
Die Optionen auf der Registerkarte *Editorformat*

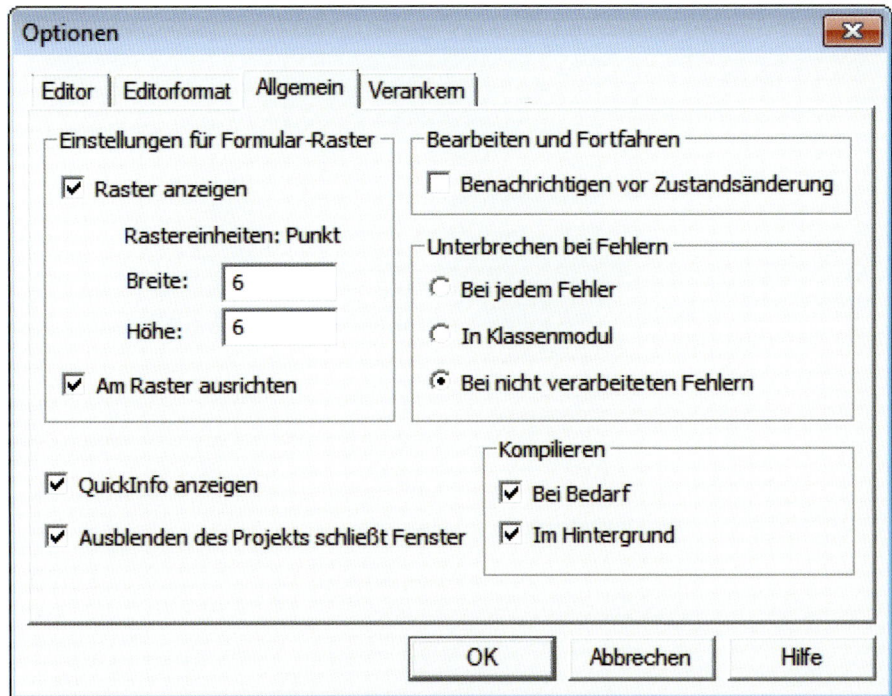

Abbildung 21.9
Die Optionen auf der Registerkarte
Allgemein

» Wählen Sie über das Listenfeld *Code-Farben* im oberen linken Bereich zunächst die Art von Textelement, deren Einstellung Sie ändern wollen. Über die Listenfelder *Vordergrund*, *Hintergrund* und *Anzeiger* können Sie die Farbe einstellen.

» Im rechten Bereich können Sie die *Schriftart* und die *Größe* einstellen. Diese Einstellungen gelten für den gesamten Code, nicht nur für den links gewählten Typ.

Die Registerkarte *Allgemein*

Die Registerkarte *Allgemein* im Dialogfeld *Optionen* legt die Einstellungen, die Fehlerbehandlung und die Kompilierungseinstellungen für das aktuelle VBA-Projekt fest (→ Abbildung 21.9).

» Im Bereich *Einstellungen für Formular-Raster* bestimmen Sie die Darstellungsart eines Formulars beim Bearbeiten: *Raster anzeigen* sorgt dafür, dass ein Raster angezeigt wird. Die Dimension des Rasters legen Sie über *Breite* und *Höhe* fest. Für beide Optionen gilt ein Bereich zwischen 2 und 60 Punkt. Ist *Am Raster ausrichten* aktiviert, werden die äuße-

ren Begrenzungen von Steuerelementen automatisch an den Rasterlinien ausgerichtet.

» *QuickInfo anzeigen* sorgt dafür, dass eine QuickInfo für die Symbolleistenschaltflächen angezeigt wird.

» Wenn *Ausblenden des Projekts schließt Fenster* eingeschaltet ist, werden die Projekt-, Objekt- oder Modulfenster automatisch geschlossen, wenn ein Projekt im *Projekt-Explorer* ausgeblendet wird.

» Unter *Bearbeiten und Fortfahren* können Sie durch Aktivieren von *Benachrichtigen vor Zustandsänderung* bewirken, dass darauf hingewiesen wird, wenn durch die angeforderte Aktion alle Variablen auf Modulebene für ein laufendes Projekt zurückgesetzt werden.

» Wichtig sind die Optionen unter *Unterbrechen bei Fehlern*. Sie legen fest, wie Fehler in der Visual-Basic-Entwicklungsumgebung verarbeitet werden. Das Einstellen dieser Option wirkt sich auf alle Instanzen von Visual Basic aus, die nach dem Ändern dieser Einstellung gestartet wurden: Ist *Bei jedem Fehler* aktiviert, wird bei sämtlichen im Projekt auftretenden Fehlern der Haltemodus aktiviert, unabhängig davon, ob eine Fehlerbehandlungsroutine aktiviert ist oder sich der Code in einem Klassenmodul befindet. Bei *In Klassenmodul* bewirken alle nicht verarbeiteten Fehler in einem Klassenmodul, dass für das Projekt in der Codezeile des Klassenmoduls, die den Fehler verursacht hat, der Haltemodus aktiviert wird. Mit *Bei nicht verarbeiteten Fehlern* wird – wenn eine Fehlerbehandlungsroutine läuft – der Fehler behandelt, ohne den Haltemodus zu aktivieren. Sollte keine Fehlerbehandlungsroutine vorhanden sein, wird der Haltemodus für das Projekt aktiviert. Ein nicht verarbeiteter Fehler in einem Klassenmodul bewirkt aber, dass für das Projekt in der Codezeile, die die falsche Prozedur für die Klasse aufgerufen hat, der Haltemodus aktiviert wird.

» Unter *Kompilieren* legen Sie fest, wann kompiliert werden soll: *Bei Bedarf* legt fest, ob ein Projekt vor dem Start vollständig kompiliert oder ob der Code bei Bedarf kompiliert wird, wodurch die Anwendung schneller gestartet werden kann. Ist *Im Hintergrund* eingeschaltet, kann Leerlaufzeit während der Laufzeit für die Kompilierung des Projekts im Hintergrund verwendet werden. Diese Option kann die Ausführungsgeschwindigkeit während der Laufzeit verbessern und ist nur verfügbar, wenn auch das Kontrollkästchen *Bei Bedarf* aktiviert ist.

Die Registerkarte *Verankern*

Über die Registerkarte *Verankern* im Dialogfeld *Optionen* können Sie festlegen, welche Fenster verankerbar sein sollen (→ Abbildung 21.10). Ein Fenster ist verankert, wenn es mit einer Kante eines anderen verankerbaren Fensters oder eines Anwendungsfensters verbunden ist. Ein Fenster ist nicht verankerbar, wenn es an eine beliebige Position auf dem Bildschirm verschoben werden kann und diese Position beibehält. Wählen Sie die Fenster aus, die verankerbar sein sollen, und deaktivieren Sie die Kontrollkästchen für die anderen Fenster. Ein beliebiges Fenster, kein oder alle Fenster in der Liste können verankert werden.

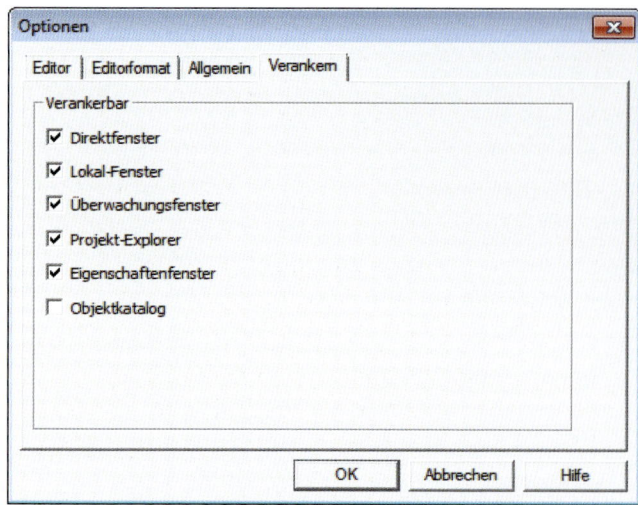

Abbildung 21.10 Die Optionen auf der Registerkarte *Verankern*

21.1.8 Anzeigen von Hilfeinformationen

Es gibt viele Möglichkeiten, Hilfeinformationen bei Fragen zu Microsoft Visual Basic und zu Visual-Basic-Schlüsselwörtern anzuzeigen.

In der Hilfe suchen

Für den Anfänger eignet sich besonders die Suchfunktion des programmeigenen Hilfesystems:

» Klicken Sie im Editor auf die Schaltfläche *Microsoft Visual Basic for Applications-Hilfe* oder wählen Sie den gleichnamigen Befehl im Menü *?*. Die *Visual Basic-Hilfe* wird angezeigt.

» Geben Sie im Feld *Suchen* eine Frage oder den Namen einer Methode, Eigenschaft oder Anweisung ein, zu der Sie Hilfeinformationen anzeigen möchten.

» Starten Sie die Suche durch einen Klick auf die rechts daneben angezeigte Schaltfläche. Die Suchergebnisse werden angezeigt.

Die Bücher benutzen

Wenn Sie sich bereits besser auskennen, können Sie die Bücher der Microsoft-Visual-Basic-Hilfe benutzen:

» ![Icon] Klicken Sie im Editor wieder auf die Schaltfläche *Microsoft Visual Basic for Applications-Hilfe* oder wählen Sie den gleichnamigen Befehl im Menü *?*. Die *Visual Basic-Hilfe* wird angezeigt. Klicken Sie auf die Schaltfläche *Inhaltsverzeichnis anzeigen* in der Symbolleiste. Links im Fenster erscheint das Inhaltsverzeichnis.

» Klicken Sie im Inhaltsverzeichnis auf das gewünschte Buch. Der Inhalt des Buchs wird angezeigt.

» Öffnen Sie auf dieselbe Weise nacheinander Kapitel und – wenn vorhanden – Unterkapitel. Öffnen Sie dann die gewünschte Seite. Die Inhalte werden angezeigt.

Hilfe zu Visual-Basic-Schlüsselwörtern

Während der Arbeit in einem Modul können Sie direkt Hilfe zu einem in Visual Basic verwendeten Schlüsselwort erhalten. Markieren Sie das Schlüsselwort in der entsprechenden Codezeile, indem Sie darauf klicken. Drücken Sie dann `F1`. Die Hilfe zum Wort wird angezeigt.

TIPP Mit Hilfe der Tastenkombination `Alt`+`⇆` können Sie schnell zwischen dem Editor und der Hilfe wechseln; oder verwenden Sie die Windows-Taskleiste. Wenn die Hilfe geöffnet bleibt, können Sie sofort zu dem zuletzt angezeigten Thema zurückkehren.

21.2 Code eingeben und editieren

Wie Sie Code im Fenster eingeben, erlernen Sie am besten durch die in den nachfolgenden Kapiteln vermittelte Praxis. Sie sollten aber zu diesem Thema jetzt schon einige Grundlagen erlernen, damit Sie später durch die vielseitigen Hilfeleistungen des Editors nicht überrascht werden.

Die Symbolleiste *Bearbeiten*

Bei der Eingabe von Code kann Ihnen die Symbolleiste *Bearbeiten* hilfreich sein. Sie enthält Schaltflächen, die Tastenkombinationen für häufig verwendete Menübefehle zum Bearbeiten von Code darstellen. Sie können diese über das Untermenü zum Menübefehl *Ansicht/Symbolleisten* anzeigen lassen. Machen Sie sich mit Hilfe der folgenden Tabelle kurz mit der Bedeutung der Schaltflächen darin vertraut (→ Tabelle 21.5). Auf Details dazu gehen wir anschließend ein.

Symbol	Name und Wirkung
![Icon]	*Eigenschaften/Methoden anzeigen:* öffnet ein Feld im Codefenster mit den Eigenschaften und Methoden, die für das Objekt vor dem Punkt verfügbar sind.
![Icon]	*Konstanten anzeigen:* öffnet ein Feld im Codefenster mit den Konstanten, die für die Eigenschaft zur Verfügung stehen, die Sie eingegeben haben und die vor dem Gleichheitszeichen steht.
![Icon]	*QuickInfo:* stellt Ihnen Informationen zur Syntax für eine Variable, Funktion, Methode oder Prozedur zur Verfügung, auf deren Namen sich der Zeiger befindet.
![Icon]	*Parameterinfo:* zeigt im Codefenster ein Popup-Fenster mit Informationen zu den Parametern der Funktion an, in der sich der Zeiger befindet.
![Icon]	*Ganzes Wort:* übernimmt die Zeichen, die Visual Basic automatisch für das Wort, das Sie eingeben, ergänzt.
![Icon]	*Einzug vergrößern:* verschiebt alle Zeilen des markierten Bereichs bis zum nächsten Tabstopp.
![Icon]	*Einzug verkleinern:* verschiebt alle Zeilen des markierten Bereichs bis zum vorherigen Tabstopp.
![Icon]	*Haltepunkt ein/aus:* setzt oder entfernt einen Haltepunkt in der aktuellen Zeile.
![Icon]	*Block auskommentieren:* fügt Kommentarzeichen am Anfang der Zeilen eines markierten Textbereichs ein.
![Icon]	*Auskommentierung des Blocks aufheben:* entfernt die Kommentarzeichen am Anfang der Zeilen eines markierten Textbereichs.
![Icon]	*Lesezeichen setzen/zurücksetzen:* aktiviert bzw. deaktiviert ein Lesezeichen für die aktive Zeile im Codefenster.
![Icon]	*Nächstes Lesezeichen:* setzt den Fokus auf das nächste Lesezeichen in der Lesezeichenliste.
![Icon]	*Vorheriges Lesezeichen:* verschiebt den Fokus auf das vorherige Lesezeichen in der Lesezeichenliste.
![Icon]	*Alle Lesezeichen löschen:* löscht alle Lesezeichen.

Tabelle 21.5 Die Schaltflächen der Symbolleiste *Bearbeiten*

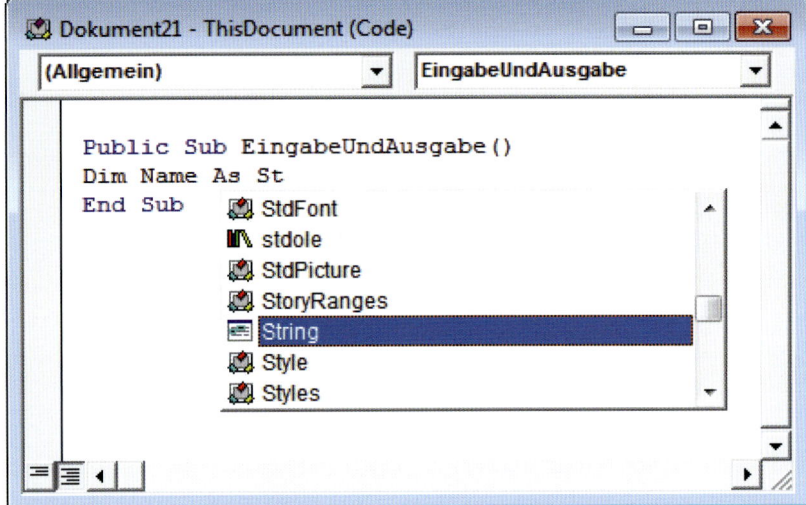

Abbildung 21.11
Der Editor hilft Ihnen bei der Eingabe.

21.2.1 Code eingeben

Die Arbeit im Codefenster zur Eingabe oder Korrektur von Code unterscheidet sich kaum von der in einem einfachen Texteditor – wie etwa dem Windows-Editor. Wie dort benutzen Sie die Tastatur wie eine Schreibmaschine und geben auf diese Weise die einzelnen Elemente ein. Um eine neue Zeile zu beginnen, verwenden Sie auch hier die Taste ⏎.

Es gibt aber auch einige Unterschiede zur Arbeit in einem Texteditor, die Ihnen die Eingabe von Code bequemer machen:

» In vielen Situationen werden während der Eingabe zusätzliche Listenfelder eingeblendet, die Ihnen eine Auswahl möglicher Elemente zur Fortsetzung der Codezeile ermöglichen (→ Abbildung 21.11).

» Nach der Eingabe bestimmter VBA-Schlüsselwörter – wie beispielsweise *MsgBox* – und einer anschließenden Leerstelle oder einer geöffneten Klammer wird die für dieses Wort erforderliche Syntax in einer automatischen QuickInfo symbolisch angezeigt (→ Abbildung 21.12).

» Nachdem Sie eine Zeile mit der ⏎-Taste abgeschlossen haben, führt der Editor im eingegebenen Code einige automatische Korrekturen durch: Zusätzliche Leerzeichen werden automatisch eingefügt, damit der Code einfacher zu lesen ist. VBA-Schlüsselwörter werden in blauer Farbe dargestellt, andere Texte bleiben – wie bei der Eingabe – schwarz. Als fehlerhaft erkannte Zeilen werden in roter Farbe angezeigt.

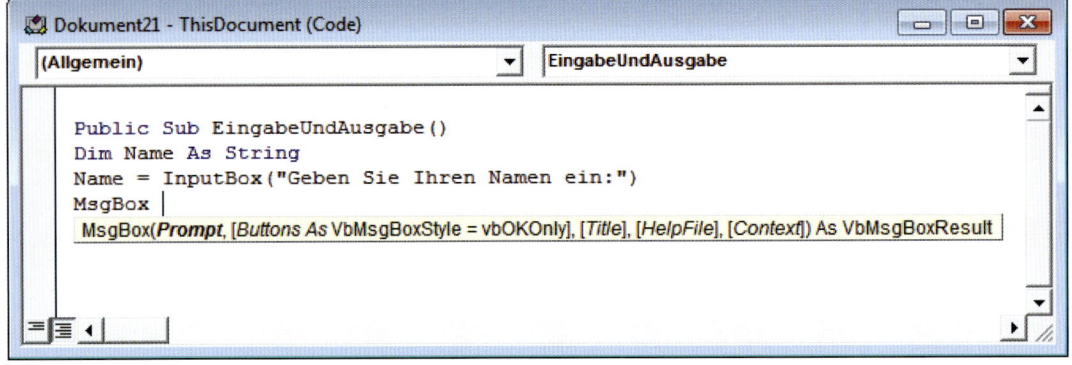

Abbildung 21.12
Die Syntax wird angezeigt.

TIPP Die automatischen Anzeigen werden im Editor nur eingeblendet, wenn die entsprechenden Optionen *Elemente automatisch auflisten* und *Automatische QuickInfo* auf der Registerkarte *Editor* im Dialogfeld zum Menübefehl *Extras/Optionen* aktiviert sind. Wie der Editor die farbliche Darstellung des Visual-Basic-Codes regeln soll, können Sie über die Registerkarte *Editorformat* im Dialogfeld *Optionen* bestimmen.

21.2.2 Besonderheiten im Code verstehen

Bereits an dieser Stelle sollten Sie sich mit einigen Besonderheiten im Code vertraut machen. Dazu gehören Einzüge, Zeilenumbrüche, Kommentare und Schriftformate.

Einzüge

Damit Sie später den Sinn des Codes besser verstehen, sollten Sie ihn so weit wie möglich strukturieren. Zur Anzeige solcher Strukturen innerhalb eines Codeabschnitts – beispielsweise einer Prozedur – benutzt man Einzüge: Die zu einem Unterabschnitt gehörenden Anweisungen zieht man um einen bestimmten Abstand vom linken Rand des Abschnitts ein. Diese Technik können Sie auch zur Gestaltung mehrstufiger Strukturen benutzen.

Bei der Eingabe von Code können Sie solche Einzüge erzeugen, indem Sie die Einfügemarke an den Zeilenanfang setzen und die Taste ⇥ drücken. Wenn Sie den Befehl *Einzug vergrößern* im Menü *Bearbeiten* benutzen, brauchen Sie die Einfügemarke auch nicht an den Zeilenanfang zu positionieren. Um einen bereits vorhandenen Einzug zu verkleinern, drücken Sie ⇧+⇥ oder wählen Sie *Einzug verkleinern*. Auch die beiden Schaltflächen *Einzug vergrößern* und *Einzug verkleinern* in der Symbolleiste *Bearbeiten* bewirken diese Funktionen.

TIPP Aus wie vielen Leerzeichen ein so erzeugter einzelner Einzug bestehen soll, können Sie über den Befehl *Tab-Schrittweite* auf der Registerkarte *Editor* im Dialogfeld zum Menübefehl *Extras/Optionen* festlegen.

Zeilenumbruch

Beim Schreiben des Codes kommt es hin und wieder vor, dass Sie lange Anweisungen erstellen, die im Code-Editor einen horizontalen Bildlauf erfordern. Dies beeinträchtigt zwar nicht die Ausführung von Code, erschwert jedoch das Lesen auf dem Bildschirm. In diesem Fall empfiehlt es sich, die lange Anweisung auf mehrere Zeilen aufzuteilen. Verwenden Sie dazu das *Zeilenfortsetzungszeichen*, das aus einem Leerzeichen und einem Unterstrich besteht (_). Dieses Zeilenfortsetzungszeichen darf nicht mitten in einem Argumentnamen stehen und auch nicht innerhalb einer von Anführungszeichen umgebenen Zeichenfolge. Sie können zwar eine Argumentliste durch ein Zeilenfortsetzungszeichen umbrechen, dabei müssen aber die einzelnen Argumentnamen intakt bleiben. Außerdem darf auf ein Zeilenfortsetzungszeichen nicht in der gleichen Zeile ein Kommentar folgen.

Mehrere Anweisungen in einer Zeile

Es empfiehlt sich, jede Anweisung in einer eigenen Zeile zu platzieren. Allerdings können Sie in Visual Basic auch mehrere Anweisungen in der gleichen Zeile unterbringen. Dazu müssen Sie die Anweisungen in einer Zeile durch einen Doppelpunkt trennen. Das ist jedoch nur selten sinnvoll, da dadurch Code schlecht lesbar und schwer zu pflegen ist.

Kommentare

Wenn es sich nicht gerade um offensichtliche Abschnitte oder Anweisungen im Code handelt, sollten Sie Ihren Code kommentieren. Dies erleichtert es Ihnen, Ihre Ideen bei der Programmierung auch später nachvollziehen zu können. Für solche Kommentare im Code können Sie zwei Formen benutzen:

» Sie können ganze Kommentarzeilen in den Code einfügen. Fügen Sie an der gewünschten Stelle eine Leerzeile ein, beginnen Sie den Text mit einem einfachen Anführungszeichen (,) und geben Sie anschließend den Kommentar ein. Diese Form eignet sich besonders für Beschreibungen nachfolgender Codeabschnitte. Statt des einfachen Anführungszeichens können Sie die Zeile auch mit dem Schlüsselwort *Rem* beginnen.

» Innerhalb einer Zeile können Sie Kommentare erzeugen, indem Sie nach der eigentlichen Anweisung ein einfaches Anführungszeichen eingeben und dann den gewünschten Test eintippen.

Kommentartext wird bei der Ausführung nicht berücksichtigt und standardmäßig in grüner Farbe dargestellt.

TIPP Sie können einen Kommentar auch als Teil einer regulären Codezeile einfügen. Setzen Sie an der Stelle, an der der Kommentar beginnen soll, ein einfaches Anführungszeichen. Durch Voranstellen eines Anführungszeichens als erstes Zeichen können Sie auch reguläre Zeilen aus dem Code ausschließen.

21.2.3 Code editieren

Meist werden Sie den eingegebenen Code später auf die eine oder andere Weise ändern wollen oder müssen. Sei es, dass Ihnen Fehler unterlaufen sind oder dass Sie den Code einfach anders gestalten wollen. Dazu gehen Sie ähnlich wie bei der Eingabe vor. Bewegen Sie die Einfügemarke an die gewünschte Stelle und korrigieren Sie den Text. Beachten Sie aber die nachfolgend genannten Besonderheiten, die Ihnen beim Editieren helfen können.

Der Überschreibmodus

Der Editor verfügt über einen abschaltbaren Überschreibmodus. Durch Drücken der `Einfg`-Taste können Sie zwischen den beiden Modi wechseln. Die aktuelle Einstellung erkennen Sie an der Form der Einfügemarke:

» Hat die Einfügemarke die Form eines senkrechten Strichs, ist der Überschreibmodus abgeschaltet. Ihre Eingaben werden dann an der durch die Einfügemarke gekennzeichneten Stelle zwischen den bereits vorhandenen Codeelementen eingefügt.

» Ist der Überschreibmodus eingeschaltet, wird die Einfügemarke als kleiner Block angezeigt. Die von Ihnen eingegebenen Zeichen ersetzen dann die bereits vorhandenen Eingaben.

Markieren

Die Mehrzahl der Befehle zum Editieren von Code finden Sie im Menü *Bearbeiten*. Einige Befehle darin setzen ein vorheriges Markieren des Bereichs, den Sie bearbeiten wollen, voraus. Eine Markierung erkennen Sie an der inversen Darstellung auf dem Bildschirm.

Sie können die Maus oder die Tastatur zum Markieren verwenden:

» Um einen Bereich mit der Maus zu markieren, überstreichen Sie ihn mit gedrückt gehaltener linker Maustaste. Einzelne Wörter können Sie mit Hilfe eines Doppelklicks markieren. Wollen Sie mehrere zusammenhängende Worte markieren, halten Sie die Maustaste nach dem Klick gedrückt und erweitern die Markierung. Zum Markieren einer Zeile klicken Sie in den Bereich vor der Zeile. Um den gesamten Text im Codefenster zu markieren, wählen Sie den Befehl *Alles auswählen* im Menü *Bearbeiten* oder drücken die Tastenkombination `Strg`+`A`.

» Zum Markieren über die Tastatur können Sie die `⇧`-Taste gedrückt halten und die Markierung mit den Tasten zur Bewegung der Einfügemarke erweitern. Zum Aufheben der Markierung drücken Sie eine beliebige Taste zur Bewegung der Einfügemarke, ohne die `⇧`-Taste gedrückt zu halten.

Bereiche löschen

Um einen vorher markierten Teil des Codes zu löschen, wählen Sie im Menü *Bearbeiten* den Befehl *Löschen* oder drücken Sie die `Entf`-Taste. Auch bei einer Eingabe eines neuen Zeichens wird ein zuvor markierter Bereich automatisch gelöscht. Einzelne Zeichen löschen Sie mit Hilfe der Tasten `Entf` oder `Rück`.

Verschieben und Kopieren

Zum Verschieben oder Kopieren von Code zu anderen Stellen können Sie direkt mit der Maus oder über die Zwischenablage arbeiten.

» Wenn Sie – ganz klassisch – über die Zwischenablage arbeiten wollen, markieren Sie zuerst die Bereiche, die Sie verlagern oder kopieren wollen, und benutzen Sie die üblichen Befehle im Menü *Bearbeiten*, die Schaltflächen in der *Voreinstellung*-Symbolleiste oder die üblichen Tastenkombinationen.

» Zum Verschieben über die Maus bewegen Sie den Mauszeiger in die Markierung. Drücken Sie die Maustaste und halten Sie sie gedrückt. Verschieben Sie dann den Mauszeiger zur gewünschten Stelle. Lassen Sie die Maustaste los. Beim Ziehen wird der Text verschoben, also an der alten Stelle gelöscht und an

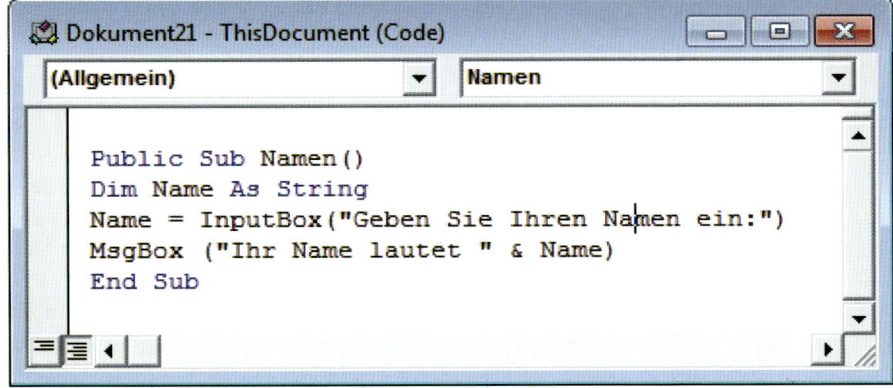

der neuen Stelle eingesetzt. Wenn Sie den Bereich kopieren wollen, halten Sie zusätzlich die `Strg`-Taste gedrückt. Ein zusätzliches Pluszeichen wird angezeigt.

Markierter Text kann an mehrere Positionen gezogen werden: An eine andere Position im aktuellen Codefenster, in ein anderes Codefenster, in das Direkt- und das Überwachungsfenster oder in den Papierkorb.

TIPP Damit das Verschieben oder Kopieren über die Maus funktionieren kann, muss die Option *Drag/Drop-Textbearbeitung* auf der Registerkarte *Editor* im Dialogfeld zum Menübefehl *Extras/Optionen* aktiviert sein.

Rückgängig machen

Änderungen im Code können Sie rückgängig machen und – nachdem Sie die Änderung rückgängig gemacht haben – auch wieder herstellen. Diese Funktionen lassen sich auch nach einem Speichern der Änderungen nutzen.

» Nach einer Änderung klicken Sie auf die Schaltfläche *Rückgängig,* um den Zustand vor der Änderung wieder einzustellen.

» Rückgängig gemachte Änderungen können Sie durch einen Klick auf die Schaltfläche *Wiederholen* ... wieder herstellen.

21.2.4 Vorhandenen Code ausführen

Einige eingegebene Codeelemente können Sie bereits über den VBA-Editor ausführen lassen. Das ist zwar bei einem Einsatz in Microsoft Word nicht der endgültige Weg, aber zum schnellen Testen einzelner Codeelemente sehr bequem. Ausgeführt werden immer Prozeduren. Wenn Sie also eine Prozedur in einem im Codefenster angezeigten Modul ausführen wollen, müssen Sie diese zuerst markieren. Wenn sich die Einfügemarke beim Ausführen einer Prozedur nicht innerhalb der Prozedur befindet, wird ein Dialogfeld angezeigt, über das Sie die auszuführende Prozedur wählen müssen. Sie finden in diesem Dialogfeld auch die bereits zum Dokument definierten Makros.

Testen Sie die folgende Verfahrensweise einmal aus:

» Setzen Sie die Einfügemarke in den Codebereich, den Sie ausführen wollen, oder wählen Sie den Bereich über das Feld *Prozedur* aus. Wählen Sie beispielsweise die Prozedur *Namen* in unserer Beispieldatei (→ Abbildung 21.13).

» Klicken Sie auf die Schaltfläche *Sub/UserForm ausführen* in der Symbolleiste *Voreinstellung.* Sie können auch den gleichnamigen Befehl im Menü *Ausführen* benutzen oder die Taste `F5` drücken.

» Der Code der Prozedur wird ausgeführt. Der Erfolg besteht zunächst darin, dass zur Word-Oberfläche gewechselt wird (→ Abbildung 21.14 oben). Dort zeigt der Code ein Dialogfeld an, in dem Sie zur Eingabe Ihres Namens aufgefordert werden. Bestätigen Sie die Eingabe durch einen Klick auf *OK*. Der Name wird wieder ausgegeben (→ Abbildung 21.14 unten). Bestätigen Sie auch dies durch einen Klick auf *OK*.

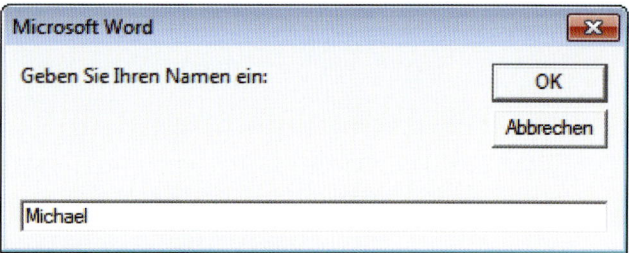

Abbildung 21.14
Der Code wird ausgeführt.

Die eben beschriebene Methode zum Ausführen von Visual-Basic-Code ist praktisch nur zum Testen von Prozeduren ohne Argumente geeignet. Für den endgültigen Einsatz innerhalb eines Word-Dokuments werden Sie natürlich andere Methoden benutzen. Hinweise dazu finden Sie in den folgenden Kapiteln.

21.3 Debuggen

Es ist hier gleich an der Zeit, sich mit möglichen Fehlern im Code zu beschäftigen. Denn spätestens dann, wenn Sie anfangen, einen einfachen Code zu erweitern, damit zu experimentieren oder einen komplizierten Code selbst einzugeben, wird es – hin und wieder – bei der Ausführung zu Fehlermeldungen kommen. Das ist ganz normal und auch erfahrene Entwickler kennen das. Die Suche und das Beheben von Fehlern in einer Visual-Basic-Prozedur bezeichnet man als Debugging. Das Debuggen umfasst in der Regel das Ausführen bestimmter Teile einer Prozedur und deren Analyse an verschiedenen Stellen.

21.3.1 Fehlertypen unterscheiden

Beim Programmieren mit Visual Basic müssen Sie zwischen mehreren Fehlertypen unterscheiden.

Syntaxfehler

Während Sie im Editor einen Code eingeben oder bearbeiten, befindet sich das Programm im *Entwurfsmodus*. Sie können das optisch überprüfen: In der Titelleiste des Fensters wird hinter den Worten *Microsoft Visual Basic for Applications* nur der Name des aktuellen Office-Programms angezeigt. Bereits in diesem Modus werden wichtige Syntaxfehler angezeigt. Das sind Fehler in der grammatikalischen Struktur des Codes oder Ausdrucks. Hierunter fallen nicht übereinstimmende Klammern oder eine falsche Anzahl von Argumenten. Wenn die *Automatische Syntaxüberprüfung* im Dialogfeld zum Befehl *Extras/Optionen* auf der Registerkarte *Editor* aktiviert ist, werden Syntaxfehler bereits während der Erstellung des Codes markiert, nachdem Sie die ⏎-Taste betätigt haben. Die entsprechende Zeile wird in der Grundeinstellung rot markiert.

Kompilierzeitfehler

Vor der Ausführung im Editor werden Module automatisch kompiliert. Bei diesem Vorgang können weitere Fehler – sogenannte Kompilierzeitfehler – auftreten. Sie sind das Ergebnis von falsch konstruiertem Code, beispielsweise, wenn Sie vergessen haben, Anweisungspaare (wie *If* und *End If* oder *For* und *Next*) auszugleichen, oder wenn ein Programmierfehler vorliegt, der gegen die Regeln von VBA verstößt – wie ein falsch geschriebenes Wort, ein fehlendes Trennzeichen oder nicht übereinstimmende Datentypen.

Der Code im Dokument liefert ein Beispiel dafür:

» Setzen Sie die Einfügemarke in die Prozedur *Zählen*.

» ▶ Starten Sie die Ausführung durch einen Klick auf die Schaltfläche *Sub/UserForm ausführen*. Ein Problem bei der Kompilierung des Codes wird erkannt und gemeldet.

» Bestätigen Sie die Meldung durch einen Klick auf *OK*. Das Programm wird dann weiterhin ausgeführt, ist aber angehalten. Die Stelle, an der die Ausnahme aufgetreten ist, wird markiert (→ Abbildung 21.15). Hier fehlt die Zeile mit der Anweisung *Next*, die die *For...Next*-Schleife abschließt.

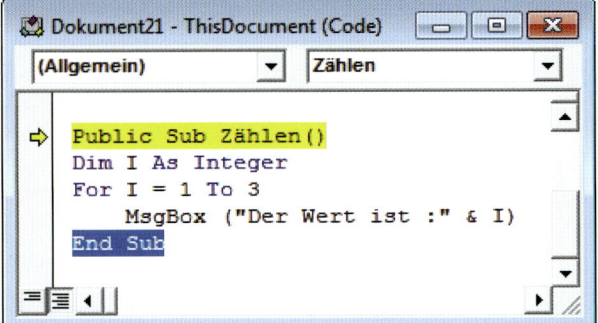

Abbildung 21.15 Beim Ausführen wird eine Fehlermeldung angezeigt, die Zeile wird markiert.

»  Klicken Sie auf *Zurücksetzen* in der Symbolleiste *Voreinstellung* oder wählen Sie den gleichnamigen Befehl im Menü *Ausführen*.

Wenn Sie sich bereits mit VBA auskennen, können Sie den Fehler jetzt korrigieren.

Laufzeitfehler

Nachdem der Code erfolgreich kompiliert wurde, wird er ausgeführt. In diesem *Ausführungsmodus* wird in der Titelleiste das Wort *[Aktiv]* hinzugefügt. Meist ist die Laufzeit eines Programms aber so kurz, dass Sie diese Änderung nicht bemerken werden. Auch jetzt können noch Fehler auftauchen. Zu diesen *Laufzeitfehlern* gehören beispielsweise Versuche einer unzulässigen Operation, wie eine Division durch null, das Schreiben in eine nicht vorhandene Datei oder bei nicht genügend vorhandenem Arbeits- oder Festplattenspeicher. Diese werden in einem Dialogfeld angezeigt.

Auch dafür hat der Code im Dokument ein Beispiel parat:

» Setzten Sie die Einfügemarke in die Prozedur *Teilen*.

» Starten Sie die Ausführung durch einen Klick auf die Schaltfläche *Sub/UserForm ausführen*. Ein Problem bei der Ausführung des Programms wird erkannt und gemeldet. Die zusätzlichen Angaben in diesem Dialogfeld sind normalerweise ein guter Hinweis auf die Natur des Fehlers und vermitteln Ihnen wahrscheinlich sogar schon eine Idee, wie die Ausnahme zu beheben ist. Sie können dann entscheiden, ob Sie mit der Ausführung fortfahren oder den Vorgang abbrechen möchten.

» In der Mehrzahl der Fälle empfiehlt sich nach der Meldung einer Ausnahme ein Klick auf die Schaltfläche *Debuggen*. Das Programm wird dann weiterhin ausgeführt, ist aber angehalten. Die Stelle, an der die Ausnahme aufgetreten ist, wird markiert (→ Abbildung 21.16).

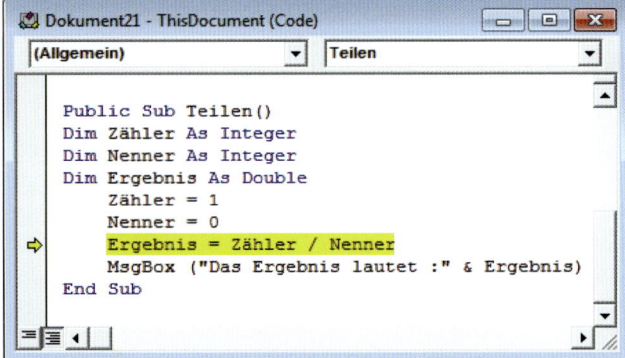

Abbildung 21.16 Die Zeile mit dem Fehler wird markiert.

567

» Um den *Unterbrechen*-Modus zu beenden, klicken Sie auf die Schaltfläche *Zurücksetzen* oder wählen den gleichnamigen Befehl im Menü *Ausführen*.

Logische Fehler

Logische Fehler treten auf, wenn der Code zwar fehlerfrei kompiliert und wie programmiert ausgeführt wird, aber falsche Ergebnisse liefert. Ein einfaches Beispiel für einen solchen logischen Fehler ist die Verwendung eines falschen Operators – beispielsweise wenn Sie zum Addieren ein Minuszeichen verwenden. Solche Fehler sind meist am schwersten zu erkennen, da ihr Vorhandensein vom Programm nicht bemerkt wird und deswegen auch nicht angezeigt werden kann. Hier hilft in der Regel nur, die Ergebnisse durch eine separate Plausibilitätsprüfung zu kontrollieren.

21.3.2 Die Symbolleiste *Debuggen*

Der eben angesprochene *Unterbrechen*-Modus ist genauso wichtig, wie der vorher beschriebene Entwurfsmodus – vielleicht sogar noch wichtiger. In diesem Modus werden viele Werkzeuge verfügbar, mit denen Sie sich den Inhalt von Variablen ansehen, den Programmfluss beobachten oder ändern sowie Codeblöcke testen können. Die Befehle für diese Aufgaben finden Sie einerseits im Menü *Debuggen*, aber auch als Symbole in der gleichnamigen Symbolleiste (→ Abbildung 21.17).

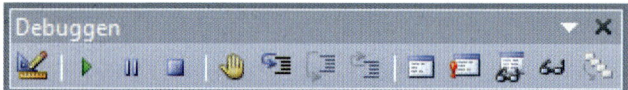

Abbildung 21.17 Die Symbolleiste *Debuggen*

Machen Sie sich mit den Elementen darin vertraut (→ Abbildung 21.18). Einige davon kennen Sie schon aus der Symbolleiste *Voreinstellung*.

Symbol	Name und Wirkung
	Entwurfsmodus: aktiviert und deaktiviert den Entwurfsmodus.
	Sub/UserForm ausführen: führt die aktuelle Prozedur aus, falls sich die Einfügemarke in einer Prozedur befindet; führt das *UserForm*-Formular aus, falls ein *UserForm*-Formular aktiv ist; führt ein Makro aus, falls keines der beiden aktiv ist.
	Unterbrechen: beendet die Ausführung eines Programms und wechselt in den Haltemodus.
	Zurücksetzen: löscht die Aufrufliste und die Variablen auf Modulebene und beendet das Projekt.
	Haltepunkt ein/aus: setzt oder entfernt einen Haltepunkt in der aktuellen Zeile.
	Einzelschritt: führt jeweils genau eine Anweisung im Code aus.
	Prozedurschritt: führt im Codefenster jeweils eine Prozedur oder eine Anweisung im Code aus.
	Prozedur abschließen: führt die restlichen Zeilen einer Prozedur aus, in der sich der aktuelle Ausführungspunkt befindet.
	Lokal-Fenster: zeigt das Lokal-Fenster an.
	Direktfenster: zeigt das Direktfenster an.
	Überwachungsfenster: zeigt das Überwachungsfenster an.
	Aktuellen Wert anzeigen: liefert ein Dialogfeld, in dem der aktuelle Wert einer vorher markierten Variablen angezeigt wird.
	Aufrufliste: zeigt das Dialogfeld *Aufrufliste* an, in dem die derzeit aktiven Prozeduraufrufe (Prozeduren in der Anwendung, die gestartet, aber nicht abgeschlossen wurden) angezeigt werden.

Abbildung 21.18 Die Elemente der Symbolleiste *Debuggen*

TIPP Sie können die Codeausführung auch unterbrechen, indem Sie einer Prozedur eine *Stop*-Anweisung hinzufügen oder indem Sie die Tastenkombination Strg + Untbr drücken, während der Code ausgeführt wird.

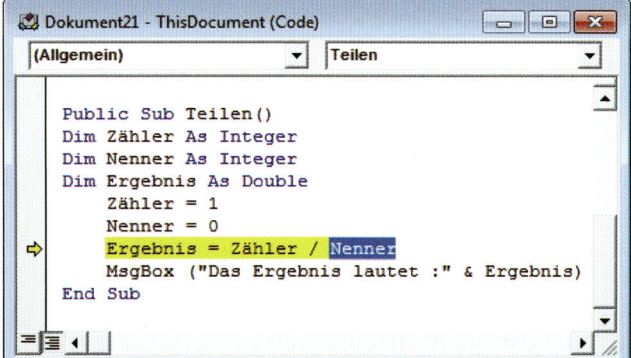

Abbildung 21.19
Der aktuelle Wert der Variablen *Nenner* wird angezeigt.

21.3.3 Werte von Variablen kontrollieren

Zum Beobachten von Variablen gibt es verschiedene Werkzeuge: Einerseits können Sie im *Unterbrechen*-Modus den aktuellen Wert einer Variablen anzeigen lassen. Außerdem finden Sie im VBA-Editor mehrere zusätzliche Fenster, die eine laufende Kontrolle der Werte von Variablen ermöglichen.

Den aktuellen Wert einer Variablen anzeigen

Wenn Sie die Ausführung von Microsoft-Visual-Basic-Code unterbrechen, wird der Code zwar weiterhin ausgeführt, zwischen den laufenden Anweisungen jedoch angehalten. In diesem Modus können Sie die aktuellen Werte der Variablen überprüfen. Markieren Sie dazu die Variable in der Codezeile, für die Sie den aktuellen Wert erfahren möchten. Der Wert der Variablen wird in einer Infobox angezeigt (→ Abbildung 21.19).

Sie können auch ein Dialogfeld zur Anzeige des Werts benutzen:

» Markieren Sie den Ausdruck, dessen Wert Sie anzeigen möchten.

» ![Symbol] Klicken Sie auf *Aktuellen Wert anzeigen* in der *Debuggen*-Symbolleiste oder wählen Sie den gleichnamigen Befehl im Menü *Debuggen*. Der Wert der aktuellen Variablen wird angezeigt (→ Abbildung 21.20).

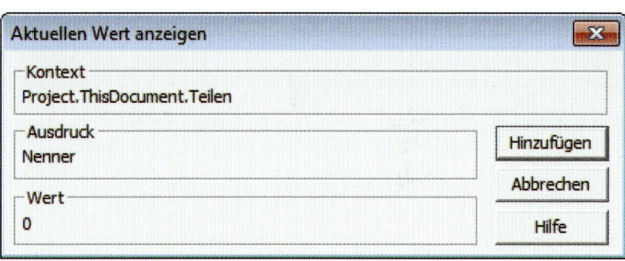

Abbildung 21.20 Der aktuelle Wert der Variablen *Nenner* wird im Dialogfeld angezeigt.

Wenn Sie im Dialogfeld *Aktuellen Wert anzeigen* auf *Hinzufügen* klicken, wird der Ausdruck der Liste der Überwachungsausdrücke im anschließend beschriebenen Überwachungsfenster des Editors hinzugefügt.

Das Überwachungsfenster

Über das Überwachungsfenster können Sie den Wert einer Variablen im Programmablauf beobachten. Dieses Fenster eignet sich auch dann besonders gut zur Kontrolle, wenn Sie die Werte einer ganzen Gruppe von Variablen beobachten wollen.

» Klicken Sie auf *Überwachungsfenster* in der Symbolleiste *Debuggen* oder rufen Sie den gleichnamigen Befehl im Menü *Ansicht* auf. Unten im Editor wird ein zusätzliches Fenster mit dem Namen *Überwachungsausdrücke* angezeigt.

» Wählen Sie *Überwachung hinzufügen* aus dem Menü *Debuggen* oder aus dem Kontextmenü zu einer Variablen im Code. Das Dialogfeld *Überwachung hinzufügen* wird angezeigt (→ Abbildung 21.21).

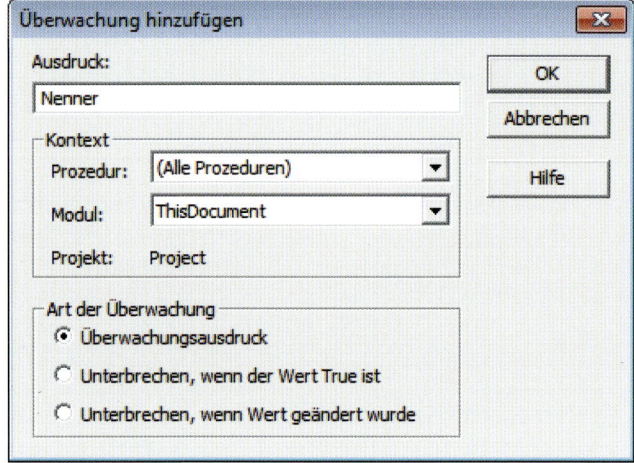

Abbildung 21.21 Fügen Sie Elemente zur Überwachung hinzu.

» Geben Sie den Namen der zu überwachenden Variablen im Feld *Ausdruck* ein und bestätigen Sie. Wenn ein Ausdruck bereits im Codefenster markiert wurde, wird er automatisch im Dialogfeld angezeigt. Der Wert der Variablen wird im Fenster angezeigt (→ Abbildung 21.22).

Beachten Sie auch die restlichen Optionen im Dialogfeld *Überwachung hinzufügen*:

» Den Bereich, für den der Ausdruck ausgewertet werden soll, wählen Sie unter *Kontext* aus. Wählen Sie den für Ihre Anforderungen kleinsten sinnvollen Gültigkeitsbereich. Die Auswahl aller Prozeduren oder Module kann die Codeausführung verlangsamen.

» Um zu definieren, wie das System auf den Überwachungsausdruck reagieren soll, wählen Sie unter *Art der Überwachung* eine Option aus: Um den Wert des Überwachungsausdrucks anzuzeigen, klicken Sie auf *Überwachungsausdruck*. Um die Ausführung anzuhalten, wenn der Ausdruck als *Wahr* ausgewertet wird, klicken Sie auf *Unterbrechen, wenn Wert True ist*.

Um einen eingestellten Überwachungsausdruck zu löschen, klicken Sie im Menü *Debuggen* auf *Überwachung bearbeiten*. Klicken Sie im Dialogfeld *Überwachung bearbeiten* auf *Löschen*.

TIPP Sie können im Überwachungsfenster die Größe der Spaltenköpfe anpassen, indem Sie den Rahmen zum Vergrößern nach rechts und zum Verkleinern nach links ziehen. Außerdem können Sie eine markierte Variable direkt aus dem Code in das Überwachungsfenster ziehen.

Die Aufrufliste

Über die *Aufrufliste* können Sie kontrollieren, welche Prozeduren gerade aktiv sind, und schnell zu einer davon navigieren. Wenn Sie die Ausführung von Visual-Basic-Code unterbrechen, während Sie die Fehlerbehandlung im Code ausführen, können Sie mithilfe des Dialogfelds *Aufrufe* eine Liste der Prozeduren anzeigen, die gestartet, doch noch nicht beendet wurden. In Microsoft Word werden die zuletzt aufgerufenen Prozeduren oben auf der Liste angezeigt, und zwar zuerst die letzte, dann die vorletzte usw. Um die Anweisung anzuzeigen, die die nächste Prozedur in der Liste aufruft, klicken Sie auf *Anzeigen*.

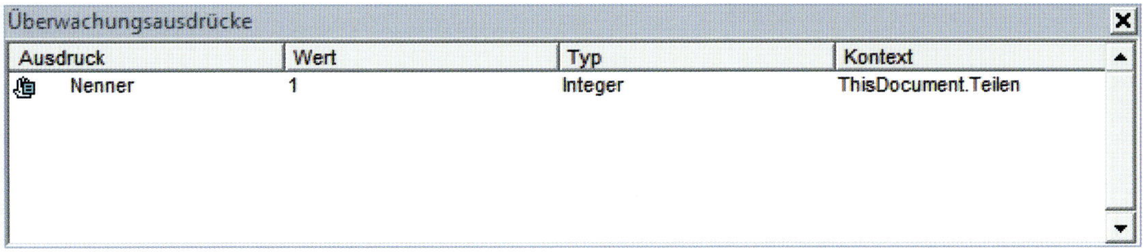

Abbildung 21.22
Der Wert, der Typ
und der Kontext zu
einem Ausdruck
werden angezeigt.

» Klicken Sie auf *Aufrufliste* in der Symbolleiste *Debuggen* oder wählen Sie den gleichnamigen Befehl im Menü *Ansicht*. Das Dialogfeld *Aufrufliste* wird angezeigt, in dem die Namen der aktiven Prozeduren aufgelistet werden.

» Um zum Code einer Prozedur zu wechseln, markieren Sie sie und klicken auf *Anzeigen*.

TIPP Wenn mehrere Prozeduren aktiv sind, zeigt die Aufrufliste diese in umgekehrter Reihenfolge an. Sie können damit zwischen den beiden navigieren. Damit haben Sie die Möglichkeit, die Zeile in der ersten Prozedur zu sehen, die die zweite Prozedur aufgerufen hat.

Das Lokal-Fenster

Auch das *Lokal-Fenster* eignet sich zur Kontrolle des Programmablaufs. Es zeigt alle Variablen der aktuellen Prozedur sowie ihren Typ und aktuellen Wert an.

» Lassen Sie den Code für die zu überprüfende Prozedur im Codefenster anzeigen. Meist empfiehlt es sich, eine *Stop*-Anweisung an eine geeignete Stelle im Code zu setzen.

» Rufen Sie den Menübefehl *Ansicht/Lokal-Fenster* auf oder klicken Sie auf die gleichnamige Schaltfläche in der Symbolleiste *Debuggen*, um das entsprechende Fenster zu öffnen.

» Starten Sie die Ausführung der Prozedur auf die übliche Weise. Klicken Sie dann erneut auf dieselbe Schaltfläche. Die Werte der Variablen und deren Änderungen werden im Fenster angezeigt (→ Abbildung 21.23).

Wenn das *Lokal-Fenster* sichtbar ist, wird es jedes Mal aktualisiert, nachdem ein Wechsel zwischen Laufzeit- und Haltemodus stattfindet oder ein anderer Eintrag in der Aufrufliste ausgewählt wird.

» In der Spalte *Ausdruck* ist die erste Variable eine spezielle Modulvariable und kann erweitert werden, um alle Variablen auf Modulebene des aktuellen Moduls anzuzeigen. Globale Variablen und Variablen in anderen Projekten sind über das *Lokal-Fenster* nicht verfügbar. Die Daten in dieser Spalte können nicht bearbeitet werden.

» Unter *Wert* wird der Wert der Variablen angezeigt. Sie können den hier angezeigten Wert aber auch ändern. Wenn Sie dann die ⏎-Taste drücken oder auf eine beliebige Stelle des Bildschirms klicken, wird die Änderung übernommen. Sollte der Wert nicht zulässig sein, bleibt das Bearbeitungsfeld aktiv und der Wert wird markiert. Außerdem wird ein Meldungsfeld mit einer Beschreibung des Fehlers angezeigt. Durch Drücken von Esc werden Änderungen rückgängig gemacht.

» Die Spalte *Typ* zeigt den Variablentyp an. Die Daten in dieser Spalte können nicht bearbeitet werden.

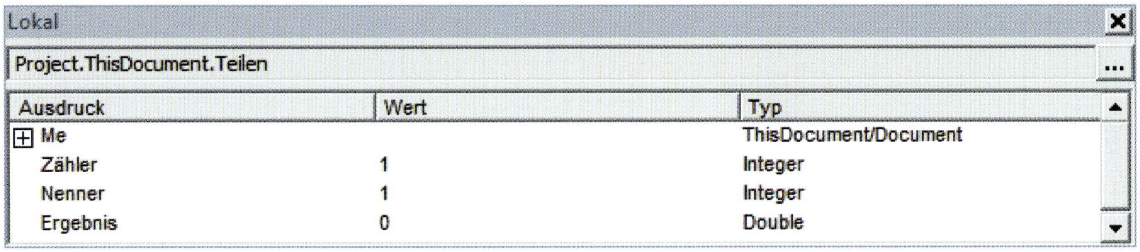

Abbildung 21.23
Werte und Änderungen werden im Fenster angezeigt.

Das Direktfenster

Im *Direktfenster* können Sie eine Codezeile eingeben, die sofort ausgeführt wird. Damit können Sie kleine Codefragmente testen. Da es unabhängig davon verfügbar ist, ob Sie debuggen, können Sie das *Direktfenster* auch nutzen, um kleine Berechnungen zu testen, während Sie Ihre Programme schreiben. Das *Direktfenster* wird auch gern dafür verwendet, den Inhalt von Variablen anzuzeigen.

» Wählen Sie den Befehl *Direktfenster* im Menü *Ansicht* oder klicken Sie auf die gleichnamige Schaltfläche in der Symbolleiste *Debuggen*. Das Direktfenster wird angezeigt.

» Starten Sie die Prozedur, die Sie im Direktfenster überprüfen wollen. Wiederum empfiehlt es sich, eine *Stop*-Anweisung an eine geeignete Stelle im Code zu setzen.

» Geben Sie im Direktfenster den Namen einer aktuellen Variablen mit einem davor gestellten Fragezeichen ein. Der Wert der Variablen wird angegeben (→ Abbildung 21.24).

Beachten Sie, dass Sie den Direktbereich auch für die folgenden Aktionen nutzen können:

» Sie können eine Codezeile zum Testen darin eingeben. Drücken Sie die ⏎-Taste, um diesen Codebestandteil auszuführen.

» Sie können Code aus dem Direktfenster in das Codefenster und umgekehrt kopieren und einfügen; der Code kann jedoch nicht im Direktfenster gespeichert werden.

» Sie können das Direktfenster auch zur Ausgabe verwenden. Wenn Sie im Code beispielsweise *Print ‹Variablenname›* eingeben (Sie können statt *Print* auch ein Fragezeichen *?* verwenden), wird der Wert der lokalen Variablen ausgegeben.

21.3.4 Den Code schrittweise durchlaufen

Das schrittweise Durchlaufen von VBA-Code kann hilfreich sein, um einen auftretenden Fehler ausfindig zu machen. Sie erkennen, ob jede einzelne Codezeile die von Ihnen erwarteten Ergebnisse liefert.

» Wählen Sie die zu testende Prozedur aus, indem Sie die Einfügemarke an eine beliebige Stelle innerhalb der Prozedur setzen.

» Klicken Sie auf die Schaltfläche *Einzelschritt* in der Symbolleiste *Debuggen* oder wählen Sie den gleichnamigen Befehl im Menü *Debuggen*. Die erste Zeile der Prozedur wird gekennzeichnet.

» Anschließend können Sie beispielsweise auf *Aktuellen Wert anzeigen* in der *Debuggen*-Symbolleiste klicken oder den gleichnamigen Befehl im Menü *Debuggen* wählen. Der aktuelle Wert wird angezeigt.

» Um die nächste Anweisung auszuführen, klicken Sie erneut auf die Schaltfläche *Einzelschritt* in der Symbolleiste *Debuggen* oder wählen Sie den gleichnamigen Befehl im Menü *Debuggen*.

» Wenn Sie das schrittweise Durchlaufen des Codes beenden wollen, klicken Sie auf *Prozedur abschließen* in der Symbolleiste *Debuggen* oder wählen Sie den gleichnamigen Befehl im Menü *Debuggen*.

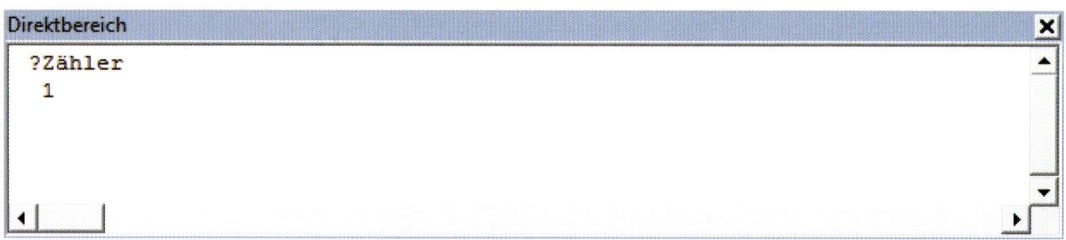

Abbildung 21.24
Im Direktfenster
können Sie eine
Frage stellen.

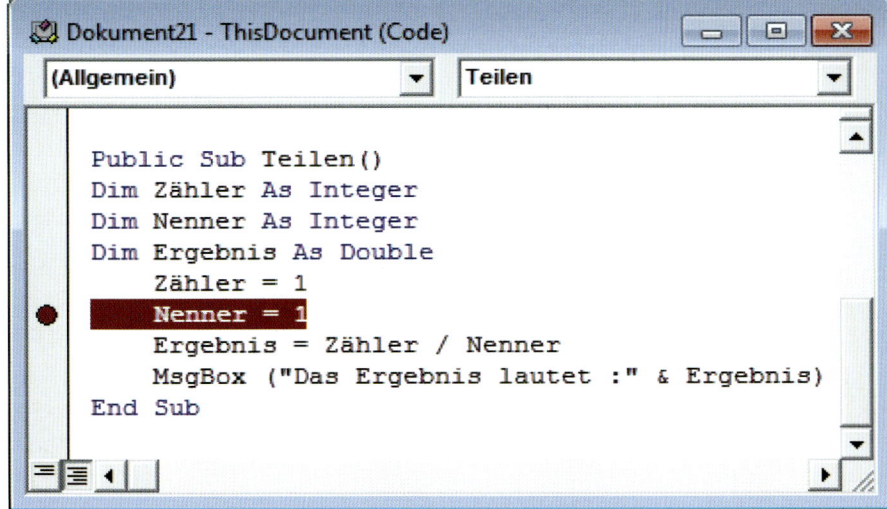

Abbildung 21.25
Ein Haltepunkt wurde gesetzt.

Dabei können Sie zwischen mehreren Einzelschritttypen wechseln. Es gibt dazu mehrere Hauptfunktionen, die im Menü *Debuggen* oder in der *Debuggen*-Symbolleiste verfügbar sind: Welchen Typ Sie wählen, hängt davon ab, welche Codeabschnitte Sie analysieren möchten.

TIPP Um den Code vor der aktuellen Codezeile auszuführen und dann zu unterbrechen, so dass Sie jede Codezeile schrittweise durchlaufen können, klicken Sie im Menü *Debuggen* auf *Ausführen bis Cursor-Position*.

21.3.5 Mit Haltepunkten arbeiten

Damit Microsoft Visual Basic die Codeausführung an einer bestimmten Stelle anhält, können Sie einen Haltepunkt setzen. An einem solchen Haltepunkt wird die Prozedur automatisch unterbrochen. In Zeilen, die eine Deklaration beinhalten, kann kein Haltepunkt gesetzt werden.

» Setzen Sie die Einfügemarke im VBA-Editor in eine Codezeile, in der noch kein Haltepunkt vorhanden ist oder bei der es sich nicht um eine Deklaration handelt.

» Klicken Sie auf der Symbolleiste *Debuggen* auf *Haltepunkt ein/aus* oder wählen Sie den gleichnamigen Befehl im Menü *Debuggen*. An der entsprechenden Codezeile wird ein Haltepunkt gesetzt, der

durch einen braunen Punkt am linken Rand des Codefensters angezeigt wird (→ Abbildung 21.25).

» Um den Code bis zum Haltepunkt ausführen zu lassen, starten Sie ihn wie gewohnt. Der VBA-Editor zeigt die Codezeile an, in der die Ausführung unterbrochen wurde.

» Anschließend können Sie eine oder mehrere Testaufgaben durchführen. Beispielsweise könnten Sie die Werte von Variablen kontrollieren.

» Um die Codeausführung fortzusetzen, klicken Sie im Menü *Ausführen* auf *Fortsetzen* oder erneut auf die Symbolschaltfläche *Ausführen*. Der Code wird weiter ausgeführt.

» Zum Löschen eines Haltepunkts setzen Sie die Einfügemarke in die Codezeile, in der der Haltepunkt festgelegt ist, und klicken dann auf der Symbolleiste *Debuggen* auf *Haltepunkt ein/aus*.

TIPP Sie können einen Haltepunkt auch erstellen, indem Sie vor der entsprechenden Codezeile in die Kennzeichenleiste – den grauen Bereich auf der linken Seite des Codefensters – klicken. Ein weiterer Klick auf den so erstellten Haltepunkt schaltet ihn wieder ab. Wenn Sie mehrere Haltepunkte gesetzt haben, können Sie diese über *Alle Haltepunkte löschen* im Menü *Debuggen* in einem Schritt entfernen.

21.4 Der Objektkatalog – der Fundus für Klassen

Eine der Schwierigkeiten, die Ihnen bei der Programmierung mit VBA begegnen wird, besteht darin, dass Sie oft nicht wissen werden, welche der eingebauten Objekte Sie für eine bestimmte Aufgabe verwenden sollten. Hier hilft Ihnen ein kleines, aber leistungsstarkes Dialogfeld – der *Objektkatalog* –, der einen Überblick über alle verfügbaren Klassen sowie ihre *Member* – also Eigenschaften, Methoden und sonstigen Inhalte – zusammenfasst. Der Katalog ermöglicht es Ihnen, alle verfügbaren Objekte Ihres Projekts zu durchsuchen sowie deren Eigenschaften, Methoden und Ereignisse anzuzeigen und die Programmhilfe dazu abzurufen.

HINWEIS Falls Sie sich mit Begriffen wie Klassen, Eigenschaften, Methoden, Ereignissen und Konstanten noch nicht auskennen, lesen Sie das Kapitel 22.

21.4.1 Den Objektkatalog anzeigen

Wählen Sie den Befehl *Objektkatalog* im Menü *Ansicht* oder klicken Sie auf die gleichnamige Schaltfläche in der Symbolleiste *Voreinstellung* oder drücken Sie die F2-Taste. Der Objektkatalog wird angezeigt. Die verfügbaren Klassen sind darin nach Bibliotheken geordnet. Im Feld *Projekt/Bibliothek* in der oberen linken Ecke des Dialogfelds wird beim ersten Aufruf der Eintrag *<Alle Bibliotheken>* – angezeigt. Dies bedeutet, dass im Katalog die Inhalte aller Bibliotheken angezeigt werden, auf die aktuell verwiesen wurde.

Navigation im Objektkatalog

Sie können den Projektkatalog dazu verwenden, innerhalb der standardmäßig angezeigten Bibliotheken zu navigieren und deren Elemente anzeigen zu lassen.

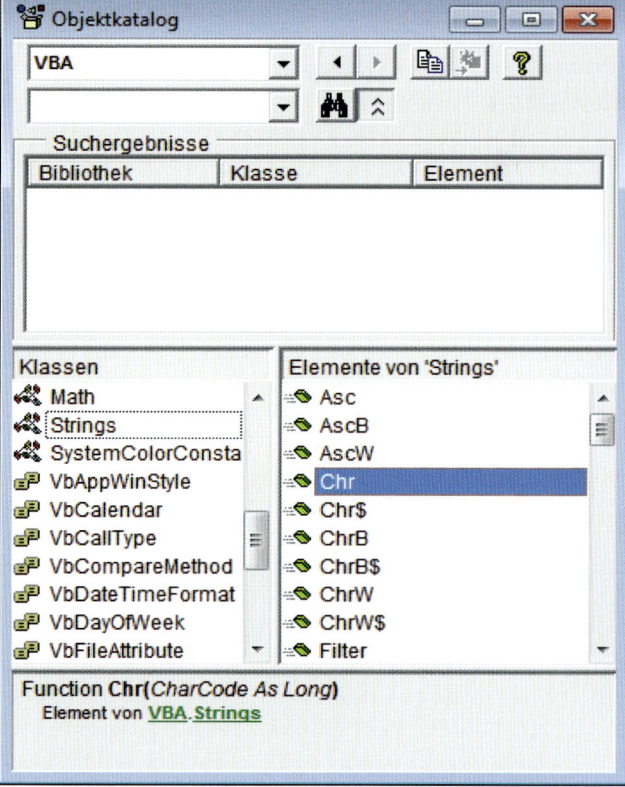

Abbildung 21.26 Die Bibliothek *VBA* und die Klasse *Strings* mit Element *Chr*

» Öffnen Sie die Liste zum Feld *Projekt/Bibliothek* und wählen Sie die Bibliothek, deren Elemente Sie anzeigen wollen. Wählen Sie beispielsweise die Bibliothek *VBA*. Im unteren Bereich des Dialogfelds werden die Bestandteile der Bibliothek angezeigt (→ Abbildung 21.26 links). Links werden im Teilfenster *Klassen* alle verfügbaren Klassen für die ausgewählte Bibliothek wiedergegeben. Hier können Sie jetzt eine Klasse auswählen, zu deren Elementen Sie weitere Informationen wünschen. Wenn für eine Klasse Code vorhanden ist, wird diese Klasse fett dargestellt. Die Liste beginnt stets mit *<Global>,* einer Liste der global verfügbaren Elemente.

» Wählen Sie beispielsweise die Klasse *Strings*. Die Elemente der Klasse werden im rechten Fensterbereich unter der Überschrift *Elemente von ...* angezeigt (→ Abbildung 21.26 rechts).

» Das Fenster *Elemente von ...* zeigt die Elemente der im Teilfenster *Klassen* ausgewählten Klasse nach Gruppen und anschließend alphabetisch innerhalb der Gruppen sortiert an. Methoden, Eigenschaften, Ereignisse oder Konstanten, für die Code vorhanden ist, werden fett dargestellt. Die Reihenfolge dieser Liste kann über den Befehl *Elemente gruppieren* im Kontextmenü des Objektkatalogs geändert werden. Wählen Sie in diesem Fensterbereich *Elemente von ...* das gewünschte Element aus. Wählen Sie beispielsweise die Funktion *Chr* aus. Das *Details*-Teilfenster am unteren Rand das Dialogfelds zeigt die Definition des Elements an (→ Abbildung 21.26 rechts). Hieraus kann Text in das Codefenster kopiert oder gezogen werden.

Zur Darstellung der einzelnen Typen von Elementen werden unterschiedliche grafische Symbole verwendet. Eigenschaften verfügen beispielsweise über ein anderes Symbol als Methoden.

Eigene Module verwenden

Wenn Sie in Ihrem Projekt bereits Module – Formular-, Berichts- und Standardmodule – definiert haben, werden diese im Objektkatalog zusätzlich unter den *Klassen* aufgelistet. Dies kann hilfreich sein, wenn der von Ihnen erstellte Code so umfangreich wird, dass ein Überblick über die selbst erstellten Elemente schwierig wird.

» Wählen Sie in der Liste zum Feld *Projekt/Bibliothek* entweder den Eintrag *<Alle Bibliotheken>* oder den Eintrag, der den Namen des aktuellen Dokuments wiedergibt.

» Suchen Sie in der Liste *Klassen* nach selbst erstellten Modulen. Diese werden in der Liste *Klasse* fett dargestellt. Markieren Sie die gewünschte. Die Elemente der Klasse werden angezeigt. Methoden, Eigenschaften, Ereignisse oder Konstanten, für die Code vorhanden ist, werden ebenfalls fett dargestellt.

» Über die Schaltfläche *Definition anzeigen* können Sie schnell zu der entsprechenden Position im Codefenster wechseln, an der das Modul – beispielsweise die Klasse – oder das markierte Element definiert ist.

Weitere Techniken zur Navigation

Weitere Schaltflächen im Projektkatalog können Sie als Hilfsmittel zur Navigation verwenden.

» ◄ Nachdem Sie eine Bibliothek, eine Klasse oder ein Element ausgewählt hatten, können Sie über die Schaltfläche *Zurück* wieder zur vorher markierten Auswahl wechseln. Bei jedem Klicken auf diese Schaltfläche wird die jeweils vorherige Auswahl angesteuert.

» ► Die Schaltfläche *Vorwärts* bewirkt das Gegenteil. Sie können damit Ihre ursprüngliche Auswahl in den Listen *Klassen* und *Elemente* wiederholen, bis die letzte Auswahl erreicht ist.

» 📋 Die Schaltfläche *In Zwischenablage kopieren* kopiert die aktuelle Auswahl in der Liste *Elemente* in die Zwischenablage. Anschließend können Sie die Auswahl im Codefenster einfügen.

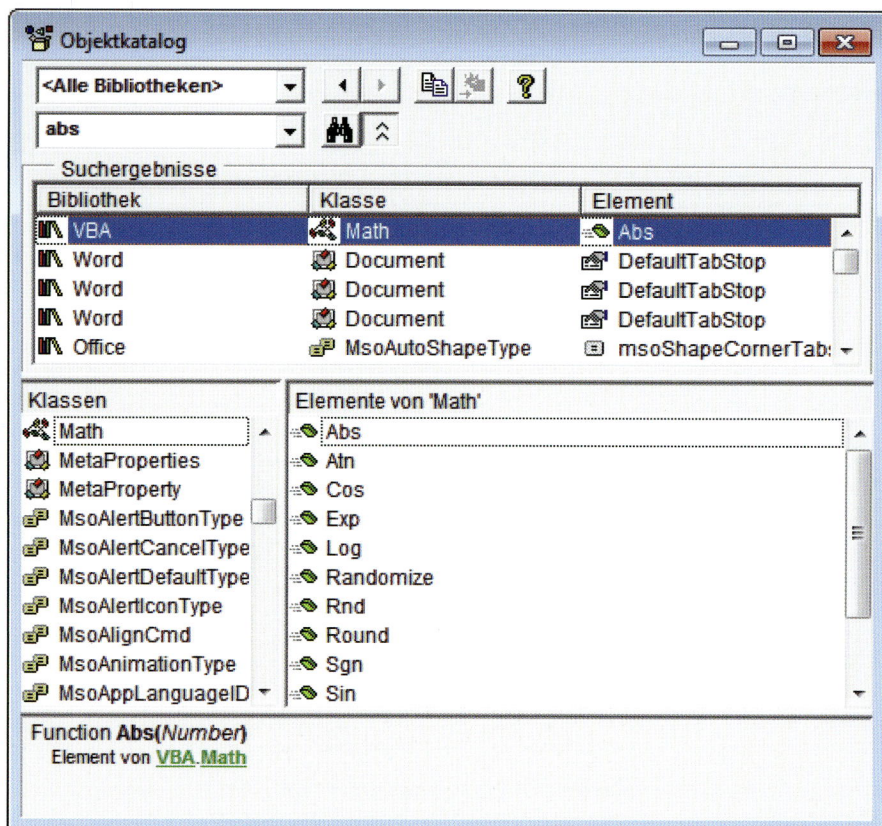

Abbildung 21.27
Die Suchergebnisse werden angezeigt.

Hilfe zu Klassen und Elementen anfordern

Zu einem im Projektkatalog markierten Element können Sie Hilfeinformationen anzeigen lassen.

» Markieren Sie eine Klasse in der Liste der Klassen, beispielsweise die Klasse *Math*.

» Klicken Sie auf die Schaltfläche *Hilfe* im Dialogfeld oder drücken Sie F1, um Informationen zur gewählten Klasse anzuzeigen.

» Genauso können Sie Hilfe zu einem Element anzeigen lassen. Markieren Sie es in der Liste *Elemente von ...* und klicken Sie auf die Schaltfläche *Hilfe* im Dialogfeld oder drücken Sie F1. Hilfeinformationen zum gewählten Element werden angezeigt.

21.4.2 Suchen im Objektkatalog

Den mittleren Bereich des Dialogfelds *Objektkatalog* verwenden Sie zur Suche nach bestimmten Elementen innerhalb der Bibliotheken.

» Geben Sie im Feld *Suchtext* den Namen des Elements ein. Suchen Sie beispielsweise nach der Funktion *Abs*.

» Klicken Sie auf die Schaltfläche *Suchen*. Unter *Suchergebnisse* werden die Bibliothek, die Klasse und das Element für die Objekte angezeigt, die die gesuchte Zeichenfolge enthalten (→ Abbildung 21.27). Die Ergebnisse sind alphabetisch sortiert. Die Anzeige wird aktualisiert, wenn die Auswahl im Feld *Projekt/ Bibliothek* geändert wird.

» ⌄ Über die Schaltfläche *Suchergebnisse anzeigen/ausblenden* können Sie das Teilfenster *Suchergebnisse* aus- und wieder einblenden.

Für Suchzeichenfolgen können im Feld *Suchtext* Standardplatzhalterzeichen verwendet werden. Über das Kontextmenü zum Dialogfeld können Sie über den Befehl *Nur ganzes Wort suchen* nach ganzen Wörtern suchen lassen. Das Feld *Suchtext* enthält die letzten vier eingegebenen Suchzeichenfolgen.

Zur Darstellung der einzelnen Typen von Elementen werden unterschiedliche grafische Symbole verwendet (→ Tabelle 21.6). Eigenschaften verfügen beispielsweise über ein anderes Symbol als Methoden.

Symbol	Bedeutung
	Eigenschaft
	Standardeigenschaft
	Methode
	Standardmethode
	Ereignis
	Konstante
	Modul
	Klasse
	Benutzerdefinierter Typ
	Global
	Projekt
	Bibliothek
	Integrierte Schlüsselwörter und Typen
	Aufzählung (Enumeration)

Tabelle 21.6 Die Bedeutung der Symbole

Kapitel 22

VBA-Programmelemente

Nachdem Sie im vorherigen Kapitel den VBA-Editor kennengelernt haben, wollen wir jetzt damit beginnen, VBA-Code für Word selbst zu erstellen. Bevor Sie sich mit den ersten Detailzeilen der Eingabe von Code beschäftigen, sollten Sie sich in diesem Kapitel zunächst darüber informieren, welche Möglichkeiten Ihnen in dieser Programmiersprache zur Verfügung stehen. Sie werden dieses Wissen bei der späteren Arbeit häufig benötigen.

» Zunächst wollen wir dazu auf die Elemente eingehen, innerhalb derer Sie Ihre Anweisungen ablegen werden – *Module* und *Prozeduren*. Diese bilden die Bausteine der Programmierung und dienen – wie auch in anderen Programmiersprachen – zum Strukturieren von Code. *Module* sind eine Art von Behälter, in denen zusammengehörende Codeelemente – wie Prozeduren und andere Anweisungen – gemeinsam abgelegt und zusammen gespeichert werden (→ Abschnitt 22.1).

» Innerhalb eines Moduls wird der VBA-Code in einzelnen *Prozeduren* abgelegt (→ Abschnitt 22.2). Die Prozeduren sind die Elemente, die bei der Ausführung des Codes die eigentliche Arbeit erledigen.

» Wie die meisten Programmiersprachen speichert VBA Werte in *Variablen*, für die im Arbeitsspeicher ein Platz reserviert wird. Die konkreten Inhalte einer Variablen ändern sich meist während der Ausführung. Im Gegensatz dazu beinhalten *Konstanten* Werte, die sich nicht verändern. Was Sie bei der Ar-

beit mit Variablen und Konstanten berücksichtigen müssen, sagt Ihnen der folgende Teil dieses Kapitels (→ Abschnitt 22.3).

» Mit Hilfe von *Steueranweisungen* bringen Sie ein Programm dazu, bestimmte Zeilen oder Abschnitte im Code auszuführen und andere nicht (→ Abschnitt 22.4). Der Code muss also während der Ausführung selbstständig eine Entscheidung darüber treffen, ob ein bestimmter Abschnitt ausgeführt werden soll. Auf diesen wichtigen Aspekt der Programmsteuerung werden wir in diesem Kapitel auch eingehen.

» Anschließend geht es um Klassen, Objekte und die damit zusammenhängende *objektorientierte Programmierung* (→ Abschnitt 22.5). Dabei es geht um eine Technik, mit deren Hilfe man im Code Standardelemente – sogenannte Klassen – erstellt, die bestimmte Aufgaben durchführen und mehrfach eingesetzt werden können.

TIPP Wenn Sie die in diesem Kapitel gezeigten Beispiele selbst am Rechner nachvollziehen wollen, sollten Sie die Datei *Dokument22* aus dem Verzeichnis *22* öffnen. Sie finden darin die Beispiele in mehreren Modulen. Denken Sie daran, dass sich VBA-Code im Dokument befindet (→ Kapitel 20). Klicken Sie in der Statusleiste auf *Inhalt aktivieren*, um den Zugang dazu zu ermöglichen.

22.1 Module als Behälter für den Code

Im vorherigen Kapitel haben wir es im Abschnitt zum Fenster *Projekt-Explorer* bereits angesprochen: VBA unterscheidet zwischen *Standardmodulen*, *Klassenmodulen* und noch weiteren Elementen. Zunächst wollen wir uns mit der Gruppe der *Standardmodule* beschäftigen. Diese sind einfacher zu begreifen und die dabei einzusetzenden Techniken können zum großen Teil auch auf andere Modultypen angewendet werden. Hinweise zu anderen Typen finden Sie weiter hinten in diesem Kapitel.

22.1.1 Grundaufgaben

Beschäftigen wir uns zunächst mit einigen grundlegenden Tätigkeiten, die Sie beherrschen müssen, um mit Modulen zu arbeiten.

Ein Modul erstellen

Eigene – leere – Module können Sie aus dem geöffneten VBA-Editor heraus anlegen. Dazu benutzen Sie die folgenden Schritte:

» 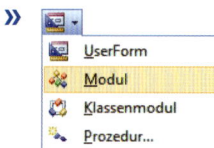 Wählen Sie den Befehl *Modul* im Menü *Einfügen*. Sie können stattdessen auch das Listenfeld zur Schaltfläche *Modul einfügen* in der Symbolleiste *Voreinstellung* öffnen und dort die Option *Modul* wählen.

» Ein neues Modul wird erstellt und im *Projekt-Explorer* innerhalb der Ebene *Module* angezeigt (→ Abbildung 22.1). Automatisch wird auch wieder das – nach dem Erstellen – noch leere Codefenster des Moduls dargestellt.

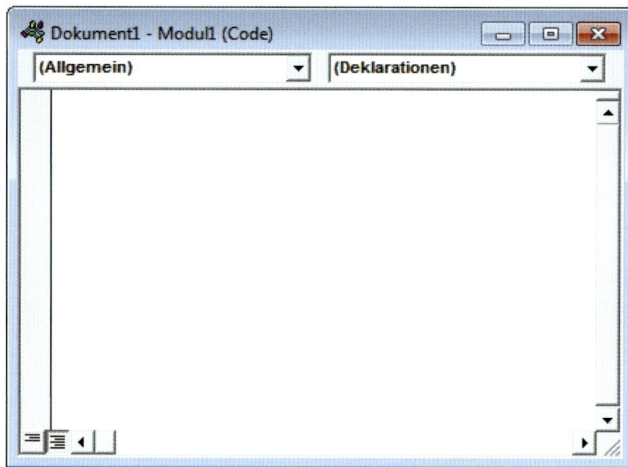

Abbildung 22.1 Ein noch leeres Modul

In den so neu erstellten Modulen können Sie den gewünschten Code eingeben. Davon wird weiter hinten und in den nächsten Kapiteln die Rede sein. Da wir uns aber gerade auf der Ebene der Module befinden, wollen wir noch einige andere wichtige Aspekte zu diesem Themenkreis ansprechen.

Den Namen eines Moduls ändern

VBA benutzt für neue Module Standardnamen, die aus der Bezeichnung *Modul* und einer angehängten Zahl bestehen – beispielsweise *Modul1*, *Modul2* usw. Wir haben es in unseren Beispielen dabei belassen. Wenn Sie mit mehreren Modulen innerhalb eines Dokuments arbeiten, sollten Sie aber diesen Bausteinen eigene Namen geben. Das ist zwar für die weitere Funktionsfähigkeit nicht notwendig, erleichtert Ihnen aber später die Suche nach Codebestandteilen. Markieren Sie das Modul im Projekt-Explorer. Im darunter angezeigten Fenster *Eigenschaften* finden Sie die Eigenschaft *(Name)*. Ändern Sie den Namen nach Ihren Wünschen unter Berücksichtigung der anschließend genannten Richtlinien. Klicken Sie zum Abschluss auf eine freie Stelle im Editor. Der Name ist jetzt geändert.

Namensrichtlinien

Für die Namen von Modulen gelten dieselben Richtlinien, wie für andere Objekte innerhalb von Microsoft Word:

» Sie können aus bis zu 64 Zeichen bestehen.

» Sie können beliebige Kombinationen von Buchstaben, Zahlen, Leerzeichen und Sonderzeichen einschließen, mit Ausnahme von einem Punkt (.), Ausrufezeichen (!), Gravis-Akzent (´) und eckigen Klammern ([ ]).

» Sie dürfen nicht mit einem vorangestellten Leerzeichen beginnen. Obwohl Sie Leerzeichen mit in einen Modulnamen einbeziehen können, sollten Sie solche vermeiden, weil Leerzeichen in Namen in manchen Fällen bei der Benennung in VBA Probleme verursachen können. Dasselbe gilt auch später für die Namen von Variablen oder anderen Elementen.

» Sie dürfen keine Steuerzeichen enthalten (ASCII-Werte *0* bis *31*).

» Sie dürfen keine doppelten Anführungszeichen (") enthalten.

» Sie dürfen auch keine Namen aufweisen, die gleichlautend mit dem Namen einer Eigenschaft oder eines anderen von Microsoft Word verwendeten Elements sind. Sonst können in Ihrem Dokument möglicherweise unerwartete Ereignisse auftreten.

Module speichern

Neu angelegte Module und der später darin eingegebene Code müssen – wie alle Objekte eines Word-Dokuments – gespeichert werden, um später wieder verfügbar zu sein. Wenn Sie an das Speichern dieser Elemente von Modulen denken, sollten Sie berücksichtigen, dass es sich hier nicht um selbstständige Teile handelt, sondern um Bestandteile des aktuellen Word-Dokuments. Die von Ihnen angelegten Module werden also – wie alle im VBA-Editor vorgenommenen Änderungen – zusammen mit dem Dokument gespeichert. Daraus ergeben sich einige Konsequenzen:

» Zum Speichern aus dem VBA-Editor heraus wählen Sie den Befehl *Speichern* im Menü *Datei* oder klicken auf die gleichnamige Schaltfläche in der Symbolleiste. Dabei werden sowohl die im VBA-Editor als auch immer die im Dokument selbst vorher vorgenommenen Änderungen gespeichert.

» Das gilt auch anders herum: Wenn Sie den Befehl zum Speichern über die Word-Oberfläche aufrufen, werden damit auch die im Editor vorgenommenen Änderungen mit berücksichtigt.

» Sie können den Editor auch schließen, ohne dass damit die darin vorgenommenen Änderungen verloren gehen. Beim Schließen des Dokuments werden Sie dann zum Speichern aufgefordert.

22.1.2 Module verwalten

Nachdem Sie Ihre eigenen Module mit Code in einem Dokument erstellt haben, werden Sie diese oft auch in anderen Dokumenten benutzen wollen. Für diese Zwecke bietet sich der Export eines Moduls aus dem ursprünglichen Dokument in eine eigenständige Datei an. Diese können Sie dann anschließend in ein anderes Dokument importieren.

Modul exportieren

Den Export eines Moduls können Sie aus dem VBA-Editor heraus vornehmen:

» Markieren Sie das zu exportierende Modul im Projekt-Explorer.

» Wählen Sie *Datei exportieren* aus dem Menü *Datei* oder dem Kontextmenü zu diesem Element. Das Dialogfeld *Datei exportieren* wird angezeigt.

» Bestätigen Sie abschließend durch einen Klick auf *Speichern*.

TIPP Um später nicht suchen zu müssen, sollten Sie einen eigenen Ordner für Ihre VBA-Module anlegen – beispielsweise als Unterordner zu Ihrem persönlichen Ordner. Sie können beim Export für das Modul einen anderen Namen verwenden als jenen, unter dem das Modul im ursprünglichen Dokument benutzt wird. Verwenden Sie am besten einen Namen, der den Inhalt des Moduls sinnvoll beschreibt. Die Datei ist ja allein nicht ausführbar. Da es sich aber bei der exportierten Datei um eine im reinen Textformat handelt, lässt sich der Inhalt durchaus mit jedem beliebigen Texteditor einsehen.

Module importieren

Als eigene Datei abgelegte Module können Sie in ein anderes Dokument importieren und dort verwenden:

» Öffnen Sie das Dokument, in dem Sie das separat gespeicherte Modul verwenden wollen, und lassen Sie den VBA-Editor anzeigen.

» Markieren Sie im Projekt-Explorer entweder die oberste Ebene oder beispielsweise eine bereits vorhandene Gruppe der Module.

» Wählen Sie den Befehl *Datei importieren* aus dem Menü *Datei* oder im Kontextmenü. Das Dialogfeld *Datei importieren* wird angezeigt.

» Markieren Sie die zu importierende Datei oder geben Sie im Feld *Dateiname* deren Namen ein.

» Bestätigen Sie über *Öffnen*. Das Modul wird importiert und im Projekt-Explorer angezeigt. Sie müssen es aber noch speichern. Bei Namenskonflikten wird automatisch der Name des Moduls geändert.

TIPP Beachten Sie aber, dass später beim Ausführen Probleme auftreten können, wenn im Code des Moduls Elemente verwendet werden, die sich auf spezielle – im ursprünglichen Dokument verwendete – Namen beziehen und im neuen Dokument nicht vorhanden sind. Gegebenenfalls müssen Sie die Namen dieser Elemente ändern. Dazu können Sie beispielsweise die Befehle *Suchen* oder *Ersetzen* im Menü *Bearbeiten* benutzen.

Module löschen

Wenn Sie ein Modul in einem Dokument nicht mehr benötigen, können Sie es löschen. Kontrollieren Sie aber vorher noch dessen Inhalt, um nicht wertvolle Arbeit zu vernichten. Ein Rückgängig machen ist nicht möglich.

» Markieren Sie im Projekt-Explorer das gewünschte Modul.

» Wählen Sie *Entfernen von Modul…* aus dem Kontextmenü oder dem Menü *Datei*. Ein Dialogfeld wird angezeigt, in dem Sie entscheiden müssen, ob Sie das Modul vor dem Entfernen exportieren möchten.

» Wenn Sie keinen Export wünschen, bestätigen Sie mit einem Klick auf *Nein*. Das Modul wird entfernt. Wenn Sie das letzte Modul im Projekt entfernen, wird außerdem die gesamt Modulgruppe entfernt.

Wenn Sie bei der eingeblendeten Abfrage nach dem Export über *Ja* bestätigen, wird vor dem Entfernen das Dialogfeld *Datei exportieren* angezeigt, über das Sie das Modul als separate Datei ablegen können. Überlegen Sie sich gut, ob Sie diesen sinnvollen Dienst nicht doch wahrnehmen wollen.

22.2 Prozeduren

Module dienen nur als Behälter, die das Organisieren von Codeelementen erleichtern. Die darunter liegende Ebene der Prozeduren ist – wie schon gesagt – die Ebene, auf der die eigentlichen Aufgaben des Codes durchgeführt werden.

Prozeduren werden nach drei Typen unterschieden: *Sub*-Prozeduren, *Function*-Prozeduren und *Property*-Prozeduren.

» Eine *Sub*-Prozedur ist eine Prozedur, die eine oder mehrere Operation(en) ausführt. Einfache Beispiele dafür wären die Anzeige einer Meldung, das Starten eines Druckvorgangs oder das Durchführen einer bestimmten anderen Aktion.

» Eine *Function*-Prozedur ist eine Prozedur, die einen Wert zurückgibt. Wenn Sie beispielsweise an mehreren Stellen im Code die Mehrwertsteuer zu einem Betrag ermitteln wollen, können Sie den jeweiligen Wert des Betrags an eine *Function*-Prozedur übergeben und erhalten von dieser die Höhe der Mehrwertsteuer zurück. Im Gegensatz zu einer *Function*-Prozedur kann eine *Sub*-Prozedur keinen Wert zurückgeben.

» Außerdem gibt es die sogenannten *Property*-Prozeduren. Diese werden verwendet, um die Eigenschaften bestimmter Elemente festzusetzen. Die Hintergrundfarbe einer Tabelle oder eines anderen Objekts könnten Sie beispielsweise über eine solche *Property*-Prozedur einstellen. Darauf werden wir weiter hinten in diesem Kapitel noch zu sprechen kommen.

Alle Prozeduren sind innerhalb eines Moduls durch eine bestimmte erste und letzte Anweisung vom restlichen Code abgegrenzt. Beispielsweise beginnen *Sub*-Prozeduren mit dem Schlüsselwort *Sub* und enden mit der Anweisung *End Sub*. Eine *Function*-Prozedur deklarieren Sie mit der *Function*-Anweisung und beenden sie mit der Anweisung *End Function*.

Was in den Prozeduren genau passieren soll, wird durch eine Reihe von *Anweisungen* festgelegt. Ohne sich jetzt schon mit Details zu beschäftigen, sollten Sie gleich hier wissen, dass jede Anweisung zu einer der folgenden drei Kategorien gehört:

» *Deklarationsanweisungen* werden zur Benennung eines Elements im Code verwendet. Sie führen damit das Element in den Code ein und legen fest, um welche Art von Element es sich handeln soll. Meist definieren Sie mit einer solchen Anweisung auch einen Gültigkeitsbereich, der angibt, wo im gesamten Code das Element gelten soll.

» *Zuweisungsanweisungen* weisen einem Element einen Wert zu. Zuweisungsanweisungen enthalten immer ein Gleichheitszeichen.

» *Ausführbare Anweisungen* bewirken das Ausführen einer Aktion. Diese Anweisungen können eine Methode oder Funktion und eine Schleife oder eine Verzweigung zu Codeblöcken ausführen. Ausführbare Anweisungen enthalten oftmals mathematische oder bedingte Operatoren – wie + oder *.

22.2.1 Sub-Prozeduren erstellen

Eben wurde es bereits gesagt: *Sub*-Prozeduren führen eine Operation oder eine Reihe von Operationen durch, geben jedoch keinen Wert an die Stelle zurück, von der die Prozedur aus aufgerufen wird. Zum Erstellen einer solchen Prozedur gehen Sie in mehreren Unterschritten vor: Erstellen Sie zunächst den Rahmen für die Prozedur, geben Sie innerhalb dieses Rahmens den gewünschten Code ein und speichern Sie abschließend das Modul, in dem Sie die Prozedur erstellt haben.

Den Rahmen erstellen

Sub-Prozeduren beginnen mit dem Schlüsselwort *Sub* – an das sich nach einer Leerstelle der Name für die Prozedur anschließt – und enden mit der Anweisung *End Sub*. Diese Rahmenanweisungen können Sie in einem Modul direkt über die Tastatur eingeben, einfacher ist es jedoch, dafür einen Befehl zu benutzen.

» Doppelklicken Sie im Projekt-Explorer auf das Modul, in dem Sie die Prozedur anlegen wollen, oder wählen Sie *Code anzeigen* aus dem Kontextmenü zum

Modul. Das Codefenster zum Modul wird angezeigt. Stellen Sie sicher, dass sich die Einfügemarke in diesem Fenster befindet, sonst funktioniert der folgende Schritt nicht.

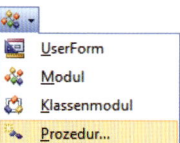

Wählen Sie den Befehl *Prozedur* im Menü *Einfügen*. Sie können den Befehl auch aus dem Listenfeld zur Schaltfläche *einfügen* in der Symbolleiste *Voreinstellung* auswählen. Das Dialogfeld *Prozedur einfügen* wird angezeigt (→ Abbildung 22.2).

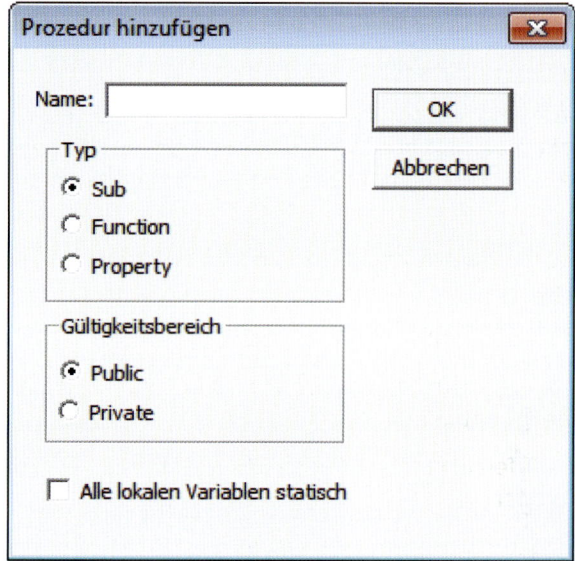

Abbildung 22.2 Wählen Sie den Typ der gewünschten Prozedur aus.

» Stellen Sie sicher, dass die Option *Sub* im Abschnitt *Typ* aktiviert ist. Dies ist standardmäßig der Fall.

» Geben Sie der zu erstellenden Prozedur einen Namen – beispielsweise *Meldung*. Beachten Sie die Namensrichtlinien (siehe unten).

» Bestätigen Sie die Eingaben durch einen Klick auf *OK*. Die Rahmenanweisungen zur *Sub*-Prozedur werden im Codefenster angezeigt. Haben Sie beispielsweise als Namen *Meldung* gewählt, besteht der Anfang aus der Anweisung *Public Sub Meldung()*, das Ende aus *End Sub*.

```
Public Sub Meldung()
...
End Sub
```

Standardmäßig wird vor die Deklarationsanweisung *Sub* beim Erstellen über das Dialogfeld *Prozedur hinzufügen* das Schlüsselwort *Public* gesetzt. Damit wird der Gültigkeitsbereich der Prozedur angegeben (→ unten).

TIPP Wenn Ihnen bei der Eingabe des Namens im Dialogfeld *Prozedur hinzufügen* ein Fehler unterläuft, werden Sie nach der Bestätigung darauf hingewiesen. Bestätigen Sie in einem solchen Fall diesen Hinweis und wählen Sie einen anderen Namen.

Namensrichtlinien für Prozeduren

Für die Namensgebung von Prozeduren gibt es einige Beschränkungen. Dieselben Richtlinien gelten übrigens für die unten angesprochenen Variablen und Konstanten:

» Prozedurnamen können aus bis zu 255 Zeichen bestehen.

» Sie müssen mit einem Buchstaben anfangen.

» Sie können Buchstaben, Zahlen oder Unterstrichzeichen (_) enthalten.

» Sie dürfen aber keine Satzzeichen oder Leerzeichen enthalten.

» Prozeduren dürfen kein Visual-Basic-Schlüsselwort sein – also kein Wort, das von Visual Basic als Teil seiner Sprache verwendet wird. Hierzu zählen beispielsweise vordefinierte Anweisungen – wie *If* und *Loop* –, Funktionen – wie *Len* und *Abs* – und Operatoren – wie *Or* und *Mod*.

TIPP Wenn Sie den Namen einer eingegebenen Prozedur nachträglich ändern wollen, gehen Sie dazu wie bei jeder Änderung im Code vor: Markieren Sie die entsprechende Stelle im Code – in diesem Fall den Namen der Prozedur – und benutzen Sie die Tastatur zum Editieren des Namens.

Code eingeben

Zwischen den Rahmenanweisungen können Sie den Code eingeben, der durch die *Sub*-Prozedur ausgeführt werden soll. Ein einfaches Beispiel für eine solche *Sub*-Prozedur wäre die Anzeige einer Nachricht in einem in Visual Basic integrierten Dialogfeld – der sogenannten *MsgBox*-Funktion. Diese *MsgBox*-Funktion zeigt eine Meldung in einem Dialogfeld an. Wenn Sie beispielsweise *MsgBox »Hallo!«* verwenden, wird *Hallo!* im Dialogfeld angezeigt. Eine solche Meldung können Sie nach der Anzeige wieder ausblenden, indem Sie auf die Schaltfläche *OK* klicken.

» Sorgen Sie – falls notwendig – dafür, dass sich die Einfügemarke in der leeren Zeile zwischen den beiden Rahmenanweisungen befindet.

» Geben Sie über die Tastatur den gewünschten Code ein. Beginnen Sie mit der Eingabe *MsgBox*. Wenn die Option *Automatische Daten-Tips* auf der Registerkarte *Editor* im Dialogfeld zum Menübefehl *Extras/Optionen* aktiviert ist, wird nach der Eingabe eines Schüsselworts wie *MsgBox* und einer anschließenden Leerstelle oder einer geöffneten Klammer die für dieses Wort erforderliche Syntax symbolisch angezeigt. Der erste und einzige notwendige Parameter – in der Dokumentation mit *prompt* benannt – beschreibt den im Dialogfeld anzuzeigenden Wert. Dabei kann es sich beispielsweise um einen Zahlenwert oder einen Text handeln.

» Vervollständigen Sie den Code – beispielsweise durch Eingabe von *MsgBox (»Hallo!«)*.

```
Public Sub Meldung()
    MsgBox ("Hallo!")
End Sub
```

» 🖫 Durch die Eingabe von Code haben Sie Änderungen im Modul vorgenommen. Klicken Sie auf die Schaltfläche *Speichern* in der Symbolleiste *Voreinstellung* oder wählen Sie *Speichern unter* im Menü *Datei*.

TIPP Wenn nach Eingabe einer Codezeile die Zeile in Rot angezeigt wird, haben Sie bei der Eingabe einen Fehler gemacht. Kontrollieren und korrigieren Sie den Code. Mehr zu Fehlern, der Suche danach und zur Korrektur finden Sie in Kapitel 21.

583

Code testen

In vielen Fällen können Sie die Wirkung eines eingegebenen Codes bereits im VBA-Editor testen. Das gilt aber nur für bestimmte Prozeduren – beispielsweise *Sub*-Prozeduren, die über keine Argumente verfügen. Andere Prozeduren – beispielsweise *Function*-Prozeduren – müssen Sie zum Testen über *Sub*-Prozeduren aufrufen (→ unten).

» Setzen Sie die Einfügemarke an eine beliebige Stelle innerhalb der Prozedur. Sie können auch die gewünschte Prozedur über das Listenfeld *Prozedur* auswählen.

» Klicken Sie auf die Schaltfläche *Sub/UserForm ausführen* in der Symbolleiste *Voreinstellung*. Ein Meldungsfeld wird angezeigt, das den im Code eingegebenen Text enthält – beispielsweise *Hallo!* (→ Abbildung 22.3).

Abbildung 22.3 Eine Meldung

» Klicken Sie in diesem Dialogfeld auf die Schaltfläche *OK*. Das Nachrichtenfeld wird wieder ausgeblendet. Solange die Meldung angezeigt wird, wird das Programmelement ausgeführt und Sie können keine weiteren Eingaben durchführen.

TIPP Wenn bei der Ausführung statt des erwarteten Ergebnisses eine Fehlermeldung angezeigt wird, haben Sie bei der Eingabe einen Fehler gemacht. Kontrollieren und korrigieren Sie den Code (→ Kapitel 21).

22.2.2 *Function*-Prozeduren

Wenn Sie eine Prozedur erstellen wollen, die Ihnen einen Wert zurückgibt, müssen Sie eine *Function*-Prozedur verwenden. Solche *Function*-Prozeduren werden auch einfach als Funktionen bezeichnet und fast immer wird darin eine Berechnung durchgeführt.

Den Rahmen erstellen

Function-Prozeduren beginnen mit dem Schlüsselwort *Function* und enden mit der Anweisung *End Function*. Auch diese Rahmenanweisungen können Sie direkt über die Tastatur eingeben, wiederum ist es aber einfacher, dafür einen Menübefehl zu benutzen.

» Doppelklicken Sie im Projekt-Explorer auf das Modul, in dem Sie die Prozedur anlegen wollen. Das Codefenster zum Modul wird angezeigt.

» 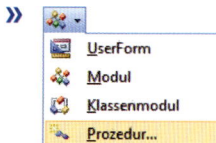 Wählen Sie wieder den Befehl *Prozedur* im Menü *Einfügen* oder klicken Sie auf das zugehörige Symbol in der *Voreinstellung*-Symbolleiste. Das schon bekannte Dialogfeld *Prozedur einfügen* wird angezeigt.

» Aktivieren Sie unter *Typ* die Option *Function* und weisen Sie der zu erstellenden Prozedur einen Namen zu.

» Bestätigen Sie die Eingaben durch einen Klick auf *OK*. Die Rahmenanweisungen zur *Function*-Prozedur werden – wieder zusammen mit dem Schlüsselwort *Public* – im Codefenster angezeigt.

```
Public Function Mehrwert()
...
End Funktion
```

Das Argument hinzufügen

In der Mehrzahl der Fälle werden Sie einer solchen *Function*-Prozedur beim Aufruf auch immer einen Wert übergeben wollen, auf dem die Berechnung aufbauen soll. *Function*-Prozeduren ohne einen solchen Parameter sind zwar denkbar, würden aber immer dasselbe Ergebnis liefern. Damit die Funktion zur Durchführung der Berechnung einen Eingangswert empfängt, müssen Sie diesen als Argument angeben. In unserem Beispiel wird beispielsweise der Betrag benötigt, aus dem die Mehrwertsteuer berechnet werden soll. Dieses Argument fügen Sie innerhalb der Klammer nach dem Funktionsnamen ein.

» Setzten Sie die Einfügemarke zwischen die Klammern nach dem Funktionsnamen.

» Geben Sie dem Argument einen Namen. Sie können jeden beliebigen verwenden, müssen aber die Namenskonventionen beachten. Die Funktion erwartet beim Aufruf die Eingabe eines Arguments.

```
Public Function Mehrwert(Betrag)
…
End Funktion
```

Sie können das Argument auch bereits im Dialogfeld *Prozedur hinzufügen* einführen. Geben Sie es dazu im Feld *Name* nach dem Namen in Klammern ein.

Den Code eingeben

Zwischen den Rahmenanweisungen *Function* und *End Function* geben Sie den Code ein, der durch die Prozedur ausgeführt werden soll. Beispielsweise könnten Sie eine Funktion definieren, die aus einem Betrag die Mehrwertsteuer berechnet.

» Sorgen Sie – falls notwendig – dafür, dass sich die Einfügemarke in der leeren Zeile zwischen den beiden Rahmenanweisungen befindet.

» Geben Sie über die Tastatur den gewünschten Code ein – beispielsweise *Mehrwert = Betrag * 0.19*. Der Code erscheint im Codefenster.

```
Public Function Mehrwert(Betrag)
    Mehrwert = Betrag * 0.19
End Function
```

» 💾 Speichern Sie die Änderungen im Modul.

Die Funktion ausführen

Function-Prozeduren können zum Test nicht direkt über den Editor ausgeführt werden. Sie müssen von einer anderen Stelle im Code – oder von anderen Word-Objekten her – aufgerufen werden (→ unten).

22.2.3 Prozeduren im Code aufrufen

Die Ergebnisse der in Prozeduren geleisteten Arbeiten können Sie in Word-VBA auf verschiedene Weisen nutzen – beispielsweise können Sie eine Schaltfläche in einem Formular verwenden, um eine *Sub*-Prozedur zu starten. Sie können aber eine Prozedur auch durch eine andere Prozedur aufrufen. Im Prinzip teilen Sie die durch den Code geleistete Arbeit auf mehrere Prozeduren auf. Durch eine solche Aufteilung wird der Code verständlicher und ist einfacher zu überprüfen und zu warten. Auch *Sub*-Prozeduren können von anderen Stellen im Code her aufgerufen werden.

Aufrufen einer *Function*-Prozedur

Eine *Function*-Prozedur kann von einer *Sub*-Prozedur aus aufgerufen werden. Dabei kann die *Sub*-Prozedur der *Function*-Prozedur einen Wert übergeben und dann mit dem von der *Function*-Prozedur zurückgegebenen Wert etwas tun – und sei es nur, dass sie ihn in einem Dialogfeld anzeigt.

Sie können beispielsweise eine *Sub*-Prozedur erstellen, die die im vorherigen Abschnitt erstellte *Function*-Prozedur aufruft und einen Wert übergibt, aus dem *Function* die Mehrwertsteuer berechnet. Dazu können Sie den Namen der *Function*-Prozedur zusammen mit dem gewünschten Wert direkt als Anweisungszeile eingeben.

» 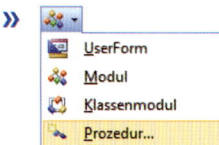 Erstellen Sie im selben Modul eine neue *Sub*-Prozedur. Lassen Sie dazu das Dialogfeld *Prozedur einfügen* anzeigen.

» Sorgen Sie dafür, dass die Option *Sub* aktiviert ist, und geben Sie der Prozedur den Namen *Steuer*. Die Rahmenanweisungen werden im Codefenster angezeigt.

» Geben Sie in dieser Prozedur einen Code ein, über den die *Function*-Prozedur *Mehrwert* mit dem Argument *1000* aufgerufen wird. Der Code wird angezeigt.

```
Public Sub Steuer()
    MsgBox Mehrwert(1000)
End Sub
```

» 💾 Speichern Sie die Änderungen im Modul.

» ▶ Testen Sie die Wirkung der Prozedur aus. Sorgen Sie dafür, dass sich die Einfügemarke innerhalb der neu erstellten Prozedur befindet. Das Ergebnis wird angezeigt. Die *Sub*-Prozedur zeigt die Mehrwertsteuer zum Wert *1000* an.

» Bestätigen Sie die Anzeige durch einen Klick auf die Schaltfläche *OK*.

Aufrufen einer Sub-Prozedur

Auch eine *Sub*-Prozedur kann durch eine andere *Sub*-Prozedur aufgerufen werden. Wenn die aufgerufene Prozedur keine Argumente verlangt, können Sie sie im Code direkt durch Angabe ihres Namens aufrufen. Beispielsweise könnten Sie die anfangs erstellte *Sub*-Prozedur *Meldung* durch eine andere Prozedur aufrufen lassen.

» Erstellen Sie im selben Modul eine neue *Sub*-Prozedur mit dem Namen *Anzeige*. Die Rahmenanweisungen werden im Codefenster angezeigt.

» Geben Sie in dieser Prozedur einen Code ein, der die Sub-Prozedur *Meldung* aufruft.

```
Public Sub Anzeige()
    Meldung
End Sub
```

» ▶ Testen Sie die Wirkung aus. Sorgen Sie dafür, dass sich die Einfügemarke innerhalb der neu erstellten Prozedur befindet. Die *Sub*-Prozedur *Meldung* wird aufgerufen und diese zeigt das schon bekannte Dialogfeld an.

» 💾 Bestätigen Sie die Anzeige durch einen Klick auf die Schaltfläche *OK* und speichern Sie die Änderungen im Modul.

Aufrufen einer *Sub*-Prozedur mit Parametern

Sub-Prozeduren können zwar keine Werte an die aufrufende Instanz zurückgeben, sie können aber – wie *Function*-Prozeduren – solche als Argument entgegennehmen. Ein einfaches Beispiel dafür wäre eine Prozedur, die von einer anderen Prozedur aufgerufen wird und dabei einen Wert übernimmt. Für ein solches Beispiel benötigen Sie zwei Prozeduren: eine, die den Aufruf vornimmt und einen Wert übergibt, und eine weitere, die aufgerufen wird und mit dem übergebenen Wert etwas tut.

Das *Argument* für eine aufzurufende *Sub*-Prozedur übergeben Sie auf dieselbe Weise, wie vorher für eine *Function*-Prozedur beschrieben. Sie müssen dafür sorgen, dass in der Deklarationsanweisung der Prozedur das Argument in Klammern eingegeben wird. Die aufrufende *Sub*-Prozedur muss ein Argument übergeben. Dazu müssen Sie in der Anweisung *zusätzlich* zum Namen der Prozedur einen Wert für das Argument angeben. *Sub*-Prozeduren mit Parametern können über den Editor nicht selbstständig ausgeführt werden. Sie müs-

sen von anderen Stellen her aufgerufen werden. Dabei muss der aufgerufenen Prozedur ein Wert übergeben werden.

» Sorgen Sie dafür, dass das Codefenster angezeigt wird, und erstellen Sie eine neue Subroutine mit dem Namen *Ausgabe*.

» Geben Sie innerhalb der Klammern den Wert für das Argument an. Der konkrete Inhalt des Werts soll beim Aufruf festgelegt werden. Sorgen Sie dafür, dass die Subroutine noch etwas tut. Sie könnte zum Beispiel den empfangenen Wert in einer *MsgBox* anzeigen.

» Erstellen Sie eine weitere Subroutine mit dem Namen *Aufruf*.

» Geben Sie innerhalb des Rahmens dieser Routine einen Code ein, der dafür sorgt, dass die Subroutine *Ausgabe* zusammen mit einem Textwert aufgerufen wird.

```
Public Sub Ausgabe(Wert)
    MsgBox Wert
End Sub

Public Sub Aufruf()
    Ausgabe ("Guten Tag!")
End Sub
```

» ▶ Führen Sie die *Sub*-Prozedur *Aufruf* aus, indem Sie auf *Sub/UserForm ausführen* klicken. Die Prozedur ruft die Prozedur *Ausgabe* auf und übergibt ihr einen Wert. Dieser Wert wird in einer *MsgBox* angezeigt.

» Bestätigen Sie die Anzeige durch einen Klick auf *OK*.

TIPP Sie können zum Aufruf auch die *Call*-Anweisung benutzen. Dabei müssen aber die Argumente in Klammern eingeschlossen werden. Es gibt auch Fälle, in denen Sie mehr als ein Argument übergeben wollen.

Eingebaute Funktionen verwenden

Für viele Standardaufgaben können Sie in Visual Basic eingebaute Standardfunktionen verwenden. Einige dieser Funktionen benötigen ein Argument oder mehrere, andere überhaupt keine. Die Mehrzahl dieser Standardfunktionen finden Sie in der Bibliothek *VBA*.

Die *Now*-Funktion zeigt beispielsweise das aktuelle Datum und die aktuelle Uhrzeit an. Sie können diese Daten beispielsweise innerhalb einer *Sub*-Prozedur anzeigen lassen.

» Erstellen Sie über das Codefenster eine neue *Sub*-Prozedur mit dem Namen *Jetzt*.

» Rufen Sie innerhalb dieses Rahmens die Funktion *Now* als Argument in einer *MsgBox* auf.

```
Public Sub Jetzt()
    MsgBox Now()
End Sub
```

» Führen Sie die *Sub*-Prozedur aus, indem Sie auf *Sub/UserForm ausführen* klicken. Die Daten für Datum und Uhrzeit werden in einem Dialogfeld angezeigt. Bestätigen Sie die Anzeige durch einen Klick auf *OK*.

Übergeben von benannten Argumenten

Eine Anweisung zum Aufruf einer *Sub*- oder *Function*-Prozedur kann Werte an aufgerufene Prozeduren unter Verwendung von benannten Argumenten übergeben. Ein benanntes Argument besteht aus dem Namen des Arguments gefolgt von einem Doppelpunkt und einem Gleichheitszeichen (:=) sowie einem dem Argument zugewiesenen Wert. Beispielsweise verfügt die Funktion *MsgBox* neben dem schon bekannten Argument *prompt* auch über das Argument *title*, über das Sie dem Dialogfeld eine eigene Titelleiste geben können. Wenn Sie den Aufruf über die Benennung der Argumente durchführen, können Sie die Kommazeichen für nicht benutzte Argumente auslassen. Sie können dabei die benannten Argumente in beliebiger Reihenfolge auflisten. Außerdem ist eine solche Form des Aufrufs später oft schneller zu verstehen.

22.2.4 Gültigkeit von Prozeduren festlegen

Im Dialogfeld *Prozedur einfügen* können Sie neben der Wahl des Typs auch den *Gültigkeitsbereich* der Prozedur festlegen (→ Abbildung 22.2). Darin sind zwei Möglichkeiten vorgesehen – *Public* und *Private*:

» Der Gültigkeitsbereich ist standardmäßig auf *Public* eingestellt. Dies führt dazu, dass einer neu erstellten Prozedur des Schlüsselwort *Public* vorangestellt wird – beispielsweise *Public Sub* oder *Public Function*. Das bedeutet, dass die Prozedur von allen an-

deren Prozeduren im Projekt her angesprochen werden kann.

» Haben Sie stattdessen die Option *Private* eingestellt, wird *Private* als Schlüsselwort vorangestellt – *Private Sub* oder *Private Function*. Dies wiederum hat zur Folge, dass die Prozedur nur noch von anderen Prozeduren im selben Modul aufgerufen werden kann – nicht aber von Prozeduren in anderen Modulen.

Um den Hintergrund für diese Aufteilung in *Public* und *Private* zu verstehen, muss man sich daran erinnern, wie Visual Basic den Code bei der Ausführung kompiliert: Wenn Sie eine Prozedur ausführen, wird immer der gesamte Code des Moduls kompiliert, in dem die Prozedur abgelegt ist. Wenn in diesem Code eine Prozedur aus einem anderen Modul aufgerufen wird, muss auch dieses Modul kompiliert werden. Sie erreichen also eine Leistungssteigerung, wenn Sie Prozeduren so zu Modulen gruppieren, dass unnötige Kompilierungsvorgänge entfallen. Fassen Sie solche Prozeduren in Modulen zusammen, die sich gegenseitig aufrufen; bilden Sie keine Modulgruppen mit Prozeduren, die in keiner Beziehung zueinander stehen.

22.3 Variable und Konstante

Wenn Sie in Visual Basic Berechnungen durchführen, müssen Sie Werte häufig für eine gewisse Zeit behalten, um später mit ihnen weiterarbeiten zu können. Mit diesem Aspekt wollen wir uns in diesem Abschnitt beschäftigen.

» Wie die meisten Programmiersprachen speichert VBA Werte in *Variablen*, für die im Arbeitsspeicher ein Platz reserviert wird. Beispielsweise könnte in einer Variablen der *Name* einer Person abgelegt werden, solange sich der Code mit den Daten dieser Person beschäftigt. Wenn der Code zur nächsten Person schreitet, wird deren Name in derselben Variablen abgelegt. Die konkreten Inhalte einer Variablen ändern sich also meist während der Ausführung.

» Variablen kann man in drei Gruppen unterteilen: Die erste Gruppe umfasst solche, die einfache Werte – wie Zahlen oder Zeichenketten – enthalten. Die zweite Kategorie der Variablen sind die *Arrays*, die mehrere Werte speichern können. Außerdem gibt es die sogenannten *Objektvariablen* (→ unten).

» Anders ist es mit *Konstanten*. Im Gegensatz zu Variablen beinhalten diese Werte, die sich nicht verändern, weder während der Lebensdauer Ihres Programms noch sonst irgendwann.

» Um den Wert einer Variablen aus den Werten anderer Variablen oder Konstanten zu berechnen, arbeiten Sie mit *Operatoren*. Bei einer solchen Berechnung kann es sich beispielsweise um eine *arithmetische Operation* handeln – wie Addition oder Multiplikation. Auch *Verkettungsoperationen* sind möglich, die zwei Zeichenfolgen in einer neuen Zeichenfolge kombinieren.

22.3.1 Arbeiten mit einfachen Variablen

Variablen kann man in drei Gruppen unterteilen: Die erste Gruppe umfasst solche, die einfache Werte – wie Zahlen oder Zeichenketten – enthalten. Die zweite Kategorie der Variablen sind die *Arrays*, die mehrere Werte speichern können. Außerdem gibt es die sogenannten *Objektvariablen*. In diesem Abschnitt werden wir uns zunächst mit der ersten Gruppe von Variablen und anschließend mit der zweiten beschäftigen. Die *Objektvariablen* werden später im Buch gehandelt.

Fast alle Variablen können immer nur Werte eines einzigen *Datentyps* aufnehmen. Die einzelnen Typen darin unterscheiden sich einerseits in der Form des Inhalts, andererseits auch im erforderlichen Speicherbedarf.

» Ganzzahlenvariablen bilden die erste Untergruppe zum Speichern von ganzen Zahlen – also Zahlen, die keine Dezimalstellen besitzen. VBA benutzt mit den Typen *Byte*, *Integer* und *Long* drei unterschiedliche Typen von solchen Ganzzahlenvariablen, die unterschiedlich große Zahlen speichern können und damit unterschiedlich viel Speicher belegen. Als Standard können Sie fast immer den Datentyp *Integer* verwenden.

» Die zweite Gruppe wird für Zahlen mit Dezimalstellen – also Gleitkommazahlen – verwendet. Die Typen *Single*, *Double*, *Decimal* und *Currency* unterscheiden sich zwar nicht sehr hinsichtlich der Größe der Werte, wohl aber im Grad der Genauigkeit, mit der die Daten gespeichert werden. Für eine mittlere Genauigkeit verwenden Sie *Double*. Der Datentyp *Currency* eignet sich besonders für Berechnungen mit Geldbeträgen und für Festkommaberechnungen, die eine hohe Genauigkeit erfordern.

» Variablen zur Aufnahme von alphanumerischen Zeichen oder Zeichenketten – also Text – bilden die dritte Untergruppe. Für diese alphanumerischen Größen existieren zwei Datentypen: *String* kann Zeichenketten variabler Länge speichern, *String*Länge* speichert eine Folge mit fester Länge – beispielsweise akzeptiert *String*3* nur Folgen mit drei Zeichen. Die Codes für Zeichen vom Datentyp *String* liegen im Bereich von *0* bis einschließlich *255*. Die ersten 128 Zeichen entsprechen den Buchstaben und Symbolen auf einer US-amerikanischen Standardtastatur und stimmen mit den im *ASCII*-Zeichensatz definierten Zeichen überein. Die zweiten 128 Zeichen sind Sonderzeichen – beispielsweise Buchstaben aus internationalen Alphabeten, Akzentzeichen, Währungssymbole und Symbole für mathematische Brüche.

» Der Typ *Boolean* dient zum Speichern von Wahrheitswerten – also Daten, die nur die beiden Werte *True* (wahr) oder *False* (falsch) annehmen können. *Boolean* benötigt 2 Bytes zur Speicherung. Beim Umwandeln anderer numerischer Datentypen in Werte des Typs Boolean wird *0* zu *False* und alle anderen Werte werden zu *True*. Beim Umwandeln von Werten des Datentyps *Boolean* in andere Datentypen wird *False* zu *0* und *True* zu *-1*.

» Variablen vom Datentyp *Date* werden mit 8 Bytes gespeichert und können ein Datum im Bereich vom *01. Januar 100* bis zum *31. Dezember 9999* und eine Uhrzeit im Bereich von *0:00:00* bis *23:59:59* speichern. Jeder gültige Wert eines *Datums*- oder *Zeitliterals* kann einer Variablen vom Datentyp *Date* zugewiesen werden. Ein Datumsliteral muss durch das Zeichen # eingeschlossen sein – beispielsweise *#Januar 1, 2011#* oder *#1 Jan 11#*. Beim Umwandeln anderer numerischer Datentypen in Werte des Datentyps *Date* repräsentieren die Vorkommastellen das Datum und die Nachkommastellen die Uhrzeit. Mitternacht entspricht dem Wert *0* und Mittag entspricht dem Nachkommawert *0,5*. Negative ganze Zahlen repräsentieren ein Datum vor dem *30. Dezember 1899*.

» Der Datentyp *Variant* ist ein besonderer Datentyp, der beliebige Daten – mit Ausnahme von *String*-Daten fester Länge – aufnehmen kann. Dieser Datentyp kann also anstelle jedes anderen Datentyps verwendet werden, um im Umgang mit Daten flexibler zu sein. Das ist zwar bequem, führt aber zu einem höheren Speicherbedarf und damit zu einem etwas langsameren Code.

TIPP Wenn Sie im Code eine Variable verwenden, die Sie nicht vorher deklariert haben, wird diese Variable von Visual Basic selbst – man sagt *implizit* – deklariert. Solche implizit deklarierten Variablen sind automatisch vom Typ *Variant*, können also fast alle Arten von Daten aufnehmen. Sie erfordern aber mehr Speicherressourcen als die meisten anderen Variablen.

22.3.2 Variablen deklarieren

Im Allgemeinen führen Sie Variablen über eine *Deklarationsanweisung* in Ihren Code ein. Eine solche Deklarationsanweisung kann innerhalb einer Prozedur zur Erstellung einer Variablen auf Prozedurebene oder zu Beginn eines Moduls im Deklarationsabschnitt zur Erstellung einer Variablen auf Modulebene platziert werden. Wie Sie weiter hinten sehen werden, hat der Ort der Deklaration bestimmte Auswirkungen auf die Frage, in welchen Bereichen die Variable gültig ist.

Die *Dim*-Anweisung

Zur Deklaration von Variablen verwenden Sie normalerweise eine *Dim*-Anweisung und legen ihren Datentyp mit Hilfe der *As*-Klausel fest. Wenn Sie beispielsweise eine Variable mit dem Namen *Vorname* zur Aufnahme von Text deklarieren wollen, benutzen Sie als Datentyp *String* und verwenden Sie die Deklarationsanweisung *Dim Vorname As String*. Für die Namensgebung von Variablen gelten dieselben Richtlinien wie bei Modulen.

Setzen Sie alle Deklarationsanweisungen möglichst an den Anfang des jeweiligen Codebereichs, beispielsweise des Moduls oder der Prozedur. Das vereinfacht später die Suche danach.

» Setzen Sie die Einfügemarke im Codefenster an die gewünschte Stelle, beispielsweise an den Anfang einer Prozedur.

» Geben Sie das Schlüsselwort *Dim*, gefolgt vom gewünschten Namen der Variablen ein, und fügen Sie das Schüsselwort *As* hinzu – beispielsweise *Dim Vorname As*.

» Fügen Sie ein weiteres Leerzeichen hinzu und geben Sie den gewünschten Datentyp ein oder wählen Sie ihn aus der Liste aus. Die Variable wurde deklariert und kann – beispielsweise in einer Anweisung – verwendet werden.

Mehrere Variablen in einer Anweisung definieren

Sie können in einer Deklarationsanweisung mehrere Variablen deklarieren. Wenn Sie beispielsweise die Variablen *Vorname* und *Nachname* als Datentyp *String* definieren wollen, verwenden Sie die Anweisung *Dim Vorname As String, Nachname As String*. Sie können in einer solchen einzeiligen Deklarationsanweisung auch verschiedene Datentypen verwenden.

Der Gültigkeitsbereich

Wenn Sie zur Deklaration einer Variablen mit dem allgemeinen Schlüsselwort *Dim* arbeiten, ist der Gültigkeitsbereich der Variablen durch die Positionen der Deklarationsanweisung in der Anwendung bestimmt. Sie steht dann innerhalb der Region zur Verfügung, in der sie deklariert wurde:

» Ist die Deklarationsanweisung Teil einer Prozedur, so kann die Variable nur in dieser Prozedur verwendet werden. Variablen auf dieser Ebene werden auch als *lokale Variablen* bezeichnet.

» Befindet sich diese Anweisung im Deklarationsabschnitt des Moduls, ist die Variable für alle Prozeduren innerhalb des Moduls, aber nicht für Prozeduren in anderen Modulen des Projekts verfügbar. In diesem Fall spricht man von einer *Modulvariablen*.

Wird die Variable auf Modulebene deklariert, können Sie durch Verwendung eines anderen Schlüsselworts – statt des Schlüsselworts *Dim* – die Gültigkeit einer Variablen anders gestalten:

» Innerhalb einer Prozedur können Sie durch die *Public*-Anweisung – beispielsweise mit der Anweisung *Public Name As String* – erreichen, dass von allen Prozeduren in allen Modulen aus allen Projekten auf diese Variable zugegriffen werden kann. Wenn allerdings zusätzlich *Option Private Module* aktiviert wurde, sind die Variablen nur innerhalb des zugehörigen Projekts öffentlich.

» Mit Hilfe der *Private*-Anweisung auf Modulebene können Sie erreichen, dass eine Variable nur von Prozeduren des gleichen Moduls verwendet werden kann – beispielsweise in der Form *Private Name As String*. Wird die *Dim*-Anweisung auf Modulebene verwendet, gleicht sie der *Private*-Anweisung.

Innerhalb einer Prozedur ist aber nur das *Dim*-Schlüsselwort zulässig und der Zugriff ist stets *Private*.

22.3.3 Werte zuweisen

Nachdem Sie eine Variable deklariert haben, können Sie ihr einen Wert zuweisen. Zuweisungsanweisungen enthalten immer ein Gleichheitszeichen und Sie erreichen eine Zuweisung durch eine Anweisung der Form *Variablenname = Wert*. Zur Laufzeit wird der Wert auf der rechten Seite einer solchen Zuweisung von der Variablen ausgewertet. Die Variable behält den ihr zugewiesenen Wert bei, solange das Programm – oder der entsprechende Bereich – abgearbeitet wird. Es sei denn, Sie ändern den Wert durch eine neue Zuweisung. Generell sollte der einer Variablen zugewiesene Wert dem für die Variablen benutzten Datentyp entsprechen.

Interne Wertezuweisung

In einigen seltenen Fällen werden Sie einer Variablen den von ihr zu verwendenden Wert direkt im Programm zuweisen. Da diese Form die einfachste ist, wollen wir damit beginnen.

In der folgenden Prozedur werden drei Variablen unterschiedlicher Datentypen deklariert. Diesen Variablen werden Werte zugewiesen. Beachten Sie, dass Texte in Anführungszeichen und Datumsangaben mit dem Zeichen # eingeschlossen werden müssen, wenn sie direkt im Code eingegeben werden. Abschließend werden die Inhalte der Variablen zu Testzwecken über die *MsgBox*-Funktion angezeigt. Das Grundprinzip der Arbeit damit sollten Sie schon kennen.

```
Public Sub Wertzuweisung()
    Dim Name As String
    Dim Alter As Integer
    Dim Datum As Date
    Name = "Eva"
    Alter = 50
    Datum = #1/31/1956#
    MsgBox Name, , "Name"
    MsgBox Alter, , "Alter"
    MsgBox Datum, , "Datum"
End Sub
```

▶ Führen Sie den Code aus. Nacheinander werden drei Meldungsfelder angezeigt. Klicken Sie jeweils auf *OK*, um zum nächsten zu gelangen.

TIPP Wenn Sie keine spezielle Wertzuweisung vornehmen, wird jede lokale Variable mit dem Standardwert für ihren Datentyp initialisiert, sobald die Ausführung beginnt. Numerische Variablen werden mit *0* initialisiert, *Date*-Variablen für *0:00* Uhr am 1. *Januar* des *Jahres 1*, *Boolean*-Variablen für *False* und Verweistypvariablen (einschließlich Zeichenfolgen, *Arrays* und *Object*) für *Nothing*.

Die Anweisung *Option Explicit*

Oben wurde es bereits erwähnt: Wenn Sie im Code eine Variable verwenden, die Sie nicht vorher deklariert haben, wird diese *implizit* deklariert und ist dann automatisch vom Typ *Variant*. Sie können diese automatische Deklaration aber auch verbieten, indem Sie im Deklarationsbereich des Moduls – vor jeder Prozedur – die Anweisung *Option Explicit* eingeben. Diese Anweisung erzwingt die explizite Deklaration aller Variablen innerhalb des Moduls. Wenn Sie dann eine nicht deklarierte Variable verwenden, tritt zur Kompilierungszeit ein Fehler auf. Wenn Sie *Option Explicit* setzen, erreichen Sie auch, dass Fehler gemeldet werden, wenn Sie den Namen einer Variablen falsch geschrieben haben. Anderenfalls wird einfach eine neue Variable erzeugt.

TIPP Sie können auch festlegen, dass *Option Explicit* in allen neuen Modulen automatisch verwendet wird. Dazu aktivieren Sie das Kontrollkästchen *Variablendeklaration erforderlich* auf der Registerkarte *Editor* im Dialogfeld zum Menübefehl *Extras/Optionen*. Standardmäßig ist dieses Kontrollkästchen ausgeschaltet. Beachten Sie, dass dadurch bereits vorhandener Code nicht verändert wird.

Werte aus Funktionen übernehmen

Eine Wertzuweisung kann auch dadurch erfolgen, dass die Variable den Wert einer Funktion übernimmt. Es kann sich dabei um eine eingebaute oder um eine von Ihnen definierte *Function*-Prozedur handeln. Auch hierfür benutzen Sie eine Zuweisungsanweisung – etwa in der Form *Variablenname = Funktionsname*.

Die Prozedur *DatumAnzeigen* demonstriert diese Verfahrensweise. Eine Variable wird deklariert und der Wert einer Funktion wird ihr zugewiesen.

```
Public Sub DatumAnzeigen()
    Dim Datum As Date
    Datum = Now
    MsgBox Datum
End Sub
```

▶ Führen Sie den Code testweise aus. Das Ergebnis wird über *MsgBox* angezeigt. Klicken Sie anschließend auf *OK*.

TIPP Die oben aufgeführte Zuweisungsanweisung kann beispielsweise auch mit *Let Datum = Now* geschrieben werden. Diese *Let*-Anweisung ist optional und wird normalerweise nicht angegeben.

Die Funktion *InputBox* zur Eingabe

Wenn Sie einer Variablen zur Laufzeit einen Wert zuweisen wollen, können Sie bei der Arbeit im Editor mit der Funktion *InputBox* arbeiten. *InputBox* zeigt eine Eingabeaufforderung in einem Dialogfeld an, wartet auf eine Eingabe und gibt den eingegebenen Wert zurück, der den Inhalt des Textfelds angibt. Die Funktion verfügt über mehrere Parameter, die bei der Eingabe angezeigt werden. Wie *MsgBox* verfügt die Funktion *InputBox* über mehrere Argumente, über die Sie die Anzeige des Dialogfelds steuern können. Eingegeben werden muss nur der Parameter *Prompt*. Er ist ein Zeichenfolgenausdruck, der als Meldung im Dialogfeld erscheint. Die restlichen Parameter sind optional.

Beispielsweise wird in dem folgenden Code einer Variablen *Name* vom Typ *String* der Inhalt der Funktion *InputBox* zugewiesen und dieser Inhalt wieder ausgegeben.

```
Public Sub Eingabe1()
    Dim Name As String
    Name = InputBox("Geben Sie Ihren Namen ein!")
    MsgBox Name, , "Ihr Name:"
End Sub
```

22.3.4 Die Lebensdauer einer Variablen

Als *Lebensdauer* einer Variablen wird die Zeitspanne bezeichnet, innerhalb derer die Variable einen ihr zugewiesenen Wert behält. Der Wert kann sich innerhalb der Lebensdauer ändern, aber ein Wert ist immer vorhanden. Diese Lebensdauer unterscheidet sich je nach Typ und dem verwendeten Schlüsselwort:

» Eine *Modulvariable* ist in der Regel für die gesamte Zeit vorhanden, während das Modul ausgeführt wird.

» *Lokale Variablen*, die mit *Dim* deklariert sind, leben nur so lange, wie die Prozedur ausgeführt wird, in der sie deklariert wurden. Die Lebensdauer einer lokalen Variablen beginnt, wenn die Ausführung der Prozedur begonnen wird, in der sie deklariert ist. Wenn eine Prozedur beendet wird, bleiben die Werte der lokalen Variablen nicht erhalten und der von den lokalen Elementen verwendete Speicher wird wieder freigegeben. Bei der nächsten Ausführung der Prozedur werden alle lokalen Elemente der Prozedur erneut erstellt und die lokalen Variablen initialisiert. Wenn diese Prozedur jedoch andere Prozeduren aufruft, behalten die lokalen Variablen ihre Werte, solange die aufgerufenen Prozeduren ausgeführt werden.

» Wenn Sie eine *lokale Variable* jedoch mit dem *Static*-Schlüsselwort – anstelle von *Dim* – deklarieren, bleibt diese generell bestehen und behält den Wert auch dann, wenn die Prozedur endet. Eine solche statische Variable besitzt also eine längere Lebensdauer als die Prozedur, in der sie deklariert wurde.

TIPP Sie können bereits beim Anlegen einer Prozedur dafür sorgen, dass alle in ihr deklarierten lokalen Variablen statischer Natur sein sollen. Dazu aktivieren Sie im Dialogfeld *Prozedur einfügen* das Kontrollkästchen *Alle lokalen Variablen statisch*.

22.3.5 Arbeiten mit Konstanten

Im Gegensatz zu Variablen beinhalten die *Konstanten* Werte, die sich nicht verändern dürfen. Die Anzahl der Monate in einem Jahr oder der Wert der Zahl π (Pi) wären einfache Beispiele dafür. Auch Konstanten müssen deklariert werden. Statt des Ausdrucks *Dim* benutzen Sie hier aber den Ausdruck *Const*. Dabei können Sie den Datentyp in der Deklaration festlegen und arbeiten über dieselben Typen, die Sie auch bei der Deklaration von Variablen verwenden – beispielsweise *Boolean*, *Byte*, *Integer*, *Long*, *Currency*, *Single*, *Double*, *Date*, *String* oder *Variant*.

Die Prozedur *Konstante* demonstriert den Umgang mit einem solchen Element. Der Wert der Konstante *Monate* wird mit *12* festgelegt. Die nachfolgende Anweisung *Monate = 13* führt zu einer Fehlermeldung.

```
Public Sub Konstante()
    Const Monate As Integer = 12
    Monate = 13
End Sub
```

TIPP Sie können die Deklaration für konstante Werte auf Modul- oder Prozedurebene verwenden und es gelten die schon für die Variablen beschriebenen Einschränkungen bezüglich Gültigkeit und Lebensdauer. Stellen Sie innerhalb einer Prozedur das Schlüsselwort *Public* voran, um eine öffentliche Konstante zu deklarieren.

22.3.6 Arbeiten mit Arrays

Wenn eine Variable nicht nur einen einzelnen Wert, sondern eine Gruppe von Werten speichern soll, spricht man von *Arrays*. Mit solchen Arrays können Sie in vielen Situationen kürzeren und einfacheren Code erstellen, da Sie Schleifen einrichten können, die mit Hilfe der Indexzahlen eine beliebige Anzahl von Elementen effektiv behandeln können.

Dimension und Länge

Arrays verfügen über eine oder mehrere *Dimensionen*. Sie können bis zu 32 Dimensionen angeben, normalerweise sind mehr als drei Dimensionen aber sehr selten. Da Visual Basic einem Arrayelement entsprechend der Indexzahl Speicherplatz zuweist, sollten Sie es vermeiden, Arraydimensionen zu deklarieren, die größer als unbedingt erforderlich sind.

» In einer eindimensionalen Arrayvariable könnten Sie beispielsweise alle Namens- und Adressdaten – *Name*, *Vorname*, *Straße*, *Hausnummer*, *Postleitzahl* und *Ort* – einer Person gemeinsam speichern.

» Eine mehrdimensionale Arrayvariable erweitert den Speicherraum. Beispielsweise würden zwei Dimensionen genügen, um alle Namens- und Adressdaten mehrerer Personen in einer einzigen Variablen namens *Kunden* anzulegen.

Die Anzahl der in einer Dimension gespeicherten Elemente wird auch als deren *Länge* bezeichnet. Die eben erwähnte eindimensionale Arrayvariable mit den Namens- und Adressdaten *Name*, *Vorname*, *Straße*, *Hausnummer*, *Postleitzahl* und *Ort* hat eine Länge von 6.

Deklarieren

Arrayvariablen werden genau wie andere Variablen mit *Dim* oder einem anderen entsprechenden Schlüsselwort deklariert. Dem Namen der Variablen folgen ein oder mehrere Klammernpaare, die angeben, dass es sich nicht um eine normale Variable handelt, sondern um ein Array.

» Um eine eindimensionale Arrayvariable zu deklarieren, fügen Sie in der Deklaration ein einzelnes Klammernpaar nach dem Namen der Variablen ein und geben darin die Läge an, beispielsweise mit *Dim Adresse (6) As String*.

» Zur Deklaration eines mehrdimensionalen Arrays setzen Sie in die Klammern Kommas, um die Dimensionen voneinander zu trennen, beispielsweise mit *Dim Kunden (6,5) As String*.

Außerdem müssen Sie – wie von einfachen Variablen her gewohnt – den Wertetyp festlegen. Alle Elemente eines Arrays müssen im Allgemeinen aber demselben Datentyp angehören.

Werte zuweisen

Auch um die einzelnen Bestandteile eines solchen Arrays mit Daten zu füllen, gehen Sie ähnlich wie bei einfachen Variablen vor: Zunächst wird jedes Element eines Arrays wie eine separate Variable initialisiert. Später weisen Sie den einzelnen Elementen einfach einen Wert zu. Sie müssen dabei aber berücksichtigen, dass beim Zählen mit null begonnen wird. Wenn Sie beispielsweise dem ersten Element eines Arrays *Adresse ()* den Wert

Simon zuweisen wollen, müssen Sie das über die Anweisung *Adresse (0) = »Simon«* tun.

Die ersten Zeilen der Prozedur *Adresse* demonstrieren die Deklaration einer Array-Variablen.

» Erstellen Sie eine neue Prozedur. Geben Sie das Schlüsselwort *Dim*, gefolgt vom gewünschten Namen der Variablen ein. Fügen Sie in Klammern die Dimension hinzu – beispielsweise *Dim Adresse (3)*.

» Fügen Sie das Schüsselwort *As* hinzu. Geben Sie ein weiteres Leerzeichen ein und bestimmen Sie den gewünschten Datentyp oder wählen Sie ihn aus der Liste aus (siehe oben). Die Variable wurde deklariert und kann verwendet werden.

» Weisen Sie den Elementen des Arrays Werte zu und geben Sie die einzeln in einer *MsgBox* aus.

```
Public Sub Adresse()
    Dim Adresse(3) As String
    Adresse(1) = "Eva"
    Adresse(2) = "Kolberg"
    Adresse(3) = "Fürth"
    MsgBox Adresse(1)
    MsgBox Adresse(2)
    MsgBox Adresse(3)
End Sub
```

» ▶ Führen Sie den Code testweise aus. Über mehrere Dialogfelder werden die Bestandteile einer Adresse ausgegeben.

TIPP Arrays verfügen in Visual Basic nicht unbedingt über eine feste Größe. Wenn Sie die Länge eines Arrays bei der Deklaration noch nicht kennen, können Sie diese auch weglassen und stattdessen mit einer variablen Größe arbeiten – beispielsweise durch eine Deklaration *Dim Adresse () As String*. Eine solche variable Größe ist beispielsweise dann sinnvoll, wenn die Größe des Arrays vom Wert einer anderen Variable abhängt und daher zur Entwurfszeit nicht bekannt ist. Die Länge können Sie dann später festlegen – etwa mit der Anweisung *ReDim Adresse (6) As String*.

22.3.7 Werte verknüpfen mit Operatoren

Um den Wert einer Variablen aus den Werten andere Variablen oder Konstanten zu berechnen, arbeiten Sie mit *Operatoren*. Bei einer solchen Berechnung kann es sich beispielsweise um eine *arithmetische Operation* handeln – wie Addition oder Multiplikation. Auch *Verkettungsoperationen* sind möglich, die zwei Zeichenfolgen in einer neuen Zeichenfolge kombinieren. Der Typ des Ergebnisses einer solchen Berechnung wird durch den Typ der Variablen auf der linken Seite eines solchen Ausdrucks bestimmt.

Arithmetische Operatoren

Bei einer einfachen arithmetischen Berechnung werden Werte, deklarierte Variablen oder Konstanten oder andere Ausdrücke mit Hilfe von *arithmetischen Operatoren* miteinander verknüpft.

» Geben Sie den Namen der Variablen ein, der das Ergebnis zugewiesen werden soll, und fügen Sie ein Gleichheitszeichen hinzu – beispielsweise *Ergebnis =*.

» Geben Sie rechts vom Gleichheitszeichen die Verknüpfung ein – beispielsweise *Ergebnis = Wert1 + Wert2*.

Im nachfolgenden Code werden drei Variablen *Wert1*, *Wert2* und *Summe* deklariert, *Wert1* und *Wert2* wird über eine *InputBox* je ein Wert zugewiesen. *Summe* wird als Summe von *Wert1* und *Wert2* berechnet und angezeigt.

```
Public Sub Addition()
    Dim Wert1 As Double
    Dim Wert2 As Double
    Dim Summe As Double
    Wert1 = InputBox("Geben Sie den ersten
Zahlenwert ein!")
    Wert2 = InputBox("Geben Sie den zweiten
Zahlenwert ein!")
    Summe = Wert1 + Wert2
    MsgBox Summe, , "Die Summe lautet:"
End Sub
```

Mehrere Typen von arithmetischen Operatoren stehen zur Verfügung (→ Tabelle 22.1).

Operator	Verwendung
+	Addiert zwei Werte.
-	Subtrahiert einen Wert von einem anderen.
*	Multipliziert zwei Werte.
/	Dividiert einen Wert durch einen anderen.
\	Dividiert, gibt aber nur eine ganze Zahl zurück.
^	Erhebt einen Wert zum Exponenten eines anderen Werts.
Mod	Gibt den Rest einer Division zurück.

Tabelle 22.1 Arithmetische Operatoren und deren Wirkung

» Die Operatoren +, -, * und / bedürfen wohl keiner gesonderten Erklärung. Sie können diese auf entsprechende Variablen anwenden – beispielsweise mit *Variable1 = Variable2 + Variable3* –, normale Zahlen damit verknüpfen – wie etwa mit *Variable1 = 1 + 2* – oder diese beiden Einsatzgebiete miteinander mischen – beispielsweise mit *Variable1 = Variable2 + 1*.

» Der Operator ^ ermöglicht Berechnungen mit Exponenten. Beispielsweise quadriert *X^2* den Wert der Variablen *X*. Wenn Sie für den Exponenten eine Zahl kleiner als *1* verwenden, können Sie damit Wurzeln ziehen. *X^(1/2)* berechnet beispielsweise die Quadratwurzel aus *X*, der Ausdruck *X^(1/3)* die dritte Wurzel. Die Basis kann nur einen negativen Wert haben, wenn der Exponent eine ganze Zahl ist.

» Mit Hilfe des Operators \ können Sie den ganzzahligen Wert einer Division ermitteln. Der Ausdruck *5\2* liefert beispielsweise das Ergebnis *2*.

» Den verbleibenden Rest der Division können Sie über *Mod* ermitteln. *Mod* steht für *Modulo* und gibt den Rest an, der bei einer Division eines Dividenden – der Zahl über dem Bruchstrich – durch einen *Divisor* – der Zahl unter dem Bruchstrich – übrig bleibt. Der Ausdruck *5 Mod 2* ergibt beispielsweise *1*.

TIPP Wenn Sie den Wert einer Variablen ändern wollen, können Sie ihr einfach einen anderen Zahlenwert zuweisen. Sie können aber auch den bisherigen Wert der Variablen verwenden, indem Sie ihn mit Hilfe eines Operators verändern. Beispielsweise können Sie den Wert der Variable *I* durch die Anweisung *I = I + 1*

um *1* erhöhen, über *I = I / 2* halbieren, mit *I = I - 3* um *3* verringern usw.

Verkettungsoperatoren

Verkettungsoperatoren verknüpfen mehrere Zeichenfolgen oder *String*-Variablen zu einer einzigen Zeichenfolge. Es gibt folgende zwei Verkettungsoperatoren, + und &, und beide führen grundlegende Verkettungsoperationen aus. Wenn Sie den Operator + verwenden, können Sie aber nicht immer bestimmen, ob eine Addition oder eine Zeichenverkettung erfolgt. Für die Verkettung zweier Zeichenfolgen sollten Sie darum den Operator & verwenden, um Mehrdeutigkeiten auszuschließen.

Wenn Sie in solchen Ketten neben den Variablen auch mit festen Daten – dazu gehören *auch* Leerzeichen – arbeiten wollen, müssen Sie diese in Anführungszeichen setzen. Wollen Sie beispielsweise die Inhalte der Variablen *Vorname* und *Nachname* in der Variablen *Name* zusammenfassen, benutzen Sie dazu den Ausdruck *Name = Vorname & " " & Nachname*. Auf dieselbe Weise können Sie auch andere feste Texte mit einer Variablen verbinden – beispielsweise mit *Name = "Sie heißen: " & Vorname &" "& Nachname*.

Der nachfolgende Code in der Routine *Verkettung* definiert zwei Variablen vom Typ *String* und weist diesen je einen Wert zu. Die beiden Variablen werden anschließend miteinander verkettet und einer weiteren Variablen zugewiesen.

```
Public Sub Verkettung()
    Dim Vorname As String
    Dim Nachname As String
    Dim Name As String
    Vorname = "Eva"
    Nachname = "Kolberg"
    Name = Vorname & " " & Nachname
    MsgBox Name
End Sub
```

Kombination von Operatoren

Sie können mehrere Operatoren in einer Anweisung verwenden und so etwas komplizierte Berechnungen durchführen. Solche komplexen Ausdrücke können viele verschiedene Operatoren enthalten. Bei rein numerischen Ausdrücken folgen die Operatoren einem exakten Vorrangsmuster:

» Generell gilt zunächst die alte Regel *Punktrechnung vor Strichrechnung* – was bedeutet, dass in einer Berechnungskette zuerst die Verknüpfungen mit den Operatoren * (für Multiplikation) und / (für Division) durchgeführt werden müssen und dann die Verknüpfungen über + (für Addition) und – (für Subtraktion). Eine Berechnungskette wie *5+4*3–2/1* ergibt also *15*, denn *4*3=12*, *2/1=2* und *5+12-2=15*, weil die Operatoren * und / eine höhere Priorität haben als die Operatoren + und –.

» Der Vorrang und die Orientierung kann mit *Klammerausdrücken* gesteuert werden. Wenn beispielsweise zwei Werte miteinander addiert und das Ergebnis mit einem dritten Wert multipliziert werden soll, müssen Sie die zuerst zu addierenden Werte in Klammern setzen, bevor Sie die Multiplikation durchführen. Wenn Sie einen Ausdruck in Klammern setzen, erzwingen Sie damit, dass dieser Ausdruck ungeachtet des Operatorvorrangs zuerst ausgewertet wird. Beispielsweise ergibt die Anweisung *(5+4)*3* den Wert *27*, denn *5+4=9* und *9*3=27*. Entsprechendes gilt beispielsweise für eine Subtraktion vor einer Division.

Sie können Ausdrücke in mehrere Klammernebenen schachteln, um den Operatorvorrang weiter zu umgehen. Die Ausdrücke, die am tiefsten in Klammern geschachtelt sind, haben den primären Vorrang, gefolgt von Ausdrücken, die weniger geschachtelt sind, usw.

22.4 Steueranweisungen

Mit Hilfe von *Steueranweisungen* bringen Sie ein Programm dazu, bestimmte Zeilen oder Abschnitte im Code auszuführen und andere nicht. Der Code muss also während der Ausführung selbstständig eine Entscheidung darüber treffen, ob ein bestimmter Abschnitt ausgeführt werden soll.

» Bei allen Steueranweisungen wird eine *Bedingung* verwendet, anhand derer das Programm prüft, wie weiterverfahren werden soll. Im Allgemeinen darf jeder Ausdruck, der als Bedingung verwendet wird, nur zwei mögliche Werte annehmen. Er muss ein eindeutiges *Ja* oder *Nein* – beziehungsweise *True* oder *False* – als Ergebnis haben. Sie können Bedingungen einzeln verwenden oder aber mit Hilfe von *logischen Operatoren* kombinieren.

» Wenn Sie eine solche Bedingung formuliert haben, können Sie sie beispielsweise in einer *Abfrage* einsetzen. Damit kann das Programm eine Entscheidung über den weiteren Programmablauf treffen. Dabei wird zunächst einmal geprüft wird, ob eine bestimmte Situation zutrifft oder nicht. Ist die verwendete Bedingung *True*, wird der zur Abfrage gehörende Code ausgeführt, anderenfalls nicht. Je nach dem Ergebnis kann eine bestimmte Programmaktion ausgeführt werden. VBA kennt mehrere solcher Abfragetypen.

» Entscheidungen ähnlicher Art kommen oft auch ins Spiel, wenn das Programm einen Codeabschnitt mehrfach durchlaufen soll – beispielsweise um einen Näherungswert schrittweise zu berechnen. In diesem Fall redet man von *Schleifen*. In VBA können Sie unterschiedliche Schleifentypen benutzen. Diese ähneln sich manchmal, aber jeder Typ ist eigentlich auf einen bestimmten Verwendungszweck zugeschritten.

22.4.1 Bedingungen formulieren

Bei allen Steueranweisungen wird eine Bedingung verwendet, anhand derer das Programm prüft, wie weiterverfahren werden soll. Im Allgemeinen darf jeder Ausdruck, der als Bedingung verwendet wird, nur zwei mögliche Werte annehmen. Er muss ein eindeutiges *Ja* oder *Nein* – beziehungsweise *True* oder *False* – als Ergebnis haben.

Vergleichsoperatoren

Zur Formulierung einer solchen *Ja/Nein*-Bedingung werden Variablen vom Typ *Boolean* verwendet. Deren Wert bestimmt sich meist durch einen Vergleich mehrerer Variablen – meist sind es zwei – oder Werte über einen *Vergleichsoperator*. Beispielsweise könnte ein solcher Vergleich *Wert1 = Wert2* lauten. Das Ergebnis ist *true*, wenn *Wert1* gleich *Wert2 ist*, anderenfalls ist das Ergebnis *false*. Ein solcher Vergleich wird auch als *boolescher Ausdruck* bezeichnet. Sie können einen solchen booleschen Ausdruck einer entsprechenden Variablen zuweisen, beispielsweise in der Form *Vergleich = Wert1 = Wert2*. Die Variable nimmt dann den Wert des booleschen Ausdrucks an – also *true* oder *false*.

Der folgende Code definiert eine Variable *Vergleich* und weist ihr dann einen Vergleich zu.

```
Public Sub Vergleich()
    Dim Wert1 As Double
    Dim Wert2 As Double
    Dim Vergleich As Boolean
    Wert1 = InputBox("Erster Wert:")
    Wert2 = InputBox("Zweiter Wert:")
    Vergleich = Wert1 = Wert2
    MsgBox Vergleich, , "Identisch"
End Sub
```

Testen Sie die Routine aus. Nacheinander werden zwei Eingabefelder angezeigt. Geben Sie in diese Felder zwei Zahlenwerte ein und bestätigen Sie über *OK*. In einem Nachrichtenfeld wird angezeigt, ob die beiden Zahlenwerte identisch waren oder nicht.

Typen von Vergleichsoperatoren

Zum Durchführen solcher einfacher Vergleiche stehen mehrere Operatoren zur Verfügung (→ Tabelle 22.2). Sechs davon sind für numerische Datentypen definiert.

Operator	Bedeutung
>	*Größer als:* Ist der vom ersten Ausdruck dargestellte Wert größer als der vom zweiten Ausdruck dargestellte Wert?
<	*Kleiner als:* Ist der vom ersten Ausdruck dargestellte Wert kleiner als der vom zweiten Ausdruck dargestellte Wert?
=	*Gleich:* Ist der vom ersten Ausdruck dargestellte Wert gleich dem vom zweiten Ausdruck dargestellten Wert?
<>	*Ungleich:* Ist der vom ersten Ausdruck dargestellte Wert ungleich dem vom zweiten Ausdruck dargestellten Wert?
>=	*Größer oder gleich:* Ist der vom ersten Ausdruck dargestellte Wert größer als oder gleich dem vom zweiten Ausdruck dargestellten Wert?
<=	*Kleiner oder gleich:* Ist der vom ersten Ausdruck dargestellte Wert kleiner als oder gleich dem vom zweiten Ausdruck dargestellten Wert?

Tabelle 22.2 Operatoren für numerische Vergleiche

Vergleichen mit *Like*

Ein zusätzlicher Vergleichsoperator namens *Like* steht ebenfalls für die Mustererkennung in Zeichenketten zur Verfügung.

Mit *Like* können Sie beispielsweise eine Zeichenkette mit einem Muster aus regulärem Text vergleichen.

```
Public Sub TextVergleich()
    Dim Text1 As String, Text2 As String
    Dim Vergleich As Boolean
    Text1 = InputBox("Erster Text:")
    Text2 = InputBox("Zweiter Text:")
    Vergleich = Text1 Like Text2
    MsgBox Vergleich, , "Identisch"
End Sub
```

Testen Sie die Routine aus. Geben Sie in den nachfolgend angezeigten Feldern nacheinander zwei Texte ein und bestätigen Sie über *OK*. Wenn Zeichenfolge und Muster übereinstimmen, ist das Ergebnis *Wahr*. Bei fehlender Übereinstimmung ist das Ergebnis *Falsch*.

TIPP Sie können bei einem solchen Vergleich auch Jokerzeichen einsetzen: Dabei steht *?* für ein einzelnes Zeichen, * für eine beliebige Anzahl von Zeichen und # für eine einzelne Ziffer (0 bis 9). Wenn beispielsweise in einer Variablen *Text* der Inhalt »*Hallo Eva, wie geht es Dir?*« gespeichert ist, liefert *Text Like* »**Eva**« den Wert *Wahr*, da *Eva* in *Hallo Eva, wie geht es Dir?* enthalten ist.

Logische Verknüpfungen

Mit Hilfe von logischen Operatoren können Sie *Boolean*-Ausdrücke kombinieren, um komplizierte boolesche Ausdrücke zu erzeugen. Das Ergebnis ist dann wieder ein *Boolean*-Ausdruck. Für einfache Abfragen werden Sie diese nicht benötigen, es ist aber gut zu wissen, dass es diese Operatoren gibt. Die Operatoren verwenden einen oder zwei Operanden, die logischer Natur sein müssen – also die Werte *Wahr* oder *Falsch* annehmen können.

» Der *Not*-Operator führt eine logische Negation an einem *Boolean*-Ausdruck aus. Die Syntax lautet *Not Ausdruck*. Wenn *Ausdruck* den Wert *True* ergibt, liefert *Not Ausdruck* den Wert *False*. Wenn der *Ausdruck* den Wert *False* hat, liefert *Not Ausdruck* den Wert *True*.

» Der *And*-Operator führt eine logische Konjunktion – das bedeutet Vereinigung – für zwei *Boolean*-Ausdrücke aus. Die Syntax ist *Ausdruck1 And Ausdruck2*. Wenn beide Ausdrücke *True* sind, gibt der *And*-Operator *True* zurück. Wenn einer oder beide Ausdrücke

False sind, gibt *Ausdruck1 And Ausdruck2* den Wert *False* zurück.

» Der *Or*-Operator führt eine logische Disjunktion für zwei Boolean-Ausdrücke aus. Er benutzt die Syntax *Ausdruck1 Or Ausdruck2*. Wenn einer der beiden Ausdrücke *True* ist, gibt *Ausdruck1 Or Ausdruck2* den Wert *True* zurück. Wenn keiner der beiden Ausdrücke *True* ist, gibt *Or* den Wert *False* zurück.

» *Xor*, auch *exklusives ODER* genannt, führt einen logischen Ausschluss für zwei Ausdrücke aus. Benutzt wird die Syntax *Ausdruck1 Xor Ausdruck2*. Wenn einer der beiden Ausdrücke, aber nicht beide, *True* ist, gibt *Xor* den Wert *True* zurück. Wenn beide Ausdrücke *True* oder *False* sind, gibt *Xor* den Wert *False* zurück.

» Der Operator *Eqv* wird verwendet, um die logische Äquivalenz zwischen zwei Ausdrücken anzugeben. Er benutzt die Syntax *Ausdruck1 Eqv Ausdruck2*. Er liefert *True*, wenn *Ausdruck1* und *Ausdruck2* entweder beide *True* oder beide *False* sind. Anderenfalls liefert er *False*.

22.4.2 Abfragen durchführen

Wenn das Programm eine Bedingung prüfen muss, um zu entscheiden, ob ein Codeabschnitt abgearbeitet werden soll oder nicht, spricht man von einer *Abfrage*. Wenn das Programm dann feststellt, dass die Bedingung zutrifft, tut es das eine, und wenn sie nicht zutrifft, das andere. VBA verfügt über drei wichtige Typen für solche Abfragen – die *If*-Anweisung, die erweiterte *If*-Anweisung und die *Select Case*-Anweisung.

Die *If*-Anweisung

In ihrer einfachsten Form besagt die *If*-Anweisung nur, dass ein Codefragment dann – und nur dann – ausgeführt wird, wenn eine Bedingung wahr ist. Dieses Codefragment wird zwischen der ersten Zeile der Anweisung – *If Bedingung Then* – und der letzten – *End If* – platziert. Wird die *Bedingung* zur Laufzeit als *True* ausgewertet, dann wird der Codeblock ausgeführt. Wenn sie *False* ist, dann wird der Codeblock übersprungen und die Ausführung wird mit der Zeile nach *End If* fortgesetzt.

» Beginnen Sie den Block mit dem Schüsselwort *If*, fügen Sie eine Bedingung hinzu und schließen Sie die Zeile mit dem Schlüsselwort *Then* ab. Beispielsweise *If Eingabe = Wert Then*.

» Geben Sie dann den Code ein, der ausgeführt werden soll, wenn die Bedingung zutrifft.

» Schließen Sie den Block durch die Anweisung *End If* ab.

Beispielsweise können Sie über eine *If*-Abfrage prüfen lassen, ob eine Eingabe einem verlangten Wert entspricht. Wenn das Ergebnis *True* ist, können Sie eine Aktion ausführen lassen.

```
Public Sub IfAbfrage()
    Dim Eingabe As String
    Dim Kennwort As String
    Kennwort = "123"
    Eingabe = InputBox("Geben Sie Ihr Kennwort
ein:")
    If Eingabe = Kennwort Then
        MsgBox "Das Kennwort ist richtig!"
    End If
End Sub
```

Testen Sie die Routine aus. Geben Sie im angezeigten Eingabefeld das Kennwort *123* ein und bestätigen Sie. Wenn Sie das richtige Kennwort eingegeben haben, wird eine Bestätigung ausgegeben.

TIPP Eine einzeilige Variante der *If*-Anweisung bietet sich bei einfachen, kurzen Tests an. Wird die *Bedingung* zur Laufzeit als *True* ausgewertet, dann wird die gesamte Zeile ausgeführt. Die Zeile mit *End If* kann dann weggelassen werden. Allerdings kann diese einzeilige Form auch die Ausführung mehrerer Anweisungen erlauben. Dazu müssen sich jedoch alle Anweisungen in einer Zeile befinden und durch Doppelpunkte voneinander getrennt sein. Der Befehl leistet dasselbe wie der vorherige, ist aber etwas kürzer und vielleicht unübersichtlicher.

Die erweiterte *If*-Anweisung

Wenn Sie – je nach dem Ergebnis der angewandten Bedingung – zwei verschiedene Codeblöcke ausführen lassen wollen, können Sie die sogenannte *erweiterte If-Anweisung* benutzen.

» Beginnen Sie dazu wie bei der einfachen *If*-Anweisung. Starten Sie die Anweisung mit *If* und fügen Sie eine Bedingung hinzu – beispielsweise *If Eingabe = Kennwort*.

» Beenden Sie diese Anweisungszeile mit dem Schlüsselwort *Then* – beispielsweise *If Eingabe = Kennwort Then*.

» Geben Sie dann den Code ein, der ausgeführt werden soll, wenn die Bedingung zutrifft.

» Geben Sie eine weitere Anweisung mit dem Schlüsselwort *Else* ein.

» Danach folgt der Code, der ausgeführt werden soll, wenn die Bedingung nicht wahr ist.

» Den Abschluss bildet wieder – wie bei den normalen *If*-Abfrage – *End If*.

Mit dem folgenden Code können Sie beispielsweise prüfen lassen, ob eine Eingabe einem verlangten Wert entspricht. Wenn das Ergebnis *True* ist können Sie eine Aktion ausführen, bei *False* eine andere.

```
Public Sub IfAbfrageErweitert()
    Dim Eingabe As String
    Dim Kennwort As String
    Kennwort = "123"
    Eingabe = InputBox("Geben Sie Ihr Kennwort
ein:")
    If Eingabe = Kennwort Then
        MsgBox "Das Kennwort ist richtig!"
    Else
        MsgBox "Das Kennwort ist falsch!"
    End If
End Sub
```

▶ Testen Sie die Routine aus. Geben Sie im angezeigten Eingabefeld das Kennwort *123* ein und bestätigen Sie. Je nach Kennwort wird eine Bestätigung ausgegeben.

TIPP Eine *If*-Abfrage lässt im Prinzip immer nur zwei Möglichkeiten der Reaktion zu. Wenn ein Programm auf mehr als zwei Situationen unterschiedlich reagieren können soll, können Sie aber mehrere *If*-Abfragen mit unterschiedlichen Bedingungen einsetzen und diese ineinander verschachteln.

Die *Select Case*-Anweisung

Wenn mehrere Werte überprüft werden müssen und für jeden eine andere Aktion vorgenommen werden soll, können *If*-Anweisungen sehr schwerfällig und unübersichtlich werden. Für solche Zwecke verfügt VBA über die *Select Case*-Anweisung.

» Beginnen Sie mit dem Schlüsselwort *Select Case* und geben Sie anschließend eine Variable an, deren unterschiedliche Inhalte verschiedene Aktionen bewirken sollen. Benutzen Sie beispielsweise *Select Case Wert*.

» Anschließend listen Sie nacheinander die Codeblöcke auf. Beginnen Sie mit den Schlüsselwörtern *Case Is* und geben Sie anschließend der Wert ein, den die Variable annehmen könnte – beispielsweise *Case Is Wert1*.

» Geben Sie die Codeabschnitte ein, die ausgeführt werden sollen, wenn die Variable den Wert annimmt.

» Fahren Sie fort mit weiten Codeblöcken, die Sie wieder mit den Schlüsselwörtern *Case Is* beginnen – beispielsweise *Case Is Wert2*.

» Sie können einen Fall vorsehen, in dem keiner der vorher benutzten Werte zutrifft. Starten Sie diese Anweisung mit *Case Else*.

» Schließen Sie den Block mit *End Select* ab.

Sie können mit dieser Technik beispielsweise verschiedene Aktionen in Abhängigkeit vom konkreten Wert einer Eingabe ausführen lassen.

```
Public Sub SelectCaseAnweisung()
    Dim Eingabe As String
    Eingabe = InputBox("Geben Sie Ihr Kennwort
ein!")
    Select Case Eingabe
        Case Is = "123"
        MsgBox "Kennwort erkannt, Hallo Hermann!"
        Case Is = "456"
        MsgBox "Kennwort erkannt, Hallo Ernst!"
        Case Is = "789"
        MsgBox "Kennwort erkannt, Hallo Maria!"
        Case Else
        MsgBox "Kennwort falsch!"
    End Select
End Sub
```

▶ Testen Sie die Routine aus. Geben Sie in der automatisch angezeigten Eingabeaufforderung ein Kennwort – *123*, *456* oder *789* – ein und bestätigen Sie. Ist das Kennwort korrekt, wird der Benutzer mit seinem Namen begrüßt. Anderenfalls wird eine andere Meldung ausgegeben.

Auf jeden Fall wird anschließend der Code ausgeführt, der auf die *End Select*-Anweisung folgt. Sie können eine beliebige Anzahl von *Case*-Anweisungen verwenden, aber Sie sollten immer jede mögliche andere Bedingung mit einer *Case Else*-Klausel abdecken. Auf diese Weise wird jede unerwartete Eingabe abgefangen, für die Sie keine andere *Case*-Anweisung angegeben haben.

Die *Case Is*-Klausel kann verschiedene Formen annehmen.

» Sie können beispielsweise *Is =* ganz weglassen und beispielsweise nur einen Ausdruck *Wie Case Wert* benutzen. Diese Variante wird wie *Case Is = Wert* ausgewertet.

» Sie können auch mit dem zusätzlichen *To*-Schlüsselwort gültige Wertebereiche festlegen – beispielsweise mit *Case Wert1 To Wert2*. *Wert1* muss dabei kleiner als *Wert2* oder mit ihm identisch sein.

» Sie können in jeder *Case*-Klausel mehrere Ausdrücke oder Bereiche verwenden, beispielsweise in der Form *Case 1 To 4, 7 To 9, 11, 13, Is > MaxWert*. Es können auch Bereiche und mehrere Ausdrücke für Zeichenfolgen angegeben werden.

TIPP Im Allgemeinen wird man Überschneidungen zwischen den verschiedenen *Case*-Bedingungen verhindern. Wenn Sie sie trotzdem einsetzen, wird nur die erste zutreffende Bedingung ausgeführt, da das Programm die *Select Case*-Anweisung beendet, sobald eine Übereinstimmung gefunden und der entsprechende Codeblock ausgeführt wurde.

22.4.3 Schleifen steuern

Wenn Sie ein Stück eines Codes mehrfach ausführen wollen, arbeiten Sie mit *Schleifen*. In VBA stehen verschiedene Schleifentypen zur Verfügung, von denen jede fast alle zu diesem Bereich gehörenden Aufgaben bewältigen kann. Jede wurde aber im Hinblick auf einen bestimmten Zweck entworfen.

Die *For...Next*-Schleife

In der Praxis ist das Ziel einer Schleife meist, einen Codeblock eine bestimmte Anzahl von Durchläufen zu wiederholen und dann mit einem anderen Teil des Codes fortzufahren. Dazu dient die *For*-Schleife, die eine Zählervariable zum Zählen der Wiederholungen beinhaltet. Diese Zählervariable beginnt mit einem Anfangswert. Jedes Mal, wenn Visual Basic auf die *Next*-Anweisung trifft, wird der Zähler hochgezählt. Dann kehrt Visual Basic zur *For*-Anweisung zurück. Der Zähler wird wieder mit *Endwert* verglichen und wieder wird, abhängig vom Ergebnis, entweder der Block ausgeführt oder die Schleife beendet. Dieser Prozess ist so lange aktiv, bis der Zähler den *Endwert* überschreitet oder eine *Exit For*-Anweisung ausgeführt wird. Die Schleife wird erst beendet, wenn *Zählervariable* den *Endwert* überschritten hat. Wenn *Zählervariable* noch gleich *Endwert* ist, wird die Schleife fortgesetzt. Nach dem Beenden der Schleife fährt das Programm in der Zeile fort, die direkt auf die abschließende *Next*-Anweisung folgt.

» Beginnen Sie eine *For...Next*-Schleife mit dem Schlüsselwort *For* und geben Sie dann den Namen der Zählervariablen ein – beispielsweise *For I = 1 To 10*.

» Geben Sie dann den Code ein, der mehrfach ausgeführt werden soll.

» Schließen Sie den Block durch die Anweisung *Next* ab. Eine nochmalige Angabe der Zählervariablen ist möglich, aber eigentlich nicht notwendig.

Die *Zählervariable* ist eine echte Variable und sollte deklariert werden, ehe sie als Teil der Schleife angewendet werden kann. Sie muss einen numerischen Datentyp aufweisen, der die Operatoren >, < und die Addition unterstützt. Normalerweise handelt es sich um eine vom Typ *Integer*. Wenn Sie sicher sind, dass die Zählervariable nur Werte unterhalb von 255 verwendet, können Sie auch *Byte* angeben.

In einem einfachen Beispiel könnten Sie eine Schleife mehrfach durchlaufen lassen und bei jedem Mal den Wert des Zählers ausgeben lassen. Der *Anfangswert* der Zählervariablen wurde auf *1*, der *Endwert* auf *10* gesetzt. Die Zählervariable *I* beginnt mit dem Anfangswert *1*. Da dieser Wert kleiner als der Endwert ist, wird die nachfolgende Codezeile ausgeführt – der Wert wird über die *MsgBox*-Funktion angezeigt. Durch die folgende *Next*-Anweisung wird die Zählervariable auf *2* gesetzt. Dann kehrt Visual Basic zur *For*-Anweisung zurück. Der Zähler wird wieder mit *Endwert* verglichen und wieder wird, abhängig vom Ergebnis, entweder der Block ausgeführt oder die Schleife beendet.

```
Public Sub ForNext()
    Dim I As Integer
    For I = 1 To 5
        MsgBox I, , "Der aktuelle Wert ist"
    Next
End Sub
```

Testen Sie die Routine durch aus. Der Anfangswert der Zählervariablen wird ausgegeben. Bestätigen Sie diese und die nachfolgenden Anzeigen mit einem Klick auf *OK*. Dieser Prozess ist so lange aktiv, bis der Zähler den *Endwert* überschreitet oder eine *Exit For*-Anweisung ausgeführt wird. Die Schleife wird erst beendet, wenn *Zählervariable* den *Endwert* überschritten hat. Wenn *Zählervariable* noch gleich *Endwert* ist, wird die Schleife fortgesetzt. Nach dem Beenden der Schleife fährt das Programm in der Zeile fort, die direkt auf die abschließende *Next*-Anweisung folgt.

TIPP Theoretisch könnten Sie die Zählervariable innerhalb der Schleife selbst verändern – beispielsweise durch Eingabe einer Zeile wie *I = I + 1*. VBA wird Sie nicht davon abhalten. Widerstehen Sie aber dieser Versuchung, sie führt nur zu seltsamen Fehlern und unverständlichem Code.

Mit *Step* eine Inkrementierung bestimmen

In einer *For*-Schleife wird die Zählervariable bei jedem Durchlauf der Schleife um einen bestimmten Wert – das sogenannte *Inkrement* – erhöht. Die Standardversion der *For*-Schleife verwendet ein Inkrement von *1*. Es ist auch möglich, durch eine zusätzliche Angabe mit anderen Inkrementen als *1* zu arbeiten. Dazu müssen Sie nach dem *Endwert* das Schlüsselwort *Step* setzen und das gewünschte *Inkrement* angeben.

Das Ergebnis des folgenden Codes ist fast dasselbe wie im vorherigen Beispiel – mit der Ausnahme, dass nur noch jeder gerade Wert der Zählervariablen benutzt wird.

```
Public Sub ForNextStep()
    Dim I As Integer
    For I = 1 To 10 Step 2
```

```
        MsgBox I, , "Der aktuelle Wert ist"
    Next
End Sub
```

TIPP Eine interessante Erweiterung der Funktionalität einer *For*-Schleife ist, dass Sie mit der Option *Step* einen Wertebereich in umgekehrter Reihenfolge durchlaufen können. Wenn Sie den *Anfangswert* kleiner als den *Endwert* gesetzt haben, wird bei Eingabe eines positiven Wertes für *Inkrement* nichts ausgegeben. Wenn Sie aber in einem solchen Fall einen negativen Wert für *Inkrement* benutzen – beispielsweise *-1* –, wird rückwärts gezählt.

Die *While...Wend*-Schleife

Die *For...Next*-Schleife ist eigentlich für Situationen gedacht, in denen Sie wissen, wie häufig die Schleife durchlaufen werden soll. Wenn das nicht der Fall ist – beispielsweise wenn innerhalb der Schleife erst eine Bedingung zur Beendigung ermittelt wird –, verwenden Sie besser eine von zwei weiteren Schleifentypen, die hinsichtlich dieser Frage flexibler sind. Die erste der beiden, die *While*-Schleife wird so lange durchlaufen, bis ein besonderer *boolescher Ausdruck* wahr ist.

Dafür verwenden Sie eine etwas andere Syntax: Beginnen Sie den Block mit der Anweisung *While Ausdruck* – beispielsweise *While I <= Wert* ist dabei also ein boolescher Ausdruck. Geben Sie in die Folgezeile den auszuführenden Code ein und schließen Sie den Block mit dem Schlüsselwort *Wend* ab.

Der folgende Code führt die Schleife so lange aus, bis der *Endwert* erreicht ist.

```
Public Sub WhileWend()
    Dim I As Integer, Endwert As Integer
    I = 1
    Endwert = InputBox("Endwert")
    While I <= Endwert
        MsgBox I, , "Der aktuelle Wert ist"
        I = I + 1
    Wend
End Sub
```

Testen Sie die Routine aus. Geben Sie im Dialogfeld an, wie oft die Schleife durchlaufen werden soll, und bestätigen Sie. Die schon bekannten Ausgaben werden angezeigt. Der Prozess läuft so lange, wie Sie gefordert haben.

Die *Do...Loop*-Schleife

Neben der *While*-Schleife gibt es noch einen weiteren Schleifentyp, die *Do*-Schleife. Diese Schleife ist sowohl die einfachste als auch die flexibelste Schleifenstruktur, die in VBA zur Verfügung steht. Die Syntax ist einfach: Beginnen Sie mit den Schlüsselwort *Do*, geben Sie in die Folgezeile den auszuführenden Code ein und schließen Sie den Block mit dem Schlüsselwort *Loop* ab.

Die Syntax verwendet in der elementaren Form keine bestimmte Beendigungsbedingung, läuft also »ewig«.

Der folgende Code läuft, bis er abgebrochen wird. Bestätigen Sie die Anzeige. Die Anzeige erscheint erneut. Brechen Sie die Ausführung der Schleife mit Strg + Pause ab. Bestätigen Sie die dann angezeigte Fehlermeldung.

```
Public Sub DoLoop()
    Do
        MsgBox "Hallo!"
    Loop
End Sub
```

Dass der Code innerhalb einer Schleife bis in alle Ewigkeit ausgeführt wird, ist meist nicht der Sinn einer Schleife. Sie können das vermeiden, indem Sie eine von zwei Beendigungsbedingungen verwenden. Damit können die Anweisungen entweder wiederholt werden, solange eine Bedingung *True* ist oder bis eine Bedingung *True* wird. Diese Bedingung entsteht normalerweise durch einen Vergleich zweier Werte. Dabei kann es ein beliebiger Ausdruck sein, der einen *Boolean*-Wert ergibt. Dazu gehören Werte anderer Datentypen, wie beispielsweise numerische Typen, die in *Boolean* umgewandelt wurden.

» Die erste ist die *While*-Bedingung. Sie führt dazu, dass die Schleife so lange ausgeführt wird, wie eine *Bedingung* wahr ist.

```
Public Sub DoLoopWhile()
    Dim I As Integer
    Dim Endwert As Integer
    Dim Ausgabe As String
    Endwert = InputBox("Anzahl der Durchläufe:")
    Do While I < Endwert
        I = I + 1
        Ausgabe = I & ". Durchlauf"
        MsgBox Ausgabe
    Loop
End Sub
```

» Die zweite ist die *Until*-Bedingung. Sie führt dazu, dass die Schleife so lange ausgeführt wird, wie eine Bedingung falsch ist.

```
Public Sub DoLoopUntil()
    Dim I As Integer
    I = 0
    Dim Endwert As Integer
    Dim Ausgabe As String
    Endwert = InputBox("Anzahl der Durchläufe:")
    Do Until I = Endwert
        I = I + 1
        Ausgabe = I & ". Durchlauf"
        MsgBox Ausgabe
    Loop
End Sub
```

Theoretisch gesehen ist es gleichgültig, welche der beiden Bedingungen Sie benutzen. Die Positionierung der Bedingungsanweisung ist sehr wichtig. Sie können die Beendigungsbedingung an den Anfang – also beim *Do* – oder an das Ende – beim *Loop* – der Schleife setzen. Wenn Sie sie an den Beginn der Schleife setzen, wird der Code innerhalb der Schleife erst gar nicht ausgeführt, wenn die Bedingung nicht zutrifft. Wenn Sie sie ans Ende platzieren, dann wird die Schleife beim ersten Mal immer ausgeführt, gleichgültig, ob die Bedingung von vorne herein wahr ist oder nicht.

Die *For Each...Next*-Schleife

Die *For Each...Next*-Schleife ist der *For...Next*-Schleife ähnlich, allerdings führt sie den Anweisungsblock für jedes Element in einer Auflistung aus und nicht eine bestimmte Anzahl von Malen.

Die Syntax lautet folgendermaßen: Beginnen Sie die Schleife mit *For Each I In Liste*. Für *Liste* können Sie beispielsweise eine Arrayvariable verwenden. *I* ist die schon bekannte Zählervariable, allerdings muss diese Variable in der Lage sein, die Elemente von *Liste* aufzunehmen. Benutzen Sie hier also am besten den Datentyp *Variant*. Geben Sie in den Folgezeilen den auszuführenden Code ein. Dieser sollte die Elemente in der *Liste* berücksichtigen. Schließen Sie den Block durch Eingabe von *Next* oder *Next I* ab.

Der folgende Code liefert drei Meldungen, in denen die Inhalte der Liste nacheinander angezeigt werden. Für jede Iteration der Schleife legt Visual Basic für die *Elementvariable* ein Element in der *Liste* fest und führt den Anweisungsblock aus. Nachdem alle Elemente in der *Liste* der *Elementvariable* zugeordnet wurden, wird die *For Each*-Schleife beendet und die Steuerung an die Anweisung übergeben, die auf die *Next*-Anweisung folgt.

```
Public Sub ForEach()
    Dim Liste(2) As String
    Dim I As Variant
    Liste(0) = "Hermann"
    Liste(1) = "Simon"
    Liste(2) = "Schabbach"
    For Each I In Liste
        MsgBox I, , "Liste"
    Next I
End Sub
```

Exit zur Beendigung

In jeder der vorher beschriebenen Schleifenmethoden gibt es noch die zusätzliche Möglichkeit, das Ende der Schleife mit der *Exit*-Anweisung anzugeben. Es gibt für jede Schleife eine entsprechende *Exit*-Anweisung (*Exit For*, *Exit Do* und *Exit While*). Im Allgemeinen verbinden Sie die *Exit*-Anweisung mit einer Abfrage. Wenn die entsprechende Anweisung ausgeführt wird, wird die Schleife sofort verlassen und das Programm fährt mit der Zeile fort, die auf das Ende der Schleife folgt.

Der Code zeigt eine Eingabeaufforderung. Geben Sie das Kennwort ein und bestätigen Sie. Bei einem falschen Kennwort müssen Sie die Eingabe wiederholen. Wenn Sie ein falsches Kennwort eingeben, wird das Eingabefeld wieder angezeigt, da die Schleife erneut durchlaufen wird. Bei einem korrekten Kennwort wird die Schleife durch *Exit Do* verlassen und eine Bestätigung wird angezeigt.

```
Public Sub DoLoopExit()
    Dim Kennwort As String
    Dim Eingabe As String
    Kennwort = "123"
    Do
        Eingabe = InputBox("Geben Sie Ihr Kennwort
ein:")
        If Eingabe = Kennwort Then
            MsgBox "Kennwort erkannt!"
            Exit Do
        Else
            MsgBox "Kennwort nicht erkannt!"
        End If
    Loop
End Sub
```

TIPP Theoretisch muss eine Schleife niemals anhalten. Diese Situation nennt man *Endlosschleife*. Wenn Sie den VBA-Editor benutzen, erzwingen Sie das Beenden der Ausführung mit der Tastenkombination `Strg`+`Pause`.

22.5 Objektorientierte Programmierung

In den bisherigen Abschnitten haben wir uns mit Techniken innerhalb von VBA beschäftigt, die man als *klassische Programmierung* bezeichnen könnte. Jetzt geht es um *Klassen*, *Objekte* und die damit zusammenhängende *objektorientierte Programmierung*, abgekürzt auch als *OOP* bezeichnet. Es handelt sich dabei nicht um eine eigenständige Technologie, sondern um eine bestimmte Vorgehensweise zum Entwerfen von Anwendungen. Kurz gesagt, es geht um eine Technik, mit deren Hilfe man im Code Standardelemente - sogenannte Klassen - erstellt, die bestimmte Aufgaben durchführen und mehrfach eingesetzt werden können.

» Wir wollen Ihnen zunächst einmal die Unterschiede zwischen der objektorientierten und der klassischen Programmierung an einem Beispiel demonstrieren.

» Anschließend werden wir auf die Grundbegriffe der objektorientierten Programmierung eingehen: Wir werden Ihnen darin die Elemente *Objekt*, *Klasse*, *Instanz* und *Objektvariable* vorstellen.

» Der dritte Abschnitt beschreibt, wie man Klassen in VBA selbst erstellt und darin *Eigenschaften* und *Methoden* definiert - die sogenannten *Member* einer Klasse.

» Nachdem Sie diese Techniken beherrschen, können Sie daran gehen, aus den Klassen *Objekte* abzuleiten und diese einzusetzen.

» Eine der Schwierigkeiten, die Ihnen begegnen werden, besteht darin, dass Sie oft nicht wissen werden, welche der eingebauten Objekte Sie für eine bestimmte Aufgabe verwenden sollten. Hier hilft Ihnen ein kleines, aber leistungsstarkes Dialogfeld - der *Objektkatalog* -, der einen Überblick über alle verfügbaren Klassen sowie ihre *Member* - also Eigenschaften, Methoden und sonstigen Inhalte - zusammenfasst.

22.5.1 Klassen, Objekte und Instanzen verstehen

Bevor Sie sich an die Arbeit machen, mit diesen Begriffen praktisch zu arbeiten, müssen Sie sich wieder mit etwas Theorie beschäftigen, die Ihnen helfen wird, die wesentlichen Grundlagen der Arbeit zu verstehen. Eines der wichtigsten Konzepte in diesem Zusammenhang finden Sie im Zusammenspiel zwischen den Begriffen *Klasse*, *Objekt* und *Instanz*.

Objekte

Mit *Objekten* beschreibt man normalerweise Einheiten, die real – wie ein Fahrzeug – oder abstrakt – wie eine bei einer Fluggesellschaft gebuchte Flugreise – sein können. Diese Einheiten haben *Eigenschaften* wie beispielsweise die Farbe des Fahrzeugs oder das Abflugdatum der Flugreise. Solche Eigenschaften, die das Objekt beschreiben, können Sie festlegen und später abrufen. Außerdem können solche Objekte über bestimmte *Methoden* verfügen, die mit ihnen durchgeführt werden können, beispielsweise der Verkauf bei einem Fahrzeug oder das Stornieren bei der Flugreise.

Im Bereich der Programmierung ist es ähnlich, nur bestehen die Objekte natürlich allein aus Code. Bei einem *Objekt1* kann es sich beispielsweise um ein *Formular1* handeln. Dieses *Objekt1* kann über eine *Eigenschaft1* verfügen, die die Hintergrundfarbe des Formulars festlegt. Diese können Sie setzen – im Prinzip durch eine Anweisung wie *Formular1.Eigenschaft1 = Rot* – oder auch abfragen – beispielsweise mit *Farbe1 = Formular1.Eigenschaft1*. Es kann weiterhin über eine *Methode1* verfügen, die dafür sorgt, dass der Inhalt des *Formulars1* ausgedruckt wird. Auch diese Methode können Sie durch eine entsprechende Anweisung – etwa *Formular1.Methode1* – abrufen.

Klassen

Der wesentliche Vorteil der objektorientierten Programmierung besteht darin, dass Sie die Eigenschaften und Methoden nicht für jedes einzelne Objekt – in unserem Beispiel für *Formular1*, *Formular2* usw. – festlegen müssen. Stattdessen legen Sie diese Eigenschaften und Methoden für die übergeordnete Schablone fest und benutzen dann diese Schablone als Datentyp für das spezielle Objekt – beispielsweise *Formular1*.

Diese Schablonen bezeichnet man als *Klassen*. Klassen sind also symbolische Darstellungen von Objekten. Sie beschreiben die Eigenschaften, Felder, Methoden und Ereignisse, die Objekte bilden, auf dieselbe Weise, wie Baupläne, die Elemente eines Gebäudes beschreiben.

Instanzen

So wie ein Bauplan zum Errichten mehrerer Gebäude verwendet werden kann, ist es auch möglich, eine einzelne Klasse zur Erstellung einer beliebigen Anzahl von Objekten zu verwenden. Objekte werden dabei als identische Kopien ihrer Klassen – als sogenannte *Instanzen* – erstellt. Die einzelnen Instanzen verfügen über eine gemeinsame Gruppe von Merkmalen und Fähigkeiten, die durch die Klasse definiert wurde. Sobald sie als eigenständige Objekte bestehen, können Sie diese nutzen. Wenn Ihnen der Begriff *Instanz* dabei noch Schwierigkeiten macht, ersetzen Sie ihn im Kopf kurzzeitig mit dem Begriff *Kopie*. Das ist zwar nicht dasselbe, reicht aber für ein anfängliches Verständnis vollkommen aus.

Die Eigenschaften und Methoden werden zwar in der Klasse definiert, aber in der Instanz aufgerufen. Dies bedeutet, dass die Methode, wenn sie irgendwelche Eigenschaften der Klasse aufweist, die Informationen benutzt, die in der betreffenden konkreten Instanz gespeichert sind.

Objektvariablen

Der andere wesentliche Vorteil der objektorientierten Programmierung besteht darin, dass Sie mit Variablen arbeiten können, die ein ganzes Objekt – also eine Instanz einer Klasse – repräsentieren. Der Vorteil wird Ihnen vielleicht schon an dem folgenden Beispiel klar werden. Angenommen, Sie haben eine *Klasse1* unter anderem mit der *Eigenschaft1* und der *Methode1* – definiert. Dann können Sie eine Objektvariable deklarieren, die die Eigenschaften und Methoden von *Klasse1* beinhaltet.

22.5.2 Klassen selbst erstellen

Sie können Klassen – also die Definitionen für Objekte – im VBA selbst erstellen. Dazu benutzen Sie die am Anfang dieses Buches schon einmal erwähnten *Klassenmodule*. Für jede Klasse benötigen Sie ein neues Modul. Innerhalb eines neuen Klassenmoduls definieren Sie öffentliche *Sub*- und *Function*-Prozeduren. Diese werden dann zu benutzerdefinierten Methoden des Objekts. In der Klasse deklarierte Variablen werden zu Eigenschaften des Objekts.

Klasse deklarieren

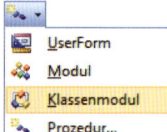

Der Definition eines Klassenmoduls funktioniert nicht viel anders als die Definition eines Standardmoduls, die Sie schon vom Anfang dieses Kapitels her kennen: Wählen Sie im Menü *Einfügen* den Befehl *Klassenmodul* oder benutzen Sie den gleichnamigen Befehl im Listenfeld zur Schaltfläche *Modul einfügen* in der Symbolleiste *Voreinstellung*. Ein neues Klassenmodul wird erstellt.

Im Klassenmodul legen Sie anschließend die Definitionen der Variablen, Eigenschaften, Ereignisse und Methoden der Klasse fest. Dabei gehen Sie im Prinzip genauso vor, wie bei der Definition dieser Elemente innerhalb eines Standardmoduls.

Eigenschaften definieren

Für Klassen können Eigenschaften definiert werden, die jede ihrer Instanzen beinhalten sollten. Eine Eigenschaft ist ja ein Wert, der Teil eines Objekts ist und den Sie für das Objekt abrufen oder setzen können. Eine Eigenschaft können Sie beispielsweise erstellen, indem Sie eine öffentliche Variable in die Klasse mit einer Zeile wie *Public Wert1 As Double* einfügen.

Methoden definieren

Methoden ermöglichen es einer Klasse, zusätzlich zu den in den Eigenschaften festgelegten Informationen noch eine bestimmte Logik zu speichern. Um die Methoden der Klasse festzulegen, definieren Sie innerhalb des neuen Klassenmoduls öffentliche *Sub*- und *Function*-Prozeduren.

Diese Prozeduren – also Subroutinen oder Funktionen – unterscheiden sich nicht von den oben beschrieben Prozeduren im üblichen Code: Sie können Parameter entgegennehmen, wenn Sie sie aufrufen, und auch Ergebniswerte – wenn es sich um Funktionen handelt – zurückgeben.

Jede innerhalb des Klassenmoduls definierte öffentliche Prozedur wird eine *Methode* des benutzerdefinierten Objekts. Die Anweisung *Sub* definiert eine Methode, die keinen Wert zurückgibt. Die Anweisung *Function* definiert dagegen eine Methode, die einen Wert eines festgelegten Typs zurückgeben kann.

Methoden als *Sub*-Prozedur definieren

Wenn Sie in der Klasse eine Logik speichern wollen, können Sie die schon bekannten Verfahren benutzen:

» Wählen Sie das Klassenmodul aus, in dem Sie die Methode definieren möchten.

» 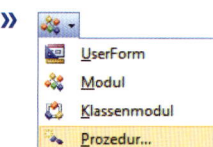 Fügen Sie in den Code eine Prozedur ein. Wählen Sie *Prozedur* aus dem Listenfeld zur Schaltfläche *Modul einfügen*. Das Dialogfeld *Prozedur hinzufügen* wird angezeigt, in dem Sie den Typ der Prozedur wählen und diese benennen können.

» Benennen Sie die Prozedur, wählen Sie den Typ *Sub* aus und bestätigen Sie.

» Geben Sie den Code für die Prozedur ein (→ beispielsweise unten).

» 💾 Speichern Sie die Änderungen im Klassenmodul.

Beispielsweise könnten Sie eine Klasse anlegen, die die schon einmal verwendeten Grundrechenarten benutzt.

```
Public Wert1 As Double
Public Wert2 As Double
Public Wert3 As Double

Public Sub Addition()
    Wert3 = Wert1 + Wert2
    MsgBox Wert3, , "Addition"
End Sub


Public Sub Subtraktion()
    Wert3 = Wert1 - Wert2
    MsgBox Wert3, , "Subtraktion"
End Sub


Public Sub Multiplikation()
    Wert3 = Wert1 * Wert2
    MsgBox Wert3, , "Multiplikation"
End Sub


Public Sub Division()
    If Wert2 <> 0 Then
        Wert3 = Wert1 / Wert2
        MsgBox Wert3, , "Division"
```

```
    Else
        MsgBox "Division durch Null!", , "Fehler"
    End If
End Sub
```

Wie Sie später in diesem Abschnitt sehen werden, können Sie eine solche Klasse dazu verwenden, die Grundrechenarten mit zwei Werten durchführen und die Ergebnisse anzeigen zu lassen.

Methode als *Function*-Prozedur definieren

Sie können Methoden einer Klasse auch als *Function*-Prozedur definieren. Auch hierbei gehen Sie auf dieselbe Weise vor wie bei der Definition einer *Function* in einem Klassenmodul, nur dass Sie die Arbeit in einem Klassenmodul vornehmen.

» Wählen Sie das Klassenmodul, in dem Sie die Methode definieren möchten. Wenn noch nicht vorhanden, erstellen Sie es.

» Fügen Sie in den Code eine Prozedur ein. Wählen Sie *Prozedur* aus dem Listenfeld zur Schaltfläche *Modul einfügen*. Das Dialogfeld *Prozedur hinzufügen* wird angezeigt.

» Benennen Sie die Prozedur, wählen Sie den Typ *Function* aus und bestätigen Sie.

» Geben Sie den Code für die Prozedur ein (→ unten).

» 🖫 Speichern Sie die Änderungen im Klassenmodul.

Beispielsweise können Sie eine Klasse anlegen, die die schon oben verwendeten Grundrechenarten – diesmal aber als *Function*-Prozeduren benutzt.

```
Public Wert1 As Double
Public Wert2 As Double
Public Wert3 As Double

Public Function Addition()
    Addition = Wert1 + Wert2
End Function

Public Function Subtraktion()
    Subtraktion = Wert1 - Wert2
End Function

Public Function Multiplikation()
    Multiplikation = Wert1 * Wert2
End Function
```

```
Public Function Division()
    If Wert2 <> 0 Then
        Division = Wert1 / Wert2
    Else
        MsgBox "Division durch Null!", , "Fehler"
    End If
End Function
```

Auch diese Methoden können Sie – wie anschließend beschrieben – verwenden, um Grundrechenarten mit zwei Werten durchführen zu lassen. Da die Methoden hier aber als *Function* definiert sind, geben sie zusätzlich einen Wert zurück.

22.5.3 Objekte aus Klassen erstellen

Sobald Sie ein Klassenmodul definiert haben, können Sie daraus – beispielsweise innerhalb eines Standardmoduls – neue Objekte als Instanzen dieser Klasse erstellen. Diese Objekte verfügen über die gemeinsame Gruppe von Merkmalen und Fähigkeiten, die durch die Klasse definiert wurde. Objekte werden also als identische Kopien ihrer Klassen erstellt.

Im Allgemeinen verwendet man dafür eine sogenannte Objektvariable – also eine Variable vom Wertetyp *Object*. Eine solche Objektvariable selbst enthält eigentlich nur einen Zeiger auf die Daten des Objekts, nie die Daten an sich. Dies hat den Vorteil, dass Sie den Inhalt einer solchen Variable auch während der Ausführung ändern lassen können, damit sie auf andere – geeignete – Objekte verweist. Der in einer Objektvariablen gespeicherte Wert wird also an anderer Stelle im Speicher abgelegt, als das Objekt selbst.

Deklaration

Objektvariable müssen – wie andere Variable – vor ihrer Verwendung deklariert werden. Hier kombinieren Sie dazu das Schlüsselwort *Dim* mit dem *New*-Schlüsselwort in einer Zeile. Wenn Sie beispielsweise eine Variable *Objekt1* als Instanz der *Klasse1* deklarieren wollen, benutzen Sie dazu die Anweisung *Dim Objekt1 As New Klasse1*. Wenn Sie das Kontrollkästchen *Elemente automatisch auflisten* auf der Seite *Editor* des Dialogfelds zum Menübefehl *Extras/Optionen* aktiviert haben, leistet Ihnen der Editor bei der Eingabe eines solchen Codes Hilfestellung:

» Lassen Sie den Code des Standardmoduls anzeigen, in dem Sie die Objektvariable deklarieren wollen.

» Setzen Sie die Einfügemarke an die Stelle im Modul, an der die Variable deklariert werden soll. Sie können sie – wie üblich – im Deklarationsabschnitt oder innerhalb einer Prozedur deklarieren.

» Beginnen Sie die Deklaration mit dem Schlüsselwort *Dim*, geben Sie den Namen der Variablen ein und fügen Sie das Schüsselwort *As* hinzu – beispielsweise *Dim Objekt1 As*.

» Nach einem weiteren Leerzeichen wird ein Hilfsfenster angezeigt, aus dem Sie das gewünschte Element auswählen können. Durch Eingabe des Anfangsbuchstabens können Sie in der Liste springen.

Bei dieser Deklaration legen Sie in einer Anweisungszeile den Namen der Variablen fest und bestimmen den Datentyp und beschreiben, welche Art von Klasse die Variable aufnehmen können soll.

TIPP Manchmal wird die Objektklasse dem Code erst bei Ausführung der Prozedur bekannt. In diesem Fall muss die Objektvariable zumindest mit dem Datentyp *Object* deklariert werden. In diesem Fall deklariert die Anweisung *Dim* lediglich eine Variable, die ein Objekt beinhaltet. Wenn dann später im Code die notwendigen Informationen verfügbar werden, müssen Sie mit dem Schlüsselwort *Set* der Variablen einen konkreten Objektverweis zuweisen. Erst damit kommt der tatsächliche Verweis auf ein Objekt zustande.

Das Schlüsselwort *Nothing*

Wenn Sie einer so deklarierten Objektvariablen das Schlüsselwort *Nothing* zuweisen, bedeutet dies, dass der Variablen gegenwärtig kein Objekt zugewiesen ist. Wenn der Code ausgeführt wird, werden die Objektvariablen mit *Nothing* initialisiert, mit Ausnahme derjenigen, deren Deklaration eine Zuweisung enthält. Wenn eine Objektvariable, die anfangs auf ein Objekt verweist, später auf *Nothing* festgelegt wird, wird die Zuordnung der Variablen zum Objekt beendet. So wird beispielsweise verhindert, dass das Objekt durch eine Änderung an der Variablen versehentlich selbst geändert wird.

Die Werte von Eigenschaften zuweisen

Um der einer Objektvariablen zugewiesenen Instanz Eigenschaften zuzuweisen, können Sie den Namen der Objektvariablen und eine spezielle Syntax benutzen, die Sie aber

schon kennen. Wenn Sie der Eigenschaft *Eigenschaft1* der Instanz *Objekt1* den Wert *Wert1* zuweisen wollen, benutzen Sie den Ausdruck *Objekt1.Eigenschaft1 = Wert1*.

Wenn Sie die Option *Elemente automatisch auflisten* auf der Registerkarte *Editor* des Dialogfelds zum Menübefehl *Extras/Optionen* aktiviert haben, leistet Ihnen der Editor auch hier bei der Eingabe Hilfestellung.

» Geben Sie den Namen der Objektvariablen ein. Fügen Sie anschließend einen Punkt hinzu. Geben Sie also beispielsweise *Objekt1.* ein. Sobald Sie den Punkt hinzugefügt haben, wird eine Liste der in der Klasse verfügbaren Eigenschaften und Methoden angezeigt.

» Wählen Sie aus der Liste die gewünschte Eigenschaft aus oder fahren Sie mit der Eingabe fort.

» Fahren Sie fort mit einem Gleichheitszeichen und dem gewünschten Wert – beispielsweise *Objekt1.Wert1 = 1*.

» Wenn Sie weitere Eigenschaften zuweisen wollen, tun Sie das auf dieselbe Weise – beispielsweise *Objekt1.Wert2 = 2*.

Damit haben Sie der aktuellen Instanz des Objekts Eigenschaften zugewiesen. Diese können nun in den Methoden benutzt werden. Sinnvoller wäre es natürlich, die einzelnen Werte über eine Eingabe abzufragen (→ unten).

Methoden verwenden

Wenn in der Klasse Prozeduren definiert worden sind, sind diese auch in einer Instanz der Klasse für eine Objektvariable verfügbar. Auch Methoden können Sie einfach durch Verwendung des Namens der Objektvariablen anwenden. Wenn Sie beispielsweise eine Objektvariable namens *Objekt1* deklariert haben, die auf die Klasse *Klasse1* verweist, und in der Klasse eine *Sub*-Prozedur mit dem Namen *Methode1* definiert haben, können Sie diese mit dem Ausdruck *Objekt1.Methode1* anwenden.

Wiederum hilft Ihnen der Editor bei der Eingabe, wenn Sie die Option *Elemente automatisch auflisten* auf der Registerkarte *Editor* des Dialogfelds zum Menübefehl *Extras/Optionen* aktiviert haben.

» Geben Sie den Namen der Objektvariablen ein und fügen Sie direkt anschließend einen Punkt hinzu –

beispielsweise *Objekt1.*. Sobald Sie den Punkt hinzugefügt haben, wird eine Liste der in der Klasse verfügbaren Eigenschaften und Methoden angezeigt.

» Wählen Sie aus der Liste die gewünschte Methode aus oder fahren Sie mit der Eingabe fort. Wählen Sie beispielsweise die Methode *Addition*, wenn Sie die Methode zur Addition verwenden wollen.

» Wenn Sie weitere Methoden verwenden wollen, fahren Sie auf dieselbe Weise fort – beispielsweise *Objekt1.Subtraktion*.

```
Public Sub Grundrechenarten()
    Objekt1.Wert1 = InputBox("Der erste Wert
lautet:")
    Objekt1.Wert2 = InputBox("Der zweite Wert
lautet:")
    Objekt1.Addition
    Objekt1.Division
    Objekt1.Multiplikation
    Objekt1.Subtraktion
End Sub
```

Einen so erstellten Code können Sie im Editor auf die übliche Weise austesten: Setzen Sie die Einfügemarke in die Routine und klicken Sie auf die Schaltfläche *Sub/UserForm ausführen*. Die Routine versorgt die Instanz mit Eigenschaften und fragt dann die Ergebnisse der Methoden ab, die für das Objekt definiert sind.

Methoden für *Function*-Prozeduren aufrufen

Wenn eine Methode einen Wert erzeugt – wenn sie also in der Klasse als *Function*-Prozedur erstellt wurde – können Sie diesen Wert beispielsweise einer Variablen zuweisen, etwa in der Form *Variable1 = Objekt1.Methode1*.

Wiederum hilft Ihnen der Editor bei der Eingabe, wenn Sie die Option *Elemente automatisch auflisten* auf der Registerkarte *Editor* des Dialogfelds zum Menübefehl *Extras/Optionen* aktiviert haben.

» Beginnen Sie mit einer Variablen, der Sie den Wert der Methode zuweisen wollen. Weisen Sie dieser die Objektvariable zu und fügen Sie direkt anschließend einen Punkt hinzu – beispielsweise *Ergebnis = Objekt1.*. Sobald Sie den Punkt hinzugefügt haben, wird eine Liste der in der Klasse verfügbaren Eigenschaften und Methoden angezeigt.

» Wählen Sie aus der Liste die gewünschte Methode aus oder fahren Sie mit der Eingabe fort. Wählen Sie beispielsweise die Methode *Addition*.

» Wenn Sie weitere Methoden verwenden wollen, fahren Sie auf dieselbe Weise fort – beispielsweise *Ergebnis = Objekt1.Subtraktion*.

```
Public Sub Grundrechenarten2()
    Dim Objekt2 As New Klasse2
    Dim Ergebnis As Double
    Objekt2.Wert1 = InputBox("Der erste Wert
lautet:")
    Objekt2.Wert2 = InputBox("Der zweite Wert
lautet:")
    Ergebnis = Objekt2.Addition
    MsgBox Ergebnis, , "Addition"
    Ergebnis = Objekt2.Subtraktion
    MsgBox Ergebnis, , "Subtraktion"
    Ergebnis = Objekt2.Multiplikation
    MsgBox Ergebnis, , "Multiplikation"
    Ergebnis = Objekt2.Division
    MsgBox Ergebnis, , "Division"
End Sub
```

Auch diesen Code können Sie im Editor testweise ausführen lassen. Das Ergebnis ist dasselbe wie im vorher beschriebenen Fall.

22.5.4 Variablen und Instanzen

Zwischendurch wollen wir noch eine wichtige Nebenbemerkung anbringen, die Ihnen für Ihre weiteren Arbeiten von Nutzen sein wird.

Die Unterschiede

Beachten Sie, dass Instanzen und Variablen nicht dasselbe sind! Um sich den Unterschied klar zu machen, sollten Sie sich die folgenden zwei Fälle anschauen:

» Sie können beispielsweise zwei Variablen *Objekt1* und *Objekt2* des Typs *Klasse1* deklarieren und damit zwei neue Instanzen von *Klasse1* erzeugen. *Objekt1* speichert eine Referenz auf ein anderes Objekt als *Objekt2*, aber beide Objekte sind Instanzen von *Klasse1*. Instanzen sind also die Inhalte von Variablen – ebenso, wie eine Integervariable Z den Inhalt 2 haben könnte, wenn Sie die Anweisung $Z = 2$ benutzen.

» Sie können aber auch nur *Variable1* als eine Instanz von *Klasse1* erzeugen und dann *Variable2* der Variablen *Variable1* zuweisen, was bewirkt, dass *Variable2* jetzt eine Referenz auf dieselbe Instanz von *Klasse1* speichert wie *Variable1*. Es gibt nur ein einziges Objekt und damit nur einen einzigen Speicherbereich, aber zwei Variablen, die darauf verweisen.

Diese Unterschiede sollten Sie bei Ihrer Arbeit berücksichtigen.

Informationen über Objektvariablen erhalten

Wenn Sie während der Laufzeit des Codes Informationen zum aktuellen Inhalt einer Objektvariablen wünschen, können Sie sich mehrerer Methoden bedienen:

» Mit dem *TypeOf*-Operator kann bestimmt werden, ob eine Objektvariable gegenwärtig auf einen speziellen Datentyp verweist. Die Auswertung des *TypeOf...Is*-Ausdrucks ergibt *True*, wenn der Laufzeittyp des Operanden vom angegebenen Typ abgeleitet wird oder ihn implementiert.

» Mit dem *Is*-Operator können Sie feststellen, ob zwei Objektvariablen auf dieselbe Instanz eines Objekts verweisen. Wenn die Variablen auf dieselbe Instanz verweisen, wird *True* zurückgegeben.

Außerdem können Sie mit Hilfe des *Is*-Operators beispielsweise testen, ob die Objektvariable auf ein gültiges Objekt zeigt oder *Nothing* enthält.

22.5.5 *Property*-Prozeduren

Zu Beginn dieses Abschnitts haben Sie gelernt, dass Sie der Instanz einer Klasse auf einfache Weise spezielle Werte zuweisen können. Dazu muss in der zugrunde liegenden Klasse nur eine Variable deklariert sein. Es gibt aber Situationen, in denen eine solche einfache Zuweisung eines Werts zu Komplikationen führen kann. Beispielsweise kann die Verwendung eines falschen Datentyps beim Festlegen der Eigenschaft dazu führen, dass die Instanz der Klasse den von ihr geforderten Dienst versagt.

Besonders wenn Sie Klassen selbst erstellen, empfiehlt es sich, Eigenschaften über eigenständige Eigenschaftsroutinen – auch als *Property*-Prozeduren bezeichnet – in der Klasse anzulegen oder abzurufen. Dabei wird die Eigenschaft nicht mit einer einzelnen Deklarationsanweisung, sondern mit ausführbarem Code implementiert. In der Klasse werden dabei von Ihnen festgelegte Anwei-

sungen ausführt und das ermöglicht eine bessere Kontrolle über die Eigenschaft. Ein zusätzlicher Vorteil bei der Verwendung von *Property*-Prozeduren ist, dass diesen im Gegensatz zu *Public*-Variablen Texte zugeordnet werden können, die im Objektkatalog angezeigt werden.

Deklarieren

Zum Deklarieren von *Property*-Prozeduren verwenden Sie das jetzt schon alt bekannte Dialogfeld *Prozedur einfügen*.

» Setzen Sie die Einfügemarke in das Klassenmodul, in dem Sie die *Property*-Prozedur erstellen wollen.

» Wählen Sie den Befehl *Prozedur* im Listenfeld zur Schaltfläche *Prozedur einfügen* in der Symbolleiste *Voreinstellung*. Das Dialogfeld *Prozedur einfügen* wird angezeigt.

» Weisen Sie der Prozedur einen Namen zu, wählen Sie die Option *Property* und bestätigen Sie. Im Codefenster werden die Rahmenanweisungen für zwei Eigenschaftsprozeduren erstellt.

```
Public Property Get Eigenschaft() As Variant

End Property

Public Property Let Eigenschaft(ByVal vNewValue
As Variant)

End Property
```

Eine solche Eigenschaftsroutine wird man im Allgemeinen als *Public* deklarieren. Das ist auch der Standardzugriff. Standardmäßig wird damit ein *Lese-/Schreibzugriff* festgelegt.

Eigenschaften definieren

Innerhalb dieser beiden Eigenschaftsprozeduren *Get* und *Let* nehmen Sie dann die Definition der Eigenschaften vor. In der einfachsten Form wird der Code innerhalb der Eigenschaftsroutine dafür verwendet, Werte in die und aus der internen Variablen auszutauschen: Wenn Sie eine Instanz von *Klasse3* erstellen und den Wert der Eigenschaft festlegen, wird die *Let*-Eigenschaftsprozedur aufgerufen und der Wert an den impliziten *Value*-Parameter übergeben, der in einer lokalen Variablen gespeichert wird. Bei Abruf des Werts dieser Eigenschaft wird die *Get*-Eigenschaftsprozedur wie eine Funktion aufgerufen und gibt den in der lokalen Variablen gespeicherten Wert zurück.

» *Let*-Eigenschaftsprozeduren besitzen einen impliziten Parameter mit demselben Datentyp wie die Eigenschaft selbst, der standardmäßig mit *vNewValue* bezeichnet wird. Sobald der Wert der Eigenschaft geändert wird, wird *vNewValue* überprüft und kann beispielsweise an eine lokale – also innerhalb der Klasse definierte – Variable übergeben werden.

» *Get*-Eigenschaftsprozeduren werden für die Rückgabe des Werts einer Eigenschaft verwendet und entsprechen ungefähr den Funktionen in der Syntax. Sie werden aufgerufen, wenn in einem Ausdruck auf die Eigenschaft zugegriffen wird. Sie akzeptieren keine Argumente und können zur Rückgabe der Werte privater lokaler Variablen verwendet werden, die ihrerseits zur Speicherung von Eigenschaftswerten verwendet wurden.

Auf *Property*-Prozeduren zugreifen

Nachdem Sie in einer Klasse *Property*-Prozeduren erstellt haben, können Sie diese von einer Instanz der Klasse her ansprechen: Sie können Werte übergeben und zurückfordern. Die Techniken zum Zugriff auf eine so definierte Eigenschaft unterscheiden sich nicht von denen zum Zugriff auf Variablen.

» Um den Wert für eine Eigenschaft in einer Instanz festzulegen, weisen Sie ihr über den normalen Zuweisungsoperator einen Ausdruck oder einen Wert zu: Um eine Eigenschaft zu setzen, benutzen Sie *Set Objekt1.Eigenschaft1 = Variable1.*

» Sie fragen den Wert einer Eigenschaft ab, wenn Sie den Status eines Objekts vor dem Ausführen weiterer Aktionen, wie dem Zuweisen des Werts zu einem anderen Objekt, ermitteln möchten – beispielsweise in der Form *Variable1 = Objekt1.Eigenschaft1.* Sie können einen Eigenschaftswert auch als Teil eines komplexeren Ausdrucks abrufen, ohne die Eigenschaft einer Variablen zuweisen zu müssen.

Kapitel 23

VBA in Word einsetzen

Die beiden vorhergehenden Kapitel haben Ihnen gezeigt, wie man mit dem Editor für Visual Basic for Applications arbeitet und VBA-Code erstellt. Sie kennen damit alle wesentlichen Grundelemente und können den Code für Prozeduren erstellen. Auf dieser Grundlage können wir uns jetzt damit beschäftigen, die Vielzahl der in Word durch VBA vordefinierten Klassen für typische Aufgaben der Steuerung eines Dokuments zu verwenden.

» Als Erstes geht es um die Frage, wie man diese Codeelemente von der Word-Oberfläche aus anspricht. Zunächst wollen wir uns mit einigen einfachen Methoden beschäftigen, Code zu starten (→ Abschnitt 23.1). Eine davon besteht darin, den Code über ein Makro zu starten. Außerdem können Sie zum Starten auch Schaltflächen direkt in das Dokument einfügen oder die Ausführung an bestimmte Ereignisse knüpfen.

» Das für diese Zwecke interessanteste Objekt ist eine *UserForm* (→ Abschnitt 23.2). Dabei handelt es sich um ein Benutzerformular, in dem Sie Eingabefelder und Schaltflächen nach Ihren Wünschen einfügen können, die dann beliebige Codeelemente ausführen.

» Dann wollen wir uns der Automatisierung der Tätigkeiten zuwenden, die man – im weitesten Sinn – als Verwaltungsaufgaben bezeichnen könnte. Dazu gehören beispielsweise das Steuern von Office-Programmen oder das Erstellen, Öffnen und Speichern von Dokumenten dafür (→ Abschnitt 23.3).

» Schließlich wollen wir uns mit einer Vielzahl von Tätigkeiten beschäftigen, die Sie mit VBA innerhalb eines Word-Dokuments durchführen können – beispielsweise der Auswahl von Text und dessen Bearbeitung (→ Abschnitt 23.4).

TIPP Wenn Sie die in diesem Kapitel gezeigten Beispiele selbst am Rechner nachvollziehen wollen, können Sie dazu die Dateien *Dokument23a* und *Dokument23b* aus dem Verzeichnis *23* öffnen. Sie finden darin die Beispiele in mehreren Modulen. Denken Sie daran, dass sich VBA-Code im Dokument befindet (→ Kapitel 20). Klicken Sie in der Statusleiste auf Inhalt aktivieren, um den Zugang dazu zu ermöglichen.

23.1 Ansprache von der Oberfläche aus

Wenn Sie einen VBA-Code direkt von der Word-Oberfläche aus starten wollen, stehen Ihnen dafür mehrere Möglichkeiten zur Verfügung: Eine davon besteht darin, den Code über ein Makro zu starten. Außerdem können Sie zum Starten auch Schaltflächen direkt in das Dokument einfügen oder die Ausführung an bestimmte Ereignisse knüpfen.

23.1.1 Code wie Makros starten

Von Ihnen im VBA-Editor definierte *Sub*-Prozeduren können Sie wie aufgezeichnete Makros starten.

Über das Dialogfeld *Makros*

Sie haben es vielleicht schon selbst gemerkt: Im Dialogfeld zur Schaltfläche *Makros* in der Gruppe *Code* der Registerkarte *Entwicklertools* werden nicht nur die von Ihnen über die normale Programmoberfläche von Word erstellten Makros angezeigt, sondern auch alle im VBA-Editor innerhalb anderer Module erstellten *Sub*-Prozeduren. Sie können also solche Prozeduren auch direkt über dieses Dialogfeld starten.

Tastenkombinationen und Schaltflächen

Natürlich können Sie – wie bei aufgezeichneten Makros – auch Tastenkombinationen verwenden und Schaltflächen in die Symbolleiste für den Schnellzugriff einfügen. Gehen Sie zur Definition solcher Starthilfen genau wie bei aufgezeichneten Makros vor (→ Kapitel 20).

Den Nachteil dieser Verfahrensweise wollen wir auch gleich erwähnen: Wenn Sie viele VBA-Codeelemente auf diese Weise separat von der Word-Oberfläche starten wollen, müssen Sie entweder immer mit dem Dialogfeld zum Befehl *Makros* arbeiten oder Sie müssen sich die Bedeutung der Tastenkombinationen oder Schaltflächen in der Symbolleiste für den Schnellzugriff merken.

Function-Prozeduren starten

Im VBA-Editor definierte *Function*-Prozeduren tauchen nicht im Dialogfeld *Makros* auf. Sie können aber eine *Sub*-Prozedur schreiben, die die *Function*-Prozedur startet (→ Kapitel 22). Auf diese *Sub*-Prozedur können Sie dann über das Dialogfeld *Makros* zugreifen.

23.1.2   Über ActiveX-Schaltflächen

Wenn Sie *ActiveX*-Schaltflächen in Ihrem Dokument ansiedeln, haben Sie damit eine weitere Möglichkeit, VBA-Code oder Makros zu starten. Dadurch ersparen Sie sich den Umweg über das Dialogfeld *Makros* oder die Notwendigkeit, sich Tastenkombinationen oder die Bedeutung von Schaltflächen merken zu müssen. Da aber solche Schaltflächen immer an einer bestimmten Stelle im Dokument angezeigt werden, hat diese Verfahrensweise den Nachteil, dass sie auf dem Bildschirm nicht mehr sichtbar sind, wenn Sie einen Bildlauf zu anderen Stellen in Dokument durchführen. Die Methode eignet sich darum eher für einseitige Dokumente – beispielsweise Formulare – oder solche, bei denen Sie den gewünschten Code nur dann starten wollen, wenn eine bestimmte Stelle im Do-

kument sichtbar ist. Wenn Sie diese Methode benutzen wollen, fügen Sie das Steuerelement im Dokument ein, legen gegebenenfalls die Steuerelementeigenschaften fest und schreiben die gewünschten Ereignisprozeduren.

In der Beispieldatei *Dokument23a* finden Sie die Schaltfläche *Kennwort*. Wenn Sie darauf klicken, wird ein Eingabeformular angezeigt. Geben Sie darin das Kennwort *123* ein und bestätigen Sie. Wenn Sie das richtige Kennwort eingegeben haben, wird eine Bestätigung ausgegeben. Dafür sorgt der folgende Code:

```
Public Sub IfAbfrage()
    Dim Eingabe As String
    Dim Kennwort As String
    Kennwort = „123"
    Eingabe = InputBox(„Geben Sie Ihr Kennwort
ein:")
    If Eingabe = Kennwort Then
        MsgBox „Das Kennwort ist richtig!"
    End If
End Sub
```

Schaltfläche einfügen

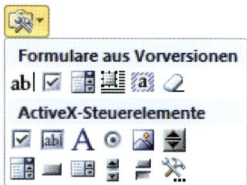

Benutzen Sie zum Einfügen auf der Registerkarte *Entwicklertools* in der Gruppe *Steuerelemente* die Liste der *ActiveX-Steuerelemente* zur Schaltfläche *Vorversionstools* (→ Kapitel 18). Mit Hilfe der Schaltflächen im unteren Bereich können Sie unterschiedliche Steuerelemente in ein Dokument einfügen. Dazu klicken Sie entweder im Dokument auf die Stelle, an der Sie das Steuerelement platzieren möchten. Oder Sie ziehen das Steuerelement an der gewünschten Stelle gleich auf die gewünschte Größe. Als Ergebnis wird das Steuerelement im Dokument angezeigt. Solange es markiert ist, können Sie die Position und die Größe des Elements mit den üblichen Methoden abändern. Details zur Arbeit mit den anderen Typen von ActiveX-Steuerelementen haben wir bereits an anderer Stelle angesprochen (→ Kapitel 18).

CommandButton1 Zum Starten von Code in einem Word-Dokument eignet sich vordringlich das Steuerelement *Befehlsschaltfläche*, aber auch fast alle anderen Steuerelemente haben die Eigenschaft, Code zu starten. Nach dem Einfügen eines solchen Elements wird das Dokument automatisch in den Entwurfsmodus geschaltet.

Entwurfsmodus Um nach Abschluss der vollständigen Bearbeitung den Entwurfsmodus zu beenden und das ActiveX-Steuerelement im Dokument zu aktivieren, klicken Sie auf die Schaltfläche *Entwurfsmodus*.

Die Eigenschaften eines Steuerelements festlegen

Auch diese Steuerelemente verfügen über eine Reihe von Eigenschaften. Klicken Sie mit der rechten Maustaste auf das Steuerelement und wählen Sie dann im Kontextmenü den Befehl *Eigenschaften*. Oder klicken Sie auf Eigenschaften in der Gruppe *Steuerelemente*. Das Fenster *Eigenschaften* wird angezeigt (→ Abbildung 23.1). Manche Eigenschaften eines Steuerelements lassen sich während des Entwurfs festlegen. Um einen Eigenschaftswert festzulegen, geben Sie den neuen Wert rechts neben dem Eigenschaftennamen ein. Manche Steuerelementeigenschaften können festgelegt und zurückgegeben werden, während Code ausgeführt wird.

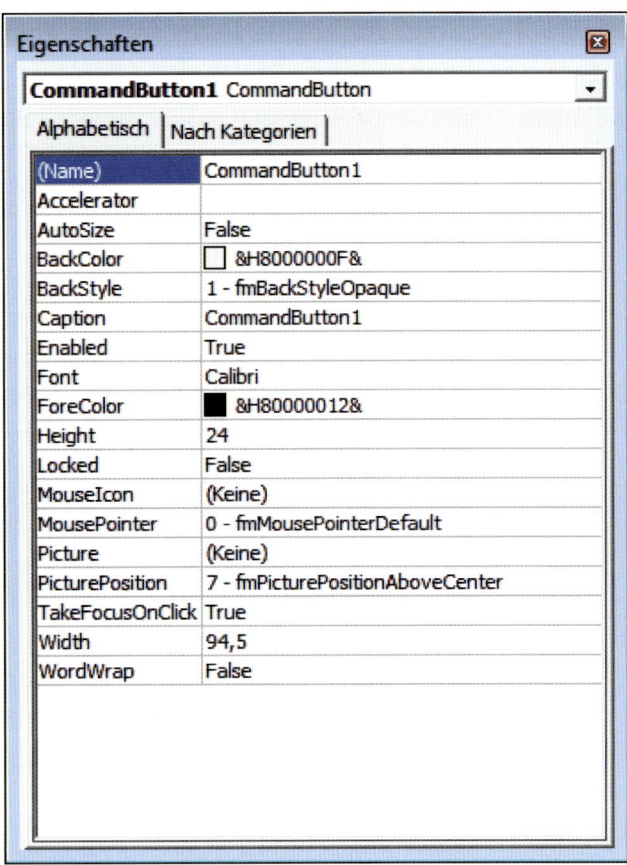
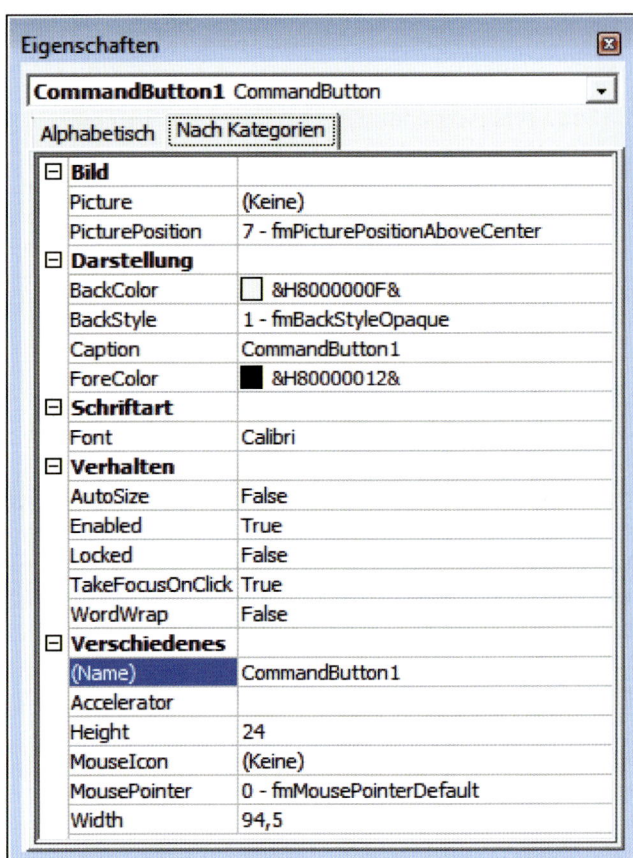

Abbildung 23.1 Die Eigenschaften zu einer Schaltfläche

Die Mehrzahl der Eigenschaftszeilen verfügt über ein aufklappbares Listenfeld, aus dem Sie aus mehreren Optionen die gewünschte auswählen können. Die Werte anderer Eigenschaften können Sie selbst eintippen:

» Über *Picture* im Abschnitt *Bild* können Sie der Schaltfläche ein Hintergrundbild zuweisen. Ein Klick auf die Schaltfläche mit den drei Punkten in der Zeile öffnet ein Dialogfeld, über das Sie eine Grafikdatei auswählen können.

» Über die Zeilen in den Abschnitten *Darstellung* und *Schriftart* regeln Sie wesentliche Aspekte des optischen Erscheinungsbilds: *BackColor* beschreibt die

Hintergrundfarbe, *ForeColor* die Schriftfarbe und *Font* den Schrifttyp. In der Eigenschaft *Caption* wird die angezeigte Beschriftung vermerkt und kann hier editiert werden.

» Im Abschnitt *Verhalten* können Sie über *AutoSize* dafür sorgen, dass die Breite des Steuerelements an die Länge der Beschriftung angepasst wird. *Word-Wrap* gibt an, ob der Inhalt eines Steuerelements am Zeilenende automatisch umbrochen wird.

» Der Abschnitt *Verschiedenes* beinhaltet unterschiedliche Eigenschaften. Sehr wichtig ist die Eigenschaft *(Name)*. Damit können Sie dem Steuerelement einen Eigennamen zuweisen, über den es über den Code angesprochen werden kann. Als Grundeinstellung wird hier die anfänglich unter der Eigenschaft *Caption* angezeigte Beschriftung benutzt. *Enabled* macht das Steuerelement ansprechbar, über *Visible* können Sie es auch ausblenden, wenn Sie den Entwurfsmodus verlassen. Auch die Größe und Position des Steuerelements können Sie über die Eigenschaften *Height*, *Width* und *Left* einstellen.

Ereignisse für Steuerelemente

Nachdem Sie ein Steuerelement eingefügt haben, müssen Sie noch dafür sorgen, dass es einen Sinn erhält. Sie könnten beispielsweise dafür sorgen wollen, dass der Benutzer durch einen Klick auf eine Schaltfläche die Ausführung eines Codes starten kann. Um diesen Code festzulegen, klicken Sie mit der rechten Maustaste auf das Steuerelement und wählen dann im Kontextmenü den Befehl *Code anzeigen*. Sie können dies auch durch einen Doppelklick auf das Steuerelement erreichen. Automatisch wird zum VBA-Editor gewechselt. Das Codefenster zur aktuellen Arbeitsmappe wird geöffnet und ein Coderahmen für eine Behandlungsroutine wird erstellt. Sie können darin eine Startanweisung für den gewünschten Code eingeben.

Über das rechte Listenfeld unterhalb der Titelleiste können Sie einstellen, welches Ereignis zum Starten des Codes führen soll. Für eine *Befehlsschaltfläche* ist hier der Standard das Ereignis *Click*, das eintritt, wenn der Benutzer auf die Schaltfläche klickt. Das Ereignis *Click* ist nicht das einzige, für das Sie einen Behandler schreiben können. Um einen Behandler für ein anderes Ereignis als *Click* zu formulieren, gehen Sie wie folgt vor:

» Wählen Sie im Listenfeld *Objekt* links oben im Codefenster das Steuerelement, zu dem Sie einen Ereignisbehandler schreiben möchten. Alle vorhandenen Steuerelemente werden hier aufgelistet.

» Wählen Sie dann im Listenfeld *Prozedur* rechts oben im Fenster das Ereignis, zu dem Sie einen Behandler schreiben wollen.

Automatisch wird der Rahmen für eine Subroutine erstellt, deren Inhalt zur Laufzeit ausgeführt wird, wenn das Ereignis eintritt.

23.1.3 Automatisches Starten von Code

Sie können auch bewirken, dass ein bestimmter Code automatisch gestartet wird, sobald ein bestimmtes Ereignis in Word eintritt. Typische Beispiele für ein solches Ereignis wären das Öffnen oder das Schließen des Dokuments. Um diese Ereignisse zu definieren, verwenden Sie die beiden Typen von Elementen, die im Projekt-Explorer als *ThisDocument* angezeigt werden.

Für die Beispieldatei *Dokument23a* wurde ein Code eingegeben, der dafür sorgt, dass beim Schließen des Dokuments eine abschließende Meldung angezeigt wird. Die Wirkung können Sie im Dokument austesten. In Ihrer Praxis werden Sie sicherlich einen sinnvollen Einsatz für dieses Ereignis finden.

```
Private Sub Document_Close()
    MsgBox „Danke, dass Sie Word verwendet haben!"
End Sub
```

Um einen Behandler für ein Ereignis festzulegen, welches das Dokument als Ganzes betrifft, verwenden Sie die folgenden Schritte:

» Doppelklicken Sie im Projekt-Explorer auf den gewünschten Eintrag unter *ThisDocument*. Das Codefenster für das Objekt wird geöffnet. Es enthält manchmal zunächst noch keinen Code.

» Wählen Sie im Listenfeld *Objekt* links oben im Codefenster die Option *Document*. Damit wird automatisch der Rahmen für eine Subroutine mit dem Namen *Document_New* erstellt. Der Name beschreibt auch ihre Wirkungsweise. Wenn Sie diese Prozedur in einer Vorlage eingeben und später ein neues Dokument auf Grundlage dieser Vorlage erstellen, wird der Code innerhalb dieses Rahmens ausgeführt. Der Code, den Sie innerhalb dieses Rahmens eingeben, wird ausgeführt, sobald ein neues Dokument auf dieser Basis erstellt wird.

```
Private Sub Document_New()

End Sub
```

» Wenn Sie das Ereignis *New* nicht benutzen wollen, wählen Sie einfach ein anderes. Sie können eines davon bestimmen, indem Sie die gewünschte Option aus dem Listenfeld *Prozedur* rechts oben im Codefenster wählen. Nach der Wahl wird automatisch der Rahmen für die entsprechende Subroutine erstellt (→ Abbildung 23.2 und Tabelle 23.1).

Ereignis	Beschreibung
Open	Tritt ein, wenn ein Dokument geöffnet wird. Wenn die Ereignisprozedur in einer Vorlage gespeichert ist, wird die Prozedur ausgeführt, sobald ein neues, auf dieser Vorlage basierendes Dokument oder die Vorlage selbst als Dokument geöffnet wird.
New	Tritt ein, wenn ein neues Dokument auf Grundlage der Vorlage erstellt wird. Eine Prozedur für das *New*-Ereignis wird nur ausgeführt, wenn sie in einer Vorlage gespeichert ist.
Close	Tritt ein, wenn ein Dokument geschlossen wird. Wenn die Ereignisprozedur in einer Dokumentvorlage gespeichert ist, wird die Prozedur aufgerufen, sobald ein neues, auf dieser Dokumentvorlage basierendes Dokument geöffnet oder die Dokumentvorlage selbst geschlossen wird (nachdem sie als Dokument geöffnet wurde).

Tabelle 23.1 Einige wichtige Ereignisse für ein Dokument

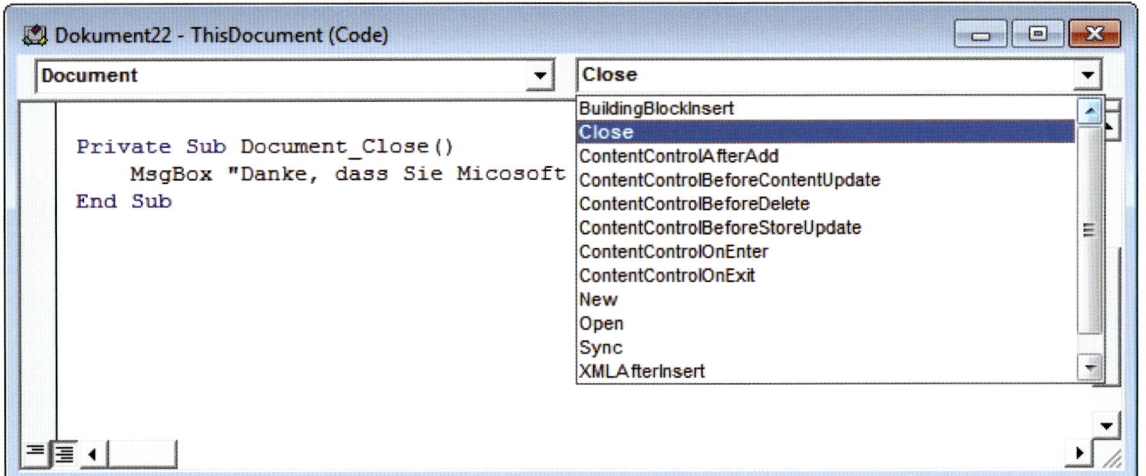

Abbildung 23.2 Wählen Sie das Ereignis über das Listenfeld *Prozedur*

23.2 UserForm-Objekte

Die Nachteile der eben angesprochenen Verfahrensweisen zum Starten von Code haben wir schon angesprochen: Zusätzliche Schaltflächen in der Symbolleiste für den Schnellzugriff oder Tastenkombinationen sind unübersichtlich, *ActiveX*-Schaltflächen direkt im Dokument sind nach einem Bildlauf nicht mehr sichtbar. Diese

Nachteile vermeiden Sie, wenn Sie die Schaltflächen zum Starten von Code in einer *UserForm* anzeigen lassen, die – wie ein Dialogfeld – auf dem Bildschirm eingeblendet werden kann.

Das Prinzip der Wirkung einer solchen UserForm wollen wir Ihnen trotzdem in der Beispieldatei *Dokument23a* zunächst einmal verdeutlichen, indem wir eine *ActiveX*-Schaltfläche im Dokument benutzen (→ Abbildung 23.3).

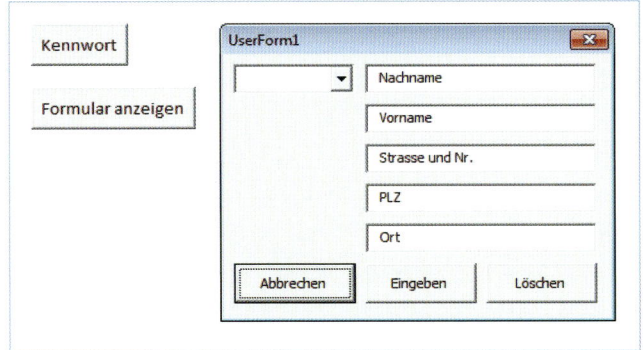

Abbildung 23.3 Eine *UserForm* als Eingabeformular

» Wenn Sie auf die Schaltfläche *Formular anzeigen* klicken, wird eine UserForm als Eingabeformular angezeigt. Sie können darin die einzelnen Bestandteile Ihrer Anschrift angeben.

» Wenn Sie dann auf *Eingeben* klicken, werden diese Eingaben in das Dokument übertragen. Die Auswahl im Feld für die Anrede wird hier aber nicht berücksichtigt.

» Mit *Löschen* können Sie Ihre Eingaben aus dem Formular wieder entfernen.

» *Abbrechen* entfernt das Formular vom Bildschirm.

Im Allgemeinen gehen Sie zum Erstellen eines solchen Werkzeugs innerhalb des VBA-Editors mit den folgenden Schritten vor:

» Erstellen Sie eine *UserForm*. Klicken Sie im Menü *Einfügen* im Visual-Basic-Editor auf *UserForm*.

» Fügen Sie Steuerelemente zur *UserForm* hinzu. Suchen Sie in der Toolbox das gewünschte Steuerelement und ziehen Sie es auf das Formular.

» Legen Sie Steuerelementeigenschaften fest. Klicken Sie mit der rechten Maustaste im Entwurfsmodus auf ein Steuerelement und klicken Sie auf *Eigenschaften*, um das Eigenschaftenfenster anzuzeigen.

» Initialisieren Sie die Steuerelemente. Sie können Steuerelemente initialisieren, bevor Sie ein Formular anzeigen, oder Sie können dem *Initialize*-Ereignis des Formulars einen Code hinzufügen.

» Schreiben Sie Ereignisprozeduren. Alle Steuerelemente besitzen einen vordefinierten Satz von Ereignissen. Beispielsweise besitzt eine Befehlsschaltfläche ein *Click*-Ereignis, das auftritt, wenn der Benutzer auf die Befehlsschaltfläche klickt. Sie können Ereignisprozeduren schreiben, die ausgeführt werden, wenn die Ereignisse eintreten.

» Zeigen Sie das Dialogfeld an. Verwenden Sie die *Show*-Methode, um ein *UserForm* anzuzeigen.

» Verwenden Sie Steuerelemente während der Ausführung von Code. Manche Eigenschaften können zur Laufzeit festgelegt werden. Änderungen, die der Benutzer am Dialogfeld vornimmt, gehen verloren, wenn das Dialogfeld geschlossen wird.

In den nachfolgenden Abschnitten werden wir auf die Details zu diesen Schritten eingehen.

23.2.1 Ein *UserForm*-Objekt einfügen

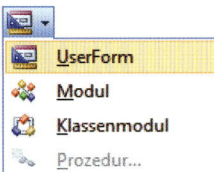

Legen Sie zunächst über den Projekt-Explorer fest, ob die *UserForm* Bestandteil des Dokuments oder der zugrunde liegenden Dokumentvorlage sein soll. Zum Erstellen einer *UserForm* wählen Sie dann im Editor den Befehl *UserForm* im Menü *Einfügen*. Sie können auch den gleichnamigen Befehl im Untermenü zur Schaltfläche in der Symbolleiste *Voreinstellung* benutzen. Das Codefenster zeigt ein Formular an, das als Hintergrundfläche für Ihre Arbeit dient (→ Abbildung 23.4). Zusätzlich wird die *Werkzeugsammlung* eingeblendet, in der die Steuerelemente aufgelistet werden, die Sie in die UserForm einfügen können.

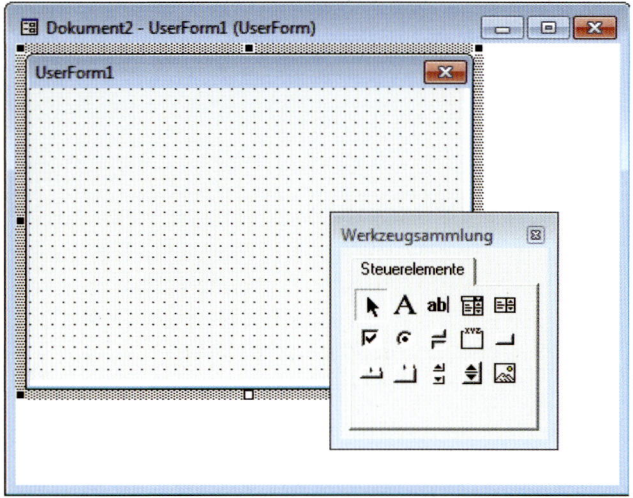

Abbildung 23.4 Eine leere *UserForm* mit der *Werkzeugsammlung*

Beachten Sie, dass nach dem Einfügen einer *UserForm* ein Symbol dafür unter der Überschrift *Formulare* im Projekt-Explorer angezeigt wird. Sie können die User-Form hierüber später für die weitere Bearbeitung auswählen.

Die Eigenschaften der UserForm festlegen

Solange die *UserForm* markiert ist, können Sie im Fenster *Eigenschaften* den Namen, das Verhalten und das Erscheinungsbild dieses Formularelements einstellen (→ Abbildung 23.5).

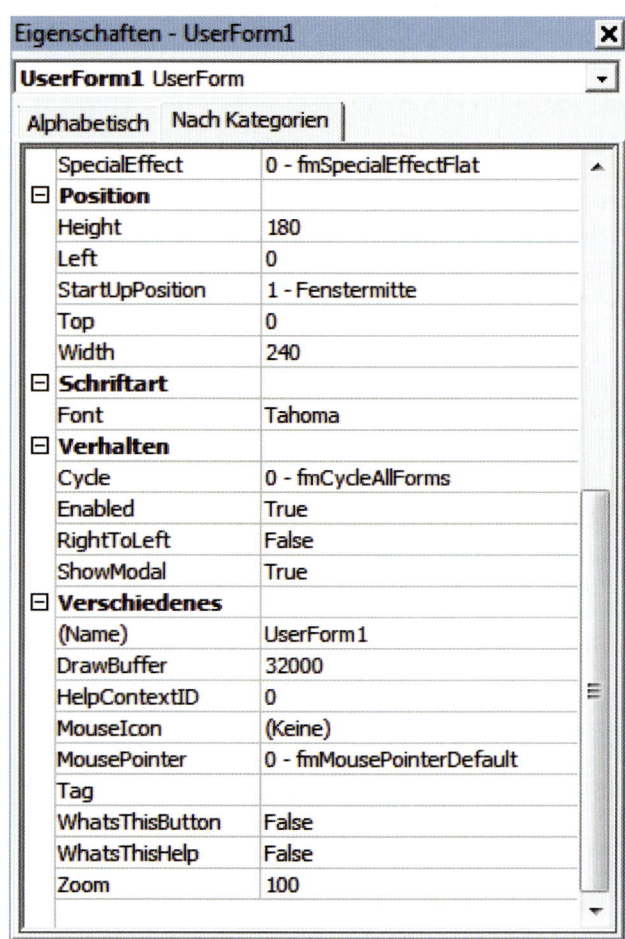

Abbildung 23.5 Die Eigenschaften einer *UserForm*

Viele Eigenschaften werden Ihnen schon bekannt sein, wenn Sie die vorherigen Kapitel gelesen haben. Einige sollten aber nochmals erwähnt werden:

» Das Formular benutzt – wie alle Steuerelemente – zwei Eigenschaften, die etwas mit dem Namen zu tun haben: Zur Änderung der Formularbeschriftung dient die Eigenschaft *Caption* im Abschnitt *Darstellung*. Über den Code angesprochen wird das Formular aber über die Eigenschaft *(Name)* im Abschnitt *Verschiedenes*.

» Die Größe des Formulars können Sie im Entwurf direkt über die Maus regeln. Sie können aber auch die Eigenschaften *Height* und *Width* im Abschnitt *Position* verwenden.

» Die Lage auf dem Bildschirm zur Laufzeit regeln Sie am besten mit *StartUpPosition* im Abschnitt *Position*.

ACHTUNG Sehr wichtig ist die Eigenschaft *ShowModal* im Abschnitt *Verhalten*. Diese bestimmt, ob Sie am Dokument arbeiten können, während die UserForm auf dem Bildschirm angezeigt wird. Standardmäßig ist hier *True* eingestellt, was bewirkt, dass ein Bearbeiten des Dokuments bei geöffneter UserForm nicht möglich ist. Wählen Sie *False*, wenn Sie eine Bearbeitung zulassen wollen.

Das Anzeigen einer UserForm

Bevor wir uns mit den eigentlichen Inhalten eines solchen Formulars befassen, sollten Sie wissen, wie man es anzeigt, nachdem man es im Editor erstellt hat:

» Um Ihr Formular im Visual-Basic-Editor zu testen, klicken Sie auf *Sub/Formular ausführen* im Menü *Ausführen* des Editors oder Sie benutzen die gleichnamige Schaltfläche. Um ein angezeigtes Formular manuell wieder auszublenden, klicken Sie auf die *Schließen*-Schaltfläche in dessen Titelleiste.

» In der Praxis mit Word können Sie ein Makro erstellen, das das Formular anzeigt. Verwenden Sie die *Show*-Methode und wenden Sie diese auf die gewünschte *UserForm* an.

Mit dem folgenden Code wird das Formular *UserForm1* angezeigt. Die zweite Routine würde das Formular wieder ausblenden, sie ist aber im Editor nicht ansprechbar, solange das Formular geöffnet ist.

```
Private Sub UserForm1Anzeigen()
    UserForm1.Show
End Sub

Private Sub UserForm1Ausblenden()
    UserForm1.Hide
End Sub
```

23.2.2 Einfügen von Steuerelementen

Das Anzeigen einer UserForm hat natürlich nur Sinn, wenn sie über Steuerelemente verfügt, die der Benutzer ansprechen kann. Verwenden Sie die Schaltflächen der *Werkzeugsammlung*, um Steuerelemente in einer *UserForm* hinzuzufügen. Wenn diese *Werkzeugsammlung* nicht sichtbar sein sollte, klicken Sie auf die gleichnamige Schaltfläche in der Symbolleiste *Voreinstellung*.

Hinzufügen

Wählen Sie dazu das gewünschte Steuerelement und ziehen Sie es auf das Formular. Anschließend passen Sie Größe und Form des Steuerelements unter Verwendung eines seiner Ziehpunkte nach Ihren Wünschen an.

Symbol	Name und Wirkung
▶	*Objekte auswählen:* der einzige Befehl in der Werkzeugsammlung, mit dem kein Steuerelement erstellt wird. Damit kann lediglich ein bereits in einem Formular erstelltes Steuerelement markiert werden.
A	*Bezeichnungsfeld (Label):* ermöglicht es, Text festzulegen, den die Benutzer nicht ändern können – beispielsweise unter Abbildungen.
abl	*Textfeld (TextBox):* erstellt ein Textfeld, in dem der Benutzer Daten eingeben oder ändern kann.
🔡	*Kombinationsfeld (ComboBox):* ermöglicht das Erstellen einer Kombination aus einem Listenfeld und einem Textfeld. Die Benutzer können ein Objekt aus der Liste auswählen oder im Textfeld eine Eingabe vornehmen.
🔡	*Listenfeld (ListBox):* erstellt ein Element mit einer Liste zur Anzeige einer Liste mit Elementen, unter denen die Benutzer eine Auswahl treffen können. Enthält die Liste mehr Elemente als gleichzeitig dargestellt werden können, kann in der Liste ein Bildlauf durchgeführt werden.
☑	*Kontrollkästchen (CheckBox):* erstellt ein Feld, das die Benutzer aktivieren können, um eine *Wahr/Falsch*-Bedingung auszudrücken.

Symbol	Name und Wirkung
⊙	*Optionsfeld (OptionButton):* ermöglicht die Anzeige mehrerer Wahlmöglichkeiten, aus denen der Benutzer nur genau eine Option auswählen kann.
⊐	*Umschaltfeld (ToggleButton):* erstellt eine Schaltfläche, mit der ein Element ein- oder ausgeschaltet werden kann.
▣ˣʸᶻ	*Rahmen (Frame):* wird dazu verwendet, weitere Steuerelemente in identifizierbaren Gruppen zusammenzufassen. Normalerweise wird damit ein größeres Formular mit Hilfe von Gruppenfeldern nach Funktionsbereichen unterteilt.
⌐	*Befehlsschaltfläche (CommandButton):* stellt eine Standardschaltfläche zur Verfügung, auf die der Benutzer zum Ausführen von Aktionen klicken kann.
⊡	*Register (TabStrip):* ermöglicht die Definition mehrerer Seiten für einen Fenster- oder Dialogfeldbereich in der Anwendung.
⊡	*Multiseiten (MultiPage):* fasst mehrere Seiten mit Informationen innerhalb einer Gruppe zusammen.
≜	*Bildlaufleiste (ScrollBar):* erstellt eine Bildlaufleiste im Formular, so dass der Benutzer die Anzeige bewegen kann.
♦	*Drehfeld (SpinButton):* kann mit einem anderen Steuerelement zum Erhöhen und Reduzieren von Zahlenwerten verwendet werden.
🖼	*Anzeige (Image):* zeigt eine grafische Darstellung aus einer Bitmap, einem Symbol oder einer Metafile-Datei in Ihrem Formular an.

Tabelle 23.2 Die Elemente der *Werkzeugsammlung*

TIPP Die Werkzeugsammlung kann durch Hinzufügen von Seiten oder Hinzufügen von Steuerelementen im Menü *Extras* über den Befehl *Weitere Steuerelemente* erweitert und angepasst werden.

Ausrichten

Das im Formular angezeigte Raster hilft Ihnen bei der Positionierung der Steuerelemente. Nachdem Sie dem Formular Steuerelemente hinzugefügt haben, finden Sie im Menü *Format* des Editors weitere Befehle zur Ausrichtung und zum Einstellen der Zwischenabstände vor (→ Abbildung 23.6). Mehrere Befehle verlangen ein vorheriges gleichzeitiges Markieren mehrerer Steuerelemente. Dazu klicken Sie die gewünschten Elemente bei gedrückt gehaltener Strg-Taste an oder ziehen mit der Maus einen Rahmen auf, der die gewünschten Steuerelemente zumindest berührt.

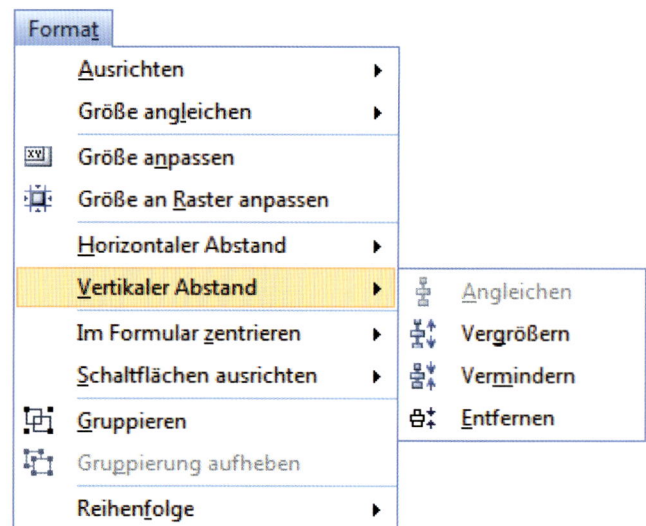

Abbildung 23.6 Das *Format*-Menü hilft bei der Ausrichtung.

TIPP Im Dialogfeld zum Befehl *Optionen* kann auf der Registerkarte *Allgemein* das Formularraster angezeigt und ausgeblendet werden. Und auch die Größe der Rasterlinien lässt sich hier festlegen.

23.2.3 Festlegen von Steuerelementeigenschaften

Jedes einzelne Steuerelement verfügt über eine Vielzahl von Eigenschaften, die unter anderem dessen Optik und Verhalten bestimmen. Da die Steuerelemente zum großen Teil über eine unterschiedliche Funktionalität verfügen, unterscheiden sich die Eigenschaften je nach dem vorliegenden Typ von Steuerelement. Einige Eigenschaften sind aber bei allen Typen gleich.

Eigenschaften zur Entwurfszeit einstellen

Manche Eigenschaften eines Steuerelements lassen sich während des Entwurfs festlegen. Klicken Sie im Entwurfsmodus mit der rechten Maustaste auf ein Steuerelement und wählen Sie im daraufhin geöffneten Kontextmenü den Eintrag *Eigenschaften*, um das Eigenschaftenfenster anzuzeigen (→ Abbildung 23.7). Die Eigenschaftennamen stehen in der linken Spalte des Fensters, die Eigenschaftswerte in der rechten Spalte. Um einen Eigenschaftswert festzulegen, geben Sie den neuen Wert rechts neben dem Eigenschaftennamen ein.

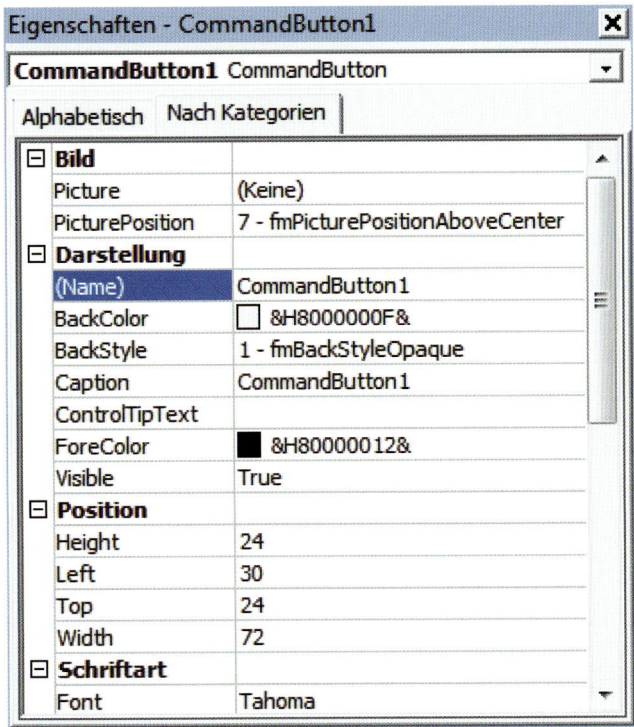

Abbildung 23.7 Die Eigenschaften einer Befehlsschaltfläche

Auch hier werden Ihnen viele der Eigenschaften bereits bekannt vorkommen. Ändern Sie im Eigenschaften-fenster *Name*, *Verhalten* und *Erscheinungsbild* des Formulars. Beispielsweise legen Sie zur Änderung der Formularbeschriftung die *Caption*-Eigenschaft fest.

Eigenschaften zur Laufzeit einstellen

Sie können Steuerelemente zur Laufzeit initialisieren, indem Sie Visual-Basic-Code verwenden. Beispielsweise könnten Sie ein Listenfeld ausfüllen, Textwerte oder Optionsfelder festlegen.

» Die *Text*-Eigenschaft von zwei Textfeldern wird festgelegt. Damit werden die Textfelder mit einer Voreinstellung versehen. Anschließend wird das Formular angezeigt.

```
Private Sub VoreinstellungName()
    With UserForm1
        .TextBox1.Text = „Nachnamen eingeben"
        .TextBox2.Text = „Vornamen eingeben"
        .Show
    End With
End Sub
```

» Im folgenden Beispiel werden Daten mit Hilfe der *AddItem*-Methode einem Listenfeld hinzugefügt. Anschließend wird das Formular angezeigt.

```
Private Sub ListenfeldAnrede()
    With UserForm1
        .ComboBox1.AddItem „Frau"
        .ComboBox1.AddItem „Herr"
        .ComboBox1.AddItem „Frau Dr."
        .ComboBox1.AddItem „Herr Dr."
        .Show
    End With
End Sub
```

23.2.4 Steuerelement- und Formular-ereignisse festlegen

Nachdem Sie Steuerelemente eingefügt haben, fügen Sie Ereignisprozeduren hinzu, um festzulegen, wie die Steuerelemente auf Benutzeraktionen reagieren. Damit legen Sie beispielsweise fest, was passieren soll, wenn der Benutzer auf eine Schaltfläche in der *UserForm* klickt.

Standardereignisse

Benutzerformulare und Steuerelemente besitzen einen vordefinierten Ereignissatz. Um eine Ereignisprozedur für ein Steuerelement oder ein Formular zu schreiben, doppelklicken Sie auf das Formular oder das Steuerelement. Sie können das Formular auch nur im Projekt-Explorer auswählen und dann den Befehl *Code anzeigen* aus dem zugehörigen Kontextmenü wählen. Als Erfolg wird immer das Codefenster zur *UserForm* geöffnet und ein Rahmen für eine Ereignisprozedur erstellt.

» Hatten Sie das Codefenster für das Formular geöffnet, wird der Rahmen für das Ereignis *Click* des Formulars erstellt. Der Name der Prozedur lautet beispielsweise *UserForm_Click()*. Dieses Ereignis tritt dann ein, wenn der Benutzer zur Laufzeit auf das Formular klickt.

» Hatten Sie auf ein Steuerelement – beispielsweise auf eine Befehlsschaltfläche – geklickt, wird der Rahmen für das Ereignis *Click* des Steuerelements erstellt (→ Abbildung 23.8). Der Name der Prozedur lautet dann beispielsweise *CommandButton1_Click()*. Dieses *Click*-Ereignis tritt dann ein, wenn der Benutzer auf die Befehlsschaltfläche klickt.

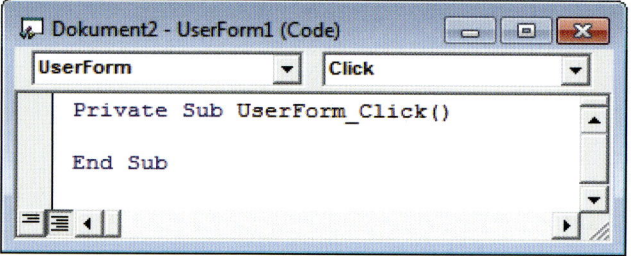

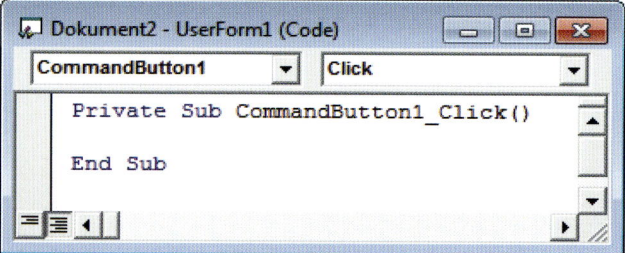

Abbildung 23.8 Das Codefenster zeigt den Rahmen für das Ereignis *Click* an.

TIPP Um die Entwicklung zu vereinfachen, ist es ratsam, Ihre Steuerelemente korrekt zu benennen, bevor Sie den zugehörigen Code schreiben. Wenn Sie einer Ereignisprozedur Code hinzufügen und anschließend den Namen des Steuerelements ändern, verbleibt Ihr Code mit dem vorherigen Namen in den Prozeduren.

In unserem Beispiel sorgt ein Klick auf die Schaltfläche *Einfügen* dafür, dass die Eingaben im Formular in das Dokument übertragen werden. Dafür wurde der folgende Code verwendet:

```
Private Sub CommandButton1_Click()
With Selection
    .Move Unit:=wdParagraph
    .InsertParagraphAfter
    .Collapse Direction:=wdCollapseStart
    .MoveDown Unit:=wdParagraph, Count:=2,
Extend:=wdMove
End With
ActiveDocument.Content.InsertAfter Text:=UserForm1.
TextBox1.Text
With Selection
    .Move Unit:=wdParagraph
    .InsertParagraphAfter
    .Collapse Direction:=wdCollapseStart
    .MoveDown Unit:=wdParagraph, Count:=2,
Extend:=wdMove
End With
...
End Sub
```

Die Bedeutung der einzelnen Bestandteile wird verständlich, nachdem Sie den Abschnitt zu den Verwaltungsaufgaben in diesem Kapitel gelesen haben (→ unten).

Weitere Ereignisse

Das Ereignis *Click* ist aber nicht das einzige, für das Sie einen Behandler schreiben können. Um einen Behandler für ein anderes Ereignis als *Click* zu formulieren, gehen Sie wie folgt vor:

» Wenn die Codeansicht noch nicht angezeigt wird, markieren Sie das Formular oder das gewünschte Steuerelement im Entwurf und rufen den Menübefehl *Ansicht/Code* auf oder drücken F7. Das Codefenster wird angezeigt.

» Wählen Sie im Listenfeld *Objekt* links oben im Code-fenster das Steuerelement aus, zu dem Sie einen Ereignisbehandler schreiben möchten. Alle vorhandenen Steuerelemente werden hier aufgelistet (→ Abbildung 23.9 oben).

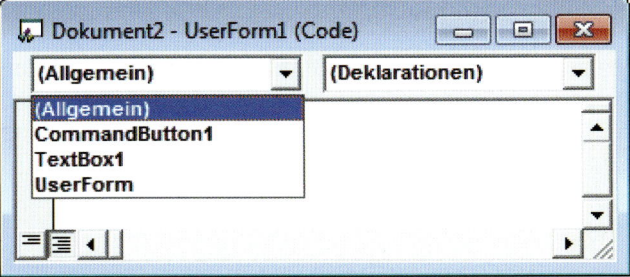

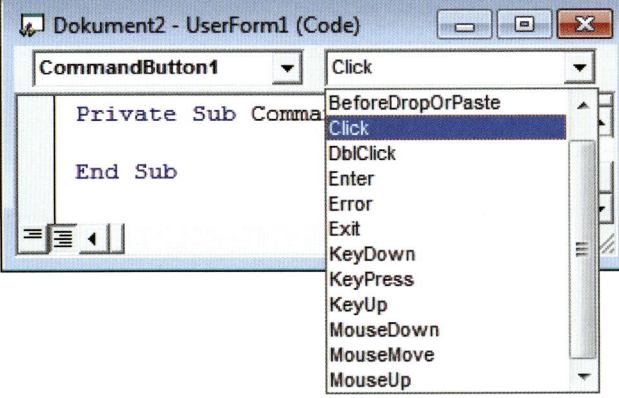

Abbildung 23.9 Wählen Sie das Objekt und das Ereignis aus.

» Wählen Sie dann im Listenfeld *Prozedur* rechts oben im Fenster das Ereignis aus, zu dem Sie einen Behandler schreiben wollen (→ Abbildung 23.9 unten). Wollen Sie beispielsweise erreichen, dass etwas passiert, sobald der Anwender zur Laufzeit eine Taste drückt, während das Steuerelement den Fokus besitzt, verwenden Sie beispielsweise *KeyPress*.

» Automatisch wird der Rahmen für eine Subroutine erstellt, deren Inhalt zur Laufzeit ausgeführt wird, wenn das Ereignis eintritt.

Die Liste der möglichen Ereignisse ist für die meisten Typen von Steuerelementen recht lang. Auf die wichtigsten Ereignisse zu den einzelnen Steuerelementen werden wir in den nachfolgenden Ausführungen eingehen.

Das Initialize-Ereignis

UserForms-Objekte besitzen ein *Initialize*-Ereignis, das beim Öffnen des Formulars angesprochen wird. Wenn Sie das Formular immer mit denselben Voreinstellungen verwenden möchten, empfiehlt es sich, den Code dafür mit diesem *Initialize*-Ereignis zu koppeln. Dies hat den Vorteil, dass der Initialisierungscode beim Formular bleibt.

Im folgenden Code wurde eine solche Initialisierung vorgenommen. In die Textfelder *TextBox1* bis *TextBox5* wurden Anfangswerte geschrieben. Der *ComboBox1* wurden Optionen zugeordnet.

```
Private Sub UserForm_Initialize()
    With UserForm1
        .TextBox1.Text = „Nachname"
        .TextBox2.Text = „Vornamen"
        .TextBox3.Text = „Strasse und Nr."
        .TextBox4.Text = „PLZ"
        .TextBox5.Text = „Ort"
        .ComboBox1.AddItem „Frau"
        .ComboBox1.AddItem „Herr"
        .ComboBox1.AddItem „Frau Dr."
        .ComboBox1.AddItem „Herr Dr."
    End With
End Sub
```

Wenn Sie diese *UserForm* anzeigen lassen, werden festgelegte Eigenschaften automatisch benutzt. Denselben Code benutzt übrigens das *Click*-Ereignis zur Schaltfläche *Löschen* in unserem Beispiel.

23.2.5 Weitere Benutzerformulare

Zwei weitere – einfachere – Formen von Benutzerformularen kennen Sie schon aus der Arbeit an den vorherigen Kapiteln – *MsgBox* und *InputBox*. Hier ist der Ort, um etwas intensiver auf diese Werkzeuge einzugehen.

Die *MsgBox*-Funktion

Die Funktion *MsgBox* dient zur Anzeige von Daten. Die vollständige Syntax benutzt mehrere Argumente und lautet *MsgBox(prompt[, buttons] [, title] [, helpfile, context])*. Erforderlich ist dabei nur *prompt*. Die restlichen Argumente in eckigen Klammern sind optional (→ Tabelle 23.4). Wenn Sie außer *prompt* noch weitere Argumente angeben möchten, müssen Sie *MsgBox* in einem Ausdruck verwenden. Wenn Sie einige Argumente auslassen wollen, müssen Sie dennoch das entsprechende Komma als Trennzeichen angeben.

Argument	Beschreibung
prompt	Ein Zeichenfolgenausdruck, der als Meldung im Dialog-feld erscheint. Die Maximallänge ist - je nach Breite der verwendeten Zeichen - etwa 1.024 Zeichen.
buttons	Ein numerischer Ausdruck, der der Summe der Werte entspricht, die Anzahl und Typ der anzuzeigenden Elemente angeben (→ unten). Der Standardwert ist *0*.
title	Ein Zeichenfolgenausdruck, der in der Titelleiste des Dialogfelds angezeigt wird. Wenn Sie *title* nicht ange-ben, wird der Name der Anwendung angezeigt.
helpfile	Ein Zeichenfolgenausdruck, der die Hilfedatei mit der kontextbezogenen Hilfe für das Dialogfeld angibt.
context	Ein numerischer Ausdruck mit der Hilfekontextken-nung, die der Autor der Hilfe für das entsprechende Hilfethema gegeben hat.

Tabelle 23.3 Argumente der Funktion *MsgBox*

TIPP Wenn sowohl *helpfile* als auch *context* ange-geben werden, können Sie die F1-Taste drücken, um das Hilfethema für *context* anzuzeigen.

Beachten Sie die folgenden zusätzlichen Hinweise:

» Wenn *prompt* aus mehreren Zeilen besteht, müs-sen Sie die Zeilen mit einem Wagenrücklaufzeichen (*Chr(13)*), einem Zeilenvorschubzeichen (*Chr(10)*) oder einer Kombination aus Wagenrücklaufzeichen und Zeilenvorschubzeichen trennen. Beispielsweise bewirkt der Code *MsgBox("Fehler!" & Chr(13) & "Wie-derholen Sie die Eingabe")* die Ausgabe einer zwei-zeiligen Nachricht.

» Für das Argument *buttons* können Sie beispielswei-se neben der Schaltfläche *OK* weitere Schaltflächen anzeigen lassen. Der Code *MsgBox("Fehler bei der Eingabe!", 2)* zeigt zusätzlich zum *prompt* auch die Schaltflächen *Abbrechen*, *Wiederholen* und *Ignorie-ren* an. Der Aufruf muss aber in diesem Fall inner-halb eines Ausdrucks erfolgen.

Wert	Beschreibung
0	Nur die Schaltfläche *OK* anzeigen
1	Schaltflächen *OK* und *Abbrechen* anzeigen
2	*Abbrechen*, *Wiederholen* und *Ignorieren* anzeigen

Wert	Beschreibung
3	Schaltflächen *Ja*, *Nein* und *Abbrechen* anzeigen
4	Schaltflächen *Ja* und *Nein* anzeigen
5	*Wiederholen* und *Abbrechen* anzeigen

Tabelle 23.4 Werte zur Anzeige von Schaltflächen

» Sie können auch verschiedene Symbole im Dialog-feld anzeigen lassen (→ Tabelle 23.5).

Wert	Beschreibung
16	Meldung mit *Stop*-Symbol anzeigen
32	Meldung mit *Fragezeichen*-Symbol anzeigen
48	Meldung mit *Ausrufezeichen*-Symbol anzeigen
64	Meldung mit *Info*-Symbol anzeigen

Tabelle 23.5 Werte zur Anzeige von Symbolen

» Außerdem können Sie eine Schaltfläche als Stan-dard festlegen. Diese Schaltfläche ist bereits bei der Anzeige aktiviert und kann durch Drücken von ↵ ausgelöst werden (→ Tabelle 23.6).

Wert	Beschreibung
0	Erste Schaltfläche ist Standardschaltfläche.
256	Zweite Schaltfläche ist Standardschaltfläche.
512	Dritte Schaltfläche ist Standardschaltfläche.
768	Vierte Schaltfläche ist Standardschaltfläche.

Tabelle 23.6 Werte zum Festlegen der Standardschaltfläche

» Als zusätzliche Möglichkeit können Sie festlegen, in welcher Form das Dialogfeld gebunden ist (→ Tabel-le 23.7).

Wert	Beschreibung
4096	An das System gebundenes Meldungsfeld
16384	Fügt eine Hilfeschaltfläche hinzu.
65536	Legt das Dialogfeld als Vordergrundfenster fest.
524288	Der Text wird rechtsbündig ausgerichtet.

Tabelle 23.7 Werte zum Festlegen der Bindung

» Sie können mehrere Elemente aus den eben be-schriebenen Gruppen kombinieren, indem Sie die als Argument dienenden Zahlenwerte addieren. Bei-spielsweise bewirkt der Code *MsgBox("Falsche Ein-gabe", 18)*, dass neben *Falsche Eingabe* die Schaltflä-chen *Abbrechen*, *Wiederholen* und *Ignorieren* (Wert 2) und ein zusätzliches *Stop*-Symbol (Wert 16) ange-zeigt werden.

» Die Funktion *MsgBox* gibt auch einen Wert zurück. Diese Konstanten sind durch Visual Basic für Appli-cations festgelegt (→ Tabelle 23.8). Daher können die Namen an einer beliebigen Stelle im Code an-stelle der tatsächlichen Werte verwendet werden. Die Rückgabewerte können Sie beispielsweise ver-wenden, um über eine Abfrage – beispielsweise *If...Then* oder *Select Case* – unterschiedliche Aktionen ausführen zu lassen.

Konstante	Wert	Beschreibung
vbOK	1	*OK*
vbCancel	2	*Abbrechen*
vbAbort	3	*Abbruch*
vbRetry	4	*Wiederholen*
vbIgnore	5	*Ignorieren*
vbYes	6	*Ja*
vbNo	7	*Nein*

Tabelle 23.8 Rückgabewerte der *MsgBox*-Funktion

Wenn im Dialogfeld die Schaltfläche *Abbrechen* angezeigt wird, hat das Drücken von Esc dieselbe Wirkung wie ein Klick auf die Schaltfläche *Abbrechen*.

Die Funktion *InputBox*

Die Funktion *InputBox* zeigt eine Eingabeaufforderung in einem Dialogfeld an, wartet auf eine Eingabe und gibt den eingegebenen Wert zurück, der den Inhalt des Textfelds angibt. Die komplette Syntax lautet *InputBox(prompt, title, default, xpos, ypos, helpfile, context)*. Eingegeben werden muss nur der Parameter *Prompt*. Die restlichen Parameter sind optional (→ Tabelle 23.9). Wenn Sie au-ßer dem Argument *prompt* weitere Argumente angeben möchten, müssen Sie *InputBox* in einem Ausdruck ver-wenden.

Argument	Beschreibung
prompt	Ein Zeichenfolgenausdruck, der als Meldung im Dialog-feld erscheint
title	Ein Zeichenfolgenausdruck, der in der Titelleiste des Dialogfeldes angezeigt wird.
default	Ein Zeichenfolgenausdruck, der als Voreinstellung im Textfeld angezeigt wird
xpos, ypos	Numerische Ausdrücke, die den horizontalen und verti-kalen Abstand (in Twips) des Rands des Dialogfelds vom Rand des Bildschirms festlegen
helpfile, context	Verweist auf eine Hilfedatei zum Dialogfeld.

Tabelle 23.9 Argumente der Funktion *InputBox*

Beispielsweise bewirkt der Code *InputBox(»Geben Sie den Wert ein«, »Eingabe«, »0«, 1, 1)*, dass die InputBox in der linken oberen Ecke des Bildschirms mit *Eingabe* in der Titelzeile und dem Wert *0* als Voreinstellung an-gezeigt wird.

Und da wir gerade Benutzerformulare ansprechen: Auch *MsgBox* und *InputBox* gehören zu den Benutzerformu-laren. Hier ist der Ort, um etwas intensiver auf diese Werkzeuge einzugehen (→ Abschnitt 23.2.5). Sie werden sehen, dass hinter diesen Werkzeugen mehr steckt als vermutet.

23.3 Verwaltungsaufgaben in Word

Eine der Aufgaben, die Sie in Word wahrscheinlich öfter mit VBA regeln werden, ist das Durchführen von Verwal-tungtätigkeiten. Dazu gehören beispielsweise das Steu-ern von Word oder anderen Office-Programmen oder das Erstellen, Öffnen und Speichern von Dokumenten.

23.3.1 Word über das *Application*-Objekt steuern

Beginnen wir ganz oben: Das *Application*-Objekt stellt die Microsoft-Word-Anwendung dar. Es enthält Eigen-schaften und Methoden, die Objekte der obersten Ebene zurückgeben. Zum Beispiel gibt die *ActiveDocument*-Eigenschaft ein *Document*-Objekt zurück.

TIPP Viele der Eigenschaften und Methoden davon können auch eingesetzt werden, ohne den *Application*-Objektqualifizierer verwenden zu müssen. An Stelle von *Application.ActiveDocument.PrintOut* können Sie beispielsweise auch einfach *ActiveDocument.PrintOut* schreiben. Solche Eigenschaften und Methoden, die ohne den *Application*-Objektqualifizierer verwendet werden können, werden als global bezeichnet. Um die globalen Eigenschaften und Methoden im Objektkatalog anzuzeigen, klicken Sie im Objektkatalog in der Liste im Feld *Klassen* auf <*Global*> (→ Kapitel 21).

Methoden

Wie wollen Ihnen zunächst einige wichtige Methoden des *Application*-Objekts auflisten (→ Tabelle 23.10). Vielleicht sind die nachfolgend erwähnten Beispiele interessant für Sie, auf jeden Fall zeigen sie Ihnen, wie man mit diesem Objekt umgeht.

Name	Beschreibung
Activate	Aktiviert das angegebene Objekt.
CheckGrammar	Überprüft eine Zeichenfolge auf grammatische Fehler. Gibt ein *Boolean*-Objekt zurück, das angibt, ob die Zeichenfolge Grammatikfehler enthält. Gibt *True* zurück, wenn die Zeichenfolge keine Fehler enthält.
CheckSpelling	Überprüft eine Zeichenfolge auf Rechtschreibfehler. Gibt ein *Boolean*-Objekt zurück, das angibt, ob die Zeichenfolge Rechtschreibfehler enthält. Gibt *True* zurück, wenn die Zeichenfolge keine Fehler enthält.
CleanString	Entfernt aus der angegebenen Zeichenfolge nicht druckbare Zeichen (Zeichencodes 1 bis 29) und spezielle Word-Zeichen oder ersetzt sie durch Leerzeichen (Zeichencode 32). Gibt das Ergebnis als *String* zurück.
CompareDocuments	Vergleicht zwei Dokumente und gibt ein Document-Objekt zurück, das das Dokument darstellt, in dem die Unterschiede zwischen den beiden Dokumenten in Form verfolgter Änderungen enthalten sind.
GoBack	Bewegt die Einfügemarke zwischen den drei Positionen im aktiven Dokument, an denen zuletzt Bearbeitungen vorgenommen wurden. Das entspricht dem Drücken von Umschalt + F5 .

Name	Beschreibung
GoForward	Verschiebt die Einfügemarke vorwärts an die drei letzten Positionen, an denen im aktiven Dokument Änderungen vorgenommen wurden.
Help	Zeigt die installierten Hilfeinformationen an.
HelpTool	Ändert den Zeiger von einem Pfeil in ein Fragezeichen. Dies bedeutet, dass durch Klicken auf einen Befehl oder ein Bildschirmelement kontextbezogene Hilfe aufgerufen werden kann. Wenn Sie auf *Text* klicken, wird in Word ein Feld eingeblendet, in dem die aktuellen Formate von Absätzen und Zeichen beschrieben werden. Durch Drücken von ESC wird der Zeiger wieder als Pfeil dargestellt.
Keyboard	Gibt die Tastatursprache und die Layouteinstellungen zurück oder legt sie fest.
NewWindow	Öffnet ein neues Fenster mit demselben Dokument wie das angegebene Fenster. Gibt ein *Window*-Objekt zurück.
PrintOut	Druckt das angegebene Dokument ganz oder teilweise.
Quit	Beendet Microsoft Office Word und speichert die geöffneten Dokumente oder leitet sie weiter (optional).
Repeat	Wiederholt die jeweils zuletzt ausgeführte Bearbeitungsaktion ein oder mehrere Male. Gibt *True* zurück, wenn die Befehle erfolgreich wiederholt wurden.
ShowClipboard	Zeigt den Aufgabenbereich *Zwischenablage* an.

Tabelle 23.10 Einige wichtige Methoden zum *Application*-Objekt

Tastenkombinationen auflisten

Mit der *Application.ListCommands*-Methode wird ein neues Dokument erstellt, in dem eine Tabelle mit den dazugehörigen Tastenkombinationen eingefügt wird. Die Syntax lautet *Ausdruck.ListCommands(ListAllCommands)*. Der Parameter *ListAllCommands* ist erforderlich und vom Typ *Boolean*. Mit *True* werden alle Word-Befehle und deren benutzerdefinierte oder vordefinierte Zuweisungen berücksichtigt. Bei *False* werden nur Befehle mit benutzerdefinierten Zuweisungen berücksichtigt.

Mit dem folgenden Code wird ein neues Dokument erstellt, in dem alle Word-Befehle zusammen mit den dazugehörigen Tastenkombinationen und Menüzuweisungen aufgelistet sind. Dann wird das neue Dokument gedruckt und ohne Speichern der Änderungen geschlossen.

```
Sub ...
    Application.ListCommands ListAllCommands:=True
    With ActiveDocument
        .PrintOut
        .Close SaveChanges:=wdDoNotSaveChanges
    End With
End Sub
```

Die Hilfeinformationen anzeigen

Die *Application.Help*-Methode zeigt die installierten Hilfeinformationen an. Die Syntax lautet *Ausdruck. Help(HelpType)*. Der Parameter *HelpType* gibt den Typ des anzuzeigenden Hilfethemas oder Hilfefensters an (→ Tabelle 23.11).

Name	Wert	Beschreibung
wdHelp	0	Zeigt das Dialogfeld *Hilfethemen* an.
wdHelpAbout	1	Zeigt das Dialogfeld *Info* an.
wdHelpActiveWindow	2	Zeigt eine Beschreibung des Befehls an, der mit der aktiven Ansicht oder dem Ausschnitt verbunden ist.
wdHelpExamplesAnd-Demos	4	Zeigt Beispiele und Demos an.
wdHelpUsingHelp	10	Zeigt eine Liste der Hilfethemen mit einer Beschreibung zur Verwendung der Hilfe an.

Tabelle 23.11 Einige Werte für *HelpType*

Mit dem folgenden Code wird das Dialogfeld *Hilfethemen* angezeigt.

```
Sub ...
    Help HelpType:=wdHelp
End Sub
```

Einen Hintergrundtimer starten

Die *Application.OnTime*-Methode startet einen Hintergrundtimer, der ein Makro zu einer angegebenen Uhrzeit ausführt. Die Syntax dafür lautet *Ausdruck. OnTime(When, Name, Tolerance)*. Beachten Sie die Parameter (→ Tabelle 23.16).

ACHTUNG In Word kann jeweils nur ein mit *OnTime* festgelegter Hintergrundtimer eingesetzt werden. Wenn Sie einen weiteren Timer starten, bevor ein vorhandener Timer ausgeführt werden konnte, wird der vorhandene Timer abgebrochen.

» Mit dem folgenden Code wird das Makro *Macro1* im aktuellen Modul um *15:55* Uhr ausgeführt.

```
Sub … ...
Application.OnTime When:="15:55:00",
Name:="Macro1"
End Sub
```

» Der Code startet das Makro *Macro1* 15 Sekunden nach dem Ausführen des Codes. Der Makroname enthält den Namen des Projekts und des Moduls.

```
Sub … ...
    Application.OnTime When:=Now +
TimeValue(„00:00:15"), _
        Name:="Project1.Module1.Macro1"
End Sub
```

Name	Erforderlich/Optional	Datentyp	Beschreibung
When	Erforderlich	Variant	Die Zeit, zu der das Makro ausgeführt werden soll
Name	Erforderlich	String	Der Name des auszuführenden Makros. Verwenden Sie für den Parameter *Name* den vollständigen Makropfad, um sicherzustellen, dass das richtige Makro ausgeführt wird - beispielsweise »*Project.Module1.Macro1*«.
Tolerance	Optional	Variant	Der maximale Zeitraum in Sekunden, nach dem ein Makro abgebrochen wird, das zu dem mit *When* festgelegten Zeitpunkt nicht ausgeführt werden konnte

Tabelle 23.12 Die Parameter zur *Application.OnTime*-Methode

625

Den Mauszeiger mit einem Fragezeichen versehen

Die *Application.HelpTool*-Methode ändert den Mauszeiger von einem Pfeil in ein Fragezeichen. Dies bedeutet, dass durch Klicken auf einen Befehl oder ein Bildschirmelement eine kontextbezogene Hilfe aufgerufen werden kann. Wenn Sie auf Text klicken, wird in Word ein Feld eingeblendet, in dem die aktuellen Formate von Absätzen und Zeichen beschrieben werden. Durch Drücken von `Esc` wird der Zeiger wieder als Pfeil dargestellt.

Mit dem folgenden Code wird der Mauszeiger von einem Pfeil in ein Fragezeichen geändert.

```
Sub … ...
    Application.HelpTool
End Sub
```

Die Tastatursprache festlegen oder anzeigen

Über die *Application.Keyboard*-Methode geben Sie die Tastatursprache und die Layouteinstellungen zurück oder Sie legen sie fest. Die Syntax lautet *Ausdruck. Keyboard(LangId)*. Der Parameter *LangId* ist vom Typ *Long* und optional. Wenn dieses Argument weggelassen wird, gibt die Methode die aktuellen Einstellungen für Sprache und Layout zurück.

In diesem Beispiel werden einer Variablen die aktuelle Tastatursprache und Layouteinstellung zugewiesen. Das Ergebnis wird angezeigt.

```
Sub Makro1()
    Dim lngKeyboard As Long
    lngKeyboard = Application.Keyboard
    MsgBox lngKeyboard
End Sub
```

Ein Fenster auf dem Bildschirm positionieren

Über die *Application.Move*-Methode können Sie das aktive Dokumentfenster auf dem Bildschirm positionieren. Die Syntax lautet *Ausdruck.Move(Left, Top)*. *Left* und *Top* sind erforderliche Parameter vom Typ *Long* und geben die Position der linken oberen Ecke des Fensters an.

In diesem Beispiel wird das Programm Microsoft Excel gestartet und mit der *Move*-Methode das Anwendungsfenster neu positioniert.

```
Sub … ...
    Shell „Excel.exe"
    With Tasks(„Microsoft Excel")
        .WindowState = wdWindowStateNormal
```

```
        .Move Top:=50, Left:=50
    End With
End Sub
```

Ein neues Fenster erstellen

Die *Application.NewWindow*-Methode öffnet ein neues Fenster mit demselben Dokument wie das angegebene Fenster. Die Syntax lautet einfach *Ausdruck. NewWindow(ArrageStyle)*. *ArrageStyle* beschreibt die Fensteranordnung und kann eine der *WdArrangeStyle*-Konstanten *wdIcons* oder *wdTiled* sein.

In diesem Beispiel wird ein neues Fenster geöffnet, dann werden alle geöffneten Fenster angeordnet, anschließend wird das neue Fenster geschlossen. Zum Schluss werden die geöffneten Fenster neu angeordnet.

```
Sub … ...
    Set myWindow = NewWindow
    MsgBox „Weiter"
    Windows.Arrange ArrangeStyle:=wdTiled
    MsgBox „Weiter"
    myWindow.Close
    MsgBox „Weiter"
    Windows.Arrange ArrangeStyle:=wdTiled
End Sub
```

Word beenden

Zum Beenden von Word benutzen Sie die *Application.Quit*-Methode Die Syntax lautet *Ausdruck.Quit(SaveChanges, Format, RouteDocument)*. Die Parameter sind optional (→ Tabelle 23.13 bis Tabelle 23.15).

Name	Beschreibung
SaveChanges	Gibt an, ob Word geänderte Dokumente vor dem Beenden speichert. Dabei handelt es sich um eine *WdSaveOptions*-Konstante (→ Tabelle 23.14).
OriginalFormat	Gibt an, wie Dokumente in Word gespeichert werden, deren ursprüngliches Format ein anderes als das Format *Word-Dokument* war. Dabei handelt es sich um eine *WdOriginalFormat*-Konstante (→ Tabelle 23.15).
RouteDocument	*True*, wenn das Dokument an den nächsten Empfänger weitergeleitet werden soll. Wenn das Dokument nicht mit einer Verteilerliste versehen ist, wird dieses Argument ignoriert.

Tabelle 23.13 Die Parameter zu *Quit*

Name	Wert	Beschreibung
wdDoNotSaveChanges	0	Anstehende Änderungen werden nicht gespeichert.
wdPromptToSaveChanges	-2	Der Benutzer wird aufgefordert, anstehende Änderungen zu speichern.
wdSaveChanges	-1	Anstehende Änderungen werden automatisch gespeichert.

Tabelle 23.14 Die *WdSaveOptions*-Konstanten

Name	Wert	Beschreibung
wdOriginalDocumentFormat	1	Originaldokument
wdPromptUser	2	Der Benutzer wird aufgefordert, ein Dokumentformat auszuwählen.
wdWordDocument	0	Microsoft-Word-Dokument

Tabelle 23.15 Die *WdOriginalFormat*-Konstanten

» Mit dem folgenden Code wird Word beendet und der Benutzer aufgefordert, die Dokumente zu speichern, die seit dem letzten Speichern geändert wurden.

```
Sub … ...
Application.Quit SaveChanges:=wdPromptToSaveCha
nges
End Sub
```

» In diesem Code wird der Benutzer aufgefordert, alle Dokumente zu speichern. Klickt der Benutzer auf *Ja*, werden alle Dokumente vor dem Beenden im Word-Format gespeichert.

```
Sub ...
Dim Frage As Integer
Frage = _
   MsgBox("Wollen Sie alle Dokumente
speichern?", vbYesNo)
If Frage = vbYes Then Application.Quit _
   SaveChanges:=wdSaveChanges,
OriginalFormat:=wdWordDocument
End Sub
```

Den Aufgabenbereich *Zwischenablage* anzeigen

Die *Application.ShowClipboard*-Methode zeigt den Aufgabenbereich *Zwischenablage* an. Die Syntax lautet einfach *Ausdruck.ShowClipboard*. Mit dem folgenden Code wird der Aufgabenbereich *Zwischenablage* angezeigt.

```
Sub ...
   Application.ShowClipboard
End Sub
```

Eigenschaften

Außerdem verfügt das *Application*-Objekt noch über eine Reihe von teilweise sehr interessanten Eigenschaften (→ Tabelle 23.16).

Name	Beschreibung
ActiveDocument	Gibt ein *Document*-Objekt zurück, welches das aktive Dokument (das Dokument im Vordergrund) repräsentiert. Wenn keine Dokumente geöffnet sind, tritt ein Fehler auf.
ActivePrinter	Gibt den Namen des aktiven Druckers zurück oder legt ihn fest. String-Wert mit Lese-/Schreibzugriff.
ActiveWindow	Gibt ein *Window*-Objekt zurück, welches das aktive Fenster repräsentiert (das Fenster im Vordergrund). Wenn keine Fenster geöffnet sind, tritt ein Fehler auf.
Browser	Gibt ein *Browser*-Objekt zurück, das die Schaltfläche *Browseobjekt auswählen* auf der vertikalen Bildlaufleiste darstellt.
Dialogs	Gibt eine *Dialogs*-Auflistung zurück, die alle integrierten Dialogfelder in Word repräsentiert.
Documents	Gibt eine *Documents*-Auflistung zurück, die alle geöffneten Dokumente darstellt.
FileDialog	Gibt ein *FileDialog*-Objekt zurück, das eine einzelne Instanz eines Dateidialogfelds repräsentiert.

Name	Beschreibung
RecentFiles	Gibt eine *RecentFiles*-Auflistung mit den zuletzt geöffneten Dateien zurück.
Selection	Gibt das *Selection*-Objekt zurück, das einen markierten Bereich oder einen Einfügepunkt repräsentiert.
StartupPath	Gibt den vollständigen Pfad des Startordners zurück oder legt ihn fest, wobei das letzte Trennzeichen ausgeschlossen wird. *String*-Wert mit Lese-/Schreibzugriff.
StatusBar	Zeigt den angegebenen Text in der Statusleiste an. Lesegeschützter *String*-Wert.

Tabelle 23.16 Einige interessante Eigenschaften zum *Application*-Objekt

Ereignisse

Auch einige Ereignisse sind interessant (➜ Tabelle 23.17).

Name	Tritt ein, ...
DocumentBefore-Close	bevor ein geöffnetes Dokuments geschlossen wird.
DocumentBeforePrint	bevor ein geöffnetes Dokument gedruckt wird.
DocumentBeforeSave	bevor ein geöffnetes Dokument gespeichert wird.
DocumentChange	wenn ein neues Dokument erstellt, ein vorhandenes Dokument geöffnet oder ein anderes Dokument aktiviert wird.
DocumentOpen	wenn ein Dokument geöffnet wird.
NewDocument	wenn ein neues Dokument erstellt wird.
Quit	wenn der Benutzer Word beendet.
WindowSize	wenn die Größe des Anwendungsfensters geändert oder das Fenster bewegt wird.

Tabelle 23.17 Einige Ereignisse zum Application-Objekt

23.3.2 Dokumente über das *Document*-Objekt steuern

VBA benutzt zum Verwalten von Word-Dokumenten die Methoden des *Document*-Objekts oder der *Documents*-Auflistung. Sie können darüber beispielsweise ein neues Dokument erstellen, ein bestehendes öffnen, ein geöffnetes speichern, ein Dokument aktivieren oder auch feststellen, ob es akti-

viert ist. Wir wollen Ihnen zunächst einige der wichtigsten Methoden, Eigenschaften und Ereignisse auflisten (➜ Tabelle 23.18 bis Tabelle 23.20). Dann liefern wir Ihnen einige Beispiele für den Einsatz.

Name	Beschreibung
Activate	Aktiviert das angegebene Dokument, so dass es als aktives Dokument fungiert.
AutoFormat	Formatiert ein Dokument automatisch.
AutoSummarize	Erstellt eine automatische Zusammenfassung des angegebenen Dokuments und gibt ein *Range*-Objekt zurück.
CheckGrammar	Startet die Grammatikprüfung für das angegebene Dokument oder den angegebenen Bereich.
CheckSpelling	Startet die Rechtschreibprüfung für das angegebene Dokument oder den angegebenen Bereich.
Close	Schließt das angegebene Dokument.
ClosePrintPreview	Wechselt von der Seitenansicht des angegebenen Dokuments zur vorherigen Ansicht.
DowngradeDocument	Stuft ein Dokument auf das Word-97-2003-Dokumentformat zurück, so dass es in einer früheren Version von Microsoft Office Word bearbeitet werden kann.
FitToPages	Verringert den Schriftgrad von Text so weit, dass das Dokument um eine Seite kürzer wird.
GoTo	Gibt ein *Range*-Objekt zurück, das die Startposition des angegebenen Elements darstellt, z.B. eine Seite, Textmarke oder ein Feld.
PrintOut	Druckt das angegebene Dokument ganz oder teilweise.
Redo	Stellt die letzte Aktion wieder her, die rückgängig gemacht wurde (kehrt die *Undo*-Methode um). Gibt *True* zurück, wenn die Aktionen erfolgreich wiederhergestellt wurden.
Save	Speichert alle Dokumente in der *Documents*-Auflistung.
SaveAs	Speichert das angegebene Dokument unter einem neuen Namen oder in einem neuen Format. Einige Argumente für diese Methode entsprechen den Optionen im Dialogfeld *Speichern unter*.

Name	Beschreibung
Select	Wählt den Inhalt des angegebenen Dokuments aus.
Undo	Macht die letzte Aktion oder eine Folge von Aktionen rückgängig, die in der *Undo*-Liste angezeigt werden. Gibt *True* zurück, wenn die Aktionen erfolgreich rückgängig gemacht wurden.
UndoClear	Löscht die Liste der Aktionen, die für das angegebene Dokument rückgängig gemacht werden können.

Tabelle 23.18 Einige Methoden zum *Document*-Objekt

Name	Beschreibung
FullName	Gibt einen String-Wert zurück, der den Namen eines Dokuments darstellt, einschließlich des Pfads.
Hyperlinks	Gibt eine *Hyperlinks*-Auflistung zurück, die alle Hyperlinks im angegebenen Dokument darstellt.
Name	Gibt den Namen des angegebenen Objekts zurück. Schreibgeschützter Wert vom Typ *String*.
Paragraphs	Gibt eine *Paragraphs*-Auflistung zurück, die alle Absätze im angegebenen Dokument darstellt.
Password	Legt ein Kennwort fest, das zum Öffnen des angegebenen Dokuments angegeben werden muss. Lesegeschützter *String*-Wert.
ReadOnly	*True*, wenn Änderungen am Dokument nicht im Originaldokument gespeichert werden können. Schreibgeschützter Wert vom Typ *Boolean*.
Saved	*True*, wenn sich das angegebene Dokument oder die angegebene Vorlage seit dem letzten Speichern nicht geändert hat. *False*, wenn beim Schließen des Dokuments von Microsoft Office Word eine Aufforderung zum Speichern der Änderungen angezeigt wird. Wert vom Typ *Boolean* mit Lese-/Schreibzugriff.
Sections	Gibt eine *Section*-Auflistung zurück, die die Abschnitte im angegebenen Dokument darstellt.
Sentences	Gibt eine *Sentences*-Auflistung zurück, die alle Sätze des Dokuments darstellt.
Signatures	Gibt eine *SignatureSet*-Auflistung zurück, die die digitalen Signaturen eines Dokuments repräsentiert.
Tables	Gibt eine *Table*-Auflistung zurück, die alle Tabellen im angegebenen Dokument darstellt.

Name	Beschreibung
Words	Gibt eine *Words*-Auflistung zurück, die alle Wörter eines Dokuments darstellt.

Tabelle 23.19 Einige Eigenschaften des *Document*-Objekts

Name	Beschreibung
Close	Tritt ein, wenn ein Dokument geschlossen wird.
New	Tritt ein, wenn ein neues Dokument auf Grundlage der Vorlage erstellt wird. Eine Prozedur für das *New*-Ereignis wird nur ausgeführt, wenn sie in einer Vorlage gespeichert ist.
Open	Tritt ein, wenn ein Dokument geöffnet wird.

Tabelle 23.20 Einige Ereignisse zum *Document*-Objekt

CD-ROM Wenn Sie die nachfolgenden Codes am Beispiel kontrollieren wollen, können Sie in der Beispieldatei *Dokument23b.docm* die *Userform1* benutzen (→ Abbildung 23.10). Sie bringen dieses Formular über *Makro1* auf den Bildschirm. Die Registerkarte *Dokumente verwalten* darin liefert mehrere Schaltflächen mit dem Namen *Ausführen*, die Sie anklicken können, um die entsprechende Aktion durchzuführen.

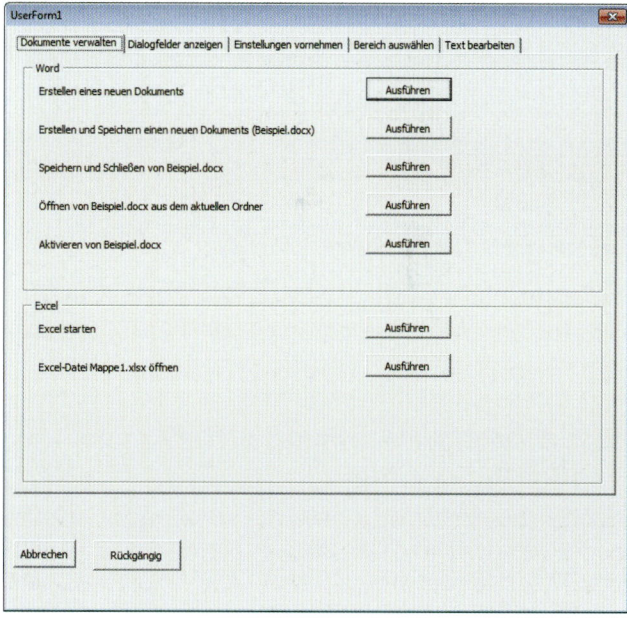

Abbildung 23.10 Die Registerkarte *Dokumente verwalten* in der *UserForm1*.

Erstellen eines neuen Dokuments

Die *Documents*-Auflistung enthält alle geöffneten Dokumente. Wenn Sie ein neues Dokument erstellen möchten, fügen Sie mithilfe der *Add*-Methode ein *Document*-Objekt zur *Documents*-Auflistung hinzu. Benutzen Sie dazu die Anweisung *Documents.Add*.

Ein besseres Verfahren zum Erstellen eines Dokuments besteht darin, den Rückgabewert einer Objektvariablen zuzuweisen. Die *Add*-Methode gibt ein *Document*-Objekt zurück, das sich auf das neue Dokument bezieht.

» Das *Document*-Objekt, das von der *Add*-Methode zurückgegeben wird, wird einer Objektvariablen zugewiesen. Anschließend wird damit ein neues Dokument erstellt.

```
Sub ...
    Dim DocNeu As Document
    Set DocNeu = Documents.Add
End Sub
```

» Der folgende Code tut dasselbe, anschließend werden mehrere Eigenschaften und Methoden des *Document*-Objekts festgelegt: Die Schriftart wird festgelegt und das Dokument wird als *Beispiel.docx* gespeichert.

```
Sub ...
    Dim DocNeu As Document
    Set DocNeu = Documents.Add
    With DocNeu
        .Content.Font.Name = „Tahoma"
        .SaveAs FileName:="Beispiel.docx"
    End With
End Sub
```

Öffnen eines Dokuments

Zum Öffnen eines vorhandenen Dokuments verwenden Sie die *Open*-Methode der *Documents*-Auflistung. Sie können als Argument von *FileName* den Dateinamen oder den gesamtem Pfad angeben.

Das Dokument *Beispiel.docx* wird aus dem aktuellen Ordner geöffnet.

```
Sub OpenDocument()
    Documents.Open FileName:="Beispiel.docx"
End Sub
```

Speichern eines neuen Dokuments

Zum Speichern eines einzelnen Dokuments verwenden Sie die *SaveAs*-Methode mit einem *Document*-Objekt. Das *FileName*-Argument kann entweder nur den Dateinamen oder den vollständigen Pfad – zum Beispiel *C:\ Dokumente\Dokument.docx* – enthalten.

Das aktive Dokument als *Beispiel.docx* wird im aktuellen Ordner gespeichert.

```
Sub SaveNewDocument()
    ActiveDocument.SaveAs FileName:="Beispiel.docx"
End Sub
```

Erneutes Speichern der Dokumente

Zum Speichern eines einzelnen Dokuments verwenden Sie die *Save*-Methode des *Document*-Objekts. Sie können alle geöffneten Dokumente speichern, indem Sie die *Save*-Methode auf die *Documents*-Auflistung anwenden.

» Das Dokument *Beispiel.docx* wird gespeichert.

```
Sub SaveDocument()
    Documents(„Beispiel.docx").Save
End Sub
```

» Alle Dokumente werden gespeichert.

```
Sub SaveAllOpenDocuments()
    Documents.Save
End Sub
```

Schließen von Dokumenten

Zum Schließen eines einzelnen Dokuments verwenden Sie die *Close*-Methode mit einem *Document*-Objekt. Sie können alle geöffneten Dokumente schließen, indem Sie die *Close*-Methode der *Documents*-Auflistung anwenden.

» Das Dokument *Beispiel.docx* wird geschlossen und gespeichert.

```
Sub CloseDocument()
    Documents(„Beispiel.docx").Close
SaveChanges:=wdSaveChanges
End Sub
```

» Alle Dokumente werden geschlossen, ohne die Änderungen zu speichern.

```
Sub CloseAllDocuments()
    Documents.Close
SaveChanges:=wdDoNotSaveChanges
End Sub
```

» Der Anwender wird aufgefordert, jedes Dokument zu speichern, bevor es geschlossen wird.

```
Sub PromptToSaveAndClose()
    Dim doc As Document
    For Each doc In Documents
        doc.Close SaveChanges:=wdPromptToSaveCh
anges
    Next
End Sub
```

Aktivieren eines Dokuments

Zum Wechseln des aktiven Dokuments verwenden Sie die *Activate*-Methode mit einem *Document*-Objekt.

Mit dem folgenden Code wird das Dokument *Beispiel. docx* aktiviert.

```
Sub ActivateDocument()
    Documents("Beispiel.docx").Activate
End Sub
```

Das aktive Dokument ermitteln

Die *ActiveDocument*-Eigenschaft gibt ein *Document*-Objekt zurück, das sich auf das aktive Dokument bezieht.

Mit dem folgenden Code wird der Name des aktiven Dokuments angezeigt. Ist kein Dokument geöffnet, erscheint eine entsprechende Meldung.

```
Sub ...
    If Documents.Count >= 1 Then
        MsgBox ActiveDocument.Name
    Else
        MsgBox "Kein Dokument geöffnet!"
    End If
End Sub
```

23.3.3 Andere Office-Programme

Gelegentlich wird man beim Arbeiten auch Daten zwischen verschiedenen Office-Anwendungen – wie Word, Excel, PowerPoint oder Access – austauschen wollen. Dazu verwenden Sie die Funktion *CreateObject* oder *GetObject*. Damit können Sie ein neues Objekt erstellen bzw. ein vorhandenes Objekt aus einer anderen Anwendung laden. Die meisten Anwendungen können dann mit der *Exit*- oder *Quit*-Methode geschlossen werden, unabhängig davon, ob sie sichtbar sind oder nicht.

Starten von Word aus einer anderen Anwendung heraus

Um Word für eine andere Anwendung verfügbar zu machen, besteht der erste Schritt darin, einen Verweis auf das *Application*-Objekt von Word herzustellen.

» Innerhalb einer Microsoft-Excel-Prozedur wird Word mit einer *CreateObject*-Anweisung gestartet. Dann wird ein neues Word-Dokument erstellt. Mit der *Visible*-Eigenschaft machen Sie das neue Dokument nach dem Erstellen sichtbar.

```
...
    Set wrd = CreateObject("Word.Application")
    wrd.Documents.Add
    wrd.Visible = True
...
```

» Die *CreateObject*-Funktion startet eine Word-Sitzung, die nicht geschlossen wird, wenn der Objektverweis auf das Visual-Basic-Schlüsselwort *Nothing* festgelegt wird,

» In Excel wird der Word-Startpfad angezeigt. Die *Quit*-Methode wird zum Schließen der neuen Instanz von Word verwendet, nachdem der Startpfad angezeigt wurde.

```
...
Set wrd = CreateObject("Word.Application")
MsgBox wrd.Options.
DefaultFilePath(wdStartupPath)
wrd.Quit
...
```

Automatisieren einer anderen Anwendung aus Word heraus

Wenn Sie einen Datentausch von Word aus einsetzen möchten, erhalten Sie mit der Funktion *CreateObject* oder *GetObject* zuerst einen Verweis auf die Anwendung. Verwenden Sie dann die Objekte, Eigenschaften und Methoden der anderen Anwendung zum Hinzufügen, Ändern oder Löschen von Daten. Wenn Sie mit Ihren Änderungen fertig sind, schließen Sie die Anwendung.

» Der folgende Code startet Microsoft Excel. Die *CreateObject*-Funktion wird verwendet, um einen Verweis auf Microsoft Excel zu setzen. Zunächst wird eine Variable für den Verweise deklariert. Sie müssen die *Visible*-Eigenschaft auf *True* setzen, wenn die Anwendung angezeigt werden soll. Dann wird ein neues *Worksheet*-Objekt – also eine Excel-Datei – erstellt.

```
Private Sub CommandButton7_Click()
    Dim Tabelle As Object
    Set Tabelle = CreateObject("Excel.
Application")
    Tabelle.Visible = True
    Tabelle.Workbooks.Add
End Sub
```

» Microsoft Excel wird gestartet und eine Arbeitsmappe wird geöffnet. Diese muss natürlich vorhanden sein.

```
...
Dim Tabelle As Object
Set Tabelle = GetObject("Mappe1.xlsx")
Tabelle.Visible = True
...
```

23.3.4 Arbeiten über Dialogfelder

Mit den integrierten Dialogfeldern können Sie Benutzereingaben anfordern, aber auch Einstellungen für Dialogfelder zurückgeben oder ändern bzw. Methoden für das Schließen dieser Dialogfelder prüfen.

CD-ROM Einige der anschließend angeführten Beispiele können Sie in der Datei *Dokument23b* über die *Userform1* nachvollziehen lassen (→ Abbildung 23.11). Bringen Sie dieses Formular über *Makro1* auf den Bildschirm. Die Registerkarte *Dialogfelder anzeigen* darin liefert mehrere Schaltflächen mit dem Namen *Ausführen*, die Sie anklicken können, um die entsprechende Aktion durchzuführen.

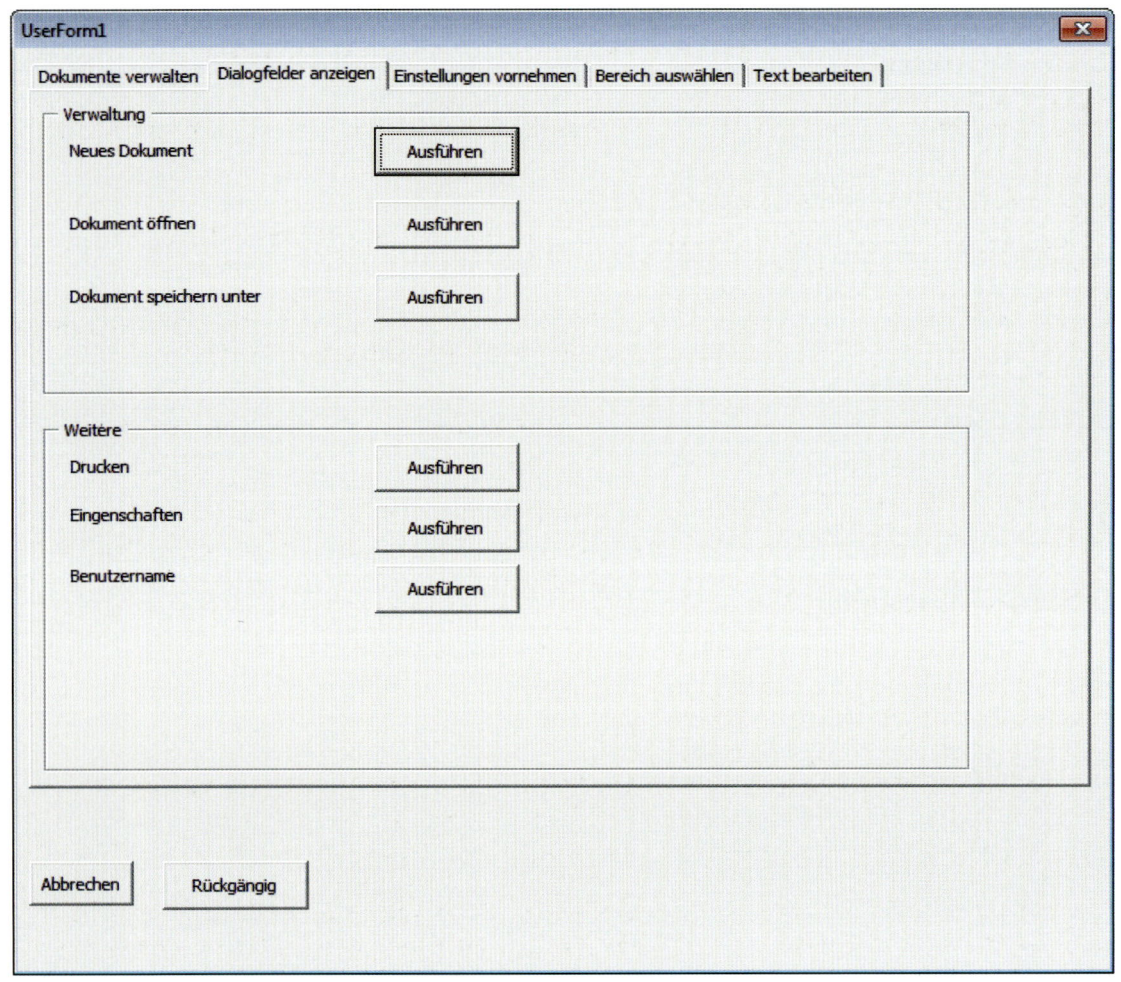

Abbildung 23.11 Die Registerkarte *Dialogfelder anzeigen* in der *UserForm1*

Anzeigen eines integrierten Dialogfelds

Um auf ein bestimmtes integriertes Dialogfeld in Word zugreifen zu können, geben Sie eine *WdWordDialog*-Konstante mit der *Dialogs*-Eigenschaft an.

» Die *Show*-Methode des *Dialog*-Objekts zeigt eine Aktion in einem integrierten Dialogfeld an und führt diese Aktion aus.

» Bei der Methode *Display* wird ein Dialogfeld angezeigt, ohne die darin aufgeführten Aktionen auszuführen. Dies ist praktisch, wenn Sie den Benutzer mit einem integrierten Dialogfeld zu einer Eingabe auffordern und die Einstellungen zurückgeben möchten.

Dialogfelder zur Dateiverwaltung

Sehr oft werden Sie beispielsweise die allseits bekannten Dialogfelder zur Dateiverwaltung verwenden – beispielsweise zum Anlegen eines neuen Dokuments, zum Öffnen eines vorhandenen oder zum Speichern des aktuellen Dokuments.

» Das Dialogfeld *Neu* wird mit *wdDialogFileNew* angezeigt. Wenn Sie dann eine Vorlage markieren und auf *OK* klicken, wird ein neues Dokument mit dieser Vorlage erstellt.

```
Sub ...
    Dialogs(wdDialogFileNew).Show
End Sub
```

» Das Dialogfeld *Öffnen* wird angezeigt mit *wdDialogFileOpen*. Wenn Sie auf *OK* klicken, während eine Datei markiert ist, wird diese Datei geöffnet.

```
Sub ...
    Dialogs(wdDialogFileOpen).Show
End Sub
```

» Das Dialogfeld *Speichern unter* wird angezeigt mit *wdDialogFileSaveAs*. Nachdem Sie die erforderlichen Parameter eingegeben und auf *Speichern* geklickt haben, wird das Dokument gespeichert.

```
Sub ...
    Dialogs(wdDialogFileSaveAs).Show
End Sub
```

» Das Dialogfeld *Speichern unter* wird angezeigt. Außerdem werden diverse Parameter festgesetzt.

```
Sub ...
    ActiveDocument.SaveAs FileName:="Dok5.docm",
FileFormat:= _
        wdFormatXMLDocumentMacroEnabled,
LockComments:=False, Password:="", _
        AddToRecentFiles:=True,
WritePassword:="", ReadOnlyRecommended:=False, _
        EmbedTrueTypeFonts:=False,
SaveNativePictureFormat:=False, SaveFormsData _
        :=False, SaveAsAOCELetter:=False
End Sub
```

Weitere Dialogfelder

Auf dieselbe Weise können Sie praktisch auf alle Dialogfelder von Word zugreifen. Bei Dialogfeldern mit mehreren Registerkarten legt die *DefaultTab*-Eigenschaft fest, auf welche Registerkarte zugegriffen werden soll. Sie können auch entsprechende Eintragungen in Dialogfeldern ändern lassen. Das Dialogfeld muss dazu nicht notwendiger Weise angezeigt werden.

» Das Dialogfeld *Drucken* zeigen Sie mit *wdDialogFilePrint* an.

```
Sub ...
    Dialogs(wdDialogFilePrint).Show
End Sub
```

» Die Anweisung zeigt die Registerkarte *Allgemein* aus dem Dialogfeld *Word-Optionen* an.

```
Sub ...
    Dialogs(wdDialogToolsOptionsUserInfo).Show
End Sub
```

» Mit der Eigenschaft *UserName* können Sie die Benutzerinformationen auch ohne das Dialogfeld anzeigen.

```
Sub ...
    MsgBox Application.UserName
End Sub
```

Einstellungen zurückgeben oder ändern

Es ist nicht sinnvoll, einen Wert für ein Dialogfeld mit einem *Dialog*-Objekt zurückzugeben oder zu ändern, wenn dies mit einer Eigenschaft oder Methode durchgeführt werden kann. Außerdem ist der anstelle des Zugriffs auf das *Dialog*-Objekt verwendete VBA-Code (fast) immer der kürzere und einfachere Weg. Deshalb werden in den folgenden Beispielen alternativ auch die entsprechenden VBA-Eigenschaften aufgeführt, mit denen dieselben Aufgaben ausgeführt werden können.

Sie müssen ein Dialogfeld genau bestimmen, bevor Sie eine Einstellung mit dem *Dialog*-Objekt zurückgeben oder ändern. Dies wird mit der Dialogs-Eigenschaft und einer *WdWordDialog*-Konstante durchgeführt.

Der Code zeigt den rechten Einzug des Dialogfelds *Absatz* an.

```
Sub ...
    Dim Absatz As Dialog
    Set Absatz = Dialogs(wdDialogFormatParagraph)
    MsgBox „Rechter Einzug = „ & Absatz.RightIndent
End Sub
```

Einstellungen für Dialogfelder können nicht nur zurückgegeben, sondern auch festgelegt werden.

Der folgende Code setzt im Dialogfeld *Absatz* den rechten Einzug auf 1 cm.

```
Sub ...
    With Dialogs(wdDialogFormatParagraph)
        . RightIndent = 1
        .Execute
    End With
End Sub
```

23.4 Auswahl und Aktionen im Text

Wenn Sie in Word manuell an einem Dokument arbeiten, müssen Sie normalerweise den Text zum Durchführen einer Aktion vorher markieren. In VBA können Sie dies durch Verwenden des *Selection*-Objekts oder eines *Range*-Objekts erreichen.

» Das *Selection*-Objekt stellt die aktuelle Auswahl in einem Fenster oder einem Fensterausschnitt dar. Es kann nur jeweils ein *Selection*-Objekt pro Fensterausschnitt eines Dokuments vorhanden sein und lediglich ein *Selection*-Objekt kann in der gesamten Anwendung aktiv sein.

» *Range*-Objekte haben mit *Selection*-Objekten viele Methoden und Eigenschaften gemein. *Range*-Objekte sind jedoch unabhängig von der Markierung. Das heißt, Sie können damit einen Bereich definieren, ohne die sichtbare Markierung im Dokument zu ändern.

Sowohl *Selection*- als auch *Range*-Objekte stellen Methoden zur Verfügung, mit denen Sie den ausgewählten Text anschließend bearbeiten können.

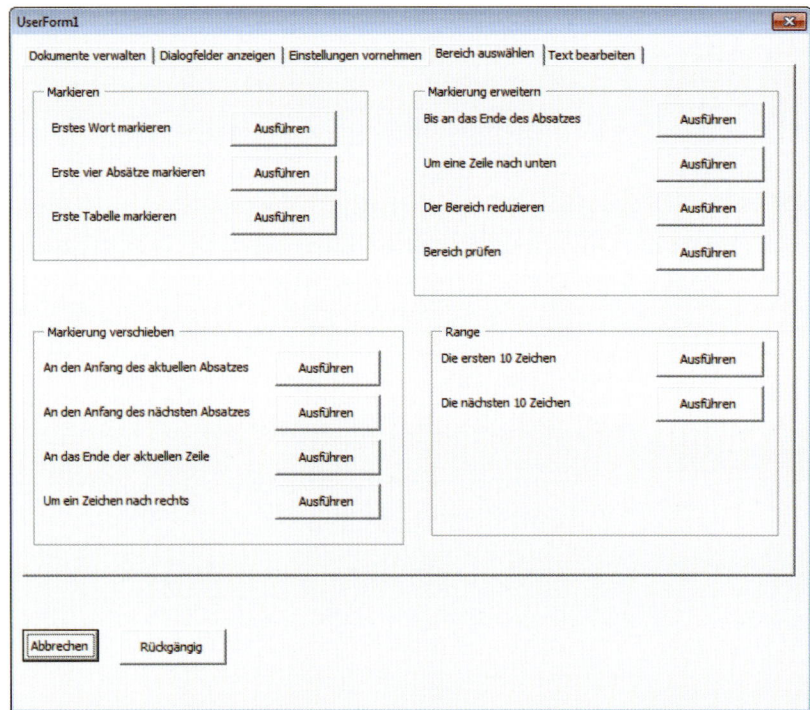

Abbildung 23.12 Die Registerkarte *Bereich auswählen* in der *UserForm1*

Wenn Sie die nachfolgenden Codes am Beispiel kontrollieren wollen, können Sie wieder in der Beispieldatei *Dokument23.docm* die *User-form1* benutzen (→ Abbildung 23.12). Sie bringen dieses Formular über *Makro1* auf den Bildschirm. Die Register-karte *Bereich auswählen* darin liefert mehrere Schaltflä-chen mit dem Namen *Ausführen*, die Sie anklicken kön-nen, um die entsprechende Aktion durchzuführen.

23.4.1 *Selection*-Objekte

Ein *Selection*-Objekt stellt den in einem Dokument mar-kierten Bereich dar. Haben Sie keinen Bereich markiert, beschreibt dieses Objekt die Position der Einfügemar-ke. Das ist ähnlich wie beim manuellen Arbeiten: Wenn Sie nur die Pfeiltasten benutzen, wird die Einfügemarke verschoben, und wenn Sie vorher F8 gedrückt hatten, wird ein Bereich markiert. Es kann nur jeweils ein *Se-lection*-Objekt pro Dokument existieren und dieses greift stets auf die aktuelle Markierung zu.

Einen Bereich markieren

Zunächst geht es einmal darum, einen Bereich zu mar-kieren. Falls Text nicht bereits vorher manuell markiert wurde, können Sie dazu die *Select*-Methode verwenden. Diese Eigenschaft gibt ein *Selection*-Objekt zurück, das die aktive Markierung in einem Dokumentfensteraus-schnitt darstellt, sofern Text bereits markiert ist. Die *Select*-Methode steht von mehreren Objekten aus zur Verfügung – beispielsweise vom Objekt *ActiveDocument*, welches das aktive Word-Dokument darstellt.

» Das erste Wort im aktiven Dokument wird markiert. Das Element in der *Words*-Auflistung enthält sowohl das Wort als auch die Abstände nach dem Wort.

```
Sub ...
    ActiveDocument.Words(1).Select
End Sub
```

» Die ersten vier Absätze im aktiven Dokument wer-den markiert. Die *Range*-Methode wird zum Erstel-len eines *Range*-Objekts verwendet, das sich auf die ersten vier Absätze bezieht (→ unten). Die *Select*-Methode wird dann auf das *Range*-Objekt angewen-det. Mit *Paragraphs(Index)* geben Sie ein einzelnes *Paragraph*-Objekt zurück. *Index* ist dabei die laufen-de Nummer der Absätze.

```
Sub ...
    Dim Absatz As Range
    Set Absatz = ActiveDocument.Range( _
        Start:=ActiveDocument.Paragraphs(1).
Range.Start, _
        End:=ActiveDocument.Paragraphs(4).Range.
End)
    Absatz.Select
End Sub
```

» Die erste Tabelle im aktiven Dokument wird markiert.

```
Sub ...
    ActiveDocument.Tables(1).Select
End Sub
```

Die Markierung ändern

In einem zweiten Schritt wollen wir daran gehen, eine bestehende Markierung zu ändern. Hier wird es etwas komplizierter, da Sie bei den nachfolgend beschriebenen Techniken immer diverse Parameter – wie die Richtung der Verschiebung, die Maßeinheit und Ähnliches – ange-ben müssen. Wir wollen zunächst auf die Parameter ein-gehen – deren praktische Wirkung erkennen Sie dann an den nachfolgenden Beispielen:

» Die Bewegungsrichtung bestimmen Sie mit Metho-den wie *MoveUp*, *MoveDown* usw. (→ Tabelle 23.21). Die Methode muss auf einen *Ausdruck* angewendet werden, der ein *Selection*-Objekt darstellt, also eine bestehende Bereichsmarkierung oder die Position der Einfügemarke (→ oben).

Richtung	Ausdruck
Oben	*Ausdruck.MoveUp(Unit, Count, Extend)*
Unten	*Ausdruck.MoveDown(Unit, Count, Extend)*
Rechts	*Ausdruck.MoveRight(Unit, Count, Extend)*
Links	*Ausdruck.MoveLeft(Unit, Count, Extend).*
Zum Anfang	*Ausdruck.HomeKey(Unit, Extend)*
Zum Ende	*Ausdruck.EndKey(Unit, Extend)*
Zum Anfang der nächs-ten Texteinheit	*Ausdruck.StartOf(Unit, Extend)*
Zum Ende der nächs-ten Texteinheit	*Ausdruck.EndOf(Unit, Extend)*

Tabelle 23.21 Bewegungen durchführen

635

» Beachten Sie die Parameter *Unit*, *Count* und *Extend*. Damit regeln Sie die Details der Verschiebung. Diese Parameter sind optional, da die Methoden über einen Standardwert verfügen (→ Tabelle 23.22).

Name	Datentyp	Beschreibung
Unit	Variant	Die Einheit, um die die Markierung verschoben werden soll. Dabei kann es sich um eine der folgenden *WdUnits*-Konstanten handeln: *wdLine*, *wdParagraph*, *wdWindow* oder *wdScreen*. Der Standardwert ist *wdLine*.
Count	Variant	Die Anzahl der Einheiten, um die die Markierung verschoben werden soll. Der Standardwert ist *1*.
Extend	Variant	Gibt an, ob die Markierung verschoben oder erweitert wird.

Tabelle 23.22 Optionale Parameter

» Über den Parameter *Extend* regeln Sie beispielsweise, ob die Einfügemarke verschoben oder eine Markierung erstellt oder erweitert werden soll. Als Werte für diesen Parameter dienen zwei *WdMovementType*-Konstanten (→ Tabelle 23.23). Der Standardwert ist *wdMove*, womit die Einfügemarke verschoben wird.

Name	Wert	Beschreibung
wdExtend	1	Das Ende einer vorhandenen Markierung wird bis zum Ende der angegebenen Einheit erweitert.
wdMove	0	Die Markierung wird zu einer Einfügemarke reduziert und an das Ende der angegebenen Einheit verschoben.

Tabelle 23.23 Die *WdMovementType*-Konstanten

» Der Parameter *Unit* gibt an, dass Sie die Einfügemarke um unterschiedliche Maßeinheiten bewegen bzw. eine Markierung um solche Maßeinheiten erweitern wollen. Zum Festlegen dieser Einheit benutzen Sie die Elemente der *WdUnits-Enumeration* (→ Tabelle 23.24).

Name	Wert	Beschreibung
wdCell	12	Zelle
wdCharacter	1	Zeichen
wdColumn	9	Spalte
wdLine	5	Zeile
wdParagraph	4	Absatz
wdRow	10	Zeile
wdScreen	7	Bildschirmabmessungen
wdSection	8	Abschnitt
wdSentence	3	Satz
wdStory	6	Artikel
wdTable	15	Tabelle
wdWindow	11	Fenster
wdWord	2	Wort

Tabelle 23.24 Wichtige Einheiten in der *WdUnits-Enumeration*

Berücksichtigen Sie diese etwas theoretischen Angaben bei den nachfolgenden Beispielen:

» Die Markierung wird an den Anfang des Absatzes verschoben.

```
Sub ...
    Selection.StartOf Unit:=wdParagraph,
Extend:=wdMove
End Sub
```

» Die Markierung wird an den Anfang des nächsten Absatzes verschoben.

```
Sub ...
    Selection.MoveRight
    Selection.MoveDown Unit:=wdParagraph,
Count:=1, _
        Extend:=wdMove
End Sub
```

» Die Markierung wird an das Ende der aktuellen Zeile verschoben und die Anzahl der Zeichen, um die verschoben wurde, wird der Variablen *pos* zugewiesen. Der Wert von *pos* wird angezeigt.

```
Sub ...
    pos = Selection.EndKey(Unit:=wdLine,
Extend:=wdMove)
    msgBox pos
End Sub
```

» Die Markierung wird um ein Zeichen nach rechts verschoben. Wenn der Vorgang erfolgreich ausgeführt wurde, gibt *MoveRight* den Wert 1 zurück und der Erfolg wird gemeldet.

```
Sub ...
If Selection.MoveRight = 1 Then MsgBox „Bewegung
erfolgreich"
End Sub
```

» Die Markierung wird bis an das Ende des Absatzes erweitert.

```
Sub ...
    charmoved = Selection.
EndOf(Unit:=wdParagraph, _
        Extend:=wdExtend) _
    If charmoved = 0 Then MsgBox „Erweiterung
nicht erfolgreich"
End Sub
```

» Die Markierung wird um eine Zeile nach unten erweitert.

```
Sub ...
    Selection.MoveDown Unit:=wdLine, Count:=1,
Extend:=wdExtend
End Sub
```

Eine Markierung reduzieren

Wenn Sie eine bestehende Bereichsmarkierung aufheben wollen, verwenden Sie die *Collapse*-Methode. Damit setzen Sie die Einfügemarke auf den Anfangs- bzw. Endpunkt der vorher vorhandenen Markierung. Der Parameter *Direction* ist erforderlich und beschreibt die Richtung, in die die Markierung reduziert werden soll. Es kann sich dabei um eine der *WdCollapseDirection*-Konstanten *wdCollapseEnd* oder *wdCollapseStart* handeln. Der Standardwert ist *wdCollapseStart*.

» Die Markierung wird auf eine Einfügemarke am Anfang der Markierung reduziert.

```
Sub ...
    Selection.Collapse
Direction:=wdCollapseStart
End Sub
```

» Die *Type*-Eigenschaft des *Selection*-Objekts gibt Informationen zur Art der Markierung zurück. Eine Meldung zeigt an, wenn die Markierung eine Einfügemarke ist – also kein Bereich markiert ist.

```
Sub ...
    If Selection.Type = wdSelectionIP Then
        MsgBox „Nichts ausgewählt"
    Else
        MsgBox Selection.Text & „ wurde
ausgewählt"
    End If
End Sub
```

23.4.2 Range-Objekte

Wir sagten es am Anfang dieses Abschnitts schon: *Range*-Objekte haben mit *Selection*-Objekten viele Methoden und Eigenschaften gemein. *Range*-Objekte sind jedoch unabhängig von der Markierung. Das heißt, Sie können einen Bereich definieren und modifizieren, ohne eine aktuell vorhandene und optisch sichtbare Markierung im Dokument zu ändern. Sie können mit *Range* in einem Dokument auch mehrere Bereiche definieren, während mit *Selection* immer nur eine Markierung pro Dokument zulässig ist.

Ähnlich wie bei Textmarken werden *Range*-Objekte zur Identifizierung bestimmter Abschnitte eines Dokuments verwendet. Jedes *Range*-Objekt wird durch eine Anfangs- und eine Endzeichenposition definiert. Ein *Range*-Objekt kann so klein wie die Einfügemarke sein oder so groß wie das gesamte Dokument. Ein *Range*-Objekt ist im Gegensatz zu einer Textmarke jedoch nur während der Ausführung der das Objekt definierenden Prozedur vorhanden.

Mit der Range-Methode ein Objekt festlegen

Die *Range*-Methode des *Document*-Objekts wird zum Erstellen eines *Range*-Objekts verwendet, das über einen vorgegebenen Start- und Endpunkt verfügt. Start- und

Endpunkt können identisch sein, wenn Sie damit nur eine Stelle in einem Dokument markieren wollen.

Ein *Range*-Objekt wird erstellt, das am Anfang des ersten Zeichens des Dokuments beginnt und sich bis zum zehnten Zeichen erstreckt. Der Inhalt wird wiedergegeben.

```
Sub ...
    Dim Bereich As Range
    Set Bereich = ActiveDocument.Range(Start:=0,
End:=10)
    MagBox Bereich
End Sub
```

Neudefinieren eines Range-Objekts

Wenn Sie sich mehrmals auf ein *Range*-Objekt beziehen wollen, können Sie die Anweisung *Set* verwenden, mit der Sie eine Variable mit dem *Range*-Objekt gleichsetzen können. Wenn Sie jedoch an einem *Range*-Objekt nur eine einzige Aktion durchführen wollen, ist das nicht notwendig.

» Ein Bereich wird als aktuelle Markierung definiert. Die *SetRange*-Methode definiert den Bereich neu, so dass er die aktuelle Markierung und die nächsten zehn Zeichen umfasst. Der Inhalt wird wiedergegeben.

```
Sub ...
    Dim Bereich As Range
    Set Bereich = Selection.Range
    Bereich.SetRange Start:= Bereich.Start,
        End:= Bereich.End + 10
    MagBox Bereich
End Sub
```

23.4.3 Text bearbeiten

Nachdem Sie über das *Selection*-Objekt oder das *Range*-Objekt eine Markierung festgelegt haben, können Sie darauf verschiedene Eigenschaften einsetzen und Methoden anwenden, um Änderungen an der Markierung durchzuführen. Sie können dieses Objekt in einer Variablen speichern und auf diese dann Eigenschaften oder Methoden anwenden. Wenn Sie mehrere Eigenschaften oder Methoden auf dasselbe Objekt anwenden müssen, können Sie die Struktur *With...End With* verwenden.

CD-ROM Einige der nachfolgenden Codes finden Sie wieder in der Beispieldatei *Dokument23.docm* in der *Userform1* (➔ Abbildung 23.13). Sie bringen dieses Formular über *Makro1* auf den Bildschirm. Die Registerkarte *Text bearbeiten* darin liefert

mehrere Schaltflächen mit dem Namen *Ausführen*, die Sie anklicken können, um die entsprechende Aktion durchzuführen.

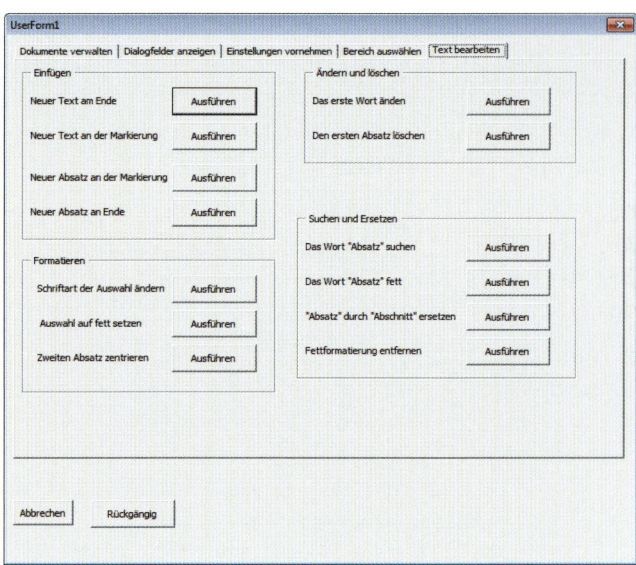

Abbildung 23.13 Die Registerkarte *Text bearbeiten* in der *User-Form1*

Einfügen von Text

Verwenden Sie die *InsertAfter*- oder *InsertBefore*-Methode zum Einfügen von Text vor oder nach einem *Selection*- bzw. *Range*-Objekt.

» Am Ende des aktiven Dokuments wird Text eingefügt.

```
Sub ...
    ActiveDocument.Content.InsertAfter
Text:="ENDE"
End Sub
```

» Vor der Markierung wird Text eingefügt.

```
Sub ...
    Selection.InsertBefore Text:="NEUER TEXT: „
End Sub
```

Nach Anwendung der *InsertBefore*- oder *InsertAfter*-Methode wird das *Range*- oder *Selection*-Objekt erweitert, damit es auch den neuen Text einschließt. Verwenden Sie die *Collapse*-Methode zum Reduzieren eines *Selection*- oder *Range*-Objekts zum Anfangs- oder Endpunkt.

Absätze einfügen

Beim Einfügen von Text kommt man manchmal in die Verlegenheit, einen neuen Absatz erstellen zu müssen.

» Mit der *Selection.InsertParagraphAfter*-Methode fügen Sie nach einer Auswahl eine Absatzmarke ein.

» Mit der *Selection InsertParagraphBefore*-Methode wird vor der angegebenen Auswahl oder dem Bereich ein neuer Absatz eingefügt.

Nach dem Verwenden einer dieser Methoden wird die Auswahl erweitert, um den neuen Absatz einzuschließen. Gegebenenfalls müssen Sie also anschließend reduzieren.

» Ein neuer Absatz wird nach dem aktuellen Absatz eingefügt.

```
Sub ...
    With Selection
        .Move Unit:=wdParagraph
        .InsertParagraphAfter
        .Collapse Direction:=wdCollapseStart
    End With
End Sub
```

» In diesem Beispiel wird am Ende des aktiven Dokuments ein Absatz eingefügt. Die *Content*-Eigenschaft gibt ein *Range*-Objekt zurück.

```
Sub ...
    ActiveDocument.Content.InsertParagraphAfter
End Sub
```

Außerdem können Sie mit der *Selection.InsertParagraph*-Methode die angegebene Auswahl durch einen neuen Absatz ersetzen. Nach Anwendung der Methode enthält die Auswahl den neuen Absatz. Wenn Sie die aktuelle Auswahl nicht ersetzen möchten, verwenden Sie vor dieser Methode die *Collapse*-Methode.

In diesem Beispiel wird die Auswahl reduziert und dann an der Einfügemarke eine Absatzmarke eingefügt.

```
Sub ...
    With Selection
        .Collapse Direction:=wdCollapseStart
        .InsertParagraph
        .Collapse Direction:=wdCollapseEnd
    End With
End Sub
```

Ändern von Text

Sie können vorhandenen Text ändern, indem Sie den Inhalt eines Bereichs ändern.

» Das erste Wort im aktiven Dokument wird geändert, indem die *Text*-Eigenschaft auf *Dies* festgelegt wird.

```
Sub ...()
    ActiveDocument.Words(1).Text = „Dies „
End Sub
```

» Der erste Satz im aktiven Dokument wird markiert und durch einen neuen Absatz ersetzt.

```
Options.ReplaceSelection = True
ActiveDocument.Sentences(1).Select
Selection.TypeText „Vertrauliche Informationen!"
Selection.TypeParagraph
```

Löschen von Text

Sie können auch die *Delete*-Methode zum Löschen von vorhandenem Text verwenden und dann mithilfe der *InsertAfter*- oder *InsertBefore*-Methode neuen Text einfügen.

Der erste Absatz im aktiven Dokument wird gelöscht und neuer Text eingefügt.

```
Sub ...
    Dim Absatz As Range
    Set Absatz = ActiveDocument.Paragraphs(1).Range
    With Absatz
        .Delete
        .InsertAfter Text:="Das ist der neue Absatz"
        .InsertParagraphAfter
    End With
End Sub
```

Die Zwischenablage benutzen

Durch Anwendung der Methoden *Copy*, *Cut* und *Paste* auf das *Selection*-Objekt können Sie die Befehle der Zwischenablage ansteuern.

» Die aktuelle Auswahl wird vom aktiven Dokument kopiert.

```
Selection.Copy
```

» Die Auswahl aus dem dritten Dokument in der *Documents*-Auflistung wird gelöscht. Das Dokument muss nicht aktiv sein, um dessen aktuelle Auswahl aufzurufen.

```
Documents(3).ActiveWindow.Selection.Cut
```

» Die Auswahl im ersten Ausschnitt des aktiven Dokuments wird kopiert und im zweiten Ausschnitt eingefügt.

```
ActiveDocument.ActiveWindow.Panes(1).Selection.
Copy
ActiveDocument.ActiveWindow.Panes(2).Selection.
Paste
```

Das Aufrufen der Methoden *Cut* oder *Copy* verursacht jedoch einen Fehler, wenn keine Auswahl vorgenommen wurde. Es empfiehlt sich also, vorher über *Selection.Text* zu prüfen, ob ein Bereich markiert wurde.

Die Formatierung ändern

Das *Selection*-Objekt enthält verschiedene Methoden und Eigenschaften, mit denen Sie die Formatierung der aktuellen Auswahl ändern können.

» Die Schriftart der aktuellen Auswahl wird von *Calibri* zu *Times New Roman* geändert.

```
Sub ...
    If Selection.Font.Name = „Calibri" Then _
    Selection.Font.Name = „Times New Roman"
End Sub
```

» Dem markierten Text wird eine Fettformatierung zugewiesen.

```
Sub ...
    Selection.Font.Bold = True
End Sub
```

» Den ersten zehn Zeichen im aktiven Dokument wird eine Fettformatierung zugewiesen.

```
Sub SetBoldRange()
    Dim rngDoc As Range
    Set rngDoc = ActiveDocument.Range(Start:=0,
End:=10)
    rngDoc.Bold = True
End Sub
```

» Dasselbe Ergebnis kann mit nur einer Anweisung erreicht werden, die den Bereich kennzeichnet und die *Bold*-Eigenschaft ändert.

```
Sub BoldRange()
    ActiveDocument.Range(Start:=0, End:=10).Bold
= True
End Sub
```

» Der zweite Absatz im aktiven Dokument wird markiert. Anschließend wird die Markierung zentriert.

```
Sub FormatRange()
    ActiveDocument.Paragraphs(2).Range.Select
    Selection.ParagraphFormat.Alignment =
wdAlignParagraphCenter
End Sub
```

Suchen und Ersetzen

Suchen und Ersetzen ist vom *Find-* und vom *Replacement*-Objekt aus möglich.

Das *Find*-Objekt dient zum Suchen und enthält Eigenschaften, die sich auf die Optionen im Dialogfeld *Suchen und Ersetzen* beziehen. Sie können die einzelnen Eigenschaften des *Find*-Objekts festlegen oder bei der *Execute*-Methode Argumente verwenden. Das *Find*-Objekt steht dem *Selection-* und dem *Range*-Objekt zur Verfügung. Die Suchaktion unterscheidet sich etwas, je nachdem, ob Sie vom *Selection-* oder dem *Range*-Objekt aus auf das *Find*-Objekt zugreifen:

» Wenn vom *Selection*-Objekt aus auf das *Find*-Objekt zugegriffen und das Suchkriterium gefunden wird, wird die Markierung geändert. Das nächste Vorkommen des Worts *Absatz* wird markiert. Wenn das Ende des Dokuments erreicht ist, bevor das Wort gefunden wurde, wird die Suche abgebrochen.

```
Sub ...
    With Selection.Find
        .Forward = True
        .Wrap = wdFindStop
        .Text = „Absatz"
        .Execute
    End With
End Sub
```

» Wenn von einem *Range*-Objekt aus auf das *Find*-Objekt zugegriffen wird und die Suchkriterien gefunden werden, wird die Markierung nicht geändert. Das *Range*-Objekt wird in diesem Fall jedoch neu definiert. Das erste Vorkommen des Worts *Absatz* wird im aktiven Dokument gesucht. Wenn die Suchoperation erfolgreich ist, wird der Bereich neu definiert und dem Wort wird Fettformatierung zugewiesen.

```
Sub ...
    With ActiveDocument.Content.Find
        .Text = „Absatz"
        .Forward = True
        .Execute
```

```
            If .Found = True Then .Parent.Bold =
True
        End With
End Sub
```

Das *Replacement*-Objekt stellt die Ersetzungskriterien für eine Operation zum Suchen und Ersetzen dar. Die Eigenschaften und Methoden des *Replacement*-Objekts entsprechen den Optionen im Dialogfeld *Suchen und ersetzen*. Das *Replacement*-Objekt steht vom *Find*-Objekt aus zur Verfügung.

» Jedes Vorkommen des Wortes *Absatz* wird durch *Abschnitt* ersetzt. Da vom *Selection*-Objekt aus auf das *Find*-Objekt zugegriffen wird, ändert sich die Markierung, wenn die Suchkriterien gefunden werden.

```
Sub ...
    With Selection.Find
        .ClearFormatting
        .Text = „Absatz"
        .Replacement.ClearFormatting
        .Replacement.Text = „Abschnitt"
        .Execute Replace:=wdReplaceAll,
Forward:=True, _
            Wrap:=wdFindContinue
    End With
End Sub
```

» Die Fettformatierung wird im aktiven Dokument entfernt. Die *Bold*-Eigenschaft ist *True* für das *Find*-Objekt und *False* für das *Replacement*-Objekt. Zum Suchen und Ersetzen von Formatierungen legen Sie den Such- und Ersetzungstext mit " " auf leere Zeichenfolgen fest und das Argument *Format* der *Execute*-Methode auf *True*. Die Markierung bleibt unverändert, weil von einem *Range*-Objekt aus auf das *Find*-Objekt zugegriffen wird.

```
Sub ...
    With ActiveDocument.Content.Find
        .ClearFormatting
        .Font.Bold = True
        With .Replacement
            .ClearFormatting
            .Font.Bold = False
        End With
        .Execute FindText:="", ReplaceWith:="",
_
            Format:=True, Replace:=wdReplaceAll
    End With
End Sub
```

23.4.4 VBA-Funktionen benutzen

Ein typischer Aufgabenbereich von VBA innerhalb von Word besteht auch darin, dass Sie aus vorhandenen Textelementen – beispielsweise Wörtern neue Textelemente erzeugen. Dafür liefern Ihnen die Methoden der Klassen in der Bibliothek *VBA* und auch die klassischen Textfunktionen eine Vielzahl von Möglichkeiten.

Übersicht

Sie finden diese über das Inhaltsverzeichnis der Hilfe unter *Visual Basic-Sprachverzeichnis/Funktionen*.

Name	Gibt zurück/Bemerkungen
Chr	Einen Wert vom Typ *String*, der das Zeichen enthält, das dem angegebenen Zeichencode zugeordnet ist
DateAdd	Einen Wert vom Typ *Date*, der ein Datum enthält, zu dem ein bestimmtes Zeitintervall addiert wurde
DateDiff	Einen Wert vom Typ *Long*, der die Anzahl der Zeitintervalle zwischen zwei bestimmten Terminen angibt
FormatCurrency	Einen als Währungswert formatierten Ausdruck unter Verwendung der in der Systemsteuerung definierten Währung
FormatDateTime	Einen als Datum oder Uhrzeit formatierten Ausdruck
InStrRev	Die Position eines Vorkommnisses einer Zeichenfolge in einer anderen Zeichenfolge vom Ende der Zeichenfolge gesehen an
Left	Einen Wert vom Typ *String*, der eine bestimmte Anzahl von Zeichen ab dem ersten (linken) Zeichen einer Zeichenfolge enthält
Len	Einen Wert vom Typ *Long*, der die Anzahl der Zeichen in einer Zeichenfolge oder die zum Speichern einer Variablen erforderlichen Bytes enthält
Mid	Einen Wert vom Typ *String*, der eine bestimmte Anzahl von Zeichen aus einer Zeichenfolge enthält
Replace	Eine Zeichenfolge, in der eine festgelegte, untergeordnete Zeichenfolge mit einer festgelegten Häufigkeit durch eine andere untergeordnete Zeichenfolge ersetzt wurde
Right	Einen Wert vom Typ *String*, der eine bestimmte Anzahl von Zeichen von der rechten Seite (dem Ende) einer Zeichenfolge enthält

Name	Gibt zurück/Bemerkungen
StrComp	Einen Wert vom Typ *Integer*, der das Ergebnis eines Zeichenfolgenvergleichs anzeigt
Str	Einen Wert vom Typ *String*, der eine Zahl darstellt
String	Eine Zeichenfolge vom Typ *String*, die ein sich wiederholendes Zeichen der angegebenen Länge enthält
StrReverse	Eine Zeichenfolge, in der die Reihenfolge der Zeichen einer bestimmten Zeichenfolge umgekehrt wurde
UCase	Einen Wert vom Typ *String*, der eine bestimmte, in Großbuchstaben umgewandelte Zeichenfolge enthält
LCase	Einen Wert vom Typ *String*, in dem alle Buchstaben in Kleinbuchstaben umgewandelt worden sind

Tabelle 23.25 Einige VBA-Funktionen für Textverarbeitung

Zeichenfolgen bearbeiten

Wenn Sie Zeichenfolgen als Inhalte von Steuerelementen verwenden, können Sie diese ändern und neue Zeichenfolgen erstellen. Mit Hilfe einfacher Techniken können Sie beispielsweise Texte umkehren, in Groß- oder Kleinbuchstaben anzeigen, Teile daraus extrahieren oder mehrere Texte miteinander vergleichen. Komplexere Operationen sind ebenfalls möglich, beispielsweise kann eine untergeordnete Zeichenfolge aus der Zeichenfolge extrahiert werden.

Im Register *Bearbeiten von Texten* der *UserForm2* finden Sie einige Beispiele dafür. Dieses Formular bringen Sie über *Makro2* auf den Bildschirm. Geben Sie in die Textfelder *Text1* und *Text2* zwei Texte ein (→ Abbildung 23.14). Testen Sie dann die Schaltflächen aus:

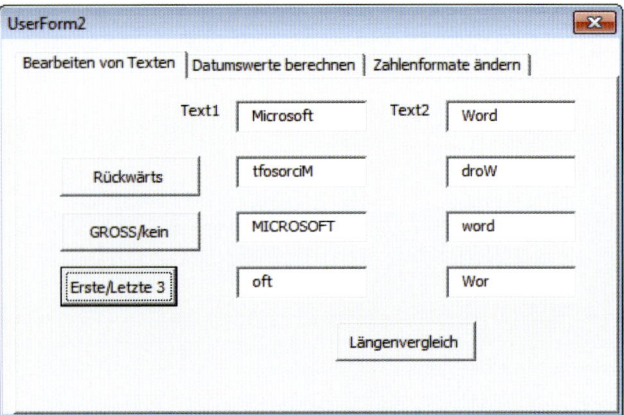

Abbildung 23.14 Die Texteingaben werden manipuliert.

» Klicken Sie auf die Schaltfläche *Rückwärts*. In den Feldern rechts daneben werden die eingegebenen Texte rückwärts angezeigt.

» Klicken Sie auf die darunterliegende Schaltfläche *GROSS/klein*. In den Feldern rechts daneben werden die Eingaben in großen und in kleinen Buchstaben angezeigt.

» Klicken Sie auf die Schaltfläche *Erste/Letzte 3*. Die ersten und die letzten drei Zeichen werden aus den Eingaben ermittelt.

» Klicken Sie auf die Schaltfläche *Längenvergleich*. Ein Dialogfeld gibt an, welche Eingabe länger ist. Sind beide identisch, wird das ebenfalls angezeigt. Bestätigen Sie die Anzeigen durch einen Klick auf *OK*.

Um den Hintergrund zu diesem Vorgang zu verstehen, wechseln Sie zum VBA-Editor und öffnen dort den Code zu *UserForm2*.

```
Private Sub CommandButton1_Click()
    TextBox3.Text = StrReverse(TextBox1.Text)
    TextBox4.Text = StrReverse(TextBox2.Text)
End Sub

Private Sub CommandButton2_Click()
    TextBox5.Text = UCase(TextBox1.Text)
    TextBox6.Text = LCase(TextBox2.Text)
End Sub

Private Sub CommandButton3_Click()
    TextBox7.Text = Right(TextBox1.Text, 3)
    TextBox8.Text = Left(TextBox2.Text, 3)
End Sub

Private Sub CommandButton4_Click()
    Vergleich = StrComp(TextBox1.Text, TextBox2.
Text)
    If Vergleich > 0 Then MsgBox („Text1 ist kürzer
als Text2")
    If Vergleich = 0 Then MsgBox („Text1 gleich lang
wie Text2")
    If Vergleich > 0 Then MsgBox („Text1 ist länger
als Text2")
End Sub
```

Die hier eingesetzten Techniken erklären sich fast schon von selbst:

» Die Methode *StrReverse* kehrt die Reihenfolge der eingegebenen Zeichenkette um.

» Mit Hilfe der *StrComp*-Methode können Sie zwei Zeichenfolgen vergleichen. Diese Methode gibt eine Ganzzahl zurück, die die Beziehung zwischen den zwei verglichenen Zeichenfolgen basierend auf der Sortierreihenfolge anzeigt. Ein positiver Ergebniswert weist darauf hin, dass die erste Zeichenfolge größer als die zweite ist. Ein negatives Ergebnis zeigt an, dass die erste Zeichenfolge kleiner ist. *0* bedeutet, dass beide Zeichenfolgen übereinstimmen. Jede Zeichenfolge, einschließlich einer leeren, ergibt einen Verweis größer als ein Nullverweis.

» Sie können die gesamte Zeichenfolge mit Hilfe der Methoden *UCase* und *LCase* in Groß- bzw. Kleinbuchstaben konvertieren.

» Die Methoden *Left* und *Right* ermitteln eine bestimmte Anzahl von Zeichen am Anfang und am Ende einer Zeichenkette. Wie viele Zeichen extrahiert werden sollen, müssen Sie über ein zusätzliches Argument angeben.

Datumswerte berechnen

Sie können auch Berechnungen mit Datums- und Uhrzeitangaben vornehmen. Beispielsweise können zu einem Datumswert Werte addiert oder die Differenz zwischen zwei Datumswerten gebildet werden.

Ein typisches Beispiel für eine Datumsdifferenz wäre die Bestimmung Ihres Alters in Jahren oder Tagen. Auf der Registerkarte *Datumswerte berechnen* unseres Beispiels geben Sie im Feld *Geburtsdatum* Ihre Daten ein und klicken Sie auf die Schaltfläche *Alter berechnen*. Das aktuelle Datum und die Differenzen zu Ihrem Geburtsdatum werden angezeigt (→ Abbildung 23.15).

Den Code dazu finden Sie in der Routine zum *Click*-Ereignis der Schaltfläche *Alter berechnen*.

```
Private Sub CommandButton5_Click()
    Dim Geburt As Date
    Geburt = CDate(TextBox9.Text)
    TextBox10.Text = Now()
    TextBox11.Text = DateDiff("yyyy", Geburt, Now())
    TextBox12.Text = DateDiff("d", Geburt, Now())
End Sub
```

» Im Feld *Heute* wird mit der Methode *Now* das aktuelle Datum angezeigt. Diese Methode benutzt keine Argumente.

» Um die Differenz zwischen zwei Datumsangaben zu berechnen, benutzen Sie die Funktion *DateDiff*. Hiermit können Sie das Ergebnis als verschiedene Zeitintervalle ausgeben. Die Syntax lautet = *DateDiff(Intervall, Datum1, Datum2)*. *Datum2* wird damit von *Datum1* abgezogen. *Intervall* gibt das Maß an: üblich sind "yyyy" für die Angabe in Jahren, "m" für Monate oder "d" für Tage. Es stehen aber auch andere Einheiten zur Verfügung.

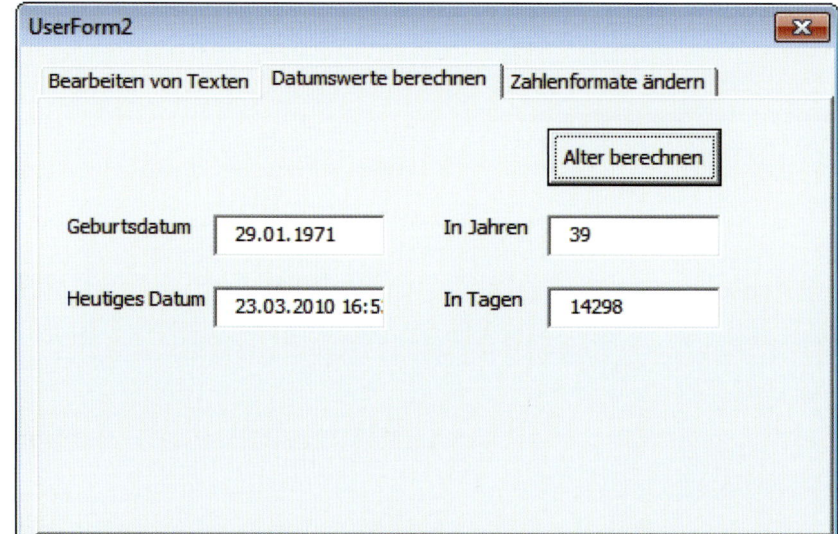

Abbildung 23.15
Die Altersdaten werden berechnet.

Sie können auch genau anders herum vorgehen und zu einem Datum eine bestimmte Anzahl von Tagen, Monaten oder Wochen hinzuaddieren oder abziehen. Als Ergebnis erhalten Sie dann ein neues Datum in der Zukunft oder der Vergangenheit.

Formate einstellen

Mit Hilfe diverser *Format*-Methoden können Sie eine neue Zeichenfolge generieren, indem Sie Formatierungen auf eine vorhandene Zeichenfolge anwenden. Einige Methoden werden anschließend kurz beschrieben.

Sie finden in der Beispieldatei ein Register mit dem Namen *Zahlenformate ändern*, in dem Sie sie testen können. Die Berechnungen finden in den Ereignisroutinen statt, die zu den jeweiligen Schaltflächen formuliert wurden. Geben Sie im Textfeld *Wert* einen Zahlenwert ein und klicken Sie auf *Umwandeln*. Die eingegebene Zahl wird in den Feldern rechts in unterschiedlichen Formaten angezeigt (→ Abbildung 23.16).

Um den Hintergrund zu diesem Vorgang zu verstehen, wechseln Sie zum Entwurf des Formulars. Die Routinen zu den *Click*-Ereignissen der Schaltflächen werden angezeigt.

```
Private Sub CommandButton6_Click()
    TextBox14.Text = FormatPercent(TextBox13.Text)
    TextBox15.Text = FormatCurrency(TextBox13.Text)
    TextBox16.Text = FormatDateTime(TextBox13.Text)
End Sub
```

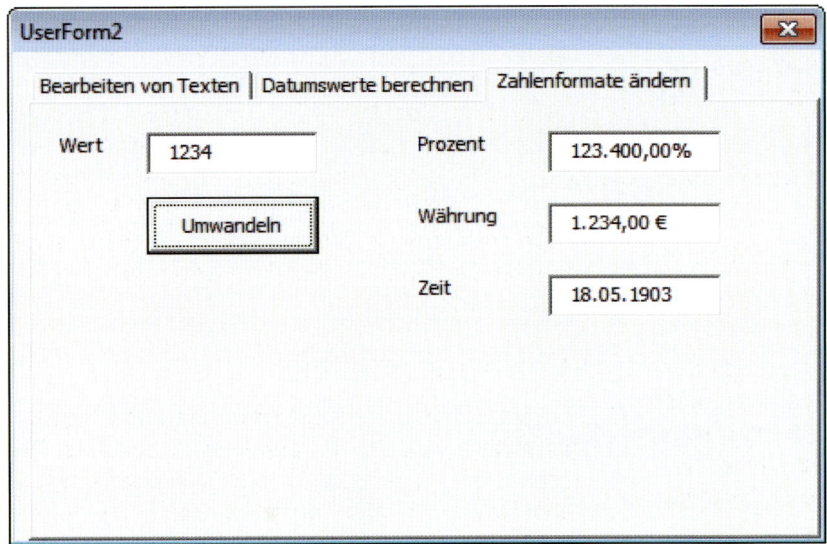

Abbildung 23.16
Der Wert wird in unterschiedlichen Formaten angezeigt.

Kapitel 24

Die XML-Funktionen

In diesem Kapitel werden wir auf die Funktionen zur Unterstützung hinsichtlich des Einsatzes von XML in Microsoft Word 2010 eingehen.

» Dazu liefern wir Ihnen zunächst eine kurze Einführung zu XML (→ Abschnitt 24.1).

» Dann zeigen wir Ihnen, welche Funktionen man in Microsoft Word hinsichtlich XML benutzen kann (→ Abschnitt 24.2).

» Wir wollen an dieser Stelle auch noch auf die seit der Version 2007 neuen *Dateiformate* des Programms etwas intensiver eingehen. Bei genauerem Hinsehen stellt man fest, dass es sich dabei um eine *.zip*-komprimierte Datei mehrerer XML-Dateien handelt. XML ermöglicht es Ihnen hier, Daten über verschiedene Speicher- und Abfragesysteme hinweg zu bearbeiten. Da XML visuell lesbar ist, können Sie auch eine beschädigte Datei im Editor öffnen und zumindest einen Teil der Informationen wiederherstellen (→Abschnitt 24.3).

TIPP Im Ordner *24* auf der Begleit-CD finden die beiden Unterordner *XML* und *Menüband*. Diese beinhalten Beispiele zu den in diesem Kapitel angesprochenen Themen. Denken Sie auch hier wieder daran, dass sich Code in den darin vorhandenen Dokumenten befindet (→ Kapitel 20). Klicken Sie in der Statusleiste auf *Inhalt aktivieren*, um den Zugang dazu zu ermöglichen.

24.1 Einführung in XML

Dies ist kein Buch über XML. Wir wollen aber darauf eingehen, welche Funktionen man in Microsoft Word hinsichtlich XML benutzen kann, und dazu müssen Sie zumindest die Grundprinzipien der Arbeit mit XML verstanden haben. Ein grundlegendes XML-System besteht aus einer Datendatei mit Markups, einem Schema und einer Transformation. In den folgenden Abschnitten wollen wir Ihnen die Funktionen und die wesentlichsten Elemente davon vorstellen.

24.1.1 Markups und Tags

XML ist eine Abkürzung für *Extensible Markup Language* – englisch für *erweiterbare Auszeichnungssprache*. Der Name deutet schon die Funktion an: Sie können damit in Dateien einzelne wichtige Daten kennzeichnen, auf die andere Werkzeuge zugreifen können – etwa so, als würden Sie in Ihren Akten wichtige Stellen mit einem Marker kennzeichnen. Der Vorgang der Kennzeichnung wird als *Markup* – also Markieren – bezeichnet. Dabei werden als *Tags* oder *Token* bezeichnete Codeelemente in den Datenbestand eingefügt, die die Bedeutung der einzelnen Elemente definieren.

Das ist ähnlich wie bei *HTML*: Wenn Sie eine Webseite im Internet Explorer anzeigen lassen, mit der rechten Maustaste auf die Seite klicken und dann im Kontextmenü den Befehl *Quelltext anzeigen* wählen, finden Sie eine Mischung aus lesbarem Text und HTML-Tags wie beispielsweise ‹p› und ‹h2›. Bei HTML definieren die Tags im Prinzip nur die Darstellungsweise der Daten und man ist dabei auf eine vordefinierte Gruppe von Tags beschränkt, die von allen Benutzern gemeinsam verwendet wird. Bei XML hingegen wird ein System der verwendbaren Tags von den dafür in der Organisation verantwortlichen Mitarbeitern definiert. Wenn Sie ein solches System beispielsweise auf Ihre einzelnen Verkaufsdaten konsequent anwenden, kann eine Datenbank darauf zugreifen und zusammenfassende Berichte erstellen. Wichtig ist, dass XML außerdem plattformunabhängig ist. Sie können den Code in jedem für die Verwendung von XML konzipierten Programm lesen und verarbeiten, wobei weder Hardware noch Betriebssystem eine Rolle spielen.

Tags sind sowohl in HTML- als auch in XML-Dokumenten leicht daran zu erkennen, dass sie von spitzen Klammern umgeben sind. Sie treten immer paarweise auf, verfügen also über einen Anfangs-Tag – wie beispielsweise *<Tag1>* – und einen End-Tag – beispielsweise *</Tag1>*. Den Unterschied zwischen Anfangs- und End-Tag erkennen Sie daran, dass der End-Tag einen zusätzlichen Schrägstrich beinhaltet. Ein damit zu kennzeichnender Wert würde also mit *<Tag1>Wert</Tag1>* markiert werden.

```
<ANSCHRIFT>
        <VORNAME>Sabine</VORNAME>
        <NAME>Hermann</NAME>
        <STRASSE>Wasserstraße 9</STRASSE>
        <PLZ>90762</PLZ>
        <ORT>Fürth</ORT>
</ANSCHRIFT>
```

Abbildung 24.1 Daten mit Tags

Es gibt Fälle, in denen alle in einer Datei vorhandenen Daten mit Tags ausgezeichnet sind. Beispielsweise könnten sämtliche Bestandteile einer Anschrift markiert sein (→ Abbildung 24.1). Häufiger ist jedoch der Fall, in dem nur bestimmte Elemente so markiert sind (→ Abbildung 24.2). Sie können also mithilfe von XML-Tags genau erkennen, welche Art von Daten markiert werden.

Tags treten nicht nur paarweise mit Anfangs-Tag und End-Tag auf, sie unterliegen meist auch gewissen hierarchischen Strukturen. Beispielsweise kann man einen Block der Daten einer Anschrift mit den Tags *<ANSCHRIFT>* und *</ANSCHRIFT>* insgesamt markieren und

dann die einzelnen Bestandteile darin wiederum individuell kennzeichnen – beispielsweise den Namen mit *<NAME>* und *</NAME>*. Welche Tag-Strukturen eingesetzt werden können, wird man im Allgemeinen entsprechenden Experten überlassen. Diese entwickeln ein System, das die Struktur der Markierung beschreibt.

Wenn die in einem Datenbestand vorgenommenen Markierungen den durch das System geforderten Voraussetzungen genügen, spricht man von *wohlgeformtem XML*. Dies bedeutet meist, dass die Markierungen sowohl ein Anfangs-Tag und ein End-Tag aufweisen als auch den Forderungen hinsichtlich der hierarchischen Struktur genügen.

Mit den entsprechenden XML-Tags können Sie beispielsweise ein Desktopprogramm verwenden, um Daten auf einem Standardcomputer zu öffnen und zu verwenden. Und unabhängig davon, wer einen XML-Datenblock erstellt, können dieselben Daten in verschiedenen Microsoft Office 2010 Professional-Programmen verwendet werden. Da XML so gut übertragbar ist, hat es sich zu einer der beliebtesten Technologien für den Datenaustausch zwischen Datenbanken und Benutzerdesktops entwickelt.

24.1.2   Schemas und Transformationen

Neben wohlgeformten, mit Tags versehenen Daten verwenden XML-Systeme im Allgemeinen noch zwei weitere Komponenten: *Schemas* und *Transformationen*.

XML-Schemas

Wir sagten es gerade: Welche Tags-Strukturen eingesetzt werden können, wird man im Allgemeinen entsprechenden Experten überlassen. Diese entwickeln ein System, das die Struktur der Markierung beschreibt. Diese Struktur wird als *Schema* bezeichnet (→ Abbildung 24.3). Ein Schema ist einfach eine XML-Datei, die die Regeln dazu enthält, was sich in einer XML-Datendatei befinden kann. Schemadateien haben meist die Dateinamenerweiterung *.xsd*, während XML-Datendateien die Erweiterung *.xml* verwenden. Schemas ermöglichen es einem Programm, Daten zu überprüfen. Damit wird sichergestellt, dass die Datenstruktur sowohl für die Person, die die Datei erstellt hat, als auch für andere Benutzer Sinn ergibt.

```
<ANSCHRIFT>
Gestern habe ich eine gewisse <VORNAME>Sabine</VORNAME> kennen gelernt. Später
stellte sich heraus,dass sie mit Nachnamen <NAME>Hermann</NAME> heißt und in
der <STRASSE>Gartenstraße 16</STRASSE> in <PLZ>90762</PLZ> <ORT>Fürth</ORT> wohnt.
</ANSCHRIFT>
```

Abbildung 24.2
Daten mit Text und Tags

```
<?xml version="1.0" ?>
<xsd:schema targetNamespace="yournamespace" xmlns="yournamespace"
xmlns:xsd="http://www.w3.org/2001/XMLSchema">
   <xsd:element name="EINTRAG">
     <xsd:complexType mixed="true">
       <xsd:sequence>
         <xsd:element name="VORNAME" type="xsd:string"/>
         <xsd:element name="NAME" type="xsd:string"/>
         <xsd:element name="STRASSE" type="xsd:string"/>
         <xsd:element name="PLZ" type="xsd:string"/>
         <xsd:element name="ORT" type="xsd:string"/>
       </xsd:sequence>
     </xsd:complexType>
   </xsd:element>
</xsd:schema>
```

Abbildung 24.3
Ein einfaches Schema

Schemas können komplex aufgebaut sein, das Prinzip ist jedoch recht einfach. Beachten Sie die folgenden Punkte:

» Die Zeilenelemente werden *Deklarationen* genannt. Der *<xsd:element name=»EINTRAG«>* ist der Anfangs-Tag für einen Datenblock mit dem Namen *EINTRAG*.

» Die Deklaration *<xsd:sequence>* weiter unten bedeutet, dass die nachfolgenden Tags – wie *<NAME>* und *<VORNAME>* – in einer bestimmten Reihenfolge platziert sein müssen.

» Dann folgt die Deklaration der einzelnen Elemente innerhalb von *EINTRAG*: Mit *<xsd:element name="VORNAME" />* definieren Sie beispielsweise den Tag *VORNAME*. Über solche Deklarationen können außerdem die Arten von Daten gesteuert werden, die Benutzer eingeben können. In unserem Beispiel werden mit *type="xsd:string"* alle Daten als Text definiert. Stattdessen könnten Sie auch andere Datentypen wie *decimal*, *integer* oder *date* und *time* verwenden.

» Beachten Sie, dass die Anfangs-Tags später wieder durch einen Ende-Tag geschlossen werden. Beispielsweise schließt *</xsd:element>* das einleitende *<xsd:element name="EINTRAG">*.

Wenn die Daten in einer XML-Datei mit den in dem Schema vorgegebenen Regeln konform gehen, werden die Daten als gültig angesehen.

Transformationen

Wenn Sie die durch den Markup gekennzeichneten Daten an anderen Stellen verwenden wollen, können Sie eine *Transformation* durchführen. Beispielsweise könnten Sie damit die Adressdaten in den mit Word erstellten Briefen in eine Adressliste für Excel umwandeln. Dieser Vorgang wird auch als *Extensible Stylesheet Language Transformation* – abgekürzt mit *.xslt* – bezeichnet.

Für diesen Vorgang benötigen Sie wiederum eine XML-Datei, die beschreibt, wie das Ergebnis der Transformation aussehen soll. Wie deren Elemente aussehen, häng vom gewünschten Ergebnis ab. Beispielsweise könnten Sie die Daten in einer HTML-Datei darstellen lassen (→ Abbildung 24.4).

```
<?xml version="1.0"?>
<xsl:stylesheet version="1.0"
xmlns:xsl="http://www.w3.org/1999/XSL/Transform">
<xsl:template match="/">
    <html>
    <body>
        <h2>Adressen</h2>
        <table border="1">
            <tr bgcolor="#9acd32">
                <th>Name</th>
                <th>Vorname</th>
                <th>Strasse</th>
                <th>PLZ</th>
                <th>Ort</th>
            </tr>
            <xsl:for-each select="ANSCHRIFT">
                <tr>
                    <td><xsl:value-of select="NAME"/></td>
                    <td><xsl:value-of select="VORNAME"/></td>
                    <td><xsl:value-of select="STRASSE"/></td>
                    <td><xsl:value-of select="PLZ"/></td>
                    <td><xsl:value-of select="ORT"/></td>
                </tr>
            </xsl:for-each>
        </table>
    </body>
    </html>
</xsl:template>
</xsl:stylesheet>
```

Abbildung 24.4 Eine Transformationsdatei

24.2 XML in Microsoft Word

Microsoft Word 2010 bietet eine gewisse Unterstützung hinsichtlich des Einsatzes von XML. Aber gleich ein Wort zur Vorsicht: Wer an den Leistungsumfang und die Zuverlässigkeit eines speziellen XML-Editors gewöhnt ist, wird für diese Arbeit sicherlich nicht zu Word wechseln wollen. Die Funktionen zur Bearbeitung von XML-Dokumenten fallen sehr begrenzt aus und der Umgang damit ist nicht besonders anwenderfreundlich. Mit XML erfahrene Anwender werden die Arbeit damit vielleicht auch als schlichtweg inakzeptabel empfinden. Dieses Buch beschäftigt sich aber auch mit der Verarbeitung von XML in Word und die anfangs angesprochen Schemas, Transformationen und Daten können in Word verwendet werden, solange es sich um wohlgeformtes XML handelt.

Die anschließend beschriebenen Verfahren funktionieren am besten, wenn die Datenstruktur in Ihrer Organisation mithilfe eines XML-Schemas definiert wird.

Die Werkzeuge dazu finden Sie wieder auf der Registerkarte *Entwicklertools*, speziell in der Gruppe *XML* (→ Abbildung 24.5).

24.2.1 Öffnen von XML-Dateien

Zunächst einmal sollten Sie wissen, dass Sie in Word eine XML-Datendatei mit Markups anzeigen lassen können (→ Abbildung 24.6). Öffnen Sie die Datei wie gewohnt. Unter Umständen müssen Sie im Dialogfeld *Öffnen* die Option *Alle Dateien* wählen, um die Symbole für diesen Dateityp sichtbar zu machen. Nur wenn bereits ein XML-Schema mit dieser Datei verknüpft ist, werden die damit definierten Tags mit angezeigt (→ unten).

 Wenn Sie in der Gruppe *XML* auf die Schaltfläche *Struktur* klicken, wird rechts auf dem Bildschirm der Aufgabenbereich *XML-Struktur* angezeigt, aus dem die Struktur des Markups ersichtlich wird. Standardmäßig sind die eingefügten Tags sichtbar, sie können aber auch durch Abschalten des Kontrollkästchens *XML-Tag im Dokument anzeigen* im Aufgabenbereich ausgeblendet werden. Die Stellen mit den drei Punkten im Aufgabenbereich geben an, dass hier im Dokument Daten vorhanden sind, die nicht mit einem Markup versehen sind.

24.2.2 Arbeiten mit XML-Schemas

Sie können aber auch in einem normalen Word-Dokument einen Markup durchführen. Dazu benutzen Sie sinnvollerweise ein Schema (→ oben). Die Schemas, die an ein Dokument angefügt werden können, sind in der Schemabibliothek zusammengefasst, also für alle Dokumente verfügbar. Diese Bibliothek ist anfangs noch leer.

Abbildung 24.5
Die Registerkarte
Entwicklertools

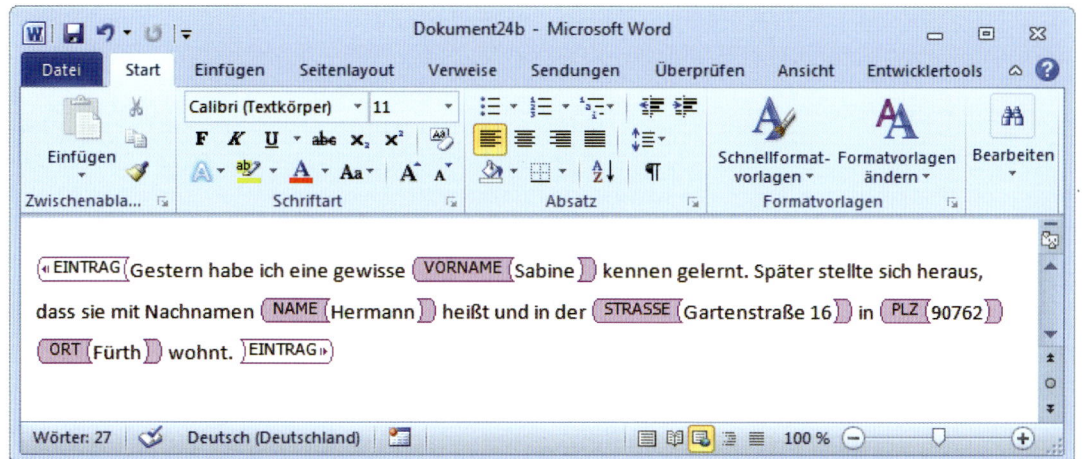

Abbildung 24.6
Eine XML-Datendatei
in Word

Hinzufügen von Schemas zur Schemabibliothek

Um Schemas zur Schemabibliothek hinzuzufügen, ge-hen Sie in den folgenden Schritten vor:

» **🎀 Schema**   Klicken Sie auf der Registerkarte *Ent-wicklertools* in der Gruppe *XML* auf *Schema*. Im Dialogfeld *Dokumentvorlagen und Add-Ins* wird die Registerkarte *XML-Schema* angezeigt (→ Abbildung 24.7).

» Klicken Sie auf *Schema hinzufügen*, navigieren Sie zum gewünschten XML-Schema und klicken Sie dann auf *Öffnen*. Sie können die Datei *Schema1.xsd* auf der Begleit-CD als Beispiel benutzen.

» Geben Sie im Dialogfeld *Schemaeinstellungen* einen Namen für das Schema in das Feld *Alias* ein (→ Ab-bildung 24.8). Dieser Name wird dann in der Liste der verfügbaren Schemas im Dialogfeld *Vorlagen und Add-Ins* angezeigt. Klicken Sie abschließend auf *OK*.

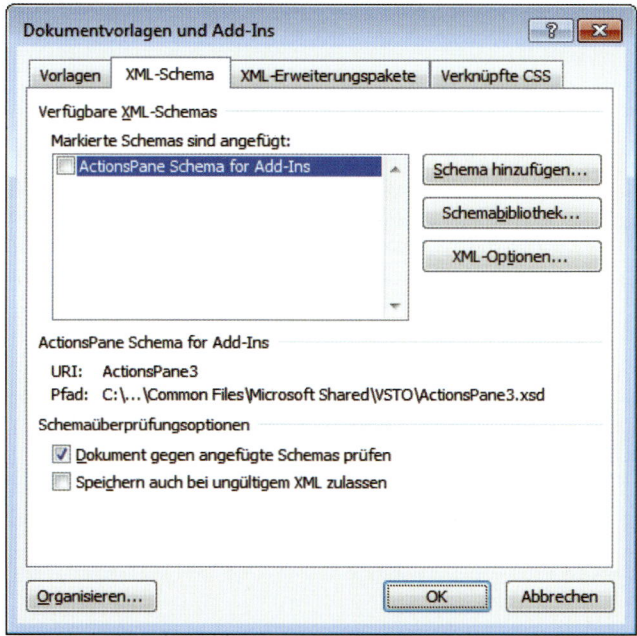

Abbildung 24.7 Dokumentvorlagen und Add-Ins

Abbildung 24.8 Die Schemaeinstellungen

Schemas verwalten

🎀 Schema   Die angefügten Schemas können Sie über die Schemabibliothek verwalten. Klicken Sie zur Anzeige auf *Schema* in der Gruppe *XML* der Re-gisterkarte *Entwicklertools* und dann im Dialogfeld auf die Schaltfläche *Schemabibliothek*. Im gleichnamigen Dialogfeld können Sie weitere Schemas hinzufügen, das markierte löschen oder auch über *Schema bearbeiten*

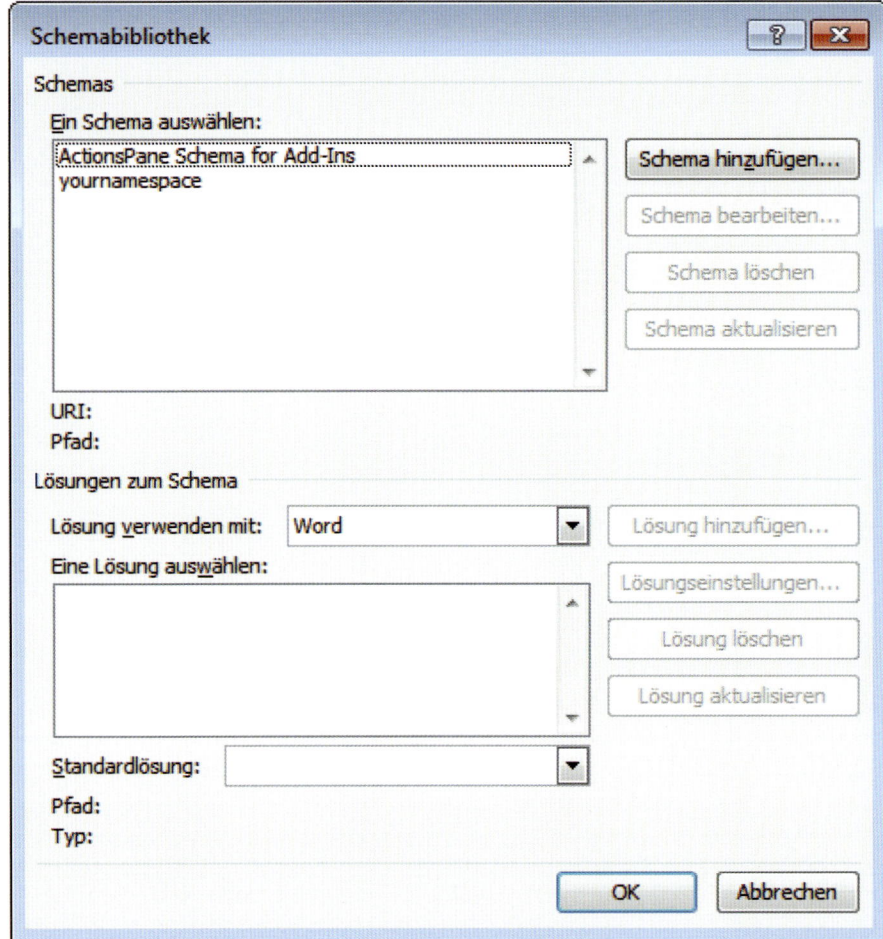

Abbildung 24.9
Die Schemabibliothek

das Dialogfeld *Schemaeinstellungen* auf den Bildschirm bringen (→ Abbildung 24.9).

Anfügen eines Schemas an ein Dokument

Wenn mit dem vorher genannten Schritt Schemas in der Bibliothek verfügbar sind, können Sie eines oder mehrere davon an ein Dokument anfügen. Die Liste im Aufgabenbereich *XML-Struktur* enthält die Elemente aus allen angefügten Schemas.

» ⊞ Schema Öffnen Sie das Dokument in Word, klicken Sie auf der Registerkarte *Entwicklertools* in der Gruppe *XML* auf *Schema*.

» Aktivieren Sie im Dialogfeld *Dokumentvorlagen und Add-Ins* im Feld *Markierte Schemas sind angefügt* das Kontrollkästchen für jedes XML-Schema, das Sie an das Dokument anfügen möchten (→ Abbildung 24.7).

» ⊞ Struktur Nach der Bestätigung wird der Aufgabenbereich *XML-Struktur* rechts im Programmfenster angezeigt (→ Abbildung 24.10 links). Sie können ihn übrigens über die Schaltfläche *Struktur* in der Gruppe *XML* ein- und ausblenden.

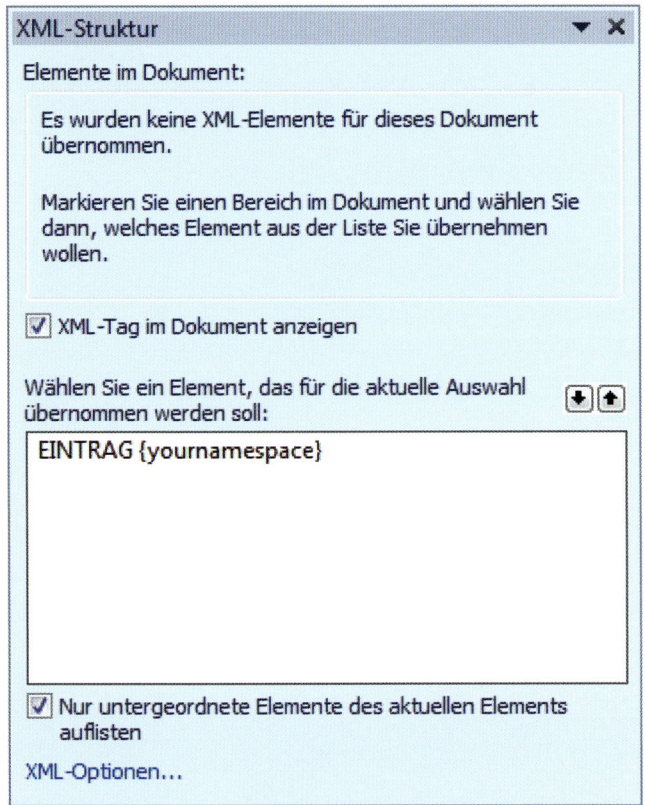

Abbildung 24.10 Der Aufgabenbereich *XML-Struktur*

24.2.3 Übernehmen von XML-Tags

Wenn ein benutzerdefiniertes XML-Schema an ein Dokument angefügt ist, bietet der Aufgabenbereich *XML-Struktur* eine Liste der im Schema definierten Elemente. Sie wenden XML-Tags auf das Dokument an, indem Sie Dokumentinhalt markieren und dann ein Element aus der Liste auswählen. Wenn das Schema Attribute für ein Element definiert, können Sie diese ebenfalls im Aufgabenbereich XML-Struktur angeben.

Hinzufügen von XML-Tags

Anschließend müssen Sie dem Dokument XML-Tags hinzufügen. Um die Auswahl der Elemente und Attribute zu begrenzen, aktivieren Sie das Kontrollkästchen *Nur untergeordnete Elemente des aktuellen Elements auflisten* (→ Abbildung 24.10 rechts). Dann führen Sie eine der folgenden Aktionen aus:

» Markieren Sie im Dokument den Inhalt, den Sie in Tags einschließen möchten. Im Prinzip können Sie ein Wort, einen Ausdruck, einen Absatz, eine Zelle, eine Zeile, eine Spalte, ein Feld, ein Bild oder ein Objekt im Dokument markieren.

» Wählen Sie im Aufgabenbereich *XML-Struktur* in der Liste *Wählen Sie ein Element, das für Ihre aktuelle Auswahl übernommen werden soll* ein Element aus. Beim ersten Arbeitsschritt dieser Art müssen Sie angeben, ob Sie die Auswahl für das gesamte Dokument übernehmen möchten (→ Abbildung 24.11).

» Die Tags werden im Dokument angezeigt (→ Abbildung 24.12). Gegebenenfalls müssen Sie das Kontrollkästchen *XML-Tag im Dokument anzeigen* im Aufgabenbereich *XML-Struktur* einschalten. Zum Anzeigen oder Ausblenden können Sie auch einfach die Tastenkombination Strg + Umschalt + X drücken.

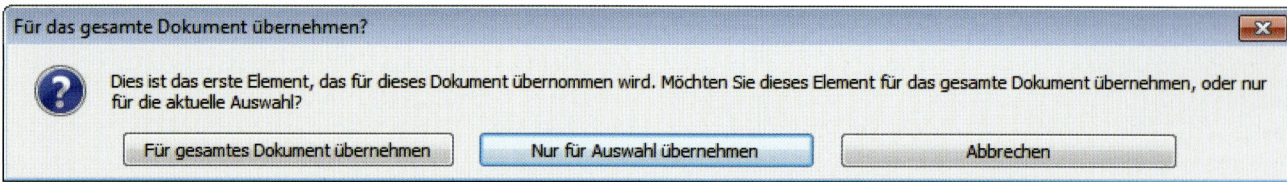

Abbildung 24.11 Für das gesamte Dokument übernehmen?

Wenn Ihr Schema Attribute enthält, können Sie ein Attribut für das Element angeben. Dazu klicken Sie im Aufgabenbereich *XML-Struktur* unter *Elemente im Dokument* mit der rechten Maustaste auf das Element und dann auf *Attribute*. Wählen Sie aus der Liste *Verfügbare Attribute* das gewünschte Attribut aus und geben Sie in das Feld *Wert* den Wert des Attributs ein. Klicken Sie dann auf *Hinzufügen*.

TIPP Wenn Sie das Dokument zusammen mit den Tags drucken wollen, sorgen Sie dafür, dass das Kontrollkästchen *XML-Tags drucken* in der Kategorie *Erweitert* im Fenster zu den *Word-Optionen* eingeschaltet ist.

Entfernen von XML-Tags

Tags können nur paarweise entfernt werden, wenn der entstehende Code wohlgeformt bleiben soll. Um einen schon eingefügten Tag wieder zu entfernen, sorgen Sie über die Option *XML-Tags im Dokument anzeigen* im Aufgabenbereich *XML-Struktur* dafür, dass die Tags angezeigt werden. Positionieren Sie den Mauszeiger im Dokument auf einen Start- oder ein Endtag. Klicken Sie darauf mit der rechten Maustaste und wählen Sie *Tag … entfernen*, um den Tag zu entfernen, ohne den eigentlichen Inhalt zwischen den Tags zu löschen.

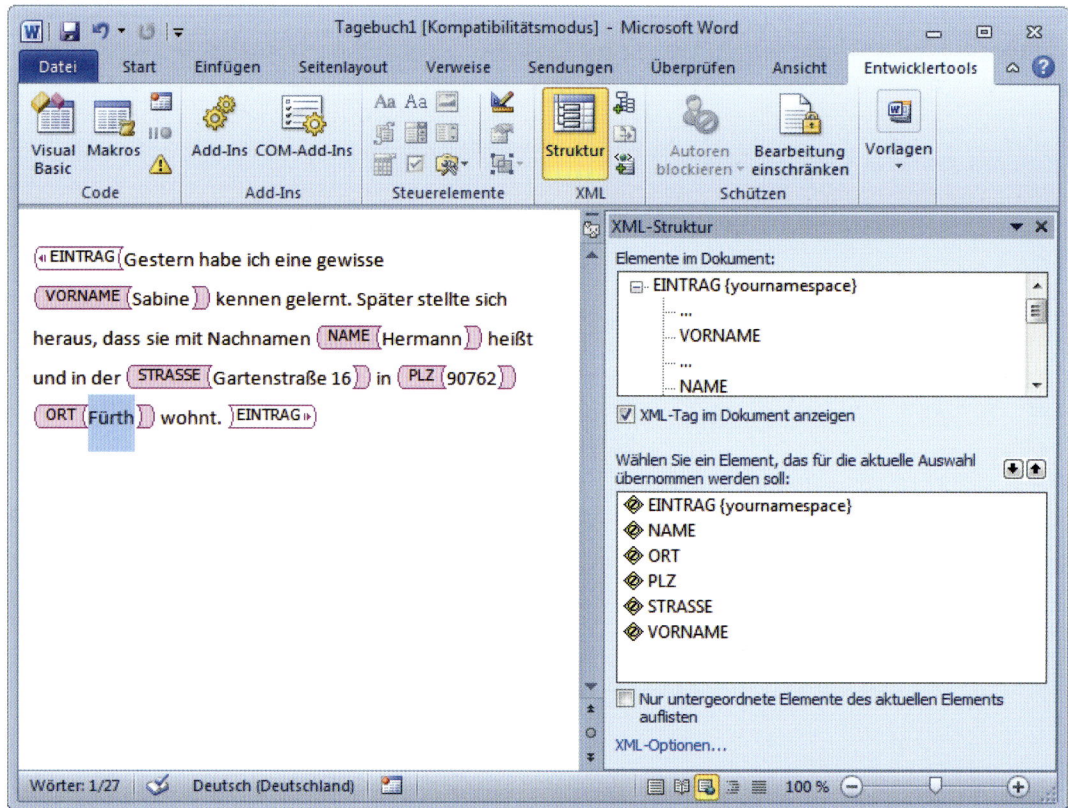

Abbildung 24.12
Die Tags im Dokument

Anzeigen von XML-Elementnamen

Wenn das Dokument leere XML-Elemente enthält, können Sie diese Elemente über den Namen im Dokumenttext auch dann anzeigen, wenn die Option *XML-Tag im Dokument anzeigen* abgeschaltet ist. Klicken Sie dazu auf der Registerkarte *Entwicklertools* in der Gruppe *XML* auf *Schema* und dann auf *XML-Optionen* (→ unten). Aktivieren Sie im Abschnitt *XML-Ansichtoptionen* das Kontrollkästchen *Platzhaltertext für alle leeren Elemente anzeigen*.

Sie können einen eigenen Platzhaltertext für Elemente angeben, indem Sie mit der rechten Maustaste auf einen Tag klicken, auf *Attribute* klicken und dann in das Feld *Platzhaltertext* Text eingeben.

Verhindern von unbeabsichtigtem Löschen

Wenn Sie möchten, dass Benutzer Daten in einem Dokument bearbeiten können, ohne die dafür vergebenen Tags zu ändern oder zu löschen, können Sie den Dokumentschutz verwenden. Dazu aktivieren Sie gegebenenfalls im Aufgabenbereich *XML-Struktur* das Kontrollkästchen *XML-Tag im Dokument anzeigen*.

» Klicken Sie auf der Registerkarte *Entwicklertools* in der Gruppe *Schützen* auf *Bearbeitung einschränken*.

» Aktivieren Sie im Aufgabenbereich *Formatierung und Bearbeitung einschränken* das Kontrollkästchen *Nur diese Bearbeitungen im Dokument zulassen* und wählen Sie *Keine Änderungen (Schreibgeschützt)* aus.

» Wählen Sie im Dokument den Inhalt des nicht zu schützenden Elements aus und aktivieren Sie im Aufgabenbereich *Formatierung und Bearbeitung einschränken* im Bereich *Ausnahmen (optional)* das Kontrollkästchen *Jeder*.

» Wiederholen Sie diese Schritte für jeden XML-Tag, dessen Inhalt von Benutzern bearbeitet werden soll.

» Klicken Sie abschließend auf *Ja, Schutz jetzt anwenden*.

Sie können auch noch ein Kennwort für den Schutz eingeben oder auch das Dokument verschlüsseln (→ Kapitel 10).

Überprüfen von XML-Daten

Word kann ein XML-Dokument entsprechend den Regeln eines XML-Schemas, das an das Dokument angefügt ist, auf Gültigkeit überprüfen. Um Gültigkeitsfehler beim Anwenden von XML-Tags zu vermeiden, aktivieren Sie im Aufgabenbereich *XML-Struktur* das Kontrollkästchen *Nur untergeordnete Elemente des aktuellen Elements auflisten*.

Zum Einschalten der Kontrollfunktion klicken Sie auf der Registerkarte *Entwickler* in der Gruppe *XML* auf *Schema*. Unter *Schemaüberprüfungsoptionen* finden Sie im Dialogfeld zwei Optionen (→ Abbildung 24.7).

» Um eine Gültigkeitsprüfung zu erzwingen, aktivieren Sie das Kontrollkästchen *Dokument gegen angehängte Schemas prüfen*.

» Um zu verhindern, dass Word ein ungültiges Dokument speichert, deaktivieren Sie das Kontrollkästchen *Speichern auch bei ungültigem XML zulassen*.

Die Gültigkeit eines Dokuments wird während der Bearbeitung im Aufgabenbereich *XML-Struktur* angezeigt. Symbole neben jedem Element zeigen an, ob das Element ungültig ist und um welche Verletzung es sich gegebenenfalls handelt. Außerdem werden Schemaverletzungen im Dokument mit violetten, wellenförmigen Linien markiert (→ Abbildung 24.13).

Beachten Sie dazu aber auch den folgenden Punkt: Ein Schema kann verlangen, dass Sie alle darin aufgeführten Tags verwendet haben. Die violetten Linien werden in diesem Fall so lange angezeigt, bis das geschehen ist. Die Anzeige bezieht sich also dabei nicht auf einen Fehler in der Eingabe, sondern nur auf die Unvollständigkeit.

ACHTUNG Wenn Sie im Dialogfeld *XML-Optionen* das Kontrollkästchen *Schemaverletzungen in diesem Dokument ausblenden* einschalten, werden diese violetten, wellenförmigen Linien nicht mehr angezeigt (→ unten).

24.2.4 Speichern von XML-Daten

Beim Speichern eines XML-Dokuments in Word sollten Sie Vorsicht walten lassen. Sie benutzen natürlich weiterhin dafür das Dialogfeld *Speichern unter* und darin stehen Ihnen einige Dateitypen für XML-Dateien und zusätzliche Optionen zur Verfügung (→ Abbildung 24.14).

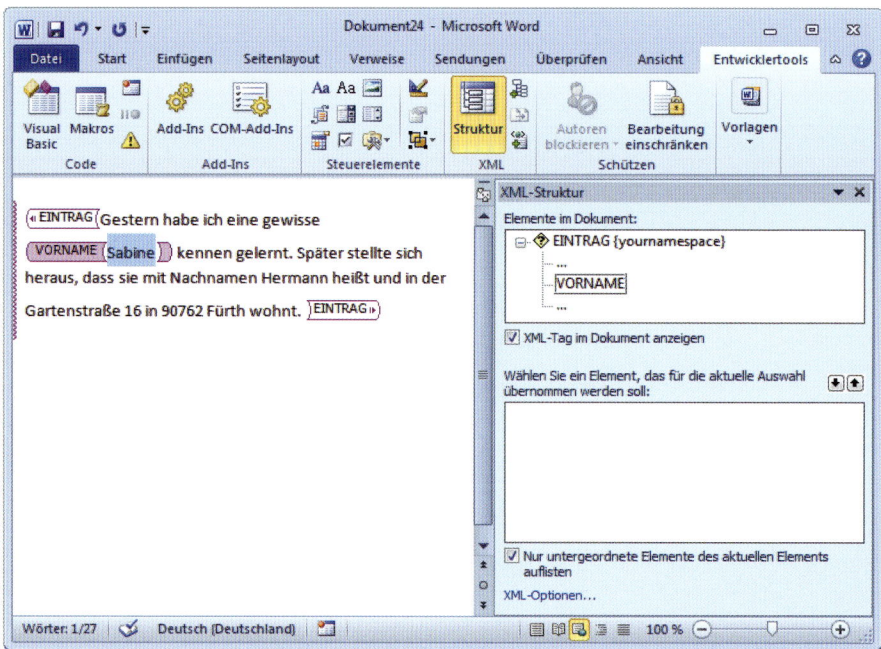

Abbildung 24.13
Hier wurde das Element *VORNAME* benutzt. Schemaverletzungen werden – wenn vorhanden – ebenfalls angezeigt.

Als XML-Datendatei speichern

Wenn Sie Änderungen an einer in Word geöffneten XML-Datendatei vorgenommen haben und diese speichern wollen, sollten Sie den Dateityp *Word 2003 XML-Dokument* benutzen und auf jeden Fall das Kontrollkästchen

Nur Daten speichern einschalten! Dies führt dann dazu, dass das bisherige Dateiformat beibehalten wird, was Sie anschließend über einen Editor kontrollieren können (→ Abbildung 24.15).

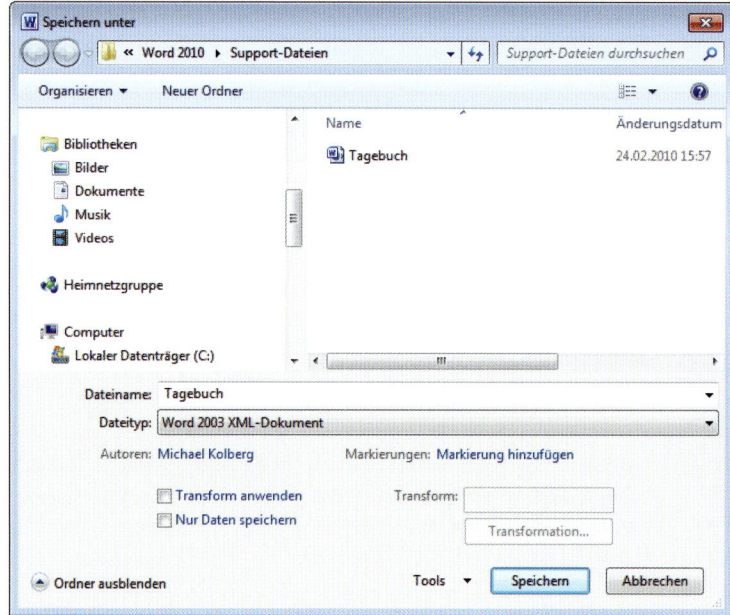

Abbildung 24.14
Das Dialogfeld *Speichern unter*

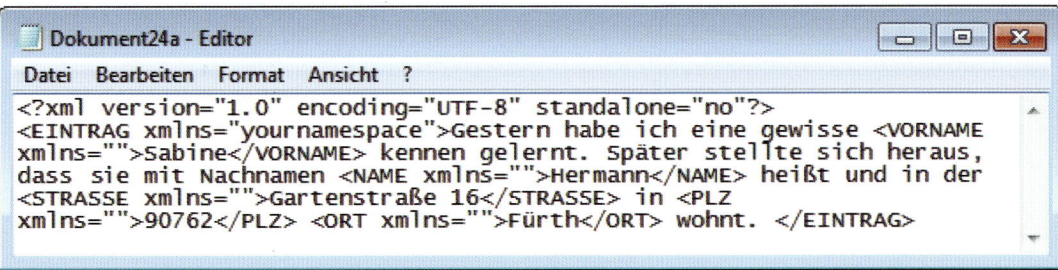

Abbildung 24.15
Die Option *Nur Daten speichern* wurde eingeschaltet.

Wenn Sie das Kontrollkästchen *Nur Daten speichern* nicht einschalten, werden diverse Daten aus Word übernommen – beispielsweise das Seitenlayout und die Formatierung des Word-Dokuments –, was meist zu Konflikten führt (→ Abbildung 24.16).

Verwenden einer XML-Transformation

Wenn Sie eine Transformationsdatei zum Formatieren des Dokuments verwenden möchten, stehen Ihnen dafür zwei Möglichkeiten zur Verfügung.

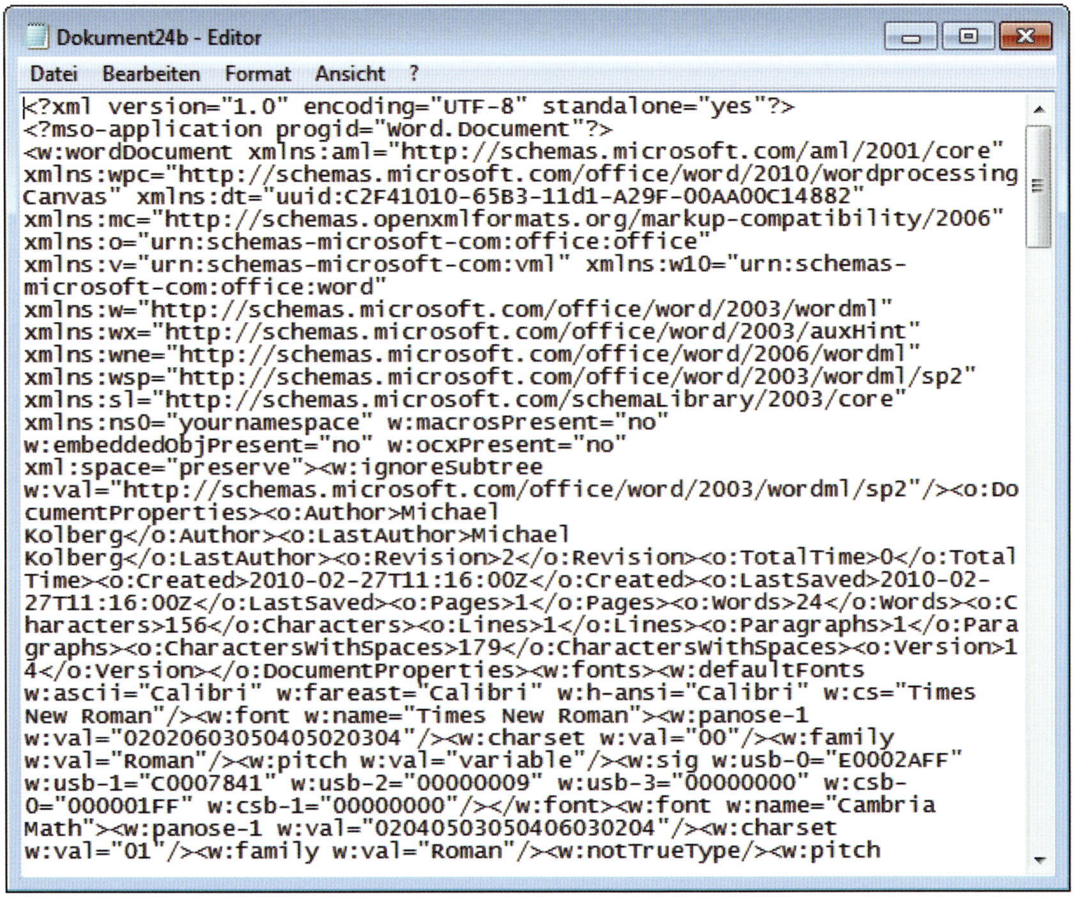

```
Dokument24b - Editor
Datei  Bearbeiten  Format  Ansicht  ?
<?xml version="1.0" encoding="UTF-8" standalone="yes"?>
<?mso-application progid="Word.Document"?>
<w:wordDocument xmlns:aml="http://schemas.microsoft.com/aml/2001/core"
xmlns:wpc="http://schemas.microsoft.com/office/word/2010/wordprocessing
Canvas"  xmlns:dt="uuid:C2F41010-65B3-11d1-A29F-00AA00C14882"
xmlns:mc="http://schemas.openxmlformats.org/markup-compatibility/2006"
xmlns:o="urn:schemas-microsoft-com:office:office"
xmlns:v="urn:schemas-microsoft-com:vml" xmlns:w10="urn:schemas-
microsoft-com:office:word"
xmlns:w="http://schemas.microsoft.com/office/word/2003/wordml"
xmlns:wx="http://schemas.microsoft.com/office/word/2003/auxHint"
xmlns:wne="http://schemas.microsoft.com/office/word/2006/wordml"
xmlns:wsp="http://schemas.microsoft.com/office/word/2003/wordml/sp2"
xmlns:sl="http://schemas.microsoft.com/schemaLibrary/2003/core"
xmlns:ns0="yournamespace" w:macrosPresent="no"
w:embeddedObjPresent="no" w:ocxPresent="no"
xml:space="preserve"><w:ignoreSubtree
w:val="http://schemas.microsoft.com/office/word/2003/wordml/sp2"/><o:Do
cumentProperties><o:Author>Michael
Kolberg</o:Author><o:LastAuthor>Michael
Kolberg</o:LastAuthor><o:Revision>2</o:Revision><o:TotalTime>0</o:Total
Time><o:Created>2010-02-27T11:16:00Z</o:Created><o:LastSaved>2010-02-
27T11:16:00Z</o:LastSaved><o:Pages>1</o:Pages><o:Words>24</o:Words><o:C
haracters>156</o:Characters><o:Lines>1</o:Lines><o:Paragraphs>1</o:Para
graphs><o:CharactersWithSpaces>179</o:CharactersWithSpaces><o:Version>1
4</o:Version></o:DocumentProperties><w:fonts><w:defaultFonts
w:ascii="Calibri" w:fareast="Calibri" w:h-ansi="Calibri" w:cs="Times
New Roman"/><w:font w:name="Times New Roman"><w:panose-1
w:val="02020603050405020304"/><w:charset w:val="00"/><w:family
w:val="Roman"/><w:pitch w:val="variable"/><w:sig w:usb-0="E0002AFF"
w:usb-1="C0007841" w:usb-2="00000009" w:usb-3="00000000" w:csb-
0="000001FF" w:csb-1="00000000"/></w:font><w:font w:name="Cambria
Math"><w:panose-1 w:val="02040503050406030204"/><w:charset
w:val="01"/><w:family w:val="Roman"/><w:notTrueType/><w:pitch
```

Abbildung 24.16
Das Kontrollkästchen *Nur Daten speichern* wurde nicht eingeschaltet.

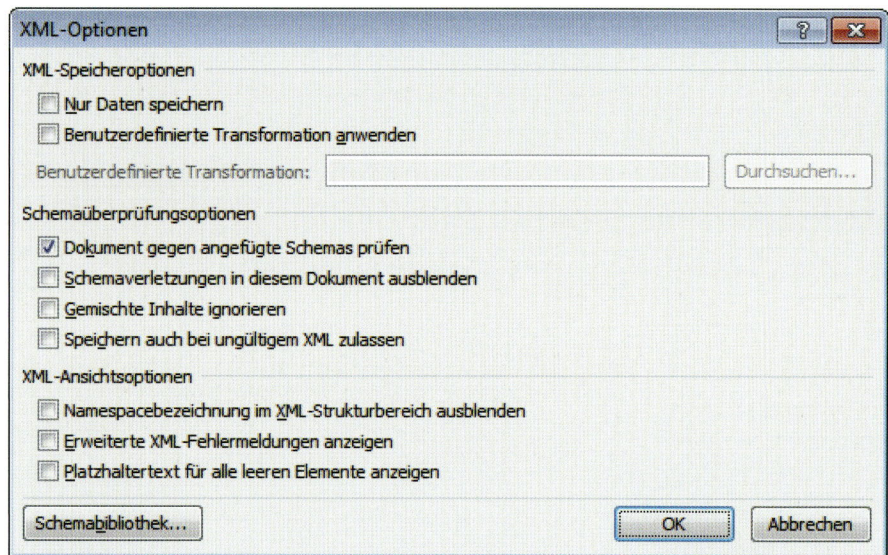

Abbildung 24.17
Die XML-Optionen

ACHTUNG Wenn Sie beim Speichern der Datei eine *.xslt*-Datei übernehmen, verwirft Word alle Daten, die die Transformationsdatei nicht verwendet. Das ist zwar auch Teil des Sinns einer Transformation – benutzen Sie aber vorsichtshalber immer einen anderen Dateinamen.

» Wenn Sie beim Speichern eine spezielle *.xslt*-Datei für das gerade aktive Dokument verwenden wollen, wählen Sie im Dialogfeld *Speichern unter* den Dateityp *Word 2003 XML-Dokument*, geben Sie im Feld *Dateiname* den Dokumentnamen ein und aktivieren Sie das Kontrollkästchen *Transform anwenden*. Klicken Sie dann auf *Transformation*, wählen Sie die gewünschte *.xslt*-Datei aus und klicken Sie auf *Öffnen*. Klicken Sie abschließend auf *Speichern*.

» Wenn bei jedem Speichern des Dokuments immer dieselbe *.xslt*-Datei verwendet werden soll, können Sie es sich einfacher machen und anders vorgehen: Lassen Sie vor dem Speichern das Dialogfeld *Vorlagen und Add-Ins* anzeigen und wählen Sie darin die Registerkarte *XML-Schema*. Klicken Sie auf *XML-Optionen* (→ unten). Aktivieren Sie das Kontrollkästchen *Benutzerdefinierte Transformation anwenden* und klicken Sie dann auf *Durchsuchen*, um die immer zu verwendende *.xslt*-Datei zu suchen. Bestätigen Sie diese Einstellung. Die gewählte *.xslt*-Datei wird dann bei jedem Speichervorgang verwendet.

TIPP Sie können diese Standarddatei aber bei einem Speichervorgang wechseln, indem Sie das Kontrollkästchen *Transform anwenden* im Dialogfeld *Speichern unter* aktivieren und eine andere *.xslt*-Datei auswählen.

24.2.5 XML-Optionen

Über die XML-Optionen können Sie Einstellungen zum Speichern von XML-Dateien, zum Prüfen der XML-Struktur für das angefügte XML-Schema sowie zum Anzeigen der XML-Struktur im Dokument und im Aufgabenbereich *XML-Struktur* festlegen (→ Abbildung 24.17). Die Einstellungen werden auf das derzeit geöffnete Dokument angewendet. Sie rufen das Dialogfeld durch einen Klick auf *XML-Optionen* im Aufgabenbereich *XML-Struktur* oder im Dialogfeld *Dokumentvorlagen und Add-Ins* auf den Bildschirm.

XML-Speicheroptionen

Wenn Sie das Kontrollkästchen *Nur Daten speichern* aktivieren, werden lediglich die XML-Tags und der Inhalt aus dem angefügten Schema gespeichert. Ist das Kontrollkästchen abgeschaltet, werden Word-spezifische Tags, Eigenschaften, Formatierungen und Layoutinformationen gespeichert.

Mit *Benutzerdefinierte Transformation anwenden* bestimmen Sie, dass beim Speichern standardmäßig eine *.xslt*-Datei verwendet wird, auch wenn Sie im Dialogfeld

Speichern unter keine ausgewählt haben. Legen Sie diese Standarddatei hier über das Feld *Benutzerdefinierte Transformation* fest. Die gespeicherte Datei enthält dann nur die Ergebnisse der Transformation (→ oben).

Schemaüberprüfungsoptionen

Unter den *Schemaüberprüfungsoptionen* können Sie die Art und Weise der Prüfung festlegen:

» Wählen Sie *Dokument gegen angefügte Schemas prüfen* aus, um die Gültigkeit des Dokuments gegen alle angefügten Schemas zu prüfen.

» Wenn *Schemaverletzungen in diesem Dokument ausblenden* eingeschaltet ist, werden die lilafarbenen wellenförmigen Linien ausgeblendet, die ungültige XML-Tags im Dokument kennzeichnen. Anderenfalls wird ein Gültigkeitsprüfungsfehler angezeigt.

» Ist *Gemischte Inhalte ignorieren* aktiviert, wird im Aufgabenbereich *XML-Struktur* der Text ausgeblendet, der sich außerhalb der Tags für das untergeordnete Element des angefügten Schemas befindet. Alle auf dieses Schema bezogenen Gültigkeitsüberprüfungsfehler werden für diese Art von Text ebenfalls ausgeblendet. Schalten Sie diese Option ab, um diesen Text im Aufgabenbereich *XML-Struktur* als Punkte anzuzeigen.

» Wenn Sie *Speichern auch bei ungültigem XML zulassen* einschalten, können Sie das Dokument als XML-Datei mit XML-Markup jederzeit speichern, selbst wenn die Regeln des angefügten Schemas verletzt werden.

XML-Ansichtsoptionen

Beachten Sie auch die drei *XML-Ansichtsoptionen*:

» *Namespacebezeichnung im XML-Strukturbereich ausblenden* führt dazu, dass die Elementnamen ohne ihre Namespacebezeichner angezeigt werden. Das erleichtert das Lesen der XML-Elementhierarchie.

» Wenn Sie *Erweiterte XML-Fehlermeldungen anzeigen* einschalten, werden ausführlichen Fehlermeldungen angezeigt. Das Abschalten bewirkt die Anzeige von vereinfachten, weniger ausführliche Fehlermeldungen.

» Über *Platzhaltertext für alle leeren Element anzeigen* können Sie Elementnamen als Platzhaltertext anzeigen, was Sie darauf aufmerksam macht, dass ein Dokument leere XML-Elemente enthält.

24.3 Die neuen Office-Dateiformate

XML wird auch als Grundlage der seit der Version 2007 bei den meisten Office-Programmen verwendeten Dateiformate benutzt. Das bietet beispielsweise einfachere Möglichkeiten zur Informationswiederherstellung und damit mehr Sicherheit. Da XML visuell lesbar ist, können Sie eine beschädigte Datei im Editor öffnen und zumindest einen Teil der Informationen wiederherstellen.

24.3.1 Die Struktur

Sie sollten zunächst wissen, dass die neuen Office-Dateiformate – bei Word beispielsweise *.docx* und *.docm* – eine Art von *.zip*-komprimiertem XML darstellen. Um das zu verstehen, sollten Sie einmal in Word ein Testdokument erstellen, dieses mit einigen Inhalten versehen und speichern. Wir haben für die folgenden Ausführungen einfach den Text *Das ist ein Test* eingegeben und die Datei als *test.docx* abgelegt.

Dann können Sie die Datei außerhalb von Word von *test.docx* in *test.docx.zip* umbenennen. Es ist sinnvoll, bei Windows dafür zuerst die Option *Erweiterungen bei bekannten Dateitypen ausblenden* auf der Registerkarte *Ansicht* im Dialogfeld zu den *Ordneroptionen* abzuschalten. Beim Umbenennen taucht ein Warnhinweis auf, den Sie aber missachten können, wenn es sich hier wirklich um eine Testdatei handelt und wenn Sie keine anderen Änderungen an den Inhalten vornehmen.

Durch dieses Umbenennen ändert sich das Dateisymbol in das eines komprimierten Ordners. Sie können dann den damit angezeigten Ordner wie einen normalen komprimierten Ordner öffnen (→ Abbildung 24.18). Sie finden darin mehrere Unterordner und Dateien.

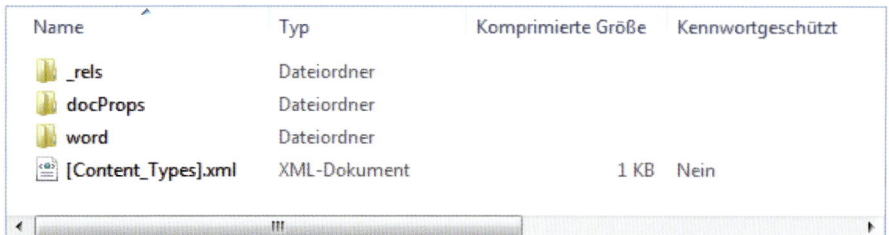

Abbildung 24.18
Der Inhalt einer umbenannten
.docx-Datei

24.3.2 Die einzelnen Bestandteile

Die einzelnen Dateien in dieser Struktur können Sie mit einem normalen Editor oder in Ihrem Browser öffnen.

Die Eingaben im Word-Dokument

Der Ordner *word* darin beinhaltet den größten Teil der Tätigkeiten, die Sie am Dokument in Word durchgeführt haben (→ Abbildung 24.19).

In der Datei *document.xml* darin sind auch beispielsweise die eigentlichen Texteingaben im Dokument abgelegt – in unserem Beispiel die Eingabe *Das ist ein Test* (→ Abbildung 24.20). Hier zeigt sich der Vorteil der Verwendung von XML: Da XML-Daten in einem Textformat und nicht in einem Binärformat gespeichert werden, sind sie direkt lesbar.

Sie könnten diese Verfahrensweise als allerletzten Versuch der Datenrettung in Fällen benutzen, in denen sich eine Word-Datei mit anderen Mitteln nicht mehr öffnen lässt.

Die weiteren Ordner und Dateien

Die weiteren Ordner und Dateien in dieser Struktur sind vielleicht weniger interessant, können aber in Ausnahmefällen wichtig werden:

» Im Ordner *_rels* werden die Abhängigkeiten zwischen den einzelnen Bestandteilen gespeichert und zwar je Part in einer eigenen Datei mit der Erweiterung *.rels*. Wenn Sie beispielsweise in Word einen Test mit eingebetteten Bildern gespeichert haben, finden Sie – wie gerade beschrieben – den Text in der Datei *document.xml* im Ordner *word*, die Verweise auf die eingebetteten Bilder in der Datei */word/_rels/document.xml.rels*. Es gibt auch immer eine Datei */_rels/.rels*, in der der Gesamtzusammenhang der einzelnen Bestandteile festlegt wird. Diese Datei ist die erste Datei, die beim Öffnen in Word gelesen wird.

» Der Ordner *docProps* enthält in den Dateien *core.xml*, *app.xml* und *custom.xml* diverse Metadaten zu Dokumenteigenschaften wie beispielsweise Autor, Speicherdatum und mehr (→ Abbildung 24.21).

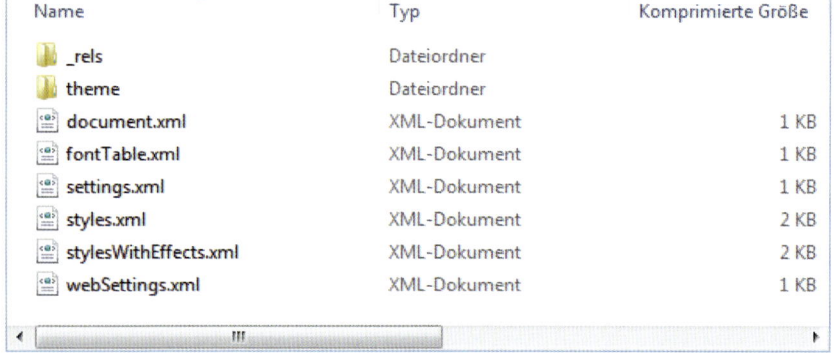

Abbildung 24.19
Der Inhalt des Ordners *word*

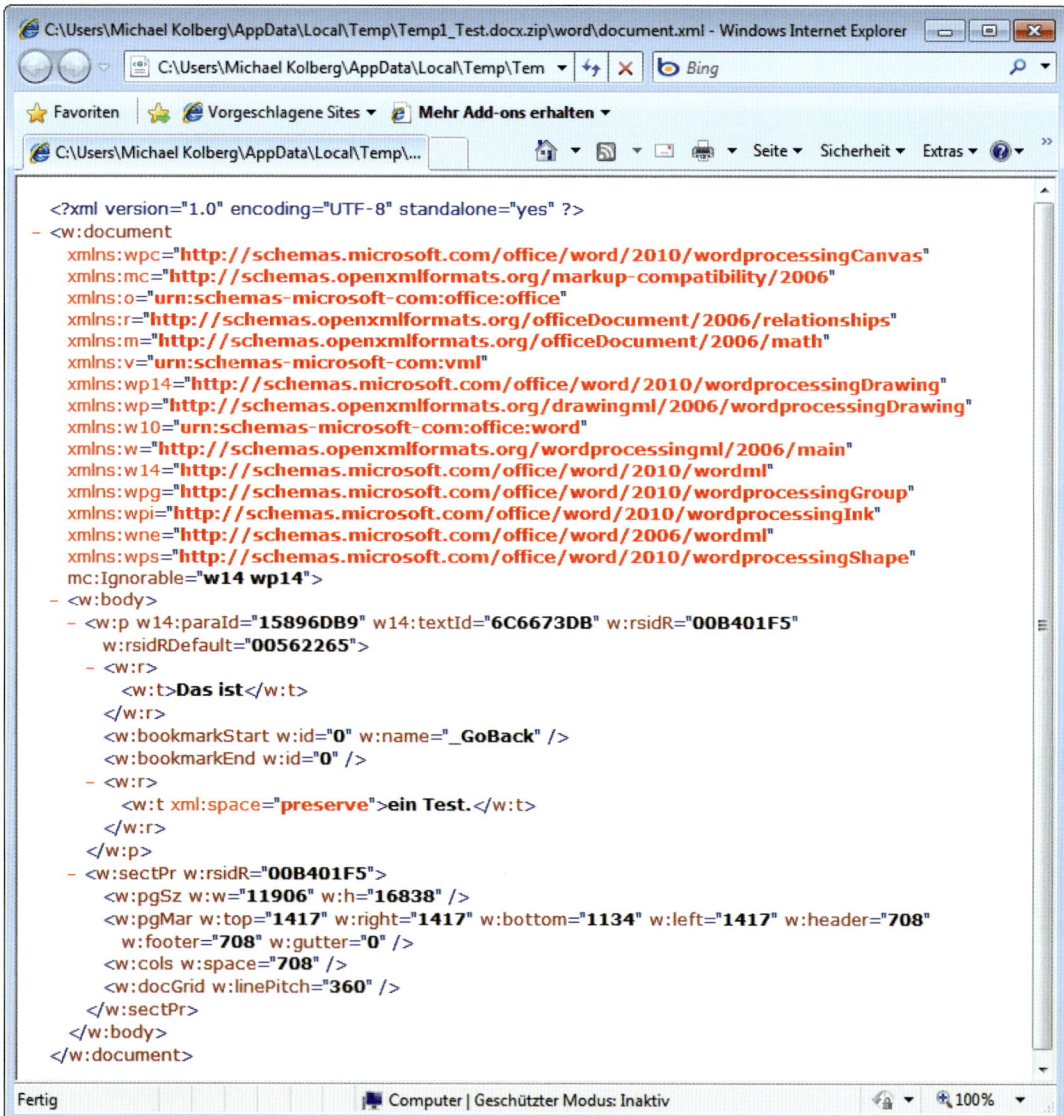

```xml
<?xml version="1.0" encoding="UTF-8" standalone="yes" ?>
- <w:document
    xmlns:wpc="http://schemas.microsoft.com/office/word/2010/wordprocessingCanvas"
    xmlns:mc="http://schemas.openxmlformats.org/markup-compatibility/2006"
    xmlns:o="urn:schemas-microsoft-com:office:office"
    xmlns:r="http://schemas.openxmlformats.org/officeDocument/2006/relationships"
    xmlns:m="http://schemas.openxmlformats.org/officeDocument/2006/math"
    xmlns:v="urn:schemas-microsoft-com:vml"
    xmlns:wp14="http://schemas.microsoft.com/office/word/2010/wordprocessingDrawing"
    xmlns:wp="http://schemas.openxmlformats.org/drawingml/2006/wordprocessingDrawing"
    xmlns:w10="urn:schemas-microsoft-com:office:word"
    xmlns:w="http://schemas.openxmlformats.org/wordprocessingml/2006/main"
    xmlns:w14="http://schemas.microsoft.com/office/word/2010/wordml"
    xmlns:wpg="http://schemas.microsoft.com/office/word/2010/wordprocessingGroup"
    xmlns:wpi="http://schemas.microsoft.com/office/word/2010/wordprocessingInk"
    xmlns:wne="http://schemas.microsoft.com/office/word/2006/wordml"
    xmlns:wps="http://schemas.microsoft.com/office/word/2010/wordprocessingShape"
    mc:Ignorable="w14 wp14">
  - <w:body>
    - <w:p w14:paraId="15896DB9" w14:textId="6C6673DB" w:rsidR="00B401F5"
        w:rsidRDefault="00562265">
      - <w:r>
          <w:t>Das ist</w:t>
        </w:r>
        <w:bookmarkStart w:id="0" w:name="_GoBack" />
        <w:bookmarkEnd w:id="0" />
      - <w:r>
          <w:t xml:space="preserve">ein Test.</w:t>
        </w:r>
      </w:p>
    - <w:sectPr w:rsidR="00B401F5">
        <w:pgSz w:w="11906" w:h="16838" />
        <w:pgMar w:top="1417" w:right="1417" w:bottom="1134" w:left="1417" w:header="708"
          w:footer="708" w:gutter="0" />
        <w:cols w:space="708" />
        <w:docGrid w:linePitch="360" />
      </w:sectPr>
    </w:body>
  </w:document>
```

Abbildung 24.20
Die Word-Daten
im Browser

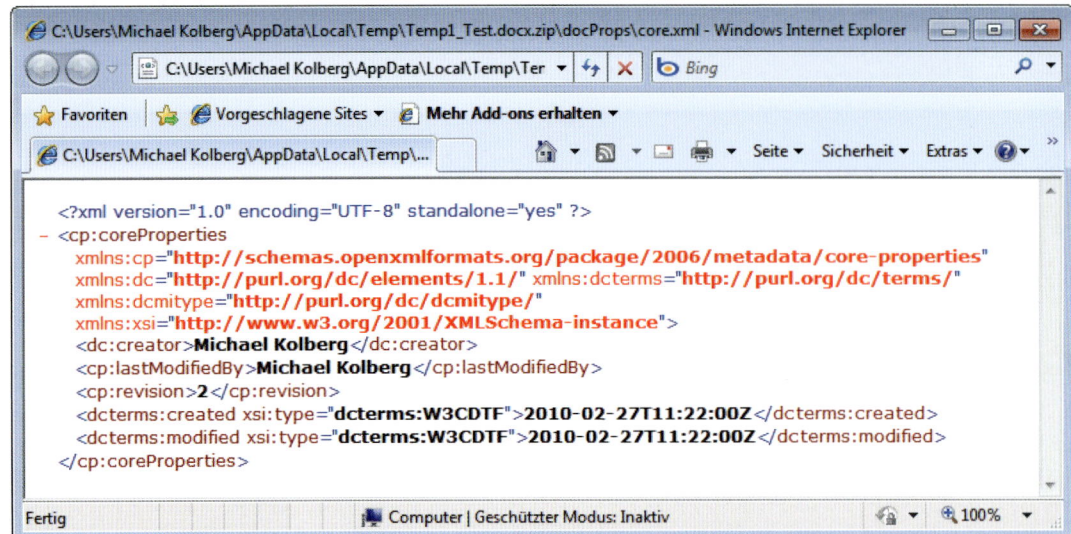

```
C:\Users\Michael Kolberg\AppData\Local\Temp\Temp1_Test.docx.zip\docProps\core.xml - Windows Internet Explorer

C:\Users\Michael Kolberg\AppData\Local\Temp\Ter          Bing

Favoriten        Vorgeschlagene Sites ▼      Mehr Add-ons erhalten ▼

C:\Users\Michael Kolberg\AppData\Local\Temp\...                    Seite ▼   Sicherheit ▼   Extras ▼

 <?xml version="1.0" encoding="UTF-8" standalone="yes" ?>
− <cp:coreProperties
     xmlns:cp="http://schemas.openxmlformats.org/package/2006/metadata/core-properties"
     xmlns:dc="http://purl.org/dc/elements/1.1/" xmlns:dcterms="http://purl.org/dc/terms/"
     xmlns:dcmitype="http://purl.org/dc/dcmitype/"
     xmlns:xsi="http://www.w3.org/2001/XMLSchema-instance">
     <dc:creator>Michael Kolberg</dc:creator>
     <cp:lastModifiedBy>Michael Kolberg</cp:lastModifiedBy>
     <cp:revision>2</cp:revision>
     <dcterms:created xsi:type="dcterms:W3CDTF">2010-02-27T11:22:00Z</dcterms:created>
     <dcterms:modified xsi:type="dcterms:W3CDTF">2010-02-27T11:22:00Z</dcterms:modified>
 </cp:coreProperties>

Fertig                          Computer | Geschützter Modus: Inaktiv                    100%
```

Abbildung 24.21
Der Inhalt von *core.
xml* im Browser

24.4 Die Gestaltung der Word-Oberfläche

In diesem letzten Abschnitt des Kapitels zu XML wollen wir uns mit den Möglichkeiten der Manipulation der Oberfläche des Programms beschäftigen. Im Wesentlichen geht es dabei um die Änderung des Menübands auf der Ebene der einzelnen Dokumente. Sie wissen wahrscheinlich bereits, dass Sie das Menüband bei Word generell so anpassen können, dass sich bei jedem Starten des Programms immer die gewünschten Einstellungen ergeben (→ Kapitel 2). In diesem Abschnitt wollen wir Ihnen Techniken vorstellen, die die Elemente des Menübands über das jeweils geöffnete Dokument automatisch regeln.

Das Menüband der neueren Office-Programme verwendet ein XML-Markup, wodurch das Erstellen und Anpassen der Benutzeroberfläche vereinfacht wird. Mit ein paar XML-Zeilen können Sie genau die passende Benutzeroberfläche für den Benutzer erstellen. Das XML-Markup ist in einer einzigen Datei enthalten, weshalb das Anpassen der Benutzeroberfläche bei geänderten Anforderungen relativ einfach ist. Sie können damit auch die Produktivität verbessern, indem Sie die Befehle so anordnen, dass sie von den Benutzern leicht aufzufinden sind.

TIPP Sie können zur Manipulation des Menübands auch COM- oder .NET-Add-Ins verwenden. Eine solche Vorgehensweise ist aber recht kompliziert. Sie machen es sich viel einfacher, wenn Sie mit XML arbeiten und dafür einen geeigneten Editor verwenden. Dabei benötigen Sie auch kein tiefer gehendes Wissen hinsichtlich XML.

» Damit Sie einen ersten Einblick in die Möglichkeiten kennenlernen, wollen wir Ihnen zunächst das Prinzip der Vorgehensweise vorstellen. Dazu werden wir zunächst zeigen, wie man mit Hilfe einer zusätzlichen XML-Datei alle Inhalte im Menüband vollständig abschaltet. Das dabei verwendete Prinzip können Sie dann für alle nachfolgend beschriebenen Anpassungen verwenden.

» Anschließend werden wir auf die Ressourcen eingehen, die Sie zur Manipulation des Menübands verwenden können. Dabei handelt sich um Dinge wie die Typen und Namen von Steuerelementen, die Sie in einem selbst gestalteten Menüband einsetzen können.

» Der letzte Abschnitt liefert eine größere Zahl von Beispielanwendungen mit Änderungen im Menüband. Darin werden wir uns mit der Manipulation der wichtigsten Elemente beschäftigen. Wir werden auch auf das programmgesteuerte Regeln der Einstellungen in den *Word-Optionen* eingehen.

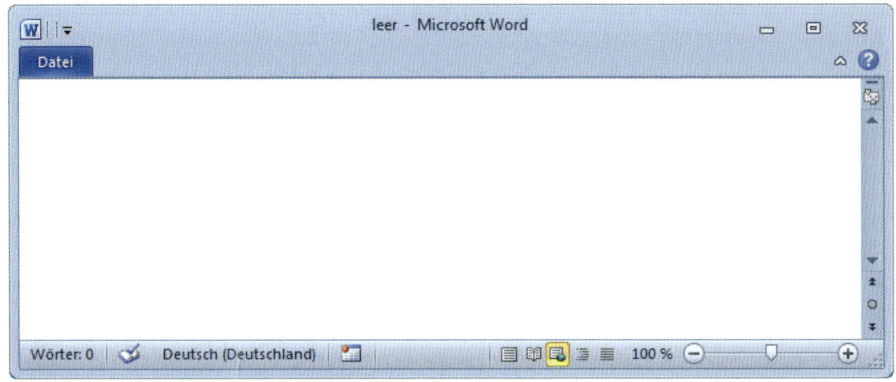

Abbildung 24.22
Word ohne Menüband – bis auf die
Registerkarte *Datei*

Eine einleitende Bemerkung ist vielleicht noch notwendig: In früheren Versionen von Microsoft Office – also auch Word – wurde die Benutzeroberfläche mithilfe des *CommandBars*-Objekts über VBA geändert. In Office 2010 – und auch schon bei der Version 2007 – kann dieser Code in den meisten Fällen unverändert weiterverwendet werden. Änderungen an Symbolleisten in Office 2003 werden in der Version 2010 auf einer speziellen Registerkarte mit dem Namen *Add-Ins* angezeigt. Darin enthält die Gruppe *Menübefehle* Elemente, die der vorherigen Menüstruktur hinzugefügt wurden. Die Gruppe *Symbolleistenbefehle* zeigt Elemente, die vorherigen integrierten Symbolleisten hinzugefügt wurden. Benutzerdefinierte Symbolleisten werden in der Gruppe *Benutzerdefinierte Symbolleisten* innerhalb der Registerkarte *Add-Ins* angezeigt.

24.4.1 Das Prinzip der Manipulation

Um einen ersten Überblick über die vorhandenen Möglichkeiten zu gewinnen, können Sie die Datei *leer.docm* im Ordner *Menüband* von der Begleit-CD öffnen. In dieser Datei ist das Menüband vollständig verschwunden (→ Abbildung 24.22). Nach dem Schließen der Datei zeigt sich das Menüband wieder in voller Pracht. Die Manipulation geschieht also über das Dokument, nicht über das Programm.

Um zu bewirken, dass eine Datei beim Öffnen in Word das Menüband des Programms manipuliert, müssen Sie der Word-Datei eine weitere *.xml*-Datei als Anpassungsdatei hinzufügen und außerdem eine Beziehung dazu herstellen.

ACHTUNG Die folgenden Ausführungen beschreiben die Vorgehensweise. Sie ist etwas umständlich, beschreibt aber das Prinzip. Wenn Sie es sich einfacher machen wollen, benutzen Sie das anschließend beschriebene Tool *Custom UI Editor*.

TIPP Sollen die Änderungen im Menüband generell bei jedem Öffnen von Word automatisch erscheinen, müssen Sie die gewünschten Anpassungen in der standardmäßig benutzen Dokumentvorlage *Normal.dotx* durchführen.

Die Anpassungsdatei erstellen

Zunächst müssen Sie wieder die einzelnen *.xml*-Bestandteile der Word-Dokumentdatei sichtbar machen. Dazu müssen Sie Ihre Word-Datei umbenennen und den Inhalt des damit erstellten *.zip*-komprimierten Ordners extrahieren und anzeigen lassen.

» Erstellen Sie eine neue Word-Datei, speichern Sie sie beispielsweise unter dem Namen *Test.docm* und schließen Sie dann wieder. Fügen Sie der Datei die zusätzliche Namenserweiterung *.zip* hinzu (→ oben).

» Entpacken Sie den Inhalt dieser Datei über den Befehl *Alle extrahieren* aus dem Kontextmenü zum Dateisymbol.

Die nachfolgende Bearbeitung muss auf Basis des entpackten Ordners erfolgen. Verwenden Sie die folgenden Schritte, um die Anpassung vorzunehmen:

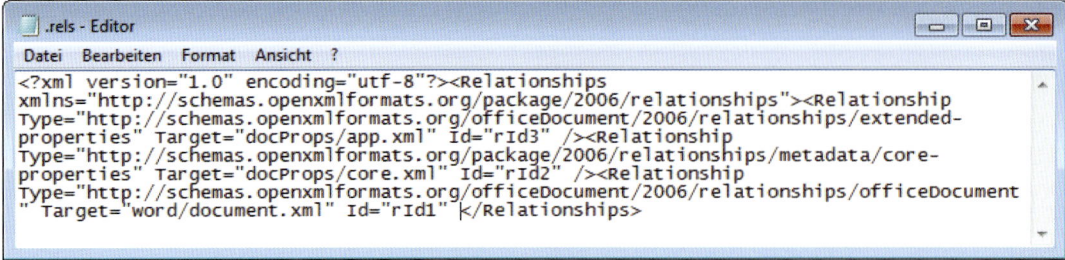

Abbildung 24.23
Bereits vorhandene
XML-Markups

» Öffnen Sie den Stammordner der Datei durch einen Doppelklick auf das Symbol darin und erstellen Sie innerhalb dieses Ordners einen neuen Ordner mit dem Namen *customUI* durch Wahl von *Neu/Ordner* aus dem Kontextmenü.

» In diesem Ordner erstellen Sie die Anpassungsdatei mit Hilfe eines beliebigen Texteditors. In dieser geben Sie den XML-Code ein, der dem Menüband neue Komponenten hinzufügt. Im folgenden Code wird nur das Attribut *startFromScratch* zum Anpassen des Menübands verwendet. Dabei werden alle integrierten Komponenten im Menüband ausgeblendet. Die Tastenkombinationen bleiben aber erhalten.

```
<customUI xmlns="http://schemas.microsoft.com/
office/2009/07/customui" >
    <ribbon startFromScratch="true" >
    </ribbon>
</customUI>
```

» Speichern Sie die Datei unter dem Namen *customUI14.xml* und schließen Sie sie.

Die Anpassungsdatei einbinden

Dann müssen Sie noch festlegen, dass die von Ihnen erstellte Anpassungsdatei auch benutzt wird.

» Navigieren Sie nach dem Speichern und Schließen der Anpassungsdatei eine Ebene aufwärts und öffnen Sie im vorher extrahierten Ordner den Ordner *_rels* und darin die Datei *.rels* mit Hilfe eines Texteditors. Der Name steht für *relationships* – also Beziehungen –, denn die Angaben in dieser Datei regeln die Beziehungen zwischen den einzelnen Komponenten des Ordners. Sie finden darin bereits XML-Markups (→ Abbildung 24.23).

» Fügen Sie darin als vorletztes Element – also zwischen der Endmarke *... />* und dem *</Relationships>*-Tag – eine Zeile hinzu.

```
<Relationship Type="http://schemas.
microsoft.com/office/2007/relationships/ui/
extensibility" Target="/customUI/customUI14.xml"
Id="Red4f0d2c632b4325" />
```

```
<Relationship Id="Rb4eafeb8ec3e47a7"
Type="http://schemas.microsoft.com/
office/2006/relationships/ui/extensibility"
Target="customUI/customUI.xml"/>
```

» Auf diese Weise wird eine Beziehung zwischen der Dokumentdatei und der Anpassungsdatei erstellt (→ Abbildung 24.24).

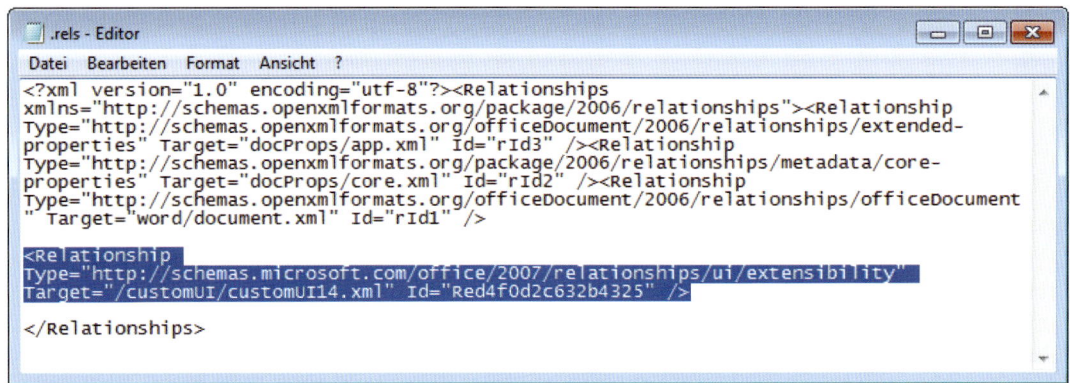

Abbildung 24.24
Eine weitere Zeile
wurde eingefügt.

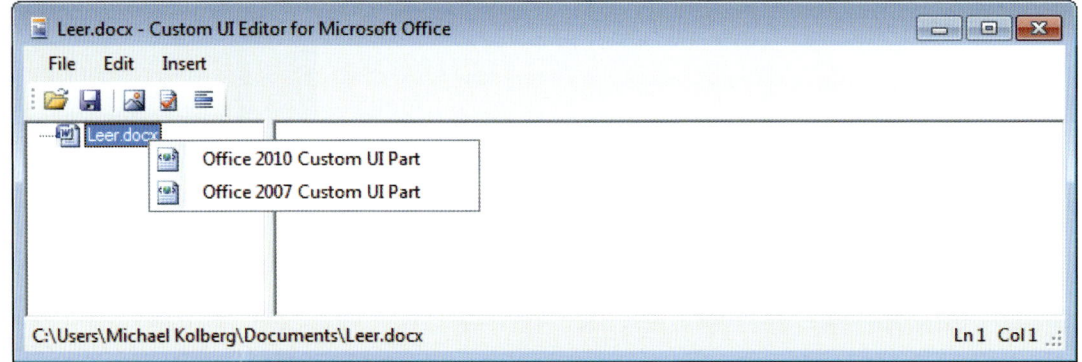

Abbildung 24.25
Der Editor mit
der geöffneten
Word-Datei

» Speichern Sie die geänderte Datei und schließen Sie den Editor.

» Navigieren Sie aufwärts, bis der Ordner *Test.docm* angezeigt wird. Komprimieren Sie diesen Ordner wieder durch Wahl des Befehls *Senden an/ZIP-komprimierter Ordner* aus dem Kontextmenü. Das erstellt standardmäßig einen Ordner mit dem Namen *Test.docm (2).zip*.

» Diesen können Sie jetzt wieder in eine von Word lesbare Datei verwandeln, indem Sie ihn in *Test(2).docm* umbenennen.

Wenn Sie diese Datei in Word öffnen, erhalten Sie die in dem einleitenden Beispiel gezeigte Oberfläche (→ Abbildung 24.22).

TIPP Sollten Sie bei der Eingabe des zusätzlichen XML-Markup einen Fehler gemacht haben, kann Word Sie darauf hinweisen. Wählen Sie die Kategorie *Erweitert* unter den *Word-Optionen* und schalten Sie im Abschnitt *Allgemein* die Option *Fehler in Benutzeroberflächen in Add-ins anzeigen* ein.

Einen Editor verwenden

Die eben beschriebene Vorgehensweise funktioniert, ist aber wegen der Notwendigkeit zum andauernden Umbenennen sehr umständlich. Es gibt aber einen für diesen Zweck hervorragend geeigneten Editor, den Sie im Internet auf der Seite *http://openxmldeveloper.org/articles/customuieditor.aspx* finden. Laden Sie ihn von dort aus herunter und installieren Sie ihn. Automatisch wird auf dem Desktop eine Verknüpfung zu diesem Programm angelegt.

» Öffnen Sie den *Custom UI Editor*. Wählen Sie *Open* im Menü *File*, navigieren Sie zum Speicherort für die zu manipulierende Word-Datei, markieren und öffnen Sie sie. Im Hauptfenster *Custom UI* sehen Sie zunächst noch nicht viel (→ Abbildung 24.25).

» Beachten Sie, dass Sie in diesem Editor zunächst einstellen sollten, ob Sie eine Datei für Office 2007 oder eine für Office 2010 ansprechen wollen. Das tun Sie über das Kontextmenü zum Dateinamen im linken Bereich des Fensters. Viele Elemente der Manipulation von Office 2007 funktionieren auch bei Office 2010. Es gibt aber Fälle, in denen Sie speziell die Einstellung für Office 2010 benutzen müssen – beispielsweise zum Anpassen der Inhalte der Registerkarte *Datei* (→ unten).

» Sie können dann dort die Daten für die XML-Markupdatei direkt eingeben (→ Abbildung 24.26).

» Nach dem Speichern über *File/Save* und dem Verlassen des Editors können Sie die so manipulierte Datei direkt wieder in Word öffnen. Die Anpassungsdatei wird automatisch eingebunden.

Dieser Editor beinhaltet noch einige weitere interessante Eigenheiten, die für Sie interessant sein könnten: Beispielsweise sagt Ihnen ein Klick auf die Schaltfläche *Validate*, ob der von Ihnen eingegebene XML-Code korrekt ist. Auf weitere Vorzüge werden wir noch eingehen.

24.4.2 Ressourcen

Nachdem Sie das Prinzip verstanden haben, wollen wir uns jetzt den Details des dafür notwendigen XML-Markups zuwenden. Dazu wollen wir Ihnen zunächst einige

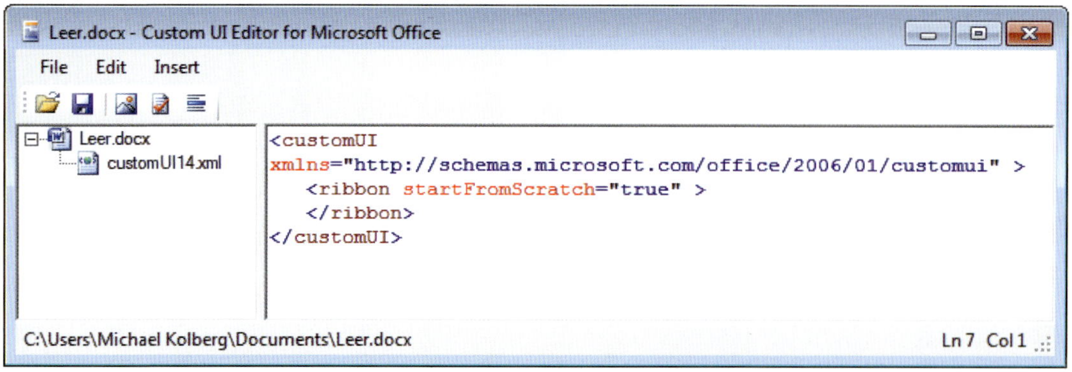

```
Leer.docx - Custom UI Editor for Microsoft Office

File    Edit    Insert

    Leer.docx
        customUI14.xml

<customUI
xmlns="http://schemas.microsoft.com/office/2006/01/customui" >
    <ribbon startFromScratch="true" >
    </ribbon>
</customUI>

C:\Users\Michael Kolberg\Documents\Leer.docx                    Ln 7  Col 1
```

Abbildung 24.26
Die XML-Markupdatei
im *Custom UI Editor*

Ressourcen vorstellen, auf die Sie zum Aufbau des Markups zum Anpassen des Menübands zugreifen können.

Die Typen von Steuerelementen

Oft werden Sie zum Aufbau eines benutzerdefinierten Menübands bereits in Word vorhandene Steuerelemente verwenden. Wenn Sie das tun, haben Sie den Vorteil, dass Sie die Funktionalität dieser Elemente nicht erst selbst definieren müssen – sie wird gleich mitgeliefert, wenn Sie ein solches Element in das Menüband einbauen. Wenn Sie sich das Menüband anschauen, merken Sie sofort, dass dieses verschiedene Typen von Steuerelementen beinhaltet. Wenn Sie solche Elemente an benutzerdefinierten Stellen des Menübands einbinden wollen, müssen Sie sie mit dem englischen Namen ansprechen (→ Tabelle 24.1).

Bezeichnung	Typ	Beispiel
Menüband	ribbon	
Registerkarte	tab	Start
Gruppe	group	Start/Zwischenablage
Menü	menu	Seitenlayout/Seite einrichten/Umbrüche
Galerie	gallery	Start/Formatvorlagen/Formatvorlagen
Schaltfläche	button	Start/Zwischenablage/Ausschneiden

Bezeichnung	Typ	Beispiel
Umschaltfläche	toggleButton	Start/Schriftart/Fett
Schaltfläche mit Drop-down-Elementen	splitButton	Start/Zwischenablage/Einfügen
Optionskästchen	checkBox	Ansicht/Einblenden/Lineal
Kombinationsfeld	comboBox	Start/Schriftart/Schriftart
Bezeichnung	labelControl	Reiner Text

Tabelle 24.1 Typen von Steuerelementen um Menüband

Die Namen der vorhandenen Steuerelemente

Um herauszufinden, welche Namen für die einzelnen Gruppen und Befehlsschaltflächen verwendet werden, können Sie sich eines Tricks bedienen: Lassen Sie die Kategorie *Menüband anpassen* oder auch *Symbolleiste für den Schnellzugriff* unter den *Word-Optionen* anzeigen. Wählen Sie über die Liste *Befehle auswählen* im linken Bereich die gewünschte Befehlsgruppe aus. Bewegen Sie dann den Mauszeiger auf den gewünschten Befehl und schauen Sie auf den automatisch angezeigten Tipp (→ Abbildung 24.27). Der letzte – in Klammern gesetzte – Ausdruck ist der Name des Elements – beispielsweise *ParagraphMarks* für die Schaltfläche *Alle anzeigen*.

Beachten Sie auch die kleinen Symbole rechts von den einzelnen Befehlen (→ Tabelle 24.2). Zeilen ohne zusätzliche Symbole beschreiben eine einfache Schaltfläche.

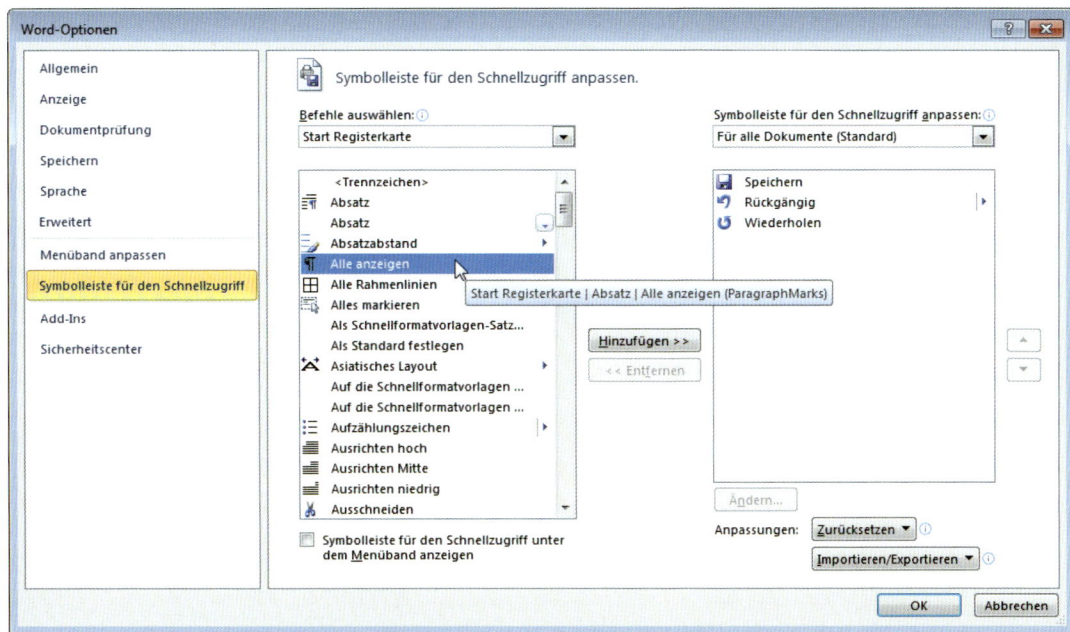

Abbildung 24.27
Die Kategorie *Symbolleiste für den Schnellzugriff* unter den *Word-Optionen*

Symbol	Bedeutung
	Wenn dort ein Symbol auftaucht, das einer Schaltfläche für eine Drop-down-Liste ähnelt, handelt es sich bei dem links daneben stehenden Element um eine Gruppe in einer Registerkarte - wie beispielsweise bei der Zeile *Absatz,* die mit *GroupParagraph* gekennzeichnet ist. Um solche Elemente anzusprechen, müssen Sie das zusätzliche Schlüsselwort *group* verwenden - beispielsweise in einem Ausdruck wie <group idMso=»GroupParagraph« />.
	Wenn in dieser Art von Symbol ein zusätzliches Zeichen erscheint, das einer Schreibmarke ähnelt, repräsentiert die Befehlszeile ein aufklappbares Listenelement - wie beispielsweise bei *Schriftart.* Hier verwenden Sie zur Ansprache das Schlüsselwort.
	Symbole mit einer Pfeilspitze beschreiben ein Menü mit Elementen beispielsweise die Schaltfläche *Seiten- und Abschnittsumbrüche einfügen,* die den Namen *BreaksGallery* trägt.
	Ist die Pfeilspitze mit einem zusätzlichen Strich versehen, beschreibt die Zeile einen Befehl, der eine Bibliothek öffnet.

Tabelle 24.2 Die einzelnen Symbole für die Befehle

CD-ROM In der Datei *Controls* auf der Begleit-CD finden Sie eine Word-Tabelle, in der alle in Word benutzten Steuerelemente mit Typ und Namen aufgelistet sind (→ Abbildung 24.28). Unter demselben Namen finden Sie dort auch eine Excel-Tabelle gleichen Inhalts. Diese ist leichter lesbar. Wir haben diese Informationen aus einer Excel-Datei übernommen, die Sie von der Adresse *http://www.microsoft.com/downloads/details.aspx?displaylang=en&FamilyID=3f2fe784-610e-4bf1-8143-41e481993ac6* herunterladen können.

Die Steuerung des Erscheinungsbilds

Außerdem sollten Sie zur Definition eigener Steuerelemente noch eine Reihe von Schlüsselwörtern kennen, die das Erscheinungsbild des Elements im Menüband steuert. Nicht alle Attribute können auf alle Typen von Steuerelementen angewendet werden. Eine vollständige Liste aller Elemente in englischer Sprache können Sie über das Microsoft Developer Network herunterladen.

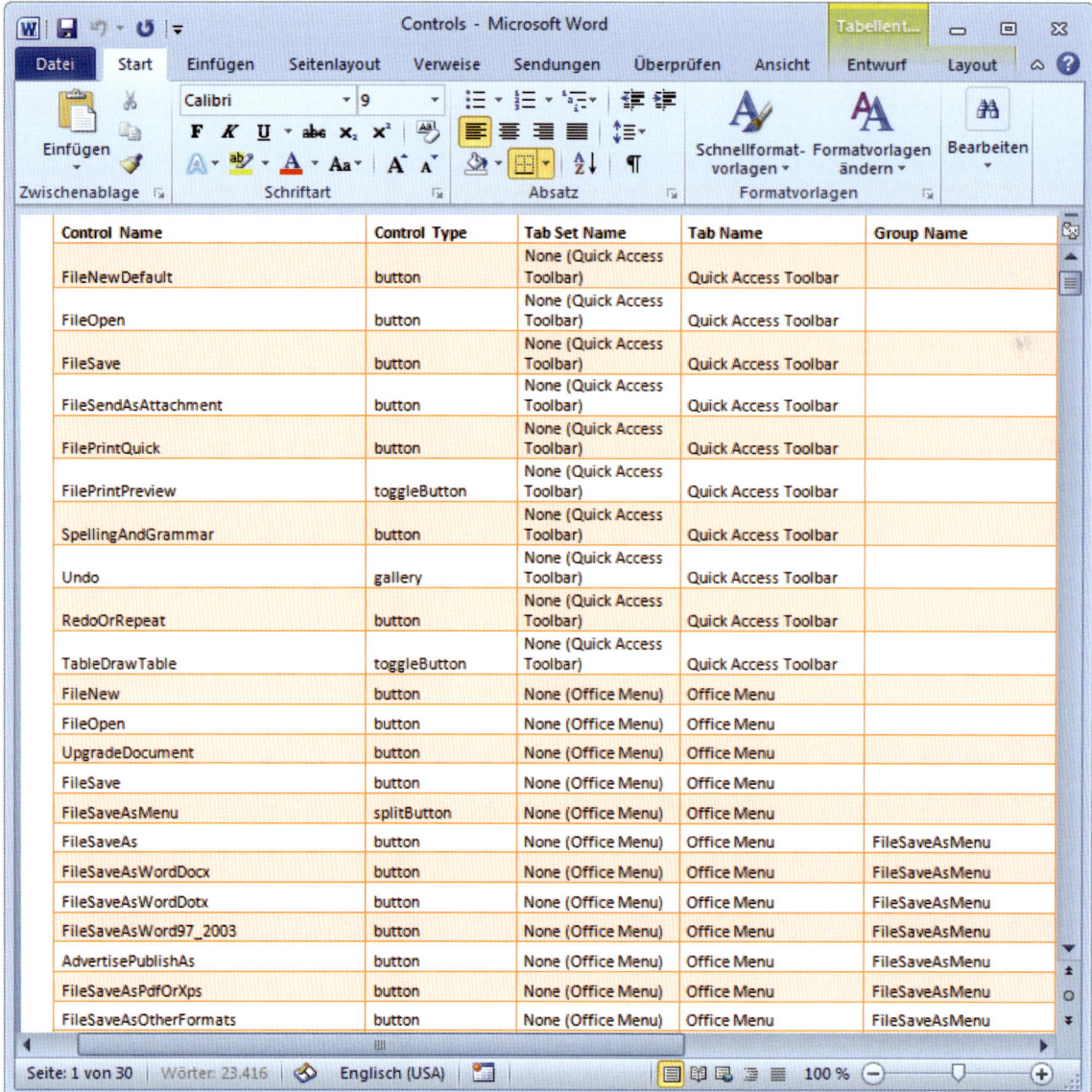

Abbildung 24.28 Die Datei *Controls*

Attribute	Werte	Beschreibung
align	"topLeft", "top", "topRight", "left", "center", "right", "bottomLeft", "bottom" oder "bottomRight"	Definiert die Ausrichtung eines Steuerelements.
alignLabel	"topLeft", "top", "topRight", "left", "center", "right", "bottomLeft", "bottom" oder "bottomRight"	Definiert die Ausrichtung eines Steuerelements
autoScale	"true" oder "false"	Legt fest, ob der Inhalt einer Gruppe automatisch in der Größe angepasst werden soll.
boxStyle	"horizontal" oder "vertical"	Horizontales oder vertikales Gruppieren einer Textfelds
centerVertically	"true" oder "false"	Legt fest, ob der Inhalt einer Gruppe vertikal zentriert sein soll.
columns	Integer	Die Zahl der Spalten in einer Gallery
description	String	Legt die Beschreibung eines Steuerelements fest.
enabled	"true" oder "false"	Gibt an, ob ein Steuerelement an- oder abgeschaltet ist.
id	String	Control-ID für benutzerdefinierte Steuerelemente. Kann nicht mit idMso oder idQ kombiniert werden.
idMso	Control ID	Control-ID für ein eingebautes Steuerelement. Darf nicht mit ID oder idQ kombiniert werden.
image	String	Legt ein benutzerdefiniertes Bild für ein Steuerelement fest.
imageMso	Control ID	ID für ein Standardbild
insertAfterMso	Control ID	Setzt das neue Steuerelement hinter das mit der Control ID.
insertBeforeMso	Control ID	Setzt das neue Steuerelement vor das mit der Control ID.
itemHeight	Integer	Die Höhe des Eintrags in einer Gallery
itemWidth	Integer	Die Breite eines Eintrags in einer Gallery
keytip	String	Legt eine Zugriffstaste für das Steuerelement fest.
label	String	Bezeichnung für ein Steuerelement
maxLength	Integer	Maximale Anzahl der Zeichen in einer Text- oder Combobox
rows	Integer	Anzahl der Zeilen in einer Gallery
screentip	String	Der Text zur Hilfeinfo für ein Steuerelement
showImage	"true" oder "false"	Legt fest, ob ein Bild im Steuerelement angezeigt wird.
showItemImage	"true" oder "false"	Legt fest, ob ein Bild für einen Eintrag angezeigt wird.
showItemLabel	"true" oder "false"	Legt fest, ob eine Bezeichnung für einen Eintrag angezeigt wird.
showLabel	"true" oder "false"	Legt fest, ob eine Bezeichnung für einen Steuerelement angezeigt wird.
size	"large" oder "normal"	Bestimmt die Größe des Steuerelements.
sizeString	String	Ein Text, der die Breite eines Steuerelements angibt

Attribute	Werte	Beschreibung
startFromScatch	*"true"* oder *"false"*	*true* entfernt die Standardregisterkarten, *false* blendet sie aus.
style	*"normal"*, *"borderless"*, oder *"large"*	Bestimmt den Stil einer Schaltfläche.
target	*String*	Legt das Ziel eines Hyperlinks fest.
visible	*"true"* oder *"false"*	Gibt an, ob ein Steuerelement sichtbar ist.

Tabelle 24.3 Einige wichtige Attribute und Einstellungen dafür

Symbole für benutzerdefinierte Elemente

Wie Sie gleich sehen werden, können Sie neben den bereits in Word vorhandenen Steuerelementen auch eigene definieren, die Sie mit eine benutzerdefinierten Funktionalität ausstatten können. Als Symbole für diese benutzerdefinierten Steuerelemente können Sie standardisierte Bilder benutzen. Sie finden deren Namen in der Datei *Icons* auf der Begleit-CD. Wenn Sie eine der rechts auf der Registerkarte *Entwicklertools* angezeigten Bibliotheken öffnen, wird Ihnen eine Liste von Symbolen angezeigt (→ Abbildung 24.29). Der Name des Symbols wird geliefert, wenn Sie den Mauszeiger darauf ruhen lassen. Ein Klick auf ein Symbol zeigt ein kleines Dialogfeld an, in dem das Symbol in großer und in kleiner Form angezeigt wird. Notieren Sie deren Namen und verwenden Sie sie bei der Erstellung des XML-Markup.

Abbildung 24.29
Die Symbole in der Datei *Icons*

Die Größe der Symbole legen Sie beispielsweise über das Schlüsselwort *size* fest. Sie können als Parameter *normal* oder *large* benutzen – beispielsweise in der Form *size=»large«*.

24.4.3 Anwendungen für Standardelemente

Die eben beschriebenen Ressourcen können Sie beim Erstellen des XML-Markup einsetzen. Wie liefen Ihnen in den nachfolgenden Abschnitten zuerst eine Bemerkung zur Reihenfolge der Markups und zeigen Ihnen dann Beispiele für die Anwendung.

Die Reihenfolge

Wichtig ist, dass die Reihenfolge einer bestimmten Struktur folgen muss, die Sie beachten müssen; sonst funktioniert die Sache nicht! Am Anfang steht die Ebene *‹commands›*, über die beispielsweise die *Word-Optionen* deaktiviert werden können. Erst dann kommen Sie mit *‹ribbon›* zum Menüband und anderen Elementen. Darin können Sie zu Beginn mit *‹qat›* die Symbolleiste für den Schnellzugriff beeinflussen. Es folgen mit *‹backstage›* die Angaben zur Liste der Befehle zur Registerkarte *Datei*. Dann können mit *‹tabs›* die einzelnen Registerkarten und mit *‹group›* die einzelnen Gruppen darin angesprochen werden.

```
<customUI ... onLoad="onLoad">
  <commands>
  ...
  </commands>
  <ribbon>
    <qat>
    ...>
    </qat>
    <backstage>
    ...
    </backstage>
    <tabs>
      <tab>
        ...
        <group>
        ...
        </group>
      </tab>
    <tab>
  </ribbon>
</customUI>
```

Wenn Sie den oben erwähnten Custom UI Editor verwenden, finden Sie im Menü *Insert* unter *Sample XML* einige Anwendungsbeispiele für den Einsatz dieses Editors: Wenn Sie darin den Befehl *Word – Group on Insert Tab* wählen, wird im Hauptfenster ein Code erzeugt, der in der Registerkarte *Einfügen* von Word eine zusätzliche Gruppe mit einer Schaltfläche erzeugt (→ Abbildung 24.30).

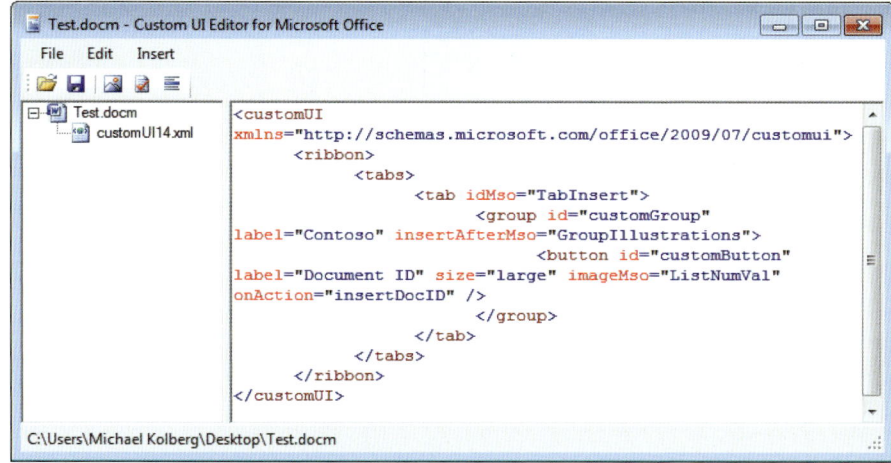

Abbildung 24.30
Ein Anwendungsbeispiel im Custom UI Editor

Die Ebene *Command*

Beginnen wir aber mit der *Command*-Ebene. Mit *Commands* können mehrere Befehlsschaltflächen außerhalb des Menübands deaktiviert werden. Dieses Deaktivieren von Befehlsschaltflächen muss zwingend vor den Einstellungen zum Menüband – also vor dem Tag <ribbon> – erfolgen.

Der folgende Markup schaltet die Hilfeschaltfläche in der Titelleiste und die Schaltflächen für die *Optionen* und *Schließen* in der Registerkarte *Datei* ab (→ Abbildung 24.31). Sie finden ihn in der Datei *Command.docm*.

```
<customUI xmlns="http://schemas.microsoft.com/
office/2006/01/customui" >
    <commands>
        <command idMso="Help" enabled="false"/>
        <command idMso="ApplicationOptionsDialog"
enabled="false"/>
        <command idMso="FileExit" enabled="false" />
    </commands>
</customUI>
```

Alle integrierten Registerkarten ausblenden

Die nächste Ebene ist <ribbon>. Das Element <ribbon> steht für das Menüband und hat ein Attribut namens *startFromScratch*. Dieses ist standardmäßig auf *False* gesetzt, was nicht explizit angegeben werden muss. Wenn Sie das Attribut auf *True* setzen, werden die integrierten Hauptregisterkarten ausgeblendet. Dies kann sinnvoll sein, wenn Sie eine eigene Benutzeroberfläche erstellen und eigene benutzerdefinierte Komponenten hinzufügen möchten. Wenn Sie das tun, müssen Sie auch nicht mehr die Eigenschaft *visible* für alle Registerkarten manuell und die Gruppen auf *False* setzen.

Wenn Sie das Attribut *startFromScratch* auf *True* setzen, geschieht Folgendes:

» Standardmäßig werden alle Registerkarten, einschließlich der Registerkarte *Add-Ins*, ausgeblendet.

» Die Symbolleiste für den Schnellzugriff wird ausgeblendet.

TIPP In der XML-Markup-Datei können Sie angeben, dass die Befehle *Neu*, *Öffnen*, *Speichern*, *Drucken* und *Schließen* ausgeblendet werden sollen. Dies müssen Sie explizit in der XML-Markup-Datei angeben, indem Sie das Attribut *visible* für das spezielle Steuerelement auf *False* setzen. Danach lässt sich die Anwendung jedoch nur noch durch Schließen der Datei wiederherstellen.

Den folgenden Code kennen Sie schon aus dem einleitenden Beispiel aus der Datei *Leer.docm* (→ Abbildung 24.22). Darin wird nur das Attribut *startFromScratch*

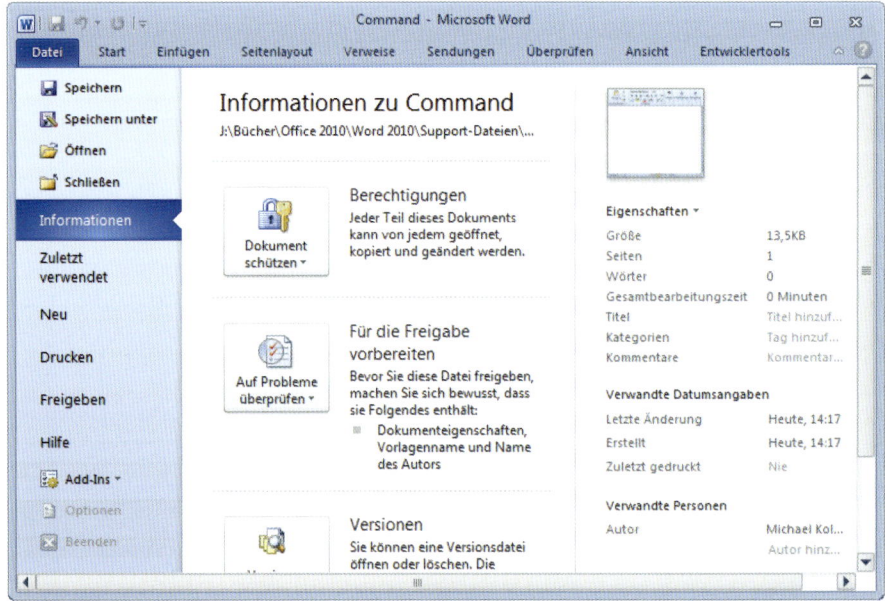

Abbildung 24.31
Mehrere Schaltflächen können nicht mehr angesprochen werden – beispielsweise das *Hilfe*-Symbol oben rechts sowie die Befehle *Optionen* und *Beenden*.

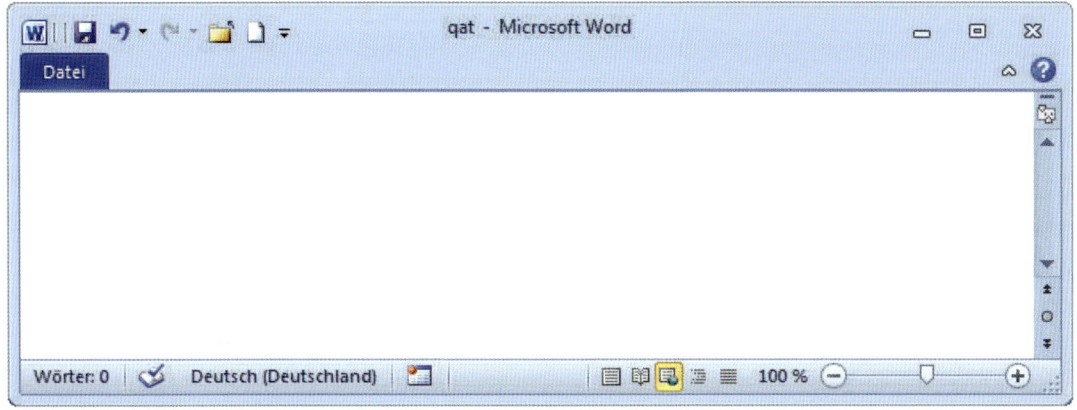

Abbildung 24.32
Die Symbolleiste für den Schnellzugriff wurde manipuliert.

zum Anpassen des Menübands verwendet. Dabei werden alle integrierten Komponenten im Menüband ausgeblendet.

```
<customUI xmlns="http://schemas.microsoft.com/
office/2006/01/customui" >
    <ribbon startFromScratch="true" >
    </ribbon>
</customUI>
```

Die Tastenkombinationen bleiben aber erhalten. Wenn Sie diese Datei wieder schließen und Word beenden wollen, drücken Sie Alt+F4.

Die Symbolleiste für den Schnellzugriff anpassen

Das Wort *qat* steht für *Quick Access Toolbar* und bedeutet *Symbolleiste für den Schnellzugriff*. Die Manipulation dieses Elements muss noch vor dem Einstellen von Registerkarten und deren Bestandteile erfolgen. Sie funktioniert nur, wenn Sie *startFromScratch="true"* verwenden. Damit werden zunächst die Elemente der Symbolleiste für den Schnellzugriff ausgeblendet. Sie können aber dann manuell wieder eingeblendet werden.

Der folgende Code in der Datei *qat.docm* blendet alle integrierten Komponenten im Menüband aus und schaltet die Schaltflächen *Speichern*, *Rückgängig*, *Wiederherstellen*, *Schließen* und *Neu* in der Symbolleiste für den Schnellzugriff wieder ein (→ Abbildung 24.32).

```
<customUI xmlns="http://schemas.microsoft.com/
office/2006/01/customui" >
    <ribbon startFromScratch="true" >
        <qat>
            <documentControls>
                <control idMso="FileSave"/>
                <control idMso="Undo"/>
                <control idMso="Redo" />
                <control idMso="FileClose"/>
                <control idMso="FileNewDefault"/>
            </documentControls>
        </qat>
    </ribbon>
</customUI>
```

Ein Klick auf die neue Schaltfläche *Schließen* in der Symbolleiste für den Schnellzugriff schließt das Dokument. Word verfügt dann wieder über die gewohnte Oberfläche.

Die Befehle in der Registerkarte *Datei* ändern

Sie können auch die Liste der Befehle auf der Registerkarte *Datei* beeinflussen. Dies muss noch vor dem Erstellen der Registerkarte und deren Elemente erfolgen.

Der folgende Code hat zur Folge, dass die Befehle *Neu*, *Öffnen*, *Speichern unter* sowie *Speichern und Senden* deaktiviert werden. Sie finden ihn in der Datei *Datei.docm* (→ Abbildung 24.32).

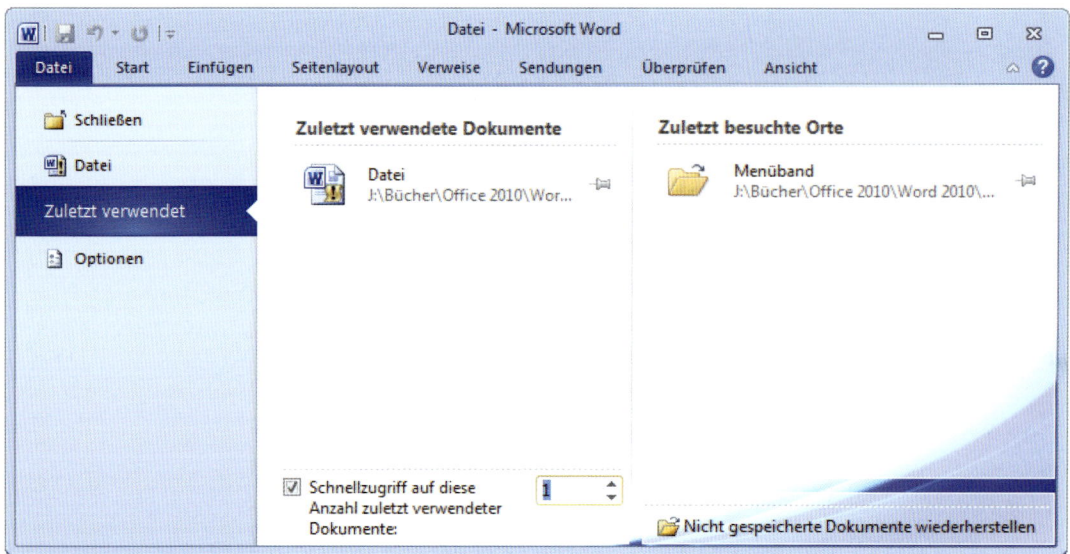

Abbildung 24.33
Die Mehrzahl der Elemente auf der Registerkarte *Datei* wurde ausgeblendet.

```
<customUI xmlns="http://schemas.microsoft.com/
office/2006/01/customui" >
  <ribbon startFromScratch="false">
  </ribbon>
  <backstage>
   <button idMso="FileSave" visible="false"/>
   <button idMso="FileSaveAs" visible="false"/>
   <button idMso="FileOpen" visible="false"/>
   <button idMso="FileClose" visible="true"/>
   <tab idMso ="TabInfo" visible="false"/>
   <tab idMso ="TabRecent" visible="true"/>
   <tab idMso ="TabNew" visible="false"/>
   <tab idMso ="TabPrint" visible="false"/>
   <tab idMso ="TabShare" visible="false"/>
   <tab idMso ="TabHelp" visible="false"/>
   <button idMso="ApplicationOptionsDialog"
visible="true"/>
   <button idMso="FileExit" visible="false"/>
  </backstage>
</customUI>
```

Registerkarten und Gruppen darin ausblenden

Sie können ebenfalls einzelne Registerkarten oder Gruppen darin ausblenden. Sie müssen wieder das Attribut *idMso=* verwenden, um auf das gewünschte Element zu verweisen – wie beispielsweise die Registerkarte *Tab-Home* (*Start*). Einzelne Steuerelemente in einer Gruppe können aber nicht geändert werden!

» Sie können beispielsweise alle Bestandteile einer integrierten Registerkarte gemeinsam ausblenden: Der folgende Code in der Datei *OhneStart.docm* blendet die Registerkarte *Start* aus (→ Abbildung 24.34). Verwenden Sie das Attribut *idMso=*, um auf ein in Word integriertes Element zu verweisen – wie beispielsweise *TabHome*, was auf die Registerkarte *Start* verweist. Die Anweisung *startFromScratch=»false«* können Sie auch weglassen.

```
<customUI xmlns="http://schemas.microsoft.com/
office/2006/01/customui" >
  <ribbon startFromScratch="false" >
   <tabs>
     <tab idMso="TabHome" visible="false" />
     </tab>
   </ribbon>
</customUI>
```

Abbildung 24.34
Die Registerkarte *Start* wurde ausgeblendet.

Abbildung 24.35
Die Gruppe *Schriftart* wurde entfernt.

» Auf fast dieselbe Weise können Sie auch integrierte Gruppen ausblenden. Das folgende Codebeispiel in der Datei *OhneSchriftart.docm* blendet die Gruppe *Schriftart* auf der Registerkarte *Start* aus (→ Abbildung 24.35).

```
<customUI xmlns="http://schemas.microsoft.com/
office/2006/01/customui" >
    <ribbon startFromScratch="false" >
        <tabs>
            <tab idMso="TabHome">
                <group idMso="GroupFont"
visible="false" />
        </tabs>
    </ribbon>
</customUI>
```

Hinzufügen von benutzerdefinierten Elementen

Wir wollen uns der Aufgabe zuwenden, eigene Elemente einzubauen. Sie können damit eigene Registerkarten erstellen, in denen Sie die gewünschten Steuerelemente ansiedeln können.

» Der folgende Code in der Datei *RegisterX.docm* fügt eine zusätzliche – zunächst noch leere – Registerkarte mit dem Namen *Register X* hinzu (→ Abbildung 24.36). Die Standardregisterkarten werden dabei nicht angetastet.

```
<customUI xmlns="http://schemas.microsoft.com/
office/2006/01/customui" >
    <ribbon startFromScratch="false" >
        <tabs>
            <tab id="RegisterX" label="Register X">
        </tab>
        </tabs>
    </ribbon>
</customUI>
```

Abbildung 24.36
Eine neue leere
Registerkarte

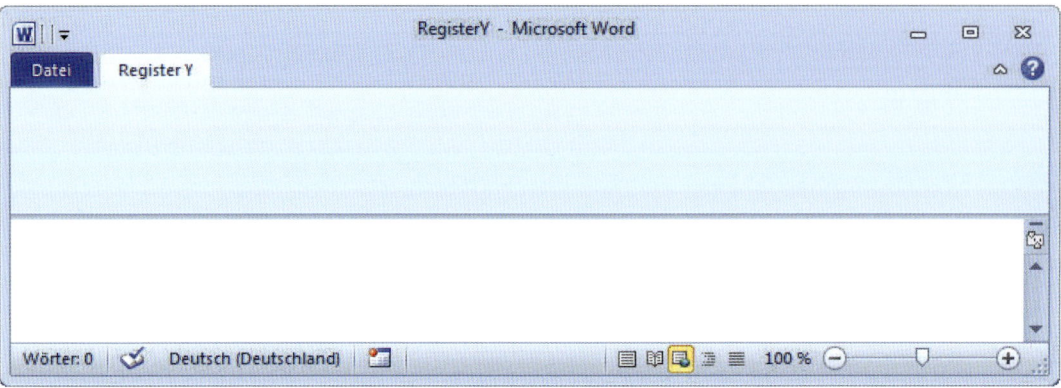

Abbildung 24.37
Eine leere
Registerkarte als ein-
zige Registerkarte

» Wenn dies die einzige anzuzeigende Registerkarte sein soll, müssen Sie mit *startFromScratch=»true«* arbeiten. Der Code in der Datei *RegisterY.docm* fügt als einzige Registerkarte das leere *Register Y* hinzu (→ Abbildung 24.37).

```xml
<customUI xmlns="http://schemas.microsoft.com/
office/2006/01/customui" >
    <ribbon startFromScratch="true" >
      <tabs>
          <tab id="RegisterY" label="Register Y">
        </tab>
        </tabs>
    </ribbon>
</customUI>
```

» Der folgende Code in der Datei *RegisterZ.docm* entfernt die Standardregisterkarten, fügt eine leere Registerkarte mit dem Namen *Register Z* ein und erstellt darin die leeren Gruppen *Gruppe 1* und *Gruppe 2* (→ Abbildung 24.38).

```xml
<customUI xmlns="http://schemas.microsoft.com/
office/2006/01/customui" >
    <ribbon startFromScratch="true" >
      <tabs>
          <tab id="RegisterZ" label="Register Z">
            <group id="Gruppe1" label="Gruppe 1">
            </group>
            <group id="Gruppe2" label="Gruppe 2">
            </group>
        </tab>
        </tabs>
    </ribbon>
</customUI>
```

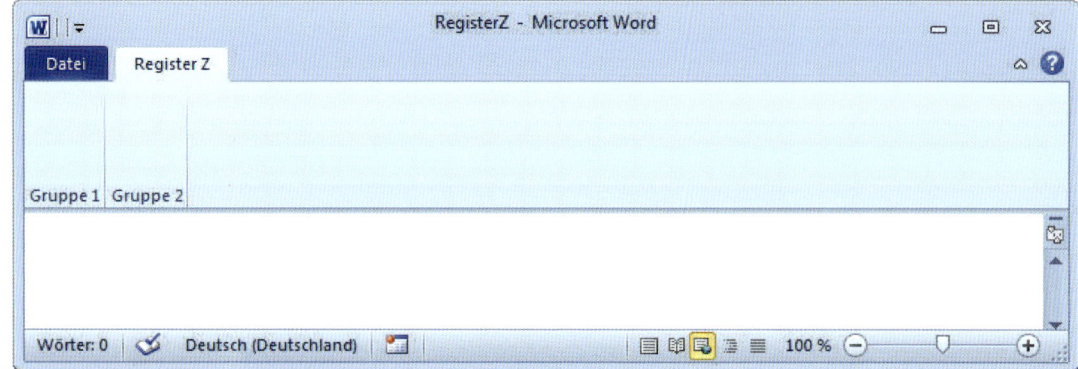

Abbildung 24.38
Eine Registerkarte
mit zwei Gruppen

» Das folgende Codebeispiel in der Datei *Start12.docm* erstellt die leeren Gruppen *Gruppe 1* und *Gruppe 2* in der integrierten Registerkarte *Start* (→ Abbildung 24.39).

```
<customUI xmlns="http://schemas.microsoft.com/
office/2006/01/customui" >
    <ribbon startFromScratch="false" >
        <tabs>
            <tab idMso="TabHome">
                <group id="Gruppe1" label="Gruppe 1"/>
                <group id="Gruppe2" label="Gruppe 2"/>
            </tab>
        </tabs>
    </ribbon>
</customUI>
```

Hinzufügen von Gruppen mit Steuerelementen

Leere Gruppen bringen natürlich keine zusätzliche Funktionalität. Sie sollten Sie mit Steuerelementen füllen. Dazu können Sie integrierte Steuerelemente oder auch benutzerdefinierte verwenden.

» Im folgenden Beispiel in der Datei *Format.docm* wird zunächst die Gruppe *Schriftart* aus der Registerkarte *Start* entfernt. Dann wird darin eine neue Gruppe *Format* erstellt und darin werden die integrierten Umschaltflächen *Kursiv* und *Fett* angesiedelt (→ Abbildung 24.39). Beachten Sie, dass die Funktionalität der Schaltflächen bereits erfüllt ist, ohne dass Sie zusätzlichen Code schreiben mussten.

Abbildung 24.39
Zwei neue Gruppen
in der Registerkarte
Start

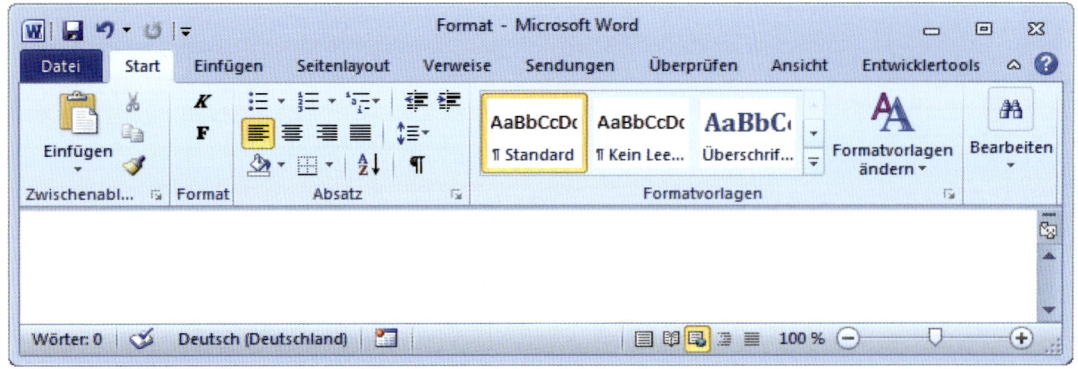

Abbildung 24.40
Die Gruppe *Format* mit zwei Standardschaltflächen

```
<customUI xmlns="http://schemas.microsoft.com/
office/2006/01/customui" >
    <ribbon startFromScratch="false" >
        <tabs>
            <tab idMso="TabHome">
                <group idMso="GroupFont"
                 visible="false" />
                <group id="Format" insertBeforeMso=
                 "GroupParagraph"
                 label="Format">
                    <toggleButton idMso="Italic" />
                    <toggleButton idMso="Bold" />
                </group>
            </tab>
        </tabs>
    </ribbon>
</customUI>
```

» Sie können das folgende Codebeispiel in der Datei *NeueGruppe.docm* dazu verwenden, eine benutzerdefinierte Gruppe in der Registerkarte *Start* zu erstellen. Dieser Gruppe werden dann benutzerdefinierte Steuerelemente hinzugefügt – eine Schaltfläche, ein Kontrollkästchen mit Beschriftung und

ein Listenfeld mit Beschriftung. Drei Listeneinträge wurden definiert (→ Abbildung 24.41).

```
<customUI xmlns="http://schemas.microsoft.com/
office/2006/01/customui" >
    <ribbon startFromScratch="false" >
        <tabs>
            <tab idMso="TabHome">
                <group id="CustomGroup" >
                    <toggleButton id="Einfuegen"
                     imageMso="HappyFace"
                     size="large" label="Einfügen"/>
                    <checkBox id="Zulassen"
                     label="Änderungen zulassen" />
                    <dropDown id="Auswahl"
                     showLabel="true"
                     label="Auswahl">
                        <item id="Option1" label="Gross" />
                        <item id="Option2" label="Mittel" />
                        <item id="Option3" label="Klein" />
                    </dropDown>
                </group>
            </tab>
        </tabs>
    </ribbon>
</customUI>
```

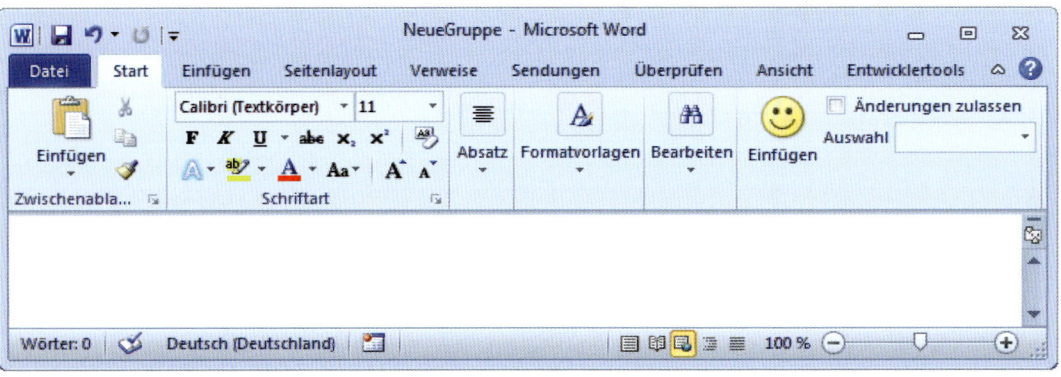

Abbildung 24.41
In der Registerkarte *Start* wurde eine neue Gruppe mit einigen Befehlen eingerichtet.

24.4.4 Anwendungen für benutzer- definierte Steuerelemente

Die bisher vorgestellten Beispiele benutzen insgesamt Steuerelemente, die bereits in Word integriert waren. Der Vorteil dieser Verfahrensweise besteht darin, dass die Funktionalität der Steuerelemente nicht erst definiert werden musste, sondern bereits eingebaut ist. Sie können auch selbst definierte Steuerelemente benutzen, deren Funktionalität Sie erst festlegen müssen.

Sie können beispielsweise im Menüband eine neue Registerkarte mit dem Namen *Dokumente* einfügen, die in die beiden Gruppen *Verwalten* und *Drucken* aufgeteilt ist. Dieses Beispiel finden Sie in der Datei *Verwalten. docm* (→ Abbildung 24.42). Ein Klick auf eine der darin vorhandenen Schaltflächen öffnet das entsprechende Dialogfeld, das Sie schon von der Arbeit mit den Elementen der Registerkarte *Datei* her kennen.

Wenn Sie solche Systeme selbst erstellen wollen, müssen Sie in zwei Schritten vorgehen:

» Die Optik der Registerkarten, Gruppen und Schaltflächen legen Sie – wie bisher – über einen XML-Markup fest.

» Die Funktionalität der Schaltflächen bestimmen Sie über einen entsprechenden VBA-Code.

Die XML-Bearbeitung

In einem ersten Schritt müssen Sie die Anpassungsdatei erstellen. Das Prinzip ist recht einfach: Sie geben Rückrufe an, um zur Laufzeit über die Benutzeroberfläche Eigenschaften zu aktualisieren und Aktionen auszuführen. Wenn Sie beispielsweise den Code <*button id=»Schalter«*

onAction=»Aktion« /> verwenden, wird Word angewiesen, beim Klicken auf die Schaltfläche *Schalter* die Funktion *Aktion* aufzurufen. *Aktion* entspricht den Namen der noch zu erstellenden VBA-Codeelemente. Darauf gehen wir später ein.

```xml
<?xml version="1.0" encoding="utf-8" ?>
<customUI xmlns="http://schemas.microsoft.com/
office/2006/01/customui" >
  <ribbon>
    <tabs>
      <tab id="Dokumente" label="Dokumente">
        <group id="Verwalten" label="Verwalten">
          <button id="Neu" label="Neu"
                  imageMso="FileNew" size="large"
                  onAction="myButton_Neu" />
          <button id="Oeffnen" label="Öffnen"
                  imageMso="FileOpen" size="large"
                  onAction="myButton_Oeffnen" />
          <button id="SpeichernUnter"
                  label="Speichern unter"
                  imageMso="FileSave" size="large"
                  onAction="myButton_SpeichernUnter" />
        </group>
        <group id="Drucken1" label="Drucken">
          <button id="Drucken" label="Drucken"
                  imageMso="FilePrint" size="large"
                  onAction="myButton_Drucken" />
        </group>
      </tab>
    </tabs>
  </ribbon>
</customUI>
```

» Speichern Sie die Datei unter dem Namen *customUI. xml* und schließen Sie sie.

Abbildung 24.42
Word mit einer
neuen Registerkarte

Bevor wir fortfahren, wollen wir noch einige Worte zum Sinn der einzelnen Anweisungen verlieren. In unserem Beispiel werden die folgenden Änderungen in der angezeigten Reihenfolge im Menüband in Word vorgenommen:

» Die neue Registerkarte *Dokumente* wird hinzugefügt. Verwenden Sie das Attribut *id=*, um ein benutzerdefiniertes Element zu erstellen, wie beispielsweise eine benutzerdefinierte Registerkarte.

```
...
   <ribbon>
     <tabs>
       <tab id="Dokumente" label="Dokumente">
...
```

» Für diese Registerkarte wird eine Gruppe mit dem Namen *Verwalten* angelegt. Verwenden Sie wiederum das Attribut *id=*, um eine benutzerdefinierte Gruppe zu erstellen.

```
...
       <group id="Verwalten" label="Verwalten">
...
```

» Innerhalb dieser Ebene werden die Schaltflächen *Neu*, *Öffnen* und *Speichern unter* hinzugefügt. Dafür werden mit dem Schlüsselwort *imageMso* Symbole hinzugefügt (→ oben). Diese Symbole können verschiedene Größen haben. Im Beispiel wird dafür das Argument *size=»large«* verwendet. Mit dem Schlüsselwort *onAction* wird der Schaltfläche in diesen Fällen eine VBA-Routine zugewiesen.

```
...
       <button id="Neu" label="Neu"
               imageMso="FileNew" size="large"
               onAction="myButton_Neu" />
       <button id="Oeffnen" label="Öffnen"
               imageMso="FileOpen" size="large"
               onAction="myButton_Oeffnen" />
       <button id="SpeichernUnter"
               label="Speichern unter"
               imageMso="FileSave" size="large"
               onAction="myButton_SpeichernUnter" />
...
```

» Die Zeilen darunter funktionieren entsprechend: In einer Registerkarte wird eine Gruppe mit dem Namen *Drucken* angelegt, die eine gleichnamige Schaltfläche enthält.

```
...
       <group id="Drucken1" label="Drucken">
         <button id="Drucken" label="Drucken"
                 imageMso="FilePrint" size="large"
                 onAction="myButton_ClickHandler"
   />
...
```

Wenn Sie den oben erwähnten Custom UI-Editor verwenden, leistet dieser Ihnen eine sinnvolle Hilfestellung: Sie finden in der Menüleiste des Editors eine Schaltfläche mit dem Namen *Generate Callbacks*. Wenn Sie darauf klicken, wird der Rahmen für den notwendigen VBA-Code skizziert (→ Abbildung 24.43). Sie können diese Angaben in die Zwischenablage kopieren und später im VBA-Editor einfügen. Die erste Zeile darin

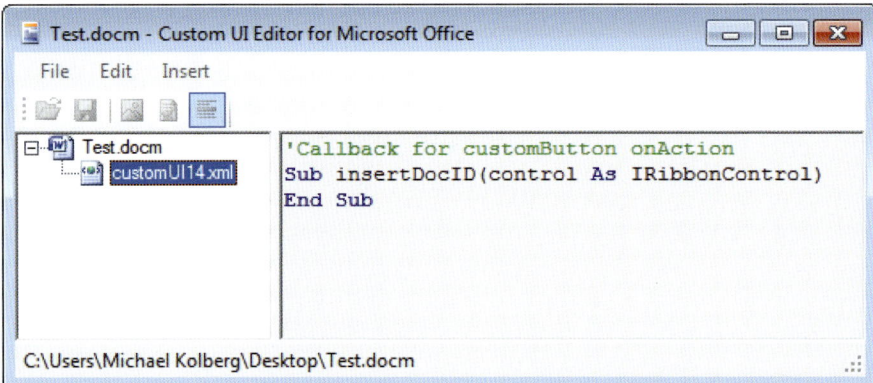

Abbildung 24.43
Ein Callback im Editor

dient als Kommentar. Die eigentliche Aktion müssen Sie jeweils noch zwischen der zweiten und dritten Zeile eines Blocks eingeben.

Die Funktionalität bereitstellen

Dann müssen Sie den für die Funktionalität der Schaltflächen notwendigen VBA-Code erzeugen. Öffnen Sie dazu die Datei in Word und wechseln Sie zum VBA-Editor.

Geben Sie die Routinen für den Code ein, die beim Klicken auf die noch zu erstellen neuen Schaltflächen ausgeführt werden sollen. Beispielsweise könnten Sie Routinen zur Anzeige der Dialogfelder *Neu*, *Öffnen*, *Speichern unter* und *Seitenansicht* verwenden.

```
Sub myButton_Neu(control As IRibbonControl)
    Dialogs(wdDialogFileNew).Show
End Sub

Sub myButton_SpeichernUnter(control As IRibbonControl)
    Dialogs(wdDialogFileSaveAs).Show
End Sub

Sub myButton_Oeffnen(control As IRibbonControl)
    Dialogs(wdDialogFileOpen).Show
End Sub

Sub Drucken_ClickHandler(control As IRibbonControl)
    Dialogs(wdDialogFilePrint).Show
End Sub
```

Wenn Sie vom VBA-Editor zu Word zurückkehren, erhalten Sie die in dem eingehenden Beispiel gezeigte Oberfläche (→ Abbildung 24.42). Das Menüband verfügt über eine neue Registerkarte mit dem Namen *Dokumente*, die in die beiden Gruppen *Verwalten* und *Drucken* aufgeteilt ist. Speichern Sie dann die Datei – beispielsweise unter dem gewünschten Namen im Format *.docm*. Schließen Sie sie anschließend.

Benutzerdefinierte Katalog-Steuerelemente

Sie können auch beispielsweise Katalog-Steuerelemente mit Elementen hinzufügen.

Der folgende Code in der Datei *Monate.docm* entfernt die Gruppe *Schriftart* aus der Registerkarte *Start*, erstellt dann eine neue Gruppe namens *Auswahl* und fügt darin Katalog-Steuerelemente mit Elementen und ein benutzerdefiniertes Schaltflächen-Steuerelement hinzu (→ Abbildung 24.44).

```
<customUI xmlns="http://schemas.microsoft.com/
office/2006/01/customui" >
    <ribbon startFromScratch="false" >
        <tabs>
            <tab idMso="TabHome">
                <group idMso="GroupFont" visible="false" />
                <group id="CustomGroup" label="Auswahl">
                    <gallery id="Gallery1"
                     imageMso="HappyFace" label="
                     Monat auswählen:" columns="3" rows="4" >
                        <item id="Monat1" label="Januar" />
                        <item id="Monat2" label="Februar"/>
                        <item id="Monat3" label="März"/>
                        <item id="Monat4" label="April"/>
                        <item id="Monat5" label="Mai"/>
                        <item id="Monat6" label="Juni"/>
                        <item id="Monat7" label="Juli"/>
                        <item id="Monat8" label="August"/>
                        <item id="Monat9" label="September"/>
                        <item id="Monat10" label="Oktober"/>
                        <item id="Monat11" label="November"/>
                        <item id="Monat12" label="Dezember"/>
                        <button id="Calendar"
                         label="Kalender..."/>
                    </gallery>
                </group>
            </tab>
        </tabs>
    </ribbon>
</customUI>
```

Bei diesen Prozeduren müssen Sie die Element-Steuerelemente vor den Schaltflächen-Steuerelementen definieren.

Sie füllen die Katalog-Steuerelemente bei Laufzeit durch Verwendung von Rückrufen. Im folgenden Beispiel ruft die Methode *getItemCount* die Anzahl der Elemente, die Methode *getItemImage* ein benutzerdefiniertes Bild für jedes Element und die Methode *getItemLabel* eine benutzerdefinierte Bezeichnung für jedes Element ab.

24.4.5 Programmoptionen einstellen

Auf der Word-Oberfläche regeln Sie die Programmeinstellungen über das Dialogfeld zum Befehl *Optionen* in der Registerkarte *Datei*. Sie wissen wahrscheinlich auch, dass sich einige Einstellungen in diesem Dialogfeld auf das Verhalten der Anwendung Word allgemein beziehen, andere auf das gerade aktuelle Dokument oder das aktive Fenster. Dementsprechend müssen Sie zum Einstel-

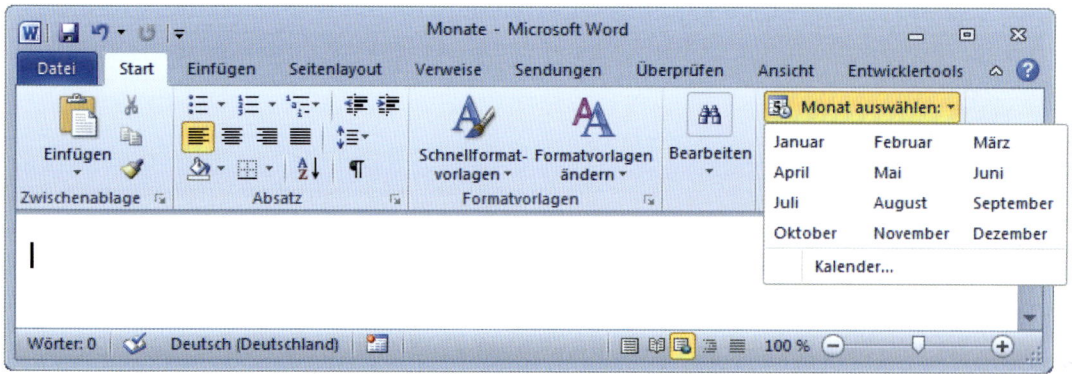

Abbildung 24.44
Ein neuer Katalog
wurde eingefügt.

len dieser Optionen über VBA auch verschiedene Objekte benutzen: *Application* regelt Einstellungen zur Anwendung – hier Microsoft Word –, *ActiveDocument* ist verantwortlich für die aktive Arbeitsmappe und *ActiveWindow* bestimmt Regelungen zum aktiven Fenster. Wir zeigen Ihnen anschließend Möglichkeiten für die Optionen der wichtigsten Registerkarten dieses Dialogfelds.

TIPP Die einfachste Möglichkeit zum Erstellen eines geeigneten VBA-Codes besteht darin, die Aktion der Änderung der Einstellungen als Makro aufzuzeichnen und anschießend an die entsprechenden Stellen zu übertragen.

Wenn Sie beispielsweise auf einige Einstellungen der Word-Optionen direkt über das Menüband zugreifen wollen, erstellen Sie einen XML-Markup, der Ihnen eine spezielle Registerkarte mit den notwendigen Schaltflächen dafür bereitstellt. Viele Einstellungen in den Word-Optionen verwenden Kontrollkästchen, die Sie über einen ToggleButton – also eine Umschaltfläche – ansprechen können (→ Abbildung 24.45). Sie könnten dafür aber auch Kontrollkästchen verwenden.

Der folgende Markup sorgt dafür, dass die Registerkarte *Optionen* mit den Gruppen *Häufig verwendet* und *Anzeigen* und den Schaltflächen *Entwicklertools*, *Absatzmarken*, *Tabulatoren* und *Ausgeblendeter Text* darin angezeigt wird.

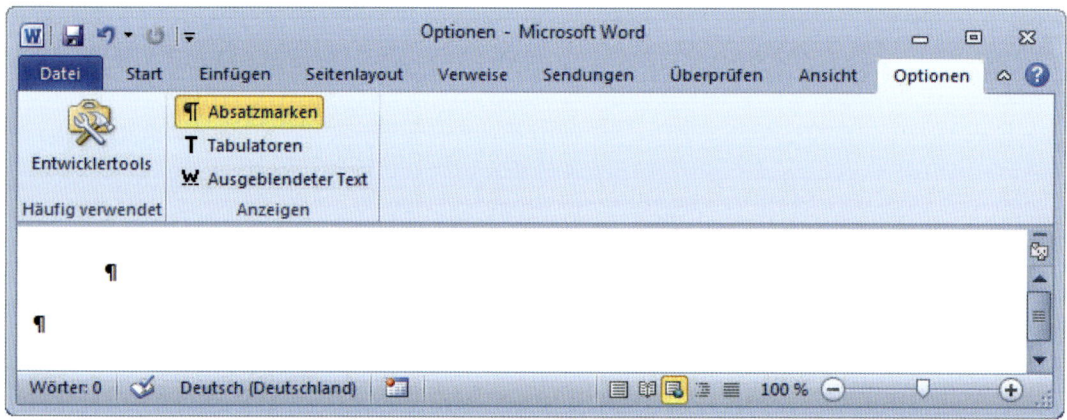

Abbildung 24.45
Eine Registerkarte
zum Einstellen von
Optionen

```
<customUI xmlns="http://schemas.microsoft.com/
office/2006/01/customui">
  <ribbon>
    <tabs>
      <tab id="CustomTab" label="Optionen">
        <group id="Haeufig" label="Häufig verwendet">
        <toggleButton id="ToggleButton1"
        imageMso="ControlsGallery" size="large"
          label="Entwicklertools" onAction="Schalter1"/>
        </group>
        <group id="Anzeigen" label="Anzeigen">
          <toggleButton id="ToggleButton2"
          imageMso="ParagraphMarks"
          size="normal" label="Absatzmarken"
          onAction="Schalter2"/>
          <toggleButton id="ToggleButton3" imageMso="T"
          size="normal" label="Tabulatoren"
          onAction="Schalter3"/>
          <toggleButton id="ToggleButton4"
          imageMso="UnderlineWords"
          size="normal" label="Ausgeblendeter Text"
          onAction="Schalter4"/>
        </group>
      </tab>
    </tabs>
  </ribbon>
</customUI>
```

Der VBA-Code prüft zunächst mit *If pressed*, ob die Schaltflächen aktiviert sind, und sorgt dann dafür, dass die Word-Optionen entsprechend eingestellt werden.

```
Sub Schalter1(control As IRibbonControl, pressed As
Boolean)
If pressed = True Then
    Options.ShowDevTools = True
Else
    Options.ShowDevTools = False
End If
End Sub

Sub Schalter2(control As IRibbonControl, pressed As
Boolean)
If pressed = True Then
    ActiveWindow.View.ShowParagraphs = True
Else
    ActiveWindow.View.ShowParagraphs = False
End If
End Sub

Sub Schalter3(control As IRibbonControl, pressed As
Boolean)
If pressed = True Then
```

```
    ActiveWindow.View.ShowTabs = True
Else
    ActiveWindow.View.ShowTabs = False
End If
End Sub

Sub Schalter4(control As IRibbonControl, pressed As
Boolean)
If pressed = True Then
    ActiveWindow.View.ShowHiddenText = True
Else
    ActiveWindow.View.ShowHiddenText = False
End If
End Sub
```

Damit die benutzten Word-Optionen beim Öffnen des Dokuments zunächst abgeschaltet sind, wurde noch ein Codeelement eingefügt, das beim Öffnen des Dokuments automatisch ausgeführt wird.

```
Private Sub Document_Open()
    Options.ShowDevTools = False
    ActiveWindow.View.ShowParagraphs = False
    ActiveWindow.View.ShowTabs = False
    ActiveWindow.View.ShowHiddenText = False
End Sub
```

Teil 7
Referenzen

In diesem letzten Teil des Buchs haben wir drei Kapitel zusammengefasst, deren Inhalt Sie wahrscheinlich weniger häufig und dann meist zum Nachschlagen verwenden werden.

Kapitel 25: Feldfunktionen

Im ersten davon liefern wir eine Zusammenstellung der Feldfunktionen, die Word zur Verfügung stellt. Solche Feldfunktionen werden vom Programm auch in Bereichen eingesetzt, die Sie bereits kennen, wenn Sie die vorherigen Teile durchgearbeitet haben. Dazu gehören beispielsweise automatische Datumsangaben, Seitenzahlen usw. In diesen Fällen arbeiten diese Funktionen meist im Hintergrund. Sie können sie aber auch direkt in das Dokument einfügen.

Kapitel 26: Die Word-Optionen

Wir haben in diesem Buch meist vorausgesetzt, dass Sie die Standardeinstellungen des Programms verwenden. Wie jedes Programm der Office-Familie verfügt aber auch Microsoft Word über eine Vielzahl von Optionen, über die Sie viele Einstellungen an Ihre persönlichen Vorstellungen anpassen können. Im Rahmen der Neugestaltung der Benutzeroberfläche ist der Befehl *Word-Optionen* jetzt als Unterpunkt in der Registerkarte *Datei* verfügbar. Sie finden darin eine Vielzahl von Einstellungen, mit denen Sie das Programm an Ihre persönlichen Gewohnheiten anpassen können. Diese Optionen werden in diesem Kapitel zusammenfassend dargestellt.

Kapitel 27: Tastenkombinationen

Für den schnellen Zugriff auf häufig verwendete Befehle oder Vorgänge können Sie bei Microsoft Word oft Tastenkombinationen verwenden. In diesem Kapitel sind die in Word 2010 verfügbaren Tastenkürzel aufgeführt und es gibt mehr davon, als man glaubt. Verwenden Sie es zum Nachschlagen.

Kapitel 25

Feldfunktionen

Was Feldfunktionen sind und wie man diese in ein Dokument einfügt, haben wir bereits in Kapitel 5 angesprochen. Es handelt es sich um Codes, mit deren Hilfe Informationen in ein Dokument eingefügt werden, deren konkreter Inhalt – mehr oder minder – automatisch aktualisiert wird. Word fügt standardmäßig Felder in ein Dokument ein, wenn Sie bestimmte Befehle verwenden – beispielsweise den Befehl *Seitenzahlen* in der Gruppe *Kopf- und Fußzeile* der Registerkarte *Einfügen* oder den Befehl *Datum und Uhrzeit* in der Gruppe *Text*. Weitere Beispiele hierfür sind Felder für ein Inhalts- oder ein Stichwortverzeichnis. Standardmäßig werden in diesen Feldern bestimmte Ergebnisse – wie eine Seitenzahl oder der Index – angezeigt.

In diesem Referenzkapitel wollen wir uns etwas genauer mit den wichtigsten Feldfunktionen beschäftigen. Sie können Felder einfügen, um unterschiedliche Aktionen auszuführen: Beispielsweise können Sie Informationen über ein Dokument – wie den Namen des Autors, die Dateigröße oder die Seitenanzahl – anzeigen. Sie können Berechnungen durchführen – beispielsweise Additionen, Subtraktionen oder sonstigen Kalkulationen. Ferner können Sie auch Felder in Seriendruckvorgängen verwenden.

25.1 Dokumenteigenschaften und Word-Optionen

Mehrere Feldfunktionen übernehmen Daten aus den *Word-Optionen* oder aus dem Dialogfeld *Dokumenteigenschaften* – beispielsweise Informationen zum Namen oder zur Größe des Dokuments (→ Abbildung 25.1).

Denken Sie gegebenenfalls daran: Da Feldfunktionen für jeden Leser des Dokuments sichtbar sind, sollten Sie keinesfalls vertrauliche Informationen darin angeben (→ Kapitel 13).

{ AUTHOR [»NeuerName«] }

AUTHOR zeigt den Namen des Autors aus der Registerkarte *Zusammenfassung* der *Dokumenteigenschaften* an. Als Autorenname für ein neues Dokument wird zunächst der in der Kategorie *Allgemein* im Dialogfeld *Word-Optionen* angezeigte Name verwendet. Der Parameter *»NeuerName«* ist ein optionaler Text, der den im Dialogfeld *Eigenschaften* angegebenen Autorennamen für das aktive Dokument ersetzt. Benutzen Sie diesen, wenn Sie unter einem anderen Namen auftreten wollen. Der Name darf maximal 255 Zeichen umfassen und muss in Anführungszeichen eingeschlossen werden.

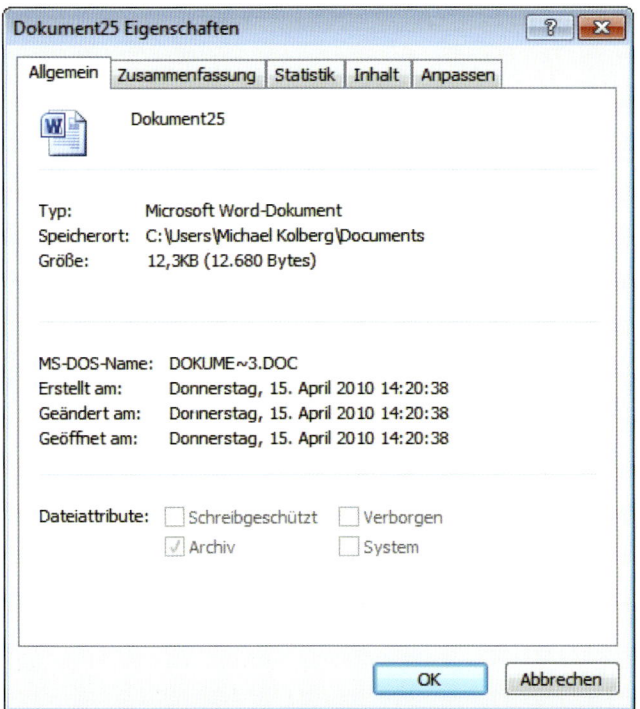

Abbildung 25.1 Die Eigenschaften eines Dokuments

{ CREATEDATE [\@ »Datum-/Uhrzeit-Abbildung«] [Schalter] }

Für das Datum und die Uhrzeit der erstmaligen Speicherung eines Dokuments unter dem aktuellen Namen benutzen Sie *CREATEDATE*. Die Angaben stammen aus der Registerkarte *Statistik* der Dokumenteigenschaften. Sofern Sie kein anderes Format auswählen, werden das Datum und die Uhrzeit in dem Format angezeigt, das in den Ländereinstellungen der Systemsteuerung von Microsoft Windows ausgewählt ist. Mit \@ »*Datum-/Uhrzeit-Abbildung*« legen Sie ein vom Standardformat abweichendes Datums- bzw. Uhrzeitformat fest. Den zusätzlichen Parameter *Schalter* brauchen Sie nur, wenn Sie den Hijri/Mondkalender oder die indische Saka-Jahreszählung verwenden wollen.

{ COMMENTS [»NeuerKommentar«] }

COMMENTS fügt den Inhalt des Felds *Kommentar* aus der Registerkarte *Zusammenfassung* in das Dokument ein. Der Parameter »*NeuerKommentar*« ist ein optionaler Text, der den aktuellen Inhalt des Felds *Kommentar* ersetzt. Der Text darf maximal 255 Zeichen umfassen und muss in Anführungszeichen eingeschlossen werden.

{ DOCPROPERTY »Name« }

DOCPROPERTY fügt die angegebenen Dokumentdaten ein, die sich im Dialogfeld *Eigenschaften* befinden. Der Parameter »*Name*« gibt die Eigenschaft an, die im Dialogfeld *Eigenschaften* angezeigt wird.

{ FILENAME [Schalter] }

Mit *FILENAME* wird der Dateiname des Dokuments – wie auf der Registerkarte *Allgemein* aus dem Dialogfeld *Dokumenteigenschaften* angezeigt – eingefügt. Der Schalter \p gibt zusätzlich zum Dateinamen den Pfad an.

{ FILESIZE [Schalter] }

FILESIZE fügt anhand der Angaben auf der Registerkarte *Allgemein* der *Dokumenteigenschaften* die Größe des Dokuments in Byte ein. Die zu verwendende Einheit können Sie über einen Schalter regeln (→ Tabelle 25.1).

Schalter	Bedeutung
\k	Zeigt das Ergebnis in Kilobyte an, gerundet auf die nächste ganze Zahl.
\m	Zeigt das Ergebnis in Megabyte an, gerundet auf die nächste ganze Zahl.

Tabelle 25.1 Schalter für *FILESIZE*

{ INFO Informationsart [»NeuerWert«] }

Die Funktion *INFO* fügt Informationen über das aktive Dokument ein, die im Dialogfeld *Eigenschaften* aufgezeichnet sind. Der Parameter *Informationsart* liefert die Art der Information. Hier können Sie beispielsweise die Eigenschaften *AUTHOR*, *COMMENTS*, *KEYWORDS*, *SUBJECT* oder *TITLE* festlegen. Bei diesen Eigenschaften handelt es sich ebenfalls um einzelne Microsoft-Word-Felder. »*NeuerWert*« Ist eine optionale Information, mit der das Dialogfeld *Eigenschaften* des aktiven Dokuments oder der aktiven Dokumentvorlage aktualisiert wird.

{ SUBJECT [»NeuesThema«] }

Über *SUBJECT* fügen Sie den Inhalt des Felds *Thema* aus der Registerkarte *Zusammenfassung* der *Dokumenteigenschaften* ein. »*NeuesThema*« ist ein optionaler Text, der den unter *Thema* eingegebenen Text für das aktive Dokument ersetzt. Der Text kann maximal 255 Zeichen umfassen.

{ TEMPLATE [Schalter] }

TEMPLATE fügt anhand der Angaben auf der Registerkarte *Zusammenfassung* den Dateinamen der Dokumentvorlage des jeweiligen Dokuments ein. Der Schalter \p gibt zusätzlich zum Dateinamen den Pfad an.

{ TITLE [»NeuerTitel«] }

TITLE dient zur Anzeige des Inhalts des Felds *Titel* aus der Registerkarte *Zusammenfassung* der *Dokumenteigenschaften*. Der Parameter »*NeuerTitel*« ist ein optionaler Text, der den aktuellen Titel in den *Dokumenteigenschaften* ersetzt. Der neue Titel kann maximal 255 Zeichen umfassen.

{ USERINITIALS [»NeueInitialen«] }

Die Feldfunktion *USERINITIALS* fügt die Initialen des Benutzers ein, die im Feld *Initialen* im Bereich *Allgemein* der Optionen angegeben sind. Der Parameter »*NeueInitialen*« fügt die von Ihnen angegebenen Initialen anstelle der Initialen aus den *Word-Optionen* ein. Damit ändern Sie aber nicht den Eintrag unter den Word-Optionen.

25.2 Weitere Feldfunktionen

Ein noch größerer Teil von Feldfunktionen benutzt keine vorhandenen Eintragungen, sondern greift auf andere Quellen zurück.

{ AUTOTEXTLIST »Wörtlicher Text« \s [»Formatvorlagenname«] \t [»QuickInfotext«] }

Die Feldfunktion *AUTOTEXTLIST* erstellt ein Kontextmenü anhand der AutoText-Einträge in der aktiven Dokumentvorlage. Das Menü kann je nach den Formatvorlagen, die den AutoText-Einträgen zugewiesen sind, variieren (→ Tabelle 25.2 und Tabelle 25.3).

Parameter	Bedeutung
"Wörtlicher Text"	Text, der im Dokument angezeigt wird, bevor der Benutzer das Kontextmenü anzeigt. Wenn der Text Leerzeichen enthält, muss er in Anführungszeichen eingeschlossen werden.
"Formatvorlagenname"	Der Formatvorlagenname der AutoText-Einträge, die Sie in die Liste aufnehmen möchten. Bei der Formatvorlage kann es sich um eine Absatzformatvorlage oder um eine Zeichenformatvorlage handeln. Enthält der Formatvorlagenname Leerzeichen, schließen Sie den gesamten Namen in Anführungszeichen ein.
"QuickInfo-Text"	Text, der im QuickInfo-Feld angezeigt wird, wenn der Mauszeiger über das Feldergebnis bewegt wird. Schließen Sie den Text in Anführungszeichen ein.

Tabelle 25.2 Die Parameter zu *AUTOTEXTLIST*

Schalter	Bedeutung
\s	Legt fest, dass in die Liste Einträge mit einer bestimmten Formatvorlage aufgenommen werden. Ohne Verwendung dieses Schalters werden die AutoText-Einträge mit der aktuellen Absatzformatvorlage formatiert. Wenn keine AutoText-Einträge mit der aktuellen Formatvorlage vorhanden sind, werden alle Einträge angezeigt.
\t	Legt besonderen Text fest, der anstelle des standardmäßigen Infotextes in der QuickInfo angezeigt wird.

Tabelle 25.3 Die Schalter zu *AUTOTEXTLIST*

{ DATE [\@ »Datum-/Uhrzeit-Abbildung«] [Schalter] }

DATE fügt das aktuelle Datum, die aktuelle Uhrzeit oder beides ein. Sofern Sie kein anderes Format auswählen, wird das Datum in dem Format angezeigt, das in den Ländereinstellungen der Systemsteuerung von Microsoft Windows ausgewählt ist.

Der Feldschalter \@ »Datum-/Uhrzeit-Abbildung« legt die Anzeige eines Datums oder einer Uhrzeit fest – beispielsweise mit \@ »dddd, d. MMMM yyyy«. Sie können die Datum- und Uhrzeitanweisungen Tag (*d*), Monat (*M*) und Jahr (*y*) sowie Stunden (*h*) und Minuten (*m*) nach Wunsch kombinieren (→ Tabelle 25.4). Sie können auch Text, Satzzeichen und Leerzeichen einfügen. Diese müssen in einfache Anführungszeichen eingeschlossen sein.

Code	Bedeutung
M	Zeigt den Monat als eine Zahl an, wobei für Monate, die nur eine Ziffer umfassen, keine führende Null angezeigt wird. *März* wird im Feldergebnis beispielsweise als *3* dargestellt.
MM	Zeigt den Monat als eine Zahl an, wobei für Monate, die nur eine Ziffer umfassen, eine führende Null angezeigt wird. *März* wird im Feldergebnis beispielsweise als *03* dargestellt.
MMM	Zeigt den Monat als Abkürzung aus drei Buchstaben an. *Juli* wird im Feldergebnis beispielsweise als *Jul* dargestellt.
MMMM	Zeigt den Monat mit seinem vollständigen Namen an.
d	Zeigt den Wochentag oder Monat mit einer Zahl an, wobei für Tage, die nur eine Ziffer umfassen, keine führende Null angezeigt wird. Der sechste Tag des Monats wird im Feldergebnis beispielsweise als *6* dargestellt.
dd	Zeigt den Wochentag oder Monat mit einer Zahl an, wobei für Tage, die nur eine Ziffer umfassen, eine führende Null angezeigt wird. Der sechste Tag des Monats wird im Feldergebnis beispielsweise als *06* dargestellt.
ddd	Zeigt den Wochentag oder Monat als Abkürzung mit drei Buchstaben an. *Dienstag* wird im Feldergebnis beispielsweise als *Die* dargestellt.
dddd	Zeigt den Wochentag mit seinem vollständigen Namen an.
yy	Zeigt das Jahre als zweistellige Zahl mit einer vorangestellten 0 (null) für die Jahre 01 bis 09 an. *1999* wird beispielsweise in der Form *99* und 2006 als *06* dargestellt.

Code	Bedeutung
yyyy	Zeigt das Jahr mit vier Ziffern an.
h oder *H*	Zeigt für Stundenangaben, die nur eine Ziffer umfassen, keine führende Null an. Neun Uhr wird im Feldergebnis beispielsweise als *9* dargestellt.
hh oder *HH*	Zeigt für Stundenangaben, die nur eine Ziffer umfassen, eine führende Null an. Neun Uhr wird im Feldergebnis beispielsweise als *09* angezeigt.
m	Zeigt die Minuten an, wobei für Minutenangaben, die nur eine Ziffer umfassen, keine führende Null angezeigt wird. { TIME \@ »m« } zeigt beispielsweise das Ergebnis *2* an.
mm	Zeigt die Minuten an, wobei für Minutenangaben, die nur eine Ziffer umfassen, eine führende Null angezeigt wird. { TIME \@ »mm« } zeigt beispielsweise das Ergebnis *02* an.

Tabelle 25.4 Parameter zur Datums- und Zeitangabe

Für den Monat muss der Buchstabe *M* großgeschrieben sein, um Monate von Minuten zu unterscheiden. Der Buchstabe *d* für den Tag kann in Groß- oder Kleinschreibung eingegeben werden. Dasselbe gilt für den Buchstaben *y* für das Jahr. Bei Zeitanweisungen zeigt ein kleingeschriebener Buchstabe *h* als Ergebnis die Zeit im 12-Stunden-Format an. Ein großgeschriebener Buchstabe *H* zeigt die Zeit im 24-Stunden-Format an. Für die Angabe von Minuten muss der Buchstabe *m* kleingeschrieben sein, um Minuten von Monaten zu unterscheiden.

Außerdem stehen auch drei zusätzliche Schalter zur Verfügung (→ Tabelle 25.5).

Schalter	Bedeutung
\l	Fügt das Datum in dem zuletzt über den Befehl *Datum und Uhrzeit* festgelegten Format ein.
\h	Gibt an, dass der Hijri/Mondkalender zu verwenden ist. Dieser islamische Kalender ist in einigen islamischen Ländern neben dem gregorianischen Kalender in Gebrauch.
\s	Gibt an, dass die Saka-Jahreszählung zu verwenden ist. Dieser indische Nationalkalender wurde nach der Unabhängigkeit Indiens eingeführt.

Tabelle 25.5 Die Schalter zu *DATE*

{ EMBED Klassenname [Schalter] }

EMBED fügt ein Objekt ein, das in einer anderen Anwendung erstellt wurde, die OLE unterstützt. Das *EMBED*-Feld steht nicht im Dialogfeld *Feld* zur Verfügung und kann nicht manuell eingefügt werden. Es wird benutzt, wenn Sie beispielsweise den Befehl *Objekt* im Bereich *Text* der Registerkarte *Einfügen* des Menübands verwenden. Sie können jedoch in einem vorhandenen *EMBED*-Feld den Schalter direkt verändern.

» Der Parameter *Klassenname* beschreibt den Namen der Containeranwendung, beispielsweise Microsoft *Excel*. Diese Anweisung können Sie nicht ändern.

» Der Schalter * *MERGEFORMAT* weist dem neuen Ergebnis die Größe und den Zuschnitt des vorherigen Ergebnisses zu. Um beim Aktualisieren des Felds die zuvor festgelegte Größe und den Zuschnitt zu erhalten, löschen Sie diesen Schalter nicht aus dem Feld.

{ RD »Dateiname«}

RD bezeichnet eine Datei, die beim Erstellen eines Inhaltsverzeichnisses, eines Rechtsgrundlagenverzeichnisses oder eines Index mit dem *TOC*-, *TOA*- oder *INDEX*-Feld berücksichtigt werden soll. Vor dem Aktualisieren des *TOC*- oder *INDEX*-Feldes müssen die Anfangsseiten und die Folgewerte in den Dateien, die in *RD*-Feldern enthalten sind, manuell festgelegt werden. Das *RD*-Feld zeigt im Dokument kein Ergebnis an. Die Verknüpfung eines *RD*-Feldes kann nicht aufgehoben werden. Das *RD*-Feld wird automatisch als ausgeblendeter Text formatiert. *RD*-Felder, die sich auf mehrere Dateien beziehen, müssen in derselben Reihenfolge angegeben werden wie die Dateien im endgültigen Dokument.

» Der Parameter *»Dateiname«* gibt die beim Erstellen eines Inhaltsverzeichnisses oder Index zu berücksichtigende Datei an. Wenn der Speicherort einen langen Dateinamen mit Leerzeichen enthält, schließen Sie ihn in Anführungszeichen ein. Ersetzen Sie einfache umgekehrte Schrägstriche durch doppelte umgekehrte Schrägstriche, um den Pfad anzugeben – beispielsweise mit *C:\\Users\\<Benutzername>Documents\\ Kapitel1.docx*.

» Der optionale Schalter \f gibt an, dass der Pfad relativ zum aktuellen Dokument ist.

{ QUOTE »WörtlicherText« }

QUOTE fügt den angegebenen Text in ein Dokument ein. Der Parameter *»WörtlicherText«* muss in Anführungszeichen eingeschlossen sein. Dieser Text kann beliebige andere Felder enthalten, mit Ausnahme der Felder *AUTONUM*, *AUTONUMLGL*, *AUTONUMOUT* oder *SYMBOL*.

{ SECTIONPAGES }

SECTIONPAGES fügt die Gesamtzahl der Seiten eines Abschnitts ein. Wenn Sie dieses Feld verwenden, sollten Sie in jedem Abschnitt, der auf den ersten Abschnitt folgt, mit der Seitennummerierung bei *1* beginnen.

{ SEQ Erkennungszeichen [Textmarke] [Schalter] }

SEQ nummeriert Kapitel, Tabellen, Abbildungen und andere Elemente in einem Dokument der Reihe nach durch (→ Tabelle 25.6 und Tabelle 25.7). Wenn Sie ein Element und das entsprechende *SEQ*-Feld hinzufügen, löschen oder verschieben, können Sie die übrigen *SEQ*-Felder im Dokument aktualisieren, um die neue Reihenfolge anzuzeigen.

Parameter	Bedeutung
Erkennungs-zeichen	Der Name, den Sie einer Reihe von zu nummerierenden Elementen zuweisen. Der Name muss mit einem Buchstaben beginnen und darf maximal 40 Zeichen (Buchstaben, Ziffern und Unterstriche) umfassen. Der Name für eine Gruppe von Tabellen könnte beispielsweise *Tabellen* lauten.
Textmarke	Durch Angabe des Namens einer Textmarke können Sie auf ein Element verweisen, das sich an einer anderen Stelle im Dokument befindet. Um beispielsweise einen Querverweis für eine Abbildung zu erstellen, kennzeichnen Sie die *SEQ*-Feldnummerierung dieser Abbildung mit der Textmarke *Bild2* und fügen Sie anschließend einen Querverweis zu der Abbildung ein, indem Sie *{ SEQ Abbildung Bild2 }* eingeben.

Tabelle 25.6 Parameter für *SEQ*

Schalter	Bedeutung
\c	Fügt die zuletzt verwendete Folgenummer ein. Dieser Schalter eignet sich insbesondere zum Einfügen von Kapitelnummern in Kopf- oder Fußzeilen.
\h	Verbirgt das Feldergebnis. Verwenden Sie diesen Schalter, um in einem Querverweis einen Bezug zu einem *SEQ*-Feld herzustellen, ohne die Zahl zu drucken. Möglicherweise möchten Sie auf ein nummeriertes Kapitel verweisen, die Kapitelnummer jedoch nicht drucken. Der Schalter \h verbirgt das Feldergebnis nicht, wenn zusätzlich ein Formatschalter *(*)* angegeben wird.
\n	Fügt die nächste Folgenummer für die angegebenen Elemente ein. Dieser Schalter wird standardmäßig verwendet.

Schalter	Bedeutung
\r *n*	Setzt die Folgenummer auf die angegebene Zahl n zurück. Das Feld *{ SEQ Abbildung \r 3 }* bewirkt beispielsweise, dass die Nummerierung von Abbildungen bei 3 beginnt.
\s	Setzt die Nummerierung bei der Überschriftenebene fort, die nach dem *s* eingegeben wird. Beispielsweise beginnt das Feld *{ SEQ Abbildung \s 2 }* mit der Nummerierung bei der Formatvorlage *Überschrift 2*.

Tabelle 25.7 Schalter für *SEQ*

{ SYMBOL Zeichen [Schalter] }

Die Funktion *SYMBOL* fügt ein einzelnes Zeichen oder eine Zeichenfolge aus dem ANSI-Zeichensatz ein. Sie können ein Zeichen jedoch auf einfachere Weise einfügen, indem Sie den Befehl *Symbol* verwenden. Sie können entweder direkt eine Zeichenformatierung anwenden oder Schalter zur Angabe der Formatierung verwenden. Die über Schalter festgelegte Formatierung hebt die auf das Feldergebnis angewendeten Formatierungen auf.

Der Parameter *Zeichen* beschreibt das Zeichen oder den Dezimal- bzw. Hexadezimalwert des Zeichens im ANSI-Zeichensatz. Ein Hexadezimalwert muss das Format *Oxn* aufweisen. Hierbei wird der Hexadezimalzahl *n* eine *Ox* vorangestellt. Zusätzlich können Sie noch Schalter verwenden (→ Tabelle 25.8).

Schalter	Bedeutung
\a	Behandelt den angegebenen Code als ANSI-Zeichen.
\f *»Schrift-artenname«*	Die Schriftart, die das einzufügende Zeichen enthält. Der Schriftartenname muss in Anführungszeichen eingeschlossen werden. Ohne diesen Schalter wird das Zeichen in der Schriftart eingefügt, die den Feldfunktionen zugewiesen ist.
\h	Fügt das Sonderzeichen ein, ohne den Zeilenabstand des Absatzes zu ändern. Wenn mithilfe dieses Schalters große Sonderzeichen eingefügt werden, wird Text oberhalb der Sonderzeichen unter Umständen überschrieben.
\s *Punkt*	Legt den Schriftgrad in Punkt fest.
\u	Legt fest, dass Unicode-Zeichen verwendet werden.

Tabelle 25.8 Schalter zur Feldfunktion *SYMBOL*

691

{ TOC [Schalter] }

Die Funktion *TOC* steht für *Table of Contents* und erstellt ein Inhaltsverzeichnis. Sie ermittelt Einträge für ein Inhaltsverzeichnis anhand von Überschriftenebenen, festgelegten Formatvorlagen oder über *TC*-Felder – also

Inhaltsverzeichniseinträge. Die Funktion wird über einige Befehle auf der Registerkarte *Verweise* im Menüband automatisch eingefügt. Den Aufbau des Verzeichnisses regeln Sie über Schalter (→ Tabelle 25.9).

Schalter	Bedeutung
\a *Bezeichner*	Listet Elemente auf, die über den Befehl *Beschriftung* mit einer Beschriftung versehen wurden, lässt jedoch Kategorien und Nummerierungen der Beschriftungen aus. Der *Bezeichner* entspricht der Kategorie. Beispielsweise wird bei einer Beschriftung auf Seite *10*, die *Abbildung 5: Pinguine* lautet, mit dem Feld *{ TOC \a Abbildungen }* lediglich der Eintrag *Pinguine............10* angezeigt. Verwenden Sie den Schalter *\c*, um ein Verzeichnis zu erstellen, das auch Kategorien und Nummern der Abbildungen enthält.
\b *Textmarkenname*	Fasst lediglich die Dokumenteinträge zu einem Inhaltsverzeichnis zusammen, die durch die angegebene Textmarke gekennzeichnet sind.
\c *"SEQBezeichner"*	Listet Abbildungen, Tabellen, Diagramme oder andere Elemente auf, die mithilfe eines *SEQ*-Felds nummeriert wurden. Word verwendet *SEQ*-Felder zum Nummerieren von Elementen, die über den Befehl *Beschriftung* beschriftet wurden. Der SEQ-Bezeichner, der der Kategorie entspricht, muss mit dem Bezeichner im SEQ-Feld übereinstimmen. Das Feld *{ TOC \c "Tabellen" }* listet beispielsweise alle nummerierten Tabellen auf.
\f *EintragBezeichner*	Erstellt ein Verzeichnis anhand der *TC*-Felder. Wenn *EintragBezeichner* angegeben ist, wird das Verzeichnis lediglich anhand der *TC*-Felder mit demselben Bezeichner (in der Regel ein Buchstabe) erstellt. Das Feld *{ TOC \f t }* erstellt beispielsweise ein Inhaltsverzeichnis anhand von *TC*-Feldern wie *{ TC "Eintragstext" \f t }*.
\h *Hyperlinks*	Fügt *TOC*-Einträge als Hyperlinks ein.
\l *Ebenen*	Erstellt ein Inhaltsverzeichnis anhand von *TC*-Feldern, die einer der festgelegten Überschriftenebenen Einträge zuweisen. Das Feld *{ TOC \l 1-4 }* erstellt beispielsweise ein Inhaltsverzeichnis anhand von *TC*-Feldern, die den Ebenen 1 bis 4 Einträge zuweisen. *TC*-Felder, die niedrigeren Ebenen Einträge zuweisen, werden übersprungen.
\n *Ebenen*	Erstellt das Inhaltsverzeichnis ohne Seitenzahlen. Alle Ebenen werden ohne Seitenzahlen angegeben, sofern nicht ein Bereich von Eintragsebenen festgelegt wird. Das Feld *{ TOC \n 3-4 }* gibt beispielsweise Einträge der Ebenen 3 und 4 ohne Seitenzahlen an. Wenn Seitenzahlen eingeschlossen werden sollen, löschen Sie diesen Schalter.
\o *"Überschriften"*	Erstellt ein Inhaltsverzeichnis aus Absätzen, die mit integrierten Überschriftformatvorlagen formatiert sind. *{ TOC \o "1-3" }* listet beispielsweise nur Überschriften auf, die mit den Formatvorlagen *Überschrift 1* bis *Überschrift 3* formatiert sind. Wenn kein Überschriftenbereich angegeben ist, werden alle im Dokument verwendeten Überschriftenebenen aufgelistet. Schließen Sie die Bereichszahlen in Anführungszeichen ein.
\p *"Trennzeichen"*	Gibt die Trennzeichen zwischen einem Eintrag und der zugehörigen Seitenzahl an. Das Feld *{ TOC \p "1-3" }* mit einem Gedankenstrich liefert als Ergebnis beispielsweise *Markieren von Text–53*. Als Standardtrennzeichen wird ein Tabstoppzeichen mit Punkten als Füllzeichen verwendet. Sie können maximal fünf Zeichen verwenden, die in Anführungszeichen eingeschlossen sein müssen.
\s *Bezeichner*	Fügt eine Zahl, beispielsweise eine Kapitelnummer, vor der Seitenzahl ein. Das entsprechende Kapitel oder andere Element muss mit einem *SEQ*-Feld nummeriert sein. Der Bezeichner muss mit dem Bezeichner im *SEQ*-Feld übereinstimmen. Wenn Sie beispielsweise das Feld *{ SEQ Kapitel }* vor jeder Kapitelüberschrift einfügen, zeigt das Feld *{ TOC \o "1-3" \s Kapitel }* die Seitenzahlen im Format *2-14* an, wobei *2* die Kapitelnummer ist.
\d *"Trennzeichen"*	Gibt bei Verwendung mit dem Schalter *\s* die Anzahl der Zeichen an, welche die Folgenummern von den Seitenzahlen trennen. Schließen Sie die Zeichen in Anführungszeichen ein. Word verwendet einen Bindestrich, wenn der Schalter *\d* nicht angegeben wird. In einem Inhaltsverzeichnis, das mit dem Feld *{ TOC \o "1-3" \s Kapitel \d ":" }* erstellt wird, werden Kapitel- und Seitennummern durch einen Doppelpunkt voneinander getrennt, beispielsweise *2:14*.

Schalter	Bedeutung
\t "Formatvorlage, Ebene, Formatvorlage, Ebene,..."	Erstellt ein Inhaltsverzeichnis aus Absätzen, die nicht mit den integrierten Überschriftformatvorlagen, sondern mit anderen Formatvorlagen formatiert sind. Das Feld { TOC \t "Kapiteltitel,1, Kapitelkopf,2" } erstellt ein Inhaltsverzeichnis aus Absätzen, die mit den Formatvorlagen *Kapiteltitel* und *Kapitelkopf* formatiert sind. Die Zahl hinter den Formatvorlagennamen steht für die Eintragsebene im Inhaltsverzeichnis, die der jeweiligen Formatvorlage entspricht. Sie können für das Erstellen eines Inhaltsverzeichnisses anhand von integrierten Überschriftformatvorlagen bzw. anderen Formatvorlagen sowohl den Schalter \o als auch den Schalter \t verwenden.
\u	Erstellt unter Nutzung der vorhandenen Gliederungsebene für Absätze ein Inhaltsverzeichnis.
\w	Behält Tabstoppeinträge innerhalb von Verzeichniseinträgen bei.
\x	Behält Zeilenendmarken innerhalb von Verzeichniseinträgen bei.
\z	Blendet Füllzeichen und Seitenzahlen in der Weblayoutansicht aus.

Tabelle 25.9 Schalter für *TOC*

25.3 Zahlenwerte berechnen

Sie können innerhalb einer Word-Tabelle oder direkt im Text auch Berechnungen mit Zahlenwerten durchführen. Dazu verwenden Sie das sogenannte = *(Formula)*-Feld. Darüber können Sie eine Zahl unter Verwendung einer mathematischen Formel berechnen. Sie können dieses Feld in einer Tabelle oder direkt im Fließtext verwenden. Zum Einfügen benutzen Sie die Schaltfläche *Formeln* im Dialogfeld *Feld* oder drücken [Strg]+[F9]. Die Syntax dafür lautet:

{ = Formula [Textmarke] [\# Numerische Abbildung] }

Die Bezeichnung *Formula* ist selbst keine Feldfunktion. Bei der praktischen Anwendung verwenden Sie statt *Formula* einen Ausdruck – beispielsweise eine Textmarke oder eine beliebige Kombination von Zahlen, oder Feldern mit Zahlen als Feldergebnis sowie Operatoren und Funktionen (→ unten). Der Ausdruck kann sich auf Werte in einer Tabelle sowie auf von Funktionen zurückgegebene Werte beziehen.

Textmarke

Um mit einem Wert im Text eine Berechnung durchzuführen, kennzeichnen Sie den Wert mit einer Textmarke und benutzen den Namen dieser Textmarke für die Berechnung. Haben Sie beispielsweise einen Zahlenwert im Text mit der Textmarke *Zahlenwert* versehen, können Sie diesen Zahlenwert mit der Feldfunktion *{ =Zahlenwert }* an einer beliebigen Stelle in Dokument wieder anzeigen lassen.

Operatoren

Wirkliche Berechnungen in einem = *(Formula)*-Feld können Sie mit Hilfe von mathematischen und relationalen Operatoren durchführen (→ Tabelle 25.10).

Operator	Beschreibung
+	Addition
-	Subtraktion
*	Multiplikation
/	Division
%	Prozentsatz
^	Potenzen und Wurzeln
=	Gleich
<	Kleiner als
<=	Kleiner oder gleich
>	Größer als
>=	Größer oder gleich
<>	Ungleich

Tabelle 25.10 Operatoren

Wenn Sie beispielsweise einen Zahlenwert im Text mit der Textmarke *Netto* versehen, können Sie daraus die Mehrwertsteuer mit der Feldfunktion { =0.19*Netto } ermitteln.

Funktionen

Das = *(Formula)*-Feld kann auch Werte mit Hilfe von Funktionen berechnen (→ Tabelle 25.11). Wenn Sie das in den Ländereinstellungen in der Systemeinstellung von Microsoft Windows definierte Listentrennzeichen verwenden, können Funktionen mit leeren Klammern eine beliebige Anzahl von Argumenten annehmen, die durch Kommata oder Semikolons voneinander getrennt sind. Argumente können Zahlen, Formeln oder Namen von Textmarken sein. Die Funktionen *AVERAGE()*, *COUNT()*, *MAX()*, *MIN()*, *PRODUCT()* und *SUM()* können auch Bezüge auf Tabellenzellen als Argumente annehmen.

Tabellenbezüge

Sie können mit Hilfe des = *(Formula)*-Felds auch Berechnungen in Tabellen durchführen. Dabei wird auf die Zellen der Tabelle mit einem Buchstaben als Spaltenangabe und einer Zahl als Zeilenangabe Bezug genommen - beispielsweise mit *a1, a2, b1, b2* usw.

» Verwenden Sie ein Semikolon, um die Bezüge der einzelnen Zellen voneinander abzutrennen, und einen Doppelpunkt, um die erste und die letzte Zelle in einem bestimmten Bereich abzutrennen. Beispielsweise liefert = *AVERAGE(b1:b3)* den Mittelwert der Werte in den Zellen *b1* bis *b3*.

» Wenn Sie Bezüge zu einer gesamten Zeile oder Spalte herstellen wollen, verwenden Sie für den Verweis die Zahl der Zeile oder den Buchstaben für die Spalte - beispielweise =SUM(1:3) oder = AVERAGE(b:b).

Funktion	Beschreibung
ABS(x)	Gibt den positiven Wert einer Zahl oder Formel, unabhängig von ihrem tatsächlichen positiven oder negativen Wert, zurück.
AND(x,y)	Gibt den Wert *1* zurück, wenn die logischen Ausdrücke x und y wahr sind, oder den Wert *0*, wenn einer der beiden Ausdrücke wahr ist.
AVERAGE( )	Gibt den Durchschnitt aus einer Liste von Werten zurück.
COUNT( )	Gibt die Anzahl der Elemente in einer Liste zurück.
DEFINED(x)	Gibt den Wert 1 zurück, wenn der Ausdruck x gültig ist, oder den Wert 0, wenn der Ausdruck nicht berechnet werden kann.
FALSE	Gibt *0* zurück.
INT(x)	Gibt die Zahlen links von der Dezimalstelle in einem Wert oder in einer Formel x zurück.
MIN( )	Gibt den kleinsten Wert in einer Liste zurück.
MAX( )	Gibt den höchsten Wert in einer Liste zurück.
MOD(x,y)	Gibt den Rest zurück, der von einem Wert x nach einer ganzzahligen Division durch einen Wert y verbleibt.
NOT(x)	Gibt den Wert *0* zurück, wenn der logische Ausdruck x wahr ist, oder den Wert 1, wenn der Ausdruck falsch ist.
OR(x,y)	Gibt den Wert *1* zurück, wenn einer der beiden oder beide logischen Ausdrücke x und y wahr sind, oder den Wert *0*, wenn beide Ausdrücke falsch sind.
PRODUCT( )	Gibt das Ergebnis der Multiplikation einer Liste von Werten zurück.
ROUND(x,y)	Gibt den auf die durch y angegebene Anzahl von Dezimalstellen gerundeten Wert von x zurück; x kann eine Zahl oder das Ergebnis einer Formel sein.
SIGN(x)	Gibt den Wert *1* zurück, wenn x ein positiver Wert ist, oder den Wert *-1*, wenn x ein negativer Wert ist.
SUM( )	Gibt die Summe einer Liste von Werten zurück.
TRUE	Gibt den Wert *1* zurück.

Tabelle 25.11 Mit Hilfe von Funktionen können Sie komplexere Berechnungen durchführen.

» Um Bezüge zu Zellen in einer anderen Tabelle herzustellen oder um von außerhalb der Tabelle einen Bezug zu einer Zelle herzustellen, kennzeichnen Sie die Tabelle mit einer Textmarke. Über das Feld *{ = AVERAGE(Tabelle2 b:b) }* wird für die Spalte *b* in der mit der Textmarke *Tabelle2* gekennzeichneten Tabelle der Mittelwert errechnet.

» Für die Darstellung von Summen in Ergebniszeilen oder -spalten können Sie auch als Parameter die Ausdrücke *ÜBER*, *UNTER*, *LINKS* und *RECHTS* verwenden.

Numerische Abbildung

Der Parameter *Numerische Abbildung* legt fest, wie ein numerisches Feldergebnis angezeigt wird – bestimmt also das Format (→ Tabelle 25.12). Beispielsweise wird in der Feldfunktion *{ = SUM(a1:a3) \# #.##0,00 € }* mit *\# #.##0,00 €* ein Ergebnis wie *4.455,70 €* angezeigt. Ist das Ergebnis eines Felds keine Zahl, hat dieser Schalter keine Wirkung.

25.4 Feldfunktionen für Seriendruckfelder

Einen weiteren Einsatzbereich von Feldfunktionen finden Sie bei der Gestaltung von Seriendokumenten.

{ ADDRESSBLOCK [Schalter] }

ADDRESSBLOCK fügt einen Seriendruckadressblock ein. Sie können Optionen für dieses Feld festlegen und es über das Dialogfeld *Feld* einfügen. Zur Regelung werden einige Schalter verwendet (→ Tabelle 25.13). Wenn Sie dieses Feld jedoch für einen Seriendruck verwenden, klicken Sie zum Einfügen am besten in Schritt 4 des Assistenten auf *AddressBlock*. Hier können Sie schnell Adresselemente sowie Formatierungen angeben.

Ausdruck	Beschreibung
0	Legt die Anzahl der Stellen für die Anzeige des Ergebnisses fest. Enthält der Ergebniswert an einer Stelle keine Ziffer, zeigt Word eine *0* an.
#	Legt die Anzahl der Stellen für die Anzeige des Ergebnisses fest. Enthält das Ergebnis an einer Stelle keine Ziffer, zeigt Word eine Leerstelle an.
x	Unterdrückt alle links vom Platzhalter *x* stehenden Ziffern. Wenn der Platzhalter rechts neben dem Dezimalkomma eingefügt wird, wird das Ergebnis auf diese Stelle gerundet.
, (Dezimalkomma)	Legt die Position des Dezimalkommas fest.
. (Tausendertrennzeichen)	Unterteilt große Zahlen in Blöcke zu jeweils drei Ziffern.
- (Minuszeichen)	Fügt einem negativen Ergebnis ein Minuszeichen hinzu oder fügt eine Leerstelle ein, falls das Ergebnis positiv oder gleich *0* ist.
+ (Pluszeichen)	Fügt einem positiven Ergebnis ein Pluszeichen bzw. einem negativen Ergebnis ein Minuszeichen hinzu oder fügt eine Leerstelle ein, falls das Ergebnis gleich *0* ist.
*%, $, *, etc.*	Fügt das angegebene Zeichen in das Ergebnis ein.
"positiv; negativ"	Legt unterschiedliche Zahlenformate für positive und negative Ergebnisse fest.
"positiv; negativ; Null"	Legt unterschiedliche Zahlenformate für ein positives oder negatives Ergebnis bzw. für das Ergebnis *0* fest.
‚Text'	Fügt dem Ergebnis *Text* hinzu. Schließen Sie den Text in einfache Anführungszeichen ein.
`Reihenfolge`	Zeigt die Nummer des vorhergehenden Elements an, das Sie mithilfe des Befehls *Beschriftung* oder durch Einfügen eines SEQ-Felds nummeriert haben. Schließen Sie das Erkennungszeichen in Graviszeichen (`) ein. Die fortlaufende Nummer wird in arabischen Ziffern angezeigt.

Tabelle 25.12 Ausdrücke zum Festlegen des Formats

Schalter	Bedeutung
\c	Gibt an, ob die Bezeichnung für das Land bzw. die Region aufgenommen werden soll. Geben Sie 0 ein, um das Land bzw. die Region wegzulassen, 1, um das Land bzw. die Region immer einzufügen, und 2, um das Land bzw. die Region nur einzufügen, wenn diese/s vom Wert für \e abweicht.
\d	Gibt an, dass die Adresse in Übereinstimmung mit dem Land/der Region des Empfängers formatiert wird. Wird dieser Schalter nicht verwendet, werden Adressen gemäß den Einstellungen formatiert, die in den Ländereinstellungen in der Windows-Systemsteuerung angegeben wurden.
\e	Legt fest, welches Land bzw. welche Region aus dem Adressblock auszuschließen ist. Dies ist sinnvoll, wenn Ihre Sendung sowohl für in- als auch für ausländische Empfänger bestimmt ist. Wenn Sie die Bezeichnungen von mehr als einem Land bzw. einer Region ausschließen möchten, verwenden Sie jeweils den Schalter \e.
\f	Stellt eine Vorlage für Platzhalter für Seriendruckfelder bereit und legt so den Namen und das Adressformat fest.
\l	Bestimmt die zum Formatieren der Adresse verwendete Sprachkennung. Entspricht standardmäßig der Sprachkennung des ersten Zeichens im Dokument

Tabelle 25.13 Schalter für *ADDRESSBLOCK*

{ ASK Textmarke »Eingabeaufforderung « [Schalter] }

ASK fordert Sie zur Eingabe von Informationen auf und weist Ihrer Antwort eine Textmarke zu. Fügen Sie hinter dem *ASK*-Feld an der Stelle im Dokument ein *REF*-Feld ein, an der Word die Antwort drucken soll. Sie können zum Berechnen eines Werts einer Textmarke auch Informationen verwenden, die in andere Felder eingegeben wurden. Fügen Sie dafür den Namen der Textmarke in die Anweisungen des jeweiligen Felds ein.

» *Textmarke* ist der der Antwort auf die Eingabeaufforderung zugewiesene Textmarkenname.

» *"Eingabeaufforderung"* ist der Text der Eingabeaufforderung, der in einem Dialogfeld angezeigt wird.

» Außerdem können zwei Schalter verwendet werden (→ Tabelle 25.14).

Schalter	Bedeutung
\d "Standard"	Gibt eine Standardantwort an, wenn Sie keine Antwort im Dialogfeld der Eingabeaufforderung eingeben. Das Feld { ASK Autor »Geben Sie die Initialen des Autors ein:« \d »tds« } weist *tds* der Textmarke *Autor* zu, wenn Sie keine Antwort eingeben.
\o	Zeigt bei Verwendung in einem Hauptdokument für den Seriendruck die Eingabeaufforderung nur einmal und nicht bei jedem Verbinden eines neuen Datensatzes an. In jedes Seriendruckdokument wird dieselbe Antwort eingefügt.

Tabelle 25.14 Schalter für *ASK*

Word zeigt die Eingabeaufforderung bei jeder Aktualisierung des *ASK*-Felds an. Eine Antwort bleibt so lange der Textmarke zugewiesen, bis Sie eine neue Antwort eingeben. Wenn Sie das *ASK*-Feld in einem Hauptdokument für den Seriendruck verwenden, wird die Eingabeaufforderung bei jedem Verbinden eines neuen Datensatzes erneut angezeigt, sofern Sie nicht den Schalter \o verwenden.

{ FILLIN [»Eingabeaufforderung «] [Schalter] }

Die Feldfunktion *FILLIN* fordert Sie zur Eingabe von Text auf. Ihre Eingabe wird dann anstelle des Felds gedruckt. *"Eingabeaufforderung"* ist der angezeigte Text. Zwei Schalter können verwendet werden (→ Tabelle 25.15).

Schalter	Bedeutung
\d »Standard«	Gibt eine Standardantwort an, wenn Sie keine Eingabe im Dialogfeld vornehmen. Das Feld { FILLIN "Geben Sie die Initialen des Autors ein: " \d "MAK" } fügt *MAK* ein, wenn Sie keine Antwort eingeben. Wenn Sie keine Standardantwort festlegen, verwendet Word die zuletzt eingegebene Antwort. Um einen leeren Eintrag als Standard vorzugeben, geben Sie nach dem Schalter zwei Anführungszeichen ohne Leerzeichen dazwischen ein, beispielsweise \d "".
\o	Zeigt bei einem Seriendruckvorgang die Eingabeaufforderung nur einmal und nicht bei jedem Verbinden eines neuen Datensatzes an. In jedes Seriendruckdokument wird dieselbe Antwort eingefügt.

Tabelle 25.15 Schalter für *FILLIN*

Wenn sich das *FILLIN*-Feld in einem Seriendruckdokument befindet, wird die Eingabeaufforderung bei jedem Verbinden eines neuen Datensatzes erneut angezeigt, sofern Sie nicht den Schalter \o verwenden. Um eine Eingabe an mehreren Stellen einzufügen, verwenden Sie ein *ASK*-Feld.

{ GREETINGLINE [Schalter] }

Die Feldfunktion *GREETINGLINE* fügt eine Grußzeile für Seriendruckdokumente ein. Die Einstellungen regeln Sie über Schalter (→ Tabelle 25.16). Sie können Optionen für dieses Feld festlegen und es über das Dialogfeld *Feld* einfügen. Wenn Sie dieses Feld jedoch für einen Seriendruck verwenden, klicken Sie zum Einfügen am besten in Schritt 4 des Assistenten auf *Grußzeile*. Auf diese Weise können Sie schnell Adresselemente sowie Formatierungen angeben.

Schalter	Beschreibung
\e	Gibt den Text an, der im Seriendruckfeld einzufügen ist, wenn das Feld *Name* in der Datenquelle leer ist.
\f	Legt das Format des im Feld enthaltenen Namens fest.
\l	Gibt die zum Formatieren des Namens verwendete Sprach-ID an. Entspricht standardmäßig der Sprach-ID des ersten Zeichens im Dokument.

Tabelle 25.16 Schalter für *GREETINGLINE*

{ IF Wenn = "Wert" "Dann" "Sonst" }

Das *IF*-Feld führt je nach der angegebenen Bedingung eine von zwei Aktionen aus. Die Anweisung *Wenn = "Wert"* legt eine Bedingung fest, die erfüllt sein muss, damit eine bestimmte Aktion *"Dann"* ausgeführt wird. Wenn diese Bedingung nicht erfüllt wird, wird *"Sonst"* ausgeführt.

Enthält das Datenfeld *Firma* in einem Datensatz beliebige Daten, druckt Word den im Feld *Firmenadresse* enthaltenen Text. Ist das Datenfeld leer, druckt Word den im Feld *Privatadresse* enthaltenen Text. Das erreichen Sie durch eine Anweisung wie { IF { MERGEFIELD Firma } <> " " "{ MERGEFIELD Firmenadresse }" "{MERGEFIELD Privatadresse }" }.

Sie können mehrere Bedingungen festlegen, indem Sie ein *COMPARE*-Feld oder ein anderes *IF*-Feld mit einem *IF*-Feld verschachteln.

{ MERGEFIELD Feldname [Schalter]}

Die Funktion *MERGEFIELD* zeigt den Namen eines Datenfelds der Datenquelle an. Wenn das Hauptdokument mit der ausgewählten Datenquelle verbunden wird, werden anstelle des Seriendruckfelds die Daten aus dem angegebenen Datenfeld eingefügt.

Der Parameter *Feldname* ist der Name eines Datenfelds, das im Steuerdatensatz der ausgewählten Datenquelle angegeben ist. Der Feldname muss genau mit dem Feldnamen im Steuerdatensatz übereinstimmen. Vier Schalter regeln die Einzelheiten (→ Tabelle 25.17).

Schalter	Bedeutung
\b	Gibt den Text an, der vor dem *MERGEFIELD*-Feld einzufügen ist, wenn das Feld nicht leer ist.
\f	Gibt den Text an, der nach dem *MERGEFIELD*-Feld einzufügen ist, wenn das Feld nicht leer ist.
\m	Gibt das *MERGEFIELD*-Feld an, das ein zugeordnetes Feld darstellt.
\v	Aktiviert die Zeichenkonvertierung für die vertikale Formatierung.

Tabelle 25.17 Schalter für *MERGEFIELD*

Über die Anweisung { MERGEFIELD Anrede \f " " }{ MERGEFIELD Vorname \f " " }{ MERGEFIELD Nachname } sind zwischen den drei Feldern Leerzeichen enthalten. Dies ist allerdings nur der Fall, wenn die angegebenen Feldinformationen in der Datenquelle vorhanden sind.

{ MERGESEQ }

MERGESEQ ermittelt die Anzahl der Datensätze, die mit dem Hauptdokument verbunden wurden. Microsoft Word beginnt die Nummerierung der verbundenen Datensätze bei jedem Seriendruckvorgang mit 1. Die Nummer kann sich von der durch das *MERGEREC*-Feld eingefügten Nummer unterscheiden.

Wenn Sie für einen Seriendruck nur die Datensätze 5 bis 10 verwenden, lautet die durch das Feld *MERGESEQ* zurückgegebene Nummer für den ersten Datensatz *1*. Die vom *MERGEREC*-Feld zurückgegebene Nummer lautet hingegen *5*.

{ NEXTIF Ausdruck1 Operator Ausdruck2 }

NEXTIF vergleicht zwei Ausdrücke. Wenn der Vergleich das Ergebnis *wahr* liefert, verbindet Word den nächsten Datensatz mit dem aktuellen Seriendruckdokument. Seriendruckfelder, die auf das *NEXTIF*-Feld im Hauptdokument folgen, werden nicht durch Werte aus dem aktuellen Datensatz, sondern durch Werte aus dem nächsten Datensatz ersetzt. Wenn der Vergleich das Ergebnis *falsch* liefert, verbindet Word den nächsten Datensatz mit einem neuen Seriendruckdokument.

{ [REF] Textmarke [Schalter] }

REF fügt das Text- oder Grafikelement ein, das durch die angegebene Textmarke festgelegt ist. Die Textmarke muss im aktiven Dokument definiert sein. *Textmarke* ist der Name einer Textmarke. Wenn der durch die Textmarke definierte Text eine Absatzmarke enthält, übernimmt der Text vor dem Feld die Formatierung des Absatzes innerhalb der Textmarke. Außerdem können Sie mehrere Schalter verwenden (→ Tabelle 25.18).

In den meisten Fällen können Sie jedoch anstelle des *REF*-Felds den Namen der Textmarke direkt verwenden. Die Verwendung des *REF*-Felds ist optional, sofern der Name einer Textmarke nicht einem Microsoft-Word-Feldnamen entspricht.

{ SET Textmarke »Text« }

Die Feldfunktion *SET* legt die durch den angegebenen Textmarkennamen bezeichneten Informationen fest. Sie können einen Bezug zu der Textmarke in ein anderes Feld – beispielsweise ein *IF*-Feld – aufnehmen. Um die Informationen zu drucken, müssen Sie in das Dokument ein *REF*-Feld einfügen.

» *Textmarke* ist der Name der Textmarken, der die Informationen bezeichnet.

» *»Text«* ist die durch die Textmarke bezeichnete Information. Schließen Sie den Text in Anführungszeichen ein. Bei Zahlen sind keine Anführungszeichen erforderlich. Bei den Informationen kann es sich um das Ergebnis eines geschachtelten Felds handeln.

Schalter	Bedeutung
\d	Bezeichnet die Zeichen, die Folgenummern – beispielsweise Kapitelnummern – und Seitenzahlen voneinander trennen.
\f	Zählt Fußnoten-, Endnoten- oder Anmerkungsnummern hoch, die durch die Textmarke gekennzeichnet sind, und fügt den entsprechenden Fuß- bzw. Endnoten- oder Anmerkungstext ein.
\h	Erstellt einen Hyperlink zu dem mit einer Textmarke gekennzeichneten Absatz.
\n	Liefert als Feldergebnis die gesamte Absatznummer ohne nachfolgende Punkte bei Absätzen, auf die mit einer Textmarke Bezug genommen wird. Informationen zu übergeordneten Ebenen werden nur dann angezeigt, wenn diese Teil der aktuellen Ebene sind.
\p	Liefert als Ergebnis die relative Position des Felds zur Quelltextmarke; die Anzeige erfolgt mit den Wörtern *oben* oder *unten*.
\r	Fügt die Nummer des Absatzes, auf den mit der Textmarke verwiesen wird, ohne nachfolgende Punkte in den Kontext ein, relativ zu seiner Stellung in der Nummerierungsabfolge.
\t	Bewirkt, dass das *REF*-Feld bei gleichzeitiger Verwendung des Schalters \n, \r oder \w nichtnumerischen Text oder Text ohne Trennzeichen unterdrückt.
\w	Fügt die Nummer des Absatzes, auf den mit der Textmarke Bezug genommen wird, an jeder beliebigen Stelle des Dokuments mit dem gesamten Kontext ein.

Tabelle 25.18 Schalter für *REF*

Kapitel 26

Die Word-Optionen

Den Zugang zu den wesentlichsten Möglichkeiten der Anpassung von Microsoft Word 2010 finden Sie in dem Fenster *Word-Optionen*, das Sie durch einen Klick auf die Schaltfläche *Optionen* innerhalb der Registerkarte *Datei* auf den Bildschirm bringen. Sie haben damit einen Bereich zur Verfügung, über den Sie eine Vielzahl von Einstellungen vornehmen und Microsoft Word 2010 an Ihre persönlichen Erfordernisse anpassen können.

Bei praktisch allen Programmen der Office-2010-Familie – auch bei Word 2010 – finden Sie im Fenster für die Optionen in der Navigationsspalte links mehrere Bereiche, die jeweils durch einen dünnen Strich voneinander abgegrenzt sind (→ Abbildung 26.1).

» Die Überschriften in den beiden unteren Bereichen der Kategorienspalte sind im Prinzip bei allen Office-Programmen identisch, sie gelten aber nur für das aktuelle Programm.

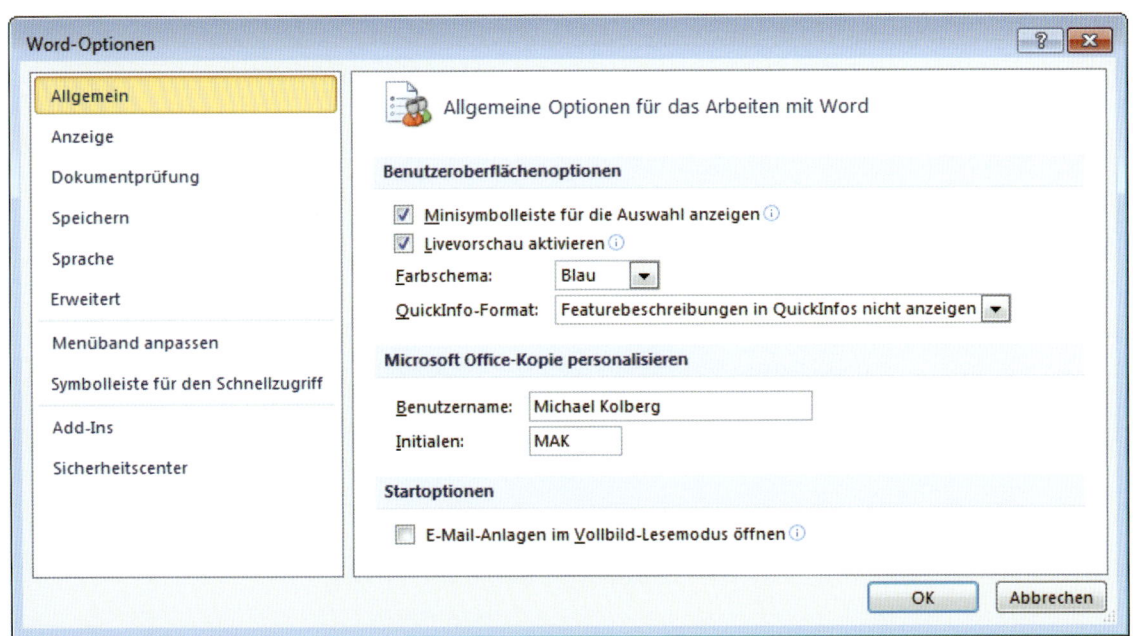

Abbildung 26.1 Das Startfenster für die Word-Optionen. Beachten Sie die einzelnen Kategorien in der linken Spalte.

» Der obere Teil der Überschriften bezieht sich auf die Arbeit mit dem Programm, von dem aus Sie das Fenster mit den Optionen aufgerufen haben – in unserem Fall also Word 2010. Sie finden darin die unterschiedlichsten Optionen vor. Allerdings besteht hier auch manchmal die Möglichkeit, allgemeingültige Einstellungen zu regeln: Die Kategorie *Dokumentprüfung* erlaubt beispielsweise das Festlegen diverser Optionen für die *Rechtschreibprüfung* und die automatische Fehlerkorrektur für das aktuelle Programm einerseits sowie Office allgemein andererseits.

26.1 Allgemeine Optionen

Beginnen wir die Übersicht mit den Optionen, die Sie in (fast) allen Programmen der Familie Office 2010 finden – also die Kategorien *Menüband anpassen*, *Symbolleiste für den Schnellzugriff*, *Add-Ins* und *Sicherheitscenter*.

26.1.1 Das Menüband anpassen

Die Programme der Office-Version 2010 liefern die Möglichkeit, die Registerkarten des Menübands und deren Inhalte an Ihre Wünsche anzupassen. Sie können neue Registerkarten mit eigenen Namen erstellen, diese mit

Gruppen versehen und in diesen Gruppen Befehle ansiedeln. Die Werkzeuge dazu finden Sie in der Kategorie *Menüband anpassen* im Fenster der *Word-Optionen* (→ Abbildung 26.2).

» 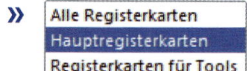 Im rechten Listenfeld finden Sie die bereits vorhandenen Registerkarten des jeweiligen Office-Programms. Welche Typen von Registerkarten in der Liste angezeigt werden, können Sie über das Listefeld darüber regeln. In der Grundeinstellung werden hier die *Hauptregisterkarten* angezeigt. Sie können aber auch mit *Registerkarten für Tools* die kontextbezogenen Registerkarten anzeigen lassen oder die Einstellung *Alle Registerkarten* wählen. Beachten Sie auch, dass Sie durch einen Klick auf die kleine Schaltfläche mit dem Pluszeichen die Namen der einzelnen Gruppen in den jeweiligen Registerkarten anzeigen lassen können.

» Das Listenfeld auf der linken Seite zeigt die im Programm verfügbaren Befehle. Beachten Sie hier, dass beim Aufruf der Kategorie *Menüband anpassen* in der Liste zunächst nur *Häufig verwendete Befehle* aufgelistet werden. Weitere Befehle finden Sie, wenn Sie eine andere Option über *Befehle auswählen* einstellen (→ Abbildung 26.3). Beispielsweise können

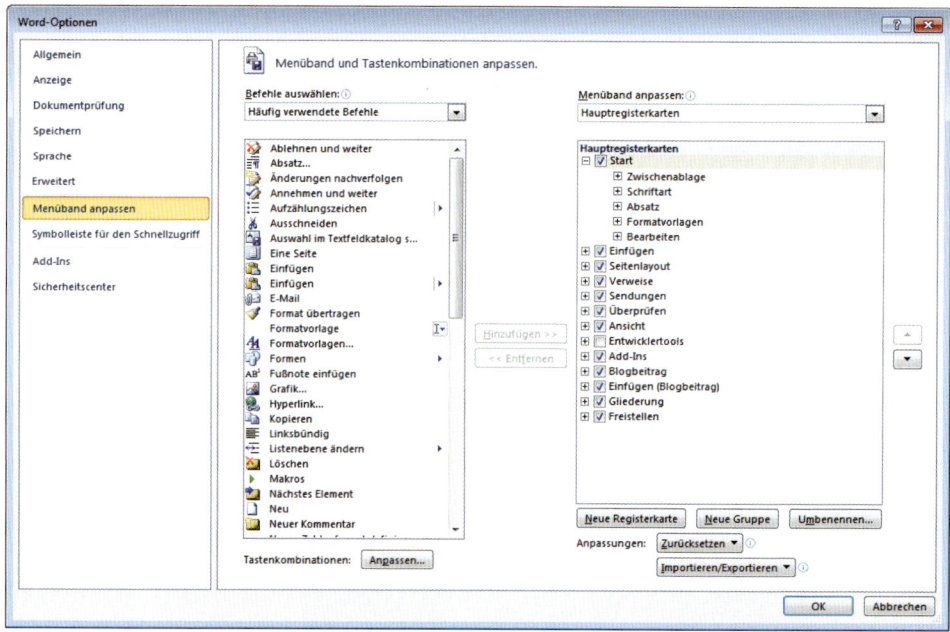

Abbildung 26.2 Das Menüband eines Programms kann beliebige Befehle aufnehmen – auch solche, die man selten verwendet.

Sie hier die Einstellung *Alle Befehle* benutzen und haben dann Zugriff auf alle im Programm vorhandenen Befehle. Darunter befinden Sie auch solche, die Sie vielleicht noch nie kennengelernt haben.

Abbildung 26.3 Über die Liste zu *Befehle auswählen* haben Sie Zugriff auf alle im Programm vorhandenen Befehle.

Wir wollen Ihnen in den folgenden Abschnitten zeigen, über welche Möglichkeiten dieser Bereich verfügt.

HINWEIS Sie sollten wissen, dass sich Änderungen im Menüband auf das Programm generell auswirken. Es gibt aber auch Techniken, die unterschiedliche Einstellungen hinsichtlich des Menübands in Abhängigkeit vom jeweils geöffneten Dokument erlauben. Näheres dazu finden Sie in Kapitel 24.

Vorhandene Registerkarten ein- und ausblenden

Die bereits in einem Programm standardmäßig vorhandenen Registerkarten können Sie ausblenden. Dazu müssen Sie lediglich das Kontrollkästchen vor dem Namen der Registerkarte deaktivieren. Wenn Sie die Registerkarte später wieder anzeigen lassen wollen, aktivieren Sie das Kontrollkästchen wieder.

Die Registerkarte *Entwicklertools*

Fast alle Office-Programme verfügen über eine mit *Entwicklertools* bezeichnete Registerkarte, welche die Werkzeuge zum Automatisieren des Programms beinhaltet (→ Abbildung 26.4). Diese Registerkarte ist standardmäßig abgeschaltet. Um damit arbeiten zu können, müssen Sie sie zunächst auf den Bildschirm bringen, indem Sie das Kontrollkästchen vor dem Namen einschalten.

Diese Registerkarte beinhaltet beispielsweise die drei Gruppen *Code*, *Steuerelemente* und *XML*. In der Gruppe *Code* finden Sie den Zugang zu allen Werkzeugen, die Sie zum Erstellen von Makros und zum Arbeiten mit VBA benötigen (→ Kapitel 20 bis 23). Mit den Schaltflächen der Gruppe *Steuerelemente* können Sie beispielsweise Schaltflächen im Dokument erstellen, bei denen ein Klick darauf eine bestimmte Aktion bewirkt (→ Kapitel 23). Die Gruppe *XML* ist etwas für Experten auf diesem Gebiet (→ Kapitel 24).

Eine neue Registerkarte erstellen

Um eine neue Registerkarte zu erstellen, markieren Sie im rechten Listenfeld zunächst die bereits vorhandene Registerkarte, nach der die neu zu erstellende angezeigt werden soll. Klicken Sie dann auf die Schaltfläche *Neue Registerkarte*. Ein neuer Eintrag für eine Registerkarte wird mit einer ersten Gruppe erstellt. Sie trägt zunächst den Namen *Neue Registerkarte (Benutzerdefiniert)* und beinhaltet auch schon eine Gruppe mit dem Namen *Neue Gruppe (Benutzerdefiniert)* (→ Abbildung 26.5 oben).

Abbildung 26.4 Die Registerkarte *Entwicklertools*

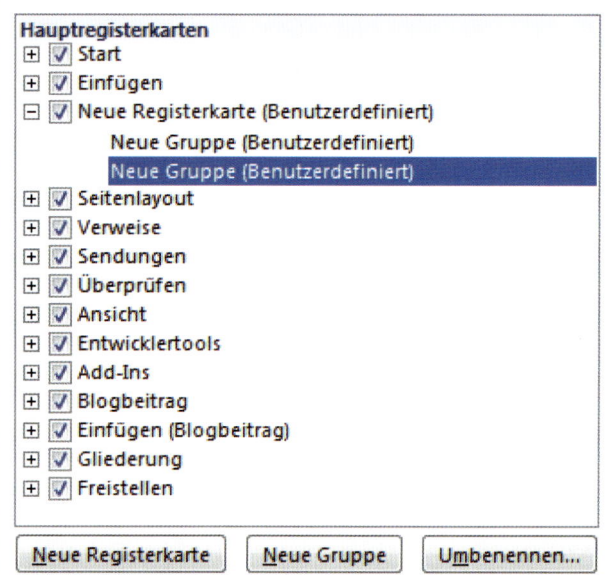

Abbildung 26.5 Eine neue Registerkarte und eine weitere neue Gruppe

Eine weitere Gruppe hinzufügen

Sie können sowohl den bereits vorhandenen als auch den von Ihnen selbst erstellten Registerkarten neue Gruppen hinzufügen. Überladen Sie die Registerkarten aber nicht, sonst wird die Arbeit damit unübersichtlich. Wenn Sie einer Registerkarte eine weitere Gruppe hinzufügen wollen, markieren Sie die Gruppe, nach der die neue erstellt werden soll, und klicken Sie auf die Schaltfläche *Neue Gruppe*. Eine neue Gruppe wird erstellt. Sie trägt wieder den Namen *Neue Gruppe (Benutzerdefiniert)* (→ Abbildung 26.5 unten).

Registerkarten und Gruppen benennen

Sie können sowohl den standardmäßig vorhandenen Elementen – also Registerkarten und Gruppen – als auch den von Ihnen hinzugefügten einen anderen Namen zuweisen. Markieren Sie das Element in der Liste, klicken Sie dann auf die Schaltfläche *Umbenennen*, geben Sie dem Element den gewünschten Namen und bestätigen Sie durch einen Klick auf *OK* (→ Abbildung 26.6).

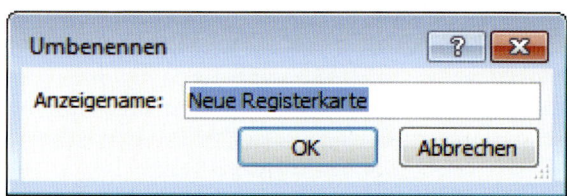

Abbildung 26.6 Ein Element umbenennen

Befehle zu einer Gruppe hinzufügen

Der eigentliche Sinn beim Hinzufügen neuer Registerkarten und Gruppen besteht natürlich darin, einen Raum im Menüband zu schaffen, in dem Sie Befehlsschaltflächen ansiedeln können. Um einen Befehl hinzuzufügen, markieren Sie zunächst die Gruppe, die den Befehl beinhalten soll. Markieren Sie dann im linken Listenfeld den Befehl, den Sie hinzufügen wollen. Klicken Sie auf die Schaltfläche *Hinzufügen* zwischen den beiden Listen. Der Befehl erscheint als Unterpunkt zur Gruppe (→ Abbildung 26.7).

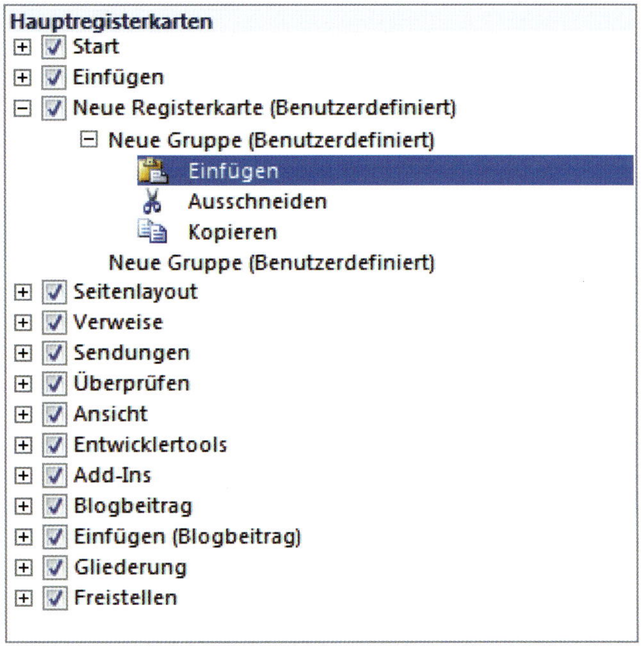

Abbildung 26.7 Eine neue Registerkarte mit einer neuen Gruppe und drei Befehlen darin

Die Reihenfolge der Elemente festlegen

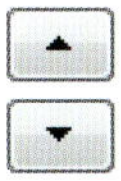

Wenn Sie die Reihenfolge der Elemente im Menüband ändern wollen, markieren Sie das zu verschiebende Element – also die Registerkarte, die Gruppe oder den Befehl – und benutzen Sie die beiden Schaltflächen mit den Pfeilspitzen rechts im Fenster.

Die Anpassungen exportieren

Wenn Sie sich die Mühe gemacht haben, ein eigenes Menüband mit neuen Registerkarten, Gruppen und Befehlen darin zu erstellen, möchten Sie dieses vielleicht auch auf anderen Rechnern benutzen. Dazu klicken Sie auf die Schaltfläche *Importieren/Exportieren* rechts unten in der Kategorie *Menüband anpassen* und wählen den Befehl *Alle Anpassungen exportieren*. Dieser Befehl heißt so, weil damit nicht nur die Anpassungen des Menübands sondern auch die der Symbolleiste für den Schnellzugriff exportiert werden. Weisen Sie im Dialogfeld *Datei speichern* der Exportdatei einen Namen zu und bestätigen Sie über *Speichern*.

Übertragen Sie die Datei auf einen anderen Rechner, öffnen Sie die Kategorie *Menüband anpassen* in den Word-Optionen, klicken Sie auf die Schaltfläche *Importieren/*

Exportieren und wählen Sie den Eintrag *Anpassungsdatei importieren*. Navigieren Sie im Dialogfeld *Datei öffnen* zu dem Ordner, in dem die Anpassungsdatei abgelegt ist, und öffnen Sie sie.

Die Anpassungen zurücksetzen

Wenn Sie benutzerdefinierte Anpassungen wieder entfernen möchten, klicken Sie in der Kategorie *Menüband anpassen* auf die Schaltfläche *Zurücksetzen*. Wählen Sie den Eintrag *Alle Anpassungen zurücksetzen* aus und bestätigen Sie nochmals.

Die Tastenkombinationen anpassen

Manchmal benötigen Sie einen Befehl nur so selten, dass es sich nicht lohnt, dafür eine Schaltfläche im Menüband abzulegen. Sie können sich den Arbeitsaufwand sparen, wenn Sie für diesen Befehl eine Tastenkombination vereinbaren. Nach einem Klick auf die Schaltfläche *Anpassen* neben der Bezeichnung *Tastenkombinationen* öffnet sich das Dialogfeld *Tastatur anpassen*, das Sie für diesen Zweck verwenden können (→ Abbildung 26.8).

» Wählen Sie zunächst über das Listenfeld *Kategorien* auf der linken Seite die Kategorie aus, zu der der Befehl gehört, für den Sie eine Tastenkombination vereinbaren wollen.

» Die zu der ausgewählten Kategorie gehörenden Befehle werden dann im Listenfeld *Befehle* auf der rechten Seite angezeigt. Markieren Sie hier den Befehl, zu dem Sie eine Tastenkombination festlegen wollen.

» 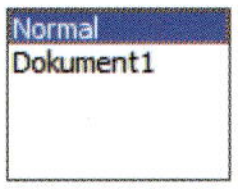 Der nächste Punkt ist wichtig: Sie müssen auch festlegen, für welche Art von Dokumenten die Tastenkombination verfügbar sein soll. Bei Word haben Sie beispielsweise die Wahl zwischen dem aktuell geöffneten Dokument und der Vorlage, auf der dieses basiert.

» Setzen Sie dann die Einfügemarke in das Feld *Neue Tastenkombination* und drücken Sie die gewünschte Kombination auf der Tastatur. Falls Sie eine Tastenkombination gewählt haben, die bereits einem Befehl zugewiesen ist – standardmäßig oder benutzerdefiniert –, wird dies links im Dialogfeld neben der Bezeichnung *Derzeit zugewiesen an* angezeigt. Wenn Sie es bei Ihrer Wahl belassen, wird die derzeit benutzte Zuordnung nach der Bestätigung durch Ihre eigene überschrieben.

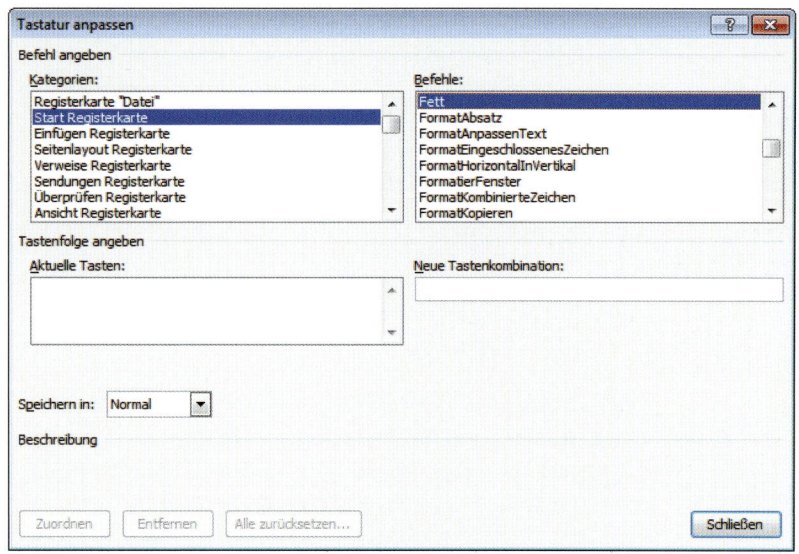

Abbildung 26.8
Für alle Befehle im Word können Sie individuelle Tastenkombinationen einrichten.

» Durch einen Klick auf die Schaltfläche *Zuordnen* wird die Tastenkombination festgelegt. Das Dialogfeld bleibt zum Festlegen weiterer Kombinationen geöffnet. Sie können es durch einen Klick auf *Schließen* wieder ausblenden.

Beachten Sie außerdem die folgenden wichtigen Punkte:

» Die von Ihnen festgelegten Zuordnungen müssen gespeichert werden, bevor Sie das Dokument schließen. Hatten Sie gefordert, dass die Tastenkombination in der Vorlage gespeichert werden soll, meldet sich ein Dialogfeld mit einer entsprechenden Nachfrage.

» Wenn Sie zu den Standardzuordnungen von Word 2010 zurückkehren wollen, klicken Sie auf *Alle zurücksetzen*.

26.1.2 Die *Symbolleiste für den Schnellzugriff* anpassen

Über das Register *Symbolleiste für den Schnellzugriff* im Dialogfeld zu den *Word-Optionen* können Sie dieser Symbolleiste weitere Schaltflächen hinzufügen (→ Abbildung 26.9).

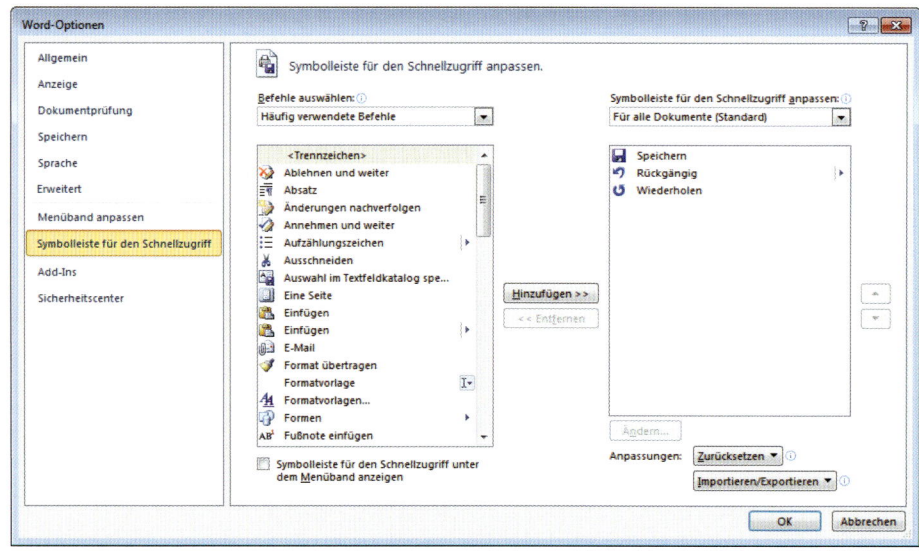

Abbildung 26.9
Das Anpassen der *Symbolleiste für den Schnellzugriff*

» In dem großen Feld auf der linken Seite finden Sie eine Liste der Befehle, die Sie der *Symbolleiste für den Schnellzugriff* hinzufügen können. Wenn Sie das tun wollen, markieren Sie den Befehl und klicken Sie auf die Schaltfläche *Hinzufügen* in der Mitte zwischen den beiden Listen.

» Beachten Sie, dass beim Aufruf dieses Bereichs in der Liste zunächst nur *Häufig verwendete Befehle* aufgelistet werden. Weitere Befehle werden angezeigt, wenn Sie eine andere Option im Listenfeld *Befehle auswählen* einstellen (→ Abbildung 26.10). Beispielsweise können Sie hier die Auswahl *Alle Befehle* benutzen und haben dann Zugriff auf sämtliche im Programm vorhandenen Befehle. Darunter befinden Sie auch solche, die Sie vielleicht noch nie kennengelernt haben.

» Ähnlich gehen Sie vor, wenn Sie einen in der Symbolleiste angezeigten Befehl aus dieser entfernen möchten. Markieren Sie ihn in der Liste auf der rechten Seite und klicken Sie auf *Entfernen*.

» Über die beiden Schaltflächen am rechten Rand des Fensters können Sie die Reihenfolge der Anzeige der Befehle in der Leiste ändern. Markieren Sie vorher den Befehl, den Sie in der Liste verschieben wollen, und klicken Sie - gegebenenfalls mehrfach - auf eine der beiden Schaltflächen mit den Pfeilspitzen, um ihn nach oben oder unten zu verschieben.

Klicken Sie auf *OK*, nachdem Sie alle gewünschten Befehle hinzugefügt haben.

TIPP Sie können der *Symbolleiste für den Schnellzugriff* auch direkt über die im Menüband angezeigten Befehle einen Befehl hinzufügen. Dazu klicken Sie im Menüband auf die entsprechende Registerkarte oder Gruppe, um die Befehle anzuzeigen, die Sie der Symbolleiste für den Schnellzugriff hinzufügen möchten. Klicken Sie dann mit der rechten Maustaste auf den Befehl und klicken Sie im Kontextmenü auf *Zu Symbolleiste für den Schnellzugriff hinzufügen*.

ACHTUNG Die Inhalte der meisten Kataloge, wie die Werte für den Einzug und den Abstand sowie einzelne Formatvorlagen, die ebenfalls im Menüband angezeigt werden, können der Symbolleiste für den Schnellzugriff aber nicht hinzugefügt werden.

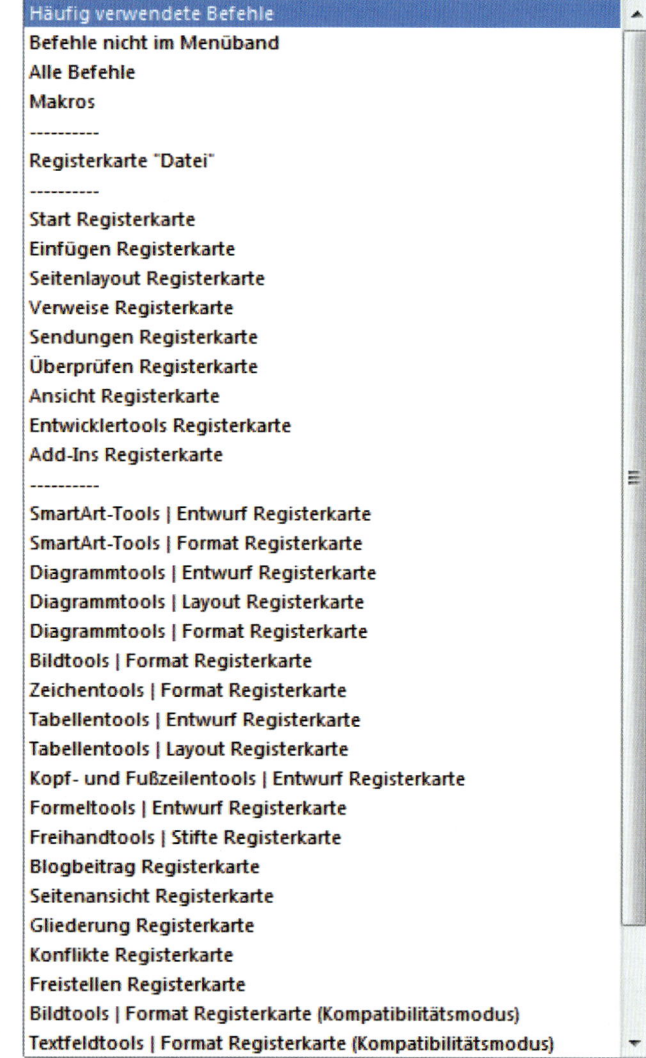

Abbildung 26.10 Über die Liste zu *Befehle auswählen* haben Sie Zugriff auf alle im Programm vorhandenen Befehle.

26.1.3 Das Sicherheitscenter

Wenden wir uns einem wichtigen Element unter den Bereichen zu, die für Office-Programme allgemein gelten: Die Kategorie *Sicherheitscenter* in den *Word-Optionen* dient zum Festlegen der Einstellungen für Sicherheit und Datenschutz für alle Programme von Office 2010. Bei der Version 2007 wurde dafür noch der Name *Vertrauensstellungscenter* verwendet. Die Anwahl dieses Bereichs zeigt zunächst ein Übersichtsfenster an (→ Abbildung 26.11).

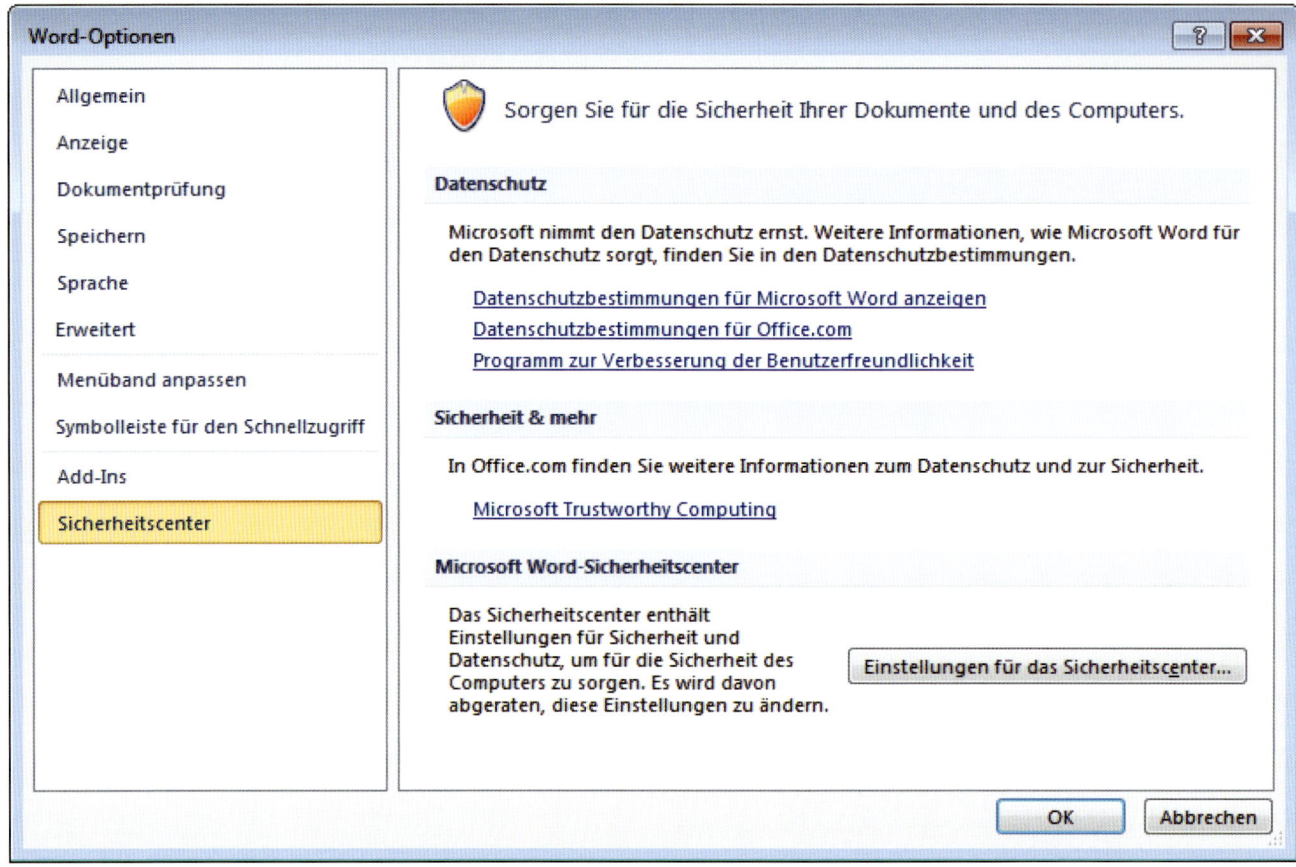

Abbildung 26.11 Die Kategorie *Sicherheitscenter* unter den Word-Optionen liefert zunächst nur ein Übersichtsfenster.

Details liefert ein Klick auf die darin befindliche Schaltfläche *Einstellungen für das Sicherheitscenter* (→ folgende Abschnitte). Sie öffnen damit ein separates Fenster, das auf seiner linken Seite über mehrere Einträge verfügt, über die Sie einzelne Kategorien anzeigen lassen können (→ beispielsweise Abbildung 26.12).

Die Kategorie *Vertrauenswürdige Herausgeber*

Unter einem *Herausgeber* versteht Microsoft einen Entwickler, der ein Makro, ein *Add-In* oder eine andere Erweiterung erstellt hat, die von Ihnen und von anderen Personen verwendet werden kann. *Vertrauenswürdige Herausgeber* sind Entwickler, die das Projekt mit einer digitalen Signatur signiert haben. Diese digitale Signatur muss gültig und aktuell sein – also nicht abgelaufen – und das Zertifikat, das der digitalen Signatur zugeordnet ist, muss von einer vertrauenswürdigen Zertifizierungsstelle ausgestellt sein.

Wenn Sie eine Datei öffnen, die Elemente enthält, die nicht diesen Anforderungen entsprechen, wird in Office 2010 eine Sicherheitsmeldung angezeigt. Darin können Sie entscheiden, ob Sie den Code trotzdem ausführen wollen. Sie sollten das nur tun, wenn Sie sicher sind, dass das Element aus einer vertrauenswürdigen Quelle stammt. Die Daten des Herausgebers werden dann im *Sicherheitscenter* in der Kategorie *Vertrauenswürdige Herausgeber* angezeigt (→ Abbildung 26.12).

» Sie können einen Eintrag in der Kategorie *Vertrauenswürdige Herausgeber* löschen, indem Sie die entsprechende Zeile markieren und dann auf *Entfernen* klicken.

» Klicken Sie in der Liste *Vertrauenswürdige Herausgeber* auf den Namen des Herausgebers, dessen Zertifikat Sie anzeigen möchten, und klicken Sie dann auf *Anzeigen*.

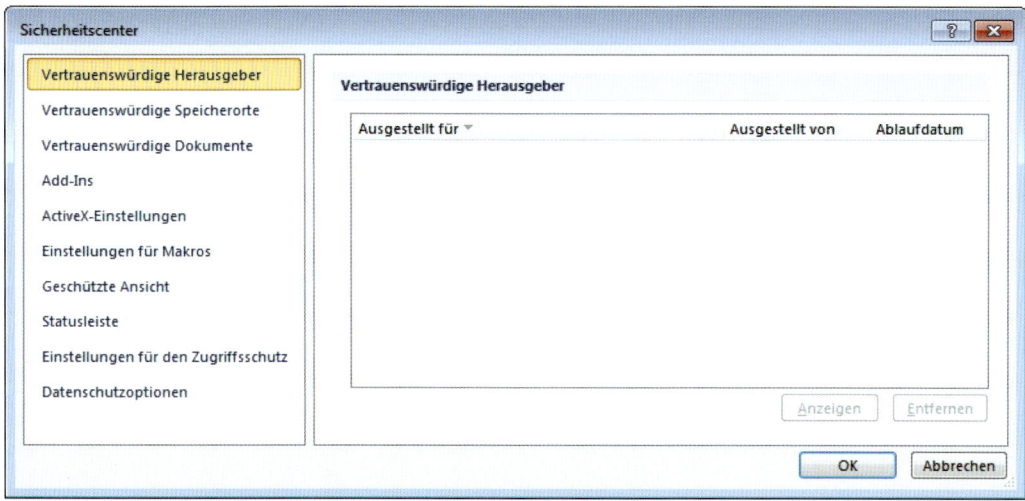

Abbildung 26.12 Die Registerkarte *Vertrauenswürdige Herausgeber*

Die Kategorie *Vertrauenswürdige Speicherorte*

Ein vertrauenswürdiger Speicherort ist normalerweise ein Ordner auf der Festplatte oder auf einer Netzwerkfreigabe. Jede Datei, die Sie an einem vertrauenswürdigen Speicherort ablegen, kann ohne eine Überprüfung durch das Sicherheitscenter geöffnet werden. Innerhalb der Kategorie *Vertrauenswürdige Speicherorte* des *Sicherheitscenters* können Sie diese Speicherorte einrichten und kontrollieren (→ Abbildung 26.13).

Ein vertrauenswürdiger Speicherort kann ein Ordner auf der Festplatte oder auf einer Netzwerkfreigabe sein.

» Es ist immer sicherer, einen lokalen Ordner wie einen Unterordner im Ordner *Dokumente* unter Microsoft Windows 7 bzw. Vista oder in *Eigene Dateien* unter Windows XP zu verwenden, sofern Sie ein Anmeldekennwort für Microsoft Windows zum Schutz des Computers verwenden. Bei dem Kennwort sollte es sich um ein sicheres Kennwort handeln. Sie sollten

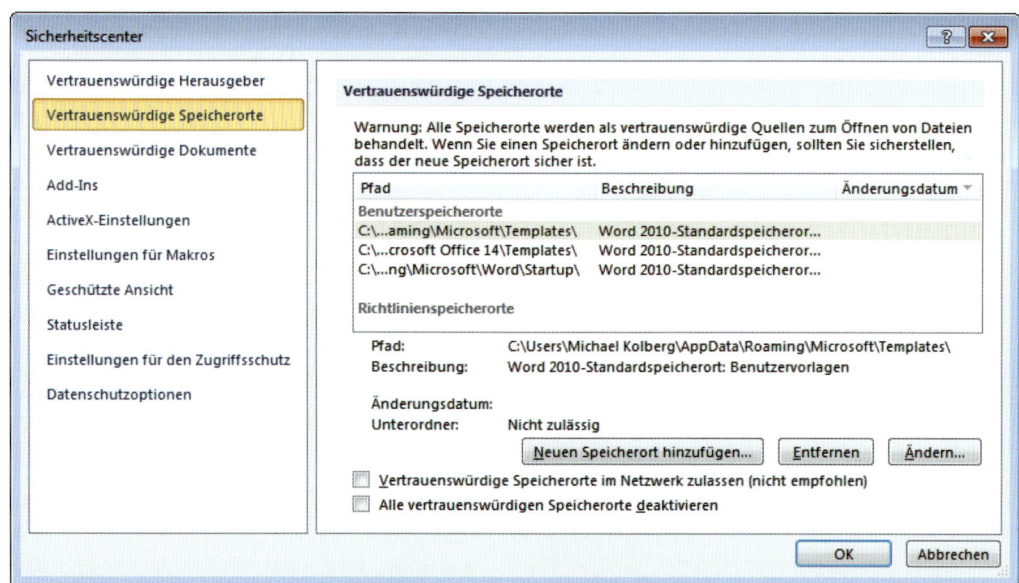

Abbildung 26.13 Die Kategorie *Vertrauenswürdige Speicherorte*

aber nicht den gesamten Ordner *Dokumente* oder *Eigene Dateien* als vertrauenswürdigen Speicherort vorsehen. Erstellen Sie einen Unterordner in *Dokumente* oder *Eigene Dateien* und bestimmen Sie nur diesen Ordner als vertrauenswürdigen Speicherort.

» Speicherorte, die sich nicht auf Ihrem Computer befinden – beispielsweise Netzwerkordner – sind weniger sicher. Sie sollten keinen öffentlichen Ordner auf einer Netzwerkfreigabe zum vertrauenswürdigen Speicherort für Ihre Dateien bestimmen.

Um einen neuen vertrauenswürdigen Speicherort zu erstellen, klicken Sie in der Kategorie *Vertrauenswürdige Speicherorte* des *Sicherheitscenters* auf die Schaltfläche *Neuen Speicherort hinzufügen*. Ein Dialogfeld wird angezeigt, in dem Sie den Ort definieren können (→ Abbildung 26.14).

» Geben Sie in das Feld *Pfad* den Namen des Ordners ein, den Sie als vertrauenswürdigen Speicherort verwenden möchten, oder klicken Sie auf *Durchsuchen*, um den Ordner zu lokalisieren.

» Wenn Sie Unterordner als vertrauenswürdige Speicherorte einschließen möchten, aktivieren Sie das Kontrollkästchen *Unterordner dieses Speicherorts sind ebenfalls vertrauenswürdig*.

» In das Feld *Beschreibung* können Sie einen beliebigen Text als Beschreibung für den Zweck des vertrauenswürdigen Speicherorts eingeben.

» Klicken Sie auf *OK*.

ACHTUNG Wenn Sie einen solchen Speicherort als nicht mehr vertrauenswürdig zurückstufen möchten, markieren Sie ihn unter *Pfad* in der Kategorie *Vertrauenswürdige Speicherorte* des *Sicherheitscenters*, klicken auf *Entfernen* und bestätigen anschließend mit *OK*.

Die Kategorie *Add-Ins*

Ähnlich wie Makros (→ Kapitel 20) können Add-Ins von Hackern ausgenutzt werden, um beachtliche Schäden anzurichten, wie beispielsweise die Verbreitung von Computerviren. Da es viele verschiedene Add-Ins gibt, die nicht von Microsoft stammen, müssen spezifische Kriterien erfüllt werden, bevor ein Add-In als vertrauenswürdig eingestuft wird. In der Kategorie *Add-Ins* des *Sicherheitscenters* können Sie die Einstellungen für Add-Ins allgemein regeln (→ Abbildung 26.15). Aktivieren Sie hier die standardmäßig abgeschalteten Optionen, die Sie für erforderlich halten. Änderungen darin werden erst nach dem Beenden und erneuten Starten des Programms wirksam.

» Aktivieren Sie das Kontrollkästchen *Anwendungs-Add-Ins müssen von einem vertrauenswürdigen Herausgeber signiert sein*, wenn das Sicherheitscenter überprüfen soll, ob eine digitale Signaturdatei, die das Add-In enthält, vorhanden ist. Ist der Herausgeber nicht vertrauenswürdig, wird das Add-In vom Office-Programm nicht geladen. In der Statusleiste wird eine Benachrichtigung angezeigt, dass das Add-In deaktiviert wurde.

Abbildung 26.14
Einen vertrauenswürdigen Speicherort erstellen

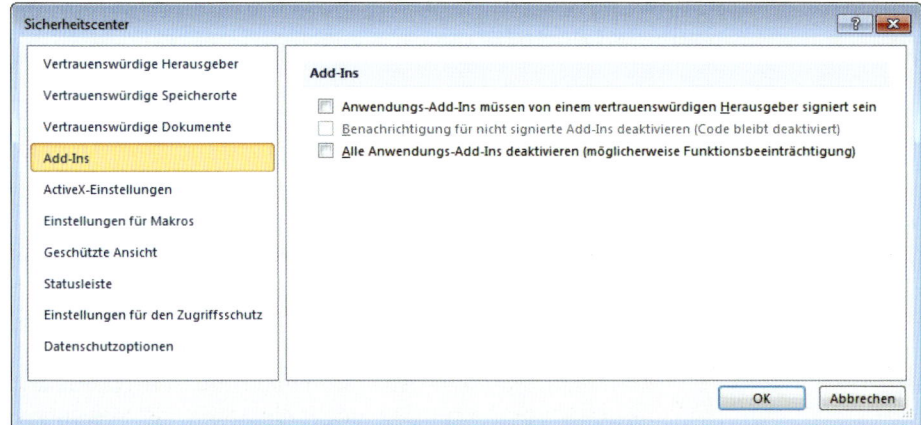

Abbildung 26.15
Die Kategorie *Add-Ins*

» Das Kontrollkästchen *Benachrichtigung für nicht signierte Add-Ins deaktivieren (Code bleibt deaktiviert)* ist nur verfügbar, wenn Sie das erste Kontrollkästchen aktiviert haben. In bestimmten Situationen ist die *DLL*-Datei, die das Add-In enthält, möglicherweise nicht signiert. In diesen Fällen werden von einem vertrauenswürdigen Herausgeber signierte Add-Ins aktiviert, während nicht signierte Add-Ins im Hintergrund deaktiviert werden.

» Benutzen Sie *Alle Anwendungs-Add-Ins deaktivieren (möglicherweise Funktionsbeeinträchtigung)*, wenn Sie Add-Ins grundsätzlich nicht vertrauen. Alle Add-Ins werden ohne Benachrichtigung deaktiviert, und alle anderen Kontrollkästchen für Add-Ins stehen nicht mehr zur Verfügung.

Die Kategorie *ActiveX-Einstellungen*

Über die Kategorie *ActiveX-Einstellungen* des *Sicherheitscenters* können Sie ActiveX-Steuerelemente aktivieren oder deaktivieren (→ Abbildung 26.16). Die Einstellungen beziehen sich auf ActiveX-Steuerelemente in Dateien, die sich nicht an einem vertrauenswürdigen Speicherort befinden oder bei denen es sich nicht um vertrauenswürdige Dokumente handelt. Wenn Sie die Datei an einem vertrauenswürdigen Speicherort ablegen, erhalten Sie keine der nachfolgend erwähnten Warnungen.

» Mit der Option *Alle Steuerelemente ohne Benachrichtigung deaktivieren* werden alle ActiveX-Steuerelemente in den Dokumenten deaktiviert.

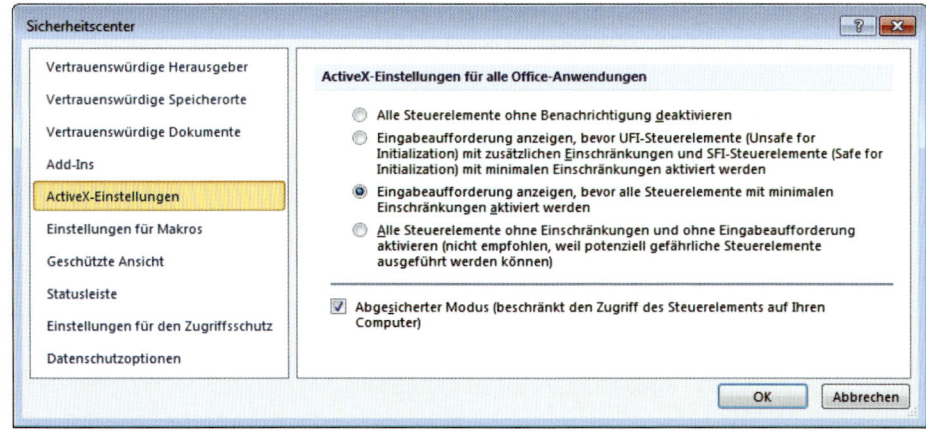

Abbildung 26.16
Die ActiveX-Einstellungen

» Die Wirkung von *Eingabeaufforderung anzeigen, bevor* ... unterscheidet sich je nachdem, ob VBA-Code im Dokument vorhanden ist: Ist solcher vorhanden, werden alle ActiveX-Steuerelemente deaktiviert und die Statusleiste wird angezeigt. Klicken Sie zum Aktivieren der Steuerelemente auf *Inhalt aktivieren*. Anderenfalls werden bestimmte Steuerelemente mit minimalen Einschränkungen aktiviert und die Statusleiste wird nicht angezeigt.

» Die Standardeinstellung ist *Eingabeaufforderung anzeigen, bevor alle Steuerelemente mit minimalen Einschränkungen aktiviert werden*. Auch hier wird je nach dem Vorhandensein von VBA-Code unterschieden: Bei Dokumenten mit VBA-Code werden alle ActiveX-Steuerelemente deaktiviert und die Statusleiste wird angezeigt.

» Die Option *Alle Steuerelemente ohne Einschränkungen und ohne Eingabeaufforderung aktivieren* wird nicht empfohlen.

Die Kategorie *Einstellungen für Makros*

Der Zweck eines Makros besteht darin, häufig auszuführende Aufgaben zu automatisieren (→ Kapitel 20). Dahinter verbergen sich oft leistungsfähigere VBA-Programme, die einen Code verwenden, mit dem zahlreiche Befehle auf einem Computer ausgeführt werden können. Aus diesem Grund stellen Makros ein potenzielles Sicherheitsrisiko dar. Hacker können ein bösartiges Makro durch ein Dokument einschleusen, das nach dem Öffnen des Dokuments ausgeführt wird und möglicherweise einen Virus auf dem Computer verbreitet.

Die Gefahr geht dabei besonders von sogenannten *Auto-Makros* aus, die automatisch in bestimmten Situationen – etwa beim Öffnen des Dokuments – ausgeführt werden. Deswegen kann ein Makro standardmäßig in einem Dokument erst aktiviert werden, nachdem das *Sicherheitscenter* die folgenden Punkte überprüft hat:

» Das Makro wurde vom Entwickler mit einer digitalen Signatur signiert und die digitale Signatur ist gültig und aktuell – also nicht abgelaufen.

» Das der digitalen Signatur zugeordnete Zertifikat wurde von einer bekannten Zertifizierungsstelle ausgestellt.

» Der Entwickler, der das Makro signiert hat, ist ein vertrauenswürdiger Herausgeber.

Erkennt das *Sicherheitscenter* ein Problem bei einer dieser Voraussetzungen, wird das Makro standardmäßig deaktiviert und ein Dialogfeld angezeigt, um Sie auf ein potenziell unsicheres Makro hinzuweisen. Sie sollten das Makro nur aktivieren, wenn Sie sicher sind, dass es aus einer vertrauenswürdigen Quelle stammt. Je nach dem darin angezeigten Hinweis können unterschiedliche Verfahrensweisen notwendig sein.

Sie haben in der Kategorie *Einstellungen für Makros* des *Sicherheitscenters* die Möglichkeit, diese Standardverhaltensweise zu ändern. Vier Optionen stehen zur Verfügung (→ Abbildung 26.17):

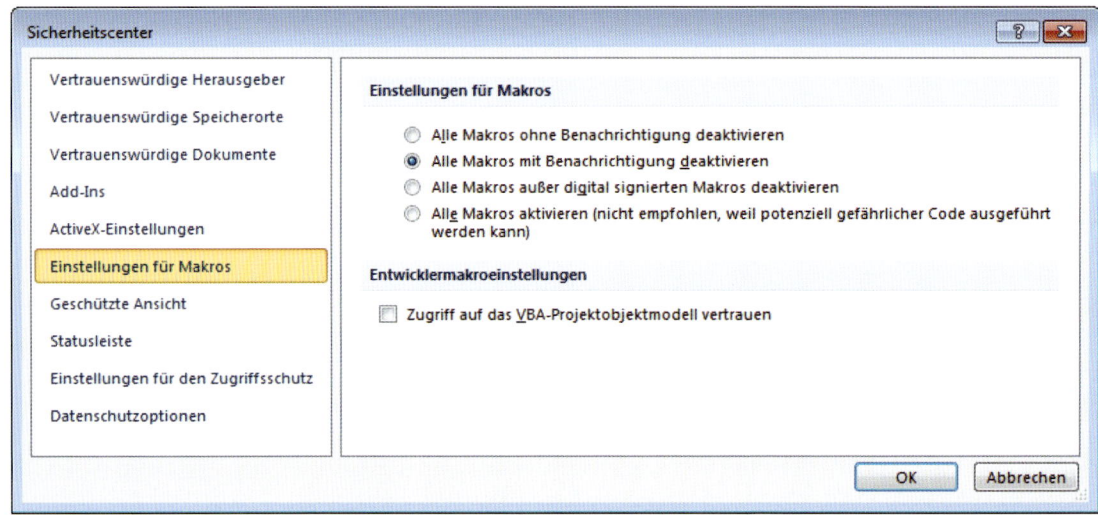

Abbildung 26.17 Die Kategorie *Einstellungen für Makros*

» Aktivieren Sie *Alle Makros ohne Benachrichtigung deaktivieren*, wenn Sie Makros nicht vertrauen. Alle Makros sowie Sicherheitshinweise zu Makros werden deaktiviert. Dokumente mit nicht signierten Makros, die Sie für vertrauenswürdig halten, können Sie an einen vertrauenswürdigen Speicherort verschieben (→ vorherige Abschnitte). Diese werden dann ohne Überprüfung durch das Sicherheitssystem des Sicherheitscenters ausgeführt.

» Die Option *Alle Makros mit Benachrichtigung deaktivieren* ist die Grundeinstellung. Wählen Sie sie, wenn Makros deaktiviert werden sollen, Sie jedoch benachrichtigt werden möchten, falls Makros vorhanden sind.

» Die Einstellung *Alle Makros außer digital signierten Makros deaktivieren* ist mit der Option *Alle Makros mit Benachrichtigung deaktivieren* identisch, außer dass das Makro ausgeführt werden kann, wenn es von einem vertrauenswürdigen Herausgeber signiert wurde, dem Sie bereits vertrauen. Wenn Sie den Herausgeber nicht als vertrauenswürdig eingestuft haben, werden Sie benachrichtigt. So können Sie auswählen, ob Sie die signierten Makros aktivieren oder dem Herausgeber vertrauen möchten. Alle nicht signierten Makros werden ohne Benachrichtigung deaktiviert.

» Wählen Sie die Option *Alle Makros aktivieren (nicht empfohlen, weil potenziell gefährlicher Code ausgeführt werden kann)*, um die Ausführung aller Makros zuzulassen. Bei dieser Einstellung ist der Computer nicht vor Angriffen durch potenziell bösartigen Code geschützt. Sie ist deshalb nicht zu empfehlen.

ACHTUNG Wenn Sie die Makroeinstellungen im Sicherheitscenter ändern, werden sie ausschließlich für das Office-Programm geändert, das Sie derzeit verwenden. Die Makroeinstellungen für andere Office-Programme werden nicht geändert.

Die Kategorie *Geschützte Ansicht*

Sie können im Sicherheitscenter die Einstellungen für die geschützte Ansicht im Sicherheitscenter anzeigen oder ändern. Wählen Sie *Geschützte Ansicht* und dann die gewünschte Option aus (→ Abbildung 26.18).

» Mit *Geschützte Ansicht für Dateien aus dem Internet aktivieren* wird das Internet als unsichere Quelle angesehen, weil es Benutzern mit böswilligen Absichten unzählige Möglichkeiten bietet.

» *Geschützte Ansicht für Dateien an potenziell unsicheren Speicherorten aktivieren* zielt auf Ordner auf dem Computer oder im Netzwerk, die als unsicher eingestuft werden, beispielsweise der Ordner *Temporäre Internetdateien*. Systemadministratoren können auch andere Ordner als potenziell unsichere Speicherorte festlegen.

» *Geschützte Ansicht für Outlook-Anlagen aktivieren* ist wirksam, wenn Anlagen in E-Mails von unzuverlässigen oder unbekannten Quellen stammen.

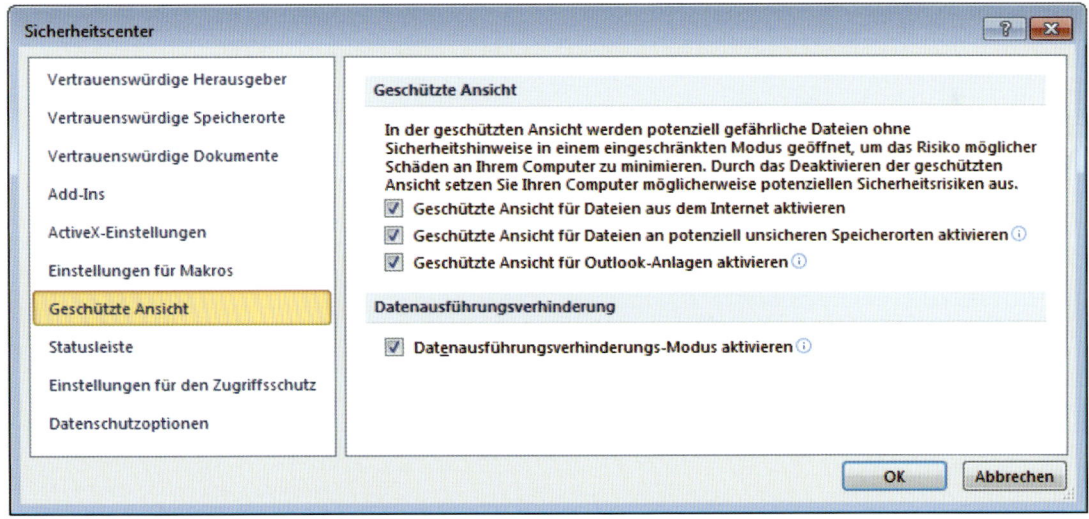

Abbildung 26.18 Die Einstellungen für die geschützte Ansicht im Sicherheitscenter

Die Kategorie *Statusleiste*

In der Statusleiste werden Sicherheitshinweise angezeigt, wenn potenziell unsichere, aktive Inhalte in dem von Ihnen geöffneten Dokument enthalten sind (→ vorherige Abschnitte). So kann das Dokument beispielsweise ein nicht signiertes Makro oder ein signiertes Makro mit einer ungültigen Signatur enthalten. Um Sie auf das Problem hinzuweisen, wird in solchen Fällen standardmäßig ein von Microsoft als *Statusleiste* bezeichnetes Element eingeblendet. Verwechseln Sie dies nicht mit der auch als Statusleiste bezeichneten Leiste am unteren Rand des Anwendungsfensters. Wenn Sie keine solchen Benachrichtigungen erhalten möchten, können Sie die Statusleiste deaktivieren. Dazu dient die Kategorie *Statusleiste* im *Sicherheitscenter* (→ Abbildung 26.19).

» Standardmäßig ist *Statusleiste in allen Anwendungen anzeigen, wenn aktiver Inhalt ... gesperrt ist* aktiviert. Benachrichtigungen der Statusleiste werden also angezeigt, sobald potenziell unsicherer Inhalt deaktiviert wurde. Das Optionsfeld ist übrigens nicht

aktiviert, wenn Sie im *Sicherheitscenter* in der Kategorie *Einstellungen für Makros* das Optionsfeld *Alle Makros ohne Benachrichtigung deaktivieren* aktiviert haben. Sie erhalten dann keine Benachrichtigungen der Statusleiste, das ist dann aber auch nicht notwendig.

» Mithilfe von *Informationen zu gesperrtem Inhalt niemals anzeigen* wird die Statusleiste deaktiviert. Unabhängig von den Sicherheitseinstellungen im Sicherheitscenter erhalten Sie keine Benachrichtigungen bei möglichen Sicherheitsproblemen.

Die Kategorie *Einstellungen für den Zugriffsschutz*

Sie haben die Möglichkeit, im Sicherheitscenter im Bereich für den Zugriffsschutz Änderungen an den Einstellungen vorzunehmen, so dass Sie eine gesperrte Datei öffnen, bearbeiten und speichern können (→ Abbildung 26.20). Es empfiehlt sich aber, keine Änderungen an den Standardeinstellungen vorzunehmen, die eine Bearbeitung der gesperrten Dateitypen zulassen.

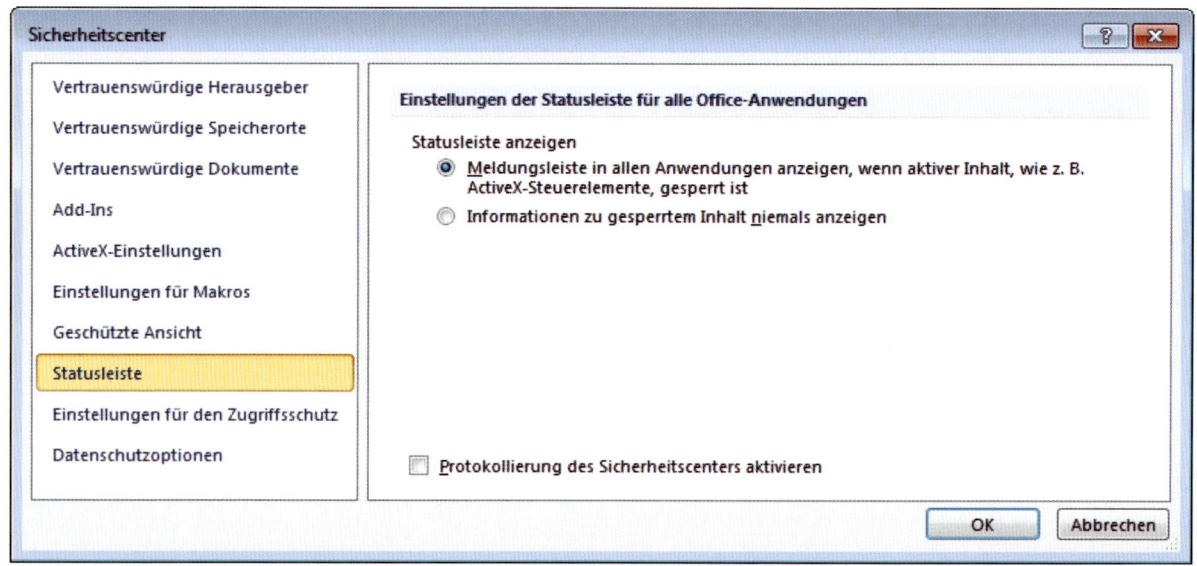

Abbildung 26.19 Der Bereich *Statusleiste*

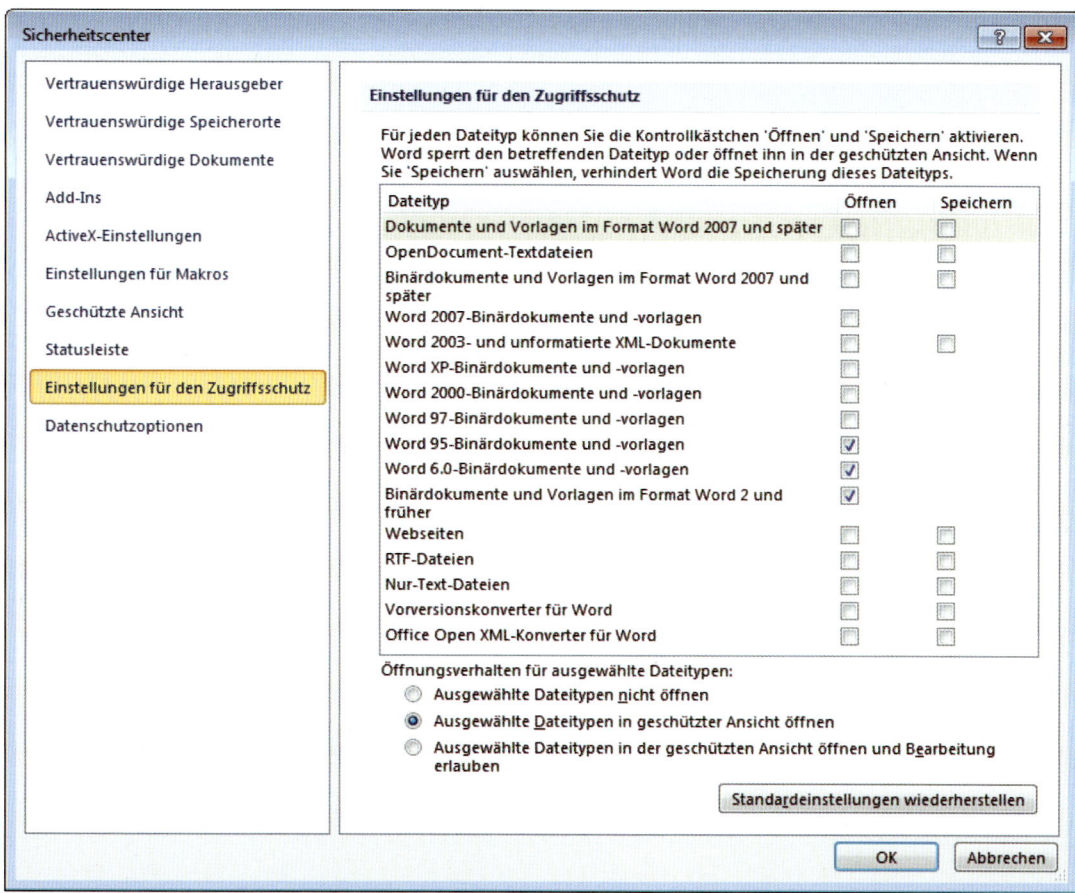

Abbildung 26.20 Die Einstellungen für den Zugriffsschutz

Durch Aktivieren der einzelnen Kontrollkästchen in den Spalten *Öffnen* und *Speichern* können Sie festlegen, welche Dateitypen mit Word 2010 nicht geöffnet und nicht gespeichert werden können. Beachten Sie auch die Optionen im unteren Bereich des Fensters:

» Wenn *Ausgewählte Dateitypen nicht öffnen* gewählt ist, wird beim versuchten Dateizugriff eine Fehlermeldung angezeigt.

» Bei *Ausgewählte Dateitypen in geschützter Ansicht öffnen* werden die ausgewählten Dateitypen in der geschützten Ansicht geöffnet. Die Schaltfläche *Bearbeitung aktivieren* ist in der Statusleiste und der Backstage-Ansicht deaktiviert.

» Auch bei *Ausgewählte Dateitypen in der geschützten Ansicht öffnen und Bearbeitung erlauben* wer-

den die ausgewählten Dateitypen in der geschützten Ansicht geöffnet. Hier ist aber die Schaltfläche *Bearbeitung aktivieren* in der Statusleiste und der Backstage-Ansicht aktiviert.

Die Kategorie *Datenschutzoptionen*

Über die Kategorie *Datenschutzoptionen* regeln Sie den für Sie im Allgemeinen unsichtbaren Kommunikationsfluss zwischen Ihrem Rechnersystem und Microsoft über das Internet (→ Abbildung 26.21). Extrem auf Sicherheit bedachte Anwender sehen vielleicht auch hierin ein mögliches Risiko. Auf jeden Fall hat Microsoft damit eine zusammenfassende Stelle geschaffen, über die diese Kommunikation kontrolliert werden kann.

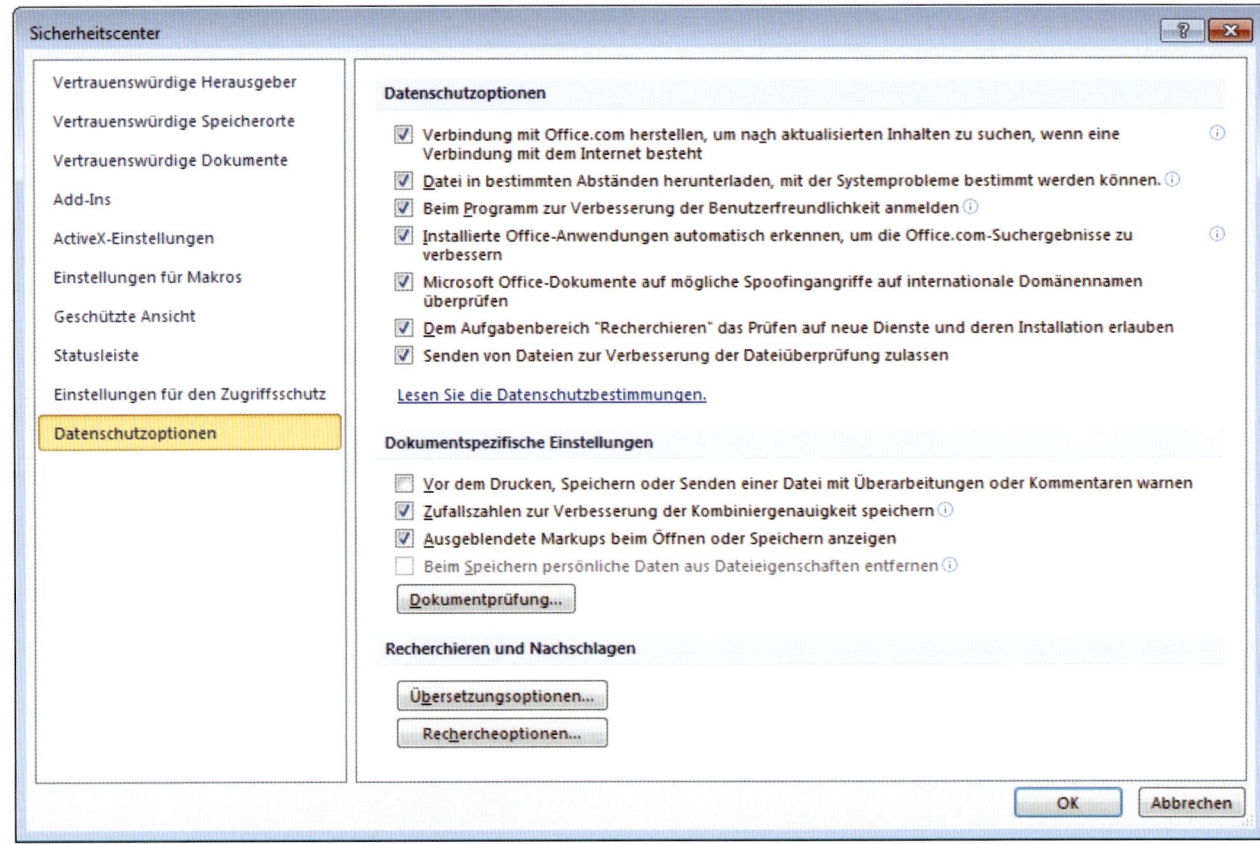

Abbildung 26.21 Die Kategorie *Datenschutzoptionen*

Im oberen Abschnitt dieser Kategorie finden Sie sieben Kontrollkästchen vor, die für Sie interessant sein könnten. Die Einstellungen, die Sie hier vornehmen, sind gültig für alle bzw. die Mehrzahl der Office-2010-Programme.

» Wenn Sie das Kontrollkästchen *Verbindung mit Microsoft Office.com herstellen* ... aktivieren, werden die aktuellsten Hilfeinhalte auf Ihren Computer heruntergeladen. Sie müssen mit dem Internet verbunden sein, um die Downloads empfangen zu können. Es wird nicht das gesamte Hilfesystem heruntergeladen, sondern nur der Artikel in der Hilfe, auf den Sie im Feld mit den Suchergebnissen klicken.

» Das Aktivieren von *Datei in bestimmten Abständen herunterladen* bewirkt, dass eine Datei auf den Rechner heruntergeladen wird, damit bei instabilem Verhalten oder einem Absturz des Computers automatisch das

Tool *Microsoft Office-Diagnose* ausgeführt wird. Sie werden in einem solchen Fall von Microsoft gefragt, ob Fehlerberichte für bestimmte Arten von Fehlermeldungen gesendet werden sollen.

» Wenn Sie das Kontrollkästchen *Beim Programm zur Verbesserung der Benutzerfreundlichkeit anmelden* aktivieren, sammelt Microsoft automatisch Informationen von Ihrem Computer, einschließlich der Fehlermeldungen, die von der Software generiert werden, des Zeitpunkts, zu dem die Fehlermeldungen generiert werden, der Art der verwendeten Computerausstattung, etwaiger Schwierigkeiten Ihres Computers beim Ausführen von Microsoft-Software und ob die Hardware bzw. Software erwartungsgemäß und schnell reagiert. Alle an Microsoft gesendeten Informationen sind aber angeblich anonym.

» Durch Aktivieren von *Installierte Office-Anwendungen automatisch erkennen, …* wird die Suche in Office.com auf Ergebnisse zu den auf Ihrem Computer installierten Office-Programmen konzentriert.

» Ist *Microsoft Office-Dokumente auf mögliche Spoofingangriffe auf internationale Domänennamen überprüfen* aktiviert, haben Sie die Erkennung gefälschter Websites zum Schutz vor Phishingschemas eingeschaltet. Falls eine Verknüpfung mit einer Website mit einem gefälschten Domänennamen erkannt wird, werden Sie in einem Sicherheitshinweis benachrichtigt.

Die Optionen im Abschnitt darunter sind spezifisch für das jeweilige Office-Programm. Sie gelten für das aktuelle Dokument. Bei Microsoft Word finden Sie hier beispielsweise die folgenden Optionen:

» Wenn Sie die Option *Vor dem Drucken, Speichern oder Senden einer Datei mit Überarbeitungen oder Kommentaren warnen* einschalten, erhalten Sie eine Warnmeldung, wenn Sie versuchen, ein Dokument mit Überarbeitungen zu drucken, zu speichern oder zu senden.

» Über *Zufallszahlen zur Verbesserung der Kombiniergenauigkeit speichern* verbessern Sie die Chancen, ein optimales Ergebnis beim Zusammenführen von Überarbeitungen mehrerer Bearbeiter zu erzielen.

» Beim Aktivieren von *Ausgeblendete Markups beim Öffnen oder Speichern anzeigen* wird sichergestellt, dass alle Überarbeitungen, die noch in einem Dokument enthalten sind, beim Öffnen oder Speichern des Dokuments angezeigt werden. Dadurch können Sie unerwünschte Änderungen vor dem Senden an Bearbeiter aus dem Dokument entfernen.

» Die Option *Beim Speichern persönliche Daten aus Dateieigenschaften entfernen* ist in Excel, Power-Point und Word deaktiviert und in Publisher und SharePoint Designer aktiviert. In den Programmen mit deaktivierter Option ist die Option nur verfügbar, wenn Sie ein Dokument bearbeiten, das in einer früheren Office-Version erstellt wurde, und Sie die Option in der jeweiligen Version zum Entfernen persönlicher Daten verwendet haben. Klicken Sie auf die Schaltfläche *Dokumentprüfung*, um persönliche Informationen aus diesem Dokument zu entfernen.

» Die Schaltfläche *Dokumentprüfung* existiert nur in den Programmen Excel, PowerPoint und Word. Durch einen Klick darauf können Sie bestimmte persönliche Informationen und andere ausgeblendete Daten aus Dokumenten entfernen.

26.1.4 Add-Ins

Über ein Add-In werden zusätzliche Funktionen zur Erweiterung der Microsoft Office 2010-Programme durch benutzerdefinierte Befehle und neue Werkzeuge installiert. Bereits bei der Installation von Microsoft Office 2010 werden verschiedene Add-Ins auf Ihrem Computer installiert und registriert. Diese installierten und registrierten Add-Ins werden standardmäßig ohne Benachrichtigung ausgeführt.

Anzeigen der installierten Add-Ins

Sie können installierte Add-Ins anzeigen lassen, indem Sie im Fenster *Word-Optionen* auf *Add-Ins* klicken. Der Bereich *Microsoft Office-Add-Ins anzeigen und verwalten* wird angezeigt (→ Abbildung 26.22). Wenn Sie eine Zeile markieren, werden im unteren Fensterbereich zusätzliche Informationen dazu angezeigt: der Add-In-Name, der Herausgeber, die Kompatibilität des Add-In und dessen Speicherort auf dem Computer sowie eine Beschreibung der Add-In-Funktionen.

In dieser Liste werden die Add-Ins in drei Gruppen aufgeteilt:

» Bei *Aktive Anwendungs-Add-Ins* handelt es sich um registrierte und derzeit im Office-Programm ausgeführte Add-Ins.

» *Inaktive Anwendungs-Add-Ins* sind Add-Ins, die zwar auf dem Computer vorhanden, derzeit jedoch nicht geladen sind. So sind beispielsweise XML-Schemas erst aktiv, wenn das Dokument geöffnet ist, das auf sie verweist.

» *Dokumentbezogene Add-Ins* sind Vorlagendateien, auf die von geöffneten Dokumenten verwiesen wird.

» *Deaktivierte Anwendungs-Add-Ins* wurden automatisch deaktiviert, weil sie zu Fehlern bei den Office-Programmen führen.

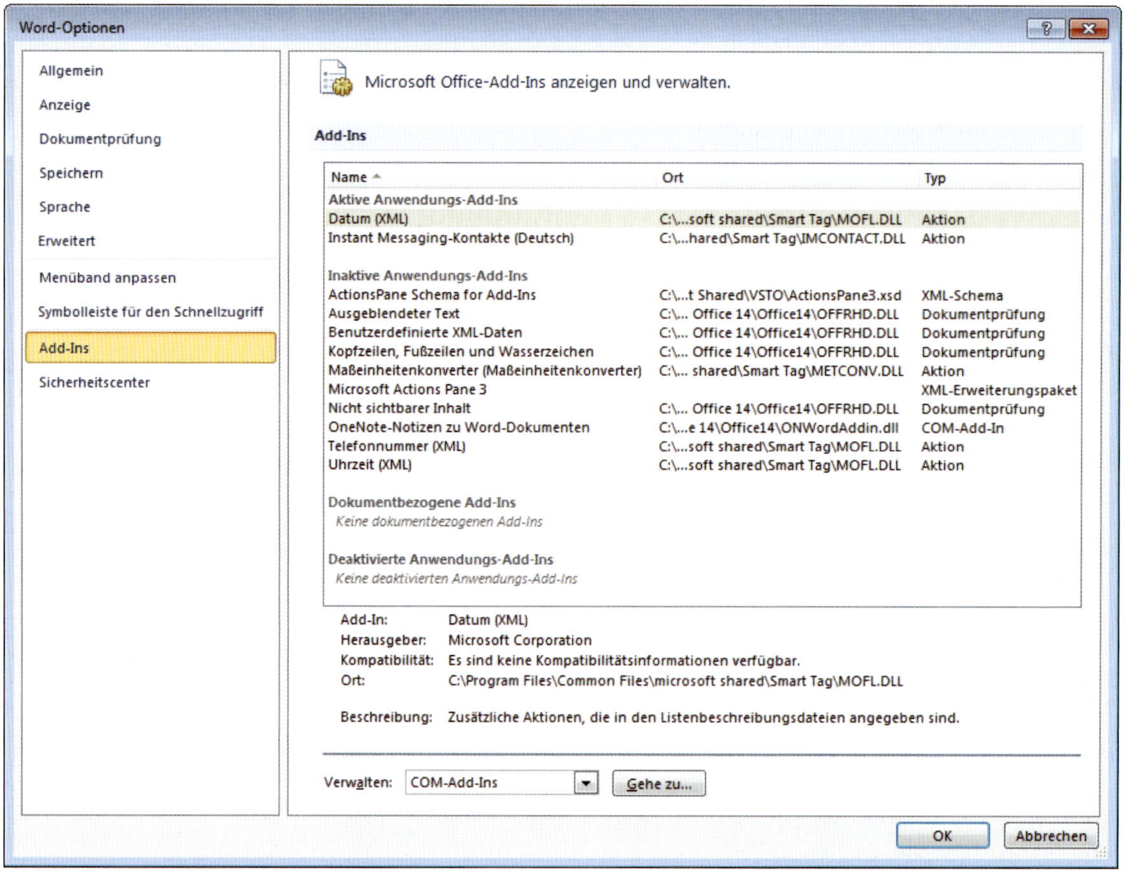

Abbildung 26.22 Die Kategorie *Add-Ins*

Verwalten und Installieren von Add-Ins

Gehen Sie zum Verwalten und Installieren von Add-Ins folgendermaßen vor: Wählen Sie im Listenfeld zu *Verwalten* einen Add-In-Typ aus und klicken Sie auf *Gehe zu*. Welches Dialogfeld sich dann zeigt, ist eine Frage des vorher gewählten Typs. Haben Sie beispielsweise den Typ *Aktionen* gewählt, können Sie weitere Aktionen einrichten (→ Abbildung 26.23). Die aktivierten Elemente sind mit einem Häkchen versehen. Wenn Sie dieses abschalten und bestätigen, können Sie es entfernen.

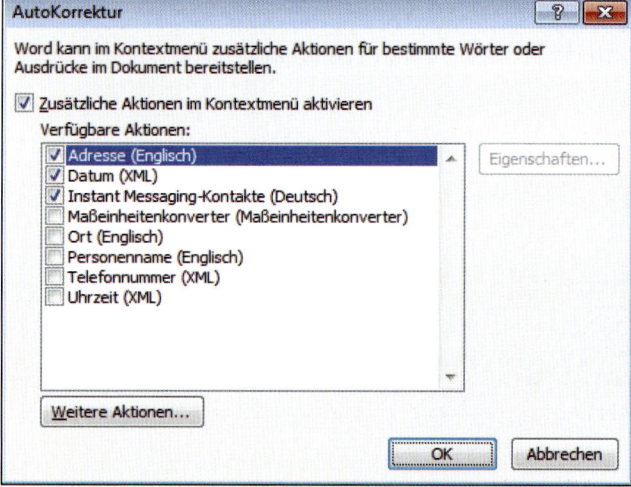

Abbildung 26.23 Das Installieren zusätzlicher Aktionen

26.1.5 Arbeiten mit dem abgesicherten Modus

Besonders im Zusammenhang mit den Add-Ins müssen wir noch auf die abgesicherten Modi von Word eingehen. Hier wird zwischen zwei Arten unterschieden:

» Wenn beim Starten eines Programms ein Problem auftritt, wird das Programm im automatisch abgesicherten Modus gestartet und das Problem wird entweder behoben oder isoliert, so dass Sie das Programm erfolgreich starten können.

» Sie können ein Programm wie Word aber beim Starten auch gezielt in den abgesicherten Modus versetzen und versuchen, bestimmte Probleme selbst zu lösen.

Der automatische abgesicherte Modus

Beim Start eines Programms wird geprüft, ob bestimmte Probleme aufgetreten sind, beispielsweise ob ein Add-In oder eine Erweiterung nicht gestartet wird oder ob eine Ressource, Datei, Registrierung oder Vorlage beschädigt ist. Wenn ein Problem festgestellt wird, kann das Programm möglicherweise nicht gestartet werden.

Ist dies der Fall, wird beim nächsten Start des Programms möglicherweise der automatische abgesicherte Modus ausgelöst. Dabei wird eine Meldung angezeigt, in der das Problem beschrieben wird und Sie gefragt werden, ob Sie den Teil des Programms, in dem das Problem aufgetreten ist, deaktivieren möchten.

Sie können eine Liste der deaktivierten Elemente anzeigen lassen, indem Sie zur Kategorie *Add-Ins* unter den *Word-Optionen* navigieren. Wählen Sie im Listenfeld *Verwalten* den Add-In-Typ *Deaktivierte Elemente* aus

und klicken Sie dann auf die Schaltfläche *Gehe zu*. Aus den im Dialogfeld *Deaktivierte Elemente* aufgeführten Elementen können Sie ein beliebiges Element auswählen und dann auf *Aktivieren* klicken, um es wieder zu aktivieren.

Zum Beenden des abgesicherten Modus müssen Sie das Programm beenden und anschließend neu starten.

ACHTUNG Zum Aktivieren einiger Elemente müssen Sie möglicherweise das betroffene Add-In erneut laden oder neu installieren oder eine Datei erneut öffnen (→ oben). Nach dem Aktivieren eines Elements treten möglicherweise beim nächsten Start des Programms wiederum Probleme auf. In diesem Fall werden Sie aufgefordert, das Element wieder zu deaktivieren.

Der manuell abgesicherte Modus

Falls Word 2010 abstürzt, bevor Sie Reparaturaktionen ausführen können, sollten Sie es manuell im abgesicherten Modus ausführen. Dazu starten Sie Word, indem Sie beim Klick auf den Programmnamen zusätzlich die $\boxed{\text{Strg}}$-Taste drücken. Sie müssen dann bestätigen, dass Sie Word in diesem Modus starten wollen. Wenn Sie das Eingabeaufforderungsfenster verwenden, setzen Sie an den Programmnamen die Option */safe*. Der Modus wird in der Titelleiste angezeigt (→ Abbildung 26.24). Standardmäßig wird kein neues Dokument geöffnet.

Beim Aufruf von Word im manuellen abgesicherten Modus gelten diverse Einschränkungen. Zum Beenden des manuellen abgesicherten Modus müssen Sie das Programm beenden und anschließend wie gewohnt neu starten.

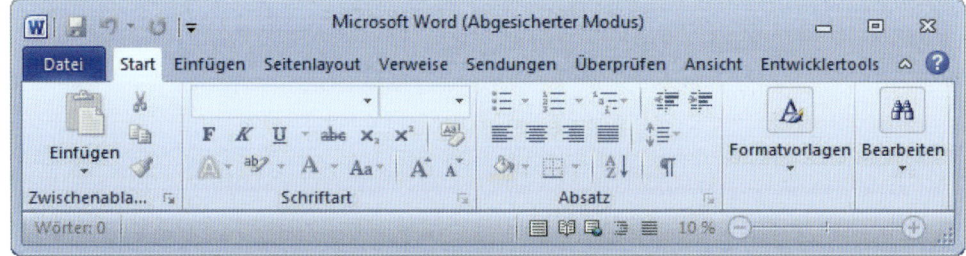

Abbildung 26.24 Word im abgesicherten Modus

26.2 Spezielle Word-Optionen

Der obere Teil der Kategoriebezeichnungen im Fenster *Word-Optionen* bezieht sich auf die Arbeit mit Word im Speziellen. Sie finden darin die unterschiedlichsten Formen von Optionen. Auch hier haben wir einige Bereiche schon an anderen Stellen in diesem Buch angesprochen.

26.2.1 Optionen der Kategorie *Allgemein*

Über die Kategorie *Allgemein* in der Navigationsspalte des Optionen-Fensters haben Sie Zugriff auf eine Zusammenfassung der Optionen, die der typische Anwender des Programms am häufigsten ändern möchte (→ Abbildung 26.25). Einige Optionen darin sind bei allen Office-Programmen identisch – andere unterscheiden sich.

Benutzeroberflächenoptionen

Im Abschnitt mit der Überschrift *Benutzeroberflächenoptionen* finden Sie einige Einstellungen, die für Sie interessant sein können:

» Unter *Minisymbolleiste für Auswahl anzeigen* können Sie festlegen, ob diese Symbolleiste automatisch angezeigt werden soll, wenn Sie einen Bereich im Dokument markieren – beispielsweise bei Word mehrere Zeichen oder Wörter.

» Ein Einschalten von *Livevorschau aktivieren* bewirkt, dass die Auswirkungen eines Befehls direkt im Dokument angezeigt werden, wenn Sie den Mauszeiger nur auf die entsprechende Befehlsschaltfläche im Menüband bewegen. Haben Sie beispielsweise in Word 2010 einen Textbereich markiert und bewegen den Mauszeiger auf eine Option in einem Katalog im Menüband, wird die Auswirkung dieser Auswahl direkt im Text angezeigt. Damit haben Sie die Möglichkeit, die möglichen Auswirkungen zu kontrollieren, bevor Sie die Einstellung tatsächlich übernehmen.

» Über das Listenfeld *Farbschema* können Sie einstellen, mit welchen Farben sich Microsoft Office 2010 auf dem Bildschirm präsentieren soll. Sie haben die Auswahl zwischen den drei Alternativen *Blau*, *Silber* und *Schwarz*.

» Über das Listenfeld *QuickInfo-Format* regeln Sie, ob bzw. wie kleine Programmhilfen zu den Befehlsschaltflächen im Menüband angezeigt werden sollen, wenn Sie den Mauszeiger darauf bewegen. Die Grundeinstellung für diese Option lautet *Featurebeschreibungen in QuickInfos anzeigen*. Wenn Sie den Mauszeiger auf eine Befehlsschaltfläche bewegen, bewirkt das, dass sowohl der Name der Befehlsschaltfläche – gegebenenfalls mit dem dazugehörenden Tastatur-

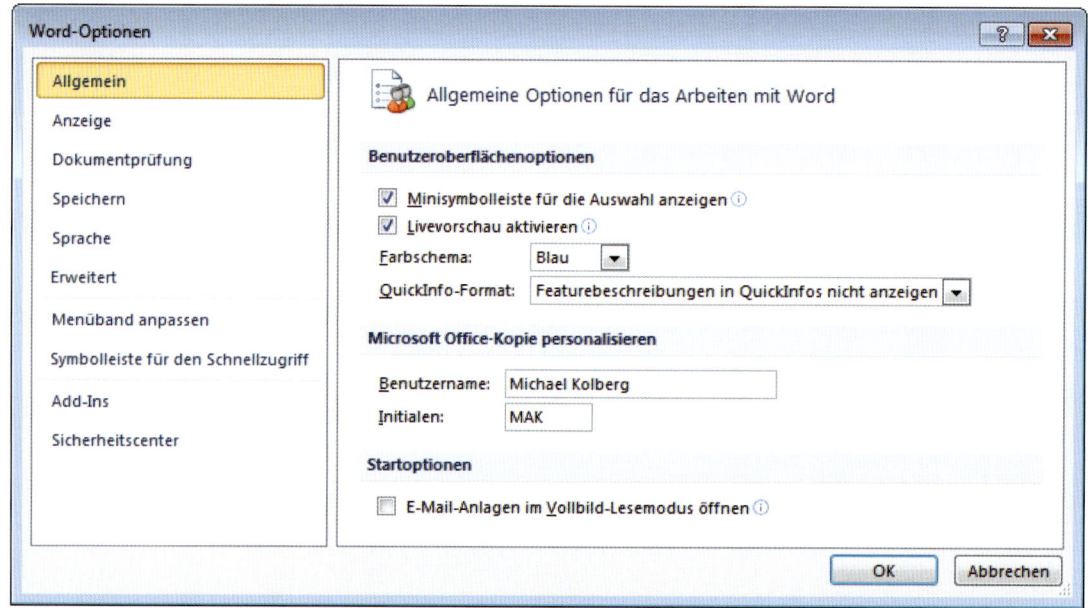

Abbildung 26.25 Die Kategorie *Allgemein* in den Word-Optionen

kürzel – als auch eine weitere Beschreibung zu diesem Befehl eingeblendet werden. Wenn Sie stattdessen die Einstellung *Featurebeschreibungen nicht in QuickInfos anzeigen* benutzen, wird die zusätzliche Beschreibung der Auswirkung des Befehls nicht mit angezeigt. Die dritte Alternative – *QuickInfos nicht anzeigen* – blendet alle Anzeigen aus.

Microsoft-Office-Kopie personalisieren

Die Angaben in den Feldern darunter werden bei der Installation festgelegt. Sie personalisieren Ihre Kopie von Microsoft Office insgesamt. Ändern Sie hier gegebenenfalls die Angaben für *Benutzername* und/oder *Initialen*.

26.2.2 Optionen der Kategorie *Anzeige*

Mithilfe der Optionen in der Kategorie *Anzeige* können Sie die Darstellung des Dokuments in den verschiedenen Ansichten des Programms anpassen (→ Abbildung 26.26).

Optionen für die Seitenanzeige

» Mit *Leerraum zwischen Seiten in der Drucklayoutansicht anzeigen* können Sie bestimmen, ob die oberen und unteren Seitenränder mit dem Inhalt von Kopf- und Fußzeile angezeigt werden sollen.

» *Textmarkerzeichen anzeigen* bewirkt, dass markierter Text auf dem Bildschirm und in gedruckten Dokumenten dargestellt wird.

» Ist *Dokument-QuickInfos beim Daraufzeigen anzeigen* aktiviert, werden Informationen – wie beispielsweise URLs und Kommentare von Bearbeitern – in gelben Pop-up-Feldern angezeigt. Die QuickInfos werden angezeigt, wenn Sie mit dem Mauszeiger auf einen Hyperlink, ein Kommentarverweiszeichen oder ähnlichen Inhalt zeigen.

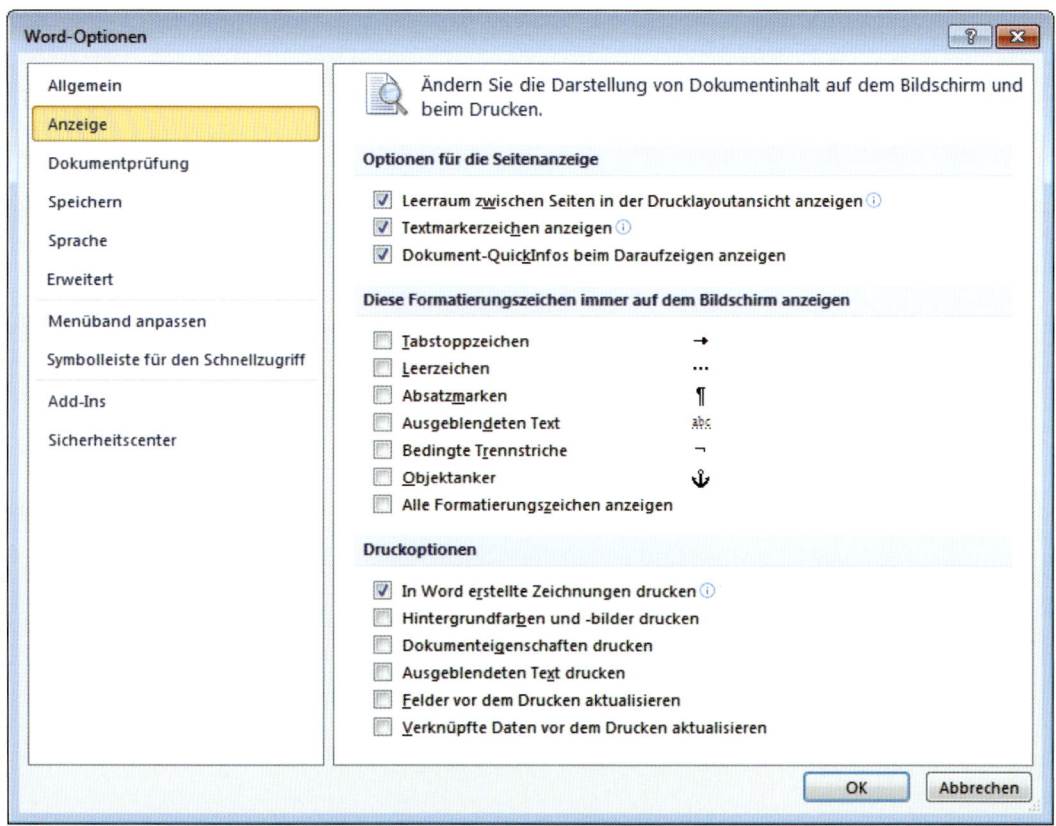

Abbildung 26.26 Stellen Sie ein, was auf dem Bildschirm angezeigt wird.

Formatierungszeichen

¶ Die Optionen unter *Diese Formatierungszeichen immer auf dem Bildschirm anzeigen* liefern die Einstellungen dafür, welche Zeichen auch dann angezeigt werden, wenn Sie die Schaltfläche *Alle anzeigen* auf der Registerkarte *Start* in der Gruppe *Absatz* ausschalten (→ Tabelle 26.1).

Symbol	Element angezeigt als
→	*Tabstoppzeichen* als Pfeile
...	*Leerzeichen* zwischen einzelnen Wörtern als Punkte
¶	*Absatzmarken* mit einem Absatzsymbol
ABC	*Ausgeblendeten Text* als Inhalt mit einer gepunkteten Linie unter dem Text
¬	*Bedingte Trennstriche* - die angeben, an welcher Stelle ein Wort am Ende einer Zeile getrennt werden soll - als Häkchensymbol
⚓	*Objektanker* - der Ort, an dem ein Objekt in einem bestimmten Absatz verankert ist - als Ankersymbol

Tabelle 26.1 Die Formatierungszeichen

Wählen Sie das Kontrollkästchen *Alle Formatierungszeichen anzeigen* aus, um sämtliche Formatierungszeichen anzuzeigen, unabhängig davon, ob das zu den jeweiligen Optionen gehörende Kontrollkästchen aktiviert ist. Wenn Sie dieses Kontrollkästchen deaktivieren, werden nur die Formatierungszeichen angezeigt, die im Bereich darüber aktiviert sind.

Druckoptionen

Über die *Druckoptionen* steuern Sie die Vorgänge beim Ausdrucken (→ Abbildung 26.26).

» Wählen Sie das Kontrollkästchen *In Word erstellte Zeichnungen drucken* aus, um alle im Dokument erstellten Zeichnungsobjekte mit zu drucken. Wenn Sie dieses Kontrollkästchen deaktivieren, wird der Druckvorgang möglicherweise beschleunigt. Word druckt dann anstelle der einzelnen Zeichnungsobjekte ein leeres Feld.

» Auch wenn Sie *Hintergrundfarben und -bilder drucken* deaktivieren, wird der Druckvorgang möglicherweise beschleunigt.

» Ist *Dokumenteigenschaften drucken* aktiviert, werden die Dateiinformationen des Dokuments nach dem Dokument auf einer eigenen Seite gedruckt. Word speichert diese Dateiinformationen im Dokumentinformationsbereich.

» Mit *Ausgeblendeten Text drucken* können Sie dafür sorgen, dass als ausgeblendet formatierter Text ebenfalls mit gedruckt wird. Die gepunktete Unterstreichung, die auf dem Bildschirm unter dem ausgeblendeten Text angezeigt wird, wird nicht mit gedruckt.

» Über *Felder vor dem Drucken aktualisieren* erreichen Sie, dass alle Felder in einem Dokument - beispielsweise automatische Bild- und Absatznummerierungen - vor dem Drucken aktualisiert werden.

» Wählen Sie das Kontrollkästchen *Verknüpfte Daten vor dem Drucken aktualisieren* aus, um alle verknüpften Informationen - beispielsweise eingefügte Bilder - in einem Dokument vor dem Drucken zu aktualisieren.

26.2.3 Optionen der Kategorie *Dokumentprüfung*

In der Kategorie *Dokumentprüfung* der Word-Optionen werden die Einstellungen für die Rechtschreib- und Grammatikprüfung zusammengefasst (→ Abbildung 26.27).

Allgemeine Einstellungen

Die Rechtschreibprüfung ist seit der Office-2007-Generation durchweg einheitlicher geworden. Einige der Optionen für die Rechtschreibprüfung sind nun global verfügbar. Wenn Sie eine dieser Optionen in einem Office-Programm ändern, wird diese Änderung auch für alle anderen Office-Programme übernommen. In der Kategorie *Dokumentprüfung* in den *Word-Optionen* sind das diejenigen, die im Abschnitt *Bei der Rechtschreibkorrektur in Microsoft Office-Programmen* zusammengefasst sind:

» Sind Optionen aktiviert, deren Bezeichnung mit ... *ignorieren* endet, werden die entsprechenden Elemente bei der Rechtschreibprüfung nicht berücksichtigt – dies betrifft *Wörter in GROSSBUCHSTABEN*, *Wörter mit Zahlen* sowie *Internet- und Dateiadressen*.

» *Wiederholte Wörter kennzeichnen* macht genau das, was es sagt.

» Sie können ferner die neue deutsche Rechtschreibung ein- oder ausschalten.

» *Großbuchstaben behalten Akzent* weist Sie auf Großbuchstaben mit Akzent hin, denen der Akzent fehlt. Wenn Sie die französische Sprache verwenden, ist diese Option standardmäßig immer aktiviert, da das Wörterbuch für diese Sprache Großbuchstaben mit Akzent umfasst.

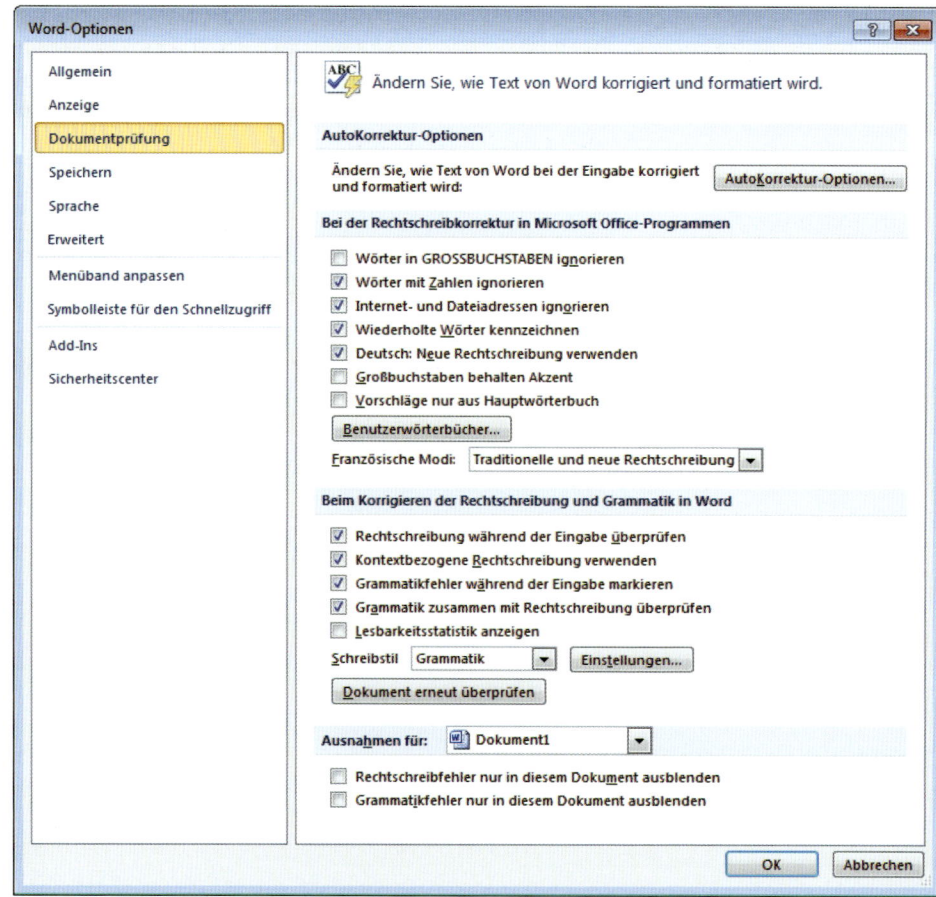

Abbildung 26.27
Die Optionen der Kategorie *Dokumentprüfung*

» Ist *Vorschläge nur aus Hauptwörterbuch* aktiviert, werden gegebenenfalls vorhandene Vorschläge aus geöffneten Benutzerwörterbüchern nicht mit angezeigt.

» Die Rechtschreibprüfung enthält seit Office 2007 das reformierte *Französisch*-Wörterbuch. In Office 2003 handelte es sich hierbei um ein *Add-In*, das separat installiert werden musste.

Benutzerwörterbücher

Auch die Eintragungen in die Benutzerwörterbücher werden für alle Office-Programme gemeinsam geregelt. Über die Schaltfläche *Benutzerwörterbücher* können Sie eine Liste mit allen geöffneten Benutzerwörterbüchern anzeigen lassen sowie neue Wörterbücher anlegen (→ Abbildung 26.28). Wenn Sie mehrere davon erstellt haben, wählen Sie hier das Wörterbuch aus, in das bestimmte Schreibweisen aufgenommen werden sollen.

» Über *Wortliste bearbeiten* können Sie die vorhandenen Einträge in dem vorher markierten Wörterbuch kontrollieren, editieren, erweitern oder löschen (→ Abbildung 26.29). Sie finden hier beispielsweise alle Ergänzungen, die Sie über die Schaltfläche *Zum Wörterbuch hinzufügen* im Dialogfeld *Rechtschreibung und Grammatik* in das aktuelle Wörterbuch aufgenommen haben. Falls versehentlich ein falsch geschriebenes Wort aufgenommen wurde, können Sie es markieren und löschen. Über das Feld *Wort/Wörter* können Sie auch neue Wörter hinzufügen. Um ein Wort zu bearbeiten, löschen Sie es zuerst und fügen es dann erneut in der gewünschten Schreibweise hinzu.

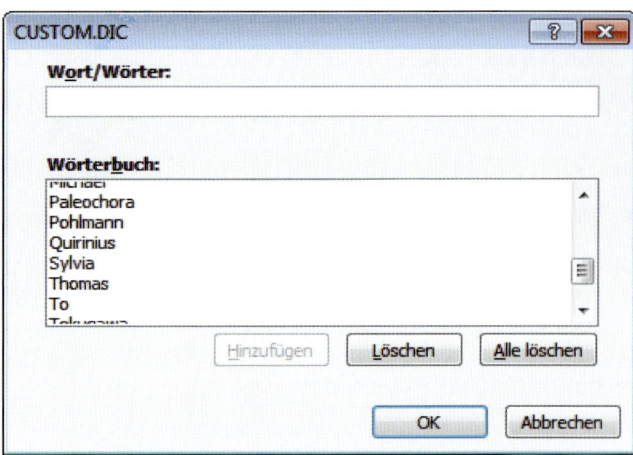

Abbildung 26.29 Der Inhalt eines Benutzerwörterbuchs

» Wenn Sie viel mit Fachausdrücken zu tun haben, können Sie dafür spezielle Wörterbücher anlegen. Um ein neues Wörterbuch anzulegen, klicken Sie im Dialogfeld *Benutzerwörterbücher* auf *Neu*. Geben Sie im Feld *Dateiname* den Namen des neuen Benutzerwörterbuchs ein und klicken Sie auf *Speichern*. Neue Wörterbücher müssen Sie aktivieren: Überprüfen Sie im Dialogfeld *Benutzerwörterbücher*, ob das Kontrollkästchen neben dem Namen des betreffenden Wörterbuchs aktiviert ist. Außerdem deaktivieren Sie auf der Registerkarte *Rechtschreibung und Grammatik* das Kontrollkästchen *Vorschläge nur aus Hauptwörterbuch*.

» Im Dialogfeld *Benutzerwörterbücher* sind alle Wörterbücher aufgelistet, die für die Rechtschreibprüfung in Word zur Verfügung stehen. Wenn Sie ein Wörter-

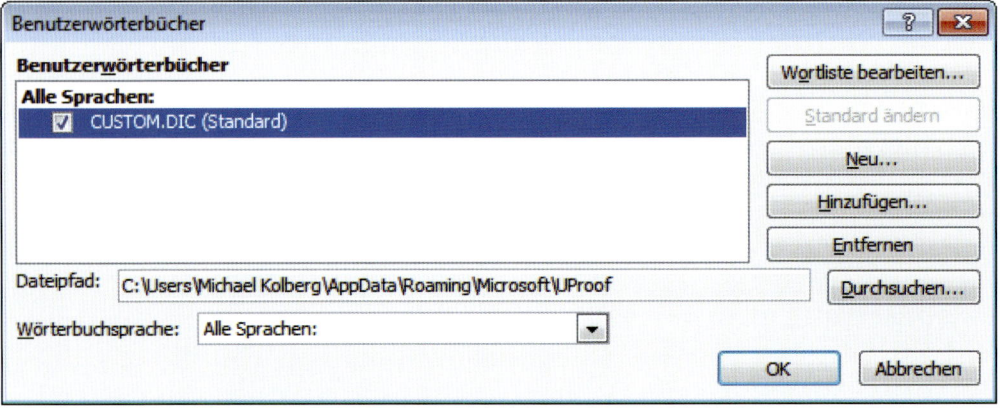

Abbildung 26.28 Die Benutzerwörterbücher

buch von einem Drittanbieter erworben und auf dem Computer installiert haben, müssen Sie es hier verfügbar machen. Wenn das gewünschte Wörterbuch im Dialogfeld *Benutzerwörterbücher* nicht angezeigt wird, klicken Sie auf *Hinzufügen*, öffnen Sie den Ordner, der das gewünschte Benutzerwörterbuch enthält, und doppelklicken Sie auf die Wörterbuchdatei.

» Wenn Sie ein Wörterbuch als Standardwörterbuch verwenden möchten, klicken Sie auf den Namen des Wörterbuchs und dann auf *Standard ändern*.

Programmspezifische Einstellungen

Im unteren Teil der Kategorie *Dokumentprüfung* finden Sie die Optionen, die für den Einsatz im aktuellen Office-Programm gelten sollen – beispielsweise *Beim Korrigieren der Rechtschreibung und Grammatik in Microsoft Word*.

» Über *Rechtschreibung während der Eingabe überprüfen* legen Sie fest, ob die Prüfung automatisch im Hintergrund erfolgen soll.

» Sie können die Option *Kontextbezogene Rechtschreibung verwenden* benutzen, die Ihnen beim Finden und Beheben von Fehlern hilft, die mit einer normalen Rechtschreibprüfung nicht erkannt werden. Ein Beispiel dafür wären Fälle, in denen zwar alle einzelnen Wörter richtig geschrieben sind, aber der Kontext für die Verwendung eines Worts in diesem Zusammenhang nicht stimmt. Diese Option steht Ihnen zur Verfügung, wenn Sie die Rechtschreibprüfung von Dokumenten in Englisch, Deutsch oder Spanisch durchführen.

» In den mit *Grammatik* benannten Optionen finden Sie entsprechende Optionen zur Prüfung auf Grammatikfehler.

» Ist *Lesbarkeitsstatistik anzeigen* aktiviert, wird auch eine Statistik erstellt, die – bedingt – Rückschlüsse auf die Lesbarkeit des Dokuments zulässt.

» Über die Schaltfläche *Einstellungen* können Sie Grammatikbereiche für die Prüfung aktivieren oder deaktivieren und Schwellenwerte für die Prüfung festlegen (→ Abbildung 26.30).

Wenn Sie Optionen für die Rechtschreib- und/oder Grammatikprüfung ändern, können Sie über die entsprechende Schaltfläche unten auf der Registerkarte das Dokument erneut überprüfen lassen. Diese Funktion verwenden Sie auch, wenn Sie die für dieses Dokument

während der Prüfung angelegte Liste der zu ignorierenden Schreibweisen zurücksetzen wollen.

Abbildung 26.30 Die Grammatikeinstellungen

Ausnahmen

Bei Word finden Sie auch einen mit *Ausnahmen für* überschriebenen Bereich. Die Einstellungen darin gelten standardmäßig für das aktuelle Dokument. Wenn Sie mehrere Dokumente geöffnet haben, wählen Sie das Dokument aus, auf das diese Einstellungen angewendet werden. Oder wählen Sie die Option *Alle neuen Dokumente* aus, so dass die Einstellung auf alle Dokumente angewendet wird, die Sie erstellen. Sie können dann regeln, ob Rechtschreib- und/oder Grammatikfehler für dieses Dokument ausgeblendet werden sollen.

26.2.4 Die *AutoKorrektur*-Optionen

Wie die AutoKorrektur arbeiten soll, können Sie nach einem Klick auf die Schaltfläche *AutoKorrektur-Optionen* in der Kategorie *Dokumentprüfung* regeln. Sie holen damit ein Dialogfeld auf den Bildschirm, das – je nach Programm – über eine unterschiedliche Zahl von Registerkarten verfügt.

Die Registerkarte *AutoKorrektur*

Über die Registerkarte *AutoKorrektur* im Dialogfeld *AutoKorrektur* bestimmen Sie die generellen Einstellungen zum Ersetzen (→ Abbildung 26.31).

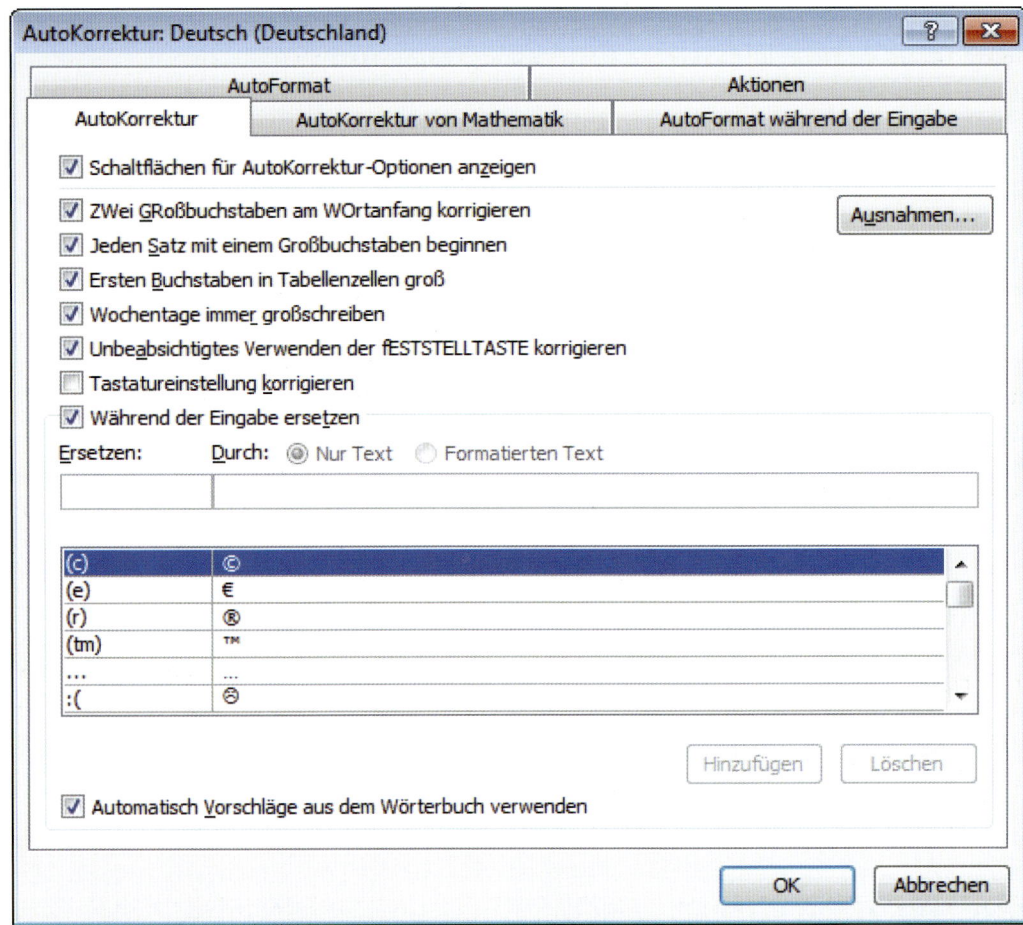

Abbildung 26.31 Die Registerkarte *AutoKorrektur* ermöglicht das Hinzufügen neuer Ersetzungen.

» Ist ganz oben auf der Registerkarte das Kontroll-kästchen *Schaltflächen für AutoKorrektur-Optionen anzeigen* aktiviert, wird zunächst ein kleiner blauer Balken angezeigt, wenn Sie den Mauszeiger in der Nähe von Text positionieren, der automatisch korri-giert wurde. Dieser Balken wird zum Schaltflächen-symbol *AutoKorrektur-Optionen*, wenn Sie darauf zeigen. Durch einen Klick auf dieses Symbol können Sie aus mehreren Optionen auswählen – beispiels-weise die Korrektur rückgängig machen oder die *Au-toKorrektur*-Funktion für dieses Wort deaktivieren.

» Über die Optionen im Bereich darunter können Sie typische Fehler korrigieren lassen: Bei zwei Groß-buchstaben am Anfang eines Worts wird der zweite automatisch in einen Kleinbuchstaben umgewandelt, der erste Buchstabe eines Satzes, einer Tabellenzelle

und Wochentage werden großgeschrieben. *Unbe-absichtigtes Verwenden der FESTSTELLTASTE kor-rigieren* schaltet die ⬆-Taste ab und korrigiert die Eingabe automatisch, wenn diese Taste eingeschal-tet war und Sie ein Wort mit einem Kleinbuchstaben begonnen und anschließend Großbuchstaben einge-geben haben.

» Im Listenfeld im unteren Bereich werden automa-tische Ersetzungsvorschriften angezeigt. Wenn Sie beispielsweise die drei Zeichen *(r)* eingeben, wird das automatisch in das Symbol ® umgewandelt. Weitere automatisch zu ersetzende Eingaben kön-nen Sie selbst definieren. Sie können diesen Bereich auch dazu benutzen, für Sie typische Tippfehler – so-genannte Buchstabendreher – automatisch korrigie-ren zu lassen. Wenn Sie beispielsweise dazu neigen, statt des Worts *Dialogfeld* häufig das Wort *Dialogfled* zu tippen, geben Sie im Feld *Ersetzen* die falsche und im Feld *Durch* die korrekte Schreibweise ein und klicken Sie dann auf die Schaltfläche *Hinzufügen*. Sobald Ihnen nach dem Schließen des Dialogfelds bei der nächsten Eingabe dieser Fehler unterläuft, wird er automatisch korrigiert. Wollen Sie einen Eintrag aus der *AutoKorrektur*-Liste entfernen, markieren Sie ihn in der Liste und klicken Sie auf die Schaltfläche *Löschen*.

» Wenn Sie generell verhindern wollen, dass während der Eingabe die in der *AutoKorrektur*-Liste aufgeführten Rechtschreibfehler automatisch korrigiert und Wörter ersetzt werden, deaktivieren Sie oberhalb der Felder *Ersetzen* und *Durch* das Kontrollkästchen *Während der Eingabe ersetzen*.

Ausnahmen definieren

Durch einen Klick auf die Schaltfläche *Ausnahmen* öffnen Sie ein Dialogfeld, über das sich Ausnahmen für die auf der Registerkarte *AutoKorrektur* festgelegten Ersetzungsregeln definieren lassen (→ Abbildung 26.32):

» Auf der Registerkarte *Erster Buchstabe* legen Sie die Ausnahmen für das Unterdrücken der Großschreibung nach Abkürzungen fest.

» Entsprechend legen Sie auf der Registerkarte *Wortanfang GRoß* die Ausnahmen für bestimmte technische Bezeichnungen fest.

» Die Registerkarte *Andere* erlaubt die Angabe von Wörtern, die nicht automatisch korrigiert werden sollen.

Die Registerkarte *AutoFormat während der Eingabe*

Mittels der Registerkarte *AutoFormat während der Eingabe* im Dialogfeld zum Befehl *AutoKorrektur-Optionen* im Menü *Extras* können Sie während der Eingabe von Text einige Formatierungen automatisch durchführen lassen (→ Abbildung 26.33).

Wenn Sie die Option *Schaltflächen für AutoKorrektur-Optionen anzeigen* auf der Registerkarte *AutoKorrektur* aktiviert haben, können Sie auch die automatischen Korrekturen durch *AutoFormat während der Eingabe* ablehnen, wenn Ihnen das Ergebnis nicht zusagt. Wie bei der Texteingabe-AutoKorrektur wird unterhalb der automatisch formatierten Stelle ein kleiner blauer Balken angezeigt, wenn Sie den Mauszeiger darauf zurückbewegen. Klicken Sie auf diesen Balken beziehungsweise die kleine Schaltfläche, um das Menü aufzuklappen, über dessen Befehle sich unter anderem die Formatierung rückgängig machen lässt.

Abbildung 26.32 Die AutoKorrektur-Ausnahmen

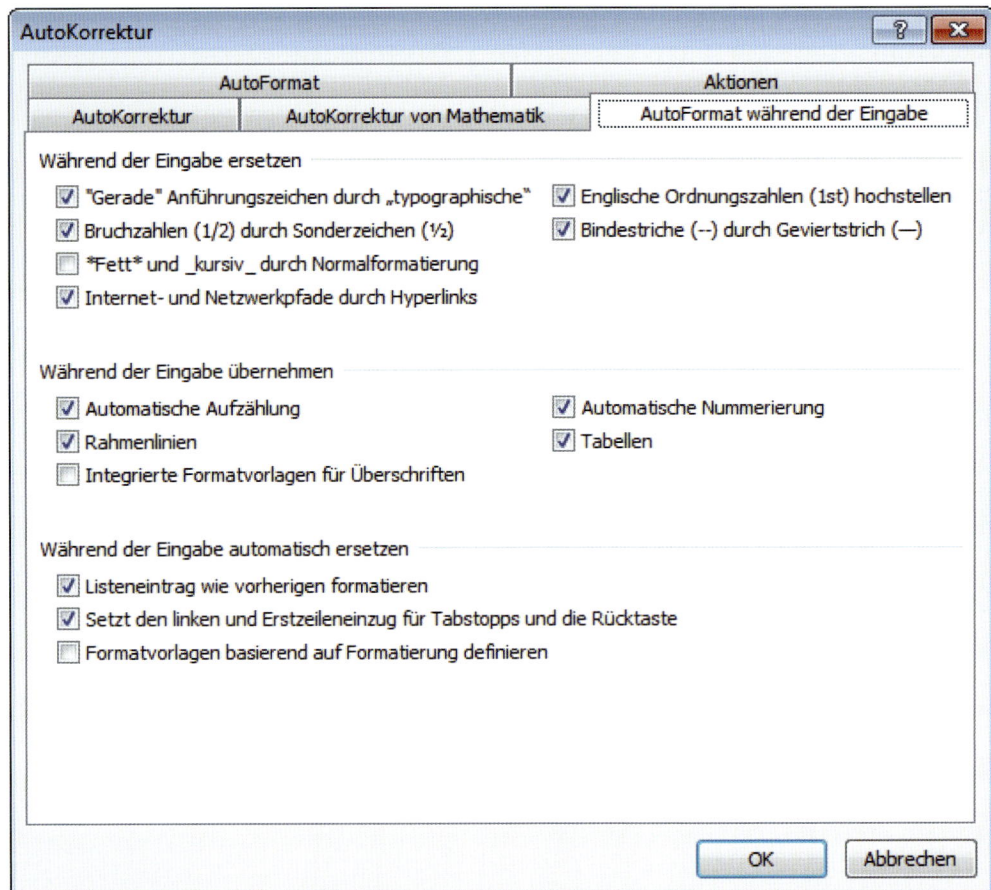

Abbildung 26.33 Auch automatische Formatierungen können durchgeführt werden.

Im Abschnitt *Während der Eingabe ersetzen* können Sie durch Aktivierung der betreffenden Optionen dafür sorgen, dass die dort genannten Elemente entsprechend ersetzt werden. Standardmäßig werden beispielsweise *"gerade"* durch *"typografische"* Anführungszeichen oder Brüche – wie *1/2* – durch Sonderzeichen – wie ½ – ersetzt.

Im Abschnitt *Während der Eingabe übernehmen* können Sie festlegen, welche der hier aufgelisteten Formatierungen automatisch vorgenommen werden sollen:

» *Automatische Aufzählung* erstellt aus einer Liste eine Aufzählung, wenn Sie am Absatzanfang ein Sternchen, einen Bindestrich oder Ähnliches, jeweils gefolgt von einem Leerzeichen oder Tabstopp, eingeben. Wenn Sie nach Eingabe des Textes die Taste ⏎ drücken, um das nächste Listenelement hinzuzufügen, wird automatisch das nächste Aufzäh-

lungszeichen eingesetzt. Wenn Sie die Aufzählung beenden wollen, drücken Sie zweimal ⏎ oder einmal die Rück -Taste.

» Entsprechend erstellt *Automatische Nummerierung* eine nummerierte Liste, wenn Sie am Absatzanfang eine Zahl oder einen Buchstaben eingeben, auf die/den ein Punkt, ein Leerzeichen, eine schließende Klammer oder ein Tabstopp folgt.

» *Rahmenlinien* bewirkt, dass die Eingabe von drei Bindestrichen oberhalb des Absatzes in eine dünne Rahmenlinie umgesetzt wird. Verwenden Sie Unterstriche für dicke Linien und Gleichheitszeichen für Doppellinien.

» Mit *Tabellen* wird eine Tabelle eingefügt, wenn Sie eine Folge von Bindestrichen und Pluszeichen eingeben. Beispielsweise legt die Zeichenfolge + - - - + - - - + eine zweispaltige Tabelle an.

» Ist *Integrierte Formatvorlagen für Überschriften* aktiviert, wird einer Eingabe nach zweimaligem Drücken der ⏎-Taste die Überschrift-Formatvorlage zugewiesen.

Im Abschnitt *Während der Eingabe automatisch ersetzen* geben Sie für Listeneinträge, Einzüge und Formatvorlagen die gewünschten automatisch vorzunehmenden Korrekturen an.

Die Registerkarte *Aktionen*

Aktionen wurden früher als *SmartTags* bezeichnet. Das sind Elemente, die vom Programm als bestimmter Datentyp erkannt und gekennzeichnet werden und – in Abhängigkeit vom Typ – bestimmte Aktionen ermöglichen. Das Verwenden solcher Aktionen kann Ihnen Zeit ersparen. Wenn das Programm auf solche Datentypen trifft, werden sie mit einem Indikator gekennzeichnet. Um zu erfahren, welche Aktionen Sie damit durchführen können, klicken Sie auf den Pfeil in der Schaltfläche, um die dazugehörende Liste zu öffnen.

Um die Aktionen zu nutzen, aktivieren Sie auf der Registerkarte *Aktionen* das Dialogfelds *AutoKorrektur* das Kontrollkästchen *Zusätzliche Aktionen im Kontextmenü aktivieren*. Die mit Word ausgelieferten Aktionen richten sich unter anderem nach der aktivierten Sprache.

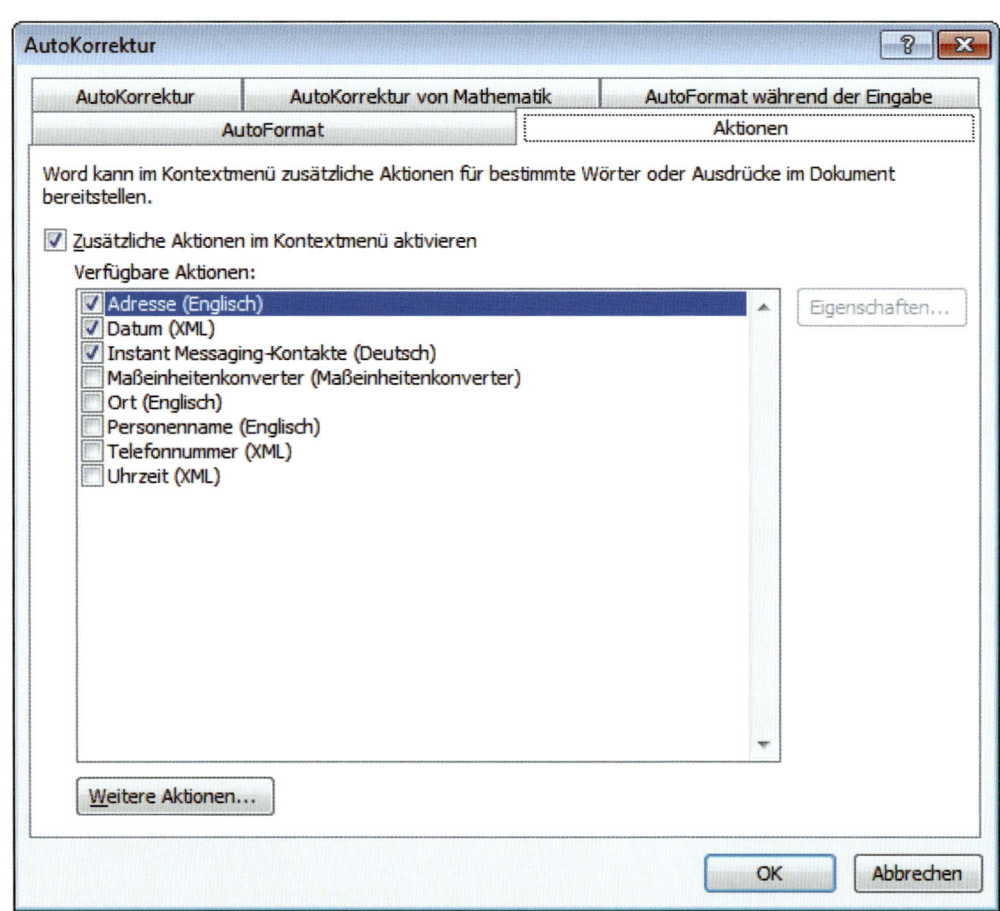

Abbildung 26.34 Aktionen müssen zuerst aktiviert werden.

» In der Liste *Verfügbare Aktionen* werden die installierten Typen von Aktionen aufgelistet, die Sie nach einem generellen Einschalten der Funktion auch individuell wieder aus-/einschalten können.

» Über die Schaltfläche *Weitere Aktionen* lassen sich – nachdem eine Verbindung zum Internet hergestellt wurde – weitere Aktionen herunterladen.

26.2.5 Optionen der Kategorie *Speichern*

Über die Optionen der Kategorie *Speichern* in den Word-Optionen können Sie festlegen, in welcher Form Ihre Dokumente gespeichert und wie oft die Wiederherstellungsinformationen für Ihre Dokumente gesichert werden sollen (→ Abbildung 26.35).

Dokumente speichern

Der erste Abschnitt in dieser Kategorie trägt den Namen *Dokumente speichern*. Mit den Optionen darin legen Sie das Standarddateiformat und die Nutzung von automatischen Sicherungsdateien fest.

» Die Option *Dateien in diesem Format speichern* ermöglicht das Festlegen der Voreinstellung für das im Feld *Dateityp* angezeigte Format im Dialogfeld zum Speichern von Dateien. Benutzen Sie beispielsweise bei Word eine andere Option als *Word-Dokument*, wenn Sie Word nur als Dateigenerator für andere Programme verwenden wollen.

» Mithilfe der Einstellungen zu den *AutoWiederherstellen-Informationen* können Sie in bestimmten Intervallen automatisch eine Datei mit Wiederherstellungsinformationen für das Dokument anlegen lassen. Falls der Computer nicht mehr reagiert oder es zu einem Stromausfall gekommen ist, öffnet das Office-Programm beim nächsten Programmstart diese Datei. Sie enthält dann möglicherweise ungespeicherte Daten, die andernfalls verloren wären. Standardmäßig ist diese Funktion aktiviert. Durch Abschalten des Kontrollkästchens können Sie das regelmäßige Speichern verhindern, was nicht empfehlenswert ist. Im Bereich daneben können Sie festlegen, wie häufig die Informationen gespeichert

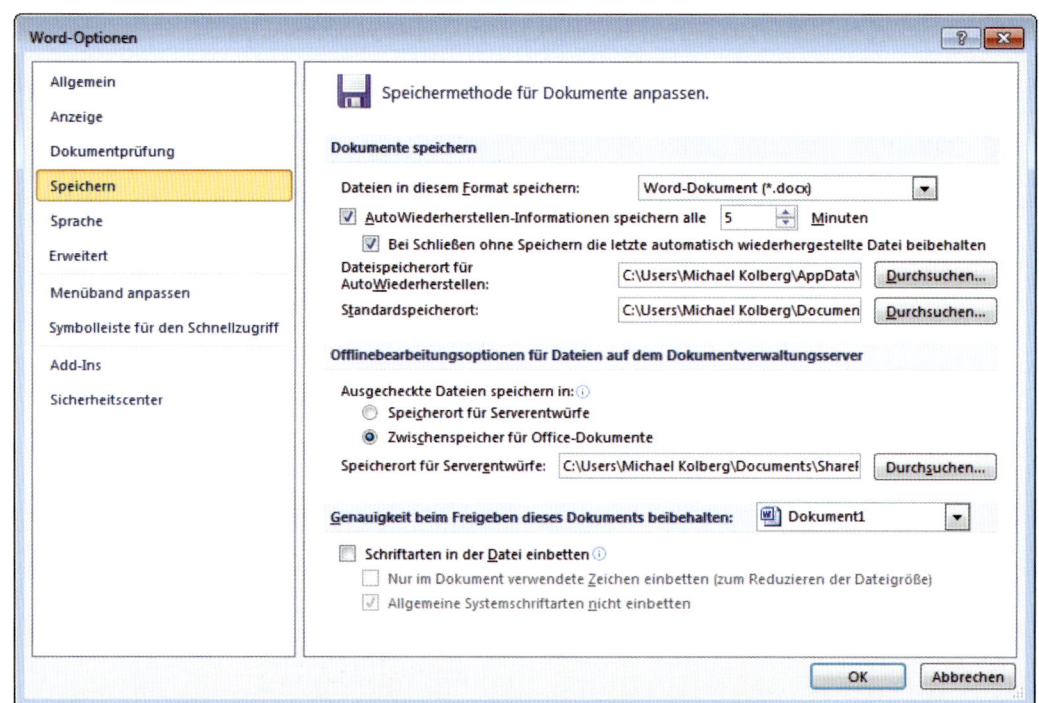

Abbildung 26.35 Über die Kategorie *Speichern* in den Word-Optionen legen Sie die Standardeinstellung für das Speichern von Dokumenten fest.

werden sollen. Geben Sie hier einen Wert zwischen 1 und 120 Minuten ein. Das Aktivieren von *AutoWiederherstellen* bietet einen weiteren Vorteil. Wenn die Option aktiviert ist, werden bei einem Neustart des Programms nach einer unvorhergesehenen Beendigung bestimmte Aspekte des Programmzustands wiederhergestellt.

» Neu in der Version 2010 ist die Option *Beim Schließen ohne Speichern die letzte automatisch wiederhergestellte Datei beibehalten*. Diese ist standardmäßig aktiviert und interessant: Wenn Sie eine Datei beim Schließen oder Beenden des jeweiligen Programms nicht gespeichert hatten, bleiben die darin eingegebenen Daten oder Änderungen trotzdem erhalten und können wieder angezeigt werden (→ unten). Voraussetzung dafür ist allerdings, dass das Programm genügend Zeit hatte, die *AutoWiederherstellen-Informationen* abzulegen.

» *Dateispeicherort für AutoWiederherstellen* zeigt den Standardspeicherort für die *AutoWiederherstellen-*Datei an. Geben Sie in dieses Textfeld den Pfad ein, den Sie als Speicherort für diese Datei verwenden möchten. Oder benutzen Sie die Schaltfläche *Durchsuchen*, um zu dem gewünschten Speicherort zu navigieren.

» Unter *Standardspeicherort* können Sie einen Standardarbeitsordner mit dem vollständigen Pfad angeben. Dieser Ordner ist dann in den *Öffnen-* und *Speichern*-Dialogfeldern voreingestellt. Auch hier können Sie wieder den Pfad zu dem gewünschten Speicherort direkt in das Textfeld eingeben oder die Schaltfläche *Durchsuchen* verwenden.

ACHTUNG Die in der wiederhergestellten Datei enthaltene Menge neuer Daten ist abhängig von dem Speicherintervall, das in einem Microsoft Office-Programm zum Speichern der Wiederherstellungsdatei verwendet wird. Wird beispielsweise die Wiederherstellungsdatei lediglich alle 15 Minuten gespeichert, gehen die in den letzten 14 Minuten vor einem Stromausfall oder einem anderen Problem durchgeführten Änderungen verloren.

Offlinebearbeitungsoptionen auf einem Server

Im Abschnitt *Offlinebearbeitungsoptionen für Dateien auf einem Dokumentverwaltungsserver* können Sie über *Ausgecheckte Dateien speichern in* den Speicherort angeben, in dem Sie ausgecheckte Dokumente speichern möchten (→ Abbildung 26.35):

» *Speicherort für Serverentwürfe* verwendet den Speicherort für Serverentwürfe auf diesem Computer, um ausgecheckte Dateien zu speichern.

» *Webserver* verwendet den Webserver zum Speichern ausgecheckter Dateien.

» *Speicherort für Serverentwürfe* zeigt den Standardspeicherort für Serverentwürfe an. Geben Sie den Pfad in das Textfeld ein, den Sie als Speicherort für Serverentwürfe verwenden möchten, oder klicken Sie auf *Durchsuchen*, um einen Speicherort für Serverentwürfe zu suchen.

Genauigkeit beim Freigeben

Im Abschnitt *Genauigkeit beim Freigeben dieses Dokuments beibehalten* können Sie dafür sorgen, dass Leser beim Bearbeiten des Dokuments auf anderen Rechnern die Schriftarten im Dokument sehen und verwenden können, auch wenn sie auf deren Computern nicht installiert sind. Die Datei wird damit größer. Standardmäßig ist der Name des aktuellen Dokuments eingestellt. Wenn Sie diese Einstellung für ein anderes geöffnetes Dokument festlegen wollen, wählen Sie es aus.

» Durch Aktivieren von *Schriftarten in der Datei einbetten* können Sie die Schriftarten im Dokument speichern, die im Dokument verwendet werden, sofern das Einbetten der Schriftarten zulässig ist.

» Nach dem Aktivieren dieser Option werden die beiden weiteren Optionen unter *Genauigkeit beim Freigeben dieses Dokuments beibehalten* ansprechbar: Mit *Nur im Dokument verwendete Zeichen einbetten* werden nur die Schriftarten eingebettet, die in dem Dokument tatsächlich verwendet werden. Wenn Sie *32* oder weniger Zeichen einer Schriftart verwenden, werden lediglich diese Zeichen von Word eingebettet. Über *Allgemeine Systemschriftarten nicht einbetten* werden nur Schriftarten eingebettet, die nicht allgemein auf Computern installiert sind, auf denen Microsoft Windows und Office ausgeführt werden.

26.2.6 Optionen der Kategorie *Sprache*

Nach einem Klick auf *Sprache* in den Word-Optionen können Sie die Standardbearbeitungssprache für Microsoft Office 2010 festlegen. Zu einer Bearbeitungssprache gehören das Tastaturlayout und die Korrekturhilfen für die jeweilige Sprache. Die Korrekturhilfen umfassen sprachspezifische Werkzeuge wie Wörterbücher für die Rechtschreib- und Grammatikprüfung oder Schaltflächen für die Absatzrichtung. Die bereits aktivierten Bearbeitungssprachen werden im Dialogfeld in der Liste rechts angezeigt. Standardmäßig werden nur die Sprachen *Deutsch (Deutschland)* und *Englisch (USA)* installiert.

Wenn Sie mit einer weiteren Bearbeitungssprache arbeiten wollen, müssen Sie zunächst dafür sorgen, dass diese im Betriebssystem aktiviert ist. Dann können Sie diese Sprache auch in einem Office-Programm benutzen.

Aktivieren einer Sprache in Windows 7

Öffnen Sie die Windows-Systemsteuerung und wählen Sie darin das Element *Region und Sprache*. Im gleichnamigen Dialogfeld wählen Sie die Registerkarte *Tastaturen und Sprachen*. Nach einem Klick auf die Schaltfläche *Tastaturen ändern* auf der Registerkarte *Tastaturen und Sprachen* können Sie die installierten Tastaturen kontrollieren und weitere hinzufügen (→ Abbildung 26.37). Regeln Sie gegebenenfalls zunächst die Einstellung für die Standardeingabesprache. Diese wird beim Starten von Windows automatisch benutzt. Im Bereich darunter werden zusätzlich installierte Sprachen angezeigt.

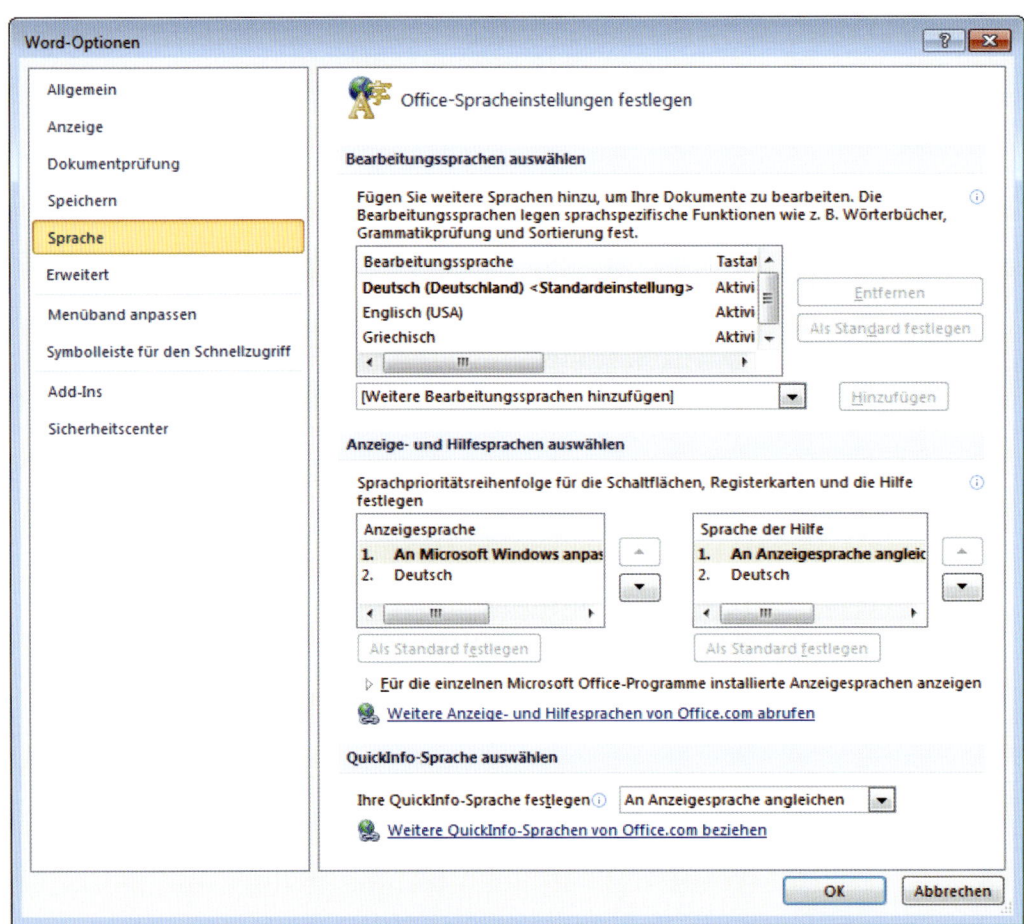

Abbildung 26.36 Sie können in Microsoft Office mit mehreren Benutzersprachen arbeiten.

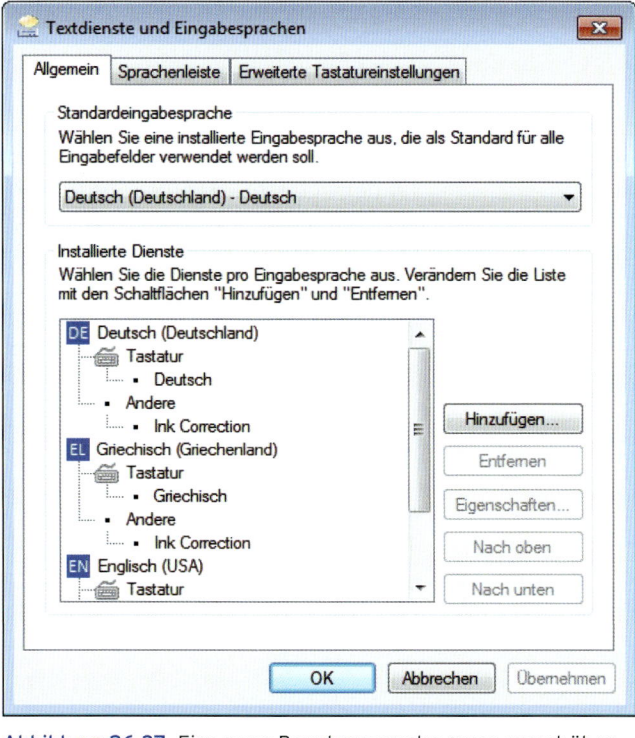

Abbildung 26.37 Eine neue Benutzersprache muss zuerst über das Betriebssystem installiert werden.

Sie können über die Schaltfläche *Hinzufügen* im Dialogfeld *Eingabesprache hinzufügen* weitere Sprach/Tastatur-Kombinationen hinzufügen (→ Abbildung 26.38). Wählen Sie in der Liste zunächst die *Sprache* und darunter das dazu gewünschte *Tastaturlayout*. Nach einem Klick auf *Vorschau* können Sie die Belegung der Tasten für das *Tastaturlayout* anzeigen lassen.

Schließen Sie alle zur Systemsteuerung gehörenden Dialogfelder per Klick auf die Schaltflächen *OK*.

Abbildung 26.38 In Windows stehen Ihnen eine Vielzahl von Sprachen zur Verfügung.

Einstellen einer Sprache zu einem Office-Programm

Nachdem Sie die zu verwendende Bearbeitungssprache über das Betriebssystem installiert haben, können Sie sie in einem Office-Programm einsetzen. Klicken Sie in der Kategorie *Sprachen* der *Word-Optionen* auf den Pfeil mit dem Feld, das standardmäßig mit *Weitere Bearbeitungssprachen hinzufügen* beschriftet ist, und wählen Sie die hinzuzufügende Sprache aus. Klicken Sie dann auf *Hinzufügen*. Die Sprache erscheint ist der Liste. Bestätigen Sie die Einstellungen über *OK*. Nachdem Sie die Standardsprache geändert haben, müssen Sie alle Office-2010-Programme schließen und anschließend erneut öffnen, damit die vorgenommene Änderung wirksam wird.

> **ACHTUNG** Wenn der Computer nicht ordnungsgemäß für die hinzugefügte Bearbeitungssprache konfiguriert ist, wird in der Spalte *Tastaturlayout* oder *Dokumentprüfung* möglicherweise *Nicht aktiviert* bzw. *Nicht installiert* angezeigt.

Die Reihenfolge der Anzeige- und Hilfesprachen

Die Reihenfolge der Sprachen im Bereich *Anzeige- und Hilfesprachen auswählen* entspricht der Reihenfolge, in der die Sprachen in Microsoft Office verwendet werden. Ein Eintrag mit dem Namen *An Windows anpassen* darin bedeutet, dass die Sprache benutzt wird, die auch das Betriebssystem verwendet. Wenn Sie die Reihenfolge ändern wollen, klicken Sie auf die Sprache, die Sie als Standardsprache festlegen möchten, und anschließend auf den Pfeil, bis die Sprache oben in der Liste mit dem Zusatz *<Standardeinstellung>* hinter dem Namen angezeigt wird.

Nachdem Sie die Standardsprache geändert haben, müssen Sie alle Office-2010-Programme schließen und anschließend erneut öffnen, damit die vorgenommene Änderung wirksam wird.

Die QuickInfo-Sprache

QuickInfos sind kleine Popup-Fenster, in denen eine kurze kontextbezogene Hilfe eingeblendet wird, wenn Sie mit dem Mauszeiger auf ein Anzeigeelement wie eine Schaltfläche, eine Registerkarte, ein Steuerelement in einem Dialogfeld oder ein Menü zeigen. Sie können die dafür zu verwendende Sprache ändern. Wenn die gewünschte Sprache nicht in der Liste vorhanden ist, müssen Sie gegebenenfalls weitere Sprachdienste hinzufügen. Klicken Sie auf *Weitere QuickInfo-Sprachen von Office.com beziehen* und folgen Sie dann den Download- und Installationsanweisungen. Wenn Sie die QuickInfo-Sprache in einem Microsoft-Office-Programm festlegen, wird sie für alle Microsoft-Office-Programme festgelegt.

26.2.7 Optionen der Kategorie *Erweitert*

In der Kategorie *Erweitert* der *Word-Optionen* hat Microsoft die eigentlich wichtigen Einstellmöglichkeiten zusammengefasst. Beispielsweise werden die Einstellungen für das Eingeben, Bearbeiten, Kopieren und Verschieben von Daten festgelegt (→ Abbildung 26.39 bis Abbildung 26.46).

Bearbeitungsoptionen

Mit den *Bearbeitungsoptionen* werden die Einstellungen für Eingabe- und Bearbeitungsvorgänge in Dokumenten festgelegt (→ Abbildung 26.39).

» Über *Eingabe ersetzt markierten Text* geben Sie an, ob ein vorher markierter Bereich durch eine Eingabe überschrieben wird. Wenn Sie dieses Kontrollkästchen deaktivieren, fügt Word den neuen Text vor dem markierten Text ein, ohne ihn zu ersetzen.

» Wenn *Automatisch ganze Wörter markieren* aktiviert ist, wird das ganze Wort markiert, wenn Sie einen Teil eines Worts und dann einen Teil des nächsten Worts markieren. Außerdem markiert Word ein Wort und das Leerzeichen nach diesem Wort, wenn Sie auf ein Wort doppelklicken.

» Durch Einschalten von *Drag und Drop für Text zulassen* können Sie markierten Text durch Ziehen mit der Maus verschieben oder kopieren.

» Über *STRG + Klicken zum Verfolgen eines Hyperlinks verwenden* können Sie das Bearbeiten des Texts von Hyperlinks erleichtern. Ist diese Option aktiviert, müssen Sie die Strg-Taste drücken und dabei auf die Verknüpfung klicken, um der Verknüpfung zu folgen. Wenn diese Option deaktiviert ist, wechselt Word bereits beim Klicken auf die Verknüpfung zum Ziel der Verknüpfung, ohne dass Sie die Strg-Taste drücken müssen.

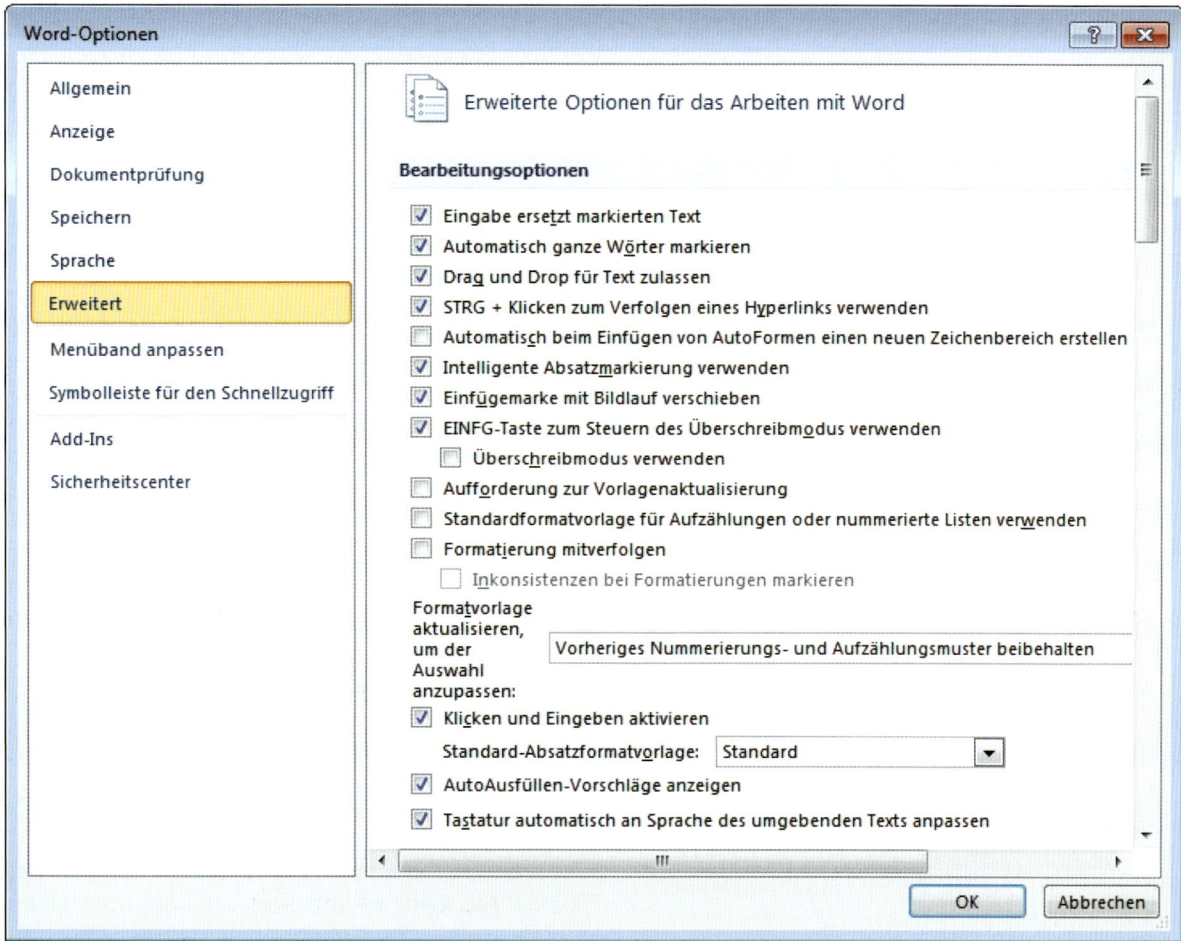

Abbildung 26.39 Der Bereich *Erweitert* (Abschnitt *Bearbeitungsoptionen*)

» Ist *Automatisch beim Einfügen von AutoFormen einen neuen Zeichenbereich erstellen* eingeschaltet, wird beim Einfügen eines Zeichnungsobjekts ein Zeichenbereich eingefügt. Ein solcher Zeichenbereich erleichtert das Anordnen von Zeichnungselementen und Bildern sowie deren Verschieben als Einheit.

» Mit *Intelligente Absatzmarkierung verwenden* wird beim Markieren des ganzen Absatzes die Absatzmarke mit markiert. Damit bleibt beispielsweise die Formatierung des Absatzes automatisch erhalten, wenn Sie den Absatz ausschneiden und einfügen.

» Ist *Einfügemarke mit Bildlauf verschieben* eingeschaltet, wird der Cursor beim Bildlauf nach oben oder nach unten verschoben. Wenn Sie nach dem

Durchführen eines Bildlaufs eine der Pfeiltasten drücken, steht der Cursor auf der aktuell angezeigten Seite und nicht an seiner vorhergehenden Position.

» Wenn *EINFG-Taste zum Steuern des Überschreibmodus verwenden* aktiviert ist, können Sie die `Einfg`-Taste verwenden, um den Überschreibmodus zu aktivieren oder zu deaktivieren.

» Mit *Überschreibmodus verwenden* wird dieser Modus generell verwendet: Beim Eingeben von Text wird vorhandener Text zeichenweise ersetzt.

» Ist *Aufforderung zur Vorlagenaktualisierung* eingeschaltet, werden Sie beim Ändern von Text, auf den eine Formatvorlage angewendet wurde, gefragt, ob Sie die Formatvorlage auf den geänderten Text er-

neut anwenden wollen. Sie können dann die Format-
vorlage basierend auf der zuletzt vorgenommenen
Änderung aktualisieren oder die Formatierung der
Formatvorlage erneut anwenden.

» Mit *Standardformatvorlage für Aufzählungen oder
nummerierte Listen verwenden* werden Listenfor-
matvorlagen statt auf der Grundlage der Aufzäh-
lungsformatvorlage auf der Grundlage der Standard-Absatzformatvorlage erstellt.

» Wählen Sie die Option *Klicken und Eingeben aktivieren*
aus, um Eingaben an einer leeren Stelle im Dokument
durch Doppelklicken auf diesen leeren Bereich durchführen zu können. Dieses Werkzeug ist nur in der Seitenlayoutansicht und in der Weblayoutansicht verfügbar.

» Unter *Standard-Absatzformatvorlage* wählen Sie die
Formatvorlage aus, die beim Klicken und Eingeben
auf den Text angewendet werden soll.

» Wenn die Option *Tastatur automatisch an Sprache
des umgebenden Texts anpassen* aktiviert ist, wird
das Tastaturlayout auf die Sprache des Texts umgeschaltet, in dem die Schreibmarke positioniert ist.
Wenn Sie beispielsweise eine Datei bearbeiten, die
Absätze in Englisch und Absätze in Deutsch enthält,
wechselt das Tastaturlayout von Deutsch zu Englisch,
wenn Sie Text in einem englischen Absatz bearbeiten.
Das Ergebnis ist das gleiche, wenn Sie das Tastaturlayout auf der Sprachenleiste manuell ändern.

Ausschneiden, Kopieren und Einfügen

Über den Abschnitt darunter können Sie das Ausschneiden, Kopieren und Einfügen von Elementen steuern (→
Abbildung 26.40).

Die ersten vier Optionen bestimmen das Standardverhalten beim Einfügen von Elementen in das Dokument:

» Über *Einfügen innerhalb desselben Dokuments* wird
das Verhalten beim Einfügen von Inhalt innerhalb
desselben Dokuments angezeigt, aus dem Sie den
Inhalt kopiert haben.

» Mit *Einfügen zwischen zwei Dokumenten* wird das Standardverhalten beim Einfügen von Inhalt angezeigt, der
aus einem anderen Dokument in Word kopiert wurde.

» Die Optionen unter *Einfügen zwischen Dokumenten,
wenn Formatvorlagendefinitionen nicht übereinstimmen* legen das Standardverhalten beim Einfügen von
Inhalt fest, der aus einem anderen Dokument in Word
kopiert wurde. Zudem wird die Formatvorlage angezeigt, die dem kopierten Text zugewiesen und in dem
Dokument anders definiert ist, in das der Text eingefügt
wird.

» Mit *Einfügen aus anderen Programmen* wird das Standardverhalten beim Einfügen von Inhalt angezeigt,
der aus einem anderen Programm kopiert wurde.

Wählen Sie für diese Optionen in der Drop-down-Liste
eine der folgenden Einstellungen (→ Tabelle 26.2):

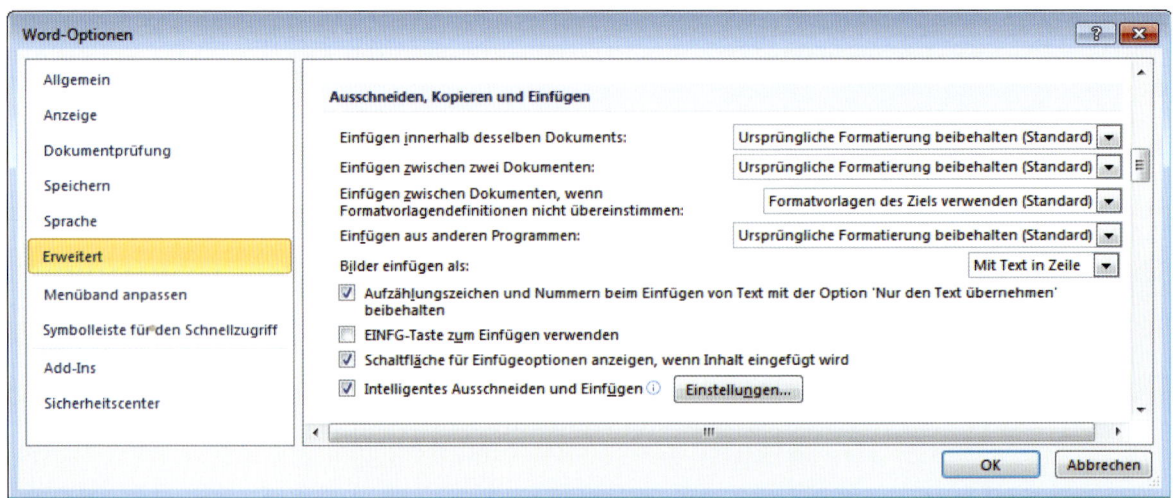

Abbildung 26.40 Kategorie *Erweitert* (Abschnitt *Ausschneiden, Kopieren und Einfügen*)

Option	Wirkung
Ursprüngliche Formatierung beibehalten	Zeichenformate und direkte Formatierungen, die auf den kopierten Text angewendet wurden, werden beibehalten. Direktformatierungen umfassen Formate, die in der Absatzformatvorlage nicht enthalten sind.
Formatierung zusammenführen	Für den Text werden die Eigenschaften der Formatvorlage in dem Abschnitt übernommen, in den er eingefügt wird. Formatierungen zum Hervorheben, wie Fett- oder Kursiv-Formatierungen, die nur auf einen Teil der Markierung angewendet sind, bleiben dagegen erhalten.
Nur den Text übernehmen	Alle Formatierungselemente werden verworfen. Für den Text werden die Eigenschaften der Formatvorlage in dem Abschnitt übernommen, in den er eingefügt wird.

Tabelle 26.2 Optionen zum *Einfügen innerhalb desselben Dokuments*

» Mit *Bilder einfügen als* wird angezeigt, wie Word am Text ausgerichtete Bilder in das Dokument einfügt. Sie können Bilder in einer Zeile mit dem Text einfügen, zulassen, dass Bilder mit dem Text verschoben werden können, oder Text um ein Bild vor oder hinter dem Bild anordnen.

» Mit *Aufzählungszeichen und Nummern beim Einfügen von Text mit der Option ‚Nur den Text übernehmen'* beibehalten werden Nummerierungen und Aufzählungszeichen in Textsymbole konvertiert.

» Ist *EINFG-Taste zum Einfügen verwenden* aktiviert, können Sie den Inhalt der Office-Zwischenablage mithilfe der Taste ⏎ in ein Dokument einfügen.

» Mit *Schaltfläche für Einfügeoptionen anzeigen, wenn Inhalt eingefügt wird* bewirken Sie, dass die Schaltfläche *Einfügeoptionen* beim Einfügen von Inhalt angezeigt wird. Mit den Optionen zu dieser Schaltfläche können Sie die Einstellungen außer Kraft setzen oder ändern, die Sie in diesem Abschnitt des Dialogfelds *Word-Optionen* vornehmen.

» Über *Intelligentes Ausschneiden und Einfügen* können Sie die Formatierung beim Einfügen von Text automatisch anpassen. Wenn Sie dieses Kontrollkästchen aktiviert haben, erhalten Sie weitere Einfügeoptionen: Klicken Sie auf die Schaltfläche *Einstellungen*, um das gleichnamige Dialogfeld zu öffnen (→ Abbildung 26.41). Darin können Sie Abstände und Formatierungen beim Zusammenführen, Ausschneiden und Einfügen von Text steuern.

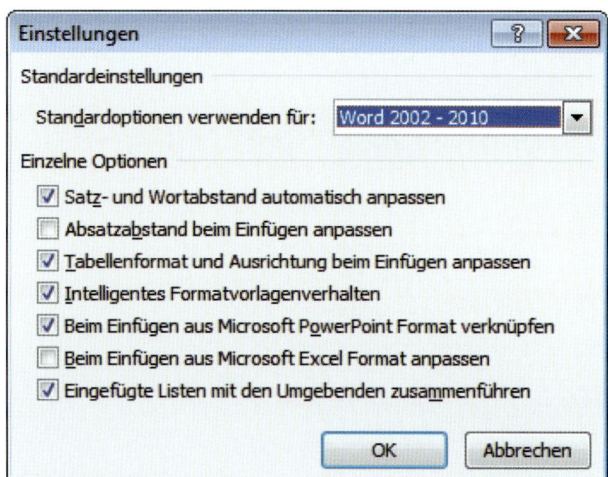

Abbildung 26.41 Optionen für Ausschneide- und Einfügeoperationen

Dokumentinhalt anzeigen

Der Abschnitt *Dokumentinhalt anzeigen* in der Kategorie *Erweitert* steuert die Anzeigeparameter für den Dokumentinhalt (→ Abbildung 26.42).

Die Optionen in diesem Abschnitt erklären sich teilweise selbst. Auf einige davon sollten wir aber noch eingehen:

» Wählen Sie *Textumbruch im Dokumentfenster anzeigen*, um Text am Dokumentfenster zu umbrechen, so dass er sich auf dem Bildschirm leichter lesen lässt. Der Umbruch ändert sich dabei je nach Fensterbreite.

» Mit *Platzhalter für Grafiken anzeigen* können Sie anstelle der in den Dokumenten eingefügten Bilder ein leeres Feld anzeigen. Mit dieser Option wird die Durchführung eines Bildlaufs in Dokumenten beschleunigt, die eine große Anzahl von Bildern enthalten.

» Mit *Zeichnungen und Textfelder auf dem Bildschirm anzeigen* werden Objekte angezeigt, die in der Seitenlayoutansicht oder in der Weblayoutansicht mit den Word-Zeichentools erstellt wurden. Deaktivieren Sie das Kontrollkästchen, um Objekte auszublenden und gegebenenfalls die Anzeige von Dokumenten mit mehreren Zeichnungen zu beschleunigen. Zeichnungen werden auch dann gedruckt, wenn Sie das Kontrollkästchen deaktivieren.

» *Textanimation anzeigen* hat nur eine Wirkung, wenn Sie animierten Text in Dokumenten anzeigen lassen wollen, die in einer älteren Version als Word 2007 erstellt wurden. Mit der aktuellen Version von Word kann kein animierter Text mehr erstellt werden.

» *Textmarken anzeigen* bewirkt, dass Textmarken auf dem Bildschirm angezeigt werden. Bei einem Element, dem Sie eine Textmarke zuweisen, wird das in Klammern angezeigt. Wenn Sie einer Stelle eine Textmarke zuweisen, wird die Textmarke als Strich dargestellt. Die Klammern und Striche werden in gedruckten Dokumenten nicht dargestellt.

» *Textbegrenzungen anzeigen* zeigt für Textränder, Spalten und Absätze gepunktete Linien an. Die Begrenzungen dienen Layoutzwecken und werden in gedruckten Dokumenten nicht dargestellt.

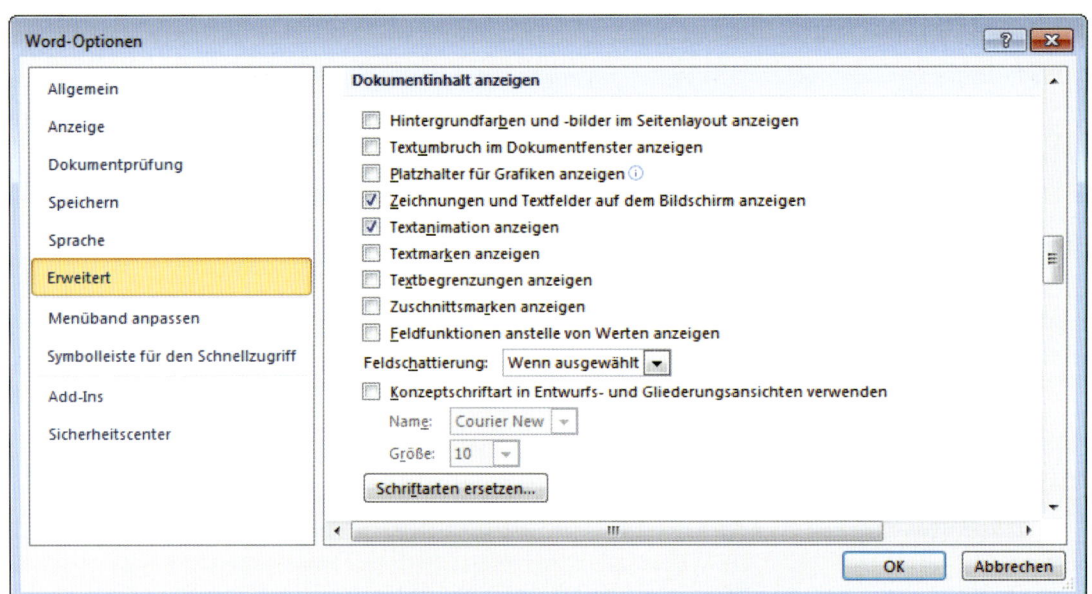

Abbildung 26.42 Kategorie *Erweitert* mit dem Abschnitt *Dokumentinhalt anzeigen*

» Über *Zuschnittsmarken anzeigen* können Sie die Ecken von Rändern anzeigen lassen.

» Ist *Feldfunktionen anstelle von Werten anzeigen* aktiviert, werden anstelle von Feldwerten in den Dokumenten die entsprechenden Feldfunktionen angezeigt. So kann beispielsweise { *TIME @\»d. MMMM YYYY«* } anstelle des aktuellen Datums angezeigt werden. Unabhängig von dieser Einstellung können Sie immer zwischen der Anzeige von Feldfunktionen und Feldergebnissen wechseln, indem Sie `Alt`+`F9` drücken.

» Mit *Feldschattierung* wird angezeigt, ob und wann Felder schattiert dargestellt werden. Durch eine Schattierung können Felder besser erkannt werden. Wählen Sie in der Liste die Option *Immer* oder *Wenn ausgewählt* aus, um die Felder zu schattieren. Die Schattierung wird auf dem Bildschirm, nicht jedoch im gedruckten Dokument dargestellt.

» Wenn Sie mit einem Rechner mit sehr begrenzten Ressourcen arbeiten, sollten Sie *Konzeptschriftart in Entwurfs- und Gliederungsansichten verwenden* benutzen, um die Bildschirmanzeige von Dokumenten zu beschleunigen. Über *Name* wählen Sie dann die Schriftart für die Dokumententwürfe aus, mit *Größe* bestimmen Sie den Schriftgrad der Entwurfsschriftart.

» Ein Klick auf *Schriftarten ersetzen* öffnet das gleichnamige Dialogfeld. Mit dieser Option können Sie ermitteln, ob das aktive Dokument Schriftarten enthält, die auf dem Computer nicht verfügbar sind. Wenn im Dokument Schriftarten enthalten sind, die auf dem Computer nicht verfügbar sind, können Sie mithilfe dieses Dialogfelds eine Ersatzschriftart festlegen.

Anzeigen

Über den Abschnitt *Anzeigen* in der Kategorie *Erweitert* regeln Sie die standardmäßige Anzeige diverser Elemente auf der Oberfläche (→ Abbildung 26.43).

» Im Feld *Diese Anzahl zuletzt verwendeter Dokumente anzeigen* geben Sie die Anzahl von Elementen zwischen *1* und *50* ein, die in der Liste *Zuletzt verwendet* angezeigt werden sollen.

» Über *Maße in folgenden Einheiten anzeigen* können Sie die Maßeinheit auswählen, die für das horizontale Lineal sowie für Maße verwendet werden soll, die Sie in Dialogfeldern eingeben.

» Über *Breite des Formatvorlagenbereichs in Entwurfs- und Gliederungsansichten* geben Sie eine positive Dezimalzahl – wie beispielsweise *2,5* – in das Feld ein, um den Formatvorlagenbereich zu öffnen, in dem die Namen der auf den Text angewendeten Formatvorlagen angezeigt werden. Geben Sie den Wert *0* ein, um die Anzeige zu schließen.

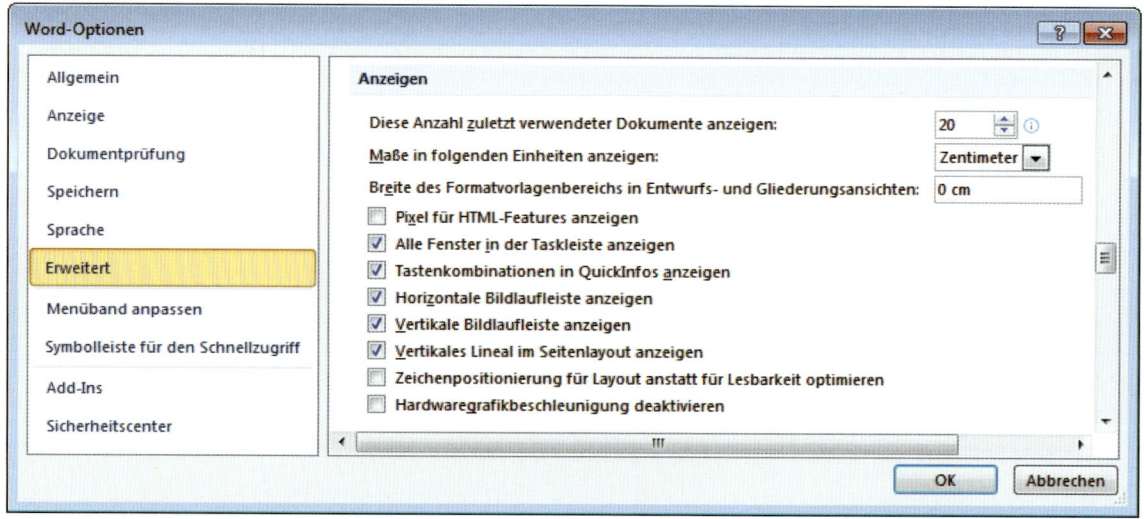

Abbildung 26.43 Die Kategorie *Erweitert* mit dem Abschnitt *Anzeigen*

» Mit *Pixel für HTML-Features anzeigen* können Sie Pixel als Standardeinheit für Maße in Dialogfeldern verwenden, die sich auf *HTML*-Elemente beziehen.

» Ist *Alle Fenster in der Taskleiste anzeigen* aktiviert, wird jedes in einem Office-Programm geöffnete Fenster in der Windows-Taskleiste als Symbol angezeigt. Wenn Sie dieses Kontrollkästchen deaktivieren, wird in der Taskleiste für jedes Programm ein Symbol angezeigt.

» *Tastenkombinationen in QuickInfos*, die *Horizontale Bildlaufleiste* und die *Vertikale Bildlaufleiste* können angezeigt und ausgeblendet werden.

» Mit *Vertikales Lineal im Seitenlayout anzeigen* können Sie seitlich am Dokumentfenster ein vertikales Lineal anzeigen. Achten Sie darauf, dass Sie auch das Kontrollkästchen *Lineal* in der Gruppe *Anzeigen* auf der Registerkarte *Ansicht* im Menüband aktiviert haben.

» Wenn Sie *Zeichenpositionierung für Layout anstatt für Lesbarkeit optimieren* einschalten, wird die Zeichenposition bei der Darstellung im gedruckten Dokument im Hinblick auf Textblöcke exakter angezeigt. Abstände zwischen Zeichen können aber verzerrt dargestellt werden, wenn diese Option aktiviert ist. Eine bessere Lesbarkeit am Bildschirm erzielen Sie, wenn Sie diese Option deaktivieren.

Drucken

Im Abschnitt *Drucken* der Kategorie *Erweitert* sind die allgemeinen Druckoptionen zusammengefasst (→ Abbildung 26.44). Beachten Sie, dass die verfügbaren Optionen vom verwendeten Drucker abhängig sind.

Einige der Einstellmöglichkeiten unter diesen Druckoptionen seien kurz erwähnt:

» *Entwurfsqualität verwenden* druckt das Dokument mit einer minimalen Formatierung, wodurch der Druckvorgang beschleunigt wird. Nicht alle Drucker unterstützen diese Funktion.

» *Drucken im Hintergrund* bewirkt, dass Sie während des Druckens weiterarbeiten können. Diese Option erfordert aber einen größeren verfügbaren Arbeitsspeicher. Wenn die Arbeit mit dem Dokument beim Drucken sehr langsam wird, deaktivieren Sie diese Option.

» Wenn Sie *Seiten in umgekehrter Reihenfolge drucken* aktivieren, werden mehrseitige Dokumente in

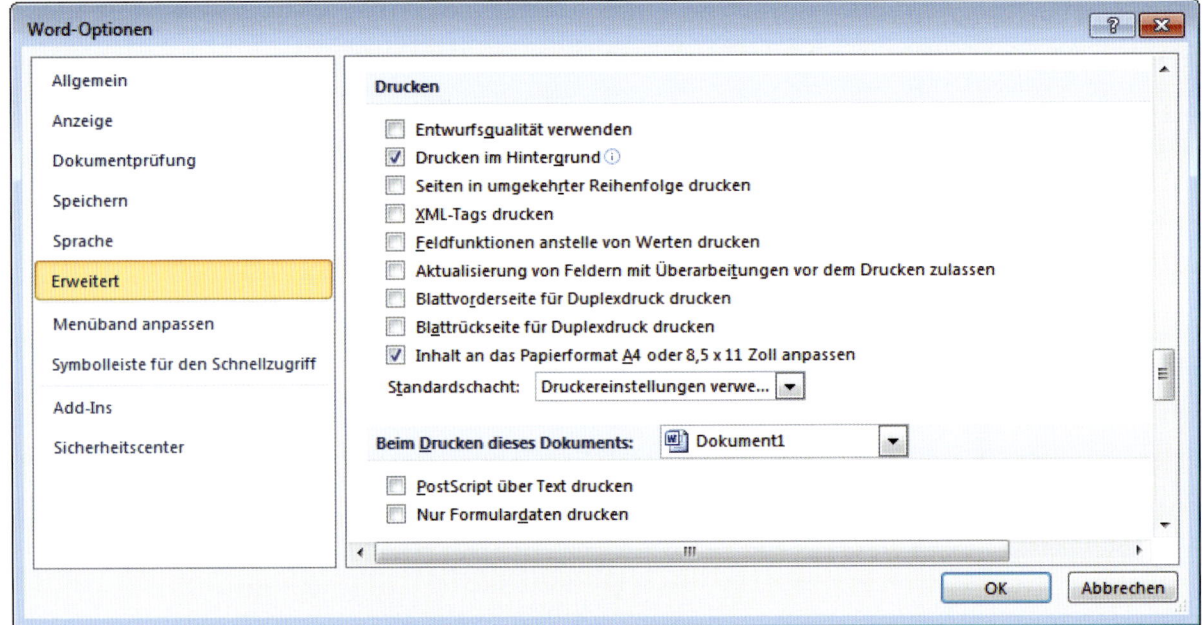

Abbildung 26.44 Die Kategorie *Erweitert* mit dem Abschnitt *Drucken*

umgekehrter Reihenfolge ausgedruckt, die letzte Seite also zuerst. Sollen Briefumschläge im Dokument mit gedruckt werden, aktivieren Sie dieses Kontrollkästchen nicht.

» Wählen Sie die Option *XML-Tags drucken* aus, um die XML-Tags für die in einem XML-Dokument verwendeten XML-Elemente zu drucken. An das Dokument muss ein Schema angefügt sein und die durch das angefügte Schema bereitgestellten Elemente müssen angewendet werden. Die Tags werden im gedruckten Dokument angezeigt.

» Mit *Feldfunktionen anstelle von Werten drucken* werden anstelle von Feldergebnissen die dazugehörenden Feldfunktionen gedruckt.

» Über *Blattvorderseite für Duplexdruck drucken* und *Blattrückseite für Duplexdruck drucken* können Sie einen zweiseitigen Druck auch auf Druckern durchführen, die über keine Duplexfunktion verfügen. Damit wird jeweils die Blattvorderseite oder die Blattrückseite – also nur die ungeraden oder die geraden Seiten eines Dokuments – in einem Durchlauf bedruckt. Die Seiten werden in umgekehrter Reihenfolge gedruckt, so dass die Seiten in der richtigen Reihenfolge gedruckt werden, wenn Sie den Stapel zum Bedrucken der Blattrückseite umgedreht haben.

» Mit *Inhalt an das Papierformat A4 oder 8,5 x 11 Zoll anpassen* können Sie Dokumente automatisch anpassen, die so konzipiert sind, dass das Papierformat *8,5 x 11 Zoll* auf ein *A4*-Papier passt, oder so, dass ein *A4*-Format auf ein Papier mit dem Format *8,5 x 11 Zoll* passt. Diese Option ist nur wirksam, wenn das Papier im Format *A4* oder *8,5 x 11 Zoll* im Drucker nicht mit der Papiergröße übereinstimmt, die in Word auf der Registerkarte *Seitenlayoutansicht* festgelegt ist. Diese Option wirkt sich nur auf den Druck aus, nicht auf die Formatierung.

» Über den *Standardschacht* wird der Druckerschacht festgelegt, der standardmäßig verwendet wird. Um die Einstellungen des Druckers zu verwenden, wählen Sie die Option *Druckereinstellungen verwenden* aus. Um einen bestimmten Schacht auszuwählen, wählen Sie ihn in der Liste aus. Die Optionen in der Liste hängen von der Konfiguration des Druckers ab.

Beim Drucken dieses Dokuments

Die Einstellungen unterhalb der Überschrift *Beim Drucken dieses Dokuments* gelten standardmäßig für das aktuelle Dokument. Wählen Sie das Dokument aus, auf das diese Druckeinstellungen angewendet werden. Wählen Sie in der Liste den Namen eines Dokuments aus, das bereits geöffnet ist, oder wählen Sie die Option *Alle neuen Dokumente aus*, so dass die Einstellung auf alle Dokumente angewendet wird, die Sie erstellen. Über *Post-Script über Text drucken* können Sie PostScript-Code drucken, wenn ein Dokument entsprechende Felder enthält. *Nur Formulardaten drucken* bewirkt, dass die in ein Onlineformular eingegebenen Daten gedruckt werden, das Formular selbst aber nicht.

Speichern

Im Abschnitt *Speichern* der Kategorie *Erweitert* bestimmen Sie, wie Word beim Speichern eines Dokuments vorgehen soll (→ Abbildung 26.45).

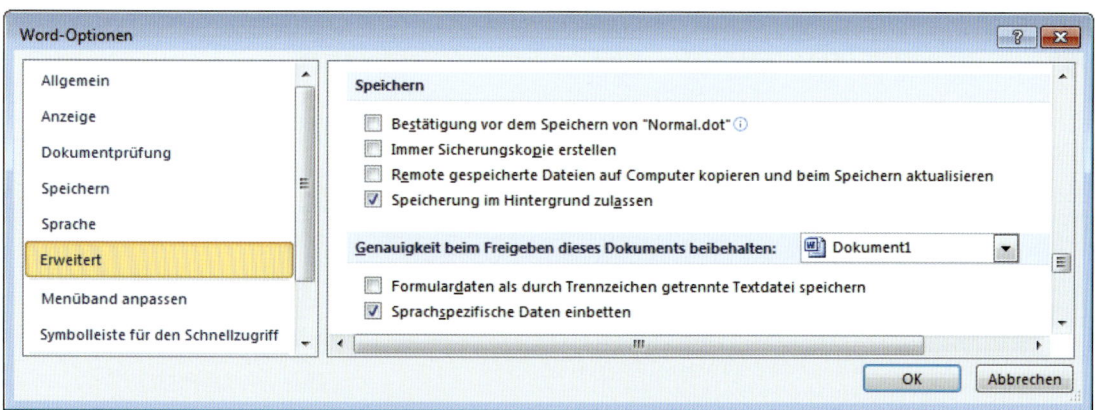

Abbildung 26.45 Bereich *Erweitert* (Abschnitte *Speichern* und *Genauigkeit*)

» Mit *Bestätigung vor dem Speichern von »Normal. dot«* sorgen Sie dafür, dass Sie beim Schließen von Word gefragt werden, ob Änderungen gespeichert werden sollen, die an der Standarddokumentvorlage vorgenommen wurden. Wenn Sie dieses Kontrollkästchen deaktivieren, werden Änderungen automatisch gespeichert, ohne Sie darüber zu informieren.

» *Immer Sicherungskopie erstellen* bewirkt das automatische Erstellen einer Sicherungskopie im Arbeitsordner bei jedem Speichervorgang. Word fügt dem Dateinamen *Sicherungskopie von* hinzu und fügt an alle Sicherungskopien die Dateierweiterung *WBK* an. Jede Sicherungskopie ersetzt die vorherige Version. Die Sicherungskopien werden im selben Ordner wie die Originaldokumente gespeichert.

» Wenn Sie *Remote gespeicherte Dateien auf Computer kopieren und beim Speichern aktualisieren* einschalten, wird die Kopie einer in einem Netzlaufwerk oder in einem Wechsellaufwerk gespeicherten Datei temporär gespeichert. Beim Speichern der lokalen Kopie speichert Word die vorgenommenen Änderungen in der Originalversion. Wenn die Originaldatei nicht verfügbar ist, fordert Word Sie auf, die Datei an einem anderen Ort zu speichern, um Datenverluste zu vermeiden.

» Wählen Sie die Option *Speicherung im Hintergrund zulassen* aus, um das Dokument während der Arbeit zu speichern. Während Word eine automatische Speicherung im Hintergrund vornimmt, wird in der Statusleiste eine Statusanzeige angezeigt.

Genauigkeit beim Freigeben dieses Dokuments beibehalten

Für die Optionen im Abschnitt *Genauigkeit beim Freigeben dieses Dokuments beibehalten* müssen Sie wieder das Dokument auswählen, auf das diese Einstellungen angewendet werden. Wählen Sie in der Liste den Namen eines Dokuments aus, das bereits geöffnet ist, oder wählen Sie die Option *Alle neuen Dokumente* aus, so dass die Einstellung auf alle Dokumente angewendet wird, die Sie erstellen.

Nach Aktivieren von *Formulardaten als durch Trennzeichen getrennte Textdatei speichern* können Sie die in ein Onlineformular eingegebenen Daten als eine einzelne, durch Tabstopptrennzeichen getrennte Textdatei im *Nur-Text*-Format speichern. Anschließend können Sie den Inhalt der Datei in eine Datenbank importieren.

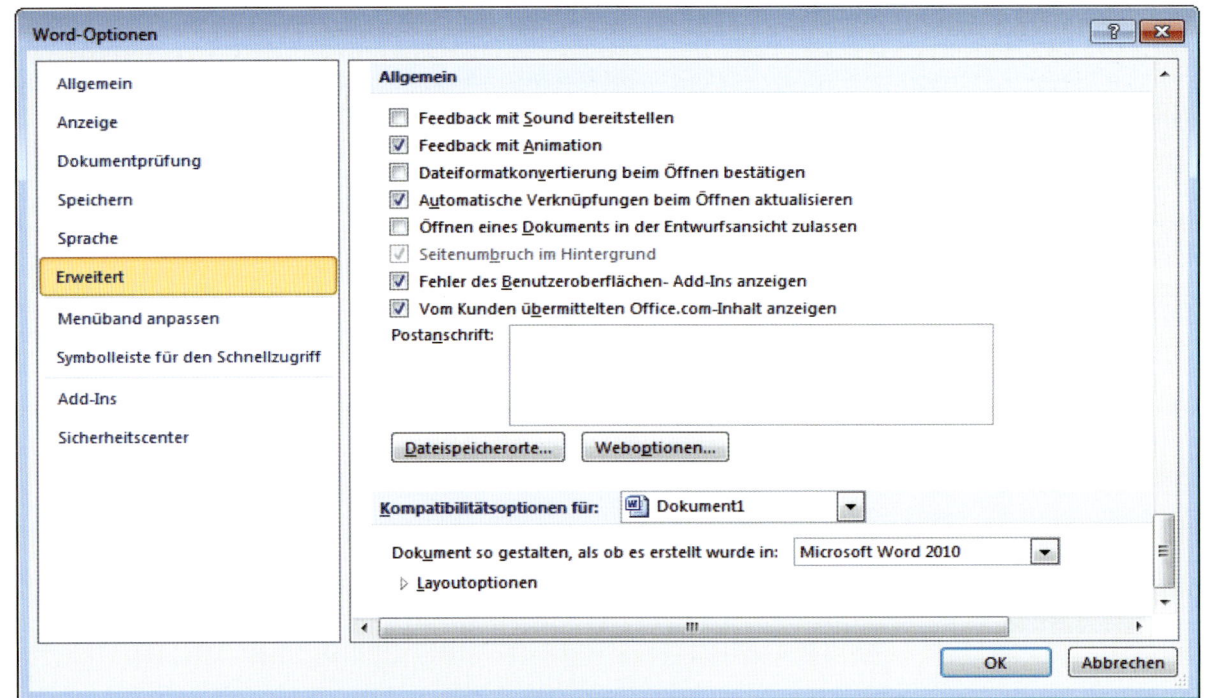

Abbildung 26.46 Die Kategorie *Erweitert* mit dem Abschnitt *Allgemein*

Allgemein

Im Abschnitt *Allgemein* der Kategorie *Erweitert* finden Sie Einstellmöglichkeiten für visuelle und akustische Effekte bei bestimmten Programmereignissen (→ Abbildung 26.46).

» Über *Feedback mit Sound bereitstellen* werden bestimmten Aktionen oder Ereignissen in Word oder anderen Office-Programmen Klangdateien beigefügt. So kann Word beispielsweise beim Abschließen eines Prozesses einen Sound abspielen. Um den mit einem Ereignis verknüpften Sound zu ändern, öffnen Sie den Ordner für Sounds und Audiogeräte in der Systemsteuerung. Zum Abspielen der meisten Sounds muss auf dem Computer eine Soundkarte installiert sein.

» *Feedback mit Animation* animiert die Bewegung des Mauszeigers in Word und anderen Office-Programmen. Mit dieser Option können Sie außerdem einen bewegten Cursor für Aktionen, wie Drucken, Speichern, automatische Formatierung und Operationen zum Suchen und Ersetzen, auswählen.

» *Dateiformatkonvertierung beim Öffnen bestätigen* bewirkt, dass beim Öffnen von Dateien, die in einem anderen Programm erstellt wurden, ein Dialogfeld zur Auswahl des Dateikonverters angezeigt wird. Deaktivieren Sie dieses Kontrollkästchen, wenn Word automatisch einen Dateikonverter auswählen soll.

» Ist *Automatische Verknüpfungen beim Öffnen aktualisieren* eingeschaltet, werden Inhalte, die mit anderen Dateien verknüpft sind, bei jedem Öffnen eines Dokuments aktualisiert.

» Mit *Öffnen eines Dokuments in der Entwurfsansicht zulassen* können Sie ein Dokument in der Entwurfsansicht öffnen. Damit ein Dokument standardmäßig in der Entwurfsansicht geöffnet wird, müssen Sie diese Option aktivieren und dann auf der Registerkarte *Ansicht* in der Gruppe *Dokumentansichten* auf *Entwurf* klicken. Nehmen Sie dann einige Änderungen am Dokument vor und speichern Sie das Dokument.

» Wenn *Webseitendarstellung im Hintergrund zulassen* aktiviert ist, können Sie während der Arbeit Webseitendokumente im Hintergrund öffnen.

» Mit *Seitenumbruch im Hintergrund* werden die Seiten des Dokuments, während Sie arbeiten, automatisch neu nummeriert. Diese Option ist nur in der Entwurfs- und in der Gliederungsansicht verfügbar. Wenn Sie dieses Kontrollkästchen deaktivieren, werden Seitenzahlen erst aktualisiert, wenn Sie in die Seitenlayoutansicht wechseln.

» Unter *Postanschrift* geben Sie die Adresse ein, die Word als Standardabsenderadresse für Umschläge und Briefe verwenden soll.

Dateispeicherorte

Nach einem Klick auf die Schaltfläche *Dateispeicherorte* im Abschnitt *Allgemein* der Kategorie *Erweitert* werden die Standardspeicherorte sowie Suchpfade für Dokumente, Vorlagen und andere Elemente aufgelistet, die in Word erstellt oder verwendet werden (→ Abbildung 26.47). Um hier Änderungen vorzunehmen, klicken Sie im Listenfeld auf den betreffenden Eintrag und dann auf die Schaltfläche *Ändern*. Legen Sie anschließend den neuen Standardspeicherort fest. Die Standardspeicherorte für Vorlagen und der *AutoStart*-Ordner werden als vertrauenswürdige Speicherorte behandelt. Wenn Sie den Speicherort ändern, stellen Sie sicher, dass es sich bei dem neuen Ordner um einen sicheren Speicherort handelt.

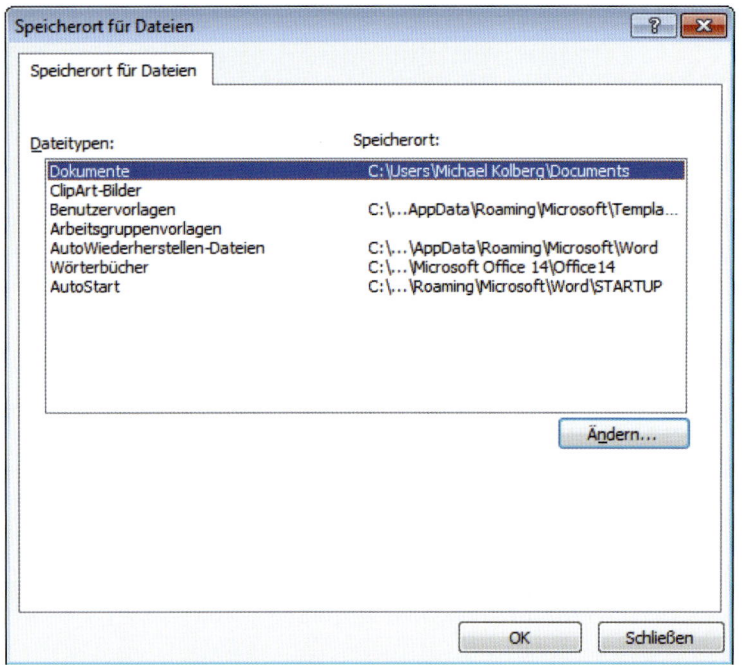

Abbildung 26.47
Die Speicherorte für Dateien

Weboptionen

Nach einem Klick auf die Schaltfläche *Weboptionen* im Abschnitt *Allgemein* können Sie auf fünf Registerkarten festlegen, wie Microsoft Word Webseiten erstellen und formatieren soll. Bestimmte Formate beschleunigen das Downloaden und Speichern von Webseiten in einem Webbrowser und die Webseiten beanspruchen weniger Speicherplatz. Beachten Sie aber, dass unterschiedliche Browser und Browserversionen nicht alle Formate unterstützen.

Kompatibilitätsoptionen

Microsoft Word 2010
Microsoft Office Word 2007
Microsoft Office Word 2003
Microsoft Word 2002
Microsoft Word 2000
Microsoft Word 97
Microsoft Word 6.0/95
Word für Windows 1.0
Word für Windows 2.0
Word für Macintosh 5.x
Word für MS-DOS
WordPerfect 5.x
WordPerfect 6.x für Windows
WordPerfect 6.0 für DOS
Benutzerdefiniert

Im Abschnitt *Kompatibilitätsoptionen für* in der Kategorie *Erweitert* definieren Sie Kompatibilitätsaspekte für Dokumente, die mit einer älteren Word-Version beziehungsweise einem anderen Textverarbeitungsprogramm erstellt wurden, um sie so ähnlich wie möglich in der aktuellen Version von Word darzustellen. Legen Sie das Dokument fest, auf das diese Einstellungen angewendet werden sollen.

Wählen Sie dazu in der Liste den Namen eines Dokuments aus, das bereits geöffnet ist, oder wählen Sie die Option

Alle neuen Dokumente aus, so dass die Einstellung für alle Dokumente gilt, die Sie erstellen.

» Unter *Dokument so gestalten, als ob es erstellt wurde in* wählen Sie das Textverarbeitungsprogramm aus, das zum Öffnen des Dokuments verwendet werden soll. Die Einstellungen in der Liste von Layoutoptionen ändern sich entsprechend dem ausgewählten Textverarbeitungsprogramm. Um eine eigene Konfiguration von Einstellungen anzugeben, wählen Sie die Option *Benutzerdefiniert* aus.

» Ein Klick auf das Pluszeichen vor *Layoutoptionen* listet Optionen für das Layout des Dokuments auf (→ Abbildung 26.48). Aktivieren Sie die Kontrollkästchen für die gewünschten Optionen.

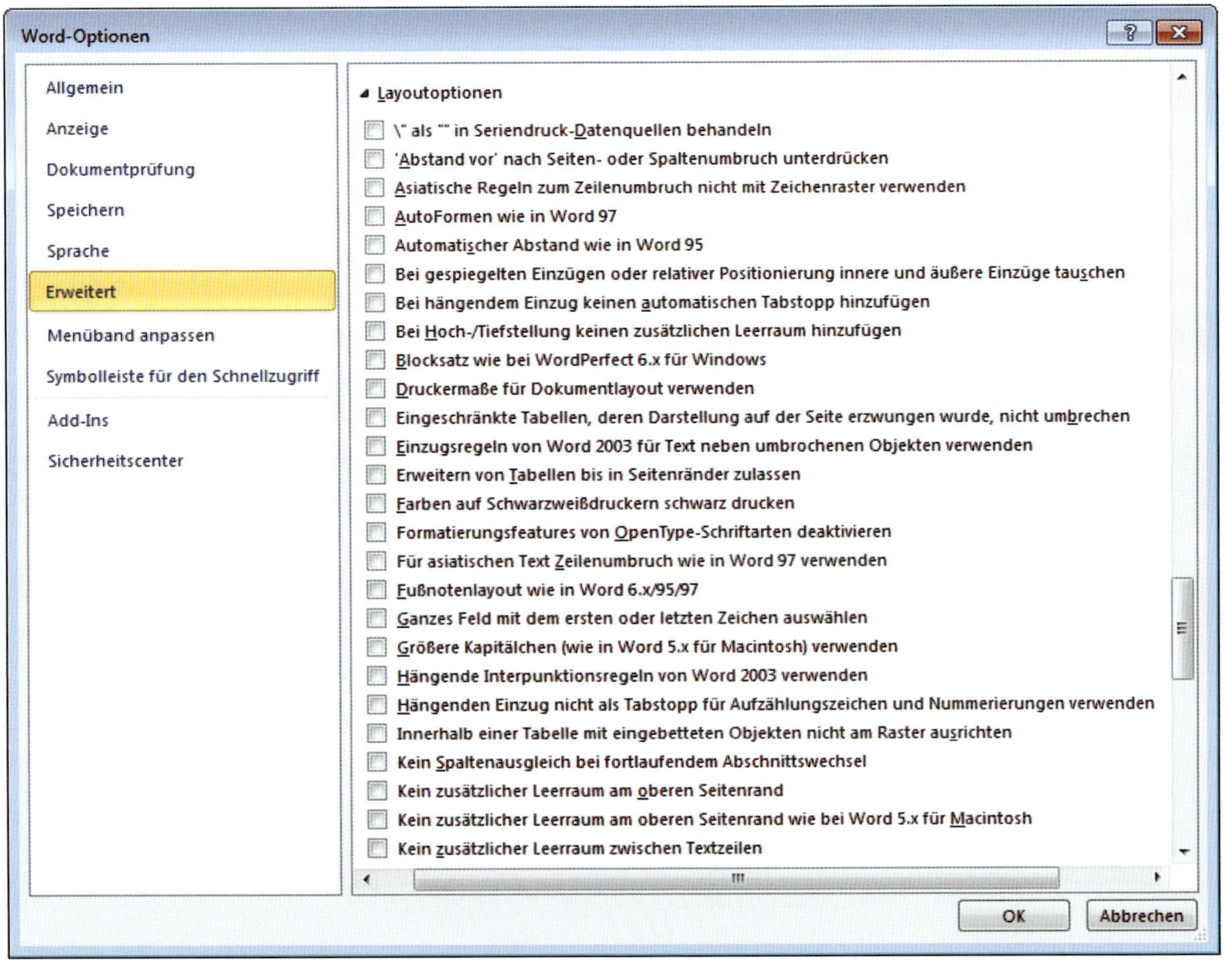

Abbildung 26.48 Die Layoutoptionen

Kapitel 27

Tastenkombinationen

Die beschriebenen Tastenkombinationen beziehen sich auf das deutsche Tastaturlayout. Die Tasten anderer Tastaturlayouts stimmen möglicherweise nicht genau mit dem deutschen Tastaturlayout überein.

INFO Bei Tastenkombinationen, bei denen zwei oder mehr Tasten gleichzeitig gedrückt werden müssen, werden die zu drückenden Tasten durch ein Pluszeichen voneinander getrennt. Bei Tastenkombinationen, bei denen eine Taste direkt gefolgt von einer weiteren Taste gedrückt werden muss, werden die zu drückenden Tasten durch ein Komma voneinander getrennt. Um beispielsweise einen markierten Begriff fett zu formatieren, müssten Sie die Tastenkombination `Alt`+`R`,`1` drücken.

Arbeiten im Menüband

Im Menüband bieten Zugriffstasten eine Möglichkeit, einen Befehl schnell durch Drücken einiger Tasten zu verwenden, unabhängig davon, wo Sie sich im Programm befinden. Jeder Befehl in Office Word 2010 ist mit einer Zugriffstaste aufrufbar. Sie können die meisten Befehle mit zwei bis fünf Tastenanschlägen aufrufen:

» Drücken Sie die `Alt`-Taste. Die Zugriffstasteninfos werden für jede Funktion angezeigt, die in der aktuellen Ansicht verfügbar ist (→ Abbildung 27.1).

» Drücken Sie den Buchstaben, der in der Zugriffstasteninfo für die Funktion gezeigt wird, die Sie verwenden möchten.

» Je nachdem, welchen Buchstaben Sie drücken, werden zusätzliche Zugriffstasteninfos angezeigt (→ Abbildung 27.2). Wenn z.B. die Registerkarte *Start* aktiv ist und Sie `I` drücken, wird die Registerkarte *Einfügen* zusammen mit den Zugriffstasteninfos für die Gruppen auf der Registerkarte angezeigt.

» Drücken Sie weiterhin Buchstaben, bis Sie den Buchstaben für den Befehl oder das Steuerelement drücken, den oder das Sie verwenden möchten. In einigen Fällen müssen Sie zunächst den Buchstaben der Gruppe drücken, die den Befehl enthält.

» Drücken Sie `Alt`, um den aktuellen Vorgang abzubrechen und die Zugriffstasteninfos auszublenden.

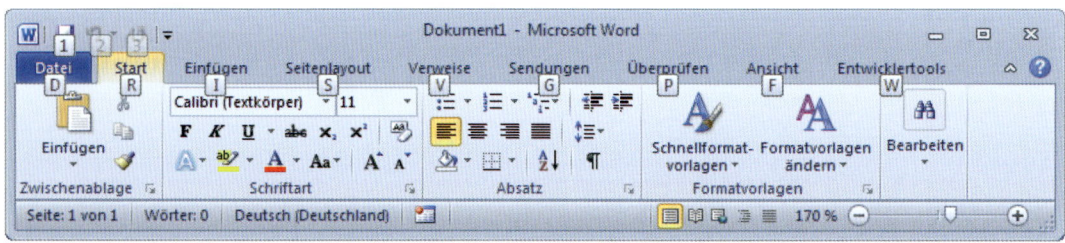

Abbildung 27.1
Die Zugriffstasten im Menüband – hier die oberste Ebene

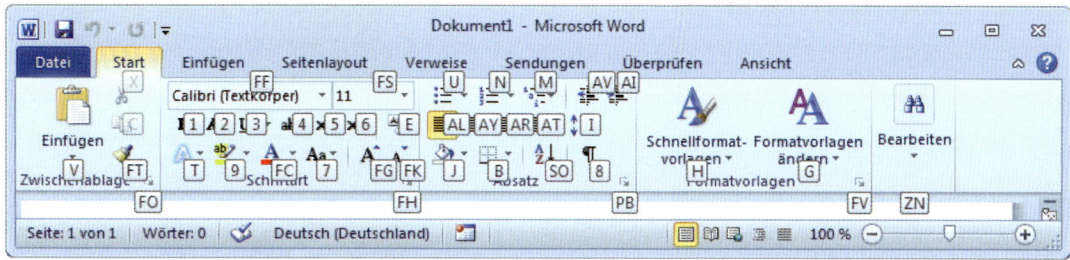

Abbildung 27.2
Die Zugriffstasten im Menüband – hier die nächste Ebene

In der Multifunktionsleiste können Sie auch mit der Tastatur den Fokus zwischen Registerkarten und Befehlen verlagern, bis Sie die gewünschte Funktion finden (→ Tabelle 27.1 und Tabelle 27.2).

Zweck	Tastenkombination
Auswählen der aktiven Registerkarte aus dem Menüband und Aktivieren der Zugriffstasten	`Alt` oder `F10`. Drücken Sie die Taste erneut, um zum Dokument zurückzuwechseln.
Wechseln zu einer anderen Registerkarte im Menüband	`F10` zum Auswählen der aktiven Registerkarte und dann `←` oder `→`
Ausblenden oder Anzeigen des Menübands	`Strg`+`F1`
Anzeigen des Kontextmenüs für den ausgewählten Befehl	`⇧`+`F10`

Tabelle 27.1 Ändern des Tastaturfokus ohne Verwenden der Maus

Zweck	Tastenkombination
Verschieben des Fokus vorwärts bzw. rückwärts zu jedem Befehl im Menüband	`⇥` oder `⇧`+`⇥`
Wechseln nach unten, oben, links bzw. rechts zwischen den Elementen im Menüband	`↓`, `↑`, `←` oder `→`
Aktivieren des ausgewählten Befehls oder Steuerelements im Menüband	`Leer` oder `↵`
Öffnen des ausgewählten Menüs oder Katalogs im Menüband	`Leer` oder `↵`
Aktivieren eines Befehls oder Steuerelements im Menüband zum Ändern eines Werts	`↵`
Beenden der Änderung eines Werts in einem Steuerelement	`↵`
Anzeigen der Hilfe für den ausgewählten Befehl oder das ausgewählte Steuerelement im Menüband	`F1`

Tabelle 27.2 Auswählen von Steuerelementen

Allgemeine Tasten für Microsoft-Office-Programme

Anschließend finden Sie allgemeine Tastenkombinationen, die für alle Microsoft-Office-Programme gelten (→ Tabelle 27.3 bis Tabelle 27.9).

Zweck	Tastenkombination
Wechseln zum nächsten Fenster	`Alt` + `⇤`
Wechseln zum vorherigen Fenster	`Alt` + `⇧` + `⇤`
Schließen des aktiven Fensters	`Strg` + `W` oder `Strg` + `F4`
Wiederherstellen der Größe des aktiven Fensters, nachdem es maximiert wurde	`Alt` + `F5`
Wechseln aus einem anderen Bereich im Programmfenster in einen Arbeitsbereich im Uhrzeigersinn	`F6` Möglicherweise müssen Sie die Taste mehr als einmal drücken.
Wechseln aus einem anderen Bereich im Programmfenster in einen Arbeitsbereich gegen den Uhrzeigersinn	`⇧` + `F6`
Wechseln zum nächsten Fenster, wenn mehr als ein Fenster geöffnet ist	`Strg` + `F6`
Wechseln zum vorherigen Fenster	`Strg` + `⇧` + `F6`
Maximieren oder Wiederherstellen eines ausgewählten Fensters	`Strg` + `F10`
Kopieren der kompletten Bildschirmabbildung in die Zwischenablage	`Druck`
Kopieren des aktiven Fensters in die Zwischenablage	`Alt` + `Druck`

Tabelle 27.3 Anzeigen und Verwenden der Fenster

Zweck	Tastenkombination
Wechseln von einem geöffneten Dialogfeld zurück zum Dokument (für Dialogfelder, die dieses Verhalten unterstützen)	`Alt` + `F6`
Wechseln zur nächsten Option oder Optionsgruppe	`⇤`
Wechseln zur nächsten Option oder Optionsgruppe	`⇧` + `⇤`
Wechseln zur nächsten Registerkarte in einem Dialogfeld	`Strg` + `⇤`
Wechseln zur vorherigen Registerkarte in einem Dialogfeld	`Strg` + `⇧` + `⇤`
Wechseln zwischen Optionen in einer geöffneten Dropdown-Liste oder zwischen Optionen in einer Optionsgruppe	Pfeiltasten
Aktivieren oder Deaktivieren des ausgewählten Kontrollkästchens	`Leer`
Auswählen einer Option. Aktivieren oder Deaktivieren eines Kontrollkästchens	`Alt` +unterstrichener Buchstabe einer Option
Öffnen einer ausgewählten Drop-down-Liste	`Alt` + `↓`
Auswählen einer Option aus einer Drop-down-Liste	Erster Buchstabe einer Option in einer Drop-down-Liste
Abbrechen eines Befehls und Schließen eines Dialogfelds	`Esc`
Ausführen des ausgewählten Befehls	`↵`

Tabelle 27.4 Arbeiten in Dialogfeldern

Zweck	Tastenkombination
Bewegen zum Anfang des Eintrags	`Pos1`
Bewegen zum Ende des Eintrags	`Ende`
Bewegen um ein Zeichen nach links oder rechts	`←` oder `→`
Bewegen um ein Wort nach links	`Strg`+`←`
Bewegen um ein Wort nach rechts	`Strg`+`→`
Markieren oder Aufheben der Markierung eines Zeichens links von der Einfügemarke	`⇧`+`←`
Markieren oder Aufheben der Markierung eines Zeichens rechts von der Einfügemarke	`⇧`+`→`
Markieren oder Aufheben der Markierung eines Worts links von der Einfügemarke	`Strg`+`⇧`+`←`
Markieren oder Aufheben der Markierung eines Worts rechts von der Einfügemarke	`Strg`+`⇧`+`→`
Markieren von der Einfügemarke bis zum Beginn der Zeile	`⇧`+`Pos1`
Markieren von der Einfügemarke bis zum Ende der Zeile	`⇧`+`Ende`

Tabelle 27.5 Bearbeitungsfelder innerhalb von Dialogfeldern

Zweck	Tastenkombination
Anzeigen des Dialogfelds *Öffnen*	`Strg`+`F12` oder `Strg`+`O`
Anzeigen des Dialogfelds *Speichern unter*	`F12`
Wechseln zum vorherigen Ordner	`Alt`+`1`
Schaltfläche *Eine Ebene nach oben*: Öffnen des Ordners eine Ebene über dem geöffneten Ordner	`Alt`+`2`
Schaltfläche *Löschen*: Löschen des ausgewählten Ordners oder der ausgewählten Datei	`Entf`
Schaltfläche *Neuen Ordner erstellen*: Erstellen eines neuen Ordners	`Alt`+`4`
Schaltfläche *Ansichten*: Wechseln zwischen verfügbaren Ordneransichten	`Alt`+`5`
Anzeigen eines Kontextmenüs für ein ausgewähltes Element, z.B. einen Ordner oder eine Datei	`⇧`+`F10`
Bewegen zwischen Optionen oder Bereichen im Dialogfeld	`⇥`
Öffnet die Adressleiste im Dialogfeld	`F4`
Aktualisieren der Dateiliste	`F5`

Tabelle 27.6 Verwenden der Dialogfelder *Öffnen* und *Speichern unter*

Zweck	Tastenkombination
Abbrechen der Aktion	`Esc`
Rückgängigmachen der Aktion	`Strg`+`Z`
Wiederherstellen oder Wiederholen der Aktion	`Strg`+`Y`

Tabelle 27.7 Rückgängigmachen und Wiederholen von Aktionen

Zweck	Tastenkombination
Wechseln aus einem anderen Bereich im Programmfenster in einen Arbeitsbereich	`F6` (möglicherweise mehr als einmal)
Wechseln zu einem Arbeitsbereich, wenn ein Menü aktiviert ist	`Strg`+`⇆` (möglicherweise mehr als einmal)
Wählen der nächsten oder vorhergehenden Option in einem aktiven Arbeitsbereich	`⇆` oder `⇧`+`⇆`
Anzeigen sämtlicher Befehle im Menü des Aufgabenbereichs	`Strg`+`Leer`
Ausführen der Aktion, die der ausgewählten Schaltfläche zugewiesen ist	`Leer` oder `↵`
Öffnen eines Drop-down-Menüs für das ausgewählte Katalogelement	`⇧`+`F10`
Auswählen des ersten oder letzten Elements in einem Katalog	`Pos1` bzw. `Ende`
Durchgehen des ausgewählten Listenkatalogs nach oben bzw. nach unten	`Bild↑` oder `Bild↓`

Tabelle 27.8 Verwenden von Arbeitsbereichen und Katalogen

Spezielle Aufgaben in Microsoft Word

In der nachfolgenden Tabelle sind die wichtigsten Tastenkombinationen für Microsoft Word zusammengefasst (→ Tabelle 27.9). Die darauf folgenden Abschnitte beziehen sich auf Details der Arbeit in bestimmten Funktionsbereichen.

Zweck	Tastenkombination
Erstellen eines geschützten Leerzeichens	`Strg`+`⇧`+`Leer`
Erstellen eines geschützten Bindestrichs	`Strg`+`_`
Fettdruck von Buchstaben	`Strg`+`⇧`+`F`
Kursivdruck von Buchstaben	`Strg`+`⇧`+`K`
Unterstreichen von Buchstaben	`Strg`+`⇧`+`U`
Verringern des Schriftgrads um einen Wert	`Strg`+`<`
Erhöhen des Schriftgrads um einen Wert	`Strg`+`⇧`+`<`
Verringern des Schriftgrads um 1 Punkt	`Strg`+`8`
Erhöhen des Schriftgrads um 1 Punkt	`Strg`+`9`
Entfernen der Absatz oder Zeichenformatierung	`Strg`+`Leer`
Kopieren des ausgewählten Texts oder Objekts	`Strg`+`C`
Ausschneiden des ausgewählten Texts oder Objekts	`Strg`+`X`
Einfügen von Text oder einem Objekt	`Strg`+`V`
Einfügen von Inhalten	`Strg`+`Alt`+`V`
Einfügen nur der Formatierung	`Strg`+`⇧`+`V`
Rückgängigmachen der letzten Aktion	`Strg`+`Z`
Wiederholen der letzten Aktion	`Strg`+`Y`

Tabelle 27.9 Wichtige Tastenkombinationen in Microsoft Word

Arbeiten mit Dokumenten und Webseiten

Die folgenden Tabellen liefern allgemeine Tastenkombinationen zum Arbeiten mit Dokumenten und Webseiten (→ Tabelle 27.10 bis Tabelle 27.17).

Zweck	Tastenkombination
Erstellen eines neuen Dokuments vom gleichen Typ wie das aktuelle oder zuletzt bearbeitete Dokument	`Strg` + `N`
Öffnen eines Dokuments	`Strg` + `O`
Schließen eines Dokuments	`Strg` + `W`
Teilen des Dokumentfensters	`Alt` + `Strg` + `S`
Aufheben der Teilung des Dokumentfensters	`Alt` + `⇧` + `C`
Speichern eines Dokuments	`Strg` + `S`

Tabelle 27.10 Erstellen, Öffnen und Speichern von Dokumenten

Zweck	Tastenkombination
Suchen nach Text, Formatierung und Sonderzeichen	`Strg` + `F`
Wiederholen des Suchvorgangs (nach dem Schließen des Fensters *Suchen und Ersetzen*)	`Alt` + `Strg` + `Y`
Ersetzen von Text, Formatierung und Sonderzeichen	`Strg` + `H`
Wechseln zu einer Seite, Textmarke, Fußnote, Tabelle, einem Kommentar, einer Grafik oder einer anderen Stelle im Dokument	`Strg` + `G`
Wechseln zwischen den letzten vier bearbeiteten Stellen	`Alt` + `Strg` + `Z`
Öffnen einer Liste von Navigationsoptionen	`Alt` + `Strg` + `Pos1`
Wechsel zur vorherigen Bearbeitungsposition	`Strg` + `Bild ↑`
Wechsel zur nächsten Bearbeitungsposition	`Strg` + `Bild ↓`

Tabelle 27.11 Suchen, Ersetzen und Durchsuchen von Text

Zweck	Tastenkombination
Wechseln zur Gliederungsansicht	`Alt` + `Strg` + `G`
Wechseln zur Entwurfsansicht	`Alt` + `Strg` + `N`

Tabelle 27.12 Wechseln zu einer anderen Ansicht

Zweck	Tastenkombination
Höherstufen des Absatzes	`Alt` + `⇧` + `←`
Herabstufen des Absatzes	`Alt` + `⇧` + `→`
Herabstufen zum Textkörper	`Strg` + `⇧` + `N`
Bewegen der ausgewählten Absätze nach oben	`Alt` + `⇧` + `↑`
Bewegen der ausgewählten Absätze nach unten	`Alt` + `⇧` + `↓`
Einblenden von Text unter der Überschrift	`Alt` + `⇧` + `+`
Ausblenden von Text unter der Überschrift	`Alt` + `⇧` + `-`
Ein- bzw. Ausblenden des gesamten Texts oder aller Überschriften	`Alt` + `⇧` + `A`
Anzeigen der ersten Zeile des Textkörpers oder des gesamten Textkörpers	`Alt` + `⇧` + `L`
Anzeigen aller Überschriften mit der Formatvorlage Überschrift 1	`Alt` + `⇧` + `1`
Einfügen eines Tabstoppzeichens	`Strg` + `⇥`

Tabelle 27.13 Arbeiten in der Gliederungsansicht

Zweck	Tastenkombination
Drucken eines Dokuments	`Strg` + `P`
Ein- oder Ausschalten der Seitenansicht	`Alt` + `Strg` + `I`
Verschieben der Einfügemarke in der vergrößerten Seitenansicht	Pfeiltasten
Wechseln zur vorherigen oder nächsten Seite bei verkleinerter Seitenansicht	`Bild ↑` oder `Bild ↓`
Wechseln zur ersten Seite bei verkleinerter Seitenansicht	`Strg` + `Pos1`
Wechseln zur letzten Seite bei verkleinerter Seitenansicht	`Strg` + `Ende`

Tabelle 27.14 Drucken und Vorschau von Dokumenten

Zweck	Tastenkombination
Einfügen eines Kommentars	`Alt` + `Strg` + `K`
Aktivieren oder Deaktivieren des Überarbeitungsmodus	`Strg` + `⇧` + `E`
Schließen des Überarbeitungsfensters, wenn dies geöffnet ist	`Alt` + `⇧` + `C`

Tabelle 27.15 Überarbeiten von Dokumenten

Zweck	Tastenkombination
Wechseln zum Anfang des Dokuments	`Pos1`
Wechseln zum Ende des Dokuments	`Ende`
Wechseln zu Seite 3	`3` , `↵`
Beenden der Lesemoduslayout-Ansicht	`Esc`

Tabelle 27.16 Vollbild-Lesemodus

Zweck	Tastenkombination
Markieren eines Eintrags im Inhaltsverzeichnis	`Alt` + `⇧` + `O`
Markieren eines Eintrags im Rechtsgrundlagenverzeichnis (Zitat)	`Alt` + `⇧` + `I`
Markieren eines Indexeintrags	`Alt` + `⇧` + `X`
Einfügen einer Fußnote	`Alt` + `Strg` + `F`
Einfügen einer Endnote	`Alt` + `Strg` + `D`

Tabelle 27.17 Verweise, Fußnoten und Endnoten

Markieren von Text und Grafiken

Die Tastenkombinationen in der folgenden Tabelle können Sie zum Markieren von Text und grafischen Elementen benutzen (→ Tabelle 27.18 bis Tabelle 27.22). Wählen Sie Text aus, indem Sie die ⇧-Taste gedrückt halten und die Pfeiltasten verwenden, um den Cursor zu bewegen.

Zweck	Tastenkombination
Aktivieren des Erweiterungsmodus	F8
Markieren des nächsten Zeichens	F8 und dann ← oder →
Vergrößern der Auswahl	F8 (einmal zur Markierung eines Worts, zweimal zur Markierung eines Satzes usw.)
Verkleinern der Auswahl	⇧ + F8
Deaktivieren des Erweiterungsmodus	Esc
Erweitern einer Auswahl um ein Zeichen nach rechts	⇧ + →
Erweitern einer Auswahl um ein Zeichen nach links	⇧ + ←
Erweitern einer Auswahl bis zum Ende eines Worts	Strg + ⇧ + →
Erweitern einer Auswahl bis zum Anfang eines Worts	Strg + ⇧ + ←
Erweitern einer Auswahl bis zum Ende einer Zeile	⇧ + Ende
Erweitern einer Auswahl bis zum Anfang einer Zeile	⇧ + Pos1
Erweitern einer Auswahl um eine Zeile nach unten	⇧ + ↓
Erweitern einer Auswahl um eine Zeile nach oben	⇧ + ↑
Erweitern einer Auswahl bis zum Ende eines Absatzes	Strg + ⇧ + ↓
Erweitern einer Auswahl bis zum Anfang eines Absatzes	Strg + ⇧ + ↑
Erweitern einer Auswahl um eine Bildschirmseite nach unten	⇧ + Bild ↑
Erweitern einer Auswahl um eine Bildschirmseite nach oben	⇧ + Bild ↓
Erweitern einer Auswahl bis zum Anfang eines Dokuments	Strg + ⇧ + Pos1
Erweitern einer Auswahl bis zum Ende eines Dokuments	Strg + ⇧ + Ende
Erweitern einer Auswahl bis zum Ende eines Fensters	Alt + Strg + ⇧ + Bild ↓
Erweitern einer Auswahl auf das gesamte Dokument	Strg + A
Auswählen eines vertikalen Textblocks	Strg + ⇧ + F8 und dann die Pfeiltasten verwenden; Esc drücken, um den Markierungsmodus aufzuheben
Erweitern einer Auswahl bis zu einem bestimmten Punkt in einem Dokument	F8 + Pfeiltasten; Esc drücken, um den Markierungsmodus aufzuheben

Tabelle 27.18 Erweitern der Markierung

Zweck	Tastenkombination
Markieren des Inhalts der nächsten Zelle	`⇥`
Markieren des Inhalts der vorherigen Zelle	`⇧` + `⇥`
Erweitern der Markierung auf angrenzende Zellen	`⇧` gedrückt halten und wiederholt auf eine der Pfeiltasten drücken
Markieren einer Spalte	Wechseln Sie mithilfe der Pfeiltasten zur ersten Zelle der Spalte, und drücken Sie `⇧` + `Alt` + `Bild ↓`.
Erweitern der Markierung (oder des Blocks)	`Strg` + `⇧` + `F8` und dann die Pfeiltasten verwenden
Markieren der gesamten Tabelle	`Alt` + `5` auf der Zehnertastatur (deaktivierte `Num`-Taste)

Tabelle 27.19 Markieren von Text und Grafiken in einer Tabelle

Bewegungsrichtung	Tastenkombination
Eine Bildschirmseite aufwärts (Bildlauf)	`Bild ↑`
Eine Bildschirmseite abwärts (Bildlauf)	`Bild ↓`
An den Anfang der nächsten Seite	`Strg` + `Bild ↓`
An den Anfang der vorherigen Seite	`Strg` + `Bild ↑`
An das Ende des Dokuments	`Strg` + `Ende`
An den Anfang des Dokuments	`Strg` + `Pos1`
Zur letzten Bearbeitungsstelle	`⇧` + `F5`
Nach dem Öffnen eines Dokuments zu der Stelle im Dokument, an der Sie vor dem letzten Schließen gearbeitet haben	`⇧` + `F5`

Tabelle 27.20 Bewegen des Cursors durch das Dokument

Bewegungsrichtung	Tastenkombination
Ein Zeichen nach links	`←`
Ein Zeichen nach rechts	`→`
Ein Wort nach links	`Strg` + `←`
Ein Wort nach rechts	`Strg` + `→`
Ein Absatz nach oben	`Strg` + `↑`
Ein Absatz nach unten	`Strg` + `↓`
Eine Zelle nach links (in einer Tabelle)	`⇧` + `⇥`
Eine Zelle nach rechts (in einer Tabelle)	`⇥`
Eine Zeile nach oben	`↑`
Eine Zeile nach unten	`↓`
An das Zeilenende	`Ende`
An den Zeilenanfang	`Pos1`
An den oberen Rand des Fensters	`Alt` + `Strg` + `Bild ↑`
An den unteren Rand des Fensters	`Alt` + `Strg` + `Bild ↓`

Bewegungsrichtung	Tastenkombination
Zur nächsten Zelle in einer Zeile	`⇥`
Zur vorherigen Zelle in einer Zeile	`⇧` + `⇥`
Zur ersten Zelle in einer Zeile	`Alt` + `Pos1`
Zur letzten Zelle in einer Zeile	`Alt` + `Ende`
Zur ersten Zelle in einer Spalte	`Alt` + `Bild ↑`
Zur letzten Zelle in einer Spalte	`Alt` + `Bild ↓`
Zur vorherigen Zeile	`↑`
Zur nächsten Zeile	`↓`
Eine Zeile nach oben	`Alt` + `⇧` + `↑`
Eine Zeile nach unten	`Alt` + `⇧` + `↓`

Tabelle 27.21 Wechseln zwischen verschiedenen Tabellenteilen

Symbol	Tastenkombination
Neue Absätze in eine Zelle	`↵`
Tabstoppzeichen in eine Zelle	`Strg` + `⇥`

Tabelle 27.22 Einfügen von Absätzen und Tabstoppzeichen in eine Tabelle

Bearbeiten von Text und Grafiken

Die Tabellen in diesem Abschnitt zeigen Ihnen Tasten-kombinationen zum Bearbeiten von Text und grafischen Elementen (→ Tabelle 27.23 bis Tabelle 27.25).

Zweck	Tastenkombination
Löschen des Zeichens links neben der Einfügemarke	`Rück`
Löschen des Worts links neben der Einfügemarke	`Strg` + `Rück`
Löschen des Zeichens rechts neben der Einfügemarke	`Entf`
Löschen des Worts rechts neben der Einfügemarke	`Strg` + `Entf`
Verschieben des markierten Texts in die Office-Zwischenablage	`Strg` + `X`
Rückgängigmachen der letzten Aktion	`Strg` + `Z`
Ausschneiden in die Sammlung	`Strg` + `F3`

Tabelle 27.23 Löschen von Text und Grafiken

Zweck	Tastenkombination
Öffnen der Office-Zwischenablage	Drücken Sie `Alt` + `R`, um zur Registerkarte *Start* zu wechseln, und drücken Sie dann `F`, `O`.
Kopieren des ausgewählten Texts oder der ausgewählten Grafik in die Office-Zwischenablage	`Strg` + `C`
Ausschneiden des ausgewählten Texts oder der ausgewählten Grafik und Einfügen in die Office-Zwischenablage	`Strg` + `X`
Einfügen des letzten Eintrags der Office-Zwischenablage	`Strg` + `V`
Einmaliges Verschieben von Text oder Grafiken	`F2` (danach Verschieben des Cursors und Drücken der `↵`)
Einmaliges Kopieren von Text oder Grafiken	`⇧` + `F2` (danach Verschieben des Cursors und Drücken der `↵`)

Zweck	Tastenkombination
Öffnen des Dialogfelds *Neuen Baustein erstellen*, wenn Text oder ein Objekt ausgewählt ist	`Alt` + `F3`
Wenn der Baustein, z.B. eine SmartArt-Grafik, ausgewählt ist, das damit verknüpfte Kontextmenü anzeigen	`⇧` + `F10`
Ausschneiden in die Sammlung	`Strg` + `F3`
Einfügen des Inhalts der Sammlung	`Strg` + `⇧` + `F3`

Tabelle 27.24 Kopieren und Verschieben von Text und Grafiken

Zeichen einzufügen	Tastenkombination
Feld einfügen	`Strg` + `F9`
Zeilenumbruch	`⇧` + `↵`
Seitenumbruch	`Strg` + `↵`
Spaltenumbruch	`Strg` + `⇧` + `↵`
Geviertstrich	`Alt` + `Strg` + `-`
Halbgeviertstrich	`Strg` + `-` (auf der Zehnertastatur)
Bedingter Bindestrich	`Strg` + `-`
Geschützter Trennstrich	`Strg` + `⇧` + `☐`
Geschütztes Leerzeichen	`Strg` + `⇧` + `Leer`
Copyright-Symbol	`Alt` + `Strg` + `C`
Symbol für eingetragene Marke	`Alt` + `Strg` + `R`
Markensymbol	`Alt` + `Strg` + `T`
Auslassungspunkte	`Alt` + `Strg` + `.`
AutoText-Eintrag	`↵` (nach Eingabe der ersten Zeichen des Namens des AutoText-Eintrags und Anzeige der QuickInfo)

Tabelle 27.25 Einfügen von Sonderzeichen

Formatieren von Zeichen und Absätzen

Die Tastenkombinationen in der folgenden Tabelle benutzen Sie zum Formatieren von Absätzen und Zeichen (→ Tabelle 27.26 bis Tabelle 27.32).

Zweck	Tastenkombination
Formatierung von Text kopieren	Strg + ⇧ + C
Kopierte Formatierung zu Text zuweisen	Strg + ⇧ + V

Tabelle 27.26 Kopieren der Formatierung

Zweck	Tastenkombination
Öffnen des Dialogfelds *Schriftart*, um die Schriftart zu ändern	Strg + ⇧ + A
Vergrößern des Schriftgrads	Strg + ⇧ + <
Verkleinern des Schriftgrads	Strg + <
Vergrößern des Schriftgrads um 1 Punkt	Strg + 9
Verkleinern des Schriftgrads um 1 Punkt	Strg + 8

Tabelle 27.27 Ändern von Schriftart oder Schriftgrad

Zweck	Tastenkombination
Öffnen des Dialogfelds *Schriftart*, um die Zeichenformatierung zu ändern	Strg + D
Ändern der Groß-/Kleinschreibung der Buchstaben	⇧ + F3
Formatieren aller Buchstaben als Großbuchstaben	Strg + ⇧ + G
Zuweisen der Formatierung *Fett*	Strg + ⇧ + F
Unterstreichen von Text	Strg + ⇧ + U
Nur Wörter unterstreichen (keine Leerzeichen)	Strg + ⇧ + W
Doppeltes Unterstreichen von Text	Strg + ⇧ + D
Zuweisen der Formatierung *Ausgeblendet*	Strg + ⇧ + H
Zuweisen der Formatierung *Kursiv*	Strg + ⇧ + K
Formatieren von Buchstaben als *Kapitälchen*	Strg + ⇧ + Q
Zuweisen der Formatierung *Tiefgestellt* (automatischer Abstand)	Strg + #

Zweck	Tastenkombination
Entfernen manueller Zeichenformatierungen	Strg + Leer
Ändern der Markierung in Symbolschriftart	Strg + ⇧ + B

Tabelle 27.28 Zuweisen von Zeichenformaten

Zweck	Tastenkombination
Anzeigen nicht druckbarer Zeichen	Strg + ⇧ + * (Sternchen auf Zehnertastatur funktioniert nicht)
Überarbeiten der Textformatierung	⇧ + F1 (danach auf den Text klicken, dessen Formatierung Sie überprüfen möchten)
Kopieren von Formaten	Strg + ⇧ + C
Einfügen von Formaten	Strg + ⇧ + V

Tabelle 27.29 Anzeigen und Kopieren von Textformaten

Zweck	Tastenkombination
Einfacher Zeilenabstand	Strg + 1
Doppelter Zeilenabstand	Strg + 2
1,5-facher Zeilenabstand	Strg + 5
Hinzufügen oder Entfernen eines Zeilenabstands vor einem Absatz	Strg + 0

Tabelle 27.30 Festlegen des Zeilenabstands

Zweck	Tastenkombination
Umschalten eines Absatzes zwischen zentriert und linksbündig	Strg + E
Umschalten eines Absatzes zwischen Blocksatz und linksbündig	Strg + B
Umschalten eines Absatzes zwischen rechtsbündig und linksbündig	Strg + R
Linksbündiges Ausrichten eines Absatzes	Strg + L
Einziehen eines Absatzes von links	Strg + M
Entfernen eines linken Absatzeinzugs	Strg + ⇧ + M
Erstellen eines hängenden Einzugs	Strg + T
Verkleinern eines hängenden Einzugs	Strg + ⇧ + T
Entfernen der Absatzformatierung	Strg + Q

Tabelle 27.31 Ausrichten von Absätzen

Zweck	Tastenkombination
Öffnen des Aufgabenbereichs *Formatvorlage übernehmen*	Strg + ⇧ + S
Öffnen des Aufgabenbereichs *Formatvorlagen*	Alt + Strg + ⇧ + S
Starten von AutoFormat	Strg + J
Zuweisen der Formatvorlage Standard	Strg + ⇧ + N
Zuweisen der Formatvorlage Überschrift 1	Alt + 1
Zuweisen der Formatvorlage Überschrift 2	Alt + 2
Zuweisen der Formatvorlage Überschrift 3	Alt + 3

Tabelle 27.32 Zuweisen von Absatzformatvorlagen

Seriendruck und Feldfunktionen

Mit den Tastenkombinationen in den folgenden Tabellen können Sie Aufgaben im Seriendruck steuern (→ Tabelle 27.33 und Tabelle 27.34). Sie müssen die Registerkarte *Sendungen* anzeigen lassen, um diese Tastenkombinationen nutzen zu können.

Zweck	Tastenkombination
Seriendruck-Vorschau	Alt + ⇧ + K
Zusammenführen eines Dokuments	Alt + ⇧ + N
Drucken der zusammengeführten Dokumente	Alt + ⇧ + M
Bearbeiten eines Dokuments mit Seriendruckdaten	Alt + ⇧ + E
Einfügen eines Seriendruckfelds	Alt + ⇧ + F

Tabelle 27.33 Durchführen eines Seriendrucks

Zweck	Tastenkombination
Einfügen eines *DATE*-Felds	Alt + ⇧ + D
Einfügen eines *PAGE*-Felds	Alt + ⇧ + P
Einfügen eines *TIME*-Felds	Alt + ⇧ + T
Einfügen eines leeren Felds	Strg + F9
Aktualisieren verknüpfter Daten in einem Word-2010-Quelldokument	Strg + ⇧ + F7
Aktualisieren markierter Felder	F9
Aufheben einer Feldverknüpfung	Strg + ⇧ + F9
Wechseln zwischen einer ausgewählten Feldfunktion und dem Ergebnis	⇧ + F9
Wechseln zwischen allen Feldfunktionen und den Ergebnissen	Alt + F9
Ausführen von *GOTOBUTTON* oder *MACROBUTTON* vom Feld mit den Feldergebnissen aus	Alt + ⇧ + F9
Wechseln zum nächsten Feld	F11
Wechseln zum vorherigen Feld	⇧ + F11
Sperren eines Felds	Strg + F11
Freigeben eines Felds	Strg + ⇧ + F11

Tabelle 27.34 Arbeiten mit Feldern

Funktionstasten

Der letzte Abschnitt liefert Hinweise zur Wirkung der Funktionstasten – sowohl der Tasten allein als auch in Kombination mit den Tasten ⇧, Strg und Alt (→ Tabelle 27.35 bis Tabelle 27.41).

Zweck	Taste
Hilfe oder Besuchen von Microsoft Office Online	F1
Verschieben von Text oder Grafiken	F2
Wiederholen des vorhergehenden Vorgangs	F4
Auswählen des Befehls *Gehe zu* (Registerkarte *Start*)	F5
Wechseln zum nächsten Fensterausschnitt oder Frame	F6
Auswählen des Befehls *Rechtschreibung* (Registerkarte *Überprüfen*)	F7

Zweck	Taste
Erweitern der Markierung	F8
Aktualisieren der ausgewählten Felder	F9
Anzeigen von Zugriffstasteninfos	F10
Wechseln zum nächsten Feld	F11
Auswählen des Befehls *Speichern unter*	F12

Tabelle 27.35 Funktionstasten allein

Zweck	Tastenkombination
Aufrufen der kontextbezogenen Hilfe oder Anzeigen der Formatierung	⇧ + F1
Kopieren von Text	⇧ + F2
Ändern der Groß-/Kleinschreibung der Buchstaben	⇧ + F3
Wiederholen von *Suchen* oder *Gehe zu*	⇧ + F4
Verschieben zur letzten Änderung	⇧ + F5
Wechseln zum nächsten Ausschnitt oder Positionsrahmen (nach Drücken von F6)	⇧ + F6
Auswählen des Befehls *Thesaurus*	⇧ + F7
Verkleinern der Markierung	⇧ + F8
Wechseln zwischen der Feldfunktion und dem Ergebnis	⇧ + F9
Anzeigen des Kontextmenüs	⇧ + F10
Zum vorherigen Feld	⇧ + F11
Auswählen des Befehls *Speichern*	⇧ + F12

Tabelle 27.36 ⇧ + Funktionstaste

Zweck	Tastenkombination
Auswählen des Befehls *Seitenansicht*	Strg + F2
Ausschneiden in die Sammlung	Strg + F3
Schließen des Fensters	Strg + F4
Wechseln zum nächsten Fenster	Strg + F6
Einfügen eines leeren Felds	Strg + F9
Maximieren des Dokumentfensters	Strg + F10
Sperren eines Felds	Strg + F11
Auswählen des Befehls *Öffnen*	Strg + F12

Tabelle 27.37 Strg + Funktionstaste

Zweck	Tastenkombination
Einfügen des Inhalts der Sammlung	Strg + ⇧ + F3
Bearbeiten einer Textmarke	Strg + ⇧ + F5
Wechseln zum vorherigen Fenster	Strg + ⇧ + F6
Aktualisieren verknüpfter Informationen in einem Quelldokument	Strg + ⇧ + F7
Erweitern einer Auswahl oder eines Blocks	Strg + ⇧ + F8 und anschließend eine Pfeiltaste
Aufheben einer Feldverknüpfung	Strg + ⇧ + F9
Freigeben eines Felds	Strg + ⇧ + F11
Auswählen des Befehls *Drucken*	Strg + ⇧ + F12

Tabelle 27.38 Strg + ⇧ + Funktionstaste

Zweck	Tastenkombination
Wechseln zum nächsten Feld	`Alt`+`F1`
Erstellen eines neuen Bausteins	`Alt`+`F3`
Beenden von Word 2010	`Alt`+`F4`
Wiederherstellen der Größe des Programm-fensters	`Alt`+`F5`
Wechseln von einem geöffneten Dialogfeld zurück zum Dokument für Dialogfelder, wie Suchen und Ersetzen, die dieses Verhalten unterstützen	`Alt`+`F6`
Suchen des nächsten Rechtschreib- oder Grammatikfehlers	`Alt`+`F7`
Ausführen eines Makros	`Alt`+`F8`
Wechseln zwischen allen Feldfunktionen und den Ergebnissen	`Alt`+`F9`
Maximieren des Programmfensters	`Alt`+`F10`
Anzeigen des Microsoft Visual Basic-Codes	`Alt`+`F11`

Tabelle 27.39 `Alt` + Funktionstaste

Zweck	Tastenkombination
Zum vorherigen Feld	`Alt`+`⇧`+`F1`
Auswählen des Befehls *Speichern*	`Alt`+`⇧`+`F2`
Anzeigen des Aufgabenbereichs *Recher-chieren*	`Alt`+`⇧`+`F7`
Ausführen von GOTOBUTTON oder MACRO-BUTTON vom Feld mit den Feldergebnissen aus	`Alt`+`⇧`+`F9`
Anzeigen eines Menüs oder einer Meldung für Smarttag	`Alt`+`⇧`+`F10`

Tabelle 27.40 `Alt` + `⇧` + Funktionstaste

Zweck	Tastenkombination
Anzeigen der Microsoft-Systeminfo	`Strg`+`Alt`+`F1`
Auswählen des Befehls *Öffnen*	`Strg`+`Alt`+`F2`

Tabelle 27.41 `Strg` + `Alt` + Funktionstaste

Stichwortverzeichnis

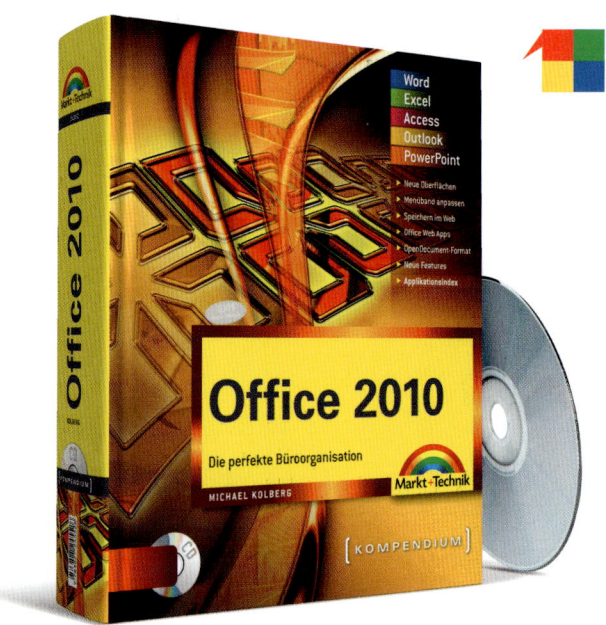

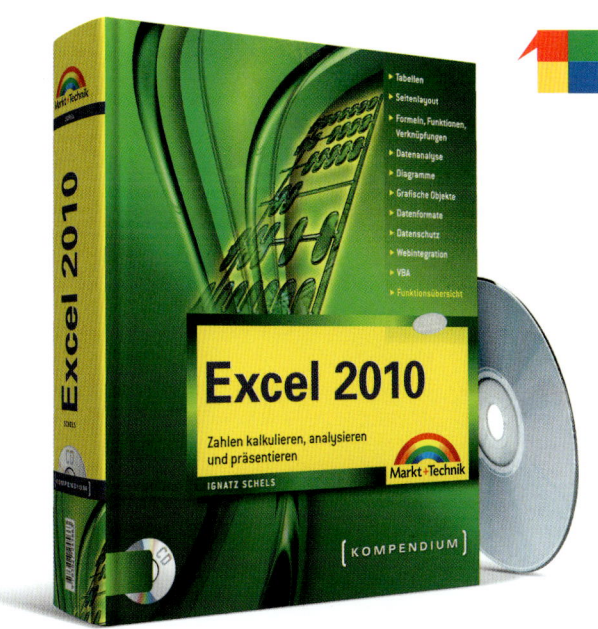

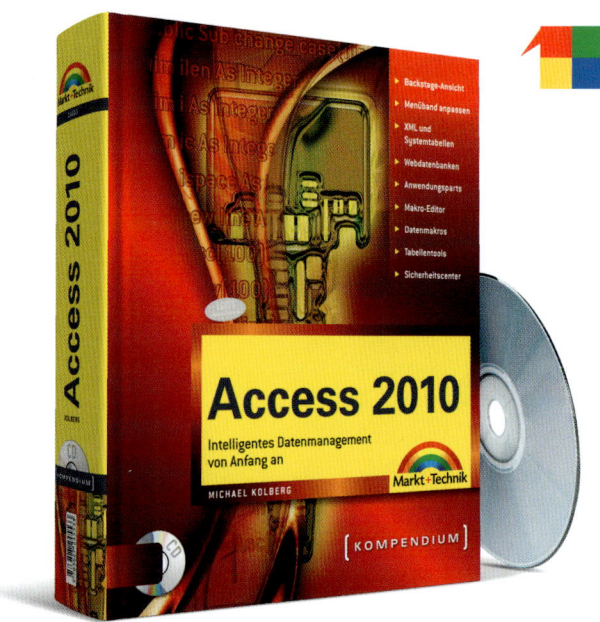

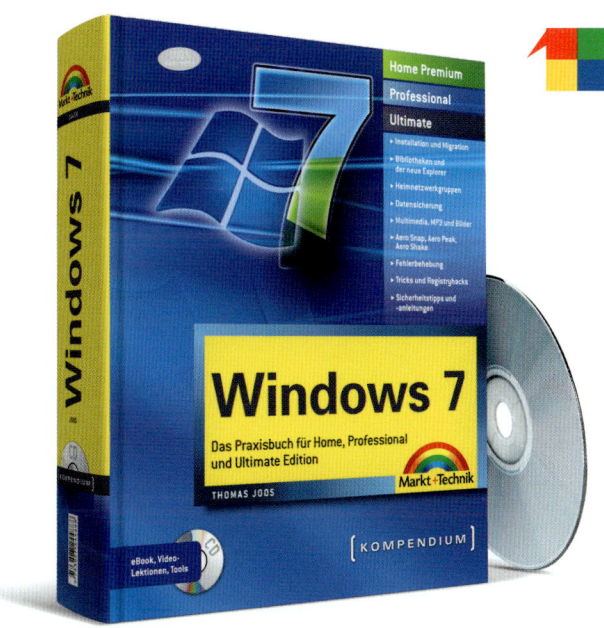